本書

獲"古文字與中華文明傳承發展工程"資助

係國家社科基金重大項目"中國古代石刻文獻著録總目"（19ZDA288）階段性成果

書名題字：叢文俊

中國古代石刻研究叢書

中國古代墓誌研究

（上）

主編 王連龍

社會科學文獻出版社

前言　談墓誌學的建立

　　在我年少的時候，母親經常教導"恩欲報，怨欲忘；報怨短，報恩長"。在本書編撰過程中，承蒙諸位前輩學者、業界精英、青年才俊關照，撰寫新文，潤色成說，都給予本人以無私的幫助和大力的支持。"芸香濃處多吾輩，廣覓同心叙古歡"。作爲編者，我真誠地對全體作者表示衷心的感謝！并將論文收錄及修改等情況，在書中文下進行明確説明。

　　在感謝之後，我也想趁此機會談一談對墓誌學的看法。墓誌學是石刻學的一個分支，以墓誌作爲研究對象，研究墓誌發生、發展、整理和利用的一門學問。"墓誌學"的提出，以及對其研究體系的關注，始於我在 2013 年出版的小書《新見隋唐墓誌集釋》。該書"後記"寫道：

　　　　計劃在個案考證基礎上，再升華至理論深度的研究——墓誌文獻學。或許這是一個美好的願望，我也深知，接續的研究工作還很多，難度會很大，但好的開始是成功的一半，祇要有益於學界，有益於個人學術研究，我都希望堅持下去。

　　轉眼間，已近十年。雖然這些年，我也一直堅持着墓誌整理及相關問題研究，但在逐漸發現墓誌重要學術價值的同時，也越發地認識到當年的衝動和冒進。即以我現有的學力和精力，還不足以構建一個完善的墓誌學研究體系。這絕非謙虛，乃是對我自身學術研究能力的清醒認知，更是爲墓誌文獻的複雜性及墓誌學研究體系的系統性所決定。此外，與預判相一致的是，近十年來墓誌以其兼具文獻與文物的雙重屬性，日益受到學術界的重視，逐漸成爲學術研究的熱點對象和前沿領域。這都是我邀請不同領域的專家學者共同完成這部學術文集的原因和初衷所在。

一

作爲研究對象的墓誌，是研究體系建立的基石。所以，在探討墓誌學體系之前，有必要概述一下中國古代墓誌文獻的發展狀況。所謂中國古代，是指從先秦時期至清朝滅亡的時間跨度。在此時間段內，墓誌文獻經過秦漢的濫觴，成熟於魏晉南北朝，歷隋唐五代演變，至宋元明清完全適用於各階層人群，成爲石刻文獻中分布最廣，數量最大，形制最穩定的類型。在地域分布上，以先秦兩漢時期的山東地區爲源頭，經魏晉南北朝時期南北方同時發展，到隋唐時期以洛陽、西安爲核心，向四周輻射，最後在宋元明清時期形成全國領域內的廣泛分布。就種類數量而言，墓誌有狹義、廣義之分，涵蓋墓磚（瓦）、墓記、葬誌、殯誌、墓銘、墓表、塔銘等眾多形式。經統計，目前公開刊行的秦刑徒墓瓦 18 種，漢墓記 28 種，漢刑徒墓磚約 1800 種，魏晉十六國南北朝墓誌 1548 種，隋唐五代墓誌約 20000 種，宋元墓誌約 5500 種，遼金西夏墓誌 484 種，明代墓誌約 5000 種，清代墓誌約 20000 種，中國古代墓誌總計約 60000 種。在基礎整理研究方面，近年來已經出現趙超先生《漢魏南北朝墓誌彙編》，劉濤先生《東漢刑徒墓磚集釋與研究》，羅新先生、葉煒先生《新出魏晉南北朝墓誌疏證》，王連龍《南北朝墓誌集成》、張銘心先生《吐魯番出土墓誌彙考》，王其禕先生、周曉薇先生《隋代墓誌銘彙考》，周紹良先生《唐代墓誌彙編》及《續集》，毛陽光先生《洛陽流散唐代墓誌彙編》，周阿根先生《五代墓誌彙考》、何新所先生《新出土宋代墓誌碑刻輯録》（北宋卷）及《新出土宋代墓誌碑刻輯録》（南宋卷）、向南先生《遼代石刻文編》《遼代石刻文續編》、王新英先生《金代石刻輯録》《全金石刻文輯校》、周峰先生《貞珉千秋——散佚遼宋金元墓誌輯録》《散見宋金元墓誌地券輯録》《散見宋金元墓誌地券輯録二編》《散見宋金元墓誌地券輯録三編》等著述。此外，《北京圖書館藏中國歷代石刻拓本滙編》《新中國出土墓誌》《隋唐五代墓誌滙編》《全唐文補遺》《全唐文補編》系列等，也圖文并茂，集中著録墓誌文獻。可以説，中國古代墓誌文獻現有體量能够支撐學術研究體系的建立。

二

接下來，談一下墓誌學研究體系。任何一種專門學問的研究内容和研究水平，都與該學問的學術體系密切相關。爲系統起見，下面從原創性、通識性、專業性、自覺性等角度，結合本書中相關研究例證進行説明。

（一）墓誌學研究體系的原創性

從學術研究發展過程來看，原創性是學術研究體系的特色、優勢，也是自信所在。中國古代先賢們一直對墓誌保持高度關注，形成了自古而來的持續演進的原創性研究體系。

在世界古代石刻藝術之林中，古巴比倫、古埃及、古印度雖然使用石刻的時間較早，但與墓葬相關者多爲壁畫、浮雕等，文字内容主要是頌辭和咒語，雖有墓誌出現，但并未發展成普遍存在自成系統的墓誌文獻。中國古代墓誌這般產生時間早，歷時持久，形制、格式、内容穩定，使用廣泛的石刻種類，在世界古代文明中絶無僅有。換言之，中國古代墓誌本身即存在原創性。

生人有傳，逝者有誌，誌墓文字的出現，可以追溯到先秦時期。漢代以來，墓誌在魏晋南北朝逐漸成熟定型，與此相對應，這一時期也出現了墓誌整理著録。如南朝梁江淹《江文通集》録有《宋尚書左丞孫緬墓銘》等，蕭統《文選》卷五九"碑文下"録文《劉先生夫人墓誌》，梁元帝《金樓子》卷五"著書篇"著録《碑集》十帙百卷。與此同時，著録北朝墓誌的庾信《庾子山集》也在北周大象元年（579）由宇文逌編撰完畢，文録《鄭偉墓誌》等二十一種。這些南北朝墓誌多爲名家所撰，收録於個人文集，本屬正常慣例。不過，這種現象卻開啓了墓誌石刻獨具的著録形式——文集著録。隋唐時期，南北朝文集尚傳於世，所以大量墓誌文獻又被整合入類書和總集之中，都可視爲文集著録的延續。

隨着宋代金石學的出現，墓誌始被納入金石學研究體系之中，在繼續保持文録傳統之外，又出現目録、題跋等新研究形式。目録的出現，標志墓誌從文集所在之文學領域，逐漸歸入於石刻所在之史學範疇，獨立成爲石刻種類之一。進而引發了人們對墓誌文物屬性的關注，拓展了墓誌種類數量來源，即在傳世文集和類書之外，實物墓誌逐漸進入研究者的視野。清代及民國時期，金石收藏家對漢刑徒墓碑及南北朝墓誌的廣泛收集整理，即源於此。傳世文獻與實物墓誌，一早一晚，涇渭分明，時有交叉印證，皆爲墓誌的重要來源。相比目錄，墓誌題跋的興起，則具有研究模式的創新意義。如開創者歐陽修《集古録跋尾》輯録歷代碑誌，逐一題跋，考證史實，闡發義理，史論結合，傳世文獻與出土文獻互證，樹立了後世碑誌題跋風氣和範式。元明之際，金石學中衰，至清始復盛興。有清一代，學者們繼承金石學精神，考據學發達，出現了文跋結合的王昶《金石萃編》類集大成之作，李富孫《漢魏六朝墓銘纂例》義例學類著述，以及影印墓誌圖版的《寰宇貞石圖》類圖録，都極大地推動了墓誌及相關問題研究進程。

在墓誌日益爲學者所重，相關整理研究逐漸深入的同時，其學科歸屬也隨着清末金石分途而再次發生變化。金石分途是金石學發展至清代的自身調整，即出現金石并重，分開兩支的發展趨勢。孫星衍《寰宇訪碑録》、王昶《金石萃編》、黃立猷《石刻名彙》、葉昌熾《語石》等石刻專論的刊行，都反映出石刻學獨立發展成一種專門學問。這同樣可視爲，墓誌從金石學中脫離出來，成爲石刻學的重要組成部分。當然，事情還不止於此。在金石分途之外，金石學又受到西方田野考古學的影響和衝擊。二十世紀初，西方田野考古學理論方法傳入我國，并在河南仰韶、北京周口店等遺址發掘中得到推廣應用，爲中國現代考古學的建立奠定了基礎。如果説，金石分途是金石學的內部裂變，西方田野考古學則是其外部刺激。因爲考古學的形成，不僅涵蓋了金石學部分研究內容，使其理論化，同時也促進了金石學的進一步細化。如金學範疇內衍生出古文字學、錢幣學、甲骨學、簡牘學、銘刻學等，石學也細化出碑學、石經學、印學等分支。在這種背景下，原創性的墓誌學已經處於醞釀之中。

（二）墓誌學研究體系的通識性

相比原創性，通識性更代表着研究體系的成熟。宏觀地看，中國古代墓誌研究體系在汲取千百年來中國古代文化精華，以及宋代以來金石學傳統研究方法之後，又經歷了近現代石刻學通識理論的提升和普及。

金石學的發展雖然受到西方田野考古學的影響，但没有被完全取代，其石刻學分支仍然以傳統方式活躍於學術舞臺，并逐漸發展壯大。1924 年刊行的馬衡先生《中國金石學概要》，可視爲近代金石學研究的領航者。全書上編專論銅器，下編關注石刻，雖然前者衆，後者寡，形式上未能擺脫金石學重金輕石之窠臼，但却奠定了後世金石學研究的大體框架。更爲重要的是，馬衡先生專列墓誌一節，用以概述歷代墓誌發現情況，考論墓誌起源、名稱、體例、數量、真僞、著録等問題，是爲墓誌研究綱領性闡述。此後的 1933 年，陸和九先生《中國金石學講義》出版。該書仍然保持金石并重慣例，但在論述方式上發生了變化，對後世石刻學研究多有啓迪。一是以種類、時間、空間等維度梳理金石存佚情況，拓展論述視野。二是從文例文字角度分析多種南北朝隋唐代表性墓誌，建立例證模式。在馬、陸兩位先生之後，是朱劍心先生的《金石學》。該書分《通論》《説金》《説石》三編，新意在《説石》下列"名義制度""文字圖像""碑版源流""石刻之厄"諸章。以墓誌視之，每章之中均有論及，通篇可成墓誌系列研究。此視角跳出時空概述套路，爲前賢所無，多有創見。上舉三本金石學著作，對宋代以來的金石學理論進行總結，爲金石學理論知識的普及做出重要貢獻。

　　與近代金石學通論相對應，現代有三部石刻學專著值得關注，分別是趙超先生《中國古代石刻概論》《古代墓誌通論》、毛遠明先生《碑刻文獻學通論》。趙先生《中國古代石刻概論》出版於 1997 年，2019 年又出增訂本。與傳統金石學兼顧金石不同，《概論》專注於石刻研究，系統論述中國古代石刻之類型、存佚、研究、釋例、拓本等問題，乃爲現代石刻學研究領域奠基之作。而作爲重要石刻類型的墓誌，趙超先生將之定位於"專用文字石刻"，并對墓誌定義、起源、演變、形制、紋飾等進行了較爲深入的探討。《概論》之後，有代表性的石刻學通識理論著述是毛遠明先生在 2009 年出版的《碑刻文獻學通論》。《通論》注重從碑刻學、文獻學交叉學科角度切入，對碑刻文獻總貌、整理、研究諸問題進行整合，創建碑刻文獻學學科理論，代表目前石刻學研究最新水準。在《通論》中，毛遠明先生將墓誌列入第二章"碑刻的形制及其分類"，并用一節體量對墓誌相關問題進行概述。《中國古代石刻概論》與《碑刻文獻學通論》，研究對象一致，角度不同，前者重考古學，後者尚文獻學，殊途同歸，可謂當代石刻學研究之雙璧。石刻學研究通識理論的提升和普及，都爲墓誌理論研究提供了充足的養分，産生了第一部墓誌通論性著述——《古代墓誌通論》。相比《中國古代石刻概論》，趙超先生《古代墓誌通論》更關注墓誌研究之"專""通""用"：專以中國古代墓誌爲研究對象，強化專論特性；通論歷代墓誌發展狀況，建立通識理論；輔以文體釋讀、異體字識別及綜合研究，重在實用。至此，墓誌從文學轉入金石學，由金石學細化至石刻學，到獨立通論性研究的出現，相關知識積纍和理性思辨得到普及，墓誌學研究體系建立的通識理論條件已經具備。

（三）墓誌學研究體系的專業性

作爲學術問題的深入探討和權威闡釋，專業性是學術研究體系實力的象徵。在金石學、石刻學、墓誌通論等通識理論普及背景下，墓誌學研究體系的專業性同樣值得關注。下面以專題形式對本書所編墓誌典範意義研究中呈現出的重要學術觀點和成熟研究方法進行綜合介紹。

第一，墓誌起源問題。物之興起，必明其所來。關於墓誌起源問題，歷來受到古今中外學者的關注，并進行了不同程度的研究。趙超先生在《中國古代石刻概論》中提出墓誌具備“埋設在墓葬中，專門起到標志墓主的作用；有相對固定的外形形制；有較爲固定的銘文文體”等特徵的論斷，得到學界普遍認同。在此平臺基礎上，研究者們對墓誌起源問題進行了廣泛對話。趙超先生《試談標志墓葬制度的起源——銘（明旌）與徽記的考察》從考古學角度，探討明旌與徽記所具有的標志墓主、標志墓葬作用，將標志墓葬制度起源前推至古人進入階級社會的時代。程章燦先生《墓誌文體起源及其與僑姓世族之關係》在重視墓誌起源中文學因素之外，進一步分析作爲文化精英的僑姓世族所創作的墓誌文，對社會風氣、文化傳播的影響，進而落實墓誌起源與世族的關係。相比之下，任昉先生《古代墓誌的材料來源問題》重點研究行狀在墓誌材料來源中所發揮的作用，并指出行狀作爲較墓誌更爲原始的傳記資料，價值更大，更應受到重視。今見傳世行狀，多非原貌，討論行狀撰寫規範等問題，亦須謹慎。相比以往簡單地憑藉“墓誌”題名、出土實物，以及史籍記載來斷定墓誌起源，當下的相關研究要更爲深入，研究角度也多元化。

第二，墓誌流變問題。上文已言，墓誌在魏晉南北朝時期逐漸成熟定型，但并未形成普遍的統一模式。部分地區墓誌形制受到傳統文化及地域文化等因素的影響，流變情況較爲複雜，出現一定程度的反復，并對後世墓誌發展產生重要影響。朴漢濟先生《魏晉南北朝時期墓葬習俗的變化與墓誌銘的流行》在魏晉南北朝時期多民族葬俗文化融合背景下，探討作爲農耕漢族喪葬文化之一的墓誌銘，在墓誌發展、成熟及流行中的主導作用，視角頗爲新穎。與朴先生強調民族葬俗文化相類，張銘心先生《十六國時期碑形墓誌源流考》在漢魏晉南北朝隋唐時期碑形墓誌統計基礎上，以個案角度切入，結合墓主身份信息，總結出圓首碑形墓表所具有的河西地域文化特徵，并以此來解決漢晉十六國時期墓誌源流問題。同樣是墓誌異形問題，劉鳳君先生《南北朝石刻墓誌形制探源》以過渡時期視角來考察處於東漢魏晉與隋唐之間的南北朝時期墓誌形制問題，初步將其分爲碑形墓誌、長方形墓誌、方形墓誌和比較特殊的龜形墓誌四種，并對形制來源問題進行了文化學角度的闡釋，亦別有見地。

第三，墓誌藝術問題。墓誌之成，始於書寫。墓誌係歷代文字載體所在，於書體演進研究具有重要價值。又墓誌習爲名家所書，結字楷法，可爲摹寫範本，適於藝術學研究。華人德先生《談墓誌與書法》先述墓誌演變，再論墓誌書法，於書法特點、時代特徵、發展式微等言説細緻。該文成文較早，影響亦大，屬於墓誌書法綱領性闡述，尤適合書法愛好者及研究者。與華先生有別，叢文俊先生《魏碑體考論》關注北魏時期以洛陽周圍出土的皇室和元姓貴族墓誌爲代表的魏碑書法，分析其書體特徵、風格樣式形成的歷史綫索，指出魏碑體濫觴於蜕化銘石書，借力於寫經，規範於士人楷法，既成樣式與風格變化完成於鑿刻的改造和掩飾之結論，具有啓發意義。華文言之在通，叢文重之在精，皆爲墓誌藝術研究之經典。此外，墓誌形成初期原本無蓋，南北朝時期漸有素蓋及文字蓋，至隋唐紋飾花樣日繁。劉天琪先生《古代墓誌蓋"題銘書刻"及相關問題》及王慶衛等先生《唐代墓誌誌蓋鋪首紋飾之文化蘊意探析》是近年來研究墓誌蓋藝術較有成績者。

第四，墓誌製作問題。一件完整墓誌的製作，通常具有兩個層面的含義：一是制度層面的製作，包括撰文、書丹、刊刻等多道工序。另一是非制度層面的完成，包涵着禮制、習俗、觀念、權力等各種因素在墓誌製作中的妥協與角逐。無論哪一個層面的製作，都是墓誌研究中的根本問題，也是難題。原因在於制度層面涉及的撰、書、刊等并不是墓誌標配，不同時期、不同地域的墓誌呈現的面貌也不一樣，非制度層面製作更需要從墓誌所處時代背景去深度挖掘。今見南北朝墓誌制度層面製作問題的代表性研究，分見朱智武先生《六朝墓誌的撰者與書人身份辨析》與魏宏利先生《北朝墓誌之撰人及其相關問題》。朱文雖然是一篇商榷性論述，但基本囊括了六朝時期墓誌製作問題研究的相關論説，資料豐富是其優長。魏文則通過爬梳北朝墓誌內容，對墓誌作者身份進行分類和界定，并詳析"公""私"身份對墓誌製作產生的影響，重在研究角度的探索。相比朱、魏兩位先生關於南北朝墓誌製作的制度層面探究，徐冲先生《從"異刻"現象看北魏後期墓誌的"生產過程"》更關注非制度層面因素的分析，即將北魏墓誌出現的左方留白、誌尾擠刻、誌題不記贈官、謚號空位等"異刻"現象，歸因於中古社會權力關係不平衡的產物。這種研究無疑具有方法論上的推廣意義。隋唐墓誌的製作研究，則以胡可先先生《中古墓誌銘的文體形態與書寫規則》、江波先生《唐代碑誌制度性撰文研究》、孟國棟先生《寫本・刻本・拓本——唐代墓誌的生發、篆刻與流傳》等爲代表。

第五、墓誌譜系問題。通覽墓誌發展，早期誌墓，後期誌人，不離譜系，遠則九族家譜，近則三代世系。關於墓誌譜系問題研究，可以從兩個維度進行：一是據之以實，輯補官私譜牒；二是徵之以虛，探討族群認同。前者以陳爽先生《出土墓誌所見中古譜牒探迹》爲代表，相關研究以出土墓誌中所見譜牒資料爲綫索，探求中古譜牒來源，認定中古墓誌中大量位於首尾、誌陰等特殊位置并以特殊行款書寫的家族譜系記載爲官私譜牒，并對中古譜牒的主要内容、行文格式、書寫義例等方面進行探討。論文在輯補官私譜牒基礎上，拓展了中古社會史研究的學術視野。後者以何德章先生《僞托望族與冒襲先祖——以北族人墓誌爲中心》爲代表，通過對北魏時期北族出身者墓誌中僞托地望與冒引先祖想象的分析，探討内遷北族人對華夏歷史文明的認同。文章認爲相比史書宣傳，墓誌相關記述標志着少數族人漢化或華化的過程真正完成。陳先生注重史料學角度上的深度挖掘，用以拓展社會學研究對象與視野。何先生利用歷史學方法分析現象下本質問題，適用於族群交流融合研究。兩位先生的研究，關注不同，視角亦異，均爲墓誌譜系問題研究方面的指導性著述。

第六，墓誌整理問題。整理是基礎，研究是發展，彼此促進，同時構成墓誌學之重要内容。前文提到，在文獻著錄之外，墓誌還存在實物來源，而且比例逐漸增大。這種現象的出現，絕非“地不愛寶”那般簡單。羅新先生《新出墓誌與現代學術倫理》提出一個長期以來被忽視，甚至回避的問題——非法新出墓誌與現代學術倫理的矛盾。文章雖未作出明確結論，但關於學術倫理問題的闡釋，以及開放式的結尾，都足以引起墓誌研究者的共鳴和反思。羅先生關注墓誌來源問題，王素先生與任昉先生重視墓誌整理規範，其《墓誌整理三題》主張在保存和顯示墓誌原貌，真實反映墓誌銘文原意的原則下，墓誌定名應用首題，平闕轉行應有標識，銘文標點應該慎重。兩位先生長期主持《新中國出土墓誌》系列，相關墓誌整理規範影響深遠。義例與文字是金石學重要研究内容，至今仍爲學界所重視。楊向奎先生《義例研究在墓誌文獻整理中的應用——以唐五代墓誌爲中心》、梁春勝先生《隋唐碑誌疑難字考釋》將義例與文字之學運用於墓誌整理中，拓展了墓誌整理方法。相比之下，陸揚先生《從墓誌的史料分析走向墓誌的史學分析——以〈新出魏晉南北朝墓誌疏證〉爲中心》則將墓誌史料整理工作進一步拔高，即使墓誌成爲一種獨立而非孤立的史學考察對象，對近年來墓誌研究模式的思考多具啓發意義。同時，文章也提倡在文體觀念演變及其與文化價值觀的關係框架下，將墓誌作爲文化精英階層間出現一種具有能動性的文化現象來考察。陸先生雖然以魏晉南北朝墓誌研究爲例説，但其提到的墓誌史學研究、墓誌製作過程、墓誌與想象維護、墓誌對文學影響等問題，對於其他時代的墓誌研究同樣具有借鑒意義。

第七，墓誌辨僞問題。受金石學鑒賞及考據風氣影響，墓誌素爲收藏家所重，價值愈大，價格愈高。然古今商估射利，碑誌舛訛横生，僞造之風不絕，學者時有不審，好奇務博，至於輕信，以誤於學。碑誌僞造，宋代已見，作僞手法間見層出，清人於此已有所關注，陸增祥《八瓊室金石補正》書末附有《金石袪僞》一文，對《高植墓誌》《房周陁墓誌》《蘇玉華墓誌》等多有考辨。後葉昌熾《語石》又條理其事，張彦生、王壯弘、趙超、馬子雲、施安昌等學者踵事增修，宗法其説。本書對墓誌辨僞問題的關注，擬以地域、對象及方法爲試點。河南自古爲中原文化核心區域所在，加之作爲北魏、東魏都城的洛陽、安陽及邙山陵墓區，出土中古墓誌衆多，清末民初造僞風氣日盛。趙振華先生《近代洛陽複刻僞造的墓誌及其惡劣影響》與劉燦輝先生《洛陽北魏墓誌的作僞、考辨與鑒別》分別從近代洛陽地區和洛陽北魏墓誌角度，對墓誌造僞問題進行系統梳理，在豐富墓誌學研究内容的同時，對其他地區及時代墓誌辨僞研究也具示範意義。王連龍、叢思飛《碑誌辨僞通例》將胡應麟"辨僞八法"、梁啓超"辨僞十二公例"等文獻辨僞學方法與石刻文獻載體相結合，注重碑誌辨僞現象、方法、規律、態度等方面的總結和反思，加强墓誌辨僞的理論研究。

第八，墓誌數字化問題。辯證地看，石刻文獻研究數字化，既是新問題，也是老問題。所謂新問題是指隨着科技的發展，可以把墓誌存目、圖録、釋文、研究等轉化爲數據，再通過大數據、人工智能等技術，生成多功能的數字化産品。這雖然是以往墓誌研究中不可想象的事情，但并非新鮮事物。在文獻學理論關懷下，中國古代石刻的編目、輯録、引得、索引等整理和研究，都曾發揮"數字化"作用，是爲老問題。學術研究重在與時俱進，墓誌數字化問題研究也勢在必行。目前石刻文獻數字化建設中，高校圖書館等科研機構和數字技術公司是主要力量。在本書中，來自高校圖書館系統的郭茂育先生《墓誌拓片著録初探》、張居蘭先生《墓誌文獻數字化建設初探》探討了墓誌文獻整理過程中若干規則和注意事項，反映出該領域中墓誌文獻研究進程和現狀。在學術資源上，圖書館等文博科研機構收藏有大量石刻文獻資料，也富有從事研究的專業人員，都是其優勢所在。與前面兩位先生不同，穆荷怡先生在數字技術公司長期主持數字産品研發，其《石刻文獻類數據庫的簡析與展望——以商業數據庫的知識化建設爲核心》代表着企業界對墓誌數字化問題的思考與實踐。相比高校科研機構，技術企業具有靈活、前衛等特點，其相關産品在測試、設計、體例、安全，以及市場迎合度等方面往往代表着墓誌數字化的最新水平。

（四）墓誌學研究體系的自覺性

墓誌學研究體系的建立，在原創性、通識性、專業性之外，最後一個不可或缺的條件是自覺性。這種自覺性體現於墓誌學研究體系的定位調整、學者集結，以及總結與反思，進而實現學術體系的完善和再生過程。

關於墓誌學定位調整，上文在總結墓誌學研究體系的原創性、通識性時，已有所論及。即墓誌最初作爲文體之一，從文集、類書中逐漸脫離，在保持來源的前提下，進入金石學研究領域。此後，隨着金石分途的内部裂變和田野考古學的外部刺激，墓誌又歸入石刻學之中，成爲一種重要石刻種類。最後，在金石學及石刻學理論普及背景下，墓誌又從石刻學中獨立出來，單獨成爲一門學問。可以看到，墓誌在不斷調整學術定位的同時，相關研究内容也隨之調整，從文學文體到鑒賞考據，又至通識普及，吸收考古學理論方法，再到專門理論建構，完成自我升華。

墓誌研究體系的自覺性還包括墓誌學研究群體的自然集結。在金石學形成及發展時期，就出現了一批以金石爲研究對象的學者，即所謂金石學家，李遇孫、陸心源、褚德彝《金石學録》及續補對此多有總結。在當下的墓誌學研究中，也存在着相當規模的墓誌學研究群體。這些學者與傳統金石學家不同，存在以下特點。一是廣泛化，墓誌研究者分布廣泛，全國各省及海外地區均有代表性學者，其中北京、鄭州、洛陽、西安、杭州、南京、成都、上海等地區已經形成學術團隊。二是專業化，不同時代墓誌的不同研究領域都存在較爲細緻的分工，如本書上編“通論”對墓誌相關研究情況進行的宏觀總結，下編“專題”集中墓誌不同問題的深度解讀。三是兼職化，在部分墓誌專職研究者之外，還有一些學者以墓誌爲個人研究方向之一，非其主業，甚至兼而事之，但這不影響他們在墓誌研究中展現出宏觀視野和精深見解。四是年輕化，墓誌學研究群體年齡構成合理，前輩學者指明方向，中青年骨幹勇於擔當，一大批八零後、九零後年輕學者已經投身於墓誌整理研究領域。這些來自不同地區不同專業的研究者，以墓誌爲共同研究對象，在學術交流中，增進友誼，形成形式鬆散，而志趣高度統一的群體。

反思是學術研究的力量源泉，祇有不斷地對學術理論和學術實踐的統一體進行反思，進而更新學術研究體系的理論方法，纔能保證學術研究的良性發展。幸運的是，在以往墓誌學研究中，已經出現不同內容及不同角度的反思。本書將其歸納爲三類：第一類如賈小軍先生《近年來十六國墓誌及相關研究述評》，朱智武先生《東晋南朝墓誌研究綜述與理論思考》，趙海麗女史《近年來北朝墓誌相關問題研究綜述》，周曉薇先生、王其禕先生《致遠當安步：新世紀以來我們研究隋代墓誌銘的回顧》，氣賀澤保規先生《近年中國唐代墓誌的整理研究史概述》，胡耀飛先生、謝宇榮女史《五代十國金石文獻的基本特徵和研究現狀》，仝相卿先生《宋代墓誌碑銘研究及整理綜論》，王新英先生、祝賀女史《遼、金、党項西夏墓誌研究》，苗霖霖女史《金代墓誌研究述論》，周峰先生《二十一世紀新見金代墓誌叙錄》，黃志明先生、王力春先生《元代墓誌著録與研究概論》，邵磊先生《新出土明代墓誌的特點與價值》，何山先生《清代碑刻文獻整理研究的回顧與前瞻》等研究，對不同時期墓誌研究情況進行總結；第二類如仇鹿鳴先生《十餘年來中古墓誌整理與刊布情況述評》、孫正軍先生《近十年來中古碑誌研究的新動向》、劉琴麗先生《近七十年來中古墓誌的整理與研究》、王連龍《南北朝墓誌著録源流述略》、馮立君先生《北朝隋唐遼東古族碑誌的著録與研究》等研究，關注中古墓誌的著録、整理、研究及近年來刊布情況；第三類是周偉洲先生《吐谷渾墓誌通考》、榮新江先生《中古入華胡人墓誌的書寫》、張銘心先生《高昌墓塼書式研究——以"紀年"問題爲中心》、毛陽光先生《唐代洛陽粟特人研究——以出土墓誌等石刻史料爲中心》、拜根興先生《入唐高句麗移民墓誌及其史料價值》等研究，根據誌主群體進行綜合研究。三類反思相輔相成，相互交叉，形成墓誌學系列的通時與斷代相結合，整體與局部相維繫，從點到面的研究反思體系。後繼研究情況表明，很多反思已經很好地運用於實踐之中，提高了墓誌研究的整體水平。

在前面，我從墓誌學研究體系的原創性、通識性、專業性、自覺性等四個角度，對當下墓誌研究情況進行了全面的梳理。從衡量標準來看，原創性、通識性、專業性、自覺性既是學術體系特色、優勢、權威、實力的體現，也是學術體系成熟的標志。當前墓誌學研究已經達到較高水平，原創性、通識性、專業性、自覺性形成系統，墓誌學研究體系初步建立。

三

目前看，墓誌學研究框架已經形成，相關研究體系也初步建立，但作爲一種新興學問，還有一些地方需要進一步完善。關於未來墓誌學發展，我有三個期待。

其一，確定墓誌學的學科歸屬。前文關於墓誌學既往定位調整的探討，也引發了對另外一個問題的思考，即未來墓誌學的學科歸屬問題。當然，這不僅僅是學科歸屬，還關乎相繼的課程設置、人才培養等一系列問題。以目前墓誌學研究狀況觀之，基於墓誌記載內容廣泛的特性，不同專業研究方向均是各取所需，如歷史學角度的史實考證，文學方面的文體分析，藝術學層面的書法研究，社會學維度的族群梳理等。換言之，不同專業學者都可以從事墓誌及相關內容的研究。但與墓誌使用不同的是，其學術研究體系的學科歸屬是另外一層面的問題。比較而言，我認爲應該將墓誌學設置於考古學科之下。這主要有兩方面考慮：一是墓誌文獻本身屬性。墓誌原本即是埋葬於墓葬中的石刻文獻，雖然在早期著錄中，文集、類書是其來源之一，但在金石學建立之後，墓誌實物逐漸進入研究者視野，越發受到重視，在墓誌來源中所占比例越來越大。在當下，實物墓誌一部分來自於考古發掘，還有一部分爲考古文博單位（含公私博物館）徵集收藏。顯然，無論是墓誌的產生，還是墓誌的發現與收藏，都帶有很強的考古學屬性。二是考古學學科體系。考古學原來從屬於歷史學，現在已經發展成爲一級學科，在學科分支及研究方向上，目前形成史前考古、歷史考古、田野考古、文字考古、文博遺產、文物保護等多元化學科研究體系，可以滿足墓誌學的理論與實踐需求。所以，將墓誌學設置於考古學科之下，既符合墓誌本身文獻屬性，也有着墓誌學發展的現實考慮。

其二，完善墓誌學研究體系。首先，增強墓誌基礎整理。墓誌整理是墓誌學研究體系建立的基礎，勞心勞力，費工費時，產出較慢，學術認可度不強，成果質量參差不齊，相關研究力度不足，已經影響到墓誌學的發展。墓誌基礎整理工作有三方面需要加強，分別是完善目錄、版本、校勘、圖版、敘錄、輯佚、辨僞、鑒藏等文獻學角度的基礎整理；打通時間隔斷，加強宋代以後墓誌整理；與時俱進，提高新材料整理與刊布效率。其次，強化墓誌學理論研究。實踐是理論的本源，理論的價值在於指導實踐。遺憾的是，自 2003 年趙超先生《古代墓誌通論》出版以來，近二十年間再無墓誌理論綜合性研究著述出現。墓誌學理論研究相對落後，已經制約墓誌學相關概念、對象、範疇、方法、理論、評價等内容的規範化，以及交流平臺的搭建。可喜的是，近年來墓誌研究在石刻研究系統中所占比例逐漸增大，一些斷代墓誌文獻研究和墓誌個案理論研究開始出現，都反映出墓誌學理論研究得到重視，并正在納入日程之中。最後，拓展墓誌學研究的深度。建立墓誌學的史料、史學、文化學遞進研究體系，夯實史料整理，拓展史學維度，提升文化學高度。一方面系統考察作爲文化現象的墓誌，在産生、流變、穩定、推廣的近兩千年間，各種文化因素對其影響和改變。另一方面深入研究作爲信息載體的墓誌，在文化傳承中發揮的功能和扮演的角色，探索其對文化研究的擔當與貢獻。

其三，加强墓誌數據庫建設。現代科學技術的發展突飛猛進，在推動社會進步的同時，也改變着人類的認知方式，對學術研究産生巨大影響。墓誌學雖然是一門傳統學問，但并不僵化，不斷地自我定位調整即是明證。數字化時代，與墓誌學研究最爲密切的是數據庫建設。目前已經出現的多種墓誌石刻類數據庫，以其方便、快捷、直觀等特點，爲學術研究帶來了諸多便利。需求總是在相互滿足基礎上循序産生，關於未來墓誌數據庫建設方向，我有兩點希望。第一，學術型數據庫。雖然當下林林總總墓誌類石刻數據庫在學術研究中發揮了一定的作用，但距離深層次學術研究需求還有一定的距離。爲此，可以從以下兩方面加强學術型數據庫建設。一是在研發投入上，提高專業學術人員比例，考慮建立高校等科研機構與數字技術公司等企業的合作模式。前者的優勢是學術團隊和專業力量，後者具有敏鋭的商機捕捉嗅覺和成熟的商業運作模式，可以實現共贏。二是在研發内容上，以智能化爲導向，超越圖像、文字索引等數據庫建設的初級階段，進入研究專家系統的數字化展示模式。采用人工智能技術，進行石刻圖像識別、文字識別及語言處理，提供演繹推理性搜索，輔助以專門知識及經驗總結的專家系統。第二，公益型數據庫。所謂公益型數據庫是指數據庫着眼於社會公益事業，成爲社會公益産品。衆所周知，數據庫的開發、運營、維護等不同階段涉及大量人力、財力投入，具有一定成本。公益性數據庫目標的實現，難度會很大，但不妨礙其成爲未來數據庫的建設方向。當然，這其中一方面需要國家層面的宏觀指導和財政支持，另一方面也需要個人以不同形式積極參與和貢獻力量。希望通過不同國度、不同領域學者的通力合作，協調各方面利益，實現墓誌文獻數據共享，服務學界，回報社會。這就決定了學術研究不僅是個人之事，也是社會之事，每位學者都要肩負使命感和責任感，以實現美美與共，天下大同。

　　墓誌展現的是生命歷程。萬物同源，貴賤無分，去來往復，衆生平等。祇是千年，如已過的昨日，又如夜間的一更，轉瞬即逝，化作流星，最後匯聚成歷史蒼穹。

　　尊重生命，虔敬研究！

王連龍

二〇二二年三月十六日於鏡心齋

目　録

上編　通論

下編　專題

上編

通論

近年來十六國墓誌及相關研究述評

賈小軍

墓誌研究爲中國中古史研究的重要領域，碑誌亦爲中國中古史研究最爲倚重的文獻之一，已成學界之共識。不過值得注意的是，"碑誌""中國中古史"這樣較爲籠統的提法，容易給人帶來中古時代每個階段都在碑誌整理、研究方面取得重大進展的模糊認識。根據近年來學界的相關研究成果來看，墓誌整理及研究所帶來的學術增長點，在中國中古時代各個階段并不均衡，十六國墓誌[①]數量總體較少，相關資料整理及研究也很難與南北朝、隋唐時期的墓誌整理、研究相比，但即便如此，近年來隨着考古工作的系統開展與研究者視野的擴大、視角的轉換，十六國墓誌整理與研究也呈現出與以往不同的特點，在一定程度上也推動了魏晋南北朝隋唐史的研究。

一 基礎資料的整理

有關魏晋南北朝時期墓誌整理的代表性著作有如下數種：趙萬里《漢魏南北朝墓誌集釋》，[②] 趙超《漢魏南北朝墓誌彙編》，[③] 羅新、葉煒《新出魏晋南北朝墓誌

---

① 爲便於討論，本文所討論的"十六國時期"的時間範圍自304年李雄和劉淵分別建立成國（成漢）和漢趙（前趙）時起，至439年北魏太武帝拓跋燾滅北凉爲止。
② 趙萬里：《漢魏南北朝墓誌集釋》，科學出版社，1956年。
③ 趙超：《漢魏南北朝墓誌彙編》，天津古籍出版社，2008年。

疏證》，① 王連龍《南北朝墓誌集成》。② 侯燦、吳美琳《吐魯番出土磚誌集注》③ 和張銘心《吐魯番出土墓誌彙考》④ 則是對特定地域（吐魯番）和特定政權（高昌國）碑誌進行整理研究的佳作。另有劉琴麗《漢魏六朝隋碑誌索引》，⑤ 大大方便了研究者對漢魏六朝墓碑和墓誌（其中十六國碑誌三十二方）的使用與研究。不過僅從上述幾種著述的名稱來看，缺少以本文討論的"十六國"爲關鍵字者，而《吐魯番出土磚誌集注》《吐魯番出土墓誌彙考》著録、考釋的重點，亦不在十六國時代。⑥ 雖然"漢魏南北朝""魏晉南北朝"往往會被約定俗成地認爲包括十六國在内，但翻檢相關著述，畢竟十六國時期的墓誌數量較少，的確很難搜羅彙集成爲可以命名爲類似"十六國墓誌集成"⑦ 的著作。

十六國時期墓誌較少的原因學界已有共識，主要在於魏晉崇尚薄葬并禁止立碑。《宋書》卷一五《禮志二》云："漢以後，天下送死奢靡，多作石室石獸碑銘等物。建安十年，魏武帝以天下凋敝，下令不得厚葬，又禁立碑。"⑧ "這種禁止立碑的詔令造成兩種現象：一是與漢碑相比，魏晉時期的碑誌呈現斷崖式減少；二是立於地上的墓碑開始轉向地下，直接'催生'墓誌的産生與發展。"⑨

正因如此，已發現的十六國墓誌更顯示其重要的學術價值，也爲本來稀疏的十六國史料園地增添了多個學術增長極。以《魯潛墓誌》《梁阿廣墓表》《梁舒墓表》爲例，後趙建武十一年（345）《魯潛墓誌》墓誌的出土（1998），不僅爲考察墓主人魯潛的官宦生涯提供了資料，也爲研究後趙的官制、政治、文化提供了物證，也爲確定曹操高陵的具體方位提供了重要參考。⑩ 2000 年在寧夏彭陽徵集到

① 羅新、葉煒：《新出魏晉南北朝墓誌疏證》，中華書局，2005 年。

② 王連龍：《南北朝墓誌集成》，上海人民出版社，2021 年。

③ 侯燦、吳美琳：《吐魯番出土磚誌集注》，巴蜀書社，2003 年。

④ 張銘心：《吐魯番出土墓誌彙考》，廣西師範大學出版社，2020 年。

⑤ 劉琴麗：《漢魏六朝隋碑誌索引》，中國社會科學出版社，2019 年。

⑥ 《吐魯番出土磚誌集注》著録年代最早的磚誌爲《大涼承平十三年（455）且渠封戴墓表》，十六國時代的下限是公元 439 年，大涼爲十六國北涼殘餘勢力在西域東部地區建立的地方政權。

⑦ 關尾史郎："五胡"時代的墓誌及其周邊，李秀梅、李亮譯，《吐魯番學研究》2017 年第 2 期（原刊『環日本海研究年報』第 16 号、2009 年 2 月）。注云："五胡時代至高昌國時代的墓誌集成正在編纂。"

⑧ 沈約：《宋書》，中華書局，1974 年，第 407 頁。

⑨ 范兆飛：《螭龍寂寞碑額垂》，收於耿朔、仇鹿鳴編《問彼嵩洛——中原訪古行記》，中華書局，2019 年，第 179~202 頁。

⑩ 龍振山：《魯潛墓誌及其相關問題》，《華夏考古》2003 年第 2 期。

的前秦《梁阿廣墓誌》，曾被認爲是國内發現最早的墓誌之一①（前秦建元十六年，380），該碑的發現，對厘清休屠胡的遷徙過程以及認識北朝"領民酋長"制度的源頭都提供了重要參考。不過無論就發現時間還是墓表紀年來講，1975 年在甘肅武威發現的《梁舒墓表》（前秦建元十二年，376）均早於《梁阿廣墓表》（前述《魯潛墓誌》時間更早），《梁舒墓表》爲進一步探討五涼政治制度和姑臧城的地理位置等問題提供了重要綫索。相信隨着考古工作的進一步開展，今後還會有更多的十六國墓誌被發現，"最早"的時間也很有可能會不斷刷新，更多的學術增長點也會隨之被挖掘出來。

上述三種墓誌之外，目前已發現的十六國墓誌還有如下幾種：前秦建元二年（366）四月《護國定遠侯墓誌》、②前秦建元十三年（377）三月《崔氏墓誌》、③後秦弘始四年（402）十二月《吕憲墓表》、④後秦弘始四年（402）十二月《吕他墓表》、⑤西涼嘉興二年（418）十二月《李超夫人尹氏墓表》、⑥西涼某年《鎮軍梁府君墓表》、⑦大夏（真興）二年（420）正月《田嬰墓誌》；⑧另，《新出魏晋南北朝墓誌疏證》所收《趙猛墓誌》誌主趙猛，⑨生年爲北魏明元帝泰常四年（419），而趙猛曾祖趙辨、祖趙魚，歷仕前秦、後秦，趙猛的妻父田背曾仕後秦中書博士、馮翊太守，因此在一定程度上也可算是十六國墓誌。

以上十種墓誌以時間論，紀年最早者爲後趙建武十一年（345），最晚爲大夏（真興）二年（420）；以墓誌總數論，也繼承、遵守了魏晋時期"不得厚葬，又禁立碑"的制度要求；以墓誌主人活動的政權或地域論，後趙一例（河南安陽）、前秦四例（甘肅武威一例、寧夏彭陽一例、陝西户縣一例、一例不詳⑩）、後秦二例（陝西咸陽）、西涼二例（甘肅酒泉）、大夏一例（内蒙古烏審旗）。值得注意的是，與張銘心總結的"河西圓首碑形墓表"特點類似，上述十例墓誌分布區域具有"西

---

① 王琨：《寧夏出土墓誌整理研究綜述》，《圖書館理論與實踐》2017 年第 8 期。

② 羅新、葉煒：《新出魏晋南北朝墓誌疏證》，第 17 頁。

③ 劉兆鶴、吴敏霞：《户縣碑刻》，三秦出版社，2005 年，第 289 頁。

④ 路遠：《後秦〈吕他墓表〉與〈吕憲墓表〉》，《文博》2001 年第 5 期。

⑤ 羅新、葉煒：《新出魏晋南北朝墓誌疏證》，第 28~30 頁。

⑥ 肅州區博物館：《酒泉小土山墓葬清理簡報》，《隴右文博》2004 年第 2 期。

⑦ 甘肅省博物館：《酒泉、嘉峪關晋墓的發掘》，《文物》1979 年第 6 期。

⑧ 羅新、葉煒：《新出魏晋南北朝墓誌疏證》，第 33 頁。

⑨ 羅新、葉煒：《新出魏晋南北朝墓誌疏證》，第 106~107 頁。

⑩ 現藏河南省洛陽市古代藝術館。

北偏北"的特點，這個區域既涉及漢晋時期中原統一王朝的核心區域（關中、中原，共四例），又涉及核心區域偏西、偏北更爲廣袤的區域（共五例），可謂平分秋色。趙猛墓誌出土於山西省永濟縣蒲州鎮侯家莊村南，雖在當時的北魏境内，但大體也屬於上述區域。這是否在一定程度上能够説明，當中原地區陷入戰亂，保存、繼承中原喪葬傳統及石刻制度的重任，的確由上述位於河西的五涼政權或者關中以北的大夏等地方政權承擔。

此外，還有一些書寫有墓主人生前姓名等信息的墓葬文獻也受到關注，與上述"墓誌"相比，這類墓葬文獻數量頗爲可觀。如前秦建元十四年（378）二月張氏女銘文磚、① 前燕永昌三年（324）正月李廆墓磚記、② 永和十三年（357）十月冬壽墓墨書墓誌、③ 高句麗永樂十八年（408）十二月某鎮墓墨書墓誌、④ 陝西西安洪慶原十六國梁猛墓"安定梁猛"銘文磚、⑤ 以及在敦煌等地發現的大量鎮墓文⑥ 等，以上資料均散見於各類考古報告、專著和學術論文當中，因此尚待進一步的整理。林昌丈《漢魏六朝墓磚銘文輯録校釋》（一）⑦ 對漢魏六朝墓磚銘文進行輯録、校釋，正是近年來此類文獻整理的代表性著作，但該著的著録重點仍在漢魏、六朝，很少收録十六國時代的墓磚銘文，仍然表現出學界在整理碑誌、磚銘等文獻時的某種慣性或者惰性。

二　十六國墓誌研究現狀

有關包括十六國在内的中古時代墓誌研究現狀，周雙林、⑧ 陸揚、⑨ 關尾史

---

① 謝高文：《陝西咸陽市文林小區前秦朱氏家族墓的發掘》，《考古》2005 年第 4 期；咸陽市文物考古研究所：《咸陽十六國墓》，文物出版社，2006 年，第 49 頁。

② 「遼寧出土、『五胡』時代墓記考釈——『東晋永昌三年正月李廆墓記』ならびに『後燕建興十年崔通墓記』とめぐってー」『環日本海研究年報』第 11 号、2004 年、55-62 頁。

③ 耿鐵華：《高句麗古墓壁畫研究》，吉林大學出版社，2008 年，第 239 頁。

④ 耿鐵華：《高句麗古墓壁畫研究》，第 246 頁。

⑤ 西安市文物保護考古研究院：《陝西西安洪慶原十六國梁猛墓發掘簡報》，《考古與文物》2018 年第 4 期。

⑥ 賈小軍、武鑫：《魏晋十六國河西鎮墓文、墓券整理研究》，中國社會科學出版社，2017 年；甘肅省文物考古研究所：《甘肅敦煌佛爺廟灣墓群 2014 年發掘簡報》，《文物》2019 年第 9 期；甘肅省文物考古研究所：《敦煌佛爺廟——新店臺墓群 2015 年發掘報告》，甘肅教育出版社，2021 年。

⑦ 林昌丈：《漢魏六朝墓磚銘文輯録校釋》（一），廈門大學出版社，2020 年。

⑧ 周雙林：《二十世紀利用碑銘資料研究魏晋南北朝史綜述》，《中國史研究動態》2002 年第 4 期。

⑨ 陸揚：《從墓誌的史料分析走向墓誌的史學分析——以〈新出魏晋南北朝墓誌疏證〉爲中心》，《中華文史論叢》2006 年第 4 期。

郎、^①孫正軍^②等先生均有總結與梳理，爲學界進一步開展相關研究提供了有益的思路和借鑒。本節參考以上諸文提供的思路與綫索，尤其是十六國墓誌整理、研究中存在的相關問題進行討論。

二十一世紀初，周雙林在總結二十世紀學界利用碑銘資料進行魏晋南北朝史研究的成就與不足時指出："首先，我們現在還缺少一部六朝時期的碑銘資料的集大成之作……其次，對碑銘資料本身的研究也有待進一步展開。從研究方法上看，打破學科界限，借鑒歷史地理學、考古學、社會學、統計學等不同學科的研究方法和手段，在充分占有碑銘資料的基礎上去發現和解決問題，這方面的研究還會有更多更新的成果出現。"2005 年羅新、葉煒《新出魏晋南北朝墓誌疏證》出版之後，陸揚指出："（該著）的工作包括了墓誌的彙集、録文、圖版刊載、録文著録和研究的概況、《疏證》自身對墓誌的研究幾個方面。""《疏證》的出現是（20 世紀）90 年代以來中古墓誌研究水準大幅度提高的一個證明。目前這方面的研究已從内容和方法比較單一的史料考證走向對墓誌的内涵作全面的史學分析。"^③ 日本學者關尾史郎則專門對十六國墓誌研究現狀進行了梳理，他指出："在近年石刻研究的高潮中……但是不得不注意的是，所謂的研究高潮都是石刻研究，而不是墓誌研究。"^④該文的一個重要觀點，是"石刻的墓誌，衹是墓誌的一部分，而并非全部"，因而墓誌研究在注重其内涵的同時，有必要擴大其外延，將相關"書寫有被葬者生前姓名等信息，以及表彰等内容的隨葬品"^⑤納入墓誌研究的範疇，因此爲今後拓展墓誌類文獻整理、研究的深度和廣度提供了有益的借鑒。而後出的張銘心《吐魯番出土墓誌彙考》將吐魯番出土的各類"墓誌"收録其中，可以説與關尾先生上述認識不謀而合，也顯示出學界對"墓誌"類文獻内涵、外延認識的進步。

上述諸文所指出的問題經過學界近 20 年來的努力，大多數都得到一定程度的解決，如王連龍著《南北朝墓誌集成》大體上解決了"缺少六朝碑銘資料集大成之作"這個問題；對碑銘資料本身的研究也是成果豐碩，而且還出現了一系列的新動向，即"碑誌所記祖先譜系的發現及建構過程的探討、碑誌中'異刻'即非正常刻

---

① 關尾史郎：《"五胡"時代的墓誌及其周邊》，李秀梅、李亮譯，《吐魯番學研究》2017 年第 2 期。
② 孫正軍：《近十年來中古碑誌研究的新動向》，《史學月刊》2021 年第 4 期。
③ 陸揚：《從墓誌的史料分析走向墓誌的史學分析——以〈新出魏晋南北朝墓誌疏證〉爲中心》，《中華文史論叢》2006 年第 4 期。
④ 關尾史郎：《"五胡"時代的墓誌及其周邊》，李秀梅、李亮譯，《吐魯番學研究》2017 年第 2 期。
⑤ 原文同時指出："但并不是説，所有傳達給後世的包含有與被葬者有關的信息的隨葬品都是墓誌。"

寫的確認及歷史書寫研究以及超越文字記載、從視覺視角考察碑誌的整治景觀效應等。與傳統碑誌研究相比，這些展示新動向的研究更爲集中地致力於檢討碑誌自身，使得碑誌擺脱在金石學傳統下作爲史傳附庸的地位，由此推動碑誌研究從比較單一的史料考證轉向細膩周全的史學分析"。[①] 但就基於十六國墓誌的十六國史事梳理、研究而言，正所謂"巧婦難爲無米之炊"，由於已發現的該時期墓誌絶對數量的不足，其帶給十六國歷史研究的深度與廣度還遠遠達不到前引陸揚先生所描述的魏晋隋唐墓誌整體研究的理想場景，更不用説通過十六國碑誌去發現或構建大族譜系、針對"異刻"進行歷史書寫研究，或者通過碑誌進行政治景觀研究了。[②]

除了墓誌，十六國時期留存至今的相似文獻還有碑銘、造像記、鎮墓文等。十六國時期碑銘的代表性研究，要數馬長壽先生《碑銘所見前秦至隋初的關中部族》，[③] 正如前引周雙林文指出的："馬先生另闢蹊徑，搜集到前秦至隋初關中地區的碑刻和造像題名25種（其中12種前人金石志未曾著録），佐之以圖書文獻，對關中地區的氐、羌、匈奴等少數族的地域分布、姓氏變遷和婚姻關係及有關的官制和地理沿革進行深入研究，提出了不少頗具啓發性的問題，使我們可以從一個更深層面體察民族融合的歷史趨勢和進程。這部著作還有一個非常突出的特點，就是將碑銘資料的利用同民族學、歷史地理學、社會學、統計學等不同學科的研究方法結合起來，不是做零散的考證，而是對一定時間一定地區民族融合情況進行比較系統的研究，從而得出對魏晋南北朝民族史乃至整個中國古代民族史都有重要參考價值的結論。"但與中國中古時代其他時段相比較，像馬先生這樣的著作還是太少了，該書自1985年首次出版，至今已有三十多年時間，我們還是沒有見到更多的類似研究，這一方面顯示出該書的重要學術價值，同時也不得不説十六國史、十六國碑誌研究的確進展緩慢，還有很長的路要走。

利用造像記進行佛教傳播等相關問題研究也值得重視。侯旭東《五六世紀北方民衆佛教信仰——以造像記爲中心的考察》[④] 就是其中的代表作，不過從該著先後名稱的變化來看，作者關注的重點前後畢竟有所變化——"五六世紀北方"與

① 孫正軍：《近十年來中古碑誌研究的新動向》，《史學月刊》2021年第4期。
② 孫正軍：《近十年來中古碑誌研究的新動向》，《史學月刊》2021年第4期。
③ 馬長壽：《碑銘所見前秦至隋初的關中部族》，中華書局，1985年；廣西師範大學出版社，2006年。
④ 侯旭東：《五六世紀北方民衆佛教信仰——以造像記爲中心的考察》，中國社會科學出版社，1998年；《五六世紀北方民衆佛教信仰：以造像記爲中心的考察（增訂本）》，社會科學文獻出版社，2015年；《佛陀相佑：造像記所見北朝民衆信仰》，社會科學文獻出版社，2018年。

"北朝"的區別是顯而易見的，不過這也反映了該著所利用主要資料即造像記的分布時段及其所反映的歷史。據該書表 B1-1 "400—580 年不同身份信徒造像數目統計"，[①] 在作者搜集的 1600 種造像記中，時間在北魏滅北涼、十六國歷史結束的公元 439 年之前的造像記僅有七種（其中六種爲平民造像，一種爲官吏造像），因此，"早期造像數目較少，反映問題的可靠性較差……（因此）早期情況還應該利用其他資料加以比證"。[②] 又，邵正坤《北朝紀年造像記彙編》[③] 收錄造像記 1301 種，紀年在公元 439 年之前的僅有始光元年（424）"魏文朗造像記"一種，也説明了同樣的問題，即已發現的造像記雖然數量甚巨，但仍不能解決十六國史料缺乏的根本問題，因而即便研究者有意將關注點放在包括十六國在內的中古中國北方地區，但往往會因爲基本資料的缺乏而不得不放棄這種打算。

與上述墓誌、碑銘、造像記數量較少的情況相對，河西走廊出土的魏晉十六國鎮墓文、墓券、發願文、寫經題記等數量較多且相對集中，也記載有較爲豐富的反映該時期歷史變遷等相關信息。據筆者統計，上述資料有明確紀年信息者有七十多例，時間涵蓋自曹魏明帝時代至北涼末年河西歷史的各個階段，[④] 呈現出一部幾無間斷的魏晉十六國河西走廊編年史。這個現象告訴我們，在處理十六國時代墓誌、碑銘及其他出土文獻資料時，有必要對其進行綜合整理、分析與研究，這樣既能避免單一類型或者單個出土資料在補史、證史時資料不足的尷尬，[⑤] 亦可通過多樣化的史料豐富古史的內涵。

三　十六國墓誌整理研究前景展望

以上對近年來十六國墓誌及相關出土資料的整理、研究現狀作了簡單評述，要在描述大體，因此難免挂一漏萬，加上本文所討論的主要對象"十六國墓誌"自古及今的稀缺性，更使面對"前景展望"這個主題時深感無力，不過基於十六國時

---

① 侯旭東：《佛陀相佑：造像記所見北朝民衆信仰》，第 97 頁。
② 侯旭東：《佛陀相佑：造像記所見北朝民衆信仰》，第 97 頁。
③ 邵正坤：《北朝紀年造像記彙編》，吉林人民出版社，2014 年。
④ 賈小軍：《河西出土魏晉十六國文獻紀年信息申論》，《敦煌研究》2016 年第 5 期。
⑤ 如嘎仙洞及石刻祝文的發現，曾極大地推動了鮮卑史的研究，但僅憑這種在某種個人或者社會主觀"意圖"下被創作并保存下來的文物遺存證史或補史，是存在風險的（相關論述可參見羅新《民族起源的想像與再想像——以嘎仙洞的兩次發現爲中心》，《文史》2013 年第 2 輯。收入羅新《王化與山險：中古邊裔論集》，北京大學出版社，2019 年，第 171~196 頁）。

代獨有的歷史内涵及其在中華文明史上承前啓後的重要地位，也使我們相信今後隨着學術研究和考古等相關工作的進一步開展，包括十六國墓誌整理、研究在内的十六國史學園地如果在以下幾個方面有所突破，終會百花齊放并收穫纍纍碩果。

一是繼續對基礎資料進行搜集與整理。誠如前述，十六國時期的出土資料無論是墓誌、碑刻，還是造像記等，在浩如煙海的中國中古出土文獻中所占比例甚微，但所謂"地不愛寶"，未來的考古工作還會持續開展，包括墓誌在内的更多十六國出土文物、文獻將被我們發現，因而我們必須對將來的發現以及由此帶來的學術增長點報以希望。需要注意的是，無論研究視角和方法如何新穎，新的墓誌等史料發現之後，仍然需要經過最基礎的錄文、標點、考釋與考證，如果不經過這一階段，新史料也僅僅是新史料而已，很難説就一定會帶來新的學術突破。正如周偉洲先生所指出的："將墓誌作爲新出的史料進行錄文、標點、考釋、考證是墓誌研究的基礎，其本身就是史學分析、史學研究的組成部分之一，而對墓誌進行進一步的綜合研究，即是'墓誌的史學分析'，兩者均有存在的價值。至於所謂的從墓誌本身研究的'新方法'，不過是墓誌綜合研究的内容之一而已，它絶不能替代或代表整個墓誌研究發展的方向或趨勢。"[1] 在錄文、標點、考釋、考證的基礎上，纔有可能真正找到新的學術增長點。

雖説十六國墓誌新的發現未來可期，但新史料功能的發掘畢竟需要假以時日，因此必須重視對已有考古資料價值的深入挖掘和充分運用。十六國時代是墓誌形成初期，上距曹魏禁碑未遠，魏晉禮制與風俗的慣性約束餘威猶在，如果將關注點嚴格限制在形制、内容均非常規範的墓誌身上而對其他相關史料熟視無睹，無疑是自縛手脚，因此有必要將更多的屬於墓誌形成期的同類性質墓葬文字進行綜合研究。已有學者指出："總體而言，學界在十六國史研究中對考古成果的運用并不充分，還有進一步開拓的空間。"[2] 而充分運用已有考古成果的前提，仍然是對其進行系統的整理。新近出版的《五凉考古資料彙編》，[3] 不僅收錄了散見於各類期刊的五凉相關考古簡報，還收錄了學界相關研究的代表性論文，同時將其他研究成果目錄附於正文之後以便查閱，值得重視。當然，同時具備文物與文獻特點的墓誌類考古資料

---

[1] 周偉洲：《新出土中古有關胡族文物研究·前言》，社會科學文獻出版社，2016 年，第 4 頁。

[2] 周瑩、韓旭：《二十年來的十六國史研究》，中國魏晉南北朝史學會編《中國魏晉南北朝史學會會刊》第一卷，廣西師範大學出版社，2020 年，第 138~185 頁。

[3] 甘肅省文物考古研究所、陳國科、張奮强：《五凉考古資料彙編》，甘肅教育出版社，2021 年。

無疑還是我們關注的重點。

二是拓展研究視野與方法。已如前述，十六國墓誌類文獻總體數量較少，因此利用這些有限的資料進行史學研究必須拓展研究視野與方法，同其他各類考古資料及傳世文獻資料結合起來進行綜合研究。顯然，根據墓誌紀年信息，能歸入十六國時代的資料本就非常有限，如果固守現代史學研究中的"斷代"界限，不僅不能更好地解決相關問題，反而會帶來一系列新的問題。本文爲了便於討論并在一定程度上揭示這種統計方法的不足，將十六國墓誌的時間範圍嚴格限定在公元 304~439 年，但歷史事件的發生、發展不會考慮到後世學者研究的方便與否，十六國時代的人事更不會因爲歷史時段的劃分而戛然而止。雖然北朝隋唐墓誌及其他考古資料首先展示的是墓主生活時代的具體景象，但墓誌旌表墓主及其家族成就的性質前後大體如一，因此所有墓誌研究都會瞻前顧後、上溯下延，推動史學研究。以往成功的研究，也并非割裂時空地就時間論時間、就空間論空間，而是將各種可能的要素綜合到一起進行研究的結果，如前引馬長壽先生根據碑銘資料對前秦至隋初的關中部族的研究就是如此。近年來的相關研究也不乏佳作，如朱艷桐在爬梳墓誌史料、文書壁畫、出土文物等基礎上，對北涼史事進行深入探究；① 根據《故涼州武威太守沮渠潛之墓誌》《隋伊穆及妻沮渠氏墓誌》《奉先觀老君像碑》等的記載并結合相關西域文書，鈎沉北涼沮渠氏遺蹤，認爲中原沮渠氏後裔一直延續至隋唐時期，且仍以"瀘水沮渠"自居，而在西域的北涼王族沮渠氏則逐漸變爲平民融入西域多民族社會中。② 但與南北朝隋唐墓誌研究相比，十六國墓誌研究的規模和影響實在有限，因此即便在陳爽《出土墓誌所見中古譜牒研究》③ 這樣的代表性作品中也很難發現十六國墓誌的存在。如果能對涉及十六國史事的其他時代相關墓誌進行系統梳理，或許將會爲學界提供更大的便利。在這方面，陳勇先後出版的《〈資治通鑑〉十六國資料釋證（漢趙、後趙、前燕國部分）》、④《〈資治通鑑〉十六國資料釋證（前秦、後秦國部分）》，⑤ 應該可以爲相關墓誌資料的整理提供很好的借鑒。

① 朱艷桐：《北涼史新探——多元史料的交錯論證》，博士學位論文，蘭州大學，2017 年。
② 朱艷桐：《北魏至唐沮渠氏踪迹鈎沉——以墓誌碑刻、西域文書爲中心》，《中國邊疆史地研究》2019 年第 4 期。
③ 陳爽：《出土墓誌所見中古譜牒研究》，學林出版社，2015 年。
④ 陳勇：《〈資治通鑑〉十六國資料釋證（漢趙、後趙、前燕國部分）》，中國社會科學出版社，2010 年。
⑤ 陳勇：《〈資治通鑑〉十六國資料釋證（前秦、後秦國部分）》，中國社會科學出版社，2015 年。

前引《二十年來的十六國史研究》一文指出："近年來學人提倡的史料批判和歷史書寫，爲十六國史提供了新問題和新視角。"這樣的新視角爲學界深入認識目前我們所見到的"十六國歷史"形成過程提供了很好的參照，同時又提醒我們運用史料時需要慎之又慎，對包括傳統史料和考古資料在內的十六國史料而言，我們都需要批判地吸收、運用，因爲無論是傳世文獻還是出土文獻，都是人爲書寫的産物，因此即便十六國史料匱乏的狀況不會很快改善，也不可操之過急，在面對新史料時在保持必要謹慎的前提下進行去粗取精、去僞存真的辨識、考證與研究，纔有可能真正推動十六國史研究的長足進步。

近年來，隨着十六國史研究的持續推進，以往一些關於十六國史的傳統認識已經發生了很大變化，但同時也存在微觀研究的成果并沒有在宏觀的歷史認識上體現出來的缺憾，如約定俗成的"漢魏南北朝"或"魏晋南北朝"提法，就在一定程度上體現了對中國中古史認識的"正統觀"，客觀上擠壓了十六國史在史學書寫與認識中的存在空間。而像《中國行政區劃通史：十六國北朝卷》[①]等著作的出版，則説明十六國時代無論是包括墓誌在內的史料整理和歷史研究，完全可以作爲一個獨立的單元存在於今後的"歷史書寫"當中。

三是繼續重視多學科的綜合研究。墓誌兼具文物和文獻的雙重屬性，因此無論是整理墓誌資料本身還是據之研究歷史，其前提就是要綜合運用考古學、歷史學、文獻學等多學科的方法。而想要取得更大突破，繼續"打破學科界限，借鑒歷史地理學、考古學、社會學、統計學等不同學科的研究方法和手段，在充分占有碑銘資料的基礎上去發現和解决問題"，仍然適用於當前的十六國墓誌整理與研究。近年來，十六國史研究在諸多方面都取得了頗爲豐碩的成果，積纍了較爲豐富的成功經驗，也存在一些值得注意的問題，[②]如何將這些成功的經驗運用到墓誌整理、研究當中并避免已有的問題繼續出現，將是今後十六國史研究領域重要的學術課題。

正如魯西奇先生所論："中國歷史資料的豐富性與複雜性，既給中國歷史研究者帶來諸多便利，也導致了研究工作的繁重和巨大的困難。""中國歷史研究……應

[①] 周振鶴主編，牟發松、毋有江、魏俊杰著《中國行政區劃通史·十六國北朝卷》，復旦大學出版社，2016年。

[②] 周瑩、韓旭：《二十年來的十六國史研究》，中國魏晋南北朝史學會編《中國魏晋南北朝史學會會刊》第一卷，廣西師範大學出版社，2020年，第138~185頁。

充分使用多樣、多元的歷史資料，梳理多樣、多元的歷史叙述，從而形成多樣、多元的中國歷史認識。"[1] 墓誌作爲豐富而又複雜的中國歷史資料的一部分，完全可以成爲立論行文的基礎和核心，我們可以據其引發問題、展開論述，[2] 從而爲十六國史研究帶來許多便利。同時也應該看到，十六國時期作爲墓誌形成的初始階段，帶有很强烈的過渡性，十六國墓誌的形態、内容等均未定型（可謂五花八門），既反映了漢魏歷史變遷的特點，也在一定程度上昭示着其將來可能的發展形態，因此十六國墓誌的整理與研究，也應在這一基本認識的前提下開展，進而在本就多樣、多元的十六國墓誌資料中，梳理多樣、多元的十六國歷史，從而使我們對中國中古歷史的認識更加深入。

---

① 魯西奇:《中國歷史研究的主體性、核心問題與基本路徑》,《中國社會科學評價》2018 年第 3 期。

② 孫正軍:《近十年來中古碑誌研究的新動向》,《史學月刊》2021 年第 4 期。

東晉南朝墓誌研究綜述與理論思考*

朱智武

作爲出土文物資料，中國古代墓誌既是彼時歷史的實物見證，又是傳世文獻資料的補充，歷來受到相關領域文史研究者的重視。就其整理與研究來説，前人多注目於出土數量甚多的北朝墓誌及隋唐以降的歷代墓誌，而東晉南朝墓誌由於此前歷代出土較少，學界對其研究不多。然而，隨着近年來國內考古發掘工作取得不斷的新進展，東晉南朝墓誌屢有發現，相應研究成果不斷涌現，研究程度日趨深入。現將筆者所見既往研究成果作概要總結，冀對今後進一步研究的開展有所裨益。

一　學術史的總體回顧

東晉南朝墓誌研究，雖爲晚清以前傳統金石學研究的主要內容之一，然而真正意義上科學研究的開展，則是伴隨現代考古學、歷史學的發展而出現的。其學術發展史，大致可分爲三個階段。

第一個階段始於北宋，迄於中華人民共和國成立。主要是傳世文獻的墓誌著録及傳統金石學對墓誌的初步研究。

傳世文獻中，除相關史籍對東晉南朝墓誌有所引録外，最早著録東晉南朝墓誌的是《文選》《文心雕龍·誄碑》《藝文類聚》等文學作品集及類書，然皆爲墓誌誌文的節録，并不完整，且無絲毫考證，還談不上是研究。自梁蕭統《文選》①始，

＊　本文原刊於《中國史研究動態》2011 年第 6 期，作者同意入編本書。
①　《文選》卷五九《碑文下·墓誌》著録“劉先生夫人墓誌”。

歷代談及墓誌文體的著作主要有梁劉勰《文心雕龍》、①明王行《墓銘舉例》、吳訥《文章辨體序説》、徐師曾《文體明辨序説》等，然多着眼於隋唐以降成熟期墓誌的文體，而少及東晉南朝墓誌。

傳統金石學對東晉南朝墓誌的研究，最早可以追溯到北宋歐陽修。歐陽修撰《集古録》十卷，其中卷四對劉宋宗愨母劉夫人、蕭齊海陵王二方南朝墓誌進行疏證，補益史傳，可以説是研究東晉南朝墓誌的始創之作。歐陽修之後，石刻文獻開始爲歷代學者所重視，而作爲石刻史料的重要種類，墓誌自然是歷代石刻文獻要籍的主要内容之一。然而，由於傳統上重視豐碑，加上歷代出土墓誌較少，搜集不力，金石類著作中墓誌所占比例不大。自宋至晚清，著録東晉南朝墓誌的金石文獻主要有北宋陳思《寶刻叢編》，明陶宗儀《古刻叢鈔》，《吳興金石記》，清王昶《金石萃編》，方若《校碑隨筆》，黃本驥《古誌石華》，等等。上述金石著作對歷代出土東晉南朝墓誌不乏重複著録者，且或僅有考證而無録文，或有録文而無考證，或兼有考證與録文，可相互補益、彼此對照。其他金石著作對東晉南朝墓誌有所著録者，就筆者所見，大致不出上述諸書所録範圍，或考補、疏證，并無超邁之處，故而從略。

民國至二十世紀五十年代，受出土墓誌數量的限制，東晉南朝墓誌研究處於低潮，研究成果十分有限。其中，僅楊殿珣《石刻題跋索引》②將歷代金石學者著録的題跋集爲索引，爲檢索前人對東晉南朝墓誌著録、研究情況提供了極大便利。

深入爬梳上述著録東晉南朝墓誌的金石文獻後，不難發現，它們多着眼於對墓誌的著録，或就墓誌拓片做題跋，進行辨僞、疏證等初步研究，雖不乏涉及形制、尺寸、墓主、年代等相關問題的精彩論述，然多偏重於文字考釋，即便有以誌證史、以誌補史之論述，也或多或少存在一些問題。受時代及出土墓誌數量的限制，傳統金石學關於東晉南朝墓誌的研究，存在不足與局限，甚是明顯。而傳統金石學研究的這些缺憾，尚沒有引起學界的足夠重視。因此，重新審視傳統金石學關於東晉南朝墓誌研究的舊有成果，做進一步深入研究，很有必要。

第二個階段是新中國成立以後至二十世紀八十年代。新中國成立以後，隨着考古學的發展，加上大規模經濟建設的進行，經過科學考古發掘的東晉南朝墓誌陸

---

① 《誄碑》篇主要論述"誄"與"碑"兩種文體，雖然對墓誌文體沒有專門展開，却也透露了一些信息。

② 楊殿珣：《石刻題跋索引》，商務印書館，1940年第1版，1990年影印再版。

續出土。有關東晋南朝墓誌的介紹與研究是該時期文物考古工作的重要收穫之一。

文物考古工作者是出土墓誌的最早整理與研究者，他們的工作不僅涉及墓誌文字的校讀、考釋、出土情況介紹等，還從考古學思維出發，就墓誌與墓葬的關係、墓誌使用方式、墓葬年代判定、墓主定位等問題展開討論，并對諸如婚姻、郡望等其他相關問題進行探究。文物考古工作者辛勤耕耘所獲的成果，爲其他領域做進一步的研究奠定了基礎。但由於墓誌内容異常豐富，涉及歷史、地理、天文、書法等各個方面，僅從考古學的角度展開論述，很難談得上全面。且多數發掘簡報將墓誌作爲墓葬隨葬品之一，僅作一般性介紹，或囿於單篇墓誌的梳理、考證。加上一些文物考古工作者或多或少受自身專業知識的局限，研究往往不全面，甚至犯一些常識性錯誤，這不能不説是一種遺憾。

新中國成立以後出土的這批墓誌，隨即引起相關領域學者的關注，尤其是書法研究者的重視。1964 年謝鯤墓誌、1965 年王興之夫婦墓誌在南京出土，更是直接引發了書法界對《蘭亭序》真僞問題的大討論。這場激烈的大討論，持續時間前後將近二十年，衆多書法研究者從不同方面着手，積極參與。大討論所獲成果的優劣、多寡，姑且不論。僅就書法學者們從文學、史學、書體等不同角度，利用各自領域的相關知識，進行廣泛研究，形成激烈的論辯氛圍與局面言，無疑是可喜的，此在相當程度上也推進了東晋南朝墓誌的研究。

總的來説，該時段東晋南朝墓誌研究還主要停留在書法探討的層面，且受當時政治氛圍及學術發展相對滯後的大環境的影響，研究還很淺顯。值得一提的是，二十世紀五十年代初期，趙萬里編著《漢魏南北朝墓誌集釋》，[①] 可謂傳統金石學關於東晋南朝墓誌研究的集大成之作，是書廣泛搜羅前賢的著録題跋、考疏補證，并附有較完善的墓誌拓片。令人遺憾的是，彼時東晋南朝墓誌出土仍舊有限，故《集釋》所收主要是北朝地域出土墓誌，於東晋南朝墓誌著録較少。且從所收幾方東晋南朝墓誌來看，其研究一仍傳統金石學之舊，雖於考證、補史方面頗多可取之處，然局限性也甚是明顯，猶未脱離傳統金石學者的窠臼。

第三個階段是二十世紀八十年代至今。八十年代初，隨着思想大解放，學術研究脱離了“文革”的陰影，重新走上正常軌道，社會科學各個領域的研究面貌煥然一新。就東晋南朝墓誌研究來説，開始有學者關注墓誌的綜合研究，從各個角

---

① 趙萬里：《漢魏南北朝墓誌集釋》（以下簡稱《集釋》），科學出版社，1956 年。

度展開了討論。但由於出土墓誌實物資料有限，多數論説仍比較籠統、淺顯。九十年代以後，隨着學術研究的全面展開，科學理論的飛速發展，加上東晉南朝墓誌的更多出土，東晉南朝墓誌受到歷史、考古、文學、文字學、書法等不同領域學者們的高度重視。學者們從各自的角度展開不同層面的研究，使得彙集刊布東晉南朝墓誌資料的論著相繼問世，相關出土墓誌研究的文章也不斷見諸報端。僅從研究領域上看，該時段對東晉南朝墓誌的研究已突破此前或書法、或歷史學、或考古學研究的單調局面，轉而走向層次不同、角度各異的新方向，呈現出真正意義上的盛況空前、百花齊放的景象。

二　國内主要研究成果

新中國成立以來，尤其是近十餘年間，學術界在將歷代墓誌資料彙集刊布方面做了大量工作，在墓誌的研究考證方面也取得了很大成就，陸續出版了大批歷代的墓誌圖錄、文字集錄，發表了數量頗豐的考證論文。伴隨考古發掘新出土的墓誌材料，也不斷被介紹出來。使得墓誌研究在今天比在以往任何時候都更爲便利，涌現出的成果也十分喜人。國内學界關於東晉南朝墓誌的既往研究，大致説來，主要有以下方面。

（一）考古發掘簡報的介紹與初步研究

此基本限於相關墓誌的出土情況介紹、拓片或照片刊布、文字内容的釋讀以及所涉問題的初步討論，雖然提供了大量的資料信息，爲進一步研究奠定了基礎。但也或多或少存在一些問題，如釋文錯誤、文獻考補不够等，有待深入挖掘。

（二）相關墓誌資料彙編

新中國成立以來，經過衆多文物考古工作者的辛勤努力，彙集、刊布歷代墓誌資料的工作得以順利開展，相關成果令人矚目，主要或部分集錄東晉南朝墓誌的有以下三種。

（1）《漢魏南北朝墓誌集釋》十卷、《補遺》一卷，趙萬里編。該書收錄了當時所見漢魏至隋墓誌 609 通，均選用較好的拓本影印，并附有考釋，具有相當高的學術水準和實用價值。但令人遺憾的是，該書收錄東晉南朝墓誌甚少，僅收南朝宋劉懷民墓誌、齊吕超墓誌、梁程虔墓誌等三方，首著序跋，介紹誌石的形制、尺寸、字數、出土情况，并作簡要疏證；然後廣羅《夢碧簃石言》等金石著作所引諸家題跋考證，以資考補。

（2）《漢魏南北朝墓誌彙編》，[①] 趙超著。自趙萬里《集釋》成書之後，至二十世紀八十年代末，隨着科學考古發掘的不斷發展，魏晋南北朝墓誌大量出土，遠遠超出《集釋》所録。且因是書出版年代較早，發行數量不多，加上歷經“文革”，存世有限，搜求不易。出於時代發展及學術研究的需要，趙超在《集釋》及北京圖書館、北京大學圖書館館藏墓誌拓片的基礎上，補充收集了1949年到1986年期間全國各地出土的漢魏南北朝墓誌，編成《漢魏南北朝墓誌彙編》。《彙編》收録墓誌近600方（其中東晋南朝墓誌25方），均依據拓本及照片，以通行繁體字録寫成文，并附列僞誌（包括疑僞）目録。該書於各誌簡要介紹其形制（有無誌蓋，誌石爲樺名或石樺題字），并完整録寫誌石原文，對墓誌資料作了相當系統全面的整理，爲後續研究提供了極大方便。但也存在一些問題，如校勘不精，錯、脱、倒、誤之處不少。因此，近年來開始有學者從事該書的校理、勘誤工作，并取得了一定成績，如毛遠明《〈漢魏南北朝墓誌彙編〉校理》。[②]

（3）《新出魏晋南北朝墓誌疏證》，[③] 羅新、葉煒著。二十世紀九十年代以後，又有不少魏晋南北朝墓誌陸續出土，并被公開發表，系統整理這批墓誌的工作又提上了日程。在這種情况下，羅新、葉煒廣泛搜集材料，著成《新出魏晋南北朝墓誌疏證》。該書所收魏晋南北朝墓誌，起三國之始（220），迄楊隋之末（618），均係《集釋》《彙編》二書所未見。其中，收録東晋南朝温嶠墓誌等19方。該書依據見載於學術期刊與石刻彙編類書籍中的相關墓誌信息，參照拓片圖版，采用標準簡化字録寫墓誌文，并附以“疏證”，介紹已有研究成果，并對墓誌所涉史事作簡單的考證和説明。《疏證》較之《集釋》《彙編》二書，於東晋南朝墓誌研究有很大推進，然而令人遺憾的是，該書於東晋南朝墓誌仍有漏收者，且墓誌録文對先前發掘簡報雖有訂證之處，然考辨甚少；所做“疏證”，相對淺顯，綜合傳世文獻的考察，尚嫌不夠；對學界最新研究成果的關注與運用，較爲缺乏。如此種種，均有待完善。

---

① 趙超：《漢魏南北朝墓誌彙編》（以下簡稱《彙編》），天津古籍出版社，1990年。
② 毛遠明：《〈漢魏南北朝墓誌彙編〉校理》，《漳州師範學院學報》（哲學社會科學版）2004年第3期。
③ 羅新、葉煒：《新出魏晋南北朝墓誌疏證》（以下簡稱《疏證》），中華書局，2005年。

（三）編目及索引類

在編集、刊布墓誌資料的同時，爲方便學者檢索相關墓誌出土及研究情況，部分學者曾編著過新中國成立以來新出魏晉南北朝墓誌的目録，主要有二種：榮麗華《1949—1989 四十年出土墓誌目録》[①] 和汪小烜《1990—1999 新出漢魏南北朝墓誌目録》[②]。此二部著作，前後相繼，體例一致，編目基本涵蓋 1949 年至 1999 年公開發表的全國各地出土的墓誌，兼及個别新發表的早年出土墓誌。著録事項包括蓋稱、首題、卒葬年月、誌石尺寸、誌文字數、撰書人、出土情況、資料來源，并注明曾否發表拓片（照片）和録文，以及墓誌刊布出處，極大便利了廣大研究者檢索。

此外，二十世紀八十年代中期，王壯弘、馬成名效仿楊殿珣《石刻題跋索引》體例，編成《六朝墓誌檢要》，[③] 也有助於研究檢索。

（四）單篇考證

針對考古發掘簡報對相關墓誌介紹中存在的一些問題，部分學者曾作相應探討，主要是單篇墓誌的考證、補釋。相關研究論文有：羅宗真《梁肖敷墓誌的有關問題》，[④] 王素《陳黄法氍墓誌校證》，[⑤] 張敏《劉宋〈明曇憘墓誌銘〉考略》，[⑥] 朱國平、王奇志《南京西善橋"輔國將軍"墓誌考》，[⑦] 王志高《温嶠考略》，[⑧] 楊映琳《南京出土的東晉温嶠墓評析》。[⑨]

上述考證論文對最初發掘簡報中存在的問題，均進行了頗具針對性的深入辨證和梳理，這無疑使研究更進一層。然而，由於墓誌本身的文體限制以及墓主個人經歷的局限，單篇墓誌中的史料往往顯得零散、單薄，難以反映出歷史事件發展的

① 榮麗華編集，王世民校訂《1949—1989 四十年出土墓誌目録》，中華書局，1993 年。
② 汪小烜：《1990—1999 新出漢魏南北朝墓誌目録》，武漢大學《魏晉南北朝隋唐史資料》第 18 輯，武漢大學出版社，2001 年。
③ 王壯弘、馬成名：《六朝墓誌檢要》，上海書畫出版社，1985 年；上海書店出版社，2008 年修訂本。
④ 羅宗真：《梁肖敷墓誌的有關問題》，《考古》1986 年第 1 期。
⑤ 王素：《陳黄法氍墓誌校證》，《文物》1993 年第 11 期。
⑥ 張敏：《劉宋〈明曇憘墓誌銘〉考略》，《東南文化》1993 年第 2 期。
⑦ 朱國平、王奇志：《南京西善橋"輔國將軍"墓誌考》，《東南文化》1996 年第 2 期。
⑧ 王志高：《温嶠考略》，殷憲主編《北朝史研究——中國魏晉南北朝史國際學術研討會論文集》，商務印書館，2004 年。
⑨ 楊映琳：《南京出土的東晉温嶠墓評析》，《廣西社會科學》2003 年第 5 期。

全貌，甚至不足以反映出其中的某個側面。故而此類單篇墓誌的考證研究，所取得的成就相對有限，多失之零碎而無法系統地應用於相關問題的考察。

（五）綜合探討

目前學界通論中國古代墓誌的著作尚不多見，僅趙超所著《中國古代石刻概論》《古代石刻》《古代墓誌通論》等三部。[①] 其中，以《古代墓誌通論》爲晚出，是爲作者數十年來鑽研墓誌石刻的結晶之作。該書在綜括中國古代喪葬制度的演變之後，詳細介紹了有關墓誌的研究情況與基本常識，概要論述了古代墓誌的起源、發展、演變的總體情形，并部分探討了墓誌的文體、異體字等問題，是第一部相對完整論述古代墓誌的研究專著。然而，該書也存在一些不足和值得商榷之處。例如，在第三章"南北朝時期的墓誌概況"，著者立論大多是以北朝地域所出墓誌爲主，而東晋南朝墓誌所占比重甚小，難見東晋南朝地域墓誌全貌；對相關問題的論述幾乎完全以北朝地域墓誌爲基準，難免失之偏頗；對南北地域所出墓誌對比考察不夠，所得出的結論有待商榷，如"北方官員大量使用墓誌，以及墓誌形制的定型，應該都是受到南方的文化影響"，[②] 等等。

從東晋南朝墓誌的研究來看，試做整體考察的著作有六種：羅宗真《六朝考古》，[③] 華人德《三國兩晋南北朝墓誌》，[④] 李蔚然《南京六朝墓葬的發現與研究》，[⑤] 鄒厚本主編《江蘇考古五十年》，[⑥] 羅宗真、王志高《六朝文物》，[⑦] 邵磊《冶山存稿》。[⑧] 上述六部著作，對東晋南朝墓誌均做過整體考察和研究，并取得一定成就。首先，各書均就當時所見東晋南朝墓誌作目錄、清單，標明墓誌年代，出土時間，出土地點，墓主姓名，墓誌質地、大小，資料來源及收藏單位，相關情況一目瞭然；其次，均不同程度地兼及墓誌起源、形制演變、書法藝術，以及墓誌所反映出

---

① 趙超：《中國古代石刻概論》，文物出版社，1997 年；《古代石刻》，文物出版社，2001 年；《古代墓誌通論》，紫禁城出版社，2003 年。

② 趙超：《古代墓誌通論》，第 67 頁。

③ 羅宗真：《六朝考古》第七章第一節 "墓誌"，南京大學出版社，1994 年。

④ 華人德：《三國兩晋南北朝墓誌》 "魏晋南北朝墓誌概論"，劉正成主編《中國書法全集》第 13 卷，榮寶齋出版社，1995 年。

⑤ 李蔚然：《南京六朝墓葬的發現與研究》第五章 "墓誌與地券"，四川大學出版社，1998 年。

⑥ 鄒厚本主編《江蘇考古五十年》 "三國兩晋南北朝" 部分第六章第一小節 "墓誌、買地券、文字磚"（王志高、顧蘇寧執筆），南京出版社，2000 年。

⑦ 羅宗真、王志高：《六朝文物》第七章第一節 "墓誌"，南京出版社，2004 年。

⑧ 邵磊：《冶山存稿》 "六朝墓誌摭談"，鳳凰出版社，2004 年。

的諸如士族聯姻、僑州郡縣等相關問題的探討；復次，在具體論述過程中，各書又自有創新與側重，特點鮮明，并非簡單地重複研究，或重墓誌問題的綜合考察，或重僑置問題，或重書法藝術，或重家族人口，或重書體書人，等等。但由於各書當時所見墓誌資料不同（墓誌數量多寡、刊布研究限制），立論依據也存在差異，導致了部分觀點的出入。并且此六部著作，無一例外地將東晉南朝墓誌的研究作爲各書所論之一部分，墓誌研究在全書中所占比例不大，因此從嚴格意義上說，都還談不上是對東晉南朝墓誌研究的專題論著。

相對於通論東晉南朝墓誌的專著較少的情形，通論性的論文則比較多，主要有：金琦《墓誌史話》，[①] 徐自强《墓誌淺論》，[②] 羅宗真《略論江蘇地區出土六朝墓誌》，[③] 羅宗真《南京新出土梁代墓誌評述》，[④] 王去非、趙超《南京出土六朝墓誌綜考》，[⑤] 南京市博物館《南京市博物館藏六朝墓誌》，[⑥] 華國榮《六朝墓葬中的墓誌》，[⑦] 袁道俊《六朝墓誌的若干特點》，[⑧] 華人德《論東晉墓誌兼及蘭亭論辨》，[⑨] 朱智武《東晉南朝墓誌資料概述》。[⑩] 上述研究有縱觀六朝墓誌者，有單論東晉、梁代墓誌者，對東晉南朝墓誌的整體論述比較深入，勾勒了墓誌發展的大致情形及其特點。然而，仔細研讀之後，不難發現各文立論受當時所見墓誌資料的限制，或着眼於某一地區而論，或僅就若干特點而談，無論是對墓誌地域特點的分析，還是墓誌時代特徵的探討，所論均存在有待深入的地方。

不難看出，當前已有的研究論著，在對東晉南朝墓誌做整體考察方面均付出不少努力，也取得了較大成就，爲進一步研究奠定了基礎。但缺憾也是存在的，研究尚存有提升的空間。從研究者所在的地域來看，試圖就東晉南朝墓誌做整體考察，且研究取得較大成就的學者，主要集中在南京地區。個中原因，也許與東晉南

① 金琦：《墓誌史話》，南京博物院《文博通訊》總 27 期，1979 年 10 月。

② 徐自强：《墓誌淺論》，《華夏考古》1988 年第 3 期。

③ 羅宗真：《略論江蘇地區出土六朝墓誌》，《南京博物院集刊》1980 年第 2 期。

④ 羅宗真：《南京新出土梁代墓誌評述》，《文物》1981 年第 12 期。

⑤ 王去非、趙超：《南京出土六朝墓誌綜考》，《考古》1990 年第 10 期。

⑥ 南京市博物館：《南京市博物館藏六朝墓誌》，《東南文化》1992 年第 5 期。

⑦ 華國榮：《六朝墓葬中的墓誌》，《第五屆中國書法史論國際研討會論文集》，文物出版社，2002 年。

⑧ 袁道俊：《六朝墓誌的若干特點》，《第五屆中國書法史論國際研討會論文集》。

⑨ 華人德：《論東晉墓誌兼及蘭亭論辨》，初刊於臺灣《故宮學術季刊》1995 年第 1 期，復刊於《書法研究》1997 年第 6 期，後又相繼收入華人德、白謙慎主編《蘭亭論集》，蘇州大學出版社，2000 年；氏著《六朝書法》，上海書畫出版社，2003 年。

⑩ 朱智武：《東晉南朝墓誌資料概述》，《南京理工大學學報》（社會科學版）2010 年第 3 期。

朝墓誌大量出土的地域主要是在南京及其周邊地區，該地域墓誌更受重視有關。從整體研究東晉南朝墓誌的時段來看，通論性著作及論文，主要是二十世紀九十年代中期以來，由此可見真正意義上的墓誌研究的廣泛興起，還祇是近十餘年的事。從研究者的專業背景來看，主要是考古學者與書法研究者，前者研究多從考古學上進行思考，關注墓誌與墓葬的關係，墓誌的使用方式與墓葬等級等；後者則側重從書法角度，對墓誌的書法藝術、書體演變進行闡述。鑒於學術研究的不斷進步與發展，有賴於研究領域的拓展、研究方法的創新、思維角度的變更以及學術發展趨勢的把握。筆者以爲，突破前人關於東晉南朝墓誌的整體研究，至少有三個方向可以嘗試：一、結合南京以外其他地區出土之東晉南朝墓誌，做地域性考察；二、分析九十年代以來學術研究的發展趨勢，及東晉南朝墓誌研究的特點，結合當前學術研究的新方法、新思路，做系統研究；三、從歷史、考古、文學、書法、文字等各個層面入手，進行綜合研究。

（六）專題研究

1. 墓誌起源。討論東晉南朝墓誌的發展及其歷史地位，無法回避墓誌起源問題。相關成果有：馬衡《石刻》，[①] 趙超《墓誌溯源》，[②] 汪慶正《南朝石刻文字概述》，[③] 劉鳳君《南北朝石刻墓誌形制探源》，[④] 熊基權《墓誌起源新説》，[⑤] 鄭建芳《最早的墓誌——戰國刻銘墓磚》，[⑥] 黃展岳《早期墓誌的一些問題》，[⑦] 馮時、金文馨《墓誌起源芻議》，[⑧] 吳煒《墓誌銘起源初探》，[⑨] 程章燦《墓誌起源考——兼對關於墓誌起源諸種説法的考察》，[⑩] 李永明《中國古代墓誌銘的源

[①] 馬衡：《石刻》，《考古通訊》1956 年第 1 期。

[②] 趙超：《墓誌溯源》，《文史》第 21 輯，中華書局，1983 年。

[③] 汪慶正：《南朝石刻文字概述》，《文物》1985 年第 3 期。

[④] 劉鳳君：《南北朝石刻墓誌形制探源》，《中原文物》1988 年第 2 期。

[⑤] 熊基權：《墓誌起源新説》，《文物春秋》1994 年第 1 期。

[⑥] 鄭建芳：《最早的墓誌——戰國刻銘墓磚》，《中國文物報》1994 年 6 月 19 日。

[⑦] 黃展岳：《早期墓誌的一些問題》，《文物》1995 年第 12 期。

[⑧] 馮時、金文馨：《墓誌起源芻議》，《中國文物報》1996 年 3 月 31 日。

[⑨] 吳煒：《墓誌銘起源初探》，《東南文化》1999 年第 3 期。

[⑩] 程章燦：《墓誌起源考——兼對關於墓誌起源諸種説法的考察》，氏著《石學論叢》，大安出版社，1999 年。

流》，① 熊基權《魏晋以來墓誌流變》，② 邱永君《墓誌與墓誌銘》。③ 以上諸家，從各自角度對墓誌起源問題提出不同意見，主要形成七種觀點："周漢説""戰國説""秦代説""西漢説""東漢説""魏晋説""南朝説"。七種説法，各執一端，莫衷一是。對此，朱智武《中國古代墓誌起源新論——兼評諸種舊説》④ 提出，墓誌起源問題衆説紛起的原因，很大程度上在於學界對墓誌定義的模糊，使得衆人論説的角度不同（或就墓誌形制論，或就墓誌文體言，或從誌墓觀念談，或從誌墓形式説），所得結論自然各異，并認爲先秦時期僅爲誌墓觀念的積纍，誌墓形式相對較少，"誌人"的意識還不强；至秦漢時期，誌墓形式趨於多樣化，誌墓的觀念與内容逐漸式微，墓誌開始萌芽。

2. 墓誌書法與書體。墓誌書法藝術、書體演變研究，是學界研究東晋南朝墓誌的重要方面，成果也最多，大致可歸爲兩類。

（1）排比所見墓誌資料，通過觀摩不同時期典型墓誌的書法藝術，并將墓誌同買地券、神道碑等其他石刻書法作比較，進而總結該時期墓誌書法的總體特點、書體演變的特徵及其藝術價值。主要有：庚人俊《關於晋朝的書體問題》，⑤ 張果詮《〈爨龍顏碑〉的書法藝術、書者及其影響》，⑥ 阮國林《從新出土墓誌看南朝書法體勢》，⑦ 王崗、肖雲《六朝的書法美學思想》，⑧ 盧海鳴《論六朝石刻的藝術成就》，⑨ 羅宗真《魏晋南北朝突破性發展的書法碑誌》，⑩ 阮國林《從南京出土墓誌看東晋、南朝書體之特點》，⑪ 王志高《六朝墓誌及買地券書法述略》，⑫ 尹一梅《從建康出土的東晋墓誌看書體的地方風格》，⑬ 謝光輝《南碑述論》，⑭ 劉守堯《百花齊放、争奇

---

① 李永明：《中國古代墓誌銘的源流》，《山東圖書館季刊》2003 年第 1 期。
② 熊基權：《魏晋以來墓誌流變》，《文物春秋》2003 年第 5 期。
③ 邱永君：《墓誌與墓誌銘》，《尋根》2003 年第 6 期。
④ 朱智武：《中國古代墓誌起源新論——兼評諸種舊説》，《安徽史學》2008 年第 3 期。
⑤ 庚人俊：《關於晋朝的書體問題》，《書法研究》1982 年第 1 期。
⑥ 張果詮：《〈爨龍顏碑〉的書法藝術、書者及其影響》，《書法研究》1983 年第 1 期。
⑦ 阮國林：《從新出土墓誌看南朝書法體勢》，《書學論集》，上海書畫出版社，1985 年。
⑧ 王崗、肖雲：《六朝的書法美學思想》，《書法研究》1986 年第 6 期。
⑨ 盧海鳴：《論六朝石刻的藝術成就》，《南京師範專科學校學報》2000 年第 2 期。
⑩ 羅宗真：《魏晋南北朝突破性發展的書法碑誌》，《東南文化》2000 年第 8 期。
⑪ 阮國林：《從南京出土墓誌看東晋、南朝書體之特點》，《第五屆中國書法史論國際研討會論文集》。
⑫ 王志高：《六朝墓誌及買地券書法述略》，《第五屆中國書法史論國際研討會論文集》。
⑬ 尹一梅：《從建康出土的東晋墓誌看書體的地方風格》，《第五屆中國書法史論國際研討會論文集》。
⑭ 謝光輝：《南碑述論》，《第五屆中國書法史論國際研討會論文集》。

鬥艷——由南京出土的碑石看六朝時期金陵書風》，[①]李海榮《試論六朝銘文石刻的書體演變》。[②]

（2）結合出土墓誌書法的分析，探討《蘭亭序》真偽，進而揭示東晋墓誌書法的藝術價值。主要有：郭沫若《由王謝墓誌的出土論到蘭亭序的真偽》，[③]王元軍《從六朝士人不屑碑誌看“蘭亭論辯”的失誤》，[④]叢文俊《關於魏晋書法史料的性質與學術意義的再認識——兼及“蘭亭論辯”》，[⑤]劉濤《東晋銘刻書迹的體態及相關問題——兼談神龍本〈蘭亭〉》，[⑥]朱智武《“蘭亭論辨”與六朝墓誌書法研究綜述》。[⑦]

此外，尚有零星的單篇墓誌書法研究，如虞衛毅《虛仁神素、脱然畦封——略論〈程虔墓誌〉的書藝特徵》。[⑧]值得一提的是，近年來，有學者開始對墓誌書人身份提出質疑并進行重新認定。邵磊《南朝墓誌書人身份辨析》，[⑨]指出南朝墓誌的書者多爲身份較低的書史，而非學界通常認爲的具有一定社會聲望的名書家；朱智武《六朝墓誌的撰者與書人身份辨析》[⑩]則提出：東晋墓誌的撰者多爲親屬；南朝墓誌的撰者由親屬拓展至友人，其中皇室貴族的墓誌甚至由著名文人擔綱；六朝墓誌的書人情况，則較爲複雜，應區別對待。

綜上，學界從書法角度對東晋南朝墓誌探討較多，研究比較深入。然檢討學界相關研究之後，筆者認爲有些問題還需要重新認定和深入討論。例如，討論東晋南朝書法，應注意以《蘭亭序》爲代表的尺牘書法與以墓誌、買地券、墓銘磚爲代表的銘刻類書法的差異，以及當時士人對墓誌書法的參與程度；討論東晋南朝出土墓誌的書體，應注意到不同墓誌的墓主身份與家族勢力對書法的影響；通過墓誌書

---

① 劉守堯:《百花齊放、爭奇鬥艷——由南京出土的碑石看六朝時期金陵書風》,《南京理工大學學報》（社會科學版）2003 年第 6 期。

② 李海榮:《試論六朝銘文石刻的書體演變》,《南京社會科學》2007 年第 6 期。

③ 郭沫若:《由王謝墓誌的出土論到蘭亭序的真偽》,《文物》1965 年第 6 期。

④ 王元軍:《從六朝士人不屑碑誌看“蘭亭論辯”的失誤》,《光明日報》1998 年 12 月 4 日。

⑤ 叢文俊:《關於魏晋書法史料的性質與學術意義的再認識——兼及“蘭亭論辯”》, 華人德、白謙慎主編《蘭亭論集》, 蘇州大學出版社, 2000 年。

⑥ 劉濤:《東晋銘刻書迹的體態及相關問題——兼談神龍本〈蘭亭〉》,《蘭亭論集》。

⑦ 朱智武:《“蘭亭論辨”與六朝墓誌書法研究綜述》,《文化中國》（加拿大）2011 年第 1 期。

⑧ 虞衛毅:《虛仁神素、脱然畦封——略論〈程虔墓誌〉的書藝特徵》,《書法賞評》1993 年第 3 期。

⑨ 邵磊:《南朝墓誌書人身份辨析》,《蘇州大學學報》（哲學社會科學版）1996 年第 2 期。

⑩ 朱智武:《六朝墓誌的撰者與書人身份辨析》,《徐州師範大學學報》（哲學社會科學版）2010 年第 1 期。

法與尺牘書法的比較，分析士人書風與民間書法的差異，以及當時社會對書法的關注程度與應用領域等歷史背景的考察，等等。

3. 墓誌文體。從文學、文獻學角度，對東晋南朝墓誌文體展開研究的學者很少，成果相對貧乏，筆者所見，僅程章燦四篇論文:《讀任昉〈劉先生夫人墓誌〉并論南朝墓誌文體格——讀〈文選〉札記》《關於墓誌文體的三個問題》《墓誌文體起源新論——兼對諸種舊說的辨證》《墓誌文體起源新論》。① 主要是從銘文體的演變來闡述南朝墓誌文體的特點：墓誌文體起源於傳統銘文，由銘文演化而來；銘文位置不定，序銘分別不明，叙事詳略不均。程文的研究特色在於傳世文獻的爬梳整理，通過整理六朝史籍與《藝文類聚》等類書所著録的南朝墓誌，從墓誌稱名與録文内容上論述南朝墓誌文體的形式及特點。然於東晋墓誌文體并無涉及，且就南朝墓誌文體言，程文也僅選擇傳世文獻著録的典型墓誌作分析，并没有將目前所見出土南朝墓誌逐個分析、總體論述，整個南朝墓誌文體的全貌仍難以窺見。

4. 墓誌語言文字。學界對墓誌語詞的研究主要集中在墓誌用詞與字體這兩個方面，最具代表性的著作有二部：羅維明《中古墓誌詞語研究》，② 歐昌海、李海霞《六朝唐五代石刻俗字研究》。③ 前者以唐代墓誌中出現的委婉語、用典詞語爲對象，對墓誌中重複出現的特殊語詞進行歸類、詮釋；後者放眼於石刻文獻，不以墓誌俗字爲限，首先界定何爲俗字，繼而探討六朝唐五代石刻俗字的類型、特點、產生的原因、源流及研究的意義。二書雖然部分涉及東晋南朝墓誌的詞語與俗字，但亦非專題論著。

墓誌語言文字研究的相關論文，則有：宋英《碑誌別體字淺析》，④ 王小棟《六朝墓誌中用典來表未成年的詞語》，⑤ 魏平《試論漢魏南北朝墓誌的語言研究價值》。⑥ 其考察對象雖冠之以"六朝墓誌""漢魏南北朝墓誌"，然在實際研究中仍

---

① 程章燦:《讀任昉〈劉先生夫人墓誌〉并論南朝墓誌文體格——讀〈文選〉札記》，趙福海等主編《〈昭明文選〉與中國傳統文化——第四届文選學國際學術研究討會論文集》，吉林文史出版社，2001 年;《關於墓誌文體的三個問題》，南開大學文學院中文系編《魏晋南北朝文學與文化論文集》，南開大學出版社，2002 年;《墓誌文體起源新論——兼對諸種舊説的辨證》，2004 年 11 月中山大學中文系主辦"中國古代文體史與文體學國際學術研討會"提交論文;《墓誌文體起源新論》，《學術研究》2005 年第 6 期。
② 羅維明:《中古墓誌詞語研究》，暨南大學出版社，2003 年。
③ 歐昌海、李海霞:《六朝唐五代石刻俗字研究》，巴蜀書社，2004 年。
④ 宋英:《碑誌別體字淺析》，《人文雜志》1989 年第 2 期。
⑤ 王小棟:《六朝墓誌中用典來表未成年的詞語》，《樂山師範學院學報》2004 年第 6 期。
⑥ 魏平:《試論漢魏南北朝墓誌的語言研究價值》，《樂山師範學院學報》2006 年第 3 期。

囿於漢魏北朝墓誌，所涉東晉南朝墓誌甚少。

5. 家族墓誌及其他。士族門閥制度，是六朝史研究中一個經久不衰的課題。因此，出土士家大族的家族墓誌資料，往往受到學者們的更多關注。利用出土墓誌資料研究士家大族的聯姻、世系、門第興衰等的成果，主要有：白英《從出土文物看魏晉南北朝士族門閥制度》、① 葉妙娜《東晉南朝僑姓世族之婚媾——陳郡謝氏個案研究》、② 羅宗真《從南朝出土墓誌看南北士族關係》、③ 王連儒《東晉陳郡謝氏婚姻考略》、④ 羅宗真《從考古資料看六朝謝氏家族的興衰》、⑤ 王玉池《出土墓誌對王、謝大族傳世宗譜的補正》、⑥ 秦冬梅《論東晉北方士族與南方社會的融合》。⑦ 總體來說，以上諸文還談不上是真正意義上的家族墓誌專題研究，仍停留在利用墓誌資料證史、補史、糾史的層面。

家族墓誌的專題研究，參與學者不多，成果較少，僅見張學鋒《南京司家山出土謝氏墓誌研究》《南京象山東晉王氏家族墓誌研究》，⑧ 胡舜慶、姜林海《南京出土東晉王氏四方墓誌書法評析》，⑨ 王志高、胡舜慶《南京出土東晉李氏家族墓誌書法評析》，⑩ 朱智武《從墓誌地名看東晉南朝陳郡謝氏之浮沉》等五篇論文。⑪ 張學鋒以六朝陳郡謝氏、琅琊王氏家族墓誌爲考察對象，深入探討了王、謝兩大家族的世系、婚姻及政治得失等問題；胡舜慶、王志高等則主要圍繞王氏、李氏家族墓誌的書法展開評析；朱智武則通過對王氏家族墓誌所記豐富歷史地名的系統整理，深入挖掘了其中所蘊含的社會歷史內涵。

其他相關墓誌研究的論文尚有：賀雲翔《南方六朝墓中出土文字雜識》，⑫ 王志

---

① 白英：《從出土文物看魏晉南北朝士族門閥制度》，《南京博物院集刊》1980 年第 2 期。

② 葉妙娜：《東晉南朝僑姓世族之婚媾——陳郡謝氏個案研究》，《歷史研究》1986 年第 3 期。

③ 羅宗真：《從南朝出土墓誌看南北士族關係》，《東南文化》1989 年第 2 期。

④ 王連儒：《東晉陳郡謝氏婚姻考略》，《中國史研究》1995 年第 4 期。

⑤ 羅宗真：《從考古資料看六朝謝氏家族的興衰》，《東南文化》1997 年第 4 期。

⑥ 王玉池：《出土墓誌對王、謝大族傳世宗譜的補正》，《第五屆中國書法史論國際研討會論文集》。

⑦ 秦冬梅：《論東晉北方士族與南方社會的融合》，《北京師範大學學報》（社會科學版）2003 年第 5 期。

⑧ 張學鋒：《南京司家山出土謝氏墓誌研究》，《南京曉莊學院學報》2004 年第 3 期；《南京象山東晉王氏家族墓誌研究》，牟發松主編《社會與國家關係視野下的漢唐歷史變遷》，華東師範大學出版社，2006 年。

⑨ 胡舜慶、姜林海：《南京出土東晉王氏四方墓誌書法評析》，《書法叢刊》2000 年第 4 期。

⑩ 王志高、胡舜慶：《南京出土東晉李氏家族墓誌書法評析》，《書法叢刊》2000 年第 4 期。

⑪ 朱智武：《從墓誌地名看東晉南朝陳郡謝氏之浮沉》，《南京農業大學學報》（社會科學版）2005 年第 3 期。

⑫ 賀雲翔：《南方六朝墓中出土文字雜識》，《東南文化》第 3 輯，江蘇古籍出版社，1988 年。

高、邵磊《南京西善橋南朝墓誌質疑——兼述六朝買地券》，[①] 劉濤《魏晉南朝的禁碑與立碑》，[②] 劉宗意《東晉王氏墓誌之"白石"考》，[③] 費伶伢《南朝女性墓誌的考釋與比較研究》。[④] 其中，費伶伢文突破近年墓誌研究的俗套，將三方南朝女性墓誌進行重新考釋和仔細比較，從墓主出身、德行，墓誌用韻、用典等方面展開論述，頗具創新。

中國臺灣地區的學者，研究魏晉南北朝墓誌者似乎很少，成果十分有限，僅見相關論文五篇：蘇啓明《魏晉南北朝書法小史》，[⑤] 沈國儀、陶冠群《高崧墓誌與〈蘭亭序〉》，[⑥] 盧建榮《墓誌史料與日常生活史》，[⑦] 胡志佳《西晉王浚家族的興衰及其人際網絡——由華芳墓誌銘觀察》，[⑧] 徐傳武《〈左棻墓誌〉及其價值》。[⑨] 其中，僅蘇啓明《魏晉南北朝書法小史》與沈國儀、陶冠群《高崧墓誌與〈蘭亭序〉》涉及東晉南朝墓誌，且主要從書法角度立論，簡略涉及《蘭亭序》真偽問題的辨析，然多襲學界舊説。

三　國際學術界相關成果

國際學術界對東晉南朝墓誌的研究，以日本學者最爲深入，相關論著頗豐，其研究方法與思路可資借鑒之處甚多。

涉及東晉南朝墓誌研究的相關著作有三部：中村圭爾《六朝貴族制研究》，[⑩] 中田勇次郎編《中國墓誌精華》《中田勇次郎著作集·心花室集》。[⑪] 中村圭爾主要利用出土墓誌資料，結合文獻著録墓誌，通過分析劉岱墓誌、明曇憘墓誌、謝濤墓誌

① 王志高、邵磊：《南京西善橋南朝墓誌質疑——兼述六朝買地券》，《東南文化》1997 年第 1 期。
② 劉濤：《魏晉南朝的禁碑與立碑》，《故宮博物院院刊》2001 年第 3 期。
③ 劉宗意：《東晉王氏墓誌之"白石"考》，《江蘇地方志》2002 年第 2 期。
④ 費伶伢：《南朝女性墓誌的考釋與比較研究》，《東南文化》2005 年第 2 期。
⑤ 蘇啓明：《魏晉南北朝書法小史》，《國立歷史博物館館刊》（歷史文物）第 10 期，2000 年 12 月。
⑥ 沈國儀、陶冠群：《高崧墓誌與〈蘭亭序〉》，《書友》總第 145 期，1999 年 4 月。
⑦ 盧建榮：《墓誌史料與日常生活史》，《古今論衡》第 3 期，1999 年 12 月。
⑧ 胡志佳：《西晉王浚家族的興衰及其人際網絡——由華芳墓誌銘觀察》，《逢甲人文社會學報》第 7 期，2003 年 11 月。
⑨ 徐傳武：《〈左棻墓誌〉及其價值》，《漢學研究》第 13 卷第 2 期，1995 年 12 月。
⑩ 中村圭爾『六朝貴族制研究』第三篇補章「墓誌銘よりみた南朝の婚姻關係」；第四篇第一章「南朝貴族の本貫と僑郡縣」風間書房、1989 年。
⑪ 中田勇次郎「中國の墓誌」『中國墓誌精華』中央公論社、1975 年；『中田勇次郎著作集』第 1 卷『心花室集 1』再次收入「中國の墓誌」二玄社、1984 年。

等有關家族聯姻的記載，論述了六朝貴族的婚姻問題；并就南京出土王氏墓誌、顏氏墓誌、謝氏墓誌、蕭氏墓誌，對南朝相關僑州郡縣問題作了探討（中村圭爾利用出土墓誌對南朝相關僑州郡縣問題的探討，尚見《關於南朝貴族地緣性的考察——以對僑郡縣的探討爲中心》[①]）。中田勇次郎主要梳理了中國古代墓誌的發展狀况，簡要介紹漢魏至隋唐歷代墓誌，并着重分析了北朝墓誌的文體與内容特徵，并首次對墓誌的撰者與書人問題提出質疑，可惜未曾深入。需要指出的是，中村圭爾與中田勇次郎立論所據，仍是二十世紀八十年代中期以前出土或公布的墓誌資料，而九十年代以後又有一批東晉南朝出土墓誌公布。因此，有必要適當運用這批資料，重新審視中村圭爾及中田勇次郎的論斷。另外，中村圭爾、室山留美子在前揭趙超《彙編》與羅新、葉煒《疏證》所録墓誌資料基礎上，編成《魏晉南北朝墓誌人名地名索引》《魏晉南北朝墓誌官職名索引》，相當精審，極具參考價值。[②]

研究東晉南朝墓誌的論文，筆者所見，主要有五篇。

中村圭爾「東晉南朝の碑·墓誌について」，[③] 從史料學出發，對東晉南朝的碑刻資料與墓誌史料進行梳理，同時將出土墓誌同《藝文類聚》所著録墓誌文作比較，辨明《藝文類聚》僅就誌文做節録，所録誌文并不完整，且有混淆錯訛之處，進而指出碑刻墓誌資料的重要價值，并對墓碑與墓誌的關係有所論及。

福原啓郎「西晉の墓誌の意義」，[④] 雖非研究東晉南朝墓誌的專文，然作者在梳理墓誌起源問題的討論後，提出自己的觀點——中國古代墓誌起源於西晉時期；并將西晉墓誌從形狀、内容上進行分類，進而對各類別墓誌的特點進行深入分析，最後闡明西晉墓誌的意義和價值。這種將墓誌分類研究的方法與思路，對東晉南朝墓誌研究不無參照價值。

佐藤利行·先坊幸子「『謝琰墓誌』について」，[⑤] 詳細梳理、考補了謝琰墓誌，并於謝氏世系、聯姻家族有所論述。

---

① 中村圭爾：《關於南朝貴族地緣性的考察——以對僑郡縣的探討爲中心》，劉馳譯，《南京曉莊學院學報》2005 年第 4 期。

② 中村圭爾·室山留美子『魏晉南北朝墓誌人名地名索引』平成 20 年度科學研究費補助金報告書、2008 年 9 月；『魏晉南北朝墓誌官職名索引』平成 17 年度－21 年度文部科學省特定領域研究成果報告、2009 年 11 月。

③ 中村圭爾「東晉南朝の碑·墓誌について」『比較史の觀點による史料學の總合研究』『昭和 61·62 年度科學研究費補助金一般研究（A）成果報告書』、1989 年 3 月。

④ 福原啓郎『西晉の墓誌の意義』礪波護編『中國中世の文物』京都大學人文科學研究所、1993 年。

⑤ 佐藤利行·先坊幸子「『謝琰墓誌』について」『中國中世文學研究』第 35 号、1999 年 1 月。

川合安「六朝『謝氏家族墓誌』について」，對南京司家山出四方謝氏墓誌釋文進行考補，并結合文獻記載對墓誌内容做了疏證，於謝氏婚姻、仕宦、興衰有所探討；「晋の墓誌」，對琅琊王氏墓誌、陳郡謝氏墓誌及其他東晋墓誌進行整理補釋，將墓誌内容與正史記載相比較，以及將不同墓誌内容格式之間互相比較，進而探討東晋墓誌的史料特徵。[①] 其對東晋墓誌釋文的考訂與補充，足見日本學者對墓誌資料正確釋讀，即史料準確性的重視。然而川合安的研究也存在一些問題，如以劉宋謝珫墓誌來討論東晋墓誌的内容格式，自然不妥；將張鎮墓誌判定爲"張鎮夫人郭氏墓誌"，顯然有誤；等等。

綜觀日本學界對東晋南朝墓誌的研究，可以分爲兩個階段：二十世紀九十年代以前，比較注重整體論述墓誌的發展概況、價值與意義，側重史料的研究價值，以中村圭爾、中田勇次郎、福原啓郎的相關論著爲代表；九十年代以後，更多注意對墓誌内容的考補，重視墓誌文字釋讀的準確性，頗類我國傳統金石學的研究特色。其總體特點是研究細密，注重文獻的結合。

與日本學界東晋南朝墓誌研究相對繁盛的局面相比，歐美學界則略顯沉寂。歐美學者對東晋南朝墓誌關注甚少，相關研究成果鮮見，僅德國學者安然（Annette Kieser）《魂返故土還是寄托異鄉——從墓葬和墓誌看東晋的流徙士族》一篇，[②] 從墓葬形制和墓誌兩方面考察了東晋貴族對死後的歸屬，是魂歸故土還是寄托異鄉的兩種心理狀態。

四　分析與結論

悠久的學術發展史，已有的研究成果，無疑爲東晋南朝墓誌的進一步深入研究奠定了堅實的基礎。然而，通過對學術史的回顧及已有成果的概述，我們可以看出，東晋南朝墓誌的研究仍相對比較薄弱，前人研究中有待深入的地方還不少。總的説來，主要有以下方面。

第一，明確以東晋南朝墓誌爲專題研究對象，綜合傳世文獻所著録的東晋南

①　川合安「六朝『謝氏家族墓誌』について」『古代文化』総第 54 卷、2002 年第 2 号；「晋の墓誌」『平成 14 年度東北大學教育研究共同プロジェクト成果報告書』東北大學大學院文學研究科、2003 年 3 月。

②　〔德〕安然：《魂返故土還是寄托異鄉——從墓葬和墓誌看東晋的流徙士族》，《東南文化》2002 年第 9 期。

朝墓誌與新出土的墓誌材料，突破學界此前僅就新出土墓誌材料立論的做法，對東晉南朝墓誌作整體考察。

第二，從墓誌的形制、內容、文體、書體、文字等各個角度，全面而系統論述東晉南朝墓誌的特點、價值及意義。

第三，重新檢索長期以來爲學界所忽視的傳統金石學的已有成果，結合新出土墓誌材料，對相關問題作更全面的論述。

第四，結合東晉南朝的歷史背景、地理環境，對墓誌、墓葬問題作更深層的探討，挖掘墓誌記載中所隱含的社會内涵。

另外，從不同專業出身的研究者來看，他們對東晉南朝墓誌的研究，也存在一定缺陷。例如，研究歷史、文學、書法的學者不一定通曉考古學，從事考古工作的研究者則對歷史、文學、書法往往有所忽略，因而在各自的研究中或多或少會出現一些錯誤，留下某種缺憾。因此，從某種意義上説，東晉南朝墓誌的系統全面研究，離不開相關學科知識的注入與輔助。當然，在學術分科日趨細密的今天，這種綜合性的研究由某單個人來實現，難度不小。

近年來北朝墓誌相關問題研究綜述

趙海麗

從哲學意義上説，墓誌是人對自身一種終極反照的關懷之物，其表象上雖是用於標識死者的一種"符號"，實質上是在抒發生者的一種情懷，於是乎墓誌同死亡與情懷一起成爲"生命禮讚"的一部分，昭示着死亡不再是一件與我們毫不相干的事情。墓誌通用於世界衆多民族，且呈現出各具特色的不同樣式，像古代埃及等上古文化遺址中，都曾發現過墓誌銘。我國墓誌文化歷史久遠，蘊涵豐富，且自成體系。相比之下，北朝墓誌在墓誌文化的整體演化過程中又占有極其重要的地位。據王連龍先生考察，截止於 2018 年底，搜集到古代金石志書、近現代學術著作及期刊論文公開刊布的南北朝墓誌 1468 種。其中，北朝墓誌 1363 種，南朝墓誌 98 種，殘誌 7 種。[①] 二十世紀八十年代以來，隨着新舊墓誌的不斷整理刊布，墓誌的研究呈現突飛猛進發展之勢。到了九十年代末，有關墓誌研究的論著，已達近千部，使得墓誌的研究進入了一個全新的發展階段，探討問題之深入，涉及領域之廣闊，前所未有。具體表現在兩方面：一是針對北朝墓誌某方面的考論，宛然成爲了一項專門的學問。如歷史、地理、文學、藝術、金石考古、語言文字、社會文化等方面，學人發表了大量的考證文章，出版專著。二是北朝墓誌在綜合研究方面的成果更是令人矚目。總之，墓誌的研究已從傳播介紹逐步走向學術研究領域。隨着墓誌專題性與綜合性研究之深入，亦涌現出一大批墓誌研究的專家學者。周紹良、賀梓城、羅宗真、張忱石、魯才全、侯燦、王素、徐自强、陳柏泉、齊心、吴夢麟、

---

① 王連龍：《南北朝墓誌集成·前言》，上海人民出版社，2021 年，第 1 頁。

周偉洲、趙超、程章燦、羅新、殷憲、王連龍等都曾發表和出版含金量極高的墓誌研究的論文及專著，成果斐然。爲了在研究中少走彎路，有必要瞭解北朝墓誌文獻研究現狀，以便更爲深入地推進北朝墓誌及相關問題研究。

一　北朝墓誌與歷史研究

南北朝時期，由於疆域割裂，政權頻繁更迭，以及兵燹人禍，歷史文獻遭受毀損遺失，流傳下來的已不甚完全。北朝時期大量的墓誌材料多記載確鑿的歷史事實，是非常難得的第一手資料，可爲北朝歷史研究所需，補史之闕，正史之謬。岑仲勉先生《貞石證史》倡言："讀碑誌之文，先須知其立場與史傳有別，要多從客觀着想，如是，則采其長以補史所不足，石刻之致用，寧得云小補乎哉。"[①] 陸揚先生《從墓誌的史料分析走向墓誌的史學分析——以〈新出魏晉南北朝墓誌疏證〉爲中心》[②] 一文從墓誌的史料分析來進一步探討南北朝墓誌在史學上的利用價值。

（一）歷史事件研究

針對北朝墓誌所反映的重大歷史事件，學界一直有較多的關注。如房祥美《墓誌所見北魏重大歷史事件及相關問題研究》[③] 一文從墓誌的角度，分析發生在北魏前期的太武帝滅佛，後來佛教的發展，以及著名望族清河崔氏之崔浩因修國史而慘遭太武帝殺戮的歷史事實。論文將墓誌與《北史》《魏書》等內容相結合，總結出從北魏建國伊始，胡漢二者之間便存在隔閡。文章又從元鬱、元麗等皇族墓誌探討北魏中期的奪爵事件，以及從權閹王琚及其子王皓等人墓誌分析北魏宦官專權等事件。劉軍《三方元魏宗室墓誌透露的歷史真相》[④] 一文探討河南洛陽城北邙山出土的北魏宗王元羽、元詳、元勰三方墓誌在內容、風格、形制等方面高度相似，但等級規格卻遠遜於宗室同等級成員的墓誌，似有特意貶抑之痕迹。結合具體的歷史語境，論文對三方墓誌進行系統的排比研究，分析出北魏統治集團內部關係和洛陽時局，證明了皇權與宗王相權的衝突是宣武政局的主要矛盾。以上兩文均是利用北

---

① 岑仲勉：《貞石證史》，《金石論叢》，中華書局，2004年，第81頁。
② 陸揚：《從墓誌的史料分析走向墓誌的史學分析——以〈新出魏晉南北朝墓誌疏證〉爲中心》，《中華文史論叢》2006年第4期。
③ 房祥美：《墓誌所見北魏重大歷史事件及相關問題研究》，碩士學位論文，山東師範大學，2016年。
④ 劉軍：《三方元魏宗室墓誌透露的歷史真相》，《文物春秋》2015年第3期。

魏墓誌結合傳世文獻來對北魏時期政局發生的重大歷史事件展開探討，賦予了北朝歷史研究之新視野。

（二）政治制度研究

將石刻文獻與傳世文獻進行印證和增補，同樣也能擴寬對北朝政治制度的研究角度。如李春瑩《石刻文獻中所見北魏制度研究》[①]一文主要對北朝墓誌中有關北魏政治制度的內容進行探討，論述了北魏時期的管理、選官及封爵等制度。北魏後宮女官是一個幾乎被忽略的群體，而出土的北魏後宮女官墓誌爲其存在留下了寶貴史料。如杜鎮《墓誌所見北魏後宮女官及相關問題研究》[②]一文嘗試着從出土墓誌材料出發，結合史傳，對北魏後宮女官群體進行綜合研究，爲北魏胡族政權增添了更加個性化的特色。高敏《跋北齊婁睿墓誌》[③]一文利用墓誌資料探討了東魏北齊封爵制度中的虛封與實封等問題。

（三）少數民族與邊疆史地研究

魏晋南北朝是我國歷史上民族融合的重要時期，以鮮卑族爲代表的北方少數民族在中古之漢化過程是中國民族發展史上的重大事件。近年來，碑刻相關的少數民族史、邊疆地域史等課題逐漸進入學者研究的視野。劉連香《民族史視野下的北魏墓誌研究》[④]通過全面梳理北魏墓誌，從墓主的人員構成、墓葬分區、鄉里結構等方面探討了民族融合過程，豐富了民族史學研究的內容。魏宏利《北朝碑誌所見北方少數民族之漢化》[⑤]一文分別從族源出處、文武轉化、人際倫理等方面考察，揭示出少數民族在接受漢化的過程中所面臨的複雜挑戰，以及其內在的矛盾與衝突。即儘管面臨種種矛盾與問題，但總的歷史趨勢却是向着民族大融合的方向發展，爲後來隋唐盛世的出現奠定了重要的基礎。張學鋒《墓誌所見北朝的民族融合——以司馬金龍家族墓誌爲綫索》[⑥]一文考察了北朝貴族成員琅邪康王司馬金

①　李春瑩：《石刻文獻中所見北魏制度研究》，碩士學位論文，哈爾濱師範大學，2021年。
②　杜鎮：《墓誌所見北魏後宮女官及相關問題研究》，碩士學位論文，西北大學，2012年。
③　高敏：《跋北齊婁睿墓誌》，《史學月刊》1991年第1期。
④　劉連香：《民族史視野下的北魏墓誌研究》，文物出版社，2017年。
⑤　魏宏利：《北朝碑誌所見北方少數民族之漢化》，《西安電子科技大學學報》（社會科學版）2006年第3期。
⑥　張學鋒：《墓誌所見北朝的民族融合——以司馬金龍家族墓誌爲綫索》，《許昌學院學報》2014年第3期。

龍家族墓誌。這些墓誌明確而詳細地保留了北方各族群融合的細節，豐富和拓展了十六國北朝時期民族融合問題的内涵。

二　北朝墓誌與文學研究

中國的墓誌文學與國外一樣，墓誌作品對後世文學產生了重大影響。語言在墓誌文中得到了盡情的馳騁與發揮，可以説將語言運用到了極致。在死亡的虛無世界裏，墓誌文又建立起一個烏托邦，衹是有所不同，一個是進入死寂的虛無，另一個卻是具有語言意義的圖景。北朝墓誌文使用的是中古時期的語言，在當時的政治、經濟、社會環境下，既深刻地打上了時代的烙印，又顯示出墓誌文學語言的魅力。

（一）北朝墓誌文體研究

學者關注北朝墓誌文本的揀擇、描述，來補充北朝文學的基本材料，説明北朝文學發展的各個環節，解釋北朝文學特徵形成的歷史與文化原因，爲全面客觀地描述北朝文學，提供文本、歷史與文化等方面的支持。程章燦《墓誌文體起源新論》①一文認爲以往墓誌起源問題研究中，多着眼於喪葬制度，而没有對制度與文體之間的界限加以厘清。從文體發展的角度看，墓誌文經歷了從誌墓到墓記再到墓誌的發展過程。作爲有一定行文格式的墓誌，是一種起於江左的文體，其出現時間應在晋宋之際。魏宏利《北朝碑誌文研究》②一書從北朝碑誌文學特性的角度對墓誌創作進行全面的梳理和總結：一是對北朝碑誌創作基本情況的概述。二是對北朝碑誌思想内容所作的討論。三是對北朝碑誌的文體研究，分別就北朝碑誌文體的體制、題材内容、語體以及表現方式作了重點的討論，其中也包含了對北朝碑誌藝術特色和語言風格的分析。四是對北朝碑誌的作者、材料來源等問題進行了初步探討。黄金明《漢魏晋南北朝誄碑文研究》③一書獨辟第五章"儒學的復興：北朝碑誌的繁興"，分析了北朝碑誌繁興的社會文化背景，探討了北朝碑誌與北朝文學的觀念及演進，解讀了北朝碑誌的社會文化意藴。張鵬《北朝石刻文獻的文學研

---

① 程章燦：《墓誌文體起源新論》，《學術研究》2005 年第 6 期。
② 魏宏利：《北朝碑誌文研究》，中國社會科學出版社，2016 年。
③ 黄金明：《漢魏晋南北朝誄碑文研究》，人民文學出版社，2005 年。

究》①一書以北朝石刻文獻爲研究對象，運用文體學、文本分析以及文學史研究等方法，對石刻文獻中包含的文學文體、文學文本及其所體現出的文學的時序特徵、地域特徵以及與文學有關的宗教、文化因素等做了全面論述。

（二）北朝墓誌引《詩》研究

墓誌文體脱胎於四言詩，深受《詩經》及歷代悼亡詩的影響，四四格式尤多，篇幅長短不一，爲運用各種寫作手法提供了廣闊的天地，形成了含蓄婉轉的文風。杜麗娜《北朝墓誌引〈詩〉研究》②一文通過對北朝墓誌的整理及研究，發現其中徵引《詩經》内容最多，對其徵引内容的統計及分析，有助於更好地解讀墓誌，以及瞭解《詩經》在北朝的傳播及運用情況。該文也對北朝墓誌引《詩》的共性，以及北朝男、女兩性墓主引《詩》的不同特點進行了研究。林登順《魏晋南北朝"墓誌銘"引〈詩經〉篇名考》主要從文學角度切入研究魏晋南北朝"墓誌銘"引《詩經》篇名情況，以趙超《漢魏南北朝墓誌彙編》中的556種墓誌爲考察對象，發現其中徵引《詩經》篇名的比例可達22.6%，證明《詩經》受重視程度之高。③此外，吕蒙《北魏碑刻引用〈詩經〉研究》④也重點介紹北魏碑刻引《詩》的基本狀況及異文情況。

（三）北朝墓誌用韻探索

漢語斷代北朝音韻研究比較薄弱，以往較爲系統地研究南北朝音韻的是王力先生《南北朝詩人用韻考》⑤和于安瀾先生《漢魏六朝韻譜》。⑥相對而言，雖然現在利用北朝墓誌銘的韻文材料的研究者不多，但他們堅持對墓誌銘用韻的特點、規律進行專項的歸納和揭示，在這一領域不斷地耕耘和積纍，基本發揮出墓誌語料應有的作用。比較有代表性的劉盛舉《魏晋南北朝墓誌銘用韻初探》⑦以魏晋南北朝墓誌銘爲主要對象，其中北朝墓誌銘爲大宗，運用二重證據法，將魏晋南北朝墓誌

---

① 張鵬：《北朝石刻文獻的文學研究》，中國社會科學出版社，2015年。
② 杜麗娜：《北朝墓誌引〈詩〉研究》，碩士學位論文，河北師範大學，2018年。
③ 林登順：《魏晋南北朝"墓誌銘"引〈詩經〉篇名考》，引自杜麗娜《北朝墓誌引〈詩〉研究》，第1~2頁。
④ 吕蒙：《北魏碑刻引用〈詩經〉研究》，碩士學位論文，西南大學，2008年。
⑤ 王力：《南北朝詩人用韻考》，《龍蟲并雕齋文集》第1册，中華書局，1982年。
⑥ 于安瀾：《漢魏六朝韻譜》，河南人民出版社，1989年。
⑦ 劉盛舉：《魏晋南北朝墓誌銘用韻初探》，碩士學位論文，西南師範大學，2004年。

銘的用韻與南北朝詩人用韻進行比較，從而釋讀文字，進行校勘，準確確定韻例，判斷韻字，進行窮盡性的統計。論文公布全部韻讀，做出韻譜，初步探討了魏晉南北朝時期漢語音韻的繼承和演變在傳世文獻與出土文獻中的異同。

（四）北朝墓誌對斷代文學史研究的作用

在斷代北朝文學史研究中，學者也關注到墓誌銘文對文學史的補充作用。如高贇《北周文學研究》[1]上編第五章"西魏北周出土文獻——墓誌'文學'研究"，從"出土西魏北周墓誌概況""出土西魏墓誌及其文學研究""出土北周墓誌及其文學研究"三個部分展開論述。以出土的西魏北周墓誌視角考察這段時期墓誌的演進和文學特點，從一個側面反映北周文學的文學水準。下編第三章"綜合研究庾信及其文學作品"中第四節"庾信北朝文研究"包括"碑誌"內容，也關注到庾信墓碑傳文、墓誌銘傳文、墓碑誌銘辭均各具文學特色。

三　北朝墓誌與家族譜系、婚姻研究

對於家族乃至宗族而言，譜系記述其生命延續，記録其歷史發展，標示其身份關係。譜系是家族乃至宗族結合的象徵，亦爲家族乃至宗族的行爲規範。北朝統治者爲加强中央集權，控馭社會結構的基礎——宗族，令國家與宗族既共存相依，又明主從上下之分。北朝墓誌中存在衆多皇宗室、帝室九姓、漢族官僚及高門大姓譜牒及家族聯姻等信息，進而受到學者的關注。

（一）北朝墓誌與譜系著述補正

范壽銘《元氏誌録》作於民國七年，收元氏人物等誌41種，後顧燮光又補充34種，共計75種，集中著録了北朝元姓宗室人物的譜系。[2]趙萬里《漢魏南北朝墓誌集釋》[3]一書亦將元姓皇宗室各支分別歸納排列，考證了有關人事之間的關係，補充訂正了古代文獻的記録。《新唐書·宰相世系表》是正史中唯一的大型人物譜系表，自宋代開始就有學者進行校補，但多利用傳世材料。羅振玉利用新出土墓誌

---

① 高贇：《北周文學研究》，博士學位論文，中國社會科學院大學，2020年。
② 顧燮光：《夢碧簃石言》，王其禕校點，遼寧教育出版社，2001年。
③ 趙萬里：《漢魏南北朝墓誌集釋》，科學出版社，1956年。

進行補正，成《新唐書宰相世系表補正》。周紹良又作《新唐書宰相世系表校異》。趙超彙集前人成果，根據墓誌史料，寫成《新唐書宰相世系表集校》，[①] 對原書錯誤、脫漏等處作了大量的校勘補正。

陳爽《出土墓誌所見中古譜牒研究》[②] 一書通過文本辨析和圖版對照，判定大量魏晉南北朝墓誌直接抄録了墓主家族譜牒，并對譜牒殘章做了輯録和格式復原。該書從墓誌中輯録到兩百餘件原始譜牒，内容涉及魏晉南北朝家庭結構、性別比例、婚姻狀况、嫡庶之別等中古社會史的重要内容，拓展了中古社會史研究的學術視野。陶鈞《北魏崔賓媛墓誌考釋》[③] 介紹了北魏神龜二年（519）《崔賓媛墓誌》，整理出誌石、誌蓋、誌蓋斜邊三處題刻所載世系人物，其中見於《魏書》《北史》者凡二十餘人，多係北魏著名人物，可補證史書之闕。高詩敏《有關北朝博陵崔氏的幾個問題》[④] 針對北朝時期的博陵崔氏婚姻狀况，認爲其家族與趙郡李氏聯姻存在諸多原因。夏炎《中古世家大族清河崔氏研究》[⑤] 利用墓誌等石刻材料與傳世文獻相結合，從宏觀到微觀對中古世家大族清河崔氏展開個案研究。同樣，范兆飛《中古郡望的成立與崩潰——以太原王氏的譜系塑造爲中心》[⑥] 以石刻資料（包括北朝墓誌）所見太原王氏的祖先書寫爲中心，旁涉其他士族門第的譜系塑造，考察了中古郡望演變的歷史過程，認爲中古太原王氏的郡望和譜系的構成具有典型性特徵，證明中古門第郡望從界限森嚴到普遍濫用的演變過程，也是國家與社會力量角逐消長的鮮活反映。

（二）中古大族聯姻關係的綜合性探索

中古時期（包括北朝），士族作爲一個特殊的階層，在政治、文化、社會等領域，表現活躍，占據着社會金字塔頂端。這其中，郡望建構和譜系塑造逐漸成爲中古士族門第成立的重要條件。近年來，學者側重於士族門閥間聯姻，取得了較爲豐碩的學術成果。如毛漢光先生《中古大族著房婚姻之研究——北魏高祖至唐中宗神

---

① 趙超：《新唐書宰相世系表集校·前言》，中華書局，1998 年，第 1~5 頁。
② 陳爽：《出土墓誌所見中古譜牒研究》，學林出版社，2015 年。
③ 陶鈞：《北魏崔賓媛墓誌考釋》，《收藏家》2012 年第 6 期。
④ 高詩敏：《有關北朝博陵崔氏的幾個問題》，《首都師範大學學報》（社會科學版）1998 年第 5 期。
⑤ 夏炎：《中古世家大族清河崔氏研究》，天津古籍出版社，2004 年。
⑥ 范兆飛：《中古郡望的成立與崩潰——以太原王氏的譜系塑造爲中心》，《廈門大學學報》（哲學社會科學版）2013 年第 5 期。

龍年間五姓著房之婚姻關係》①一文，利用墓誌等石刻材料與文獻結合，深入考察了隴西李氏、趙郡李氏、太原王氏、滎陽鄭氏、范陽盧氏、清河崔氏、博陵崔氏等五姓七望的相互通婚情況，揭示出越是大姓中的名支著房，越重視與門第名望相當的族姓聯姻。這種風氣對當時的社會習俗、文化走向乃至政治格局都產生了很大的影響。

除了熟知的琅邪王氏、清河崔氏、博陵崔氏、范陽盧氏等高門之外，華陰楊氏、南陽張氏、河東柳氏等，以及鮮卑勳臣八姓中的部分姓氏，也成爲學者關注對象。杜葆仁、夏振英《華陰潼關出土的北魏楊氏墓誌考證》，②王慶衛、王煊《隋代華陰楊氏考述——以墓誌銘爲中心》及《隋代弘農楊氏續考——以墓誌銘爲中心》，③楊爲剛《中古弘農楊氏貫望與居葬地考論——以新出墓誌爲中心》，④龍適平、毛遠明《隋代弘農華陰楊氏家族再考述》，⑤伊波濤《北魏時期楊播家族建構祖先譜系過程初探——以墓誌爲中心》⑥等論文集中考證了1949年以來在華陰與潼關出土的楊氏墓誌，根據墓誌記載的內容，結合正史等文獻綜合研究，排列出秦漢至南北朝時期一直聲名顯赫的華陰楊氏這一大姓的主要成員世系。與此同時，墓誌所反映的婚姻狀況，如選擇門第、姑舅聯姻、冥婚、擇偶條件、離婚、再娶等，對認識北朝社會生活頗有裨益。仇鹿鳴《製作郡望：中古南陽張氏的形成》⑦認爲南陽張氏是一個虛擬的郡望，并沒有可靠士族譜系的支持。張姓士人通過對傳說與歷史人物事迹的拼接，重構對祖先的記憶，製作形成了南陽張氏郡望，并逐步完善其譜系。北朝隋唐之際，譜系與郡望知識的逐步普及化，以及北朝社會僞冒郡望風氣的盛行，都有助於這一虛擬郡望的形成。南陽張氏郡望構擬的過程，也反映出郡望這一身份標志符號在中古社會中的作用與意義。在張氏之外，近年新出土的墓誌又爲中

① 毛漢光：《中古大族著房婚姻之研究——北魏高祖至唐中宗神龍年間五姓著房之婚姻關係》，《中央研究院歷史語言研究所集刊》第56本第4分，1985年。

② 杜葆仁、夏振英：《華陰潼關出土的北魏楊氏墓誌考證》，《考古與文物》1984年第5期。

③ 王慶衛、王煊：《隋代華陰楊氏考述——以墓誌銘爲中心》，《碑林集刊》第11輯，陝西人民美術出版社，2005年，第243~270頁；王慶衛、王煊：《隋代弘農楊氏續考——以墓誌銘爲中心》，《碑林集刊》第12輯，陝西人民美術出版社，2006年，第199~222頁。

④ 楊爲剛：《中古弘農楊氏貫望與居葬地考論——以新出墓誌爲中心》，《碑林集刊》第15輯，三秦出版社，2009年，第227~236頁。

⑤ 龍適平、毛遠明：《隋代弘農華陰楊氏家族再考述》，《文獻》2010年第1期。

⑥ 伊波濤：《北魏時期楊播家族建構祖先譜系過程初探——以墓誌爲中心》，《中國史研究》2013年第4期。

⑦ 仇鹿鳴：《製作郡望：中古南陽張氏的形成》，《歷史研究》2016年第3期。

古時期河東柳氏研究提供了實證材料。如寧琰《北周康城愷公柳帶韋墓誌考釋》、[①]趙世金《新見〈北周宇文鴻漸墓誌〉研究二題》[②]結合近年出土的柳氏家族人物墓誌，對西魏北周時期入關的西眷柳氏家族世系、婚宦等進行考述。龍成松《中古胡姓家族研究——以族源、地域、文化爲中心》[③]從族源、地域、文化三個角度，深入探討胡漢融合過程的複雜性和多元性，論述胡姓家族的融入漢人地方社會進程中的諸多問題，并選取宗教、族群文化、經學、文學四個方面的家族案例，點面結合，勾勒出中古胡姓家族的文化群像，概觀地認識這一群體在中古文化史上的影響。王化昆《北朝隋唐河洛大族于氏的幾個問題》[④]認爲河洛于氏以北魏名將于栗磾爲始祖，北朝隋唐時期于氏人才輩出，但有關史書對其記載時有出入。雖然有些史書將其記爲代州或雍州及京兆等地人，但經過對史料及有關墓誌、神道碑的研究認定，于氏始終爲河南洛陽人，且對其他一些問題進行了訂正或對史書有所補充，并據此列出于氏十八代世系表。王斯超《北朝爾朱氏家族墓誌研究》[⑤]以出土北朝爾朱氏家族四方墓誌作爲研究對象，對其中所涉及的人物關係、碑文校箋、書法藝術等進行考察分析。

以上諸文以北朝時期的家族墓誌爲研究對象，或通過墓誌所載史實考訂與地名梳理，揭示世家大族在北朝時期的興衰、遷變歷程，或探討、訂補家族世系、聯姻、政治得失及民族融合等情況，對北朝世家大族研究有較大推進。

四　北朝墓誌與語詞文字研究

墓誌本身就是一個語言寶庫，對於研究漢語詞彙及辭書編纂具有不可低估的價值。同時，墓誌中文字形體多變，又可以成爲古代文字研究的重要資料。墓誌詞語研究，着眼於挖掘墓誌的語料價值，通常從墓誌詞語的詞性、語義、構詞方式及特徵等方面展開研究，并將研究成果用於糾正、補訂《漢語大詞典》等大型辭書的例證。

---

① 寧琰：《北周康城愷公柳帶韋墓誌考釋》，《文博》2020 年第 5 期。
② 趙世金：《新見〈北周宇文鴻漸墓誌〉研究二題》，《敦煌學輯刊》2020 年第 4 期。
③ 龍成松：《中古胡姓家族研究——以族源、地域、文化爲中心》，博士學位論文，武漢大學，2016 年。
④ 王化昆：《北朝隋唐河洛大族于氏的幾個問題》，《河南科技大學學報》（社會科學版）2002 年第 3 期。
⑤ 王斯超：《北朝爾朱氏家族墓誌研究》，碩士學位論文，山西大學，2020 年。

（一）北朝墓誌語詞整理與研究

吴金華《三國志校詁》與王雲路、方一新《中古漢語語詞例釋》兩書，在用墓誌文獻研究詞彙方面，具有良好開端之功。羅維明《中古墓誌詞語研究》主要依據趙超《漢魏南北朝墓誌彙編》，周紹良《唐代墓誌彙編》《唐代墓誌彙編續集》中的一些詞彙，計釋詞條 232 條，總結出六朝隋唐時期的詞彙面貌和源流演變。魏平《試論漢魏南北朝墓誌的語言研究價值》、[①] 袁步昌《北朝墓誌詞語拾零》、[②] 張穎慧《北朝碑誌詞語例釋十二則》、[③] 李紅《北魏墓誌詞彙研究》[④] 等論文以北朝墓誌等作爲研究對象，運用傳世文獻與出土文獻相印證的方法，及共時研究與歷時研究相結合的方法，運用詞典學、訓詁學、語義學等相關理論知識，對墓誌詞彙進行歸納整理，可補《漢語大詞典》在詞目、義項、例證、釋義等方面的不足。周丹《漢魏南北朝墓誌中喪葬類詞語研究》[⑤] 一文較爲系統地考察了漢魏南北朝墓誌中的喪葬類詞語，對此類詞語進行了分析和透視，發掘其中所蘊含的各種社會文化信息，以及成詞特點及表意特點。

近幾年，在北朝墓誌委婉語詞、複音詞和構詞語素等研究領域中，出現了幾篇值得關注的碩士論文。張蕊寒《〈墨香閣藏北朝墓誌〉委婉語詞研究》[⑥] 以《墨香閣藏北朝墓誌》中的 118 種墓誌爲研究對象，按照委婉語的評判標準篩選出 224 個委婉語詞，分爲避忌型、尚雅型、禮節型三大類進行釋義説明，并將之與同時期傳世文獻《魏書》和稍後的隋唐墓誌進行共時和歷時的比較，總結出北朝墓誌委婉語詞區别於它們而富有自身的特點，即存在複音委婉詞。孫利杰《墨香閣北朝墓誌複音詞研究》[⑦] 界定了複音詞的標準，劃分出墨香閣北朝墓誌中的複音詞 1892 個，并歸納總結墨香閣北朝墓誌複音詞的特點。席蘭《〈墨香閣藏北朝墓誌〉人物品評詞研究》[⑧] 同樣以墨香閣收藏北朝墓誌爲研究材料，以人物品評詞爲研究對象，在詞與字、片語理論的基礎上，對北朝墓誌 862 個人物的品評詞作窮盡式搜集與整理，

① 魏平：《試論漢魏南北朝墓誌的語言研究價值》，《樂山師範學院學報》2006 年第 3 期。
② 袁步昌：《北朝墓誌詞語拾零》，《語文學刊》2010 年第 15 期。
③ 張穎慧：《北朝碑誌詞語例釋十二則》，《貴州師範學院學報》2019 年第 11 期。
④ 李紅：《北魏墓誌詞彙研究》，碩士學位論文，安徽大學，2013 年。
⑤ 周丹：《漢魏南北朝墓誌中喪葬類詞語研究》，碩士學位論文，華中師範大學，2009 年。
⑥ 張蕊寒：《〈墨香閣藏北朝墓誌〉委婉語詞研究》，碩士學位論文，陝西理工大學，2021 年。
⑦ 孫利杰：《墨香閣北朝墓誌複音詞研究》，碩士學位論文，河北師範大學，2019 年。
⑧ 席蘭：《〈墨香閣藏北朝墓誌〉人物品評詞研究》，碩士學位論文，陝西理工大學，2021 年。

主要從分類描寫、同義聚析、增補辭書、縱橫比較諸方面展開探討，以揭示墨香閣藏北朝墓誌人物品評詞的特點。以上三篇論文主要圍繞墨香閣收藏的北朝墓誌進行相關研究，對整個漢語詞彙史的發展作一個補充。不足之處在於以墨香閣一處之北朝墓誌藏品作爲研究對象，其數量極爲有限，如此以點蓋面難以形成較有説服力的新觀點。此外，黄曉偉《魏晋南北朝墓誌複音形容詞研究》[①]完成了魏晋南北朝墓誌複音形容詞的分析描寫，對中古漢語詞彙的研究乃至整個漢語詞彙史的研究都具有重要價值。劉燕《魏晋南北朝墓誌高頻構詞語素研究》[②]從語素的構詞能力、語素意義、語素在複合詞中的位置分布以及所構詞語的結構類型四個方面，對魏晋南北朝墓誌中的語素進行了封閉性的計量研究，揭示出當時常用語素構詞的特點、規律及其背後的制約因素。

（二）北朝墓誌文字整理與研究

首先，在"釋文整理"方面。全面收集北朝墓誌文獻，以科學的方法和規範的體例考訂釋文，可以爲出土文獻整理研究開闢新視野，爲學術研究提供新資料。近年來，在北朝墓誌語言文字研究方面貢獻較大的有毛遠明和王連龍兩位先生。毛遠明《漢魏六朝碑刻校注》[③]一書收有碑碣 1417 種，製作成拓片圖録 1500 幅，其中南北朝墓誌 798 種。據圖録準確釋文，加上現代標點，對碑銘中的疑難詞語簡要注釋和考辨，并輔以提要。該書可謂現今漢魏六朝碑刻語言文字研究方面材料最翔實、成就頗高的代表性著作。王連龍《南北朝墓誌集成》[④]編撰墓誌著録目録 50 萬餘字，釋文 100 萬餘字，編撰墓誌人名索引 7000 餘個，地名索引 6000 餘個，官名索引近 6000 餘個，數量巨大，篇帙浩繁。其學術價值具體體現在以下四個方面：一是開創性，作爲第一部南北朝墓誌文獻集成，填補當前相關研究的空白。二是資料性，收集全面，考訂細緻，形式多樣，具有較高的資料性。三是實用性，編撰方法科學實用，可以有效地服務於學術研究活動。四是學術性，建立在專業知識及科學方法基礎上學術研究，爲出土文獻的整理研究開闢了一個新的視野。該書全面收集南北朝墓誌文獻，以科學的方法和規範的體例爲學界稱頌。

其次，在"字形研究"方面。北朝是楷書發展演變的重要階段，其複雜性與

① 黄曉偉：《魏晋南北朝墓誌複音形容詞研究》，碩士學位論文，西南大學，2010 年。
② 劉燕：《魏晋南北朝墓誌高頻構詞語素研究》，碩士學位論文，西南大學，2009 年。
③ 毛遠明：《漢魏六朝碑刻校注》，綫裝書局，2008 年。
④ 王連龍：《南北朝墓誌集成》（上下册），上海人民出版社，2021 年。

特殊性值得關注。臧克和《漢魏六朝隋唐五代字形表》①著述以漢魏六朝隋唐五代石刻簡牘類材料用字爲原形，構建漢字發展歷程中篆隸楷等主要書體類型實際使用坐標，按書體、按時代的編排呈現形式，使得書體發展、字形演變、媒介因素、時代坐標成爲明白易懂的系列，爲文史工作者、書法藝術愛好者提供了重要參考。鄒虎《魏晉南北朝石刻新出字形研究》②着重研究魏晉南北朝各種新出字形，在漢字歷史發展進程的背景下，考辨字形源流，考察字體演化，對探尋漢字構形方式及其發展變化形式等大有裨益。曾良《隋唐出土墓誌文字研究與整理》③一書關注隋唐墓誌（包括北朝墓誌）文字研究，通過考證俗字，識辨校讀，考訂補充等方式，探討了墓誌文字的發展規律，可以爲當下墓誌文字整理研究提供借鑒。龍仕平、何山《漢魏六朝墓誌構件訛混舉隅研究》④同樣關注墓誌文字字形問題，認爲漢魏六朝墓誌文字材料豐富，構件訛混現象十分普遍，既有規律性，又有特殊性，并對這些現象進行了歸納考察，爲碑刻異體字研究、漢字構形研究、古籍整理和漢字發展史等研究提供了有益幫助。

最後，在“碑別字”方面。碑別字一直是石刻文獻整理研究中一個難題，歷代學者都有關注，其中比較有成績者是秦公、劉大新等先生《碑別字新編》《廣碑別字》等。後者收字頭3500餘字，重文別字21300餘字，人工摹寫，書後附《筆劃檢字表》，可供讀者查閱。近年的碑別字的系統整理，以毛遠明《漢魏六朝碑刻異體字典》⑤爲代表。該書以《漢魏六朝碑刻異體字語料庫》爲依托，搜集了1416種漢魏六朝碑刻拓片，對異體字字樣采用剪切方式處理，經過認真釋讀、考辨、整理，提取其中的全部異體字，拓展了學科研究範圍，是爲文史、書法等學科研究的重要工具書。在碑別字理論研究方面，陸明君《魏晉南北朝碑別字研究》⑥在充分利用各種拓本資料的基礎上，對魏晉南北朝時期石刻中的異體別字進行了較全面的考察、梳理和研究，重點探討了魏晉南北朝碑別字的形成原因及各類生成途徑，體例精審，資料詳備，考證扎實，論説中肯，多有填補學術空白之處，對石刻碑別字研究具有重要參考價值。

---

① 臧克和：《漢魏六朝隋唐五代字形表》，南方日報出版社，2011年。
② 鄒虎：《魏晉南北朝石刻新出字形研究》，碩士學位論文，西南大學，2014年。
③ 曾良：《隋唐出土墓誌文字研究與整理》，齊魯書社，2007年。
④ 龍仕平、何山：《漢魏六朝墓誌構件訛混舉隅研究》，《重慶三峽學院學報》2012年第6期。
⑤ 毛遠明：《漢魏六朝碑刻異體字典》（上下册），中華書局，2014年。
⑥ 陸明君：《魏晉南北朝碑別字研究》，文化藝術出版社，2009年。

五 北朝墓誌與書法藝術研究

北朝時期，刻碑之風繼東漢之後愈演愈烈，其中以墓誌爲最多，世稱"魏碑"。北朝墓誌既反映出中古楷書書法的産生、演進過程，也提供了"魏碑"楷書式樣，在爲書法家和收藏家提供臨摹及收藏對象同時，也推動了近現代書法理論研究的發展。

（一）北朝墓誌書法藝術賞析

作爲書法藝術瑰寶，魏碑體一直受到世人的關注。近年來一些出版機構也選取了魏碑精品進行集中刊行，如世界圖書出版公司於 2007 年策劃出版了《中國書法經典百品叢書》，分類科學，特色鮮明，每種墓誌圖版下都注明出土時間、地點、尺寸、收藏地等信息，并賞析評價每種墓誌書法特點。其中，《墓誌書法百品》收錄北魏《元楨墓誌》《元均之墓誌》《元肅墓誌》等 89 種，以及東魏《郗蓋袈墓誌》《崔景播墓誌》、北齊《高百年墓誌》。《碑額誌蓋書法百品》收錄北魏《元簡妃常氏墓誌蓋》《穆彦墓誌蓋》《宋靈妃墓誌蓋》等 19 種，以及東魏《封延之墓誌蓋》《祖氏誌蓋》、北齊《劉悦墓誌蓋》《步六孤須蜜多墓誌蓋》《赫連子悦墓誌蓋》、北周《高妙儀墓誌蓋》。又如北京圖書館出版社刊行的《墓誌精華三十八種》，[①] 精選收錄漢唐墓誌 38 種，多爲近年出土的墓誌精品，包括《元演墓誌》《徐起墓誌》等北魏墓誌數種，顔真卿撰文并書寫的《郭虚己墓誌》，張旭楷書《嚴仁墓誌》等，提供拓本原大高清圖版，製作精良，爲近年書法碑帖精品。此外，還有李域錚等編著《西安碑林書法藝術》，[②] 收錄部分于右任藏石拓片，附錄《西安碑林藏石細目》將于氏藏石悉數列目，具有較高學術價值。李域錚等還編有《陝西古代石刻藝術》[③] 一書，分"陝西石刻概述""西安碑林中的書法藝術""歷代墓誌"三個部分，精選陝西現存代表性石刻 253 種，詳細介紹每種石刻創作時代、尺寸、收藏地點，并對書法藝術進行評析，其中包括《元定墓誌》《元簽墓誌》等北朝墓誌精品。

---

① 北京圖書館出版社：《墓誌精華三十八種》，北京圖書館出版社，2001 年。
② 李域錚等：《西安碑林書法藝術》，陝西人民美術出版社，1983 年。
③ 李域錚等：《陝西古代石刻藝術》，三秦出版社，1995 年。

（二）北朝墓誌書體演進研究

關於北朝墓誌書體演進過程，近年出現的一些博士、碩士學位論文有着較爲系統的研究，可給予關注。如李海燕《隋唐五代石刻楷字的傳承與變異——基於"魏晋南北朝石刻楷字"的比較調查》①將隋唐五代石刻楷字作爲調研對象，在比照魏晋南北朝石刻楷字的基礎上，全面探討了隋唐五代石刻楷字的傳承與變異情況。同時，以構建隋唐五代石刻語料庫作爲調研平臺，在異體字、整字層面、構件系統進行共時和歷時調查，總結了隋唐五代石刻楷字的整體特點，以及對後世楷書產生的影響。鄭中華《東魏北齊碑誌書法中隸化現象研究》②及鄭巧莉《北朝隸書墓誌研究》③在系統整理研究北朝墓誌基礎上，認爲北朝隸書墓誌書法具有獨特的風格特點，普遍呈現出篆、隸、楷書雜糅的現象，并時常運用裝飾性筆劃。此外，朱智武《六朝墓誌書體及相關問題辨析》④從楷書和隸書等書體角度對北朝墓誌的字形結構作出了分析。

（三）北朝墓誌書法藝術研究

在北朝墓誌書法理論研究方面，以叢文俊、華人德等先生研究最爲系統。叢文俊先生《魏碑體考論》、⑤《北魏崔、盧二門楷法蠡測》⑥及其學生馬新宇《魏晋南北朝時期墓誌題銘研究》、⑦劉天琪《古代墓誌蓋"題銘書刻"及相關問題》⑧等，都取得了令人矚目的研究成果。華人德先生主編《中國書法全集》第13卷《三國兩晋南北朝墓誌卷》包括原色拓本選頁、魏晋南北朝墓誌概論、三國兩晋南北朝墓誌作品、作品考釋、墓誌年表、墓誌出土及收藏分布圖，從書法角度欣賞和關注北朝墓誌，也是中古墓誌研究的經典論述。此外，許丞宗《北魏墓誌書風探究》⑨認

① 李海燕：《隋唐五代石刻楷字的傳承與變異——基於"魏晋南北朝石刻楷字"的比較調查》，博士學位論文，華東師範大學，2009年。
② 鄭中華：《東魏北齊碑誌書法中隸化現象研究》，碩士學位論文，浙江大學，2013年。
③ 鄭巧莉：《北朝隸書墓誌研究》，碩士學位論文，曲阜師範大學，2019年。
④ 朱智武：《六朝墓誌書體及相關問題辨析》，《南京曉莊學院學報》2014年第3期。
⑤ 叢文俊：《魏碑體考論》，《中國書法》2003年第3期。
⑥ 叢文俊：《北魏崔、盧二門楷法蠡測》，《中國書法》2003年第12期。
⑦ 馬新宇：《魏晋南北朝時期墓誌題銘研究》，碩士學位論文，吉林大學，2001年。
⑧ 劉天琪：《古代墓誌蓋"題銘書刻"及相關問題》，《中國書法》2012年第3期。
⑨ 許丞宗：《北魏墓誌書風探究》，碩士學位論文，上海師範大學，2013年。

爲北魏墓誌是墓誌書法中最具代表性和最具影響的部分，有突出的典型性，具有其自身獨特的魅力與書法價值。以北魏洛陽墓誌爲主體的大量墓誌在近現代書法史上占有重要地位，促進了清代碑學的興盛，也影響催生了一批書法名家。畢善國《北朝墓誌藝術略論》①一文試圖通過對北朝墓誌書法的審美風格與演變内容展開討論，由北朝墓誌的外在審美表現，進行風格的分類梳理，在中國書法史大背景下尋繹隸書向楷書發展演變的軌迹，把握北方書體的演變發展方向。

另外，《中國書法》《書法》《東方藝術》《書法叢刊》等書法藝術類期刊也比較集中地公布北朝墓誌材料，刊發探討北朝墓誌書法藝術的考論或賞析論文，應該給予關注。如顧濤《洛陽北魏墓誌楷書書風的演變與分期》②《從洛陽出土墓誌看北魏墓誌書法的内在審美價值》，③ 以及劉連香、張會芳《千岩競秀，萬壑争流——洛陽出土北魏墓誌書法概論》④對洛陽出土的北魏墓誌書法藝術進行探討。張宇《冀北地區北朝墓誌書法研究》⑤對冀北地區所見北朝墓誌書法按不同時期的字體、書風進行分析對比，發現北朝中後期書風擺脱了北魏前期書風的影響，呈現出"平劃寬結"的風貌，對整個書法史正書的演變有着非常重要的意義，對當下楷書、隸書的發展以及諸多書家的創作心態有着獨特的啓發。趙珊珊《山東出土北朝墓誌書法研究》⑥在搜集山東出土北朝墓誌資料的基礎上，結合北朝的山東世家大族的地域因素與墓誌、書法演變的發展過程，對出土墓誌書法進行風格研究，進一步完善豐富山東出土北朝墓誌書法審美價值與意義，并試圖深入探討北朝後期出現的書法復古的因素，全面詮釋山東出土墓誌書法在南北朝書法史的價值與意義。

六　北朝墓誌與文獻學研究

"墓誌是我國歷史上的人物傳記，是研究我國歷史的大百科全書，是極爲珍貴的歷史檔案資料。"⑦在中國文獻學研究領域中，北朝墓誌是一個不可或缺的組成部

---

① 畢善國：《北朝墓誌藝術略論》，《大衆文藝》2019 年第 1 期。
② 顧濤：《洛陽北魏墓誌楷書書風的演變與分期》，《藝術探索》2011 年第 4 期。
③ 顧濤：《從洛陽出土墓誌看北魏墓誌書法的内在審美價值》，《史學月刊》2011 年第 8 期。
④ 劉連香、張會芳：《千岩競秀，萬壑争流——洛陽出土北魏墓誌書法概論》，《中國書畫》2011 年第 7 期。
⑤ 張宇：《冀北地區北朝墓誌書法研究》，碩士學位論文，河北大學，2021 年。
⑥ 趙珊珊：《山東出土北朝墓誌書法研究》，碩士學位論文，上海大學，2020 年。
⑦ 余扶危、張劍：《洛陽出土墓誌卒葬地資料彙編》，北京圖書館出版社，2002 年，第 1 頁。

分，并處於十分重要的文獻地位。饒宗頤先生《法國遠東學院藏唐宋墓誌拓本圖録》"引言"指出："向來談文獻學（philology）者，輒舉甲骨、簡牘、敦煌寫卷、檔案四者，爲新出史料之淵藪。余謂宜增入碑誌爲五大類。碑誌之文，所與史傳相表裏，闡幽表微，補闕正誤，前賢論之詳矣。"①

（一）碑刻文獻學通論著述

碑刻（亦包括北朝墓誌）文獻學是一門新興的學科，歷代留存下來的碑刻文獻爲學科研究儲備了可供開采的大批資料，以往碑刻文獻研究的成果爲學科研究積纍了豐厚的學術内涵，多學科交叉研究的視野爲學科建設呈現出廣闊的發展前景。毛遠明《碑刻文獻學通論》以碑刻文獻爲研究對象，從理論上闡明了碑刻文獻學的學科體系，對碑刻文獻學的學科理論進行了開拓性的探索，推進了文獻學研究的發展。該書重要的學術價值如下：一是全面系統地論述碑刻文獻學研究的各個方面，爲學科的深入研究提供詳實的資料綫索、豐富的學術信息和具體的研究方法，從而奠定了學科研究的基礎。二是從碑刻文獻的保存、著録和輯集論述碑刻文獻的整理。三是在對前人碑刻文獻研究成果和不足作出客觀評價的基礎上，作者繼往開來，闡論了建設、發展碑刻文獻學學科的思路和拓展學科研究的衆多領域。

（二）墓誌載體與時代研究

作爲載體，北朝墓誌游走於寫本、石本、拓本、印本之間，是一種特殊的文獻載體形態。程章燦《尤物：作爲物質文化的中國古代石刻》②從物質文化角度來研究古代石刻，爲古代文獻研究開啓一個新的論述視角：物是文獻的重要屬性之一，文獻既有作爲文本的文化性，也有作爲物的文化性。王連龍《魏碑斷代問題研究》③一文以劉賢墓誌爲例，總結魏碑斷代四種方法：一曰觀之世系，以察其源；二曰觀之名物，以察其用；三曰觀之制度，以察其變；四曰觀之形制，以察其時。該文強調掌握魏碑斷代研究方法，還需要保持學術研究的中立性。各種斷代之法宜綜合使用，不可偏廢。如此，魏碑以其所具有的文字及書法屬性，可以服務於史學

---

① 饒宗頤：《法國遠東學院藏唐宋墓誌拓本圖録》"引言"，《饒宗頤史學論著選》，上海古籍出版社，1993年，第547頁。
② 程章燦：《尤物：作爲物質文化的中國古代石刻》，《學術研究》2013年第10期。
③ 王連龍：《魏碑斷代問題研究》，《中原文化研究》2016年第6期。

研究，又可以爲藝術學發展提供圖鑒。對於北朝墓誌文獻研究的歷史分期，依據當權者的興衰脉絡，亦依從文史之時限踪迹，劃定北朝墓誌的階段界限。趙海麗《北朝墓誌文獻研究》一文曾就"北朝墓誌的歷史分期"問題展開探討，認爲北朝墓誌歷史分期宜分爲三期。端倪期：十六國及北魏平城時代。勃興期：北魏洛陽時期。延續期：東魏北齊及西魏北周時期。[①] 這些研究都關注於北朝墓誌載體，并從不同層次立論，開拓了墓誌研究新思路。

（三）墓誌鑒定與辨僞研究

在北朝墓誌研究中，鑒定與辨僞是一個值得關注的問題，歷來爲學者所重視。

關於北朝墓誌的鑒定，馬子雲《碑帖鑒定淺説》[②]詳細論述了碑帖及墓誌的起源、發展以及鑒定方法，從形式、内容書體、鐫刻、傳拓及裝裱等多方面闡述了碑與帖的區別，從拓本的用紙、墨色、書體、藏印、題款等方面論述了鑒定碑誌的依據。仲威《中國碑拓鑒別圖典》《善本碑帖過眼録》《碑帖鑒定概論》《碑帖鑒定要解》等著述均爲碑帖鑒定專書。其中，《碑帖鑒定概論》[③]關注碑帖的形式和内容，由表及裏地細説碑帖的各個鑒定環節，揭示碑帖作僞手段，提供防範對策，推導鑒定結論。同時，該書又結合碑帖鑒定實踐經驗，列舉衆多碑帖名品的鑒定案例，以鮮活的事例來介紹鑒定方法。此外，《中國碑拓鑒別圖典》[④]基於上海博物館藏品，選取歷代名碑330餘種，圖片2300餘幅，比較不同時期拓本及翻刻本特徵，學術價值較高。

在辨僞研究中，清代學者顧燮光在編撰《古誌新目初編》[⑤]時就已經注意到北朝墓誌作僞問題，并於第四卷附"僞作各目"。此種方法爲後世學者繼承，方若《校碑隨筆》書末列有歷代僞刻56種，王壯弘增補117種，[⑥]對於石刻辨僞多有指導意義。孫貫文《北京大學圖書館藏歷代金石拓本草目》專設"真僞"，趙超《漢魏南北朝墓誌彙編》書末附僞刻墓誌92種，朱亮《洛陽出土北魏墓誌選編》[⑦]附73種僞刻墓誌釋文及圖版。趙海麗《北朝墓誌文獻研究》在前人研究基礎上，統計北

---

① 趙海麗：《北朝墓誌文獻研究》，博士學位論文，山東大學，2007年。
② 馬子雲：《碑帖鑒定淺説》，故宫出版社，2016年。
③ 仲威：《碑帖鑒定概論》，上海古籍出版社，2014年。
④ 仲威：《中國碑拓鑒別圖典》，文物出版社，2010年。
⑤ 顧燮光：《古誌新目初編》四卷，民國石印本。
⑥ 方若原著，王壯弘增補《增補校碑隨筆（修訂本）》，上海書店出版社，2008年。
⑦ 朱亮：《洛陽出土北魏墓誌選編》，科學出版社，2001年。

朝僞誌（包括疑僞）104 種。[1] 劉麗琴《漢魏六朝隋碑誌索引》[2]僞刻（疑僞）碑誌分圖版著録、録文著録、碑目題跋著録、相關研究論文和備考五個部分，將"僞刻""疑僞"觀點標注在具體的文獻條目下，極爲便利。在墓誌辨僞研究方面，當今學者也取得了較爲豐碩的成果。羅新《北大館藏拓本〈給事君夫人韓氏墓誌〉辨僞》[3]指出韓氏墓誌係篡改北魏《元願平妻王氏墓誌》而成。馬立軍《北魏〈給事君夫人韓氏墓誌〉與〈元理墓誌〉辨僞——兼談北朝墓誌著録中的僞刻問題》[4]同意羅氏觀點，并證明北魏《元理墓誌》出於臆刻。王培峰、李繼高《北魏延昌二年〈韓氏墓誌〉僞作説補正》[5]也指出韓氏墓誌爲贋品。李檣《〈陶濬墓誌〉志疑》[6]從《陶濬墓誌》中的官職錯誤、代系缺失以及文章、書法等方面，指出該墓誌是民國僞誌。劉燦輝《洛陽北魏墓誌的作僞、考辨與鑒別》[7]指出《陶濬墓誌》作僞手法係"依托史書典籍，捏造名人墓誌"，又以北魏《叔孫協墓誌》爲例，介紹了宫大中的探訪與考證，最終確認爲民國時期臆造贋品。

七　北朝墓誌形制與製作研究

前文已言，根據王連龍先生統計，已見北朝時期墓誌近 1500 種。當然，這是已經公開刊行發表的墓誌，如果加私人機構等收藏，北朝墓誌可以達到 2000 種。這些墓誌的形制及製作過程等問題，也逐漸納入到學術研究視野中。但從整體上説，相比其他問題研究，北朝墓誌形制及製作過程等問題還存在着較大研究空間。

（一）北朝墓誌的形制問題

趙超先生較早關注北朝墓誌的形制與製作問題，曾撰《試談北魏墓誌的等

---

[1]　趙海麗:《北朝墓誌文獻研究》，2007 年。

[2]　劉琴麗:《漢魏六朝隋碑誌索引》，中國社會科學出版社，2019 年。

[3]　羅新:《北大館藏拓本〈給事君夫人韓氏墓誌〉辨僞》，《文獻》1996 年第 1 期。

[4]　馬立軍:《北魏〈給事君夫人韓氏墓誌〉與〈元理墓誌〉辨僞——兼談北朝墓誌著録中的僞刻問題》，《江漢考古》2010 年第 2 期。

[5]　王培峰、李繼高:《北魏延昌二年〈韓氏墓誌〉僞作説補正》，《西北農林科技大學學報》（社會科學版）2011 年第 2 期。

[6]　李檣:《〈陶濬墓誌〉志疑》，《東方藝術》2012 年第 20 期。

[7]　劉燦輝:《洛陽北魏墓誌的作僞、考辨與鑒別》，《中國書法》2017 年第 20 期。

級制度》①一文分析了現存的北魏墓誌材料，揭示出北魏墓誌存在等級制度，并對個別不符合這一制度的墓誌材料作出合理的解釋。北魏時期，隨着正方形墓誌成爲主要的墓誌形制，結合禮制，已經形成了一套對墓誌外形尺寸以及雕飾的正式等級規定。隋代以後的墓誌制度基本上沿襲了這一規定，或在其基礎上加以調整。

（二）北朝墓誌的製作問題

孫蘭青注意到北朝墓誌的形制，以及墓誌紋飾的藝術問題，其《北朝墓誌形制及紋飾研究》②一文認爲中國墓誌在北朝定型爲以正方形誌石與盝頂蓋相結合的墓誌形制，其在功能以及表現形式上的演變都有着巨大的變化。北朝墓誌紋飾出現，顯示當時人們對墓誌紋飾有了一定的裝飾程式，極富宗教因素，表達了當時人們追求羽化升仙，死後靈魂不滅、神靈保佑的思想。

（三）北朝墓誌文撰者與刻工問題

魏宏利《北朝墓誌之撰人及相關問題》③認爲北朝墓誌在墓誌文體發展史上占有重要地位，北朝墓誌作者身份可以分爲"公""私"兩個方面。作者身份的差異給北朝墓誌的寫作帶來多元化的創作格局，署名方式代表了特定的目的和意義。馬立軍《北朝墓誌作者考論》④主張北朝作家沿襲古制，於墓誌文中例不署姓名。但作爲一種體例，許多誌文作者往往在序文末尾或者在銘詞中，會不時地點出其官職、與墓主的關係或寫作的動因等。北朝墓誌文的生產過程亦非簡單之事，徐冲《從"異刻"現象看北魏後期墓誌的"生產過程"》⑤認爲北魏後期墓誌中存在的多種"異刻"現象，顯示出北魏後期墓誌的生產過程并非由單一主體一蹴而就，而是包括了喪家、朝議等多種要素共同參與和互動的結果，喪家也藉由這一過程對自身在北魏後期社會權力網絡中的位置感進行確認與強化。

---

① 趙超：《試談北魏墓誌的等級制度》，《中原文物》2002 年第 1 期。
② 孫蘭青：《北朝墓誌形制及紋飾研究》，《大衆文藝》2014 年第 19 期。
③ 魏宏利：《北朝墓誌之撰人及相關問題》，《寶雞文理學院學報》（社會科學版）2009 年第 5 期。
④ 馬立軍：《北朝墓誌作者考論》，《文藝評論》2011 年第 2 期。
⑤ 徐冲：《從"異刻"現象看北魏後期墓誌的"生產過程"》，《復旦學報》（社會科學版）2011 年第 2 期。

八　北朝墓誌與文化交流、民族融合研究

北朝時期，自北魏，歷東魏、西魏，至北齊、北周，政權交替頻繁，文化交流劇烈，不同民族階層在北朝歷史舞臺上都留下濃重的歷史痕迹，形成中國古代歷史上一次重要的文化交流和民族融合大潮。對此，作爲重要文字載體的墓誌，多有着清晰的記載。

（一）北朝墓誌與少數民族漢化研究

北魏孝文帝遷都洛陽之後，鮮卑皇族集團的漢化進程明顯加快，其宗室子弟不斷趨於雅化，相關墓誌還體現出鮮卑皇族重視女子文化教育這一現實。如王永平《墓誌所見北魏後期遷洛鮮卑皇族集團之雅化——以學術文化積纍之提升爲中心的考察》[1] 從北朝墓誌的角度考察孝文帝及其他北魏後期統治者重視設置、完善國子學等學校教育，鮮卑皇族宗室子弟普遍入學接受漢文化啓蒙教育，以致早慧的宗族子弟層出不窮的現象，認爲孝文帝等統治者注意爲諸王精心挑選賓友、僚佐，諸王也競相招集漢族名士，形成了一些藩邸文化中心。鮮卑皇族集團在與漢族名士的密切接觸中，對其文學藝術才情與經史學術修養的提升具有直接的促進作用。此外，還有胡人文士化研究，傳世文獻中材料較少，而且比較零散，相比之下，墓誌中相關史料多有集中出現。伊珊珊《墓誌所見元魏徙洛胡人勛貴的文士化趨勢》[2] 以邙山出土的元皇宗室及貴族墓誌視角進行研究，認爲內徙胡人文士化趨勢明顯，墓誌內容可以彌補正史缺漏和不足。該文通過整理匯總墓誌材料，對比正史，集中展現了北魏內徙胡人的文士化風貌，考察了北魏貴族化進程，反映出胡人在南北文化的交流和統一中作出的努力。

（二）北朝墓誌與中外民族交流、融合

北朝隋唐時期，粟特人在古代中西文化交流中表現較爲活躍。隨着二十世紀以來考古學工作的不斷開展，絲綢之路沿綫陸續發現了多座北朝、隋唐時期的入華粟特人墓葬，分布在新疆吐魯番、甘肅天水、寧夏固原與鹽池、陝西西安及鄰近地

---

[1]　王永平：《墓誌所見北魏後期遷洛鮮卑皇族集團之雅化——以學術文化積纍之提升爲中心的考察》，《學習與探索》2011 年第 3 期。

[2]　伊珊珊：《墓誌所見元魏徙洛胡人勛貴的文士化趨勢》，碩士學位論文，吉林大學，2016 年。

區、山西太原及汾陽等地。尤其是山西太原和陝西西安連續發現了數座重要墓葬，出土了《虞弘墓誌》《安伽墓誌》《史君墓誌》《康業墓誌》《李誕墓誌》等，揭開了粟特人在絲綢之路活動史實。榮新江《隋及唐初并州的薩保府與粟特聚落》《中古入華胡人墓誌的書寫》，張慶捷《虞弘墓誌考釋》，林梅村《稽胡史迹考——太原新出隋代虞弘墓誌的幾個問題》，周偉洲《吐谷渾墓誌通考》《隋虞弘墓誌釋證》，羅豐《一件關於柔然民族的重要史料——隋〈虞弘墓誌〉考》，尹申平、邢福來、李明《西安發現的北周安伽墓》，楊軍凱《北周史君墓雙語銘文及相關問題》，程林泉、張翔宇《西安北郊再次發現北周粟特人墓葬》，孟西安《西安再次發現北周粟特人墓葬證實——千年前西安已是國際性都市》，程林泉《陝西西安發現北周婆羅門後裔墓葬》《談談對北周李誕墓的幾點認識》，毛陽光《唐代洛陽粟特人研究——以出土墓誌等石刻史料爲中心》[1]等論文多以墓誌爲視角，對相關問題進行了深入研究。

（三）北朝墓誌與女性宗教信仰

二十世紀以來，北朝女性墓誌銘大量出土，相關誌文中存留了當時女性生活、思想、信仰的印迹，成爲研究北朝各個階層女子生活的重要史料。這一視角引起了部分學者的注意，如王亞楠《北朝墓誌與女性的佛教信仰》[2]一文根據墓誌碑銘的內容，將北朝女性崇佛者分爲三類：一是皇后嬪妃、女官爲代表的宮廷成員，二是官宦家庭的女子，三是普通平民女子。墓誌所載北朝敬佛女性整體分爲兩大類：普

---

① 榮新江：《隋及唐初并州的薩保府與粟特聚落》，《文物》2001 年第 4 期；榮新江：《中古入華胡人墓誌的書寫》，《文獻》2020 年第 3 期；張慶捷：《虞弘墓誌考釋》，《唐研究》第 7 卷；林梅村：《稽胡史迹考——太原新出隋代虞弘墓誌的幾個問題》，《中國史研究》2002 年第 1 期；周偉洲：《隋虞弘墓誌釋證》，榮新江、李孝聰主編《中外關係史：新史料與新問題》，科學出版社，2004 年，第247~257 頁；周偉洲：《吐谷渾墓誌通考》，《中國邊疆史地研究》2019 年第 3 期；山西省考古研究所、太原市文物考古研究所、太原市晉源區文物旅游局：《太原隋虞弘墓》，文物出版社，2005 年；羅豐：《一件關於柔然民族的重要史料——隋〈虞弘墓誌〉考》，《文物》2002 年第 6 期；尹申平、邢福來、李明：《西安發現的北周安伽墓》，《文物》2001 年第 1 期；楊軍凱：《北周史君墓雙語銘文及相關問題》，《文物》2013 年第 8 期；程林泉、張翔宇：《西安北郊再次發現北周粟特人墓葬》，《中國文物報》2004 年 11 月 24 日，第 1 版；孟西安：《西安再次發現北周粟特人墓葬證實——千年前西安已是國際性都市》，《人民日報》（海外版）2004 年 11 月 15 日，第 7 版；程林泉：《陝西西安發現北周婆羅門後裔墓葬》《談談對北周李誕墓的幾點認識》，分見《中國文物報》2005 年 10月 21 日，第 1、7 版；毛陽光：《唐代洛陽粟特人研究——以出土墓誌等石刻史料爲中心》，《鄭州大學學報》（哲學社會科學版）2015 年第 4 期。
② 王亞楠：《北朝墓誌與女性的佛教信仰》，碩士學位論文，鄭州大學，2019 年。

通信徒與出家女尼。通過對北朝女性崇佛思想的考量，探討了北朝女性的社會地位及佛教在當時社會發展的興盛程度。還有學者從北朝女性墓誌着手，探討在北朝多民族文化交流與碰撞的背景中，北朝女性的價值觀、婚戀觀和才性修養等問題。楊柳《多民族文化背景中的北朝女性墓誌書寫》[①]認爲北朝女性墓誌反映出原中原儒家文化的影響漸趨深入，北方少數民族固有的文化傳統、價值理念，融入在北朝女性世界中，在衝突中趨向整合。

九　北朝墓誌與考古學研究

作爲隨葬品之一，墓誌與墓葬緊密結合在一起，進而成爲考古學重要研究對象之一。近代西方學科體系傳入之前，墓誌等石刻也爲考古學前身——金石學所關注，可謂淵源有自。但從目前來看，墓誌的考古學角度研究尚顯薄弱，一方面是因爲墓誌衹是墓葬隨葬品之一，墓葬又是考古研究之一，另一方面則與墓誌大量流散及非科學發掘有關。

（一）北朝墓誌的金石學研究

墓誌作爲金石學的研究對象，歷來是金石學研究的重點。金石學始興於宋代，清代中葉以來，青銅器銘文研究日盛，碑刻研究略顯薄弱，直至葉昌熾《語石》[②]問世，碑誌石刻之學展現出新局面。此後陸續刊行的馬衡《中國金石學概要》，[③]陸和九《中國金石學講義》，[④]岑仲勉《金石論叢》，[⑤]朱劍心《金石學》，[⑥]趙超《古代石刻》[⑦]和《中國古代石刻概論》，[⑧]徐自强、吳夢麟《古代石刻通論》，[⑨]金其楨《中國石碑文化》，[⑩]路遠、裴建平《石版文章——歷代碑刻瑣談》[⑪]等著作對墓誌研

---

①　楊柳：《多民族文化背景中的北朝女性墓誌書寫》，《湖北民族學院學報》2018年第4期。
②　葉昌熾：《語石》，王其禕校點，遼寧教育出版社，1998年。
③　馬衡：《中國金石學概要》，時代文藝出版社，2009年。
④　陸和九：《中國金石學講義》（全二册），北京圖書館出版社，2003年。
⑤　岑仲勉：《金石論叢》，中華書局，2004年。
⑥　朱劍心：《金石學》，浙江人民美術出版社，2015年。
⑦　趙超：《古代石刻》，文物出版社，2001年。
⑧　趙超：《中國古代石刻概論》，中華書局，2019年。
⑨　徐自强、吳夢麟：《古代石刻通論》，紫禁城出版社，2003年。
⑩　金其楨：《中國石碑文化》，重慶出版社，2002年。
⑪　路遠、裴建平：《石版文章——歷代碑刻瑣談》，四川教育出版社，1996年。

究皆有涉及，學者們不斷吸收石刻整理研究中的一些新思路和新觀點。從二十世紀八十年代開始，學者們注重區域性石刻整理和研究。比較有代表性的賴非《齊魯碑刻墓誌研究》[①]就山東地區出土的古代墓誌，對歷史與考古研究具有重大意義的北朝時期地方望族的墓誌爲中心進行著述。

（二）北朝墓誌的考古學研究

考古工作者是新出土墓誌的發現者，也是最早的整理者與研究者。因此，由考古工作者執筆的發掘報告（或簡報）中包含了出土墓誌的原始信息。其中不僅有墓誌出土情況介紹，墓誌拓片或照片的完整或部分刊布，而且還有墓誌文字的初步釋讀，以及墓誌內容所涉其他問題的討論，爲進一步研究奠定了基礎。同時，考古報告或簡報爲更加全面認識、準確解讀北朝墓誌提供了依據。此外，《故宮博物院院刊》《考古》《江漢考古》《考古學報》《考古與文明》《大衆考古》《文物》《文物天地》《文物春秋》《南方文物》《文博》《文物鑒定與鑒賞》《收藏家》等學術期刊，爲學界提供了發表學術研究成果的平臺，促進了學術研究的繁榮。據朱智武先生統計，近十年來魏晉南北朝單篇墓誌的校訂、考釋成果較多，相關論文有七十餘篇。[②]二十一世紀初，學界出現了一批與北朝墓誌研究相關的考古專著和會議論文結集刊行。如羅宗真《魏晉南北朝考古》[③]一書綜述了二十世紀魏晉南北朝考古的重要發現和研究成果，介紹了出土墓誌（包括北朝墓誌）的發現概況、演變和形制問題。洛陽市文物工作隊《洛陽考古四十年——1992年洛陽考古學術研討會論文集》[④]對四十年洛陽各個時期考古文物研究進行了較爲全面的系統總結，既有綜合性研究成果，也有專題性研究論文。

學界有與北朝墓誌有關的中古家族考古論文。如呂卓民《中古長安韋氏家族考古及墓誌補遺》[⑤]認爲考古發掘的韋氏家族墓及其出土《韋孝寬墓誌》等，無論從墓葬還是誌文等方面，都爲研究中古時期的世家大族——韋氏提供了極其重要的考古資料，尤其是豐富的墓誌文資料，可補史料之缺，可證史載之誤。學界亦有中

① 賴非：《齊魯碑刻墓誌研究》，齊魯書社，2004年。
② 朱智武：《近10年來魏晉南北朝墓誌研究進展與動向分析》，《南京曉莊學院學報》2018年第3期。
③ 羅宗真：《魏晉南北朝考古》，文物出版社，2001年。
④ 洛陽市文物工作隊：《洛陽考古四十年——1992年洛陽考古學術研討會論文集》，科學出版社，1996年。
⑤ 呂卓民：《中古長安韋氏家族考古及墓誌補遺》，《西部考古》，科學出版社，2009年，第203~223頁。

外文化交流的考古學觀察。馬曉玲《中國境内粟特人家族墓地的考古學觀察》[①] 從考古學的角度，較爲全面地考察和總結了北朝等時期中國境内粟特人在古代中西文化交流史上起着重要的作用。關於北朝女性墓誌考古有關的論題，如司曉潔《北朝女性墓誌考古學研究》[②] 以出土的北朝時期女性墓誌爲主要研究對象，通過對北朝女性墓誌的考古學分析，結合相關墓葬資料與歷史文獻，對北朝女性墓誌的使用等級、書法風格以及對唐代墓誌定型的影響進行探討，并結合考古學出土資料與北朝文獻和文學内容，對北朝女性他者地位、社會地位與生活狀況等進行綜合研究，開啓了北朝女性墓誌在考古學方面研究之先。

（三）北朝墓誌與地名學研究

近幾年來，學界針對北朝墓誌所記載的京城里坊與墓主喪葬地等一些地名問題展開研究，不斷有新成果呈現。余扶危、張劍《洛陽出土墓誌喪葬地資料彙編》繼承了《洛陽出土石刻時地記》編撰主旨，收録了 1998 年以前著録的洛陽出土墓誌，按朝代先後分東漢、西晉、北魏、隋、唐、五代、金、元、明進行編排，同時代按墓主喪葬地的地域歸類，共收録資料 4347 條。每條資料内容包括誌石首題、墓主諱字、籍貫、喪葬時間和地點、誌石出土時間、地點及著録書籍等，書後附有墓主人名索引。因爲該書按北魏洛陽城和皇陵、洛州以外的州郡縣兩部分進行收録北朝墓誌，又按喪葬地域歸類，因此，存在一誌多用現象。該書爲近年來墓誌研究的新成果，旨在爲歷史和人物研究提供方便，特别是它對於研究古代洛陽都城里坊制度、京畿行政區劃、地理山川形勢、帝王陵墓的位置及貴族墓葬分布等，以及有關人物的研究具有重要的史料價值。張金龍《北魏洛陽里坊制度探微》[③] 將大量北朝墓誌同歷史文獻相結合，對北魏時期洛陽里坊的數目、名稱以及地方基層行政組織的特點等問題進行了細緻的研究。黃敏《出土墓誌與東魏北齊鄴京行里制度探析》[④] 一文通過對四種東魏北齊時期墓誌記載墓主的居宅特例，綜合研判墓主身份等因素，并結合史書記載，推測東魏初至北齊末，某行某里（坊）是鄴京里坊稱謂的一種常用格式，鄴京部分行名與里名相同，東魏

---

① 馬曉玲：《中國境内粟特人家族墓地的考古學觀察》，《考古學研究》第 11 輯，科學出版社，2019 年。
② 司曉潔：《北朝女性墓誌考古學研究》，博士學位論文，鄭州大學，2018 年。
③ 張金龍：《北魏洛陽里坊制度探微》，《歷史研究》1999 年第 6 期。
④ 黃敏：《出土墓誌與東魏北齊鄴京行里制度探析》，《四川文物》2020 年第 2 期。

北齊鄴京里坊的設置沿襲北魏洛陽里坊制度。黃氏又著《漢魏六朝石刻鄉里村坊研究》①一書，在職官地名傳統專題研究的基礎上，從文化人類學的視角，考辨石刻中記載的鄉里村坊的地理位置，探尋當地的宗教文化、民族融合與交往、僑民流徙和家族郡望等文化現象。

十　墓誌文獻的數字化和網絡化建設

在以數字技術爲標志的信息時代，數字化和網絡化在學術研究領域已産生了廣泛而深刻的影響。無論是出於對墓誌文獻的科學保護，還是更好地開發利用，墓誌文獻的數字化和網絡化建設意義重大。目前，國内外學界在實踐上，對包括石刻文獻在内的漢文古籍的數字化和網絡化建設已進行了很多嘗試，也取得了較爲豐碩的成果。

（一）理論探討

目前，從理論上對墓誌或石刻文獻的數字化和網絡化建設與開發利用作相應探討的著述甚少。如張居蘭《墓誌文獻數字化建設初探》②認爲墓誌文獻是歷史演進的直接見證，具有極高的歷史價值。墓誌文獻數字化是墓誌文獻保護、利用與開發的理想方式，但在具體實踐過程中，仍然面臨不少問題需要加以解決。墓誌文獻數據庫是組織、存儲和管理相關資料的記憶體，而其建設也必須設計相應的技術流程。李虎、王東峰《石刻文獻數字化及其成果開發利用》③主張采用數字化手段對石刻文獻進行保護處理是一個嶄新的思路，其成果除了開發專題數據庫以供研究利用之外，還應藉助於聲、光、電等現代科技，建成虛擬數字展館和實體數字展館，以發揮其藝術審美價值與文化教育功能。牛紅廣《石刻文獻數字化建設現狀分析與思考》④一文通過對石刻文獻數字化建設現狀的調查研究，分析了當前石刻文獻數字化建設存在的問題與不足，并結合用户需求探討了石刻文獻數字化建設的發展方向。

---

①　黃敏：《漢魏六朝石刻鄉里村坊研究》，中國社會科學出版社，2019 年。
②　張居蘭：《墓誌文獻數字化建設初探》，《長春理工大學學報》（社會科學版）2012 年第 7 期。
③　李虎、王東峰：《石刻文獻數字化及其成果開發利用》，《蘭臺世界》2014 年第 2 期。
④　牛紅廣：《石刻文獻數字化建設現狀分析與思考》，《大學圖書情報學刊》2014 年第 3 期。

（二）數據庫建設

自二十世紀末，中國、日本、美國等國家已着手石刻文獻數字化的建設工作，并分別開發建設了不同內容和類型的石刻文獻特色數據庫。據統計國內外（與北朝墓誌相關）主要石刻文獻數據庫建設已形成了一定的規模，取得較好成果的有七家單位。分別是：中國國家圖書館"碑帖菁華（書目與圖像結合數據庫）"、北京大學圖書館"拓片目録及圖像庫（書目與圖像結合數據庫）"、北京愛如生數字化技術研究中心"中國金石庫（圖文檢索數據庫）"、北京時代瀚堂科技有限公司"出土文獻庫石刻子庫（圖文檢索數據庫）"、中國臺灣"金石拓片資料庫（書目數據庫）"、日本京都大學人文科學研究所"京都大學人文科學研究所所藏石刻拓本數據（圖文檢索數據庫）"、美國伯克利加州大學東亞圖書館"中國拓片資料庫（書目數據庫）"。[①]

此外，北京大學圖書館相關墓誌圖録，可以流覽該館"祕籍琳琅"網站。哈佛大學燕京圖書館現藏碑誌拓本 1066 種、2465 幅，基本實現數字化，可在圖書館主頁流覽。北京書同文公司利用電子典籍製作技術，推出了一款數字化典籍精品——《中國歷代石刻史料彙編》全文檢索版，對於學者檢索石刻資料十分便利。臺灣大通書局 1985 年出版了《千唐誌齋藏誌》，PDF 電子書全四冊，以千唐誌齋石刻墓誌爲主，拓片自西晉至民國 1360 種，包括《何光墓誌》《張伯通墓誌》《索玄及夫人左氏合葬墓誌》《楊智積墓誌》等 170 餘種墓誌。以墓主最後葬期爲次序編排，無葬期以死期爲序排列，無記年或有損壞以紀年排於同年或朝代之後。目前，建設北朝墓誌研究的"雲圖書館"應用平臺及全文傳遞平臺，實現國內外或區域內資源分享，已勢在必行。

結　語

隨着北朝墓誌的大量出土，爲北朝時期政治、歷史、文學、文字、語言、文獻、地理、民俗、譜牒、交通、社會、經濟、宗教等問題研究提供了豐富的資料。與此同時，因爲墓誌相對固定的外部形制，程式化文體，特定禮儀意義，極大地引

---

① 牛紅廣：《石刻文獻數字化建設現狀分析與思考》，《大學圖書情報學刊》2014 年第 3 期。

領了研究的潮流，拓展了研究空間，促使其從邊緣專門之學發展爲顯學，從而具備了作爲獨立專題研究的條件。但也要看到，北朝墓誌文獻研究任務十分繁重，還有很多課題需要深入研究，研究者更需要淵博的知識和駕馭文獻的能力。這是一項具有挑戰性的艱巨任務，需做大量的準備工作，非下大氣力不可。

近年來，學者在北朝墓誌研究領域取得了可喜的成果，但也存在一些問題。周雙林《二十世紀利用碑銘資料研究魏晉南北朝史綜述》①一文認爲碑銘資料的運用在魏晉南北朝史的研究方面雖然取得了較大的成績，但應看到有不少方面亟待完善。首先，現在還缺少一部六朝時期的碑銘資料的集大成之作，不少碑刻和造像題銘拓本還散落在各地博物館甚至海外，使搜集利用頗爲不便。目前看，王連龍先生《南北朝墓誌集成》較好地解決了這個難題。其次，對碑銘資料本身的研究也有待進一步展開。劉琴麗《近七十年來中古墓誌的整理與研究》②一文認爲近七十年來的墓誌整理成果突出，但也存一些問題。一是系統整理不夠，二是分類整理不夠，三是數據庫的建設不夠。需要總結經驗教訓，大膽提出一些開創性想法，并借鑒相關學科的一些整理方法，纔能將墓誌整理穩步地向前推進。陳爽《中古墓誌研究三題》③就中古墓誌研究中具體操作層面的幾個實際問題略陳管見，一是强化問題意識，二是重拾義例之學，三是審慎對待僞刻。朱智武《近10年來魏晉南北朝墓誌研究進展與動向分析》④一文認爲近年來，隨着出土墓誌數量的不斷增加，魏晉南北朝學界對墓誌資料的使用越來越普遍，各類以墓誌爲對象的研究成果不斷涌現，在整體上豐富并推進了綜合的魏晉南北朝研究的同時，也展現出了新的研究動向：墓誌文獻的數字化建設，墓誌史料的批判，墓誌史學的拓展。

在綜合總結諸家觀點的基礎上，筆者認爲未來北朝墓誌研究還有以下幾個方面需要加强。

第一，加强多學科多交叉的北朝墓誌研究。現有的研究成果表現出對北朝墓誌的關照，或僅存在於籠統的泛泛而談，缺乏一種斷代式深入的綜合考察，如打破學科界限，借鑒歷史地理學、考古學、社會學、統計學等不同學科的研究方法和手

① 周雙林：《二十世紀利用碑銘資料研究魏晉南北朝史綜述》，《中國史研究動態》2002年第4期。
② 劉琴麗：《近七十年來中古墓誌的整理與研究》，《理論與史學》第2輯，中國社會科學出版社，2016年，第130~147頁。
③ 陳爽：《中古墓誌研究三題》，《隋唐遼宋金元史論叢》第7輯，上海古籍出版社，2017年，第15~21頁。
④ 朱智武：《近10年來魏晉南北朝墓誌研究進展與動向分析》，《南京曉莊學院學報》2018年第3期。

段。在具體研究過程中，要善於摸索與總結，然後創新與發展。

第二，加强多角度多方法的北朝墓誌研究。學者往往衹注意對一件或幾件墓誌進行考證，缺乏對一批墓誌進行綜合性的深入研究。因此，該研究領域就顯得尤爲貧乏，這種斷代研究的空白點處處皆是。要填補空白，必須從單一到綜合、從微觀到宏觀、從凌亂到系統、從歷史到現實、從表面到内涵，對北朝墓誌進行專題的深入研究，在充分占有墓誌資料的基礎上去發現和解决問題，這方面的研究還會有更多更新的成果出現。

第三，加强北朝墓誌數字化、網絡化建設步伐。目前，傳統文獻資源，如二十四史和《通典》《資治通鑑》《四庫全書》等大部書籍都已經製成了可以檢索的電子文獻平臺或電子書，以供學界利用。而將中古時期的北朝墓誌，甚至整個中古時期的石刻資料數字化使用，同時更爲便捷地網絡化檢索與傳遞，多層面達到方便檢索與利用之目標，則當是學界的又一巨大任務與重要貢獻。

致遠當安步：新世紀以來我們研究
隋代墓誌銘的回顧

周曉薇　　王其禕

二十一世紀以來，城市建設日新月異，地下古物也因之層出不窮，即如古文獻範疇的墓誌銘，亦隨着"原田耕破古碑存"而漸成顯學。以新出隋代墓誌的整理與研究而言，憑藉圖文的披露與信息的暢達，使得搜集與研討有了便捷與可能，并產出了一系列成果而惠及學林。就我們的研究而言，其中最有代表性的研究著述當以集納了 2007 年以前所見近 600 種墓誌的《隋代墓誌銘彙考》[①] 堪爲發軔之作。繼而催生出以之爲基本素材的《柔順之象：隋代女性與社會》[②] 與《片石千秋：隋代墓誌銘與隋代歷史文化》[③] 等專著，再繼之而有新出版的《貞石可憑：新見隋代墓誌銘疏證》，[④] 更爲同類項目的研究補充了 163 種新的隋代墓誌銘文本與研究内容。這些成果涉及隋代世族與人物、胡姓與宗教、女性與社會、職官與地理、避諱與書法、形制與紋飾，乃至墓誌文體、語詞、字樣、音韻及辨僞諸方面，冀其能够拓展與推進隋代歷史文化的相關研究。因爲我們的主要研究成果諸如相關學術論文等，大多以不同形式納入上述著作中，因此，以下僅分别就這四種著作予以介紹和回顧。

---

① 王其禕、周曉薇：《隋代墓誌銘彙考》（全六册），綫裝書局，2007 年。
② 周曉薇、王其禕：《柔順之象：隋代女性與社會》，中國社會科學出版社，2012 年。
③ 周曉薇、王其禕：《片石千秋：隋代墓誌銘與隋代歷史文化》，科學出版社，2014 年。
④ 周曉薇、王其禕：《貞石可憑：新見隋代墓誌銘疏證》，科學出版社，2019 年。

一 《隋代墓誌銘彙考》的編撰及其史料價值

《隋代墓誌銘彙考》（以下簡稱《彙考》）是 2001 年全國文物博物館系統人文社會科學重點研究課題，自 2002 年夏季啓行編纂，迄 2006 年秋天始克蕆事。

我們編撰《彙考》的動機正是從責任出發，在感知歷史的同時而能服務於歷史，在受惠於學術的同時也能略助於學術。於是《彙考》納入了方興未艾的出土文獻整理與研究的範疇，并定位於對一個斷代——隋代墓誌銘的整合彙編性質。而此範疇又決定了《彙考》的旨趣所在，即悉數統合并系統編理其時所能見知之隋代墓誌銘的原始文字與拓本資料以及相關信息，更附以前人考跋之主要和編者校勘之雜識，以期爲隋代歷史研究的進步援以推力。

感知學術的歷史，乃知是歷史的學術。正所謂一時代有一時代的精神，遂決定了一時代有一時代的學術，而學術的精神與其成就又需根植在一時代新資料的發現與新方法探索的基礎之上。試看近世史學之革命，隨着西學東漸和自然科學對人文科學在方法論上的影響，以王國維先生"二重證據"爲旗幟的史學研究法，直接導引了近代史學的進步，開創了考古與歷史相結合的新的史學門徑。百年以來，當大量涌現的地下實物資料與傳世歷史文獻互爲印證，於是史學研究的領域拓展了，材料豐富了，信據充分了，理論也隨之出新了。緣此，史學工作者愈加強調歷史研究最重資料，且尤爲重視尋覓史書以外因散在四方而求之不易的第一手資料。鏤金刊石的刻辭文字，無疑是史學的重要寶藏，比起紙張簡帛更能經歷久遠而不易朽壞，更能保存本真而難以磨改。是故，"一般而論，金石文字的數量不能與紙帛文字相比。以少量補充於多量，以原始性較高的金石文考證傳鈔翻印的書籍，乃是學界求全求真的治學辦法"。[①] 而掩於地下的"薶幽之文"——石刻墓銘，又乃石刻文獻中之大端，一經出土，其所保留的原始信息，尤見真實而珍貴，可以還正史事甚或補闕匡謬者良多，故其價值誠不下於甲骨卜辭之於殷商、鼎彝銘文之於周代以及流沙墜簡之於漢朝。這也是近世以來東西學人慨喟"史書不足以盡史"，必藉出土文獻以爲印證方覺信而有徵的緣由所在。

那麼，該如何認識隋代墓誌銘的史料價值與隋代研究的關係？誠然欲研治歷

---

① 毛漢光：《唐代墓誌銘彙編附考·總序》，《中央研究院歷史語言研究所專刊》之八十一，1983 年，第 1 頁。

史，先須探尋與開拓史源，這是極其重要的。正所謂："凡一種學問能擴張他們所研究的材料便是進步，不能的便是退步。"① 而 "一時代之學術，必有其新材料與新問題。取用此材料，以研求問題，則爲此時代學術之新潮流。治學之士，得預於此潮流者，謂之預流。其未得預者，謂之未入流。此古今學術史之通義。"② 就隋代而言，以其國祚之短暫，著述本不多，因而最惜史源之有限，傳世文獻則大抵除正史中的《隋書》而外可資利用的第一手資料多不能復見，這是局限隋代研究的一大因素。爲此《彙考》所做的對隋代墓誌銘資料的全面統合，就當以補備乃至同等於《隋書》基本價值的高標來營作之，且這種未經史官選擇與改削的原始資料排除掉其中的諛墓成分，又當較正史更能存真存實并儼然構成一部原始的隋代人物志，而爲治史者所樂於取徵以預於時代學術之新潮流。

黃永年師嘗就歷史研究的斷代與通貫之關係指出："但歷史的進展又確如流水無從割斷的。説研究這一斷代、這個朝代，衹是大體説研究重點是在此而不在彼，并非真從此朝代建立之日研究起，到其傾覆之時即截然而止。因爲其所以能建立此新朝，事先必早有憑藉，而其傾覆的因子亦必早已種下。"③ 這也就是説分期斷代衹是爲了研究方便，在研究時往往要用到前面和後面的史料。以此道理來認知，對隋代墓誌銘史料的研究與利用自更應如此。試就隋代歷史的定位看：楊隋有國不過二世，開皇、仁壽迄於大業，僅歷三十八年。但這三十八年却是結束了南北朝近三百年分裂混亂而重歸一統的時代，是民族的融合與文化的華化已然達於實現的時代，也是勵精圖治并在政治與經濟的統合上遺惠深遠的時代。似這樣一個時代，國運雖短而其承前啓後之作用却是非常之大，從疆域的統一，到政治與經濟的整合，其在民族人群的融并、中央體制的架構、典章制度的完善、經濟中心的規模、基本建設的告成等諸方面，都帶給後來臻於封建時代巔峰的李唐王朝以豐富實惠的遺産和一脉相承的影響。可知有如漢承秦制的定位，對唐代（尤其初唐史事）的研究同樣有待於對隋代研究的深入而得以深化。譬如 "李唐傳世將三百年，而楊隋享國爲日至短，兩朝之典章制度傳授因襲幾無不同，故可視爲一體"。④ 又譬如 "唐初將相大臣中有許多是隋代貴族的子弟，他們父兄的傳見於《隋書》，還有很多在《隋書》

---

① 傅斯年：《歷史語言研究所工作之旨趣》，《中央研究院歷史語言研究所集刊》第1本，第4頁。
② 陳垣恪：《陳垣燉煌劫餘録序》，載《金明館叢稿二編》，上海古籍出版社，1980年，第236頁。
③ 黃永年：《六至九世紀中國政治史·導言》，上海書店出版社，2004年，第2頁。
④ 陳寅恪：《隋唐制度淵源略論稿·叙論》，上海古籍出版社，1982年，第1頁。

裹列傳的人物實際生活到唐初，研究初唐史事往往需要參考《隋書》裹這些人物的傳"。[①] 而比較於史傳，詳記人物的墓誌銘文，自更能真切勾勒出相關人物的生平起浮與其家世興衰，并可藉以透見政治經濟的局面和社會生活的形態。統計《彙考》所搜六百餘位人物志，其中僅十五人在《隋書》有傳，比數約占《隋書》立傳者 365 人的二十四分之一，那麼，從保存人物史事的第一手材料得以倍加擴大的意義而論，更得證見隋代墓誌銘的研究地位之重要和資料價值之可貴。再何況以隋代僅三十八年之短祚，往往所見墓誌主人的主要生活與仕宦經歷乃在前面南朝的梁、陳和北朝的北魏、西魏、東魏、北齊、北周等朝代，如王士良、呂思禮、尉遲運、裴鴻四位誌主均在《周書》中有傳，又如《周書》中有傳的賀蘭祥、《北齊書》中有傳的封子繪和封孝琰，他們妻子的墓誌皆收在《彙考》中，自然這樣一些誌文又對前朝史事的研究具有着與正史同等重要的史料價值。

《彙考》所統合的資料就其大端來分有史料的價值和書法的價值兩大方面，而尤以史料的價值最爲豐富廣泛，亦必最爲研究者所關注。譬如以之作社會基礎與成分的量化統計分析，則當能爲前輩學者步步推進的"關中本位政策"所鳩合之關隴集團"入隋後開始解體"的新理論提供更充分的依據。[②] 以之作軍府資料的統合，則可以規模出隋代鷹揚府的分布態勢、軍事格局與府兵性質。以之作長安、洛陽的地名梳理考訂，則可以補備隋代兩京城坊和城郊地區歷史地理研究之不足。以之作家族郡望世系及歷官婚姻的透視，則可以探討士族與政治經濟乃至社會文化之關係。以之與《隋書》十志的比勘，則可以更多印證和充實諸如禮儀、音樂、律曆、食貨、刑法、百官、地理、經籍等典章制度的沿革。至於書法的價值，則因爲隋代的楷書乃是對南北朝過渡書體的終結，從而以其模範作用促使楷法帶着瘦硬通神的風采從間架到筆法在初唐步入完善。其次是字樣的趨爲規範，很大程度影響了唐代以《干禄字書》和《九經字樣》爲代表的官方書寫標準。又其銘文之用韻還可以比較從南北朝語音融合廣爲普及之間中古漢語語音聲律的變化。而從墓誌銘文學與書法的評鑒中也能够豹窺隋代一般士人的總體文化素質和精神面貌。當然還有墓誌形制與紋飾圖案，同樣可以對隋代與其前朝後世的遞承情狀作文化藝術之考察。總之，憑藉《彙考》集成起來的資料平臺，應能有效推進隋代研究的廣度和深度，并將隨着對新資料與新問題的研討進而爲新理論的構建鋪墊坦途。

---

① 黄永年:《唐史史料學》紀傳類《隋書》，上海書店出版社，2002 年，第 35 頁。
② 黄永年:《六至九世紀中國政治史》第二章"關隴集團始末"，第 57 頁。

自宋迄今，致力於金石文字之搜羅與研究者代不乏人，金石著述亦包羅萬象、與時俱增。"但由於各家重視角度不同，而有偏廢，殊少全面顧及"，故毛漢光先生早在編纂《唐代墓誌銘彙編附考》時强調："站在拓展史料立場，片言隻字都是寶貴的，因此，不論碑主是否有名，字體是否特殊，辭句是否優雅，皆應視爲重要史料，儘量設法保存。"①《彙考》即效法了這樣的原則，更不論文字或多或寡、拓本或完或殘、質地或石或磚，乃至或碑形、或墨書之等等情狀，舉凡誌墓性質之人物誌皆予收錄，以儘可能地將史料求全留真。唯其如此，乃略能彌補岑仲勉先生四十年前喟嘆"近世隋唐石刻，發見極多，唯其多，故難於集中，不克大量利用以補充史傳之弗足，是又别一可惜之事也"的遺憾。②

《彙考》所搜隋代墓誌銘之體量迄有645種（包括存疑、買地券、存目諸類），此外又有將另行編纂的塔誌銘54種（含存目19種）和與隋并行時期之高昌國磚墓表95種，則隋代墓銘類遺存總數已達794種。以此數目與岑仲勉先生《隋代石刻（磚附）目錄初輯》所得相較，四十年後真何啻倍蓰。

需要專門説明的是《彙考》所含人物誌之體量與《隋書》有傳或附傳的人物相較幾多出兩倍，在這些人物誌中，除河間王楊弘、楊異、蘇孝慈、韋壽、柳旦、楊素、楊約、楊文思、楊文紀、爾朱敞、陰雲（壽）、周羅睺、皇甫誕、游元、獨孤羅共十五人（其中柳旦、周羅睺、皇甫誕、游元四人僅得存目，已無誌石或拓本或誌文傳世。）在正史中有傳外，多是不同於正史側重爲以皇室爲中心的權利人物立傳的士族中下階層乃至庶民百姓，因此相對於正史的可資主要研究政治史、制度史、經濟史等領域，墓誌銘則可資更加系統精微地探討社會史、民族史、家族史與文化史範疇的社會成分、民生狀態、家族婚姻、喪葬禮俗和地理沿革、宗教思想、民族關係、文學藝術等諸多方面，亦即更能透見社會之真實與時代之精神。

《彙考》收錄的約500餘方隋代墓誌（不含塔銘、塔記、磚誌），其中有近230方未見著錄。全書體例爲先圖後文，每方墓誌著錄了卒葬時間、行款書體、撰書人名、誌文標題、誌蓋標題、形制紋飾、出土時地、存佚狀況、主要著錄等九個方面的信息。全書對每方誌文進行了錄文和標點，并附有相關金石志著錄和前賢對相關墓誌的考述，附考則是編纂者對每方墓誌研究要素的提示及展開的考證和研究。

《彙考》出版後得到學界的廣泛利用和好評，如辛德勇書評《讀〈隋代墓誌銘

① 毛漢光：《唐代墓誌銘彙編附考·總序》，第2頁。
② 岑仲勉：《隋書州郡牧守編年表·1957年重修再序》，《隋書求是》，中華書局，2004年，第136頁。

彙考》》認爲：

隋朝雖然上承齊、周、梁、陳，與南北朝其他各國存在諸多同一之處，但同時也下啓唐朝各項制度建設，有很多自身獨有的特點。趙超編撰《漢魏南北朝墓誌彙編》時不收隋代墓誌，應當就是基於隋朝與南北朝其他王朝的這種差別。近來國人研治中國古代歷史，群相踵循日本學者内藤虎次郎的分期學説，盛談唐宋之際的社會變革。内藤氏這種分期學説，固然極大深化了對中國社會階段性變化的認識，但它的基本出發點，主要是照應西洋的歷史分期範式，而按照中國學者傳統的看法，唐承隋制，猶如漢承秦制，都是中國歷史面貌的重大轉折性變革。譬如選官用人的科舉制度、地方官員的權力性質與任用方式，都是在隋唐之際建立了全新的機制，或是做出了具有重大實質性意義的調整，這些繼往開來的變化，至少都并不亞於唐宋之際的制度性遷改；即使是在内藤虎次郎着重強調的文化因素方面，像隋唐之際出現的王通著《文中子》和唐代初年孫思邈的《素書》這樣一些著述（關於《素書》的作者，請別詳拙稿《跋紹良先生所藏元王氏〈直説素書〉》，附載於周紹良遺著《紹良書話》書中），也體現出與南北朝時期判然有別的思想趨向，值得着力研究。至於像隋代的正書筆法在唐人楷書字體形成中顯而易見的先導作用，更是早已受到書法研究者的高度重視，而楷書字體的形成與廣泛流行，在促進文化流通方面的功效，實際上與當年秦始皇以小篆統一天下文字以及漢隸的通行，亦可謂差相彷佛，本來是中國文化史上一項非常重要的事件，并非祇是單純的書法技藝演替問題。

隋唐之際歷史問題的研究如此重要，而有關隋史和隋唐轉換時期歷史的資料却遠不如唐宋之間豐富，這就愈加增強了單獨纂録隋代墓誌資料的重要性和迫切性。2007年10月由綫裝書局出版的《隋代墓誌銘彙考》一書，就是在這樣的學術背景下適時出版的隋代墓誌銘文總匯性巨著，足以令中國古代史學界尤其是魏晉南北朝隋唐史學者爲之欣喜興奮。

按照本書作者王其禕、周曉薇所做的説明，其編纂旨趣所在，乃是"悉數統合并系統化編理迄今所能見知之隋代墓誌銘的原始文字與拓本資料以及相關信息，更附以前人考跋之主要和編者校勘之雜識，以期爲隋代歷史研究的進步援以推力"。本着這樣的宗旨，爲儘可能完整、清晰、便利地向學術界提供墓誌的史料信息，作者具體做了如下五項整理研究工作：（1）叙述墓誌銘的構成要素。（2）正字録文與標點斷句。（3）集録前人主要研究并做出標點。（4）附以編著者所做考校。（5）按照同一規格攝製圖版。上述各項要素的全面性，超越以往所有北朝墓誌的彙編考校研究，逐石搜集，逐字辨識，成之洵非易事，編著者需要付出長期艱辛努力，而僅此綜合性的搜集、整理和研究工作，就使我們有充足的理由贊譽此書是一部有關隋代墓誌的空前杰作。

與每一方墓誌要素的完整性相比，編著這樣一部斷代墓誌資料彙編，收録墓誌的完備性，或許更具有基礎性意義和學術史料價值。《隋代墓誌銘彙考》一書總共收録隋代墓誌643種，原則上是無論誌石抑或拓本現今存世與否，凡是獲以識見的墓誌銘文均在收録範圍之內（祇是不收録塔誌銘，作者擬另行編著專書《隋代塔誌銘彙考》），大大超越前此同類著述，當世知見者可以説已經網羅無遺，堪稱爲一部名副其實的隋朝墓誌總集。這種前所未有的完備性，爲最大限度地利用隋代墓誌研究歷史問題，提供了可靠、便捷的支撐，是本書值得稱頌的另一顯著優點。

豐富的出土墓誌資料，可以彌補很多傳世文獻的缺漏。而今多數歷史學者競相趨從甚至有人專門倚賴新發現史料來研究問題，以爲若無新史料可資利用，歷史學研究即無法取得新的進展。作爲學術研究的總體傾向或者基本方法來説，我覺得這樣做似乎并不一定妥當，我甚至認爲這種趨向很可能還存在着非常嚴重的謬誤。不過，作爲衆多不同類型和來源的史料之一，確實應當充分發掘利用墓誌銘文的史料價值。王其禕和周曉薇兩位作者在《隋代墓誌銘彙考》卷首的《導言》當中，分爲"史料的價值"和"書法的價值"兩大方面，對隋代墓誌的學術資料用途，做了簡明扼要的歸納闡釋。

在所謂"史料的價值"方面，僅《隋代墓誌銘彙考》書中墓誌所記墓主生平行狀，總數就比《隋書》有傳或附傳的人物，多出將近兩倍；而在那些有誌文存世的衆多墓主當中，僅11人於正史有傳，而且這些正史無傳的墓主，其身份又是與正史所收權貴顯要有所差異的中下層庶族乃至身份更爲卑微的平民百姓。正如王其禕、周曉薇在本書《導言》中所説，墓誌提供的這些墓主的傳記資料，"使《彙考》在身份上又庶幾比附爲《隋書》的增篇，從而超越星録零拾的'以碑證史'，使隋史的研究領域倍加擴大"。

在利用墓誌補充、證釋正史《隋書》的記述亦即清人錢大昕所說"以遺刻還正史傳"方面，王其禕和周曉薇兩位作者還特別談到，"以之作與《隋書》十志的比勘，則可以更多印證和充實諸如禮儀、音樂、律曆、食貨、刑法、百官、地理、經籍等典章制度的沿革"。這些話看似老生常談，實則很容易被治史者忽略。也許時下大多數學者更爲關注利用墓誌資料來解決諸如社會史、家族史、民族史等所謂新興學科領域的問題，甚至提起更前衛的話題，而我卻妄自揣想中國古代歷史學家固有的問題，應當更具有基礎性意義，從而在現時也應更具有研究價值。道理很簡單，由於時代相近，社會狀況相同或相近，古代的學者一定要比我們更能理解什麽是左右當時社會的核心問題，而這些核心問題，前人的研究不僅遠遠沒有終結，而且幾乎在所有重大問題上都存在着模糊不清甚至荒唐錯亂的看法。祇要研究者能够潛心揣摩，有效利用這批彙集在一起的墓誌資料，我想一定會對一些傳統的基礎問題做出更爲深入的探索，提出更爲準確的見解，這也應該是《隋代墓誌銘彙考》一書最能發揮其史料價值的地方。

隋代墓誌涉及的歷史文化問題，範圍非常廣泛，整理時斷句、標點都需要廣博的歷史知識，無法躲閃回避，不像寫專題論文擇取史料那樣常常可以從疑難處繞行過去。王其禕和周曉薇兩位作者能够非常完滿地一一校錄整理這六百多篇誌文，并做出諸多精湛的考證，充分體現出二人學術修養之厚重深醇。他們二人在論述隋代墓誌史料價值的時候，學術視野開闊，目光所及，既有上述傳統基礎問題，也有社會成分、民生狀態、家族婚姻、喪葬禮俗、宗教思想、民族關係、文學藝術等現代學者樂於關注的問題，同樣顯示出學識廣博的特點。尤其值得一提的是，王其禕和周曉薇兩人還特別關注文字音韻等所謂"小學"問題，指出隋朝書寫"字樣的趨爲規範，很大程度影響了唐代以《干禄字書》和《九經字樣》爲代表的官方書寫標準。又其銘文之用韻還可以比較從南北朝語音融合（如劉宋李概《音譜》、北齊陽休之《韻略》、隋陸法言《切韻》）到唐音（如孫愐《唐韻》）廣爲普及之間中古漢語語音聲律的變化"。這些都是現在的大多數歷史研究者不大樂於予以關心的問題，艱澀枯燥，與那些可以臨時抱佛脚隨便敷衍的文化知識完全不可同日而語，像《干禄字書》和《九經字樣》更是在歷史學者之間久已罕少有人閱讀的書籍。由此可見，王其禕和周曉薇二人能够順利撰就這部高質量的墓誌研究著作，乃是本自他們多年的學術素養，厚積薄發，因而也纔能够超邁前賢，爲隋代墓誌研究奠定堅實基礎。

比較完整地彙集墓誌資料，對采用統計方法研究歷史問題，最有助益。王其禕、周曉薇兩位作者在論述隋代墓誌的史料價值時首先舉例指出的就是這一點："以之作社會基礎與成分的量化統計分析，則當能爲前輩學者步步推進的'關中本位政策'所鳩合之關隴集團'入隋後開始解體'的新理論提供更充分的依據。以之作軍府資料的統合，則可以規模出隋代鷹揚府的分布態勢、軍事格局與府兵性質。以之作長安、洛陽的地名梳理考訂，則可以補備隋代兩京城坊和城郊地區歷史地理研究之不足。以之作家族郡望世系及歷官婚姻的透視，則可以探討士族與政治經濟乃至社會文化之關係。"所説提綱挈領，識其大要，頗具學術見地。

當然，辛德勇也對《彙考》提出了非常中肯的批評意見和建議：

整理古籍與研究專題問題有所不同，前者要儘量持以矜慎，後者則一定要勇於裁斷。不管是傳世文獻，還是出土金石與簡帛文書，在做基礎性校録工作的時候，我覺得最好還是不要輕率改易原文；比較妥當的辦法，應是在保留原始面貌的同時，附注整理者的改訂意見，即寧可拘於拙滯，而不要失之輕率，以免喪失原始文本所固有的學術信息。對於保存古人文字真實面目遠勝於手抄版刻書卷的石刻墓誌來説，似乎尤其應當強調這一點。《隋代墓誌銘彙考》一書既然是將其基本性質確定爲"隋代墓誌銘之彙編"，我覺得最好還是要在録文中儘量反映原石的文字，甚至哪怕是明顯的訛誤。

在這一方面，《隋代墓誌銘彙考》在轉録誌文時，本着便利今人通讀的原則，對俗寫、簡寫、異體、别字、古今字等，儘可能按照現今通行的標準正體字録寫。雖然從學術利用角度看，并不够十分理想，但如作者所云，好在本書有圖版部分可供閱讀者檢核對照字樣，對於文字學等某些特別研究領域的影響，倒也不會很大。因而，考慮到排版印製的困難，這樣的處理方式，總的來看，應該説是一種比較合理的選擇。不過，王其禕和周曉薇兩人在本書《編例》中復云"明顯訛字則予徑改"，我覺得却并不一定十分妥當。這主要是因爲徑行更改原石文字，很可能會喪失掉一些有用的學術信息。即使確屬訛字，也便於讀者直接瞭解哪些是當時人容易相互致訛的文字，以利於通過類比校勘其他古文獻的錯訛；況且文字的錯訛與否，有時并不那麼容易認定，任何一位整理者個人的認知能力，都帶有不可避免的局限性，若是一不小心做出錯誤的改動，就很可能會對相關研究，做出誤導，特別是在涉及到一些實質性內容的時候，這種誤導的後果就會更爲嚴重。[①]

榮新江《學術訓練與學術規範——中國古代史研究入門》一書中也談到《彙考》"是目前整理墓誌的著作中學術含量最高的一種"。[②] 而至爲榮幸的是，《彙考》還獲得了全國古籍出版委員會"2007 年度優秀古籍圖書二等獎"。另外，學界利用該書資料對隋代展開了多方位和多角度研究，有數十篇碩士、博士學位論文也是圍繞着本書的墓誌資料選題并展開研究的，涉及對隋代鷹揚府、刺史、縣令、中古西北胡姓與邊疆經略、中古辛氏家族、薛氏家族、元氏家族、于氏家族、隋代女性名字、北朝至隋代人口年壽問題、《隋志》職官、隋代選舉制度以及隋至唐前期墓誌相關語辭等方面的研究，成爲研究北朝和隋代社會正史之外的重要參考文獻之一。

《彙考》得到了學界好評，但還存在許多問題，如在錄文方面還存在誤識、誤錄之處，也陸續有一些學者撰文指出，[③] 若能再版則一并修正。

二　貼近女性生活實態的探討:《柔順之象: 隋代女性與社會》

2003 年開始，我們的研究視角與領域已然藉由《彙考》而漸次專注於隋代。在研讀墓誌的過程中，有關隋代女性的記載自然也就時常躍入我們的視綫，從而引起我們對此項研究的關注。而通過進一步研讀相關古代女性研究成果，却發現學術界鮮少對隋代女性展開單獨研究論述，總是隋唐并列一起且以隋代作爲點綴，往往忽略了對隋代女性諸多問題深入探討和整體研究。於是遂萌發了充分利用隋代墓誌

---

① 辛德勇:《讀〈隋代墓誌銘彙考〉》，《書品》2008 年第 4 期，第 8~17 頁。
② 榮新江:《學術訓練與學術規範——中國古代史研究入門》，北京大學出版社，2011 年，第 30 頁。
③ 周阿根:《〈隋代墓誌銘彙考〉文字校理》，《江海學刊》2019 年第 5 期；關雲翔:《〈隋代墓誌銘彙考〉釋文校誤二則》，《皖西學院學報》2018 年第 3 期；謝國劍、李海燕:《〈隋代墓誌銘彙考〉文字校讀 13 則》，《中國文字研究》2011 年第 2 期。

資料對隋代女性問題進行專題系列研究的念頭。在編撰《彙考》的同時，我們留意將其中的女性墓誌資料做了收集與歸類編排。2009 年我們申報的 "隋代墓誌銘與隋代歷史文化" 課題獲得國家社會科學基金立項，有關隋代女性的探討，便成爲此項課題研究中的一個組成部分。我們在研讀南北七史、《隋書》、兩《唐書》等相關傳世文獻的基礎上，結合隋代墓誌銘的記載，將隋代女性問題梳理成七大部分，逐個進行研討解決。研究過程歷經數年，其中一些研究成果的陸續發表，更增强了我們的信心與努力的目標。

"中國中古史的研究在過去十多年中正經歷一種突破性的進展，集中體現於對墓誌材料的整理和研究。這種進展雖不像簡帛文獻的出土那樣聳動學界的視聽，但其意義却并不遜色，因爲它爲我們瞭解中古歷史的層層面面提供了許多重要細節，使歷史學者對這段歷史的重構能從平面走向立體，從單一走向多元，這正是現代史學所期望達到的境界"。[①] 對於古代女性的研究，隨着新史料的出土與發現，深入探討女性問題成爲熱門研究。婦女觀的多元化，研究視角的日趨廣泛，又使得國内外研究女性問題的論著頗豐，碩果纍纍，這些都爲我們對隋代女性的研究提供了啓迪和借鑒作用，爲本研究的順利完成搭建了扎實穩固的平臺。

著名學者毛漢光指出：

> 我國正史對於婦女的記載遠比男子爲少，某些正史中雖有《列女傳》，但僅有經過史家選擇的數十人而已。婦女的事迹偶而也會出現在重臣的列傳中，然亦僅一鱗半爪，偶而帶及，其原因一則我國歷史時代乃男性社會，再則正史以政治史爲主，婦女從政或對政治有所影響的事迹在當時整個社會中并非常見之事。但是，婦女在家庭中之角色，即令是在男性社會，即令是在歷史時期，都是非常重要，值得去研究的，幸好在墓誌銘中還保有一部分婦女資料的素材，可供研究婦女之用。[②]

誠如毛氏所言，《隋書》中關於女性事迹的集中記載，僅見於《后妃傳》與《列女

---

① 陸揚：《從墓誌的史料分析走向墓誌的史學分析——以〈新出魏晋南北朝墓誌疏證〉爲中心》，《中華文史論叢》2006 年第 4 期。

② 毛漢光：《唐代婦女家庭角色的幾個重要時段——以墓誌銘爲例》，《人文及社會科學》第 1 卷第 2 期，1991 年，第 186 頁。

傳》，《后妃傳》記載四位女性、《列女傳》記載十五位女性，兩類總共十九人，且都是與皇室政權或上層政治教化相關的人物，鮮有一般社會女性的記載。因而使得對於隋代女性問題的研究一直處在資料匱乏狀態。《彙考》不但爲研究隋代政治經濟文化開拓了新的文獻平臺，亦爲研究女性問題提供了相對集中的素材。經過對隋墓誌進行全面梳理，大約有 225 方墓誌銘可以做爲研究隋代女性的材料而加以利用，這個數量應能相對具有可觀的自然抽樣價值與科學研究意義，亦頗能彌補傳世文獻資料的缺憾。對於整合所得可資研究利用的隋代墓誌銘中的女性資料，當需明確以下兩點。

第一，隋代墓誌銘關於女性家庭角色功能的叙述頗具一定的社會普遍意義，然而對於女性品性道德方面的描述往往過於溢美，一方面代表了隋代社會對女性道德的極其重視，因爲撰出衆手的絶大多數墓誌都涉及了這一内涵，仿佛成爲一種書寫女性生平的定式；另一方面則代表了隋代社會對女性道德行爲的理想化期望，由於撰誌者出於不同地區的不同人群，相比於正史的成於一人或數人之手，他們的共同描述從一個側面不同程度地反映了當時人相對共同的普遍社會觀念。因此也提醒我們在研究隋代女性問題時，除了注意在溢美言辭下找到規律性的理念問題外，也要更多地關注隋代女子作爲社會家庭所承擔的各階段角色，即女性一生所要經歷的在室教育、結縭出嫁、主家與養育子女、守寡、壽享等各時段的具體内容，以便於進一步探討關於隋代社會婚姻、女子教育、女子社會地位等更深層次的問題。

第二，隋代墓誌銘關於女性的記載雖然具有普遍性，其所代表的社會階層仍非絶對普遍。現存隋代墓誌銘的内容，絶大部分以社會上中產以上（包括官宦、士人等）爲多，下層民衆僅占極少部分，且主要爲磚質墓誌，内容亦十分簡略而甚少實質情況，因而對隋代女性的研究僅得限定在中產及其以上的人物階層。

對於可資研究利用的隋代女性墓誌銘材料的分析，主要從體量與類例方面加以闡明，并以表格的形式表示墓誌的類别與資料要素。在有記載女性信息的 225 例墓誌中，可分爲兩大類，第一類 122 例是女性誌主墓誌，此類墓誌記載女性誌主生平大多數較爲詳盡；第二類 103 例是男性誌主墓誌中附載女性事迹者，此類墓誌記載女性誌主生平詳略不一。書中第一章基本文獻概述部分羅列了女性資料表格，主要反映了女子的身份、角色、家族仕宦、丈夫職任、資料出處等簡况，以表明其階層，并爲嗣後的研究鎖定社會階層。而對於女子道德品行、生卒年齡、婚姻生活等方面的具體内容則不詳舉説，以俟在專題研究中另行列表解析。

我們之所以關注并重視以隋代墓誌銘爲基本素材來研究隋代女性問題，乃如鄧小南先生所强調的緣由是："與世間流行的普通文字作品相較，墓誌是墓主蓋棺定論的莊重記録，承載着時人的評述與家屬的情思；與地表墓碑側重於向世人傳布的作用相比，墓誌的功能更在於與天地神明溝通。中古文獻中女性文獻匱乏，更使其墓誌有着特殊意義。"[①] 的確，隋王朝極爲重要却又極爲短祚，相較於中古時期的其他王朝，可資探討隋代的傳世文獻明顯不足，而有關女性的記載與材料復更如鳳毛麟角，自然大大限制了開展研究的廣泛性、深入性與系統性。又緣以往的研究多習慣於將隋唐女性問題合并在一起進行討論，結果就出現了唐詳而隋略的狀況，隋代的比重祇占得非常少的分量，許多問題往往是一筆帶過，僅成爲唐代女性研究熱鬧中的點綴與邊鼓。有鑒於斯，我們的研究便借重墓誌銘這一頗見新穎且豐富的材料而展開，并期待能够促進對重構隋代女性歷史的研究"從平面走向立體，從單一走向多元"。

如上所述，通過對近 600 種隋代墓誌銘進行鋪排歸理，其中的 225 例可以用爲研究隋代女性問題的基本素材，這個比例應能相對具有可觀的抽樣體量與研究意義，亦頗能彌補於傳世文獻資料的缺憾。況且以往將隋唐女性合并在一起的研究，難免有諸多的局限性，從而容易模糊或混淆隋唐之間政治與教化、制度與實情、主流理念與社會風尚的偏差乃至不同。隋代上承齊、周、梁、陳，與南北朝關聯王朝存在着諸多接續融通之處，同時又向下開啓了唐代的諸多制度建設與社會風教，自身固有不少獨具的特點。對於女性問題的探討亦當如此認知與分析，絶不能簡單的一概而論或泛泛帶過。

上述理解正是我們研究隋代女性與社會問題的初衷。我們所關注和探討的隋代女性問題，大多試圖貼近隋代女性的"生活實態"，亦即"致力於對客觀歷史現實的探索與逼近"。[②] 研究專題中諸如隋代女子結褵年齡、女性貞節觀、隋代社會對於妻子角色的審美觀等，大都是研究古代女性問題的熱點，相關研究成果亦多，然具體到針對於隋代女性或以隋代女性爲整體的斷代研究尚屬蒼白乃至頗多闕環。而對隋代墓誌銘中出現的婚姻語詞以及對隋代在室女子的家庭教育、隋代女官

---

① 鄧小南：《出土材料與唐宋女性研究》，載李貞德主編《中國史新論》（性别史分册），聯經出版公司，2009 年，第 293~294 頁。

② 鄧小南：《唐宋婦女與社會·序》，上海辭書出版社，2003 年，第 2 頁。

中的宫人制度諸方面所進行的較爲全面深入的探討，則是以往研究所甚少關注和涉及的方面。以下謹對本書除基本文獻概述以外的七個主要研究專題的主旨簡要説明如下。

（一）桃之夭夭：隋代女子結縭年齡與婚姻理念

通過普查隋代與初唐墓誌銘及相關史籍文獻中有關隋代女子結縭年齡的記載，對隋代女子結縭年齡狀況提取了 106 例樣本，并做了初步考察和分析。結果表明隋代女子平均結縭年齡爲 15.79 歲，比南北朝時期略高而與唐代相當。若綜合考量中國古代社會女子結縭年齡，則隋代仍然屬於早婚範疇。隋代女子婚齡不但與魏晉南北朝以來的婚姻婚俗意識、傳統的女性觀念等方面有着遞承移化關係，而且從側面反映了隋代社會政治經濟乃至思想文化、宗族觀念等方面的一般情狀，其基本資料與相關要素，亦對於研討隋代生育水準及人口與經濟地理具有直接的參證意義。而履行婚姻以傳宗接代與光大家族的願望，在隋代的婚姻當中也表達得十分强烈和明確。門當户對的聯姻，使得女子早日進入夫家，在女子教養的可調適性時段，去適應新的家庭生活方式和接受夫家的價值觀念，成爲女子養成教育的有效延長方式。這些方面的縱横交錯與相互關聯，構成了隋代女子結縭年齡的基本特點與普遍情狀。

（二）適人之道：隋代在室女子的家庭教育

古代官學教育的發展，"從漢以後到隋代初次完成獨立的教育行政體系，這就是將國子寺罷隸太常寺而直屬於尚書省禮部"，"此制成爲此後《唐六典》所見唐朝前期學制的藍本。從隋代國子寺制的發展，可充分看出其爲承先啓後的特質"。[①]儘管隋代的官學教育在制度與體系的建設上取得了本質的發展變革，但是，作爲女性，在隋代照例不可能走出家門去接受官學甚至私學所設置的正規教育。這是否説明隋代社會没有女子教育或者不注重女子教育呢？劉乃和先生曾經指出："在封建時期，婦女没有在社會上受教育的權利，似乎社會上對男子教育重視，對婦女教育不够重視，實則不然，社會上對婦女教育也是極爲重視的，祇不過教育方式、方

---

① 高明士：《中國中古的教育與學禮》第二章"隋代的官學"，臺灣大學出版社，2005年，第74~75頁。

法、手段和内容與男子的不同而已。"[1] 誠如所言，隋代社會對女子教育同樣給予重
視，其教育的範式與教育的内容等也的確與男子教育不同，大多是以家庭教育的
方式進行的。祇是在以男性爲主導的社會觀念支配下，史籍的記載便往往疏忽甚
至略去了女性以及女子教育的内容，譬如《隋書》中就僅有數條涉及女子教育的
信息。

我們依據隋代墓誌銘的相關記載，利用李静訓與尉富娘的典型範例，展現
了隋代社會對在室女子教育諸如出身門第、閨門教養、天分、品性、德行、崇佛
等方面的關注，反映出隋代社會將在室女子定位在未來婚姻生活的角色中，并在
隋代社會婚姻觀念的規約下展開女子在室時期的家庭教育。又聚合較多資料樣
本，討論了在室女子居家教育的狀況，揭示出在室女子教育的途徑與步驟、所用
教本及其主要教育内容等等，教育的重點則是使在室女子思想言行符合封建社會
倫理道德，以適應未來出嫁成爲人妻、人母的角色轉換，總之一切都圍繞着女子
在將來的婚姻中能够合乎"適人之道"的傳統理念而展開。此外又跟進探討了在
室女子家庭教育與隋代社會文化主流觀念、門第聯姻以及女子社會定位之間的聯
繫、隋代女性處於社會經濟地位之弱勢而對丈夫的依附性等三方面問題的論述，
闡明了隋代在室女子接受教育的深層社會本質與時代烙印，并進而認知女性在現
實生活中的價值影響及身份位置。又因隋代在室女子家庭教育的問題以往未有專
論，則這一專題研究旨在期望可爲探討隋代女子教育諸問題提供新資料并開闢新
視野。

（三）寢門之内：隋代社會對妻子角色的審美取向

此處探討的是隋代社會對妻子角色的審美取向問題，而隋代與中國古代其他
封建王朝一樣，是一個以男性或男權爲中心的社會。男性不但代表社會掌控着對
女性的審美取向，"同時社會也賦予了他們滿足不同審美取向需要的權利，而大
多數女性則是在男性圈定的審美範圍和個人社會身分之間，儘量地迎合着男性的
價值標準"。[2] 因此可以肯定的是，隋代的主流意識來自於男性，來自於隋代社
會上層建築所建構的意識形態。於是圭索（Richard Guisso）和約翰尼森（Stanley
Johannesen）編著的《中國婦女》就尖鋭地提出了"關於中國男性對其婦女態度的

---

① 劉乃和：《中國古代婦女的教育、地位與奉獻》，《婦女研究論叢》1995 年第 4 期。
② 李志生：《唐人理想女性觀念》，《唐研究》第 11 卷，北京大學出版社，2005 年，第 165~166 頁。

標準看法到底有多大的合理性”的問題，^① 很顯然，合理性當然無從談起，但是男性對女性的審視的態度，對女性的審美取向，却無疑是社會倫理道德與教化導向意識的真實流露。

從傳世文獻資料所記載的隋代后妃、姬妾、歌舞妓、宮女等不同角色的女性事迹中，可以看到一些關於女性審美的描述，并且對於上述不同身份的女性，分别限定了不同的審美標準，在容貌、姿態、性情等方面被强加了社會道德評價的烙印。比如，史籍在論及后妃時，大多僅論述其德行和職責，似乎并不强調其容姿之美。其實古代選擇后妃，相貌當然是相當重要的因素。正因爲古代社會一直將選娶后妃納入政治和教化的觀念範圍，當然就很少有單純審美因素的描述了。《禮記·昏義》云：古者“天子理陽道，后治陰德。天子聽外治，后聽内職。教順成俗，外内和順，國家理治，此之謂盛德”。^② 這是將天子與後宫的婚姻關係比喻爲陽道陰德，内外有别，并與國家理治聯繫在一起。《後漢書》的《皇后紀·序》亦順着這個思路進一步闡明：“居有保阿之訓，動有環佩之響。進賢才以輔佐君子，哀窈窕而不淫其色。所以能述宣陰化，修成内則，閨房肅雍，險謁不行也。”^③ 更加明確后妃修内則有德行主要體現在輔佐君主方面，避免出現“先色後德”的無禮局面，强調后妃的德行更勝於美色。楊隋帝君也不能例外地繼承了這一觀念，十分注視后妃的品德舉止是否能够符合“配天作合”的原則。隋文帝時，將“君臣之道”與“夫婦之義”相提并論，提出“陰陽和則裁成萬物，家道正則化行天下”，后妃“配天作合”，關係到國家興亡的大事。强調“窈窕淑女，靡有求於寤寐；鏗鏘環佩，鮮克嗣於徽音”。如果“后之繼體，靡克聿修，甘心柔曼之容，罔念幽閑之操”，終究會釀成國破家亡之禍。於是“高祖思革前弊，大矯其違，唯皇后正位，傍無私寵，婦官稱號，未詳備矣，開皇二年，著内官之式，略依《周禮》，省減其數”。^④ 這表明高祖文帝在對待皇后嬪妃的問題上曾經有過的嚴明態度，在選擇后妃時强調不注重所謂的“柔曼之容”，而看重其品性德行。

隋代社會對各種社會身份女性的審美取向不同。隋代傳世文獻雖然涉及不同

---

① Richard W. Guisso and Stanley Johannesen（理查·圭索、斯坦萊·約翰尼森），*Thunder over the Lake: the Five Classics and the Perception of Woman in Early China*, 1981, NY：Philo Press, p.7.
② 鄭玄注，孔穎達正義《禮記正義》卷六一《昏義第四十四》，《十三經注疏》本，中華書局，1980年影印本，下册，第 1681 頁。
③ 范曄：《後漢書》卷一〇《皇后紀上》，中華書局，1965 年，第 397 頁。
④ 魏徵等：《隋書》卷三六《后妃傳》，中華書局，1973 年，第 1105~1106 頁。

層次對女性群體的審美描述，然而對於一般家庭中妻子角色的審美記載却十分少見，所幸隋代墓誌銘爲此項研究提供了資料上的依據。一方面包含了隋代社會對妻子角色容貌姿色的唯美追求，另一方面又框定在封建社會"婦德"條件下的所謂"婦容"的審美範圍内。故墓誌銘對於妻子角色的審美表述往往藉助不乏光彩動人的渲染，來更多地達到刻意凸顯其柔順之美的内質之主旨，從而也就反映出隋代社會在女性審美取向中所賦予的敷教與達情的不可或缺，亦即傳達出合乎封建倫理道德和對女子容姿唯美追求的期許。

（四）守性惟貞：隋代女性貞節觀

關於女性的貞節問題，不僅是古代社會女性生活的重要内容之一，更是關係到女性社會地位變遷的重要標志，故已得到學者多方面討論。在中古史研究範疇，相對於隋代的女性貞節問題多是附帶論述，而缺乏專門探討。前人一般認爲隋唐女性比較開放，貞節觀較爲淡薄，不過從墓誌統計和語詞變化來看，貞節觀念從西魏北周已經開始轉變，到了隋代，守節女性進一步增多，貞節觀念已是社會的主流意識，不但未減弱反而有所加強。在北朝時期，婦德標準除了向貞順節義一方偏斜以外，還增加了忠孝思想，不過并没有完全忽視膽識才智。隋代的列女標準和以往比較有了很大的不同，貞節柔順得到了大力推廣和高度贊揚，爲丈夫殉情者和爲保貞操而自盡者大幅增加，守節婦女的生活也因此更加清苦。[①]宣導以守節爲特徵的貞節道德作爲對婦女的基本要求，主要是基於齊家治國的倫理需要，而不是由於對人欲特別是對婦女欲望的控制。國家、社會、家庭共同在貞節道德方面塑造婦女，婦女也在接受塑造、適應需要而犧牲自己以成全家國。不過，貞節觀念從西魏北周已經開始轉變，到了隋代守節女性進一步增多，隋代女性貞節觀念已是社會的主流意識。當然，這反映的多是男性心目中對女性的觀念，多大程度上可以表示女性本意的情形還無法確定。

（五）百兩來儀：隋代婚姻語詞集解

中古漢語研究中，隋代詞彙的考察囿於資料的匱乏，一直相對薄弱。依據《彙考》爲基本素材，同時參詳傳世文獻，旨在集中歸理并解析隋代墓誌銘中出現

---

① 焦杰：《"列女傳"與周秦漢唐婦德標準》，《陝西師範大學學報》（哲學社會科學版）2003 年第 6 期。

的婚姻語詞，共遴選出近百個語詞，分爲男子婚娶語詞、女子婚嫁語詞、婚姻共稱語詞、女子婚齡語詞、婚姻禮儀語詞、女子寡居語詞六類，專門比較具體考量其文字淵源和語義詞性的引申與變化，進而總結出隋代婚姻語詞的四個新特點：雙音化趨勢進一步加强，同義連用構成的新詞大量使用，部分語詞發展了新的義項和新的用法，少量三音節詞語和同素異序詞出現。

婚姻語作爲一種常用語是詞語研究中的重要部分，它反映着特定時期民族文化的歷史狀貌和禮俗風情。此研究旨在將不同的語詞納入具體的語義中進行考量，并通過文字溯源、印證分析等方法揭示隋代墓誌文中婚姻語的語義變化。因爲語詞多爲多義詞，祇有一個或幾個義項表示婚姻意義，所以我們的討論乃是在與婚姻有關的語義範疇中進行。

（六）掖庭女職：隋代宮人制度新證

"宮人"一詞有一般意義的亦即廣義的和特殊意義的亦即狹義的兩種解釋，前者指凡在後宮内廷中供役使的女性皆可稱作宮人，亦或等同於"宮女"的通稱；後者則專指爲後宮内廷服務且在宮掖管理機構中擔任職務的女官。這裏所討論的隋代"宮人"即爲後者，亦即服務於宮掖機構中的管理君主后妃等日常生活事務的女官，祇是在史傳中，"宮人"又或被稱之爲"女職""宮官"（即有别於皇后嬪妃等位居後宮的"内官"）等，殊未一致。就本研究的取材對象而言，隋代的宮掖女官，反映在《隋書》等正史和隋代墓誌銘中的身份名稱則主要是名之爲"宮人"的群體，故我們在題名上仍舊取"宮人"之稱，而不予特别强調爲"女官"。

對隋代宮人制度的研究，學界甚少專門探討。趙萬里關於北朝宮人墓誌的歸釋與蔡幸娟關於北朝女官制度的研究，皆不啻爲初有成效的開拓，而我們的研究則側重於三個方面。

1. 隋代宮人的膺選標準與社會期許：墓誌銘記録人的生平行事，最易掩瑕録美，然而墓誌銘的描述又往往烙印着社會的理性，着意流露并代表着當世的道德風尚觀念。通過研讀隋代宮人墓誌銘，得以分析歸納隋代宮人的膺選標準主要表現在容貌美麗、品性柔順、出身良家、德才兼備等幾個方面。而且，每位宮人入選標準的求大同存小異，實際上正反映了隋代社會對膺選宮人的諸多理想化期許，因而也正可以藉以探討和考查隋代社會對宮人階層的一般理想化審視，并爲進一步瞭解隋代社會對女性道德規範與婦德準則的認知提供史料依據。

2. 隋代宮人制度：有關隋代宮人制度的文字與前朝諸代相同，照例不載在正史的《百官志》或《職官志》，而祇是附於《皇后傳》或《后妃傳》中。[①]《隋書・后妃傳》的序嘗對隋前的南北朝宮人制度予以簡要批評，大要認爲："齊、梁以降，歷魏暨周，廢置益損，參差不一。周宣嗣位，不率典章，衣襦翟、稱中宮者，凡有五。夫人以下，略無定數。"於是"高祖思革前弊，大矯其違"，在"開皇二年，著内官之式，略依周禮，省減其數"。[②] 其時，高祖主要是革除前朝後宮嬪妃過多的弊端，試圖做到"唯皇后正位，傍無私寵"罷了。而對於宮人系統的建設，則基本沿襲北周制度做了制置與調整，亦即隋代宮人職官機構的核心由六尚組成，分三級管理制度，即六尚、六司、六典。煬帝時期沿襲文帝時的六尚制度，并將六尚改稱爲六局，職司亦略有調整，同樣分三級管理制度，即六局、二十四司、女史。有鑒於此，文、煬兩朝的宮人制度之基本狀況及其異同，乃至隋代宮人的公服制度之一般情形，則是我們所欲檢討與考察的問題，旨在結合《隋書》相關志傳與隋代宮人墓誌銘，以探討隋代宮人制度的設置與演變、隋代宮人墓誌所記職司等基本素材分析和隋代宮人所參與的其他事務與活動諸方面問題，期以揭示隋代宮人六尚與六局體系的淵源與建設情形，以及宮人司職的基本狀況，另外還對尚少關注的宮人公服制度問題有以爬梳，則是在史志記載的基礎上，通過分析比對北齊、北周、隋、唐輿服制度的同時，探討了隋代宮人公服制度的一般承啟之情狀或可能性。并且指出宮人公服的基本特徵是：一方面北朝的宮人公服制度隨着時代的進步和審美旨趣而不斷改造出新；另一方面各朝代的宮人公服都會直接而同步反映該時代服飾的色彩諸元素，具有着強烈鮮明且獨特的社會時代風尚。以故，隋代的宮人公服制度也

---

① 如北魏宮官制度載在《魏書・皇后傳》與《北史・后妃傳》且云"漢因秦制，魏晋相因"，南朝宋的宮官制度載在《宋書・后妃傳》與《南史・后妃傳》且云"采漢魏之制"，《南齊書》《陳書》亦皆略見於《皇后傳》中，這大概都是緣於《漢書》載内官制度在《外戚傳》《後漢書》載内官制度在《皇后紀》《三國志・魏書》載内官制度在《后妃傳》的慣例。祇是《隋書》在《后妃傳》中更納入了《北齊書》與《周書》皆不載的北齊與北周的宮官制度，且較前如《魏書》所載宮人女官制度在新的三省六部職官系統影響下又更趨細化、整飭和擴展，實屬對於隋代所創置的以六尚爲標志的堪稱完備的宮人女官組織架構體系的照應。也就是説，宮人女官之制固然始置於北魏，而其制度之臻於完善且得比擬於外廷百官組織品秩的建設當在隋代。另外，儘管《周禮・天官》已將男女職官同載於天官之官屬，然而事實是自《漢書》以降，無不將内官乃至女官制度的文字附在后妃傳中，這"恐怕是與女官（職）作爲女性之事實有關"而"終究還是被歷代正史作者所忽視"了。參見蔡幸娟《北朝女官制度研究》（壹）"前言"，《歷史學報》第 24 號，成功大學歷史學系，1998 年，第 177 頁。

② 魏徵等：《隋書》卷三六《后妃傳》，第 1105~1106 頁。

無疑擔承了由北齊、北周到唐代之間嬗變的橋梁，而同時又呈現着彼時代獨特的公服元素。凡此，或可爲嗣後更進一步研究隋代宫人制度諸細節提供詳實而可靠的文獻憑證。

3. 隋代宫人的籍貫、卒葬地、享年：隋代宫人墓誌往往涉及宫人的世系、郡望、籍貫等方面的記載。然通常所述遠祖世系或姓氏淵源的部分多屬虚妄附會，隋代宫人墓誌中如大業六年《程氏誌》"普傳芳吴史，昱流譽魏朝"，大業六年《宫人朱氏誌》"昔司徒令望，道著於古今；太尉高明，聲飛於宇宙"，大業七年《宫人李氏誌》"世系出於高陽，因理官而命氏，理李音同，後遂以李爲姓"，大業七年《宫人魏氏誌》"漢丞相魏相之後"，大業八年《宫人何氏誌》"晋司空充之九世孫"，大業八年《宫人陳氏誌》"原其濫觴，姚墟置胡公之祀；語其世系，潁川有陳寔之碑"，大業八年《宫人蕭氏誌》"其先漢相蕭何之苗裔也"，大業十年《宫人樊氏誌》"其先姬姓，胄自軒轅。當周宣王世，有仲山甫爲君喉舌，以致中興，食菜樊邑，因斯命氏。其地今南陽樊城是焉"，大業十一年《宫人姜氏誌》"即漢姜詩之苗裔"，大業十二年《宫人卜氏誌》"其先卜尚，字子夏"等等，凡此皆是浮誇攀附之詞，實不可信據。而墓誌所記誌主的當世籍貫，則基本真實。隋代宫人墓誌也是如此。因此對宫人出身籍貫的考查，適可以爲研究宫人來源問題，提供地域分布的依據。又墓誌關於宫人卒年的記載，則爲研究宫人平均享年提供了資料分析信息，并可藉此與其他隋代女性享年的平均年齡做比照，以分析宫人的生存狀態等問題。通過對這些關乎宫人生活"實態"問題的考述，儘可能歸理出可資研究的基本情況，并藉以客觀而深入地透見宫人生活與職事的基本狀況與社會意義。

上舉關於隋代宫人制度的專題研究還不能稱得上全面和細緻，還有諸多問題有待嗣後做更進一步的發微探幽。但從對於唐代的相關研究勢必有着關聯影響的角度考量，其研究的開拓價值和意義還是值得肯定的。譬如《舊唐書·后妃傳》記載："唐因隋制，皇后之下，有貴妃、淑妃、德妃、賢妃各一人，爲夫人，正一品……其餘六尚諸司，分典乘輿服御。龍朔二年，官名改易，內職皆更舊號。咸亨二年復舊。開元中……尚宫、尚儀、尚服各二人，爲正五品；自六品至九品，即諸司諸典職員品第而序之，後亦參用前號。"[①]《唐六典·宫官》所記載的六尚局亦與隋代煬帝時期的六尚局名稱一致。這都説明隋代宫人制度基本爲唐代所繼承和發

---

① 劉昫等：《舊唐書》卷五一《后妃傳》，中華書局，1975年，第2161~2162頁。

展，因此，研究隋代宫人制度必將對唐代的宫人制度的探討有着積極的借鑒作用，諸如唐代宫人制度之於前朝是如何繼承與演變、改革與完善、發展與傳遞等問題，無不需要在研究隋代宫人制度的基礎上方能得到更深入細緻的探討和創獲。

（七）摩挲片石：隋代女性個案解讀

僅從隋代墓誌銘中揀選出四例個案即《李静訓誌》《董美人誌》《施太妃誌》《楊素妻鄭祁耶誌》予以解讀。此四例皆爲上層女性，因此并非具有可以涵蓋隋代女性諸階層的典型代表意義，祇是因爲她們的事迹與史籍記載多有互證并能夠反映出某些歷史大背景，以致有些情事還能給予史實以生動再現。如以《李静訓誌》與史書互證，從而揭示其出身、家族以及她短暫的生平行事，并以此見證政治鬥争之殘酷無情；據《董美人誌》推究出“終於仁壽宫山第”的董美人當即撰誌人蜀王楊秀的嬪御，而非文帝的内官；通過《楊素妻鄭祁耶誌》考知了鄭祁耶出身於顯貴家族，論證了鄭祁耶究竟是“天情婉順”“琴瑟克諧”，還是“性悍”之婦，并揭示了其與獨孤獻皇后的親密關係和“猫鬼”左道這樣的巫蠱之術在北朝隋代的曾經風行；分析陳宣帝夫人《施太妃誌》而聯繫到施太妃一家三位女性，即施太妃、施太妃之女宣華公主、施太妃兒媳陳沅陵王妃的事迹，結合史籍與墓誌的互證，以探討陳朝皇室貴族女性進入隋朝後的境遇。三位陳朝貴族女性順應着改朝换代的變遷，經歷了尊卑榮辱的艱難歷程，最終却無一能安享長年而均死於短命，這自然與隋初對於入隋的陳朝皇親貴族政策有着極大的關係。

上舉七事，我們自覺尚不足以對隋代女性的研究構成全面而系統的格局與内涵，傳統的梳理、統計與考據，乃至由此獲得的資料與結論，亦恐難能符合當今學界與研究所特別强調追求的新視角與新觀點，但我們相信這些都是最基本且最具“生活實態”而頗值得專門論説的問題，因而對於較爲立體多元和客觀深入地認知隋代女性與社會，理應不無啓發與幫助之效用。

最後要特別説明的一點是，此書的構思與撰寫，與當今國内學界正在極力推崇的所謂“專著”在形式上不盡相同，我們乃在力圖遵循業師黄永年先生的基本主張，因此“并没有作通行的像教材教科書那樣的平鋪直叙的講述”，也没有“先立個框架然後寫成所謂專著”，而是“逐個地做專題研究”。我們把在探討中所關注到的問題遂個寫成相對獨立的專題研究，并不爲了追求研究範圍的五臟俱全和體貌無缺，而是在力圖解決隋代女性“生活實態”諸問題的基礎上，通過解讀隋代墓誌銘所記載的女性言行事迹，以探尋其隱蔽於文字背後的某些歷史真實情狀和社會理念等等。另外，這樣做的目的也還在於能夠拋磚引玉，并爲嗣後的系列研究留出空間與環節，以使更多學者能夠充分利用隋代墓誌銘而從更廣更新的角度對隋代女性與社會問題進行更加深入細微乃至全面系統的探討。至於以"柔順之象"作爲本書的點題詞，乃是基於這樣的考量：張華《女史箴》云："婦德尚柔"，《隋書》亦云："婦人無外事，而陰教尚柔。"可知在聲色言行上表現出來的陰柔嫺静本是女性的天然體態與社會形象的融合。班昭《女誡》復强調"敬順之道，婦人之大禮也"，《隋書》更輔以"婦人之德，皆以柔順爲先"，既是婦禮婦德，那麼敬而順之便儼然是女性在封建時代受縛於"三從四德"所呈現出來的角色形象，以之與社會相聯通，則"柔順之象"又正是女性所呈現出來的社會之象。

曹旅寧嘗評論説："《柔順之象——隋代女性與社會》出版的學術意義在於：由於隋代是一個重要而又短祚的時代，相較於其前後王朝，可資研討的傳世文獻頗爲匱乏，而關涉女性問題的材料更是鳳毛麟角，從而限制了相關研究的廣泛性、深入性和系統性。有鑒於斯，周曉薇、王其禕遂借重隋代墓誌銘這一頗見新穎且豐富的基本材料而展開，諒能彌補傳世文獻稀缺的遺憾，并希望促進隋代女性歷史的研究'從平面走向立體，從單一走向多元'。"[1]美國學者瑞貝卡·多蘭在外文期刊《男女——早期中國的男性女性與性別》2014 年第 1 期上也發表了對本書的評論。[2] 2017 年 8 月，《柔順之象：隋代女性與社會》獲陝西省高等學校人文科學研究優秀成果著作類一等獎。

三　論證與深化隋代社會研究的新探索：《片石千秋：隋代墓誌銘與隋代歷史文化》

《彙考》纂成并出版面世，其中最使我們感到欣慰和滿意的，是我們藉此而對500 多方隋代墓誌資料進行了全面的整理與反復的分析研究，爲下一步所欲展開的隋代歷史文化的研究做了資料上的充分準備。2009 年，我們申請到國家社會科學

---

[1] 曹旅寧：《〈柔順之象——隋代女性與社會〉評介》，《中國史研究動態》2014 年第 2 期。

[2] 參詳 Rebecca Doran, Zhou Xiaowei（周曉薇）and Wang Qiyi（王其禕）Images of Yielding: Sui Dynasty Women and Society（《柔順之象：隋代女性與社會》），*NAN NÜ: Men, Women and Gender in Early and Imperial China*. Vol.16, No.1, 2014, pp.144-146。

基金項目 "隋代墓誌銘與隋代歷史文化"，寒來暑往，秋收冬藏，經過四年的努力，終於將起初的研究設想和規劃方案，一步步地得以落實完成。

此書以迄今所能知見的約 600 種隋代墓誌銘文字（包括圖像）爲基本研究對象，研究的基本内容則涉及歷史學、文獻學、考古學、語言學、藝術學等交叉學科的綜合範疇。網羅新資料，采用新方法，以期爲新理論的發現、論證與深化奠定基礎，乃是在研究中力求有所突破的初衷。研究的方法主要采用傳世文獻與出土文獻的互證，亦即所謂的 "二重證據法"，以南北朝隋唐正史爲最基本的史料，以墓誌資料爲輔，分析解讀，去僞存真，以史誌互證的考據手段逐一完成對相關問題的探討。研究内容與意義集中體現在以下幾個方面。

（一）隋代家族研究

中古社會的世家大族形成了强大的社會勢力，他們憑藉家族的地望和實力，往往能够參與政治統治階層，如此則 "既可以保持其現有的社會地位與利益，由於政治地位之獲得，還可以增强其原有的社會地位與利益，這兩者之間的合作，是民主政治以前較普遍現象，也成爲古代政治社會安定的重要基石，在這種大趨向之下所形成的大框框，也可以反映在社會架構上"。[①] 隋代的京兆杜陵杜氏爲通世大族，其家族的發展與延續、仕宦與參政，無不與當時的政治、經濟有着千絲萬縷的聯繫，并在隋代社會架構上有着舉足輕重的政治地位。例如，隋代《河源縣令杜祐墓誌銘》，正是一例可資探究京兆杜氏之瓜瓞出中晚唐宰相杜佑、杜悰一脉的唐前人物之典型。而唐代《杜式方墓誌》又是與前者同一房分家族的血脉遞傳，亦即隋代杜祐的曾祖杜顥乃是杜式方的八世祖，而杜祐則是杜式方的五代叔伯祖。唯此，則對於杜式方夫婦墓誌的考察，自然關聯到這一 "望高天下，宗族當今爲大" 的家族世系之梳理與厘定。因此，研究中對於迄今所能知見的隋唐杜姓墓誌及其房分世系亦兼予梳理而表解之，以期爲研究中古杜氏譜牒者所便宜取材。對於雁門解氏的研究整合了譜牒與正史所記解氏郡望，而尤以興盛於漢晉間的雁門和濟南兩房爲著族。而藉助碑版墓誌，又可再補趙郡、河東、長安等分支。解氏的活動範圍，除其著籍地晋、冀、魯、豫的中原腹地外，踪迹所到更有西南的四川巴西、西北的甘肅寧縣、江蘇的揚州之遠。可知至少在隋唐時期，解氏的活動或生活地域就已經分布

---

① 毛漢光：《中國中古社會史論》第一篇 "中古統治階層之社會基礎"，"統治階層與社會領袖"，上海世紀出版社，2002 年，第 9 頁。

到華中、華北、華東和華南的廣大地區。由於正史中對於解氏人物立傳者甚少，利用出土石刻文獻的記載，對於研討解氏在漢唐之間的人物與世系郡望，不啻提供了倍增於史籍的原始素材。隨着北魏孝文帝南遷，解氏嘗因胡姓解批氏改解氏并定著洛陽而出現河南一房，同時也與中原解氏融并而壯大暸解氏族群，但在族源與血統上畢竟是截然有別的。衹是石刻文獻所見居於或葬於洛陽的解氏，尚未見有透露其爲高車解批氏胡族後裔者，而是多稱望出河東或望出雁門。可見胡漢融合至深，解氏的族源問題正好是一例見證。南北朝時期，解氏入南者顯然已不止少數，甚至有僑居到南郡者。無論是流人的遷徙，抑或是族群的僑居，晋魏之間尤其是永嘉亂離之世無疑是最爲繁劇的時期，其中不僅有中原姓氏與族群的遠播，更有南北民族與文化的融合，這種遠播與融合，甚至波及并影響到如東亞、東南亞等更爲廣大的區域。解氏自然也不能例外。

運用隋代墓誌銘中有關京兆杜陵杜氏、雁門解氏等家族衣冠人物的資料，不但可以考訂并互證其於文獻記載的相關史事，亦有助於對這些家族籍貫遷徙及其氏族譜牒的梳理分析，進而見證諸如京兆杜氏家族集團作爲“關中郡姓”與門閥士族在隋唐時期的中央官僚化及其播遷興衰。鈎勒出雁門解氏在隋唐時期的著籍範圍與僑居情形以及漢魏隋唐時空下的解氏人物與世系郡望等基本情形，正可以從中暸解和總結其族源與融合的基本特徵。

（二）隋代社會的避諱文化研究

封建皇朝時代，書寫文字與語言表達往往不能直書和直呼帝王君主或父祖尊長之名，而須采用其他方式以回避之，此之謂避諱。古人敬其名而稱其字，故避諱者，諱其名而不諱其字，此又謂敬諱，而狹義的避諱即專指敬諱而言。如《顏氏家訓》所云：“古者，名以正體，字以表德，名終則諱之，字乃可以爲孫氏”。[①] 梳其源流，則這種中國古代封建社會所特有的文化禮俗，起於周而成於秦，行於漢魏南北朝，盛於唐宋，泯於清末，漫越兩千年之久。要暸解和學習避諱學常識，自當首選陳垣先生具有架構意義的總論性著作《史諱舉例》。從中我們乃能系統而明確地認知陳垣所特別強調的避諱一事：“其流弊足以淆亂古文書，然反而利用之，則可以解釋古文書之疑滯，辨別古文書之真僞及時代，識者便焉。蓋諱字各朝不同，不

啻爲時代之標志，前乎此或後乎此，均不能有是。"①

此專題研究特界定在隋代避諱中的敬諱一類，且以書寫鎸刻文字爲考察對象。動因是業已完成了《彙考》的工作和正在展開隋代墓誌銘與隋代歷史文化的課題，遂得以在相對豐富的隋代墓誌銘兼及碑版、造像等石刻文獻的資料平臺上，結合傳世文獻來檢討隋朝的避諱問題，②自然會便捷許多，舉例釋説也會充分明白許多。而其意義乃在隋朝是一個自漢末分崩歷魏晉南北朝三百餘年分裂而得重歸一統的重要時代，所建立之制度與廓清之文化，無疑具有着厘正紛亂與啓開盛世的非凡影響。總結隋代避諱之大端，即爲：

1. 以帝君爲對象之隋代避諱，據文獻所見計有文帝楊堅、煬帝楊廣、楊堅祖楊禎、楊堅父楊忠，而恭帝楊侑與越王楊侗則未見避諱。又，隋代爲尊長先人避諱者少見，而爲聖人避諱者未見。

2. 避諱方法主要爲改字、省字、空字和"平闕式"空格轉行，行文中標"諱"的形式僅有《北史》一例，而爲尊長避諱的方式則多作空字或空格、轉行，墓誌中還有一例"公諱字遵考"而"諱"下無空格的形式。其他作"某"、作"某甲"及缺筆、變體、拆字、草書、連字、析言、倒言等方式，則概未見到。

3. 所見避諱實例，正諱有"忠""禎""堅""廣"，嫌名有"中""貞"，而文帝、煬帝則未見有避嫌名案例。避諱類別有人名、爵名、謚號、地名、官名及其他專名，還有習語及對前代名稱或引文的追改等。尤其特出的是對於"中正"改爲"平正"之避諱，傳世文獻未見一例，亦未有文字述及，今賴石刻文獻得以證見其確實存在。

4. 統計案例，以"堅"字避諱最嚴格，犯諱者最少，"忠"字及其嫌名"中"字避諱最廣泛，其次"廣"字，再其次"禎"字及其嫌名"貞"字，然皆不免有大量"矛盾之事并見於一時"者，即避與不避，似無定制，③謂"入隋則諱禁稍嚴，漸開唐人風氣矣"，亦衹是比之南北朝"寬嚴隨人意而異"稍强焉。另石刻文獻所見又比傳世文獻所見更趨寬鬆一些。

5. 避諱之於女性，在隋代傳世與出土石刻文獻中罕有見到。誌主爲女性者猶

---

① 陳垣：《史諱舉例·序》，中華書局，2004年，第1頁。

② 研究中所取材於傳世文獻的史諱實例，多參考陳垣《史諱舉例》、周廣業《經史避名彙考》、王彥坤《歷代避諱字彙典》等。

③ 隋代避諱尚未見到明確的制度約定，唯《隋書》卷三三《經籍志》有"《汝南君諱議》二卷"，其書失傳，內容不詳。

多書名字，唯仁壽元年《王基暨妻劉氏誌》全文有兩處各空兩格，一處爲"妻河間劉氏"前，一處爲"大隋"前，兩相比照，似乎"妻"前空格亦有避諱之用意焉。又，宮人一類墓誌，則全不書名字而以"諱字"之類標之。

因隋祚短促，傳世隋代文獻頗見匱乏，而正史之《隋書》又爲唐人所纂，鮮少能够涉及和反映隋人在當朝的避諱現象。因將傳世文獻與出土石刻文獻相互參證，綜合檢討隋代避諱主要是敬諱之於帝君這一文化禮俗的基本情形，對隋代的避諱對象、方法進行全面分析研討，并以實例進行佐證，從而總結出隋代避諱文化的基本規律。研究儘可能全面利用出土所見隋代石刻文字，以作楊隋一代避諱禮俗之盤點，旨在補充史書之不足，且有以印證於史諱，故亦必有"爲史學之一助"的積極意義。

（三）隋代墓誌銘的辨僞

石刻贗造之風，由來已久，且隨着古物收藏熾熱，假冒僞劣亦自不免甚囂塵上，魚目混珠，爲研究者帶來諸多困惑與難堪，碑版拓本亦然。有鑒於斯，特揀選四方混迹於隋代墓誌銘中的僞誌，詳加考辨，鑒謬袪僞，以懲贗托。一例是近年新見之僞品《楊公夫人墓誌》，一例是前賢已有揭示而今人猶多不措意之舊拓《陳思道墓誌》，一例是迄今無人質疑而仍作隋誌收録者《賈玄贊墓誌》，此三例皆屬"以後代之石冒爲前朝舊刻"性質而非翻版摹本。因詳爲縷析，一一究證原委，旨在儘可能提供辨僞識真之有益範例與基本方法，同時也誠心奉示好古而鑒別未精者，可不慎焉。最後一例是洛陽新見隋開皇十五年《王節墓誌》，竟爲好事者僞造爲北魏墓誌，以謀厚利，亦納入研究而予以揭示，以正原委。

歸結石刻之有贗鼎，無外這樣幾類情形：一是佳刻或亡或毀，碑估藉舊拓摹刻一本以充孤善，如唐《化度寺碑》、孫吳《天發神讖碑》。二是佳刻難能椎拓，碑估遂翻刻一本以應四方之求，如唐《皇甫誕碑》、唐《王居士磚塔銘》。三是憑空結撰、向壁虛托，全無其人其事之造僞，如北齊《趙通墓誌》、唐《女子蘇玉華墓誌》。四是雖有所本，却是重起爐竈，與原石略不相涉之制，如唐《哥舒季通葬馬銘》、唐《涼州刺史郭雲墓誌》。五是僞改年號、諱字等少數字詞，以後代之石冒爲前朝舊刻，如《東晉王夫人墓誌》、北魏《高植墓誌》。[①] 凡此，究其目的，

---

① 葉昌熾：《語石》卷一○"摹本""贗本"條，王其禕校點，遼寧教育出版社，1998 年，第 257 頁。

多由碑估圖財射利，而少出文人好事游戲。晚清陸增祥撰作《八瓊室金石補正》，嘗專附"祛偽"一卷，在凡例中指出："碑估妄托，所在多有，好事文人，間亦作偽，兹附成祛偽一卷，以諗來者。"[1] 而劉承幹在《八瓊室金石補正序》中則尤其強調此舉是足以補正王昶《金石萃編》之一大進步。

此專題研究不唯揭示四方偽誌之破綻，亦期望以此考證方法，作爲碑誌文獻辨偽的鮮活實例，以便學人在采摭碑誌文獻并考據利用時，能够取讀運用真實可信的史料而剔除贋偽之作，正確認識在史學研究中史料價值的重要作用和意義。

（四）隋代書法研究

對隋代書法及其價值的普遍關注與認定，大約始於晚清。而在諸多金石書家中，又尤以葉昌熾的總結最稱到位："隋碑上承六代，下啓三唐，由小篆八分趨於隸楷，至是而巧力兼至，神明變化，而不離於規矩。蓋承險怪之後，漸入坦夷。而在整齊之中，仍饒渾古，古法未亡，精華已泄。唐歐、虞、褚、薛、徐、李、顏、柳諸家精詣，無不有之。此誠古今書學一大關鍵也。"[2] 把握住這個書學演化的關鍵，方能認知隋代書法所承載的"變古出新"與"承魏開唐"的使命以及變化而不離規矩、整齊而仍饒渾古的精髓。

"歐體盛行無魏法，隋人變古有唐風。"百年前南海康有爲先生的這一界定，又恰好道出了隋代楷書的確立及其基本特徵：即以歐陽詢楷書爲代表的擺脫魏法而開啓唐風的"新體"面貌。而對所謂"新體"的更進一步的詮釋，康氏又說："故有魏碑可無齊周隋碑？然則三朝碑，真無絕出新體者乎？曰齊碑之《雋脩羅》《朱君山》，隋之《龍藏寺碑》《曹子建》，四者皆有古質奇趣，新體異態，乘時獨出，變化生新，承魏開唐，獨標儁異。"[3] 康氏在崇魏卑唐的前提下能昭示"承魏開唐"的"新體"乃出現在楊隋一代，確是灼見。其實，"書道習法易而創體難，近世北朝石誌出土者多矣，字畫率樸茂，斂分勢而爲之。至率更出，始醞釀分法而盡變其勢。厥後祖尚流風，雖峭厲如蘭臺，圓勁如裴休，卒莫窺渾厚之域"。[4] 包世臣的看法應該正是康氏的先聲，且爲康氏所發揮并肯定了隋代楷書已跨越"習法"而完

---

① 陸增祥：《八瓊室金石補正》，文物出版社影印本，1985 年，第 2 頁。
② 葉昌熾：《語石》卷二，第 6 頁。
③ 康有爲：《廣藝舟雙楫》"備魏"第十，《藝林名著叢刊》，中國書店出版社影印本，1983 年，第 31 頁。
④ 包世臣：《藝舟雙楫·論書》"題隋誌拓本"，《藝林名著叢刊》，第 97 頁。

成"創體"。

"醞釀分法而盡變其勢"者，除却已爲人所熟知的《蘇慈》《董美人》《常醜奴》《姬夫人》《張通妻陶貴》等名刻，近數十年又有諸多更加鮮活明快的案例可資析理見證。如以長安與洛陽兩京地區所見，有《李和》《陳叔興》《楊景》《楊異》《楊文爲》《楊文思》《楊紀》《陰雲》《竇儼》《賀拔毗沙》《郁久閭可婆頭》《劉婉華》《蕭妙瑜》《段威》《薛保興》《解方保》《鄭善妃》《齊士幹》《長孫汪》《王世琛》《楊素妻鄭祁耶》等，皆可舉爲隋代"新體"楷書的典型。有鑒於清末民初所能見識的隋代碑版書法品類尚有局限，大不如今日之豐富多姿而更具説服力，因此對隋代"新體"楷書的定位與認知，必然會緣此而有更加充分可靠的案例支撐和論證依據。

采用隋代墓誌銘的書法爲審查主體而檢討彼時楷書的全面成熟及其對隸書鼎革的基本事功，又可以梳理晋隋之間以"銘石書"爲主體對象的隸楷遷變之基本經絡及其終結點——隋代之隸書情形，并藉由歸理隋代墓誌銘案例以釋證隸書在南北一統後的式微及其與盛唐"開元體"即所謂"唐隸中興"之間的關係。此外，亦可以在深入探討隋代墓誌銘楷書書法藝術的基礎上，以其模範作用促使楷法帶着瘦硬通神的風采、從間架到筆法在初唐步入完善過程，進一步探詢和見證隋代書法的時代風尚及對後世楷法的表率與影響。

（五）隋代墓誌銘紋飾的文物學和藝術考古學研究

墓誌銘這一石刻類型，其方塊形制與誌、蓋合一的完備及其綫刻（包括少數淺浮雕）圖案紋飾的普遍出現，可以追溯到北魏時代的早期。其意圖和作用，除了可通過一般意義上的美化裝飾手法與圖案而探尋其藝術造詣和審美旨趣，更特別寄存了民俗、宗教、地域等特定歷史時期的社會理念和文化闡釋。南北朝時期的墓誌石，已有頗多圖案紋飾堪稱精美，主要表現爲祥雲、瑞獸、四神、十二辰獸、蓮花、蔓草、連珠等紋飾類別。而隋代墓誌銘不但大多數誌文典雅流暢，書法清揚婉麗，誌蓋與誌石綫刻紋飾也精彩絶綸。隋墓誌上的圖案基本繼承了南北朝以來的式樣，但亦有所出新，從而反映了隋墓誌刻繪紋飾的特色。

在全面彙集隋代墓誌紋飾圖案的基礎上，圍繞隋墓誌所見山水花草紋飾與古代早期繪畫史論的印證、隋墓誌綫刻圖案中的四神與十二辰紋飾、隋墓誌刻飾圖案中的稀見紋樣等主題，進行藝術圖像、社會文化等多角度審視與研究：第一，歸納分析隋代墓誌紋飾中所鎸刻的山水、花卉、卷草圖案，并與中古繪畫史論相印證，以期形象理解和把握中古繪畫藝術發展的基本脉絡，特別是山水花草畫的發萌、發展及其藝術特徵等，更藉以彌補早期繪畫史論的闕佚和不足，進而真實表徵隋代石刻繪畫和試圖探討其中所蘊含的精神與文化理念諸問題；第二，旨在闡明在古代思想文化的傳播過程中，四神曾經代表着天空的方位，十二辰代表着地支的流轉交替，二者有一定的對應關係，成爲古人觀念或信仰中的空間與時間的表徵。又通過與北朝及唐代同類紋樣的對比，探討其變化與發展，并尋繹文獻記載中的四神與十二辰的人文意識、自然信仰、民俗理念等層面的問題，歸納出隋代四神與十二辰的石刻紋樣特徵與文化意義；第三，特別挑選隋墓誌中出現的、尚不屬於主流和常規出現的圖案紋樣，如連珠、壺門、碑形墓誌的碑首紋樣、特形與浮雕圓雕紋樣，以及日月、羽人、飛輪、卦符與文字等特殊紋樣來分析總結其紋飾的藝術流變、文化意義及民俗傳承等方面的内涵。

（六）隋代西京大興與東都洛陽歷史地理研究

對隋代西京大興與東都洛陽歷史地理研究，特別是關於城坊的考訂，前賢已多有用功并成就斐然，而對兩京四郊地名的整理與考訂，鑒於傳世文獻相關記載的匱乏，尚待掌握較爲充分的出土墓誌資料方得展開。因此以隋代墓誌銘爲基本素材，并結合傳世文獻與今人相關成果，對隋代兩京屬縣所轄鄉、坊、里、村、原、山、川等地名，分門別類進行更深入的稽考訂補，頗能繼踵前賢的研究而推進一程。

對隋代大興、長安兩縣所轄鄉、里、坊、村的考補名目，總計爲：大興縣屬鄉十六、坊八（含存疑二坊）、里十二、村一、原六、其他三；長安縣屬鄉十七、坊十九（含存疑六坊）、里十、村二、原三、山一、水一、川一。所涉及的内容，大致可分爲兩部分——自然地理名稱和人文地理名稱。自然地理名稱是指原、水等主要受自然條件影響而形成的地理單元，因爲影響其形成的因素變化比較緩慢，所以自古以來其範圍、分布變化不大，其名稱大多流傳至今，前賢也有較多的考説，故主要以歸結印證爲主。而人文地理名稱是指鄉、坊、里、村等基本行政單位，多受經濟、人口及統治階層思想制度的影響，所以變化較大。因隋代歷史短促，留下的史籍文獻資料甚少，可供考證的依據更多的是近世以來出土的隋代墓誌銘等石刻文獻，因此能够據以考補的地名仍有一定的局限性。如考證出大興縣有十六鄉、八坊（含存疑二坊）、十二里、一村，大多集中在今西安市南郊長安縣韋曲鎮以南以北一帶以及東郊灞橋區韓森寨、郭家灘和洪慶街一帶。長安縣有十七鄉、十九坊（含存疑六坊）、十里、二村，大多集中在今西安市長安縣郭杜鎮一帶以及西郊土門一帶。今西安市及其周邊大部分區域在隋代的地名還有待稽考落實。《隋書》卷二九《地理志上》云京兆郡"統縣二十二，户三十萬八千四百九十九"，則隋代京兆郡平均每縣一萬四千零二十二户（自然位於都城的大興、長安兩縣人口要較多一些）。而《舊唐書》卷三八《地理志》云京兆府"天寶領縣二十三，户三十六萬二千九百二十一"，[①] 則唐京兆府平均每縣一萬五千七百七十九户。按"百户爲里，五里爲鄉"的規制，[②] 唐代（天寶時）都城兩縣所轄鄉比隋代都城兩縣所轄鄉約多四鄉。宋敏求《長安志》卷一一"萬年縣"和卷一二"長安縣"分別注明"唐四十五鄉"[③] 和"唐五十九鄉"，[④] 而若以此推算，隋代大興、長安兩縣至少應管轄一百鄉、五百里，然迄今所考補之鄉、里數僅相當於其近三分之一和約二十三分之一。再從城内坊的數量看，大興城初建時有一百零九坊，而所得祇能印證十九坊，僅相當於總數的六分之一。這都説明迄今所舉證的地名與隋代大興、長安兩縣實際所轄鄉、坊、里、村的數目還相去尚遠，還有待不斷利用更豐富的新資料陸續補正，以期逐漸趨近和澄清隋代西京大興城及其四郊歷史地理之原貌。

東都洛陽城坊與四郊地名，可獲得如下資料：河南縣屬鄉二十、坊十九、里七、村三、原二、屯一；洛陽縣屬鄉十八、坊十八、里八、村八、橋二、園二、原一、山三；屬縣待考之鄉五、坊七、里三、村一；北魏洛陽故城坊里十五及"三市"。總計各類地名凡 144 條。

對隋代東都地名研究的意義和局限可歸納三點。

第一，《太平寰宇記》卷三河南道河南府河南縣小注云："舊四十鄉，今四鄉。五十坊。"[⑤] 同卷洛陽縣小注云："舊三十鄉，今三鄉。四十三坊。"[⑥] 其所言鄉坊數目，當有所本。所謂"舊管"，當指唐代的數目，隋代或又稍少於唐代。今所能得

① 劉昫等：《舊唐書》卷三八《地理志》，第 1396 頁。
② 李林甫等：《唐六典》，陳仲夫點校，中華書局，2005 年，第 73 頁。
③ 宋敏求：《長安志》卷一一，清乾隆五十二年（1787）靈巖山館刊本，第 1 頁下。
④ 宋敏求：《長安志》卷一二，第 1 頁下。
⑤ 樂史：《太平寰宇記》，王文楚等點校，中華書局，2007 年，第 1 册，第 46 頁。
⑥ 樂史：《太平寰宇記》，第 1 册，第 51 頁。

知的有屬縣明確者三十八鄉，屬縣待考者五鄉，合計四十三鄉，比《太平寰宇記》所謂河南、洛陽兩縣舊管七十鄉尚少二十七鄉，而相比隋代的鄉數，或許已知的比例更高一些，因此，關於鄉名的稽考訂補可以説是最大的收穫。又以大略一鄉管轄五里來計算，洛陽城郊共有約三百五十里，而此數目當包括了城内的一百三里。相比之下，對於洛陽城外四郊里數的稽考僅得知其屬縣者十五里，未詳其屬縣者三里，合計十八里，仍相差甚遠。又得河南與洛陽兩縣所轄城坊凡三十七，待考城坊七，共計四十四坊，已距隋代東都一百三坊的數字近乎少半，其中不少坊名爲唐代所沿用，正可藉以考查隋唐坊里名稱、位置與沿革。此外，還附帶稽考了北魏洛陽故城坊里凡十五，數目雖小，亦不乏存佚與研討北魏洛陽故城坊里建置之效用。

第二，洛陽出土的墓誌，其分布非常集中，基本都在邙山以南一帶。亦即大多集中在今洛陽市東北的北越孟津、東達偃師之邙山、馬安山之所謂的風水寶地。又因爲墓誌所記宅第通常屬城内坊里，葬地通常在城北及城郊西北延至東北的北邙山麓，故對城南及城郊西南到東南區域地名的記録相對要少得多，這不能不是緣資料的局限而成爲研究的遺憾。

第三，據隋墓誌歸理出了當時洛陽城四郊的很多新的地名，這對於進行隋代洛陽城四郊的歷史地理研究畢竟保存了可資進一步探討的第一手材料，雖然有的地名已能够與今天的地理位置相對應，但遺憾的是也有不少還未能對應於今天的地理位置。另外，僅籠統記其葬地爲"北邙""邙山之陽"等字詞之墓誌，尚有不少未在統計之列，而對葬於亦即出土於洛陽地區的隋墓誌作全面整合，則應該對研究隋代洛陽城及其四郊的歷史地理具有更充分的意義，并必然能逐步解決"古今地名復累經改易，舊蹟往往未能確指，致使前賢功績，仿佛輕擲虛牝"的問題。①

（七）個案研究

個案研究共選取五方隋代墓誌銘進行探討，分別以一方墓誌之記載爲中心，圍繞其中典型的事例展開討論。

一是對新出北齊"聘高麗使主"《裴遺業墓誌》所進行的研究。裴遺業乃北齊

---

① 史念海：《古長安叢書·總序》，見《古長安叢書》戊集之一：辛德勇《隋唐兩京叢考》，三秦出版社，1991年，第1頁。

員外散騎常侍、聘高麗使主。而裴氏卒年已屆隋代開皇十年，葬年更在開皇十一年，故實爲隋人墓誌。研究主要集中在對裴遺業家族世系的梳理、裴遺業一系族望所出與舊塋所在、裴遺業出使高句麗的史事等方面。鑒於裴遺業的"聘高麗使主"身份與其事迹正可補充史載所闕，故其墓誌的史料價值頗高。

二是對 2011 年初在西安南郊長安區少陵原畔出土的開皇三年《薛舒墓誌》所進行的研討。該誌爲詳細瞭解這位在開皇三年四月擔任出使陳國大使者的身世家族提供了珍貴的史料。薛舒與其父薛憕，有傳載於《周書》與《北史》，而據墓誌，可補薛舒履歷職官特別是入隋後事迹甚多。其尤爲突出者乃在開皇"三年春，遷散騎侍郎，仍兼散騎常侍、聘陳使主"，贏得"才堪出境，光足照鄰""屢延譽之美，絕後超前"之殊榮。不但可以與正史所載周陳之間和隋陳之間的外交關係史事互證互補，亦可以見證彼時陳隋兩國正處於雙方通好的穩定時期。

三是對隋代大業十二年《獨孤儉墓誌》進行的研究。獨孤儉乃爲北周重臣獨孤信曾孫，其墓誌内容與史書記載互證，反映了周、隋兩朝獨孤家族之世系及其人事變遷等方面的事迹，頗具史料價值。

四是對隋大業十二年《尹彦卿墓誌》所進行的研究。除了考述尹彦卿的世系、官職等問題，還將隋唐墓誌頻繁出現的"小陵原"與"少陵原"的地理名稱沿革做了較全面的梳理與探究。

五是對長安縣新出隋大業十一年《秦僧伽暨妻徐氏墓誌》的考釋。該誌文字雖少，却頗具研討價值。首先是關於隋代京兆郡長安縣所轄鄉里問題：誌文述及長安縣的三個鄉（神泉鄉、清化鄉、福陽鄉）、三個里（表政里、崇賢里、龍仁里）、一個村（奉誠村），除"福陽鄉"外，皆可補苴隋代大興城郊鄉里名稱之闕；其次是墓誌提到"今合葬於長安縣福陽鄉龍仁里奉誠村辛保仁地葬，故立銘誌，以爲永記"，所謂"辛保仁地"，即言秦僧伽的葬地乃爲辛保仁所有，也就是説辛保仁是這塊葬地的"地主"，由此便可展開對於北朝隋唐墓誌銘中相類於"地主"名稱的普查和研討。

上述七個專題的研究主要針對隋代家族世系、隋代避諱文化、墓誌辨僞、隋代書法藝術流變與時代傳承、隋代墓誌紋飾圖像的藝術表徵與文化内涵、兩京城坊和城郊的歷史地理，以及五個個案與史事的互證等問題，進行了較爲廣泛的梳理與考量，比如對隋代杜氏、解氏家族所進行的整體探討、對洛陽城坊鄉里名稱的輯考、對書法隸楷書體在隋代的流變、墓誌紋飾對古代繪畫史發展脉絡的佐證的研究等内容，學界雖有涉及，然對隋代進行整體研究則實爲稀少，因此這些内容可充實以往隋代研究的薄弱乃至填補空缺。諸如運用史誌互證的方法所展開的對於隋代墓誌銘的辨僞與隋代避諱問題的研究，總結出了墓誌辨僞的基本方法和隋代避諱文化中的常規現象，對相關研究頗具示範意義和應用價值。而充分利用隋代墓誌銘來研究隋代的歷史文化，其研究思路應起到開拓中國古代文史研究廣闊視野的積極作用，其研究方法憑藉歷史學（諸如史事、家族、人物、制度）、文獻學（諸如史料、語詞）、文化學（諸如避諱、風俗等）、文物學（諸如形制、紋飾、書法等）等多重價值而爲學界與研究者所密切關注及參考利用。

可以欣慰的是，本書一經出版，學界多有嘉好評論，如《中國史研究動態》認爲："周曉薇、王其禕《片石千秋：隋代墓誌銘與隋代歷史文化》（科學出版社）以 600 餘種隋代墓誌銘文字與圖像材料，對隋代歷史與文化進行了深入研究，其中包括隋代的家族、避諱、書體等。"[1] 又有黨斌在《新見隋代墓誌銘三種考釋》中論及："王其禕、周曉薇兩位先生多年潛心搜集和整理隋代墓誌資料 600 餘種，并出版《隋代墓誌銘彙考》《片石千秋：隋代墓誌銘與隋代歷史文化》等專著，是目前關於隋代墓誌銘整理與研究的重要成果。"[2] 同時，本書在日本多家大學圖書館典藏并流通，説明其在海外也有一定的影響度。據日本 CiNii 數據庫顯示，本書見藏於日本九所大學圖書館，分別是一關工業高等專門學校、大阪教育大學附屬圖書館、大阪市立大學圖書館、大阪大學圖書館、京都大學文學研究科圖書館、東京都立中央圖書館、日本女子大學圖書館、佛教大學附屬圖書館及北海道教育大學附屬圖書館。另外，本書於 2015 年 11 月獲陝西省人民政府頒發的 "陝西省第十二次哲學社會科學優秀成果獎" 著作類二等獎。

四　拓展與深化:《貞石可憑：新見隋代墓誌銘疏證》

進入二十一世紀以來，對於出土文獻的整理與研究，墓誌銘這一門類已蔚然成爲大端，并日漸深入和廣泛地嘉惠於學界。利用墓誌資料所展開的研究，已趨於

---

[1]　藍賢明:《2014 年隋唐五代史研究綜述》,《中國史研究動態》2015 年第 3 期。
[2]　黨斌:《新見隋代墓誌銘三種考釋》,《文獻》2019 年第 2 期。

多元拓展并呈現出不少新創獲。唯自 2007 年《彙考》出版迄今，又有數量可觀的新出或新見隋代墓誌緣刊布甚少且多散在民間而尚少爲學界所知詳。另外，針對新出土墓誌的零星研究，固亦不乏視角獨特、研究深入之成果，然則畢竟數量較少。而造成新出隋代墓誌研究成果相對薄弱的主要原因，乃在於許多墓誌尚未能收集整理并系統納入已出版的相關石刻文獻彙編中，研究者自無從或不便利用。又且即使編入個別墓誌彙編中的新墓誌也存在着"拓本重復影印、辨僞工作不够，録文大多没有校記，許多材料交代不清"，"要利用的材料需要核對不同的拓本圖版、文字也需要核對幾家録文、對照圖版、擇善而從"的問題，[①]因此無法集中對新出隋代墓誌進行整體把握與全面研究。我們密切關注和收集自 2008 年以後新出與新見隋代墓誌信息，隨時梳理新出墓誌的著録、收藏以及研究狀況，從地域、年代、性别、書體、紋飾、形制、文法、字樣以及史學資料價值等多方面儘可能細緻全面的建立起資料分析平臺，并對於可資深入探討的主題予以分門別類的史料與史學分析。2014 年，我們又申請到國家社會科學基金重點項目"新見隋代墓誌銘整理與研究"，得以充分利用新出隋代墓誌銘解決以往因資料不足而未能深入探究的問題，希望助推相關學術領域催生出更多豐富的成果，這正是我們的課題旨趣與研究價值之所在。

（一）2008~2018 年新見隋代墓誌的基本要素及資料

總計：163 種（此數量與《彙考》正編的 521 種相較，已接近《彙考》的三分之一）。

公藏：39 種。

私藏（凡非公有制博物館館藏及流散於民間者皆歸爲私藏）：124 種。

163 種中有墓誌蓋者：80 種。

依時段劃分：開皇 92 種，仁壽 14 種，大業 57 種。

誌主爲男性者：136 種（含婦從夫合葬者 43 種）。

誌主爲女性者：27 種（皆獨葬）。

誌主爲釋氏者 3 人（釋童真、尼元華光、尼元媛柔）。

誌主爲公主者 3 人（北魏宗室女彭城郡公主元華光，西魏文帝女、于儀妻廣寧

---

① 榮新江：《學術訓練與學術規範——中國古代史研究入門》。

公主元氏，北周宇文泰第十四女西河公主宇文氏）。

誌主在正史有傳者：17人，即薛舒、耿雄、劉玄（字世清）、厙狄士文、劉仁恩、柳機、鄭仲明、包愷、柳敬言、韋壽、李倩（蒨）之、李禮之、于儀（本傳作于禮）、梁脩芝（字彥光）、宋士素、長孫行布、陸融（《彙考》中在正史有傳者僅11人）。

又，誌主父祖輩或子輩以及女性誌主的夫君在正史有傳者：涉及49種墓誌。

就史學研究而言，勢必要從史料的分析進入到史學的分析，因此一個新出土的人物墓誌銘就如同正史中的一個人物本傳，將一個時代的人物誌、傳予以儘可能全面的結合和互爲補充，無疑會推進對於這個時代的社會與政治、歷史與文化、民族與宗教等諸多情狀的全面認知和瞭解。當然，就傳世文獻尤其匱乏的隋代而言，在正史上有傳的人物墓誌的發現，通常其史料與學術研究價值會顯得尤其重要。

出土地的資料比例統計：

西安地區（含咸陽）83種，陝西境內（不含西安地區）11種，總計94種。

洛陽地區（含河南境內）總計43種。

河北8種、山西9種、甘肅5種、寧夏2種、山東1種、出土地不詳者1種，總計26種。

《彙考》中洛陽及河南所出數量超出長安及陝西所出數量約一倍，而新見163種隋墓誌所呈現的比例正相反，即西安與陝西境內所出反比洛陽與河南境內所出多出了一倍有餘，以兩京地位與人事相較，則新見墓誌的史料價值更加毋庸忽視，尤其西安地區所出者必然爲學界所重視。

以墓誌文與墓誌蓋的書寫字體分析：墓誌文書體分別有正書140種，隸書22種，篆書1種。其中文帝朝正書開皇76種、仁壽14種；隸書開皇16種。煬帝朝正書50種，隸書6種，篆書1種。

有墓誌蓋82種，素面無字者2種，有蓋題者80種（其中篆書68種，正書9種，隸書1種，蓋題書體未獲知見者2種）。

又，22種隸書墓誌中出自洛陽5種，北齊舊地鄴城、安陽與衛輝10種，山西上黨襄汾壺關3種，甘肅天水與慶陽2種，長安僅有2種。上述數據足以見證彼時書法主流與末流的趨向與態勢，即新體楷書的成熟與舊體隸書的式微。也足以見證京師長安在引領文化藝術潮流與導向上的地位與作用。固然墓誌蓋題的篆書依然是承前啓後的基本書體，但誌蓋書體除篆書外又有一些楷書的使用而少見隸書的面目，似也説明在彼時主流書體影響下的嬗變風向與權重。

（二）去僞存真、考辨疏證：爲研究隋代社會歷史賦予新内涵

自 2007 年《彙考》出版之後，逾 10 年光陰，我們已陸續搜集、整理并疏證完成了新見隋代墓誌銘 163 種。當然，這也是恰逢了一種機遇，尤其對我們的課題進程而言，確實是一個千載難逢的時運。不過現代化經濟建設的飛速開發，對於古代墓葬文化而言，其所帶來的毀壞之嚴重也是無比痛惜的。而面對兩難與無奈，我們仍需悉心收集、梳理和研究，否則，這些如薤露般珍稀而不可再生的墓誌文獻勢必會稍縱即逝其至毀失殆盡而再難追尋。

這次我們僅以疏證的方式針對 2008 年以後新出與新見的隋代墓誌資料進行整理與探討，一是從個案研究入手，厘清每位誌主的出身、家族、世系、任職、婚姻、子女、宅第、葬所等實況，疏證誌主生平事功及與之相關聯的史事，以補正相關史籍之闕訛；二是橫向或縱向地通過梳理隋代與前朝後世相關墓誌文獻之間的聯繫，尋找契合的規律和問題，再結合傳世文獻，進而做可能的整體或專題的從史料到史學乃至藝術等諸方面的分析，以此促進對隋代總體研究的拓展與深化。研究方向雖然與之前有其重疊之處，但新資料所反映的具體内容又無疑爲深廣研究賦予了新的内涵。

1. 經濟史與外交史新資料：譬如“地主”一詞在隋代墓誌有較多出現，指土地的實際擁有者或管理者。將土地所有者稱爲地主，隋唐之前頗不多見，對相關墓誌進行歸納梳理，有助於對中古後期土地制度與經濟史層面的深入研討。又譬如墓誌中有不少聘陳（薛舒）與聘高麗（裴遺業）使主等新信息，對於研討隋陳間國家關係及隋唐與高句麗的外交政策具有重要價值。

2. 古都歷史地理新資料：關於隋唐兩京城坊的研究已取得豐碩成果，其中專門論及隋代兩京城坊的研究首推辛德勇《隋大興城坊考稿》的詳盡考察。然學界對於隋代東都洛陽城坊的系統梳理補苴尚不充分，因此特別側重以所能見知的隋代墓誌銘尤其是新出墓誌爲基本素材，并結合傳世文獻與今人成果，對隋代東都洛陽坊里名稱進行了稽考訂補，最終得以印證史書地理志所載 103 坊中的 36 坊和坊外的 1 坊，計轄於河南縣的 19 坊，轄於洛陽縣的 18 坊，與文獻記載不能相合及屬縣未詳的 7 坊，另外附帶梳理出屬於漢魏洛陽故城的 15 坊，希望能

對隋代東都洛陽城坊的考訂和研究趨近系統化而有以推進。另外對墓誌新見長安大興城城郊地名、新見東魏北齊故都鄴城坊里名稱，也儘可能進行了相關考究與梳理。

3. 補正隋代職官：諸如監察御史、起部郎等，并注重對史誌記載互異或闕佚問題的相與補正，以梳理百官、禮儀等典章制度之沿革。譬如《曹瑾墓誌》記載其職任竟一一具體到年月日，殊爲少見，爲瞭解周隋時期職官制度與升陟等步驟皆有重要參考價值。

4. 世家大族梳理：充分利用世家大族房分與世系之新資料，與正史結合考察諸如杜氏、柳氏、謝氏、于氏、辛氏、朱氏、索氏、皇甫氏、司馬氏等家族事迹，通過對家族郡望世系及歷官婚姻的分析研究，探討中古世家大族與政治經濟乃至社會文化之間的聯繫。

5. 南朝士族與文化：關注於南朝士人進入周隋的學術交往及其文化事功，主要依據《朱幹墓誌》《包愷墓誌》所載信息爲切入點，對相關聯的南朝士人群體進行了深入研究。如吳郡錢塘朱氏是南朝齊梁間文學世家，其後裔在進入北周後竟不爲史載，新出土的隋代《朱幹墓誌》所揭示的正是朱氏一族在周隋間的政治與文化生活軌迹。由於墓誌的序和銘乃分別出自南朝文學領袖明克讓與庾信之手，故對於補備他們的遺文和研討入北的南朝士人交往關係存留了珍貴史料。其中所揭示的豐富的南朝士人行迹與文化傳承，也爲進一步探究周隋間的政治文化傾向特別是文化理念提供了可資借鑒的依據。新出《包愷墓誌》記載可謂該詳，如其祖父名諱、職任，包愷在陳、隋的職任與文教活動等等，皆可補備史傳記述之不足。至於墓誌所記又頗多可與梁、陳、隋史事互爲補充與印證者，則尤見其史料價值之重要。特別是包愷在隋主要從事修書、講史等文化教育活動，且其在隋期間的友好交往圈中亦多爲流寓隋朝的江南士人，因而適可通過這一特殊群體的文教事功，展現隋政府對江南文士所采取的"懷柔"策略之功效，并揭示出江南士人在隋朝文教建設中所發揮的積極作用。

6. 胡族姓氏與稀見姓氏探討：利用墓誌中有關北朝胡姓、賜姓之新資料，探討了諸如乞伏氏、賀婁氏、尉遲氏、成氏等氏族源流及其繁衍遷變。賜姓如《耿雄墓誌》所記賜和稽氏、《宇文穆暨妻乙弗氏墓誌》所記賜姓乙弗氏等，可資研討北朝胡姓諸問題，并可見證胡族在北朝後期的社會政治地位及其與中央王朝之關係。士孫氏墓誌則揭示出中古時期隨着胡漢民族的融合程度而逐漸消沉的趨勢。

7. 注重僧尼人物：有關僧人、女尼新資料的研究以《釋童真墓誌》最具典型，童真見載於《續高僧傳》，是迄今僅見的隋代比丘墓誌，對研究隋唐大禪定寺沿革與衰微，以及仙游寺塔仁壽元年瘞埋舍利史事價值頗高。女尼元華光與其同爲比丘尼的侄女元媛柔一并葬於杜陵原上，梳理華光的家族世系，正揭示出她們在政權更迭時期與世家貴族聯姻以延續政治生命的事狀，以及其遁入佛門的社會及個人因緣。

8. 枕銘的發現：《梁衍墓誌》及《梁衍枕銘》，可以梳理梁衍家族世系與籍貫等情況，而在墓葬中發現的石刻枕銘，其文字内容乃是其墓誌銘文字的縮寫，這種功用在中古墓誌史料與墓葬隨葬品中亦似尚屬首例，故頗具文化價值而饒有趣味。

9. 補充正史中立傳者的資料闕失：《隋書》曾試圖爲劉仁恩與郭均立傳，然因資料闕失而僅有寥寥數句，今據兩人墓誌，正可彌補史載“事行闕落，史莫能詳”之遺憾。

10. 周隋間有關宅園記載的新發現：《王清墓誌》對其住宅與園林有着細緻描述與渲染，這在中古時期的墓誌文撰寫中殊不多見，在隋代墓誌中也是絶無僅有。從墓誌對其宅邸與園林的刻意描繪中，得以窺見隋代官宦家庭的宅第和園林建築式樣與規模，并可參稽史籍中的宮室營繕法令以探究其宅第僭侈逾制的狀況，以及結合相關文獻來探討彼時邸宅與園林建築的時代風尚與社會背景，尤其是南北文化融合對於北方宅園營造風格的影響。

11. 隋代宦官史事輯略：對於隋代宦官史的研討，因限於史源的匱乏而一直顯得頗爲沉寂且薄弱，而服務於宦官機構的人物與職能亦尤見稀少且不詳。而利用新出土的《張寂墓誌》及之前見知的六種隋代宦者誌傳約而考之，則庶幾可以稍補隋代宦官史事之所闕略，并藉以見證隋代宦官制度之基本情實。

12. 墓誌形制、圖飾以及墓園石刻：《張蔭墓誌》誌石形制最有特徵，誌石四側各鏤空一個壺門，形狀如同一面有足的小石几，誌蓋盝頂正中減底浮雕一條團龍，此種墓誌石造型與團龍紋樣爲隋代乃至中古時期的墓誌中所稀見；《張道淵墓誌》中記載的石碑、石人、石羊、石虎、石門等頗可資探討中古葬制與墓園石刻及石像生等的分類和演變；《潘嗣墓誌》誌蓋圖案極富文化與藝術元素，四殺爲卷草紋，盝頂中部爲蓋題，四角各有一重環形連珠與八角團花圖案，且外環皆呈火焰紋，四方爲四神與雲紋圖案，四神首尾皆呈順時針方向，其中的玄武圖案最爲奇特，表現爲龜蛇分體、龜蛇相隨、兩首對望。此種分體式玄武圖像極爲少見，唯漢鏡中有類似者。

13. 隋代磚誌的整體梳理：在《郭貴賓妻吳小妃墓誌磚》疏證中，對迄今所見 61 種隋代磚墓誌，從數量、年代、形制、文辭、書法、出土地及誌主身份等諸方面做了詳細梳理總結。

14. 新體楷書的典範：隋代墓誌書法所呈現出的楷書面貌，已基本擺脱了舊朝的筆法，隸書迅速衰微，在民間使用的比例已不足楷書的十分之一。兩京地區尤其是長安，書體風尚大量受到南朝梁陳的影響，楷書筆法從峻利變爲温潤，字形從寬嚴略趨高聳，結體從舒松走向緊致，對初唐楷書的輝煌給予了直接的滋養。其中以《韓恒貴墓誌》的流美俊朗、《宇文穆墓誌》的端穆雍和、《獨孤儉墓誌》的峻整蕭括等最具典範，而《黎淳墓誌》的楷隸相間也是這一時段有着別具一格風采的樣板。

古人云："石不能言，或憑焉。"前賢曰："簡策以外，足以窺古人之陳迹者，無過金石。"史源的匱乏是局限隋代研究的一大因素，而正是因爲可以作爲第一手史料的史源的匱乏，故我們不揣謭陋地對 2008 年以後新見隋代墓誌資料儘可能予以系統搜討整合、去僞存真、考辨疏證，自認爲憑依這些未經史官選擇與改削的、原始的隋代人物墓誌信息，排除掉其中的諛墓成分，或多或少可以填補一些傳統史料所未能備詳的缺略，抑或當較正史在更廣闊的社會層面上有着更多的存真存實。要之，系統周詳地整理，客觀準確地記録，細緻認真地分析，深入透徹地疏證，乃是對墓誌研究持之以恒的基本原則。特別是新出墓誌多是爲中下層官吏與庶民立傳，故相較於正史，墓誌銘則可更廣泛細微地探討社會基本生活與民衆精神世界的各個層面，亦即更能透見社會情實與時代面貌。因此，憑藉新出隋代墓誌資料，也必將隨着對新資料與新問題的研討而推動隋代社會更深層面的研究。那麼，從保存人物史事的第一手材料得以倍加擴大的意義而論，應更能證見隋代墓誌的文獻地位之重要和史料價值之珍貴以及研究意義之廣大。

此書版權頁爲 2019 年 12 月，因受疫情影響，實則 2020 年 8 月底方出版面世。出版後中國社會科學網、中國歷史研究院官網、絲綢之路世界遺産官網、中國魏晋南北朝史學會、北朝考古、中古史研究資訊等公衆號、《中國唐史學會會刊》等都進行了推介，并爲多家國外圖書館，如斯坦福大學、加州大學伯克利分校、加利福尼亞大學、堪薩斯大學、哈佛大學等入藏。書中所涉及的研究成果也有不少反響，略舉一二。如 2016 年周曉薇教授赴日本東京、京都等地學術機構進行學術訪問，應邀在東洋文庫作了題爲《禮遇與懷柔：江南士人流寓隋朝的文教事功——以新出土大業十三年〈包愷墓誌〉爲中心》的講演，引起在場學者的熱切關注與深入討論。講座在展示我們對研究隋代墓誌銘新成果同時，也汲取了相關專家所提出的學術見解和建議。2017 年，該講演稿撰成論文正式發表在《陝西師範大學學報》第 2期。2019 年 3 月，該文被日本明治大學『東アジア石刻研究』第 8 號全文轉載。另外，《流寓周隋的南朝士人交往圖卷——新出隋開皇八年朱幹墓誌箋證》①一文，也被日本埼玉大學教育學部小林聰在相關研究領域作了專門介紹，足見這些研究引起了日本學界對隋代墓誌研究的關注和重視。而我們對隋代墓誌銘的一系列研究成果，國内學者也很看重，孟憲實先生在 2019 年《文獻》第 2 期"石刻文獻研究專欄導言"中評論道："新的石刻史料，通常會帶來新信息，從而促進歷史研究的進步。隋朝的歷史并不長久，但因爲地位重要，傳世《隋書》常常不能滿足學術研究的需要，於是墓誌成爲隋朝歷史研究的重要資料。此前王其禕、周曉薇的工作最引人注意。"另外，此書在 2021 年還先後榮獲了陝西省高等學校人文科學研究優秀成果著作類一等獎和陝西省第十五次哲學社會科學優秀成果著作類二等獎。

以上是藉由四種撰述而對我們近年來研究隋代墓誌銘的回顧，實際也是對我們研究成果的一個簡要概述。然而我們深知以上研究既限於專題性的考論，又復囿於水準的薄弱，則我們的研究其有不足與不妥之處固所難免，唯祈大方之家不吝進教，則深以爲幸焉。令人喜悦的是：近十年來新出與新見的隋代墓誌，復又有約近 200 種需要搜集補遺與整理研究，而其來源除却新近面世的墓誌圖録與個案考證，還有通過諸多渠道所能見知的圖文信息等。因此，適時對新的隋誌資料予以搜集補遺與整理研討委實大有必要且爲學界所期望。爲此，我們又獲得了新的課題立項——2021 年國家社會科學基金項目"新出隋代墓誌銘蒐補與研究"，正所謂漫漫修遠路，求索終不止。

我們整理和研究隋代墓誌銘不覺已近二十個春秋。人生易老，不過好在隋代的歷史也不長，又幸而我們也明白愚鈍人本當下笨功夫，於是就在這一條學術的小

---

① 周曉薇、王其禕：《流寓周隋的南朝士人交往圖卷——新出隋開皇八年朱幹墓誌箋證》，《陝西師範大學學報》2014 年第 4 期。

徑上走到了今天，唯限於學識且力所不及，縱然還有着無數未盡斬除的荆棘和不能鋪平的坎坷，但總算多少能够有益於來者的前行與進步，這就已然讓我們欣慰和滿足了。"致遠當安步，揚蹄莫著鞭"。方向既定，征程尚遠，迎着無限夕陽，我們正需秉持着"不待揚鞭"的自覺而前行。

近年中國唐代墓誌的整理研究史概述[*]

——《新編唐代墓誌所在總合目録》前言

氣賀澤保規

一 代序：與中國石刻資料的邂逅

對於唐代及其前後時代的歷史研究者來説，墓誌是不可或缺的史料。今天，這已成爲幾乎所有研究者的共識。雖然從最初開始，就無人對使用墓誌和石刻資料進行研究抱有抵觸感，却亦不能説這一認識近代以來在史學界一直根深蒂固。

我立志於隋唐朝史研究是在二十世紀七十年代初期，那時專研這種刻石文字記録者還屬於少數派。正統的研究首先被要求熟練釋讀未經標點和訓點的歷代正史及《資治通鑑》等其他很多的歷史文獻的原文，從正面接觸中國歷史的世界。因此，當時"石刻資料"尚未作爲一種正規史料被普遍認可，或祇能以"金石學"之名，將王昶《金石萃編》或陸增祥《八瓊室金石補正》等作爲编纂史書使用。雖然刊載圖版（拓本）和注釋的著作，即趙萬里編輯的《漢魏南北朝墓誌集釋》[①]已經出版，然而，如何釋讀拓本并作爲史料利用呢？身邊并無精通此道，可給予指導的人。

當時，京都大學人文科學研究所東方部的歷史地理研究室收藏着内藤湖南和桑原隲藏等先輩在戰前收集的歷代金石拓本，這些拓本全部保存於袋子和封套中。通過逐一查閲登記卡，可以找到實物。這種優越的研究條件是日本其他地方所不具備的。我的研究計劃是從隋史入手探索府兵制，所以經常訪問該研究室，查閲石刻

---

[*] 本文原刊於《隋唐遼宋金元史論叢》第 8 輯，上海古籍出版社，2018 年，作者同意入編本書。

[①] 趙萬里：《漢魏南北朝墓誌集釋》，科學出版社，1956 年。

拓本。時任研究室主任的日比野丈夫教授時而向我講述有關資料的收集和整理之逸話，然而却没見到過利用石刻資料的其他研究人員。順便提及，這批龐大的資料後來以"京都大學人文科學研究所所藏石刻拓本資料"爲題，率先在互聯網上公開了，可供自由檢索。自己曾經的辛苦究竟有什麼意義呢？有時難免有一絲遺憾從腦海掠過。這一資料的公開與二十世紀九十年代以後石刻資料日益受到重視有關，較早而且系統地整理并發表這批資料的業績值得肯定。

二 "文革"後中國大陸和臺灣的石刻資料集刊行的開始

無論如何，也許僅限於個人的印象，總覺得二十世紀七十年代將石刻資料作爲正統史料的治學風氣并不濃厚。然而，隨着中國"文化大革命"的終結，形勢趨於穩定的二十世紀八十年代，學術研究開始走上正軌，歷史學界發生了日新月異的變化。深刻反省過去的研究方法，基於原典・原史料的實證研究正式啓動了。同時受到法國年鑒學派（Annales School）的影響，將視綫投向過去時代的人類及其活動的各個領域。同時《文物》《考古》《考古學報》等的學術雜志不斷公布新發現的考古資料，促進了對具體研究的興致。時至今日，脱離實際的空洞的史觀不知不覺淡出了人們的記憶。

在這種狀況中，關於石刻研究兩大成果在二十世紀八十年代中期展現在我們眼前。一是《千唐誌齋藏誌》上下兩册，[①]二是毛漢光撰編《唐代墓誌銘彙編附考》。[②]前者爲民國年間張鈁創設的千唐誌齋所藏墓誌的拓本資料集，後者爲中研院傅斯年圖書館藏唐代墓誌的拓本資料，逐一加以標點、注釋的資料集，至1994年刊行到第18册，是一項浩大的基礎作業。這兩項成果中，《千唐誌齋藏誌》主要是民國年間洛陽邙山一帶出土的墓誌資料集，共收載1360件，其中唐代墓誌1209件。如此豐富多彩的實物資料着實讓唐代史的研究者震驚，不得不重新審視其價值。尤其是我們這些年輕人，一有相聚的機會便將墓誌中的記述和新信息作爲話題，常常讓人忘記時間的流逝。史學界對墓誌等石刻資料的關注是這兩批資料集公開以後的事。

正好那一時期，我以日本學術振興會（日本政府）派遣研究者的身份獲得一

---

① 河南省文物研究所、河南省洛陽地區文管處：《千唐誌齋藏誌》上、下册，文物出版社，1984年。
② 毛漢光：《唐代墓誌銘彙編附考》，中研院歷史語言研究所，1984~1994年。

年在中國從事研究的機會，其間，1986 年的前半（2 月至 7 月），在陝西師範大學黃永年教授的教研室做訪問學者。那時經常騎着自行車從城南的大學宿舍去西安碑林（博物館），參觀館藏石碑。此外，傾聽黃先生在研究生院的授課也受益匪淺。恰逢黃先生講授“碑刻學”的課程，他生動的講解使我參悟到碑刻研究這門學問的廣博與深奧。先生在授課時準備了題爲“碑刻學”的印刷版小冊子，用以替代教科書，是一部很好的入門書。所以，得到黃先生的許可之後，我將其譯成日文，分三次連載於先輩杉村邦彥先生主編的學術雜志《書論》,[①] 并附補注。日後，筆者將連載的譯本合訂爲一冊，以《碑刻學》的書名分發給日本唐代史研究會的相關研究者。據此推測，在日本應有許多研究者受到其啓發。

　　圍繞如何表示石刻文字研究這門學問的方法，黃先生開始講義時説，既存的“金石學”“石刻學”“石刻文字學”“石碑誌學”等名稱各有短長，表現難盡人意，而“碑刻學”則恰如其分。當時其僅限於表示這門尚無確切定義的學問，別無他意，不過我個人認爲“碑刻學”字面上有偏重碑（碑文）之嫌，以刻在石上的文字爲中心的學問還是使用“石刻”表示較爲恰當，故一直采用“石刻資料（史料）”的名稱。[②] “石刻”這一語彙早已見於《石刻題跋索引》。筆者的想法是否促進了這一名稱的使用又當別論，時至今日，“石刻”作爲概括與刻石相關的文字史料研究的用語固定了下來。這説明石刻研究有如取得了公民權，被廣爲認同了。

三　二十世紀八十年代後期至九十年代中國的石刻資料集

　　以二十世紀八十年代千唐誌齋和中研院歷史語言研究所的工作爲契機，此後大型墓誌石刻資料集的出版仿佛如同井噴一般接踵問世。首先，相當於中國國家圖書館的北京圖書館刊行了《北京圖書館藏中國歷代石刻拓本滙編》全 100 冊。[③] 繼

---

① 《書論》25・27・29。《碑刻學》原文後來收入《黃永年談藝録》，中華書局，2014 年。

② 氣賀澤保規「中国新出石刻関係資料目録（1）解放後より文革前まで」『書論』第 18 号、1982 年 8 月；「中国新出石刻関係資料目録（2）1972 年より 1982 年まで」『書論』第 20 号、1983 年 8 月；「中国新出石刻関係資料目録（3）1983 年より 1984 年まで」『書論』第 22 号、1986 年 3 月；「中国新出石刻関係資料目録（4）1985 年より 1986 年まで」『書論』第 25 号、1989 年 7 月；「中国新出石刻関係資料目録（5）1987 年より 1988 年まで」『富山大学教養部紀要人文・社会科学篇』第 24 巻第 2 号、1992 年 2 月；「中国新出石刻関係資料目録（6）1989 年より 1990 年まで」『明治大学人文科学研究所紀要』第 41 号，1997 年 3 月等以“石刻”爲表記。

③ 北京圖書館金石組：《北京圖書館藏中國歷代石刻拓本滙編》全 100 冊，中州古籍出版社，1989~1991 年。

而，又推出《隋唐五代墓誌滙編》全30册。[①]此外，將周紹良先生所藏拓本整理成録文形式的《唐代墓誌彙編》上下册也在這一時期刊行，[②]使墓誌內容易於理解。

這些連續出版的初期大型墓誌資料集共同的特點是限於民國以降至戰前各機構及收藏家所藏拓本資料，新中國成立後的資料鳳毛麟角，且多爲"文化大革命"以前之發現。於是這些漫長的歲月中積纍下的大部頭資料集陸續被發表殆盡。進入二十世紀九十年代，新中國成立後特別是"文革"以後出土墓誌資料的出版計劃相繼付諸實施。最先出版的是《洛陽出土歷代墓誌輯繩》一册，[③]其可作爲上述《千唐誌齋藏誌》的補足，收録了新中國成立後洛陽出土的墓誌。繼而，收録洛陽地區新出墓誌的《洛陽新獲墓誌》一册也問世。[④]洛陽地區的墓誌資料之豐富給人留下深刻印象。

在新出墓誌資料集中不容忽視的另一成果，是中國文物研究所與地方省市的文物機構合作推進的《新中國出土墓誌》（文物出版社）系列，第一卷《新中國出土墓誌·河南〔壹〕》上下兩册。[⑤]這一系列的特徵是每卷原則上由上下兩册構成，採用上册刊載圖版（拓本），下册刊載釋文、注釋和索引的形式。這一形式源於前述《唐代墓誌銘彙編附考》，此後陸續編纂的資料集多採用此種形式。迄至2015年末，該系列已刊行到第十二卷。[⑥]

在此要強調的是進入二十世紀九十年代以後，即在承擔這種大部頭資料集的北京和洛陽以及西安等中心地區之外，省級規模或市縣級規模的地方碑刻出版計劃開始付諸實現。較早出版的省級資料集可列舉《河北金石輯録》、[⑦]《河東出土墓誌録》、[⑧]《山東石刻藝術精萃》全五卷、[⑨]《山西碑碣》[⑩]等。省以下行政單位早期編

① 《隋唐五代墓誌滙編》編輯委員會：《隋唐五代墓誌滙編》全30册，天津古籍出版社，1991~1992年。

② 周紹良、趙超：《唐代墓誌彙編》上下册，上海古籍出版社，1992年。

③ 洛陽市文物工作隊：《洛陽出土歷代墓誌輯繩》，中國社會科學出版社，1991年。

④ 李獻奇、郭引强：《洛陽新獲墓誌》，文物出版社，1996年。

⑤ 中國文物研究所、河南文物研究所：《新中國出土墓誌·河南〔壹〕》上下册，文物出版社，1994年。

⑥ 請參照氣賀澤保規《近代中國石刻研究的奠基者們——寫於〈新中國出土墓誌〉出版20周年之際》，《東亞石刻研究》（7），明治大學石刻文物研究所，2017年3月。

⑦ 石永士、王素芳、裴淑蘭：《河北金石輯録》，河北人民出版社，1993年。

⑧ 陳繼瑜等：《河東出土墓誌録》，山西人民出版社，1994年。

⑨ 山東石刻藝術博物館：《山東石刻藝術精萃》全5卷，浙江文藝出版社，1996年。

⑩ 山西省考古研究所：《山西碑碣》，山西人民出版社，1997年。

纂的系列以西安三秦出版社爲代表，諸如《咸陽碑石》一冊、①《昭陵碑石》一冊、②《安康碑石》一冊。③此後，地方出版的墓誌資料紛至沓來，難以全部掌握，不過，筆者不得不指出編輯水平也存在某些問題。

四　二十一世紀以降的中國石刻資料集：日益增加的墓誌及其課題

　　二十世紀九十年代，墓誌資料陸續公表於世。當初我覺得這一出版潮不久會回歸於沉寂。然而，迄今仍看不到收斂之迹象，反而數量年年增長。其背景爲中國改革開放後經濟的發展，伴隨開發的墳墓發掘規模日漸增大，此外，墓誌（原石）和拓本高價流入文物市場，某種程度導致盜掘的猖獗。衆所周知，陶瓷器和陶俑、錢幣等隨葬品是以前的盜掘目標。不過，近幾年狀況有所改變，墓誌石成了首選目標。受這一風潮刺激，人們開始刮目相看在各地博物館和文物機關的倉庫塵封已久以及放置路旁無人問津的石刻，將其加入到新發現的系列中去。如果將其與新出土的墓誌拓本混合編輯成一書出版，可迅速地獲得學術業績，抑或與收入增加也有關聯。中國國土遼闊，與經濟利益相捆綁，又能增加社會影響，墓誌資料集的出版豈有停滯不前之理。這裏必須坦白地承認這種現象是我始料未及的。

　　進入二十一世紀以後，有關墓誌、石刻資料集的出版速度未見放緩趨勢，而在其進程中，還必須特別注意系統地把握這些龐大的石刻資料，對每件資料逐一進行録文（釋文），附加標點、校釋等編輯作業，最終纔能完成一部資料集的困難工作。我們今日在進行唐代研究時經常利用的是清代編纂的《全唐文》（《欽定全唐文》1000 卷），受益匪淺。如果能够刊行關於石刻的一攬子資料集，那麼這一業績將成爲對《全唐文》的繼承與補充。具體而言，以前文列舉的《唐代墓誌彙編》及後續的《唐代墓誌彙編續集》④爲先驅，《全唐文新編》全 22 冊 1000 卷、⑤《全唐

①　張鴻杰：《咸陽碑石》，三秦出版社，1990 年。
②　張沛：《昭陵碑石》，三秦出版社，1993 年。
③　張沛：《安康碑石》，三秦出版社，1991 年。
④　周紹良、趙超：《唐代墓誌彙編續集》，上海古籍出版社，2001 年。
⑤　《全唐文新編》編輯委員會：《全唐文新編》全 22 冊，吉林文史出版社，1999~2001 年。

文補遺》全 9 輯、①《全唐文補遺·千唐誌齋新藏專輯》1 冊、②《全唐文補編》全 3
冊③ 等成果爲主體。

誠如所知，新出文字資料首先要錄文，然後標點（訓讀點），以期達到被理解
并共享的階段，最後纔能完成作爲史料的使命。但在這一過程中尚存墓誌銘中的異
體字、別字、俗字以及文字殘泐漫漶等問題的困擾。如此，正確理解内容，進而
正確標點則是更困難的工作。從這種意義上説，上述繼《全唐文》之後刊行的諸
資料集的確是勞心之作。然而，如果出版衹有錄文的資料集會留下隱患與不安。因
而，筆者以爲兼收錄文與拓本纔是最佳方案，便於研究者對照拓本和錄文進行深入
的考證、糾誤。所以，二十一世紀初出版的高質量資料集，幾乎皆兼具拓本、錄
文。其代表作爲《大唐西市博物館藏墓誌》（上、中、下三冊）。④ 大唐西市博物館
建於唐長安城西市遺址之上，是一座民營博物館，由企業贊助資金，主要從洛陽以
及其他河南地區收購數目龐大的墓誌石刻，并編纂成資料集。以北京大學榮新江教
授爲中心，得到北京地區多方研究人員的協助，作爲某種共同研究的成果問世。東
西文明的接點，歷史文化遺産西市雖然消失了，但是，代之以一部厚重的資料集留
存世間，或可略補缺憾。類似《大唐西市博物館藏墓誌》之類大型項目，還可以列
舉出大約同時的《西安碑林博物館新藏墓誌彙編》⑤ 和《西安碑林博物館新藏墓誌
續編》⑥ 等，都是收藏和保存石刻的專門機構西安碑林的高品質勞作。但其中也包
括來自其他省份，如山西長治方面出土的墓誌。還有《長安新出墓誌》、⑦《長安碑
刻》⑧ 也同樣屬於將拓本和錄文同時刊出的當地新出土資料集。

如前所述，西安地區的文保機構將其所藏原石拓本作爲主要内容的資料集是
近年值得關注的成果。承擔編輯工作的都是有關專家，作爲其後盾的諸機構之基
礎和體制之健全也應給予肯定的評價。與此相比較"古墓之鄉"的洛陽處於何種狀
況呢？與洛陽地區有關的墓誌出版物在數量上并不遜色於西安地區，不過質量上或

① 陝西省古籍整理辦公室：《全唐文補遺》全 9 輯，三秦出版社，1994~2007 年。
② 陝西省古籍整理辦公室：《全唐文補遺·千唐誌齋新藏專輯》1 冊，三秦出版社，2006 年。
③ 陳尚君：《全唐文補編》全 3 冊，中華書局，2005 年。
④ 胡戟、榮新江：《大唐西市博物館藏墓誌》全 3 冊，北京大學出版社，2012 年。
⑤ 趙力光：《西安碑林博物館新藏墓誌彙編》，綫裝書局，2007 年。
⑥ 趙力光：《西安碑林博物館新藏墓誌續編》，陝西師範大學出版社，2014 年。
⑦ 西安市長安博物館：《長安新出墓誌》，文物出版社，2011 年。
⑧ 陝西省古籍整理辦公室編《長安碑刻》，陝西人民出版社，2014 年。

許有些相形見絀。其中《洛陽流散唐代墓誌彙編》[①]是一部彙集流落民間的洛陽周邊出土墓誌之力作，將拓本與録文一并刊載，由此可窺察盗掘出土墓誌等的流布現狀。關於洛陽以及河南各地墓誌的收集和整理，常年依靠收買拓本而刊行多卷拓本資料集（無録文和考察）的趙君平先生的貢獻也值得肯定，再有《洛陽新獲七朝墓誌》、[②]《洛陽出土駕鴦墓誌輯録》[③]等也具有價值。雖説是出土墓誌集中的地區，但是在成果上未能與西安并駕齊驅。究其原因，筆者認爲是缺乏作爲核心的研究機關，相互交流研究成果的風氣欠缺，基礎不健全，領軍人才的匱乏，這些是亟待解決的課題。

五　《唐代墓誌所在總合目録》的背景：代跋

如前所述，二十世紀九十年代以後，以洛陽和西安爲中心，基於全國各地的機構和個人收藏的墓誌（原石及拓本）出版了多種資料或報告集。由於收録的資料未必爲編輯者所有，必然產生重複的現象。也許正是這種多種版本的録文、注釋以及考察發表於不同集刊之現象纔具有重要意義。其有助於對某方墓誌從不同的角度進行考察，從而加深對其本身及周邊關聯的理解。

然而，將各資料集所刊載墓誌的相互重複關係進行全面清晰的梳理之必要性日益突出。筆者很早就意識到墓誌資料的重要性，一種使命感促使我自覺地開始了目録卡片的製作。那還是九十年代的初期，都是手寫的卡片。在積纍了相當數量的目録卡片之後，產生了出版一冊目録集的想法。使用文字處理機（舊式的，不是現代式的）進行録入，最後在家人的幫助下完成了這項工作。但是，是否將這一成果公諸於世呢？筆者躊躇良久。墓誌的有用性究竟涵蓋的範圍有多廣呢？其是否祇能滿足筆者自己狹隘的研究方向呢？因而，決定自費出版以觀察研究者的反應。那時，不免有些忐忑不安，故請求東京的出版社汲古書院在發售方面予以協助，得到已故坂本健彥社長的慷慨允諾。時至今日，仍一直得到汲古書院的支持。

於是，初版《唐代墓誌所在總合目録》（1997），作爲明治大學東洋史資料叢刊 No.1 出版了。此後，得到研究者的好評，并被指出需要追加人名索引。這一結

---

① 毛陽光、余扶危：《洛陽流散唐代墓誌彙編》，國家圖書館出版社，2013 年。

② 齊運通：《洛陽新獲七朝墓誌》，中華書局，2012 年。

③ 郭茂育、趙水森等：《洛陽出土駕鴦墓誌輯録》，國家圖書館出版社，2012 年。

果使筆者受到鼓舞，進而獲得科研經費等外部資金的支援，加大資料收集的力度，編纂了人名索引，《新版唐代墓誌所在總合目録》（2004），《新版唐代墓誌所在總合目録（增訂版）》（2009）等新版本接連問世。在這一過程中，爲保證事業的持續性并設置發布研究信息的據點，在明治大學設立了東亞石刻文物研究所，同時，得到我所指導的研究生諸君的全力協助。誠然，從研究生培養的角度來説，這項工作對諸君的今後的研究和成長也是大有裨益的。據實而言，與此《目録》相關的工作耗費着巨大的勞力，困難重重。相關資料集等的信息收集，資料的收購，收載墓誌的釋讀與數據輸入，原載墓誌的糾誤和問題的處理，録文的核對，人名索引的作成，以及最後階段的全面重新評估等工作枯燥繁複。藉此機會對這些曾經給予協助的青年研究人員表示衷心感謝。

最後出版的是第四版《新編唐代墓誌所在總合目録》。筆者 2014 年 3 月從明治大學退休，幸而得到科研經費的支持，可以在明治大學繼續研究。本書以 2015 年末以前出版的資料集爲界限，廣泛收集墓誌資料，新設了收録日本主要機構所藏墓誌的“日本目録”欄。同時想要整理《國立中央圖書館墓誌拓片目録》（1972 年），但是這裏的問題很多，不得不斷念割愛。代替這個工作，收録了《北京大學圖書館藏歷代墓誌拓片目録》[①]的全部資料。

作爲參考，將迄今四版目録的墓誌收載的狀況集計如下（表一）。

表一

版（刊行年）	目録名	收載墓誌件數（＝誌＋蓋[*]）	增加數
1（1997年）	唐代墓誌所在總合目録	5826件（5482件＋蓋344件）	
2（2004年）	新版唐代墓誌所在總合目録	6828件（6459件＋蓋369件）	1002件
3（2009年）	新版唐代墓誌所在總合目録（增訂版）	8747件（8285件＋蓋462件）	1919件
4（2017年）	新編唐代墓誌所在總合目録（2015年迄）	12523件（12042件＋蓋481件）	3776件

* 蓋：誌石所在不明，僅存誌蓋（包括對象誌石不明的蓋）。

從表 1 可見每次收載的墓誌總數都在增加，與初版比較，二十年間數量增長兩倍以上，令人驚異。這一事實雖然使我們獲得許多新的研究資料，其中不乏貴重的

① 北京大學圖書館金石組:《北京大學圖書館藏歷代墓誌拓片目録》（上、下），上海古籍出版社，2013 年。

史料。然而同時，我們也應該正確地意識到這種結果是以破壞逝者安息的地下世界
爲代價的，令人痛心疾首。爲此，我們必須尊重每一件墓誌，心懷謙虛與虔敬進行
研究。

　　關於墓誌的信息，今後還會以各種形式持續發表。但是，與此巨大的信息量
相比，我們顯得力量微薄。儘管如此，今後也會盡全力活躍在科研的前沿，致力於
資料的收集整理與信息的發布，懇切地希望諸位研究者不吝支援與協作。

五代十國金石文獻的基本特徵和研究現狀[*]

胡耀飛　　謝宇榮

　　五代十國時期，金石文獻的製作和使用繼承了唐代的傳統，又有所變化。這些變化，主要是載體和内容的多樣化，金石使用人群的廣泛化，整體上與唐宋時期市民社會的發展息息相關。雖然相比於南北朝隋唐墓誌的大規模整理和研究，五代十國時期的金石材料較少得到關注。但是近二十年以來，已有學者陸續予以整體梳理。這一方面是因爲這一時期史料本身稀缺所導致的物以稀爲貴，另一方面也是由於唐前期已無太多研究話題的情況下，學者們紛紛轉戰晚唐五代的現實選擇。爲了更好地總結和展望五代十國時期金石文獻的整理和研究現狀，給學界提供明晰的綫索，本文擬按筆者所區分的唐宋之際各政治區域，[①]對五代十國金石文獻研究現狀進行梳理。需要説明的是，金石文獻的出土往往伴隨着考古發現，但考古發現并不必然涉及金石文獻。鑒於朱褀《20世紀以來五代十國的考古學研究》（2020）[②]已經梳理了考古學方面的成果，本文會略於考古成果，而詳於金石文獻研究成果。

一　綜合性的研究

　　在分區域整理之前，可先列出綜合性的研究。這方面，最早是日本學者的

*　　該成果係陝西省社會科學院2022年青年課題（22QN18）階段性成果。

①　筆者曾將唐宋之際的政治性區域進行初步劃分，共計定難、河朔、河東、中原、秦岐、西蜀、荆南、湖南、江淮、福建、吳越、嶺南、安南等十三個政治區。詳參胡耀飛《唐宋之際南方中國政治區三題》，博士後研究工作報告，陝西師範大學，2018年，第11~12頁。

②　朱褀:《20世紀以來五代十國的考古學研究》，三秦出版社，2020年，第287~311頁。

關注，即高橋繼男整理的"五代十國墓誌、墓碑綜合目錄"（1999）及其增訂稿（2017）。[①]這是在氣賀澤保規整理的《唐代墓誌所在總合目錄》系列目錄[②]的基礎上進行的繼續整理，祇是因爲篇幅較小，沒有形成專書。另有美國學者譚凱（Nicolas Tackett）整理的《唐末至宋初墓誌目錄》（2005），但并未公開出版。[③]不過兩份目錄僅僅按下葬時間列出了五代十國墓誌，并給出了金石拓本和錄文的出處。真正全面的錄文整理，始於周阿根《五代墓誌彙考》（2012），[④]此後又有章紅梅《五代石刻校注》（2017）。[⑤]其中前者範圍爲墓誌，後者則包括墓誌之外的神道碑、造像記、買地券、經幢等其他形式的石刻文獻。單就墓誌來説，《校注》并不比《彙考》全面。但就文字整理程度而言，則《校注》的深入程度大於《彙考》。至於後者出版較前者晚五年，而未置一詞於前者，恐兩者各有整理體系，互不知曉故也。總之，這兩本書奠定了目前五代金石文獻的基本框架。近年來，仇鹿鳴正在進行的教育部項目"五代碑誌的整理與研究"（2011 年度）和上海市教育委員會"曙光計劃"項目"出土碑誌所見五代政治變遷"（2021 年度），也將以五代碑誌圖錄的整理出版爲目標，其大著《五代十國墓誌彙編》即將出版。

在綜合整理五代十國金石文獻的基礎上，對這些整理展開的進一步研究，以及相關補充和糾正也紛紛登場。首先是語言學研究，如周阿根《五代墓誌詞彙研究》（2015）一書，這是基於他自己的彙考，從語言學角度研究了五代墓誌的詞彙。[⑥]又如一些對《五代墓誌彙考》和《五代石刻校注》所收金石文獻進行訂補、校勘和研究的文章。[⑦]其次則是文學類研究，比如廈門大學胡倩在周書基礎上所做

---

① 高橋繼男「中国五代十国時期墓誌・墓碑綜合目録稿」（東洋大学）『アジア・アフリカ文化研究所研究年報』第 34 号、1999 年、114-136 頁；高橋繼男・竹内洋介「中国五代十國時期墓誌綜合目録（増訂稿）」（東洋大学）『アジア文化研究所研究年報』第 52 号、2017 年、24-68 頁。

② 該項工作始於二十世紀八十年代，目前最近的更新是『（新編）唐代墓誌所在總合目録』汲古書院、2017 年。

③ 譚凱：《唐末至宋初墓誌目錄》，私印本，2005 年。

④ 周阿根：《五代墓誌彙考》，黃山書社，2012 年。

⑤ 章紅梅：《五代石刻校注》，鳳凰出版社，2017 年。

⑥ 周阿根：《五代墓誌詞彙研究》，中國社會科學出版社，2015 年。

⑦ 周玲：《〈五代墓誌彙考〉校補舉例》，《黔南民族師範學院學報》2014 年第 1 期；鄒虎：《〈五代墓誌彙考〉訂補》，《唐山師範學院學報》2014 年第 3 期；任玲、吳繼剛：《〈五代墓誌彙考〉釋文校勘》，《樂山師範學院學報》2016 年第 10 期。對《五代石刻校注》的專門校補文章尚未得見，但已有就《五代墓誌彙考》和《五代石刻校注》所收五代石刻進行文字學研究的碩士學位論文，參見譚橋《五代石刻文字構件變異研究》，碩士學位論文，西南大學，2021 年。其餘散見於相關單篇墓誌考證文章中的校補工作，不再一一具列。

的博士學位論文《五代墓誌文研究》（2018）① 等。另有羅立剛《五代十國文編年》（2007）及相關的幾種文學編年，② 其中包含了部分五代金石文獻，但并不全面。此外，就五代金石文獻的編號方法，各家目録和圖録皆有不同，故而謝宇榮、胡耀飛在綜合考察高橋目録和周、章二書的基礎上，提出了自己的一種編號方法，即"國別＋金石形態＋葬時"，便於學者隨時補充新發現的金石文獻。③

除了專門針對五代十國金石文獻進行的整理，也有就整個隋唐五代金石文獻的整理和研究現狀進行梳理和反思的文章，涉及目前五代十國金石文獻整理和研究成果的學術貢獻。其中一部分是對目前已有各種墓誌著録圖書的書評，④ 一部分則是專門的述評文章。其中較有思辨性的文章有陸揚、仇鹿鳴、劉琴麗、孫正軍等人的討論。陸揚在十多年前針對《新出魏晋南北朝墓誌疏證》（中華書局，2006年）所撰寫的書評《從墓誌的史料分析走向墓誌的史學分析——以〈新出魏晋南北朝墓誌疏證〉爲中心》（2006）已經就當時墓誌研究現狀中的偏重史料價值進行了糾偏，認爲應該轉入墓誌的史學研究。⑤ 就五代十國墓誌而言，自然也需要面對這樣的情況。好在經過近十多年的努力，學者已經少有熱衷於單篇墓誌的補史考證，而是更多地對墓誌進行綜合性的考察。當然，在周偉洲（2017）看來，史學分析本就是墓誌研究的應有之義。⑥ 劉琴麗《近七十年來中古墓誌的整理與研究》（2016）、仇鹿鳴《十餘年來中古墓誌整理與刊布情況述評》（2018）和孫正軍《近十年來中古碑誌研究的新動向》（2021）則分別從兩個時間範圍梳理了中古墓誌的整理與研究情

---

① 胡倩：《五代墓誌文研究》，博士學位論文，廈門大學，2018年。

② 羅立剛：《五代十國文編年》，博士後出站報告，廈門大學，2007年。其報告日後成型爲吳在慶主編《唐五代文編年史》（黃山書社，2018年）第5冊《五代十國卷》，署名爲羅立剛、吳在慶。此外，類似的編年還有傅璇琮主編《唐五代文學編年史》（遼海出版社，1998年）和《新編唐五代文學編年史》（遼海出版社，2012年），兩者的第4冊《五代卷》，署名爲賈晉華、傅璇琮。

③ 謝宇榮、胡耀飛：《五代金石著録的重新編號——以三種著録比勘爲基礎》，秦飛、董劭偉、柴冰主編《中華歷史與傳統文化論叢》第5輯，中國社會科學出版社，2020年，第100~124頁。

④ 對此類文章，因非專門針對唐宋之際金石文獻，故不再具列。舉其要者，可從《唐研究》每年書評部分略窺一二，參考雷聞、榮新江、林一翀編《〈唐研究〉第1~23卷分類目録》，榮新江主編《唐研究》第23卷，北京大學出版社，2017年，第611~634頁。

⑤ 陸揚：《從墓誌的史料分析走向墓誌的史學分析——以〈新出魏晋南北朝墓誌疏證〉爲中心》，《中華文史論叢》2006年第4期。收入氏著《清流文化與唐帝國》，北京大學出版社，2016年，第305~332頁。

⑥ 周偉洲：《新出土中古有關胡族文物研究·序》，社會科學文獻出版社，2017年。

況，其中涉及五代的部分，可以對比參考。① 王小蘭《論五代金石碑刻的文獻及藝術價值》（2017）則舉例介紹了五代金石碑刻的補史價值和書法藝術。②

最後可以提到剛剛出版的三本五代墓誌研究集，即柳立言主持的"五代在碑誌"項目之成果，包括《五代武人之文》（2021）、《世變下的五代女性》（2021）和《五代的文武僧庶》（2022）。根據這三本書，可以看到他們的整理方法是通過一些具有代表性的五代墓誌進行全面的個案考察，來解釋五代特殊群體（武人、女性、僧庶）的整體面貌。此外，他們的整理主要通過指導學生來進行，故而可視之爲讀書會的集體成果，發揮衆人之所長，避免單個人整理所面臨的學力不濟。他們所依據的墓誌則以周、章兩書爲主，在對比兩種録文的基礎上，結合《册府元龜》、新舊《五代史》《五代會要》等傳世文獻進行仔細的解讀。③ 由於這一成果剛剛出版，故詳細意見尚待日後專門寫書評，此處不贅。相關先行研究可參考劉静貞《正史與墓誌資料所映現的五代女性意象》（2005）一文。④

總而言之，近二十年來，五代十國金石文獻的整體性整理和研究，已有不少改善。特別是在兩岸互動的背景下，中國臺灣學者利用大陸學者的五代十國金石文獻整理成果來進行專門的教學與研究活動，是一個很好的現象。這也促使我們大陸學者，也應該好好利用五代十國金石文獻的整理成果。

二　五代十國北方地區

梳理完綜合性的研究，再按照南、北方各個不同政治區域來整理五代十國時期的金石文獻整理與研究現狀。就北方地區而言，主要指中原王朝所掌控的中原區

---

① 劉琴麗：《近七十年來中古墓誌的整理與研究》，楊艷秋主編《理論與史學》第 2 輯，中國社會科學出版社，2016 年，第 130~147 頁；仇鹿鳴：《十餘年來中古墓誌整理與刊布情況述評》，包偉民、劉後濱主編《唐宋歷史評論》第 4 輯，社會科學文獻出版社，2018 年，第 3~25 頁；孫正軍：《近十年來中古碑誌研究的新動向》，《史學月刊》2021 年第 4 期。

② 王小蘭：《論五代金石碑刻的文獻及藝術價值》，《杭州師範大學學報》（社會科學版）2017 年第 6 期。

③ 山口智哉、李宗翰、劉祥光、柳立言編《世變下的五代女性》，廣西師範大學出版社，2021 年；山口智哉、李宗翰、劉祥光、陳韻如、柳立言編《五代武人之文》，廣西師範大學出版社，2021 年；山口智哉、李宗翰、劉祥光、陳韻如編《五代的文武僧庶》，廣西師範大學出版社，2022 年。

④ 劉静貞：《正史與墓誌資料所映現的五代女性意象》，榮新江主編《唐研究》第 11 卷，北京大學出版社，2005 年，第 187~204 頁。

域這一主體，河朔藩鎮掌控的河朔區域、先後由晋國和北漢掌控的河東區域、由定難軍掌控的定難區域和朔方軍掌控的朔方區域，以及由秦岐政權掌控的秦岐區域。唐代以來，出土墓誌最多的地方就屬兩京地區，特別是長安城周各原和洛陽城北的北邙山。此外，北都太原附近、北方各藩鎮使府治所州，也都有小規模的墓誌集中出土地。五代時期亦是如此，不過各有不同的變化。

（一）中原區域

中原區域的範圍主要指唐代河南道和山南東道，其中出土墓誌最多的地方自然是洛陽，即唐代的東都、五代的西京。一方面，洛陽北邊的北邙山秉承了漢唐以來士大夫"死葬北邙"的觀念；另一方面，原本作爲都城的長安没落後，洛陽作爲後唐都城和其餘各代的西京，成爲了不得不然的選擇。根據《五代石刻校注》所附"五代石刻文獻目録提要"列表，可以説大部分五代時期中原王朝的墓誌都是出土於洛陽的。雖然没有專門整理五代時期洛陽出土墓誌的論著，但有一些局部的群體性整理值得關注。其中較差的是陳朝雲《河南散存散見及新獲漢唐碑誌整理研究》（2019）這類基本衹有對已有著録過的墓誌進行録文而没有校勘的整理，以及更多地方上并不專業的金石文獻整理。可作爲榜樣的則是趙振華、齊淵（齊運通）、余扶危、毛陽光等人對北朝隋唐洛陽出土墓誌的相關整理，不過他們没有專門針對五代墓誌的，故此不贅。

此外有更爲局部的整理與研究，比如對於五代前期統治洛陽的張全義家族，羅亮（2018）即通過六方近年出土的張全義家族成員墓誌，結合傳世史料來探討張氏家族在洛陽的統治及與五代政權更替的關係。[①]羅文所依據的墓誌還有保存於《名臣碑傳琬琰集》中的富弼所撰《張奎墓誌》（1053），墓主是張全義七世孫。可知即使到了北宋，也會有許多墓誌涉及各自家族近代父祖在五代時期的情況，可以作爲五代史研究的材料。因此，關於宋代墓誌的整理，諸如《宋代傳狀碑誌集成》（2012）、《宋代墓誌輯釋》（2016）、《新出宋代墓誌碑刻輯録：北宋卷》（2019）、《新出宋代墓誌碑刻輯録：南宋卷》（2020）、《貞珉千秋：散佚遼宋金元墓誌輯録》（2020）、《散見宋金元墓誌地券輯録》（2021）、《散見宋金元墓誌地券輯録二編》

---

① 羅亮：《五代張全義家族與政權更替——以張氏家族墓誌爲中心的考察》，凍國棟主編《魏晋南北朝隋唐史資料》第 37 輯，上海古籍出版社，2018 年，第 166~187 頁。

（2021），以及一些區域性、家族性的宋代墓誌整理都值得梳理。^①這些都是針對宋代整個地域範圍的，但其中洛陽或中原區域占比較多。

除了通過家族墓誌來探討唐末興起的武將家族之地方統治，還有通過墓誌來揭示五代時期政治局勢者，如賀玉萍（2007）利用《索萬進墓誌》（958）來討論後漢、後周之際的朝代更替的實質，即用禪讓來掩飾兵變。^②西村陽子（2009）、張明（2018）先後利用《支謨墓誌》，胡耀飛（2017）利用《段文楚墓誌》討論了唐末河東政局。^③武文君、辛時代（2018）利用《趙鳳墓誌》（955）中所載的南朝、北朝之區別，來討論五代契丹南下之時出現的南北朝意識，可謂宋遼時期南北朝意識之濫觴。^④朱雷（2018）利用《劉光贊墓誌》來探討財政體系中的"渦口都商稅使"一職。^⑤不過大部分墓誌考釋文章較爲簡單地根據誌文和傳世文獻來梳理墓主人生平，無論是誌文本身還是作者的考證，都不具備進一步提升研究價值的可行性。僅有少數墓誌得到了研究者的價值提升，比如仇鹿鳴《新見五代崔協夫婦墓誌小考》（2012）根據唐代以來士族後裔墓誌來揭示清河小房崔氏和范陽盧氏在後唐時期的聯姻，討論士族聯姻網絡在唐末五代初動亂結束後的自我修復機制。^⑥更進一步，仇鹿鳴《"僞梁"與"後唐"：五代時期的正統之爭》（2021）又利用五代金石文獻中的政權稱呼等問題探討五代正統觀。^⑦

---

① 曾棗莊編《宋代傳狀碑誌集成》，四川大學出版社，2012年；郭茂育、劉繼保編《宋代墓誌輯釋》，中州古籍出版社，2016年；何新所編《新出宋代墓誌碑刻輯錄：北宋卷》，文物出版社，2019年；何新所編《新出宋代墓誌碑刻輯錄：南宋卷》，文物出版社，2020年；周峰編《貞珉千秋：散佚遼宋金元墓誌輯錄》，甘肅教育出版社，2020年；周峰編《散見宋金元墓誌地券輯錄》，花木蘭文化事業有限公司，2021年；周峰編《散見宋金元墓誌地券輯錄二編》，花木蘭文化事業有限公司，2021年。

② 賀玉萍：《後周〈索萬進墓誌〉考釋》，《洛陽師範學院學報》2007年第6期。

③ 西村陽子「唐末『支謨墓誌銘』と沙陀の動向：九世紀の代北地域」『史学雜誌』第118卷第4号，2009年4月；張明：《李克用的發迹："鬥雞臺事變"史實新考——〈支謨墓誌〉再解讀》，《中華文史論叢》2018年第3期；胡耀飛：《鬥雞臺事件再探討——從〈段文楚墓誌銘〉論唐末河東政局》，蘇小華主編《中國中古史集刊》第3輯，商務印書館，2017年，第257~286頁。

④ 武文君、辛時代：《五代〈趙鳳墓誌〉考釋——兼議契丹南下與"南北朝"問題》，姜錫東主編《宋史研究論叢》第23輯，科學出版社，2018年，第193~205頁。

⑤ 朱雷：《五代後周〈劉光贊墓誌銘〉所見之"渦口都商稅使"考》，《廣州文博》第12輯，文物出版社，2018年，第18~22頁。

⑥ 仇鹿鳴：《新見五代崔協夫婦墓誌小考》，杜文玉主編《唐史論叢》第14輯，三秦出版社，2012年，第233~246頁。其他學者的相關文章還可以參考葉平《五代墓誌所見士族大姓仕宦與婚姻的變遷》，《河南師範大學學報》（哲學社會科學版）2014年第5期。

⑦ 仇鹿鳴：《"僞梁"與"後唐"：五代時期的正統之爭》，《歷史研究》2021年第5期。

在墓誌之外，則有一些比較特殊的金石文獻值得關注，比如建築類碑記、宗教造像記、僧人塔銘、宗教經幢、買地券、屏盜碑等。建築類碑記可以是世俗建築，但大多是宗教建築的附屬物，頗可反映地方信仰，比如愛宕元（1997）所研究的《廣慈禪院記》（955）碑。[①]造像記是附屬於佛教／道教造像而存在的文字，往往反映造像人的基本家庭情況和宗教信仰，可算是某一個家庭某一個時間段的細胞切片。這些單個信息加在一起，組成一個信息群，可以反映某一時間段內某一地域的基本社會情況。因此，學界對唐宋時期的造像及造像記研究，多有歷時性的考察，祇是往往偏重於宗教美術考古。[②]經幢方面，學界對於唐宋時期的經幢已有劉淑芬《減罪與度亡：佛頂尊勝陀羅尼經幢之研究》（2008）這樣的綜合性研究著作，以及葛承雍主編《景教遺珍：洛陽新出唐代景教經幢研究》（2009）這樣的個案研究論文集。[③]不過目前對於經幢的調查似乎不及造像記，大概其存世較少的緣故。買地券則多出土於南方，下文再予涉及。比較特殊的屏盜碑如《濟州刺史任公屏盜碑》（2005），則是反映五代時期地方官員地方治理和五代地方賊患的材料，也可以歸入法律石刻範疇，值得關注。[④]孟凡港（2017）即就《任公屏盜碑》和《郭進屏盜碑》進行了探討。[⑤]

（二）河朔區域

唐後期的河朔地區，是河朔藩鎮的活躍地，其父子相承的權力傳承體系，以及與之相應的自成體系的政治軍事格局，形成了所謂"河朔故事"，即在大部分時間內都與唐中央處於一種若即若離的關係中。在此基礎上，也形成了河朔地區獨特的文化面貌。這種河朔文化特徵，或許有胡化因素，但更多的是地域因素。上承先秦兩漢以來燕趙之地的任俠之風，下承十六國五燕和東魏北齊時期的鮮卑化，已形成千年多以來的文化積澱。因此，整體上來說，河朔區域在中古時期一直有其獨特性，具體表現爲尚武任俠，以及中古時期隨之而來的崇佛。在這一氛圍下，河朔區

---

① 愛宕元「五代・宋初における長安とその周邊——廣慈禪院莊地碑の分析を通して」、收入氏著『唐代地域社會史研究』同朋舍、1997 年、133-154 頁。

② 比如冉萬里《唐代長安地區佛教造像的考古學研究》，科學出版社，2017 年；以及諸多關於青州龍興寺窖藏佛教造像的研究。

③ 劉淑芬：《減罪與度亡：佛頂尊勝陀羅尼經幢之研究》，上海古籍出版社，2008 年；葛承雍主編《景教遺珍：洛陽新出唐代景教經幢研究》，文物出版社，2009 年。

④ 鉅野縣人民政府史志辦公室編《濟州刺史任公屏盜碑》，中國文化出版社，2005 年。

⑤ 孟凡港：《屏盜碑與五代地方賊患治理》，《齊魯學刊》2017 年第 2 期。

域的金石文獻大多與武人有關，也與佛教關係密切。

在晚唐時期，河朔藩鎮勢力方殷之時，藩鎮節帥往往樹立豐碑巨碣來彰顯自身的地方統治。仇鹿鳴《長安與河北之間：中晚唐的政治與文化》（2018）已經將其關於河朔藩鎮立碑的相關討論加以綜合，比如魏博田氏的德政碑製作，羅氏的《羅讓神道碑》（889）製作等。[①] 其中，《羅讓神道碑》已經到了唐末，此時節度使樹立豐碑之風開始式微。整個唐末五代，河朔藩鎮軍事活躍程度下降，其人力資源逐漸被河東、河南兩大政權和契丹所汲取。不過在五代初期，還是有不少較爲活躍的地方政治人物，他們的墓葬也受到關注。比如義武軍節度使王處直墓，不僅因其中出土的精美浮雕而爲人所知，并出版有《五代王處直墓》（1998）這樣比較完整的考古報告。[②] 更有學者如蕭婷（Angela Schottenhammer，2006、2012）利用《王處直墓誌》（924）來探討其與王處直本人傳世傳記的異同，以及王處直本人及其所代表的五代節度使階層的道德問題和意識形態。[③] 當然這樣的情況不多。另有中和五年（885）所立曲陽北岳廟李克用題名碑值得注意，雖然内容很少，却是李克用控馭河北的見證。[④]

但整體上而言，大部分河朔區域的碑誌都較爲普通，受到的關注很少。就目前的整理情況來説，任乃宏等人整理的《邯鄲地區隋唐五代碑刻校録》（2014）和《邯鄲地區隋唐五代碑刻校釋》（2018）是比較完整的局部地區碑刻整理，特別是後一種比前一種更完善。但受限於出版條件，未能以繁體字出版，亦無清晰拓片，影響使用。[⑤] 當然，相比於其他地區的碑刻集往往囊括整個古代時段，其中可能并無唐宋碑刻，邯鄲地區能够集中於隋唐五代的整理已經蔚爲大觀。但曾就《秦思温墓誌》（954）中所見藩鎮武職和禁軍職級進行考釋的孫繼民，却并未能够進一步深入整理河北地區隋唐五代墓誌。[⑥]

① 仇鹿鳴：《長安與河北之間：中晚唐的政治與文化》，北京師範大學出版社，2018 年。

② 河北省文物研究所：《五代王處直墓》，文物出版社，1998 年。

③ アンゲラ・ショッテンハンマー「埋葬された過去——王処直の墓誌銘と列伝」、收入河合佐知子訳、須江隆編『碑と地方志のアーカイブズを探る』汲古書院、2012 年；蕭婷：《王處直墓誌銘的再考察——關於五代節度使階級裏的一些道德及意識形態趨勢》，《中華文史論叢》2006 年第 4 輯。

④ 王麗敏、高曉静、吕興娟：《曲陽北岳廟唐李克用題名碑淺析》，《文物春秋》2007 年第 4 期。

⑤ 任乃宏：《邯鄲地區隋唐五代碑刻校録》，中國文聯出版社，2014 年；任乃宏、張潤澤、王興：《邯鄲地區隋唐五代碑刻校釋》（上、下），中國文史出版社，2018 年。

⑥ 孫繼民、馬小青：《〈大周秦君墓誌〉初釋》，榮新江主編《唐研究》第 8 卷，北京大學出版社，2002 年，第 365~378 頁。收入孫繼民主編《河北新發現石刻題記與隋唐史研究》，河北人民出版社，2006 年，第 193~210 頁。

不過，房山雲居寺石經是一個特殊的存在。這是幽州雲居寺從唐五代到遼金元延續數百年的佛教石刻遺存，數量達 6800 多條（篇），且與幽州地方社會關係密切。學界早已予以關注，不僅有《房山石經題記彙編》（1987）和《新編補正房山石經題記彙編》（1995），還有《房山石經》全 30 冊（2000）的出版。① 在此基礎上則有學術集刊房山石經博物館編《石經研究》第 1 輯（2017）、第 2 輯（2018）、第 3 輯（2020）出刊，② 綜合包括房山石經在內的幽州地區金石文獻而形成的尤李《唐代幽州地區的佛教與社會》（2019）、蔣愛花《身份、記憶、反事實書寫：隋唐時期幽州墓誌研究》（2021）等專著出版，③ 以及氣賀澤保規基於幽州地區金石文獻整理和研究所提出來的"幽州學"這一學術研究範疇概念。④ 張永強將房山石經題記與龍門造像題記、敦煌吐魯番寫經題記視爲古代三大題記，故在協助徐自強出版了《敦煌莫高窟題記彙編》（2014）之後，進一步根據前人彙編和自己考察，全新出版了《房山石經題記整理與研究》（2021）三巨冊（題記卷、研究卷、圖錄卷），爲以後的研究打下了基礎。⑤

（三）河東區域

河東地區的金石文獻，因其數量眾多，相關整理也多。比如一直在出版的按區縣所分《三晉石刻大全》即已有 50 多冊的規模，更多的相關書目則可以參考全建平《山西碑刻書目簡編》（2021）的整理。⑥ 另有劉勇關於山西金石的歷史人文

---

① 北京圖書館金石組、中國佛教圖書文物館石經組編《房山石經題記彙編》，書目文獻出版社，1987年；陳燕珠：《新編補正房山石經題記彙編》，覺苑出版社，1995年；中國佛教協會、中國佛教圖書文物館編《房山石經》全 30 冊，華夏出版社，2000年。

② 房山石經博物館、房山石經與雲居寺文化研究中心編《石經研究》第 1 輯，北京燕山出版社，2017年；第 2 輯，華夏出版社，2018年；第 3 輯，華夏出版社，2020年。

③ 尤李：《唐代幽州地區的佛教與社會》，中國社會科學出版社，2019年；蔣愛花：《身份、記憶、反事實書寫：隋唐時期幽州墓誌研究》，中國社會科學出版社，2021年。

④ "幽州學"研究的展開，得益於日本學者氣賀澤保規在我國學者夏炎、蔣愛花的協助下召開的五次"幽州學"會議，分別在清華大學（2015年8月1日）、清華大學（2017年1月14日）、中央民族大學（2018年1月20日）、北京師範大學（2019年6月22日）、南開大學（2021年12月18日）召開（感謝蔣愛花女史提供第一次會議的相關信息）。對於"幽州學"的概念與內涵，氣賀澤先生尚無專文探討，但李鴻賓師有相關論述，參見李鴻賓《"幽州學"之我見——兼論"幽州學"學科話語體系的建構》，馮立君主編《中國與域外》第 3 期，社會科學文獻出版社，2018年，第 107~116 頁。

⑤ 徐自強、張永強：《敦煌莫高窟題記彙編》，文物出版社，2014年；吳夢麟、張永強：《房山石經題記整理與研究》，文物出版社，2021年。

⑥ 全建平：《山西碑刻書目簡編》，行龍主編《社會史研究》第 12 輯，社會科學文獻出版社，2021年，第 260~272 頁。

類著作《金石證史：三晉碑誌中的歷史細節》（2018）等可以參考。[1] 在這裏，筆者大致根據地形，將河東區域的金石文獻分成四個小區域來綜述：太原及其周邊、澤潞地區、晉西南地區、晉北地區，分別對應太原盆地、長治盆地、臨汾盆地和運城盆地，以及大同盆地和忻定盆地。

1. 太原及其周邊。太原是唐末五代時期兩個河東政權（晉國、北漢）的政治中心，以及後唐、後晉、後漢中原政權的河東節度使治所，其政治地位延續了唐代北都的重要性，并有所提升。因此，在太原及其周邊，頗有許多河東政權重要人物墓葬，出土有不少墓誌、神道碑等。對此，韓革、王仲璋《太原地區元代以前碑刻綜述》（2000）在20多年前已經有所梳理。[2] 其中值得一提的是《李存進神道碑》（924），該碑關於李存進在唐末五代初河東政權仕宦經歷的記載，十分有助於梳理河東節度使體制下的武職軍將遷轉問題，可惜除了杜文玉、王鳳翔（2006）對其中牢城使的記載做過討論外，[3] 尚無對該碑所見所有武職的專門研究。此外，作爲所謂代北集團的統治核心，該區域出土的北族人物墓誌也值得關注，比如森部豐（2001）、張慶捷（2019）所探討的粟特系沙陀人《何君政墓誌》（939）等。[4]

2. 澤潞地區。這是俗稱上黨的一塊盆地，因交通不便，故保存了許多唐宋以來的古建築。這類古建築以宗教性建築爲多，隨之而來的是附屬於建築的碑刻，張君梅已編有《晉城佛教金石錄》（2016）。[5] 因大量唐宋墓誌集中出土於此，不僅已有研究晚唐五代昭義軍（河東澤潞＋河北邢洺磁）的專著在前，更有一系列利用澤潞地區出土墓誌的文章在後。專著指的是張正田《"中原"邊緣：唐代昭義軍研究》（2007）對作爲橫跨太行山的唐五代昭義軍藩鎮進行的研究，[6] 墓誌則包括對澤潞地區各種家族墓誌的梳理。[7] 在此基礎上，則有殷憲（2009）從《趙睿宗墓誌》（924）

① 劉勇：《金石證史：三晉碑誌中的歷史細節》，三晉出版社，2018年。
② 韓革、王仲璋：《太原地區元代以前碑刻綜述》，山西省考古學會編《山西省考古學會論文集》（三），山西古籍出版社，2000年，第448~576頁。
③ 杜文玉、王鳳翔：《唐宋時期牢城使考述》，《陝西師範大學學報》（哲學社會科學版）2006年第2期。
④ 森部豐「後晋安万金・何氏夫妻墓誌銘および何君政墓誌銘」『內陸アジア言語の研究』第16号、2001年9月、1-69頁；張慶捷：《〈大晋故雞田府部落長史何公墓誌銘〉發微》，編委會編《紀念岑仲勉先生誕辰130周年國際學術研討會論文集》，中山大學出版社，2019年，第558~565頁。
⑤ 張君梅編《晉城佛教金石錄》，新文豐出版公司，2016年。
⑥ 張正田：《"中原"邊緣：唐代昭義軍研究》，稻鄉出版社，2007年。
⑦ 胡耀飛：《上黨雍氏考——藩鎮時代下層武將家族個案研究》，常建華主編《中國社會歷史評論》第15卷，天津古籍出版社，2014年，第149~165頁；張葳：《因宦徙居：唐代墓誌所見潞州人口遷入情況的個案考察》，凍國棟主編《魏晉南北朝隋唐史資料》第35輯，上海古籍出版社，2017年，第184~212頁。

看唐末五代下層墓誌的民間化和寫實性，^① 以及黃旨彥（2009）、王慶衛（2012）、郭桂坤（2016）先後從墓誌挽歌研究生死觀念的文章出現。^②

3. 晋西南地區。這一地區大致可分兩個小區塊（臨汾盆地、運城盆地）和一個小區塊（芮城、平陸沿黃河平原地區）。其中臨汾盆地大致對應晋州、絳州，運城盆地大致對應蒲州，芮城和平陸在唐宋時期屬於河南道陝州。就唐宋時期的金石文獻而言，除了《三晋石刻大全》收錄的部分，還有集中於運城盆地鹽池的碑刻集《河東鹽池碑匯》（2000）這樣由地方學者進行的專題性整理，^③ 以及像孫齊《芮城道教三百年史——以北朝隋唐造像爲中心的考察》（2019）這樣的專題性研究中由個人進行的整理。當然，具體涉及五代的碑刻很有限。

4. 晋北地區。這一地區在唐宋之際最知名的當屬早年被盜後，於1989年清理發掘的代縣李克用墓，不過其考古發掘報告并未在考古類刊物發表，而是隨同一篇墓誌考釋一起收入作者李有成個人文集《李有成考古論文集》（2009）中，影響了學界的利用。^④ 此外，據當地方志記載，李克用墓所在爲家族墓葬，但其餘墓葬的情況依然不詳。在李有成之外，森部豐、石見清裕（2003）研究了《李克用墓誌》（908）的文本，^⑤ 西村陽子（2018）根據考古和文獻材料進一步梳理了李克用墓周邊情況，以及整個北方地區後唐皇帝陵的分布，其中代北地區有代州的莊宗系永康陵、長寧陵、建極陵（李克用墓），應州的明宗系遂陵、衍陵、奕陵、慶陵等。^⑥ 這些墓葬大部分都沒發掘過，有待日後進一步考察。

除了上述四個小區域，還可以附帶一提的是位於河東區域西北方向的五代時期永安軍節度使轄區（府州、勝州）暨宋代麟府路（府州、麟州）。這一帶以府州

---

① 殷憲：《從〈趙睿宗墓誌〉看唐末五代下層墓誌的民間化和寫實性》，《碑林集刊》第15輯，陝西人民美術出版社，2009年，第155~171頁。

② 黃旨彥：《送行者的樂章：唐代挽歌文化初探》，第三屆中國中古史青年學者聯誼會，武漢大學，2009年8月；王慶衛：《從新見墓誌挽歌看唐五代澤潞地區民間的生死觀念》，《陝西師範大學學報》（哲學社會科學版）2012年第3期；郭桂坤：《也談墓誌蓋上的"挽歌"——兼析中晚唐五代墓誌銘創制中的"澤潞模式"》，齊東方、沈睿文主編《兩個世界的徘徊——中古時期喪葬觀念風俗與禮儀制度學術研討會論文集》，科學出版社，2016年，第211~232頁。

③ 南風化工集團股份有限公司編《河東鹽池碑匯》，山西古籍出版社，2000年。

④ 李有成：《代縣李克用墓發掘報告》《晋王墓誌考釋》，氏著《李有成考古論文集》，中國文史出版社，2009年，第188~204頁。

⑤ 森部豐·石見清裕「唐末沙陀『李克用墓誌』訳注·考察」『内陸アジア言語の研究』第18号、2003年8月、17-52頁。

⑥ 西村陽子『唐代沙陀突厥史の研究』汲古書院、2018年、205-242頁。

爲核心，雖然位於黃河以西，但在地緣上與河東地區關係密切。唐末五代初，府州受河東地區的晋王父子所控制，但一直由源於鮮卑的折氏家族統治。後漢、後周時期，中原王朝在此設置永安軍，以折氏爲節度使。入宋以後，設置麟府路，繼續由折氏世襲，成爲抵抗西夏和遼的前綫。但這個地方畢竟規模太小，無法單獨討論，故附見於此。事實上，五代時期這一地區没有完全得到文化的浸潤，在出土墓誌方面僅有一方墓誌，即高建國（2021）所整理的《折嗣倫碑》（911）。①通過對該碑以及北宋時期麟府路三十方左右墓誌的整理，可以看到這一地區大約因爲地處邊陲，更適合由一個家族進行世襲統治，從而以類似於羈縻的方式維持中原王朝的權威。唐末五代則是這一世襲統治的開端，可惜并無太多的金石材料。

（四）秦岐、定難、朔方區域

由於金石文獻數量較少，唐宋之際秦岐、定難、朔方三個區域可一并梳理。秦岐區域指唐末五代前期半獨立的秦岐政權所轄區域（以岐州爲核心的圈層結構），定難區域即定難軍節度使轄區（銀、夏、綏、宥四州），朔方區域即朔方軍節度使轄區（靈州、鹽州），三者合起來大約爲唐代的關內道中南部區域，現在的陝西中北部、甘肅東部和寧夏區域。這三個地區在宋代的情況，可以參考黨斌《民族·盟約·邊界·戰爭——陝西出土宋代墓誌輯釋》（2021），其中也有部分五代的信息。②就五代而言，秦岐區域爲秦岐政權李茂貞父子所統治，定難軍一直由党項人拓跋氏（李氏）所統治，這兩個區域爲日後西夏政權的主要統治地區，朔方軍則先後由漢人韓氏和馮氏等家族所統治。三塊區域中以定難軍節度使轄區出土墓誌最多，其餘地方較少，此處分別介紹。

秦岐政權屬於"五代十國"範圍之外不可忽視的一個半獨立政權，因李茂貞始終未能公開稱帝，但又在統治地區內部頗有僭越之舉。其僭越之舉部分反映在考古文獻方面，即2001年開始全面發掘和整理的李茂貞墓，目前已經建成大唐秦王陵作爲文物展陳和旅游單位。學術整理方面則有作爲通俗讀物的劉軍社《李茂貞與秦王陵》（2006）和作爲考古報告的寶雞市考古研究所《五代李茂貞夫婦墓》（2008）兩種。③該墓除了具有考古學價值，其中出土的李茂貞夫婦墓誌（925、

---

① 高建國：《宋代麟府路碑石整理與研究》，中國社會科學出版社，2021年，第7~8頁。
② 黨斌：《民族·盟約·邊界·戰爭——陝西出土宋代墓誌輯釋》，社會科學文獻出版社，2021年。
③ 劉軍社：《李茂貞與秦王陵》，三秦出版社，2006年；寶雞市考古研究所：《五代李茂貞夫婦墓》，科學出版社，2008年。

945）對歷史學者來說更爲重要。因此，在此基礎上方有王鳳翔《晚唐五代秦岐政權研究》（2009）一書及作者其他相關學術論文的出現。① 此外，岐州扶風縣的法門寺是唐代皇帝一直以來崇佛的見證者，李茂貞對此也頗有信奉，於天祐二十年（923）立有《大唐秦王重修法門寺塔廟記》，雖然原碑不存，但錄文尚在。根據李斌城（2010）、王鳳翔（2013）的研究，可以從中看到李茂貞奉佛之狀，以及他在唐末五代的封爵情况。② 不過整體而言，該區域的金石文獻不多，《李彦璋墓誌》是少有的幾種，③ 特別是秦岐政權在後唐時期重新歸屬五代中原政權之後。

定難軍的墓誌出土於今陝北榆林地區境内，今有《榆林碑石》（2003）收錄了部分墓誌拓片和錄文，④ 之後亦有陸續出土者。此外，寧夏、内蒙古等地也有相關墓誌出土。由於涉及西夏王朝建國前的歷史，故而西夏史學者如周偉洲、杜建録、陳瑋等學者多有關注，相繼撰寫了許多單篇墓誌考證。⑤ 在此基礎上，更有一些文章從整體上考察墓誌所反映的一些歷史問題，比如杜建録（2013）對出土墓誌所見拓跋部漢化問題、婚姻問題和族屬問題等三方面進行了考察。⑥ 陳瑋（2013）主要通過墓誌材料對定難地區粟特人家族定居狀况進行梳理等。⑦ 這些都加深了我

① 王鳳翔：《晚唐五代秦岐政權研究》，三秦出版社，2009年。

② 李斌城：《〈大唐秦王重修法門寺塔廟記〉考釋》，增勤主編《首屆長安佛教國際學術研討會論文集》，陝西師範大學出版社，2010年；王鳳翔：《〈重修法門寺塔廟記〉補釋——兼論李茂貞崇佛》，杜文玉主編《唐史論叢》第16輯，陝西師範大學出版總社，2013年。

③ 段志凌：《新出五代〈李彦璋墓誌〉所見秦岐政權軍事史事——兼談與此誌相關假子的本名問題》，杜文玉主編《唐史論叢》第25輯，三秦出版社，2017年，第320~338頁。

④ 康蘭英主編《榆林碑石》，三秦出版社，2003年。該書收錄唐末五代宋初《白敬立墓誌》《李仁寶妻破丑夫人墓誌》《毛汶墓誌》《何德璘墓誌》《劉敬瑭墓誌》《李仁寶墓誌》《康成墓誌》等墓誌。

⑤ 周偉洲：《陝北出土三方唐五代黨項拓跋氏墓誌考釋》，《民族研究》2004年第6期。杜建録、鄧文韜、王富春：《後唐定難軍節度押衙白全周墓誌考釋》，《寧夏社會科學》2015年第2期。陳瑋：《後周綏州刺史李彝謹墓誌銘考釋》，杜建録主編《西夏學》第5輯，上海古籍出版社，2010年，第234~240頁；陳瑋：《後晉定難軍攝節度判官兼掌書記毛汶墓誌銘考釋》，杜建録主編《西夏學》第8輯，上海古籍出版社，2011年，第207~211頁；陳瑋：《後晉銀綏宥等州觀察支使何德璘墓誌銘考釋》，《中國國家博物館館刊》2013年第3期；陳瑋：《後晉定難軍節度副使劉敬瑭墓誌研究》，《北方文物》2020年第1期；陳瑋：《後漢黨項貴婦沛國郡夫人里氏墓誌研究》，杜建録主編《西夏學》第21輯，甘肅文化出版社，2020年，第42~54頁。

⑥ 杜建録：《夏州拓跋部的幾個問題——新出土唐五代宋初夏州拓跋政權墓誌銘考釋》，《西夏研究》2013年第1期。此外，文題中并未注明墓誌材料，但也討論墓誌材料核心議題世系問題的文章還有一些。比如楊浣《五代夏州拓跋部世系與婚姻考論》，《寧夏社會科學》2005年第1期；湯開建《隋唐五代宋初黨項拓跋部世次嬗遞考》，氏著《唐宋元間西北史地叢稿》，商務印書館，2013年，第264~290頁。

⑦ 陳瑋：《唐末五代宋初定難軍粟特人家族研究》，*Journal of Sino-Western Communications*，Volume 5，2013.7。

們對於唐宋之際定難軍節度使府內部情況的瞭解程度，并爲西夏史研究奠定了基礎。岩崎力《西夏建國史研究》（2018）更將整個西夏王朝的建國前史進行了專門研究。[①]

與定難軍同時的朔方軍，則史料更爲稀少，出土墓誌寥寥。比如唐末五代初統治朔方四十年的韓氏家族一直以來撲朔迷離，因爲没有墓誌出土，故而祇能依靠《舊五代史·韓遜傳》、同書《韓洙傳》[②] 的記載和敦煌文書中的零星内容來討論其家族及朔方軍的基本情況，以及他們在溝通中原王朝與河西諸政權時的功勞。[③] 到五代末宋初，則有長期統治朔方的馮氏家族。關於馮氏家族，有一個重要的墓葬值得持續關注，即五代朔方節度使馮暉墓，祇是這個墓葬并非在靈州，而在邠州（今陝西彬縣）。關於該墓，不僅有考古報告《五代馮暉墓》（2001）出版，還有許多討論墓葬彩繪磚雕樂舞圖的美術史論文。[④] 就政治史來説，也有不少關注，比如周偉洲《五代馮暉墓出土文物考釋》（2012）即重點探討朔方軍與党項部之間的關係。[⑤] 不過，對於五代朔方軍的整體性研究，還是可以繼續深入。

三　五代十國南方地區

五代十國時期，南方地域大部分時間處於各個政權分裂狀態，互不統屬。這源於唐末黃巢起義經過南方大部分地區所引起的地方勢力興起，他們往往從一個縣級勢力成長爲州級勢力，再擴展爲藩鎮勢力。由於各個政權的同時并立，唐末爲避亂而南下的士族成員去世後往往葬在當地，而不會千里迢迢歸葬長安、洛陽。至於創立這些政權的武人在成爲統治者之後，更就地選址，營建陵墓。因此，相比於

---

① 岩崎力『西夏建國史研究』汲古書院、2018 年。

② 薛居正：《舊五代史》卷一三二《韓遜傳》《韓洙傳》，中華書局，1976 年，第 1745~1746 頁。

③ 趙貞：《敦煌所出靈州道文書述略——兼談朔方韓氏對靈州道的經營》，《敦煌研究》2003 年第 4 期；趙貞：《晚唐五代朔方韓氏事迹略説》，《青海民族學院學報》（社會科學版）2009 年第 1 期；王使臻：《晚唐靈州末代節度使韓遵事迹考》，《寧夏史志》2009 年第 4 期；王使臻：《一件敦煌文獻反映的五代時期甘州、沙州與靈州間的政治關係》，《河西學院學報》2010 年第 6 期。

④ 咸陽市文物考古研究所編《五代馮暉墓》，重慶出版社，2001 年。楊忠敏、閻可行：《陝西彬縣五代馮暉墓彩繪磚雕》，《文物》1994 年第 11 期；羅豐：《五代後周馮暉墓出土彩繪樂舞磚雕考》，《考古與文物》1998 年第 6 期；賈嫚：《承唐啓宋的五代燕樂——以馮暉墓樂舞圖像爲例》，《西北大學學報》（哲學社會科學版）2015 年第 6 期；王希：《五代繪畫中的樂舞構圖與配置——以馮暉墓彩繪磚雕樂舞圖爲例》，《陝西師範大學學報》（哲學社會科學版）2016 年第 3 期。

⑤ 周偉洲：《五代馮暉墓出土文物考釋》，《中華文史論叢》2012 年第 2 期。

唐朝，唐末五代南方地區的金石文獻頗有增長。當然，受南方自然、氣候條件的約束，能夠完好保存下來的還是不多。

（一）西蜀區域

唐宋之際西蜀區域與南方其他區域頗有區別，主要在於這是南方地區唯一没有經歷過黃巢起義的地方。不過西蜀區域依然出現了割據政權，且在後唐短暫征服之後重新恢復獨立，誠可見其與中原和南方其他地區之間的隔絕程度。如果説前蜀的創建可以歸因於唐末地方獨立潮在來自中原地區的王建集團身上的體現，後蜀的建立則純粹是北方軍人受到蜀地本身自先秦兩漢以來的獨立傳統使然，即西蜀區域有與南方其他區域不一樣的政治和文化傳統。這一傳統在金石文獻方面，也有所體現。根據尹建華、曾如實《四川五代石刻考察記》（1994）的梳理，"四川五代遺存，大體有石刻、墓葬、窑址及傳世文物四類，以石刻最多和最具代表性"。[1] 其中金石文獻即約等於石刻類，其中包含出土墓誌、摩崖石刻、孟蜀石經和其他傳世碑刻。與此相關的整理，在《成都出土歷代墓銘券文圖録綜釋》（2012）中已有一些，但不完全。[2]

出土墓誌。西蜀出土墓誌不多，二十世紀七八十年代有後蜀《張虔釗墓誌》（948）、《孫漢韶墓誌》（955）等相繼出土，[3] 爲我們認識後蜀時期南下的北方將領提供了實物印證和文字記載。關於二人的情況，以及所涉及的後蜀政權北部邊防，可以結合《九國志》中二人傳記[4] 進行探討。這一時候，不僅前蜀《晋暉墓誌》（923）等出土了，[5] 後蜀孟知祥及其妻福慶大長公主的墓（和陵）也得到了科

① 尹建華、曾如實：《四川五代石刻考察記》，成都王建墓博物館編《前後蜀的歷史與文化——前後蜀歷史與文化學術討論會論文集》，巴蜀書社，1994年，第134頁。
② 成都文物考古研究所編《成都出土歷代墓銘券文圖録綜釋》，文物出版社，2012年。
③ 成都市文物管理處：《成都市東郊後蜀張虔釗墓》，《文物》1982年第3期；成都市博物館考古隊：《五代後蜀孫漢韶墓》，《文物》1991年第5期；翁善良：《後蜀張虔釗、孫漢韶墓棺床石刻内容初探》，《前後蜀的歷史與文化》，第120~125頁。
④ 路振：《九國志》卷七《張虔釗傳》《孫漢韶傳》，傅璇琮等編《五代史書彙編》，杭州出版社，2004年，第6册，第3308~3309、3312~3313頁。
⑤ 四川省文管會：《前蜀晋暉墓清理簡報》，《考古》1983年第10期；袁曙光：《前蜀晋暉墓誌考釋》，《四川文物》1989年第6期；丁祖春：《讀前蜀晋暉墓誌銘札記》，《成都文物》1991年第2期。

學發掘，^①成爲二十世紀四十年代發現前蜀王建墓（永陵）^②之後的又一重大發現。這幾個墓葬所出土的墓誌、哀册，加上其他一些零星的墓誌和買地券等的出土，爲我們瞭解前後蜀的政治提供了難得的契機。不過，近二十年來，新發現的西蜀墓誌較爲少見，且很難得到及時公開，比如 2010 年在成都發現的《趙庭隱墓誌》（950？），雖然已有許多篇討論趙庭隱墓壁畫的文章，但墓誌全文一直未能公布。由於趙庭隱是《花間集》編者趙崇祚之父，若能及時刊布，當可有助於相關討論的開展。

摩崖石刻。首先得提及大足石刻中的韋君靖碑，這其實是建於乾寧二年（895）十二月的造像記，造像主是昌州刺史韋君靖。在建此造像後，韋君靖及其昌州很快於乾寧四年（897）被西川節度使王建所攻取。關於韋君靖碑的探討，不僅圍繞大足石刻，更針對其本人是否爲節度使展開，進而討論其部下題名所反映的藩鎮地方職官和社會結構。^③當然，韋君靖不是節度使，但其勢力次節度使一等大概可以成立。而更合適的身份則是地方勢力，與此類似的還有阡能，不過沒有相關金石文獻，故而受到的關注很少。此外，還有一些摩崖石刻也受到關注，比如廣元皇澤寺的摩崖石刻，因唐末五代時期利州位於蜀道上，故而往來使者多有留題者。對此，胡耀飛《五代時期的利州及其"武則天記憶"》（2014）已經予以梳理。^④

後蜀石經。自東漢以來，將儒家經典刊刻於石頭上，一直是統治者進行統一教化的手段之一。這類儒家石經，有別於佛教石經的世俗性，而具有官方定於一尊的期待，也是統治合法性的體現。故而即便不是統一王朝的後蜀政權，也有石經的刊刻。前文討論的中原地區，其實也有五代王朝的石經在這方面，虞萬里編集的

① 成都市文物管理處（鍾大全撰文）：《後蜀孟知祥墓與福慶長公主墓誌銘》，《文物》1982 年第 3 期；收入《前後蜀的歷史與文化》，第 112~114 頁；袁曙光：《略論〈大唐福慶長公主墓誌〉的幾個問題》，《前後蜀的歷史與文化》，第 115~119 頁。

② 溫廷寬：《王建墓石刻藝術》，四川人民出版社，1985 年；鍾大全：《王建與王建墓》，文物出版社，1993 年；秦方瑜：《王建之謎》，四川大學出版社，1995 年；馮漢驥：《前蜀王建墓發掘報告》，文物出版社，2002 年；王瑛：《仙樂飄起的殿堂：圖説前蜀永陵》，重慶出版社，2006 年。

③ 栗原益男「唐末の土豪的在地勢力について——四川の韋君靖の場合」氏著『唐宋変革期の國家と社會』汲古書院、2014 年、341－375 頁；李文才、祁强：《〈唐韋君靖碑〉研究——兼論晚唐藩鎮幕職的階官化》，董劭偉、柴冰主編《中華歷史與傳統文化論叢》第 3 輯，中國社會科學出版社，2017 年，第 3~38 頁。

④ 胡耀飛：《五代時期的利州及其"武則天記憶"》，王雙懷、梁咏濤主編《武則天與廣元》，文物出版社，2014 年，第 412~413 頁。

《二十世紀七朝石經專論》（2018）和《七朝石經研究新論》（2018）兩種論文集已經收録了大部分相關論文，可以關注。[1]

傳世碑刻。最有代表性的後蜀廣政二十二年（959）的《大蜀利州都督府皇澤寺唐則天皇后武氏新廟記》，俗稱"廣政碑"。李之勤（1923~2019）（1988）已就此碑進行初步討論。[2] 此碑不僅是立碑者昭武軍節度使李奉虔借用當地武則天傳説進行的一次政治宣傳，自然也反映了五代時期利州地區的"武則天記憶"。胡耀飛前揭文（2014）就此碑内容將這一"武則天記憶"加以分析，探討其中記憶主體、記憶客體、記憶外在和記憶内在等方面。

（二）荆南、湖南區域

沿長江而下，即來到荆南、湖南區域。荆南政權大部分時期僅轄荆州、峽州、歸州三州之地和一個荆門軍，且并無多少金石文獻，故此處暫且略過。就湖南區域來説，其實也不多，一是唐五代時期湖南區域幾乎没有墓誌出土，二是唐宋時期摩崖石刻集中的永州在唐末五代時期基本没有摩崖。當然，爲湖南地區金石文獻挽回顏面的溪州銅柱是一個突出的例外。現立於湖南永順的後晉天福五年（940）所立溪州銅柱，爲銅鑄八面柱，當時所刻 2100 餘字，北宋時期增刻約 500 字。主要内容爲馬楚政權代表楚王馬希範、學士李宏皋與溪州方面彭士愁等人訂立盟誓的誓文和訂立雙方見證人等署名。據胡鴻（2017）研究，其形制仿自歷史上可能不一定存在的馬援銅柱，體現了馬楚政權對五溪地區控馭時所尋求的歷史淵源。[3] 雖然銅柱立後十年多，馬楚政權即爲南唐所滅，但其作爲漢人政權與五溪民族政權之間和平共處的見證，其影響力持續了一千年。因此，民族史學界對此銅柱有豐富的研究，如彭武一（1927~1991）《湘西溪州銅柱與土家族歷史源流》（1989）、彭武文《溪州銅柱及其銘文考辨》（1994）、田清旺《從溪州銅柱到德政碑：永順土司歷史地位研究》（2014）和羅士松主編《溪州銅柱論文輯録》（2015）等論著是較爲集中的

---

① 虞萬里編著《二十世紀七朝石經專論》，上海辭書出版社，2018 年；虞萬里主編《七朝石經研究新論》，上海書店出版社，2018 年。
② 李之勤：《後蜀"利州都督府皇澤寺唐則天皇后武氏新廟記"碑和廣元皇澤寺的武則天像》，《考古與文物》1988 年第 3 期。
③ 胡鴻：《從馬援銅柱到溪州銅柱——文本與物質的交錯互動》，榮新江主編《唐研究》第 23 卷，北京大學出版社，2017 年，第 469~492 頁。

體現。^①這些研究，分別從政治史、軍事史、文化史、民族史乃至法律史角度，對溪州銅柱進行了詳盡的分析。不過，大部分研究依然停留在民族史定位，而非馬楚政權，特別是相關學者對於晚唐五代職官制度不甚了了，往往有誤判。故而，溪州銅柱的研究，尚有不少餘地可以深入。

溪州銅柱以外的唐宋之際湖南地區金石文非常有限。邵磊（2007）所揭示的楚恭孝王馬希萼長子《馬光贊墓誌》出土於南京，而非湖南地區。^②與此類似，筆者（2017）曾在網上發現過出自澧朗政權的名"榮"字"國華"的墓誌，此人在馬楚政權征服澧朗時，隨雷彥威逃入楊吳政權，死後葬於江都。^③即誌主雖然是湖南地區的人，但也不屬於湖南地區金石文獻。

此外，就整個唐宋時期的湖南而言，目前已有《湖湘碑刻》（一）（2009）和《湖湘碑刻》（二）《浯溪卷》（2009）予以基本的整理。^④李花蕾、張京華合撰的論文集《湖南地方文獻與摩崖石刻研究》（2011）和李花蕾單獨整理的石刻文獻集《湖南兩宋摩崖石刻考釋》（2021）也涉及大部分的唐宋摩崖石刻。^⑤當然唐宋摩崖碑刻都集中在永州，除了李花蕾的整理，還有早年湖南美術出版社編《浯溪碑林》（1992），近年張京華、侯永慧、湯軍《湖南朝陽岩石刻考釋》（2018）和祁陽政府編《浯溪摩崖石刻》（2021）等更爲集中的彙編。^⑥

（三）江淮區域

本文所謂江淮區域，主要是指唐宋之際楊吳、南唐政權先後統治的區域，這一區域隨着兩個政權疆界的變遷而變化，但其核心區域不變，即唐代淮南道、江西道、宣歙道、浙西道北部（潤、常、昇三州）、鄂岳道東部（鄂、蘄、黃三州）等。在這一範圍內，金石文獻又集中於淮南道揚州（楊吳江都府、南唐東都）和浙西道

① 彭武一：《湘西溪州銅柱與土家族歷史源流》，中央民族大學出版社，1989 年；彭武文：《溪州銅柱及其銘文考辨》，岳麓書社，1994 年；田清旺：《從溪州銅柱到德政碑：永順土司歷史地位研究》，民族出版社，2014 年；羅士松主編《溪州銅柱論文輯錄》，岳麓書社，2015 年。

② 邵磊：《五代馬楚史料的一則重要發現——馬光贊墓誌考釋》，《南方文物》2007 年第 3 期。

③ 胡耀飛：《楊吳政權家族政治研究》，花木蘭文化出版社，2017 年，第 178~182 頁。

④ 劉剛主編《湖湘碑刻》（一），湖南美術出版社，2009 年；浯溪文物管理處編《湖湘碑刻》（二）《浯溪卷》，湖南美術出版社，2009 年。

⑤ 李花蕾、張京華《湖南地方文獻與摩崖石刻研究》，華東師範大學出版社，2011 年；李花蕾《湖南兩宋摩崖石刻考釋》，廣西師範大學出版社，2021 年。

⑥ 張京華、侯永慧、湯軍：《湖南朝陽岩石刻考釋》，中國社會科學出版社，2018 年；中共祁陽市委員會等：《浯溪摩崖石刻》，湖南大學出版社，2021 年。

昇州（楊吳昇州、南唐金陵府）兩地。作爲南唐的兩京，與唐代兩京頗爲相似，許多達官貴人會在死後葬於兩京。

揚州地區出土五代墓誌大部分與楊吳政權有關，比如光緒十四年（1888）出土的楊吳《尋陽長公主墓誌》（929），惜誌石已佚，但1975年重新進行考古發掘。[①]綜合性的整理，早年有揚州博物館吳煒藉助館藏文物整理的《揚州唐、五代墓誌概述》（1995）和吳煒、田桂棠編《江蘇揚州唐五代墓誌簡介》（2012）等。[②]近年來，揚州博物館進一步整理館藏，出版了由徐忠文、束家平主編的《揚州博物館藏唐宋元墓誌選輯》（2018），但衹是一種選本。[③]此外，揚州市文廣局朱明松就宋元以來揚州傳承下來的碑刻進行整理，出版《揚州碑刻輯考》（2020），這也沒有涉及大量墓誌。[④]因此，揚州大學李文才在前人的蒐集和研究基礎上，同樣利用身處揚州的便利，整理了《隋唐五代揚州地區石刻文獻集成》（2021），基本將唐末五代揚州金石文獻都整理清楚了，可謂學界之福。[⑤]故其他單篇墓誌考證，此不贅述。

金陵地區唐宋之際的金石文獻，早年可以追溯到南唐二陵發掘時出土的玉册等物，這些可以在舊、新兩版《南唐二陵發掘報告》（1957、2015）中予以瞭解。1999年，楊吳宣懿皇后墓在南京市雨花臺區鐵心橋得到正式發掘，彌補了楊吳政權帝后墓葬的空白，但這已經是卒於南唐後主時期的前朝皇后了，而且墓誌殘泐，所能提供的歷史信息有限。[⑥]在帝陵之外，則有《新中國出土墓誌·江蘇〔貳〕南京》（2014）收錄的九方南唐墓誌，這一數量已經較爲可觀。[⑦]但在此後，相關墓誌和買地券等依然有陸續出土。

除了揚州、金陵這兩京地區，其餘地方也有零星金石文獻，且頗爲重要，比

---

① 吳煒、徐心然、湯杰：《新發現之楊吳尋陽長公主墓考辨》，《東南文化》1989年增刊；李文才：《楊吳尋陽長公主墓誌銘考略》，柴冰、董劭偉主編《中華歷史與傳統文化論叢》第4輯，中國社會科學出版社，2018年，第18~32頁。

② 吳煒：《揚州唐、五代墓誌概述》，《東南文化》1995年第4期；吳煒、田桂棠編《江蘇揚州唐五代墓誌簡介》，自印，2012年。

③ 徐忠文、束家平主編《揚州博物館藏唐宋元墓誌選輯》，廣陵書社，2018年。

④ 朱明松：《揚州碑刻輯考》，廣陵書社，2020年。

⑤ 李文才：《隋唐五代揚州地區石刻文獻集成》，鳳凰出版社，2021年。

⑥ 邵磊、賀雲翔：《南京鐵心橋楊吳宣懿皇后墓的考古發掘與初步認識》，《東南文化》2012年第6期。

⑦ 故宮博物院、南京市博物館編《新中國出土墓誌·江蘇〔貳〕南京》，文物出版社，2014年，第44~52頁。

如武昌閱馬場出土的楊吳買地券，[①] 以及更爲知名的南通狼山題名。今南通在楊吳、南唐時期設有靜海鎮遏使，由當地姚氏家族掌控。楊吳天祚三年（937），當時的鎮遏使姚存朝覲楊吳西都金陵府後回，遂有此刻。此題名和附近出土的幾方姚氏家族墓誌如《東海徐夫人墓誌》（？）、《姚鍔墓誌》（945）等，不僅反映出當時靜海鎮地方勢力在朝代更替之際的政治抉擇，也展示出楊吳、南唐時期兩都制的具體情況。[②] 因此，此題名一直得到南通地方學者如穆烜（1977、1979）、陳旵（2007）、徐慎庠（2008）等人的關注。[③] 而且由於姚氏家族在楊吳、南唐政權和吳越國政權之間首鼠兩端的瀕海活動，也得到了關注海洋史的日本學者山根直生（2005、2006）的研究。[④]

此外，江西道雖然與湖南一樣在唐五代幾乎没有墓誌，但頗有一些其他形態的金石文獻。

鐘銘。唐末大順元年（890），撫州寶應寺鑄造銅鐘一口，出資者爲時任撫州刺史危全諷。此鐘現已不存，但銘文收錄於《金石萃編》等處。危氏家族不久之後爲楊吳政權所征服，子孫逃入吳越國并改姓元氏，亦爲望族。[⑤] 不過，在撫州依然有危氏，一直傳到元代，出了一個著名文人危素。根據危素相關的碑銘，也可以梳理唐末危氏家族的情況。[⑥] 但就此鐘銘而言，值得研究的内容依然未能得到很好的梳理。

鐵香爐。楊吳大和五年（933），洪州大安寺鑄造鐵香爐一尊，出資者也許是胡耀飛《南唐鐵香爐與五代十國楊吳政治》（2010）、《五代楊吳洪州大安寺鐵香爐及其銘文彙考》（2015）兩文所探討的楊吳權臣徐温親子之一、鎮南軍節度使徐知詢。胡耀飛認爲，鐵香爐銘文可以反映楊吳時期洪州地區鎮守的徐温親子藉助鐵香

---

① 凍國棟：《跋武昌閱馬場五代吳墓所出之"買地券"》，《魏晉南北朝隋唐史資料》第 21 輯，武漢大學文科學報編輯部，2004 年，第 256~268 頁。
② 胡耀飛：《南唐兩都制研究》，碩士學位論文，陝西師範大學，2011 年，第 7~9 頁。
③ 穆烜：《南通縣出土南唐東海徐夫人墓誌》，《文博通訊》1977 年第 6 期；穆烜：《對〈唐東海徐夫人墓誌〉的一點研究》，《文博通訊》1979 年第 2 期。陳旵：《五代南通姚氏集團之姚存與姚制》，《博物苑》2007 年第 1 期；收入陳金淵《南通成陸》，蘇州大學出版社，2010 年，第 208~220 頁。徐慎庠：《狼山題名坡二十七字及其他》，《南通今古》2008 年第 2 期。
④ 山根直生「南通市出土、五代十国期墓誌紹介」『福岡大学研究部論集・人文科学編』第 5 卷第 2 号、2005 年 11 月；山根直生「長江流域の諸相・靜海・海門の姚氏」日本宋代史研究會編『宋代の长江流域——社会経済史の視点から』汲古書院、2006 年、107-148 頁。
⑤ 李翔：《吳越國元氏家族演進述論》，《寧波大學學報》（人文科學版）2015 年第 5 期。
⑥ 錢汝平：《唐末五代危全諷、危仔昌兄弟家世補證——新見〈宋故危先生墓誌銘〉考釋》，編委會編《文津學誌》第 12 輯，國家圖書館出版社，2019 年，第 279~284 頁。

爐來寄托對徐溫掌權時期的懷念之情，從而隱晦表達對徐溫養子徐知誥的不滿。[①]當然，這也是推測。

以上兩種都是有拓片或銘文著録而無金石原物，類似的還有一些，因年深月久而消失，比如衹存在於宋人陳舜俞《廬山記》中的廬山東林寺題名。可以從中得到楊吳、南唐政權的江州地域史資料，胡耀飛已有梳理。[②]總之，即便是已經不存在的金石文獻，也值得研究。

（四）吳越區域

吳越國的疆域主要涵蓋唐代的兩浙道，僅浙西道缺少常州和潤州。此外，吳越國在閩國滅亡後一度占領福州三十多年。在這一範圍內，金石文獻所在多有。清人阮元（1764~1849）即編有《兩浙金石志》，予以集中呈現。[③]在各個地方市（府）縣，不僅有明清以來地方志中的金石部分，也有近百年來陸續整理的地方碑刻集。就唐宋之際這一段歷史來説，吳越區域的金石文獻大致有以下幾類值得特別關注。

造像記。吳越國是一個崇奉佛教的政權，除了廣建寺廟、佛塔，還有刊印佛經并藏諸寶篋塔的各種行爲。其中寶篋印經屬於金屬容器與紙質經卷相結合的文物，但并非直接在金屬容器上刻字，故而不再納入金石文獻範疇。[④]真正的佛教金石文獻，要屬造像記。吳越國的造像記大多在杭州西湖附近的山間，集中於石屋洞。阮元《兩浙金石志》著録了47品題記，羅振玉（1866~1940）在其《石屋洞造像題名》（1915）中亦著録了152品。[⑤]不過完整的整理由民國年間的"古物保

---

① 胡耀飛：《南昌鐵香爐與五代十國楊吳政治》，重慶中國三峽博物館編《長江文明》第4輯，河南人民出版社，2010年，第50~61頁；胡耀飛：《五代楊吳洪州大安寺鐵香爐及其銘文彙考》，韓永進主編《文津學誌》第8輯，國家圖書館出版社，2015年，第299~309頁。

② 胡耀飛：《宋人陳舜俞〈廬山記〉所見吳·南唐史料考論》，重慶中國三峽博物館編《長江文明》第7輯，河南人民出版社，2011年，第50~71頁。

③ 阮元編《兩浙金石志》，浙江古籍出版社，2012年。

④ 寶篋印經的研究，可參考王力《"寶篋印經塔"與吳越國對日文化交流》，《浙江大學學報》（人文社會科學版）2002年第5期，第27~32頁；黎毓馨《吳越國時期的佛教遺物——以阿育王塔、刻本〈寶篋印經〉、金銅造像爲例》，《浙江省文物考古研究所學刊》第11輯，文物出版社，2019年，第539~548頁。

⑤ 羅振玉輯《石屋洞造像題名》一卷，自刊，1915年。此外，羅振玉同時刊印了《龍泓洞造像題名》一卷，龍泓洞在西湖西邊的靈隱寺飛來峰區域，五代吳越國的造像不如宋代造像多，故此略過。可參考高念華《飛來峰造像》，文物出版社，2002年；謝繼勝《江南藏傳佛教藝術：杭州飛來峰石刻造像研究》，中國藏學出版社，2014年；賴天兵《漢藏瑰寶：杭州飛來峰造像研究》，文物出版社，2015年；趙雅辭《飛來峰造像研究》，博士學位論文，南京師範大學，2020年。

管委員會浙江分會"完成，當時製作了 222 品的拓片。這些拓片後來保存於浙江省博物館，未能得到很好的利用，直到近年纔由浙江省博物館彙編出版爲《杭州石屋洞吴越國題刻》（2019）一書。[①] 此外，常青《杭州石屋洞造像調查與資料輯録》（2017）一文對明清以來石屋洞造像的調查情况有所梳理，對題記也有彙集，可以一并參看。[②]

　　投龍簡。吴越國統治者在治理國家時，除了利用佛教，亦藉助道教，特別是延續了唐代武則天、唐玄宗以來的山川投龍傳統。關於道教齋醮科儀中的投龍儀式，學界已有研究，此不贅述。[③] 但就吴越國投龍來説，尚可繼續深入。一是目前已發現的吴越國投龍簡在唐宋時期各帝王的投龍簡中數量最多，且陸續有新的發現，王宣艷《吴越國投龍銀簡初探》（2019）所整理的 10 件祇是目前已發現的部分。[④] 二是對於投龍簡所揭示的歷史信息，尚未得到充分發掘。

　　瓷墓誌。起源於漢魏時期的墓誌，一般以石頭爲材質，常見的是青石質。不過在南方，完好無損又耐磨的石材并不常見，故而相比北方來説，一是墓誌製作較少，二是墓誌材質多樣。比如上林湖地區出土的唐宋之際瓷墓誌，就是這樣一類爲避免石頭年久磨泐而專門用燒製的陶瓷製作的墓誌。這批墓誌大約 100 件，屬祖浩《越窑瓷墓誌》（2013）已有全面整理。[⑤] 胡耀飛兩篇論文（2014、2015）和張宇佳（2020）碩士學位論文揭示了該批墓誌與吴越國浙東地方社會的關係。[⑥] 孟國棟（2018）則討論了這批墓誌的文化内涵。[⑦]

　　碑誌及其他。除了造像記、投龍簡、瓷墓誌這三類比較突出的特色金石文獻

① 浙江省博物館編《杭州石屋洞吴越國題刻》，中國書店，2019 年。

② 常青：《杭州石屋洞造像調查與資料輯録》，《石窟寺研究》第 7 輯，科學出版社，2017 年，第 36~85 頁；收入氏著《西湖佛迹：杭州石窟造像調查與研究》，中國書店，2020 年，第 114~168 頁。

③ 章澤洪：《唐代道教的投龍儀式》，《陝西師範大學學報》（哲學社會科學版）2007 年第 1 期；謝一峰：《唐宋間國家投龍儀之變遷》，姜錫東主編《宋史研究論叢》第 16 輯，河北大學出版社，2015 年，第 228~246 頁；吕博：《本命與降誕：唐代道教"投龍簡"再讀》，《世界宗教研究》2019 年第 2 期。

④ 王宣艷：《吴越國投龍銀簡初探》，朱曉東、凌亦鵬主編《吴越國史迹遺存發現與研究學術研討會論文集》，現代出版社，2019 年，第 219~228 頁。

⑤ 屬祖浩編《越窑瓷墓誌》，上海古籍出版社，2013 年。

⑥ 胡耀飛：《晚唐五代浙東出土墓誌罐輯考》，黎小龍主編《長江文明》第 16 輯，重慶出版社，2014 年，第 18~40 頁；胡耀飛：《姓望與家庭：瓷墓誌所見晚唐至宋初上林湖地區中下層社會研究》，王剛主編《珞珈史苑·2014 年卷》，武漢大學出版社，2015 年，第 99~133 頁。張宇佳：《越窑瓷墓誌所見九至十世紀的浙東慈溪地方社會》，碩士學位論文，首都師範大學，2020 年。

⑦ 孟國棟：《異質之美：上林湖新出瓷墓誌生成的地域因緣及其文化内涵》，《浙江社會科學》2018 年第 12 期。

外，吳越國還遺存了大量其他類型的金石文獻。比如最爲知名的丹書鐵券，作爲
吳越錢氏家傳之寶，得到了諸多關注，更涉及古代鐵券制度的展開。[①]又如吳越國
墓葬中的天文圖，已有考古報告《晚唐錢寬夫婦墓》（2012）、《五代吳越國康陵》
（2014）等予以揭載，相關研究也有不少。[②]至於石刻墓誌，雖然整個南方地區墓
誌存世不多，但亦有一些呈現，胡耀飛（2018、2022）即就吳越國、兩宋時期吳越
錢氏家族相關墓誌的著録情况進行梳理，亦在李前橋（2011）等人基礎上就蘇州、
常熟等地出土的吳越國中吳軍藩鎮相關九方墓誌進行了集中討論。[③]此外，吳越國
時期的經幢和碑刻也都有遺存，相關研究所在多有，日後有機會詳細梳理。[④]

（五）福建區域

唐宋之際，王審知建立的閩國政權繼承了唐後期福建觀察使所轄範圍，即福、
建、泉、漳、汀五州之地，與今天的福建省基本一致。不過閩國於 945 年滅亡後，
受周邊政權的影響和内部勢力的制約，福建區域一分爲三：福州爲吳越國所占，成
爲吳越國的彰武軍節度使治所州；建州、汀州爲南唐所占領，設永安軍節度使於建
州；泉州、漳州先後由留氏、陳氏所統治，爲清源軍節度使轄地，名義上稱臣於南
唐。[⑤]最終，三塊地區各自被納入北宋的版圖。在這一範圍内的金石文獻，清代已

---

① 關於吳越國鐵券的研究比較豐富，但因爲券文内容所提供的歷史信息有限，故而相關文章大多停
留在介紹階段，此不贅述。與鐵券制度相關的研究可以參考朱子彦、許仲毅《鐵券制略論》，《學
術月刊》1983 年第 1 期；王雪玲《鐵券制度考略》，《中國典籍與文化》2003 年第 1 期；洪海安《唐
代鐵券相關問題研究》，博士學位論文，陝西師範大學，2010 年。

② 浙江省文物考古研究所等：《晚唐錢寬夫婦墓》，文物出版社，2012 年；杭州市文物考古研究所等：
《五代吳越國康陵》，文物出版社，2014 年。相關研究可參考盧英振《吳越國星象圖研究綜述》，
朱曉東、凌亦鵬主編《吳越國史迹遺存發現與研究學術研討會論文集》，第 82~87 頁。

③ 李前橋：《江蘇常熟出土的六方吳越國墓誌》，黎毓馨主編《吳越勝覽國際學術研討會論文集》，中
國書店，2011 年，第 335~342 頁；胡耀飛：《傳世與出土：吳越國、兩宋時期吳越錢氏家族碑誌整
理》，姜錫東主編《宋史研究論叢》第 23 輯，科學出版社，2018 年，第 206~225 頁；胡耀飛：《吳
越國中吳軍墓誌輯證及使府職官考》，杜文玉主編《唐史論叢》第 35 輯，三秦出版社，2022 年。

④ 吳越國經幢研究可參考魏祝挺《吳越國佛塔經幢通考以及形制分布的初步研究》，碩士學位論文，
浙江大學，2016 年。碑刻方面，比如《吳公約神道碑》，可參考凍國棟《羅隱〈吳公約神道碑〉
所見唐末之“杭州八都”》，《魏晋南北朝隋唐史資料》第 15 輯，武漢大學出版社，1997 年，第
94~99 頁。又有《新建風山靈德王廟記》，可參考朱焯《吳越〈新建風山靈德王廟記〉碑的前世今
生》，王長金、彭庭松主編《吳越舊邦遺澤在：吳越國文化論壇暨第二屆學術研討會論文集》，浙
江工商大學出版社，2020 年，第 132~137 頁。

⑤ 胡耀飛：《地理位置·政治勢力·國際環境：王閩政權滅亡後福建地區之分裂探因》，《中山大學研
究生學刊》（社會科學版）2011 年第 1 期。

有馮登府（1783~1841）的《閩中金石志》[1]予以整理，但近代以來新出金石文獻不斷出土，故而可按王閩政權時期和三分時期來進一步梳理。

王閩政權時期的相關金石文獻早年有王鐵藩（1924~1995）的整理，但其中《王審知年譜》（1963）、《王審知墓志》（1964）僅有油印本，《王審知碑志》和《王審知祠志》則自1963年謄抄爲稿本後未見出版，故2015年彙集此四種形成的《王審知譜志彙編》（2015）已屬於晚近材料，尚未得到重視。[2]在此之前，學界對於閩國史的研究，大多依據其他來源。比如公開的考古報告，目前已有對1965年發掘的閩惠宗王鏻發妻劉華墓和1981年出土的王審知夫婦墓的披露。[3]另有福建當地各支王氏編纂的各種王氏族譜，比如在出土前即有族譜文本流傳的《王審知墓誌》。[4]此外，雖然沒有一部專門的國別史，但《淳熙三山志》等宋元方志已足够充當閩國史的重要史源，故而徐曉望對於美國學者薛愛華（Edward Hetzel Schafer，1913-1991）所撰《閩國》一書未能參考《淳熙三山志》感到遺憾，也指出薛書未能參考金石文獻。[5]當然，薛氏之書的優點還是存在的，比魏應麒（1904~1978）未能完成的閩史計劃要推進很多。[6]

具體而言，王閩政權時期的金石文獻，主要有以下幾類：一是王氏占領福州之前統治福建的福建觀察使陳岩的《陳岩墓誌》（893），胡耀飛（2018）已據此探討了從晚唐走向五代的陳岩統治之轉折性意義；[7]二是關於王審知本人的德政碑

---

[1] 馮登府編《閩中金石志》，海峽書局，2017年影印民國十六年（1927）吳興劉氏希古樓刻本。

[2] 王鐵藩編《王審知年譜》，福州市文物管理委員會，1963年；王鐵藩編《王審知墓志》，福州市文物管理委員會，1964年。這兩種再加上1963年的謄抄本《王審知碑志》和《王審知祠志》，合成了王鐵藩編《王審知譜志彙編》，福建人民出版社，2015年。

[3] 福建省博物館：《五代閩劉華墓發掘報告》，《文物》1975年第1期；氣賀澤保規「閩國劉華墓とその出土文物」『東アジアの海とシルクロードの拠点福建：沉没船、貿易都市、陶磁器、茶文化』愛知縣陶磁資料館、2008年、28-33頁；官桂銓、官大梁《閩王王審知夫婦墓誌》，《文史》第28輯，中華書局，1987年，135~144頁；鄭國珍：《唐末五代閩王王審知夫婦墓清理簡報》，《文物》1991年第5期。

[4] 王鐵藩所編《王審知墓志》即將族譜中流傳的墓誌文本編入，此外還編入《王審知神道碑》和其他與王審知墓相關的文獻。2015年出版的《王審知譜志彙編》中，則據1981年出土的《王審知墓誌》原文對族譜文本進行了校補。

[5] 徐曉望：《閩國歷史的回音》，澎湃新聞"翻書黨"，2019年10月10日。

[6] 魏應麒在民國時期有計劃撰寫一部《五代閩史》，但未能完成，而薛愛華的書正好彌補其缺憾。參見胡耀飛《讀薛愛華〈閩國〉——兼議魏應麒的〈五代閩史〉計劃》，《中外論壇》2022年第1期，上海古籍出版社，2022年，第219~236頁。

[7] 胡耀飛：《〈潁川郡陳府君墓誌〉所見陳巖家族對福建的統治（884~893）》，裴建平主編《紀念西安碑林930周年華誕學術研討會論文集》，三秦出版社，2018年，第327~349頁。

（906）、神道碑（926）、墓誌（926），相關研究所在多有；三是堅牢塔銘，該塔位於福州烏石山，閩景宗王曦於永隆三年（941）在唐塔舊址上所建，并有長篇銘文，可以反映當時的閩國政治制度，目前尚無專門的論文關注。

王閩政權滅亡後，福建地區一分爲三，金石文獻各有出現。

福州。與王審知有關且一直受到關注的是吴越國錢昱所撰《重修忠懿王廟碑銘》（976），這反映了吴越國在福州的統治盡量維護了王審知在當地遺留的權威。此外，閩國官員有進入吴越國政權并歸葬福州的情況，胡耀飛（2017）曾據《趙偓墓誌》（958）梳理了這樣的個案并探討了五代十國時期的"通判"與"判"的問題。①

建州。建、汀二州入南唐後，也有許多閩國出身的文武官員進入南唐爲官，許多人也選擇回葬家鄉，遂有不少墓葬，其中比較知名的就是《范韜墓誌》（952），詳載當時軍政信息，但還没有較好的研究。②

泉州。泉、漳二州在整個閩國和清源軍時期都比較有自己的特色，特別是與海外的交往方面，相關研究十分多樣。就金石文獻來説，泉州開元寺東西塔正好是五代時期泉州歷史的見證，其中1982年發現的開元寺五代石經幢就是比較重要的文物，屬於泉州被南唐征服初期的保大四年（946）由當時的泉州刺史王繼勳所立。③他是王審知侄孫，可惜不久就被留從效驅逐。有幸的是他本人的墓誌也已經於1987年出土於南京，雖然該誌誌文殘泐，未能顯示其名，但周裕興（1999）已經推測其爲王繼勳，高橋繼男（2000）、陶敏（1938~2013）（2001）不約而同考證其文即陳致雍所撰文，全文可見於《全唐文》卷八七五。④

（六）嶺南、安南區域

傳統意義上的嶺南一般包括目前廣東省、廣西省、海南省和越南北部，但在

---

① 胡耀飛：《五代的"通判"與"判"——從福州出土〈趙偓墓誌〉談起》，杜文玉主編《唐史論叢》第 25 輯，三秦出版社，2017 年，第 288~305 頁。

② 該誌誌文初見趙洪章《浦城發現南唐范韜墓誌銘》，《福建文博》1989 年第 1、2 期合刊。此後，余奎元簡單談了該誌對於南唐滅閩戰役的史料價值，參見余奎元《頗有史料價值的范韜墓誌銘》，《福建史志》2004 年第 4 期。

③ 林宗鴻：《泉州開元寺發現五代石經幢等重要文物》，《泉州文史》1986 年第 9 期。

④ 周裕興：《南京西善橋發現五代閩國王氏族人墓誌》，《考古》1999 年第 7 期；高橋繼男：《對〈南京市西善橋發現五代閩國王氏族人墓誌〉一文的補充》，翁育瑄譯《考古》2000 年第 9 期；陶敏：《王繼勳墓誌及其撰人》，《考古》2001 年第 11 期。

十世紀越南北部（即唐代的安南都護府轄區）獨立發展之後，嶺南這一稱呼往往縮小爲我國境内的三個省份。由於本文探討的正是十世紀，故而將嶺南區域按照十世紀的真實情況，直接分爲嶺南和安南兩個區域，其中南漢政權統治區域直接沿用唐代的嶺南道之道名，安南區域的地方勢力及其獨立後的丁、黎二朝，則使用唐代的安南都護府之名。衹是由於唐宋之際安南區域的金石文獻太少，故而附於嶺南區域之後整理。

　　就嶺南區域而言，雖然傳世和出土的金石文獻不多，但在清代嶺南地方意識興起的大背景下，對於金石文獻的關注依然所在多有。比如吳蘭修（1789~1839）所輯《南漢金石志》就是第一部南漢政權金石書，甚至可以說是第一部五代十國單個政權的金石志書。在該志中，已著錄了當時所能見到的大部分南漢金石，其中大部分保存至今，比如東西鐵塔銘等。陳鴻鈞和黃兆輝（2010）對此書已有補徵整理，更進一步擴充了南漢金石情況，雖然數量依然不多。[①] 在此之外，嶺南金石受到的關注日漸稀少，甚至日本學者走在前面，如户崎哲彦《唐代嶺南文學與石刻考》（2014）等書，衹是没有具體到五代的。[②]

　　好在近年來又發現一些金石文獻，可補其缺。比如目前南漢政權有烈宗劉隱德陵、高祖劉岩康陵、中宗劉晟昭陵得到了發掘并建有以德陵、康陵爲基礎的南漢二陵博物館，雖然還没有單獨出版的考古報告，但其中部分出土文物如2000年出土的康陵哀册，頗可反映南漢禮制之部分問題，已得到相關研究。[③] 此外，隨着南漢二陵博物館的興建，南漢相關文物的整理也日漸得到重視，該館所編《漢風唐韻——五代南漢歷史與文化》（2020）即收錄了包括哀册在内的許多重要金石文獻的拓片和錄文。[④] 又有一些南漢官員的墓誌也得到發掘且意義頗大，比如《吳存鍔墓誌》（917）反映了南漢立國初期的一些史事，程存潔（1994）和陳鴻鈞（2007）

---

① 吳蘭修、梁廷楠撰，陳鴻鈞、黃兆輝補徵《南漢金石志補徵　南漢叢錄補徵》，廣東人民出版社，2010年。

② 户崎哲彦：《唐代嶺南文學與石刻考》，中華書局，2014年。

③ 劉文鎖：《南漢〈高祖天皇大帝哀册文〉考釋——兼説劉氏先祖血統問題》，《漢學研究》第26卷第2期，2008年6月；陳鴻鈞：《廣州出土南漢〈高祖天皇大帝哀册文〉考釋》，《東南文化》2012年第6期；王承文：《南漢王朝與北方家族關係新證——以〈王涣墓誌〉和〈高祖天皇大帝哀册文碑〉爲綫索的考察》，編委會編《紀念岑仲勉先生誕辰130周年國際學術研討會論文集》，中山大學出版社，2019年，第467~491頁。

④ 南漢二陵博物館編《漢風唐韻——五代南漢歷史與文化》，文物出版社，2020年。其中第一部分《嶺南大漢國》收錄了許多重要金石文獻的拓片，第二部分《都城興王府》整理了南漢宮殿的考古發掘情況，第三部分《考古現三陵》披露了得到發掘的德陵、康陵、昭陵的部分出土文物。

已有揭示。[①] 此外，南漢韶州雲門山上與雲門宗創始者文偃有關的兩通碑文，也是比較重要的南漢史和禪宗史文獻。

這裏特別梳理一下買地券的情況，五代時期的買地券，以楊吳、南漢爲多。不過雖然有對部分買地券的單篇考證，但以單個政權爲範圍的整理較少，易西兵（2019）對南漢買地券有初步研究，期待以後有更全面的整理。[②] 此外，大多買地券存在於整體性的整理之中，比如以下幾種：張傳璽（1927~2021）主編《中國歷代契約粹編》（2014）、魯西奇《中國古代買地券研究》（2014）、黃景春《中國宗教性隨葬文書研究》（2017）、李明曉《新見魏晉至元買地券整理與研究》（2020）、褚紅《歷代買地券輯注》（2020）[③] 等。

最後，關於安南地區的金石文獻，五代時期的不多。中國臺灣和越南學者合編的《越南漢喃銘文彙編》第一集《北屬時期至李朝》（1998）收錄了高駢所立《天威徑新鑿海派碑》（870）和《日早古鐘》（948）以及數件陀羅尼碑等。其中高駢所立碑已有王承文（2013）的深入討論，日早古鐘銘則有耿慧玲（2012）的研究。王文主要探討了該碑所反映的漢唐安南海上通道的重要性，耿文則將此鐘與南漢地區其他同一時期的銅鐘進行對比，來看當時當地的佛道信仰。[④]

結　語

通過上文的全面梳理，可以得到唐宋之際特別是五代十國政權金石文獻出土和研究的基本情況。不過需要說明的是，如果要把金屬貨幣也納入金石文獻的話，恐怕本文是不完整的。但學界一般不將金屬貨幣歸入金石文獻研究範疇，畢竟就數量而言，金屬貨幣大量鑄造，并非獨一無二。金屬貨幣上面也沒有用於記事的長篇

① 程存潔：《新發現的後梁吳存鄂墓誌考釋》，《文物》1994年第8期；陳鴻鈞：《〈後梁吳存鄂墓誌銘〉補考》，《廣州文博》第1輯，文物出版社，2007年，第211~224頁。
② 易西兵：《五代南漢買地券初步研究》，《江漢考古》2019年第6期。
③ 張傳璽主編《中國歷代契約粹編》，北京大學出版社，2014年；魯西奇：《中國古代買地券研究》，廈門大學出版社，2014年；黃景春：《中國宗教性隨葬文書研究：以買地券、鎮墓文、衣物疏爲主》，上海人民出版社，2017年；李明曉：《新見魏晉至元買地券整理與研究》，人民出版社，2020年；褚紅：《歷代買地券輯注》，文物出版社，2020年。
④ 王承文：《晚唐高駢開鑿安南"天威遙"運河事迹釋證——以裴鉶所撰〈天威遙碑〉爲中心的考察》，《中央研究院歷史語言研究所集刊》第81本第3分，2013年，第513~650頁；耿慧玲：《越南南漢時代古鐘試析》，第三屆中國古文獻與傳統文化國際學術研討會，中國社會科學院歷史研究所，2012年1月。

銘文，而祇有貨幣名稱或幣值數字。此外，金屬貨幣常常用於研究經濟史和金屬鑄造史，有單獨的研究體系，與墓誌、碑刻等用於政治史、軍事史和社會文化史等有別。因此，關於唐宋之際的金屬貨幣，以後有機會專門梳理。總而言之，五代十國金石文獻的情況如上所述，綜合性的和區域性的皆如上述。綜合性的整理方面，不僅有對全部五代時期墓誌的彙編，還有對墓誌本身的整體性研究。不過墓誌之外，造像記、買地券等特殊金石文獻的綜合性整理和研究尚待加強。區域性的研究，則可以分爲北方的中原、河朔、河東、秦岐·定難·朔方和南方的西蜀、荆南·湖南、江淮、吳越、福建、嶺南·安南等區域，每個區域的金石文獻各有特色。整體而言，北方以墓誌爲多數，南方以其他各種類型的金石總和爲多數，且更多爲偏宗教性的内容。

挂一漏萬，本文僅僅是一個基於筆者視野的整理，若有遺漏，還請相關作者諒解，讀者諸公補充。最後要説，目前五代十國金石文獻的整理和研究依然不是很充分，期待本文能够抛磚引玉，引起大家更多關注。

作者附記：本文曾在中國唐史學會第十三届理事會第三次會議暨"出土文獻與隋唐史研究的新視野"學術研討會上宣讀，蒙谷更有、張劍光指正，謹此致謝！

宋代墓誌碑銘研究及整理綜論

仝相卿

一　引言

墓誌碑銘作爲新史料的意義，饒宗頤先生曾經強調："向來談文獻學（philology）者，輒舉甲骨、簡牘、敦煌寫卷、檔案四者爲新出史料之淵藪。余謂宜增入碑誌爲五大類。碑誌之文，所與史傳相表裏，闡幽表微，補闕正誤，前賢論之詳矣。"[①]饒宗頤把墓誌碑銘類文獻與甲骨、簡牘、敦煌文獻和明清内閣檔案并稱，是非常有眼光的。陸揚以南北朝時期墓誌碑銘材料爲例，認爲其對"瞭解從南北朝到隋唐時期的層層面面提供了許多重要的細節，使史家對這段重要歷史時期的重構能從平面走向立體，從單一走向多元"，[②]意義重大。故利用出土墓誌碑銘研究各類問題，已經成爲魏晋隋唐文史學界的學術熱點和前沿領域。

然而，由於宋代傳世文獻較前代大爲豐富，故宋代文史學者對出土墓誌碑銘類文獻的關注和使用，遠不如魏晋隋唐學界那麽重視。例如，北宋中期名臣徐的，《宋史》卷三〇〇有傳，他的墓誌公布於 1959 年，[③]一直到 2018 年劉成國教授出版《王安石年譜長編》時，纔第一次利用這方出土墓誌考證王安石上書徐的的時間，[④]

---

① 饒宗頤：《唐宋墓誌：法國遠東學院藏拓片圖録·引言》，中文大學出版社，1981 年，第 3 頁。
② 陸揚：《從墓誌的史料分析走向墓誌的史學分析——以〈新出土魏晋南北朝墓誌疏證〉爲中心》，《中華文史論叢》2006 年第 4 期。
③ 吴秘：《宋故三司度支副使荆湖南北路安撫使朝散□□□□□□□□輕車都尉賜紫金魚袋徐公墓誌銘并序》，載王德慶《江蘇江寧東馮村宋徐的墓清理記》，《考古》1959 年第 6 期。
④ 劉成國：《王安石年譜長編》，中華書局，2018 年，第 119 頁。

從公布到使用時間跨度長達 60 年。又如，北宋晚期田子茂墓誌拓片公布於 1958 年，[①] 游彪教授 2019 年在《中國史研究》刊出宏文，首次通過深入解讀，形象刻畫了作爲前朝名門後裔的田子茂，如何在北宋晚期由平民逐漸成長成爲武將的生活經歷，[②] 從公布到利用的時間超過了 60 年。這或爲宋代文史學界利用出土墓誌碑銘材料討論相關問題的一個縮影。

雖則如此，宋代出土墓誌碑銘作爲新材料的意義并不能低估。對出土墓誌碑銘的搜討，清代金石學者在其作品中已經多有注意，民國以來，更有利用墓誌作爲研究者，就宋代部分而言，"柯昌泗跋祖士衡的墓誌銘及牟潤孫考證折可存的墓誌銘兼論宋江，都是有名的例子"。[③] 中華人民共和國成立之後，隨着考古工作的廣泛開展，許多出土宋代墓誌資料逐漸刊布於各類期刊上，還有部分出土墓誌或以家族、或以地域、或以館藏及私人收藏等形式進行整理出版，其總體數量相當可觀。

除了出土墓誌碑銘外，宋代傳世文獻對此類資料亦有較多保存。因雕版印刷技術的發展，宋代許多文人文集得以刊刻并流傳至今，其中所收錄的墓誌碑銘資料是宋代墓誌碑銘的最大宗。宋人杜大珪還專門把當時所謂名臣撰寫的諸多墓誌碑銘等資料編撰成集，計一百卷，流傳後世。[④] 對於此類材料，宋代文史學界的使用和研究已經漸次展開。

需要强調的是，"墓誌碑銘"按照不同的分類方式可以有不同的範圍，按照位置及性質可分地下墓室內隨葬的墓誌銘、壙誌和墓上所立的神道碑、墓表、碑碣、後碑等；按照保存方式則又有傳世文獻和出土文獻之別。本文的"墓誌碑銘"沿襲前輩學者所做的概念界定："所謂墓誌碑銘，可大別爲墓前所立之碑碣、墓表與壙內所藏之誌銘版記兩類，而其間又因墓主身份、所用文體、適用場合及碑銘材質之不同，而有種種異名。如墓前所立之神道碑、墓碣，唯品官可用。一般人衹可用墓表、阡表。至於墓內所藏誌銘則以墓誌銘或墓誌銘并序爲題者所見最多，但亦有單

---

① 《宋故武功大夫河東第六將管轄訓練澤州隆德府威勝軍遼州兵馬隆德府駐扎田公墓誌銘》，載馮文海《山西忻縣北宋墓清理簡報》，《文物參考資料》1958 年第 5 期。

② 游彪：《名門後裔：宋代一個普通人的異常生活軌迹》，《中國史研究》2019 年第 3 期。

③ 黃寬重：《宋史研究的重要史料——以大陸地區出土宋人墓誌資料爲例》，《新史學》第 9 卷第 2 期，1998 年。

④ 杜大珪編，顧宏義、蘇賢校證《名臣碑傳琬琰集校證》，上海古籍出版社，2021 年。

稱墓誌、墓銘，或以壙誌、壙銘、埋銘、墳記、石記爲題者。"①大體上屬於廣義概念上的墓誌碑銘。

二　作爲主體材料的宋代墓誌碑銘研究現狀②

就出土宋代墓誌而言，公開發表墓誌拓片或釋文，并進行簡單考述，或從單一墓誌糾正史籍謬誤及補充史文不足，這是當下對新出墓誌碑銘較爲流行的方法。榮麗華曾對 1949~1989 年公布的墓誌碑銘有較好的匯總，其中涉及的宋代部分絕大多數爲這樣的做法。③1990 年之後公布的宋代墓誌碑銘及類似考釋性文字，多散見於考古、文博及歷史學雜志。僅舉數例稍加說明：李偉國利用出土《宋故馮翊郡太君張氏墓誌銘》，對學界已經成爲定論的范仲淹三位夫人中的曹氏夫人進行質疑，認爲其當爲張氏，所謂的范仲淹夫人曹氏，其丈夫實際上是北宋宗室趙仲淹，④相當精彩。何冠環通過對楊畋墓誌的考證，豐富了北宋楊家將後人的諸多細節，很有見地。⑤李裕民通過藏於大唐西市的潘承裕及其夫人王氏墓誌，細緻地分析出周世宗皇子在宋朝建立之後被潘美收爲養子的驚天秘密，令人信服。⑥值得一提的是，名臣的出土墓誌或會引起學界稍多關注。北宋前期名臣李若拙墓誌出土之後，李偉國曾撰文對其史料價值及補史證史的價值有所說明。⑦李裕民則通過墓誌文本的考釋，分析出楊業戰死前一次絕密軍事會議的參與人員，進而說明這次絕密軍事會議如何被公布於世的過程。⑧張經洪對李若拙家世、婚宦、子嗣、卒葬時間、地點等生平行實加以梳理，認爲可證史記、補史闕、訂史誤，并提及誌文中所涉楊繼業

① 劉静貞：《女無外事？——墓誌碑銘中所見之北宋士大夫社會秩序理念》，《婦女與兩性學刊》1993年第 4 期。
② 魏峰先生對南宋出土碑誌的研究有相當全面而細緻地整理，可參閲魏峰《南宋出土碑誌研究芻議》，《中國史研究動態》2021 年第 4 期。
③ 榮麗華編集，王世民校訂《1949—1989四十年出土墓誌目録》，中華書局，1993 年，第 182~248 頁。
④ 李偉國：《〈宋故馮翊郡太君張氏墓誌銘〉考》，鄧小南等主編《宋史研究論文集》，雲南大學出版社，2009 年，第 599~624 頁。
⑤ 何冠環：《楊家將研究的新史料：讀楊畋〈楊畋妻陶氏墓誌〉及王陶〈楊畋墓誌銘〉》，《楊家將文化》2009 年第 3 期。
⑥ 李裕民：《周世宗皇子失蹤之謎——趙匡胤政治權謀揭秘》，《浙江學刊》2013 年第 4 期。
⑦ 李偉國：《洛陽新出李若拙墓誌讀後》，載暨南大學古籍研究所、江門市檔案局主編《陳樂素先生誕生一百周年紀念文集》，齊魯書社，2014 年，第 514~519 頁。
⑧ 李裕民：《絕密軍事會議如何會驚現於世——〈宋史·楊業傳〉揭秘》，《商丘師範學院學報》2015年第 1 期。

事，對抗遼名將楊繼業陣亡的準確地點及撰傳緣由有所揭示。[①] 屬於近年來宋代文史學界關注較多的一方出土墓誌。

另需強調的是，鄭州大學陳朝雲教授近十年來帶領學術團隊，先後對賈昌齡、李從生、綦願、符昭願、李中吉夫婦、李昌世夫婦以及燕介等北宋墓誌進行持續考釋工作，是在這一領域用功最勤的學者。[②] 除了補史證史和公布新材料之外，宋代文史學界對墓誌碑銘的使用和研究，主要有以下幾個方面。

第一，以墓誌碑銘爲主要材料，從事宋代家族史的研究。有學者認爲，宋代家族史 "真正的研究是從二十世紀八十年代興起的"，[③] 當時的研究重點爲 "義門"，史料使用上以 "族規、宗譜爲主要依據"。自二十世紀九十年代開始，家族史或家庭史研究 "在史料運用上尤其重視墓誌銘"，[④] 是對學術動態高屋建瓴的把握。對於宋代家族史的研究，學界 "主要是側重家族本身的興起、發展、遷徙和衰落過程以及經濟、教育、婚姻、家風等方面的探討，衹是根據家族的不同個性而各有側重而已"。[⑤] 在利用墓誌銘討論家族史或家庭史過程中，形成了相當豐富的學術成果，[⑥] 其中有兩部專著是較具代表性的作品。陶晉生從家庭及家族維持、婚姻和生活三個方面，考察了北宋士人起家、宦海沉浮及家族維持，婚姻、婦女的教育、再嫁，士人的日常生活等，并附有北宋韓琦家族、山陰陸氏家族和新昌石氏家族三個不同類別的個案研究加以深化。[⑦] 黃寬重則通過四明袁氏、樓氏、汪氏、高氏以及江西張

---

① 張經洪：《宋名臣李若拙墓誌銘考釋》，載郭英德主編《斯文》第 2 輯，社會科學文獻出版社，2017 年，第 255~275 頁。

② 陳朝雲、許世娣：《范仲淹撰賈昌齡墓誌研究——兼及出土文本與傳世文本的比較》，《中州學刊》2013 年第 11 期；陳朝雲、趙俊杰：《北宋李從生墓誌探微》，《中原文物》2015 年第 3 期；陳朝雲、常樂：《北宋前期孔宗堯墓誌銘考釋》，《中原文物》2016 年第 1 期；陳朝雲、劉夢娜：《北宋綦願夫婦墓誌考釋》，姜錫東主編《宋史研究論叢》第 18 輯，河北大學出版社，2016 年，第 73~87 頁；陳朝雲：《北宋符昭願墓誌及相關問題研究》，《河南師範大學學報》2017 年第 1 期；陳朝雲、霍倩：《北宋李中吉夫婦墓誌及相關問題研究》，《鄭州大學學報》2019 年第 1 期；陳朝雲：《北宋李昌世及夫人尹氏墓誌銘研究》，《史學史研究》2019 年第 3 期；陳朝雲、陳瑜：《北宋燕介墓誌及其相關問題研究》，《鄭州大學學報》2021 年第 1 期。

③ 朱瑞熙、程郁：《宋史研究》，福建人民出版社，2006 年，第 269 頁。

④ 張邦煒：《黃寬重〈宋代的家族與社會〉讀後》，《歷史研究》2007 年第 2 期。

⑤ 粟品孝：《組織制度、興衰沉浮與地域空間——近八十年宋代家族史研究走向》，《社會科學戰綫》2010 年第 3 期。

⑥ 馬雪、吉成名：《1991 年以來宋代家族史研究述評》，《中國史研究動態》2007 年第 4 期；粟品孝：《組織制度、興衰沉浮與地域空間——近八十年宋代家族史研究走向》，《社會科學戰綫》2010 年第 3 期。

⑦ 陶晉生：《北宋士族——家庭·婚姻·生活》，樂學書局，2001 年。

氏和程氏六個家族個案的討論，通過個案研究和宏觀提升相結合的方法，把家族興起與科舉制度，家族發展與地方社會，家族興衰與社會流動等議題緊密結合，凸顯出家族與社會之間的互動，從而深化了宋代家族史的研究。^① 近年來，利用出土宋代墓誌討論宋人的家族發展、維持與變遷等，成爲宋代文史學界利用墓誌碑銘材料展開研究的學術增長點之一。如胡昭曦利用出土墓誌資料，對成都范氏家族世系做了重要補充，并討論了范氏家風問題。^② 鄧小南利用出土何澹家族墓誌，勾勒出何澹家族在宋代的發展，并呈現何澹在不同時期中的"多面"形象。^③ 另外，不少研究生利用出土的家族性墓誌材料，討論宋代士大夫家族的世系、起家及發展情況。河北大學宋史研究中心梁松濤教授培養的碩士研究生，先後對洛陽石氏家族、平陽林氏家族、饒陽王氏家族、真定賈氏家族、太原吳氏家族等有過系統研究，^④ 梁教授屬於近年來指導研究生利用出土墓誌材料討論宋代家族問題較爲集中的學者。

　　第二，利用墓誌材料，開展宋代女性史的研究。劉静貞以北宋文集中女性墓誌爲基本資料，探討士大夫在試圖落實"女正位乎内"的價值理念時，如何調整其理想社會秩序與現實生活間的歧互之處，認爲墓誌銘中的女性形象是撰寫者與其同時代人對某種社會秩序的堅持。^⑤ 她還以歐陽修作爲個案，討論了歐陽修書寫中的女性與實際宋代女性之間的關係。^⑥ 鄧小南探討了宋代蘇州地區士人家族中婦女的角色及地位問題。^⑦ 鄭必俊對千篇宋代婦女墓誌銘進行歸納，論述了墓誌中所見兩宋官紳家族中婦女文化素養的提升、相夫教子、經營家族及和諧人際關係努力等情況。^⑧ 楊果精闢地分析了宋人墓誌中女性形象孝女、順婦、賢妻、慈母的模式化

① 黄寬重：《宋代的家族與社會》，北京圖書館出版社，2009 年。
② 胡昭曦：《蜀學研究與文物資料——宋代成都范氏墓誌新見》，《西華大學學報》2010 年第 5 期。
③ 鄧小南：《何澹與南宋龍泉何氏家族》，《北京大學學報》2013 年第 1 期。
④ 鄭金波：《北宋洛陽石氏家族研究》，碩士學位論文，河北大學，2019 年；崔文静：《宋代平陽林氏家族研究》，碩士學位論文，河北大學，2019 年；李湛棟：《北宋饒陽王氏家族研究》，碩士學位論文，河北大學，2020 年；李亞輝：《北宋真定賈氏家族研究》，碩士學位論文，河北大學，2020 年；朱亞琳：《北宋太原吳氏家族研究》，碩士學位論文，河北大學，2021 年。
⑤ 劉静貞：《女無外事？——墓誌碑銘中所見之北宋士大夫社會秩序理念》。
⑥ 劉静貞：《歐陽修筆下的宋代女性——對象、文類與書寫期待》，《臺大歷史學報》第 32 期，2003 年。
⑦ 鄧小南：《宋代士人家族中的婦女：以蘇州爲例》，原刊《國學研究》第 5 卷，今據鄧小南《朗潤學史叢稿》，中華書局，2010 年，第 279~317 頁。
⑧ 鄭必俊：《兩宋官紳家族婦女——千篇宋代婦女墓誌銘研究》，《國學研究》第 6 卷，北京大學出版社，1999 年，第 117~140 頁。

形象，并討論了此模式化形象出現的原因。① 黃繁光觀察了墓誌銘中顯示的宋代婦女操持家務所得的現世福報，認爲除了傳統的婦德外出現了新的贊美内容，顯示了社會環境快速變動下主婦們的新工作。② 柏文莉從宋元墓誌中"妾"稱謂的變化和對妾關注度的提高，得出在由宋到元的時間内妾的母性地位日漸提升的現實的結論。③ 鄭麗萍以《全宋文》所收録的 4802 篇墓誌爲基礎，以宋代婦女婚姻生活研究爲對象，考察了宋代男女婚姻締結過程中的擇偶觀、婚姻社會圈、婚姻地域圈及初婚年齡，分析了宋代婦女在家庭生活中的夫妻關係、人際交往、年齡和生育狀況，還闡述了宋代婚姻關係的解除和當時社會貞潔觀念的變化。④ 鐵愛花通過墓誌銘討論了宋代士人階層女性在公領域的活動、女性的閲讀活動、女性的休閑活動及夫妻關係和妻妾關係等問題。⑤ 宋冬霞從墓誌銘史料入手，討論了宋代士大夫家庭中女性的佛教信仰。⑥ 陳朝雲利用出土墓誌銘和墓葬壁畫材料對女性日常生活狀態進行考察，她認爲宋代富裕階層的女性雖然仍普遍受到女治内事、無故不窺中門道德理想的規範，但在賑濟灾民、修葺寺院等方面仍有一定的外事參與，傳世文獻所謂的不預外事僅限於女性對其丈夫的政治活動的干涉，女性對其子嗣政治活動的參與則没有限制。平民階層的女性由於生計所需，基本不受以上道德理想的約束。⑦ 丁寧寧着重對士家女眷墓誌的題額、銘辭、誌文和價值四個議題進行文獻學考察，

---

① 楊果：《宋人墓誌中的女性形象解讀》，原刊《東吳歷史學報》2004 年第 11 期，今據楊果《宋遼金史論稿》，商務印書館，2010 年，第 300~327 頁。類似宋代女性形象的議題，既有别出心裁的類别區分，也有資料充實的碩士學位論文，但個人以爲其結論似乎難以超越劉静貞和楊果兩位教授的研究。參見宋冬霞《淺議宋代墓誌中的多元女性類型》，《青海社會科學》2007 年第 6 期；范焕莉《宋代墓誌銘中女性形象書寫研究》，碩士學位論文，河南師範大學，2017 年。

② 黃繁光：《宋代墓誌銘中的報償表述法——以士人仕宦際遇及婦女持家生涯爲探討中心》，《東吳歷史學報》2004 年第 12 期。

③ Beverly Bossler, "Coucubines in Song and Yuan Funerary Inscriptions,"《東吳歷史學報》2004 年第 12 期。

④ 鄭麗萍：《宋代婦女婚姻生活研究——以〈全宋文〉所涉 4802 篇墓誌爲例》，博士學位論文，華東師範大學，2009 年。宋代不同地區的差異性頗大，近來有碩士學位論文從區域墓誌銘入手，考察某一地區女性的生活狀況，切入點極佳，然而，行文期間區域差異無法顯示，稍有遺憾，是墓誌文體的限制還是深入分析不够，是值得進一步思考的話題。見李珍《從宋代福建路墓誌銘看女性生活狀況》，碩士學位論文，福建師範大學，2016 年。

⑤ 鐵愛花：《宋代士人階層女性研究》，人民出版社，2011 年，第 190~345 頁。

⑥ 宋冬霞：《宋代士人家庭女性的崇佛情結——以墓誌爲中心史料的考察》，載姜錫東、李華瑞主編《宋史研究論叢》第 12 輯，河北大學出版社，2011 年，第 646~657 頁。

⑦ 陳朝雲、朱夢園：《考古材料所見宋代女性的活動及社會參與》，《中州學刊》2020 年第 4 期。

在擴大了對宋代女性研究的同時，還拓寬了宋代墓誌碑銘研究的學術視域，[①] 對於碩士研究生而言比較難得。段舒揚則從墓誌銘所見女性姓名出發，認爲與前代中上層女性相比，宋代女性的名及字對女德格外强調，而極少涉及姿容等，與同時代侍妾婢伎等下層女性的名字也有明顯差别，[②] 力圖在既有研究的基礎上，[③] 利用墓誌銘材料對特定階層女性姓名特點進行更爲深入地研究。

第三，以墓誌銘材料爲主體，考察宋代喪葬問題。韓桂華從卒地與葬地、原鄉和次鄉、禮制與法制三個層面嘗試探討了宋代官員的歸葬問題。[④] 肖紅兵選取與哀榮之典有關的官員卒葬制度作爲研究内容，即着重對皇帝和太后等人親行參與的臨奠、舉哀、輟朝和御賜碑額等制度進行微觀考察，藉以對兩宋時期的君臣關係和官員的終極待遇等問題進行探討，其中利用了大量墓誌碑銘材料。[⑤] 徐戰偉以墓誌資料爲主，結合宋代喪葬禮儀制度，從"歸葬概念""歸葬原因、時間、地點""宋代官員歸葬群體分析""宋代歸葬問題中體現的喪葬觀念"等四個方面，對宋代歸葬問題的發展和演變進行梳理和探討，并嘗試總結了宋代歸葬習俗的時代特色。[⑥] 任桂磊利用墓誌材料，從宋代權葬的一般情況、社會原因、後期處理和時人對此問題的看法等出發，討論了宋代權葬的多樣化特點。[⑦] 華明星則把權葬問題集中到北宋宗室這一特殊群體上，通過對大量北宋宗室墓誌銘的研讀，討論了北宋宗室的權葬特色。[⑧]

第四，利用墓誌銘中墓主享年信息，討論宋人年齡問題。陶晋生、程民生利用墓誌材料，對宋人年齡、婚齡等問題有過定量分析。[⑨] 上海師範大學李娜通過對

①　丁寧寧：《宋代士家女眷墓誌研究——以義例爲中心》，碩士學位論文，信陽師範學院，2021 年。

②　段舒揚：《宋代士人階層女性取名風尚探析——以墓誌銘爲中心的考察》，《保定學院學報》2021 年第 4 期。

③　刁培俊、張文燕：《芳名遺蹤：宋代女性人名用字探考》，《廈門大學學報》2012 年第 3 期；楊果：《從宋代婦女名字看社會性别文化建構——以宋人筆記爲中心》，《武漢大學學報》2014 年第 1 期。

④　韓桂華：《墓誌銘中所見宋代官員歸葬問題》，"宋代墓誌史料的文本分析與實證運用"國際學術研討會論文集》，2003 年 10 月。

⑤　肖紅兵：《宋代官員卒葬制度研究：以哀榮與飾終爲中心》，博士學位論文，華東師範大學，2014 年。

⑥　徐戰偉：《宋代歸葬問題研究》，碩士學位論文，河北大學，2019 年。

⑦　任桂磊：《宋代權葬問題研究——以墓誌爲中心》，碩士學位論文，鄭州大學。2020 年。

⑧　華明星：《北宋宗室喪葬研究——以"權厝"爲中心的考察》，碩士學位論文，河南大學，2020 年。

⑨　陶晋生：《北宋士族——家族·婚姻·生活》，第 144~151 頁；程民生：《宋人婚齡及平均死亡年齡、死亡率、家庭子女數、男女比例考》，載朱瑞熙等主編《宋史研究論文集》第 11 輯，巴蜀書社，2006 年；今據程民生《宋代人口問題考察》，河南人民出版社，2013 年，第 194~213 頁。

4723 方宋代墓誌銘的統計分析，對墓主年壽、死因、性別、身份等問題做了全方位的研究。^①陸岩以北宋墓誌資料爲研究中心，抽取2183例人口樣本進行統計分析，計算出北宋人口平均死亡年齡爲 53.30 歲，并認爲時人死亡高峰期有兩個，分別爲54~62 歲和 68~73 歲。^②雲南民族大學李娜以南宋明確記載享年的 2166 篇墓誌史料爲基礎，計算得出南宋特定人群的平均死亡年齡爲 63.67 歲，并認爲南宋後期人口的平均死亡年齡最高，初期人口死亡年齡最低。^③

第五，利用墓誌材料，考察特定社會群體。平田茂樹從劉摯所撰墓誌銘入手，討論了元祐"舊法黨"中核心集團"劉摯黨"人員的組成、地域、仕履及錯綜複雜的日常關係網絡。^④何冠環以《全宋文》所收碑銘爲資料基礎，考録了宋初三朝十八位內臣相關事迹。^⑤苗書梅從墓誌中爬梳北宋元豐改制之前的監當官的相關材料，對北宋前中期監當官的設置和履職情況進行探討，很大程度上勾勒出這些在正史當中很少顯現的群體。^⑥林文勛對宋代墓誌銘中的"富民"階層進行了考察，認爲他們是"占有大量財富但又没有政治特權的社會群體，主要靠財富和文化教育在社會上立足。雖然有爲富不仁的行爲，但大多數的富民在地方社會事務中發揮了重要的作用"。^⑦鄭銘德通過對宋代商人的墓誌銘研究，認爲士人對商賈仍有某種程度的排斥態度，故在書寫過程中較爲隱晦。在商人墓誌銘中"義利之辨"是重要内容，不斷强調義實際上是墓誌撰寫者有意識的選擇。^⑧

第六，利用墓誌銘材料，討論其他問題。劉馨珺從宋代地方官赴任過程中安全和支援兩方面，論述了地方官員赴任時的種種不安定因素，以及在此情況下公私兩方面的支援，進而闡發了宋代官員大多具有"兢兢業業、坦然面對貧窮、遵守升

---

① 李娜：《宋人年壽分析——以 4723 通墓誌爲例》，碩士學位論文，上海師範大學，2014 年。

② 陸岩：《北宋人口死亡年齡研究——以墓誌資料爲研究中心》，碩士學位論文，南京師範大學，2014 年。

③ 李娜：《〈全宋文〉墓誌所見南宋特定人群平均死亡年齡研究——以宗室、官宦、僧道、布衣群體的考察》，碩士學位論文，雲南民族大學，2018 年。

④ 平田茂樹：《從劉摯〈忠肅集〉墓誌銘看元祐黨人之關係》，《東吳歷史學報》2004 年第 11 期。

⑤ 何冠環：《〈全宋文〉所收碑銘之宋初內臣史料初考》，《"宋代墓誌史料的文本分析與實證運用"國際學術研討會論文集》，2003 年 10 月。

⑥ 苗書梅：《墓誌銘在研究宋代官制中的意義——以北宋元豐改制以前的監當官爲例》，《東吳歷史學報》2004 年第 11 期。

⑦ 林文勛：《從墓誌銘看宋代社會中的"富民"》，《"宋代墓誌史料的文本分析與實證運用"國際學術研討會論文集》，2003 年 10 月。

⑧ 鄭銘德：《宋代商賈墓誌銘中所見士人觀念中的商賈形象與典範》，《東吳歷史學報》2004 年第 11 期。

遷分寸以及盡職的士大夫精神"；^①吳雅婷一改關注墓誌銘中血緣倫理等内容，另闢
蹊徑，通過對宋代墓誌銘書寫脉絡的爬梳，得出其中朋友交往的種種情形，并考察
了宋代士人的爲友之道；^②梁庚堯以福州潘氏家族的科舉表現爲切入點，進而分析
登科士人的家族關係及福州地區考試競爭激烈和教育擴張情况；^③張智瑋從閱讀墓
誌中出現的"劇郡""閑郡"出發，通過對傳世文獻的梳理，認爲宋代州郡政務繁
簡及其認定，其實有别於官方對於州郡等級的劃分；^④龔延明以出土墓誌爲例，討
論了出土墓誌銘整理過程中的職官制度學養問題；^⑤等等。上述作品從多個角度進
行研究，大大拓寬了對宋代墓誌碑銘的使用。

三 作爲研究對象的宋代墓誌碑銘研究情况

第一，探討宋代墓誌銘的史料價值及不足。肖婷在唐宋變革視野的關照下，
試着從内容、結構、作者和墓主身份研究宋代墓誌銘的特色，認爲宋代墓誌銘的撰
寫與唐代相比，不僅形式上有所區别，更重要的是内容開始强調個人的貢獻和道德
倫理，與唐代墓誌銘强調家族背景和血統截然不同。^⑥黄寬重分析了1949~1996年
中國大陸新出土宋人墓誌銘，并闡述了其在增訂正史列傳資料、輯補宋代名臣文
集、增進家族史研究以及一般人物資料所展示的歷史現象等方面的價值。^⑦另外，
他還用兩方墓誌銘做個案研究："樊氏墓誌銘"對研究高氏家族發展史的重要價值，
"孟邦雄墓誌"對瞭解南宋初年地方勢力滋長、政局變化等的作用，并指出墓誌銘
"隱惡揚善"的寫作方法及利用墓誌時需與其他相關史料對比印證。^⑧陶晋生從資
料來源、人際關係、寫作模式等方面概述了墓誌材料的價值和使用限制。^⑨王德毅
從史源學角度論證了墓誌銘的價值，從撰誌者與墓主的關係及政治糾紛影響墓誌書

---

① 劉馨珺：《從墓誌銘談宋代地方官的赴任》，《東吳歷史學報》2004年第12期。

② 吳雅婷：《宋代墓誌銘對朋友之論的論述》，《東吳歷史學報》2004年第11期。

③ 梁庚堯：《宋代福州士人與舉業》，《東吳歷史學報》2004年第11期。

④ 張智瑋：《從墓誌銘看宋代地方的"劇郡"與"閑郡"》，《東吳歷史學報》2004年第12期。

⑤ 龔延明：《職官制度學養與出土文獻整理》，《浙江大學學報》2011年第3期。

⑥ Angela Schottenhammer, *Characteristics of Song Epitaphs*, Dieter Kuhn ed., Burial in Song China, Heidelberg: Ed. Forum, 1994, pp.253-306.

⑦ 黄寬重：《宋史研究的重要史料——以大陸地區出土宋人墓誌資料爲例》。

⑧ 黄寬重：《墓誌資料的史料價值與限制——以兩件宋代墓誌資料爲例》。

⑨ 陶晋生：《北宋士族——家庭·婚姻·生活》"序"，第iv~v頁。

寫的角度出發討論了其不足之處，是對墓誌材料檢討較爲深刻的文章。[1] 馬玉臣以新出土十四方富弼家族墓誌爲基礎，從文獻學角度討論了富弼家族墓誌補史、證史之功用，并分析了史料價值的不足。[2] 王瑞來強調墓主碑銘類的石刻史料作爲原始的第一手資料極爲寶貴，但這類文字在撰寫之初便已經出於種種因素與考量，做了相當大的事實挑選，爲墓主諱，爲死者頌，將大量不利於墓主評價的負面之真事隱去。對宋人所撰一些碑誌與相應傳記資料加以比勘，即可發現碑誌存在大量回護、掩飾和曲筆，故而不可一味佞石淫碑。[3] 劉成國以與王安石有關的出土墓誌爲核心，闡述了新出土墓誌對宋代文學研究的重要意義。[4] 隨着相關討論的深入，爲研究者利用墓誌銘展開相關問題的研究，奠定了堅實基礎。

　　第二，對墓誌銘撰寫活動的分析與反思。劉静貞通過對五代、北宋女性墓誌銘的分析，認爲其撰寫不會以"傳真述實"爲基本原則，而是墓誌銘撰寫者與其同時代人對某種社會秩序的堅持。[5] 她還從北宋前期墓誌銘撰寫者的角度入手，通過辨析書寫者的文字，分析其在撰寫墓誌銘過程中的心態、取材和社會意義。[6] 此外，她還對五代到北宋墓誌的書寫、墓誌資料的時代意義、石刻墓誌資料的重要性及拓片資料的解讀等做了深度的思考，并嘗試從多方面探求其能進一步研究的途徑。[7] 近藤一成以王安石撰寫墓誌銘爲個案，討論了其所撰墓誌銘與地域、社會關係、黨争等的互動關係。[8] 邱佳慧以二程對女性墓誌銘的書寫爲對象，討論其撰寫女性墓誌注重行第排列、謹慎選擇婚配、推崇修道存德的特色，并對"餓死事小、失節事大"進行了深度再反思，進而認爲在二程女性墓誌書寫中有女性獨立意識的觸發。[9] 柳立言通過對蘇軾撰寫乳母任采蓮墓誌銘的探討，認爲其筆法反映了宋代

① 王德毅：《墓誌銘的史料價值》，《東吳歷史學報》2004 年第 12 期。

② 馬玉臣：《宋代富弼家族墓誌史料價值芻議》，《史學史研究》2012 年第 1 期。

③ 王瑞來：《碑誌難以盡信——以宋人所撰碑誌爲例》，《江海學刊》2019 年第 3 期。

④ 劉成國：《新出墓誌與宋代文學研究的拓展——以王安石爲核心的考察》，《北京大學學報》2021 年第 1 期。

⑤ 劉静貞：《女無外事？——墓誌碑銘中所見之北宋士大夫社會秩序理念》；劉静貞：《正史與墓誌資料所映現的五代女性意象》，載榮新江主編《唐研究》第 11 卷，北京大學出版社，2005 年，第 194~202 頁。

⑥ 劉静貞：《北宋前期墓誌書寫活動初探》，《東吳歷史學報》2004 年第 11 期。

⑦ 劉静貞「文物・テキスト・コンテキスト——五代北宋期における墓誌資料の性質とその捉え方」（《文物・文本・語境——五代至北宋時期墓誌的資料性質與研究思考》）『大阪市立大学東洋史論叢』別册特集号『文獻資料學の新たな可能性』、2006 年、79~94 頁。

⑧ 近藤一成「王安石撰墓誌を讀む——地域、人脉、黨争」『中国史学』1997 年第 7 期。

⑨ 邱佳慧：《由墓誌銘看二程對婦女的書寫》，《東吳歷史學報》2004 年第 12 期。

古文運動的發展，其内容則反映了唐宋士人家族由封閉走向開放的轉變，亦可看出蘇軾經歷了烏臺詩案之後心向佛老的個人心態變化。[①] 劉成國從北宋後期黨争與墓誌銘的撰寫出發，闡述了黨争對碑誌創作、傳播、"筆法""内容"的影響，展示了文體與特定時代政治文化之間的關係。[②] 羅昌繁嘗試將黨争與碑誌文撰寫的研究時段向前上延至北宋中期，分别討論了吕范之争和新舊黨争兩個時期的黨争對碑誌文撰寫取材、筆法和傳播等方面的影響。[③] 桑麗影對宋代墓誌文獻的正例和變例、撰者類型及文獻特徵等進行了分析和總結。[④] 趙冬梅以司馬光碑誌書寫爲個案，認爲司馬光拒爲人撰寫碑誌是晚年心態發生變化的改轍之舉，并不是"因人制宜"，而且，就考察所拒諸人的具體情況而言，司馬光拒作碑誌的原因，非因私人恩怨，非因政見分歧，亦非爲規避"政治風險"，其本質是拒絶碑誌這種特殊文體，這是司馬光采取極簡主義的碑誌書寫方式爲人詬病之後的決然放棄。[⑤] 筆者對北宋墓誌銘的撰者類型，以及撰寫過程中的個人習慣、政治環境、政治立場、喪家干涉等方面進行考察，力圖説明墓誌碑銘定型過程中存在着諸多干擾因素，進而提醒研究者在使用時候應該倍加留意。[⑥] 張經洪強調慶元黨禁政治的複雜性、多變性及其高壓的生態環境，使碑誌文在請銘、撰寫和傳播上均受其禁錮與制約，南宋黨同伐異的政治文化性格亦使碑誌文的書寫往往成爲"弱者的武器"。[⑦]

第三，對撰者撰寫碑誌文的風格加以概括總結。黄益以歐陽修、慕容彦逢和劉克莊爲個案，研究了三位作者對誌墓銘文的不同態度及特點。[⑧] 洪本健對王安石所撰碑誌文從史料價值和文體特徵兩個方面進行概括。[⑨] 洪本健還認爲歐陽修重視碑誌文立言"不朽而存"的價值，堅持求真務實和記其大略的撰寫原則，并把歐陽

① 柳立言：《蘇軾乳母任采蓮墓誌銘所反映的歷史變化》，《中國史研究》2007 年第 1 期。

② 劉成國：《北宋黨争與碑誌初探》，《文學評論》2008 年第 3 期。

③ 羅昌繁：《北宋黨争與黨人碑誌研究》，碩士學位論文，華中師範大學，2011 年。

④ 桑麗影：《宋代墓誌文獻的撰者與文體研究》，碩士學位論文，上海師範大學，2014 年。

⑤ 趙冬梅：《試論北宋中後期的碑誌書寫：以司馬光晚年改轍拒作碑誌爲中心》，收入王晴佳、李隆國主編《斷裂與轉型：帝國之後的歐亞歷史與史學》，上海古籍出版社，2017 年，第 373~397 頁。

⑥ 全相卿：《北宋墓誌碑銘若干問題研究》，博士學位論文，華中科技大學，2014 年。以博士學位論文爲主體，增加了若干内容後公開出版。見全相卿《北宋墓誌碑銘撰寫研究》，中國社會科學出版社，2019 年。

⑦ 張經洪：《慶元黨禁與南宋碑誌文書寫》，《河南大學學報》2020 年第 2 期。

⑧ 黄益：《宋代誌墓銘文研究》，博士學位論文，北京師範大學，2010 年。

⑨ 洪本健：《王安石碑誌文簡論》，《社會科學家》1990 年第 2 期。

修撰寫的碑誌文做了分類研究。[①] 吉文斌對歐陽修與王安石所撰碑誌文進行對比，認爲歐陽修爲"正格"而王安石多思變，并從二者對碑誌文的構思、叙事章法、行文特色等有對比研究。[②] 趙征對蘇軾碑誌文對韓愈、歐陽修等的繼承，本體特徵及對後世影響有一定的闡述。[③] 張亞静、馬東瑶對曾鞏撰寫的墓誌進行深入研究，認爲他的寫作在人物個性提煉、書寫筆調和寫作期許上有濃厚的史學意識，屬於繼承韓愈、歐陽修以史筆爲墓誌的路徑并在實踐中不斷豐富而形成"歐曾筆法"，爲宋代墓誌寫作奠定了基本範式。[④]

四　出土宋代墓誌整理情况

就出土宋代墓誌整理情况而論，臺北新文豐出版社出版的《石刻史料新編》，完整地彙集了宋代以後到 1949 年之前的金石著作，出土墓誌是其中重要的組成部分。國家圖書館善本金石組對所收金石材料的宋代部分加以輯録，編纂了《宋代石刻文獻全編》，然在輯録時剪裁過甚，部分内容有所遺漏，故二者可以配合使用。1949 年之後出土宋代墓誌，主要通過以下六種方式加以整理。

第一，公開發表考古發掘報告，并附單篇或幾篇出土宋代墓誌。此種整理在《考古》《文物》《考古與文物》《江漢考古》《中原文物》《南方文物》《中國史研究》《史林》《史學集刊》以及《中國書法》等考古學、歷史學和藝術學雜志上不定期刊出。筆者近幾年對此種出土墓誌有初步整理，編輯爲《出土宋代墓誌索引》草稿，稍後或可核實出版。

第二，整理公布宋代家族性的墓誌。自二十世紀八十年代以來，考古工作者先後整理公布了北宋宗室墓誌、[⑤] 合肥包拯家族墓誌、[⑥] 臨城王氏家族墓誌、[⑦] 洛陽富

---

①　洪本健：《論歐陽修碑誌文的創作》，《井岡山師範學院學報》2004 年第 4 期。

②　吉文斌：《歐、王碑誌文比較論》，《重慶三峽學院學報》2008 年第 1 期。

③　趙征：《蘇軾的碑誌文研究》，碩士學位論文，遼寧師範大學，2012 年。

④　張亞静、馬東瑶：《論曾鞏的"以史筆爲墓誌"》，《華南師範大學學報》2020 年第 1 期。

⑤　河南省文物考古研究所：《北宋皇陵》，中州古籍出版社，1997 年。

⑥　包拯撰，楊國宜校注《包拯集編年校注》，黄山書社，1999 年。

⑦　河北省文物研究所、臨城縣文物保管所：《北宋臨城王氏家族墓誌》，文物出版社，2009 年。

弼家族墓誌、^① 相州韓氏家族墓誌、^② 藍田呂氏家族墓誌 ^③ 等家族性墓誌。

第三，考古工作者整理公布區域性的墓誌合集，出土宋代墓誌是重要組成部分。諸如《四川歷代碑刻》《江西出土墓誌選編》《臨海墓誌集録》《户縣碑刻》《衢州墓誌碑刻集録》《寧波歷代碑碣墓誌彙編》《麗水宋元墓誌輯録》等漸次出版，^④ 其中收録了數量不等的宋代墓誌。此外，國家文物局一直致力於《新中國出土墓誌》的出版，^⑤ 屬於 1949 年之後以區域爲中心出土墓誌整理的集大成者，出土宋代墓誌多涵蓋其中。

第四，民間收藏家或私人博物館陸續編印個人收藏的墓誌。2000 年以來，先後出版的《邙洛碑誌三百種》《河洛墓刻拾零》《洛陽新獲七朝墓誌》《秦晉豫新出墓誌蒐佚》《秦晉豫新出墓誌蒐佚續編》《秦晉豫新出墓誌蒐佚三編》《宋代墓誌輯釋》《宋代墓誌》《貞珉千秋——散佚遼宋金元墓誌輯録》《明止堂藏宋代碑刻輯釋》等，^⑥ 都數量不等地收録了出土宋代墓誌，需要特別强調的是，鄭州大學何新所教授近年來將收集的出土宋代墓誌千餘方加以公布，題名《新出土宋代墓誌碑刻輯録（北宋卷）》和《新出土宋代墓誌碑刻輯録（南宋卷）》，^⑦ 爲個人收藏宋代墓誌的集大成者。

第五，部分圖書館、高校、科研院所及出版社開始致力於出土墓誌的數據庫

---

① 洛陽市第二文物工作隊：《富弼家族墓地》，中州古籍出版社，2009 年。

② 河南省文物局：《安陽韓琦家族墓地》，文物出版社，2012 年。

③ 張蘊等：《藍田呂氏家族墓園》，文物出版社，2018 年。

④ 高文、高成剛：《四川歷代碑刻》，四川大學出版社，1990 年；陳柏泉：《江西出土墓誌選編》，江西教育出版社，1991 年；馬曙明、林任豪主編《臨海墓誌集録》，丁伋點校，宗教文化出版社，2002 年；吴敏霞、劉兆鶴：《户縣碑刻》，三秦出版社，2005 年；衢州市博物館：《衢州墓誌碑刻集録》，浙江人民美術出版社，2006 年；章國慶：《寧波歷代碑碣墓誌彙編》，上海古籍出版社，2012 年；鄭嘉勵、梁曉華：《麗水宋元墓誌輯録》，浙江古籍出版社，2013 年。

⑤ 《新中國出土墓誌》，文物出版社，2000~2016 年。

⑥ 趙君平：《邙洛碑誌三百種》，中華書局，2004 年；趙君平、趙文成：《河洛墓刻拾零》，北京圖書館出版社，2007 年；齊運通：《洛陽新獲七朝墓誌》，中華書局，2012 年；趙君平、趙文成：《秦晉豫新出墓誌蒐佚》，國家圖書館出版社，2011 年；趙文成、趙君平：《秦晉豫新出墓誌蒐佚續編》，國家圖書館出版社，2015 年；張永華、趙文成、趙君平：《秦晉豫新出墓誌蒐佚三編》，國家圖書館出版社，2020 年；郭茂育、劉繼保：《宋代墓誌輯釋》，中州古籍出版社，2016 年；紹興市檔案局（館）、會稽金石博物館：《宋代墓誌》，西泠印社出版社，2018 年；周峰：《貞珉千秋——散佚遼宋金元墓誌輯録》，甘肅教育出版社，2019 年；朱明歧、戴建國：《明止堂藏宋代碑刻輯釋》，中西書局，2020 年。

⑦ 何新所：《新出土宋代墓誌碑刻輯録（北宋卷）》，文物出版社，2019 年；何新所：《新出土宋代墓誌碑刻輯録（南宋卷）》，文物出版社，2020 年。

開發建設。中國國家圖書館建設有"碑帖菁華"數據庫，把國圖所藏墓誌拓片全部數字化，且免費向公衆開放，功德無量，其中多有出土宋代墓誌銘。[1] 日本的科研機構也數字化了其收藏的宋代石刻文獻，也可以全部免費查詢。[2] 中研院歷史語言研究所建設了"遼金元拓片數位典藏"數據庫，現在可以檢索出相關信息，取得較爲高清的拓片尚不容易。[3] 浙江大學圖書館古籍與碑帖研究中心正在建設"中國歷代墓誌數據庫"，宋代墓誌還在陸續上綫中，值得期待。[4] 中華書局中華石刻數據庫中，"宋代墓誌銘"數據庫是重要組成部分，是現在收録宋代墓誌銘最多、檢索最方便的數據庫，需要注意的是其中傳世墓誌也悉數收録，故其資料總量近8000種，相當龐大。[5] 甘肅五凉古籍數位技術有限公司開發了"中國金石總録"數據庫，收録了較多出土宋代墓誌材料，獲取詳細資料似乎不太方便。[6]

第六，整理區域性和階段性的出土墓誌目録。北京大學、國家圖書館、中研院歷史語言研究所都以館藏墓誌爲基礎，進行編目整理。[7] 洛陽市文物局在地域優勢的基礎上，出版了《洛陽出土墓誌目録》。[8] 榮麗華等出版了《1949—1989四十年出土墓誌目録》，[9] 屬於階段性的墓誌目録整理，出土宋代墓誌都屬於其中有機組成部分。

現階段，出土宋代墓誌整理已經取得了長足的進步，然其中存在兩個問題：一方面，學者多以個人較易獲得的資料爲基礎展開整理，比較零碎，缺乏全面性的整理。另一方面，已出版的墓誌合集中，不少拓片及目録著録信息反復出現，一定程度上造成人力物力財力的浪費。

---

① http://read.nlc.cn/allSearch/searchList?searchType=34&showType=1&pageNo=1.

② http://kanji.zinbun.kyoto-u.ac.jp/db-machine/imgsrv/takuhon/type_a/menu/8.html.

③ http://rub.ihp.sinica.edu.tw/lcyrub/.

④ http://csid.zju.edu.cn/tomb/stone.

⑤ http://inscription.ancientbooks.cn/docShike/shikeSublibIndex.jspx?libId=1.

⑥ http://www.ch5000.com.cn/.

⑦ 毛漢光等：《中央研究院歷史語言研究所藏歷代墓誌銘拓片目録》，中研院歷史語言研究所，1985年；徐自强等：《北京圖書館藏墓誌拓片目録》，中華書局，1990年；胡海帆等：《北京大學圖書館藏歷代墓誌拓片目録》，上海古籍出版社，2013年。

⑧ 洛陽市文物管理局等：《洛陽出土墓誌目録》，朝華出版社，2001年；洛陽市文物考古研究院：《洛陽出土墓誌目録續編》，國家圖書館出版社，2012年。

⑨ 榮麗華編集，王世民校訂《1949—1989四十年出土墓誌目録》。

結　語

綜合上述內容，就宋代墓誌碑銘的研究而言，因新出土考古資料漸趨豐富，墓誌碑銘越來越受到學者的重視，對其研究在多個方面也取得了比較長足的進步，對宋代墓誌碑銘的討論已經擴大到政治史、制度史、家族史、經濟史、社會史、文化史、歷史地理等領域，不過，整體而言仍然存在着較大的學術空間，仍可對相關問題做全方位、多角度的討論。

而且，墓誌碑銘的撰寫者如何貫徹碑誌文的撰寫理念，不同時期有無變化；書丹者及篆蓋者與墓主之間存在何種關係；刻工及其家族對刻石事業的斷裂與延續；不同階層、不同身份的墓主，在碑誌文中呈現的面貌、凸顯的重點有何種區別和聯繫；喪家在碑誌文撰寫中所起到何種作用，他們通過何種途徑影響碑誌文的撰寫？等等，均可以深入研討。

正如仇鹿鳴强調的，“近一百年來新出碑誌的發現雖然在數量上極爲驚人，但總體而言，更多地是量的纍積，而無質的突破，往往被視爲傳世文獻的附庸與補充，缺少研究方法上的突破與反思，并不能在本質上改寫時代的圖景”。[①] 中古史領域尚且如此，更奢談傳世文獻較之前代大爲豐富的宋代文史領域，如何凸顯墓誌碑銘類文獻的獨特學術價值，開拓出新的學術議題，從而推進宋代文史研究向前發展，需要研究者持續不懈地努力。

---

① 仇鹿鳴：《十餘年來中古墓誌整理與刊布情況述評》，載包偉民、劉後濱主編《唐宋歷史評論》第4輯，社會科學文獻出版社，2018年，第24頁。

遼、金、党項西夏墓誌研究

王新英　祝賀

一　遼代墓誌

（一）墓誌数量

自清早期開始，遼代墓誌便有零星出土，順治五年（1648）出土於河北香河的《張衍墓誌》是目前已知出土時間最早的遼代墓誌。民國期間，遼代墓誌多因墓葬損毀裸露而被發現，如重熙六年（1037）《韓橁墓誌》等即屬此類。近七十年來，隨着文物考古工作及文物稽查工作的深入，越來越多的遼代墓葬被發現，使得遼代墓誌数量激增。《遼代石刻文編》、①《遼代石刻文續編》、②《遼代墓誌疏證》、③《遼代墓誌彙輯校注》、④《内蒙古遼代石刻文研究》、⑤《遼上京地區出土的遼代碑刻彙輯》⑥等石刻整理著述對遼代墓誌多有收録。其中，《遼代石刻文編》收録遼代墓誌 93 種，《遼代石刻文續編》收録 84 種，《内蒙古遼代石刻文研究》收録遼代墓誌 35 種、存目 76 種，《遼代墓誌疏證》收録遼代墓誌 52 種，《遼代墓誌彙輯校注》收録遼代墓誌 194 種，《遼上京地區出土的遼代碑刻彙輯》收録墓誌 65 種中包括契丹文字墓誌 12 種，爲它書所無。除去重複，上述六書輯録遼代墓誌共近 200 種。

---

① 向南：《遼代石刻文編》，河北教育出版社，1995 年。
② 向南、張國慶、李宇峰：《遼代石刻文續編》，遼寧人民出版社，2010 年。
③ 齊作聲：《遼代墓誌疏證》，瀋陽出版社，2010 年。
④ 周阿根：《遼代墓誌彙輯校注》，黄山書社，2018 年。
⑤ 蓋之庸：《内蒙古遼代石刻文研究》，内蒙古大學出版社，2002 年。
⑥ 劉鳳翥、唐彩蘭、青格勒：《遼上京地區出土的遼代碑刻彙輯》，社會科學文獻出版社，2009 年。

上述專門輯錄遼代石刻（墓誌）書籍限於成書時所能見，對於遼代墓誌的輯錄仍有遺漏。遼代墓誌具有以出土實物或拓本爲主的留存特性，使得遼代墓誌數量隨着遼代墓葬的不斷發現而不斷增加。目前，經筆者統計已知遼代墓誌數量達 291 種（詳見表一）。關於遼代墓誌數量統計，有兩點需要説明。

首先，遼代存在一人兩誌的現象，即同一人擁有契丹文、漢文兩種文字刊刻的墓誌。一人兩誌，一般情況是漢文墓誌鐫刻於誌石，契丹文誌文鐫刻於誌蓋背面，^① 誌文内容并非完全對譯，且叙事側重點不同。如應曆十年（960）《痕得隱大傅墓誌》、重熙十年（1041）《北大王墓誌》等墓誌中，契丹大字墓誌側重追溯先祖世系和記述墓主家庭成員信息，漢文楷書墓誌則側重記述墓主仕途經歷。因此，在統計遼代墓誌數量時，應該分別將同一墓主的契丹文、漢文非對譯墓誌按兩種計算。此外，遼代墓誌亦如前代墓誌，存在真偽之辨。目前所見真偽存疑者主要有《耶律曷魯妻掘聯墓誌》（圖一）、《韓宇墓誌》、《蕭旼墓誌》、《蕭敵魯墓誌》、《耶律廉寧墓誌》、《蕭徽哩輦·汗德墓誌》、《蕭德里輦·胡睹堇墓誌》等墓誌，其中以契丹文字墓誌居多（詳見表一）。

其次，以往研究主張"墓誌在遼代早期尚未流行開來，隨着遼王朝漢化程度不斷加深，墓誌纔逐漸被接受。至遼中期時，墓誌數量已顯著增加，至遼晚期時，墓誌數量更多、更爲常見"。^②筆者認爲，遼代早期墓誌數量較少的原因并非完全在於尚未流行。第一，誌墓傳統喪俗不會因政權的更迭而立刻消亡，前代遺民仍保持着誌墓習俗。遼代早期，戰爭仍是遼政權政治活動的主體，社會也正處於戰後恢復階段，當時的葬事很可能被簡化而導致墓誌數量減少。第二，唐代契丹、奚族既有誌墓者，如 2001 年、2005 年先後出土於西安的永泰二年（766）《契丹王李過折墓誌》、開元十八年（730）《熱瓌墓誌》即爲此類。遼代早期墓誌中契丹人墓誌數量也不在少數，亦印證契丹人有誌墓之俗。第三，遼代早期墓誌數量相對較少，也有待於今後考古發掘補充。中國古代有聚族而葬的喪俗，亡者多從先塋而葬，遼代墓誌中也常見墓主"從先塋"而葬的記載。如出土於遼寧喀左的乾亨三年（981）《王裕墓誌》載其"以來年十一月八日葬於建州柏山之先塋，禮也"。^③ 按此，王氏

---

① 大安五年（1089）《蕭孝忠墓誌》漢文楷書墓誌文鐫刻於誌蓋背面，契丹小字誌文鐫刻於誌石，現僅見此一例。

② 霍東升：《遼代漢文墓誌研究》，碩士學位論文，山東大學，2021 年，第 13 頁。

③ 向南：《遼代石刻文編》，第 64 頁。

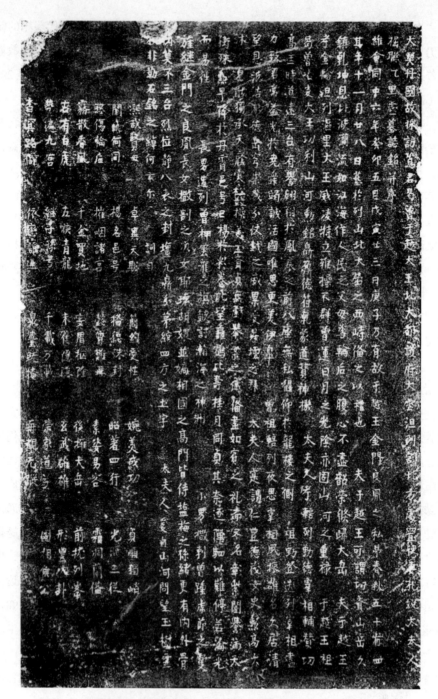

圖一　《耶律曷魯妻掘聯墓誌》誌石拓本（唐彩蘭主編《契丹遺珍》，
綫裝書局，2011年，第232頁）

表一　遼代墓誌統計一覽表（截至2021年12月）

墓誌名稱	題銘首題	刊刻時間	出土地出處	出土時間	收藏地	規格（厘米）	形制特徵	書體
耶律羽之墓誌	大契丹國東京太傅相公墓誌銘并序	會同五年（942）	內蒙古阿魯科爾沁旗	1992年	內蒙古文物考古研究所	112×103	無蓋	楷書
耶律葛魯妻掘聯墓誌銘記[1]	大契丹國故采訪駙魯君葛魯丁越大王北大都護府大雲泪判北方處置使妻孔峻太夫人掘聯乙里底墓誌銘并序	會同六年（943）		21世紀初	巴林左旗契丹博物館	107.5×65	無蓋	楷書
耶律胡咄墓誌	大遼國故遼興軍節度使檢校太傅耶律公墓誌銘	天祿四年（950）		2009年徵集	赤峰龍鄉博物館	66×75 66×75	誌蓋兼具	篆書 楷書
李太后墓誌	嗣晉皇太后墓誌銘	天祿五年（951）	遼寧朝陽	2011年	朝陽縣博物館	66×66 66×66	誌蓋兼具	楷書
安太妃墓誌	嗣晉皇太妃墓誌銘	天祿五年（951）	遼寧朝陽	2011年	朝陽縣博物館	45.8×45.8	無蓋	楷書
劉存規墓誌	《密雲縣志》	應曆五年（955）						
陳萬墓誌	大契丹國故前使持節涿州諸軍事行涿州刺史金紫崇祿大夫檢校司徒上柱國陳府君墓誌銘并序	應曆五年（955）	遼寧彰武	20世紀50年代前	遼寧省博物館	47×28	無蓋	楷書
趙德鈞妻種氏墓誌	遼故盧龍軍節度使太師中書令北平王贈齊王天水趙公夫人故魏國太夫人贈秦國夫人種氏合祔墓誌銘并序	應曆八年（958）	北京	1956年	北京市文物研究所	96.5×96.5	無蓋	楷書
沙姑墓誌[2]	故駙馬贈衛國王墓誌銘	應曆九年（959）	內蒙古赤峰	1954年		92×87 誌石碎裂	誌蓋兼具	楷書
痕得隱大傅墓誌		應曆十年（960）			中央民族大學			契丹大字
痕得隱大傅墓誌	上國都部大傅墓誌銘并序	應曆十年（960）			中央民族大學			楷書
遼故東郡夫人康氏墓誌	遼故東郡夫人康氏墓誌銘	應曆十六年（966）	河北涿鹿	2005年		63×63 63×63	誌蓋兼具	楷書
王仲福墓誌	故差造軍繩墨都采所使太原府王君墓誌銘并序	應曆十七年（967）	北京		北京市平谷區黃松峪鄉黑豆峪村	23×53 50×50	誌蓋兼具	楷書

墓誌名稱	題銘首題	刊刻時間	出土地/出處	出土時間	收藏地	規格（厘米）	形制特徵	書體
張建立墓誌	張公墓誌	保寧元年（969）	遼寧凌源	1983年	凌源縣博物館	67×67	誌蓋兼具	楷書
臧知進墓誌	大契丹國故東苑郡臧府君墓誌銘	保寧元年（969）	河北涿鹿	1989年		54×52 / 55.5×54.5	誌蓋兼具	楷書
王守謙墓誌	大遼故朝散大夫□□□□□賜紫金魚袋琅琊王府君墓誌銘并序	保寧元年（969）	北京	2000年	北京豐臺區文物管理所	70×70	誌蓋佚	
耿崇美墓誌	大契丹故武定軍節度使檢校太師贈同政門下平章事耿公墓誌銘并序	保寧二年（970）	遼寧朝陽	2002年	朝陽市博物館	125×125	誌蓋兼具	楷書
劉承嗣墓誌	大契丹國故左驍衛將軍金紫崇祿大夫檢校太保兼御史大夫上柱國彭城劉公墓誌銘并序	保寧二年（970）	遼寧朝陽	1970年	朝陽市博物館	122×113 蓋佚	誌蓋兼具	楷書
石重貴墓誌	大契丹國故晉王王墓誌銘并序	保寧六年（974）	遼寧朝陽	1988年徵集	遼寧省博物館	97×97	無蓋	楷書
李內貞墓誌	大遼故銀青崇祿大夫檢校司空行太子左衛率府率兼御史大夫上柱國隴西李公墓誌銘	保寧十年（978）	北京	1770年			無蓋	楷書
吳景洵墓誌	遼故涿州別駕□□□□□□吳府君墓誌銘并序	保寧年間（969~978）	北京		北京豐臺區文物管理所	60×60	無蓋	
王裕墓誌	大遼故崇義軍節度使管内觀察處置等使崇祿大夫檢校太保使持節宜州諸軍事行宜州刺史兼御史大夫上柱國琅琊郡開國侯食邑五伯戶王公墓誌銘并序	乾亨三年（981）	遼寧喀左	1975年	喀左縣博物館	77×77 77×77	誌蓋兼具	
陳公之銘[3]	大遼□□□□陳公之銘	乾亨三年（981）	遼寧朝陽	20世紀50年代前	遼寧省博物館存拓本，誌石已佚	63×58	無蓋	楷書
張正嵩墓誌	朔州順義軍節度使張府君墓誌銘并序	乾亨三年（981）	遼寧義縣	1929年	遼寧省博物館	60×56.5 / 64.5×64.5	誌蓋兼具	楷書
劉繼文墓誌	彭城郡王劉公墓誌銘并序	乾亨三年（981）	遼寧建昌	1926年	遼寧省博物館	147×147	無蓋	楷書
許從贇暨妻康氏墓誌[4]	□契丹國故大保右領軍上將軍兼御史大夫上柱國高陽縣開國男食邑三百戶贈許□特進檢校太保大□管□觀察處置等使公洎夫人康氏墓誌銘并序	乾亨四年（982）	山西大同	1984年		62.5×58	誌蓋兼具	楷書

墓誌名稱	題銘/首題	刊刻時間	出土地/出處	出土時間	收藏地	規格（厘米）	形制特徵	書體
王季緒墓誌[5]	王公墓	統和三年（985）	遼寧朝左	1975年	喀喇沁左翼蒙古族自治縣博物館	50×50 50×50	誌蓋兼具	篆書 楷書
韓匡嗣墓誌	故尚父秦王贈尚書令金崇祿大夫大檢校司空兼御史大夫上柱國韓公墓誌銘	統和三年（985）	內蒙古巴林左旗	1994年	遼上京博物館	122×122 122×122	誌蓋兼具	篆書 楷書
韓德昌墓誌銘	故盧龍軍節院使金紫崇祿大夫檢校司空兼御史大夫上柱國韓公墓誌銘并序	統和三年（985）	內蒙古巴林左旗	2003年	遼上京博物館			
耶律延寧墓誌	大契丹國故保義軍節度羽厥里節度使侍特進檢校太尉同政事門下平章事上柱國漆水郡開國伯食邑七佰戶耶律公墓誌銘并序	統和四年（986）	遼寧朝陽	1964年	遼寧省博物館	82.3×82.3	誌蓋兼具	契丹大字、楷書
石延煦墓誌	大契丹國威威石公墓誌銘并序	統和五年（987）	遼寧朝陽	1998年徵集	朝陽市博物館	76×76	無蓋	楷書
李熙墓誌		統和七年（989）	北京	1990年	北京市文物研究所	72×72	誌蓋兼具	楷書
韓㻱墓誌	故昌黎韓公墓誌之銘	統和九年（991）	遼寧朝陽	1916年	北京大學圖書館存拓本，誌石已佚	100×100	誌蓋兼具	篆書 楷書
馬審章墓誌	維大契丹國霸州歸化縣馬公墓誌銘并序	統和九年（991）	遼寧朝陽					楷書
韓匡嗣妻蕭氏墓誌[6]	故秦國太夫人墓誌銘	統和十一年（993）	內蒙古巴林左旗	1994年	遼上京博物館	91×89 95×95	誌蓋兼具	篆書 楷書
貴妃蕭氏墓誌	故貴妃蕭氏玄堂墓誌銘	統和十一年（993）	內蒙古錫林郭勒盟	2015年	內蒙古文物考古研究所	89.6×89.6 89.6×89.6	誌蓋兼具	篆書 楷書
姜承義墓誌	姜公墓誌	統和十二年（994）	河北宣化	1990年	宣化文管所	59×59	誌蓋兼具	楷書
韓德源妻李氏墓誌	韓公嫡妻墓誌并序	統和十二年（994）			遼上京博物館			
韓佚墓誌	大契丹國故始平軍節度使管內觀察處置管遼州刺史大夫兼御史大夫上柱國昌黎縣開國男食邑三佰戶韓公墓誌銘并序	統和十五年（997）	北京	1981年	北京市文物研究所	61×59	無蓋	楷書

續表

墓誌名稱	題銘首題	刊刻時間	出土地出處	出土時間	收藏地	規格（厘米）	形制特徵	書體
韓德威墓誌	故推誠奉上宣力匡運協贊功臣西南面招討晉昌軍節度使明府儀同三司檢校太師兼政事令尚父京兆尹上桂國秦王食邑一萬戶贈尚書令昌黎韓公嫡夫人故秦國太夫人蘭陵蕭氏墓誌銘并序	統和十五年（997）	内蒙古巴林左旗	1994年	遼上京博物館	78×82	誌無蓋	楷書
劉宇一墓誌	大契丹國故彰武軍節度管内觀察處置等使特進檢校太傅使持節覊州諸軍事行覊州史兼御史大夫上柱國彭城開國子食邑五千戶劉公墓誌銘并序	統和十六年（998）	遼寧朝陽	2008年	朝陽縣博物館	90×90	無蓋	楷書
劉宇杰墓誌	劉府君墓誌銘	統和十八年（1000）	遼寧朝陽	1979年	朝陽市博物館	90×90 90×90	誌蓋兼具	楷書
高高墓誌	大契丹國故永興宮兒都部署崇祿大夫檢校太保兼御史大夫上柱國高公墓誌銘并序	統和十八年（1000）	遼寧朝陽	2008年接收	朝陽縣博物館	95×95	無蓋	楷書
劉鑄墓誌	故彭城劉府君墓誌銘	統和十八年（1000）	北京			25.5×25.5 21.5×21.5	誌蓋兼具	楷書
平州趙府君墓誌	大遼故永暘宮平州提轄使銀青祿大夫兼監察御史武騎都尉水部郎趙府君墓誌并序	統和二十年（1002）	遼寧朝陽	1977年		55×78	無蓋	楷書
王悅墓誌	故太原郡王墓誌銘	統和二十三年（1005）	遼寧喀左	1958年	遼寧省博物館	67×62	誌蓋兼具	楷書
徒都太尉夫人□墓誌[7]	大契丹國故□□□太尉徒都□□□□□□□氏墓	統和二十三年（1005）	内蒙古巴林右旗	1989年	巴林右旗博物館	88×88	無蓋	楷書
王郯墓誌	品州刺史太原公墓誌銘并序	統和二十四年（1006）	河北平泉	20世紀50年代以前	遼寧省博物館	84×82.3	無蓋	楷書
□奉皎墓誌		統和二十五年（1007）	遼寧喀左	1973年	喀左縣文化館	39×39	無蓋	楷書

墓誌名稱	題銘/首題	刊刻時間	出土地/出處	出土時間	收藏地	規格（厘米）	形制特徵	書體
耶律元寧墓誌[8]	大契丹國故忠義奉節功臣金紫崇祿大夫檢校太尉東京中台省左平章事上柱國漆水縣開國子食邑五百戶耶律公墓誌銘并引	統和二十六年（1008）	內蒙古散漢旗	1990年	散漢旗博物館	64×64	無蓋	楷書
常遵化墓誌	故遼西州刺史銀青崇祿大夫檢校左散騎常侍監察御史武騎都常山郡常公墓誌銘并序	統和二十六年（1008）	遼寧朝陽	1967年	朝陽市博物館	76×76	無蓋	楷書
王說墓誌	故檢校太師瑯琊郡公墓誌銘并序	統和二十六年（1008）	河北平泉	20世紀50年代以前	遼寧省博物館	99.5×96.8	無蓋	楷書
耶律加乙里妃墓誌[9]		統和二十七年（1009）	河北平泉	1916年		92×81.5	無蓋	楷書
蕭氏夫人墓誌	大契丹國夫人蕭氏墓誌并序	統和二十七年（1009）	內蒙古巴林左旗	1989年	遼上京博物館	92.5×85	無蓋	楷書
韓佚妻王氏墓誌[10]	故韓夫人墓誌之銘	統和二十九年（1011）	北京	1981年		76×76	誌蓋兼具	篆書 楷書
耶律隆祐墓誌[11]	大契丹國故推誠守義致遠功臣大同軍節度管內觀察處置等使特進檢校太尉同政事門下平章事使持節雲州諸軍事行雲州刺史兼御史大夫上柱國漆水郡開國公食邑五千戶食貧封五百戶耶律公墓誌銘并序	統和二十九年（1011）	內蒙古巴林左旗	2002年	遼上京博物館	114×104 109×99.5	誌蓋兼具	楷書
韓德讓墓誌	文忠王墓誌銘	統和二十九年（1011）	遼寧北鎮	2015～2017年		96.6×96.5 96.5×96.5	誌蓋兼具	篆書 楷書
聯延數麥耶律氏墓誌[12]	皇朝永興存晃兒渤海都部署金紫崇祿大夫檢校太保兼御史大夫上柱國鉅鹿縣開國男食邑三百戶耶律公夫人漆水郡夫人墓誌銘并序	統和三十年（1012）	遼寧朝陽	1976年	朝陽市博物館	89×89	誌蓋兼具	楷書
宣以回綌國國信使墓誌		統和年間（983~1012）	巴林右旗	1989年	巴林右旗博物館	88×88	無蓋	楷書
高元墓誌		開泰二年（1013）	遼寧朝陽	2008年接收	朝陽縣博物館	93×93	無蓋	楷書

墓誌名稱	題銘/首題	刊刻時間	出土地/出處	出土時間	收藏地	規格（厘米）	形制特徵	書體
宋公妻張氏墓誌	□□□殿中侍衛衡史雲騎尉廣平郡宋□□□墓誌銘	開泰四年（1015）	內蒙古赤峰				無蓋	楷書
耶律元寧墓誌[13]	故漆水郡君墓誌之銘	開泰四年（1015）	內蒙古阿魯科爾沁旗	1993年	內蒙古文物考古研究所	72×71	誌蓋兼具	楷書
耿公妻張氏墓誌[14]	清河郡張夫人墓誌銘	開泰五年（1016）	遼寧朝陽	1994年	朝陽縣博物館	50×50	誌蓋兼具	楷書
韓相墓誌	故遼興軍衙內馬步軍都省揮使韓府君墓誌銘	開泰六年（1017）	河北遷安	1964年	河北省文物考古所	41×43	無蓋	楷書
陳國公主墓誌	故陳國公主墓誌銘	開泰七年（1018）	內蒙古通遼	1986年	內蒙古文物考古研究所	89×89 89×89	誌蓋兼具	篆書 楷書
耿延毅墓誌	大契丹國故戶部使武平軍節度彰郎等觀察處置等使持節朗州諸軍事朗州刺史金紫崇禄大夫檢校大尉兼御史大夫上柱國巨鹿縣開國伯食邑七百戶贈耿公墓誌銘并序	開泰九年（1020）	遼寧朝陽	1976年	朝陽市博物館	124×124	誌蓋兼具	楷書
耶律霞茲墓誌	故太師墓誌記	太平元年（1021）	遼寧建平	1991年	建平縣博物館	67×67 64×64	誌蓋兼具	楷書
程延昭墓誌	武昌郡公之墓誌	太平二年（1022）			旅順博物館	62×62	無蓋	楷書
韓紹嫽墓誌	大契丹國故黔州都監韓公墓誌銘并序	太平二年（1022）	遼寧喀左	1982年	喀左縣博物館	45×45	無蓋	楷書
馮從順墓誌	信都馮氏墓誌之銘	太平三年（1023）	遼寧朝陽	20世紀50年代前	旅順博物館	117×117	誌蓋兼具	篆書 楷書
耶律道清墓誌		太平三年（1023）	內蒙古阿魯科爾沁旗	1993年	內蒙古文物考古研究所	68.5×53	誌蓋兼具	楷書
張琪墓誌	故文德縣令清河府君墓誌銘	太平四年（1024）	北京			60×60	無蓋	楷書
李紹翕墓誌	故左千牛衛大將軍贈太保李公墓誌銘	太平六年（1026）	遼寧北票	2011年	北票市博物館	73×71	無蓋	楷書
宋匡世墓誌	故儒林郎前守北安州興化縣令晉國公主中京提轄使宋府君墓誌銘并序	太平六年（1026）	遼寧凌源	20世紀50年代前	遼寧省博物館	77.5×77.5	無蓋	楷書

墓誌名稱	題銘首題	刊刻時間	出土地/出處	出土時間	收藏地	規格（厘米）	形制特徵	書體
耿知新墓誌[15]	昭德軍節度薊内都指揮使耿氏墓誌銘并序	太平七年（1027）	遼寧朝陽	1975年	朝陽市博物館	99×99	誌蓋兼具	楷書
耶律遂正墓誌	大契丹國故忠勤守節功臣遼興軍節度平灤營等州觀察置巡檢屯田勸農等使崇祿大夫檢校太師同政事門下平章事使持節平州諸軍事平州刺史上柱國漆水郡開國侯食邑一千戶食實封壹伯戶耶律公墓誌并序	太平七年（1027）	内蒙古巴林左旗	2000年	遼上京博物館	85×86.8	無蓋	楷書
李知順墓誌	故楊州節度使金紫崇祿大夫檢校太傅知中京内省司提點内庫糧西縣開國國伯食邑九百戶李公墓誌銘并序	太平八年（1028）	内蒙古寧城	1956年	内蒙古博物館	77×78 誌蓋殘	誌蓋兼具	楷書
蕭僅墓誌	蘭陵蕭公墓誌銘	太平九年（1029）	遼寧阜新	1981年	阜新蒙古族自治縣文物管理所	73×70 76×76	誌蓋兼具	篆書 楷書
蕭琳墓誌	故臨海軍節度使錦嚴來等州觀察處置等使檢校太師右千牛衛上將軍故持節錦州諸軍事行錦州刺史加兼御史大夫階勳爵邑如故蘭陵蕭公墓誌銘并序	重熙二年（1033）	内蒙古奈曼旗	2004年	科爾沁博物館	94×98	無蓋	楷書
張哥墓誌		重熙四年（1035）			遼寧省博物館	62×64	無蓋	楷書
張守節墓誌	故銀青崇祿大夫使持節榆州諸軍事榆州刺史兼監察御史武騎尉清河張公墓誌銘并序	重熙四年（1035）	遼寧凌源			62×63	無蓋	楷書
張嗣甫墓誌	故左班殿直清河府君墓誌銘并序	重熙五年（1036）	北京	20世紀70年代		58×58	無蓋	
耶律遂忠墓誌[16]	大契丹國故順軍節度管内觀察處置□□□□□□□□□事門下平章事使持節蔚州諸軍事行蔚州刺史上柱國漆水郡開□□□□□□□□□伍拾戶耶律遂忠墓誌銘并序	重熙六年（1037）[17]	内蒙古巴林左旗	1994年	遼上京博物館	89×89	無蓋	楷書
韓橁墓誌	韓公墓誌銘	重熙六年（1037）	遼寧朝陽	20世紀30年代	朝陽市博物館[18]	148×157	誌蓋兼具	楷書

墓誌名稱	題銘首題	刊刻時間	出土地/出處	出土時間	收藏地	規格（厘米）	形制特徵	書體
耶律元妻蕭氏墓誌[19]	故晉國夫人蕭氏墓誌銘	重熙七年（1038）	遼寧阜新	1949年	遼寧省博物館	89.5×84 / 94×94.3	誌蓋兼具	楷書
呂□□墓誌	呂府君墓誌銘	重熙七年（1038）	北京	2007年	北京市文物研究所	63×63 / 63×63	誌蓋兼具	楷書
康貴墓誌	康公墓誌	重熙七年（1038）	北京	2002年	北京市文物研究所	56×56	誌蓋兼具	楷書
蕭紹宗墓誌	故政事令魏王墓誌銘	重熙七年（1038）	河北平泉	2012年		100×100 / 102×102	誌蓋兼具	篆書 / 楷書
耶律燕哥墓誌[20]	故秦國長公主墓誌銘	重熙七年（1038）	河北平泉	2012年		98×98 / 98.5×98.5	誌蓋兼具	篆書 / 楷書
張思忠墓誌	故銀青崇祿大夫檢校司空使持節濟州諸軍事濟州刺史知上京南中（作）使兼御史大夫上柱國清河縣開國伯食邑七百户張思忠墓誌銘并序	重熙八年（1039）	遼寧義縣	1927年	遼寧省博物館	92×90 / 92×90	誌蓋兼具	楷書
趙爲幹墓誌	銀青崇祿大夫檢校工部尚書使持節沂州諸軍事行沂州刺史兼御史中侍御史飛騎尉天水縣開國男食邑三百户趙公墓誌銘并序	重熙八年（1039）	遼寧朝陽	1979年	朝陽市博物館	71.5×68.8 / 71.5×68.8	誌蓋兼具	楷書
呂思支墓誌		重熙九年（1040）	內蒙古庫倫旗	2001年	內蒙古通遼市博物館	61×61	無蓋	楷書
北大王墓誌[21]	北大王墓誌	重熙十年（1041）	內蒙古阿魯科爾沁旗	1975年	阿魯科爾沁旗文管所	94×70	誌蓋兼具	篆書 / 楷書
北大王墓誌	北大王墓誌	重熙十年（1041）	內蒙古阿魯科爾沁旗	1975年	阿魯科爾沁旗文管所	96×62		契丹大字
李繼成暨妻麥氏墓誌	大契丹國故贈西京公故扶風縣李君馬氏墓誌銘	重熙十三年（1044）	北京	2000年	北京豐臺區文物管理所	66×66	誌蓋兼具	篆書 / 楷書

墓誌名稱	題銘首題	刊刻時間	出土地/出處	出土時間	收藏地	規格（厘米）	形制特徵	書體
蕭相公墓誌[22]	佐移離畢蕭相公墓誌銘	重熙十三年（1044）前	遼寧阜新	1949年	遼寧省博物館	90.2×90.2 90×90	誌蓋兼具	篆書 楷書
王澤妻李氏墓誌[22]	故隴西郡夫人墓誌	重熙十四年（1045）	北京	1970年	北京市文物研究所	63×63	誌蓋兼具	楷書
秦國太妃墓誌[23]	故晉國王妃故秦國太妃耶律氏墓誌銘并序	重熙十四年（1045）	遼寧阜新	2001年	遼寧省文物考古研究所	112×112	無蓋	楷書
蕭德順墓誌	大契丹國故前南宰相義成軍節度清漢等州觀察處置等使特進檢校太師同中書門下平章事知左夷離畢使持節清州諸軍事行清州刺史上柱國蘭陵郡開國公食邑四千户食實封肆伯户蕭公墓誌銘并序	重熙十四年（1045）	内蒙古翁牛特旗	1989年	翁牛特旗博物館	87.5×67.5	誌蓋兼具	楷書
劉日泳墓誌	彭城郡墓誌銘	重熙十五年（1046）	遼寧朝陽	1970年	朝陽市博物館	96×96	誌蓋兼具	篆書 楷書
秦晉國大長公主墓誌	大契丹國故雍肅恭淳仁懿秦晉國大長公主墓誌銘并序	重熙十五年（1046）	河北平泉	1949年	平泉縣博物館	190×190 誌蓋佚	誌蓋兼具	楷書
劉崇簡墓誌		重熙十六年（1047）	遼寧朝陽	2011年				
耶律弘義墓誌	左千牛衛大將軍耶律公墓誌	重熙十七年（1048）	遼寧錦州	2018年		90×90 90×90	誌蓋兼具	楷書
平原公主墓誌[24]	平原公主墓誌	重熙二十年（1051）	遼寧阜新	2010年		99×99 101×99.5	誌蓋兼具	篆書 楷書
楊從顯墓誌	楊公墓誌	重熙二十年（1051）	遼寧北票	2016年	北京市博物館		誌蓋兼具	楷書
王澤墓誌	王公墓誌	重熙二十二年（1053）	北京	1970年	北京市文物研究所	73×73	誌蓋兼具	楷書 篆書

墓誌名稱	題銘首題	刊刻時間	出土地/出處	出土時間	收藏地	規格（厘米）	形制特徵	書體
張儉墓誌	故貞亮弘靖保義守節著德功臣洛京留守開府儀同三司守太師尚父兼政事令上柱國陳王食邑二萬五千戶、食實封貳仟伍佰戶清河張王墓誌銘并序	重熙二十二年（1053）	北京	1969年	北京市文物研究所	98×105	無蓋	楷書
耶律宗教墓誌	大契丹國廣陵郡王墓誌銘記	重熙二十二年（1053）	遼寧北鎮	1991年		107×106 107×106	誌蓋兼具	篆書 楷書
耶律宗教墓誌		重熙二十二年（1053）	遼寧北鎮	1991年		107×106	鏨刻於漢文《耶律宗教墓誌銘》蓋背面	契丹小字
耶律延口墓誌	大契丹國故昭德軍節度沈晶等州管內觀察處置等使崇祿大夫檢校太師兼御史大夫上將軍使持節沈州諸軍事沈州刺史御史大夫上柱國漆水郡開國侯食邑二千戶食實封二百戶耶律公墓誌銘并序	重熙二十四年（1055）						契丹小字
故大師銘石記[25]		重熙二十五年（1056）	遼寧錦西	1939年			誌蓋兼具	契丹小字
蕭陳哥別胥墓誌		清寧二年（1056）		2018年入藏	內蒙古大學	65×67	無蓋	契丹大字
丁求謹墓誌	大契丹國故銀青崇祿大夫行秦國王府校樹兼監察御史武騎尉濟陽郡丁公墓誌銘	清寧三年（1057）	北京		北京市海淀區大慧寺院	60×58	無蓋	楷書
蕭叉墓誌	蕭公墓誌	清寧四年（1058）	遼寧阜新	1996年	遼寧省文物考古研究所	81×81 79×78	誌蓋兼具	楷書
耶律庶魏墓誌		清寧五年（1059）	遼寧義縣	1965年	遼寧省博物院	89.5×89.5	無蓋	楷書
趙匡禹墓誌	故天水趙公墓誌銘	清寧六年（1060）	遼寧朝陽	1977年	朝陽市博物館	93×93 93×93	誌蓋兼具	篆書 楷書

墓誌名稱	題銘首題	刊刻時間	出土地/出處	出土時間	收藏地	規格（厘米）	形制特徵	書體
耶律宗政墓誌	故魏國王墓誌銘記	清寧八年（1062）	遼寧北鎮	1970年	北鎮市北鎮廟	108×111 108×109	誌蓋兼具	篆書 楷書
耶律昌允墓誌	耶律昌允墓誌	清寧八年（1062）	內蒙古赤峰	2000年	赤峰市元寶山區文物管理所	66.5×65 66.5×65	誌蓋兼具	契丹大字
張績墓誌	忠順軍節度副使贈鎮墓誌銘	清寧九年（1063）	《遼文存》					
叔善大師墓誌 [26]	故聖宗皇帝親儀贈叔善大師墓誌銘并引	清寧九年（1063）	內蒙古扎魯特旗	1995年	扎魯特旗文物管理所	67×67	無蓋	楷書
耶律宗允墓誌	故鄭王墓誌銘	咸雍元年（1065）	遼寧北鎮	1970年	北鎮市北鎮廟	108×111 110×110	誌蓋兼具	篆書 楷書
蕭知行墓誌 [27]	故耶律公神道墓誌銘 [27]	咸雍四年（1068）	遼寧阜新	2001年	遼寧省文物考古研究所	97×93 97.5×97.5	誌蓋兼具	篆書 楷書
蕭審勿賦·圖古辭墓誌		咸雍四年（1068）	遼寧阜新	2000年		72×72	誌蓋兼具	契丹小字
大遼國常袞耶律準墓誌		咸雍四年（1068）	內蒙古敖漢旗	21世紀初			誌蓋兼具	契丹大字
韓資道墓誌	大遼國故六宅副使銀青崇祿大夫檢校工部尚書韓府君墓誌銘并序	咸雍五年（1069）	北京	1964年	首都博物館	51×51	無蓋	楷書
董匡信及麥王氏墓誌 [28]	清陰董府君夫人王氏墓誌銘	咸雍五年（1069）	北京	1957年	北京市文物研究所	48.5×46.5	誌蓋兼具	楷書
秦晉國妃墓誌	故秦晉國妃墓誌銘記	咸雍五年（1069）	遼寧北鎮	1970年	北鎮市北鎮廟	119×119 117.5×117.5	誌蓋兼具	篆書 楷書
蕭闛妻耶律氏墓誌 [29]	蕭公妻耶律氏墓誌銘	咸雍五年（1069）	內蒙古寧城	1993年	內蒙古文物考古研究所		誌蓋兼具	篆書
陳顗妻曹氏墓誌（甲）	大遼金紫崇祿大夫行給事中知度支使事穎川郡開國侯食邑三千戶貪貢封三佰戶上柱國陳顗公夫人故譙國郡君墓誌銘并序	咸雍六年（1070）	遼寧北票	2007年	北票市博物館	70×70	無蓋	楷書

墓誌名稱	題銘/首題	刊刻時間	出土地/出處	出土時間	收藏地	規格（厘米）	形制特徵	書體
蕭福廷墓誌[30]	故上大夫墓誌銘之記	咸雍六年（1070）	河北平泉	1992年	平泉縣文物保護管理所	79×76.5 / 79×76.5	誌蓋兼具	篆書/楷書
蕭闊墓誌	大遼故率府前率蕭公墓誌記	咸雍七年（1071）	內蒙古寧城	1992年	內蒙古文物考古研究所		無蓋	楷書
康文成墓誌	康公墓誌	咸雍七年（1071）	北京	2002年	北京海淀區文物管理所	56×56	誌蓋兼具	楷書
弘農楊公墓誌	……銀青崇祿大夫檢校左散騎常侍兼臨察御史弘農楊氏農楊故大師楊公墓誌□	咸雍七年（1071）	遼寧朝陽	1980年	遼寧遼西博物館	72×58	無蓋	
耶律決墓誌[31]	大中央胡里只契丹國故左龍虎軍上將軍正亮功臣檢校太師只哀楊只袞敵穩墓誌	咸雍七年（1071）	內蒙古敖漢旗	20世紀80年代	內蒙古新州博物館	90.5×90.5 / 92×92	誌蓋兼具	契丹小字
耶律宗福墓誌[32]	故南宰相銘石墓誌記	咸雍八年（1072）	內蒙古赤峰	2001年	遼上京博物館		誌蓋兼具	篆書/楷書
蕭闊墓誌	大遼國蕭府君墓誌銘	咸雍八年（1072）	內蒙古赤峰	1993年	蒙古文物考古研究所	107×97	誌蓋兼具	楷書
耶律宗願墓誌	大遼忠國功臣儀同三司守司徒兼侍中判上京留守臨潢尹事上柱國混同郡王耶律宗願墓誌銘并序	咸雍八年（1072）[33]	內蒙古科爾沁右翼中旗	2000年	興安盟科爾沁右翼中旗文物管理所	93×61	誌蓋兼具	楷書
耶律仁先墓誌	大遼國尚父于越宋王墓誌銘	咸雍八年（1072）	遼寧北票	1983年	遼寧省博物館	117×117 / 117×117	誌蓋兼具	楷書
耶律仁先墓誌		咸雍八年（1072）	遼寧北票	1983年	遼寧省博物館	117×117		契丹小字
蕭德恭墓誌	大遼國節度使墓誌銘	咸雍九年（1073）	遼寧阜新	2001年	遼寧文物考古研究所	118×118 / 118×118	誌蓋兼具	篆書/楷書
蕭德溫墓誌[34]	大遼蘭陵蕭公墓誌	大康元年（1075）	遼寧阜新	1925年	誌石佚	91×91	誌蓋兼具	楷書
王敖裕墓誌	平州觀察判官武騎尉賜緋魚袋太原公墓誌銘并序	大康二年（1076）	內蒙古寧城	20世紀50年代以前	遼寧省博物館存拓本	64.5×68	無蓋	楷書

墓誌名稱	題銘首題	刊刻時間	出土地/出處	出土時間	收藏地	規格(厘米)	形制特徵	書體
李文貞墓誌		大康三年(1077)	內蒙古赤峰	2007年	遼上京博物館	90×88	無蓋	
秦德昌墓誌	金吾衛上將軍秦公墓誌	大康四年(1078)	遼寧建平	1990年	遼寧建平縣博物館	90.3×83	誌蓋兼具	楷書
蕭特每·闍哥駙馬第二夫人韓氏墓誌		大康四年(1078)	內蒙古赤峰	20世紀末				契丹小字
蕭迪烈郎君墓誌		大康六年(1080)			遼寧阜新民間收藏	91×82 91×86	誌蓋兼具	契丹小字
蕭徽哩輦·汗德墓誌[35]		大康六年(1080)		2007年入藏	北京科間博物館		誌蓋兼具	契丹小字
多羅里本郎君墓誌[36]		大康七年(1081)	內蒙古阿魯科爾沁旗	1999年出土, 2006年徵集	阿魯科爾沁旗博物館	96×56	無蓋	契丹大字
蕭孝恭墓誌	北朝大遼國南宰相府所自初魯得部族故本部族節度使銀青崇祿大檢校司空使持節蘭陵縣開國男食邑三百戶蕭孝恭墓誌銘并序	大康七年(1081)	內蒙古寧城城	1989年	翁牛特旗博物館	63×53	無蓋	楷書
蕭韌特本墓誌[37]	韌特本郎君墓誌銘記	大康七年(1081)		1992年	內蒙古文物考古研究所		誌蓋兼具	篆書 楷書
張聿卿墓誌		大康八年(1082)	北京	2007年	北京市文物研究所	67×67	誌蓋兼具	楷書
耶律元佐墓誌[38]	大遼故耶律侍中墓誌銘并序	大康九年(1083)	內蒙古巴林左旗	1994年	巴林左旗公安局	63×62	無蓋	楷書
呂士安墓誌	呂公墓誌	大康九年(1083)	北京	2007年	北京市文物研究所	67.8×67.8 64.5×64.5	誌蓋兼具	篆書 楷書
孫兌構墓誌	大遼故啓聖軍節度使儀坤州管內觀察處置等使金紫崇……	大康九年(1083)	北京		北京石刻藝術博物館	92×64	無蓋	楷書
高玄圭墓誌	大遼蘭陵高府君墓誌銘并序	大康十年(1084)	內蒙古巴林左旗				誌蓋兼具	楷書
鄭頡墓誌	遼國故太子中舍知水興彰信軍提轄司事賜緋魚袋贈陽鄉公墓誌銘并序	大安元年(1085)	北京		北京通州區文物管理所	82×82	無蓋	楷書

墓誌名稱	題銘/首題	刊刻時間	出土地/出處	出土時間	收藏地	規格（厘米）	形制特徵	書體
耶律永寧墓誌		大安二年（1086）	内蒙古喀喇沁旗	1995年	喀喇沁旗博物館	56×76 蓋殘	誌蓋兼具	契丹小字
茹雄文墓誌	故同知太傅墓誌	大安三年（1087）	遼寧朝陽	2003年	朝陽市博物館	78×78 / 78×78	無蓋	篆書 / 楷書
劉知儆墓誌	右承制劉知儆墓誌銘并序	大安三年（1087）	遼寧朝陽	2016年	朝陽市龍城區博物館	55×55 / 55×55	誌蓋兼具	楷書
蕭興言墓誌	故守太子太保西北路招討使三十萬兵都統軍蕭公墓誌銘	大安三年（1087）	内蒙古巴林右旗	2000年	遼上京博物館	85×85 誌蓋殘	誌蓋兼具	篆書 / 楷書
耶律弘世墓誌[39]	大遼贈秦魏國王墓誌	大安三年（1087）	内蒙古巴林右旗	1997年	巴林右旗博物館	111×109 / 111×109	誌蓋兼具	篆書 / 楷書
董庠妻張氏墓誌	清河縣君墓誌銘并引	大安三年（1087）	北京	1970年			無蓋	
蕭興言墓誌	故守太子太保西北路招討使三十萬兵都統軍蕭公墓誌銘	大安三年（1087）	内蒙古巴林左旗	2002年	遼上京博物館	89×87 蓋殘	誌蓋兼具	楷書
蕭孝忠墓誌		大安五年（1089）	遼寧錦西	1951年	錦州市博物館	67×67 / 67×67	誌蓋兼具	契丹小字
蕭孝忠墓誌[40]		大安五年（1089）	遼寧錦西	1951年	錦州市博物館	67×67	鐫刻於契丹小字《蕭孝忠墓誌》誌蓋背面	楷書
梁穎墓誌	梁公墓誌	大安五年（1089）	河北涿州	2010年	涿州市文物保管所	123×123 / 121×121	誌蓋兼具	篆書 / 楷書
劉文學墓誌		大安五年（1089）	遼寧朝陽	2011年				
蕭袍魯魯公墓誌	故北宰相蕭公墓誌銘	大安六年（1090）	遼寧法庫	1965年	遼寧省博物館	107.5×107.5	誌蓋兼具	篆書 / 楷書

墓誌名稱	題銘首題	刊刻時間	出土地/出處	出土時間	收藏地	規格（厘米）	形制特徵	書體
蕭袍魯墓誌		大安六年（1090）	遼寧法庫	1965年	遼寧省博物館	108×108	誌蓋兼具	契丹大字、梵文
鄭恪墓誌	大契丹故朝散大夫守少府少監知上京鹽鐵副使飛騎尉借紫鄭君墓誌銘并引	大安六年（1090）	遼寧建平	1940年	遼寧省博物館	72.4×69.8	無蓋	楷書
陳顗妻氏墓（乙）	故護國郡君曹氏墓誌銘并序	大安六年（1090）	遼寧北票	2007年	北票市博物館	70×70	鑴刻於咸雍六年（1070）《陳顗妻曹氏墓誌銘（甲）》誌石背面	楷書
陳顗妻劉氏墓誌	奉國功臣前三司使崇祿大夫守太子太保上柱國穎川郡開國公食邑四千五百戶贈封肆佰伍拾戶陳公妻清河郡夫人劉氏墓誌銘并序	大安六年（1090）	遼寧北票	2007年	北票市博物館	78.5×78.5	無蓋	楷書
蕭和仁壽皇太叔祖妃蕭氏墓	宋魏國妃誌文	大安六年（1090）	內蒙古巴林右旗	1997年	巴林右旗博物館	118×117	無蓋	篆書、楷書
耶律華慶	大遼故奉軍節度使崇祿大夫檢校太師兼侍中上柱國漆水郡開國公食邑六千五百戶贈封肆佰陸拾伍致仕耶律公墓誌銘并序	大安七年（1091）	遼寧阜新	2017年徵集	阜新蒙古族自治縣文物管理所	112×112	無蓋	楷書
蕭烏盧本娘子墓誌[41]	大橫帳宿直官耶律遘遜烈太保娘子蕭氏墓誌銘并序	大安七年（1091）	內蒙古巴林左旗	2004年	遼上京博物館	63×63 63×63	誌蓋兼具	楷書
耶律廉寧墓誌[42]		大安七年（1091）	內蒙古、遼寧交界處	2007年入藏	內蒙古大學民族博物館	82.5×64~69 87×73.5~77.5	誌蓋兼具	契丹小字
蕭德里幕·胡睹菫墓誌[43]		大安七年（1091）	內蒙古、遼寧交界處		巴林左旗民間契丹博物館		無蓋	契丹小字

墓誌名稱	題銘首題	刊刻時間	出土地/出處	出土時間	收藏地	規格（厘米）	形制特徵	書體
耶律昌允妻蕭氏墓誌[44]	大橫帳故建雄軍節度使崇祿大夫檢校太師右千牛衛上將軍知涿州軍事耶律昌允妻闌陵郡夫人蕭氏墓誌銘并序	大安八年（1092）	內蒙古赤峰	2000年	赤峰市元寶山區文物管理所	66.5×59	無蓋	楷書
永寧郡公主墓誌	□永寧□公主□□銘	大安八年（1092）	內蒙古巴林左旗	2002年	遼上京博物館	95.5×94.5 95.5×94.5	誌蓋兼具	篆書、契丹大字
韓瑞墓誌	大遼興中府昌黎郡公殿直墓誌銘并序	大安八年（1092）	遼寧朝陽	1992年徵集	朝陽市龍城區博物館	62×62	無蓋	楷書
耶律迪烈墓誌	南贍部洲大遼國故迪烈王墓誌文	大安八年（1092）	內蒙古扎魯特旗	1995年	北京遼金城垣博物館	89×89 91×91	誌蓋兼具	篆書、契丹小字
奚王蕭京墓誌	左龍虎衛上將軍前六節度奚王燕京統軍使金紫崇祿大夫檢校太保食邑五千二百户食實封七百五十户開國公蕭京墓誌銘并引	大安八年（1092）			赤峰市博物館	83×83 蓋佚	誌蓋兼具	楷書
劉從信墓誌	劉從信郎君墓誌銘石	大安九年（1093）	遼寧朝陽	1994年	朝陽市博物館	58×51	誌蓋兼具	楷書
張匡正墓誌	張君墓誌	大安九年（1093）	河北張家口	1993年	河北省文物考古研究所	54×54 54×54	誌蓋兼具	篆書、楷書
張文藻墓誌	張君墓誌	大安九年（1093）	河北張家口	1993年	河北省文物考古研究所	53×53 53×53	誌蓋兼具	篆書、楷書
蕭公妻耶律氏墓誌	長寧官同簽點司事蕭公故夫人耶律氏墓誌銘并引	大安九年（1093）	內蒙古赤峰	2004年	遼中京博物館			
耶律慶嗣墓誌	大遼盛忠平亂功臣侍中贈中書令諡惠耶律公墓誌銘記	大安十年（1094）[45]	遼寧北票	1983年	遼寧省博物館	109×109 115×115	誌蓋兼具	篆書、楷書
耶律智先墓誌	大遼故果州防禦耶律公墓誌銘并序	大安十年（1094）	遼寧北票	1998年	北票市博物館	100×100	無蓋	楷書
耶律智先墓誌		大安十年（1094）	遼寧北票	1998年	北票市博物館	98.4×98.4	無蓋	契丹小字

墓誌名稱	題銘首題	刊刻時間	出土地出處	出土時間	收藏地	規格（厘米）	形制特徵	書體
永清公主墓誌	大遼永清公主墓誌銘并序	壽昌元年（1095）	遼寧阜新	2003年	遼寧阜新蒙古族自治縣博物館	110×68	無蓋	楷書
蕭太山和永清公主墓誌		壽昌元年（1095）	遼寧阜新	2003年	遼寧阜新蒙古族自治縣博物館	110×68	鐫刻於《永清公主墓誌銘》背面	契丹小字
耶律弘世妻秦越國妃墓誌 [46]	大遼故皇弟秦越國妃墓誌銘	壽昌二年（1096）	內蒙古巴林右旗	1997年	巴林右旗博物館	39×39 / 109×109	誌蓋兼具	楷書
孟有孚墓誌	大遼故朝散大夫行尚書職方郎中知大理正飛騎尉賜紫金魚袋孟公墓誌銘并序	壽昌二年（1096）				51.5×67	無蓋	楷書
耶律弘禮墓誌	故耶律公墓誌	壽昌二年（1096）	遼寧北鎮	2015年	遼寧省文物考古研究所	95×90 / 95×90	誌蓋兼具	楷書
耶律阿姆哈娘子墓誌		壽昌二年（1096）			遼寧阜新民間收藏	91×82 / 91×86	誌蓋兼具	契丹小字
張鬱墓誌	大遼故朝散大夫太守鴻臚少卿前知澤州軍州事清河君府張公墓誌銘并序	壽昌三年（1097）			遼寧省博物館	80.5×80.5	無蓋	楷書
賈師訓墓誌	大遼故相國武威賈公墓誌銘	壽昌三年（1097）	河北平泉	20世紀50年代前	遼寧省博物館	90.5×93.5 / 104×104	誌蓋兼具	篆書 / 楷書
劉知古墓誌	故彭城郡劉公墓誌銘	壽昌三年（1097）	遼寧朝陽	2016年	朝陽市龍城區博物館	64.5×64.5	誌蓋兼具	篆書 / 楷書
張公恕妻陳氏墓誌	大遼守少府監知惠州軍州事張公恕妻潁川縣君陳氏墓誌銘并序	壽昌三年（1097）			遼寧省博物館	76.4×71.9	無蓋	楷書
鄧中舉墓誌	故保安軍節度使鄧君墓誌銘	壽昌四年（1098）	內蒙古寧城	1976年	赤峰博物館	57×69 / 57×61.5	誌蓋兼具	楷書
耶律奴墓誌 [47]		壽昌五年（1099）	遼寧阜新	1999年	阜新市博物館	80×70 / 80×70	誌蓋兼具	契丹小字

墓誌名稱	題銘首題	刊刻時間	出土地/出處	出土時間	收藏地	規格（厘米）	形制特徵	書體
尚暐墓誌[48]	大遼故朝散大夫太常少卿知大定府少尹尚公墓誌并序	壽昌五年（1099）	内蒙古昭烏達盟	1959年	内蒙古博物館	100×69	無蓋	楷書
劉知新墓誌	故尚書虞部郎中劉君墓誌銘	壽昌五年（1099）	遼寧朝陽	2016年	朝陽市龍城區博物館	60×60	誌蓋兼具	楷書
劉祐墓誌	故奉陵軍節度使劉公墓誌銘并序	壽昌五年（1099）	内蒙古敖漢旗	1995年	敖漢旗博物館	85×85 85×85	誌蓋兼具	楷書
耶律弘用墓誌		壽昌六年（1100）	内蒙古扎魯特旗	1996年	扎魯特旗文物管理所	73×73 蓋殘	誌蓋兼具	契丹小字
撒懶·室魯大師墓碑		壽昌六年（1100）	内蒙古扎魯特旗	2000年		誌石殘	無蓋	契丹小字
韓敵烈墓誌[49]		乾統元年（1101）[50]	内蒙古巴林左旗	1998年	遼上京博物館	75×75	無蓋	契丹小字
梁援墓誌	大遼國故中書相梁公墓誌銘	乾統元年（1101）	遼寧義縣	1979年	遼寧省博物館	116×116 120×120	誌蓋兼具	篆書 楷書
蕭墓誌	故始平軍節度使龍虎衛上將軍驸馬都尉蕭公墓誌銘	乾統二年（1102）	遼寧醫巫閭山			105×105	誌蓋兼具	篆書 楷書
王士方墓誌	東頭供奉官王士方墓誌銘并序	乾統二年（1102）	内蒙古巴林左旗	1987年	遼上京博物館	54×32	無蓋	楷書
王仲興墓誌	大遼故朝散大夫太守秘書監侍御使雜兼權堂後官開國伯食邑七百户賜紫金魚袋王公墓誌銘并序	乾統二年（1102）	遼寧朝陽	2016年	朝陽縣博物館	80×80	無蓋	楷書
耶律貴安·迪里姑墓誌[51]		乾統二年（1102）	遼寧朝陽	2002年徵集	遼上京博物館	62×65.5 65×66	誌蓋兼具	契丹小字
耶律兀没副部署墓誌		乾統二年（1102）	内蒙古阿魯科爾沁旗	1996年	内蒙古博物院		誌蓋兼具	契丹小字

墓誌名稱	題銘首題	刊刻時間	出土地/出處	出土時間	收藏地	規格（厘米）	形制特徵	書體
耶律蒲速里太傅墓誌碑銘		乾統四年（1104）					誌蓋兼具	契丹小字
欑祥墓誌		乾統四年（1104）	遼寧朝陽	1980年	朝陽市博物館	74×65 57×57	誌蓋兼具	楷書
姚企暉墓誌	姚公墓誌	乾統四年（1104）			巴林左旗契丹博物館	76.7×75.4	誌蓋兼具	楷書
張謹墓誌		乾統五年（1105）	遼寧朝陽	1958年	誌石已佚	46×46	無蓋	
耶律幹幹特剌墓誌	遼國許王墓誌	乾統五年（1105）	遼寧阜新	1975年	阜新市博物館	105×77	誌蓋兼具	楷書、契丹小字
劉文用墓誌	大遼崇祿寺丞彭城公墓誌銘并序	乾統五年（1105）	内蒙古赤峰		遼中京博物館		無蓋	楷書
劉貢墓誌	皇遼左承制彭城公墓誌銘并序	乾統五年（1105）	内蒙古赤峰		遼中京博物館		無蓋	楷書
李熙墓誌	大契丹國故崇祿大夫檢校太保使持節營州諸軍事行營州刺史兼御史大夫上柱國隴西縣開國子食邑五百户李公墓誌銘并序	乾統七年（1107）	北京	1990年	北京市文物研究所	70×70	誌蓋兼具	楷書
韓字墓誌[52]	韓君墓誌銘并序	乾統七年（1107）	内蒙古赤峰	2013年				
高士寧墓誌	中散大夫守司農卿廣陵縣開國國伯食邑七伯户賜紫金魚袋高公墓誌銘	乾統七年（1107）	内蒙古赤峰	2008年	遼上京博物館	65×63	無蓋	楷書
梁國太妃墓誌[53]	故梁國太妃墓誌銘	乾統七年（1107）	遼寧阜新	2001年	遼寧省文物考古研究所	113×113 114×114	誌蓋兼具	篆書、楷書
梁國王墓誌[54]		乾統七年（1107）	遼寧阜新	2001年	遼寧省文物考古研究所	113×113	刻於《梁國太妃墓誌銘》誌蓋背面	契丹小字
梁援妻秦氏墓誌	大遼故安定梁令捴國夫人墓誌銘序	乾統七年（1107）	遼寧義縣	1979年	遼寧省博物館	96×97.5 96×97.5	誌蓋兼具	篆書、楷書

墓誌名稱	題銘首題	刊刻時間	出土地/出處	出土時間	收藏地	規格（厘米）	形制特徵	書體
董承德妻郭氏墓誌		乾統七年（1107）	山西大同	1956年		44×41.3	無蓋	楷書 梵文
耶律棋墓誌		乾統八年（1108）	内蒙古阿魯科爾沁旗	1993年	内蒙古文物考古研究所	90×90 誌蓋殘	誌蓋兼具	契丹大字
耶律弘益妻蕭氏墓誌	故齊國大王孫前六殿詳穩太和宮副使耶律弘益妻蕭氏墓誌銘并序	乾統八年（1108）	遼寧義縣	1885年			誌蓋兼具	契丹大字
留隱太師墓誌		乾統八年（1108）	内蒙古	2009年入藏	内蒙古大學	70×64 誌石佚	誌蓋兼具	契丹大字
蔡志順墓誌	（上幾）墓誌銘	乾統八年（1108）	内蒙古巴林左旗	1989年	遼上京博物館	70×45	無蓋	楷書
澤州刺史墓誌		乾統八年（1108）	内蒙古赤峰巴林左旗	1994年入藏	遼上京博物館	64×56 誌石殘	無蓋	契丹小字
蕭孝資墓誌	大遼國故永興宮使左金衛軍大將軍蕭公墓誌銘	乾統九年（1109）	内蒙古翁牛特旗	2001年	内蒙古翁牛特旗博物館	74.5×64.5	無蓋	楷書
遼郎君耶律任娘子蕭氏墓誌	口口衛郎君耶律任娘子蕭氏墓誌銘	乾統九年（1109）	内蒙古赤峰	20世紀90年代初徵集	大連大學	77×77	無蓋	楷書
蕭德恭妻耶律氏墓誌	忠正軍節度留後銀青崇祿大夫檢校司空使持節壽州諸軍事壽州刺史兼侍衛侍上騎都尉嗣闌陵開國子食邑五百戶蕭公妻墓誌銘并序	乾統十年（1110）	遼寧阜新	2001年	遼寧省文物考古研究所	118×118	鏨刻於《蕭德恭墓誌銘》誌蓋背面	楷書
寧鑑墓誌	大遼故少府少監忠順軍節度副使寧君墓誌銘	乾統十年（1110）	山西朔縣		《山西通志》載石原存朔縣鄂公祠	56×41	無蓋	
高鳥裒墓誌	故順義軍馬步軍都指揮使高公墓誌銘并序	乾統十年（1110）	山西朔縣	20世紀50年代	朔縣崇福寺文管所	57×50	無蓋	楷書
高澤墓誌	故禮賓副使男高公墓誌銘并序	乾統十年（1110）	山西朔縣	20世紀50年代	朔縣崇福寺文管所	57×50	無蓋	楷書

墓誌名稱	題銘首題	刊刻時間	出土地/出處	出土時間	收藏地	規格（厘米）	形制特徵	書體
宋魏國妃墓誌	宋魏國妃墓誌文	乾統十年（1110）	內蒙古巴林右旗	1997年	巴林右旗博物館	118×117 118×117	誌蓋兼具	楷書 篆書
宋魏國妃墓誌	故宋魏國妃記之墓誌銘	乾統十年（1110）	內蒙古巴林右旗	1997年	巴林右旗博物館	111×115 111×115	誌蓋兼具	契丹小字
丁洪墓誌	丁洪墓誌銘并序	天慶元年（1111）	北京	1958年	北京市文物研究所	39×39	無蓋	
韓師訓墓誌	故昌黎韓公墓誌碣銘并序	天慶元年（1111）	河北張家口	1990年	河北省文物考古研究所	49×49 49×49	誌蓋兼具	楷書
蕭義墓誌	大遼故推誠保義守正崇仁全德功臣北宰相武寧軍節度使徐宿等州觀察處置等開府儀同三司檢校太尉守大傅兼中書令行徐州大都督府長史上柱國開國公食邑六千戶食封陸佰戶致仕贈守大師諡恭僖蕭公墓誌銘并序	天慶二年（1112）	遼寧法庫	1976年	鐵嶺市博物館	102×102	無蓋	楷書
馬直溫妻張館墓誌	清河郡夫人張氏墓誌	天慶三年（1113）	北京	1979年		78×78 78×78	誌蓋兼具	篆書 楷書
張翊墓誌		天慶三年（1113）			阜新市博物館			
丁文道墓誌	丁公墓誌	天慶三年（1113）	北京	1958年	北京市文物研究所	49.5×49.5 41×41	誌蓋兼具	楷書
蕭旼墓誌	故彰信軍節度使知大國舅詳穩同中書門下平章事蕭公墓誌文	天慶三年（1113）				96×100		楷書
蕭旼墓誌[55]		天慶三年（1113）				96×100		契丹小字
王師儒墓誌	大遼故佐理功臣諸行宮都部署進行尚書左僕射贈武定軍節度使同中書門下平章事兼侍中上柱國太原郡開國公食邑二千戶食實封二百戶王公墓誌銘并序	天慶四年（1114）	北京	1957年	北京市文物研究所	74×79	無蓋	楷書

墓誌名稱	題銘/首題	刊刻時間	出土地/出處	出土時間	收藏地	規格（厘米）	形制特徵	書體
故耶律氏銘石		天慶四年（1114）	內蒙古翁牛特旗	1969年	赤峰博物館	61×61 60×60	誌蓋兼具	篆書 契丹小字
耶律習涅墓誌	大橫帳節度副使墓誌	天慶四年（1114）[56]	內蒙古巴林左旗	1987年	遼上京博物館	66×64 65.5×66	誌蓋兼具	篆書 楷書
耶律習涅墓誌		天慶四年（1114）	內蒙古巴林左旗	1987年	遼上京博物館	66×64	鐫刻於漢文《耶律習涅墓誌》誌蓋背面	契丹大字
史洵直墓誌	大遼故左議大夫開國子食邑五百戶賜紫金魚袋致仕史公墓誌銘并序	天慶四年（1114）	北京	1956年	北京市文物研究所	62×61	無蓋	楷書
劉慈墓誌		天慶四年（1114）	內蒙古翁牛特旗		翁牛特旗博物館	49×48	無蓋	楷書
蕭敵魯墓誌[57]		天慶四年（1114）	內蒙古奈曼旗	2002年出土	內蒙古大學民族博物館	84.5×84.5 83×83		契丹小字
張世卿墓誌	大遼歸化州故殿直張公墓誌銘并序	天慶六年（1114）	河北張家口	1974年	河北省文物考古研究所	70×68 誌蓋殘	誌蓋兼具	楷書
姚璹墓誌	故姚公墓誌銘	天慶七年（1117）	遼寧北票	1971年	朝陽市博物館	67×67 68×67	誌蓋兼具	篆書 楷書
張世古墓誌	故清河張公墓誌銘文	天慶七年（1117）	河北張家口	1993年	河北省文物考古研究所	49×49 49×49	誌蓋兼具	楷書
張恭誘墓誌	故清河張公墓誌銘文	天慶七年（1117）	河北張家口	1989年	河北省文物考古研究所	47×47 47×47	誌蓋兼具	楷書
孟初墓誌	大遼故翰林學士金紫崇祿大夫行尚書□□□□□□□□□國公食邑二千戶食實封貳佰戶諸路□□□□□盂公墓誌銘并序	天慶七年（1117）	北京		北京房山區文物管理所	78×78	無蓋	楷書

墓誌名稱	題銘首題	刊刻時間	出土地/出處	出土時間	收藏地	規格（厘米）	形制特徵	書體
劉承遂墓誌	故彭城劉公墓誌	天慶九年（1119）	山西大同	1957年		40×32	無蓋	楷書
杜悆墓誌	故忠亮佐理功臣特進守大尉上柱國京兆郡開國公食邑二千五佰户食實封貳佰五拾户致仕杜公墓誌銘	天慶十年（1120）	北京	1996年	石景山區田義墓園	92.5×89.5	無蓋	楷書
劉暐墓誌		保大元年（1121）	内蒙古翁牛特旗		内蒙古翁牛特旗博物館	53×51	無蓋	楷書
鮮于氏墓誌[58]	大遼隨驚軍市巡都監六宅使銀青崇禄大夫檢校工部尚書兼御史瞇郡都鷗郡趙公正室鮮于氏墓誌銘并序	保大元年（1121）	北京	1966年	北京市文物研究所	48×48	無蓋	
王安裔墓誌	神山縣令大理評事王公墓誌銘	保大四年（1124）	北京	20世紀50年代前	旅順博物館	55×55	無蓋	楷書
耶律棋墓誌		天祚帝年間（1101~1125）	内蒙古阿魯科爾沁旗	1993年	内蒙古文物考古研究所	誌石殘	無蓋	楷書
張衍墓誌		遼（907~1125）	河北香河	1648年		誌石		楷書
許國公墓誌[59]	大遼故西政保義奉國功臣開府儀同三司兼中書令許國公墓誌銘并序	遼（907~1125）	河北唐山	2004年徵集	唐山博物館	63×53	無蓋	楷書
孟父房耶律統軍使墓誌		遼（907~1125）	内蒙古赤峰	2018年入藏	内蒙古大學	85×86 誌蓋殘	誌蓋兼具	契丹大字
秦晉國大長公主墓地壙誌（甲）[60]		遼（907~1125）	内蒙古寧城			誌石殘		篆書 楷書
秦晉國大長公主墓地壙誌（乙）	□□□相□□國夫人墓誌銘	遼（907~1125）	内蒙古寧城	1995年	内蒙古文物考古研究所	誌石殘	無蓋	篆書 楷書
駱駝山殘誌		遼（907~1125）	内蒙古赤峰	2000~2004年		誌石殘		楷書
韓氏墓誌殘銘		遼（907~1125）	内蒙古巴林左旗	2000年	遼上京博物館	誌石殘		楷書
耶律使剌墓誌	……國耶律郎君□誌銘	遼（907~1125）	内蒙古巴林左旗	2001年	遼上京博物館	蓋、誌石殘	誌蓋兼具	楷書
耶律高十墓誌[61]		遼（907~1125）	内蒙古巴林左旗	1994年前後	遼上京博物館	誌石殘		契丹小字

墓誌名稱	題銘/首題	刊刻時間	出土地/出處	出土時間	收藏地	規格（厘米）	形制特徵	書體
遼祖陵一號陪葬墓殘誌（甲）[62]		遼（907~1125）	內蒙古巴林左旗	2007年		誌石殘		楷書
遼祖陵一號陪葬墓殘誌（乙）[63]		遼（907~1125）	內蒙古巴林左旗	2007年		誌石殘		楷書
庫倫旗一號遼墓殘誌（甲）[64]		遼（907~1125）	內蒙古通遼	1972年		蓋、誌石殘	誌蓋兼具	楷書
庫倫旗一號遼墓殘誌（乙）[65]		遼（907~1125）	內蒙古通遼	1972年		蓋、誌石殘	誌蓋兼具	楷書
梁國王墓誌		遼（907~1125）	遼寧阜新	2004年		113×113	刊刻於乾統七年（1107）《梁國太妃墓誌銘》誌蓋背	契丹小字
佐移離畢蕭相公墓誌	佐移離畢蕭相公墓誌銘	遼（907~1125）	遼寧義縣	1950年		90×90 誌石殘	誌蓋兼具	篆書 楷書
義縣清河門2號墓殘誌[66]		遼（907~1125）[67]	遼寧義縣	1950年		96×96 誌石殘	誌蓋兼具	契丹小字
海棠山契丹小字墓誌		遼（907~1125）	遼寧阜新	1991年		誌石殘		契丹小字
耶律休哥墓誌	故于越宋國王墓誌銘	遼（907~1125）	遼寧阜新	2002年		僅存誌蓋		篆書
橫帳仲父房某夫人墓誌		遼（907~1125）	遼寧阜新	1991年		誌石殘	無蓋	契丹小字
故耶律郎君恭墓誌文[68]		遼（907~1125）	遼寧阜新	2014年		僅存誌蓋		篆書

續表

墓誌名稱	題銘名稱	刊刻時間	出土地出處	出土時間	收藏地	規格（厘米）	形制特徵	書體
延昌宮副宮使耶律公墓誌	大遼國故延昌宮副宮使耶律公墓誌銘	遼（907～1125）	遼寧阜新	2017年徵集	阜新蒙古族自治縣文物管理所	僅存誌蓋 41.5×42		篆書
故太保耶律……墓誌[69]		遼（907～1125）	遼寧阜新	20世紀50年代末		誌石殘		楷書
廣德軍節度使劉公墓誌[69]	故廣德軍節度使劉府君墓誌銘并序	遼（907～1125）	遼寧朝陽	1999年	朝陽縣博物館	34×33.2	無蓋	楷書
商家溝1號墓趙某墓誌[70]		遼（907～1125）[71]	遼寧朝陽	1972年		78×55	誌蓋兼具	楷書
法庫葉茂墓23號墓殘誌[72]		遼（907～1125）	遼寧法庫	2004年		誌石殘		契丹小字
張晉卿墓誌	□□□□□□□□□□將作少監知析津縣事驍騎尉賜緋金魚袋……□君墓誌銘并序	遼（907～1125）	北京	2007年	北京市文物研究所	64×64	誌蓋兼具	楷書

注：

[1] 該誌真偽存疑，詳見劉鳳翥、何文峰《〈耶律曷魯妻掘聯墓誌銘〉爲贗品說》，《北方文物》2015年第2期。

[2] 該誌亦稱《駙馬贈衛國王沙姑墓誌》。

[3] 該誌亦稱《陳延□墓誌》。

[4] 該誌亦稱《許從贇墓誌》。

[5] 該誌亦稱《王瓚墓誌銘》，墓主存疑，詳見王晶辰《遼寧碑誌》。

[6] 該誌亦稱《韓匡嗣妻秦國太夫人墓誌》《韓匡嗣妻秦國太夫人墓誌》。

[7] 該誌亦稱《徒郭姑妻韓氏墓誌》。

[8] 該誌亦稱《耶律元寧（安世）墓誌》。

[9] 該誌亦稱《耶律加乙里墓誌》。

[10] 該誌亦稱《韓佚妻墓誌》。

[11] 該誌亦稱《韓德凝墓誌》《韓德顒墓誌》，誌主爲韓匡嗣第七子，據《遼史》《韓匡嗣墓誌》所記，韓德凝、韓德顒、耶律隆祐爲同一人。

[12] 該誌亦稱《耿延毅妻耶律（韓）氏墓誌》。

[13] 《內蒙古遼代石刻文研究》收錄該誌時記爲統和三十年（1012）。實耶律元寧"以統和三十年十月十日遇疾，卒於新豐軍，享年三十有四。以開泰四年四月十二日

［14］葬於烈山之陽，禮也。按此，本表收錄時按秦和四年（1015）記。

［15］《遼代石刻文編》著錄時命名爲《耿公妻張氏墓誌（殘）》，錄文殘缺後半段，未明確刊刻時間。

［16］該誌亦稱《韓匡嗣墓誌》。

［17］該誌亦稱《韓橁三墓誌》。重熙六年（1037）十月爲墓誌耶律遂忠卒年，筆年因誌石破碎缺失，僅存"□月癸酉朔八日庚子，葬於上京西北渠乡山之陽先塋也"等字。按重熙六年（1037）十月後首個朔日爲癸酉月份是重熙六年十一月（1042）輯錄。

［18］《遼上京地區出土的遼代碑刻彙輯》載該誌石已佚，北京大學圖書館藏拓本，羅福頤《滿洲金石志》著錄，《遼代石刻文編》輯錄。

［19］該誌亦稱《耶律元妻晉國夫人墓誌》《大契丹國故晉國夫人蕭氏墓誌》等。

［20］該誌亦稱《蕭紹宗妻秦國長公主耶律燕哥墓誌》。

［21］該誌亦稱《耶律萬辛墓誌》。

［22］該誌亦稱《王澤妻墓誌》。

［23］該誌亦稱《蕭利妻秦國太妃耶律氏墓誌》。

［24］駙馬蕭公平原公主墓誌。該誌亦稱《耶律盆奴墓誌》，真僞存疑。

［25］該誌亦稱《聖宗淑儀贈寂肅大師墓誌》。詳見閻萬章《錦西西孤山出土契丹文墓誌研究》，《考古學報》1957年第2期。

［26］誌主爲墓誌知行，誌蓋篆"故耶律公神道墓誌銘"，不知何故。

［27］該誌亦稱《董匡信妻王氏墓誌》。實則該誌爲董匡信及妻王氏合誌，誌石首題"大遼故右班殿直、銀青崇祿大夫、檢校國子祭酒、兼監察御史、雲騎尉、清陰董府君，夫人太原王氏墓誌銘并序"。誌文内容亦分述董匡信祖先及其仕履、生平、王氏基本情況，以及子嗣情況。

［28］該誌亦稱《蕭闥妻耶律骨欲迷巳娘子墓誌》。

［29］該誌亦稱《奚王蕭廷璡墓誌》。

［30］該誌亦稱《耶律玦墓誌》，真僞存疑，詳見張少珊《契丹小字〈耶律玦墓誌銘〉爲贗品》，《理論觀察》2021年第2期。

［31］該誌亦稱《韓橁魯墓誌》。

［32］《遼上京地區出土的遼代碑刻彙輯》收錄該誌時記爲咸雍十年（1074）。實則誌主耶律宗願卒於"咸雍八年閏七月十七日以疾薨於位"，"以其年十一月二十八日歸"，故葬使用丁文通等題名。

［33］葬於門山之隂陽，禮也。該誌尾有"咸雍八年歲次壬子十一月二十八日癸酉良時"故祭發引使郭善利，詳見劉鳳翥《契丹小字〈蕭敵魯董·汗德墓誌銘〉爲贗品說》，《遼金史與考古》。

［34］該誌亦稱《遼左衛上將軍蕭德溫墓誌》《回里堅墓誌》。

［35］該誌亦稱《蕭敵魯董·漢德墓誌》《蕭回璉墓誌》，真僞存疑，詳見劉鳳翥《契丹小字〈蕭敵魯董·汗德墓誌銘〉爲贗品》。2017年第1期。

［36］該誌亦稱《耶律特免郎君墓誌》。

[37] 《遼上京地區出土的遼代石碑刻彙編》收錄該誌時記爲大康五年（1079），《內蒙古遼代石刻文研究》收錄該誌時記爲大康六年（1080），實則墓主卒於大康六年十月二十六日，"大康七年四月四日歸葬中京霫京霫山隅檩寺之南荒原之右"。按此，本表收錄時按大康七年（1081）記。

[38] 該誌亦稱《韓謝十墓誌》。

[39] 該誌亦稱《皇弟秦越國王耶律弘世墓誌》。

[40] 該誌曾被命名爲《蕭元中墓誌》，詳見秦大耕《遼寧錦西孤山山出土的遼墓墓誌》，《考古通訊》1956年第2期。

[41] 該誌亦稱《耶律（韓）迪烈墓誌》《耶律詳穩墓誌》。

[42] 該誌亦稱《耶律廉寧詳穩墓誌》。劉鳳翥《再論〈契丹小字〈蕭敵魯墓誌銘〉和〈耶律廉寧墓誌〉均爲僞品》，《中國社會科學報》2011年11月10日；吳英喆《契丹小字〈蕭敵魯墓誌銘〉及〈耶律廉寧墓誌銘〉絕非僞品——與劉鳳翥先生商榷》，《中國社會科學報》2011年12月8日，A05爭鳴。

[43] 該誌亦稱《胡睹菫審密墓誌》《蕭胡睹菫墓誌》，詳見劉鳳翥著《所謂契丹小字〈蕭德墓·胡睹菫墓誌銘〉爲僞品說》，《遼金歷史與考古》2017年第1期；吳英喆《契丹小字〈胡睹菫審密墓誌銘〉考釋》，唐彩蘭主編《契丹遺珍》，線裝書局，2011年，第233~257頁。

[44] 《內蒙古遼代石刻文研究》收錄該誌時記爲大安七年（1091），真僞存疑，詳見劉鳳翥著《得制堅墓誌》考辨，"其月十九日啓手卒於寓居之宅，歸於義州北，塔山之陽。大安八年（1092）記。

[45] 《遼代書法與墓誌》收錄該誌時記爲大安九年（1093），實則耶律慶嗣"以（大安）十年三月壬申月葬於葛夔母山，從先塋也"。按此，本表收錄時按大安十年（1094）記。

[46] 該誌亦稱《皇弟秦越國妃蕭氏墓誌》《耶律弘世秦越國妃詳穩稷位誌》等。

[47] 該誌亦稱《大契丹國可汗橫帳陽隱司仲父房國隱寧奴詳穩墓誌》。

[48] 該誌曾定名爲《尚暐咘墓誌》。據拓本應爲"公姓尚，避諱，符彩標殊，梓靈秀異"。

[49] 該誌亦稱《耶律（韓）迪烈墓誌》《韓詳略墓誌》。

[50] 誌文第22行載爲"壽昌七辛巳年二月壬辰朔二十八巳未日"，後第34行載有"乾統元年二月二十八日"字樣。實則，遼道宗於壽昌七年正月甲戌，二月丁辰朔即改元乾統，天祚帝繼位。因此，本誌刊刻時間按乾統元年（1101）計。

[51] 該墓誌亦稱《耶律貴也墓誌》《耶律迪可墓誌》《耶律亂里墓誌》《耶律奥里保誌》。

[52] 真僞存疑，詳見劉鳳翥著《韓寧墓誌銘》爲僞品，遼寧省博物館、遼寧省女真史研究會《遼金歷史與考古》第7輯，遼寧教育出版社，2017年，第438~439頁；周峰《遼代韓寧墓誌考辨》，《地域文化研究》2018年第6期。

[53] 該誌亦稱《蕭知微妻墓誌》。

[54] 梁王即石魯隱術里者，漢名蕭知微。

[55] 該誌亦稱《蕭查剌相公墓誌》，真僞存疑，詳見劉鳳翥著《蕭查剌相公契丹字墓誌銘》爲僞品說，《赤峰學院學報》（漢文哲學社會科學版）2015年第1期；吳英喆《蕭查剌相公契丹文遺言》，《內蒙古社會科學》（漢文版）2016年第2期。

[56] 《內蒙古遼代石刻文研究》收錄該誌時記爲天慶三年（1113），實則墓主卒於天慶三年冬十月，"天慶四年三月二十五日葬於嘉鹿山先塋之側"。按此，本表收錄時

按天慶四年（1114）記。

[57] 該誌亦稱《蕭敵魯副使墓誌》，真僞存疑，詳見劉鳳翥《契丹小字〈蕭敵魯墓誌銘〉和〈耶律廉寧墓誌銘〉均爲僞品》，《中國社會科學報》2011 年 5 月 19 日；劉鳳翥《契丹小字〈蕭敵魯墓誌銘〉絕非僞品——與劉鳳翥先生商榷》，《中國社會科學報》2011 年 6 月 16 日；吳英喆《契丹小字〈蕭敵魯墓誌銘〉及〈耶律詳穩墓誌銘〉絕非僞品》，《中國社會科學報》2011 年 12 月 8 日，A05 爭鳴。

[58] 該誌亦稱《趙公正室鮮于氏墓誌》。

[59] 該誌真僞存疑，詳見劉鳳翥《許國公墓誌銘》爲僞品說。

[60] 即《內蒙古遼代石刻文研究》所收錄《秦晉國大長公主墓地殘誌（一）》《秦晉國大長公主墓誌（二）》。

[61] 該誌亦稱《耶律（韓）高十墓誌銘》《韓高十墓誌》。

[62] 該誌誌名爲筆者根據實際情況擬定。

[63] 該誌誌名爲筆者根據實際情況擬定。

[64] 該誌誌名爲筆者根據實際情況擬定。

[65] 該誌誌名爲筆者根據實際情況擬定。

[66] 該誌誌名爲筆者根據實際情況擬定，出土於遼寧義縣蕭慎微祖墓群，該墓群一號墓出土《佐移懶畢蕭相公墓誌》。墓主疑爲佐移懶畢蕭相公之父，詳見李文信《義縣清河門遼墓發掘報告》，《考古學報》1954 年第 2 期。

[67] 殘誌誌文尾處有 "清寧三月二十七"，疑爲 2 號墓墓主夫妻埋葬時間。

[68] 該誌亦稱《可汗橫帳仲父房進寧墓誌》。

[69] 該誌附有墓畫題書《劉府君墓畫題記》。

[70] 誌主爲龍龕趙思溫後裔，誌名爲筆者根據實際情況擬定。蓋誌蓋素面，誌石楷書鐫刻誌文 24 行，行 24 字，誌石漫漶、字迹難以辨識。詳見郭賓學《遼寧朝陽遼趙氏族墓》，《文物》1983 年第 9 期。

[71] 李道新：《遼寧朝陽地區遼代紀年墓考志》（《赤峰學院學報》（漢文哲學社會科學版）2019 年第 10 期，第 6 頁）收錄該誌時記爲統和二十年（1002）。

[72] 該誌誌名爲筆者根據實際情況擬定。

家族墓地應有年代更早的家族成員墓葬，故不排除有誌墓隨葬的可能，有待於今後考古發掘工作證實。

（二）墓誌分布

遼代全盛時期，疆域廣闊，"東至於海，西至金山，暨於流沙，北至臚朐河，南至白溝，幅員萬里"。[①] 遼代以五京爲中心，分其疆域爲五道，道下設州、軍、縣、城。以往研究成果表明，遼代石刻分布於今北京、天津、河北、内蒙古、山西、遼寧、吉林、黑龍江等省市自治區，[②] 即遼統治區域。遼代墓誌地理分布具有一定規律，即分散性與聚集性并存。目前，已見遼代墓誌主要出土於今内蒙古、遼寧、山西、河北、北京等地區，上述地區恰是遼代上京道、中京道、南京道及西京道所轄大致區域所在。可見遼代墓誌并未分布於當時遼全境，具有一定分散性。同時，遼代墓誌地理分布也具有聚集性，即呈現出局部區域集中出土的特點，如北京、内蒙古巴林左旗、遼寧朝陽、遼寧阜新、河北張家口等地遼代墓誌出土數量比例遠高於其他地區。

遼代墓誌地理分布呈現聚集性，究其原因在於聚族而葬的喪俗在遼代社會得以延續。這種喪俗的延續，使得上述地區在遼代成爲當時某一家族或者數個家族的家族墓地所在地。如巴林左旗韓匡嗣家族墓地自二十世紀九十年代中期開始集中出土和發現了統和三年（985）《韓匡嗣墓誌》、統和十一年（993）《韓匡嗣妻蕭氏墓誌》、統和十五年（997）《韓德威墓誌》（韓匡嗣子）、統和三年（985）《韓德昌墓誌》（韓匡嗣子）、統和二十九年（1011）《耶律隆祐墓誌》（韓匡嗣子）、太平七年（1027）《耶律遂正墓誌》（韓德威子）、重熙六年（1037）《耶律遂忠墓誌》（韓德昌子）、大康九年（1083）《耶律元佐墓誌》（韓德威孫）、《耶律迪烈墓誌》（韓德威曾孫）、大安七年（1091）《耶律迪烈妻蕭氏墓誌》、《耶律高十墓誌》（韓德昌孫）、《耶律度剌墓誌》（耶律元佐子）等數代韓（耶律）氏[③]家族成員墓誌。又如"燕四大族"之一的劉氏家族，在劉仁恭子劉守奇降遼後，其子嗣北徙遼地爲

---

① 脱脱等：《遼史·地理志》，中華書局，1975 年，第 437 頁。

② 景愛：《遼代石刻概述》，《北方文物》2008 年第 1 期；張國慶：《遼代石刻文化芻論》，《中國文化研究》1996 年第 11 期；趙彦昌：《遼代石刻檔案研究》，《遼金歷史與考古》第 2 輯，遼寧教育出版社，2010 年，第 349 頁；蓋之庸：《内蒙古遼代石刻文研究》，内蒙古大學出版社，2002 年。

③ 《遼史》卷六六《耶律隆運傳》載韓匡嗣次子韓德讓於遼聖宗統和二十二年（1004）賜姓耶律，出宮籍，隸橫帳季父房後，位親王上，賜田宅及陪葬地。

官。其中，遼寧朝陽劉氏家族墓地，自二十世紀七十年代初開始先後出土劉仁恭後世子孫六方遼代墓誌，保寧二年（970）《劉承嗣墓誌》（劉守奇子）、統和十八年（1000）《劉宇杰墓誌》（劉承嗣子）、統和十六年（998）《劉宇一墓誌》（劉守奇孫）、重熙十五年（1046）《劉日泳墓誌》（劉承嗣孫）、《廣德軍節院使劉公墓誌》（劉承嗣孫輩）、大安九年（1093）《劉從信墓誌》（劉承嗣曾孫輩），該家族成員亦有金代墓誌出土。[①]其他諸如今阿魯科爾沁旗耶律羽之家族墓地、阜新蕭和家族墓地、朝陽劉承嗣家族墓地、張家口張匡正家族墓地等遼代家族墓地，均曾集中或相繼出土同一家族成員數代人的多方墓誌，可將其家族數代人百年間發展脉絡梳理清晰。遼代其統治以契丹、女真爲主，以漢族地主階層爲輔，契丹、女真、漢等各族世家大族往往形成聚集性分布，使得某一地成爲數個家族墓地集中區，即出現所謂"遼金大族如韓、馬、劉、趙、時、左、張、吕，其墳墓多在京畿"[②]的現象，北京出土遼代墓誌亦證實此言不虚。如北京近幾十年間先後出土韓氏家族、張氏、吕氏家族，以及與韓氏、張氏有着姻親關係的丁氏、董氏等家族成員墓誌十餘方（詳見表二）。

表二　北京出土韓、張、吕、丁董氏家族成員墓誌一覽

家族名稱	墓誌名稱	刊刻時間
韓氏家族	韓佚墓誌	統和十五年（997）
	韓佚妻王氏墓誌	統和二十九年（1011）
	韓資道墓誌	咸雍五年（1069）
張氏家族	張嗣甫墓誌	重熙五年（1036）
	張儉墓誌	重熙二十二年（1053）
	張琪墓誌	太平四年（1024）
	馬直温妻張館墓誌	天慶三年（1113）
吕氏家族	吕□□墓誌	重熙七年（1038）
	吕士安墓誌	大康九年（1083）
丁氏家族	丁求謹墓誌	清寧三年（1057）
	丁洪墓誌	天慶元年（1111）
	丁文道墓誌	天慶三年（1113）
董氏家族	董匡信及妻王氏墓誌	咸雍五年（1069）
	董庠妻張氏墓誌	大安三年（1087）

---

① 金章宗明昌元年（1190）《劉元德墓誌》（劉承嗣七世孫）。

② 李逸友：《遼代契丹人墓葬制度概説》，内蒙古文物考古研究所：《内蒙古東部區考古學文化研究文集》，海洋出版社，1990年，第87頁。

除上述同一家族成員墓誌集中或相繼出土而呈現出的聚集性分布外，仍有相當數量單一、零散出土或發現的遼代墓誌。雖然暫時缺乏與其相關聯家族成員墓誌，但是從誌文中頻現的"從先塋""從先塋而葬"等表述來看，不排除其家族其他成員墓誌在今後出土或發現的可能性。

遼代墓誌主要使用漢文、契丹文鎸刻題銘、誌文等內容。通過統計可知，遼代契丹文墓誌主要出土於今內蒙古自治區中東部及遼寧省西北部地區。遼建國以後，治下民族成分複雜，采取"因俗而治"，遼代契丹文墓誌出土分布情況也可從一個側面反映出遼代漢人與契丹人的活動區域及分布規律。

（三）誌主身份

在遼代墓誌數量激增的背景下，通過對遼代墓誌使用者階層信息的梳理，可以發現遼代墓誌使用階層較爲廣泛，契丹皇室與貴族、各級品官命婦及其家屬、平民與僧侶皆有誌墓。鑒於《遼史·禮志·凶儀》中僅記載有皇帝喪葬禮儀，以往研究認爲"遼代契丹貴族墓有用墓誌的制度：目前所得墓誌全是帝后、節度使及其以上高官命婦的，還未發現有節度使以下官員眷屬用墓誌的"。[1] 遼代"因俗而治"，官員數量客觀，現今所能見遼代各級官員墓誌是遼代墓誌中出土數量最多的類型。此外，遼代重要官員、契丹貴族或居高官者去世後，朝廷會命品官奉敕撰書墓誌銘文、賜予葬具等物品，并鎸刻於墓誌。如清寧八年（1062）耶律宗政卒時，由"翰林學士、中散大夫、中書舍人、史館修撰、上騎都尉、太原縣開國子、食邑五百戶、賜紫金魚袋王寔奉敕撰"；[2] 又如咸雍八年（1072）耶律宗願卒時，由"尚書屯田郎、充史館修撰、應奉閣下文字、賜紫金魚袋臣趙孝嚴奉敕撰"墓誌銘文；[3] 又如大安十年（1094）耶律慶嗣卒時，由"宣政殿學士、崇禄大夫、行尚書禮部侍郎、兼翰林學士、知制誥、充史館修撰、柱國、天水郡開國公、食邑二千五百戶、食實封二百五十戶趙孝嚴奉敕撰"；[4] 再如應曆九年（959）駙馬衛國王沙姑葬時，賜"衣服二十七封，銀器一十事，鞍一十三面，驄馬一疋，白馬一疋，驃尾黑

---

① 李逸友：《遼代契丹人墓葬制度概說》，內蒙古文物考古研究所：《內蒙古東部區考古學文化研究文集》，第 87 頁。
② 向南：《遼代石刻文編》，第 305 頁。
③ 向南、張國慶、李宇峰：《遼代石刻文續編》，第 148 頁。
④ 向南：《遼代石刻文編》，第 456 頁。

大馬一十疋，小馬二十一疋，牛三十五頭，羊三百五十口"。① 此外，在誌墓的遼代各級品官命婦及其家屬中，原後晋石氏家族成員是相對特殊的群體。964 年，遼滅後晋後，將石重貴及皇太后李氏、安太妃、皇后馮氏、石重睿、石延煦、石延寶等 50 餘人北擄，石氏家族成員遂爲遼臣。自二十世紀八十年代始，石重睿、石延煦、李太后、安太妃等石氏家族成員墓誌陸續出土，其中李太后、安太妃的墓誌誌石首題分別爲"嗣晋皇太后墓誌銘""嗣晋皇太妃墓誌銘"，保留有些許以皇室自居之意。而保寧六年（974）《石重貴墓誌》誌石首題却是"大契丹國故晋王墓誌銘并序"，而銘文中"律中應鍾，歲直奄茂。慘蒼雲煙，蕭瑟封樹。逝水無迴，長夜不寐。萬代千秋，晋王之墓"的語句頗令人黯然神傷。

遼代"非官而誌"情況亦如前代，平民與僧侶亦可誌墓。平民誌墓者在整體數量相對較少，且多爲子嗣爲表孝道而誌。如太平二年（1022）《程延超墓誌》墓主程延超"爲郡邑之儀形，作鄉□之領袖。然而遲當政事……殁於石城私地"，程延超第五子度支押衙程思嵩"爲父母太平二年九月二十三日武昌郡程公墓誌□時"。② 又如乾統四年（1104）《龔祥墓誌》載龔祥"長男（龔）堅純以其孝廉，新卜都西卧龍崗左，乃役千功，特於斯地勢而塋之，爲千載之標題，作萬世之興嗣云爾"。③ 另一方面，從現今考古發掘成果來看，現今已知遼代墓葬中平民壁畫墓、磚雕石雕墓發現數量占比頗高。通常情況下，壁畫墓、磚雕石雕墓修造耗費財力物力非一般人所能承擔，墓主財力在當時可見一斑，但墓葬中却僅偶見真言碑刻、買地券或墨書題記而已，無隨葬墓誌出土。此外，遼代受佛教信仰影響，火葬石棺墓出土數量相對較多，使用者多爲品階較低的下級官員或具備一定財力的平民群體，無墓誌隨葬，但有些出土石棺會鎸刻死者姓名、官階、葬時等基本信息。如 1949 年出土於瀋陽的遼李進墓石棺棺蓋鎸刻"開泰四年歲次己卯五月三日壬午亡故沈州李進壽棺，長男□奴"，"統□□監"。④ 遼代契丹人崇佛，僧尼曾達數十萬之衆，圓寂後多會鎸刻塔銘，誌墓者相對較少。上述情況應從一個側面説明"非官不誌"觀念依舊在平民階層中具有一定約束力。

誌主性別方面，遼代墓誌亦如前代，以男性居多，女性除單獨誌墓者，更多

---

① 蓋之庸：《内蒙古遼代石刻文研究》，第 33 頁。
② 陳述：《全遼文》，中華書局，1982 年，第 123 頁。
③ 向南：《遼代石刻文編》，第 755 頁。
④ 《遼李進墓發掘報告》，《文物參考資料》1951 年第 9 期。

情況是男性墓誌中附帶介紹家庭成員情況時纔會提及配偶。此外，遼代墓誌亦有男女合誌情況，此類女性多爲品官配偶先卒於夫，夫亡後祔葬而合誌。如乾亨四年（982）《許從贇暨妻康氏墓誌》誌石首題"大契丹國故大同軍節度管□觀察處置等使、特進、檢校太保、右領軍衛上將軍、兼御史大夫、上柱國、高陽縣開國男、食邑三百户、贈太傅許公，洎夫人康氏墓誌銘并序"；誌文先述許從贇世系及生平仕履，再述康氏家事、德行及子女情況。① 如咸雍五年（1069）《董匡信及妻王氏墓誌》誌石首題"大遼故右班殿直、銀青崇禄大夫、檢校國子祭酒、兼監察御史、雲騎尉、濟陰董府君，夫人太原王氏墓誌銘并序"。誌文首述董匡信先祖及生平仕履，再述王氏品德及卒年。王氏重熙二十年（1051）卒、董匡信重熙二十二年（1053）卒，子嗣"以咸雍五年八月三日，卜葬於析津府宛平縣仁壽鄉南劉里之南原，擇先人舊游囑愛之地，作新塋而祔葬焉，禮也"。② 又如應曆八年（958）《趙德鈞妻種氏墓誌》在誌石首題中即明確"合祔"，其誌首題"遼故盧龍軍節度使、太師、中書令、北平王、贈齊王、天水趙公夫人、故魏國太夫人、贈秦國夫人、種氏合祔墓誌銘并序"。③ 遼代墓葬中夫妻合葬占據相當比例，其中有出土墓誌者除了上述夫妻合誌外，亦有夫妻雙方一人一誌或僅夫妻一方有誌的情況。夫妻合葬墓中僅一方有誌出土者，存在有幢而不誌的情況。如 1970 年北京發現遼朝散大夫、守殿中少監、知惠州軍州事董庠及其妻張氏合葬墓，因該墓坍塌嚴重，未作清理，僅出土《董庠滅罪真言》及《董庠妻張氏墓誌》各一方。《董庠滅罪真言》尾題："所有勛業異政氏族具如幢文，故此不書。"（圖二）按此，董庠雖爲品官而不誌墓因其墓葬曾置墓幢，即有幢而不誌。

誌主民族成分方面，通過分析誌文中有關誌主籍貫、郡望、族屬等信息記載情況，遼代誌主民族成分包括漢、契丹、奚、④沙陀、⑤渤海⑥等當時遼治下各主要民族，從數量比例來看漢人仍是當時誌墓者的主要族別。

---

① 王銀田：《山西大同市遼代軍節度使許從贇夫婦壁畫墓》，《考古》2005 年第 8 期。
② 向南：《遼代石刻文編》，第 337~338 頁。
③ 向南：《遼代石刻文編》，第 21 頁。
④ 咸雍六年（1070）《蕭福廷墓誌》、大安八年（1092）《奚王蕭京墓誌》。
⑤ 乾亨三年（981）《劉繼文墓誌》。
⑥ 乾統十年（1110）《高爲裘墓誌》《高澤墓誌》。

圖二　《董庠滅罪真言》拓本（北京市文物管理處：《近年來北京發現的幾座遼墓》，
《考古》1972年第3期，第37頁）

（四）墓誌形制

遼代墓誌從材質上看，以天然石材爲主，偶見磚質。[①] 遼代墓誌亦如前代，分爲誌蓋兼具、無蓋兩種形制。其中，遼代墓誌誌蓋多爲覆斗型，有紋飾裝飾的誌蓋，一般在盝頂處鎸刻題銘，四刹鎸刻十二生肖、四神獸、鳳凰、北斗星、二十八星宿天文圖、八卦或花卉卷葉祥雲等紋飾圖案（圖三、圖四）。其中，以十二生

---

① 咸雍五年（1069）《董匡信及妻王氏墓誌》誌蓋兼具，覆斗型，青磚質地。

圖三　《王説墓誌》誌蓋拓本（北京圖書館金
石組：《北京圖書館藏中國歷代石刻拓
本滙編》第45冊，中州古籍出版社，
1989年，第16頁）

圖四　《李太后墓誌》誌蓋拓本（杜曉紅、李宇
峰：《遼寧朝陽縣發現遼代後晉李太后、
安太妃墓誌》，《邊疆考古研究》2014年
第2期，第62頁）

圖五　《耶律習涅墓誌》誌蓋拓本（蓋之
庸：《内蒙古遼代石刻文研究》，
内蒙古大學出版社，2002年，第
355頁）

圖六　《秦晉國妃墓誌銘》誌蓋拓本（劉鳳
翥、唐彩蘭、青格勒編著《遼上京地區
出土的遼代碑刻彙輯》，社會科學文獻
出版社，2009年，第59頁）

肖圖案最爲典型，使用頻率最多。"唐朝滅亡後，與生肖紋飾墓誌在中原逐漸消失
相反，十二生肖紋飾墓誌在遼代再次流行。製作、雕刻雖不如唐代，但也有創新
和獨到之處。遼代基本延續了唐代墓誌生肖紋飾的形態與風格，紋飾類型無較大

圖七　《張匡正墓誌》誌蓋拓本（河北省文物研究所編著《宣化遼墓1974—1993年考古發掘報告》，文物出版社，2001年，第66頁）

變化，同一類型的主體也相同”。[1] 遼代墓誌誌蓋十二生肖圖案主要分爲四種類型：動物形象、獸首人身形象、官人懷抱形象及雙手執笏高冠文吏形象（圖五、圖六、圖七）。“遼代墓誌十二生肖紋飾雖然效仿唐代，但在生肖形象、刻繪位置、演變方面與唐代也有較大差別。”[2]

除鐫刻有題銘及紋飾裝飾的誌蓋外，遼代墓誌誌蓋亦存在無題銘有紋飾或素面者，如乾亨四年（982）《許從贇暨妻康氏墓誌》（圖八）、統和二十六年（1008）《王說墓誌》、統和三十年（1012）《耿延毅妻耶律氏墓誌》、開泰四年（1015）《耶律元寧墓誌》、開泰九年（1020）《耿延毅墓誌》、太平三年（1023）《耶律道清墓誌》、大安三年（1087）《蕭興言墓誌》、壽昌五年（1099）《劉祜墓誌》（圖九）、乾統二年（1102）《耶律糺里墓誌》、乾統二年（1102）《耶律貴安·迪里姑墓誌》（圖十）、乾統二年（1102）《耶律兀没副部署墓誌》、乾統八年（1108）《留隱太師墓誌》、天慶元年（1111）《韓師訓墓誌》、天慶四年（1114）《蕭敵魯副使墓誌》、天慶七年（1117）《張世古墓誌》、天慶七年（1117）《張恭誘墓誌》等即屬此類。這反映出遼代墓誌誌蓋形制的多樣性，也説明誌蓋題銘或紋飾與否和誌主身份等級并無直接關係。除上述常規形制之外，也有特例存在。1927年出土於遼寧義縣的重熙八年（1039）《張思忠墓誌》有誌蓋和二方誌石，誌蓋四剎鐫刻獸首人身形象十二生肖紋飾，盝頂處未鐫刻題銘，而是接續鐫刻二方誌石中未完的誌文内容（圖

---

① 關翔宇：《遼代墓誌生肖紋飾研究》，碩士學位論文，内蒙古大學，2015年，第20頁。
② 關翔宇：《遼代墓誌生肖紋飾研究》，第22頁。

圖八　《許從贇暨妻康氏墓誌》誌蓋拓本（王銀田、解廷琦、周雪松：《山西大同市遼代軍節度使許從贇夫婦壁畫墓》，《考古》2005年第8期，第44頁）

圖九　《劉祜墓誌》誌蓋拓本（《敖漢旗羊山1—3號遼墓清理簡報》，《內蒙古文物考古》1999年第1期，第10頁）

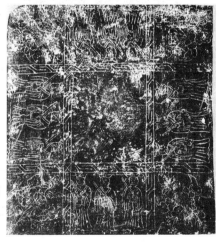

圖十　《耶律貴安·迪里姑墓誌》誌蓋拓本（劉鳳翥、唐彩蘭、青格勒編著《遼上京地區出土的遼代碑刻彙輯》，第36頁）

十一）。目前，此種誌蓋形制僅此一例。

　　遼代多數墓誌誌蓋題銘格式沿襲前代自右至左竪刻，排列行數、每行字數則根據題銘字數多寡分爲奇數或偶數排列整齊、對稱，構成閉合狀方形圖，案鐫刻在誌蓋中心部位。通過遼代墓誌誌蓋實例的系統梳理，發現個別誌蓋題銘格式并未沿襲上述前代慣例定式。有竪刻一行者，如統和三年（985）《王奉緒墓誌》誌蓋中間篆書竪刻"王公墓"1行3字；太平九年（1029）《蕭僅墓誌》誌蓋中間篆書竪刻"蘭陵蕭公墓誌銘"1行7字（圖十二）；重熙六年（1037）《韓橁墓誌》誌蓋中間篆書竪刻"韓公墓誌銘"1行5字（圖十三）；重熙十年（1041）《北大王墓誌》誌蓋中間篆書竪刻"北大王墓誌"1行5字（圖十四）；清寧四年（1058）《蕭旻墓誌》誌蓋中間楷書竪刻"蕭公墓誌"1行4字（圖十五）；大安三年（1087）《茹雄文墓誌》誌蓋中間篆書竪刻"故同知太傅墓誌"1行7字。有橫刻一行者，如太平九

圖十一　《張思忠墓誌》誌蓋拓本（北京圖書館金石組：《北京圖書館藏中國歷代石刻拓本滙編》第45册，第34頁）

年（1029）《蕭僅墓誌》誌蓋中間篆書橫刻"蘭陵蕭公墓誌銘"1行7字。排列非對稱者，如開泰七年（1018）《陳國公主墓誌》誌蓋題銘自左至右，豎刻篆書3行8字，右側及中間每行3字，左側行2字（圖十六）；保寧元年（969）《臧知進墓誌》誌蓋題銘自左至右，豎刻楷書"大契丹國故東莞郡臧府君墓誌銘"4行14字，前3行每行4字，最左側行2字（圖十七）。有自中間向兩側豎刻者，如咸雍九年（1073）《蕭德恭墓誌》誌蓋篆書豎刻"大遼國節度使墓誌銘"3行9字，"大遼國"1行3字位於中間，其右側豎刻"節度使"1行3字，左側豎刻"墓誌銘"1行3字。

圖十二　《蕭僅墓誌》誌蓋拓本（劉鳳翥、唐彩蘭、青格勒編著《遼上京地區出土的遼代碑刻彙輯》，第25頁）

圖十三　《韓橁墓誌》誌蓋拓本（劉鳳翥、唐彩蘭、青格勒編著《遼上京地區出土的遼代碑刻彙輯》，第20頁）

圖十四　《北大王墓誌》誌蓋拓本（蓋之庸：《內蒙古遼代石刻文研究》，第178頁）

中間刻圖案紋飾、左右兩側竪刻題銘者，如應曆九年（959）《沙姑墓誌》誌蓋正中鐫刻複式蓮瓣，左右兩側分別竪刻"國王墓誌銘"1行5字、"故駙馬贈衛"1行5字（圖十八）。從整體數量來看，上述案例均屬特例個案，非遼代墓誌誌蓋題銘格式主流；從分布時間段來看，上述案例與年代早晚并無直接的關聯。

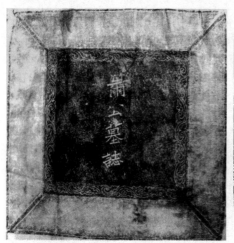

圖十五　《蕭旻墓誌》誌蓋拓本（穆啓文、李宇峰：《遼寧省阜新縣遼蕭旻墓發掘簡報》，《遼金歷史與考古》第2輯，遼寧教育出版社，2010年，第17頁）

圖十六　《陳國公主墓誌》誌蓋拓本（蓋之庸：《內蒙古遼代石刻文研究》，第131頁）

圖十七　《臧知進墓誌》誌蓋拓本（賀勇：《河北涿鹿譚莊遼臧知進墓》，《文物春秋》1990年第3期，第34頁）

圖十八　《沙姑墓誌》誌蓋拓本（蓋之庸：《內蒙古遼代石刻文研究》，第31頁）

（五）墓誌用字

遼立國後，神册五年（920）創制并頒布契丹大字，後遼太祖阿保機弟迭剌又創制契丹小字。此後，契丹大字、契丹小字與漢字并行，成爲遼官方文字，亦是遼代墓誌主要用字。"遼朝漢族文人的數量要比契丹族文人多，漢族知識分子的文學素養也比契丹人高得多。因而，遼代石刻文字的撰刻者，多爲漢族文人，這就決定了遼代石刻文字以漢文漢字爲主"。[1] 同樣，遼代墓誌用字也以漢字爲主，[2] 遼代墓誌漢族撰書者數量也遠超其他民族撰書者，奉敕墓誌撰書者亦是如此。

目前，已見有確切紀年最早使用契丹文字的遼代墓誌是現藏於中央民族大學的應曆十年（960）《痕得隱大傅墓誌》，該誌鐫刻契丹大字 24 行，共 526 字，183 條單詞。以往研究認爲，"契丹小字多用在符牌、印章、銅鏡銘文、錢幣銘文、詩文、譯書、記功碑、帝后哀册、官員墓誌中。"[3] 目前所能見遼代契丹文字墓誌中，契丹大字墓誌 15 種，契丹小字墓誌 34 種，統計結果與以往研究成果相印證。從分布時間和數量比例方面來看，契丹小字創制頒行後，墓誌契丹用字主要以契丹小字爲主，但契丹大字墓誌并未完全消失，現可見最晚使用契丹大字鐫刻墓誌爲出土於内蒙古巴林左旗的天慶四年（1114）《耶律習涅墓誌》。

遼代漢文誌蓋題銘書體中，篆書、楷書并行，從刊刻時間上來看并無年代早晚關聯（詳見表一）。同樣，誌蓋題銘書體與誌主身份等級也無直接關聯。如應曆九年（959）《沙姑墓誌》誌蓋楷書"故駙馬贈衛國王墓誌銘"、乾統五年（1105）《耶律斡特剌墓誌》誌蓋楷書"遼國許王墓誌"、重熙七年（1038）《康貴墓誌》誌蓋楷書"康公墓誌"、[4] 壽昌二年（1096）《耶律弘禮墓誌》誌蓋楷書"故耶律公墓誌"（圖十九）、壽昌四年（1098）《鄧中舉墓誌》誌蓋楷書"故保安軍節度使鄧君墓誌銘"（圖二十）等。目前，遼代誌石漢字書體僅見楷書，即單一楷書入誌，但書丹者筆法有優劣之分，行筆亦多有不應規入矩者。此外，遼代一人兩誌的情況往往出現一合墓誌的誌蓋、誌石使用多種文字鐫刻。如 1965 年出土於遼寧法庫的大

---

[1]　張國慶：《遼代石刻文化芻論》，《中國文化研究》1996 年第 11 期。

[2]　目前已知遼代墓誌中，漢字墓誌占約 83%，契丹文墓誌占約 17%。

[3]　劉德剛：《阜新地區出土遼代契丹小字墓誌綜述》，《遼金歷史與考古》第 9 輯，科學出版社，2018 年，第 314 頁。

[4]　《康貴墓誌》誌文載其品、階、勛、爵等情況爲"官御如京使、銀青崇祿大夫、檢校尚書、右僕射、兼殿中侍御史、驍騎尉、東平縣開國男、食邑三百户"。

安六年（1090）《蕭袍魯墓誌》誌蓋、誌石不同部分分別使用漢文篆書和楷書、契丹大字、梵文等多種文字鐫刻。其中，誌蓋正面盝頂漢字篆書"故北宰相蕭公墓誌銘"3行9字，誌蓋背面中間部位鐫刻契丹大字誌文15行321字，誌蓋背面四周刻梵文《智炬如來心破地獄真言》。

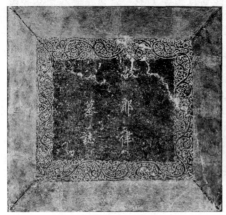

圖十九　《耶律弘禮墓誌》誌蓋拓本（遼寧省文物考古研究所、錦州市文物考古研究所、北鎮市文物處：《遼寧北鎮市遼代耶律弘禮墓發掘簡報》，《考古》2018年第4期，第56頁）

圖二十　《鄧中舉墓誌》誌蓋拓本（項春松、吳殿珍：《内蒙古寧城遼鄧中舉墓》《考古》1982年第3期，第283頁）

清葉昌熾《語石》曾謂"遼碑文字，皆出自釋子及村學究，絕無佳迹"，"遼金并起朔方，而遼碑最少，其書苦無大氣"。葉氏所論因其所處時代能見遼代碑誌數量有限而得此論斷，事實并非如此，其中不乏佳品。如會同五年（942）《耶律羽之墓誌》楷書誌文"行距、字距疏朗，對仗工整。字形瘦長，結體於嚴謹平實中求奇險，用筆方圓互用，筆致遒勁，外柔内剛"；[1]如重熙十年（1041）《北大王墓誌》楷書誌文"晋唐風範盡在點畫之中"；[2]又如大安五年（1089）《蕭孝忠墓誌》楷書誌文"其書既有北碑之峭櫳，又有隸書筆意，奇險中存平實，左右配合，其勢外拓，淳健渾雅……分行布白整蕭，行筆參入更多隸意，書法遒逸勁健，非具書法功底者，絕難達此境地"；[3]再如大安十年（1094）《耶律慶嗣墓誌》楷書誌文"字形略偏瘦長，結體舒展，點畫圓潤。逆鋒起筆，運筆厚實。撇、捺的粗細、徐疾變化

---

① 羅春政：《遼代書法與墓誌》，遼寧畫報出版社，2002年，第63頁。
② 羅春政：《遼代書法與墓誌》，第40頁。
③ 羅春政：《遼代書法與墓誌》，第41頁。

較多。此誌具有顏真卿那種倉潤、剛健的書法風格，是骨力豐厚、穩健而又沉着的楷書精品"。^①可見，遼代墓誌用字書法有北碑、歐柳之風。契丹文字墓誌書法成就亦高，如契丹大字《大橫帳節度副使墓誌》，"劉鳳翥先生認爲契丹大字部分是大字書法藝術規範化的代表作，漢字部分有唐代楷書風貌，出自遼代書法家之手"；^②又如契丹大字《耶律祺墓誌》"撇、捺該出鋒處鋒芒必須"（圖二十一）；^③再如契丹小字《蕭袍魯墓誌》"以漢文書法爲之，含唐楷風範，又類寫經書法筆意。豐富多彩，放筆自如，雖非佳觀，亦非凡夫俗子所爲"。^④

圖二十一　《耶律祺墓誌》誌蓋拓本（玲玲：《契丹大字〈耶律祺墓誌銘〉研究》，碩士學位論文，內蒙古大學，2018年，第10頁）

從現有資料看，遼代墓誌不類金代墓誌撰者、書丹者及刊者多會留名於誌石之上。遼代墓誌撰者除官方奉敕撰者外，多數是誌主親朋故友或留名於石，而書丹者及刻工身份信息者則很少提及，現僅能見遼代書丹者二十餘人（詳見表三）。如

---

① 羅春政：《遼代書法與墓誌》，第64頁。

② 包阿如那：《契丹大字〈大橫帳節度副使墓誌〉研究》，碩士學位論文，內蒙古大學，2013年，第7頁。

③ 羅春政：《遼代書法與墓誌》，第40頁。

④ 羅春政：《遼代書法與墓誌》，第43頁。

表三所示，遼代書撰書者并非局限於葉氏所言"釋子及村學究"。當然，葉昌熾還提到"古人撰碑皆自書之，凡無書人名者，撰書即出一人之手"。即墓誌有撰者無書丹者，亦或撰者與書丹者爲同一人。這種現象確實存在於已見遼代墓誌中，如薊門邢明遠、前奏名進士趙群、布衣逸士袁修睦等人。以往研究成果表明，唐代墓誌"署撰人而不署書人姓名墓誌中大量存在撰人即書人現象"。[①] 如前所述，遼代墓誌多承襲唐風，由此推知遼代墓誌鮮見書丹者署名亦或是因爲撰者即書丹者的情況所致。

表三　遼代墓誌書丹者統計一覽[*]

墓誌名稱	刊刻時間	書丹者	備注
耶律羽之墓誌	會同五年（942）	薊門邢明遠	撰并書
耶律胡咄墓誌	天禄四年（950）	攝遼興軍館驛延官文忠	
劉繼文墓誌	乾亨三年（981）	文章大德、賜紫沙門文秀	撰并書
韓橁墓誌	重熙六年（1037）	鄉貢進士商隱	
張思忠墓誌	重熙八年（1039）	乾州内庫都監張可免書	張思忠第三子
秦國太妃墓誌	重熙十四年（1045）	樞密院户房令史、銀青崇禄大夫、檢校太子賓客、行秘書省秘書郎、兼殿中待御史、驍騎尉高異	
劉日泳墓誌	重熙十五年（1046）	内供奉班祗侯劉湘	劉日泳第三子，撰并書
蕭陳哥别胥墓誌	清寧二年（1056）	馬家奴	契丹大字
蕭旻墓誌	清寧四年（1058）	沙門法敬	
耶律宗政墓誌	清寧八年（1062）	鄉貢進士李敷	
聖宗淑儀贈寂善大師墓誌	清寧九年（1063）	馬立	
耶律宗允墓誌	咸雍元年（1065）	前鄉貢進士李敷	
秦晉國妃墓誌	咸雍五年（1069）	儒林郎、試大理評事、守顯州山東縣令、武騎尉邢教之	
蕭閣墓誌	咸雍七年（1071）	前奏名進士趙群	撰并書
李文貞墓誌	大康三年（1077）	鄉貢進士劉意	
蕭勃特本墓誌	大康七年（1081）	布衣逸士袁修睦	撰并書
鄭恪墓誌	大安六年（1090）	白霅布衣劉航字利川書	
蕭公妻耶律氏墓誌	大安九年（1093）	汝南袁修仕	
耶律慶嗣墓誌	大安十年（1094）	白霅逸士太原王嚴	
鄭中舉墓誌	壽昌四年（1098）	進士劉安貞	

① 江波：《唐代墓誌撰書人及相關文化問題研究》，博士學位論文，吉林大學，2010年，第217頁。

續表

墓誌名稱	刊刻時間	書丹者	備注
梁國王墓誌	乾統七年（1107）	佛頂	耶律智先第三子，梁國王蕭知微之甥。書丹爲契丹小字。
梁援妻張氏墓誌	乾統七年（1107）	梁慶先	梁援長子、監辰禄鹽院
蕭孝資墓	乾統九年（1109）	尚書都官員外郎、賜緋魚袋張弓	
寧鑒墓誌	乾統十年（1110）	中大夫、太長少卿、忠順軍節度副使虞仲文	撰并書
丁洪墓誌	天慶元年（1111）	馬楨	
崔旼墓誌	天慶三年（1113）	守秘書省秘書郎田濟	
史洵直墓誌	天慶四年（1114）	河南宫士永	刻并書

* 另乾統八年（1108）《留隱太師墓誌》（契丹大字）、天慶三年（1113）《蕭旼墓誌》（契丹小字）誌石均記有契丹文書丹者信息，本表暫未收録。

二　金代墓誌

（一）墓誌數量

墓誌數量的統計，是金代墓誌研究的重要内容，也是開展金代墓誌相關問題研究的基礎。目前，金代墓誌數量究竟有多少，學界研究成果鮮見，且尚未形成一致結論。[1]

目前，筆者統計已知金代墓誌共 176 種（詳見表四），并根據保存形式，可將墓誌分爲有原石或拓本存世者和僅見於文獻著録者兩大類。其中，有墓誌原石或拓本存世的金代墓誌已超過 130 種，遠超以往學界對金代墓誌數量的認識。此類型金代墓誌數量的增加，得益於近年來相關考古發掘與文物普查工作的不斷深入。相信隨着相關工作的不斷推進，金代墓誌數量還會繼續有所增加。另外，見諸文獻著録的金代墓誌存在兩種情况：一是金代文人著述所留存，二是通過文獻考據獲知。其中，後者常爲研究者所忽視。筆者認爲通過文獻考據，不僅可以增加對金代墓誌真實數量的認識，考補方法也可以進一步完善金代墓誌的統計過程。現將筆者考據且未見以往著録的五種金代墓誌分述如下。

---

[1]　趙超《中國古代墓誌通論》："金代的墓誌發現得就非常少了，現在發表的材料不過三四十件"（紫禁城出版社，2003 年）；王新英《金代石刻研究》統計"目前已知金代墓誌共 126 方"（博士學位論文，吉林大學，2015 年）。

表四 金代墓誌統計一覽（截至2021年12月）

墓誌名稱	題銘首題	刊刻時間	出土地/出處	出土時間	收藏地	規格（厘米）	形制特徵	書體
劉秀世墓誌	故劉君墓誌銘	天會六年（1128）	山西絳城					
李思彦墓誌		天會六年（1128）				74×71	無蓋	楷書
封忠安墓誌	故河南郡封公墓誌銘	天會七年（1129）	陝西蒲城		蒲城縣博物館	104×75	無蓋	篆書 楷書
王甫墓誌	故昭文館直學士知宜州崇義軍節度使王公墓誌銘	天會七年（1129）	遼寧遼陽		旅順博物館	68×68	無蓋	楷書
崔尚書妻史氏墓誌	大金崔尚書小娘子史史墓誌	天會八年（1130）	北京	1985年	北京市通州區文物管理所	60×60	無蓋	楷書
折可存墓誌	宋故武功大夫河東第二將折公墓誌銘	天會八年（1130）	陝西榆林	1892年	榆林市府谷縣千佛洞	76×80	無蓋	楷書
折彦文妻曹氏墓誌	宋故藁國曹氏墓誌銘并序	天會八年（1130）	陝西榆林	1939年	榆林市府谷縣千佛洞	65×65	無蓋	楷書
李樟考妣合葬墓誌	《李樟墓誌銘》	天會十年（1132）						
孟邦雄墓誌	大齊故賜通侍大夫徐州觀察使知河南軍府事兼西京留守河南府路安撫使馬步軍總管兼管內勸農使孟公墓誌銘	阜昌四年（1133）	《偃師金石遺文記》					楷書
傅諒墓誌	齊故通侍大夫鄆馬都尉傅公墓誌銘	阜昌五年（1134）	山東濟南	2011年	濟南市考古研究所	67×66.5 69×68.5	誌蓋兼具	篆書 楷書
傅諒妻劉氏墓誌	齊故衛國長公主墓誌銘	阜昌五年（1134）	山東濟南	2011年	濟南市考古研究所	69×68 69×68	誌蓋兼具	篆書 楷書
尹安行墓誌	故朝散大夫尚書比部郎中特授武騎尉賜紫金魚袋致仕尹公墓誌銘并序	天會十二年（1134）	山西隰縣			80×69	無蓋	楷書

墓誌名稱	題銘首題	刊刻時間	出土地/出處	出土時間	收藏地	規格（厘米）	形制特徵	書體
傅讓墓誌	齊修職郎傅公墓誌銘	阜昌五年（1134）	山東濟南	1984年		74×72 74×72	誌蓋兼具	篆書 楷書
王壽墓誌	故王公墓誌銘	天會十二年（1134）	山西上黨			87×87	無蓋	篆書 楷書
李立墓誌	故汾陽李公墓記	天會十三年（1135）	山西隰縣			42×45	無蓋	楷書
范宗立墓誌	范府君銘	天會十五年（1137）				34×37	誌蓋兼具	篆書 楷書
王宗孟墓誌	故邢州堯山縣主簿王君墓銘	天會十五年（1137）	山東濟南	1984年		70.5×63	誌蓋兼具	篆書 楷書
路道宗墓誌	金故路君墓銘	天眷元年（1138）	山西繁峙			31×31	無蓋	楷書
李潮麥賀氏墓誌	李公夫人賀氏墓誌銘	天眷元年（1138）	陝西綏德		綏德縣博物館	111.5×59.5	無蓋	篆書 楷書
李擇墓誌	故李公墓誌銘	天眷二年（1139）	山西代縣	2005年	代縣博物館	82×68.5	無蓋	篆書 楷書
楊志墓碣	故贈磁州防御使楊公墓碣	天眷二年（1139）	河南濟源	2014年		74.9×52	無蓋	楷書
漆水郡夫人耶律氏墓誌	大金漆水郡夫人耶律氏墓銘	皇統元年（1141）	北京		北京黑豆峪碑林	97×100	誌蓋兼具	篆書 楷書
韓毅墓誌	金寶奉讓郎致仕韓公墓誌銘	皇統二年（1142）	河北滄州	1995年	南皮縣文物保管所	94×94 94×94	誌蓋兼具	篆書 楷書

墓誌名稱	題銘首題	刊刻時間	出土地/出處	出土時間	收藏地	規格（厘米）	形制特徵	書體
崔裒墓誌	故崔君墓誌銘	皇統三年（1143）	山西長治	2002年		54×32	無蓋	楷書
趙勵墓誌	天水趙公墓誌銘	皇統三年（1143）	北京	2002年	北京石景山區文物管理所	63×63	無蓋	楷書
張之才墓誌	宋朝請郎張公墓誌銘	皇統三年（1143）				66×64 66×64	誌蓋兼具	篆書 楷書
時文變墓誌	大金勤力奉國功臣開府儀同三司致仕鉅鹿郡王時公墓誌銘	皇統三年（1143）	河北新城	1958年	河北省文物研究所	114×114 114×114	誌蓋兼具	篆書 楷書
時文變三夫人墓誌	大金故開府儀同三司鉅鹿□□□時公三夫人合祔記	皇統三年（1143）	河北新城	1958年	河北省文物研究所	80×80 80×82	誌蓋兼具	楷書
時豐墓誌	故禮賓使時公墓誌銘	皇統三年（1143）	河北新城	1958年	河北省文物研究所	77×78 78.5×80	誌蓋兼具	篆書 楷書
張世本墓誌	張君墓誌	皇統四年（1144）	河北淶家口	1989年	河北省文物考古研究所	53.5×53.5 53.5×53.5	誌蓋兼具	篆書 楷書
徐方墓誌	故忠訓郎徐公墓誌銘	皇統四年（1144）	山東平度	1971年	平度博物館	85×85	誌蓋兼具	篆書 楷書
明參墓誌	故文林郎明公墓誌銘	皇統五年（1145）	山東淄博	21世紀初	山東高青縣青藏古博物館	68×68	誌蓋兼具	楷書
張岐墓誌	故左衛副率清河張公墓誌銘	皇統六年（1146）	北京	1991年		56×56	誌蓋兼具	楷書
常弼直墓誌	故常君墓誌銘	皇統七年（1147）				93×62	無蓋	篆書 楷書
悟玄和尚墓誌	大金谷積山故長老悟玄大師墓誌	皇統八年（1148）	北京			78×76		楷書 行書

墓誌名稱	題銘首題	刊刻時間	出土地/出處	出土時間	收藏地	規格（厘米）	形制特徵	書體
時豐妻裴氏墓誌	大金故禮賓副使時公夫人裴氏墓誌銘	皇統九年（1149）	河北新城	1958年	河北省文物研究所	73×70.5 71×71	誌蓋兼具	篆書 楷書
韓資毅墓誌	故昌黎韓□□誌銘	皇統九年（1149）	河北易縣		國家圖書館	89×45 73×50	誌蓋兼具	篆書 行書
劉子忠墓誌	鄉達大將軍燕京內省使上輕車都尉彭城縣開國伯食邑七百户劉子忠墓誌銘	皇統九年（1149）	內蒙古敖漢旗	2010年徵集	內蒙古新州博物館	115×88	無蓋	楷書
蕭仲恭墓誌		天德二年（1150）	河北興隆	1942年出土、1972年徵集	河北省文物管理局	118×118	誌蓋兼具	契丹小字
張行願墓誌		天德二年（1150）	遼寧遼陽	1923年	遼陽市文物管理所	49×49	無蓋	楷書
李壆墓銘	麻衣先生墓銘	天德二年（1150）			北京圖書館	110×63	無蓋	篆書 楷書
吳璵評墓誌	□□□渤海郡食邑五百户前行武安縣令上騎都尉開國子銘石	天德三年（1151）	遼寧北票	1956年	遼寧省博物館	67.7×69.7	無蓋	楷書
馮興安墓誌	廣威將軍管押中京路軍馬下户馮君墓誌銘	貞元元年（1153）	遼寧喀左	2003年	喀左縣博物館	94×66	無蓋	楷書
歷公墓誌	墓誌銘碑并序	貞元元年（1153）	山西長治		長治縣文博館	42×42	無蓋	楷書
王宗彦墓誌	故朝奉大夫王公墓誌	貞元元年（1153）	山西朔州			97×60	無蓋	篆書 楷書
王興慶墓誌	故忠武校尉王公墓誌	貞元元年（1153）	山西朔州			57×35	無蓋	篆書 楷書

墓誌名稱	題銘/首題	刊刻時間	出土地/出處	出土時間	收藏地	規格（厘米）	形制特徵	書體
高彥賜妻袁氏墓記	高彥賜妻袁氏墓記	貞元元年（1153）				36×27	無蓋	楷書
齊義舉夫婦合葬墓誌	光祿大夫齊公汝南郡夫人石氏墓誌銘	貞元三年（1155）	遼寧阜新		阜新市文化局	86×50	無蓋	楷書
張雄墓誌	金故少監張公墓誌	正隆元年（1156）	遼寧北票	1993年	北票市博物館	71×49	無蓋	楷書
清河郡君牛氏墓誌	清河郡君牛氏墓誌銘	正隆二年（1157）	山西大同			42.5×27	無蓋	楷書
張象妻韓氏墓誌	故韓氏墓誌銘	正隆三年（1158）				85.5×55	無蓋	篆書 楷書
武元正墓誌	大金故綏德縣清武公墓誌銘	正隆四年（1159）	陝西西安		西安市長安博物館	68×56	誌蓋遺失	楷書
王宣墓記	王君墓記	正隆四年（1159）	山西藁石		山西藁石縣文管所	44.5×31	無蓋	篆書 楷書
苗公澤墓誌	金故苗公墓銘	正隆四年（1159）				98×60	無蓋	篆書 楷書
郭穆墓誌	故郭祿公墓誌銘	正隆四年（1159）	山西陵川			86×56	無蓋	篆書 楷書
陳久墓誌	進義校尉前西京大同府定霸軍左一副兵馬使陳公墓誌銘	正隆四年（1159）	山西大同	1988年	大同市博物館	49×40	無蓋	楷書
張口震（張蕭之）墓誌	大金故宣武將軍河郡騎郡尉河縣開國男食邑三百戶張公墓銘并序	貞元至正隆年間（1153～1160）	北京市	1985年		65×63	無蓋	行書

墓誌名稱	題銘首題	刊刻時間	出土地/出處	出土時間	收藏地	規格（厘米）	形制特徵	書體
趙好古墓誌	大金故修武校尉中都鐵院郡監趙公墓誌銘	大定三年（1163）	河南修武		北京圖書館	76×82	無蓋	楷書
申宗墓銘	金故申公墓銘	大定三年（1163）	山西長治			180×70	無蓋	篆書 楷書
張通墓銘	金故張公墓銘	大定三年（1163）	山西上黨			86×53	無蓋	篆書 楷書
劉正墓銘	金故劉公墓銘	大定四年（1164）	山西潞城			85×55	無蓋	篆書 楷書
張守仁墓誌	大金大興府易州淶水縣故敦武校尉張公墓誌銘并序	大定四年（1164）	河北淶水		淶水縣文物保管所	55×53	無蓋	楷書
劉孝忠墓誌	大金故宣威將軍知鎮戎軍州事兼沿邊安撫使劉公墓誌銘并序	大定四年（1164）	河北易縣	1987年徵集	易縣文物保管所	77.5×77.5	無蓋	楷書
何遵墓誌	大金……墓誌銘	大定五年（1165）	北京	1993年	北京市昌平區文物管理所	61×60	蓋佚	楷書
吳前鑒墓誌	吳公墓誌	大定七年（1167）	北京	1971年	北京首都博物館	75×75 75×75	誌蓋兼具	楷書
王興福墓誌	故明威將軍王公墓誌銘	大定九年（1169）	山西朔州			75×46	無蓋	篆書 楷書
時昌國墓誌	金故東上閤門使時公墓誌銘	大定九年（1169）	河北新城		北京圖書館	78×73	無蓋	楷書
武珪墓誌	故武公墓誌銘	大定九年（1169）	山西陵川			90×58	無蓋	楷書
移剌餘里墓誌[1]		大定十年（1170）	內蒙古敖漢旗	1993年	敖漢旗博物館	110×75	誌蓋兼具	契丹小字

墓誌名稱	題銘首題	刊刻時間	出土地/出處	出土時間	收藏地	規格（厘米）	形制特徵	書體
纂益墓銘	金故纂公墓銘	大定十年（1170）	山西高平			100×64	無蓋	篆書/楷書
蔣忠立墓誌		大定十三年（1173）	山西壽陽	2006年	壽陽縣文物管理所	82×23	無蓋	楷書
周諭墓誌	大金故周府君墓誌銘	大定十四年（1174）	陝西西安	20世紀70年代	西安市文物保護考古所	36×36	蓋佚	楷書
崔國華墓誌	宋武翼大夫崔國華墓誌	大定十四年（1174）	《涉縣志》					
常公法師墓誌		大定十四年（1174）	《福山縣志》					
張彥墓誌	故朝請大夫張公墓誌銘	大定十六年（1176）	山西大同				無蓋	篆書/楷書
劉中德墓誌	故鎮國上將軍前忠順軍節度判官護軍食邑一千戶食封一百戶開國侯致仕劉公墓誌銘	大定十六年（1176）	河北宣化	1995年		79×62	無蓋	楷書
石宗璧墓誌	故宣威將軍石公墓誌	大定十七年（1177）	北京	1975年	北京首都博物館	61×60	誌蓋兼具	楷書

墓誌名稱	題銘首題	刊銘時間	出土地/出處	出土時間	收藏地	規格（厘米）	形制特徵	書體
劉中德妻王氏墓誌	彭城郡夫人王氏墓誌銘	大定十七年(1177)	河北宣化	1995年		79×62	無蓋	楷書
周信墓銘	故周公墓銘	大定十七年(1177)	《定襄金石考》					楷書
王玼墓誌	故潞城隱德君王公墓誌銘	大定十七年(1177)	山西潞城					
張堉墓誌	故忠武校尉張公墓誌銘	大定十八年(1178)				34×30	誌蓋兼具	篆書 楷書
李博墓誌	中憲大夫同知昌武軍節度使李公墓誌	大定十九年(1179)	北京	20世紀六七十年代	北京石刻博物館	78×78 78×78	誌蓋兼具	楷書
任和墓誌	故任公墓誌銘	大定十九年(1179)	山西隰縣			64×43	無蓋	篆書 楷書
郭某墓誌	金故郭公墓銘	大定二十年(1180)	河北臨西	2018年		70×37	無蓋	楷書
窩魯歡墓誌	大金故太保宛國公墓誌	大定二十一年(1181)	北京			51×41	無蓋	楷書

墓誌名稱	題銘首題	刊刻時間	出土地/出處	出土時間	收藏地	規格(厘米)	形制特徵	書體
王叔妻張氏夫人墓誌	清河張氏夫人墓誌銘	大定二十二年(1182)	《拙軒集》					
郭周墓銘	金故郭公墓銘	大定二十三年(1183)	山西長治			156×73	無蓋	篆書 楷書
董碩卿墓誌	鄉貢進士董公墓誌	大定二十三年(1183)	《定襄金石考》	1917年			無蓋	篆書 楷書
韓讓墓誌	大金故宣威將軍同知威州軍州事上騎都尉南陽縣開國子食邑五百戶韓公墓誌銘	大定二十三年(1183)	北京	1966年	北京首都博物館	79×76	無蓋	楷書
烏古論讜墓誌	大金故金紫光祿大夫烏古論公墓誌銘	大定二十四年(1184)	北京	1980年		61×59	誌蓋兼具	篆書 楷書
侯義墓誌	宣武將軍侯公墓誌	大定二十四年(1184)	山東平陰			89×47		楷書
李暉墓誌	故承奉郎李君墓誌	大定二十五年(1185)	河北涿州		北京圖書館	36×35 50×50	誌蓋兼具	楷書
仲良墓誌	故保義校尉隸州商酒院使墓誌銘	大定二十五年(1185)	北京		北京通州區文物管理所	42×41	無蓋	楷書

墓誌名稱	題銘/首題	刊刻時間	出土地/出處	出土時間	收藏地	規格（厘米）	形制特徵	書體
蕭資茂墓誌	故達靖山行軍謀克孛菫蕭公墓誌銘并序	大定二十五年（1185）	北京		黑豆嶺碑林	80×79	無蓋	楷書
李汝爲墓誌	大金故朔州李君墓誌銘	大定二十六年（1186）	山西朔州	1983年		40×36	無蓋	楷書
張温墓誌	故張先生墓誌	大定二十六年（1186）	山西朔州	1953年	朔州市崇福寺文管所	68×51	無蓋	篆書 楷書
張時中墓誌	故奉訓大夫前西京路轉運使張君墓誌銘	大定二十六年（1186）	河北張家口	2005年		45×31	無蓋	楷書
焦拱墓誌	大金故進義校尉焦君墓誌銘	大定二十六年（1186）	河南孟州		孟州市博物館	53.9×55.1	誌蓋兼具	篆書 楷書
張中偉墓誌	故衲閑居士張君墓誌	大定二十六年（1186）	《故衲閑居士張君墓表》		中研院歷史語言研究所			
李順之墓誌		大定二十六年（1186）						
王說墓銘	金故王公墓銘	大定二十八年（1188）	山西上黨			89×56	無蓋	篆書 楷書

墓誌名稱	題銘/首題	刊刻時間	出土地/出處	出土時間	收藏地	規格（厘米）	形制特徵	書體
邵世矩墓誌	中靖大夫邵公墓誌銘	大定二十八年（1188）	《徐州志》					
申定墓銘	故申校尉墓銘并序	大定二十八年（1188）	山西晉城			石佚		
楊墓銘	金故楊公墓銘	大定二十八年（1188）	山西陵川		陵川縣崇安寺	103×60	無蓋	篆書 楷書
房某墓誌	保義校尉房公墓銘	大定二十九年（1189）	《山左金石志》					
龐俊墓誌		大定二十九年（1189）			中研院歷史語言研究所			
華州蒲城丞喬公墓誌		大定二年以後（1162～1234）	《金文最》					
吕恭墓誌	大金故修武校尉吕公墓誌銘并序	大定年間（1161～1189）	北京	2000年		45×45	誌蓋兼具	楷書
閆德源墓誌	西京玉虛觀宗主大師閆公墓誌	明昌元年（1190）	山西大同	1973年	大同市博物館	67×49	無蓋	楷書
張子行墓誌	保義副尉張公墓誌	明昌元年（1190）	河北張家口	1990年徵集	河北省文物研究所	41×34	無蓋	楷書

墓誌名稱	題銘/首題	刊刻時間	出土地/出處	出土時間	收藏地	規格(厘米)	形制特徵	書體
劉元德墓誌	大金故信武將軍涿州同知劉公墓銘	明昌元年(1190)	遼寧開原	1977年徵集	開原市文化館	67×58	無蓋	楷書
王元德墓誌	大金故少中大夫知南京路提刑使事兼勸農采訪事王公墓銘	明昌元年(1190)	河北張家口	清康熙中期	傅斯年紀念圖書館	70×70	無蓋	楷書
王福墓誌	大金故王公墓誌銘	明昌元年(1190)	北京		北京圖書館	107×65	無蓋	篆書 楷書
程明遠墓誌	……公墓誌銘	明昌二年(1191)	山西上黨			53×65	無蓋	楷書
侯隨墓誌	金故侯公墓誌銘	明昌二年(1191)	山西高平			128×67	無蓋	篆書 楷書
審密(石抹)氏墓誌		明昌二年(1191)以前	北京			殘石	誌蓋兼具	契丹小字
虞希閔墓誌銘		明昌三年(1192)	山西大同			28×22	無蓋	楷書
何仲珠墓誌銘	故奉直大夫墓誌銘記	明昌三年(1192)	河北三河	1991年	三河縣文保所	49×49 51×51	誌蓋兼具	楷書
趙珪墓誌	趙公之碣	明昌三年(1192)	北京	1958年	北京	55×55	無蓋	楷書
張百祿妻王氏墓誌	王氏墓銘	明昌五年(1194)	山西高平			80×80	無蓋	楷書
班演墓誌		明昌五年(1194)	北京	1995年	北京市房山區文物管理所	49×40	無蓋	楷書

墓誌名稱	題銘首題	刊刻時間	出土地/出處	出土時間	收藏地	規格（厘米）	形制特徵	書體
陳蕭墓銘		明昌六年（1195）	《孟縣志》					
劉福等墓誌	故劉公墓誌	明昌六年（1195）				34×34	無蓋	楷書
張琪墓銘		承安元年（1196）	《滿縣志》					
張溫妻智氏墓誌	故先生妻公智氏墓誌	承安二年（1197）	山西朔州	1953年	朔州市崇福等文管所	52×52	無蓋	篆書 楷書
虞黃墓誌	金故信武將軍騎都尉致仕虞公墓誌銘	承安二年（1197）	山東卿城	1979年	山東省卿城市博物館	62×52 105×64.5	誌蓋兼具	篆書 楷書
郭延慶墓誌	故彰事郎長葛縣薄郭公墓誌銘	承安三年（1198）					無蓋	篆書 楷書
完顏守寧墓誌	故昭毅大將軍古里河安子干完顏公墓誌	承安三年（1198）	吉林舒蘭	1980年	吉林省文物考古研究所	62×52	無蓋	楷書
王琳墓銘	金故王公墓銘	承安三年（1198）					無蓋	篆書 楷書
黃斡奄魯不墓誌	大金故武節將軍黃斡公墓誌銘	承安四年（1199）	陝西武功	21世紀初	洛陽九朝刻石文字博物館	54×34	無蓋	楷書
趙彥墓誌	保義副尉趙公墓誌	承安四年（1199）	《濟南遺老集》					
張誠墓誌	金承安五年贈武將軍張誠墓誌銘	承安五年（1200）	《濟南金石志》					
呂延嗣墓誌	呂公墓銘	泰和元年（1201）	北京	2007年	北京市文物研究所	67.8×67.8 64.5×64.5	誌蓋兼具	篆書 楷書

墓誌名稱	題銘/首題	刊刻時間	出土地/出處	出土時間	收藏地	規格(厘米)	形制特徵	書體
張橫墓誌	故清河郡張公墓誌銘	泰和元年(1201)				幢狀,共八面,每面92×15.5	無蓋	楷書
烏古論元忠墓誌	大金故開府右丞相判彰德尹駙馬都尉任國簡定公墓誌銘	泰和元年(1201)	北京	1980年	北京石刻藝術博物館	111×111 111×111	誌蓋兼具	篆書 楷書
蒲察胡沙墓誌	故光祿南京留守附馬都尉蒲察公墓誌	泰和二年(1202)	北京	1978年		72×85 72×85	誌蓋兼具	篆書 楷書
崔憲墓誌	大金故承事郎口州孝義縣丞崔君墓誌	泰和三年(1203)	北京	2004年		84×84	誌蓋兼具	楷書
巨君墓誌		泰和三年(1203)	北京	1984年		47×34	無蓋	楷書
王琳墓誌		泰和三年(1203)	山西絳縣			98×62	無蓋	楷書
李琮墓誌		泰和三年(1203)	《閑閑老人滏水文集》			26×26	誌蓋兼具	楷書
崔憲墓銘	孝義縣丞崔公墓銘	泰和三年(1203)						
呂忠敏妻韓氏墓誌	東平縣君韓氏墓誌銘	泰和四年(1204)	北京	2007年	北京市文物研究所	61.5×52	無蓋	楷書
馮明父母合葬墓誌	亡考并先妣地墓誌	泰和五年(1205)	遼寧鐵嶺	1987年	鐵嶺市博物館	76×50	無蓋	楷書
元德明墓誌		泰和五年(1205)	《中州集》					

墓誌名稱	題銘首題	刊刻時間	出土地/出處	出土時間	收藏地	規格（厘米）	形制特徵	書體
張汝猷墓誌	大金故宣威將軍右宣徽使張公墓誌銘	泰和七年（1207）	北京	1956年		91×91 89×91	誌蓋兼具	篆書 楷書
張維且墓誌	故宣武將軍張公墓誌	泰和七年（1207）	北京市海淀區		北京市海淀區文物管理所	69×68	誌蓋兼具	篆書 楷書
劉時遇墓誌	故劉公墓誌銘	泰和七年（1207）	山西隰縣			69×48	無蓋	篆書 楷書
侯大中墓誌	大金故尚嵐剌史侯公墓誌銘	泰和七年（1207）	山西高平			126×69	無蓋	篆書 楷書
李通道墓誌	隴西郡李公墓誌銘	大安元年（1209）	《金文最》					
魯國大長公主墓誌	大金故魯國大長公主墓誌銘	大安元年（1209）	北京	1980年	北京石刻藝術博物館	115×115 115×115	誌蓋兼具	篆書 楷書
邵均墓誌	大金故博陵邵部公墓誌	大安元年（1209）	山東嘉祥			230×95.5	無蓋	篆書 楷書
彭子升墓誌	進士彭子升墓誌	大安元年（1209）	《濰南遺老集》					
馮榮墓銘	維大金河東南路平陽府隰州永和縣可托村馮公墓銘	大安三年（1210）	山西永和	1983年			無蓋	楷書
孔茂妻吕氏墓誌		大安三年（1210）				79×49	無蓋	楷書
鄉郢墓誌	故息軒先生口銘	崇慶元年（1212）	《山右石刻叢編》				無蓋	楷書
元升墓銘	承奉河南元公墓銘	興定元年（1217）	《元好問全集》				無蓋	楷書

墓誌名稱	題銘/首題	刊刻時間	出土地/出處	出土時間	收藏地	規格（厘米）	形制特徵	書體
張子厚墓誌	張君墓誌銘	興定二年（1218）	《元好問全集》					
吕道安墓誌	終南山靈虛觀沖虛大師吕君墓誌	興定年間（1217～1222）	《甘水仙源録》					
楊明真墓銘	終南山碧虛真人楊先生墓銘	正大二年（1225）	《甘水仙源録》					
劉景玄墓銘		正大二年（1225）	《元好問全集》					
清京相禪師墓銘		正大二年（1225）	《元好問全集》					
墳雲墓銘		正大四年（1227）	《元好問全集》					
孫伯英墓銘		正大七年（1230）	《元好問全集》					
贊皇郡太君梁氏墓銘	贊皇郡太君墓銘	正大八年（1231）	《元好問全集》					
南陽縣太君李氏墓誌	南陽縣太君墓誌銘	正大八年（1231）	《元好問全集》					
雷希顔墓銘	希顔墓銘	正大八年（1231）	《元好問全集》					
華嚴寂大士墓銘		正大八年（1231）	《元好問全集》					

墓誌名稱	題銘/首題	刊刻時間	出土地/出處	出土時間	收藏地	規格（厘米）	形制特徵	書體
李純甫墓誌	屏山墓誌	正大八年（1231）	《歸潛志》					
元滋新墓銘	族祖隴士墓銘	天興元年（1232）	《元好問全集》					
元阿秀墓銘	孝女阿秀墓銘	天興元年（1232）	《元好問全集》					
趙秉文墓誌	閑閑公墓銘	天興元年（1232）	《元好問全集》					
元好古墓銘	敏之兄墓銘	天興元年（1232）	《元好問全集》					
商平叔墓銘		天興元年（1232）	《元好問全集》					
侯策墓誌		天興元年（1232）	《歸潛志》					
趙思文墓誌		天興元年（1232）	《通奉大夫禮部尚書趙公神道碑》					
聶元吉墓誌	聶元吉墓誌銘	天興二年（1233）	《元好問全集》					
聶研英墓銘	聶孝女墓銘	天興二年（1233）	《元好問全集》					
郭公墉銘		金（1115～1234）	《閑閑老人滏水文集》					

墓誌名稱	題銘/首題	刊刻時間	出土地/出處	出土時間	收藏地	規格（厘米）	形制特徵	書體
梁襄墓銘	保大軍節度使梁公墓銘	金（1115~1234）	《閑閑老人滏水文集》					
蕭居士墓誌			遼寧阜新	2004年			誌蓋兼具	契丹小字
孫即康墳祭文		金（1115~1234）	北京		北京石刻藝術博物館	92×64	無蓋	楷書
張麟墓誌	大金故忠勇校尉張君……	金（1115~1234）	山西朔州	1956年		38×37	誌蓋兼具	楷書

注：[1] 該誌亦稱《金代博州防禦使墓誌》，誌主身份及刊刻時間存疑。詳見愛新覺羅·烏拉熙春《契丹小字〈金代博州防禦使墓誌銘〉墓主非移剌斡里朶—兼論金朝初期無"女真國"之國號》，《滿語研究》2007年第1期。

1.《李楫考妣合葬墓誌》天會十年（1132）

（金）李鐸撰，在忻州代縣。李楫幼年時師從李鐸，尊其爲先生。天眷二年（1139）李楫爲李鐸亡父撰《李擇墓誌》，誌文載"天會十年，楫將葬考妣，……先生亦爲作誌銘"。[①] 可知，李鐸曾在天會十年（1132）爲李楫父母撰寫墓誌。又據《李擇墓誌》所載，李楫與李擇、李鐸父子"同宗且同里"。[②] 按，2005年《李擇墓誌》出土於山西代縣，則《李楫考妣合葬墓誌》當在同地，即金代忻州代縣境內。

2.《張中偉墓誌》（《故栖閑居士張君墓誌》）大定二十六年（1186）

（金）黄久約撰，在陝西郿縣。清沈錫榮纂《郿縣志》卷八《故栖閑居士張君墓表》載墓主張中偉"大定二十五年十二月庚戌以疾終於家"，其子嗣"以明年三月甲申奉君之喪葬於郿塢之斜渭鄉"。[③] 明昌元年（1190）張中偉子張仔爲亡父求墓表時言於撰者"初，君之葬也，翰林直學士黄久約既述治行之詳誌諸墓矣"。[④] 按此，大定二十六年（1186）三月張中偉安葬時，有黄久約所撰墓誌隨葬，而明昌年間所刊刻的墓表則樹立於墓前。

3.《李純甫墓誌》（《屏山墓誌》）正大八年（1231）

（金）雷希顔撰。《歸潛志》卷八《雷希顔傳》載"雷翰林希顔爲人作碑誌，雖稱其德善，其疵短亦互見之……作《屏山墓誌》，數處有微言"。[⑤] 按，《元好問全集》卷二一《希顔墓銘》記"（雷）希顔年四十六，以八年辛卯八月二十有三日暴卒"。[⑥] 又，李純甫正大八年（1231）"卒於汴，年四十七"。則《李純甫墓誌》當撰於正大八年（1231）八月雷希顔卒前。

4.《趙思文墓誌》天興元年（1232）

（金）王百一撰，在河北保定。《元好問全集》卷一八《通奉大夫禮部尚書趙公神道碑》載，趙思文卒後二十年，其"孤以王内翰百一所撰《誌銘》見示，且以《神道碑銘》爲請"。據元好問所撰《通奉大夫禮部尚書趙公神道碑》，趙思文卒於

① 王新英：《全金石刻文輯校》，吉林文史出版社，2021年，第27頁。
② 王新英：《全金石刻文輯校》，第27頁。
③ 沈錫榮：《郿縣志》，《石刻史料新編》第3輯第32册，新文豐出版社，1986年，第81頁。
④ 沈錫榮：《郿縣志》，《石刻史料新編》第3輯第32册，第81頁。
⑤ 劉祁：《歸潛志》，崔文印點校，中華書局，1983年，第23頁。
⑥ 元好問著，姚奠中編《通奉大夫禮部尚書趙公神道碑》，《元好問全集》，山西人民出版社，1990年，第557頁。

天興元年（1232），墓誌銘屬隨葬冥器，則王百一所撰墓誌銘當在趙思文卒年。又據趙思文"祔於永平縣某鄉里先塋之次"，[①] 則墓誌應隨葬於永平祖塋家族墓地。

5.《侯策墓誌》天興元年（1232）

（金）劉祁撰，在河南開封。《歸潛志》卷三載："侯策季書，先字君澤，中山人……天興改元，陳亂，失妻，獨走大梁，詣余。會疾作，數月死。諸朋友爲買棺，葬西城。余爲誌其墓，刻石。"[②] 據此，由劉祁撰《侯策墓誌》當隨侯策入葬開封西城某處。

（二）墓誌紀年

金代墓誌的紀年時間斷限，指自金太祖收國元年（1115）至金哀宗天興三年（1234），共120年，其中包括僞楚（1127）、僞齊（1130~1138）。目前，已知金代紀年最早的墓誌是刊刻於金太宗天會六年（1128）的《劉君墓誌》，該誌出土於山西潞城，誌主爲北宋"義勇"左副使。在此之後，直至金亡，每朝均有不同數量的墓誌留存，金亡之後有金紀年墓誌不再復見。金太祖時期，戰爭是金政權政治活動的主要内容，社會也處於戰後恢復階段，當時的葬事很可能被簡化。但是，不能就此斷定這一時期没有墓誌。首先是誌墓的傳統喪俗不會因政權的更迭而立刻消亡，其次金太祖時期是否存在墓誌還有待於今後的考古發現來進一步證實。從目前已知金代墓誌紀年所使用的年號來看，自太宗天會開始年號基本蟬聯，直至金末，這説明爲死者誌墓的葬俗在金代一直延續。

（三）墓誌分布

墓誌分布，即墓誌出土地或誌主葬地的地理分布情況。經科學考古發掘或文物普查發現的金代墓誌一般都具備完整的報告或記錄，出土地或者發現地點明確。傳世文獻所著録金代墓誌，也多可通過對墓誌誌文的釋讀獲知誌主葬地，所謂"墓誌銘書法有例，其大要十有三事焉。曰諱，曰字，曰姓氏，曰鄉邑……曰葬日，曰葬地"。[③] 目前，已知金代墓誌中除《李思彦墓誌》《劉福等墓誌》等少數墓誌外，絶大多數墓誌均可以獲知較爲明確的地理分布信息。金代墓誌地理分布呈現出兩種

---

① 元好問著，姚奠中編《通奉大夫禮部尚書趙公神道碑》，《元好問全集》，第511頁。
② 劉祁：《歸潛志》，第21頁。
③ 王行：《墓銘舉例》，《石刻史料新編》第3輯第40冊，第65頁。

顯著特徵：一是誌主籍貫與其葬地或墓誌出土地間存在密切聯繫，二是同一家族成員墓誌往往集中一地出土或發現。

誌主籍貫與其葬地或墓誌出土地之間最爲明顯的聯繫便是同一性的特點，即誌主的埋葬地或墓誌出土地與誌主籍貫地相同，這得益於傳統歸葬喪俗在金代的延續。由於傳統宗族觀念傳承和官方意識强化，歸葬在金代仍是重要的喪葬禮俗内容，即使死者卒於他鄉，家人也會盡力將其歸葬祖塋，因此産生了十分明顯的誌主籍貫與葬地或墓誌出土地的同一性特點。如朔州李汝爲"大定二十五年乙巳歲六月二十日暴疾而終於武州之僧舍，享年三十有二。妻子迎櫬而來，未遑安厝。大定丙午年夏望日辛酉，葬公之父，遂祔於先塋，禮也"。[1] 又如正隆五年（1160）蕭資茂卒後，"權厝於容城之三臺鄉，以大定廿五……日葬於漁陽醴泉鄉先塋"。[2] 再如劉景玄"以元光二年六月十三日，春秋三十有八，終於永寧之寓居。權殯郭西南一里所"，其子劉庸將其"歸葬陵川之先塋"。[3] 此外，夫妻合葬、妻祔葬於夫等葬俗作爲聚族而葬喪俗在金代的延續，也使得家族墓地大量出現，在事實上增加了同一家族成員墓誌集中一地出土或發現的幾率。如大定十六年（1176）劉中德夫人王氏卒，翌年"諸孤恭奉夫人之喪祔葬於節判鎮國之塋"，[4] 1995 年劉中德夫妻墓誌二合出土於河北省宣化市。又如承安二年（1197）張温妻智氏卒，其子"啓其先人舊塋，以其母祔葬之"，[5] 1953 年張温夫妻墓誌二合出土於陝西省朔州市。再如泰和元年（1201）元忠卒後"葬於良鄉之西岡先塋之次"，[6] 大安元年（1209）元忠妻魯國大長公主卒後，"合葬於故開府儀同三司判彰德府駙馬都尉任國公之墓"，[7] 1980年元忠夫妻墓誌二合出土於北京市豐臺區。

在金人普遍歸踐行葬祖塋喪俗的同時，也存在不歸葬的情況，導致墓主葬地與其籍貫相異。原因大體有五：一是亡者遺言不歸葬祖塋。如宣徽使張汝猷"遼東人也"，泰和七年（1207）"以疾卒於中都西開陽坊之私第"，其子"登賢奉公遺言，將葬於宛平縣西陳村"。[8] 二是祖塋喪失或遭毀壞。如貞祐五年（1217）秀容

---

[1] 王新英：《全金石刻文輯校》，第 292 頁。
[2] 王新英：《全金石刻文輯校》，第 287 頁。
[3] 王新英：《全金石刻文輯校》，第 561 頁。
[4] 王新英：《金代石刻輯校》，吉林人民出版社，2009 年，第 215 頁。
[5] 王新英：《金代石刻輯校》，第 392 頁。
[6] 王新英：《金代石刻輯校》，第 208 頁。
[7] 王新英：《金代石刻輯校》，第 488 頁。
[8] 王新英：《全金石刻文輯校》，第 217 頁。

元升"以疾終於登封寺莊之寓居"，時逢蒙金交戰，"道路阻絶，未卜歸葬，遂爲南遷第一祖矣"。① 又如中靖大夫邵世矩"曾祖通奉暨父儒林，皆先葬夏村西北狼石溝東岸。緣舊塋瀕河，水張侵近"，邵世矩卒後"別葬先生於泗河之灣"。② 三是官方賜葬他鄉。如僞齊駙馬都尉傅諒及其妻僞齊衛國長公主劉氏，皆由僞齊敕葬"濟南府長清縣和平鄉"。③ 四是因宗教信仰不歸葬。如孫伯英"困名場已久……視世味蓋漠然"崇道，世人贊"伯英其爲黃冠師矣"，"正大庚寅十月十九日，歿於亳之太清宮，春秋五十有一，因即其地葬之"。④ 五是妻祔葬於夫的葬俗。女性婚後不再以父家標識身份，而是以夫家來標識身份，死後也多會選擇與夫合葬在夫家祖塋。如時立愛"元配李氏，安次人"，皇統三年（1143）祔葬於涿州新城時氏祖塋。⑤ 又如劉中德夫人王氏，"雲中懷安人"，卒後祔葬於宣德州玄化鄉石峰原其夫劉中德之塋。⑥

（四）誌主身份

從金代誌主的民族成分上來看，無論是考古發現，還是文獻著録，都未見金代前期女真人使用墓誌的實例。這一時期墓誌使用更多限於原遼宋漢、契丹、奚和渤海各族官員及其眷屬、平民僧道階層。可見，政權的更迭并未改變各族民衆固有誌墓喪俗。

進入金中期以後，女真人漢化程度不斷提高，加强了對中原文化傳統的接納和吸收。這種情況反映在墓誌上，便是女真人墓誌在大定時期及以後陸續出現。如1978年出土於北京的泰和二年（1202）《蒲察胡沙墓誌》、1980年出土於北京的泰和元年（1201）《烏古論元忠墓誌》和大安元年（1209）《魯國大長公主墓誌》等均屬於此類情況。除了爲新亡者鎸刻墓誌外，大定年間開始又出現了爲早亡女真人補刻墓誌的現象。如天眷二年（1139）窩魯歡謀反被誅，大定二十一年（1181）"奉聖旨於上京遷靈骨還中都仰山，賜錢重葬"，⑦ 其女妙行大師賜紫尼志達撒魯方爲其

---

① 元好問著，姚奠中編《承奉河南元公墓銘》，《元好問全集》，第607頁。
② 王新英：《全金石刻文輯校》，第306~307頁。
③ 王興華、張幼輝、郭俊峰：《山東濟南發現兩合劉豫僞齊時期墓誌》，《中國國家博物館館刊》2013年第10期。
④ 王新英：《全金石刻文輯校》，第568~569頁。
⑤ 王新英：《全金石刻文輯校》，第47頁。
⑥ 王新英：《全金石刻文輯校》，第215頁。
⑦ 王新英：《全金石刻文輯校》，第245頁。

撰誌埋於壙內。又如烏古論窩論卒於金初，大定二十四年（1184）其子元忠遷葬於大興府良鄉，"上賜之塋田、賵賻甚厚，窀穸將閟，丞相（元忠）命晏誌於墓，以傳不朽"。[1] 再如昭毅大將軍完顏守寧於正隆六年（1161）"頭中流矢而卒"，承安三年（1198）祔葬妻高氏時方由門下士閭山梁宇撰誌埋入合葬墓中。[2]

金代女性墓誌相對於男性墓誌來説，數量較少，目前已見獨立女性墓誌19種。多數情況下，對女性的記載還是在其父或其夫的墓誌中略加提及，少數是與夫合誌。夫婦合葬墓誌者，如貞元三年（1153）《齊堯舉夫婦合葬墓誌》和泰和五年（1205）《馮開父母合葬墓誌》；多人一誌者，如皇統三年（1143）《時立愛三夫人墓誌》。此種情況亦如前代，説明金代女性亦依靠夫族或父族來標識自身的社會地位，其墓誌基本上是慈父、賢夫和孝子在女性亡後爲表達追思或孝道而刊刻。如皇統三年（1143）時立愛三夫人將祔葬於時立愛，"三孫求（李）芝以爲誌，芝既已狀"。[3] 又如皇統九年（1149）張氏將祔葬於新城祖塋，其子時重國"哽咽而告曰母氏之德，昊天罔極，一未能報"求銘於李芝，李芝"以慰孝子之心"乃撰《大金故禮賓副使時公夫人張氏墓誌銘》。[4] 再如正大八年（1231）李獻卿將葬其母贊皇郡太君梁氏，求銘於元好問曰："諸孤雖無所似肖，安敢自例流俗，附先夫人於碑誌之末乎？"[5] 開興元年（1232）元好問三女阿秀因母喪，哀思過度"竟以開興壬辰三月朔死"，元好問撰墓誌銘曰"孝女之哀，千載涕滂"。[6]

金代誌主身份涉及當時女真皇室貴冑、各民族官吏及其眷屬，以及僧道、商賈、平民等不同社會階層。金代墓誌使用者階層的廣泛性，尤其是未出仕者誌墓的情況，也在某種程度上反映出傳統"非官不誌"的禮法禁忌似乎在金代已在很大程度上被破壞和僭越。

（五）墓誌形制

自南北朝以來，墓誌形制基本定型，一般包括誌蓋和誌石兩部分，謂一合墓誌。金代作爲中國古代石刻的繼續發展期，從墓誌實物情況來看，當時既有蓋誌

---

[1] 王新英：《全金石刻文輯校》，第270頁。
[2] 王新英：《全金石刻文輯校》，第402頁。
[3] 王新英：《全金石刻文輯校》，第48頁。
[4] 王新英：《全金石刻文輯校》，第72頁。
[5] 王新英：《全金石刻文輯校》，第572頁。
[6] 王新英：《全金石刻文輯校》，第576頁。

兼具的墓誌，也有無蓋者。誌蓋兼具的墓誌，一般在誌蓋頂中部和誌石首題會標注“墓誌”或“墓誌銘”字樣，同時也會體現死者生前姓氏、籍貫和官爵等信息。如1958年出土於河北新城的皇統三年（1143）《時立愛墓誌》，誌蓋兼具，誌石頂中部篆書“大金勤力奉國功臣開府儀同三司致仕鉅鹿郡王時公墓誌銘”，誌石呈正方形，首行題“大金故勤力奉國功臣開府儀同三司致仕謚忠厚鉅鹿郡□食邑壹萬户食實封壹千户時公墓誌銘”1行40字。無蓋墓誌者，則會在誌石首題標識誌主個人信息和“墓誌”或“墓誌銘”字樣。如1993年出土於遼寧北票的正隆元年（1156）《張雄墓誌》，無蓋，誌石呈長方形，誌石首題楷書“金故少監張公墓誌”1行8字。從實際數量上來看，除蓋佚者外，傳統的一合墓誌，即誌蓋兼具的墓誌應已不再是金代主流，無蓋墓誌應是當時墓誌常用形制。同時，無蓋墓誌可分爲正方形和長方形兩類。其中，長方形墓誌在橫縱比例上存在兩種情況：一種是橫縱比例差異不大，近似正方形，很可能是製作工藝水準導致；一種是橫縱比例差異較大，使誌石呈豎狀或者橫狀，個別上部兩端抹角似碑狀。下級官員及其眷屬，以及僧道、商賈、平民等階層是橫縱比例差異較大長方形墓誌的主要使用者，且數量比例并不多。可見，從非石質墓誌、無蓋長方形碑狀和異形墓誌的主要使用者爲金代平民和僧道這樣的“非官”階層的情況也反映出，即使在“非官不誌”禮制已被僭越的情況下，官方禮制限制和等級觀念的約束仍然在金代世人誌墓過程中具有相當的約束力。金代墓誌在實際使用過程中存在墓誌形制多樣性，這也符合以往學者對“我們祖國的幅員遼闊，文化多樣，墓誌的形制與内容應該是有着多種不同的表現方式”[1]的判斷。

從材質上看，已知金代墓誌主要分爲石質、磚質和陶質三類，三者最顯著區別在於石材取自天然，磚、陶則需經人工燒製而成。在數量比例方面，石質墓誌占絶大多數，磚質和陶質墓誌僅見五種，使用者爲一名下級官員和四名平民。雖磚質墓誌在金代斷續出現，[2]但石質墓誌顯然是當時主流，反映出金代墓誌形制在質地方面已處於定型的時代特徵。目前，雖暫未見傳世文獻有關金代墓誌選材的禮法規定，但是從出土墓誌實物來看，石材名貴與否并非一定和死者生前社會地位絶對

---

① 趙超：《古代墓誌通論》，第199頁。

② 磚質墓誌共四方：天眷元年（1138）《金故路君墓》、正隆四年（1159）《王宣墓記》、大定十三年（1173）《蔣忠立墓誌》、泰和三年（1203）《李琮墓誌》；陶質墓誌一方：大定二十年（1180）《金故郭公墓》。

匹配，多數情況下墓誌選材遵循就地取材原則。如北京房山素以盛産漢白玉聞名，目前該地區出土的四種金代墓誌中除一種石質不明，一種爲普通青石，其餘兩種漢白玉質地墓誌的使用者分別爲谷積山悟玄和尚和孝義縣丞崔憲。相比俸禄不過"錢粟一十二貫石，麥一石五斗"[①]的縣丞崔憲，金初重臣時立愛的墓誌却僅使用常見的青石雕鑿而成。但當誌主生前如果具有特殊身份時，就地取材的常規也會被打破。如世宗長女魯國大長公主雖然安葬於遠離北京房山的豐臺，但受到公主身份和帝王寵愛的影響，其葬事不僅有朝廷參與，墓誌也選取非豐臺所産的名貴漢白玉製作。反觀同葬一穴的其夫烏古論元忠，雖然曾官拜丞相，但墓誌却僅使用了常見的青石雕鑿。

金代墓誌紋飾依舊主要體現在誌蓋方面，常見者爲十二生肖圖案，通常順時針雕刻在覆斗型誌蓋四刹，出土實物集中於今北京市、河北省。[②]誌蓋雕刻十二生肖圖案自隋唐即已出現，是遼代墓誌誌蓋裝飾主流形制，金代墓誌誌蓋繼續使用可認爲是對前代誌蓋風格某種程度上的延續。從實際數量上來看，除蓋佚者外，無論是女真皇族貴冑，亦或仕官百姓的墓誌誌蓋使用紋飾裝飾者較少，無紋飾誌蓋已成爲金代墓誌形制主流。

（六）墓誌用字

趙超先生曾言"自從宋代以來，墓誌的書寫已經基本上采用了正體楷書，文字中異體紛出的情況與書體多樣化的現象已經很少出現"。[③]從金代墓誌的鐫刻用字情況來看，基本與前輩學者的這一論斷相符合，但也要看到金代墓誌用字也存在自身特點。金朝建國之初，并没有本民族文字，對外交涉和國内使用漢字或者契丹文字。天輔三年（1119）八月、天眷元年（1138）正月，女真大字和女真小字先後頒行。直至明昌二年（1191）十二月，金朝明令禁止使用契丹字之前，漢、契丹和女真文字一直并行。金代的這種文字使用狀況，也在墓誌鐫刻用字方面得到了如實的反映。相對於漢字來説，契丹、女真文字作爲同漢字并行的金代通用文字較少使用在墓誌文的鐫刻上，目前已知金代墓誌中未見使用女真文字鐫刻者，使用契丹文

① 脱脱等：《金史・百官志四》，中華書局，1975年，第1344頁。
② 北京市出土：《張岐墓誌》（皇統六年）、《吴前鑒墓誌》（大定七年）、《李摶墓誌》（大定十九年）、《張維垣墓誌》（泰和七年）；河北省出土：《時立愛墓誌》（皇統三年）、《時豐墓誌》（皇統三年）、《張世本墓誌》（皇統四年）。
③ 趙超：《古代墓誌通論》，第195頁。

字鎸刻者也僅有《蕭仲恭墓誌》（天德二年）和《移剌斡里朵墓誌》（大定十年）、《審密（石抹）氏墓誌》（明昌二年以前）等少數墓誌。多數女真人和契丹人的墓誌鎸刻用字和漢人、渤海人一樣使用漢字，一定程度上也反映出契丹人和女真人的漢化程度。目前，雖然暫無使用女真文字鎸刻的金人墓誌，但是金代傳世的女真文字石刻卻已發現數種。這種情況説明當時或應存在使用女真文字鎸刻的墓誌，有待於日後的考古發現進行證實。

金代書法五種書體完備，但在墓誌鎸刻用字書體方面主要使用楷、行、篆。其中，墓誌誌蓋除了使用以往慣用的篆書，還有正體楷書；誌石用字以楷書爲主，間或行書。這種從墓誌實例中所獲知的墓誌書體情況也與葉昌熾《語石》中所言"金末石刻風氣又變，學米之行書已稀。傳世碑版，正楷復近顏、柳。元遺山偶作行書，亦不用南宫體"[1]的結論基本相符。

（七）墓誌等級制度

脱脱等所撰《金史》未志凶禮，導致史乘闕失有關金代品官墓誌等級制度相關記載。《泰和令》載有金代品官石像生等級制度，遵循着前代禮典規定，依據品級逐級等差，"一品官石人四事，石虎石羊石柱各二事。二品、三品減石人二事，四品、五品又減石柱二事"。[2] 另，根據出土於河南鹿邑《丁氏阡表碑》中有關大定二十五年（1185）宣威將軍丁全修葺祖塋雕刻石像生"按五品儀式琢石爲侍從吏者二，爲羊爲虎者各二"[3] 的記載，可推知至遲在大定二十五年（1185）及以前金政權應已正式制定和頒布品官喪葬禮儀制度的有關規定，金代品官墓誌等級制度也應包括在其中。

事實上，從金代出土墓誌誌石尺寸與墓主身份間對應關係來看，金代墓誌等級制度應依然遵循着前代以誌石尺寸來標識死者生前等級身份的禮典規定。"金代的一尺長度合今 43 厘米"，[4] 考慮到誌石尺寸可能會因石刻刻工技藝高低不同而造成的誤差，將誌石尺寸差別在 4~5 厘米間的視爲同一長度。通過對金代品官墓誌誌石尺寸與墓主身份間對應關係，可以對金代品官墓誌等級制度作出合理的推斷，

---

① 葉昌熾撰，柯昌泗評《語石·語石異同評》，中華書局，2005 年，第 52 頁。
② 蘇天爵：《滋溪文稿》，中華書局，2005 年，第 52 頁。
③ 王新英：《金代石刻輯校》，第 89 頁。
④ 高青山、王曉斌：《從金代的官印考察金代的尺度》，《遼寧大學學報》1986 年第 4 期。

"一品官員墓誌誌石尺寸應在 100 厘米以上，約合金代 2.3 尺以上；二品、三品官員墓誌誌石尺寸應在 100~81 厘米間，約合金代 2.3~1.9 尺間；四品、五品官員墓誌誌石尺寸應在 80~61 厘米間，約合金代 1.9~1.4 尺間；六品至九品官員墓誌誌石尺寸應在 60 厘米以下，不超過金代 1.4 尺，且彼此間差別較小"。[①] 以上對於金代品官墓誌等級制度的推斷是根據已知出土金代品官墓誌爲樣本，同時將誌石尺寸間誤差適度放寬進行的脉絡式復原，還有待今後利用不斷出土和發現的金代墓誌進一步修訂和補充。

通過對金代品官墓誌等級制度的還原，可以看出金代品官的官品、勛級、爵位等級直接決定着其墓誌誌石尺寸的大小。此外，還有兩點需要進一步說明。其一，當同一品官的官品、勛級、爵位等級高低彼此存在差異時，一般以品官實任官品爲主。如"鎮國上將軍、前廣寧府判致仕"班演的墓誌 1995 年出土於北京房山，誌石僅長 49 厘米、寬 40 厘米，顯然這一尺寸不符合"鎮國上將軍"從三品下所屬的 100~81 厘米的範疇。而《班演墓誌》刊刻於明昌五年（1194），當時處於金代社會繁榮發展時期，其墓誌尺寸偏小應該不是社會或者政治不穩定所導致的，因此較合理的解釋應該是班演墓誌的尺寸是以其廣寧府判的官品爲參考，而非鎮國上將軍的武散官品級。其二，當品官致仕後因遷官而發生官品、勛級、爵位變化時，一般以其致仕時爲所任職爲準。如齊堯舉皇統元年（1141）中京兵馬都指揮使致仕，此後又纍受進封，皇統二年（1142）"遷金吾衛上將軍"，"六年覃遷龍虎衛上將軍"，"四年二月，復有詰：'卿挺身武烈，從□仕顯途浩然歸志，凛節高風'"，遂 "加光禄大夫、柱國、汝南郡開國公，食邑二千户，實食邑二百户"。[②]2010 年齊堯舉與妻石氏合誌發現於遼寧阜新，誌石首題 "光禄大夫齊公汝南郡夫人石氏墓誌銘"，誌石僅長 86 厘米、寬 50 厘米，從墓誌尺寸上來看顯然與其致仕後纍加的光禄大夫從二品上的文散官等級不相符。又如劉中德 "累官至昭武大將軍"，品階正四品上，但是在其致仕後 "上鄰其能推恩，加鎮國上將軍，進封護軍，食邑一千户，食實封一百户，開國侯"。[③]1995 年《劉中德墓誌》出土於河北宣化，誌石長 79 厘米、寬 62 厘米，從誌石尺寸上來看是與四品、五品官員墓誌尺寸相符，可知其墓誌尺寸并未按照致仕後所進封的武散官和勛級等級進行製作。

---

① 王新英：《金代墓誌等級制度研究——以出土墓誌爲中心》，《蘭州學刊》2012 年第 1 期。
② 王玉亭：《遼末金初齊堯舉夫婦墓誌補校》，《遼寧省博物館館刊》，遼海出版社，2011 年，第 110 頁。
③ 王新英：《金代石刻輯校》，第 171 頁。

金代婦女的命婦封號和等級一般由其夫或其子的官品、勛級、爵位等級決定，金制，"郡王母妻封郡王夫人，國公母妻封國公夫人，郡公母妻封郡公夫人，郡侯母妻封郡君，承安二年更爲郡侯夫人。四品文散少中大夫、武散懷遠大將軍以上母妻封縣君，承安二年爲郡君。五品文散朝列大夫、武散宣武將軍以上母妻封鄉君。承安二年爲縣君"。[①] 從金代出土的女性墓誌尺寸來看，品官命婦墓誌尺寸大小也同命婦封號和等級一樣，基本上是依據其夫或其子的官品、勛級、爵位等級而定，而且得到比較好的遵守。[②]

從《丁氏阡表碑》《金進士蓋公墓記》等中有關金代品官使用石像生實際情況的記載來看，當時品官石像生等級制定應得到較好遵守，反觀金代"非官而誌"現象却依然存在，如封志安、崔晟、張世本等務農爲本未仕者皆誌墓。"維忠維孝"是金代一直所宣導的社會觀念。金代無論父祖是否曾經入仕，或者亡母是否封贈爲外命婦，子嗣表孝道爲之樹碑銘誌都已被視爲"合禮"的社會常態，所謂"進世習俗，祖考既葬，不問貴賤，皆爲之立碑。人有疑而見問者，曰禮歟"。[③] 正因如此，後代子孫亦會爲生前非仕官者、非命婦者的父母雙親誌墓隨葬。如武略郎李采母賀氏二十八歲守寡，"勤教諸子，俾知義方"，天眷元年（1138）李采爲母製作墓誌一方。[④] 又如奉直大夫張輔母焦氏"自幼居孀，志不苟易，於家盡養，訓子有方"，焦氏卒後與夫張世本合葬，張輔爲父母製作誌一合。[⑤] 此外，金代仕人階層對"非官而誌"現象也已呈現默許和接受態度。如元好問同族元滋新雖終生未仕，但元好問認爲"歿而不書，族黨之過，乃追爲之銘"。[⑥] 又如終身未仕的李擇在天眷二年（1139）下葬前，其長子"率諸弟示以行狀"，求銘於代州觀察判官、奉直大夫李楫。再如大定二十六年（1186）承德即、前武州司侯、飛騎尉、賜緋魚袋秦八元先後撰《大金故朔州李君墓誌》《大金故清河張先生墓誌》，承安二年（1197）鄱陽進士張宗古撰《大金西京大同府朔州鄱陽縣安鄉城南里故先生張公妻智氏墓誌》，天會六年（1128）密州文學、前權壺關縣丞楊丹撰《故劉君墓銘》等未仕者或命婦者墓誌。即便如此，非官者誌墓時仍會有所顧忌，主要表現在墓誌誌石尺寸方面。

---

① 脫脫等：《金史·百官志一》，第 1230 頁。

② 王新英：《金代石刻研究》，第 98 頁。

③ 張金吾：《濟寧李氏祖塋碑》，《金文最》，中華書局，1990 年，第 1262~1264 頁。

④ 王新英：《金代石刻輯校》，第 147 頁。

⑤ 王新英：《金代石刻輯校》，第 159~160 頁。

⑥ 張金吾：《族祖處士墓銘》，《金文最》，第 1462~1463 頁。

根據出土實物統計，金代非官者墓誌誌石多數呈長方形、尺寸多數在 60 厘米以下，應是以六品及以下官員墓誌標準爲主要參考。另從數量比例來看，金代非官者墓誌數量仍大大少於品官及其眷屬命婦墓誌，絕大多數非官者還是使用買地券作爲標識自身的隨葬冥器。

事實上，"非官而誌"現象并非始於金代。在北宋時期即已經較爲普遍出現，以至於規定有九品以下不得使用墓誌的《政和五禮新儀》在頒行不久就不得不廢除。與金朝并立的南宋不僅存在非官而誌的現象，也得到社會明確認可，如理學家朱熹就在《家禮》卷四《喪禮》中明確闡述品官和非官者在墓誌誌蓋和誌文撰寫上的差異。[①] 綜上，金代"非官而誌"現象應是對前代的延續，可將其視爲中國古代墓誌發展歷程在十二至十三世紀時期的一種實態。

三　党項西夏墓誌

党項西夏墓誌，時間範疇從党項族夏州拓跋政權時期建立始計，至西夏滅國止，空間範疇以夏州政權和西夏政權曾管轄疆域範圍爲界，不包括元明時期西夏遺民及其後代的墓誌，以及宋轄區内折氏家族成員墓誌。

目前，党項西夏墓誌已知出土或發現者共 17 種（詳見表五），誌主主要涉及夏州政權時期拓跋部族成員及政權官員，民族構成包括党項族、漢族，其中男性墓主 13 人、女性墓主 4 人，誌主爲夫妻關係者 7 人。党項西夏墓誌出土或發現地集中於陝西省榆林市、内蒙古自治區烏審旗兩地，涉及橫山、靖邊、榆陽、無定河等縣區。榆林市、烏審旗比鄰，且同爲党項族夏州政權轄區範圍，其中橫山則是唐代拓跋氏最初定居之地。因墓誌出土地點等原因，党項西夏墓誌以拓跋氏（李氏）家族成員墓誌爲主，呈現家族成員特徵。如李仁福妻濆氏、李彝謹、李彝謹妻里氏、李彝謹妻祁氏、李繼筠等人墓誌均出土於烏審旗無定河鎮十里梁，皆爲同一家族成員，彼此間爲祖孫、母子、夫妻關係。党項西夏墓誌刊刻時間自唐、五代至北

---

① 《家禮》卷四《喪禮》載墓誌"用石二片，其一爲蓋，刻云'有宋某官某公之墓'，無官者則書其字曰：'某君某甫'。其一爲底，刻云'有宋某官某公諱某字 某州某縣人 考諱某某官 母氏某封某 某年月日生 叙歷官遷次 某年月日終 某年月日葬於某鄉某里某處 娶某氏某人之女 子男某某官 女適某官某人'。婦人 夫在則蓋云'有宋某官姓名某封某氏之墓'，無封則云'妻'，夫無官則書夫之姓名，夫亡則云'某官某公某封某氏'，夫無官則云'某君某甫妻某氏'。其底叙'年若干適某氏因夫子致封號'，無則否"。

宋初年，歷唐、後唐、後晋、後漢、後周、北宋等朝代，暫未發現西夏時期刊刻墓誌。從夏州政權時期，党項人既有誌墓葬俗，以及元明西夏遺民，[①] 仍延續誌墓葬俗等情况來看，西夏政權時期社會應有誌墓葬俗，暫未發現該時期墓誌應與戰争等人爲因素對墓葬的破壞有關，亦或有待於今後考古發現。党項西夏墓誌均爲出土或發現的墓誌實物，無文獻類存世方式，有别於其他時期墓誌存世方式，且墓誌實物均收藏於當地文管所等文博考古機構，保存狀況完好。党項西夏墓誌實物刻石字迹清晰、可辨識度高，夏州政權時期党項族尚未創立本民族文字西夏文，因此墓誌用字均使用漢字鎸刻，但是有别於其他時期墓誌用字篆、楷、行、草字體皆行情况，目前所見党項西夏墓誌用字衹有篆、楷兩種字體，一般誌蓋篆書、誌文并序楷書，篆書類似秦篆風格，"西夏漢字楷書碑刻用筆不受字形拘束；結構安排中保持中和之度、平衡之勢"。[②]

---

① 元天曆二年（1329）《大元故亞中大夫宜政院判官耿完者禿墓誌》，北京市文物研究所藏；《明故忠義官李仲墓誌銘》，河南新安縣千唐誌齋博物館藏。

② 余翔伊：《西夏漢文楷書碑刻賞析》，《今古文創》2020 年第 39 期。

表五 党項西夏墓誌統計一覽（截至2021年12月）

墓誌名稱	題銘/首題	刊刻時間	出土地/出土處	出土時間	收藏地	規格（厘米）	形制特徵	書體
拓跋守寂墓誌	唐故拓跋跛府君墓誌銘	唐開元二十五年（737）	陝西省橫山縣韓岔鄉元坬墕村	1965年出土 2003年徵集	榆林市文物管理委員會	90×90 90×90	誌蓋兼具	篆書 楷書
白敬立墓誌	故延州安塞軍防禦使檢校左僕射南陽白公府君墓誌并序	唐乾寧二年（895）	陝西省靖邊縣紅墩界鄉華家坬林場	1991年徵集	靖邊縣文物管理委員會辦公室	77.5×77.5	蓋佚	楷書
白全周墓誌	定難軍節度神衞銀青光祿大夫檢校國子監祭酒兼御史大夫南陽白公墓誌銘并序	後唐天成四年（929）	陝西省橫山鎮魏牆村	20世紀70年代	橫山縣文物管理委員會辦公室	64×59		楷書
李仁寶妻破丑氏墓誌	故夫定破丑夫人墓誌文	後唐長興元年（930）	陝西省榆林市榆陽區紅石橋鄉拱蓋梁村	1994年	榆林市榆陽城牆文管所	54×54 53×53	誌蓋兼具	楷書
李仁福妻吳國夫人讀氏墓誌	大晉故號王妻吳國夫人讀氏墓誌銘并序	後晉天福七年（942）	內蒙古自治區烏審旗無定河鎮十里梁	20世紀末21世紀初	烏審旗文管所	81.5×82	蓋佚	楷書
毛汶墓誌	滎陽郡毛公墓誌之銘	後晉天福七年（942）	陝西省靖邊縣紅墩界鄉圪坨河村	20世紀末	榆林地區文物管理委員會辦公室	69×70 68.5×68.5	誌蓋兼具	篆書 楷書
何德璘墓誌	南陽郡何公墓誌之銘	後晉天福八年（943）	陝西省靖邊縣紅墩界鄉華家坬村	1994年	靖邊縣文物管理委員會辦公室	49×56 53×59	誌蓋兼具	篆書 楷書
劉敬瑭墓誌	彭城郡劉公墓誌之銘	後晉天福八年（943）	陝西省橫山縣雷龍灣鄉鄭安坬村	20世紀末	榆林市文物管理委員會辦公室	66×66 66×66	誌蓋兼具	篆書 楷書
李仁寶墓誌	故隴西郡李公墓誌之銘	後晉開運三年（946）	陝西省榆林市榆陽區紅石橋鄉拱蓋梁村	1996年	榆林市榆陽城牆文管所	64×64 64×64	誌蓋兼具	楷書

墓誌名稱	題銘首題	刊刻時間	出土地/出處	出土時間	收藏地	規格（厘米）	形制特徵	書體
李彝謹妻里氏墓誌	大漢故沛國郡夫人里氏墓誌銘并序	後漢乾祐三年（950）	內蒙古自治區烏審旗無定河鎮十里梁	20世紀末21世紀初	烏審旗文管所	79×79	蓋佚	楷書
李彝謹墓誌	故推誠翊戴功臣金紫光祿大夫檢校太保使節綏州諸軍事綏州刺史兼御史大夫上柱國李公墓誌銘并序	後周廣順二年（952）	內蒙古自治區烏審旗無定河鎮十里梁	20世紀末21世紀初	烏審旗文管所	77×77	蓋佚	楷書
李彝謹妻祁氏神道誌	故綏州太保夫人祁氏神道誌	後周顯德二年（955）	內蒙古自治區烏審旗無定河鎮十里梁	20世紀末21世紀初	烏審旗文管所	64×63	蓋佚	楷書
康成墓誌	太原郡康公墓誌之銘	北宋乾德四年（966）	陝西省靖邊縣紅墩鄉圪坨河村	20世紀末	榆林地區文物管理委員會辦公室	57×57 58×58	誌蓋兼具	篆書 楷書
何公墓誌	南陽郡何公墓誌之銘	北宋開寶二年（969）	陝西省靖邊縣紅墩鄉伍姓沙村	20世紀末	陝西省榆林地區文物管理委員會辦公室	67×67 68.4×66.6	誌蓋兼具	篆書 楷書
李光睿墓誌	隴西郡李公墓誌之銘	北宋太平興國四年（979）	內蒙古自治區烏審旗無定河鎮十里梁	20世紀末21世紀初	烏審旗文管所	93.5×93.5 98×113	誌蓋兼具	篆書 楷書
李繼筠墓誌	隴西郡李公墓誌之銘	北宋太平興國四年（979）	內蒙古自治區烏審旗無定河鎮十里梁	20世紀末21世紀初	烏審旗文管所	98×100	誌蓋兼具	篆書 楷書
李光逺墓誌	隴西郡李公墓誌之銘	北宋太平興國五年（980）	內蒙古自治區烏審旗無定河鎮十里梁	20世紀末21世紀初	烏審旗文管所	76.5×75 77×75	誌蓋兼具	篆書 楷書

金代墓誌研究述論[*]

苗霖霖

  墓誌出現於漢初，自魏晋以來開始盛行，後經北朝隋唐時期的發展，逐漸成爲中古時期重要的隨葬品。新中國成立以來，隨着考古學的發展，出土的墓誌日益增多，墓誌的形制及其所記載的内容也日益爲學者所關注，其中北朝和隋唐墓誌以其存世量多、製作規範、文字優美，受到世人的矚目。

  由於金朝建立於部族制基礎之上，在政權建立前，女真人文化素養有限，尚未能廣泛接觸和吸收漢族文化和傳統。金朝建國後，通過逐步推行漢化變革，提升了國家整體文化水準，而墓誌也隨着女真人對漢族文化的認可和接受而進入金代社會。

  國内學界對於金代歷史的研究起步較晚，加之金代統治時間較短，且多活躍於北方地區，因而出土的墓誌遠少於中原王朝，進而造成金代墓誌的研究成果相對較少。目前學者對金代墓誌的研究主要是通過墓誌銘文内容來研究墓主家族譜系及婚宦問題，以及通過銘文記載補充史書中對於某些歷史人物或事件的記載不足。但由於目前尚缺乏對金代墓誌的整體性研究，因而對於墓誌所涉及的金代世家大族、宗教信仰及家庭人口等問題的研究略顯不足。

一　金代墓誌的收録與整體研究

  在金代墓誌的收録方面，近年來已經展開，并有相關著作問世。北京圖書館

---

  *　本文原刊於《中國史研究動態》2019 年第 1 期，作者同意入編本書，并有所增補。

金石組編《北京圖書館藏歷代石刻拓本滙編》① 其中第 46、47 册收録了部分金代石刻，其中包含墓誌拓片 6 幅。清張金吾《金文最》② 中墓碑部分（第 86~109 卷）收録墓誌 28 通。北京遼金城垣博物館編《北京遼金元拓片集》③ 收録了遼金時期的石刻拓片，其中包含金代墓誌拓片 8 幅。

王新英先後出版了《金代石刻輯録》④ 和《全金石刻文輯校》，⑤ 彌補了金代石刻收録不足的問題，其中後者在前者的基礎上增加了墓誌 35 通，幾乎涵蓋了當時可見的絶大多數墓誌，爲金代墓誌研究提供了極大的便利。或許是受到篇幅限制，《全金石刻文輯校》删減了前書中有關石刻的注釋與初步考證。

周峰《貞珉千秋——散佚遼宋金元墓誌輯録》⑥ 對流散民間的金代墓誌進行了系統的收録、整理和點校，其另外兩部墓誌收録著作《散見宋金元墓誌地券輯録》⑦ 和《散見宋金元墓誌地券輯録二編》⑧ 對宋金元三朝的墓誌和買地券進行了分類的收録和整理。

殷憲《大同新出唐遼金元誌石新解》⑨ 收録了金代墓誌拓片 7 幅，不僅對這些拓片作了點校，還結合史書的記載，對墓誌拓片中的部分内容進行了解讀和考證。

關於金代墓誌的整體研究成果主要有景愛的《金代石刻概述》⑩ 和趙彦昌、孫麗《金代石刻檔案初探》，⑪ 兩篇文章通過對金代石刻著録、種類、遺存情況等方面的研究，指出金代石刻具有極高的學術價值，不僅可以豐富金代歷史的相關研究，更可補充《金史》記載遺闕。王新英《金代石刻對〈金史〉的補充與校正》⑫ 將石刻與《金史》的記載相結合，從人物、制度、職官、地理四方面考察了金代石刻的歷史價值，并對《金史》相關記載進行糾補。

---

① 北京圖書館金石組：《北京圖書館藏歷代石刻拓本滙編》，中州古籍出版社，1989 年。

② 張金吾：《金文最》，中華書局，1990 年。

③ 北京遼金城垣博物館：《北京遼金元拓片集》，北京燕山出版社，2012 年。

④ 王新英：《金代石刻輯録》，吉林人民出版社，2009 年。

⑤ 王新英：《全金石刻文輯校》，吉林文史出版社，2012 年。

⑥ 周峰：《貞珉千秋——散佚遼宋金元墓誌輯録》，甘肅教育出版社，2020 年。

⑦ 周峰：《散見宋金元墓誌地券輯録》，花木蘭文化事業有限公司，2021 年。

⑧ 周峰：《散見宋金元墓誌地券輯録二編》，花木蘭文化事業有限公司，2021 年。

⑨ 殷憲：《大同新出唐遼金元誌石新解》，三晉出版社，2012 年。

⑩ 景愛：《金代石刻概述》，《北方文物》2009 年第 4 期。

⑪ 趙彦昌、孫麗：《金代石刻檔案初探》，《遼金歷史與考古》第 4 輯，遼寧教育出版社，2013 年。

⑫ 王新英：《金代石刻對〈金史〉的補充與校正》，《遼寧省博物館館刊》，遼海出版社，2011 年。

二　金代家族墓誌研究

墓誌多由墓主家屬或親友製作，記錄墓主生平的文字石刻，而有着親緣關係的家庭成員的墓誌更可以通過相互印證，展現整個家族在社會變動時的興衰演變。通過對家族成員墓誌的考察，不僅可以瞭解墓主家族譜系情況，更可藉此瞭解墓主家族發展脉絡。

涿州時氏家族和東平吕氏家族是金代漢人世族家族的代表，隨着墓葬考古發掘的進行，對這兩個家族成員墓誌研究成果也不斷涌現。關於以時立愛及其家族成員爲代表的涿州時氏家族墓誌的研究成果有河北省文化局文物工作隊《河北新城縣北場村金時立愛和時豐墓發掘記》，[①] 介紹了時立愛和時豐父子的墓地、墓誌及隨葬品等相關情況，并通過對墓誌的研究，考證了時氏家族的家世及時立愛父子的生平及喪葬等級等問題。涿州時氏家族墓地還出土了《時立愛墓誌》《時立愛三夫人墓誌》《時豐妻張氏墓誌》及時立愛侄《時昌國墓誌》，學者對這些墓誌也進行了相應的研究。苗霖霖《時立愛碑誌考釋》，[②] 苗霖霖、時妍《時豐墓誌考釋》[③] 和王新英《金代時立愛家族成員〈時昌國墓誌銘〉考釋》、[④]《金代時立愛家族成員時豐妻張氏墓誌銘考釋》[⑤] 和《金代〈時立愛墓誌考釋〉補釋》[⑥] 這些成果分別以時立愛及其家族成員墓誌爲中心，結合《時立愛神道碑》、《時立愛三夫人墓誌》、《時昌國墓誌》等出土文獻及《金史·時立愛列傳》等傳世文獻的相關記載，分別考察了時立愛、時豐、時昌國的家世背景、仕宦、家族成員與婚姻狀況等相關情況，并分析了時立愛家族的興起原因和途徑、時立愛死後該家族的發展狀況及時立愛後人爲維繫家族地位所進行的努力。

與涿州時氏家族在時立愛死後呈現出頹勢不同，與之社會地位相當的東平吕氏家族則由於家族成員持續以科舉入仕，而且與幽州韓氏家族結成了緊密聯姻，使家族勢力貫整個遼金而不息。孫猛《魯谷金代吕氏家族墓葬發掘報告》[⑦] 不僅介紹

---

① 河北省文化局文物工作隊：《河北新城縣北場村金時立愛和時豐墓發掘記》，《考古》1962 年第 12 期。
② 苗霖霖：《時立愛碑誌考釋》，《博物館研究》2012 年第 3 期。
③ 苗霖霖、時妍：《時豐墓誌考釋》，《唐山學院學報》2012 年第 5 期。
④ 王新英：《金代時立愛家族成員〈時昌國墓誌銘〉考釋》，《北方文物》2016 年第 1 期。
⑤ 王新英：《金代時立愛家族成員時豐妻張氏墓誌銘考釋》，《北方文物》2017 年第 4 期。
⑥ 王新英：《金代〈時立愛墓誌考釋〉補釋》，《東方藏品》2018 年第 4 期。
⑦ 孫猛：《魯谷金代吕氏家族墓葬發掘報告》，科學出版社，2010 年。

了吕氏家族墓葬的地理環境、歷史沿革以及隨葬品等情况，附錄部分還對出土的吕氏家族墓葬出土的四通遼金兩代家族成員墓誌進行了考證，其中包括對《金代吕嗣延墓誌》《金代東平縣君韓氏墓誌》兩通金代墓誌的考證，以及對遼金時期幽燕地區韓氏和吕氏兩個漢人世族家族的比較研究，説明以聯姻結成緊密關係的兩個家族在遼金兩代不同的興衰軌迹。苗霖霖《從東平吕氏家族看遼金時期的社會變遷》[①]將《吕士□墓誌》《吕士安墓誌》《吕嗣延墓誌》以及吕忠敏妻《東平縣君韓氏墓誌》等墓誌銘文記載相結合，指出該家族興於遼末，盛自金初，家族成員不僅位居中高級官吏，甚至還有人擁有爵位，特别是該家族通過與以幽州韓氏爲代表的其他世家大族間的不斷通婚，擴大了家族的聲望，穩固了家族勢力。幽州韓氏家族是東平吕氏家族的姻親，齊心《金代韓詠墓誌考》[②]將《韓詠墓誌》與出土的韓佚、韓資道墓誌相結合，考察了以韓延徽爲代表的遼代幽州韓氏家族十代成員譜系，并指出該家族成員中奇數代的名字均爲兩個字，而偶數代的名字則均爲一個字的命名特點。

烏古論家族是金代興起的女真家族代表，賈敬顏《烏古論元忠等三墓誌考略》[③]根據出土的烏古論元忠及其父烏古論窩論、妻魯國長公主三方墓誌内容，結合《金史》的相關記載，對該家族的譜系、婚姻與仕宦情况進行了解讀，并對墓誌中所提及的部分地名作了考證，説明了該家族在金代的特殊地位。通過該家族的發展軌迹，可以看出金代推行漢化在女真家族中産生的影響。

三　金代墓主自然情况和社會關係的研究

目前還出土一定數量金代單誌或夫妻合葬墓誌，將這些墓誌與相關類型或身份相近墓主的墓誌相互比對，不僅可以對墓主自然情况和社會關係進行考察，還可以對墓主家族情况有所瞭解，更可以補充史書記載的不足，有助於金代中下層社會群體的整體研究。

---

① 苗霖霖:《從東平吕氏家族看遼金時期的社會變遷》,《北方文物》2014 年第 2 期。
② 齊心:《金代韓詠墓誌考》,《考古》1984 年第 8 期。
③ 賈敬顏:《烏古論元忠等三墓誌考略》,《社會科學輯刊》1984 年第 2 期。

（一）對墓主家族譜系的研究

賀勇、劉海文《金代張子行墓誌初探——兼析下八里墓群的始建年代及墓穴排列》,[①] 通過將《張子行墓誌》與其曾祖《張世本墓誌》以及在宣化下八里張氏家族墓群出土的張世卿、張恭誘、張世古、張文藻、張匡正等五通墓誌相互印證，明晰了張世本家族譜系與沿革，并指出該家族墓葬排列形式與宗教信仰有關。周峰《金代張子行墓誌三題》[②] 則通過《張仲賓墓誌》對誌文中提及的宣德州州學、物力錢以及廣濟院進行了詳細的考證，認爲張子行家族是宣德州豪族，不僅有着較好的經濟基礎，而且其家族保持向學的傳統，最終造就了該家族的久盛不衰。

周峰《金代張仲賓墓誌銘考釋》[③] 通過對墓誌内容的考證，總結了北宋末至金初潞州存在的兩個張仲賓家族的特徵，并指出邵雍弟子張仲賓家族通過科舉完成了由富至貴的轉變，而墓誌主人張仲賓家族則一直爲富豪，且在宋、金易代之際投靠了新政權，成爲短暫的權貴。王新英《金代〈徐方墓誌銘〉考釋》[④] 以《徐方墓誌銘》爲研究對象，考證了以徐方、徐文父子爲代表的萊州徐氏家族的譜系、仕宦及婚姻情況。齊心《金代韓詠墓誌考》[⑤] 指出韓詠是遼代崇文公韓延徽的七世孫，又與金代右丞相劉筈是兒女親家，文中通過墓誌與史書的相互補證，對韓、劉二族世系和婚姻狀況進行考證。張洪玲《〈金承安五年贈宣武將軍張誠墓誌銘〉考釋》[⑥] 對收錄於《濟南金石志》的《張誠墓誌》進行了録文和考證，文中不僅對張誠本人的家族出身、生平事迹、婚姻對象和子嗣狀況進行了解讀，還對墓誌中提及的部分地名、官名作出全面的考證，并藉此對金代相關政治制度開展深入解讀，論文視角新穎，頗有創見。

此外，以解讀劉元德墓誌爲主體的研究成果也曾一度在學界引起廣泛的討論。

---

① 賀勇、劉海文：《金代張子行墓誌初探——兼析下八里墓群的始建年代及墓穴排列》,《文物春秋》2002 年第 3 期。

② 周峰：《金代張子行墓誌三題》,《文物春秋》2002 年第 6 期。

③ 周峰：《金代張仲賓墓誌銘考釋》,《中國社會科學院民族學與人類學研究所青年學術論壇（2011年）》,社會科學文獻出版社，2013 年。

④ 王新英：《金代〈徐方墓誌銘〉考釋》,《東北史地》2013 年第 5 期。

⑤ 齊心：《金代韓詠墓誌考》,《考古》1984 年第 8 期。

⑥ 張洪玲：《〈金承安五年贈宣武將軍張誠墓誌銘〉考釋》,《開封文化藝術職業學院學報》2021 年第3 期。

馮永謙《金劉元德墓誌考——兼考五代劉仁恭一族世系》^①不僅對劉元德墓誌的形制進行了詳細介紹，還根據墓誌銘文中記載的劉元德爲五代時期劉仁恭後人這一綫索，結合傳世文獻及出土的劉仁恭孫劉承嗣、曾孫劉宇杰、玄孫劉日泳等人的墓誌，考證出劉仁恭一系十二代家族成員的譜系關係。馬洪路《金信武將軍劉元德墓誌補正》^②訂正了劉元德墓誌銘文内容的錯誤和遺漏，考察了劉元德的家族成員與婚姻問題，在墓誌銘文中列舉出的劉仁恭及其後裔自唐五代以來三百餘年世系的基礎上，結合《金史》記載，對墓誌記載的劉琥、劉璣和劉瑋兄弟三人的長幼、官職進行了研究。胡順利《金代信武將軍劉元德墓誌補說》^③對馮永謙、馬洪路抄録和考釋劉元德墓誌中的疏漏進行了補充，也對劉元德及其父任職的監同昌縣酒税、奉信校尉二官職進行了重新考證。

金代曾一度設立了僞齊傀儡政權，該政權存在期間産生的墓誌，也有學者進行了專門的研究。王新英《僞齊〈孟邦雄墓誌銘〉考釋》^④和《僞齊〈傅肇墓誌銘〉考釋》^⑤分別以《孟邦雄墓誌銘》和《傅肇墓誌銘》爲研究對象，結合《金史》等文獻記載，考察了以孟邦雄家族爲代表的西京孟氏家族的譜系、仕宦及婚姻情况，以及傅肇家族的仕宦及婚姻情况。論文還根據墓誌銘文記載，對金宋戰爭、金代册立劉豫時間、僞齊阜昌進士和金代圖書輯補等史實進行了考證，補充了史書中部分相關記載的缺失。

王静如《興隆出土金代契丹文墓誌銘解》^⑥對河北興隆出土的金代契丹文墓誌銘的形制進行介紹，通過對墓誌銘文内容的解讀，指出該墓誌是遼代貴族蕭仲恭墓誌，海陵天德二年逝世，不僅他的兒子由於獲罪海陵被殺，其王爵亦由此被削，進而造成墓誌銘文關於封謚記載被抹除。作者還考證了金代契丹文的流通、使用情况，推測出蕭仲恭以契丹文記墓誌的可行性。

（二）對墓主家庭成員與婚宦關係的研究

除能够相互印證的家族墓誌外，現今還出土了一些獨立的墓誌，將這些墓

---

① 馮永謙：《金劉元德墓誌考——兼考五代劉仁恭一族世系》，《黑龍江文物叢刊》1983 年第 1 期。
② 馬洪路：《金信武將軍劉元德墓誌補正》，《北方文物》1985 年第 3 期。
③ 胡順利：《金代信武將軍劉元德墓誌補說》，《北方文物》1988 年第 1 期。
④ 王新英：《僞齊〈孟邦雄墓誌銘〉考釋》，《吉林師範大學學報》2016 年第 2 期。
⑤ 王新英：《僞齊〈傅肇墓誌銘〉考釋》，《邢臺學院學報》2019 年第 4 期。
⑥ 王静如：《興隆出土金代契丹文墓誌銘解》，《考古》1973 年第 5 期。

誌與史書記載相結合，也能够對墓主的家庭成員以及婚宦關係有所瞭解。李智裕《〈金贈光禄大夫張行願墓誌〉補釋》[①]通過將《金贈光禄大夫張行願墓誌》與史書及其他相關石刻材料相結合，考證了張行願的家世、生平及其家族的婚姻狀況。都惜青的《金代〈張雄墓誌〉考釋》[②]考察了張雄在遼金兩朝的仕宦及其家族成員的官爵，并對墓誌的撰、書、篆蓋以及建誌者的官、階、勛等情況也進行了説明。

此外，還有一些研究成果則是通過對墓誌的研究，展現漢人家族的家學與家風，對於探討金代社會文化發展有所裨益。周峰《金代聶宗家族兩方碑銘考釋》[③]分別從《故聶公墓誌銘》《大金故聶公墓碑》着手，研究作爲地方豪族的聶宗家族的譜系、家學、家風情況，并通過分析這兩個家族在遼末金初和宋末金初的社會動盪中的行爲，説明他們的地方影響力。陳朝雲、劉夢娜《大金進義校尉焦君墓誌研究》[④]憑藉《大金進義校尉焦君墓誌》銘文記載，以河南濟源學者焦矽的學習及教學經歷爲例，展示其促進金代焦作地區基層教育發展的重要作用，并由此展現宋末金初儒學在當地的傳播狀況。

王新英《金代〈李搏墓誌銘〉考釋》[⑤]根據《李搏墓誌銘》的記載，考論了墓主李搏的生平履歷、家族成員與婚姻狀況等問題，并對墓誌銘文中涉及的金代進士人數和金代文人朱瀾作品等問題也進行了研究，補充了史書相關記載的缺失。他的《金代〈崔憲墓誌銘〉考釋》[⑥]一文則對墓主崔憲家族的譜系和崔憲本人的官職等問題進行了論證，《崔憲墓誌銘》也爲金代進士群體的研究提供了重要的資料。

（三）對墓誌所反映的家族社會關係的研究

王新英、賈淑榮《金代家庭人口數量考略——以金代石刻文獻爲中心》[⑦]從家庭結構角度出發，通過對石刻文獻中記載的189個金代直系兩代家庭的統計分析，指出金代家庭子女生育平均數不超過4.1人、家庭人口數量不超過6.1人，進而得

---

① 李智裕:《〈金贈光禄大夫張行願墓誌〉補釋》,《北方文物》2015年第3期。
② 都惜青:《金代〈張雄墓誌〉考釋》,《東北史地》2014年第2期。
③ 周峰:《金代聶宗家族兩方碑銘考釋》,《遼金史論集》第13輯, 中國社會科學出版社, 2013年。
④ 陳朝雲、劉夢娜:《大金進義校尉焦君墓誌研究》,《中原文物》2017年第1期。
⑤ 王新英:《金代〈李搏墓誌銘〉考釋》,《學問》2016年第5期。
⑥ 王新英:《金代〈崔憲墓誌銘〉考釋》,《興義民族師範學院學報》2021年第3期。
⑦ 王新英、賈淑榮:《金代家庭人口數量考略——以金代石刻文獻爲中心》,《黑龍江民族叢刊》2014年第6期。

出金代與唐宋兩代家庭人口平均數大體相同的結論。劉曉飛《金代漢族同居共財大家庭——以碑銘墓誌爲中心的考察》[1] 結合歷史文獻以及碑銘墓誌資料，推論出由於受到戰亂灾荒、生産力生産工具發展水準、傳統倫理道德和婚姻習俗等時代因素影響，金代漢族"同居共財"的大家庭數量較少，"析居異財"的家庭則更爲普遍，這一方面取决於朝廷無法兑現對於孝義之家的實際物質承諾，另一方面也與普通百姓家庭長時間、大家庭的供養能力有限相關。

周峰《金代王琳墓誌銘考釋》[2] 和《金代〈李立墓誌〉考釋》[3] 分別通過王琳和李立墓誌銘的記載，對金代富民家庭的經營之道、分家析産、財産繼承等問題進行了深入探討。作者認爲王琳家族以販鹽致富，在金代納粟補官政策中爲其子王訓捐得官職，實現了他由商賈到官員的身份轉變；李立則是彩帛商人，其家族也達到了由富民到富商的轉變。作者通過對墓誌銘文中相關記載，關注了金代"賣官鬻爵"以及宋金戰争對普通民衆家庭的影響等問題，主張墓誌的出土不僅補充了史書記載的不足，更爲相關問題的研究提供了實物證據。

隨着墓誌出土的日益增多，通過墓誌記載研究當地民族與社會問題，也爲墓誌的研究提供了一個新的方向，相關成果也不斷涌現。王清林、周宇《石景山八角村金趙勵墓墓誌與壁畫》[4] 對趙勵墓誌和壁畫進行了介紹和探討，認爲該壁畫是少數民族與漢族文化融合進程的真實寫照。王新英《從石刻看金代佛教信仰》[5] 通過對金代石刻記述內容的考察，總結出金代佛教信仰群體涉及的社會階層與民族較廣、人數較多，由於僧俗在信仰方式上具有共同性和易操作性，造成金代佛教信徒與世俗家庭聯繫密切。

四　以金代墓誌本身爲對象的研究

墓誌不僅是考察墓主家族的重要資料，由於其部分内容涉及當時社會風尚與社會變革，還以墓誌補證史書，更有助於對當時社會狀況進行全面的系統研究。

---

[1]　劉曉飛：《金代漢族同居共財大家庭——以碑銘墓誌爲中心的考察》，《蘭臺世界》2015 年第 36 期。
[2]　周峰：《金代王琳墓誌銘考釋》，《黑龍江社會科學》2018 年第 1 期。
[3]　周峰：《金代〈李立墓誌〉考釋》，《遼金歷史與考古》第 10 輯，科學出版社，2019 年。
[4]　王清林、周宇：《石景山八角村金趙勵墓墓誌與壁畫》，《北京文物與考古》第 5 輯，民族出版社，2002 年。
[5]　王新英：《從石刻看金代佛教信仰》，《東北史地》2010 年第 1 期。

（一）墓誌銘文補證或印證史書記載

劉蕭勇《金代窩魯歡墓誌所記史事考探》①將墓誌與史書記載相結合，對墓主完顏宗雋（女真名窩魯歡）的死因進行分析，通過對其女妙行大師賜紫尼的考察，推斷出完顏皇族有女子出家現象，補充《金史》對貴族女性出家記載的缺失。周峰《金代黃斡窩魯不墓誌考釋》②考證了女真貴族《黃斡窩魯不墓誌》涉及的金代女真人的遷徙、金宋戰爭等問題，認爲誌文的記載直接反映了戰爭等變動對社會的影響，也補充了史書相關記載内容。

高士英的《朔州出土金代墓誌》③和周峰《從朔州出土金代李汝爲墓誌談正隆年號問題》④均以李汝爲墓誌爲研究對象，重點解決金代海陵王的年號問題。高士英認爲海陵王的正隆年號應從甲戌年開始，比現今通行的歷史年表記載早了二年，比《金史》的年代記載多了一年。周峰則指出墓誌中所稱之"正隆"是海陵被廢後，出於避諱的考量，以年號作爲他的代稱，并非指"正隆"年間的事件。

金朝是少數民族建立的政權，其與南宋、西夏間的和戰貫穿整個時代。對此，部分墓誌銘文中也有所提及。一些學者也通過墓誌銘文的相關記載，對金宋、金夏戰爭進行研究。黨斌《金代墓葬、墓誌與陝西社會考述》⑤通過陝西境内歷年來發現的金代墓葬和墓誌，對金朝在陝西的轄區以及陝西金代墓葬和墓誌的區域性特徵等問題進行論述，指出作爲宋、金、夏三國分界的今陝西省的墓葬和墓誌記述的戰爭及相關内容，對於研究金朝對陝西的統治以及陝西境内宋朝遺民對金朝的態度變化等問題有着重要的意義。王鋒均、翟春玲《金〈周論墓誌〉考證》⑥綜合分析了墓主周論任職北宋時期經歷的罷廢武舉、平定終南縣張宗之亂、宋金長城之戰及其降金後經歷的熙宗賑濟陝西，以及窩斡兵革等眾多歷史事件。伊葆力、楊衛東《金初〈王宗孟墓誌〉考》⑦立足於誌主王宗孟的科舉經歷，還原了北宋一些士人在王安石變法中的遭遇，及當時文人對"王氏之學"和科舉改革的反感，展現宋金相交

---

① 劉蕭勇：《金代窩魯歡墓誌所記史事考探》，《社會科學輯刊》1996 年第 3 期。
② 周峰：《金代黃斡窩魯不墓誌考釋》，《遼金歷史與考古》第 11 輯，科學出版社，2020 年。
③ 高士英：《朔州出土金代墓誌》，《考古與文物》2001 年第 2 期。
④ 周峰：《從朔州出土金代李汝爲墓誌談正隆年號問題》，《考古與文物》2003 年第 1 期。
⑤ 黨斌：《金代墓葬、墓誌與陝西社會考述》，《古籍整理研究學刊》2016 年第 5 期。
⑥ 王鋒均、翟春玲：《金〈周論墓誌〉考證》，《碑林集刊》第 9 輯，陝西人民出版社，2003 年。
⑦ 伊葆力、楊衛東：《金初〈王宗孟墓誌〉考》，《文物春秋》2012 年第 5 期。

之初，士人的心態變化。孫學瑞《金代張溫夫婦墓誌及相關問題》①在介紹張溫及其妻智氏墓誌銘文內容及發現情況之後，重點對墓誌所載張溫替堂兄從軍及其在宋金戰爭中被俘、紹興和議後遣返經歷進行考論，證明了張溫在被俘後接受了道教信仰，返金後不僅出資捐建道館，更在死後將家族墓地選在道觀。作者還通過對智氏墓誌附帶的買地券內容的考察，探討了金代土地兼并情況。

陳瑋《金代漢文石刻所見金夏關係研究》②和《金人文集中石刻史料所見金夏關係考》③分別通過對包含墓誌在內的諸多類型的石刻銘文記載，考察了金夏關係問題。其中《金代漢文石刻所見金夏關係研究》一文根據出土的《楊瓌神道碑》《法門寺天眷元年碑》《完顏婁室神道碑》《香林寺屯兵洞題記》《完顏希尹神道碑》《金、西夏界壕碑》《韓景□神道碑》《石宗璧墓誌銘》等金代漢文石刻記載，考證了金夏間的外交、戰爭和邊界交涉等內容，指出戰爭貫穿金夏兩國關係的始終。相比之下，《金人文集中石刻史料所見金夏關係考》則通過對金人文集中收錄的神道碑、墓誌銘對金夏間外交與戰爭的記述，系統研究了金代的外交禮儀制度、西夏在金代外交中的地位以及金代末年防禦西夏的軍事運作等問題，證明金朝在與西夏進行外交通聘時遵循禮儀，體現了禮儀之邦的大國風範。周峰《金代郭周墓誌銘考釋》④主張金朝耆老授官是根據皇帝旨意不定期進行，其對象是國內七十歲以上的男性國民。此外，作者還根據墓誌銘文記載考證了西夏侵擾引發的金朝移民問題，補充了《金史》中相關記載的不足。

（二）對墓誌內容、形制的研究

自趙超先生開始，一些學者開始將研究的關注點由墓誌銘文轉向了墓誌本身，并致力於對墓誌銘文的補充，以及對墓誌文字與形制的考察。王玉亭《〈遼末金初齊堯舉夫婦墓誌〉校補》⑤通過對《光祿大夫齊公汝南郡夫人石氏墓誌銘》所載史實的考證，認爲墓主生活於遼末金初，男主人名齊□臣，字堯舉；女主人是五代石敬瑭七世孫石氏，并指出按照墓誌慣例，該墓誌可以命名爲《齊堯舉夫婦墓誌銘》。

---

① 孫學瑞：《金代張溫夫婦墓誌及相關問題》，《山西省考古學會論文集》，山西古籍出版社，1992 年。
② 陳瑋：《金代漢文石刻所見金夏關係研究》，《北方文物》2014 年第 4 期。
③ 陳瑋：《金人文集中石刻史料所見金夏關係考》，《古籍整理研究學刊》2013 年第 3 期。
④ 周峰：《金代郭周墓誌銘考釋》，《北方文物》2018 年第 2 期。
⑤ 王玉亭：《〈遼末金初齊堯舉夫婦墓誌〉校補》，《遼寧省博物館館刊》，遼海出版社，2011 年。

李忠魁《〈清河郡君牛氏墓誌銘〉考釋》①對《清河郡君牛氏墓誌》涉及的牛氏名諱、籍貫及其父、夫官職等問題進行了論説，進而指出墓誌所載之誤，即墓主逝世時應爲三十歲、牛氏封號應爲縣君、牛氏之母封號應爲郡太君。倪彬的《金代張守仁墓誌考》②對金代張守仁墓誌中的名物制度做了考證，提出墓誌撰者官職的"朝奉大夫"應爲"朝列大夫"。之外，文章又將墓誌與文獻相結合，探討了漢人簽軍的境遇問題。

王新英《金代墓誌等級制度研究——以出土墓誌爲中心》③通過對出土的 73 例金代墓誌形制和規格以及墓主身份的考察，厘清了金朝品官與非品官者墓誌使用情況，認爲"非官不誌"的禁忌在金代已被打破，并得到了社會的廣泛認可，墓誌開始在僧道、平民等群體中得到廣泛使用。

墓誌的書法、文體問題，不僅反映了當時社會對於美的追求，也是古代少數民族政權漢化的重要標志。金代墓誌書法問題的研究，也逐漸爲學者所關注。王守民《論金代墓誌書體、書風及其演變》④將金代墓誌置於遼金書法發展大背景下，總結了金代墓誌的分布規律、書風形成及書體創新等問題，并演繹了金代墓誌書法由尚奇險到含蓄蘊藉的審美觀轉變。張大鵬《關於金代書法的再認識——以墓誌、墓誌拓本材料爲中心》⑤通過對金代墓誌、墓誌拓本材料的梳理、對比和分析，闡述了金代書法風格的形成、創新、嬗變，以及金代書學觀與審美觀對書法産生的影響。胡平生《金代虞寅墓誌的"古文"蓋文》⑥認爲《山東高唐金代虞寅墓發掘簡報》⑦中墓誌蓋上"女真文篆字"是唐、宋時一度流行的"古文"，作者還將《古文四聲韻》中的"古文"與虞寅墓誌蓋文進行了對照，指出"古文"在先秦時代存在、流行過，後經西漢至唐宋，代有傳人，并没有真正消亡。

綜上可見，金代墓誌是研究金代歷史不可或缺的重要一手資料。由於墓誌大都刻有墓主的家世、官職及生平事迹，有的墓誌還刻有書寫者或刻工的姓名、官職、家世等相關情況，爲我們研究金代官制和社會提供了可靠的資料來源。前人研

① 李忠魁：《〈清河郡君牛氏墓誌銘〉考釋》，《黄河之聲》2014 年第 4 期。
② 倪彬：《金代張守仁墓誌考》，《文物春秋》2013 年第 3 期。
③ 王新英：《金代墓誌等級制度研究——以出土墓誌爲中心》，《蘭州學刊》2012 年第 1 期。
④ 王守民：《論金代墓誌書體、書風及其演變》，《中國書法》2018 年第 2 期。
⑤ 張大鵬：《關於金代書法的再認識——以墓誌、墓誌拓本材料爲中心》，《遼金歷史與考古》第 11 輯。
⑥ 胡平生：《金代虞寅墓誌的"古文"蓋文》，《文物》1983 年第 7 期。
⑦ 陳昆麟：《山東高唐金代虞寅墓發掘簡報》，《文物》1982 年第 1 期。

究多關注於墓誌的收集、整理，在研究上，多就單一墓誌或某一家族墓誌進行考證，尚未對全部金代墓誌銘文內容及其所記載的史實進行系統的梳理和研究。這種研究現狀，一方面爲後人對金代墓誌開展研究奠定了基石，另一方面也爲繼續拓展墓誌研究提供了可能性和必要性。

元代墓誌著録與研究概論

黄志明　王力春

　　墓誌是中國古代喪葬禮俗和制度持續發展的産物。早在先秦時期，人們便在長幡上書寫墓主姓名等信息，用以標志墓主身份，是謂明旌。進入兩漢，隨着禮制的發展，以及石質材料的使用，畫像石題記、璽印、刑徒磚等都爲墓誌形成提供了形制和内容來源。魏晋南北朝以來，墓誌逐漸定型，并成爲貴族墓葬的重要内容之一。隋唐兩宋時期，墓誌使用達到鼎盛，不僅數量衆多，而且普及到社會的各個階層。到了元代，墓誌數量雖不及前代，但由於元代統治者實行多元文化政策，多民族文化交流和融合背景下，這一時期的墓誌在形制和内容上都形成了獨有的時代特色。更爲重要的是，作爲傳世文獻的補充，墓誌在元代政治、經濟、軍事、文化等研究領域發揮着重要史料作用。本文擬在前賢研究基礎上，全面梳理元代墓誌著録情况，系統分析元代墓誌研究現狀，以期於元代墓誌及相關問題研究有所裨益。

一　著録情况

　　從宏觀角度上來看，元代墓誌在古代典籍著録中主要有文集著録、方志著録、金石著録三種著録情况。

　　傳世文集是記録元代墓誌的重要載體。在衆多元人文集中，蘇天爵《元文類》[①]爲梳理文集所見元代墓誌提供了重要綫索。蘇天爵出生於書香門第，從政

---

① 蘇天爵：《元文類》，《四部叢刊》影印元至正二年（1342）杭州路西湖書院刊本。

三十四年，曾任職翰林院，少時師從吳澂、虞集、齊履謙等人，後又得馬祖常賞
識，與袁桷、宋本、歐陽玄等人交往甚密。蘇天爵自延祐元年（1314）始搜集時人
文章，前後二十年，於元順帝元統二年（1334）編成《元文類》，共七十卷，其中
墓誌、墓碣、墓表及神道碑共計十八卷，收録墓誌共計九十五種，數量爲元代文集
之最。《元文類》收録墓誌多爲元好問、吳澂、程鉅夫、虞集、元明善、姚燧、袁
桷、馬祖常、揭傒斯、歐陽玄、宋本、柳貫、盧摯、閻復、李源道、張養浩、王思
廉、楊奐、王惲、劉因、徐琰、鄧文原、王士熙、宋子貞、王磐、李謙、富珠哩
翀等人所撰，較爲系統地保留了當時名家撰誌，意義重大。在《元文類》之外，蘇
天爵還撰有《滋溪文稿》三十卷，①録有《馬祖常墓誌》《袁桷墓誌銘》《程杰墓誌
銘》等墓誌銘，多係蘇氏爲師友所作。《元文類》既保留了大量元代墓誌，又從側
面反映出蘇天爵交游情況。故此，蘇天爵友人文集對元代墓誌也多有著録，較爲重
要者如程鉅夫《雪樓集》、②安熙《安默庵先生文集》、③柳貫《柳待制文集》、④張養
浩《張文忠公文集》、⑤揭傒斯《文安集》⑥等，均可與《元文類》互校。除蘇天爵
及其友人之外，元代一些文集著録元代墓誌數量雖不及前者，但同樣值得重視，如
戴表元《剡源集》、⑦程端禮《畏齋集》、⑧程端學《積齋集》、⑨盧琦《圭峰集》、⑩汪
克寬《環谷集》、⑪危素《危太僕全集》、⑫貢師泰《玩齋集》、⑬戴良《九靈山房集》、⑭
魏初《青崖集》、⑮許有壬《圭塘小稿》、⑯楊維楨《東維子文集》、⑰陳樵《鹿皮子

①　蘇天爵：《滋溪文稿》，民國二十年（1931）天津徐氏刻本。
②　程鉅夫：《雪樓集》，清宣統二年（1910）刻本。
③　安熙：《安默庵先生文集》，清光緒五年（1879）定州王氏謙德堂。
④　柳貫：《柳待制文集》，民國十三年（1924）永康胡氏夢選樓刻本。
⑤　張養浩：《張文忠公文集》，元至正十四年（1354）刻本。
⑥　揭傒斯：《文安集》，民國五年（1916）南昌豫章書局刻本。
⑦　戴表元：《剡源集》，清道光二十年（1840）上海郁氏刻本。
⑧　程端禮：《畏齋集》，民國二十一年（1932）四明張氏約園刻本。
⑨　程端學：《積齋集》，民國二十一年（1932）四明張氏約園刻本。
⑩　盧琦：《圭峰集》，明萬曆三十七年（1609）莊毓慶等刻本。
⑪　汪克寬：《環谷集》，清康熙四十一年（1702）刻本。
⑫　危素：《危太僕全集》，民國三年（1914）劉氏嘉業堂刻本。
⑬　貢師泰：《玩齋集》，清乾隆四十年（1775）南湖書塾刻本。
⑭　戴良：《九靈山房集》，民國八年（1919）上海商務印書館影印本。
⑮　魏初：《青崖集》，民國二十三年（1934）上海商務印書館影印本。
⑯　許有壬：《圭塘小稿》，民國十四年（1925）河南官書局刻本。
⑰　楊維楨：《東維子文集》，民國十八年（1929）上海商務印書館影印本。

集》、① 鄧文原《巴西集》、② 方回《桐江集》③ 等文集所錄元代墓誌對元代墓誌乃至元代文學、禮俗、制度等各方面的研究提供重要的文本資料。進入明代，劉崧《槎翁文集》④ 錄有墓誌一卷，於元代人物多有涉及。胡廣《胡文穆公文集》⑤ 撰有墓表多篇，範圍可上溯至元代。此外，明代詩文集、史籍等對元代墓誌也有著錄，如貝瓊《清江詩文集》、⑥ 陳繼儒《逸民史》、⑦ 劉昌《中州名賢文表》、⑧ 朱珪《名蹟錄》⑨ 都存有元代墓誌。至清代，經籍志、藏書志等也錄有元代墓誌，數量較爲集中者如丁丙《善本書室藏書志》、⑩ 勞格《讀書雜識》、⑪ 孫詒讓《溫州經籍志》⑫ 等，不可忽視。

在文集之外，地方志也是記錄元代墓誌的重要載體。在學術研究中，地方志素有資政、教化及存史之功用。明代地方志中，成化年間修纂的《内鄉縣志》⑬ 與崇禎年間修撰的《嘉興縣志》，⑭ 分別錄有《元故□管相公墓銘》和《元故石泉散人墓表》，是較早記錄元代墓誌的地方志。到了清代，統治者愈加重視地方志的修纂，康熙至乾隆年間，爲纂修一統志，統治者下發詔令，促進了各地全面修志。各府及直隸州志經各省最高長官督撫監修及審查，各州縣志由各省學政負責，上至衙門官員，下至儒生，普遍參與其中。今見《（乾隆）歷城縣志》、⑮《（乾隆）玉田縣志》、⑯《（乾隆）江陵縣志》、⑰《（乾隆）宣化府志》、⑱《（嘉慶）鳳臺縣志》、⑲《（道光）重修

① 陳樵：《鹿皮子集》，清光緒元年（1875）永康胡氏退補齋刻本。
② 鄧文原：《巴西集》，清光緒二十五年（1899）刻本。
③ 方回：《桐江集》，民國二十四年（1935）上海商務印書館影印本。
④ 劉崧：《槎翁文集》，明嘉靖元年（1522）徐冠刻本。
⑤ 胡廣：《胡文穆公文集》，清乾隆十五年（1750）胡張書刻本。
⑥ 貝瓊：《清江詩文集》，民國八年（1919）上海商務印書館四部叢刊景明洪武刻本。
⑦ 陳繼儒：《逸民史》，明萬曆三十一年（1603）刻本。
⑧ 劉昌：《中州名賢文表》，清康熙四十五年（1706）高山堂刻本。
⑨ 朱珪：《名蹟錄》，清乾隆年間（1736~1796）抄本。
⑩ 丁丙：《善本書室藏書志》，清光緒二十七年（1901）錢塘丁氏刻本。
⑪ 勞格：《讀書雜識》，清光緒四年（1878）吳興丁氏刻本。
⑫ 孫詒讓：《溫州經籍志》，民國十年（1921）浙江公立圖書館刻本。
⑬ 胡匡纂修《（成化）内鄉縣志》，明成化二十一年（1485）刻本。
⑭ 羅炌修，黃承昊纂《（崇禎）嘉興縣志》，明崇禎十年（1637）刻本。
⑮ 胡德琳修，李文藻等纂《（乾隆）歷城縣志》，清乾隆三十八年（1773）刻本。
⑯ 謝客纂修《（乾隆）玉田縣志》，清乾隆二十一年（1756）刻本。
⑰ 崔龍見修，黃義尊纂《（乾隆）江陵縣志》，清乾隆五十九年（1794）刻本。
⑱ 王者輔修，張志奇續修《（乾隆）宣化府志》，清乾隆二十二年（1757）重刊本。
⑲ 李兆洛纂修《（嘉慶）鳳臺縣志》，清嘉慶十九年（1814）刻本。

涇陽縣志》、①《（同治）臨邑縣志》、②《（光緒）遵化通志》、③《（光緒）定興縣志》、④
《（光緒）宜陽縣志》、⑤《（光緒）續纂句容縣志》、⑥《（光緒）重修曲陽縣志》、⑦《（光緒）益都縣圖志》⑧等多種方志均録有元代墓誌。民國時期，修志的風氣依舊盛行，《台州府志》、⑨《平陽縣志》、⑩《大名縣志》、⑪《東平縣志》、⑫《霸縣新志》⑬等多種地方志都值得重視。

　　早在南宋時期，碑刻已成爲地方志的重要内容之一。地方金石志與地方志雖屬不同類别，但兩者間有錯綜複雜的關係，淵源甚密，地方金石志往往承襲金石志的著録傳統，地方志也常常撰有金石志一卷或數卷，二者相互獨立，互有借鑒，相互補充。地方志的金石部分亦可單獨輯出成爲地方金石志，如法偉堂《益都金石志》爲《益都縣圖志》金石部分之三卷。乾隆三十五年（1770）至四十八年間，畢沅歷任陝西按察使、陝西巡撫等要職，足迹遍布三秦各縣，對陝西地區的金石進行了系統的搜集整理，并於乾隆四十七年（1782）編纂了《關中金石記》八卷。⑭該書收録山西地區秦至元代金石797種，涉及大量元代墓誌，遠超朱楓《雍州金石記》⑮所録金石數量，爲陝西金石學研究提供了寶貴資料。乾隆五十年（1785），畢沅調任河南巡撫，組織幕僚，遍訪河南地區金石碑刻，與洪亮吉、錢泳、武億等人系統整理、考證所見碑石，編撰成《中州金石記》五卷。⑯《關中金石記》與《中州金石記》都著録了元代墓誌，前者數量多於後者。地方長官重視地方金石整理研究，并非畢沅個例。光緒年間，胡聘之任山西巡撫，總理山西政務，廣羅各州

---

① 胡元焕修，蔣相南纂《（道光）重修涇陽縣志》，清道光二十二年（1842）刻本。
② 沈淮修，陳鴻翽續修《（同治）臨邑縣志》，清同治十三年（1874）續補刻本。
③ 何崧泰修，史樸纂《（光緒）遵化通志》，清光緒十二年（1886）刻本。
④ 張主敬修，楊晨纂《（光緒）定興縣志》，清光緒十六年（1890）刊本。
⑤ 謝應起修，劉占卿纂《（光緒）宜陽縣志》，清光緒七年（1881）刊本。
⑥ 張紹棠修，蕭穆纂《（光緒）續纂句容縣志》，清光緒年間（1875~1908）刊本。
⑦ 周斯億修，董濤纂《（光緒）重修曲陽縣志》，清光緒三十年（1904）刻本。
⑧ 張承燮修，法偉堂纂《（光緒）益都縣圖志》，清光緒三十三年（1907）刻本。
⑨ 喻長霖修，柯華威纂《台州府志》，民國二十五年（1936）鉛印本。
⑩ 符璋修纂《平陽縣志》，民國十四年（1925）鉛印本。
⑪ 程廷恒修《大名縣志》，民國二十三年（1934）鉛印本。
⑫ 張志熙修，劉靖宇纂《東平縣志》，民國二十五年（1936）鉛印本。
⑬ 張仁蠡修，劉崇本纂《霸縣新志》，民國二十三年（1934）鉛印本。
⑭ 畢沅:《關中金石記》，清光緒三十四年（1908）渭南嚴氏刻本。
⑮ 朱楓:《雍州金石記》，清乾隆二十四年（1759）刻本。
⑯ 畢沅:《中州金石記》，清乾隆四十六年（1781）經訓堂刻本。

縣之碑刻，每一篇已，必加考核，後又寄與繆荃孫覆加厘訂，遂成《山右石刻叢編》四十卷。[①] 該書以年代爲順序，收録北魏至元代山西地區石刻 720 通，其中元代 277 通。《山右石刻叢編》彌補了夏寶晋《山右金石録》、[②] 楊篤《山右金石記》[③]著録之不足，是清代山西地區石刻收録最多、考證最詳的石刻學著作，也是古代山西地區金石著作中收録元代墓誌最多的金石著作，其重要性不言而喻。乾隆年間，阮元擔任山東學政，開始編撰《山左金石志》。[④] 阮元走訪各府縣府庫，搜訪摹拓，後又組織幕友編撰，得到武億、趙魏、段松苓等金石學家相助，遂成是書，録有一千餘種山東地區歷代石刻與器物，元代墓誌多有涉及。後阮元調任浙江，先後擔任浙江學政和浙江巡撫，在任期間，廣羅兩浙金石，并於嘉慶年間編成《兩浙金石志》，[⑤] 所録元代墓誌略少於《山左金石志》。此外，江蘇通志局《江蘇金石志》、[⑥] 張仲炘《湖北通志》、[⑦] 沈濤《常山貞石志》、[⑧] 徐乃昌《安徽通志金石古物考稿》、[⑨] 牛誠修《定襄金石考》、[⑩] 段松苓《益都金石記》、[⑪] 李文田《和林金石録》、[⑫]戴咸弼《東甌金石志》、[⑬] 杜春生《越中金石記》、[⑭] 黃瑞《台州金石録》、[⑮] 馮登府《閩中金石志》、[⑯] 李遇孫《括蒼金石志》、[⑰]《續括蒼金石志》、[⑱] 武億《偃師金石遺文記》、[⑲] 武億、趙希璜《安陽縣金石録》、[⑳] 李嘉績《汧陽述古編》、[㉑] 熊象階《濬縣金

---

① 　胡聘之：《山右石刻叢編》，清光緒二十七年（1901）刻本。

② 　夏寶晋：《山右金石録》，清光緒八年（1882）歸安石氏刻本。

③ 　楊篤：《山右金石記》，清光緒十五年（1889）《山西通志》單行本。

④ 　畢沅、阮元：《山左金石志》，清嘉慶二年（1797）儀徵阮氏小琅環仙館刻本。

⑤ 　阮元：《兩浙金石志》，清光緒十六年（1890）浙江書局刻本。

⑥ 　江蘇通志局：《江蘇金石志》，民國十六年（1927）石印本。

⑦ 　張仲炘：《湖北通志》，民國十年（1921）刻本。

⑧ 　沈濤：《常山貞石志》，清道光二十二年（1842）刻本。

⑨ 　徐乃昌：《安徽通志金石古物考稿》，民國二十三年（1934）安徽通志館石印本。

⑩ 　牛誠修：《定襄金石考》，民國二十一年（1932）雪華館刻本。

⑪ 　段松苓：《益都金石記》，清光緒九年（1883）刻本。

⑫ 　李文田：《和林金石録》，清光緒二十三年（1897）元和江氏湖南使院刻本。

⑬ 　戴咸弼：《東甌金石志》，清光緒二十五年（1899）石印本。

⑭ 　杜春生：《越中金石記》，清道光三年（1823）刻本。

⑮ 　黃瑞：《台州金石録》，民國三年（1914）吳興劉氏嘉業堂刻本。

⑯ 　馮登府：《閩中金石志》，民國十六年（1927）吳興劉氏希古樓刻本。

⑰ 　李遇孫：《括蒼金石志》，清光緒元年（1875）浙江處州府刻本。

⑱ 　李遇孫：《續括蒼金石志》，清光緒元年（1875）浙江處州府刻本。

⑲ 　武億：《偃師金石遺文記》，清乾隆五十三年（1788）小石山房刻本。

⑳ 　武億、趙希璜：《安陽縣金石録》，清嘉慶二十四年（1819）鐵嶺貴泰刻本。

㉑ 　李嘉績：《汧陽述古編》，清光緒十五年（1889）青門李氏刻本。

石録》，① 羅振玉《淮陰金石僅存録》，②《山左冢墓遺文》，③《廣陵冢墓遺文》，④《吳
中冢墓遺文》⑤ 等金石志或地方志之金石卷也録有元代墓誌，爲新中國成立後各地
文物志、地方志整理奠定了重要的基礎。

　　地方金石著録往往伴隨訪碑活動進行，尤其清代，訪碑活動備受學界重視。
實際上，早在明代，訪碑活動遍已經開展。明代趙崡常携拓工外出訪拓碑文，與好
友互贈碑拓，所撰《石墨鎸華》⑥ 即録有《元趙孟頫裕公和尚碑》等元代墓碑。清
初金石學承續了明末文人的訪碑傳統，且風氣愈加盛行，顧炎武等金石學家亦重視
訪碑。訪碑、拓碑與鬻拓活動往往相互伴隨，越來越多的拓片通過市場流通，爲
當時金石學家所收藏，大量的金石目録、題跋等也隨之産生。如黃本驥《古誌石
華》，⑦ 李光暎《觀妙齋藏金石文考略》，⑧ 錢大昕《潛研堂金石文跋尾》，⑨ 端方《陶
齋藏石記》，⑩ 朱士端《宜禄堂金石記》，⑪ 丁紹基《求是齋碑跋》，⑫ 范壽銘《循園金
石文字跋尾》，⑬ 朱彝尊《金石文字跋尾》，⑭ 武億《金石三跋》，⑮ 王昶《金石萃編》，⑯
《金石萃編未刻稿》，⑰ 方履籛《金石萃編補正》，⑱ 羅振玉《雪堂金石文字跋尾》⑲ 等
均著録有元代墓誌。值得關注的是，民國時期，楊殿珣編《石刻題跋索引》，⑳ 廣羅
金石著録所載先秦至元代石刻，門類豐富，詳徵博引，涉及金石文獻近 150 種，涉
及大量元代墓誌，檢索頗爲方便，是一部重要的題跋目録。但是，《石刻題跋索引》

① 　熊象階：《濬縣金石録》，清嘉慶七年（1802）河南濬縣縣署刻本。
② 　羅振玉：《淮陰金石僅存録》，清光緒十八年（1892）鉛印本。
③ 　羅振玉：《山左冢墓遺文》，民國上虞羅氏刻本。
④ 　羅振玉：《廣陵冢墓遺文》，民國上虞羅氏刻本。
⑤ 　羅振玉：《吳中冢墓遺文》，民國上虞羅氏刻本。
⑥ 　趙崡：《石墨鎸華》，民國二十四年（1935）西京克興印書館鉛印本。
⑦ 　黃本驥：《古誌石華》，清道光二十七年（1847）三長物齋刻本。
⑧ 　李光暎：《觀妙齋藏金石文考略》，清雍正七年（1729）刻本。
⑨ 　錢大昕：《潛研堂金石文跋尾》，清光緒十年（1884）長沙龍氏刻本。
⑩ 　端方：《陶齋藏石記》，清宣統元年（1909）石印本。
⑪ 　朱士端：《宜禄堂金石記》，吉金樂石山房刻本。
⑫ 　丁紹基：《求是齋碑跋》，民國五年（1916）吳興張氏刻本。
⑬ 　范壽銘：《循園金石文字跋尾》，民國十二年（1923）顧氏金佳石好樓石印本。
⑭ 　朱彝尊：《金石文字跋尾》，民國五年（1916）南海黃氏刻本。
⑮ 　武億：《金石三跋》，清道光二十三年（1843）授堂刻本。
⑯ 　王昶：《金石萃編》，清光緒十九年（1893）上海醉六堂刻本。
⑰ 　王昶：《金石萃編未刻稿》，民國七年（1918）上虞羅氏影印本。
⑱ 　方履籛：《金石萃編補正》，清光緒二十年（1894）上海醉六堂石印本。
⑲ 　羅振玉：《雪堂金石文字跋尾》，民國九年（1920）貽安堂刻本。
⑳ 　楊殿珣：《石刻題跋索引（增訂本）》，商務印書館，1990 年。

元代墓誌著録部分也存在一些問題。如墓碑、塔銘與墓誌分類相對混雜，以及沿襲歷代金石著録品名，未加統一，致使一品多名的情況較爲普遍。

新中國成立後，文博事業發展迅猛，極大地推動了出土文獻的整理和研究。其中，元代墓誌在目録著録、圖版著録、釋文著録等方爲都取得了較爲豐碩的成果。

首先，目録著録方面。北京大學圖書館、中國臺灣傅斯年圖書館等機構所藏拓本已有編目刊行。毛漢光《中央研究院歷史語言研究所藏歷代墓誌銘拓片目録》、[①]《中央研究院歷史語言研究所藏歷代碑誌銘塔誌銘雜誌銘拓片目録》，[②] 對傅斯年圖書館藏歷代墓誌、碑誌、塔銘等拓本資料進行分類和編目，雖以唐代爲大宗，但也兼顧元代及元代以後墓誌，并撰有索引。比較之下，洪金富《元代石刻拓本目録》[③] 專收元代石刻拓本，其中包括大量墓誌。該書所收拓本依照年代排序，兼收無紀年碑刻，并附有索引。在具體編目方面録有名稱、朝代、尺寸、書體、出處及拓片縮印圖，頗爲完備。其中，元代墓誌 104 種，涉及墓誌銘、塔銘、神道碑、墓表、壙誌等種類。近年出版的《北京大學圖書館藏歷代墓誌拓片目録》[④] 是一部編纂嚴謹、體例精善的拓本目録，每種墓誌拓本的誌題、誌蓋、撰書者、出土地點、收藏機構、墓誌行款等均有詳細標注，其中有元代墓誌 93 種，可與洪金富《元代石刻拓本目録》互補。

在收藏機構編目之外，學者搜集散見墓誌信息，也有墓誌目録刊行，其中比較有代表性的榮麗華《1949—1989 四十年出土墓誌目録》。[⑤] 該書根據《文物》《考古》《考古學報》《考古與文物》《北京市出土墓誌目録》《江西歷史文物》《貴州墓誌選集》著録信息，收録新中國成立後出土墓誌材料，其中元代新出墓誌 60 種，并標注《元史》《新元史》的傳記情況。該書較爲系統地梳理出新中國成立後元代墓誌的出土情況：華東地區，江西 14 種，江蘇 7 種，上海 6 種，山東 3 種，安徽 2 種，浙江 1 種；華北地區，北京 3 種，山西 3 種，河北 2 種；西北地區，陝西 6 種，甘肅 4 種；西南地區，四川 2 種，重慶 1 種，貴州 1 種，雲南 1 種；華中地區，河

① 毛漢光：《中央研究院歷史語言研究所藏歷代墓誌銘拓片目録》，中研院歷史語言研究所，1984 年。
② 毛漢光：《中央研究院歷史語言研究所藏歷代碑誌銘塔誌銘雜誌銘拓片目録》，中研院歷史語言研究所，1987 年。
③ 洪金富：《元代石刻拓本目録》，中研院歷史語言研究所，2017 年。
④ 北京大學圖書館金石組，胡海帆、湯燕、陶誠：《北京大學圖書館藏歷代墓誌拓片目録》，上海古籍出版社，2013 年。
⑤ 榮麗華：《1949—1989 四十年出土墓誌目録》，中華書局，1993 年，第 282~300 頁。

南 2 種。衆多目録資料中，陸峻嶺《元人文集篇目分類索引》①同樣值得關注，該書包含元人 170 種文集中有關石刻的篇目，涉及不少墓誌類石刻，可與蘇天爵《元文類》相互參考。其餘地區石刻目録，所收元代墓誌數量有限，故不列舉。

其次，圖版著録方面。首先需要介紹的是《北京圖書館藏中國歷代石刻拓本滙編》。②北京圖書館收藏歷代石刻拓本十萬餘件，石刻四萬餘種，元代墓誌所占比例較小，著録元代石刻拓片 439 種，其中墓誌 48 種。此外，《中國西北地區歷代石刻彙編》③也是一部重要的圖録資料，彙集了一千六百多種西北地區的石刻拓本，録有《劉章墓碣》《胡全墓誌》《璨和尚塔》《馮士安壙記》《馮祐墓誌》《莫簡墓誌》六種西北地區元代墓誌拓片，數量相對有限。同樣，《中國西南地區歷代石刻彙編》④也録有《楊俊墓誌》等少量元代墓誌。除了上舉大宗圖録資料外，部分地方省市的圖録資料同樣值得重視，如北京地區《北京元代史迹圖志》、⑤《北京遼金元拓片集》⑥也是元代墓誌重要的圖録資料。

部分墓誌圖録還附帶墓誌釋文，受到學界普遍歡迎，由國家文物局總體規劃指導，全國各地文博單位共同編纂的《新中國出土墓誌》就是其中代表性著作。該叢書搜集并整理了新中國成立以來全國各省市新出墓誌，體例儼然，圖版清晰，釋文相對準確，是研究新中國成立以來各地區新出墓誌的重要資料。其中，僅有重慶卷等少數篇卷未録元代墓誌外，其餘北京、河北、河南、陝西、江蘇等篇卷都録有元代墓誌，數量較爲可觀。僅一地區而言，樊波主編《陝西出土蒙元時期墓誌》⑦值得一説。該書共收録陝西地區出土的墓誌、塔銘及買地券等石刻資料，共計 89 種。除了《劉元亨墓誌》和《劉惟德墓誌》無刊刻時間外，其餘 87 種石刻悉録有明確紀年。每一種石刻簡要記録刊刻時間、出土時地等基本信息同時，還録有圖版和釋文，爲研究陝西蒙元時期歷史文化提供了翔實可靠第一手資料，值得其他地區借鑒。此外，《考古》《文物》《考古與文物》《中國考古學年鑒》等學術刊物刊發的元代墓誌，也圖文并茂，附有考證研究，也值得關注。

---

① 陸峻嶺：《元人文集篇目分類索引》，中華書局，1979 年。
② 北京圖書館金石組：《北京圖書館藏中國歷代石刻拓本滙編》，中州古籍出版社，1989~1991 年。
③ 趙平：《中國西北地區歷代石刻彙編》，天津古籍出版社，2000 年。
④ 重慶市博物館：《中國西南地區歷代石刻彙編》，天津古籍出版社，1998 年。
⑤ 齊心：《北京元代史迹圖志》，北京燕山出版社，2009 年。
⑥ 北京遼金城垣博物館：《北京遼金元拓片集》，北京燕山出版社，2012 年。
⑦ 樊波：《陝西出土蒙元時期墓誌》，陝西人民美術出版社，2021 年。

最後，釋文著録方面。墓誌釋文是石刻整理方式之一，也爲學術研究提供重要史料，歷來爲學界所重視。但略爲遺憾的是，相比其他朝代墓誌釋文整理研究，元代墓誌系統整理工作稍顯滯後，尚未出現全域性的元代墓誌彙編。下面選擇一些元代墓誌釋文整理代表性著述進行介紹，首先是李修生主編《全元文》，[①]該書系統收羅歷代研究成果和考古發現，承襲嚴可均《全上古三代秦漢三國六朝文》體例，收録了大量元代墓誌，尤爲重要。然而，因其工程浩大，難以面面俱到，故存在一些紕漏，羅振玉《山左冢墓遺文》、黃本驥《古誌石華》、杜春生《越中金石記》及榮麗華《1949—1989 四十年出土墓誌目録》等傳世典籍或新出墓誌整理成果未全面關注，因此該書對元代墓誌的整理出現漏收、重收和誤收的情況，牛貴琥、李潤民、張立敏、劉洪強、潘榮生、崔瑞萍、邵麗光、趙鵬翔、譚平、李成晴、蘇成愛、王開春、楊紹固、李中耀、陳開林、都劉平等多位學者予以訂補。[②]其次，各個地區近些年石刻整理成果頗爲豐碩，對元代墓誌多有收録。以浙江地區爲例，鄭嘉勵、梁曉華《麗水宋元墓誌集録》[③]收録浙江麗水地區出土的墓誌銘文一百餘件，每件墓誌均配有拓片和釋文，是研究浙江麗水宋元時期歷史的重要史料。章國慶《寧波歷代碑碣墓誌彙編·唐五代宋元卷》[④]收録寧波唐代至元代碑碣墓誌 266 種，是研究寧波歷史文化的重要資料。嘉興市文化廣電新聞出版局編《嘉興歷代碑刻

① 李修生：《全元文》，江蘇古籍出版社，1999 年。

② 參見牛貴琥、李潤民《〈全元文〉補遺二篇》，《山西大學學報》（哲學社會科學版）2008 年第 1 期；李潤民、牛貴琥：《〈全元文〉補遺三篇》，《山西大同大學學報》（社會科學版）2010 年第 2 期；張立敏：《〈全元文〉誤收重收三則》，《淮南師範學院學報》2008 年第 1 期；劉洪強：《〈全元文〉補目 160 篇》，《古籍整理研究學刊》2009 年第 3 期；潘榮生：《〈全元文〉諸失補罅》，《古籍整理學刊》2010 年第 1 期；崔瑞萍：《〈全元文〉失收墓誌七篇補遺》，《古籍整理學刊》2011 年第 1 期；邵麗光：《〈全元文〉補遺兩篇》，《古籍整理學刊》2012 年第 3 期；趙鵬翔：《〈全元文〉補遺四篇》，《語文知識》2013 年第 2 期；譚平：《〈全元文〉補遺四篇》，《重慶科技學院學報》（社會科學版）2013 年第 5 期；李成晴：《〈全元文〉補遺 12 篇》，《殷都學刊》2014 年第 3 期；蘇成愛：《〈述善集〉所見元文及其作者考略——〈全元文〉補目 23 篇》，《學理論》2015 年第 23 期；王開春：《〈全元文〉漏收申屠□其人及文考》，《古籍研究》2016 年第 1 期；楊紹固、李中耀：《〈全元文〉佚文二十八篇輯考——元代高昌籍偰氏、廉氏家族相關佚文輯考》，《古籍整理學刊》2016 年第 2 期；陳開林：《〈皕宋樓藏書志〉的輯佚價值——〈全元文〉佚文補目 166 篇》，《湖州師範學院學報》2016 年第 1 期；陳開林：《〈全元文〉失收鄭東佚文二十篇輯補》，《重慶第二師範學院學報》2016 年第 2 期；陳開林：《〈全元文〉漏收盧熊佚文十八篇輯補》，《楚雄師範學院學報》2016 年第 7 期；陳開林：《〈全元文〉補遺十二篇——基於陳櫟〈定宇集〉的考察》，《宜賓學院學報》2017 年第 4 期；都劉平：《〈全元文〉輯補 11 篇》，《古籍整理學刊》2017 年第 5 期。

③ 浙江省文物考古研究所、麗水市博物館：《麗水宋元墓誌集録》，浙江古籍出版社，2013 年。

④ 章國慶：《寧波歷代碑碣墓誌彙編·唐五代宋元卷》，上海古籍出版社，2012 年。

集》①録有 255 種古代碑刻，不足之處則是舛訛較多。慈溪市文物管理委員會辦公室、寧波市江北區文物管理所編《慈溪碑碣墓誌彙編》②分爲唐至明代卷、清代民國卷，共收録唐代至民國時期慈溪地區存世碑碣墓誌 480 篇，按照時間順序排列，録有圖版和釋文。其中，圖版兼收文物圖像和碑刻拓片。厲祖浩則在《慈溪碑碣墓誌彙編》與《越窯瓷墓誌》③基礎上，編著《慈溪碑誌》，④收録慈溪歷代碑刻墓誌 273 種。傅毅强、鄭嘉勵《武義宋元墓誌集録》⑤收録武義縣境内新中國成立以來新出土出土宋元墓誌三十餘種，録有拓片和釋文。再次，山西地區。《三晋石刻大全》⑥所録元代墓誌最豐，陽泉市盂縣卷等多冊録有元代墓誌。《大同新出唐遼金元誌石新解》、⑦《平定碑刻文選》、⑧《晋城金石志》、⑨《沁州碑銘集》、⑩《臨汾歷代碑文選》、⑪《靈石碑刻全集》、⑫《汾陽縣金石類編》⑬等多部著作録有元代墓誌釋文。又次，江蘇地區。《南京文物志》、⑭《南京歷代碑刻集成》、⑮《揚州博物館藏唐宋元墓誌選輯》、⑯《太倉歷代碑刻》，⑰或著録新發現石刻，或精選館藏珍品，對元代墓誌多有涉及。此外，上海地區《元明清松江碑刻資料選編》，⑱河南地區《翰墨石影：河南省文史研究館館藏搨片精選》、⑲《安陽墓誌選編》，⑳四川地區《四川歷代碑刻》，㉑

---

① 嘉興市文化廣電新聞出版局：《嘉興歷代碑刻集》，群言出版社，2007 年。
② 慈溪市文物管理委員會辦公室、寧波市江北區文物管理所：《慈溪碑碣墓誌彙編》，浙江古籍出版社，2017 年。
③ 厲祖浩：《越窯瓷墓誌》，上海古籍出版社，2013 年。
④ 厲祖浩：《慈溪碑誌》，寧波出版社，2019 年。
⑤ 傅毅强、鄭嘉勵：《武義宋元墓誌集録》，浙江古籍出版社，2019 年。
⑥ 劉澤民、李玉明等：《三晋石刻大全》，三晋出版社，2009~2021 年。
⑦ 殷憲：《大同新出唐遼金元誌石新解》，三晋出版社，2012 年。
⑧ 李銘魁：《平定碑刻文選》，《平定文史資料》第 14 輯，2001 年。
⑨ 晋城市地方志叢書編委會：《晋城金石志》，海潮出版社，1995 年。
⑩ 梁曉光：《沁州碑銘集》，沁縣書法協會，2003 年。
⑪ 王汝雕、牛文山：《臨汾歷代碑文選》，延邊大學出版社，2005 年。
⑫ 景茂禮、劉秋根：《靈石碑刻全集》，河北大學出版社，2014 年。
⑬ 王堉昌：《汾陽縣金石類編》，山西古籍出版社，2000 年。
⑭ 南京市地方志編纂委員會：《南京文物志》，方志出版社，1997 年。
⑮ 南京市文化廣電新聞出版局：《南京歷代碑刻集成》，上海書畫出版社，2011 年。
⑯ 揚州博物館：《揚州博物館藏唐宋元墓誌選輯》，廣陵書社，2017 年。
⑰ 太倉博物館：《太倉歷代碑刻》，文物出版社，2016 年。
⑱ 黃阿明：《元明清松江碑刻資料選編》，上海辭書出版社，2021 年。
⑲ 李源河：《翰墨石影：河南省文史研究館館藏搨片精選》，廣陵書社，2003 年。
⑳ 安陽市文物考古研究所：《安陽墓誌選編》，科學出版社，2016 年。
㉑ 高文、高成剛：《四川歷代碑刻》，四川大學出版社，1990 年。

江西地區《江西出土墓誌選編》，^① 福建地區《廈門墓誌銘匯粹》、^②《泉州宗教石刻》，^③ 內蒙古地區《草原金石録》，^④ 河北地區《滿城歷代碑石刻輯録》，^⑤ 陝西地區《陝西碑石精華》、^⑥《西安碑林博物館新藏墓誌續編》、^⑦《咸陽市文物志》、^⑧《咸陽碑刻》、^⑨《户縣碑刻》、^⑩《高陵碑石》、^⑪《南鄭碑石校釋》，^⑫ 都是不同地區研究元代墓誌釋文的重要資料來源。

　　海外元代石刻文獻的整理與研究以日本爲代表。日本學者高橋繼男《中國石刻關係圖書目録（1949~2007）》^⑬ 和《中國石刻關係圖書目録（2008~2012 前半）稿》，^⑭ 是目前所見最完整收集中國石刻研究相關圖書目録的工具書。劉琳琳《近十年石刻研究文獻綜述（2004~2014）》^⑮ 在此基礎上，對 2004~2014 年的石刻研究文獻進行綜述，并整理石刻相關圖書目録，其中也包括對一些元代墓誌文獻研究的部分成果。此外，森田憲司《可見元代石刻拓影目録稿》、^⑯ 桂華淳祥《金元代石刻史料集：靈岩寺石刻》、^⑰ 京都大學《日本京都大學藏中國歷代碑刻文字拓本》^⑱ 等資料也爲元代墓誌的研究提供了重要材料。

① 陳柏泉：《江西出土墓誌選編》，江西教育出版社，1991 年。
② 何丙仲、吳鶴立：《廈門墓誌銘匯粹》，廈門大學出版社，2011 年。
③ 吳文良：《泉州宗教石刻》，科學出版社，1957 年。
④ 王大方、張文芳：《草原金石録》，文物出版社，2013 年。
⑤ 范福生：《滿城歷代碑石刻輯録》，河北教育出版社，2011 年。
⑥ 余華青、張廷皓：《陝西碑石精華》，三秦出版社，2006 年。
⑦ 西安碑林博物館：《西安碑林博物館新藏墓誌續編》，陝西師範大學出版社，2014 年。
⑧ 咸陽市文物事業管理局：《咸陽市文物志》，三秦出版社，2008 年。
⑨ 李慧、曹發展：《咸陽碑刻》，三秦出版社，2003 年。
⑩ 吳敏霞：《户縣碑刻》，三秦出版社，2005 年。
⑪ 董國柱：《高陵碑石》，三秦出版社，1993 年。
⑫ 王興成：《南鄭碑石校釋》，三秦出版社，2019 年。
⑬ 高橋繼男『中國石刻關係圖書目録（1949~2007）』汲古書院，2009 年。
⑭ 高橋繼男『中國石刻關係圖書目録（2008~2012 前半）稿』汲古書院、2013 年。
⑮ 劉琳琳：《近十年石刻研究文獻綜述（2004~2014）》，碩士學位論文，吉林大學，2015 年。
⑯ 森田憲司『可見元代石刻拓影目録稿』『奈良大學總合研究所所報』第 1-20 輯、2009-2012 年。
⑰ 桂華淳祥「金元代石刻史料集——靈岩寺石刻」『大谷大學真宗總合研究所研究紀要』第 32 輯、2006 年。
⑱ 日本京都大學藏中國歷代碑刻文字拓本編委會：《日本京都大學藏中國歷代碑刻文字拓本》，新疆美術出版社，2015 年。

二　研究現狀

就研究内容而言，墓誌研究通常分爲文獻研究和史實研究兩個維度：前者注重文獻學角度的墓誌目録、圖版、釋文、辨僞等，也就是上文介紹的内容；後者是基於墓誌所載史實的研究，并又可劃分出史料、史學、文化學等不同研究層次。下文根據研究内容及角度，分類總結元代墓誌及相關問題研究現狀。

（一）元代墓誌與《元史》研究

證史補史是出土文獻的重要功用，也是元代墓誌研究最常見視角之一。歷代金石學家尤其重視墓誌史料價值，相關著録多見於金石題跋，如前文所言朱彝尊、武億、王昶、羅振玉等人著作中習見史誌互證個例。

近些年，學者利用元代墓誌來校勘《元史》，取得一系列成果。比如楊曉春《讀新中國出土元代墓誌校〈元史〉相關列傳》通過梳理新中國出土《鐵哥墓誌》《耶律鑄墓誌》《劉黑馬墓誌》《劉元振墓誌》《耶律禿滿答兒墓誌》《張弘範墓誌》《劉秉恕墓誌》《張弘綱墓誌》《賀仁傑墓誌》《曹元用墓誌》《賀勝墓誌》《陳孚墓誌》《合剌普華墓誌》《張宗演墓誌》等十四種墓誌，探討墓誌與《元史》本傳的關係，對傳世《元史》進行系列校勘和補正，爲《元史》點校本的編撰提供了思路和材料。[①] 不過，也要看到上述十四種墓誌所涉及的文獻資料相對有限，未能將新出土元代墓誌悉數收録。如 1998 年出土於河北滿城的《張弘略墓誌》，《元史》存在相關傳記。查誌文内容，可確定墓誌爲《元史·張弘略傳》之史源，而張弘略生年、師承、任職順天等信息未見《元史》，可補史闕。[②] 同樣，傳世文獻中所載元代墓誌與《元史》互證，也值得重視。如《張珪墓誌銘》見於《元文類》《道園類稿》等傳世典籍，馬曉林通過比較、分析傳世文獻中的不同版本，結合元中後期政治背景，梳理出該墓誌銘文本的流傳情況，勾勒出張氏家族在元中後期的命運，認爲《元史·張珪傳》的史源是墓誌銘與元朝奏議檔案。[③] 相比誌主有傳案例，《元

① 楊曉春：《讀新中國出土元代墓誌校〈元史〉相關列傳》，《元史論叢》第 14 輯，天津古籍出版社，2014 年，第 357~366 頁。
② 河北省文物保護中心、保定市文物管理所、滿城縣文物管理所：《元代張弘略及夫人墓清理報告》，《文物春秋》2013 年第 5 期；張國旺：《元代張弘略事迹考略——以張弘略墓誌和神道碑銘爲中心》，《西北師大學報》（社會科學版）2014 年第 6 期。
③ 馬曉林：《〈張珪墓誌銘〉文本流傳研究——兼論〈元史·張珪傳〉的史源》，《中國典籍與文化》2011 年第 4 期。

史》無傳者墓誌數量更大，其補史價值同樣不可忽視。如1990年於洛陽東郊邙山南麓出土《賽因赤答忽墓誌》，誌主賽因赤答忽雖於《元史》無傳，但誌文與《元史·順帝紀》《元史·察罕帖木兒傳》《元史·孛羅帖木兒傳》《元史·搠思監傳》《元史·張禎傳》等所載史實相印證，爲元末紅巾軍起義研究提供了翔實史料。[①] 上述墓誌祇是元代墓誌證史、補史的案例，也是元代墓誌最常見的研究視角。

（二）元代墓誌與家族研究

墓誌記叙性特點及美化功用，決定了内容中多見墓主生平、世系、履歷、政績、家庭生活等重要信息，可以用來研究元代家族世系、社會群體等問題。

元代墓誌數量雖不及唐宋，但通過元代墓誌研究元代家族的成果頗豐。1998年北京頤和園出土的耶律鑄夫婦合葬墓是北京地區近年來發現的規模最大、等級最高的元代墓葬，也是研究耶律鑄及契丹皇族世系的重要史料。孫勐通過墓誌内容，結合《遼史》《金史》《元史》等資料，對耶律鑄及其家族世系、相關成員等問題加以考釋和探討。[②] 再如，1972~1979年甘肅省博物館和漳縣文化館發掘的元代汪世顯家族墓是目前國内考古發掘最集中且完整的元代家族墓地代表之一，該墓地規格較高，保存較好，遺迹遺物也相對豐富，發掘資料整理完備，爲研究汪世顯家族墓地的選址規律、墓葬排列原則、墓葬建築形制及墓内裝飾等基本史實奠定了基礎。發掘簡報一經公布，[③] 李興華、趙一兵、樊秋麗、許世娣、俄軍等學者通過研究分析汪世顯家族的族屬、家族遷徙流變、家族世系及其姻親關係等方面的問題。[④] 再如劉黑馬家族、蒙古酎温臺氏家族、河内許衡家族、關中段繼榮家族、高唐李處貞

---

① 趙振華：《元〈賽因赤答忽墓誌〉考》，《内蒙古社會科學》（文史哲版）1994年第2期；崔樹華：《讀〈賽因赤答忽墓誌〉所得》，《前沿》1994年第4期；王支援、張劍、劉富良：《元賽因赤答忽墓的發掘》，《文物》1996年第2期；葛根高娃：《元賽因赤答忽墓被發掘》，《内蒙古社會科學》（文史哲版）1996年第3期；張劍：《元賽因赤答忽墓誌史料價值考》，《河洛春秋》1997年第1期；羅火金：《元代賽因赤答忽墓誌考》，《文物世界》2004年第4期。

② 孫勐：《北京出土耶律鑄墓誌及其世系、家族成員考略》，《中國國家博物館館刊》2012年第3期。

③ 喬今同：《甘肅漳縣元代汪世顯家族墓葬——簡報之一》，《文物》1982年第2期；吳景山：《元代汪世顯家族碑誌資料輯録》，《西北民族研究》1999年第1期。

④ 李興華：《汪氏家族的源流與族屬》，《隴右文化論叢》第3輯，甘肅人民出版社，2008年；趙一兵：《元代鞏昌汪氏家族成員仕宦考論》，《元史及民族與邊疆研究集刊》第21輯，上海古籍出版社，2009年；趙一兵：《〈大元故銀青榮禄大夫大司徒汪公神道墓誌〉箋證》，《元史及民族與邊疆研究集刊》第22輯，上海古籍出版社，2010年；樊秋麗：《隴右汪氏家族興衰研究》，博士學位論文，蘭州大學，2011年；許世娣：《漳縣元代汪世顯家族墓研究》，碩士學位論文，鄭州大學，2015年；俄軍：《汪世顯家族墓出土文物研究》，甘肅人民美術出版社，2017年。

等家族，也有學者通過墓誌等史料進行研究。[①] 上舉諸例祇是元代墓誌與家族研究中比較有代表性的個案，且多集中於豪門望族。元代墓誌有貴族墓誌與平民墓誌之分，貴族墓誌比例較高。朝廷對墓誌也有相應的管理，如《政和五禮新儀》載非品官不得使用墓誌。[②] 當然，富有家資的地主也可以造有墓誌。金元時期喪葬制度繼承遼宋之制，高級官員往往既有墓碑，又有墓誌，低級官吏往往祇有墓誌，平民墓則多置買地券。因此，今見墓誌祇是元代墓誌的冰山一角，還有更多下級官吏及平民墓誌需要發現和研究。

墓誌除了可以研究家族世系之外，也適用於群體研究。如元代墓誌中不乏女性墓誌，利用墓誌女性研究社會地位、生活狀態以及宗教信仰等成果可參見李卓婭、張琰玲、孫穎慧、李凌禾芮等論述。[③] 元朝的統一促進了我國統一多民族國家的發展，結束了唐末以來南北長期對峙的局面，加強了邊疆地區和内地之間的聯繫，促進了民族融合。近些年來，翟麗萍、周峰、史金波、劉志月、任江、陳康、常瑩等學者藉助墓誌史料，對女真人、西夏人、唐兀人、高麗人等族群進行研究，都取得了可喜的成果。[④] 此外，元代墓誌涉及各個階層，亦可用於研究某些社會群體。以元代醫家爲例，在元代的職官編制中，醫官占有相當的分量，由醫官轉爲文官，在元代并非罕見，於是由儒而醫，由醫而仕，以致最終登上高品位置，是當時一條爲官的途徑。高偉《元代太醫院及醫官制度》《元代醫家入仕現象

---

① 陝西省考古研究院：《元代劉黑馬家族墓發掘報告》，《文物》2019 年第 5 期；柳煦：《元代漢人世侯劉黑馬家族研究》，碩士學位論文，暨南大學，2020 年；李舉綱、樊波：《蒙元時期漢軍世侯劉黑馬家族世系與婚姻新證》，《西部考古》2020 年第 1 期；朱建路：《元代蒙古酬温臺家族史事考》，《殷都學刊》2012 年第 2 期；索全星：《焦作市出土的二合元代墓誌略考》，《文物》1996 年第 3 期；陳瑋：《大蒙古國京兆總管府奏差提領段繼榮墓誌銘考釋》，《北方文物》2015 年第 3 期；裴一璞：《山東高唐出土元代宣使李處貞墓誌考釋》，《文物春秋》2020 年第 5 期。

② 鄭居中等：《政和五禮新儀》，民國二十四年（1935）上海商務印書館影印本。

③ 李卓婭：《元代女性墓誌銘研究》，碩士學位論文，華中師範大學，2012 年；張琰玲、孫穎慧：《元代西夏女性遺民人物史料整理與研究》，《圖書館理論與實踐》2013 年第 10 期；李凌禾芮：《以滿城花氏墓誌爲個案的元代女性問題研究》，《華人時刊》（中旬刊）2013 年第 9 期。

④ 翟麗萍：《元代〈故漕運同知粘合公妻逸的氏墓誌銘〉考釋》，《北方民族大學學報》（哲學社會科學版）2013 年第 5 期；周峰：《元代西夏遺民楊朵兒只父子事迹考述》，《民族研究》2014 年第 3 期；史金波：《河北邯鄲大名出土小李鈐部公墓誌芻議》，《河北學刊》2014 年第 4 期；劉志月：《元代唐兀人高昂吉墓誌銘考釋》，《西夏研究》2021 年第 1 期；任江：《元〈處士胡堂墓誌〉考述》，《東南文化》2014 年第 4 期；陳康：《石景山出土元代楊朵兒只墓誌考》，《北京文博文叢》2018 年第 2 期；常瑩：《元河東廉訪轉運司奏差王進墓誌略考》，《中國國家博物館館刊》2021 年第 1 期。

初探》對這一現象進行了深入討論。① 左國春《元儒"吳澄"醫學思想輯要》亦關注到元代棄儒從醫的現象，通過分析吳澄所撰墓誌與詩文，分析吳澄醫學思想的形成原因。2008 年西安南郊出土元代醫學教授武敬墓誌，爲研究元代醫家群體提供了新材料。② 再如，文學家群體。以往學者對元代文學的研究多集中於戲曲，近些年學者開始關注元代墓誌的文學價值，對墓誌詞語、文學家履歷、文學價值進行研究。李雅卉《元代墓誌人物品評詞語研究》以元代墓誌人物品評詞語爲研究對象，在分類描寫的基礎上詳細探討其修辭、句式等方面的特點，并與唐代墓誌詞語作歷時比較，總結元代墓誌人物品評詞語自身的規律性以及語言發展中的傳承性。③ 顏培建、俞樟華、郭亞磊、郭曉燕等學者則對蘇天爵、姚燧、王惲所撰墓誌之文學價值進行探討。④ 更多學者則通過元代墓誌考證文人履歷，如李平、徐濟憲《白樸卒年考辨》、⑤ 孟繁仁《元散曲家劉時中的生平仕歷》、⑥ 孫小力《楊維禎生平仕履考辨》、⑦ 余來明《元文人王沂卒年考》、⑧ 張欣《元人傳記資料補正四則》等。⑨ 學者對墓誌所見書法家、畫家等藝術家群體也有關注。王連起、戴立強、劉恒、楊健君、王書雯等學者對元代大書法家鮮于樞生年、履歷、家族世系進行探討。⑩ 宗典、天秀、舒健等學者則通過墓誌對元代畫家任仁發的生年及家族情況進行梳理。⑪ 元代畫家中，1994 年石家莊出土《史杠墓誌》也引起學者一定的關

① 高偉：《元代太醫院及醫官制度》，《蘭州大學學報》（社會科學版）1994 年第 1 期；《元代醫家入仕現象初探》，《蘭州大學學報》（社會科學版）1994 年第 4 期。

② 陝西省考古研究院：《西安南郊皇子坡村元代墓葬發掘簡報》，《考古與文物》2014 年第 3 期；段毅：《元代醫學教授武敬墓誌考略》，《碑林集刊》第 20 輯，三秦出版社，2014 年。

③ 李雅卉：《元代墓誌人物品評詞語研究》，碩士學位論文，蘭州大學，2018 年。

④ 顏培建：《蘇天爵的學術成就及其文獻學上的貢獻》，碩士學位論文，安徽大學，2007 年；俞樟華、郭亞磊：《略論姚燧墓誌銘的史傳文學價值》，《荆楚理工學院學報》2011 年第 8 期；郭曉燕：《王惲著述研究》，博士學位論文，安徽大學，2012 年。

⑤ 李平、徐濟憲：《白樸卒年考辨》，《復旦學報》（社會科學版）1981 年第 6 期。

⑥ 孟繁仁：《元散曲家劉時中的生平仕歷》，《晋陽學刊》1984 年第 2 期。

⑦ 孫小力：《楊維禎生平仕履考辨》，《上海大學學報》（社會科學版）1989 年第 1 期。

⑧ 余來明：《元文人王沂卒年考》，《文學遺産》2009 年第 2 期。

⑨ 張欣：《元人傳記資料補正四則》，《江海學刊》2018 年第 2 期。

⑩ 王連起：《鮮于樞生卒事迹考略》，《文物》1998 年第 12 期；戴立強：《〈鮮于府君墓誌銘〉與鮮于樞生年》，《文物世界》1999 年第 1 期；劉恒：《天價後論鮮于樞》，《收藏家》2000 年第 2 期；楊健君：《鮮于樞生於范陽考辨》，《中國書法》2016 年第 11 期；王書雯：《〈鮮于府君墓誌銘〉撰文者考》，《大衆文藝》2020 年第 3 期。

⑪ 宗典：《元任仁發墓誌的發現》，《文物》1959 年第 11 期；天秀：《任仁發的生年應當改正》，《文物》1982 年第 7 期；舒健：《元代任仁發家族史實考述》，《元史及民族與邊疆研究集刊》第 34 輯，上海古籍出版社，2011 年。

注。史杠既是元代畫家，也是湖廣行省右丞，相關研究見孟繁峰《元代畫家史杠墓誌跋》等。①

（三）元代墓誌與典章制度研究

墓誌信息豐富，特别是關於誌主仕途發展，記載尤爲詳細，從而可以用來研究相關聯的元代職官制度、地方制度、軍事制度等。

申萬里《元代國家政權内部的溝通與交流——以宣使爲中心的考察》利用元代墓誌研究官制，認爲宣使制度爲元代特殊政治環境的産物，也是政權内部溝通與交流的重要制度之一。② 這種判斷也得到裴一璞《山東高唐出土元代宣使李處貞墓誌考釋》的佐證。③ 張素霞《元代官員封贈制度初探》運用墓誌中關於誌主封官及贈官的記載，探索元代封贈制度的沿革、内容及運作方法。④ 關於元代職官制度，在總合研究之外，多見個案的考證。如 1988 年咸陽市文物普查隊徵得的《郝天澤墓誌》，引起李慧、秦月、李朝陽、王素强等學者的關注。⑤ 王素强《元〈郝天澤墓誌銘〉考釋》通過研究郝天澤仕宦事迹與其家族成員情況，以及元廷治川、滇等地措施，推斷《元史》等文獻記載郝天澤所任 "夔路總管" 之職應爲封贈所得。

在以往的元代地方制度研究中，學者多以《元史》等傳世文獻爲主，近年來隨着元代墓誌大量出土，逐漸被學者所重視，越來越多地被運用於元代地方制度研究中。如佴澎《從衝突到和諧：元明清時期西南少數民族糾紛解決機制研究》提到，元朝設達魯花赤作爲第一長官，再選用西南本地民族首領作爲相應級别的佐貳官，這種官制上的安排在一定程度上保證了西南民族的糾紛解決參與者的廣泛性。因此作者利用大理現存碑誌研究元代中央王朝的裁判系統在西南少數民族地區本土化問題，涉及《故父張照磨墓誌》《追爲亡人楊昭宗神道碑》《追爲亡人大師李珠慶

---

① 孟繁峰：《元代畫家史杠墓誌跋》，《文物》1997 年第 7 期。
② 申萬里：《元代國家政權内部的溝通與交流——以宣使爲中心的考察》，《元史論叢》第 14 輯，天津古籍出版社，2014 年。
③ 裴一璞：《山東高唐出土元代宣使李處貞墓誌考釋》，《文物春秋》2020 年第 5 期。
④ 張素霞：《元代官員封贈制度初探》，《元史論叢》第 14 輯。
⑤ 李慧：《咸陽近年出土墓誌述評》，《文博》1996 年第 5 期；秦月、李朝陽：《三原縣元代郝天澤墓誌考釋》，《文物考古論集》，三秦出版社，2000 年，第 256~259 頁；王素强：《元〈郝天澤墓誌銘〉考釋》，《西北師大學報》（社會科學版）2014 年第 6 期。

神道碑》等墓誌。① 藍武則利用《文璧墓誌》分析桂西土司分布格局與設置態勢，探討元代中央王朝對邊陲少數民族地區的管理與控制情況，見於《元代廣西土司的設置與分布態勢探析》一文。② 此外，在學界較爲關注的羅羅斯土官相關研究中，杜玉亭、胡慶鈞、何耀華、金鈞等學者也大量使用了元代墓誌材料。③

在軍事制度方面，元代墓誌涉及的内容更多。如作爲元代地方統治基本軍事機構，萬户府一直受到學者的重視。成吉思汗建國，封右、中、左三萬户，分領屬下軍民。元廷分設於中樞及各路，置官萬户，開府治事，統屬下千户。陳麗華通過分析《盛師亮墓誌》《黄恕齋墓誌》《王應祚墓誌》《許静山墓誌》等墓誌材料，補證了元代地方軍府研究，史料及視角的新穎，爲學界所關注。④ 在軍事制度之外，大量的元代墓誌還涉及衆多軍事活動。如《彦弘墓誌》墓主彦弘作戰勇敢，受到忽必烈的賞賜，學者亦有相關研究。⑤《郭貞墓誌》記載了湯陰縣趙莊郭貞的生平及其子郭時敏的仕宦歷程，對研究元代職官制度具有較大參考意義，相關研究可參見《〈大元故邯鄲縣尹郭公墓碑銘〉研究》等。⑥

（四）元代墓誌與宗教研究

蒙古人最早信奉薩滿教，但對其他宗教也不排斥，在維護國家安全前提下，采取相容并蓄政策，允許不同宗教的各種派别在全國自由傳播。元代時期，佛教、道教、伊斯蘭教、基督教等都獲得了充分發展，并在墓誌文獻中有所反映。

首先，在宗教文獻整理方面。陳垣《道家金石略》⑦ 收録以金石志、地方志、歷代文集等資料爲來源，收録漢代至明代有關道教的碑碣題銘史料，共 1538 通，

① 侔澎：《從衝突到和諧：元明清時期西南少數民族糾紛解決機制研究》，雲南人民出版社，2011 年，第 46~51 頁。

② 藍武：《元代廣西土司的設置與分布態勢探析》，《賀州學院學報》2011 年第 1 期。

③ 杜玉亭：《元代羅羅斯土官的建置與評價問題》，《民族研究》1980 年第 1 期；胡慶鈞、何耀華：《元初未設過羅羅斯土官宣慰使嗎？——與杜玉亭同志商榷》，《民族研究》1980 年第 5 期；杜玉亭：《元代羅羅斯土官宣慰使研究》，《民族研究》1982 年第 2 期；何耀華、金鈞：《關於元初羅羅斯土官宣慰使的設置問題》，《思想戰綫》1984 年第 6 期。

④ 陳麗華：《元代鎮戍泉州的萬户府及其職官探析》，《閩南師範大學學報》（哲學社會科學版）2018 年第 2 期。

⑤ 張南、楊國梓：《揚州出土元代黄金符統軍總管彦弘墓誌》，《揚州大學學報》（人文社會科學版）1982 年第 2 期。

⑥ 受志敏、史泠歌：《〈大元故邯鄲縣尹郭公墓碑銘〉研究》，《東方企業文化》2014 年第 17 期。

⑦ 陳垣編纂，陳智超、曾慶瑛校補《道家金石略》，文物出版社，1988 年。

涉及元代墓誌數量較豐富。此後，王宗昱《金元全真教石刻新編》①在《道家金石略》基礎上，以全真教石刻爲視角，按各省的角度進行著録，録有《提點吳公墓誌》等少量元代墓誌。趙衛東《金元全真道碑刻集萃》②共收陝西、山東、河南、山西等地金元時期重要全真道碑刻 80 餘通，附拓片 120 餘幅，録有釋文。佛教文獻方面，許明《中國佛教金石文獻·塔銘墓誌部》③通過遍考全國各地寺廟碑林、塔林實物舊迹，并大量吸收相關的考古成果，參以各大博物館、圖書館所藏金石文獻和寺廟志等佛教資料，編訂而成，録有元代時期有紀年和無紀年佛教塔銘、神道碑、經幢等各類碑刻 422 種，包括虞集、歐陽玄、危素等人所撰塔銘，是歷代著録中收録元代塔銘數量最多、最全的資料彙編。此外，《羌族石刻集成》雖非宗教文獻，但從民族史料視角收録元代羌族石刻 19 種，其中墓誌 9 種，同樣值得關注。

其次，在宗教信仰研究方面。王洋《金元時期山西社會的四個面向——以碑刻史料爲中心（1127~1368）》以山西金元時期留存的 850 通碑刻資料爲基礎，研究金元時期碑刻所反映的佛道宗教、祠神信仰、宗族發展等内容，討論山西地區元代佛道信仰、祠神信仰與社會的關係，分析元代山西宗教折衷求變，積極向社會發展的原因和影響。④朱建路《石刻文獻與元代河北地區研究》則利用石刻文獻，尤其是新發現碑刻墓誌，分析元代時期河北佛教所受藏傳佛教的影響、元代河北的道教發展狀況、河北漢人世侯與宗教信仰情況及皇家與河北地區宗教關係。⑤在佛教、道教之外，景教等在元代也有一定範圍的傳播，元代墓誌也有所反映。目前學界關於景教研究成果較少，相關著録研究可參見《泉州宗教石刻》《元代景教徒墓誌碑八思巴字考釋》等。⑥

（五）元代墓誌與社會階層研究

蒙古族在滅亡南宋後，迅速建立起統一的封建王朝，實現了以蒙古貴族爲主，聯合色目及漢人地主的封建地主政權，從而引發了唐宋以來社會階層的調整和重建。

① 王宗昱：《金元全真教石刻新編》，北京大學出版社，2005 年。
② 趙衛東：《金元全真道碑刻集萃》，山東大學出版社，2020 年。
③ 許明：《中國佛教金石文獻·塔銘墓誌部》，上海書店出版社，2018 年。
④ 王洋：《金元時期山西社會的四個面向——以碑刻史料爲中心（1127~1368）》，博士學位論文，山西大學，2020 年。
⑤ 朱建路：《石刻文獻與元代河北地區研究》，博士學位論文，南開大學，2017 年。
⑥ 照那斯圖：《元代景教徒墓誌碑八思巴字考釋》，《海交史研究》1994 年第 2 期。

近年來，學者注意到利用碑誌材料來研究元代社會階層問題。王丹《碑刻、族群、制度與地域：從墓誌看元代北方基層社會結構之變遷》以《遼金元石刻叢編》中所輯錄的金元碑刻爲中心，歸納墓誌所見北方地方家族在不同時期維護家族利益的不同方式，剖析北方基層社會結構變遷的原因，從出土文獻角度系統展現元代時期漢人矛盾心態，頗有創見。① 略微遺憾的是，該文所剖析墓誌局限於《遼金元石刻叢編》所載《段義墓碣》《段氏祖塋碑》《宋翼墓誌》等，數量有限，且對新出《田忠良墓誌》等未予關注。同樣，李雨濛《〈大元故光禄大夫大司徒領太常禮儀院事田公墓誌銘〉考釋》，通過墓誌分析田氏家庭的狀況，總結出北方漢人儒士與地主武裝階層在金末元初之際的生存狀態。② 全文以北方漢族群體爲論述視角，頗爲新穎。同時，學者對南方漢人社會階層流變也給予了相當關注。張利軍以趙孟頫所撰《任叔實墓誌銘并序》爲基礎，搜求相關史料，梳理出任叔實生平活動軌迹：作爲宋元之際的浙江儒士，任叔實飽讀詩書，命運坎坷，一生未曾登科、出仕，可視爲易代儒士的縮影，頗具代表性。③ 實際上，元代政權的建立，對女真等民族的衝擊也比較大。陝西省考古研究院藏《王進墓誌》記載了女真完顏氏，因受漢風浸染，故又有王姓之稱，是爲王進之族出。曹輝注意到這一現象，所撰《碑銘所見蒙元關中民族與文化初步研究》進行了全面的分析和論證，結論可信。④ 此外，常瑩《元河東廉訪轉運司奏差王進墓誌考略》也有相關論述，可以參看。⑤

（六）元代墓誌與文化交流研究

元代時期是中外文化交流的極盛時代，傳統的陸路、海路交通範圍比前代擴大，文化交流繁盛。一方面，元朝建立了一個從漠北到江南、從中國到中亞、西亞直至歐洲的勢力範圍空前寥廓的大帝國，使得東亞與中亞、西亞乃至歐洲間交通暢達。另一方面，元朝重視商品交換，依賴商貿活動，繼承了南宋的海外貿易政策，加強對海外貿易的管理，有利於東西方文化的交流。

---

① 王丹：《碑刻、族群、制度與地域：從墓誌看元代北方基層社會結構之變遷》，《西北民族大學學報》（哲學社會科學版）2019 年第 6 期。
② 李雨濛：《〈大元故光禄大夫大司徒領太常禮儀院事田公墓誌銘〉考釋》，《故宮博物院院刊》2016 年第 5 期。
③ 張利軍：《宋元易代之際的浙籍儒士——任士林家世、生平考》，《寧波廣播電視大學學報》2021 年第 2 期。
④ 曹輝：《碑銘所見蒙元關中民族與文化初步研究》，碩士學位論文，西北大學，2016 年。
⑤ 常瑩：《元河東廉訪轉運司奏差王進墓誌考略》，《中國國家博物館館刊》2021 年第 1 期。

通過墓誌研究元代航海史、海上貿易政策及對外關係，可以追溯到清代。錢大昕通過元人黄溍所撰《松江嘉定等處海運千户楊君墓誌銘》考訂《元史·成宗紀》行年紀事，認爲當時中國與西亞關係密切。作爲元代航海史上殊爲難得的珍貴文獻，《楊樞墓誌》不僅記録了航海人的時間、地點，而且保存了相關的海外關係資料。何兆吉在錢大昕研究基礎上對元代海外舶商貿易制度、忽各模思、澉浦港等信息進行考證補充，見其《讀〈海運千户楊君墓誌銘〉札記》一文。[1] 此外，陳高華、鄭閏、尚衍斌、梁二平、郭湘瑋、徐樂帥、邱軼皓、王建富等學者在研究元代航海史、元代船舶管理制度等方面時對該墓誌也有徵引或考證。[2] 新出土的《許静山墓誌》《盛柔善墓誌》記録了元代亦黑迷失、許静山等航海家的重要事迹，同樣值得關注。墓誌所載信息充分佐證了亦黑迷失於至元二十一年（1284）、至元二十四年的出使活動均從泉州港啓航，而許静山於大德八年（1304）的出使異域當和亦黑迷失的支持有關，同時也可以窺探出亦黑迷失對泉州海外貿易的影響。這兩種墓誌是研究元代對外關係史的新物證，也爲研究亦黑迷失後期的去向提供了最可靠的文物資料，相關研究見陳麗華《大德八年出使異域兵部侍郎許静山墓誌考》《存在與想象：泉州元代涉海墓誌碑刻的歷史書寫》《元代畏吾兒航海家亦黑迷失與泉州港——以三方碑刻爲中心》等。[3] 上述例子多聚焦於元代海上交流，元朝與其西北諸王及周邊國家交流情況也見載於元代墓誌文獻。例如 1989 年出土的《蘇公式墓誌》，記載誌主蘇公式係蒙古汗國時期平陽路的諸色人將達魯花赤，曾三次受命前往金帳汗國，元史無傳。該墓誌是研究元朝與金帳汗國關係，以及元代驛站交通系統的重要資料，相關研究可參見《臨汾建置沿革》《蘇公式墓誌銘考與平陽路

---

① 何兆吉：《讀〈海運千户楊君墓誌銘〉札記》，《西北第二民族學院學報》（哲學社會科學版）2001年第 4 期。

② 陳高華：《元代的航海世家澉浦楊氏——兼説元代其他航海家族》，《海交史研究》1995 年第 1 期；鄭閏：《楊樞兩度遠航波斯灣》，《鄭和研究》2008 年第 3 期；尚衍斌：《元史及西域史叢考》，中央民族大學出版社，2013 年，第 171 頁；梁二平、郭湘瑋：《中國古代海洋文獻導讀：古代中國的海洋觀》，海洋出版社，2012 年，第 100 頁；徐樂帥、邱軼皓：《蒙古帝國視野下的元史與東西文化交流》，上海古籍出版社，2019 年，第 295 頁；王建富：《海上絲綢之路浙江段地名考釋》，浙江古籍出版社，2017 年，第 173 頁；陳國燦、于逢春：《環東海文明互動與東亞區域格局研究》，中國商務出版社，2018 年，第 124 頁；楊國楨：《中國海洋空間簡史》，海洋出版社，2019 年，第890 頁。

③ 陳麗華：《大德八年出使異域兵部侍郎許静山墓誌考》，《福建文博》2013 年第 3 期；陳麗華：《存在與想象：泉州元代涉海墓誌碑刻的歷史書寫》，《元史及民族與邊疆研究集刊》第 30 輯，上海古籍出版社，2015 年；陳麗華：《元代畏吾兒航海家亦黑迷失與泉州港——以三方碑刻爲中心》，《海交史研究》2017 年第 1 期。

輸送歲賜的驛站交通》等。[①] 此外，元朝與朝鮮半島的聯繫，也有學者從墓誌角度進行考論。如舒健《蒙元時期高麗來華使臣研究》通過收集利用歷代文集及出土的元代碑帖及墓誌資料，開展來華高麗使臣研究。[②]

三 結語

上文對元代墓誌著録情況及墓誌研究現狀進行了總結。可以看到，古今學者對元代墓誌都給予了一定程度的重視，相關研究也取得了較爲豐碩的成果。不過，從總體上看，元代墓誌研究還有以下兩點需要加强。

一是元代墓誌的基礎整理。就前文元代墓誌整理情況，元代墓誌多見存通論性或地域性石刻著述中，呈現出著録分散，分布廣泛的特點。相比南北朝、隋唐以及兩宋時期，甚至遼金西夏時期墓誌目録和釋文集成性著作，元代墓誌基礎整理嚴重滯後，目前尚未進行集中性整理。這種局面的出現，一方面使我們無法瞭解元代墓誌數量、形制、分布等整體情況，另一方面也會影響到基於墓誌的史料整理、史學及文化學研究。究其原因所在，主要是研究者受到傳統金石學觀念的影響，忽視了宋以後碑誌材料的史料價值。此外，元代傳世文獻的大量存在，也會降低學者對碑誌文獻的依賴。所以，元代墓誌需要一部集大成之作。

二是元代墓誌的綜合研究。前賢雖然已經有意識地使用墓誌材料來研究元代歷史文化，但并未形成規模，多是個案考證，以及基於個案的現象考察，缺乏系統性和全面性，深度上也有待進一步挖掘。造成這種情況的主要原因是上文提到的元代墓誌未形成系統梳理，導致相關研究無法深入。但元代墓誌研究本身也有兩點需要拓展：其一，加强元代墓誌文獻學研究力度，使得相關的墓誌總目録、研究信息、内容索引等得以完善。其二，在繼續完善上舉諸專題研究之外，加强元代墓誌相關的地理沿革、墓葬風俗、文化思潮等領域研究。在這兩點基礎上，形成元代墓誌的綜合研究。

---

① 王汝雕：《臨汾建置沿革》，山西人民出版社，2006 年，第 152~153 頁；沈颺：《蘇公式墓誌銘考與平陽路輸送歲賜的驛站交通》，《考古與文物》2015 年第 4 期。
② 舒健：《蒙元時期高麗來華使臣研究》，博士學位論文，南京大學，2008 年。

新出土明代墓誌的特點與價值

邵　磊

明代張瀚《松窗夢語》有云："墓誌不出《禮經》，意以陵谷變遷，欲使後人有所聞知，但記姓名、爵秩、祖、父、姻婭而已。若有德業，則爲銘。今之作者紛紛，吾不知之矣。"[①] 張瀚的這一席話客觀揭示出，在中國古代墓誌中，有明一朝墓誌存世數量之多，沒有任何一個歷史時期可與之相提并論。對於在明朝歷史上先後作爲京師的南京與北京而言，當然就更是如此。

北京自明成祖朱棣永樂十九年（1421）正月初一正式升格爲京師，以迄崇禎帝殉國的兩百多年間，一直都是明帝國的政治中心。[②]《新中國出土墓誌·北京〔壹〕》收錄北京地區新中國成立後出土古代墓誌 393 方，其中明代墓誌 275 方，占全書收錄墓誌的三分之二，達到北京地區出土歷代墓誌總量的七成，這一比例之高是非常驚人的。通常認爲，有明一朝，南京作爲京師，主要是明初洪武、建文兩朝，但實際上直至永樂十九年正月初一之前，南京足有五十四年都是京師所在，而曾以太子監國南京的仁宗朱高熾登基、改元洪熙之後，復改稱北京爲行在，而仍以南京爲京師，并令内官監太監王景弘修繕南京宫殿等建築，以備鑾駕南還之需。[③]

---

① 　張瀚：《松窗夢語》之《風俗紀》，上海古籍出版社，1986 年，第 124 頁。

② 　《明太宗實錄》卷二二九：永樂十八年九月 "丁亥，上命行在禮部：自明年正月初一日始，正北京爲師，不稱行在。各衙門印有 '行在' 字者，悉送印綬監。令預遣人取南京衙門，皆加 '南京' 二字，別鑄印遣人齎給"（中研院歷史語言研究所，1962 年，第 2227~2228 頁）。

③ 　《明仁宗實錄》卷九上，洪熙元年夏四月甲戌，"敕南京太監王景弘曰：'朕以來春還京，今遣官匠人等前來，爾即提督將九五殿各宫院凡有滲漏之處，隨宜修葺，但可居足，不必過爲整齊，以重勞人力。'"（中研院歷史語言研究所，1962 年，第 280~281 頁）

但隨着仁宗不久後駕崩，回鑾南京的計劃擱置，直至"正統六年復稱南京，一時印信皆新鑄給"，北京的京師地位終得以底定，更何況"龜鼎雖奠於北，神居終表於南。且水殿之舟楫猶供，陪京之省寺不改，所以維萬世之安，意固遠也"。[①] 可見南京在明代的地位與影響，其實并不遜於北京，這從出土墓誌上也可以反映出來，如《新中國出土墓誌·江蘇〔貳〕南京》收錄南京市博物館藏南京地區出土古代墓誌 303 方，其中明代墓誌 236 方，幾乎達到南京地區出土墓誌總數的百分之八十，這一比例與北京出土明代墓誌可謂驚人的相似。而從新出土明代墓誌的龐大數量及其背後蘊含的來自政治、經濟、文化方面的巨大推動力與影響力着眼，不難想見有明一朝對南京與北京兩大都市的塑造。

作爲全國性的中心都會，其吸納、融合并向周圍輻射足以具備引領潮流的先進文化的能力，這是不可估量的。正因如此，對於新出土明代墓誌及其相關問題的研究，也大多是圍繞以北京爲核心的京畿地區和以南京爲核心的南畿地區發現的明代墓誌來進行。有鑒於此，本文的相關討論，也是以這兩個區域出土的明代墓誌作爲主體，并兼及其他地區發現的明代墓誌來進行。

一　對明代墓誌研究的回溯及相關問題

明代墓誌存世數量之龐大、分布地域之廣泛、使用階層之拓展，都是其他任何歷史時期的墓誌難以望其項背的，但長期以來對於明代墓誌的著錄與相關的研究，却一向未能引起足夠的重視。這種在觀念上的對於明代墓誌的"輕慢"，并非始於今日，而是早在清代乾嘉年間金石學蔚爲大興之際已然如此。

在傳統金石學的範疇裏，宋代及其以後碑刻的價值和意義長期被貶低，這種偏見的形成，一方面囿於大部分金石學者狹隘的藝術史觀，諸如對明代楷書評價不高，認爲其缺乏審美價值，在藝術上幾乎全無取法之處；另一方面，則是由於中國的知識界長期缺乏對社會史與經濟史的關注，導致了對包括明代墓誌在內的銘刻史料的內涵與價值普遍認識不足，當然這也與金石學者歷史知識的結構性缺失有一定

---

① 顧起元：《客座贅語》卷二《兩都》："丘文莊公有言：'天下財賦，出於東南，而金陵爲其會；戎馬盛於西北，而金臺爲其樞。并建兩京，所以宅中圖治，足食足兵，據形勢之要，而爲四方之極者也。'……考永樂十九年，始稱南京，洪熙元年去之，正統六年復稱南京，一時印信皆新鑄給，然龜鼎雖奠於北，神居終表於南。且水殿之舟楫猶供，陪京之省寺不改，所以維萬世之安，意固遠也。豈前代舊邦可得而并論哉！"（中華書局，1987 年，第 36 頁）

關係。正是基於諸如此類的前提，清代、民國時期編纂的名目繁多的金石書籍，對於金石材料的編纂蒐集，其下限往往截至宋元時期，鮮有收錄明代碑版、墓誌等銘刻文字者。

清末端方所著的《陶齋藏石記》一書，可能是較早對明代墓誌內容予以輯錄的金石學著作。在《陶齋藏石記》內，端方全文抄錄了明代安南籍宦官梁端在生前爲自己置辦的墓誌——梁端壽藏銘，[①]題爲《明故南京司禮監左監丞梁公壽藏銘》。[②]梁端壽藏銘早年出土於南京南郊，原石久佚，世有端方所藏拓本，後歸北平圖書館，中州古籍出版社 1989 年出版的《北京圖書館藏中國歷代石刻拓本滙編》亦存錄其拓圖。明永樂年間，安南內亂，明成祖朱棣遣英國公張輔率軍鎮撫并設交阯布政司，其間"以交童之美秀者還，選爲奄，（范）弘及王瑾、阮安、阮浪等與焉"。[③]南京司禮監左監丞梁端亦安南諒江府平河縣人，生於永樂四年（1406），永樂十八年（1420）爲明成祖敕取入宮，從籍貫與入宮時間看，梁端與范弘、王瑾、阮安、阮浪等大璫的經歷相似，亦應是英國公張輔等在安南所物色的"交童之美秀者"。這樣看來，端方《陶齋藏石記》之所以全文著錄明代宦官梁端的壽藏銘，委實由於誌文涉及中外交通史，內容太過重要之故。

清末南京學者陳作霖也曾抄錄若干南京發現的明代墓誌誌文，并將其作爲南京地方文獻編錄於《可園文存》。陳作霖過錄的這些南京出土明代墓誌的傳主，其身份多爲無官品的庶民，另有少數低級武官或義官，予人印象深刻者無多，迄未見有加以研究使用者。陳作霖的《可園文存》原稿，曾由臺北文海出版社列爲《近代中國史料叢刊》第 29 輯予以影印出版。

---

① 壽藏，乃是生人預營之冢壙，壽藏銘即生前置辦的墓誌。周裕興《明代宦官與南京寺觀》一文在論及南京內官監太監楊雲在生前爲自身置辦的墓誌時，誤讀墓誌首題"南京內官監太監楊公壽藏銘"，以至於在行文中多次出現將"壽藏"當作名諱，而逕將傳主楊雲稱之爲"楊壽藏"的誤會。其影響所及，如何孝榮所著《明代南京寺院研究》一書在述及明代南京普應寺時亦云："普應寺，在都城南安德鄉瑞雲山麓，太監楊壽藏建，賜額。"頁下注："該寺（普應寺）不見於有關書籍，此據南京博物館 1986 年 8 月發掘的明代南京內官監太監楊壽藏墓誌銘。楊壽藏……正統時任南京內官監太監兼常庫事，卒於成化九年。寺院之建，當在正統至成化間。楊壽藏墓誌銘見周裕興《明代宦官與南京寺觀》。"此外，在近年來與鄭和研究有關的論述與新聞報導中，也屢見有將宦官楊雲誤稱爲楊壽藏者，恕不一一（周裕興撰《明代宦官與南京寺觀》一文，載《南京史志》1991 年第 1、2 期合刊）。

② 端方：《陶齋藏石記》卷四四《明故南京司禮監左監丞梁公壽藏銘》，《石刻史料新編》第 1 輯第 11 冊，新文豐出版公司，1982 年第 2 版，第 8424~8425 頁。

③ 張廷玉：《明史》卷三〇四《宦官一》，中華書局，1974 年，第 7771 頁。

　　國民政府定都南京後，最初在南京城東的中山門（明朝陽門）建成中央博物院（今南京博物院），繼而又將位於南京明故宮午門之內的建文忠臣方孝孺祠堂，辟建爲南京古物保存所。中央博物院對於近古的墓誌夙無所措意，而據 1929 年印行的《南京古物保存所陳列品簡略目錄》可知，在南京古物保存所入藏的諸多南京地區零散古物之內，倒是包含了八種南京出土的宋、明、清代的墓誌，這些墓誌與其他的石雕古物被一并陳列於南京古物保存所的一樓展室，可謂開國有文博收藏機構對明代墓誌徵集、展示之先河。然而南京古物保存所內陳列的這些墓誌皆祇存目，在相關的出版物裏并無片言隻語留存，至於墓誌原石則可能在抗戰爆發、南京陷落之初便已佚失，杳無消息。這其中，尤爲引人矚目的當屬出土於南京聚寶門外的《西天善世禪師班的達塔誌銘》，即瘞埋於印度高僧班的達墓塔內的墓誌。班的達塔誌銘置辦於洪武十六年（1383）九月二十一日，由明初高僧杭州靈隱寺住持來復撰文、日本僧侶中巽書丹，是一通見證了中國、印度、日本高僧因緣交誼的珍貴石刻，其“身世”之奇特，在明代墓誌中可謂無出其右。收藏於南京古物保存所內的西天善世禪師班的達塔誌銘原石亦遭侵華日軍竊取，不知所踪，[①]唯有墨拓藏國家圖書館，不亦幸哉！

　　此外，據 1937 年第 2 期《考文學會雜報·首都發現郭子興墓》援引民國二十六年（1937）五月廿四日中央社南京電，因南京中華門外金陵兵工廠翻造房屋，觸及明代開國功臣陝國公郭興（郭子興）墓，掘出金釧十餘個，陰刻“永昌福寶”錢文的銀錢若干，古瓶三個，題“陝國宣武公郭子興墓”的大石碑等。復據民國廿六年五月廿九日出刊的《北洋畫報》第 1561 期，可知郭興墓出土文物，除之前報導所列外，同時出土的還有銅盔甲、鐵劍、墓門鐵鎖、花碟等。而據刊登的發掘現場與出土古物照片，可知鐫刻“陝國宣武公郭子興墓”等字的大石碑，其實正是陝國公郭興（郭子興）墓誌。但可惜的是，包括墓誌在內的這批出土文物今亦不知下落。

　　抗戰勝利之後，還都南京的國民政府出於蒐集、整理鄉邦文獻之需，設立由盧前領銜的南京市通志館。南京市通志館於民國三十七年（1948）一月一日改組爲南京市文獻委員會，其間創辦了《南京文獻》雜志。在民國三十七年（1948）十二月出版的《南京文獻》第二十四號之上，附有南京市文獻委員會主任委員盧前、副主任委員伍崇學、任治沅等結銜具名的《南京市文獻委員卅七年工作報告》，列舉

---

　　① 　魏麗莎:《南京文物的劫難》，《東方博物》總第 16 輯，2006 年。

了一年以來開展的各項工作，在"徵集專項"工作中包括已"蒐集有明南京内官監左少監楊公（忠）墓志銘石刻……"等（圖一），此墓誌後來輾轉入藏南京市博物館，傳主楊忠也出自交南世家，於永樂十九年（1421）入宮，在宣德、正統年間均受到重用，景泰年間斥往南京，生前曾監管南京大報恩寺齋供及大庖厨。巧合的是，楊忠墓誌也即是前文述及、同爲安南籍的宦官梁端所撰行狀，梁端與楊忠不僅同鄉，且同年入内書館讀書習學，故有同門之誼，加之兩人長年同宦南京，則梁端應約爲楊忠撰寫生平梗概的行狀文字，也就不讓人意外了（圖二）。

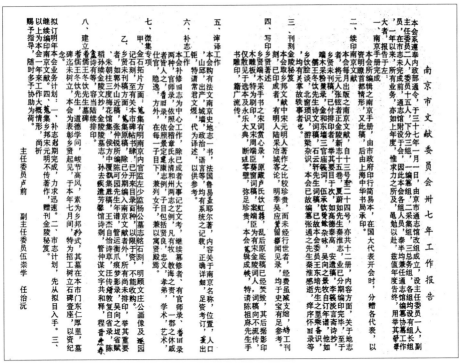

圖一　《南京市文獻委員卅七年工作報告》

二十世紀五十年代之後，以各地博物館、文管所爲主體的文物收藏保護機構如雨後春笋般在全國各地陸續建成，部分地區的圖書館、文化館也承擔了文物徵集與保管的功能，這些都爲明代墓誌的蒐集與進一步的整理研究，提供了必要的前提與基礎。而具有一定價值的明代墓誌作爲第一手的文獻史料，也得以通過相應的平臺與渠道而爲學術界所利用，如方國瑜早年編纂的《雲南史料目錄概説》一書，便

圖二　清末出土的明代南京內官監左少監楊忠墓誌

在明代世鎮雲南的黔國沐氏家族史傳資料裏，收録了二十世紀五六十年代在雲南呈貢王家營考古發掘出土的沐詳、沐崧、沐紹勤祖孫的墓誌，對《正德雲南志》等地方史志多有補充和考證。①

不過，另一方面也應該看到的是，對於明代墓誌的價值的認識，即便在文博從業人員的意識裏也還比較淡漠，仍然存在許多不盡人意之處。這一方面的事例，

---

① 值得一提的是，方國瑜在《雲南史料目録概説》一書中將明代沐詳、沐崧、沐紹勤祖孫三人的墓誌均誤稱爲"墓碑"，客觀上反映出其時即便是文史大家也難免對墓誌稱謂存在隔膜。詳見方國瑜《雲南史料目録概説》，中華書局，1984年，第1136~1137頁。

即便在明代南北二京的故地，也是所在多有，更不用説其他地區了。如 1978 年 11
月 25 日，南京市博物館考古部在南京江寧縣東山公社孤塘村發掘了一座明代磚室
墓，據出土墓誌可知，墓主爲明代中葉南京前軍都督同知范雄。范雄先世以靖難之
役起家，范雄本人則與正統年間勢焰熏天的大璫王振爲“姻黨”，因而在正統、天
順兩朝屢獲遷擢，其間曾參與鎮壓福建鄧茂七農民起義，所以范雄墓誌史料價值頗
高。然而限於認識方面的不足，考古工作者在記録了墓葬的形制、尺寸并抄録了墓
主名諱、官職與撰文、書丹、篆蓋者的姓名後，竟然將墓誌原石棄置不顧。直至
二十世紀九十年代末，南京市文物研究所組織力量對市郊流散石刻進行調查，於江
寧東山某農户家中發現了已被挪作他用的范雄墓誌原石（誌蓋已佚失），這纔得以
化私匿爲公藏，總算是多少彌補了當年考古工作者的疏失。[1]

北京門頭溝區潭柘寺魯家灘村西，有正統二年（1437）七月頒賜中山王徐達
第三子定國公徐增壽一支的占地六十餘畝的家族塋域，入葬者包括徐增壽嗣子徐景
昌以下歷任定國公。可惜定國公家族墓地在“文革”前後多遭破壞，出土墓誌雖有
部分爲永定河文化博物館這樣的單位入藏，但也有不少流失，所見甚至有被居民挪
用砌建圍墻者（圖三）。而據《北京日報》1998 年 9 月 30 日所刊《門頭溝發現明

圖三　北京門頭溝出土明代定國公
　　　墓誌蓋（摹本）

---

① 邵磊、駱鵬：《明代南京前軍府都督同知范雄墓》，《江漢考古》2016 年第 6 期。

代墓誌銘》一文介紹，1997 年有文史愛好者前往北京門頭溝走訪之際，還曾在魯家灘村民高滿囤家的竈臺旁，發現用來擱放雜物用的徐景昌玄孫、第六任定國公徐延德墓誌原石。

而像明定國公徐氏墓誌這樣的遭遇，并不是個別現象。營建於南京鐵心橋高家庫村上段石的明仁宗朱高熾貞靜順妃張氏墓，曾於 1952 年遭盜掘，出土的金釵飾物等悉遭盜取，墓誌則爲附近村民取回自家庭院當作桌面使用，但直至二十世紀八十年代全國第二次文物普查工作開展之際，張順妃墓誌仍然未能引起文物主管部門的足够重視，[①] 而終於在農村城市化的進程中 "銷聲匿迹"，文物部門甚至連誌文體例與内容也未予記録。張順妃爲仁宗第六子荆憲王朱瞻堈的生母，[②] 其墓誌文則是明初被譽爲内閣 "三楊" 之一的 "西楊" 楊士奇所撰，且未見録楊士奇的《東里文集》與後人續補的《東里全集》，否則以張順妃卒葬年代之早，其墓誌體例之嬗變理應有引人矚目之處，此真令人嘆惋不已。

不過隨着全社會文物保護意識的增强與相關法律法規的完善，上述 "輕慢" 明代墓誌的情形幾乎已經杜絶，對明代墓誌價值的認識也得到了很大的提升。

近數十年來，對於明代墓誌的整理與研究，相較以往，業已取得了不小的成績。其中，針對一種或多種有一定共性、彼此有一定關聯的明代墓誌，所進行的報導、整理與考釋，其數量之多，宛如雨後春笋，令人有目不暇接之感，這裏秖能略擴數例，以管中窺豹。如劉利平等對明代袁州府推官陳輅墓誌所述王陽明平定 "寧王之亂" 後押解朱宸濠的經行路綫及其被處死細節的考察，[③] 任昉對常熟新出明清墓誌的考釋，[④] 周公太對常熟博物館藏明代墓誌的考釋，[⑤] 夏寒對考古簡報公布的明代懷柔伯施聚夫婦、施鑒墓誌的考察，[⑥] 周莎對北京出土明代公主墓誌的綜合研究，[⑦] 等等。胡正寧的博士學位論文《南京出土明代墓誌銘考釋與研究》與邵然的碩士學位論文《新中國以來北京地區出土明代墓誌研究》則分別對南北二京出土明

---

① 楊新華主編《南京市雨花臺區文物志》，南京大學出版社，1994 年，第 265~266 頁。
② 顧起元：《客座贅語》卷三《山祭》，第 70~71 頁。
③ 劉利平等：《對明代袁州府推官陳輅墓表、墓誌的考釋》，《歷史檔案》2021 年第 2 期。
④ 任昉：《讀常熟新出明清墓誌叢識》，《歷史文獻研究》總第 28 輯，2009 年。
⑤ 周公太：《常熟館藏明代墓誌研究舉要》，《常熟理工學院學報》2008 年第 1 期。
⑥ 夏寒：《明懷柔伯施聚夫婦、施鑒墓誌考釋》，《中國歷史文物》2009 年第 2 期。
⑦ 周莎：《北京明代公主墓誌研究》，《中國社會歷史評論》2018 年第 2 期。

代墓誌進行了全方位的考察。①

　　對明代墓誌的研究，除了着眼於墓誌文字本體内容的整理與考釋之外，還有相當多是將明代墓誌作爲史料，進而展開相關專題研究，如任昉以常熟新出土明代墓誌爲綫索對明代《毛詩鄭箋》以至明代學術風氣的探究，②陳昱良利用明人墓誌對官民違律納妾問題的揭示，③李宏利根據墓誌這一最直接的材料對明清上海士人群體壽命的考察等，④不一而足。近年來，文科碩（博）士研究生學位論文涉及這類方向的選題數量頗多，而尤以關於明代女性社會生活諸方面的内容較爲集中，⑤似乎存在"扎堆"的現象，水準也良莠不齊。

　　相對於明代墓誌存世的龐大數量而言，對於明代墓誌最爲迫切緊要的整理與研究，無疑是根據地域或相關專題對墓誌材料進行集中的彙編輯録。這一方面，陳柏泉對江西出土明代墓誌的録文與整理可以説開了一個好頭，⑥許智範則在此基礎上補充了江西出土的明代藩王墓誌。⑦此後陳柏泉又將江西出土的古代墓誌材料總匯爲《江西出土墓誌選編》一書，其中收録明代墓誌105種。《江西出土墓誌選編》的編纂在當時可以説已經達到了相當高的水準，對於全國範圍内地域性的墓誌輯録工作具有開風氣之先的意義。⑧正是由於受到陳柏泉《江西出土墓誌選編》一書出版的影響和啓發，各地陸續也編纂出版了區域性的墓誌彙編輯録，如《河東出土墓誌録》《臨海出土墓誌》《衡水出土墓誌》《滄州出土墓誌》《江寧出土歷代墓誌考釋》《陝州新出墓誌選編》等。這些雖然都不是彙輯明代墓誌的專書，但其中均包括大量明代墓誌。香港大學1997年出版的由梁紹杰整理、趙令揚審訂的《明代宦官碑傳録》收録明代宦官墓誌近50種，另有相關碑刻若干，是迄今僅見的以明代

① 胡正寧：《南京出土明代墓誌銘考釋與研究》，博士學位論文，南京大學，2013年；邵然：《新中國以來北京地區出土明代墓誌研究》，碩士學位論文，河北大學，2019年。

② 任昉：《明代〈毛詩鄭箋〉流行小考——以常熟新出土明代墓誌爲綫索》，《明清論叢》第10輯，故宫出版社，2010年。

③ 陳昱良：《從明人墓誌看官民違律納妾問題》，《歷史檔案》2012年第2期。

④ 李宏利：《明清上海士人群體壽命探析——以墓誌爲中心》，《史林》2014年第6期。

⑤ 汪躍：《明代女性墓誌銘研究》，碩士學位論文，上海大學，2006年；郭玲玲：《中晚明女性墓誌研究》，碩士學位論文，河南大學，2014年；趙敏：《從〈新中國出土墓誌〉中再現明代女子的婚姻家庭生活》，碩士學位論文，陝西師範大學，2017年；艾麗君：《閨門内外：明代品官命婦的世界》，碩士學位論文，華中師範大學，2021年。

⑥ 陳柏泉：《江西明代墓誌集釋》，《江西歷史文物》1986年第1期。

⑦ 許智範：《江西明代藩王墓誌綜述》，《江西歷史文物》1986年第1期。

⑧ 陳柏泉：《江西出土墓誌選編》，江西教育出版社，1991年。

宦官碑誌爲主題的專著。此外，榮麗華編纂、中華書局 1993 年出版的《1949-1989 新中國出土墓誌目録》，查詢新中國成立四十年來出土的墓誌極其便利，至今仍是使用價值較高的工具書。

近年來被列入國家社會科學基金重大項目并得到國家社會科學基金專項資助的《新中國出土墓誌》大型系列叢書，已陸續分地域推出，對於墓誌的整理與研究而言，確是功德無量的大好事。《新中國出土墓誌》編輯理念清晰，編校品質把關甚嚴，爲古代墓誌的整理研究提供了良好範本。鑒於明代墓誌在存世古代墓誌中所占比重最大，故《新中國出土墓誌》的編輯出版工作，客觀上也是對墓誌整理方面存在的"選題厚古薄今、内容缺乏規範"的糾偏，具有十分深遠的意義。

然而即便如此，《新中國出土墓誌》在對漫漶誌文的釋讀乃至殘損墓誌的綴合等方面，仍然存在一些問題。以文物出版社 2014 年底出版的《新中國出土墓誌·江蘇〔貳〕南京》爲例，書中甚至對於所收録墓誌的來源信息的著録也出現很多疏誤，諸如將大量有考古發掘簡報可資查檢的出土墓誌誤作出土時、地不明的徵集品；將碎裂爲兩塊、猶可拼合復原的墓誌誤爲分屬不同傳主的兩種墓誌，如書中第 94 號"明指揮僉事某公墓誌銘"與同書第 97 號"明故昭勇將軍孝陵衛指揮使蕭公墓誌銘"，經上下拼接即可"合二爲一"（圖四），其中，第 94 號爲誌石下半部分，97 號爲誌石上半部分，墓誌紀年當以誌石上半部分即第 97 號"明故昭勇將軍孝陵衛指揮使蕭公墓誌銘"的"永樂十四年（1416）十二月三日"爲準；還有不少是將同一合墓誌的蓋與底誤爲不同的傳主所有、分別編號予以著録者，如書中第 66 號"明故周公（顯）墓誌銘"與同書第 285 號"明賜昭勇將軍驍騎左衛親軍指揮使周公之墓誌蓋"、第 108 號"明故前軍都督劉公（鑒）墓誌銘"與同書第 281 號"明驃騎將軍都督僉事劉公墓誌銘蓋、第 262 號"明魏國公徐公（邦瑞）墓誌銘"與同書第 279 號"明故南京守備掌南京中軍都督府事魏國公少康徐公墓誌銘蓋"、[①] 第 263 號"明黔國（沐朝輔）夫人陳氏墓誌銘"與同書第 289 號"明敕封黔國夫人□氏墓誌銘蓋"等，均屬同一合墓誌。[②] 凡此種種，不一而足，客觀上也反映出對於《新中國出土墓誌》的校訂，也已經成爲亟待提上日程的工作。

① 關於嗣魏國公徐邦瑞墓誌蓋"明故南京守備掌南京中軍都督府事魏國公少康徐公墓誌銘蓋"的篆題，所謂"少康"應爲"少軒"之誤，編纂者不諳篆法，誤"軒"字爲"康"。

② 邵磊：《〈新中國出土墓誌·江蘇〔貳〕南京〉在信息著録方面的疏誤》，《碑林論叢》第 23 輯，三秦出版社，2018 年，第 142~153 頁。

圖四　可拼合復原的明代孝陵衛指揮使蕭遜墓誌

二 明代墓誌的材質與規制

明代墓誌不折不扣屬於中國古代墓誌發展演變階段的尾聲，其材質與形制通常被認爲早已定形，幾乎没有變化可言，但加以整理與排比，仍然可以發現若干可能指向"禮制"的細節，值得細細推究。

（一）明代墓誌的材質

明代墓誌以石質居多，但也有不少稍顯粗樸的陶（磚）質墓誌，這些陶（磚）質墓誌的使用者未必都是底層的庶民，如近年新發現的明《故訓導菜窩先生朱公墓誌銘》即是以長、寬約40厘米的青磚刻製而成，傳主儒學訓導朱嗣宗，先後"以明經薦分教淮安府庠"并"改訓湖之德清"，永樂六年（1408）秩滿至京師（南京），經明成祖朱棣允准，被選爲中山王徐達長孫、第三任魏國公徐欽的師尊。[①]朱嗣宗受命教育嗣魏國公徐欽習學讀書之後，既"導之以忠孝，文之以禮樂，雖祁寒暑雨，靡有遺息。故公（徐欽）德器成就，皆先生之功也"。故而朱嗣宗墓誌對於徐達家族歷史而言，也是有興味的發現（圖五–1、五–2）。

明代的石質墓誌中，尤以石灰石質所見最多，而受石材分布的影響，在廣袤的南方地區，也不乏以質料較爲粗疏的赭紅色的砂岩或暗綠色的頁岩鐫製而成。至於華北地區秩級較高的明代墓誌，多見以瑩潤精美的漢白玉鐫製而成。凡此種種，都呈現出了很强烈的地域特點。

由於受物流、交通等客觀條件的限制，墓誌用石通常都會因地制宜地采用所在地蘊藏的石料予以加工鐫製，很少能見到這樣的情形：某一地特有的石材會不遠千里被運送至另一地，以作爲墓誌的選材。不過也不是没有例外，如南京出土明代墓誌雖然幾乎都以石灰石（亦即青石）鐫製，鮮有采用華北地區特產的漢白玉鐫製，而異族達官出身的明代首任南寧伯、卒贈南寧侯的毛勝暨夫人白氏兩人的合葬墓誌、毛勝的曾孫媳陳氏墓誌，却悉爲漢白玉質地，頗值得留意。[②]

---

① 明代開國功臣中山王徐達一生功成名遂，其子孫却命運多舛。徐達長子、嗣魏國公徐輝祖因抗拒"靖難"之師遭革爵囚禁，瘐死獄中。徐輝祖子徐欽（原名徐釋迦保）雖於永樂五年襲爵，仍以"恣縱"而爲言官劾奏，被勒令歸而"就學"，以廣聞見，這便是明成祖朱棣勒令徐欽向朱嗣宗拜師問學的背景。詳見《明史》卷一二五《徐達傳》，第3731頁。

② 賀雲翱：《明故南寧伯追封南寧侯諡莊毅毛公夫人白氏合葬墓誌銘考略》，《華夏考古》2002年第4期；邵磊：《明代南寧伯毛良夫婦墓誌考釋》，《蘇州文博叢刊》第4輯，文物出版社，2013年，第39–47頁。

圖五-1　儒學訓導朱嗣宗墓誌蓋

圖五-2　儒學訓導朱嗣宗墓誌

除了南寧伯毛氏家族外，葬於南京南郊鄧府山附近的明憲宗孝貞王皇后孀居的叔母李玉墓誌也爲珍貴的漢白玉材質，與家族其餘成員墓誌均爲石灰石不同。李玉墓誌之所以得以采用漢白玉材質，究其原委，或與李玉曾鞠育孝貞王皇后於幼時不無關係。孝貞王皇后正位中宮後，對李玉的鞠育之恩念念不忘，在將父母、兄弟一門迎至京師爲官安家之際，李玉竟亦得以隨侍而來，并時時被王皇后召入宮廷叙舊，禮待優厚。李玉辭世後，時已升格爲皇太后的王氏不僅哀悼，甚至遣人賻祭於家，甚至李玉在京的族侄亦即皇太后兄弟瑞安侯王源等亦皆服喪以禮，且朝請給官舟扶柩以歸南都祖塋。由此可見，李玉的漢白玉質墓誌顯然出自孝貞王皇后或瑞安侯王源等的饋贈，孝貞王皇后姊弟對李玉葬禮的鄭重其事，於此可見一斑。①

（二）明代墓誌的形制

古代墓誌在其濫觴、發展的嬗變時期，在形制上存在一個逐步發展完善并趨於合流的過程，而通常認爲，這個過程大致在南北朝後期就已完成，更遑論晚於隋唐宋元的明代墓誌，這也是以往明代墓誌不受重視的原因之一。但實際上明代墓誌在形制方面仍是存在一定的“變數”，祇不過不大爲人留意而已。

明代墓誌的形制可分爲方形與長方形兩種，以前者居多。不過即便是外觀呈方形的墓誌，其誌石在削製過程中，其橫縱之間也可能會存在 1~2 厘米的誤差。這樣的情形非常普遍，如洪武三年（1370）蘄國公康茂才墓誌橫 67、縱 65 厘米，即是一例。但這種微小的誤差幾乎可以忽略不計，畢竟人工測量也不可能做到極其精確。

外觀呈長方形的明代墓誌，可分爲縱長方形墓誌與橫長方形墓誌兩類。縱長方形墓誌，如洪武十六年（1383）柳州衛指揮僉事蘇銓墓誌橫 68、縱 85 厘米，洪武二十二年（1389）浙江都指揮使陸齡墓誌橫 68、縱 80 厘米，可見洪武年間呈縱長方形的墓誌的縱橫之比，尚未十分懸殊。而永樂六年（1408）的郢國公馮國用夫人樊氏墓誌，縱 58、橫 37 厘米，且蓋底對應，厚度均爲 6 厘米，則其縱橫之比較洪武年間已顯著加大。

明代中期以後，又出現了竪立置放、底部承以趺座的圓首碑形墓誌。按，趺

---

① 邵磊、駱鵬：《明孝宗孝貞皇后王氏家族墓的考古發現與初步研究》，《東南文化》2013 年第 5 期。

座的碑形墓誌早在西晉時期已經出現，歷南北朝以迄宋元皆有所見，唯獨明初一度匿迹，至明代後期"故態復萌"，再度出現，且尤多見諸京師（北京）地區，如《新中國出土墓誌·北京〔壹〕》著録的正德四年（1509）御馬監太監李公壽藏記銘、嘉靖十四年（1535）的王孺人周氏墓誌、崇禎九年（1636）唐母胡氏墓誌等。

橫長方形墓誌在明初與明代後期均不乏其例。明初的橫長方形墓誌，所見不多，如洪武五年（1372）昭勇將軍驍騎左衛親軍指揮使周顯墓誌，其橫66、縱56厘米，誌石的縱橫之比也并不懸殊。永樂年間的明黔國公沐晟家婢女曹氏墓誌銘，其橫70、縱54厘米，可見，自洪武至永樂年間，作橫長方形的墓誌的橫縱之比進一步加大了。

明代晚期的橫長方形墓誌，在形制與行格上較明初均出現很大變化，可藉萬曆年間的登仕左郎鴻臚姚元白（淛）暨其繼室王孺人兩人的墓誌予以説明。姚淛暨其繼室王孺人夫婦的墓誌，均爲一誌二石，其中，萬曆十四年（1586）姚淛墓誌的兩塊誌石均爲橫94、縱29厘米，萬曆七年（1579）姚淛繼室王孺人墓誌的兩塊誌石均爲橫71、縱28厘米，在外觀上業已呈現爲橫扁狀，而由於誌石橫縱之比懸殊加以誌文的書刻精美，使得姚淛夫婦墓誌的形制在視覺感受上更像是展示書法藝術的刻帖（圖六）。值得一提的是，姚淛夫婦墓誌的一誌二石，并非通常意義上文字相向的誌蓋與誌底兩部分，而是將一篇完整的墓誌文字前後相繼、彼此銜接地"分攤"鎸刻於兩片呈長方形的誌石之上。在第一石正文之前的起首之處爲墓誌的篆題，其中，姚淛墓誌在篆題與正文之間，還依次留下了撰文、書丹、篆蓋者的題名；姚淛繼室王孺人墓誌的作者題名，則集中位列第二石的正文末尾。北京出土的正德十二年（1517）亡女張文進介婦（李春嬌）墓誌，也屬一誌二石，其中，第一石爲誌、蓋合一，在誌石的右半部亦即誌石起首處篆題誌蓋文字，誌石的左半部爲誌文，第二石則是與第一石相銜接的誌文，大致與南京出土於萬曆年間的姚淛夫婦墓誌類同。

明代晚期的橫長方形墓誌中，還有一類在誌石上刻畫墓主寫真畫像的形制，如南京出土的明代開國功臣寧河王鄧愈七世孫、定遠侯鄧繼坤之子平野鄧君墓誌，誌石橫53、縱30、厚6厘米，整體內容以所劃界欄，可分爲四部分：起首，以鐵綫篆題寫"明寧河王七世孫平野鄧君墓"4行12字，字迹纖勁工細。篆題之後，爲徐貞繪製的墓主平野鄧君峨冠博帶、拱袖肅穆的半身肖像，畫像之上隸題"平野

圖六　姚溮墓誌

先生小像" 6 字，像左有 "徐貞寫" 楷書署款（圖七–1）。畫像之後爲 "里姻潘鵠"
爲 "平野先生小像" 所撰 "像贊"，共 9 行，滿行 13 字，末行 7 字，合計 91 字，
全文爲："平野先生，周旋委蛇；不矯情以爲異，不隨流而兢侈。系出王公之貴而
不驕，家有垺地之裕而好禮。琴書之耽，怡神於凤契；圖史之玩，優游以萃止。見
其君子樂之而親，小人感之而慕。豈古所謂有恒者與？抑所謂君子人與？" 在 "里
姻潘鵠" 的署款之下鐫刻 "西川" 方印一枚。潘鵠的像贊之後，繼爲 "橫崖陳芹"
所撰像贊，共 4 行，滿行 12 字，合計 36 字，全文爲："有美公子，頎然而長；恬
愉游藝，以承餘慶；畢世優游，方山之野；子孫觀德，視兹儼者。" 在 "橫崖陳芹"
的署款之下鐫刻 "子野" 方印一枚（圖七–2）。據明代寧河王鄧愈家族史事以及
像贊作者潘鵠、陳芹皆舉於嘉靖年間而言，可推斷平野鄧君其人亦活躍於嘉靖朝或
稍晚。不過就墓誌的體例而言，這位平野鄧君墓誌的内容并不完整，可能尚另有規
制相同的一石，用以記載傳主生平，惜已佚失無存。不過僅就墓誌第一石或曰墓誌
蓋之上包括篆題（蓋）、畫像、像贊與各自作者的署款、印信等内容以至豐富的藝
術表現形式而言，幾無異於彼時士大夫之間常見的題跋或觀款俱全的行樂圖，堪稱
古代墓誌最具文人趣味的形式。

圖七-1　明寧河王鄧愈七世孫平野鄧君墓誌上鐫刻的墓主小像

圖七-2　明寧河王鄧愈七世孫平野鄧君墓誌誌文（局部）

（三）關於明代墓誌的秩級問題

關於明代墓誌的秩級及其表現，以往關注不多，夏寒在其博士學位論文《明代江南地區墓葬研究》中認爲："洪武初年發現的墓誌邊長略小，但是較厚重。洪武中期至正統以前，公侯墓誌邊長 80 厘米左右，誌蓋和誌石厚度在 10 厘米左右，公侯夫人墓誌略小於公侯墓誌。公侯以下官員墓誌發現較少，但是除了徐膺緒墓（誌）外，其餘武官墓誌邊長均在 70 厘米左右。沐氏家族墓誌形制比一般公侯墓誌要大一些，如黔寧王沐英夫人耿氏墓誌邊長 1 米，按照夫婦墓誌中女性墓誌一般要略小於男性墓誌規律來推斷，遺失的沐英墓誌邊長肯定超過 1 米。"① 這一段論述列舉黔寧王沐英夫人耿氏墓誌與中山王徐達季子、中軍都督府都督僉事徐膺緒等武官墓誌等材料，推斷作者未及寓目的明代黔寧王沐英墓誌的規制大小，是首次將明代墓誌的尺幅與品秩聯繫在一起的討論。

不過，即便是收縮在上述設定的"洪武中期至正統以前"這樣一個時代框架，也不難發現，在一定限度之內，明代墓誌的規制尺幅也客觀存在着一個漸趨增大的演變過程。這一方面，可列舉與黔寧王沐英側室夫人耿氏品秩相近的公侯夫人墓誌予以闡述，如洪武二十年（1387）延安侯唐勝宗太夫人施氏墓誌邊長 68 厘米，洪武二十一年（1388）虢國公俞通海夫人于氏墓誌邊長 76 厘米，建文四年（1402）長興侯耿炳文夫人陳氏墓誌與永樂十六年（1418）西寧侯夫人葉氏墓誌、十九年（1421）西寧侯夫人許氏墓誌的邊長均爲 75 厘米，宣德七年（1432）黔寧王沐英繼室夫人耿氏墓誌與首任黔國公沐晟夫人程氏墓誌邊長分別爲 101、95 厘米，宣德八年（1433）靖難功臣蔡國公徐忠夫人武氏墓誌邊長 89 厘米，等等。綜上所述，可以發現大致在永宣之際，公侯夫人墓誌的尺幅開始顯著出現增寬增長的趨勢，而在這之前洪武、建文年間的公侯夫人墓誌，邊長約爲 70 多厘米，永宣之後公侯夫人墓誌的尺幅則已拓展至約 90 厘米。當然，這一演變也并非是絕對的，也會有個性化的因素在起作用。譬如，永樂二十二年（1424）的西寧侯宋晟原配夫人丁氏墓誌反而小於宋晟後娶的葉氏與許氏的墓誌，也可能與丁氏無出有關。再如營國公郭英夫人嚴氏墓誌邊長衹有 51 厘米，或與郭英曾效忠建文帝抗拒燕王朱棣并可能死於非命有關；② 至於第三任魏國公徐欽夫人何妙蓮墓誌邊長衹有 65 厘米，則如前所述，可能與明成祖朱棣對徐欽不滿甚至一度將其罷爵爲民有關。此外，同爲明太祖朱元璋之女，南康公主墓誌的尺幅也遠小於寶慶公主墓誌的尺幅，應與駙馬胡觀效忠建文帝抗拒燕王朱棣最終被逼自盡有關。而排除這些特定的與政治或家族利益有關的因素，永宣之際公侯夫人墓誌尺幅增寬增長的趨勢還是顯而易見的。

復據宋伯胤等人執筆的《國立南京博物院清理牛首山附近古墓準備工作報告》油印本，可知明黔寧王沐英墓在 1950 年之前即遭盜掘，盜掘出土的沐英墓誌爲附

---

① 夏寒：《明代江南地區墓葬研究》第三章"隨葬品的種類和組合·墓誌和地券"，博士學位論文，南京大學，2006 年。

② 邵磊：《南京出土明初勛貴及其家族成員墓誌考》，《文獻》2010 年第 3 期。

近上應塘村民魏某藏匿於村旁池塘之內，後南京博物院派宋伯胤、張正祥前往調查，責成魏某將沐英墓誌從池塘內取出，這纔輾轉入藏南京博物院。但黔寧王沐英墓誌被徵集入藏之後，却深鎖琅嬛，久不爲人所知，以致南京市文物保管委員會在撰寫沐晟墓與沐英墓考古發掘簡報時，也絲毫未提及沐英墓誌。[①] 所幸近年因編纂《南京歷代碑刻集成》一書，沐英墓誌始得以"重見天日"。但讓人"大跌眼鏡"的是，經測量沐英墓誌誌石橫 78.3、縱 77.5 厘米，在方幅尺寸上遠遜於其繼室夫人耿氏墓誌。由此可見，即便是涉及秩級的具體制度或規定，也會隨着時間的推移而不斷發展變化，這應當就是洪武二十五年（1392）的沐英墓誌的尺幅，全然不可與宣德七年的沐英繼室夫人耿氏墓誌相提并論的主要原因。

除了長寬尺幅之外，明代早期墓誌的厚度問題也頗值得留意。除了呈現爲縱長方形，在明初功臣墓誌中殊爲罕見的永樂六年（1408）郢國公馮國用夫人樊氏墓誌之外，其餘贈予公爵或生前授封公爵的功臣暨夫人墓誌的厚度多爲 10 厘米，這其中包括洪武十二年（1379）海國公吳禎墓誌、洪武二十年（1387）永國公薛顯墓誌、洪武二十一年（1388）虢國公夫人于氏墓誌、宣德八年（1433）靖難功臣蔡國公徐忠夫人武氏墓誌等，少數超過了 10 厘米，如洪武二十三年（1390）恩國公張赫墓誌厚 11 厘米，洪武十四年（1381）江國公吳良誌石厚 12 厘米，先後卒於宣德六年（1431）與正統四年（1439）的首任黔國公贈定遠王沐晟暨夫人程氏墓誌皆厚 13 厘米。

明初開國功臣中，嗣德慶侯廖權、英山侯于顯、延安侯唐勝宗、南安侯俞通源、長興侯耿炳文等止封侯爵，故洪武十七年（1384）嗣德慶侯廖權墓誌、洪武二十一年英山侯于顯及其夫人江氏兩人的壙誌、洪武二十年延安侯太夫人施氏壙誌、二十二年南安侯俞通源墓誌、建文四年長興侯耿炳文夫人陳氏墓誌的誌石皆厚 8 厘米，稍薄於郡公及其夫人的墓誌，這些中也可能體現了永樂以前的特定歷史時期之內，由工部營葬的公、侯墓誌在規制上的細微分別。[②]

而在這樣的認知基礎上，或許就不免於爲洪武初蘄春侯贈蘄國公康茂才與東勝侯汪興祖兩位開國功臣墓誌不同尋常的"厚重"，而感到驚詫了。康茂才墓誌鎸

---

① 南京市文物保管委員會：《南京江寧縣明沐晟墓清理簡報》，《考古》1960 年第 9 期。

② 這其中也有例外，如洪武二十一年（1388）卒贈皖國公的仇成墓誌厚度衹有 8 厘米，可能與仇成的安慶侯爵并非洪武三年（1370）受封有關。嗣靖海侯吳忠并未贈公爵，但其墓誌却厚 11 厘米，可能與吳忠洪武二十三年（1390）歿於王事有關。

刻誌文的誌石厚 20 厘米，汪興祖墓誌鐫刻誌文的誌石厚 19 厘米，也就是説，康茂才與汪興祖墓誌的厚度幾乎是大多數明代開國功臣墓誌厚度的兩倍。何以如此？竊以爲，應與洪武五年（1372）重定墳塋之制有關。洪武五年重定墳塋之制的内容，不僅包括墓冢、墳牆、神道石刻這些地上的標識，也涉及壙中的墓誌與明器。[①] 康茂才與汪興祖分别卒葬於洪武三年（1370）與洪武四年（1371），就迄今考古發掘的明代功臣墓而言，論年代之早則無逾此二墓者，故而其墓誌之厚重，也可能體現了洪武五年重定墳塋之制以前的并不十分嚴格的規制。推而及之，這與康茂才、汪興祖墓均采用超逾常規的構築形式以至隨葬品的異常豐厚，皆息息相關。

三　關於明代墓誌的文體

墓誌作爲哀誄文的一種，寄托着古人意欲藉金石之貞而不朽於後世的願望，自有其模式化之行文格式，且其範式性甚於其他文體，并隨時代演進而漸次加强。換言之，墓誌的體例諸如首題（題額）、作者題名與正文、銘辭的排布，乃至墓誌正文的内容本身，也自有其發生、發展、成熟以至形成定式的過程。

墓誌起源與發展，通常被概括爲秦漢時的濫觴期、魏晉時的轉化期與南北朝以後的定型期。墓誌形制大致定型於南北朝時期，而與墓誌形制的嬗變相似，作爲墓誌要素的文體，通常也被認爲在南北朝後期已經成熟，并步入了定型階段。明人王行《墓銘舉例》於墓誌序文文體内容有“十三事”之説，認爲墓誌“十三事”的固定程式，源自中唐韓愈。清人吳鎬指出：“金石所重，在可書不可書耳。或略或詳，又其次也。止仲（王行字）則舉韓文姓諱等十有三事例之。夫誌墓之制，肇始東漢，所云十三事者，未見備於一篇之中。蓋彼時文體簡樸，故魏晉誌銘并姓諱皆不載者甚衆。後魏時始有詳述者，至北周庾開府出，此十三事備矣。隋至唐初，撰文之士悉宗法之，又較詳密”。[②] 吳鎬將“十三事”之詳備上溯至北周庾信，這當然是由於前人聞見不廣之故，從近數十年來發現的大量南北朝墓誌來看，庾信無非南北朝墓誌定型期階段的衆多碑誌作家之一，在庾信之前的南北朝墓誌文字，在首題、題名、序文、銘辭的排布乃至誌文的内容方面，業已具備了相當完整的體例。

---

① 張廷玉等：《明史》卷六〇《禮十四·碑碣》，第 1487 頁。
② 吳鎬：《漢魏六朝唐代墓誌金石例》之《誌墓例附論》，《叢書集成初編》本，商務印書館，1937 年，第 1 頁。

墓誌作爲古代應用文體之一，歷經隋唐宋元之延續，至明代已然高度規範化與程式化，所謂"十三事"之序文部分與大致順序早已司空見慣，即便對於彼時文壇大家、名家而言，也概無例外，幾乎没有什麽新意，想來這大約也是"承前代之緒餘"的明代墓誌不爲人所重的主要因素之一。

不過具體而微仍不難發現，"驅逐韃虜，恢復中華"之後的明初墓誌在體例結構方面仍然催生異於前代的鮮明特點，這些特點產生的背後也廣泛觸及社會變遷、時代心理、禮俗習慣、思想文化等諸多方面。而在分明屬於近古時期的明代墓誌之上，也不時見有逾宋邁唐的"不合時宜"的古風，此亦頗令人稱奇。僅就這兩個方面來看，有明近三百年之國祚作爲墓誌文體發展中之一環，其時代賦予墓誌的特定的文體變化和文化意義，也理所應當受到重視。

（一）明初墓誌文體的特點與成因

早期墓誌僅具墓主姓氏、諱字、鄉里、仕歷、家世、姻親、生卒、葬地等，内容較爲簡單。南朝劉宋以降，由於朝廷詔諭石誌可以"紀德"，[1] 故南北朝以來的墓誌，除了記載墓主姓名、家世、歷官、生卒、葬地之外，還不惜筆墨，鋪攻叙伐，紀賢頌德。唐宋之後，腴墓之風愈熾，墓誌文字動輒千言，往往空洞冗長，如1973 年安徽合肥東郊大興集出土，由吳奎撰、楊南仲書、文勛篆蓋的北宋龍圖閣學士包拯墓誌銘，全文竟長達 3200 字，[2] 内容遠逾《宋史》1330 字的包拯本傳。清代金石學家葉昌熾曾認爲宋代"蘇氏兄弟作誌文有至四五千字者，斷難刻置墓中，或竟撰文存集而實未鐫刻"。[3] 然以出土的名臣包拯墓誌而言，可知宋代墓誌誌文長達四五千字，實不無可能。

然而，這股藉長篇誌文腴墓的風氣至明初却戛然而止，一度趨於式微。迄今所見，明洪武朝卒葬的開國功臣如黔寧王沐英、東甌王湯和、蘄國公康茂才、東勝侯汪興祖、江國公吳良、海國公吳禎及其嗣子吳忠、嗣德慶侯廖權、皖國公仇成、恩國公張赫等人的墓誌，往往祇有兩三百字，至於秩級爲三四品的中高級武官如洪武五年（1372）驍騎左衛親軍指揮使周顯墓誌、洪武十九年（1386）曲靖衛指揮

---

① 蕭子顯：《南齊書》卷一〇《禮下》："有司奏大明故事，太子妃玄宫中有石誌。參議墓銘不出禮典。近來元嘉中，顏延之作王球石誌。素族無碑策，故以紀德。"（中華書局，1972 年，第 158 頁）
② 包拯墓誌現藏安徽省博物館，題爲《宋故樞密副使贈禮部尚書孝肅包公（拯）墓銘》，詳見《文物資料叢刊》第 3 輯，文物出版社，1980 年。
③ 葉昌熾：《語石》卷四《墓誌十八則》，王其褘校點，遼寧教育出版社，1998 年，第 95 頁。

同知牛麟墓誌、洪武二十三年（1390）二月建寧左衛指揮僉事張亨墓誌等，以至皇子、公主、郡主等皇親墓誌，通常也不過百十字，率多據事直書，簡約平實，幾乎沒有什麼誇功矜賞之語，與前朝勛貴墓誌窮典究故、奢華競麗的洋洋灑灑，形成了鮮明的對照。而這一情形，約至宣德以後纔逐漸得以改觀。

明初墓誌杜絕“既興虛僞，以褒私美”的濫辭縟藻，可能與明太祖朱元璋的個人好惡不無關係。明太祖起於草莽，原本目不知書，儘管後來勤於學問，終於能够“文字明達，博通古今”，但對於腐儒的繁文始終有一股發自心底的反感與厭惡，因此他主張“文章明白顯易，通道術，達時務，無取浮薄”。[1]洪武六年（1373），明太祖索性下令朝廷公文禁用代代相承的四六駢文，[2]而改用明白平實的文字，俾便“直解”。可以想見的是，這一改革顯然對文字質樸、直抒胸臆的明代散文等文藝作品的創作也產生了深遠的影響。至於南北朝以來墓誌流行的駢體四言韻辭，在明初墓誌上一度絕迹，亦緣於此。

明太祖對於空泛冗長的文章尤爲深惡痛絕。洪武九年（1376），刑部主事茹太素以五事上萬言書，明太祖使人讀至6370字，仍未獲睹五事實迹，盛怒之下，即命人痛毆茹太素，并據此事而“立上書陳言之法，以示天下。若官民有言者，許陳實事，不許繁文，若過式者問之”。[3]洪武十六年（1383），明太祖再頒“案牘減繁式”給各部，務使往來公文盡廢冗辭，例陳實事。由此可見，明初墓誌誌文率皆據事直書，内容簡潔平實，實爲彼時行文制度使然。唯此制度，乃由明太祖朱元璋之好惡而立。

（二）明初墓誌的作者

以開國功臣墓誌爲主體的明初墓誌，不僅誌文據事直書，内容簡潔平實，絕無銘辭，甚至絕大多數墓誌皆未見撰、書作者的題名。面對這些出自“無名氏”手筆的誌文，很容易讓人產生這樣一個誤會，即文辭簡潔的明初墓誌皆爲例行公事般的行文，甚至無需安排專門的作者來撰造。然而以考古發現的諸多明代開國功臣墓誌爲例，可知其誌文内容縱使簡短樸實之至，其實也仍多出自學富五車的詞臣翰林之手筆。有關這一方面，可援明代開國功臣西平侯贈黔寧王沐英的墓誌來加以

---

① 張廷玉等：《明史》卷一三六《詹同傳》，第 3929 頁。
② 《明太祖實錄》卷八五，洪武六年九月庚戌，中研院歷史語言研究所，1962 年，第 1512 頁。
③ 朱元璋：《明太祖文集》卷一五《建言格式序》，黃山書社，1991 年，第 304 頁。

説明。

　　洪武二十五年（1392）的黔寧王沐英墓誌，內容極簡短，通篇并無作者題名
（圖八–1、圖八–2）。凡此種種，與衆多出於“無名氏”撰述的明代開國功臣墓誌
相較并沒有什麼不同。但筆者在翻檢文獻之際，却發現黔寧王沐英墓誌實爲“以明
經薦授廣西行省理問”“歷滇池魚課宣課大使”的張適所撰，并存録於氏著《甘白
先生文集》，① 祇不過張適并未在沐英墓誌上署名而已。據《甘白先生文集》所述，
張適博恰而工於詩文，名臣宋濂嘗薦張適撰修《元史》，與高季迪、楊孟載、張來
儀、徐幼文、王止仲、梁用行、方以常、錢彦周、杜彦正、浦長源輩結爲詩社，號
“十才子”。張適終官滇南，故沐英嗣子西平侯沐春具行狀而延請張適爲乃父撰寫
墓誌文，亦情理中事。

圖八–1　黔寧王沐英墓誌蓋

① 　張適：《甘白先生文集》卷五，《四庫全書存目叢書》集部第 25 册，齊魯書社，1996 年，第
388~389 頁。

圖八-2　張適撰造的黔寧王沐英墓誌

　　除了黔寧王沐英墓誌之外，靖海侯贈海國公吳禎墓誌是關於明初功臣墓誌撰文作者綫索的另一重要發現，也是迄今爲止所見到的最爲直接的發現。吳禎墓誌在誌文末尾尚存已漫漶不清的一行題名，可辨“……尚書朱夢炎謹誌”七字，清楚表明吳禎墓誌的誌文係出自洪武朝禮部尚書朱夢炎的手筆（圖九），這幾乎也是明代開國功臣墓誌中署記撰造者名銜的初始者。雖説在明代開國功臣墓誌之上列出撰造者題名者，并不祇有朱夢炎撰吳禎墓誌，如卒於洪武十二年（1379）的開國功臣岐陽王李文忠之父、隴西王李貞的壙誌，即由其子李文忠所述，由李善長填諱，[①]但李文忠爲乃父撰述壙誌文，不啻人子竭盡孝思之緒餘，與朱夢炎這樣的“立言君子”爲吳禎撰述墓誌不可同日而語。由此可見，禮部尚書朱夢炎在所撰海國公吳禎墓誌文末結具的名銜，實爲涉及明初墓誌體例流變的具有標識意義的例證。可惜的是，如此重要的發現，竟然爲吳禎墓的考古發掘簡報所忽略。[②]

①　吳興漢:《嘉山縣明代李貞夫婦墓及有關問題的推論》,《文物研究》總第 4 期, 1998 年。
②　南京市博物館:《南京明代吳禎墓發掘簡報》,《文物》1986 年第 9 期。

圖九　朱夢炎撰文的海國公吳禎墓誌

　　朱夢炎，字仲雅，江西進賢人，元進士，爲金谿丞，投入朱元璋麾下，以博洽能文著稱，命與熊鼎集古事爲明白易曉之語，名爲《公子書》，以教諸公卿子弟。洪武二年（1369）轉山西行省員外郎，召入禮部，十一年（1378）自禮部侍郎進尚書，十三年（1380）卒。[①] 則朱夢炎爲吳禎撰述墓誌誌文，適在禮部尚書任上甫一年。

　　永樂以降，撰文者在所撰墓誌上結銜具名的情形逐漸增多，然其題名的位置多仍位於墓誌文的文末，如果窮本溯源，這樣的題名格式，顯然是受到洪武十二年朱夢炎所撰吳禎墓誌所代表的這一類條格範式的影響。

---

① 　張廷玉等：《明史》卷一三六《崔亮傳附朱夢炎傳》，第 3933 頁。

（三）明代墓誌文體的復古現象

六朝至唐代以前的文體，以詩賦、駢文爲主流，唐宋以降則以散體古文爲主流，墓誌亦然。明人徐師曾《文體明辨序説》有云："（墓誌銘）其爲文則有正、變，正體唯叙事實，變體則因叙事而加議論焉。"[1] 所謂"先以議論叙起"，即在碑誌文前加議論的寫法，早在唐代墓誌已然出現，如韓愈在所撰墓誌文中的議論處處可見，對後世影響尤著。

前文述及，明初墓誌多據事直書，簡約平實，略無浮言。直至洪武晚年以迄建文年間，在一心追慕唐宋的方孝孺等的引領之下，這種"先以議論叙起"的碑誌文，遂得以復興。《明史》本傳記載，方孝孺"工文章，醇深雄邁。每一篇出，海內爭相傳誦"。而從方孝孺《遜志齋集》遺存的碑誌文字來看，幾乎在每一篇的起首，都會留下一整段諷古喻今、微言大義的議論文辭，幾乎可以視作方孝孺爲文的醒目特點。可以想見的是，這必然對明代墓誌文體的嬗變與發展産生極爲深遠的影響，不是方孝孺遭燕王朱棣族誅就可以抹殺的。

然而，即便是在明代墓誌的形制尺幅、內容要素乃至以散文爲主的序文文體形式均呈現爲相對固定的習尚之下，以四六駢文爲載體的墓誌文仍然占有一席之地。如所周知，墓誌文通常由記述傳主事狀的序文與贊頌傳主德行的四言銘辭組成，明初墓誌一度汰除了銘辭，祇剩下序文，直至永宣之際，墓誌內容始逐漸恢復序文與銘辭的組合。由於序文以記載傳主生平的行狀爲主體，故內容冗長，銘辭則相對簡短的多。然而，宣德五年（1430）都知監太監楊慶墓誌却是由監察御史陳芸"按狀而爲之銘"，墓誌上楊慶的生平行實皆以四言銘辭的形式鋪叙。如此規模的"復古"篇章竟然出現在明代宣德年間的墓誌之上，非常引人矚目，也是很不尋常的。[2] 竊以爲，楊慶墓誌的主體之所以通篇作四言駢文（圖十–1、圖十–2），可能與楊慶營造位於京師的私宅之際收受工部尚書吳中饋贈的官木等建材，遭明宣宗嫌惡以致將其斥逐南都有關。[3] 誌文作者陳芸采用四言駢辭這樣"古奧"的文體，既應付主家的敦請，也不至於在追溯楊慶生前"功績"時顯得太過直白，實在是有其不得以而爲之的苦衷。

---

① 徐師曾：《文體明辨序説》，人民文學出版社，1962 年，第 149 頁。

② 邵磊：《明代宦官楊慶墓的考古發掘與初步研究》，《東南文化》2010 年第 2 期。

③ 查繼佐：《罪惟録》卷二九《宦寺列傳上·劉寧、馮智》，北京圖書館出版社影印本，2006 年，第 2 冊，第 430~431 頁。

圖十-1　都知監太監楊慶墓誌蓋

圖十-2　都知監太監楊慶墓誌

關於碑誌銘辭的用韻，明代學者徐師曾《文體明辨序説》這樣總結道："若夫銘之爲體，則有三言、四言、七言、雜言散文；有中用'兮'字者，有末用'兮'字者，有末用'也'字者；其用韻，有一句用韻者，有兩句用韻者，有三句用韻者，有前用韻而末無韻者，有前無韻而末用韻者，有篇中既用韻而章内又各自用韻者，有隔句用韻者，有韻在語辭上者，有一字隔句重用自爲韻者，有全不用韻者；其更韻，有兩句一更者，有四句一更者，有數句一更者，有全篇不更者。皆雜出於各篇之中，難以例列。"①

作爲中國古代墓誌尾聲階段的明代墓誌，其銘辭多見爲四言，作三言或七言者雖不若作四言的多，但也有相當數量，第四任南寧伯毛良暨側室夫人鄭氏的合葬墓誌既是其中辭采既華麗且篇幅尤爲冗長者。這篇用"兮"字的七言銘辭就其内容而言，相當於繼序文之後重新又復述了一遍毛良的行實與功績，對毛良生前專心營構的壽藏的風水地勢也不吝贊美之辭：

桓桓虎臣兮南寧，世濟忠貞帶礪盟。有美兩山蓋世英，孔武且文天之星。貂蟬閥閲不足矜，晝親書史夕談兵。三朝天子迭中興，握符秉鉞戰昇平。首提親軍宿承明，指麾貔貅圍神京。北門鎖鑰蕩膻腥，南都留守息鯢鯨。心隨日月□精氣，□射乾坤吞滄溟。勛猷篤棐赫赫聲，能令祖烈增光榮。皇圖隱隱倚長城，斗牛蟒衣天寵并。功成羽化忽遄征，獨留社稷兹芳名。九重聞訃哀且驚，爰頒恤典歸南塋。天闕天印兩山橫，狀元峰屹勢若擎。地鐘千秀疊暐仍，天開十景和氣蒸。擁翠□上□□□，看山白云流盃亭。艷春圖兮天香築，紅藥欄兮淡煙清。此山此石還此銘，後百千祀寧言徵。

毛良的正室夫人陳氏出自平江伯世家，與南寧伯毛氏門當户對。但毛良與陳氏之間却似有難以調和之矛盾，毛良甚至親手殺死陳氏所誕之子，并在陳氏沉屙難起之際幾乎引發兩家巨大的糾紛。毛良正室夫人陳氏墓誌的銘辭兼有三言與七言，在明代墓誌中亦屬稀見，引人矚目：

玉之潔，瑩如靈，六珈斯稱成兹屑。檻泉冷，寒且冽，□達巨川阻百折。

---

① 徐師曾：《文體明辨序説》，第149頁。

仁者壽，理孰究，弗逮厥躬昌厥後。山之崇，惟斯宫，敕賜祭葬□其□。山之□，□斯稱，我銘其□世以刊。

第四任南寧伯毛良夫婦墓誌韻辭的別具匠心，對於探究明代中後期武勛功臣子弟在形象上的轉型及相關問題，皆有一定的考察價值。

除此之外，明代墓誌的銘辭尚有兼具三言、四言與四言、五言以及四言、六言或四言、七言者，變化較多的還見有一篇銘辭兼具三言、四言、六言或四言、五言、六言者，更有甚者，還見兼具四言、五言、六言、七言或四言、五言、八言、九言者，其體例之豐富多變，確如明代徐師曾所謂"皆雜出於各篇之中，難以例列"。

四　新出明代墓誌在文獻輯佚上的價值

新出土的古代墓誌，皆有其文獻史料方面的價值，而時代越早的墓誌，其文獻價值就越高，也越發受到關注。明代墓誌存世數量之龐大與分布地域之廣泛，是之前任何歷史時期的墓誌難以望其項背的。但由於明代距今猶爲未遠，留存下來的文獻史料汗牛充棟、浩如煙海。這是導致明代墓誌在後人眼中價值有限，或者説明代墓誌不似早期墓誌那樣受人關注的主要原因。但另一方面也應看到，所謂明代墓誌史料價值的有限，也祇是相對而言，更何況文獻聚散無常，存廢不一，不能一概而論，就文獻輯佚的層面而言，亦可見一斑。

（一）基於明代碑傳材料的輯佚。

清代晚期以來，凡有一定身份、地位的家族，在置辦白事之際，往往會刷印以逝者生平事行爲主體的諸如《哀思錄》或《哀啓》之類的册子，以廣流傳。這樣的做法大抵可以追溯到明代宣德年間，從考古發現的明代墓誌來看，至遲在宣德年間，已出現由逝者子弟或中書舍人之流先撰寫篇幅較長的行狀、繼而敦請士大夫題寫銘辭的流程。如南京出土宣德六年（1431）的史均祥室馮氏（諒）墓誌銘即爲其子史經奉狀所請，宣德七年（1432）七月奉議大夫、工部營繕司郎中周敏墓誌的銘辭則是中書舍人張益爲狀所請。

古籍版本學家趙萬里先生在其所著《雲煙過眼新錄》裏，記述了二十世紀三十年代曾經過眼珍貴的明刊黔國沐氏行狀的經歷："一九三一年七月，觀東方圖書館、涵芬樓藏書歷十餘日，撿書至四百餘種，大都皆四明天一閣故物，孤本秘笈，往往而有。"此謂趙萬里先生在東方圖書館閱覽館藏書刊之事，其間趙萬里先生曾撿得明初朱琳撰黔國沐氏家族的始祖黔寧王沐英行狀一卷，題爲《大明開國輔運推誠宣力武臣榮禄大夫柱國西平侯追封黔寧王謚昭靖沐公行狀》；唐愚士撰沐英長子、嗣西平侯沐春行狀一卷，題爲《大明故驃騎將軍都督府僉事西平惠襄侯沐公行狀》；豐熙撰沐英次子、首任黔國公沐晟行狀一卷，題爲《大明顯忠輔運推誠宣力武臣特晉榮禄大夫右柱國太傅黔國公追封定遠王謚忠敬沐公行狀》。上述沐英父子三人的行狀，沐英行狀與長子沐春的行狀均爲洪武三十二年即建文元年（1399）刊印，沐英次子沐晟的行狀則爲第六任黔國公沐朝輔刊印，并有嘉靖二十一年（1542）鄧浩跋記。復據《雲煙過眼新録》所述："一九三二年一月二十八日，倭寇侵略，閘北戰起，東方圖書館中西文書十萬冊，一夕燼矣。"① 按三種沐氏行狀，皆明代刊印，孤本流傳，誠可寶貴，而竟毀於一夕，令人唏噓不已。

通常認爲，行狀是最原始的傳記材料，墓誌銘的序文則是根據行狀刪改而成。② 這也可見，墓誌的序文大抵可等同於傳主的行狀而視之。在明初這一特定時空背景下所置辦的武勳功臣墓誌，例皆祇有概括傳主生平、家世的簡短序文，并無贊頌其德行的銘辭。以此而言，二十世紀四五十年代在南京南郊將軍山出土的黔寧王沐英墓誌（題爲《大明西平侯追封黔寧王謚昭靖沐公壙誌》）、黔國公沐晟墓誌（題爲《定遠忠敬王壙誌》）原石（圖十一），所刊刻的其實應是沐英、沐晟父子的行狀。這多少可以撫慰些許明刊沐英、沐晟父子行狀在"一二八"事變中"一夕燼矣"的家國之痛，豈非新出明代墓誌可資"補償"毀於兵燹的明代文獻史料之一例。

據趙萬里先生 1931 年 7 月在東方圖書館發現的明代黔國世家沐英與沐春、沐晟父子的行狀，可以推斷明初開國功臣乃至功臣以外的官貴，可能有不少家族都會在家庭主要成員亡故之後整理并刊印行狀之類的冊子，以廣流傳。然而這些珍貴的文獻史料，可能因爲受到胡惟庸黨案、藍玉黨案、靖難之役等政治風波的影響，或棄置不顧，或付之一炬，幸而有明初墓誌的陸續出土發現，可資彌補。以上所述，

① 方國瑜：《雲南史料目録概説》，第 263~264 頁。
② 任昉：《常熟新出明瞿景淳行狀疏證》，《故宮學刊》第 4 輯，紫禁城出版社，2009 年，第 532~549 頁。

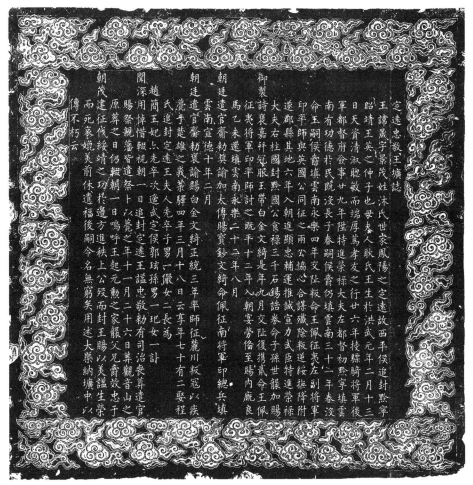

圖十一　定遠忠敬王沐晟壙誌

是基於行狀這一傳記材料本身所着眼的輯佚，而作爲明代文獻史料輯佚的一大淵藪，諸多明初功臣勳貴墓誌在傳記材料輯佚這一方面所起到的作用，可能是我們以往所忽略的。

（二）基於明代作家作品的輯佚

唐宋以來，隨着雕版印刷技術的發展與普及，墓誌文字完成以後，底稿往往會被收入作者的文集予以付梓刊布。但從考古發現與對墓誌原石資料的整理來看，有明一朝也并不是所有出自"名家"手筆的墓誌文字，都會被收錄於作者自己編訂的文集之内。這在明代縉紳士大夫們應邀爲宦官撰寫的墓誌上，表現得尤爲突出。

自永樂後期遷都北京以後，對宦官需求日甚，除了明初來自異族的宦官之外，漢族平民子弟出身的宦官也得以充斥内廷，并在朝臣的指導之下習字讀書，接受教育，"用是多通文墨，曉古今，逞其智巧，逢君作奸。數傳之後，勢成積重，始於王振，卒於魏忠賢。考其禍敗，其去漢、唐何遠哉"。①

考古發現的明代柄用宦官墓誌，除了南京出土正德朝"八虎"之一的御用監太監吳經墓誌是由其"名下"秉筆直書之外，② 幾乎無不是出自在朝爲官的士大夫之手，這一方面的例子不勝枚舉。諸多明代宦官墓誌的作者中，甚至不乏高居内閣首輔、次輔的名流士大夫。如南京内官監太監楊雲壽藏銘爲名臣倪謙撰造，倪謙爲應天府上元人，纍遷南京禮部尚書致仕，卒贈太子少保，謚文僖。倪謙工文，曾應邀撰寫過不少碑誌文字。但倪謙之所以爲南京内官監太監楊雲撰造壽藏銘，除了兩人曾同官南都外，似乎也不能不讓人聯想到與倪謙景泰年間在宸禁受命培養小宦官習學讀書的經歷有相當大的關係。③ 不過，倪謙成化五年（1469）爲宦官楊雲預作的壽藏銘，却并未被收録於倪謙自編的《倪文僖公集》内，顯然是倪謙在編選之際有意略而未收之故。因此，從這個意義上來説，宦官楊雲的壽藏銘也可謂倪謙的一篇佚作了。

值得注意的是，倪謙的這種做法，實際上反映出彼時受邀爲宦官撰寫墓誌的士大夫們普遍存在的心態。李建武《明代内官墓誌撰寫與流傳探析》一文，從明代宦官墓誌撰寫的視角探究了明代宦官與外臣之間的這種若即若離的關係。④ "刑餘之人"的宦官是一個特殊的政治群體，而自詡爲"天子家奴"的明朝宦官擅權專政，爲禍尤爲慘烈。明代士大夫憚於宦官的淫威，其受邀爲宦官撰述的墓誌内容，往往通篇充斥着肉麻的諛贊之辭，甚至一向顯得與閹竪水火不容、勢不兩立的文士如魏驥、王恕等，也往往會表現出虛與委蛇的一面。這固然是與士大夫們以天下爲己任的抱負相違的，因而在編纂亟望藏諸名山的文集之時，有意識地删削言不由衷的宦官墓誌文字，自有其道德層面的需求。另一方面，朝臣士子與宦官交結，往往被詬病，并且會遭到彈劾，這其中最爲典型的例子便是成化年間纍遷至南京吏部尚

① 張廷玉等：《明史》卷三〇四《宦官一》，第 7766 頁。
② 邵磊：《南京市博物館舊藏明代宦官墓誌考釋》，《故宮學刊》第 14 輯，故宮出版社，2015 年。
③ 黄瑜《雙槐歲鈔》卷五《内府教書》云："景泰時，選小内侍黄賜、覃昌等七人，俾中允倪謙、吕原教之，亦於文華殿東廡。"（中華書局，1999 年，第 84 頁）
④ 李建武：《明代内官墓誌撰寫與流傳探析》，《歷史檔案》2017 年第 1 期。

書的錢溥。錢溥一生飽受爭議處便是藉內書堂授書之機，公然結交宦官門徒，故時人評其"得力處在此，而損名處亦在此，士君子深當以此爲鑒"。①

至明世宗以外藩入繼大統，一度力懲武宗弊政，對宦官勢力多所裁抑，甚至明代嘉靖以後在各地刊布或重印的地方志書中，也往往不加選擇地摒棄涉及宦官的內容。在這樣的背景之下，與宦官爲伍的譏誚，更成爲士人不可承受之重。受邀爲宦官撰寫墓誌的士大夫，即便那些曾經有過在內書堂執教小宦官經歷者，在編纂文集之際不惜將曾經執筆撰寫的宦官墓誌幾乎刪削殆盡，就不是不能理解的事了。

新出土明代宦官墓誌中，尚可在作者傳世文集內查檢到篇章者，包括內閣首輔楊一清撰文的《大明故司禮監太監張公（永）墓誌銘》，②南京兵部尚書張邦奇撰文的《明故南京守備司禮監太監潘公（真）墓誌銘》③等在內，總之寥寥無幾。而回過頭來看，張永與潘真的經歷在宦官中也頗不尋常。其中，張永在正德年間曾與外臣合力扳倒勢焰熏天的大璫——"九千歲"劉瑾，夙被贊譽爲閹宦之賢者；潘真則在明世宗由外藩入繼大統之初，便秉承聖意提督修繕并"升格"位於鐘祥的明顯陵，與明世宗自有不尋常的交集，甚而在全國大規模裁撤鎮守中官之際仍然被簡命爲南京守備太監。由此可見，張永與潘真兩人的墓誌文字之所以能夠突破世俗觀念的"封鎖"得以傳世，并不是偶然的。除了在明人文集中存錄全文的張永、潘真與馮保等二十三位明代閹宦的墓誌，④新出土百十種未經存錄的明代宦官墓誌，幾乎也無不出自官高位顯的朝臣手筆，皆屬有明一朝的名家佚作，是非常可貴的文學遺產與文獻材料。

除了儘可能刪削聲名不佳的內臣墓誌之外，明代士大夫或其子弟在編纂文集時，對於所執筆的外官、勛貴乃至商賈的墓誌，往往也有所取捨。如明初內閣"三楊"之一的"西楊"楊士奇爲明初重臣，時仁宗雅好歐陽修之文，士奇以得其仿佛，故爲仁宗所喜，制誥碑版多出其手，而館閣著作遂沿爲流派。士奇著述宏富，王世貞《藝苑卮言》卷五謂本朝"文章之最達者，則無過宋文憲濂、楊文貞士奇、李文正東陽、王文成守仁"，將楊士奇與宋濂、李東陽、王守仁并列，可謂極高的

---

① 何良俊：《四友齋叢説》卷一六，中華書局，1959年，第137頁。

② 任昉：《北京出土明代宦官墓誌零拾》，載王春瑜主編《明史論叢》，中國社會科學出版社，1997年，第356~371頁。

③ 張邦奇：《張文定公靡悔軒集》卷六《明故南京守備司禮等監太監潘公墓誌銘》，《續修四庫全書》第1337冊，上海古籍出版社，1995年，第31~32頁。

④ 李自鵬：《明代宦官墓誌銘研究》，碩士學位論文，武漢大學，2020年，第2頁。

評譽了。楊士奇以"學行"見長，著述宏富，生平應邀撰寫哀誄文極多，但結合考古發現的勛貴墓誌來看，可以發現士奇的《東里集》雖然留存了首任黔國公沐晟夫人程氏墓誌，①但也刪削了諸如明代中山王徐達季子徐膺緒的墓誌。徐膺緒之父徐達是明朝第一開國功臣，他本人也在永樂初升任二品的驃騎將軍、中軍都督府都督僉事，"皇太子（朱高熾）以舅氏甚敬禮之，蓋仁孝皇后既崩，諸舅惟膺緒在。每見，必命坐，款語移時，退必自送之"。②但楊士奇顯然是一位頗"悔其少作"之人，故而在編訂文集之際不僅刪削了徐膺緒墓誌，甚至連所撰明仁宗朱高熾貞靜順妃張氏墓誌也未予收錄。故徐膺緒墓誌亦當以楊士奇之佚文而視之。與楊士奇相對，明代成、弘之際官至南京吏部尚書的王俁在編訂文集之際則采取了"應收盡收"的態度（説詳見後），與楊士奇形成了鮮明的對比。

明代中期以後，隨着市民階層的崛起，以致"江南銅臭之家，與朝紳素不相識，亦必夤緣所交，投贄求輓"。③如京山名士李維楨"其文章弘肆有才氣，海内請求者無虚日，能屈曲以副其所望。碑版之文，照耀四裔。門下士招富人大賈，受取金錢，代爲請乞，亦應之無倦，負重名垂四十年，然文多率意應酬，品格不能高也"。④李維楨爲這些商賈富民撰寫的碑誌，無非是收受潤金的應酬文字，在編訂文集時不予收錄，是情理中事。而類似的情形，在彼時無疑是具有相當普遍性的。

針對明代墓誌的輯佚，也涉及文集失傳或并未編訂文集的明代士大夫，如前文述及公然與宦官交結的錢溥，儘管才華出衆，四方求其文者絡繹不絶，有"一時碑版照四裔"之美譽，而出土署記爲錢溥撰造的明代墓誌之多也印證了這一點。然而如此聲名顯著的文章大家，居然不傳文集，可能多少與其爲人所不齒的品行有關。此外，正統元年（1436）丙辰科進士、以工詩文而著稱的陶元素，"以親老乞終養不仕"而爲在野文士，但却甚得時流推重，交游頗廣，平生爲官貴、富賈之家撰述墓誌、行狀極多，經考古發掘出土者無慮十數種，可能與其賣文爲生并教授諸生"吉凶禮儀悉遵朱子而参以時制"都有一定關係。⑤陶元素著述宏富，計有《史

---

① 楊士奇：《東里文集》卷二一，劉伯涵等點校，中華書局，1998 年，第 306~307 頁。
② 《明太宗實録》卷一七三，永樂於十四年二月戊子，第 1913~1914 頁。
③ 陸容：《菽園雜記》卷一五，中華書局，1997 年，第 189 頁。
④ 張廷玉等：《明史》卷二八八《文苑四·李維楨傳》，第 4938 頁。
⑤ 趙弘恩等監修，黄之雋等編纂《江南通志》卷一二一《選舉志·進士三》暨同書卷一六三《人物志·儒林一》，《景印文淵閣四庫全書》第 510 册，臺北：臺灣商務印書館，1986 年，第 581 頁；第 511 册，第 666 頁。

隽》《華山雜著》《松雲稿》《萬竹山房稿》等，惜皆佚失不傳。① 不難想象的是，出土的諸多出自陶元素手筆的墓誌、行狀，可能有不少是原先曾被收録於《松雲稿》《萬竹山房稿》者。

綜上可知，新出土明代墓誌作爲明代作家文學作品輯佚的淵藪，是非常值得重視的。

五　新出土明代墓誌在文獻校勘上的價值

前文述及，由於雕版印刷技術的發展與普及，唐後墓誌文字的底稿通常得以收入作者的文集付梓刊布，故不待陵谷變遷或墓壙發掘，埋幽之文已遠近傳揚。以至於有研究者認爲，石刻墓誌之集本既已散見於各類文集之中，鑒於上石之際墓誌紙本內容往往經墓主親屬、書丹者與刻工之手而改變，已不能展現誌文作者編入文集的原本的面貌，故以石本“以校集本，亦莫不有異同”。② 意謂出土墓誌原石所鐫刻墓誌的內容，其存真反倒不如作者文集中的墓誌文可靠。因此文學研究者常常認爲，研究作家碑誌創作，祇需盡意於作家文集而不必再旁涉形制與內容業已爲旁人改動的原石拓本或據原石謄録的抄本。甚至不少文物考古工作者也曾認爲，對於那些既已見載各類文集的出土墓誌，通常也就沒有什麽史料價值可言。這些認識當然都不免於失之偏頗。正如對於校勘的理解，無非改正書面材料上由於種種原因而形成的字句篇章的錯誤，使之恢復或接近本來面目，③ 但實際上在現實中遇到的問題却要複雜的多。

首先，收録於作家文集裏的墓誌，由於撰述者對傳主的世系與家族成員或不甚熟稔，故墓誌稿本上的這一部分內容，往往會以“某”代替，或留空待填，甚至被略去。還有，古人常有停柩待葬的風俗，或因其他變故而久喪不葬，而在卜葬的地點以至入土的具體時間都還未有着落之前，墓誌文稿往往已經預先完成，故有關下葬時間與地點的內容，通常也會省略或留空待填。諸如此類的例子，在每一篇被收入作者文集的明代墓誌裏幾乎都會遇到，不勝枚舉。

其次，收録於作家文集裏的墓誌文字，有相當一部分因屢經傳抄刊刻，難免

---

① 轉引自趙國璋主編《江蘇藝文志·南京卷》上册，江蘇人民出版社，1995年，第184頁。
② 葉昌熾撰，柯昌泗評《語石·語石異同評》，中華書局，1994年，第59、396頁。
③ 程千帆、徐有富：《校讎廣義　校勘編》，齊魯書社，1998年，第3頁。

魯魚亥豕之失，有些錯訛之多，幾乎面目全非，到了離譜的程度，而尤以明代黔寧王沐英墓誌爲甚。沐英墓誌爲滇池魚課宣課大使張適撰，存錄於氏著《甘白先生文集》。此書有現藏南京圖書館的清王氏十萬卷樓抄本，然舛錯非常之多，其中不乏一些關鍵的內容，如關於沐英之子的名諱與倫序等。此外，誌文中所有的"沐"字一律誤作"沭"，所有的"侯"字一律誤作"候"，沐英"食禄二千五百石"之"石"誤作"碩"，"初娶馮氏"誤作"馬氏"，"繼室耿氏"誤作"繼家"，"女五人"誤作"文五人"等等，幾乎俯拾皆是。凡此種種，皆宜據出土的沐英墓誌原石予以勘正，而對誌文所涉相關問題的探討，也當以原石爲準。

再者，操辦喪事的主家在獲得按狀而書的墓誌文稿後，爲了體現主事者的意志或出於政治上的考量，往往會在勒石之際增删誌文。這些改動固然不一定出自作者本意，但一定程度上仍然體現了相應的社會風氣及其形成的背景。由此可見，即便是對存錄於作者文集的新出土墓誌而言，其所具備的史料價值仍然不容忽視。這方面的情形比較複雜，可略摭數例以闡述之。

其一，主家出於"粉飾"之需對交付誌文加以改動，較爲多見。如終官南京禮部尚書、謚"文僖"的倪謙爲上元"孝子"龐景華撰寫的墓誌（圖十二），存錄於氏著《倪文僖集》，題爲《旌表孝行龐公墓誌銘》。[①]據墓誌所述，龐景華九歲喪父，事母以孝聞，"母久病痢，景華嘗糞味甘，哀號籲天，乞以身代，母疾遂瘥。鄰弗戒於火，景華抱母號呼，所居左右前後俱灼燼無餘，獨母卧室三間無恙，人咸以誠孝所感。旌其門曰：'孝行'。"庶幾可見，龐景華雖然是名聞天下的孝子，然觀其墓誌所渲染的孝行，仍然不出刲股療母并味母糞甘苦這樣一些出自"二十四孝"的老掉牙的套路。

龐景華墓誌的誌文不僅出自成化初年一度有"首筆"之譽的倪謙，書丹還勞駕了時任南京吏部尚書的崔恭，至於墓誌篆蓋更是由選尚明太祖幼女寶慶公主的駙馬督尉趙輝所題。以倪謙、崔恭、趙輝三人位望之高，竟然屈尊爲一介布衣孝子撰書墓誌，無疑與天順三年（1459）九月朝廷旌表龐景華孝行以爲世勸，并將其事迹采入成化初纂修的《英宗實錄》有關。[②]另一方面，龐景華經商有術、家産殷實，

① 倪謙：《倪文僖集》卷二九《旌表孝行龐公墓誌銘》，《景印文淵閣四庫全書》第 1245 册，第 66 頁。
② 《明英宗實錄》卷三〇七，天順三年九月丁未："旌表孝子龐景華、節婦奚氏等一十二人。景華，應天府上元縣人，蚤喪父，事母孝。母久病痢，景華嘗糞味甘，哀號籲天，乞以身代，母疾遂瘥。鄰弗戒於火，景華抱母號呼，所居左右前後俱灼燼無餘，獨母卧室三間無恙，人咸以誠孝所感。旌其門曰：'孝行'。"（中研院歷史語言研究所，1962 年，第 6473~6474 頁）

圖十二　上元孝子龐景華墓誌

這應當也是他得以交結名宦的一個重要前提。

將龐景華墓誌原石與《倪文僖集》所録龐景華墓誌文本參看，可發現近 20 處異同，其中比較重要的有 5 處，如《集本》謂龐景華幼時其母吳氏"粥簪珥以市書籍"，"粥"顯然爲"鬻"字之誤，此細節見原石第 4 行，則更易爲"脱簪珥以市書籍"，此雖一字之別，但意境完全不同，從中可以揣摩"致富"後的龐景華家族成員意欲由福達貴的心態變化。原石正文第 6 行"宣德戊申（龐景華）母嘗得疾"，《集本》却作"宣德戊辰"，然宣宗之世并無戊辰年，這裏可能是倪謙筆誤，也可能是文集梓行之際的手民之誤。再如，《集本》謂"廖公世清欲舉其（龐景華）孝廉，不果”，事見原石正文第 16 行，但却將“欲”字删去，又將“不果”改爲“不起”，變成了“廖公世清舉其（龐景華）孝廉，不起”，這樣一來就將文意完全篡改了，可見墓誌原石所謂龐景華舉孝廉不起云云，皆屬諛墓之辭，并非倪謙的原文。又如《集本》謂龐景華母吳氏卒葬之際有“太史安成彭先生爲銘其墓”，原石頗損泐，然尚可辨“太史安□□□生時爲銘其墓”，相互參看，可推知龐景華之母吳氏墓誌的作者，正是正統十三年（1448）進士第一而授翰林院修撰的彭時。彭時成化初進兵部尚書，修《英宗實録》成，加太子少保兼文淵閣大學士，纍遷吏部尚書，卒贈太師，謚“文憲”。倪謙亦於成化初參修《英宗實録》，而《英宗實録》的總裁即爲彭時，故倪謙原本在撰述龐景華墓誌之際回避上峰彭時的名諱，理固宜然。而龐景華家族則無此顧忌，故在鎸誌納壙之際添補彭時名諱，似不無自高身份的用意。不過彭時的《彭文憲集》并未收録爲龐景華母吳氏撰寫的墓誌，[1] 可見此文在彭時心目中也屬不值一提的“率意應酬”之作。

其二，主家對作者原文舛誤進行修改，兼有“粉飾”之意，立意較前爲高。如錢謙益爲山東登萊監軍道按察司僉事佟卜年妻陳氏所撰墓誌，存録於錢謙益《牧齋有學集》卷三三，題爲《佟母封孺人贈淑人陳氏墓誌銘》。[2] 佟卜年，字八百，遼陽人，萬曆丙辰科進士，歷任南皮、河間令，天啓元年（1621）十一月經遼東名將熊廷弼薦舉赴登、萊監軍，旋以謀逆下獄，流放湖北，天啓五年（1625）九月初被勒令自裁。明清易代，佟卜年之子佟國器際會風雲，膺御史中丞，乃爲其父徵銘勒石，以遂潜忠追遠之典。錢、佟兩家交誼匪淺，佟卜年本人的墓誌亦出錢謙益手筆。[3]

錢謙益撰佟卜年妻陳氏墓誌原石出土於南京南郊鄧府山，唯漫漶極甚。以此原石與《有學集》所録佟卜年妻陳氏墓誌文本校勘，計攬得約十餘處異同，除了由於傳抄或刊刻過程中已難窮究的脱訛衍誤，還有一些明顯的改動之處：如陳氏之子佟國器入清騰貴之史事，原石正文第 9 行首升格恭書“豫王莅南，中丞受新命，以兵憲治嘉興。”而《集本》并無“豫王莅南”四字，餘悉相同。豫王即豫親王多鐸，可能錢謙益原文有“豫王莅南”四字，而編訂文集時爲避“貳臣”之譏而删

---

① 彭時：《彭文憲公集》，《四庫全書存目叢書》集部第 35 册，齊魯書社，1997 年。

② 錢謙益著，錢曾箋注，錢仲聯標注《錢牧齋全集》第 5 册，上海古籍出版社，2003 年，第 1182~1184 頁。

③ 《牧齋有學集》卷二九《明故山東登萊監軍道按察司僉事佟公墓誌銘》，《錢牧齋全集》第 5 册，第 1080~1085 頁。

削，抑或原本無"豫王莅南"四字，而已身爲滿清新貴的佟國器爲攀附新朝在鐫誌納壙之際補添。再如，佟卜年被逼自戕後，《集本》稱陳氏"自丑至戌，天地翻覆，以二十年閲公羊之三世"。由上海古籍出版社出版的錢仲聯標注本在"公羊"二字下劃橫綫以示爲專有詞彙，顯然是以儒家經典《公羊傳》而視之。但"公羊之三世"云云，殊不可解，據原石則作"……以三十年閲公季之三世"，是謂陳氏顛沛流離，艱難持家，并見證了佟卜年後裔的成長，較爲文從字順，故《集本》"公羊"之"羊"誤，當從改爲"季"。還有，原石第 22 行銘辭内容有"鄂之吴，五遷徙"句，與墓誌序文中的"自鄂之吴……以弱女子定盤庚之五遷"相合，是謂陳氏携家小從湖北輾轉遷徙至南京之事。南京，古屬吴地，故《集本》銘辭中"鄂之越，五遷徙"之"越"，應是錢謙益筆誤，當改從"吴"爲是。

其三，作者在將交付主家的墓誌文字收入文集時，可能又加以改動。終官南京吏部尚書的王儁，十歲能詩，時人譽其敏而能勤、博學高識。[1]王儁平生撰寫墓誌等碑傳文字不可勝數，而且王儁傳世的兩種文集所收録墓誌文字，對於傳主的秩級、身份等并無刻意的揀選，但通過與新出墓誌原石校勘，却發現存録於王儁文集裏的文本，均呈現出顯著的與衆不同的特點。如王儁爲南京留守左衛百户俞文德之母吴孺人（善智）所撰墓誌，存録於氏著《思軒文集》，題爲《孺人吴氏墓誌銘》，[2]而吴孺人（善智）墓誌原石近年出土，[3]取以復核，其文字出入之大，殊值留意。

如原石正文第 4 行："長育吾子女孫曾，以至於有家室，無愧乎母道者，皆將賴是以不朽"。《集本》缺失"以至於有家室"句。

原石第 4、5 行："文德厚於親，禮部之言樂善而有誠者也，銘固不可辭。"《集本》作"文德厚於親者也，銘可辭乎"，缺失"禮部之言樂善而有誠"句。

原石第 13~16 行："而夫成敗得失則絶口弗道，曰：'我生不辰，遭家多故，顛越者屢矣，然而離合相尋迄無墜緒，而且親屬得相保，此未必非天之陰厚我俞氏，繼是能襄誠累善，以克享天心，吾子孫必有興者。'遂克迪諸子，罔俾行一不義事。諸子既長，知稼穡，好廢舉，治生久之，家業日趨於富饒。"《集本》作"至於成敗

---

① 王儁：《思軒文集》附録《王文肅公傳》，《續修四庫全書》集部影印北京大學圖書館藏明弘治七年（1494）刻本，上海古籍出版社，1995 年，第 1329 册，第 675、676 頁。

② 《思軒文集》卷二一《孺人吴氏墓誌銘》，第 648 頁。

③ 賀晏然：《明吴善智、杜妙音墓誌銘考》，《東南文化》2011 年第 3 期。

得失則絕口不道，久之，諸子既長，知稼穡艱難，好廢舉，治生，而家業日趨於富饒”，將出自吳孺人之口的一大段話都刪去了。

原石第 17、18 行：“至如事佛求福，凡世俗相？以爲惠者，皆禁絕不爲”。而這一段內容，皆不見於《集本》。

原石第 20 行：“孺人氣體豐裕，素不嬰疾疢”。《集本》省簡“孺人體素豐無疾”句。

王偁撰徐季昭妻趙氏墓誌，存錄氏著《思軒文集》，題爲《徐季昭妻趙氏墓碣銘》，[①] 取 2008 年采集的墓誌原石復核，[②] 可知王偁撰徐季昭妻趙氏墓誌在鎸誌納壙之際，頗爲徐季昭之子徐垣等潤飾修改，如《集本》稱“趙氏諱安”，而原石作“趙氏諱妙安”；關於徐季昭長子徐坦的生卒與孫輩徐鉞、徐鏞的倫序，墓誌原石也都提供了與《集本》不盡相同的內容。但除此之外，仍有多處彼此出入較大的異同，摭之於下。

原石正文第 1、2 行謂徐季昭待客“必款洽終日，厚具苛留，期盡歡乃已”。《集本》缺失“厚具苛留”句。

原石第 3、4 行：“故季昭座上客益衆，而不爲子玉之懈，豈惟其客主之賢。”《集本》缺失“而不爲子玉之懈”句。

原石第 5、6 行謂徐季昭諸子女既畢婚嫁後“優游燕嬉以待老”。《集本》缺失“燕嬉”2 字。

原石第 7~10 行：“……相與感昔游而興永嘆，謂：‘雖古賢淑不是過，而今已矣，其何以激流俗而儀型於閨闈哉？’至於鄰姬里媼，亦相與齋諮涕洟，懷令儀而道盛福，謂：‘壽考令終，宜若無遺憾矣。而貧窮患難，顧將何賴以賑恤於州里哉？’蓋其平生能推有濟無……”。《集本》作“……相與感悼昔游，至於鄰姬里媼，亦相與齋諮涕洟，懷令儀而道盛福，蓋其平生能推有濟無……”，缺失殊多。

原石第 12、13 行謂徐季昭妻趙氏“既長而開明，而性尤勤服，姆教女紅之暇，略涉書史”。《集本》缺失“而性尤勤服”句。

原石第 17、18 行謂趙氏“葬江寧縣安德鄉之原，祔季昭兆。先葬，垣介予姻

---

① 《思軒文集》卷一五《徐季昭妻趙氏墓碣銘》，第 581 頁。

② 陳大海：《〈明故徐季昭妻趙氏墓誌銘〉考釋》，《南京文物考古新發現》第 3 輯，文物出版社，2014 年，第 329~331 頁。

臧琰，以浙人金崇德所爲述内行來，泣拜請銘”，借王偁之口道出了徐季昭之子徐
垣攀附結交王偁的路徑，然而本是出自王偁之口的“垣介予姻臧琰”句，在《集
本》却杳無踪迹。

將上述兩種收録於王偁文集的墓誌文字與采集的墓誌原石校讀，可以發現不
少墓誌原石上的完整語句，都未見諸王偁文集存録的墓誌文本，類似的情形也頻頻
見於王偁爲檜莊處士王俊（懷英）、姜孺人徐氏（妙慶）、誥封王（克英）宜人楊
氏、都督同知沐公（瓚）夫人賈氏等撰寫的墓誌之上，可見不是偶然的。

墓誌原石較傳世文本之間的出入，通常表現爲個别字詞的脱衍訛誤，如果原
石較傳世文本像這樣多出整段、整句的文字内容，通常會被認爲是墓誌鐫石納壙之
際，爲了體現主家的意志而由傳主子弟等家族成員添補的“蛇足之筆”。但問題是，
出自王偁手筆的墓誌，在原石與文本之間的這種整段、整句文字的脱衍，所在多
有；不僅在每一種墓誌上都會出現，而且在每一種墓誌上出現的頻次都特别高。這
一情形，不排除是由於王偁在編訂文集之際，將之前應酬撰寫的墓誌文字又統一予
以删削精煉所致。曾泰在《思軒集後序》中評譽王偁“間復發爲文章，形諸詩歌，
義精而密，辭確而暢。得之而寶者，真若麗金拱璧也，覩之而快者，真若景星卿云
也”。結合新出土墓誌原石來看，王偁最初完成并交付主家鐫石納壙的墓誌文字，
其於辭章所秉持精悍緊凑的要旨，可能尚未完全符合曾泰“義精而密，辭確而暢”
的贊譽。

總之，通過對王偁所撰墓誌銘的考察，可知研究作家碑誌創作祇需盡意於作
家文集而不必再旁涉形制與内容業已爲旁人改動的石本的認識，未必盡然，至少對
於像王偁這樣“精益求精”的作家而言，未免有失之武斷之嫌。

六　新出土明代墓誌在補史、證史方面的價值

古代墓誌的文獻價值，主要體現在證史與補史方面，近數十年來對於新出土
古代墓誌的整理與研究，也主要圍繞這個方向來進行。有明一朝是中國歷史發生重
大轉折的時期，在經濟、政治、文化、社會等各個方面發生的巨大變革，深刻地影
響了中國的歷史發展進程。凡此種種，在存世明代墓誌之上都有所體現。儘管新出
土明代墓誌的史料價值固難以溢出汗牛充棟、浩如煙海的傳世明代文獻，然作爲不
可或缺的第一手史料，在徵文考獻方面仍然發揮了重要的作用。

（一）勛貴及其家族成員墓誌

明太祖晚歲多猜忌，且因嗣君孱弱，遂羅織罪名，大興"胡藍黨案"，公侯勛舊一時誅夷且盡。發動靖難之役的燕王朱棣，在登基後也不惜對其政治、軍事上的敵手大開殺戒。爲了掩蓋統治者殘忍凶暴、人所不齒的惡行，仰承上意的史官都不得不對相關史料予以删削甚至篡改，即如現存通高 6.35 米的明代開國功臣東甌王湯和墓神道碑，由於是寧死而拒不與燕王朱棣合作的大儒方孝孺撰文，也在"永樂中藏（方）孝孺文者罪至死"[①]的淫威之下，被逐字鑿毀，成爲一通無字之碑。由此可見，明初勛貴及其家族成員墓誌——這些未遭删改的埋幽之銘，對於復原明初歷史所具有的價值與意義。保守地估計，此類墓誌歷年出土約在五十種左右，儘管其篇幅大都簡潔平實，但在補史、證史方面多有價值，限於篇幅，祇摭拾一二涉及明初重要歷史背景的材料談一談。

明朝第一開國功臣中山王徐達在效命朱元璋麾下三十多年的戎馬生涯中，捨身忘家，南征北戰，爲推翻蒙元政權、建立和鞏固明王朝，立下了汗馬功勞，被明太祖朱元璋譽爲"氣貫萬人而無敵"，"威行四壤而推恩"。徐達出身農家子，其祖上皆籍籍無名，曩見各地徐氏宗譜，於徐達先世皆言之鑿鑿，但彼此出入甚大，未可遽信。據新出土徐達季子徐膺緒墓誌記述：徐達曾祖名徐五四，曾祖妣何氏；徐達的祖父名徐四七，祖妣周氏；徐達的父親名徐六四，妣蔡氏、孫氏，徐達即孫氏所出。凡此，皆是對史籍失載的徐達先世的重要補充。按，徐達先世以數目字起名，當與宋元以來，民間無職銜者通常祇以行輩或父母年齡合計一個數目作爲稱呼的舊俗有關。[②] 徐達"家世業農"，由此可見，其祖、父皆以數目字爲名，亦情理中事，至於各地所見徐達家譜言之鑿鑿的徐達先世乃至事迹，皆不可信。

明代開國功臣永國公薛顯洪武三年封永城侯，但却因"擅殺胥吏、獸醫、火

---

① 張廷玉等：《明史》卷一四一《方孝孺傳》，第 4020 頁。

② 俞樾《春在堂隨筆》卷五："徐誠庵大令爲余言：'向見吾邑蔡氏家譜，有前輩書小字一行云：先制，庶民無職者，不許取名，止以行第及父母年齒合計爲名。此制於《元史》無徵。然證以明高皇所稱其兄之名，正是如此，其爲元時令甲無疑矣。見在紹興鄉間，頗有以數目字爲名者。如夫年二十四、婦年二十二，合爲四十六，生子即名四六；夫年二十三、婦年二十二，合爲四十五，生子或名爲五九，五九四十五也。'以上并徐君説。余考明勛臣，開平王常遇春，曾祖四三，祖重五，父六六；東甌王湯和，曾祖五一，祖六一，父七一，亦以數目字爲名。"（方霈點校，江蘇古籍出版社，2000 年，第 66 頁）

者、馬軍及千户吳富"而謫居海南，逾年始"召還，予世券，食禄一千五百石"。①
對此，王世貞《弇山堂別集》有云："永城侯薛顯，直隸沛縣人，自盱眙歸附。洪
武三年爲江淮行省右丞累北征功封，階勛號襲如延安，禄千五百石。以擅殺人謫
海南，削禄三分之一。四年召還，七年加千石。"是較《明史》本傳多出一千石。②
但錢謙益却對王世貞的補充不以爲然："永城以始封時削禄，至十年三月全給，
《實録》載之甚明。王世貞《功臣表》乃云七年加千石，誤也。《實録》凡列侯禄
千五百石者，七年贈千石，蓋謂唐勝宗等。是時顯全禄未給，當不在此例也。……
世貞以熟習典故自負，往往無所援據，鑿空杜撰，聾瞽後世，以爲無從校正，而
姑妄爲之説也，豈不異哉！"③然據1974年出土的薛顯墓誌所云："天下既平，朝廷
論功行賞，封永城侯，食禄二千五百石。"④可見以墓誌爲準，王世貞所謂明初功臣
"七年加千石"云云，應有所本。這也可見薛顯墓誌的出土，爲平息史學史上關於
明初開國功臣食禄問題的論争，提供了極有價值的綫索。

關於薛顯的子孫，《明史》本傳及《欽定續文獻通考》卷二〇九《封建考》皆
謂其"無子，弟綱幼"。明正德四年（1509）八月由吏部清吏司謄補的《明功臣襲
封底簿》亦云薛顯"無嗣，有弟薛綱，幼小"。⑤大致可以被視爲薛顯的爵位之所以
未得傳承的緣由。然據薛顯墓誌記載，薛顯實有七子，依次爲薛經、薛紋、薛綱、
薛纓、薛紘、薛綖、薛紳，《明史》等述及的薛顯幼弟薛綱，實爲薛顯第三子。薛
顯於洪武二十三年（1390）被追論胡惟庸黨案，雖以死不問，但仍遭革除爵位，其
妻張氏被迫於洪武二十五年（1392）九月繳還了原給誥券。傳世的史籍文獻對薛顯
息嗣的記載出現如此訛誤，或與明太祖晚年大肆屠戮功臣的背景有關。仍據《明功
臣襲封底簿》記載，明爲薛顯幼弟、實爲薛顯第三子的薛綱洪武二十九年（1396）
病故，并遺有子嗣。弘治六年（1493）二月，薛綱曾孫薛琮引詔書恩典事例奏啓加
職，被有司以其不係薛顯嫡系子孫且所引詔書恩典亦與公侯無干爲由，斥爲妄奏。
或許令薛綱始料不及的是，恰恰是他當年賴以保全身家性命的虛假身份，竟然成爲
阻礙其子孫加官進爵的牽累，客觀上也導致了明初開國功臣永國公一脉的淪亡。

在追隨明太祖朱元璋的明初開國功臣中，有不少是父子兄弟同至，但若論及

---

① 張廷玉等:《明史》卷一三一《薛顯傳》，第3842、3843頁。
② 王世貞:《弇山堂別集》卷三七《高帝功臣公侯伯表》，中華書局，1985年，第665頁。
③ 錢謙益:《牧齋初學集》卷一〇一《太祖實録辨證三》，上海古籍出版社，2003年，第2124~2125頁。
④ 南京市博物館:《南京市兩座明墓的清理簡報》，《華夏考古》2001年第2期。
⑤ 吏部清吏司編《明功臣襲封底簿》，學生書局影印嘉靖二十六年（1547）抄本，第161~162頁。

從征之久、勛績之著、名位之高，則無逾江國公吳良、海國公吳禎兄弟。《明史·吳良傳》以"良能没水偵探，禎每易服爲間諜"寥寥數語，傳神地刻畫出了兄弟二人臨陣之際的軍事天賦與特長。[①] 然以吳禎之勛業，《明太祖實錄》不爲其立傳，而僅附係數語於吳良傳末，或與洪武二十三年（1390）追論吳禎黨通胡惟庸而遭革除有關。[②]

吳禎嫡子吳忠於洪武十七年（1384）襲吳禎生前所授靖海侯爵，而據《明史·功臣世表一》關於"（吳）忠……二十三年追論（吳）禎胡黨，死，除"這樣一段模棱兩可、似是而非的叙述，則可能理解爲吳忠因朝廷追論乃父吳禎胡黨，竟遭奪爵而橫死。但如此一來，便無法解釋受乃父通胡黨牽累而死的吳忠，爲何仍有葬入具有榮譽性質的欽賜鍾山祖塋的資格。據新出土吳忠墓誌可知，吳忠乃是己巳夏行舟宿松小孤山江面"遭暴風覆舟而歿"。至此，吳忠得以禮葬鍾山之陰的懸疑涣然冰釋。胡惟庸黨案驟起於洪武二十三年（1390），而吳忠卒葬於洪武二十二年（1389），未及受此牽連。否則據庚午詔書條例所載：通胡謀逆者，生者上刑，死者孥戮。則吳忠縱然不在小孤山歿於王事，亦必遭顯戮，遑論附穸欽賜鍾山先塋了，庶幾可見，吳忠墓誌的發現對於觀照禮制範疇下的吳忠葬儀等，實具有的不可替代的價值。

明代靖難功臣的墓誌，新發現的主要有成國公朱能家族、西寧侯宋晟家族、蔡國公徐忠家族、平江伯陳瑄家族、寧陽侯陳懋家族、保定侯梁銘家族、遂安伯陳志家族、豐潤伯曹義家族、鎮遠侯顧誠家族成員的墓誌。由於明代靖難功臣的生涯不似歷經"胡藍黨案"洗禮的開國功臣那樣坎坷，其行實見諸史載者無所忌諱，碑傳材料也甚爲豐富。以此而言，新出明代靖難功臣墓誌的史料價值，相對而言也就不若開國功臣墓誌那樣突出。

（二）皇親與外戚墓誌

明太祖朱元璋平定天下之初，曾采取兒女通婚的方式籠絡淮西舊部，[③] 張克俊

---

① 張廷玉等：《明史》卷一三〇《吳良傳》，第 3813、3814 頁；卷一三一《吳禎傳》，第 3840、3841 頁。

② 張廷玉等：《明史》卷一〇五《功臣世表一》，第 3031 頁。

③ 王世貞《弇山堂别集》卷一《皇明盛世述一·公侯子上主》："高帝時，駙馬尚公主多以公侯子弟充之，而不拘年貌。易代以後，漸選之民間，而甚至駙馬之父若職官則進級而俾令致仕，此大不可曉也。"（中華書局，1985 年，第 9 頁）此外，楊成《明代皇室與勛臣通婚狀況抉擇》一文亦述之甚詳（《中國史研究》1984 年第 1 期）。

之父張麟以功臣之子選尚明太祖第八女福清公主，即是此歷史背景下的産物。1998
年6月發掘的福清公主墓及其子駙馬舍人張克俊墓[1]爲明初的這一段歷史乃至有明
一朝的公主葬儀，皆提供了可貴的實物佐證。[2]近年龔巨平也利用新發現的明太祖
朱元璋幼女寶慶公主及其子趙伯容墓誌，對明代公主墓葬制度進行了較爲深入的
分析。[3]

福清公主的翁父，亦即駙馬舍人張克俊的祖父，爲明朝開國功臣、洪武三
年論功封鳳翔侯的張龍，張龍追隨朱元璋先後參與了逐除蒙元、剪平群雄的諸
多戰役，立國後仍守鳳翔、征西番、征雲南，終以老疾告退，卒於洪武三十年
（1397）。[4]關於鳳翔侯張龍的名諱，唯有查繼佐《罪惟録》謂其初名張龍，後因避
諱改爲張隆，然以孤例，無從驗證。[5]據福清公主之子張克俊墓誌所述"祖諱隆，
以開國功封鳳翔侯"，庶可知《罪惟録》關於鳳翔侯張隆因避諱而改名的記載，固
無可疑（圖十三）。通常，晚明以來私修的史籍之所以爲世所重，在於能以其民間
視角糾正官方刻意對建文、景泰二朝人事的貶損，而對於明初史事的勾稽，則往往
被認爲力有未逮，但鳳翔侯張隆因避諱而改名之事，亦足以讓人領略到這類成書於
明清之際的私史在采擇史料上的過人之處。

《明史》本傳謂張隆卒於洪武三十年（1397），王世貞《弇山堂別集》又云：
"（洪武）十八年，第八女福清公主下嫁駙馬張麟，鳳翔侯龍子也。永樂十二年，麟
卒。"謂張麟晚於乃父鳳翔侯張隆近二十年而死，[6]但《明史·福清公主傳》却稱張
麟"未嗣侯卒"，[7]彼此矛盾。據張克俊墓誌所云"洪武二十三年歲庚午閏四月二十
日，舍人（張克俊）生，甫五歲而孤"，可知張麟卒於洪武二十八年（1395），時
乃父鳳翔侯張隆尚安在。有意味的是，《弇山堂別集》的作者王世貞晚年曾獲見內
府秘檔，向以"熟習典故"而自詡，據明正德四年（1509）八月由吏部清吏司膳補

① 南京市博物館：《南京鄧府山明代福清公主家族墓》，《南方文物》2000年第2期。
② 明太祖朱元璋第八女福清公主之死，催生了明代公主的葬禮。據《明史》卷五九《禮十三·凶禮
二·諸王及妃公主喪葬諸儀》："永樂十五年……二月，太祖第八女福清公主薨，輟朝三日。定制，
凡公主喪聞，輟朝一日。自初喪至大祥，御祭凡十二壇。下葬，輟朝一日。"（第1469頁）
③ 龔巨平：《明寶慶公主墓葬的清理及明代公主墓葬制度分析——兼釋趙伯容墓誌》，《東南文化》
2011年第1期。
④ 張廷玉等：《明史》卷一三〇《張龍傳》，第3827、3828頁。
⑤ 查繼佐《罪惟録》卷八中《啓運諸臣傳·張隆》："張隆，直隸濠人。初名龍，避諱改。"（浙江古
籍出版社，1986年，第1433頁）
⑥ 王世貞：《弇山堂別集》卷三六《郡王》，第649頁。
⑦ 張廷玉等：《明史》卷一二一《公主》，第3665頁。

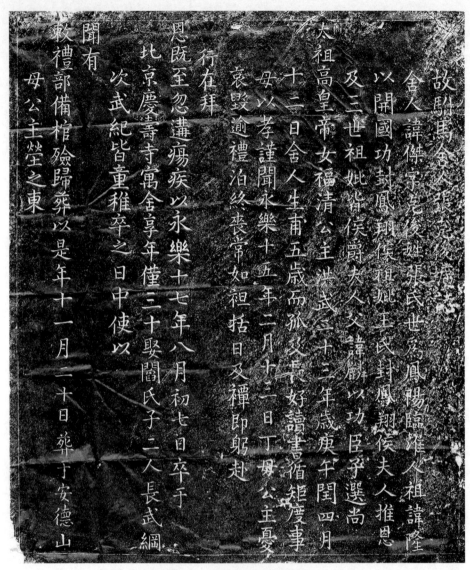

圖十三　駙馬舍人張克俊墓誌

的《明功臣襲封底簿》載：“洪武三十年，張龍病故。欽命張麟送回原籍祭葬，後張麟在京病故，遺下伊男張杰，侍奉母福清公主。”[1]亦誤書張麟晚於張隆而卒。庶幾可見，明中葉以前的内府檔案既已乖錯如此，則《弇山堂别集》誤録亦在所難

_____

① 吏部清吏司編《明功臣襲封底簿》，學生書局影印嘉靖二十六年朱格鈔本，第 159、160 頁。

免，於此足見張克俊墓誌之可貴。

據墓誌記載：張克俊諱杰，是福清公主與駙馬都尉張麟唯一的兒子。《明史·功臣世表一》有張克俊建文年間一度襲替鳳翔侯祖爵、值成祖革除建文舊臣之際被削奪的記載。[①] 結合墓誌來看，張克俊遭削爵後改銜駙馬舍人，繼而於永樂十七年（1419）八月初七日以瘍疾卒於北京慶壽寺寓舍。承尚未爲遠的皇族血親關係之惠，張克俊“卒之日”也得到了“中使以聞”的待遇和官給葬具的禮數。但張克俊之死，却被《明功臣襲封底簿》訛作永樂十五年（1417），顯然是與死於永樂十五年的福清公主混爲一談了。[②]

關於鳳翔侯的傳襲，在張克俊身後，藉朝廷的一紙詔恩令，亦曾引發爭議。《明史·張龍傳》曰：“（張）杰子嗣，宣德十年授詔恩乞嗣。吏部言（張）龍侯不嗣者四十年，不許。”[③] 此既云“杰子嗣”，又云“授詔恩乞嗣……不許”，文意頗不曉暢。清人王頌蔚《明史考證捃逸》卷四識云：《張龍傳》：‘杰子嗣’。按《明書》作‘杰子綱’。《明功臣封爵考》同《史》作‘杰子嗣’。彼此互異。”[④] 另據墓誌記載，張克俊“子二人，長武綱，次武紀”，可知傅維鱗《明書》所載宣德十年（1435）授詔恩乞嗣鳳翔侯爵的“杰子綱”，即張克俊長子張武綱。此亦可證，《明史·張龍傳》與《明功臣封爵考》所謂“杰子嗣”誤，俱當從改。

如福清公主與張克俊母子這樣的皇親外戚的墓誌，近年也發現了不少。其中，明代前期的皇親墓誌多出於南京，傳主主要是明太祖朱元璋未及之國的皇子如韓憲王朱松，皇女則除了福清公主之外，尚有臨安、懷慶、南康、寶慶諸公主以及沈王朱模妃張氏、郢靖王朱棟女谷城郡主等。這些明初皇親墓誌與開國功臣墓誌類似，内容也都非常簡潔，但多可補益史載。[⑤] 明代葬於南京的外戚也有一些，但經考古發掘的祇有明憲宗孝貞王皇后南都祖塋出土墓誌六種，内容豐富，對於探究孝貞皇后王氏入宫的背景及其家族所受恩遇皆提供了史籍所未見的信息，頗具參考價值。[⑥] 據統計，北京出土明代皇親墓誌 12 種，後妃墓誌 5 種、皇子墓誌 3 種、公

---

① 張廷玉等：《明史》卷一〇五《功臣世表一》：“鳳翔侯張龍，洪武十二年封，祿襲同前，後予世襲，加祿五百石，三十年卒。杰，建文時襲。永樂初革除。”（第 3062 頁）

② 《明功臣襲封底簿》，第 159、160 頁。

③ 張廷玉等：《明史》卷一三〇《張龍傳》，第 3828 頁。

④ 徐蜀編《明史訂補文獻彙編》，北京圖書館出版社，2004 年，第 151 頁。

⑤ 邵磊等：《南京出土明代皇族墓誌考》，《中國國家博物館館刊》2013 年第 3 期。

⑥ 邵磊、駱鵬：《明憲宗孝貞皇后王氏家族墓的考古發現與初步研究》，《東南文化》2013 年第 5 期。

主墓誌 4 種，其中較重要的有景泰帝生母榮思賢妃吳氏壙誌、明憲宗第三女德清公主暨駙馬林岳墓誌。[①] 此外，在金山南麓董四村的明代嬪妃墓也出土了一批墓誌，亦多可與史載相印證。[②] 北京出土的明代外戚墓誌共計 20 種，分屬英宗錢皇后家族、世宗母獻皇后蔣氏家族、神宗生母孝定李太后家族、神宗鄭貴妃家族，此外，還有英宗宜興公主之子馬循墓誌、世宗閻貴妃父閻紀墓誌、神宗常順妃之父常江墓誌等。北京出土的外戚墓誌也都具有較高的史料價值，梁紹杰對北京石刻藝術博物館所藏鄭貴妃家族墓誌進行過較爲細緻的考察。[③] 明代南北兩京以外的區域，也發現過不少藩王及與藩府相關的成員的墓誌，多見諸考古報告或收錄於各地編纂的碑誌專集，鮮有作專門考釋或研究的。[④]

（三）宦官墓誌

前文述及，"刑餘之人"的宦官是明代宮廷特殊的政治群體，受邀爲宦官撰寫墓誌的士大夫憚於"天子家奴"的淫威，雖然不得不表現出虛與委蛇的一面，但在編纂文集之時卻又儘可能删削這些言不由衷的宦官墓誌文字。以是之故，明代宦官墓誌見錄明人文集者總計 23 篇，而以羅玘《圭峰集》收錄最多，計有 5 篇。[⑤] 但即便如此，明代宦官墓誌以其多涉及重要歷史事件，歷來仍是明代墓誌中最引人關注者。

香港大學 1997 年出版由梁紹杰整理、趙令揚審訂的《明代宦官碑傳錄》收錄明代宦官墓誌近 50 種，是迄今僅見的以明代宦官碑誌爲主題的專著。任昉《北京地區新出明代宦官墓誌零拾》、周裕興《由南京地區出土墓誌看明代宦官制度》、[⑥] 邵磊《南京市博物館舊藏明代宦官墓誌考釋》等，利用北京、南京出土的多種明代宦官墓誌，對涉及明代宦官制度、宮廷史事與地方史的相關問題進行了探討。蔣成的《明蜀藩太監墓誌集釋》則揭示了史籍鮮有着墨的藩府宦官的日常。[⑦] 至於單篇的明代宦官墓誌考釋，近年也刊出不少。采擷《明代宦官碑傳錄》或考古簡報披露

① 李永强等：《明代駙馬都尉林岳與德清公主墓誌新考》，《北京文博論叢》2020 年第 2 輯。

② 劉精義、魯琪：《明代嬪妃陵園圖及壙誌》，《故宫博物院院刊》1980 年第 2 期。

③ 梁紹杰：《北京石刻藝術博物館藏鄭貴妃家族墓誌銘》，香港大學《明清史集刊》第 5 卷，2001 年 4 月。

④ 崔庚浩等：《明寶雞郡主婆母趙妙金墓誌考釋》，《碑林集刊》第 9 輯，陝西人民美術出版社，2003 年。

⑤ 李自鵬：《明代宦官墓誌銘研究》，碩士學位論文，武漢大學，2020 年。

⑥ 周裕興：《由南京地區出土墓誌看明代宦官制度》，載朱誠如主編《明清論叢》創刊號，紫禁城出版社，1999 年，第 135~143 頁。

⑦ 蔣成：《明蜀藩太監墓誌集釋》，《四川文物》2001 年第 4 期。

的明代宦官墓誌進行專題研究，亦取得了令人矚目的成果。如任昉對明代宦官的籍貫與民族、選用與仕進、退休與養老的考察，開闢了中國大陸地區對明代宦官墓誌進行綜合研究的先河，[①] 齊暢《明代宦官與士大夫關係的另一面——以宦官錢能爲中心》[②] 與李建武《明代內官社會交往關係管窺——以內官墓誌撰寫爲視角》[③] 探討了明代宦官最重要的社會關係——"大璫"級的宦官與朝臣外官之間的交集。陳曉捷《明內官監太監成敬墓誌讀考》一文探討了由士人而爲閹宦的郕王府宦官成敬的成長經歷。[④] 成敬原本爲永樂年間進士，因受牽連而受宮刑，成敬墓誌可謂明代永宣之時閹士人爲宦官的實例，具有重要的價值。

墓誌所見明代宦官作爲"天子家奴"之外較爲引人矚目的事迹，大致有兩點。

其一是奉使域外以行外交之實。明代永宣之際聞名寰宇的鄭和七下西洋，是中外交通史上的大事件，自清光緒三十年（1904）變法失敗流亡日本的梁啓超在《新民叢報》發表《祖國大航海家鄭和傳》以來，有關鄭和下西洋的研究方興未艾，成績斐然，堪稱中外史學界關注的熱點。近年發現的明代都知監太監《洪公壽藏銘》的傳主洪保，與鄭和、王景弘同爲明初下西洋船隊首腦，而洪保壽藏銘對於下西洋的史事多有涉及，尤可珍視，堪稱明初下西洋最爲重要的發現之一。[⑤] 明代神宮監太監昌盛於永宣之際分別出使交阯、朝鮮，內官監太監柏玉出使撒馬爾罕，唯中國文獻皆失記其事，梁紹杰整理的《明代宦官碑傳錄》所收昌盛墓誌與柏玉墓誌所述甚詳，可資補益史載。

其二是鎮撫彈壓以行統帥監軍之任。此實始於燕邸之際的鄭和、王彦、楊慶諸輩及以軍功名滿天下、京師人家皆張挂畫像以奉的太監劉永誠等。至明代中期以後，兼綜理戎務的宦官更是所在多有，如見諸《明代宦官碑傳錄》的成化三年（1467）神宮監太監趙琮、成化五年都知監太監閻禮等。此外，史料價值較高的還有近年出土"明故南京御馬監太監王公墓誌銘"（圖十四-1、圖十四-2），傳主王潤與大璫劉瑾同爲明武宗青宮舊閹，值武宗登基的次月便由正五品的左監

① 任昉：《明代宦官籍貫與民族考論——明代宦官墓誌研究之一》《明代宦官選用與仕進探研——明代宦官墓誌研究之二》《明代宦官退休與養老考察——明代宦官墓誌研究之三》，分別載《首都博物館叢刊》2001 年、《首都博物館叢刊》2002 年、《首都博物館叢刊》2003 年。
② 齊暢：《明代宦官與士大夫關係的另一面——以宦官錢能爲中心》，《史學集刊》2008 年第 4 期。
③ 李建武：《明代內官社會交往關係管窺——以內官墓誌撰寫爲視角》，《江西社會科學》2014 年第 12 期。
④ 陳曉捷：《明內官監太監成敬墓誌讀考》，《考古與文物》2017 年第 5 期。
⑤ 王志高：《洪保生平事迹及墳寺初考》，《考古》2012 年第 5 期。

圖十四-1　南京御馬監太監王潤墓誌蓋

圖十四-2　南京御馬監太監王潤墓誌

丞超升爲正四品的御馬監太監。王潤終正德一朝所寄銜之御馬監，是明代內府僅次於司禮監的重要衙門，其"所掌御廄兵符等項與兵部有關，近日內臣用事稍關兵柄者，輒改御馬銜以出，如督撫之兼司馬中丞"。[①]王潤以御馬監太監出鎮期間最重要的業績，據墓誌所述當爲"設法勤捕、追獲賊首趙風子及諸爲從者"一事，"武宗聞之，嘉其勞績，璽書獎勵，賜以金帛，歲加祿米十二石"。關於明正德年間"響馬盜"趙風子的下落，傳世文獻與出土材料衆説紛紜，歧異互見，毛澤東主席亦曾關注過這一問題。[②]墓誌稱王潤出鎮湖廣期間曾擒獲響馬盜首領趙風子等人，不啻爲學界關於趙風子下落的探討，又增添了一件重要的參考材料。

此外，明代宦官墓誌對於探討明代宦官教育機構內書堂的設置與宦官習學方式的演變、[③]明代宦官釋道兼奉的宗教信仰及與之相關的終葬等問題也多有揭示。[④]

（四）武官及其家族成員墓誌

在新出土明代墓誌裏，品官及其家族成員墓誌也有不少。這其中，位望隆盛的文官如顧璘等輩，其墓誌或相應的碑傳文字，往往存錄作者文集之中。與之相對，武官墓誌得以在作者文集裏存錄誌文者却不多，唯秩級較高者可能會在《明實錄》或《國権》留下一鱗半爪的信息，其中也不乏與重要歷史事件或重要歷史人物相關聯的材料。

關於鄭和下西洋相關的資料與成果，以鄭鶴聲、鄭一鈞編纂的《鄭和下西洋資料彙編》搜羅最爲宏富，可謂巨細無遺。不過新出土明代武官及其家族成員墓誌中，仍然揭示出不少鄭和下西洋的事迹，尤其對於補充鄭和下西洋的隨行人員，提供了除六下西洋的太倉衛副千戶周聞墓誌之外的衆多不見於《鄭和下西洋史料彙

---

① 沈德符：《萬曆野獲編》補遺一《內官定制》，中華書局，1959年，第814頁。
② 毛澤東亦曾關注過趙風子的下落，在其所批注《明史紀事本末》卷四五《平河北盜》時有"吾疑趙風子、劉七遠走，并未死也，得毋像黃巢麽"之語，論者或以"毛澤東讀史總是帶着强烈的感情傾向"，并揭櫫《全唐詩》注引《五代亂離記》中關於"（黃）巢敗後爲僧"的傳聞，認爲"毛澤東據其説，由此及彼，疑趙風子、劉七與黃巢一樣，遠走未死"（易名：《關於趙風子、劉七》及《編餘瑣記》，《瞭望周刊》1992年第25期）。
③ 曹澤乙：《新見明代南京內官監太監殷忠墓誌釋考》，《南京學研究》第3輯，南京出版社，第241~257頁。
④ 周裕興：《明代宦官與南京》，《江蘇社會科學》1995年第3期；杜文：《略述明代宦官與西安府佛寺修造》，《碑林集刊》第10輯，陝西人民美術出版社，2004年。

編》的新材料。如宣德四年（1429）《馮淑人的墓誌銘》涉及的水軍右衛流官指揮僉事王衡，曾兩度隨從鄭和下西洋，并在蘇門答剌擒獲前僞王弟蘇幹剌。馮淑人墓誌暨買地券的發現不僅補益了王衡的生平家世，對見載史籍的王衡行實也多有驗證，大大豐富了這位下西洋功臣的形象。

此外，正統八年（1443）《故陳母淑人俞氏墓誌》述及參加鄭和第三次下西洋的鷹揚衛指揮僉事陳慶，[①] 正統十四年《故昭信校尉王公墓誌銘》所述曾三下西洋的南京錦衣衛百户王青，成化十四年（1478）《明昭信校尉陳公安人董氏合葬誌銘》的傳主、隨從鄭和三下西洋的陳賢，[②] 對於鄭和下西洋隨從武官史料而言，都是彌足珍貴的新發現。除了江蘇的南京、蘇州、太倉，在江西、福建等地也陸續發現了涉及鄭和下西洋隨行武官的墓誌。

在新發現鄭和下西洋隨行武官墓誌中，以太倉衛百户陳賢墓誌揭示的信息最具新意。鄭和七下西洋路途遥遠，環境險惡，沿途還會遭遇水土不服乃至與敵對勢力兵戎相見等不可預見的危險。但中國史籍往往措意於積極的角度，强調鄭和等首腦與隨行人員憑藉智慧、毅力、勇氣或藉助對天妃等神祇的崇奉，最終化險爲夷，轉危爲安。唯嚴從簡《殊域周諮録》所録車駕郎中劉大夏謂兵部尚書項忠"三寶下西洋……軍民死者萬計"一語，道出了下西洋令人生畏的一面。陳賢墓誌中"會中官奉使將航海通西域，選壯士江南，時行伍士卒百方避"，則生動展現出永宣時期部伍士卒對於下西洋之行感到膽怯畏懼的普遍心態，[③] 可謂時近迹真，極具説服力（圖十五–1、圖十五–2）。

陳賢墓誌還間接反映出下西洋使團人員存在"私挈貨貝"的情形，此亦值得留意。明初實行嚴格的海禁制度，但在經濟利益的驅使下，永樂年間緣海軍民屢有私自結夥下海通番、交通外國的情形。[④] 故以常理揣度，鄭和下西洋隨員存在挈私謀利的現象亦屬題中應有之義。其實早在鄭和第一次下西洋行駛至爪哇期間，就有官軍"登岸市易"，并發生登岸一百七十名官軍被殺的惡性事件，使得原本屬於私

---

① 王志高：《一方涉及鄭和下西洋史料的珍貴明代墓誌——明〈故陳母淑人俞氏墓誌銘〉跋》，《鄭和研究》2011 年第 2 期；邵磊：《明代南京衛所武官及其家族成員墓誌考略》，《長江文化論叢》第 9 編，南京大學出版社，2013 年，第 74~94 頁。

② 邵磊、朱巍：《淺析與鄭和下西洋有關的兩種武官墓誌》，《南京曉莊學院學報》2014 年第 2 期。

③ 林弼《林登州集》卷二三《書周君玉安患軒記後》亦曾述及"先被命使西洋，萬里涉海，以投異域，人皆難之，而君不恤也"（《景印文淵閣四庫全書》第 1227 册，195 頁）。

④ 《明太宗實録》卷一〇上，洪武三十五年秋七月壬午朔，第 210 頁。

圖十五-1　太倉衛百戶陳賢墓誌蓋

圖十五-2　太倉衛百戶陳賢墓誌

人間的貿易行爲立即升格爲國際衝突，明成祖朱棣不僅訴諸武力恐嚇爪哇王，還爲被殺的大明官軍提出巨額賠償的要求，這很容易讓人誤會下西洋使團成員的私自貿易，可能也是鄭和下西洋的活動内容之一，并不一定是非法行爲。[①] 此外，景泰四年（1453）七月，還發生過廣東三司差人在給事中潘本愚等奉使占城回還船内搜出下番官軍二百四十二人私自捎帶象牙、烏木、錫、蠟等製品共一千九百三十三斤，并奏請充公之事。[②] 僅僅奉使占城一地，隨行官軍私匿寶貨已如此之多，不免讓人感到驚詫。不過，潘本愚等奉使占城發生在景泰年間，其時如鄭和下西洋這樣的大型出洋通番活動已經罷廢，循此推想經行數十國的鄭和下西洋使團成員的走私行爲，畢竟還缺乏足夠的説服力，但陳賢墓誌所云：“數歲間三往，涉萬里外，來返無恙。無私挈貨貝……”雖寥寥數語，不啻確證了鄭和下西洋使團成員中存在的走私、販私現象。在今時看來，這種行爲無非是個體對於朝廷獨占與壟斷海外貿易的一種抗爭形式，但在當時而言，却顯然違犯了相關的律例，至於傳主陳賢，也以明顯不屑的姿態對同儕的這一行爲給出了評判。凡此種種，無疑也都拓展了鄭和下西洋的相關研究。

　　鄭和七下西洋是廣泛涉及航海技術、外交通譯、貿易采辦、軍事指揮等的由集體分工合作完成的航海事業。曾隨從鄭和下西洋的鞏珍所撰《西洋番國志》成書於宣德九年（1434），是記録鄭和下西洋船隊歷經二十多個國家和地區的山川形勢、物産風俗的名著，錢曾《讀書敏求記》謂此書“叙事詳核，行文贍雅”。[③] 鞏珍其人事迹無載，僅清代南京地方文獻《金陵詩徵》稱其爲應天府上元（南京）人，然據新出土由鞏珍篆蓋的《有明故逸士孫公（仁）墓誌》，可知《西洋番國志》的作者鞏珍實爲馳陽（今安徽池州）人。[④] 此外，近年新發現的部分明初下西洋船隊隨行醫者的墓誌，對於下西洋行程中醫療衛生保障的實施，亦從社會層面提供了相對完整的材料。[⑤]

　　明代永宣之際，雖然有不少官兵并未遠涉下西洋的驚濤駭浪，但同樣爲鄭和

---

①　《明太宗實録》卷七一，永樂五年九月癸酉，第 997、998 頁。

②　《明英宗實録》卷二三一，景泰四年秋七月癸未，第 5065 頁。

③　向達校注《西洋番國志　鄭和航海圖　兩種海道針經》，中華書局，2000 年，第 2~7 頁。

④　駱鵬：《南京出土明鞏珍篆蓋逸士孫公墓誌》，《元史及民族與邊疆研究集刊》第 30 輯，上海古籍出版社，2015 年，第 144~148 頁。

⑤　虞金勇、王志高：《明初下西洋使團中的醫者——從新出張仕琦墓誌談起》，《中國國家博物館館刊》2020 年第 10 期。

下西洋這一人類航海史上的壯舉做出了重要貢獻，如永樂年間爲出使西洋三度主持修造舟艦的後軍都督僉事汪浩即是其一。新出土《大明驃騎將軍都督僉事汪公（浩）墓誌銘》不僅詳述了爲明成祖朱棣倚重的"靖難"功臣汪浩的家族史事，還揭示出景泰年間被明代宗朱祁鈺先立後廢的汪皇后（郕王妃）即汪浩的曾孫女，[①]如果不是汪浩墓誌的發現，則此宮闈秘事不知將被埋没於何時。

以明英宗爲主角的土木堡之變與奪門之變，是足以與胡藍黨案、靖難之役相提并論的影響明朝歷史進程的事件。這在明代中葉的武官墓誌上也有諸多體現，如前文提及的南京前軍都督范雄墓誌即是如此。范雄的祖父范禮曾參與擒拿效忠建文帝的謝貴、張昺，并在靖難之役屢立戰功。在承平時期，像范雄這樣"傳珪襲組而世其家者"，於例是難於得到升遷機會的，但范雄襲職後却接二連三得以遷擢，直至正統十一年（1446）升署中軍都督府都督僉事這樣的高級武官，并且其許可權也都經歷了從食俸到實授的實質性變遷。[②]范雄的扶搖直上，從景泰二年（1451）八月兵部彈劾范雄爲奸臣王振姻黨或可窺出一些端倪。司禮監太監王振與明英宗情同手足，也是一手釀成"土木堡之變"的罪魁禍首，正統年間的王振可謂勢焰熏天，以至滿朝公侯勛戚皆呼之以"翁父"，畏禍及求官者争相附之不已。范雄既與王振爲姻黨，則其在正統年間屢被遷擢也就不是難以理解的事了。范雄曾參與鎮壓福建鄧茂七農民起義一役，但却仍被御史官一再以"昏瞶"兼"目盲難任事"彈劾。范雄墓誌對於檢討哀誄文普遍存在的諸如隱惡揚善的局限性具有重要價值。[③]

明代貨幣資本的運行雖然達到前所未有的高度，但傳世文獻中關於明代銅錢鑄造與發行的相關記載却寥寥無幾，昭勇將軍歹俊墓誌是目前所見唯一涉及明代銅錢鑄造的墓誌，彌足珍貴。歹俊的父親歹斌以靖難功臣而封濟陽衛指揮使，歹俊襲職以後，爲"益國儲"，曾聽命於南京守備、襄城伯李隆而鑄造宣德通寶錢。值得注意的是，《明宣宗實録》將南京鑄造宣德通寶錢繫於宣德八年十月，[④]而明代顧

---

① 邵磊、王宏：《兩種與鄭和下西洋有關的銘刻史料》，《南京曉莊學院學報》2011年第4期。

② 《明英宗實録》卷二〇七："（景泰二年八月戊子）……（范）雄至，訴：'前疾已痊，而同征福建寧陽侯陳懋等已皆升用，獨臣未蒙升擢。'詔兵部稽雄功次。於是，給事中、御史劾雄宿師玩寇，貪淫欺罔，宜治其罪。兵部亦言：'懋等升用出自特恩，非因論功，今雄有罪無功，且奸臣王振姻黨。'詔仍用之。"（第4457、4458頁）

③ 邵磊、駱鵬：《明代南京前軍府都督同知范雄墓》，《江漢考古》2016年第6期。

④ 《明宣宗實録》卷一〇六，宣德八年冬十月乙亥，"命工部及浙江、江西、福建、廣東四布政司鑄宣德通寶錢十萬貫"（中研院歷史語言研究所，1962年，第2382頁）。

起元《客座贅語》却謂"宣德九年，令南京工部鑄宣德通寶錢"。① 按理説，《明實錄》所載的詔令等原始材料應較《客座贅語》等鄉邦文獻更爲可信，然據歹俊墓誌所述"宣德甲寅，敕南京鑄宣德通寶錢，以益國儲，蓋重務也"，可見《客座贅語》關於宣德九年（1434）敕南京鑄宣德通寶錢的記載洵非孤例。明代宣德通寶錢在南北兩京的鑄造機構皆爲工部，但歹俊身爲衛所武官却得以主司其事，且墓誌謂"其出納之明，造作之精，大著勤績焉"，可見明代銅錢的鑄造事務在具體實施過程中，遠比我們想象的更爲複雜。

土木堡之變後，瓦剌挾持明英宗直逼北京，朝臣多主張南遷避敵，幸有兵部尚書于謙力排衆議，親督諸將列陣九門迎敵，終於力挽狂瀾。而據墓誌記載，其時執掌龍江右衛的歹俊亦不辭艱險，受命徵調南京"庫藏所貯軍器赴京爲備"，此實有助於瞭解于謙在指揮北京保衛戰過程中的運籌帷幄。不過在歹俊眼中，這位北京保衛戰的主要決策者却是"狠愎自任，恃才傲物，納滔招權"，因而"知其必敗"，并有感而發"此又可從而爲政也"，遂"辭以疾回（南）京"，仍理龍江右衛事。衆所周知，"要留清白在人間"的于謙的功業與品格，歷來受人景仰，但他的悲劇命運也令人扼腕，于謙功高被殺，固然有英宗復辟的因素，但也與其性格上的缺陷，諸如恃才自用、矜己傲物不無關係。② 不過歹俊對于謙如此的負面評價，則是出土墓誌所僅見的。

近年來，關於南北二京以外各地區明代衛所武官及其家族成員的墓誌，也有不少新的發現，對於補證明代衛所制度與方興未艾的大運河文化以及明代漕運的研究，都具有較爲重要的價值。③ 李静收集新出土明代武勛功臣墓誌材料，以其婚姻關係爲切入點，探討了不同階層的明代武官家族婚姻對象的選擇與武官家族婚姻的影響。④

（五）移民與商賈墓誌

明太祖朱元璋一度欲建都於自家的故鄉鳳陽，但最終仍定都南京，明成祖朱棣繼而遷都北京，從而形成中國歷史上獨特的三都并立的格局，客觀上也引發

---

① 顧起元：《客座贅語》卷四《金陵古今鑄錢》，南京出版社，第 112 頁。

② 張廷玉等：《明史》卷一七〇《于謙傳》，第 4544 頁。

③ 張士尊等：《從墓誌看明代遼東海州衛孫氏家族的興衰》，《鞍山師範學院學報》2020 年第 3 期；趙五正：《新見明代淮安大河衛指揮使營惠墓誌研究》，《揚州教育學院學報》2020 年第 3 期。

④ 李静：《明代武官家族婚姻關係研究——以墓誌材料爲中心》，碩士學位論文，陝西師範大學，2016 年。

了大範圍的人口遷徙。據《明太祖實錄》卷二六，朱元璋早在明立國前的吳元年（1367）十月就曾將蘇州的富民徙實濠州，亦即中都。①不過就遷徙人口的規模而言，固以南北二京爲甚，影響也最爲深遠。

在明太祖朱元璋定鼎南京而大肆驅舊民置雲南、徙外户實京師的大背景之下，明洪武年間南京大規模的人口入遷大致有兩次，一次是洪武二十四年（1391）七月庚子徙天下富民五千三百户實京師，②另一次是洪武二十八年（1395）十一月甲子，詔徙直隸蘇州等十七府、州及浙江等六布政使司所屬府、州、縣民二萬户赴京，占籍於上元、江寧二縣，以充各倉夫役，名曰"倉脚夫"。③此外，從洪武初至永樂初，一直都有隸籍於各衛所、太醫院、欽天監的移民家庭陸續遷入南京。④

上述洪武年間移民南京的史事，在南京出土的明代墓誌上多有反映。從中可見，明初南京移民的來源以蘇州地區最爲集中，其次爲浙江仁和以及徽州、淮安等地。日本學者夫馬進指出，明初移民政策波及的地區除了蘇杭之外，還包括江西、湖廣、福建、山東等地。⑤值得注意的是，洪武初徙居金陵并占籍南京錦衣衛的司馬泰家族的先世"再徙金陵"前一度徙居西安府轄下的咸寧縣，因此司馬泰墓誌的發現，拓展了關於洪武年間徙實京師的移民地域的認識。⑥

經統計，北京新出土的明代移民墓誌約有三十多種。⑦關於明初北京的移民，據《大明會典》卷一九《户部·富户》記載："永樂元年，令選浙江、江西、湖廣、福建、四川、廣東、陝西、河南，及直隸蘇、松、常、鎮、揚州、淮安、廬州、太平、寧國、安慶、徽州等府無田糧并有田糧不及五石殷實大户，充北京富户，附順天府籍，優免差役五年。"⑧其規模之大，較明洪武年間南京的移民有過之而無不及。這樣大規模的移民，固然是爲了重建遭受"靖難之役"衝擊後的北京城，但更深遠的原因，則可能與明成祖朱棣早在登基之初便已決意遷都北京有關。

---

① 《明太祖實錄》卷二六，吳元年冬十月乙巳，第 383 頁。
② 《明太祖實錄》卷二一○，洪武二十四年七月庚子，第 3128 頁。
③ 《明太祖實錄》卷二四三，洪武二十八年十一月甲子，第 3527~3528 頁。
④ 李登等纂《上元縣志》卷一○《人物二》，明萬曆二十五年（1597）刊本。
⑤ 夫馬進「明代南京の都市行政」中村賢二郎編『前近代における都市と社会層』京都大學人文科學研究所、1980 年、25-255 頁。
⑥ 邵磊：《明代文獻學家司馬泰及其弟司馬嵩墓誌考釋》，《文獻》2017 年第 5 期。
⑦ 陳玲《從北京地區出土墓誌看明代北京的移民情況》，《齊齊哈爾大學學報》（哲學社會科學版）2013 年第 3 期。
⑧ 申時行等重修《大明會典》卷一九《户部·富户》，廣陵書社影印本，2007 年，第 1 册，第 351 頁。

總體來看，雖然在明初移民家庭中也出現過如李東陽之流的名宦，但由於習舉子業的艱難，明初移民及其後代大多都走上了經商之路。據《大明會典》卷二〇三《工部·職官墳塋》附記："庶人塋地九步，穿心一十八步，止用壙誌。"① 考慮到置辦墓誌從選購石料以至請銘、書丹、鐫刻的全過程所費不貲，故所謂的"庶民"恐不會是貧寒人家，而是有一定經濟實力的商賈之流。今人於《四庫全書》《續修四庫全書》與部分明人文集蒐集到明代商賈碑誌計 609 篇，② 但顯然尚未包括新出土的明代商賈墓誌，兩者若合二爲一，規模必定非常驚人，也客觀揭示出明代中葉社會轉型以後社會階層的巨大變化。

由於明代社會以商賈爲主體的庶民墓誌的大量涌現，難免予人史料價值遭到"稀釋"的印象。但有明一朝是中國歷史發生重大轉折的歷史時期，經濟、政治、文化、社會等各個方面所發生的巨大變革，包括市民階層的崛起，無不深刻影響了中國的歷史發展進程。從這個意義上來看，諸多無官品的商賈富户的墓誌，都是這一歷史轉變的重要見證，同樣具有徵文考獻的價值。

明代商賈墓誌幾乎也都出自士人撰述，故商賈墓誌的興起，與明代士人觀念的轉變密切相關，通常也被認爲是"人情日流於僞"的表現。明清之際的董含認爲，往昔"士大夫以清望爲重"，羞與商賈爲伍，今則"屈體降志"，熱衷與商賈交結，而究其用心，不過賣文博食，"利我財耳"。③ 明代俞弁亦云"正德間，江南富族著姓求翰林名士墓銘或序記，潤筆銀動數廿兩"。④ 所述正是明代士商"如蠅聚一膻"的生動寫照，而衆多由明代士大夫執筆的商賈富户墓誌多未脱此窠臼，黄開軍《明清時期商賈墓誌銘的書寫與士商關係》一文對此有細緻而深刻的分析。⑤

明代商賈墓誌通常不惜篇幅津津樂道於傳主的孝養至親、樂善好施、勤儉持家、傳承儒業等事迹，但對於傳主所從事的商業行當或具體的商業活動，却往往諱莫如深，偶或涉及，亦必一帶而過。如前述倪謙撰《旌表孝行龐公墓誌銘》的傳主龐景華，就是個不折不扣的商賈，但倪謙筆下的龐景華却分明是一位因朝廷旌表孝行以爲世勸而感天動地、名滿天下的孝子。相較而言，誌文關於龐景華的經商之道，却祇有"比長，爲娶婦徐，服從姑命，勤於紡績織紉，家因以饒"寥寥數字。

---

① 申時行等重修《大明會典》卷二〇三《工部·職官墳塋》，第 5 册，第 2732 頁。
② 吴文昭：《明代商人墓碑文對商人的書寫》，碩士學位論文，華中師範大學，2011 年。
③ 董含：《三岡識略》卷一〇，致之點校，遼寧教育出版社，2000 年，第 225 頁。
④ 俞弁：《山樵暇語》卷九，《四庫全書存目叢書》子部第 152 册，第 68 頁。
⑤ 黄開軍：《明清時期商賈墓誌銘的書寫與士商關係》，《學術研究》2019 年第 11 期。

顯然，僅僅依靠龐景華妻"勤於紡績織紉"，也許祇够維持生計，至如"家因以饒"并結交其墓誌撰、書的作者倪謙、崔恭、趙輝這樣的名宦，却是斷無可能。但如果龐景華家族是在南京從事諸如雲錦織造業并掌控相當規模的雲錦機户的業主，龐景華妻徐氏"勤於紡績織紉，家因以饒"云云，就不難理解了，這種可能不是没有。

1967 年河北邢臺地區寧晉縣出土的《明敕封文林郎河南彰德府安陽縣知縣高公墓誌銘》，内容述及傳主高凌煙及其族人從事信貸業務的情形，爲解讀明代萬曆年間貨幣資本的發展提供了可貴的材料。據墓誌記載，高凌煙由於幾度科考不利，遂以"大丈夫生身當世，何術不可爲"自勉，并終於在經商的道路上獲得收益。據墓誌記載，高凌煙的所謂經商業務乃是"貸子母錢，逐什一之利"，即以商業借款而獲取利息。明代貨幣借貸利率通常在二分至三分之間，也有低至一分五厘或高達四五分者，從高凌煙從事放貸業務不久即"具瀡灘之奉，極其洗腆"來看，其獲利相當豐厚。[1] 結合高凌煙墓誌客觀叙述的明代後期信貸經營的濃郁氛圍與貨幣資本的積極作用，不難讓人得出這樣一個認識，即明代後期商賈所從事的可能大都是這樣的信貸業務。這或許也是明代商賈墓誌不願輕易提及傳主商業行當的重要原因。

七　新出土明代墓誌對於歷史遺存的揭示

除了補史、證史之功，明代墓誌對於古代史迹的考證與研究，也提供了不少别具隻眼但却至爲關鍵的視角。如筆者此前利用出土明代墓誌殘文重新校讀，發現所謂明黔寧王沐英九世孫、隆慶四年（1570）五月襲封黔國公的沐昌祚夫婦墓，其實是沐昌祚的伯父沐朝輔夫婦墓；[2] 所謂沐英十世孫、第十一任黔國公沐睿墓，其實是沐睿之子、第十二任黔國公沐啓元墓。[3] 此外，較引人矚目的還包括利用出土明代墓誌對相關歷史遺存進行考察的個案研究，這裏也略摭一二。

（一）明憲宗孝貞王皇后南都祖塋神道碑

明憲宗孝貞皇后王氏爲上元人，其家族位於南京鳳臺崗（今鄧府山東麓）的

---

① 張國勇、張倩：《明代貨幣資本發展的見證：高凌煙墓誌銘》，《大衆考古》2021 年第 10 期。

② 邵磊：《明黔國公沐昌祚墓辨訛及其相關問題——從沐朝輔妻陳氏墓誌的發現談起》，《東南文化》2011 年第 1 期。

③ 力子：《明黔國公沐睿墓辨訛》，《東南文化》2012 年第 4 期。

祖塋於 1987 年經考古發掘，原址仍存龜趺神道碑一通，惜碑文多已漫漶不清。此碑曾著録於二十世紀三十年代初版的朱偰《金陵古迹圖考》一書：“……在鄧愈墓東里許，石獸翁仲，皆已傾倒，係王某墓，官至都督府都督同知，子鑒及鏡早亡；其他碑文漫漶難讀。”[1] 朱偰同時的另一部著作《金陵古迹名勝影集》所録該神道碑的圖版説明文字爲：“明瑞安侯王源墓：墓在聚寶門外雨花臺西南，去鄧愈墓約一里，有碑一，文字漫漶難讀，翁仲石獸，皆傾卧地上。”則逕將此神道碑斷爲孝貞王皇后的兄弟瑞安侯王源墓遺存。[2] 然而綜合傳世文獻記載，可知孝貞皇后王氏的父母王鎮夫婦早在女兒正位中宫之後即移居京師（北京），死後并皆葬於北京西玉河鄉，[3] 至於王皇后的兄弟王源、王清、王濬三人，亦紛紛從祔於此，[4] 故明清以來南京地方志關於“瑞安侯王源墓在聚寶門外鳳臺街”的記載，皆不可信。因此，朱偰將這一通神道碑斷爲瑞安侯王源墓遺存，亦屬誤會。

據前引朱偰《金陵古迹圖考》辨認此神道碑殘存碑文云：“係王某墓……官至都督府都督同知……子鑒及鏡早亡。”按，孝貞王皇后之父王鎮成化初以戚畹恩拜中軍都督同知，王鎮的父親王鳳、祖父王福、曾祖王玉三世，亦皆贈榮禄大夫、中軍都督府都督同知，而王鳳是王氏家族占籍應天府上元縣的始祖，王玉與王福皆應葬於原籍順天府密雲縣。這樣來看，孝貞王皇后家族南都鳳臺崗祖塋的神道碑衹可能是爲贈中軍都督府都督同知的王鳳所立，碑文所述“子鑒及鏡早亡”中的“子鑒”，即是王鳳長子、王鎮兄王鑒。

復據考古發掘出土的王鳳第三子王鉞墓誌所述，王鳳卒於成化八年（1472），長子王鑒卒於成化九年（1473），次子即孝貞王皇后之父王鎮卒於成化十年（1474）六月，揆以碑文中“子鑒及鏡早亡”而未及王鎮之死，可推斷王鳳墓神道碑立於成化九年至成化十年六月之前。值得一提的是，王鉞墓誌的作者、成化年間纍遷至南京吏部尚書的錢溥在誌文中這樣寫道：“（王）鉞以其友、冬官郎中吳元玉所爲狀來請銘，余亦交於公者，嘗記公先都督之墳矣，而於銘墓也奚辭。”據此可證，王鳳

---

① 朱偰：《金陵古迹圖考》第十章“明代之遺迹”，中華書局，2006 年，第 187 頁。

② 朱偰：《金陵古迹名勝影集》，中華書局，2006 年，第 81 頁。

③ 據李東陽《文後稿》卷三〇《封阜國太夫人王（源）母段氏合葬墓誌銘》，明憲宗孝貞皇后王氏父母王鎮、段氏夫婦合葬於北京西玉河鄉，詳見周寅賓點校《李東陽集》第三卷，岳麓書社，1985 年，第 433 頁。

④ 《費宏集》卷一七《明故太傅瑞安侯贈太師謚榮靖王公（源）墓誌銘》，吳長庚、費正忠點校，上海古籍出版社，2007 年，第 609、610 頁。

墓神道碑文出錢溥所撰。前文述及，錢溥夙有文采，四方以得其文與字者爲榮，一時碑版照四裔，但其人卻因結交宦官而飽受詬病。錢溥晚年官居南都，留下大量碑誌文字，但今所存者多爲墓誌，植立於地面的碑版實物唯有王鳳墓神道碑，可惜由於碑文漫漶，不辨作者，幸賴出土的王鳳第三子王鉞墓誌始得以揭示之。

（二）大理崇聖寺塔"永鎮山川"刻石

建於南詔、大理國時期的崇聖寺三塔，西倚蒼山應樂峰，東臨洱海萬頃波，是雲南乃至中國最具代表性的歷史人文景觀之一，1961 年被國務院公布爲首批全國重點文物保護單位。大理崇聖寺三塔居中的平面呈四方形的大塔，稱千尋塔，爲16 級密檐式空心磚塔，高 69.13 米；千尋塔兩側，各有一座 10 級密檐式八邊形磚塔，各高 42.19 米。三塔鼎足而立，蔚爲壯觀。在千尋塔正面，有一堵長 8.25、寬4.5 米的磚砌照壁，照壁正面鑲嵌四塊巨型方石，每塊方石高 160、寬 129 厘米，自右至左鐫刻"永鎮山川"四個擘窠大字，字溝內均填塗金彩，瓊奇雄偉，堪稱大觀（圖十六）。在"永鎮山川"四字左側鐫刻款識"黔國公古濠世階題"，落款下鐫"開國元勛"篆印，在款印的左下還鐫有一行小字："委官大理衛管操補指揮同知張維栢督造"。

"永鎮山川"四個擘窠大字的題寫者"黔國公古濠世階"究係何人，歷來都是一個謎。據民國十六年（1927）邑人李文琴所撰《重修三塔寺"永鎮山川"記》碑云：

> 唐貞觀間，建崇聖寺於大理城西北，舊號千廈。迨明皇開元癸丑，南詔鼎盛，寺前添置三浮屠。中塔高插雲霄，左、右二塔相配峙，閲四十八年功乃成。巍巍乎，全滇之大觀也！至明武宗正德九年甲戌五月初六日，地大震，城堞屋廬爲摧，三塔皡裂，猶幸無恙。世宗嘉靖九年庚戌六月六日，郡人李中溪侍御捐資，補甃中塔，復作木骨，百日竣工。又三年癸丑，重葺左、右二塔，秋初經始，閲五月而成。神宗萬曆十一年癸未季春，世襲黔國公裔孫世階培修中塔盤，書"永鎮山川"四字，益顯峥嶸。前清高宗乾隆五十六年辛亥，署大理府知府鐵嶺楊長桂公祀社壇，見塔剝蝕，且以昔人因鎮水患，制禁蛟龍，用意良深，修廢弭災，爲守土者責，不僅使勝迹常存也，捐鶴俸千金，葺而新之。民國十四年春二月二十夕九鐘時，陡遭巨震，城堞屋舍全

圖十六　大理崇聖寺塔"永鎮山川"刻石

圮，繼之以火，沿燒市廛三百二間，民廬八十二厢。中塔金頂墜地損壞，幸塔身尚存，"永鎮山川"四字僅"川"字完好，餘悉破碎。郡人嚴子珍司馬惜之，獨立捐貲，倩周子安道尹以雙鉤法將"永""鎮""山"三字勾添，易石鑴成，俾復舊觀。[1]

據以可知，此"永鎮山川"四字原本是明萬曆十一年（1583）三月由"世襲黔國公裔孫世階"在培修"千尋塔"塔刹之後題刻，但這位黔國公裔孫沐世階究竟爲何許人？却依然難究其詳。在國家 AAAAA 級風景區大理崇聖寺三塔文化旅游區的解説詞中，則聲稱千尋塔前照壁上"永鎮山川"四個大字爲明代黔國公沐英之孫沐世階所寫。然而在承襲黔國公爵位的沐英歷代子孫中，并無名諱"世階"之人，因此又有人懷疑"世階"并非人名，而是指世鎮雲南的黔國沐氏家族纍代承襲、具有榮譽性質的官階，并在相關的景點旅游解説詞中演繹出種種奇談怪論。

　　從"永鎮山川"的落款題署於萬曆十一年三月來看，不難推斷這位"黔國公古濠世階"或曰"世襲黔國公裔孫世階"，應與明隆慶五年（1571）二月嗣黔國公

---

[1]　碑文係轉録自雲南省文化廳文物處與中國文物研究所編著的《大理崇聖寺三塔》一書《文物篇·碑刻》，文物出版社，1998 年，第 94、95 頁，標點係筆者所加。

爵、活躍於萬曆年間的沐英九世孫沐昌祚有關，不過僅憑傳世史料尚難下定論。

　　1979 年，南京市博物館在南京南郊將軍山發掘了一座明代晚期黔國沐氏家族成員的墓葬，編號爲 79JJSM4。考古工作者根據出土墓誌首行殘文語及的"配今太子太保世階上公沐昌祚"等内容，斷定墓主爲隆慶四年（1570）五月襲封黔國公的沐英九世孫沐昌祚及其夫人的合葬墓。[①] 不過據墓誌殘拓重新釋讀，却發現此墓的墓主并非沐昌祚，而是沐昌祚的伯父沐朝輔與夫人陳氏。[②] 不過值得一提的是，墓誌誌文在兩度述及經辦沐朝輔妻陳氏喪葬事務的沐昌祚之際，皆綴以"今太子太保世階上公"，可知"世階"應正是沐英九世孫、嗣任黔國公沐昌祚的別號，大理崇聖寺三塔"永鎮山川"擘窠大字歷來如謎一般的題寫者，也終於水落石出。[③]

　　本文主要參酌歷來對新出土明代墓誌的相關研究成果而完成。由於新出土明代墓誌的數量甚爲龐大，相關的考釋與研究也較爲細碎且不均衡，其中，對於部分綜合性的研究成果固然可以評析一二，但對於缺乏系統研究的領域，筆者囿於聞見，也就祇能羅列一些材料，挂一漏萬在所不免，唯俟賢者於將來。

---

① 南京市博物館（阮國林執筆）：《江蘇南京市明黔國公沐昌祚、沐睿墓》，《考古》1999 年第 10 期。

② 邵磊：《明黔國公沐昌祚墓辨訛及其相關問題——從沐朝輔妻陳氏墓誌的發現談起》，《東南文化》2011 年第 1 期。

③ 邵磊：《大理崇聖寺塔"永鎮山川"擘窠大字的題寫者》，《南京市博物總館館刊》2017 年第 4 期。

清代碑刻文獻整理研究的回顧與前瞻

何　山

　　秦漢時期出現成規模的碑刻，以後持續發展，唐代達到鼎盛，歷經宋元明清調整與創新，刻立碑石制度延續至近代。碑刻文獻從古至今持續時間之長久、内容之富博、品類之豐富、數量之龐大、分布之廣泛，是其他出土文獻難以比擬的。清代是我國最後一個統一的封建王朝，國力由盛轉衰。該時期處在古代碑刻發展的最後階段，仍屬碑刻發展史上的重要節點，上至帝王將相，下至普通民衆，均留下豐富而寶貴的碑刻文化遺産。總體上看，清代碑刻形制、類別以傳承爲主，史料信息、藝術表現、書法風格、語言文字等方面則體現出新的時代特徵。因此，清代碑刻文獻有其特殊的學術和研究價值。相較而言，學界對清代碑刻的重視程度却與其實際價值很不匹配，具體表現在：重前代輕清代，重特殊輕一般，重著録輕研究，重個案輕全面。事實上，清代碑刻十分豐富，除已刊布的數量較爲有限的材料外，還有大量碑石散落各地，自然風化和人爲損毁已相當嚴重，其狀況令人擔憂。從一定程度上説，對清代碑刻關注不夠，保護不力，研究不足，利用不善，很不利於清代社會、歷史、文化等的全面、深入和系統研究。整理、研究清代碑刻文獻，首要工作是摸清材料家底，包括紙上材料和石刻原物兩方面。石刻原物最爲零散，涉及面太寬，需要國家有關主管部門統籌推動，并投入大量人力物力，纔能獲得一些基礎數據，這在短時間内難以實現，故眼下方便利用的碑刻資料主要是紙上材料。本文在全面調查的基礎上，就清代碑刻的類別、形制、分布、著録、研究等情況加以回顧總結，爲瞭解、利用、保護、開發清代文獻資源提供路徑和綫索；同時，就清代碑刻整理與研究提出前瞻性意見，爲後續研究提供基本思路。

一　清代碑刻的主要類別和形制

同唐宋等前代碑刻一樣，清代碑刻不但具有靈活的樣式、恢宏的氣勢、典雅的風格、精美的藝術和豐富的内容，而且呈現出一些新的特色。本文根據碑額、碑文首題等對石刻類别的提示，結合碑刻形制、内容、用途和考古特徵，分類介紹碑碣、墓誌、摩崖、磚銘、造像記、畫像題字、法帖等，并輔之以典型實例。

（一）置於地上之碑碣

碑碣爲清代主要的碑刻樣式之一，約占清代碑刻的半壁江山。清葉昌熾《語石》云：“立碑之例，厥有四端：一曰述德，一曰銘功，一曰紀事，一曰纂言。”[1]清碑亦不出其端。就内容和功能而言，石碑除述德、銘功、紀事、纂言外，還刻寫文告、贊頌、諭祭、誥封以及各種經典等，於是産生出御製碑、誥封碑、行宮碑、功行碑、記事碑、文告碑、寺觀碑、祠堂碑、祭祀碑、義舉碑、會館碑、水利碑、田産碑、水文碑、工商業碑、題名碑、世系碑、圖文碑、醫藥碑、戲曲碑、法帖碑、詩文碑、教育碑、規約碑、契約碑、災患碑、石經碑等。葉氏緊接着專門談到石刻分類問題：“舉此四例，若網在綱。此外石刻爲碣、爲表、爲誌、爲勒、爲石闕、爲浮圖、爲幢、爲柱、爲摩厓、爲造象、爲井闌、爲柱礎。”他將“碣”作爲與“碑”并列的獨立類别。清代碑文有“立碣”“竪碣”或銘（記）之於“碣”等表述。如清乾隆十一年（1746）《關帝廟碣》：“爰竪碣於殿前，用昭垂於悠久。”清乾隆十六年（1751）《廣善米會置香火地碣》：“余恐衆善人施則無驗，後望何據，故立碣以標名云爾。”清光緒十四年（1888）《禱無不應碣》：“疊霈甘霖兮共頌奇絶，敬陳顛末兮爲之薰沐。以銘碣。”清光緒十八年（1892）《霖雨蒼生碣》：“東方景非素所禱雨處也，禱之，自前署州李公始，有碣記其事。”[2]“碣”和“碑”本來是有區别的。《後漢書·竇憲傳》：“復其逖兮亘地界，封神丘兮建隆碣。”李賢注：

---

①　葉昌熾撰，柯昌泗評《語石·語石異同評》，陳公柔、張明善點校，中華書局，2005 年，第 180~181 頁。

②　分别見北京圖書館金石組《北京圖書館藏中國歷代石刻拓本滙編》，中州古籍出版社，1989 年，第 69 册，第 197 頁；北京圖書館金石組《北京圖書館藏中國歷代石刻拓本滙編》，第 70 册，第 161 頁；康蘭英《榆林碑石》，三秦出版社，2003 年，第 186 頁；康蘭英《榆林碑石》，第 187 頁。

"方者謂之碑，員者謂之碣。碣亦碑也，協韻音其例反。"① 可是從漢代開始，"碣"和"碑"這兩個術語并無嚴格區分，常常混用。如東漢永元三年（91）《任尚碑》，原石微圜而橢，本爲"碣"之造型，著録時却多稱其爲"碑"。② 東漢永興二年（154）《孔謙碑》，《隸釋》卷六題作《孔謙碣》。碑、碣溷稱，古之通例。前舉清代石碣，造型爲"碑"，亦是碑、碣通用之例。清代著録成果中，一些題名爲"碣"的，實際上是"碑"。如清康熙四十一年（1702）《御製訓飭士子文碣》，清康熙四十六年（1707）《重修觀音殿記碣》，清道光二十六年（1846）《程子四箴碣》。③

關於"墓碑"的具體歸屬，《語石》舉例分析云："至若《孝敬皇帝叙德紀》，乃高宗爲其太子所撰墓碑。既非銘功，亦異述德。此於銘功例中，別立述聖叡德之目，皆未允當。"所論具有合理性。就清代碑刻而言，"墓碑"乃碑碣之大宗，單列小類也是完全必要的。如清順治十五年（1658）《真玄墓碑》，碑額篆書"無量禪師墓碑"，碑文首題"無量禪師墓碑記"。清康熙十二年（1673）《葛成墓碑》，碑額篆書"吳葛將軍墓碑"，碑文首題"葛將軍墓碑"。④ 或題爲"墓碣"。如清乾隆四十年（1775）《芮復傳墓碣》，碣文分上、中、下三欄書刻，共119行，滿行19字，楷書；首題"皇清誥授中憲大夫、浙江提刑按察使司副使、分巡温處道芮公墓碣銘"；從行款格式到行文内容，與墓碑并無二致。清《張頌賢墓碣》，碣文首題"程張封公墓碣"。⑤ 或題爲"故冢碑記"。如清康熙十四年（1675）《達魯花赤故冢碑記》。或題爲"塋地碑"。如清康熙十七年（1678）《安氏塋地碑》。或題爲"墓表、墓表銘、阡表"。如清康熙三十七年（1698）《雲骨子先生墓表銘》，清康熙四十三年（1704）《法禮墓表》，清嘉慶九年（1804）《清故庠生觀海劉君阡表》。或題爲"行實碑"。如清康熙四十六年（1707）《伊公行實碑》。合葬也有題爲"墓碑"的。如清康熙五十一年（1712）《董郝善及妻郭羅羅氏繼配黑攝李氏合葬墓碑》。還有一類"神道碑"，功能與"墓碑"相通，祇是前者用於身份顯貴之人，

---

① 范曄：《後漢書》，中華書局，1965 年，第 817 頁。
② 李遇春：《新疆巴里坤縣新發現東漢任尚碑的初步考證》，《考古與文物》1982 年第 4 期。
③ 分別見康蘭英《榆林碑石》，第 145 頁；李慧、曹發展《咸陽碑刻》，三秦出版社，2003 年，上册，第 195 頁；史景怡《三晉石刻大全·晉中市壽陽縣》，三晉出版社，2019 年，第 498 頁。
④ 分別見北京圖書館金石組編《北京圖書館藏中國歷代石刻拓本滙編》，第 61 册，第 125 頁；北京圖書館金石組《北京圖書館藏中國歷代石刻拓本滙編》，第 63 册，第 28 頁。
⑤ 分別見中國文化遺産研究院、上海博物館、天津文化遺産保護中心《新中國出土墓誌·上海、天津》，文物出版社，2009 年，上册，第 257 頁；胡海帆、湯燕《北京大學圖書館藏徐國衛捐贈石刻拓本選編》，上海人民出版社，2007 年，第 55 頁。

如帝王、大臣及官階較高的要員。清康熙十六年（1677）《徐化成神道碑》、清康熙二十五年（1686）《愛松古神道碑》、清康熙三十二年（1693）《海色及妻那氏神道碑》等皆其類。

清代有記錄造立墳塋的碑文，實際上也相當於"墓碑"。有的稱爲"壽墓前位"，清咸豐三年（1853）《宋世玉姚徐氏大雙壽墓前位》，其文有云"清時仙逝考宋世王姚徐氏大雙壽墓前位"，造立目的爲"原命鳩工造立藏身之具，庶使後代子孫查考有自，拭目彰耳"。或稱"佳城"，清同治三年（1864）《李興啓母趙氏佳城》，清同治十一年（1872）《劉貴才佳城》；後者首題云"清碩德壽劉公諱貴才佳城"，文尾題署"皇清同治壬申年正月十七日換立"。有的稱爲"壽域"，清光緒十一年（1885）《李蟠根壽域》，其首題云"清例贈文林郎李諱蟠根壽域"。

清代有記録建立生祠的碑文。清順治十年（1653）《謝邑侯生祠祀》，清康熙二十八年（1689）《邑侯黃公生祠碑記》，清康熙三十三年（1694）《張容陳公生祠記》，清道光十四年（1834）《邑令周公生祠記》。

清代有記述人物事迹的家傳碑。清道光十五年（1835）《王文瑞家傳》，原石嵌於嘉定縣馬陸鎮東沙涇地旁的祠壁中，其首題云："皇清恩給七品銜王君家傳。"其文有曰："孤子壽康以狀來請，因爲之叙述生平，以立傳藏於家。"石韞玉撰文并書丹，文尾馮文輝隸書題"輯庭王公家傳"。

清代碑碣以圓首、方首爲主。碑身或橫而廣，如《重修觀音殿記》《御製訓飭士子文碑》《程子四箴》《禱無不應碑》。或方而正，如《崔老父台去思記》《御製平定兩金川告功文碑》。或直而修，如《張頌賢墓碣》，高186厘米，寬93厘米；楷字竪書27行，滿行54字。

從書寫款式看，首題書於碑石正中的實例有所增加。如清順治七年（1650）《李公重建學宮碑》，中間竪題"密循吏李公重建學宮碑"。清嘉慶元年（1796）《謝仁墓碑》，中間竪題"恩賜耆老謝公諱仁配李氏樊氏之墓"。清光緒十三年（1887）《袁明甫暨崔孺人墓碑》，中間竪題"顯祖考袁公字明甫府君姚母崔母孺人太君合葬墓"。此乃清代等近世碑刻興起的新款式，沿用至現代。

（二）埋於地下之墓誌

墓誌爲清代碑刻又一大宗，占比約三分之一。我們從誌文内容中清理出這類石刻有如下不同稱謂。

或稱墓誌、墓誌銘、墓銘、墓誌銘并序、墓誌序。如清康熙元年（1662）《吳士俊墓誌銘》，清康熙三十一年（1692）《清故待贈庠生拓公墓誌銘并序》，清乾隆四十年（1775）《長公徐公墓誌并銘》，清道光四年（1824）《王恭人墓誌》，清道光二十六年（1846）《趙朝合墓誌序》，清道光二十八年（1848）《賀讓墓銘》。

或稱合葬（窆、窀）誌、合葬墓銘。如清順治五年（1648）《康加林暨元配劉孺人合葬墓誌》，清順治八年（1651）《温體仁及妻嚴氏合葬誌》，清乾隆二十六年（1761）《張宗良暨孺人張氏合窆墓誌銘》，清乾隆三十八年（1773）《楊文瑛暨配岳孺人合葬墓銘》，清嘉慶十七年（1812）《邢文彪暨孺人史太君合葬新塋墓誌》，清宣統元年（1909）《劉萬善夫婦合窆墓誌》。

或稱權厝誌（銘）。如清順治六年（1649）《喬若雯妻李安人權厝誌銘》，清光緒三十年（1904）《朱偉卿權厝銘》。

或稱塔銘（記）。此類即佛教四眾弟子的墓誌。如清順治十三年（1656）《月心塔銘》，清康熙十年（1671）《心一禪師塔誌銘》，清康熙二十二年（1683）《真玄塔記》，清康熙二十三年（1684）《慧眼大師塔銘》。

或稱壙誌（記、銘）。如清順治十五年（1658）《和碩榮壙誌》，清康熙十四年（1675）《索額圖女里氏壙誌銘》，清康熙四十八年（1709）《白乃建及妻田氏郝氏康氏合葬壙記》，清道光二十九年（1849）《劉璽壙記》，清光緒三十三年（1907）《族弟丙勛壙銘》。

或稱行狀、行略。如清康熙五年（1666）《路曄行狀》，清雍正四年（1726）《邵登雲行略》，清道光五年（1825）《彭尚賓行狀》。

或稱祔葬墓誌。如清康熙十四年（1675）《胡來相門李氏祔葬墓誌》，清乾隆三十九年（1774）《謝穎元暨配陳宜人祔葬墓誌》。

整體上看，清代墓誌形制、內容、款式等都沒有太大變化，可以用"沿襲傳統、持續發展"進行概括。從現有材料看，在墓碑、墓誌的指稱上，清碑所用術語有泛化的趨勢。本爲墓碑，清代有以"碑誌"稱之者。如清道光十八年（1838）《高月桂墓碑》，其首題云："皇恩賜八品壽官高公諱月桂德壽碑誌。"[1] 此處"碑誌"應偏指"墓碑"，由於人們的認知模糊了概念外延的差異性，使得理論上的"碑""誌"概念在實際使用中有所泛化，以致出現交叉或重疊。

---

[1] 王興亞等：《清代河南碑刻資料》，商務印書館，2016年，第7冊，第220頁。

（三）最自然的刻字石刻——摩崖

書刻文字於自然的崖壁，就形成摩崖石刻。這類文獻產生較早，漢魏古蜀道摩崖石刻爲其典型代表。[1]以後歷代有之，如李邕撰、書的《端州石室記摩崖》，唐開元十五年（727）刻於廣東肇慶七星崖壁間，爲著名摩崖散文。唐大曆六年（771）《大唐中興頌》，元結撰，顏真卿書，刻於浯溪，因文絕、字絕、石絕而被稱爲"摩崖三絕"。南宋乾道元年（1165）《焦山題記摩崖》，陸游撰，刻於焦山崖壁，文筆、書法俱佳。[2]清代亦有不少摩崖題刻，有散刻，有群刻。如清同治四年（1865）《漳州松關摩崖銘》，刻於漳州漳浦好景山；清同治十二年（1873）《南山開礦摩崖題記》，刻於方城縣四里店鄉老麼溝村南山。近年學界出版了一些收集、整理古代摩崖的科研成果，如《連雲港石刻調查與研究》第四章"摩崖題刻"，[3]專題整理、研究連雲港歷代摩崖，分析其文化特徵、書法藝術、民俗風情等。其中涉及清代摩崖85種，如清道光十五年（1835）《白虎山石刻群——陶澍詩刻》，位於海州區白虎山東坡，行書；清嘉慶二十一年（1816）《白虎山石刻群——師亮采題刻》，位於海州區白虎山東坡小石棚西壁，隸書。《千山摩崖石刻研究》《柳州摩崖石刻》《陽春摩崖石刻》[4]分別著錄有明確紀年的清代摩崖石刻27種、41種、55種，刊布圖版，錄文，并簡介文獻相關屬性。詩文、書迹爲清代摩崖的常見主題，很多古代摩崖題刻已成爲當地的文旅標簽，亦是受研究者青睞的特殊資料。

（四）永久的紀念——圖畫題字

此類石刻一般在圖畫下或旁書刻贊詞等文字內容。如清康熙二十一年（1682）《五嶽真形圖》，清康熙四十四年（1705）《童子拜觀音圖并題字》，清康熙五十七年（1718）《梅仙像贊》，清雍正元年（1723）《明兵部尚書贈太保諡忠襄鐵公諱鉉遺像墓》，清道光八年（1828）《阮文達公畫像石刻》，清道光十七年（1837）

---

[1] 最新研究成果如陶喻之《流動的金石：多維的蜀道摩崖》（上海大學出版社，2021年）一書，將文獻考證與文史研究有機結合，專門研究漢魏古蜀道摩崖石刻。

[2] 參見毛遠明《碑刻文獻學通論》，中華書局，2009年，第223~224頁。

[3] 連雲港市重點文物保護研究所：《連雲港石刻調查與研究》，上海古籍出版社，2015年。

[4] 梁驥：《千山摩崖石刻研究》，中州古籍出版社，2015年；潘曉軍：《柳州摩崖石刻》，廣西科學技術出版社，2017年；陽春市文化教育廣電新聞出版局、陽春市博物館：《陽春摩崖石刻》，嶺南美術出版社，2019年。

《明海忠介公遺像》，清光緒二十三年（1897）《邑侯劉公相贊》，清光緒二十七年（1901）《唐杜文貞公遺像碑》。

（五）釋門願望——造像（碑）記

宗教造像及文字兼有之石刻，六朝最爲豐富，宋代以後漸趨衰落，清代處於衰竭期，數量很少。如清康熙四十一年（1702）《趙光祖造像記》，清康熙四十一年（1702）《毗盧教主如來千佛碑》。取而代之，塑像記、金妝神像記則開始多起來。如清康熙九年（1670）《重金佛像碑記》，清康熙二十八年（1689）《助泉寺裝修佛像碑記》，清康熙三十六年（1697）《金妝諸佛神像碑記》。

（六）方塊上的記憶——磚銘

以磚質爲載體的文獻，戰國秦漢時期就很有特色，以後歷代均有出現。《中國磚銘全集》收錄戰國以降有文字的磚刻約 7000 種，[①] 大多有明確紀年，按斷代分爲戰國、東漢、三國、兩晉、隋唐五代、宋、遼金至民國等十四卷，後附索引一卷。著錄內容包括圖版、題名、錄文，輔之以時代、地區、尺寸及出土、現藏等信息。該書是我國古代磚銘集大成之作，亦是古代磚銘最新整理成果。惜其錄文未標點，文字釋讀存在缺誤問題。第十四卷著錄清代磚刻 51 種。如清乾隆三十一年（1766）《黃玉田等監修題記磚》，清嘉慶六年（1801）《兩江總督李奉翰等題名磚》。《明清石刻文獻全編》等著作亦收有清代磚銘文獻，[②] 如清乾隆四十七年（1782）《東藏寺造像磚刻》，清道光四年（1824）《學海堂甎六字》等。

（七）石上真迹——法帖

清代刻帖較有特色，有的還刻爲冊頁式，裝訂起來即可作爲一本字帖。如清順治八年（1651）《琅華館帖刻石》，包括《絕糧帖》《求書帖》《買畫帖》《談古帖》《木蔭帖》等。再舉幾例清代法帖。清康熙三十三年（1694）《摹刻王友軍思想帖》；清順治八年至十六年（1651~1659）《擬山園碑帖刻石》；清康熙四十一年（1702）《康熙御書點翰堂法帖碑》；清乾隆七年（1742）《摹刻千字文法帖》，唐書法家褚遂良書，清潘作梅摹刻，今存嘉定孔廟內；清道光十年（1830）《法帖》。

---

① 黎旭：《中國磚銘全集》，上海書畫出版社，2020 年。
② 國家圖書館善本金石組：《明清石刻文獻全編》，北京圖書館出版社，2003 年。

清代一些墓誌采用帖式鎸刻，如清道光二年（1822）《梁王卿墓誌》，約900字，刻爲16個頁面；清光緒十八年（1892）《柏景偉墓誌》，誌石八面刻，均長方形，每面刻4帖，共30帖，除前兩帖篆書首題、末帖兩行責任者題名外，其餘帖均6行，滿行18字，楷書。製作者意在以法帖形式展現誌石文字的書法藝術特徵，亦便於材料的保存、流傳與欣賞。

清代碑刻載體以石質爲主，除上文提到的磚質載體外，還偶有銅、鐵、瓷、木等其他材質。如清雍正三年（1725）《嘉應觀御碑》，在河南武陟縣，雍正皇帝親自撰文并書寫治黃之碑文，鑄刻於銅碑之上。清乾隆二十五年（1760）《重修玄帝廟鐵碑》，其文有云："欲永其迹，擬鑄二鐵碑……自與武當金殿同峙萬禩，奚必鑄鐵碑爲也。"清乾隆十九年（1754）《趙氏墓誌》，誌石爲青花瓷質，字迹爲藍筆書寫。清雍正七年（1729）《榮憲公主墓誌》，1966年出土於内蒙古巴林右旗白音爾燈十家子，墓誌爲木質，長51.8厘米，寬51.3厘米，厚6.1厘米；誌文以蒙、滿、漢三種文字寫成，墨筆，兩面書；木板正面右部書漢字14行，滿行37字，楷書。

清代碑刻常以兩種不同語種的文字書刻，多爲漢、滿文合璧。如清順治十四年（1657）《噶布喇誥封碑》，額題及碑文均爲滿、漢文合璧，碑額右書漢文篆字，左書滿文；碑身石面右爲楷書漢字，左爲滿文。也有漢文與其他民族文字合璧的。清順治十二年（1655）《清真寺碑》，碑陽刻楷書漢字，碑陰刻阿拉伯文。清乾隆二十五年（1760）《司教方啓昇墓碑》，碑文爲拉丁文和中文合刻，拉丁文在上，9行；漢文楷書，12行，滿行20字。清乾隆九年（1744）《雍和宮碑》，漢、滿、蒙、藏文合璧；碑陽：額左書漢文篆字，右爲滿文；碑身左爲楷書漢字，右爲蒙文；碑陰：額右爲藏文，左爲滿文；碑身右爲藏文，左爲蒙文。清乾隆十四年（1749）《金剛寶塔碑》，碑四面刻，漢、滿、蒙、藏文各一面。

清代碑刻紋飾比較講究，如墓碑，常依人物的身份和地位設計裝飾圖紋。地位較高者，立豐碑大碣，碑首、碑身常飾以祥龍瑞雲、仙人神獸、珠寶花草等，氣勢非凡；碑座常選擇龜趺，并飾以蟠龍、麒麟、水波、花卉、蔓草等祥瑞之物。地位較低者，碑座或換爲方趺，紋飾的藝術性、精細度均有所改變，亦有素面無飾者。

上述清代碑刻幾個主要門類中，碑碣、墓誌兩大類仍保持唐宋以來占絕對優勢的格局；摩崖、畫像題字、磚銘數量變化不大，但因受雕版文字和印刷方式的影響，其書法和藝術風格整体上走向僵化和刻板，缺少生氣；造像記明顯減少。法帖作爲該時期展現書法藝術的新樣式，表現較爲亮眼；據《長安金石——陝西省文史研究館館藏碑拓精萃》①書後所附館藏碑拓目錄可知，陝西省文史研究館存有清代刻帖 162 件。

二　清代碑刻之分布

《古代石刻通論》第四章綜論“各地石刻”，②分別介紹全國 31 個省（自治區、直轄市）及港、澳、臺石刻資料的種類、分布、特點等信息，列舉典型石刻材料，編成二十一世紀第一種石刻地域編，爲瞭解各省（區、市）石刻概貌和按域索碑提供了重要參考資料。清代距今未遠，其碑刻實物留存相對較多，易於觀其分布情況。根據各地所發現和發掘的石刻材料，我們可以毫不誇張地说，全國絶大部分地方都可見清代或同時期的碑石。北京、河南、山西、陝西、江蘇等地，清代石刻都較豐富。下面我們先通過山西石刻著述觀其清碑地域分布之概況。

三晋碑刻總量位居全國前列，整理工作成績斐然。除了歷史上的整理成果外，近年又推出較多新的整理、研究成果。特別值得一提的是《三晋石刻大全》（三晋出版社）系列叢書，從 2009 年起陸續面世，目前已出版 68 種。該項目統一規劃，統一體例，圖、文兼有，效果良好。其收錄範圍主要包括現存石刻和佚碑錄文兩類，前者提供碑拓圖版或原碑照片，錄文并提要；後者提供錄文及提要。各書均收錄一定數量的清代碑刻，現統計列表如下（表一）。

表一　各書收錄的清代碑刻

書名 （主編，出版年）	現存清碑（通）	清代佚碑錄文（通）	書名 （主編，出版年）	現存清碑（通）	清代佚碑錄文（通）
忻州市寧武縣卷 （任寧虎、郭寶厚，2009）	116	21	臨汾市洪洞縣卷（上、下） （汪學文，2009）	125	154
大同市靈丘縣卷 （高鳳山，2009）	33	22	晋中市壽陽縣卷 （史景怡，2010）	348	41

---

① 李炳武：《長安金石——陝西省文史研究館館藏碑拓精萃》，香港人民美術出版社，2007 年。
② 徐自强、吴夢麟：《古代石刻通論》，紫禁城出版社，2003 年。

書名（主編，出版年）	現存清碑（通）	清代佚碑錄文（通）	書名（主編，出版年）	現存清碑（通）	清代佚碑錄文（通）
晋中市靈石縣卷（楊洪，2010）	415	24	晋中市左權縣卷（王兵，2010）	155	16
陽泉市盂縣卷（李晶明，2010）	285	46	運城市鹽湖區卷（張培蓮，2010）	135	18
大同市靈丘縣卷續編（高鳳山，2010）	85	0	臨汾市侯馬市卷（高青山，2011）	80	16
臨汾市曲沃縣卷（雷濤、孫永和，2011）	155	48	臨汾市堯都區卷（王天然，2011）	96	58
太原市杏花嶺區卷（魏民，2011）	72	90	臨汾市安澤縣卷（高劍峰，2011）	78	10
晋城市陽城縣卷（衛偉林，2011）	335	3	太原市古交市卷（李文清，2011）	69	2
晋城市高平市卷（上、下）（常書銘，2011）	483	12	晋城市沁水縣卷（車國梁，2012）	260	43
朔州市平魯區卷（周亮，2012）	121	9	長治市沁源縣卷（杜天雲，2012）	92	36
臨汾市浮山縣卷（張金科等，2012）	123	33	長治市長治縣卷（賈圪堆，2012）	97	10
長治市長治縣炎帝碑林卷（賈圪堆，2012）	37	0	長治市屯留縣卷（馮興貴、徐松林，2012）	29	8
大同市左雲縣卷（閆榮，2012）	48	9	臨汾市古縣卷（曹廷元，2012）	78	26
太原市尖草坪區卷（苗元隆，2012）	60	0	呂梁市孝義市卷（上、下）（杜紅濤，2012）	284	18
晋城市城區卷（楊曉波、李永紅，2012）	201	11	晋中市榆次區卷（王琳玉，2012）	145	1
長治市黎城縣卷（王蘇陵，2012）	180	16	晋城市澤州縣卷（上、下）（王麗，2012）	434	3
晋城市陵川縣卷（王立新，2013）	212	65	長治市平順縣卷（申樹森，2013）	141	8
大同市渾源縣卷（陳學鋒，2013）	108	7	長治市長子縣卷（申修福，2013）	110	24

續表

書名 （主编，出版年）	現存 清碑 （通）	清代佚碑 録文 （通）	書名 （主编，出版年）	現存 清碑 （通）	清代佚碑 録文 （通）
長治市武鄉縣卷 （李樹生，2013）	108	58	晉中市和順縣卷 （馮錦昌，2013）	142	10
大同市廣靈縣卷 （劉祖福，2013）	160	41	臨汾市蒲縣卷 （王東全，2013）	164	6
吕梁市柳林縣卷 （高繼平，2013）	176	7	太原市萬柏林區卷 （張新，2013）	14	0
吕梁市石樓縣卷 （劉應剛，2014）	94	30	大同市南郊區卷 （許德合，2014）	61	12
長治市壺關縣卷 （張平和，2014）	168	56	太原市迎澤區卷 （劉文華，2014）	72	4
大同市大同縣卷 （梁斌龍，2014）	49	27	臨汾市鄉寧縣卷 （杜銀安，2014）	173	70
臨汾市大寧縣卷 （李寧蓮，2014）	19	2	臨汾市霍州市卷 （段新蓮，2014）	242	24
朔州市懷仁縣卷 （周志强，2014）	80	9	運城市絳縣卷 （柴廣勝，2014）	302	27
臨汾市永和縣卷 （楊年玉，2015）	47	27	大同市渾源縣卷續編 （陳學鋒，2015）	77	17
吕梁市方山縣卷 （武有平，2015）	143	3	運城市新絳縣卷 （王國杰，2015）	182	34
長治市襄垣縣卷 （趙栓慶，2015）	160	52	太原市婁煩縣卷 （梁俊杰，2016）	41	5
臨汾市襄汾縣卷（上、下） （高建録，2016）	259	91	運城市臨猗縣卷 （文紅武，2016）	137	38
朔州市朔城區卷（上、下） （杜啓貴，2016）	495	43	臨汾市吉縣卷 （馮吉平，2017）	134	15
吕梁市汾陽市卷 （上、中、下） （武登雲，2017）	462	135	吕梁市興縣卷 （史建春，2017）	24	19
晉中市太谷縣卷 （劉偉，2018）	243	19	運城市芮城縣卷 （李燕妮，2018）	178	11
臨汾市汾西縣卷 （王玉富，2019）	226	8	吕梁市水文縣卷 （王海生，2020）	75	1

以上各書共收現存清代石刻 10732 通，清代佚碑錄文 1809 篇。由此可知，山西境内清碑數量多，分布廣。我們再看其他一些地區清代碑刻分布情況。

1. 北京。北京曾是清代政治文化中心，故清代碑刻很豐富，遍布各區縣。《北京圖書館藏北京石刻拓片目録》收清代碑目 3542 條，①《北京大學圖書館藏歷代墓誌拓片目録》（上、下）收清代碑目 714 條。②從這兩部館藏拓片目録可大致瞭解到，北京地區存有較爲豐富的清代碑刻材料，涉及社會生活的方方面面。

再列幾部著録北京地區清代碑刻的著作，據之可進一步瞭解該地清碑的分布狀況：《明清以來北京工商會館碑刻選編》收清碑 69 篇；③《北京市石景山區歷代碑誌選》④著録 27 種清代碑誌拓片，并附文獻屬性提要；《新日下訪碑録·房山卷》著録當時新訪到的房山碑刻 106 篇，其中有清代碑刻 42 篇，書後附房山碑目，有清代碑目 212 條；⑤《京郊清代墓碑》收録京郊現存而他書未載的清代墓碑 270 餘通，碑文 330 餘篇；⑥《北京佛教石刻》收録清代佛教碑文 141 篇。⑦此外，《新日下訪碑録·石景山卷門頭溝卷》收録清代碑刻 105 篇，清代碑目并提要 135 條；⑧《新日下訪碑録·大興卷通州卷順義卷》收録清代碑文 68 篇，清代碑目 51 條；⑨《石語昌平：昌平石刻輯録》收録清代碑刻 169 篇，并有簡單考證；⑩《北京會館碑刻文録》以《北京圖書館藏中國歷代石刻拓本滙編》（以下簡稱《北圖拓本滙編》）⑪所收會館碑拓爲依據，釋文并注明出處，共録清代碑文 176 篇，⑫他書有録文者，出校記於文後。

2. 陝西。現有很多著録陝西境内碑刻文獻的著作收有清代碑刻，我們可從中

① 徐自强：《北京圖書館藏北京石刻拓片目録》，北京圖書館出版社，1994 年。
② 胡海帆、湯燕、陶誠：《北京大學圖書館藏歷代墓誌拓片目録》（上、下），上海古籍出版社，2013 年。
③ 李華：《明清以來北京工商會館碑刻選編》，文物出版社，1980 年。
④ 中共石景山區委宣傳部等：《北京市石景山區歷代碑誌選》，同心出版社，2003 年。
⑤ 北京石刻藝術博物館：《新日下訪碑録·房山卷》，北京燕山出版社，2013 年。
⑥ 楊海山：《京郊清代墓碑》，學苑出版社，2014 年。
⑦ 孫勐：《北京佛教石刻》，宗教文化出版社，2012 年。
⑧ 北京石刻藝術博物館：《新日下訪碑録·石景山卷門頭溝卷》，北京燕山出版社，2015 年。
⑨ 北京石刻藝術博物館：《新日下訪碑録·大興卷通州卷順義卷》，北京燕山出版社，2016 年。
⑩ 邢軍：《石語昌平：昌平石刻輯録》，研究出版社，2020 年。
⑪ 北京圖書館金石組：《北京圖書館藏中國歷代石刻拓本滙編》，中州古籍出版社，1989 年。
⑫ 王汝豐：《北京會館碑刻文録》，北京燕山出版社，2017 年。

窺其分布之一斑。《陝西金石文獻彙集》系列叢書，三秦出版社出版，目前已出版 20 部，本文整理出其中 12 部書著録清碑的數量：《安康碑石》現存碑石 156 通；① 《高陵碑石》現存碑石 26 通，佚碑存文 2 篇，佚碑存目 7 條；②《華山碑石》現存碑石 166 通；③《潼關碑石》現存碑石 77 通；④《澄城碑石》現存碑石 60 通；⑤《咸陽碑刻》（上、下）現存碑石 158 通；⑥《榆林碑石》現存碑石 56 通；⑦《户縣碑刻》現存碑石 131 通，佚碑存目 25 條；⑧《臨潼碑石》現存碑石 14 通；⑨《富平碑刻》現存碑石 61 通，佚碑存文 50 條；⑩《長安碑刻》（上、下）現存碑石 19 通；⑪《銅川碑刻》（上、下）現存碑石 65 通，佚碑存文 3 篇，佚碑存目 76 條；⑫《陝西碑刻總目提要初編》（全五册）録有清代碑目 2700 餘條，⑬ 詳下文。

3. 河南。《清代河南碑刻資料》收載河南清代碑刻 6000 餘篇，另附清代碑目 1700 餘條，⑭ 詳下文。

4. 廣西。《廣西石刻總集輯校》（上、中、下），收録廣西各地清代碑文 876 篇，文前有撰者簡介，文後簡要説明碑石現存地點、原石或拓片尺寸、刻立時間、文字書體，文獻出處等。⑮

上述成果及數據表明，現存或歷史上刻製的清代碑刻是很多的，分布也很廣泛。分布和數量是奠定材料價值的基本指標，這些歷史遺迹已成爲各地的文化瑰寶，亦是地方史研究不可多得的重要資料。

---

① 張沛：《安康碑石》，三秦出版社，1991 年。
② 董國柱：《高陵碑石》，三秦出版社，1993 年。
③ 張江濤：《華山碑石》，三秦出版社，1995 年。
④ 劉蘭芳、張江濤：《潼關碑石》，三秦出版社，1999 年。
⑤ 張進忠：《澄城碑石》，三秦出版社，2001 年。
⑥ 李慧、曹發展：《咸陽碑刻》（上、下），三秦出版社，2003 年。
⑦ 康蘭英：《榆林碑石》，三秦出版社，2003 年。
⑧ 劉兆鶴、吳敏霞：《户縣碑刻》，三秦出版社，2005 年。
⑨ 楊希哲：《臨潼碑石》，三秦出版社，2006 年。
⑩ 劉蘭芳、劉秉陽：《富平碑刻》，三秦出版社，2013 年。
⑪ 吳敏霞：《長安碑刻》（上、下），陝西人民出版社，2014 年。
⑫ 吳敏霞、黨斌：《銅川碑刻》（上、下），三秦出版社，2019 年。
⑬ 吳敏霞：《陝西碑刻總目提要初編》（全五册），科學出版社，2018 年。
⑭ 王興亞等：《清代河南碑刻資料》，商務印書館，2016 年。
⑮ 杜海軍：《廣西石刻總集輯校》（上、中、下），社會科學文獻出版社，2014 年。

三　清代碑刻之著録

　　清代碑刻時代偏晚，文獻、文物和考古等價值遠不及漢魏六朝碑刻，也不及唐宋碑刻，因此，除一些清代、民國時期的地方志外，清代碑刻的著録、整理歷史上一度未得到應有重視。二十世紀八十年代以前，碑刻文獻著録多以漢唐間的材料爲主，較少大規模顧及宋代以後的碑刻。值得一提的是，中國臺灣一些學者此間全面調查、搜集和整理臺灣省内碑刻，出版多部集中收録清代碑刻文獻的著作。如民國黄耀東編《明清臺灣碑碣選集》（上、下）著録清代碑碣 325 種，[①] 雖名爲 "明清"，實以清代爲主，明代僅有少數幾篇；每種材料均刊布圖、文，并附記年代、地點、尺度、碑材等。民國劉枝萬著《臺灣中部古碑文集成》，收録清代碑文 112篇。[②] 臺灣銀行經濟研究室編《臺灣南部碑文集成》（上、下），收録清代碑文 485篇，并在按語中交代碑存地址、碑石尺寸、材質，碑石保存狀況和其他有關文獻信息。[③] 臺灣銀行經濟研究室編《臺灣教育碑記》，收録清代教育碑記 43 篇；另附明志書院案底 24 篇，均爲清代所製。[④] 這些工作爲後續清代碑刻的整理、研究積纍了經驗，提供了示範。

　　二十世紀八十年代末九十年代初以來，清代碑刻逐步成爲普遍著録對象之一；進入新世紀新階段，清代碑刻已成爲古代碑刻著録的主題之一，著録成果可謂 "蔚爲壯觀"。這裏，我們就近年涉及清代碑刻的主要成果略作介紹，一方面可以藉此展現清代碑刻文獻整理、研究的學術現狀；另一方面也可爲關注清代碑刻文獻材料的同仁提供參考綫索。我們進行分類梳理還有一個目的，那就是通過回顧和總結碑刻著録的既有範式，從中評判其利弊得失，爲建立科學有效的碑刻著録模式和理論體系探索新路，以利後續碑刻文獻的科學著録。需要特別指出的是，下文的分類重在説明清代碑刻的著録方式及效果，爲此，各分類之間允許有交叉或重復現象。

---

① 黄耀東：《明清臺灣碑碣選集》（上、下），新文豐編輯部編《石刻史料新編》第 3 輯，第 17~18 册，1986 年。
② 劉枝萬：《臺灣中部古碑文集成》，新文豐編輯部編《石刻史料新編》第 3 輯，第 18 册，1986 年。
③ 臺灣銀行經濟研究室：《臺灣南部碑文集成》（上、下），新文豐編輯部編《石刻史料新編》第 3 輯，第 18~19 册，1986 年。
④ 臺灣銀行經濟研究室：《臺灣教育碑記》，新文豐編輯部編《石刻史料新編》第 3 輯，第 19 册，1986 年。

（一）按著録形式和内容分類

1. 録目：碑刻著録之綱

科學、準確的碑刻文獻目録能够爲碑刻查詢提供極大方便。前舉《北京圖書館藏北京石刻拓片目録》、《北京大學圖書館藏歷代墓誌拓片目録》皆屬此類，兩者共收清代碑目 4256 條。

《1949—1989 四十年出土墓誌目録》收録新中國成立後四十年間各地出土的歷代墓誌目録 1464 條，其中清代有 32 條。[①]

《長安金石——陝西省文史研究館館藏碑拓精萃》，書後附陝西省文史研究館館藏碑帖總目，其中列清代各類碑刻目録 327 條。

《洛陽出土墓誌目録續編》收録清代墓誌目録 5 條。[②]

《西北民族大學圖書館于右任舊藏金石拓片總目提要》著録清代碑目 127 條，每條下簡介碑刻題名、責任者、年代、地點、書體、行款、尺寸等屬性。[③]

《北京石刻藝術博物館藏石刻拓片編目提要》著録清代碑目 607 條，内容包括題名、卒葬時間、製作責任者、碑石尺寸、出土時地、現藏地、出處等。[④]

《陝西碑刻總目提要初編》第 3 册至第 4 册收録清代碑目 2726 條，條下羅列碑銘全稱、年代、出土、現藏、形制、行字、撰書、著録等信息，并提要介紹碑文主要内容。

《雲南石刻文獻目録集存（初輯）》收録清代碑目 3987 條，條下介紹石刻文獻各類屬性，并標明出處。[⑤]

此外，《中央研究院歷史語言研究所藏歷代墓誌銘拓片目録》收録清代墓誌目録 19 條。[⑥]

録目是最簡單、最直接的碑刻文獻整理方式，通過記録碑文題名，爲文獻查詢提供直觀視角和便捷門徑。因此，學界應持續做好此項基礎工作。

---

① 榮麗華編集，王世民校定《1949—1989 四十年出土墓誌目録》，中華書局，1993 年。
② 周立：《洛陽出土墓誌目録續編》，國家圖書館出版社，2012 年。
③ 楊莉、趙蘭香：《西北民族大學圖書館于右任舊藏金石拓片總目提要》，甘肅文化出版社，2013 年。
④ 北京石刻藝術博物館：《北京石刻藝術博物館藏石刻拓片編目提要》，學苑出版社，2014 年。
⑤ 趙成杰：《雲南石刻文獻目録集存（初輯）》，西南交通大學出版社，2021 年。
⑥ 毛漢光：《中央研究院歷史語言研究所藏歷代墓誌銘拓片目録》，樂學書局，1986 年。

2. 録文: 碑刻著録之本

將碑拓文字轉換爲文本文檔, 通常稱爲録文。録文成果便於保存、傳送和使用, 是呈現碑刻文本信息的便捷方式。從現有成果看, 碑刻録文大致分爲按碑轉録和標點移録兩類。前者大多無標點, 無斷句, 甚至保留原碑如空格、行款等某些原版格式, 一些文字亦原形照録, 這種方式意在從文本層面保持文獻的原始面貌; 後者則在以通行字轉録基礎上, 依據碑文表達進行斷句, 施以現代標點, 從而使碑文内容的層次性和邏輯性一目瞭然, 便於利用。不過, 後一種整理結果常常存在誤辨文字、誤斷文句、誤施標點等問題, 這是使用材料時需要注意的。較早時期的録文成果多爲無標點式, 如新文豐編輯部編《石刻史料新編》(全4輯)是目前最大的碑刻文本庫, [1] 亦多爲無標點式録文。上文已提及, 該叢書收有較多清碑録文。就使用常態看, 碑刻文本的應用範圍是比較廣的, 因此, 不論哪種録文形式, 都要儘量做到準確、可靠, 這樣纔能爲材料利用和科學研究提供切實保障。下面再列一些收有清代碑文的録文成果, 多爲現代標點式録文。

《青海金石録》收録清代碑文75篇, 輔以簡略考釋。[2]

《廣東碑刻集》收録清代碑文631篇, 部分篇目附記碑石現存地。[3]

《遼寧碑誌》著録清代碑文174篇, 簡介碑誌年代、出處、撰者等, 書後附碑銘編年目録。[4]

《温州歷代碑刻集》、[5]《温州歷代碑刻二集》(上、下), [6] 兩書分別著録清代碑文69篇、438篇, 附注年代、出處、撰者等。

《吉林碑刻考録》著録清代碑文234篇, 并附文獻屬性簡介、文獻出處等。[7]

《扶溝石刻》收録清代碑文165篇, 文後注明時代、出處等。[8]

《桂林石刻總集輯校》(上、中、下)收録清代碑文597篇, 并簡要説明碑石規格、現存地, 材料出處等。[9]

---

[1] 新文豐編輯部編《石刻史料新編》(全4輯), 新文豐出版公司, 1979~2006年。
[2] 謝佐等:《青海金石録》, 青海人民出版社, 1993年。
[3] 譚棣華等:《廣東碑刻集》, 廣東高等教育出版社, 2001年。
[4] 王晶辰:《遼寧碑誌》, 遼寧人民出版社, 2002年。
[5] 金柏東:《温州歷代碑刻集》, 上海社會科學院出版社, 2002年。
[6] 吳明哲:《温州歷代碑刻二集》(上、下), 上海社會科學院出版社, 2006年。
[7] 皮福生:《吉林碑刻考録》, 吉林文史出版社, 2006年。
[8] 郝萬章:《扶溝石刻》, 中國廣播電視出版社, 2011年。
[9] 杜海軍:《桂林石刻總集輯校》(上、中、下), 中華書局, 2013年。

《中國古代護林碑刻輯存》（上、下）收録清代護林碑文 535 篇，佚碑存目 13 條，均注明時間、地點、規格、資料來源等。①

3. 録圖：碑刻著録之實

通過照相或數字化技術，將原碑碑石或拓片轉化爲電子圖檔，再刊布出來，就得到録圖成果。相對於碑石原物，録圖成果最大限度的保留下文獻的原始狀貌，或者説是最接近於原碑實物的成果。跟碑石相比，電子圖版携帶、使用更加方便，故碑刻拓片電子圖檔已成爲碑刻文獻整理、利用、研究等最重要的原始依據。《北圖拓本滙編》是目前最大的碑刻圖録集成類成果，該書第一次對我國歷代石刻進行大規模收集整理，收拓本圖版約兩萬通。每種拓本均附記有關文獻屬性的介紹性提要。該書共收清代碑刻拓片 4523 通。下面再列幾種碑刻圖録成果。

《長安金石——陝西省文史研究館館藏碑拓精萃》，此書由圖版和文字説明兩部分組成，前者爲碑石拓本，後者爲碑石屬性介紹及書法評價。全書著録清代碑拓 21 種。

《湖湘碑刻一》、②《湖湘碑刻二·浯溪卷》，③兩書分别著録清代碑拓 157 種、65 種，刊布碑刻圖版，簡介碑刻文獻基本屬性。

4. 録圖 + 録文：碑刻著録之範

圖版和録文相結合，輔以文獻屬性提要，或再加校注、考證，這是最理想的碑刻文獻著録方式。其最大優勢在於，研究者和利用者可直接將圖、文對照使用，免去了材料核查等方面的煩惱。近年有較多碑刻文獻整理成果采用此種著録方式。

《滄州出土墓誌》著録清代墓誌圖、文 34 種，并有簡單提要。④

《寧夏歷代碑刻集》著録清代碑刻圖、文 37 種。⑤

《蔚縣碑銘輯録》著録清代碑刻 156 種，内容包括碑刻拓片、釋文及文獻屬性簡介。⑥

《固原歷代碑刻選》著録清代碑刻 27 種，内容包括碑刻拓片、釋文及文獻屬性

① 倪根金：《中國古代護林碑刻輯存》（上、下），鳳凰出版社，2018 年。
② 劉剛：《湖湘碑刻一》，湖南美術出版社，2009 年。
③ 浯溪文物管理處：《湖湘碑刻二·浯溪卷》，湖南美術出版社，2009 年。
④ 滄州市文物局：《滄州出土墓誌》，科學出版社，2007 年。
⑤ 銀川美術館：《寧夏歷代碑刻集》，寧夏人民出版社，2007 年。
⑥ 鄧慶平編録，趙世瑜審訂《蔚縣碑銘輯録》，廣西師範大學出版社，2009 年。

簡介。^①

《南京歷代碑刻集成》，前半部爲碑刻拓片，後半部爲釋文、提要及注釋，釋文未標點。該書收清碑 93 種。^②

《本溪碑誌》著録清代碑刻 83 種，内容爲碑刻圖版、釋文及文獻屬性簡介。^③

《廣東金石圖志》著録清代碑刻 65 種，内容爲碑刻圖版、釋文及相關考略。^④

《五臺山碑刻》（全 5 册）著録清代碑刻 170 種，内容包括碑刻拓片、釋文和文獻屬性簡介。^⑤

《越秀碑刻》著録清代碑刻 58 種，内容爲碑刻拓片、釋文及文獻屬性簡介。^⑥

《慈溪碑碣墓誌彙編（清代民國卷）》著録清代碑刻 204 種，内容包括碑刻拓片、釋文、文獻屬性及撰者簡介。^⑦

《粤桂毗連地區傳世碑銘彙集初編》，該書有《廣西卷》和《廣東卷》兩册，分别著録清代碑刻 82 種、81 種，公布拓片，簡介文獻相關屬性。^⑧

《温州訪碑録》著録編者田野調查所得温州碑刻 312 種，其中有清代碑刻 174 種，刊布拓片，釋文，附注文獻基本屬性。^⑨

《新昌歷代碑刻》著録新昌散存碑刻 225 種，其中有清代碑刻 146 種，刊布拓片，釋文，簡介文獻基本屬性。^⑩

《洛陽市文物考古研究院藏石集粹·墓誌篇》收有 6 種清誌的拓片及釋文。^⑪

（二）分域著録

按地域著録當地的碑刻資料，此爲學者常用的著録方式。其好處在於，直觀而集中地瞭解一個地方的碑刻資源，從而瞭解該地的風土民情，亦便於將碑刻材料

---

① 寧夏博物館：《固原歷代碑刻選》，寧夏人民出版社，2010 年。
② 南京市文化廣電新聞出版局：《南京歷代碑刻集成》，上海古籍出版社，2011 年。
③ 本溪博物館：《本溪碑誌》，遼寧民族出版社，2015 年。
④ 伍慶禄、陳鴻鈞：《廣東金石圖志》，綫裝書局，2015 年。
⑤ 秦建新等：《五臺山碑刻》（全 5 册），三晋出版社，2017 年。
⑥ 高旭紅：《越秀碑刻》，廣東人民出版社，2017 年。
⑦ 慈溪市文物管理委員會辦公室、寧波市江北區文物管理所：《慈溪碑碣墓誌彙編（清代民國卷）》，浙江古籍出版社，2018 年。
⑧ 王建軍、陳宇思：《粤桂毗連地區傳世碑銘彙集初編》，廣西師範大學出版社，2018 年。
⑨ 吴明哲：《温州訪碑録》，文物出版社，2019 年。
⑩ 俞國璋：《新昌歷代碑刻》，文物出版社，2019 年。
⑪ 洛陽市文物考古研究院：《洛陽市文物考古研究院藏石集粹·墓誌篇》，中州古籍出版社，2020 年。

與方志、族譜等本地資源結合起來，綜合、系統考察研究本地的歷史、文化、教育等具體現象。

1.《沁水碑刻蒐編》收録清代碑刻157種，刊布拓片（52通），録文，提要介紹立碑時地、責任者信息等。①

2.《山西碑碣續編》收録清代碑碣文119篇，配以拓本，并提要介紹刻碑時地、材質規格、殘損及現藏情況等。②

3.《山東道教碑刻集·臨朐卷》輯録清代道教碑文60篇；③《山東道教碑刻集·博山卷》（上、下），上册輯録清代道教碑文138篇。④兩書均配以碑拓，提要交代刻碑時地、碑石尺寸、相關責任者、文字書體及行款、碑文主要内容等。

4.《瀋陽碑刻》著録清代碑刻144種，其體例爲圖版、提要及録文。⑤提要之重點在立碑時、地，材質規格，形制紋飾，書體和版式，鐫刻時間，保存現狀，收藏地點，著録書籍等。

5.《嘉定碑刻集》（全三册）著録上海嘉定地區歷代碑刻983種，包括録文718篇（其中289種配刊拓片圖版），佚碑存目265條。全書分社會政治、經濟賦稅、文化教育、寺觀祠宇、墓誌墓表、佚碑名目等十編分類整理，以立碑時代爲序，融圖版、録文、注釋於一體。這些材料爲嘉定歷史文化、地理沿革、風物教化、家族傳襲等研究提供了重要依據。祇是一些拓片被大幅縮小，加之分辨率較低，文字清晰度受到很大影響。該書收録清代碑刻300種，清碑存目141條。⑥

6.《陝西藥王山碑刻藝術總集》第六卷《歷代石碑》（上、下），其下册收録清代石碑68種，包括圖版、提要及録文。⑦

7.《雲南道教碑刻輯録》輯録清代道教碑文488篇，并附記刻碑時代、相關責任者、録文出處等。⑧

8. 近年來，吳景山先生等搜訪甘肅各地碑刻資料，整理、編著系列成果，爲

---

① 賈志軍：《沁水碑刻蒐編》，山西人民出版社，2008年。
② 馬金花：《山西碑碣續編》，三晋出版社，2011年。
③ 趙衛東、宫德杰：《山東道教碑刻集·臨朐卷》，齊魯書社，2011年。
④ 趙衛東、王予幻、秦國帥：《山東道教碑刻集·博山卷》（上、下），齊魯書社，2013年。
⑤ 瀋陽市文物考古研究所：《瀋陽碑刻》，遼海出版社，2011年。
⑥ 嘉定地方志辦公室、嘉定博物館：《嘉定碑刻集》（全三册），上海古籍出版社，2013年。
⑦ 張燕、王福民：《陝西藥王山碑刻藝術總集》第六卷《歷代石碑》（上、下），上海辭書出版社，2013年。
⑧ 蕭霽虹：《雲南道教碑刻輯録》，中國社會科學出版社，2013年。

學界提供了豐富的第一手資料。此處選列如下幾種，分別統計其收錄清代碑刻的數量：《慶陽金石碑銘菁華》29 種、①《安多藏族地區金石録》58 種、②《崆峒山金石校釋》145 種③《嘉峪關金石校釋》44 種、④《涇川金石校釋》38 種、⑤《白銀金石校釋》126 種、⑥《張掖金石校釋》107 種。⑦ 各書著録内容主要爲圖版、録文，并以按語形式簡介碑石現存、碑石材質、尺寸、文字書體及行款、紋飾、殘損等文獻屬性。

9.《天水金石文獻輯録校注》著録清代碑刻 241 篇，内容包括解題、録文和注釋。⑧

10.《河南寺廟道觀碑刻集成·洛陽卷一》、⑨《河南寺廟道觀碑刻集成·洛陽卷二》，⑩ 兩書分别著録洛陽地區 167 種、141 種，包括清代寺廟、道觀碑刻的拓片和録文，附記文獻相關屬性信息。

11.《洛陽佛教碑刻集萃》著録洛陽地區 145 種清代佛教碑刻的拓片及録文。⑪

12.《武威金石志》，共收武威歷代金石文獻 778 種，以石爲主，收録清代碑刻 193 種。⑫ 全書按行政區域分爲涼州、民勤、古浪、天祝四卷。每卷下依文獻内容分岩畫、金文、碑石、墓誌和匾額五編，分類整理。整理内容包括録文、題解、撰作等責任者簡介、注釋等，其中附有 280 餘幅圖版，可對照使用。書後有考稽札記一卷，收録有關武威金石文獻專題研究論文 100 餘篇。該書是全面收集、整理、研究武威金石文獻的最新成果。

13.《隴南金石題壁萃編》以隴南地區金石、題壁以及磚銘、簡牘等爲對象，重點是前兩者，以拓本或實物照片爲依據，進行録文、注釋及材料簡介。該書第九編收録清代題壁、碑碣、墓誌及磚銘等 74 種，外加附録 1 種，共計 75 種。⑬ 這些

---

① 吴景山：《慶陽金石碑銘菁華》，甘肅文化出版社，2013 年。
② 吴景山：《安多藏族地區金石録》，甘肅文化出版社，2014 年。
③ 吴景山：《崆峒山金石校釋》，甘肅文化出版社，2014 年。
④ 吴景山：《嘉峪關金石校釋》，甘肅文化出版社，2015 年。
⑤ 吴景山：《涇川金石校釋》，甘肅文化出版社，2016 年。
⑥ 吴景山：《白銀金石校釋》，甘肅文化出版社，2016 年。
⑦ 吴景山：《張掖金石校釋》，甘肅文化出版社，2021 年。
⑧ 劉雁翔：《天水金石文獻輯録校注》，三秦出版社，2017 年。
⑨ 楊振威：《河南寺廟道觀碑刻集成·洛陽卷一》，中州古籍出版社，2019 年。
⑩ 楊振威：《河南寺廟道觀碑刻集成·洛陽卷二》，中州古籍出版社，2020 年。
⑪ 李隨森：《洛陽佛教碑刻集萃》，中州古籍出版社，2020 年。
⑫ 王其英：《武威金石志》，天津古籍出版社，2020 年。
⑬ 蔡副全：《隴南金石題壁萃編》，中華書局，2021 年。

材料在歷史文化、文學藝術、民族宗教等方面具有較高的學術價值和研究意義。

14.《新密古城碑刻》著録清代碑刻 92 種，内容包括圖版、録文及注釋。^①

15.《宜興碑刻集》（全三册），收集、整理江蘇宜興境内現存碑刻 382 種，其中有清代碑刻 239 種。^② 著者按碑文内容分爲告諭禁約、墓誌塔銘、學宫書院、刻帖題記等八大類，以時間爲序，分别釋其文、刊其圖，并簡要介紹文獻來源、著録研究情況等。該書爲宜興地方歷史文化研究提供了第一手資料。

（三）按時代著録

1. 通代著録

《北圖拓本滙編》是目前最大的一部通代石刻拓本圖録滙編，起自先秦，終至民國，所有材料按時代先後排列，共 100 册，第 101 册爲索引。第 61 册至 90 册著録清代碑刻 4500 餘種。每種拓本均注明碑刻簡稱題名、立碑年代及地點、出土時地、拓片尺寸、製作責任者及文字書體，還有後世翻刻、文飾圖案、石刻原物及拓片現藏情況，拓片或原石真僞優劣及授受源流等提示信息；墓誌還説明其卒葬日期，誌蓋尺寸、文字書體等。該書比較全面地反映了我國歷代石刻的基本面貌，各時代石刻的特徵，勾勒出石刻發展、演變的基本輪廓，是研究古代石刻文獻最重要并可資利用的原始圖檔庫。不過，該書也存不足之處，如收有部分僞品，刻石時間、碑石尺寸、碑刻斷代、石刻標題等間有失誤，一些碑拓非精、善拓本等，這是利用材料時需要注意的。

《中國西南地區歷代石刻滙編》，共 7 卷 20 册，體例同《北圖拓本滙編》。^③各卷收録清碑拓片數量如次：《四川重慶卷》83 通、《四川涼山卷》151 通、《廣西博物館卷》380 通、《廣西桂林卷》294 通、《雲南省博物館卷》75 通、《雲南大理卷》210 通、《貴州卷》172 通。

《中國歷代墓誌選編》第 9 册著録清代墓誌 116 種，第 10 册著録 50 種，其體例爲圖版加簡單提要。^④

《中國佛教金石文獻·塔銘墓誌部》廣收碑刻原石及拓本、大藏經、佛寺志、

---

① 馮俊亞：《新密古城碑刻》，中州古籍出版社，2021 年。

② 宜興市文物管理委員會辦公室：《宜興碑刻集》（全三册），上海古籍出版社，2021 年。

③ 《中國西南地區歷代石刻滙編》，天津古籍出版社，1998 年。

④ 于平：《中國歷代墓誌選編》，天津古籍出版社，2000 年。

地方志、各種文集、碑刻著録書中的塔銘墓誌，主要是佛教四衆弟子的銘誌以及塔銘性質的經幢記。[1] 這些都是研究古代佛事活動、佛教傳播、佛教發展等的寶貴新資料，也是佛教文獻學、佛教史研究的重要對象。全書分爲東晋南北朝隋唐五代卷、宋卷、遼金卷、元卷、明卷和清卷，共六卷十册。其中清卷分上、下册，共收録清代塔銘墓誌 726 篇。

2. 斷代著録

《明清石刻文獻全編》（全三册），廣收民國及其以前近百種金石志書（包括方志之金石志）中的明清碑誌文，共計 3603 篇。[2] 這些材料既爲瞭解古代金石著作收集、整理明清碑刻文獻提供了重要窗口，又爲研究明清政治、經濟、歷史、文化、風俗等提供了很有價值的史料。據我們調查，該書所收有 28 篇碑文暫時無法確定刻石時間，3 篇元代碑文，1 篇後金碑文，2387 篇明代碑文，1184 篇清代碑文。

（四）分域斷代結合著録

采用這種著録模式編著，代表性成果爲大型墓誌文獻整理叢書《新中國出土墓誌》，收録 1949 年以來國内出土的歷代墓誌，上自秦漢，下迄民國初年，涵蓋墓誌産生、發展的整個歷史時期。著録内容包括文獻屬性提要、圖版及録文。該書編排體例較嚴謹，信息較充分，録文較準確。各分卷收録清代墓誌情况如下：《新中國出土墓誌·重慶》（2002）50 通，《新中國出土墓誌·河北〔壹〕》（2004）72 通，《新中國出土墓誌·河南〔壹〕》（1994）92 通，《新中國出土墓誌·河南〔貳〕》（2002）80 通，《新中國出土墓誌·北京〔壹〕》（2003）42 通，《新中國出土墓誌·上海、天津》（2009）44 通，《新中國出土墓誌·江蘇〔壹〕常熟》（2006）34 通，《新中國出土墓誌·江蘇〔貳〕南京》（2014）5 通，《新中國出土墓誌·陝西〔壹〕》（2000）153 通，《新中國出土墓誌·陝西〔貳〕》（2003）7 通，《新中國出土墓誌·陝西〔叁〕》（2015）102 種，《新中國出土墓誌·陝西〔肆〕》（2021）5 種。

《京郊清代墓碑》收録京郊現存而他書未載的清代墓碑 270 餘通，碑文 330 餘篇。[3] 全書按墓碑所在行政區劃編排。著録内容包括碑石原址和現址、立碑時間，墓地、碑主情况介紹，碑刻形制、規格，碑文已有載録情况，碑文移録，文

---

① 許明：《中國佛教金石文獻·塔銘墓誌部》，上海書店出版社，2018 年。

② 國家圖書館善本金石組：《明清石刻文獻全編》（全三册），北京圖書館出版社，2003 年。

③ 楊海山：《京郊清代墓碑》，學苑出版社，2014 年。

字校勘，相關文史考證等。書中附有多幅照片，據之可瞭解原碑外觀及碑石矗立環境。

《清代河南碑刻資料》專收河南省域之清代碑刻，其收錄依據包括現存清碑原物、清碑拓片、方志清碑録文、碑刻著述及家譜中的清代碑文，共計 6300 餘篇，另附 1700 餘方清碑名目。每篇碑刻録文均施以現代標點，注明原碑現存地或碑文出處。全書共八册，每册正文前列縣域碑目，縣内碑文按刻（立）碑時間順序編排。該書既是第一部河南清代碑刻文獻集大成之作，也是國内首部專門收集、整理清代碑刻材料的巨著。

《洛陽明清碑誌》系列叢書，目前已出版 7 卷 10 册，主要内容包括提要、圖版和録文幾部分，按統一體例編排。[①]孟津、新安、嵩縣、欒川等卷所收資料較少，單册出版，書的前半刊布碑刻拓本，後半爲釋文；市區、伊川、洛寧等卷所收資料較多，分上、下册出版，上册刊布碑石拓片，下册爲釋文。清代碑誌收録情況分别爲：《洛陽明清碑誌·孟津卷》共收明清碑誌 287 種，清代有 250 種；《洛陽明清碑誌·新安卷》共收明清碑誌 300 種，清代有 212 種；《洛陽明清碑誌·市區卷》（上、下）共收明清碑誌 464 種，清代有 374 種；《洛陽明清碑誌·洛寧卷》（上、下）共收明清碑誌 455 種，清代有 431 種；《洛陽明清碑誌·伊川卷》（上、下）共收明清碑誌 398 種，清代有 363 種；《洛陽明清碑誌·嵩縣卷》共收明清碑誌 172 種，清代有 121 種；《洛陽明清碑誌·欒川卷》共收明清碑誌 87 種，清代有 78 種。以上 7 卷圖書共收七地之清代碑誌 1829 種。

《明清山西碑刻題名輯要》（上、下）收録明景泰元年至民國二十八年間山西境内碑刻 305 種，[②]重在有製碑、創建（修）、捐施等人員題名的碑刻，多爲作者近年田野調查所得，其中有清代碑刻 241 種。每種材料均刊布拓片并録文，附帶介紹碑石刊刻（立）時間、現藏地點、原碑尺寸等屬性。該書爲山西民間社會史研究提供了一份寶貴的新材料。

---

① 該叢書由中州古籍出版社出版，目前已出版如下分册：桑永夫《洛陽明清碑誌·孟津卷》，2014 年；安亞偉《洛陽明清碑誌·新安卷》，2015 年；吕勁松《洛陽明清碑誌·市區卷》（上、下），2016 年；張博《洛陽明清碑誌·洛寧卷》（上、下），2018 年；陳永光《洛陽明清碑誌·伊川卷》（上、下），2020 年；吕勁松、周海濤《洛陽明清碑誌·嵩縣卷》，2020 年；王璐《洛陽明清碑誌·欒川卷》，2021 年。

② 姚春明：《明清山西碑刻題名輯要》（上、下），商務印書館，2021 年。

四 清代碑刻研究之價值

宋趙明誠《金石録·序》云："蓋史牒出於後人之手，不能無失，而刻詞當時所立，可信不疑。"正因爲碑刻文獻材料原始，真實可靠，不但數量多，分布廣，而且涉及廣泛的歷史文化背景，故可通過這些材料深入瞭解包括清代在內的各代政治、經濟、軍事、外交、風俗、宗教、地理、教育、藝術、商業、社會治理等的實際狀况。上述各書所録清代碑刻資源，爲考察清代歷史、文化及區域發展等提供了不可或缺的基礎材料，下面結合具體碑文略舉數端。

1. 史料價值

清康熙四十三年（1704）《御製平定朔漠告成太學碑》、清雍正三年（1725）《御製平定青海告成太學碑》、清乾隆二十年（1755）《御製平定準噶爾告成太學碑》、清乾隆四十一年（1776）《御製平定金川告成太學碑》，合稱清代四大平定御碑，於清代歷史、清代西北地方政治關係史及中國疆域史研究，都有非常重要的價值和意義。

清代有一些買地陰券，如清康熙十八年（1679）《程衡買地券》，清康熙五十八年（1719）《豫章公暨待贈安人鄒氏買地券》；也有民間土地買賣交易的實券，如清道光九年（1829）《演法坪寺募財及買地碑記》："今買到張姓山坡地一段，東至渠心，西至元嶺，南至王姓地界，北至陳姓地界。"其立碑目的爲"居民修渠用土，皆賴此地，地主不能阻隔，以垂無體，故詳叙始末於貞珉，以垂後焉"。清雍正四年（1726）《五里背長條灣貳處地契碑記》，清光緒十四年（1888）《李春發賣地契碑》。還有施地券、贖井契等，如清道光二十四年（1844）《清馬逢萊并馬中烈施地券》，清道光二十四年（1844）《馬逢萊等施地券》，清道光二十六年（1846）《贖回井契碑》。這些券契類碑刻真實記載了土地、水井等資產買、賣、贖、施的詳細內容，陰、陽結合，虛、實結合，爲研究當時社會的契約精神、契約文化以及民間商品經濟發展狀况等提供了寶貴史料。

清道光十四年（1834）孟津縣《獄空碑》："獄空三載。道光十一年四月起，十四年六月止。"清咸豐九年（1859）原陽縣《獄空碑》、同治十二年（1873）陽武縣《獄空碑》皆云："囹圄空虛。"這些碑刻反映了當地人民之純善，官府之良治，爲當地社會治理研究提供了珍貴史料。

清道光二十八年（1848）《祁寯藻墓表》、清宣統二年（1910）《張之洞墓誌》

等歷史名人之墓誌，有補史之闕、正史之誤、詳史之略等價值。

《嘉定碑刻集》前言談到，縣學、書院等碑是研究嘉定教育和儒家文化的重要史料；折漕碑是研究嘉定賦稅改革和經濟發展的重要史料；義莊、宗祠、育嬰堂等碑是研究嘉定慈善事業的重要史料；寺廟道觀碑刻是研究佛教、道教在嘉定傳播歷史的重要材料；墓誌銘是研究嘉定家族和人物的重要依據。

2. 文學研究價值

清道光元年（1821）《雁字回文詩碑》，原置於户縣縣城北街張氏宗祠，現存户縣文廟明倫堂東側碑廊。此碑刊刻張玉德撰并書《雁字回文詩》296 首，共 24 石。碑文以篆、隸、楷、行、草五體書就，結體秀麗，章法嚴整。張玉德一生傾心於書法和回文詩的研究與創作。民國《重修户縣志》《户縣碑刻》等有著録。前者評價其回文詩云：“張比亭玉德，仿各家名迹爲回文詩凡三百餘首，上下往復，宮商悉調。時人以雁字二字爲詩三百首爲一絶，回文二絶，書法真、草、隸、篆悉仿各家名迹爲三絶。”清宣統三年（1911）《百柳詩碑》發現於河南新野，河南博物院藏其拓片。該碑刻有清代田園詩人李山子所撰百首七絶咏柳、嘆柳詩，如新柳、高柳、弱柳、枯柳、半綻柳、飛絮柳、煙柳、冰柳、田家柳、池柳、萬樹柳等。[1] 這兩組詩立意高遠，風格雅致，内容豐富，特色鮮明，具有重要的文學研究價值和文學史料價值。

3. 文獻學研究價值

清嘉慶十年（1805）《錢大昕墓誌》，1966 年出土於上海嘉定區外岡，後收藏於上海嘉定博物館。清代金石學家王昶撰文，著名書法家伊秉綬書丹。全文一千七百餘字，隸書。《新中國出土墓誌·上海、天津》（2009 年）、《嘉定碑刻集》均有收録。據後者介紹，王昶曾將此文收入《春融堂集》，易名爲《詹事府少詹事錢君墓誌銘》，修改達 160 多字，其中葬期由十二月初六改爲初十，并删去了幾位交友。由此可以看出王昶初寫誌文的倉促，以及他寫作態度的嚴謹。細研之，我們暫且不論其他修改内容，單就葬期而言，誌銘當時所刻，應該可取。故我們據此推測，收入《春融堂集》的誌文或爲王氏初稿，而墓誌所刻爲修改稿。同一篇碑誌

---

① 王興亞等：《清代河南碑刻資料》，第 7 册，第 324~336 頁。關於詩作撰者，該書所録詩後跋語云：“公諱篤清，字山子。”而葛磊《令人嘆絶的新發現〈百柳詩〉碑》（《旅游》1996 年第 8 期）、葛磊《李青和百柳詩》（《中州今古》1995 年第 6 期）均云：“公諱清，字山子。”因筆者未見拓片，不知孰是孰非，姑存疑。

文，有時存在撰作本、石刻本、修改本、重刻本、轉録本等不同版本，文字内容往往有所不同，其背後原因是比較複雜的，此條材料爲考察同一文章不同版本内容差異的動因提供了直接證據。

清嘉慶十年（1805）《錢大昕墓誌》、清嘉慶十二年（1807）《王昶墓誌》、清道光十三年（1833）《王念孫墓誌》等清代著名學者的墓誌，比較詳細地記録了他們在文字學、訓詁學、金石學等領域的重要思想及成就。我們可將墓誌材料與有關傳記、家牒等相結合，全面梳理、考察其學術造詣，從而爲相關學術史的構建提供可靠支撑。

4. 書法學研究價值

清《永瑆〈題進香樓〉詩帖刻石》，内容爲清愛新覺羅·永瑆所書自作詩《題進香樓》，其中部分詩句以楷書寫成。此帖表現出永瑆楷法用筆俊逸，結體疏朗，風格典雅，[①] 其書風明顯傳承了晋唐楷書的書寫法則。各地有不少康熙皇帝真迹刻帖，如清康熙三十六年（1697）《寧静致遠帖》；清康熙四十一年（1702）康熙臨董其昌書《御書高松賦帖》，董其昌書法因受康熙帝喜愛和重視，世人争習之，傳之百年而不衰；兩石均藏西安碑林博物館，其文字書法用筆丰潤，結構嚴謹，風格端莊，氣勢蒼茫。這些可從一個方面反映出帝王喜好對清代楷、行、草書發展的影響，藉此有利於更全面的認識清代楷、行、草等書法的時代特點。

清代碑刻文字篆、隸、楷、行、草等各體俱全，楷書字受版刻文字影響，傳承了自宋以來的僵化、呆板特徵。清代碑刻篆、隸文字非常有特色，古文奇字、大小二篆、分隸之書無所不備，文字使用追求保守，文字書寫追求新奇，兩方面交織影響，篆、隸文字書法筆力勁健，顯得雄渾厚重，富有新的時代氣息，使得清代成爲繼秦漢晋唐之後，又一個篆、隸文字書寫、使用和富於變化的鼎盛時代。究其原因，一是受金石考據學的影響，二是受趙之謙、吴讓之、桂馥、伊秉綬等篆、隸大家的實踐推動。這些都是書法學和書法史研究的重要資料。

五　清代碑刻整理研究之前瞻

由上文的梳理可知，全國清代碑刻儲量確實很豐富，目前刊布和整理的材料

---

① 　嘉定地方志辦公室、嘉定博物館：《嘉定碑刻集》，第 1243 頁。

也很豐富，摸清了豐富的材料家底，接下來就應該解決如何利用材料更好服務科研和促進科研的問題。下文就清代碑刻後續整理、研究提出以下幾方面意見，特向學界請教。

1. 分層認識和利用清代碑刻材料

絕大多數古代碑刻都是一次性文獻，即一次刊刻而成，內容屬於同一時間層次，且斷代時間明確，傳承關係清楚。這類文獻可整體作爲同時資料使用，不存在分層利用問題。但有些碑刻產生後，流傳過程中或補刻，或改刻，或重刻，部分或完全改變其文獻產生時間，有的甚至出現跨代組合，即碑刻文字和文獻內容變爲同時資料、後時資料共存的多層次組合。利用這類文獻時需要分層對待，不然就違背了使用研究材料應堅持的同時同質原則。具體來説，補刻、改刻內容一般整體屬於補、改刻時代的文獻；碑文重刻，文字依重刻時間斷代，文獻內容則可按撰作時間斷代；題跋內容的斷代依題跋時間確定。請看如下實例。

北宋宣和元年（1119）《披雲臺頌》，尾刻丁巳仲秋下澣真慶叟孫觀題跋，此處丁巳年當爲清咸豐七年（1857）。北宋元豐四年（1081）《東坡集歸去來兮辭詩》，文後刻清康熙二十二年題跋，30行，行13字，行書。南宋咸淳八年（1272）《趙潛贈僧頑石詩殘刻》文尾刻："端方同梁鼎芬、陳慶年、左全孝、景賢，光緒戊申中秋節冒雨登礙罍觀操，東望無際，慨然興嘆，遂至觀音崖訪趙冰壺詩碑以歸。端方書。"三碑雖其碑文爲宋代文獻，但題跋斷代應在清代。

南宋寶祐四年（1256）《太白脱靴圖贊》，贊後刻明成化六年（1470）施奇及清康熙十二年（1673）寇明允題跋。兩則題跋斷代應分別在明、清兩代。

南宋寶慶元年（1225）《太上斷除伏連碑》："先於遠年內……就家修建太上斷除伏連解釋冤愆保存拔亡清醮一壇，飛奏宸庭，關聞三府，豎立碑盟，以伸戒誓。於癸未嘉定十六年五月二十八日，不幸偶遭回禄焚毁，碑盟不存……就家修設太上斷除伏連解釋冤愆保存拔亡清醮一壇，仍前豎立碑盟，痛行戒誓於壇下。"文末又云："太歲乙酉寶慶元年九月己未朔初六日甲子立石。"《北圖拓本滙編》（第44冊，第65頁）所收拓片額左右題"大清道光十三年四月二十八日重立"。這些信息表明，此碑經過三次重刻，最近一次在清道光十三年（1833）。碑刻文字斷代應在此年。

北宋建中靖國元年（1101）《青原山詩刻》，後兩行係清康熙二年（1662）施閏章補刻并題跋的內容："按，魯直書凡八板，前七板皆真迹，後幅獨劣，非山谷筆。或當時偶遺數行，續以他手，遂非全璧。余搜山谷他墨迹補之。又集名書寫洪跋，重刻此石，庶無憾云。癸卯冬，宣城施閏章識。"其補刻和題跋斷代應在清代。

2. 着力建設清代碑刻文獻資源庫

清代碑刻文獻資源庫應包括但不限於目錄庫、拓片庫、文本庫等總庫，在此基礎上建立字形庫、句子庫、詞語庫、字詞關係庫等各種專題分庫。建庫前都應先做好頂層設計，既顧及當前，又着眼長遠，將短期利用與遠期規劃有機結合起來，做好前瞻性安排。首先，各庫都應是開放性的。比如目錄庫，稱得上是碑刻文獻總盤子之總綱，"綱"舉纔能"目"張。其著録項既要有原刻文獻各項屬性，如自然、物理、社會等方面的屬性，又要有其轉換形式拓本、文本等各方面的屬性，力求立體呈現碑刻出土、現存、遞藏、傳拓、題跋、輯集、整理、研究等情況，從而爲跨學科研究提供多維查詢依據。在目錄庫中，需要確定每條碑刻材料唯一的身份代碼，拓片、碑文、單字等命名都要一以貫之，這樣纔能建立起統一的身份識別系統，從而實現各庫有機關聯。設立代碼時每個時段應儘量預留足够編碼，以便隨時增補新條目。其次，要保證各庫文獻、語料、字料等信息準確有效。如碑文有涉生、卒、葬及撰、書、刻、立、遷等各種時間，應分別梳理標注。因涉及材料斷代，準確判斷石刻文獻和文字產生的時代尤爲關鍵，通常選擇碑文撰作、文字鑄刻時間或與之最爲接近的時間作爲碑刻產生時間，即文獻材料斷代時間。單字與釋文需嚴格對應，這要求文字釋讀和校勘工作一定要做到位。個別暫時無法識辨的文字，可做待考標記，留待後續逐步解决。再次，需統一標準。在遵從基本學術範式前提下，從數據格式到文獻格式，所有録入信息都應力求規範和統一，這樣纔能保證信息整合、查詢、數據調用時順暢、無誤。因此，釋文、拓片掃描、字形切分、材料録入等工作都要制訂實施細則，指導各環節研發實踐。如：清代刊刻、改刻、補刻、題跋等材料均應作爲收録對象，此爲材料收録標準。選入庫中的碑刻拓片都要經過細緻甄別，剔除僞和疑僞材料，在比較不同版本拓片基礎上，儘可能選取精、善、整拓，高清掃描，并切分出端正、完整、美觀的單字圖，此爲圖檔處理標準。儘量調查、收集各項已有整理、研究成果，準確標注每條材料的具體出處，爲清代碑刻信息查詢和科學研究服好務，此爲研究成果收録和標注標準。

3. 全面開展專題研究

完成清代碑刻文獻資源庫建設，就可利用各項材料進行有關專題研究。現暫列如下數端。

碑刻文獻本體研究層面：碑刻材料真偽及時代考辨；碑刻制度特徵考察，如形制、紋飾、行款、書體、各種符號等；文字缺刻、誤刻、改刻現象研究；衍、脫文研究；文獻校勘考證；清代碑刻文獻相關屬性的傳承和變化考察等；清代碑刻文獻學及文獻學史研究的價值探討。

碑刻文字研究層面：清代碑刻異體字、新增字、傳承字研究；清代碑刻文字傳承與發展研究；清代碑刻楷書文字構形研究；清代碑刻古漢字及民族古文字研究；清代碑刻隸書文字研究；清代碑刻文字漢字學及漢字史研究價值；清代碑刻用字研究；清代碑刻簡體字研究；清代碑刻文字書寫與文字形體演變互動關係研究；清代碑刻文字考釋。

清代碑刻書法研究層面：清代碑刻篆、隸、楷、行、草各書體研究；清代碑刻書法傳承與變化研究；清代碑帖整理與研究；影響清代碑刻書法發展、演變的動因研究；清代碑刻書法地域風格研究；清代碑刻書家、刻工研究；清代碑刻書法流派研究；清代民族文字碑刻書法研究；清代摩崖、墓誌、磚刻等書法研究；清代碑刻書法與前代書法比較研究。

清代碑刻語言研究層面：清代碑刻音韻研究；清代碑刻注音研究；清代碑刻單音詞、複音詞、特色詞研究；清代碑刻職官詞、地理詞等專門詞語研究；清代碑刻新詞新義研究；清代碑誌詞語的書寫形式研究；清代碑刻典故語研究；清代碑刻構詞法研究；清代碑刻稱謂語研究；清代碑刻專名研究；清代碑刻詞語考釋；清代碑刻字詞關係研究；清代碑刻詞彙的性質和特點、詞彙發展變化及其規律研究；清代碑刻詞彙語用特徵研究；清代漢語、民族語雙語碑刻語言比較研究；清代漢語、民族語雙語碑刻語言接觸研究；清代滿、蒙、藏等民族語碑刻語言研究；清代碑刻語料的詞彙學、辭書學及詞彙史價值探討。

清代碑刻歷史地理研究層面：清代碑刻歷史人物、事件研究；清代碑刻科技、醫學、水利、灾患、工商業等專題史研究；清代碑誌文獻與《清史》對照研究；清代碑誌族姓譜牒研究；清代碑刻職官研究；清代碑刻對外關係研究；清代碑刻社會思潮研究；清代碑刻民族交往史研究；清代碑刻民族融合與發展研究；清代碑刻政治、經濟、軍事、教育、宗教、藝術、文化等專題史研究；清代碑刻邊疆史研究；清代碑刻社會習俗研究；清代碑刻鄉邑里社等地名研究；清代碑刻地理沿革與演變研究；等等。

清代碑刻文學研究層面：清代碑刻撰文人及其碑銘研究；清代碑刻文體研究；

清代碑文所涉著述研究；清代文學性摩崖、辭賦銘頌等文學類碑刻研究；清代碑刻詩詞研究；清代碑刻與明清文學、古代文學研究；清代碑刻與古代文學史研究。

結　語

　　本文在全面調查基礎上，梳理清代碑刻主要類別和形制，唐宋所見碑刻類型，清代基本上都能見到，碑碣、墓誌的主體地位亦未改變。從地域上看，清代碑刻幾乎遍及全國各地，在數量分布上很不平衡，山西、北京、陝西、河南等地相對較多。碑刻著録主要有録目、録圖、録文、録圖與録文結合四種方式，百分之六十以上的著録材料附有碑刻拓片的圖版。據前文羅列統計的清代碑刻材料，共刊布拓片25000餘通（拓片＋録文者算入此類，録文不再重復統計），録文17000餘篇（僅統計單獨録文者），碑目14600餘條。不計碑目，去掉碑拓、碑文之重復，已見諸著録的清代碑刻應在30000通（篇）以上。這些清單表明，清代碑刻材料足够充分，廣泛、豐富、完備的基礎資料是學術研究的前提和保障。清代碑刻蘊涵巨大的研究價值，利用這份寶貴的文化遺産和學術資源，我們完全可以實現上述有關清代各專項課題的研究目標，促進包括碑刻本體在内的清代各門類斷代研究走深走實，既爲通代碑刻及學術研究提供有清一代的階段性成果，又爲構建更加完善、系統的學術史、學科史提供實實在在的材料、理論和實踐支撑。整個過程中，我們要始終堅持系統觀念、歷史視角、辯証思維和問題導向，這樣纔能把清代碑刻文獻材料整理好、研究好，把清代碑刻文獻的價值發揮好。

十餘年來中古墓誌整理與刊布情況述評[*]

仇鹿鳴

　　十餘年來隨着新出墓誌的大量刊布，圍繞着墓誌展開的研究已成爲中古史領域中的熱門議題，每年發表的相關論著尤其是對新出墓誌的單篇考釋可稱得上汗牛充棟，大有成爲專門之學的氣象。本文并不打算評騭目前研究的現狀、方法及其得失，[①] 也不專門論及每一種新出墓誌圖録的史料價值，[②] 而試圖較爲系統地梳理十餘年來墓誌整理、刊布的情況，爲學者瞭解這一數目巨大而且目前每年仍以數百方速度增加的史料門類的形成、快速擴充及其邊際提供一個簡要的索引。

　　本文將回溯的起點定於 2005 年前後。之所以選擇這一時間點，與兩本書的出版有關，其一是 2004 年出版的趙君平主編《邙洛碑誌三百種》，其二是 2005 年出版的陳尚君輯校《全唐文補編》。在此之前中古墓誌儘管已纍積相當巨大的數量，學者也做了系統的整理校録工作。在魏晉南北朝，以趙萬里《漢魏南北朝墓誌集釋》爲開端，趙超《漢魏南北朝墓誌彙編》，羅新、葉煒《新出魏晉南北朝墓誌疏證》接踵其後；唐代則從二十世紀九十年代開始陸續出版了兩套并行的大型録文總集，周紹良主編《唐代墓誌彙編》及續集，吳鋼主編《全唐文補遺》系列。這一系

---

　　*　　本文原刊於《唐宋歷史評論》第 4 輯，社會科學文獻出版社，2018 年，作者同意入編本書。

　　①　　陸揚《從墓誌的史料分析走向墓誌的史學分析——以〈新出魏晉南北朝墓誌疏證〉爲中心》一文對墓誌研究的方法與取徑已提出了不少深入的意見，收入《清流文化與唐帝國》，北京大學出版社，2016 年，第 305~332 頁。需要指出的是如果墓誌研究要如作者所期待的那樣成爲一種獨立而非孤立的史學研究對象，恐怕不能光靠集合在新史料大纛下論著數量的堆積，如何形成一些具有典範意義的研究，進而推動方法論的成熟，纔是當下更緊迫的挑戰。

　　②　　這方面已有不少書評的纍積，讀者自可參閱《唐研究》等相關的學術刊物。

列整理工作針對的對象主要有二，其一是二十世紀初因軍閥混戰而導致洛陽一西安一線大量被盜掘流散的北朝隋唐墓誌，其二是 1949 年後經過科學的考古所獲及徵集入藏各文管單位、博物館的墓誌。因此，當 2005 年陳尚君輯校《全唐文補編》出版之後，儘管該書是以傳世文獻爲主要的爬梳對象，但亦兼及收錄《唐代墓誌彙編》失收或出版之後發表的墓誌。[①] 從當時的估計來看，若將該書與清編《全唐文》、墓誌總集及對敦煌吐魯番文書的整理工作合觀，似乎標志着學界已較爲充分地掌握了存世唐代文獻的全貌。

但恰恰是在此前後，自二十世紀九十年代以後，洛陽一西安一線大量因盜掘而流散民間的北朝隋唐墓誌開始浮出水面，漸爲學者所知，趙君平整理《邙洛碑誌三百種》便是這方面的第一種大型圖錄。在之後的十餘年間，新出墓誌數量之多，史料價值之巨大，盜掘過程中對考古信息的破壞、文物流散之嚴重，恐怕都大大超出了當時人們的想象。如果用最簡潔的數字加以説明的話，《唐代墓誌彙編》及其續集共收錄墓誌約 5164 方，資料截止 1996 年以前。[②] 氣賀澤保規 2017 年出版的《新編唐代墓誌所在總合目錄》是該書的第四版，《目錄》1997 年初版收錄唐代墓誌 5482 方，隨着唐代墓誌的大量刊布，先後在 2004、2009、2017 年出版了增訂本，其中 2017 年版收錄資料截止於 2015 年末，計有唐代墓誌 12043 餘方。[③] 即在過去的二十年中，我們所見唐代墓誌的總量增加了一倍有餘，超過了之前一千餘年的總和，而其中絶大部分係盜掘所獲，不但未經科學的考古發掘，至少半數我們無法確切獲知原石的去向，僅能依靠輾轉流出的拓本甚至録文展開研究，同時也很難

---

① 《全唐文補編》在編纂之初已輯録了部分唐代墓誌，《唐代墓誌彙編》出版後爲避免重複，編者主動删去這一部分，後又補入了部分新見墓誌，因此在體例上前後有所更動，參讀《全唐文補編》"前言"，中華書局，2005 年，第 9 頁。

② 《唐代墓誌彙編續集》前言明確記録收錄墓誌 1564 方，但《唐代墓誌彙編》僅籠統地云收錄墓誌 3600 餘方，未載確數，加之《彙編》與《續集》兩書有個別重收，因此其確切數字并不清楚。《唐代墓誌彙編》與續集的重收問題，魯才全、吳玉貴、胡可先、曹汛先後撰文討論，綜合性的討論可參讀萬軍杰《〈唐代墓誌彙編〉及〈唐代墓誌彙編續集〉重收墓誌釋例》，《魏晉南北朝隋唐史資料》第 22 輯，武漢大學文科學報編輯部，2005 年，第 215~235 頁。

③ 由於《新編唐代墓誌所在總合目錄》2017 版將《北京大學圖書館藏歷代墓誌拓片目錄》作爲一個新的來源欄目收入書中，包含了部分北大圖書館有藏拓本但仍未正式刊布的墓誌，同時《目錄》從初版開始便將《石刻題跋索引》作爲一個單獨的來源欄目列出，將歷代曾見著録的墓誌皆登記在案，導致部分條目有目無誌。此外，由於《目錄》不收録在各種學術期刊、研究著作、專題論文集中零散發表的墓誌，因此《目錄》仍不是目前所見唐代墓誌完備的目錄，據學者估算目前已經正式刊布的唐代墓誌總數在 11000 餘方。關於《目錄》在收録體例上的優缺點，可參讀仇鹿鳴書評，《唐研究》第 17 卷，北京大學出版社，2011 年，第 599~603 頁。

估測未有拓本行世便流入私人之手，之後一直未見天日者的數量。近年來北朝、五代墓誌發現、流散的情況與唐代大體相仿，以下首先概述十餘年來墓誌發現與流散的概況。

一　十餘年來墓誌發現與整理情況概述

唐代儘管定鼎於長安，但東都洛陽人文薈萃，山東舊族在"兩京化"的過程中往往首選遷居洛陽，因此崔、盧、李、鄭、王等山東郡姓及北魏孝文帝遷洛後的虜姓高門大多仍以洛陽爲家族墓地所在，而卒葬於長安周邊則以唐王朝宗室、功臣及韋、杜等關中郡姓爲主，輻射的範圍反而較小。因此，洛陽邙山一帶自北朝隋唐以來便成爲達官貴人首選的卜葬之所，宋僧釋法泉《北邙行》中便描繪過邙山一帶"今人還葬古人墳，今墳古墳無定主"，墳塋層纍之景象，因此在墓誌發現的數量上洛陽要多於西安。1991 年出版的大型圖錄《隋唐五代墓誌滙編》煌煌 30 冊，收錄隋唐五代墓誌拓本 5000 餘種，其中洛陽卷達 15 冊，占據其中的半壁江山。二十世紀九十年代以來，洛陽市文物工作隊、洛陽市第二文物工作隊先後整理出版了《洛陽出土歷代墓誌輯繩》《洛陽新獲墓誌》《洛陽新獲墓誌續編》等圖錄，[①] 較爲系統地整理刊布了當地文管單位發掘及徵集到墓誌。而在洛陽首陽山電廠選址過程中發現的偃師杏園唐墓，共計發掘唐墓 69 座，其中絕大部分未被盜擾，2001 年整理出版了正式的考古報告。除了墓誌之外，包含了豐富的考古信息，對於我們認識唐墓的分期、中下層官吏的墓葬及家族墓地的規劃等具有重要的價值。[②] 令人遺憾的是進入新世紀後，雖然在各種文物考古期刊上仍有零散簡報及墓誌刊發，[③] 但洛陽及周邊發現墓誌中的絕大部分都是盜掘出土，隨後通過文物黑市流散各處。其中被公立收藏機構購入規模較大者有兩批，一是千唐誌齋博物館所徵集，主要通過《全唐文補遺·千唐誌齋新藏專輯》《新中國出土墓誌·河南〔叁〕千唐誌齋〔壹〕》兩

---

① 其中《洛陽新獲墓誌續編》儘管是在 2008 年出版，但録文在 2005 年出版的《全唐文補遺》第 8輯中大都已刊布。

② 中國社會科學院考古研究所編著《偃師杏園唐墓》，科學出版社，2001 年。另參讀齊東方《讀〈偃師杏園唐墓〉》，《考古》2004 年第 4 期。

③ 除了一般學者較爲熟悉的文物考古類期刊外，值得一提的是洛陽當地的兩個刊物，此前洛陽歷史文物考古研究所內部發行的《河洛春秋》經常刊布民間的流散墓誌，近年洛陽市文物考古研究院創辦的《洛陽考古》集刊則成爲獲悉洛陽地區最新考古發掘訊息的重要渠道。

書刊布了拓本及録文。二是洛陽師範學院陸續購藏了 300 餘方，大凡較爲重要者皆已有單篇論文考釋，并見載於《洛陽新出土墓誌釋録》，其全部館藏將以《新中國出土墓誌》專册的形式整理公布。其他如洛陽理工學院、偃師商城博物館等也有少量收藏，其餘大部則散落民間，爲私人購藏，具體流向難以確估。

對於這樣一批數目巨大的流散墓誌，十餘年來，洛陽當地學者趙君平、齊運通等主要通過對洛陽文物市場中售賣拓片的購求，陸續整理出版了一系列大型墓誌圖録，成爲學者獲取資料的主要媒介。其中尤以趙君平用力較勤，先後於 2004 年出版《邙洛碑誌三百種》、2007 年出版《河洛墓刻拾零》、2011 年出版《秦晋豫新出墓誌蒐佚》、2015 年出版《秦晋豫新出墓誌蒐佚續編》，合計 12 巨册。初步估算十餘年來僅趙君平一人刊布者便達 3000 方之多，已近民初張鈁千唐誌齋規模的三倍，不免讓人驚嘆隱匿其後的盜墓活動之猖獗，文物流失規模之巨。其實從趙君平所編四種圖録書名的演變上，我們已不難窺見盜掘範圍的擴張，洛陽事實上也成爲周邊地區乃至陝西、山西等地被盜出土墓誌流散中轉的中心。與趙君平同時稍晚，齊運通亦先後整理出版了《洛陽新獲七朝墓誌》《洛陽新獲墓誌（二〇一五）》兩書，[①] 由於兩人收集資料的渠道大體相同，因此刊布墓誌的重複率相當高。客觀而言，這批數目巨大新出墓誌的整理公布，對學術研究有不小的推動，趙君平、齊運通等當地學者長年孜孜不倦地訪求流散墓誌拓本，使得文物在遭受劫難之後，尚不至於完全散佚，其付出的努力值得尊重與肯定。但由於各種主客觀的原因，目前兩人刊布的幾種圖録，皆僅影印拓本，未附録文，間或摻入個別僞品，在編次等方面亦有可議之處，對學者充分利用這批資料不免有所妨礙，對此下文還將詳論。若從大端而言，趙君平所收數量更多，相對齊備，齊運通兩書則在部分拓本影印質量上有稍勝之處。近年來董理洛陽地區出土墓誌較爲理想的範本是由毛陽光、余扶危編纂的《洛陽流散唐代墓誌彙編》，收録唐代墓誌 322 方，儘管與趙、齊幾種圖録所收頗有重合，但主要優長之處有三：一是收録範圍明確，僅收録洛陽出土的唐代墓誌，不闌入陝西、山西等外埠流入洛陽者；二是鑒別審慎，編次繫年準確，誌蓋、誌石信息相對完整；三是録文準確。[②]

西安的情況較之於洛陽稍顯有序，無論是對關中帝陵的系統調查，還是在咸

---

① 《洛陽新獲墓誌（二〇一五）》雖以"二〇一五"爲書名，實際至 2017 年纔正式出版。

② 除此之外，由於編者長期在洛陽周邊從事新出墓誌的調查與研究，對相關情況有切實瞭解。因此《洛陽流散唐代墓誌彙編》前言中述及近年洛陽周邊墓誌盜掘及流散的經過，頗具參考價值。

陽機場修建及改擴建、西安城區南北拓展與市政建設的過程中，考古部門皆與之配合，展開了大量搶救性的勘探發掘，有不少重要的發現。但毋庸諱言，同時也存在着廣泛的盜掘現象，其觸角甚至已伸入唐陵周邊。二十世紀九十年代以來，陝西省古籍整理辦公室組織編纂了“陝西金石文獻彙集”叢書，系統調查了陝西省内各地區所藏金石文獻，按地區、單位分册整理出版，至 2014 年《長安碑刻》出版，與中古史較相關者約 10 種，刊布了大量新資料。西安碑林博物館作爲在海内外享有盛名的石刻收藏與研究機構，在早年出版《西安碑林全集》之後，先後在 2007 年、2014 年整理出版了《西安碑林博物館新藏墓誌彙編》《西安碑林博物館新藏墓誌續編》，兩書皆附有清晰的圖版與録文，頗便利用。值得注意的是，《西安碑林博物館新藏墓誌彙編》雖彙聚其 1980~2006 年間陸續徵集入館的墓誌 381 方，但其中半數多是碑林博物館 2005 年購藏的一批出自山西上黨地區的墓誌，約 200 餘方，而非出自陝西本省。《西安碑林博物館新藏墓誌續編》收録墓誌 2007~2013 年入藏 231 方，構成其來源主體的是 2012 年西安市公安機關破獲一起重大倒賣文物案件後移交給碑林博物館的墓誌，書中著録入藏時間爲 2012 年 10 月 12 日者，皆出於此。可以説，這兩部圖録的編纂多少都屬於盜掘文物大量流出後的劫餘録，雖有裨於學界，但也反映出公立收藏機構在墓誌流散浪潮衝擊下的無能爲力。西安公安機關將近年稽查追繳墓誌中的另一部分移交給西安市博物院，其中包括了著名的隱太子李建成、其妻鄭觀音的墓誌，這批材料經整理校録後，近日已經以《西安新獲墓誌集萃》爲題出版。由於公立收藏機構受《文物保護法》規定及資金使用的限制，使得民營博物館成爲近年來在文物市場大肆收購新出墓誌的主力軍。這一方面雖不無保存文物之功，同時在客觀上也刺激了文物非法買賣的風氣。其中以民營大唐西市博物館收藏數量最多，其購藏的範圍亦不局限於西安及周邊出土的墓誌，還包括洛陽乃至山西等地流出的墓誌，頗多精品。其館藏的主要部分經過與北京大學榮新江領導的團隊合作整理，已以《大唐西市博物館藏墓誌》爲題出版，共計收録墓誌 500 方。其中重要的墓誌整理團隊成員大多已撰文考釋，[①] 該書圖版影印清晰，録文精審，是近年推動新出墓誌整理與研究的成功嘗試。其後，大唐西市博物館陸續仍有

---

① 《唐研究》第 17 卷“中古碑誌與社會文化研究專號”收入的論文大多以西市藏墓誌爲主題（北京大學出版社，2011 年）。相關研究目録見《大唐西市博物館藏墓誌》附録《大唐西市博物館藏墓誌研究文獻索引》。

新的購藏，包括引起轟動的漢文、魯尼文雙語回鶻王子葛啜墓誌，^① 目前其確切的
館藏數量仍不清楚。此外，最近出版胡戟《珍稀墓誌百品》延續了《大唐西市博物
館藏墓誌》的編纂體例，輯錄刊布新見北朝隋唐墓誌 100 方，但這批資料僅是據拓
本整理校錄而成，原石去向不明。另 2013 年出版《西安交通大學博物館藏品集錦·
碑石書法卷》刊布館藏石刻 30 種，絕大部分係首次公布，包括由李商隱撰書的王
翃元及妻李氏墓誌。

除了盜掘流散的墓誌外，西安地區博物館、考古部門近年來亦陸續系統公布
館藏。從史料的價值而言，以《長安新出墓誌》《長安高陽原新出土隋唐墓誌》兩
書最為重要。《長安新出墓誌》中的"長安"係指西安市長安區博物館，儘管僅是
一區級博物館，但唐代著名的韋曲、杜曲皆屬今長安區轄境，擁有得天獨厚的文物
資源。書中多數墓誌係首次刊布，包括著名的安樂公主墓誌及多方重要京兆韋氏、
杜氏家族成員墓誌，史料價值頗豐。《長安高陽原新出土隋唐墓誌》收錄了陝西省考
古研究院 2001~2006 年在西安南郊高陽原隋唐墓地發掘所獲墓誌 113 方，是近年來
僅見的完全依靠科學考古工作形成的大型墓誌圖錄。值得一提的是編者在整理過程
中，除了拓本、錄文等常規工作外，還專門刊布了每方墓誌出土時在墓葬中位置的
圖片，在每方墓誌解題中也簡要記錄了發掘情況，在正式考古報告尚待整理出版的
情況下，儘可能多的向研究者提供了墓葬的考古信息，在體例規劃上用心頗多。^②

除了引起學者廣泛關注的洛陽—長安一綫外，近年來另兩個有大量墓誌被盜
掘出土的區域是臨漳、安陽周邊及山西長治等地。臨漳、安陽周邊是中古時期鄴城
所在，鄴城作為魏晉南北朝中國北方東部的中心城市，東魏北齊建都於此，保留大
量的歷史遺迹。直至隋文帝平定尉遲迥起兵後，對相州城進行了徹底破壞，相州因
此迅速走向衰落。二十世紀初的盜墓浪潮也曾波及鄴城，羅振玉曾裒集《鄴下冢墓
遺文》二卷，并述及當地墓誌出土與流散的情況："墓誌出於安陽彰德者次於洛下，
顧估人售石而不售墨本。此所錄雖已二卷六十餘石，而不得拓本不克入錄者，數
且至倍。"^③ 孰料近百年之後，學者依然將主要目光投向洛陽、西安兩地，鄴城周邊
墓誌發現、流散的經過再次成為不為人所知的黑洞。事實上，近年來在鄴城附近發

① 其中較為集中的討論見《唐研究》第 19 卷 "《葛啜墓誌》研究專欄"，北京大學出版社，2013 年。
② 既往公認墓誌整理體例最佳者是毛漢光主編《唐代墓誌銘彙編附考》，包括拓本、錄文、歷代著錄
 及研究、整理者的考訂等內容，《長安高陽原新出土隋唐墓誌》的整理工作則提示我們，考古信息
 也有必要成為將來墓誌整理中的重要部分。
③ 《永豐鄉人行年錄》，附錄於《羅振玉學術論著集》第 12 集，上海古籍出版社，2010 年，第 407 頁。

現的東魏北齊墓誌數量巨大，涉及人物在《北齊書》中有傳者在十人以上，而傳世《北齊書》僅十七卷係原文，其餘皆是後人用《北史》及唐人史鈔所補，新出墓誌的價值不言而喻。但這批數量巨大的東魏北齊墓誌，除《安陽北朝墓葬》一書收錄七方墓誌係因南水北調工程展開的搶救性發掘所獲外，其餘基本是盜掘出土。最早大規模刊布鄴城周邊出土墓誌是《文化安豐》一書，這本編纂潦草的圖錄起初不過是地方上爲宣傳曹操高陵的發現而整理出版的，附有墓誌 195 方，儘管錄文錯訛極多，但大部分係首次刊布，具有重要的史料價值。《文化安豐》一書起初因流布不廣，并未引起學者的注意，較早注意到此書價值的是日本學者梶山智史。近年來隨着《墨香閣藏北朝墓誌》《北朝藝術研究院藏品圖錄·墓誌》的整理出版，我們稍可窺見鄴城出土墓誌的流向。正定墨香閣藏品較早爲學界所知，或可追溯毛遠明主編《漢魏六朝碑刻校注》，所收基本是已刊布的資料，但仍有個別未刊墓誌，其中有幾方便得自墨香閣。與北京大學中國古代史研究中心合作整理出版的《墨香閣藏北朝墓誌》一書以墨香閣經手、收藏的墓誌原石爲基礎，收錄墓誌 151 方，拓本影印清晰，錄文精審，成爲方便使用的整理定本，而墨香閣所藏墓誌的主體便是出自鄴城周邊。另一家值得注意的收藏機構是大同北朝藝術院，儘管位於大同，但北朝藝術院整理公布的 55 方墓誌，除個別出於平城外，其餘都是近年出自洛陽、鄴城等地，大部分係首次刊布，其中尤以鄴城所出者占據大宗，包含不少精品。其中拓跋忠、程暐、宇文紹義妻姚波姿墓誌同時見載《墨香閣藏北朝墓誌》《北朝藝術研究院藏品圖錄·墓誌》兩書，推測其或是從墨香閣輾轉流入北朝藝術研究院者。

　　山西長治一帶歷來出土墓誌數量甚多，《隋唐五代墓誌滙編·山西卷》錄長治出土墓誌 115 方，占一半多的篇幅。上文已述及《西安碑林博物館新藏墓誌彙編》刊布山西上黨地區出土墓誌 200 餘方，近年山西新出墓誌頗多流入洛陽、西安等地，《秦晉豫新出墓誌蒐佚》《洛陽新獲七朝墓誌》《秦晉豫新出墓誌蒐佚續編》《大唐西市博物館藏墓誌》等書中皆收錄不少。由於長治等地出土墓誌的誌主身份多係中下層士庶，因此數量雖眾，學界措意者較少，僅因誌蓋上有題刻唐詩的傳統而稍引起學者的討論，并關注其背後的地域文化特徵。[①] 實際上，山西各地出土中古墓誌的數量相當驚人，除了陸續出版的《三晉石刻大全》之外，近年來整理刊布者有

---

① 相關研究可參讀梁海燕《唐人墓誌蓋題詩考論》，《中國典籍與文化》2011 年第 4 期；劉天琪《挽歌、鋪首、八卦符號與墓誌蓋題銘——以新發現的晉東南地區唐代墓誌紋飾爲研究重點》，《美術學報》2011 年第 5 期。

《晉陽古刻選·北朝墓誌卷》《晉陽古刻選·隋唐五代卷》《汾陽市博物館藏墓誌選編》等，前兩種編纂以太原市文物考古研究所等單位爲依托編纂，爲了凸顯墓誌的書法價值，將拓本製成剪裱本影印，稍不便於閱讀，但刊布了不少重要的墓誌，如劉珣墓誌、王惠太妃墓誌，是目前所知僅有的兩方北漢墓誌。後一種雖未收有重要人物墓誌，但所錄 50 方唐誌皆係首次刊布。

近年來陸續出版的石刻圖書中較爲重要者還有《山東石刻分類全集·歷代墓誌卷》，集合山東省内各博物館的館藏，收錄中古墓誌 145 方，多數係首次發表。成都市文物考古研究所、成都市博物院編《成都出土歷代墓銘券文圖錄綜釋》，收入宋以前墓誌、買地券 35 種，包括不少前、後蜀重要人物的墓誌，其中前蜀王宗侃夫婦墓誌係首次發表。章國慶《寧波歷代碑碣墓誌彙編》對寧波地區出土的墓誌做了詳細的調查，多有新的發現，如首次刊布的危仔昌妻璩氏墓誌、元圖墓誌，保存了唐末割據信州的危氏家族兵敗奔歸吳越後仕宦情況的寶貴記錄。另值得注意的是厲祖浩編《越窑瓷墓誌》，上林湖一帶的瓷墓誌雖之前已有零星發現，但此書系統整理了流散民間唐五代瓷墓誌 80 餘方，數量之巨頗令人吃驚，顯示了獨特的地域傳統。[1]

二 考古信息缺失對新出墓誌研究的影響

近年來大量新出墓誌的發現與刊布，使石刻研究頗有成爲預流之學的氣象，對相關議題的深化自不乏推動之效。由於史學研究傳統上仍以文字材料爲中心，故學者雖皆知新獲墓誌來源不明，但看重其所提供的新知，對盜掘過程中考古信息遺失造成的危害認識仍欠不足。以下枚舉數例說明考古信息缺失對史學研究所造成的影響。

武承嗣墓誌是目前所見唐前期墓誌中規格最高，邊長達 120 厘米，盜掘出土後誌石輾轉流入中國農業博物館。由於武承嗣其人在史料中記載較豐，梁王武三思所撰誌文雖長達 1800 字，實幾無溢出傳世文獻者。[2]因此武承嗣墓誌雖貴爲新史料，但文獻上價值有限。隨墓誌一起被盜出的詔書、册書刻石，涉及唐官文書的運

---

① 對這一批資料的討論可參讀胡耀飛《姓望與家庭：瓷墓誌所見晚唐至宋初上林湖地區中下層社會研究》，《珞珈史苑》2014 年卷，武漢大學出版社，2015 年，第 99~133 頁。

② 曹建強：《唐魏王武承嗣墓誌考略》，《中國國家博物館館刊》2012 年第 6 期。

作，^①實際上更富史料價值，似至今仍散落民間，至於是否有其他重要隨葬品出土，去向如何，自然更無從查考。更糟糕的是，誌文雖明確記載武承嗣死後陪葬順陵，近年考古學者在對唐順陵陵區勘探調查的過程中，已有意識地尋找武承嗣墓，但依舊無果可終。武承嗣作爲武周時以王禮安葬最重要的宗室成員，武承嗣、武三思皆被安排陪葬武后生母楊氏順陵，^②或可推測曾以順陵爲中心，規劃武周宗室陵區。因此即使武承嗣墓已在早期被盜，僅墓本身的規制，譬如墓道長度、天井數量多少、是否施以壁畫等，便具有重要的研究價值，但由於墓誌被盜出，使確認其墓本身所在變得異常困難。這種遺憾，隨着越來越多達官顯宦墓誌的流出，祇會不斷增加，將大大制約學者對於北朝隋唐高等級墓葬認識的深化。

在目前的情況下，如果某一重要官宦家族墓誌連續刊布，熟悉情況的學者大都心知肚明，這暗示着這一家族的墓地在近年來連續被盜，這樣的例子可謂不勝枚舉。典型的如潼關弘農楊氏家族墓地，係楊播兄弟發迹後有意在華陰習仙里重塑鄉里的產物，迄今發現北朝楊播家族墓誌 27 方，但僅楊舒墓經過科學考古發掘。使得目前多數的研究，仍停留在據墓誌勾勒世系、婚宦等層面的問題上，而無法真正深入地展現其家族與地域社會結合的一面。^③洛陽萬安山南原的姚崇家族墓地，近年來陸續刊布墓誌十餘方，僅早年葬於陝縣的姚懿墓曾經考古發掘。姚崇家族墓地無疑事先曾有規劃，無論是在陝縣出土的姚懿玄堂記、還是洛陽流出的姚勗墓誌皆記載了誌主與家族其他成員墓地的相對位置。儘管學者通過各種手段嘗試復原姚崇家族墓地的規劃，^④但由於考古信息的缺失，討論不得不帶有相當的推測性。中古時期世家大族有聚族而葬的傳統，葬地如何規劃調整，是否存在昭穆次序，及其背後所反映出來的政治社會網絡，都是值得關心的問題，或許也是近年稍顯停滯的士族研究中較有前景的議題，但這些重要的信息都隨着墓葬的盜掘而消失。

盜掘所造成的考古信息缺失同樣影響我們對墓誌真僞的鑒別。《洛陽出土北魏

---

① 趙振華：《談武周授封武承嗣的詔書和册書——以新見石刻文書爲中心》，《湖南科技學院學報》2013 年第 2 期。

② 陝西省考古研究院、順陵文物管理所：《唐順陵》，文物出版社，2015 年，第 95~98 頁。

③ 這一方面較爲綜合而深入的討論，可參讀黄楨《製造鄉里：北魏後期的弘農習仙里楊氏》，《國學研究》第 36 卷，北京大學出版社，2015 年，第 255~276 頁。

④ 涂宗呈：《洛陽萬安山南原的姚崇家族墓地——以墓誌和神道碑爲中心》，《中國中古史研究》第 4 卷，中華書局，2014 年，第 116~140 頁。

墓誌選編》收錄了呂達、呂仁兩方墓誌，并判定其爲僞刻，呂達墓誌係據呂通墓誌僞造。但多年之後，《考古》雜志 2011 年公布了這兩座墓葬的發掘簡報，可知三方墓誌皆是經科學考古發掘所獲，呂達、呂通兩誌雖然連誌主名字都題寫不一，但確同屬一人的前後兩誌。[①] 若非有考古證據的支持，恐怕難以糾正這一以真爲僞的誤會。

　　事先撰書製作完成的墓誌祇是葬事諸多環節中的一步，正如上一個案例提醒我們的那樣，墓誌文本所呈現的未必是歷史事實。李碧妍曾指出《李懷讓墓誌》中記載的葬日恰逢吐蕃兵臨長安城下，三日後代宗倉皇出奔，懷疑這一高規格的葬禮是否真正克期舉行。[②] 可惜的是《李懷讓墓誌》係傳世文獻，誌石無存，這一推測無法得到證實或證否。但筆者最近在研究安史之亂相關的墓誌中，發現了一個類似的案例，乾元二年（759）九月庚寅，再次起兵反唐的史思明攻占洛陽，但呂藏元及妻張氏墓誌記載是年十月兩人合葬於洛陽，呂藏元之子是當時的宰相呂諲，誌文用唐年號，并云：“中使弔祭，羽□官給。存殁哀榮備矣。”若此，則史思明占領洛陽後，唐廷仍能爲呂藏元夫婦舉行隆重的葬禮，不合情理。而墓誌出土的地點透露了真相，這方墓誌出土於山西芮城縣風陵渡鎮西王村，可知正是由於洛陽的失陷，這場籌備中的葬禮并未能克期舉行，已啓殯的誌主被草草安葬在了黃河的渡口，預先製作完成的墓誌所呈現的是一場未曾發生的“哀榮”。[③] 毫無疑問，如果呂藏元及妻張氏墓誌是盜掘出土，沒有相關的考古信息，筆者以上的發現自然無從談起。如果説，現在的學者已越來越多地意識到需要超越僅利用出土文獻糾訂傳世文獻這一狹義的“兩重證據法”，[④] 嘗試解讀非文字的考古信息，注重對墓葬的整體性研究，那麼大量的盜掘活動正在源頭上扼殺這種學術進步的可能。

---

① 陳爽：《中古墓誌研究三題》，《隋唐遼宋金元史論叢》第 7 輯，上海古籍出版社，2017 年，第 20~21 頁。另參程永建《河南洛陽市吉利區兩座北魏墓的發掘》，《考古》2011 年第 9 期。

② 李碧妍：《李懷讓之死》，收入《危機與重構：唐帝國及其地方諸侯》，北京師範大學出版社，2015 年，第 548~559 頁。

③ 仇鹿鳴：《墓誌書寫與葬事安排——安史亂中的政治與社會一瞥》，《唐研究》第 23 卷，北京大學出版社，2017 年，第 170~171 頁。

④ 儘管治石刻者多推崇王國維取“地下之新材料”與“紙上之材料”互證的兩重證據法，但對於絕大多數研究者而言，“地下之新材料”特指的是出土的帶有文字的材料，而非廣義上的考古資料。

三 新出墓誌整理工作得失芻議

十餘年來數目巨大新出墓誌的發現，給整理工作帶來了全新的挑戰。在此之前，學界對於墓誌資料的利用以《漢魏南北朝墓誌彙編》、《唐代墓誌彙編》、《唐墓誌彙編續集》（簡稱《續集》）《全唐文補遺》系列等大型錄文集爲主，儘管這些錄文集在編纂體例仍有稍欠完備之處。如《全唐文補遺》系列爲了在體例上與清編《全唐文》相配合，以作者時代排序，但由於半數以上墓誌未記作者，每輯不得不以數目巨大的闕名墓誌結尾，而且不注明錄文所據出處，頗難翻檢。《唐代墓誌彙編》以誌主葬年排序，方便檢索，但所注明的出處，不少直接標示周紹良藏拓，亦不便覆按，《續集》錄文質量亦稍有參差，兩書皆需配合《唐代墓誌所在總合目錄》纔便使用。但這一類錄文總集的編纂，仍爲學者研究提供了巨大的幫助，特別是《唐代墓誌彙編》及《續集》附有完備的人名索引，堪稱爲人之學的典範。[1] 但最近十餘年來，隨着《全唐文補遺》項目的結束，大型錄文集的編纂工作中輟。加之新出墓誌多係盜掘所獲，流散民間，全面收集頗爲不易。目前所見發表渠道主要有四：一、各公私收藏機構公布的館藏；二、洛陽、西安當地學者通過訪求拓本，編纂出版的圖錄；三、各種文物考古及書法類期刊的刊載，其中既有科學發掘所獲，亦包括流散民間者；四、洛陽、西安等地學者零散的發表，這一部分基本上得自民間收藏。隨着新出墓誌發表渠道的多元化與分散化，而墓誌在文物市場上往往又以原石與拓本兩種形式流通，直接導致了三個後果：其一是重複發表，同一方墓誌的拓本見載多種圖錄的現象相當普遍，不僅造成了人力物力的浪費，同樣也容易誤導學者進行重複研究。其二割裂了相關墓誌間的相關性，同一家族的墓誌被盜掘後，流散各處，在幾年之內分別在不同渠道發表，給學者的綜合研究造成困難。如筆者新近撰文討論安史之亂中依違唐、燕雙方王伷的生平，[2] 最初留意到王伷及妻裴氏墓誌刊《秦晉豫新出墓誌蒐佚續編》，後發現其子王素墓誌數年前在《洛陽新獲七朝墓誌》中便已發表，而其女王氏墓誌則見載北京市通州區博物館編《記憶——石

---

[1] 在中古時期出土文獻的研究工作中，長期以來重視校錄釋讀，對人名索引之類工具書編纂則顯得相對滯後，即使學科研究積纍深厚的敦煌學，至 2015 年纔出版了土肥義和編『八世紀末期—十一世紀初期燉煌氏族人名集成』（汲古書院）。《唐代墓誌彙編》整理的體例，即使以現在的眼光來看，也相當完備，使約半數的唐代墓誌得以通檢。可惜之後的《新中國出土墓誌》等大型圖錄，并未延續這一傳統，編纂完備的人名索引，至多僅有誌主索引。

[2] 仇鹿鳴：《一位"貳臣"的生命史——〈王伷墓誌〉所見唐廷處置陷僞安史臣僚政策的轉變》，《文史》2018 年第 2 輯。

刻篇之一》，蓋王氏墓誌從洛陽盜出後，後由收藏家李穎霖捐贈給通州區博物館。甚至已有流失海外者，會田大輔、齋藤茂雄最近公布了久保惣記念美術館所藏的遂安王李安妃陸小娘墓誌、丘媛墓誌，①遂安王李安字世壽，即《舊唐書》中提及的李壽，墓誌 1995 年便在長安縣郭杜鎮東祝村附近出土，石存西北大學博物館。②丘媛墓誌則無疑是近年來在洛陽被陸續盜出唐初功臣丘和家族墓誌中的一方，目前已刊布家族其他成員的墓誌有丘師及妻閻氏墓誌、丘英起墓誌、丘知幾墓誌等。這兩方墓誌無疑皆是近年在長安、洛陽出土後流落境外的。同一墓葬所出的文物亦遭分割，如甘元束墓誌早在 1991 年編纂《隋唐五代墓誌滙編》中便已刊布，石存偃師商城博物館，但同穴所出詔書刻石則至 2012 年出版《洛陽新獲七朝墓誌》中纔獲披露。其三是錄文與拓本發表時間先後間隔較久，由於各種原因不少墓誌錄文雖早已發表，但拓本一直未見刊布，使學者難以覆按。例如 2000 年出版的《全唐文補遺》第 7 輯中部分墓誌係據陝西歷史博物館藏誌錄文，拓本直至 2017 年出版《風引薤歌——陝西歷史博物館藏墓誌萃編》中纔得以公布。在此背景下，儘管新出墓誌在數量上已超過之前《唐代墓誌彙編》及《續集》收錄的總和，但學者的整理研究工作事實上仍處於各自爲戰的狀態，新的錄文總集的編纂不但工程浩大，非個人所能承擔，而且在實際的操作過程中亦困難重重，難以措手，都極大限制了對墓誌資料的利用及研究的深化。毫無疑問，以上弊病產生的根源在於墓誌的盜掘與買賣，但在目前的情況下，就學界本身而言，對此問題并無任何有效的解決辦法。以下僅就在具體整理工作中可以改良之處略陳管見。

提升圖錄印刷的質量與文物信息的完整度。在早年出版的金石圖書中，囿於當時條件，不少書中所附圖版過小，影印質量較低，難以識讀，如"陝西金石文獻彙集"叢書中普遍存在這類問題。近年新出圖錄中，多數已采用八開或十六開印製，僅就墓誌而言，這樣開本已敷用，③但在印刷質量上各書之間仍有參差，如

---

① 會田大輔·齋藤茂雄「唐初における鮮卑系官人の諸相: 和泉市久保惣記念美術館所藏墓誌を中心に」『史泉』第 122 号、21-33 頁。

② 葛承雍:《新出唐遂安王李世壽墓誌考釋》，《唐研究》第 3 卷，北京大學出版社，1997 年，第 445~452 頁。

③ 由於墓誌中較大者也不過一米見方，八開或十六開的開本大致已足夠清晰，但對於往往達 3~4 米高的碑，目前常見幾種金石圖錄所提供的拓本清晰度皆不令人滿意，如八開影印《昭陵碑石》，在碑文釋錄上做了很多工作，但由於原碑體積巨大，而且漫漶嚴重，拓本幾無法識讀，其他如《北京圖書館藏中國歷代石刻拓本滙編》等都存在類似問題，成爲推進相關研究的一大障礙。除此之外，不少名碑，僅碑陽有較好的拓本刊布，碑陰則無。因此早年出版以宣紙原大影印的《北魏墓誌百種》《中國金石集萃》等書，雖出於收藏、書法鑒賞等方面的考慮，但宣紙原大影印或許可以成爲體量較大石刻圖錄出版的一種形式。

《秦晋豫新出墓誌蒐佚》《秦晋豫新出墓誌蒐佚續編》兩書中收錄的不少拓本，影印模糊，清晰度較低，這或與前期照片拍攝、後期製作等環節有關。近年所見印製質量最精善的碑誌圖錄當屬《北京大學圖書館新藏金石拓本菁華（1996—2012）》。有些則在編纂過程中未充分考慮到文物的特殊性，如《越窑瓷墓誌》所收罐形瓷墓誌，皆僅提供墓誌一面的照片，使學者難以校正錄文。或囿於條件，個別圖書仍選用石刻的照片代替拓本，甚至僅公布錄文，不附圖版，皆不便於研究者。此外，在重新整理過程中，對舊誌則儘量選取早期善拓加以影印，是推動釋文質量提高的重要手段。例如 1998 年發表謝珫墓誌，係由六塊磚拼合而成，保存了陳郡謝氏世系、婚姻、仕宦等方面的豐富信息，最初由於拓本印刷失誤，脱落兩行，導致之前學者釋讀與研究皆存在問題，直至 2014 年出版《新中國出土墓誌·江蘇〔貳〕》纔公布了完整的圖版。[①]

　　如果説拓本影印的提高，僅是一較易解決的技術性問題。更有難度的是如何儘可能多的保存流散墓誌相關的文物信息。需要指出的是趙君平、齊運通兩位編纂的幾種圖錄中存在的一個常見問題是誌石、誌蓋信息不全，即僅有誌石，而無誌蓋，造成文物信息的缺失。[②]這或與兩人主要是通過購求拓本的方式整理資料有關。一般皆較重視誌石，而誌蓋又較難摹拓，容易被忽視。對幾種圖錄稍作比勘，便不難發現可相互補充之處甚多。如萬民及妻陳氏墓誌，《秦晋豫新出墓誌蒐佚》失收誌蓋，《洛陽新獲七朝墓誌》存誌蓋，誌蓋浮雕有靈龜，裝飾帶有山西長治一帶的地域特色。引起過不少學者關注的麴建泰墓誌情況則相反，《洛陽新獲七朝墓誌》失收誌蓋，《秦晋豫新出墓誌蒐佚》存誌蓋，現知誌石及誌蓋皆歸大唐西市博物館。這種失誤，即使在編纂精良、對保存誌蓋誌石完整性相當注意的幾種圖錄中也在所難免，如《墨香閣藏北朝墓誌》中辛韶墓誌未收誌蓋，王連龍《新見北朝墓誌集釋》中已錄。《洛陽流散唐代墓誌彙編》所收宫惠及妻陳氏墓誌缺收誌蓋，《洛陽新獲墓誌（二〇一五）》則存。目前圖錄中誌石和誌蓋俱全者，同樣也存在誤配的可能。[③]在原石流散的過程中，也出現了誌石和誌蓋分離的現象，如王褒所書李

---

① 此點蒙張學鋒先生賜告。另一個例子是徐暢在爲《長安碑刻》所寫的書評中指出其優長之處在於選用拓本有較《長安新出墓誌》更完整者，亦補充之前失收的部分誌蓋，見《唐研究》第 22 卷，北京大學出版社，2016 年，第 602~603 頁。

② 除了文物信息，在誌文無誌題的情況下，誌蓋往往成爲判斷誌主姓氏的主要依據。

③ 毛陽光《從〈河洛墓刻拾零〉的編纂看出土石刻文獻的整理》指出《河洛墓刻拾零》所收盧日超墓誌當作鄭日超，誌蓋係誤配（《唐研究》第 17 卷，第 508 頁）。

稚華墓誌，誌石爲大唐西市博物館購藏，誌蓋被西安公安機關追繳後，轉歸西安市博物院。其次則是對墓誌出土地點及流散情況的記錄，趙君平所編的四種圖錄中，皆有意識地記錄了墓誌出土的地點與流向，儘管不無舛誤之處，[①] 但仍保留了一些有用的信息，尤其是墓誌的出土地點，對於瞭解士大夫家族墓地的形成與分化很有幫助。洛陽、西安當地的學者若能藉助地利之便，做更系統周密的踏查，仿照昔年郭玉堂《洛陽出土石刻時地記》的體例，將相關信息裒集成編，亦是有裨於學界的重要工作。

其次，在圖錄編纂過程中，通過更爲細緻的工作，減少編次、定名、重收、舊誌闌入等方面的失誤。目前墓誌整理時的編次通常采取按時間先後排序的方式，較便檢索，但排序的標準各書仍不統一，較常見的是按誌主葬年排序，亦有按誌主卒年排列者。雖然按葬年排序，會使部分前朝人物墓誌，因重葬、改葬等原因而被闌入後世，略不便於學者。例如按此標準，宋初重葬的五代名將牛存節家族四方墓誌皆被計作宋誌，但這一排序方法凸顯了墓誌的文物屬性，仍是較爲合理的整理標準。若以卒年排序，强調則是墓誌的文字屬性，即以傳主爲中心，是傳統意義上碑傳集的編法。而具體到各書的編次，出入者仍較多，不乏有明顯失誤者，如《秦晉豫新出墓誌蒐佚續編》所收的李綱墓誌，是一方製作簡陋的磚誌，編者因誌文云"上元三年四月十一日葬"，繫於肅宗上元年間，但忽略了肅宗上元年號僅行用一年有奇，不當有三年。有唐一代曾兩次使用上元年號，此誌當繫於高宗時，編者誤植。《西安交通大學博物館藏品集錦·碑石書法卷》刊布的王義立墓誌，誌文雖未出現年號，僅題"周"之國號，但誌文內容來看，不難判斷其爲武周墓誌，整理者誤繫於後周。其他各種圖錄中因釋讀有誤，造成編次失序者亦不罕見。此外較爲常見的是墓誌定名，在墓誌被盜掘出土後的流散過程中，不僅是同一家族的墓誌，甚至死後同穴的鴛鴦誌亦難逃勞燕分飛的命運，直接導致了整理時定名的困難及失誤，特別是當兩誌分別被刊載在不同圖錄中時，這種失誤幾乎難以避免。但如果同一本圖錄同時收錄了夫妻雙方的墓誌，祇要整理者細心，則不難識別。但目前來看，這種失誤仍較常見，如《珍稀墓誌百品》四八號定名爲杜府君夫人裴氏墓誌，裴氏即杜表政之妻，同書四二號即收杜表政墓誌，六九號定名爲楊府君夫人裴氏祔葬墓誌，其夫楊鉷見六七號，難免讓人有目不見睫之感。另一方面，進一步核查傳

---

① 毛陽光:《從〈河洛墓刻拾零〉的編纂看出土石刻文獻的整理》，《唐研究》第17卷，第511~512頁。

世文獻有助於對墓誌進行更精確的定名，方便學者檢索，如《長安高陽原新出土隋唐墓誌》所收貝國太夫人任氏墓誌，誌文云其子爲于頔，則不難考知其夫名于庭謂。重收、舊誌闌入也是新出圖錄中常見的弊病。根據體例，趙君平編纂的四種圖錄中并不重複收錄，但仍有個別重收，如馬君妻張氏墓誌，同時見載《邙洛碑誌三百種》《秦晋豫新出墓誌蒐佚》，裴重妻新野縣主墓誌、劉端及妻公孫氏墓誌、王希晋墓誌、楊壽及妻劉氏墓誌，同時見載《秦晋豫新出墓誌蒐佚》與《續編》。另外趙君平、齊淵編纂的圖錄中儘管都以新出爲題，但仍闌入了個別舊誌，有自亂編例之嫌，如《秦晋豫新出墓誌蒐佚》所收李密墓誌、薛巽及妻崔蹈規墓誌、張思賓墓誌、史君妻契苾氏墓誌、李其及妻皇甫氏墓誌，《續編》所收姚元慶墓誌、薛儆墓誌，《洛陽新獲墓誌（二〇一五）》中收錄的徐起墓誌、李貴及妻王氏墓誌等皆是多年前發表過的舊誌。另《續編》收錄的安樂王第三子給事君妻韓氏墓誌，不但是一方舊誌，而且是一方僞誌。[1]一些低級的編校失誤尤其應當避免，如《北朝藝術研究院藏品圖錄·墓誌》所收尼法容墓誌，僅刊登了誌蓋拓本，而失收誌石。

系統調查原石的去向及收藏情況。近年來不少重要的收藏機構陸續整理刊布其館藏碑誌，除了上文已述及者外，較爲重要的有《故宮博物院藏歷代墓誌彙編》《中國國家博物館館藏文物研究叢書·墓誌卷》《風引蘿歌：陝西歷史博物館藏墓誌萃編》等，《新中國出土墓誌·江蘇〔貳〕》則公布了南京市博物館的收藏。這些博物館的館藏大部分雖已通過各種渠道刊布，這種以收藏機構爲單位的整理方式，不但在真僞鑒別、拓本影印、整理質量上較有保證，也能讓我們對墓誌原石的收藏情況有切實的瞭解。《風引蘿歌：陝西歷史博物館藏墓誌萃編》收錄的不少墓誌，雖然拓本或錄文早已在趙君平、齊運通編纂的幾種圖錄、《全唐文補遺》系列中刊布，但之前一直不知原石所在。自二十世紀初以來，文物大量被盜掘流散的歷史造成的一個遺憾便是在百年前發現的墓誌，迄今仍有不少不但不知原石所在，甚至沒有拓本流傳，學者僅能依靠羅振玉所編冢墓遺文系列提供的錄文開展研究。[2]而最近十

---

① 馬立軍《北朝墓誌文體與北朝文化》中考其據元願平妻王氏墓誌改寫（中國社會科學出版社，2015年，第274~277頁）。

② 但如果各大圖書館都能較爲完整公布其館藏拓本目錄的話，可能會彌補不少遺憾。筆者最近因董理五代墓誌的緣故，留意到早年出土的五代墓誌，如王鎔墓誌、張季宣妻李氏墓誌等一直沒拓本公布，但傅斯年圖書館便收藏有兩誌的拓本。目前國內各公立收藏機構的石刻舊拓資源，除個別幾家外，大都沒有系統公布。

餘年來規模更大的墓誌出土流散的過程，毫無疑問將重蹈百年前的覆轍。學者目前所能做的工作其實非常有限，其中之一便是儘可能地確認原石所在，進而再調查哪些墓誌是僅有錄文而無拓本的，繼續加以查訪，力求在原石、拓本、錄文三個層次上建立起對資料較爲完整的掌握。儘量督促各公私收藏機構提高透明度，公布所藏原石、拓本的完整目錄，如《全唐文補遺》第9輯曾據淄博拿雲美術博物館藏墓誌錄文，但其收藏墓誌的拓本除在《書法叢刊》2006年第2期"拿雲美術館藏墓誌選"專號中印行過一部分外，未見有完整刊布。[①] 這一類民營小型博物館乃至私人手中藏品的系統調查與刊布，恐怕是將來工作中的重點與難點。[②]

編纂包含信息更爲豐富的墓誌目錄。氣賀澤保規《新編唐代墓誌所在總合目錄》、梶山智史《北朝隋代墓誌所在總合目錄》是目前學者檢索中古墓誌最常用的兩種基本工具書，其有功於學界之處，自不待言。但兩書限於體例，除了著錄出處外，給研究者提供的信息相對有限。[③] 近年出版的《北京大學圖書館藏歷代墓誌拓本目錄》是一部編纂謹嚴、體例精善的拓本目錄，提供的信息還包含了誌題、誌蓋、撰書者、出土地點、收藏機構、墓誌行款等。若能進一步完善體例，以簡注的形式補充每方墓誌的考古發掘、誌主是否見諸傳世文獻記載、前人研究等信息，形成一部更爲完備的《唐五代墓誌總目叙錄》，或能成爲便於學者檢索的研究指南，這也是筆者在今後幾年將要完成的工作。

四　僞誌的造作與鑒別

面對大量從非正規渠道流出的墓誌，特別是由於原石多流入私人之手，秘不示人，僅有拓本行世，對新出墓誌真僞抱有疑慮的學人爲數不少。事實上，墓誌作僞風氣由來已久，至少可以上溯至明清。早年僞誌造作集中於北朝，蓋魏碑爲書家所寶重，市場價格較昂，歷來不乏有挖改唐誌中的國號、年號以冒充北魏墓誌者，《秦晉豫新出墓誌蒐佚續編》所收沈庠墓誌是新近的一例。《漢魏南北朝墓誌彙編》

① 據聞該館編有《淄博拿雲美術博物館藏歷代墓誌》，但因非正式出版物，故未能寓目。

② 這一類零散的收藏頗值得注意，一些不太引人注目的出版物中往往會刊布一些新資料，如鄭州華夏文化藝術博物館編著《聖殿裏拾來的文明》便發表多方北朝墓誌（文物出版社，2011年）。

③ 如《新編唐代墓誌所在總合目錄》雖然在書後附錄了誌蓋的目錄，但對於前面所收墓誌是否存誌蓋則未做記錄，其實對誌蓋、誌石皆存的墓誌祇要在命名時稱爲某某墓誌并蓋，即可標示出更多的信息。

附有偽誌目録，《洛陽出土北魏墓誌選編》除目録外，另附存偽刻圖版 34 種，曾爲著名學者于右任駕鴦七誌齋舊藏的元理墓誌、侯君妻張列華墓誌等也先後被學者鑒定係偽誌，可見昔年作偽風氣之盛，最近學者仍續有發現。[①] 近年來新出墓誌數目巨大，而且隨着唐代墓誌價值日高，賈人射利，魚目混珠，偽造之風亦蔓延至此，新出各種墓誌圖録中也摻入個別偽品。以下結合近年學者識別出的偽誌，略述當下墓誌作偽的三種方式。

首先是翻刻。目前最受藏家青睞的是重要歷史人物，尤其是由著名書法家書丹的墓誌，據聞近年出土的顏真卿書王琳墓誌、楊元卿墓誌、趙宗儒墓誌等皆有翻刻行世。個別墓誌雖不著名，但據載被兩家博物館收藏，如劉莒墓誌同時被《大唐西市博物館藏墓誌》《風引薤歌：陝西歷史博物館藏墓誌萃編》兩書著録，若非先後遞藏，亦有此嫌疑。對於歷史學者而言，由於較少有機會接觸原石，對翻刻亦缺少鑒別能力，但翻刻的墓誌雖無文物價值，但對於墓誌的史料價值則影響不大。

其次是偽撰。這也是淵源已久的墓誌作偽方式，由於今人并不具備憑空造作一篇文從字順誌文的能力，偽撰新誌一般皆以之前刊布過的舊誌爲藍本，并略作改寫。此類偽撰墓誌，祇要仔細排比，并不難揭破，近年發現偽誌仍以此類型爲多。《北朝藝術研究院藏品圖録·墓誌》所收王颺墓誌係據《河洛墓刻拾零》中首次刊布的王皓墓誌偽造，將王皓墓誌中"延昌元年歲次壬辰"改寫爲"延昌二年歲次壬辰"，但未更動干支，留下了馬腳。《珍稀墓誌百品》中比丘尼統清蓮墓誌蓋據民初發現的比丘尼統慈慶墓誌作偽，《洛陽新獲七朝墓誌》所收燕郡夫人獨孤氏墓誌據張説《右豹韜衛大將軍贈益州大都督汝陽公獨孤公燕郡夫人李氏墓誌銘》改撰刻石，《秦晋豫新出墓誌蒐佚續編》所收許利德墓誌則據《文苑英華》卷九五三穆員撰《汝州刺史陳公墓誌銘》改寫上石。除此之外，《河洛墓刻拾零》中所收衛和石棺銘係據早年出土的衛和墓誌偽造，《洛陽新獲墓誌（二〇一五）》所收王維書佛頂尊勝陀羅尼石幢贊并序係據《洛陽新獲七朝墓誌》所收牛陵及妻賈氏劉氏墓誌變

---

① 目前較爲完整的北朝偽誌目録見馬立軍《北朝墓誌文體與北朝文化》，第 279~282 頁。如近年任乃宏在整理邯鄲地區出土石刻時，考證張瓛墓誌係據唐龍朔元年張興墓誌偽造（《邯鄲地區隋唐五代碑刻校録》，中國文聯出版社，2014 年，第 277~292 頁）。

造，^① 這兩例僞刻，造假者爲謀取更高的利潤，分別利用墓誌文字改刻爲石棺、經幢，但作僞的方式仍一脉相承。

近年來出現一種新的作僞方式是僞造墓誌撰者與書丹者的題款，也是最難辨識的一種。近年發現這一類型的僞刻有四例，其手法是在翻刻墓誌的過程中增刻著名的撰者與書丹者，以抬高其在文物市場上的售價。如《龍門區系石刻文萃》所收賈勵言墓誌，署李華撰并書，原石存洛陽師範學院，知撰者係翻刻時添補。《秦晋豫新出墓誌蒐佚續編》所收李寳會及妻姚九九墓誌，姚九九係姚崇之妹，墓誌題徐浩撰，《洛陽流散唐代墓誌彙編》所收較早流出的拓本無撰者，知係變造。《河洛墓刻拾零》《洛陽新獲七朝墓誌》所收蔡鄭客墓誌，"前汲郡新鄉尉李顗書"係後添補。^② 最複雜的一個例子是《秦晋豫新出墓誌蒐佚》所收徐守謙墓誌（圖一），係據孫守謙墓誌僞造（圖二），孫守謙墓誌雖 2006 年便在《河洛春秋》上刊布，但似流傳不廣。徐守謙墓誌據以變造後，除了在文字上做了節略外，還抹去了原來的撰書者，另提刻了一行撰者，署狄歸昌撰。孫守謙卒於開元末，狄歸昌係晚唐文士，因此得以被識破。^③ 需要指出的是這種新見的作僞方式更具隱蔽性，特別是在學者往往衹能據拓本、圖録展開研究的當下，極難辨識。以上發現的四例，主要還是因有原石存世及未增刻題款的早期拓本流出，或時代錯置而被揭破，若將來造假者更爲審慎，將會大大增加學者辨僞工作的難度，這也是當前文物流散亂象中一個副產品。

---

① 以上所舉的各例，已有部分爲學者撰寫揭露，可參讀毛陽光《洛陽流散唐代墓誌彙編·前言》，國家圖書館出版社，2013 年；黃清發《新出〈唐右豹韜衛大將軍燕郡夫人獨孤氏墓誌銘〉辨僞》，《中國典籍與文化》2014 年第 2 期；宫萬松《北魏墓誌"變臉"案例——北魏比丘尼清蓮墓誌識僞》，《中原文物》2016 年第 1 期；陳志紅《王維書〈佛頂尊勝陀羅尼石幢贊并序〉辨僞》，復旦大學出土文獻與古文字研究中心網站，2017 年 9 月 24 日。許利德墓誌則是趙慶鉑同學在完成我的課堂作業時發現的。

② 毛陽光《洛陽流散唐代墓誌彙編》前言中已指出這三例。

③ 僞刻的徐守謙墓誌在洛陽的文物市場上似乎比孫守謙墓誌流傳更廣，齊運通《洛陽新獲七朝墓誌》初稿即收録此誌，陳尚君撰序時發現而將其剔除，同時出版《秦晋豫新出墓誌蒐佚》復收入。孫守謙墓誌在《秦晋豫新出墓誌蒐佚續編》刊布後，纔廣爲學界所知。

圖一　徐守謙墓誌

圖二　孫守謙墓誌

五 餘論：方向未定的中古石刻研究

回溯二十世紀的學術史，學者習慣將殷墟甲骨、居延漢簡、敦煌文書、內閣檔案并稱爲古代文獻的四大發現，這些新發現的文獻不但大大推動了中國史研究的深入與拓展，同時催生出了研究方法的改變與新學科的成立，成爲新史料引出新問題，進而推動學術進步的典型案例。同樣值得思考的是，與此四大發現幾乎同時，在數量上亦不遜色的新出北朝隋唐的墓誌爲何未能被學者視爲第五大發現，引起同樣的轟動與矚目。筆者推測其中的關節或在於新出碑誌雖亦是寶貴的新史料，但仍被籠罩在傳統金石學這門舊學問的樊籬之中，故新史料數量雖衆，却構不成對原有學術體系的衝擊。不像四大發現，不但提供了國人之前所未嘗措意的史料門類，更重要的是得到國際漢學界的普遍關注，迅速成爲"顯學"，這極大地刺激了生長於衰世，本就意欲仿照西方建立現代學術體系，將"科學的東方學之正統"移至中國那代學人的爭競之心。

事實上，若仔細檢討，王國維提倡的"二重證據法"雖被奉爲新史學的開山，但僅以"地下之新材料"與"紙上之材料"互證一端而言，并不難在傳統的金石學中找到類似的潛流，王氏的杰出恐怕不在於方法上的高妙，而在於創獲的重大，即通過科學縝密的考辨，驗證了《史記·殷本紀》的可靠性，在當時特定的環境中，對於重新認識中國古史，進而提振民族信心所起到的作用自無可估量。反觀民國時代最引起關注的兩方石刻，晉辟雍碑是經學研究傳統的附麗，而王之渙墓誌是對詩人生平的填補，其問題意識的新舊與解決問題的小大，不言而喻。

因而，近一百年來新出碑誌的發現雖然數量上極爲驚人，但總體而言，更多地是量的纍積，而無質的突破，往往被視爲傳世文獻的附庸與補充，缺少研究方法上的突破與反思，并不能在本質上改寫時代的圖景。十餘年來，墓誌材料的大量涌現，其實不過百年前一幕的重演而已。在史料數量相對有限的中古史領域，巨量新史料的出現自然足以在短時間造成衝擊，引領潮流，但不要忘記歷史學是圍繞時間展開的學問，熱潮經過時間冷却之後，最終會退去。新史料在不遠的將來就會變成"舊史料"，所謂"新"史料本身不能取代對研究意義的追問，什麽能在學術史中沉澱下來，成爲將來學者研究的起點，恐怕是任何一個關注新出墓誌學者需要思考的問題。如果説，目前的墓誌整理與研究至少在系統調查與刊布拓本，精確録文；

目録索引等工具書的編纂乃至數據庫的開發；積纍一些典範性的研究，形成良好的規範與學術傳統這三個層面都有大量工作需要去填補，或許最後一個方面的纍積與突破才決定纔研究所能達到的高度。

近十年來中古碑誌研究的新動向[*]

孫正軍

　　碑石爲學人所寶，可謂尚矣。早在漢代，石刻銘文即爲史家留意，《漢書·藝文志》記《奏事》二十篇，纂集"秦時大臣奏事，及刻石名山文也"，遂開"中國金石之學有著録之始"。^①魏晋以下，學者漸據碑誌進行職官、地理、人物、年代等的考訂。宋代金石學興起，作爲金石重要構成之碑誌亦備受矚目，各種著録、摹寫、考釋、評述層出不窮。及至清代樸學大興，在此激蕩之下，學者更有意識地利用碑石證經補史，推動古代碑誌研究達到頂峰。

　　而在現代歷史學傳入之後，碑石證史之風相沿不替，碑誌仍是中國古代史、尤其是中古史研究最爲倚重的出土文獻之一。特別是近四十年來，隨着碑誌大量出土或重新發現，加之在歷史研究方法上實證史學回歸，中古史領域的碑誌研究更顯活躍，不僅新出碑誌資料吸引學者密切關注，舊有碑誌文獻亦在學者的精耕細作之下老樹新芽，焕發勃勃生機。^②學者或據單方碑誌考訂人物生平，校補史傳疏失，或利用墓誌群進行婚姻、仕宦、年壽、交游等的大資料式分析，碑誌研究已然成爲中古史研究最具活力的領域之一。值得注意的是，在近十年的碑誌研究中，還浮現一些新的動向，顯示出碑誌研究出現新的增長點的可能。以下即

---

　　*　　本文原刊於《史學月刊》2021 年第 4 期，作者同意入編本書。

① 陳國慶：《漢書藝文志注釋彙編》，中華書局，1983 年，第 69 頁。

② 魏斌近年來的系列研究可爲代表，如《南朝佛教與烏傷地方——從四通梁陳碑刻談起》，初刊於2015 年，後收入氏著《"山中"的六朝史》，三聯書店，2019 年，第 213~273 頁；《跋金庭館碑》，《敦煌吐魯番文書與中古史研究——朱雷先生八秩榮誕祝壽集》，上海古籍出版社，2016 年，第119~131 頁；《曇始碑考證：史傳闕失與地方記憶》，《文史》2018 年第 3 輯，第 61~86 頁；等等。

以對這些新動向的梳理爲基礎，嘗試總結和探討中古碑誌研究豐富多元的發展方向。①

一　譜系的發現及建構過程之探討

無論中古時期是否構成一個特殊的貴族政治時代，有一點可以肯定，即士族在這一時期的政治、社會中占據極爲顯耀的位置。而作爲構建士族門第、確認士族身份的婚宦二端，皆詳見於各種官私譜牒，故從很早時期開始，刻於碑誌的譜系便受到學人矚目，學者或據以復原某一家族的世系構成，或藉之觀察士族的婚姻、仕宦。這些研究大多將碑誌所記譜系視爲史料，致力於探討其所呈現的政治、社會狀況，對於作爲一種文本的譜系自身却没有深入分析。

譬如對於碑誌所刻譜系與中古時期盛行的官私譜牒有什麼聯繫，以往學者即罕有思考。②陳爽《出土墓誌所見中古譜牒研究》③敏鋭地注意到兩晋南北朝墓誌中大量存在着在特定位置、以特定行款格式書寫的文字，這些位置包括誌首、誌尾（尾記）、誌陰、誌側甚至誌蓋陰面，其行款格式呈現出以下三個特點：1.分段提行，前後有留白；2.特定的内容低格書寫；3.特定内容之間有空格分開。這些文字也具有統一的書寫規範和文本格式，如1.衹叙官爵不述行狀；2.叙及母系世系，不僅表述郡望，且追述父祖官爵；3.所有子息全部收録，不厭其詳。從這些特殊“誌例”入手，陳氏判斷這一時期墓誌中那些位於特定位置并以特殊行款書寫的家族譜系，乃是官私譜牒的直接抄録或經簡單改寫的節録，而引譜入誌，以譜牒與誌文互爲補充，是中古時期墓誌撰寫的一種特定體例格式。

以上述發現爲基礎，陳氏進一步嘗試推導和復原兩晋南北朝譜牒，總結其書寫格式、主要内容及基本特徵，包括：

1. 譜牒按行輩分列書寫，一人一列；先叙述父祖，再叙同輩，再及子女；同輩先叙男性，後叙女性，女性配偶低一至兩格書寫。父祖書寫格式比較嚴格，每一

---

① 本文所謂“中古”，并非嚴格的歷史分期概念，衹是寬泛指稱魏晋南北朝隋唐時期，偶或及於漢、宋。又文中所舉相關研究，限於筆者所見，容有遺漏，敬請諒解。

② 葉昌熾、陳直曾有指摘，參葉昌熾撰，柯昌泗評《語石·語石異同評》，中華書局，1994年，第214頁；陳直《南北朝譜牒形式的發現和索隱》，《文史考古論叢》，天津古籍出版社，1988年，第218~230頁。

③ 陳爽：《出土墓誌所見中古譜牒研究》，學林出版社，2015年。

輩另行書寫；子女書寫格式稍顯隨意；妻子父祖官爵及子女夫婿父祖官爵以雙小字形式記注。

2．存在譜序。

3．世系追溯詳近略遠，祖輩一般祇追述到曾祖，個別歷書有顯赫歷官的遠祖。

4．最核心內容爲官爵，家族成員、母妻外家及出嫁女子夫婿的父祖官爵都一一列入。

5．婚姻關係記載詳盡，後娶之妻與再嫁之夫具有同等地位。

6．官爵婚姻外，還保留一些家族成員的其他信息，如子女年齡、家族成員卒葬地等。

按照這一標準，陳氏從出土墓誌中輯存出 232 份（實爲 211 份）魏晉至隋代的譜牒，使湮没無聞的中古譜牒重新問世，極大擴充了原本并不豐富的中古史料。

針對陳氏的發現，范兆飛《士族譜牒的構造及與碑誌關係拾遺——從〈出土墓誌所見中古譜牒研究〉談起》[1]一方面肯定陳氏從墓誌中發現中古譜牒的貢獻；另一方面也對書中復原的中古譜牒提出疑義。他認爲墓誌所見譜牒，應是從士族譜牒中摘録的與誌主緊密相關的文字，屬"譜牒節録本"，完整的中古譜牒應包括姓氏源流、房支分化、成員官職和婚姻嫁娶等。此外，對於中古墓誌"引譜入誌"的現象，范氏也傾向於這并非中古憑空出現的獨特誌例，而是上承漢代譜系入碑，下啓唐朝以降譜系重新回到碑上。由此可見，儘管對於碑誌所記譜系是否即等同中古譜牒，學者尚有不同意見，但前者與後者存在莫大關聯，却是毋庸置疑的。

不過，碑誌所記譜系與中古官私譜牒存在關聯并不意味着前者即真實可靠。事實上，對於士族譜系的攀附和假冒，自陳寅恪提出李唐先世乃僞托隴西李氏郡望以來，便一直是學界關注的焦點。無論是高齊、楊隋、李唐三朝先世，還是弘農楊氏、太原王氏、汝南袁氏以及地位稍低一些的張氏等，其譜系的僞托和冒襲，學者都已有一定程度揭示。[2]不過，這些研究尚多停留在發現譜系中抵牾并加以辨僞的

---

① 范兆飛：《士族譜牒的構造及與碑誌關係拾遺——從〈出土墓誌所見中古譜牒研究〉談起》，《唐研究》第 22 卷，北京大學出版社，2016 年，第 509~540 頁。

② 最新回顧參郭偉濤《論北魏楊播、楊鈞家族祖先譜系的構建——兼及隋唐弘農楊氏相關問題》，《中華文史論叢》2017 年第 4 期；陳偉揚《中古彭城劉氏的譜系建構》，《魏晉南北朝隋唐史資料》第 39 輯，上海古籍出版社，2019 年，第 107 頁。

層面，對於其具體建構過程，則缺乏深入分析。① 仇鹿鳴《"攀附先世"與"僞冒士籍"——以渤海高氏爲中心的研究》② 於此做了開拓性的工作，他以渤海高氏爲例，通過縱向和橫向兩個層面，具體揭示了渤海高氏譜系的製作過程。仇氏借鑒"古史辨"學說，將渤海高氏譜系形成視爲一個層纍建構的過程，譜系的縱向延伸和橫向疊加爲此過程的一體兩面。關於前者，指出這種延伸大致分爲兩個步驟：首先將其世系攀附到陳留高氏，這一過程當在北魏末年完成，并被魏收載入《魏書》；隨着士族之間關於世系長度的競争愈演愈烈，便進一步將其先世攀附至齊國高氏，這一過程或許開始於隋代，至唐代姓氏書、墓誌中更趨完善。關於後者，文章指出隨着渤海高氏郡望形成，原非此郡望出身的漢人或非漢人高氏紛紛藉助皇權力量或通過任官、移居、歸葬等手段冒姓渤海高氏，其結果固然造成渤海高氏譜系紊亂，但另外則進一步强化了渤海高氏這一郡望。顯然，仇氏這一研究的意義并不僅限於渤海高氏，文中對士族譜系存在層纍建構的總體判斷，以及揭櫫縱向——"攀附先世"、橫向——"僞冒士籍"一組概念，均使該文超越個案層面，而在理論方法上具有範式意義。

這之後，仇氏又將目光投向地位稍低的南陽白水張氏，追蹤其興衰軌迹，及與吳郡、清河、范陽、敦煌等張氏郡望競争及共生的關係。在《製作郡望：中古南陽張氏的形成》③ 一文中，仇氏指出南陽張氏大約在魏晋時期開始出現，北朝隋唐之際，成爲張姓主流郡望，在墓誌中被廣泛使用，唐中期以後，南陽張氏郡望逐漸衰落。儘管文章的重心置於南陽張氏郡望的興衰演變，但其中亦有不少筆墨觸及南陽張氏譜系的形成及流衍，由此顯示出一個來源不明、分布廣泛、人物龐雜的二流虛擬郡望的建構過程。不過，或許由於南陽張氏譜系資料過於龐雜，文章所呈現的南陽張氏譜系製作細節似不如渤海高氏清晰。

---

① 當然亦非完全没有涉及，陳寅恪對李唐先世的考察，汪籛對安忠敬祖先世系的指摘，守屋美都雄對太原王氏始祖傳說的批判及旁系出現的探討，姜士彬（David Johnson）對北宋初年若干"趙郡"李氏族人祖先書寫的辨析，陳勇對汝南袁氏籍貫更迭的梳理，都曾約略觸及譜系建構過程。陳寅恪：《唐代政治史述論稿》，三聯書店，2001年，第183~200頁；汪籛：《西涼李軌之興亡》，《汪籛漢唐史論稿》，北京大學出版社，2017年，第526~527頁；守屋美都雄：《六朝門閥——太原王氏家系考》，梁辰雪譯，中西書局，2020年，第11~38、129~174頁；姜士彬（David Johnson）：《一個大族的末年——唐宋末初的趙郡李氏》，載范兆飛編譯《西方學者中國中古貴族制論集》，三聯書店，2018年，第278~298頁；陳勇：《漢唐之間袁氏的政治沉浮與籍貫更迭——譜牒與中古史研究的一個例證》，《文史哲》2007年第4期。

② 仇鹿鳴：《"攀附先世"與"僞冒士籍"——以渤海高氏爲中心的研究》，《歷史研究》2008年第2期。

③ 仇鹿鳴：《製作郡望：中古南陽張氏的形成》，《歷史研究》2016年第3期。

仇氏之外，在中古士族研究中頗多建樹的范兆飛亦致力於探尋士族譜系的建構過程。《中古郡望的成立與崩潰——以太原王氏的譜系塑造爲中心》①注意到中古第一流士族的太原王氏之譜系也有層纍形成的過程，指出在太原王氏成立期的魏晉之世，祖先追溯通常僅及漢魏，東漢末年的王柔、王澤兄弟被視爲祖先；南朝太原王氏試圖與漢末王允建立聯繫；及北魏孝文帝銓定姓族，太原王氏郡望之尊達到頂峰，對祖先的追溯也爲時風所及越來越早，東漢初葉的"王霸爲太原王氏始祖"成爲共識，神仙人物、春秋時的太子晋也漸被納入祖先記憶，後者在唐代以降成爲主流；《新唐書·宰相世系表》將太原王氏先世攀附至太子晋，同時糅合漢魏時期太原王氏的祖先記録，將原本并無關聯的太子晋，秦將王翦、王賁、王離祖孫，漢代王霸等聯繫起來，由此形成完整的太原王氏祖先世系。由此可見在太原王氏譜系形成過程中，北魏實爲重要階段，在此時期譜系中的遠祖逐漸增多，譜系開端亦大幅提前，唐代在此基礎上的延伸、整理，則標志着太原王氏譜系建構的完成。

在另一篇對太原郭氏譜系建構過程的考察中，范兆飛也有類似發現。《中古士族譜系的虛實——以太原郭氏的祖先建構爲例》②指出魏晋時期太原郭氏的祖先記憶通常僅追溯兩三代人；北魏時譜系開始向上延伸，西周虢叔、東漢司徒郭丹、名士郭泰等進入祖先記憶；及至隋唐，戰國時燕昭王客卿郭隗、西漢武帝時并州刺史郭伋、東漢孝子郭巨、晋上黨太守郭容，甚至與太原郭氏無涉的魏晋名士郭嘉、郭象等，也陸續在各種譜系中出現，子虛烏有的漢馮翊太守郭孟儒則被郭子儀家族視爲壟斷性譜系資源追認爲祖先。上述歷史或非歷史人物在太原郭氏譜系中出現，顯示出太原郭氏譜系在不同階層、不同地域、不同身份的郭氏後裔的書寫中不斷延展、豐富的過程。不過，范氏也意識到太原郭氏迄未形成統一的祖先記憶，認爲這正是中古譜系虛實相雜而又亂中有序的雙重變奏的體現。可以看到，范氏的考察基本以時間爲序，逐步揭示不同時期士族譜系的動態變化，尤其重視對譜系中新出現人物的清理。經過這一梳理，士族譜系建構過程中的攀附、偽冒、錯謬、雜亂等細節，便較爲清晰地呈現出來。

隨後刊出的《士族譜系的變奏——基於中古太原白氏的個案考察》③一文，范

---

① 范兆飛：《中古郡望的成立與崩潰——以太原王氏的譜系塑造爲中心》，初刊於 2013 年，後收入氏著《中古太原士族群體研究》，中華書局，2014 年，第 254~274 頁。
② 范兆飛：《中古士族譜系的虛實——以太原郭氏的祖先建構爲例》，《中國史研究》2017 年第 4 期。
③ 范兆飛：《士族譜系的變奏——基於中古太原白氏的個案考察》，《中華文史論叢》2018 年第 4 期。

氏又以太原白氏爲例，再度確認中古士族譜系虛實相雜的變奏屬性。文中，作者不再像前文那樣矚目白氏譜系中那些血緣聯繫可疑的祖先何時出現，而是聚焦於八世紀、九世紀間白氏祖先追溯的諸文本，挖掘其間的異同及變化。作者注意到，和太原王氏、郭氏等的譜系類似，太原白氏的祖先世系亦大致由上古傳説祖先、漢魏六朝英雄祖先及近世真實祖先構成，真實祖先與虛擬祖先并存，表現出二元對立的雙軌制特徵，而白氏遠祖構建從南到北、自夷入夏，則使雙軌更爲複雜多元。要之，虛實相雜乃是范氏給中古士族譜系貼上的一個基本標簽，在此標簽下，區分真實祖先與虛擬祖先，進而追問後者出現的過程和緣由；在作者看來，虛擬祖先的出現源自士族祖先叙述中的攀附，而攀附的出現及攀附範圍的擴張、延伸，則與士族階層的演變和認同密切相關。

　　仇氏和范氏的研究都顯示出中古士族譜系建構大體存在從雜亂無章到成熟定型的過程，這一點在吳曼玉、吳洪琳對代北竇氏譜系建構的考察中也有體現。在《中古時期代北竇氏的祖先譜系建構與郡望僞冒》[①]一文中，作者指出，代北胡族竇氏在向華夏名族扶風竇氏攀附的過程中，稍早的《竇泰墓誌》《竇興洛墓誌》叙述郡望、祖先存在張冠李戴，表明彼時譜系建構尚未固定；及北朝末隋唐之際，譜系建構漸趨成熟，“扶風平陵”及兩漢竇姓人物穩定地成爲譜系叙述中的郡望和祖先；這之後，“竇統北入鮮卑”情節的杜撰，填補了譜系書寫中代北與華夏之間的缺環，而在“黃帝後裔”族源傳説擴張的影響下，竇氏祖先被進一步追溯至黃帝及其後裔，由此完成代北竇氏的譜系建構。胡族竇氏的譜系建構顯示出，不僅真實或名義上的漢人士族汲汲於製作或高尚或顯赫的列祖列宗，非漢姓族亦在此譜系建構潮流中“上下其手”，製作同樣輝煌長久的祖先世系。事實上，正如學者在北族墓誌中所發現的那樣，通過僞托望族和冒襲先祖建構家族譜系，在彼時非漢姓族中極爲普遍。[②]

　　上述考察均集中於某一士族祖先譜系的建構，而隨着碑誌材料日益豐富，探討士族內某一房支譜系的建構過程也變得可能，北魏楊播家族祖先世系的建構便先後引起兩位學者關注。得益於弘農楊氏墓誌大量出土以及學者對北朝弘農楊氏譜

---

① 吳曼玉、吳洪琳：《中古時期代北竇氏的祖先譜系建構與郡望僞冒》，《西北民族論叢》第 17 輯，社會科學文獻出版社，2018 年。

② 何德章：《僞托望族與冒襲先祖——以北族人墓誌爲中心》，《魏晉南北朝隋唐史資料》第 17 輯，武漢大學出版社，2000 年，第 137~143 頁；龍成松：《中古時期北方族裔譜系建構與民族認同》，《西南邊疆民族研究》第 23 輯，雲南大學出版社，2017 年，第 67~80 頁。

系的綜合梳理，尹波濤《北魏時期楊播家族建構祖先譜系過程初探——以墓誌爲中心》①得以微觀考察楊播家族構建祖先譜系的策略和過程，指出其譜系係以先已存在的楊鈞家族及當時其他弘農楊氏對祖先世系的叙述爲參照建構出來，大約經歷三個階段：1. 永平五年（512）之前，開始嘗試與漢晋名臣楊震、楊瑶建立聯繫，并明確其間的傳承世次；2. 永平五年至普泰元年（531）之間，或許由於此前建構的傳承世次未獲認可，轉而模糊世系；3. 普泰元年之後，再次明確其家族與楊震、楊瑶之間的世系，并借鑒楊鈞曾祖楊繼的官職信息杜撰出楊播高祖中山相楊結。通過三個階段的梳理，尹文揭示楊播家族建構祖先譜系的諸多細節，尤其值得注意的是，文章指出楊播家族的譜系建構并未嚴格遵循時代愈新攀附祖先愈古的趨勢，而是可能存在曲折與反復，由此呈現出士族譜系建構的另一面向。

不過，同樣圍繞楊播家族譜系建構，郭偉濤却有完全不同的觀察。他的《論北魏楊播、楊鈞家族祖先譜系的構建——兼及隋唐弘農楊氏相關問題》②通過考釋楊恩墓誌及對比楊播家族前後期墓誌世系，確認楊結并非如尹氏所説虚構杜撰，而是真實存在的歷史人物；針對尹文提出的楊播家族譜系建構分三階段且存在曲折與反復的説法，郭氏以墓誌僅是家譜世系節録并非完整謄抄，消解了不同時期楊播家族世系追溯詳簡不一的矛盾，由此否認其間存在曲折與反復。又針對尹文所論楊播家族譜系建構借鑒楊鈞家族譜系，郭氏也提出不同意見，他以兩個家族內墓誌祖先追溯均一致爲據，判斷二者的譜系建構皆是各自獨立完成，不存在模仿借鑒，及進入西魏、北周，楊鈞家族譜系建構相反可能受到楊播家族影響。此外，對於中古弘農楊氏譜系建構的整體特點，他認爲僅是横向疊加，且多次建構，縱向攀附則未必存在。

北魏時楊播家族的譜系建構已如上述，及至隋代，類似建構仍在弘農楊氏各房支下進行。楊奇霖《楊雄墓誌疏證——兼論楊氏觀王房的譜系建構》③即發現楊雄觀王房的祖先世系亦存在層纍構造的連續過程。文章矚目觀王房譜系的不同記載，指出在北朝隋初，楊雄家族所擬家族世系爲楊興—楊國—楊紹，不過在此後數

---

① 尹波濤：《北魏時期楊播家族建構祖先譜系過程初探——以墓誌爲中心》，《中國史研究》2013 年第 4 期。

② 郭偉濤：《論北魏楊播、楊鈞家族祖先譜系的構建——兼及隋唐弘農楊氏相關問題》，《中華文史論叢》2017 年第 4 期。

③ 楊奇霖：《楊雄墓誌疏證——兼論楊氏觀王房的譜系建構》，《唐史論叢》第 26 輯，三秦出版社，2018 年，第 202~208 頁。

十年，祖先記憶中存在却又無處安放的楊定漸被排在楊國與楊紹之間，由此形成新的祖先世系。亦即在作者看來，觀王房譜系的厘定乃是根據傳說或記憶對祖先世系不斷增補、完善的結果，與他族的競爭并未構成主要動力。

又關於北周重臣于謹家族的譜系建構，陳鵬曾有詳細探索。在《嫁接世系與望托東海——北周隋唐虜姓于氏譜系建構之考察》[①]一文中，作者通過細緻梳理于謹家族包括碑誌在内記有祖先世系的諸文本之間的差異，判斷于謹家族譜系建構先後經歷了嫁接世系和望托東海兩個階段：西魏北周改復胡姓之際，將世系嫁接到北魏勛臣于栗磾之後；北周末年恢復漢姓，爲維持家族地位、聲望，仍維繫這一嫁接成果，但在漢化背景下，另編造出虜姓于氏源出漢代東海于氏的故事，由此建構出本族與東海于氏的親緣傳承。

要之，與探討北朝隋唐某一士族譜系建構相比，圍繞某一家族譜系建構過程的探討，更顯具體而微。觀察對象的單一與討論時段的集中，使得這樣的工作能够揭示譜系建構更爲細節生動的一面。另外，正如尹、郭二文分歧所顯示的那樣，一方碑誌的利用與否，以及對碑誌所記譜系認識的不同，均直接影響最後結論。而這兩者恰恰又都存在巨大不確定性。這也就意味着，對於譜系建構的考察越是細緻入微，其結論的不確定性或許也越大。[②]

又碑誌所呈現的中古士族譜系建構，在宋代以降的族譜中同樣存在，學者亦很早就對後者中的譜系建構進行研究。得益於族譜對祖先世系豐富細緻的記載，學者得以更爲貼近宋代以降譜系建構的細節，不僅觀察出彼時祖先建構的諸多方式、類型，對於祖先建構的政治社會背景及現實意義亦多有發覆。[③]與族譜中的祖先世系相比，碑誌所見祖先世系不免零散，書寫也顯散漫。不過，二者既同樣以祖先世

---

① 陳鵬：《嫁接世系與望托東海——北周隋唐虜姓于氏譜系建構之考察》，《民族史研究》第 12 輯，中央民族大學出版社，2015 年，第 178~191 頁。

② 除上述外，新刊馬建紅《中古士族的譜系建構與北朝隋唐胡漢認同——以韋氏墓誌的追祖方式爲中心》（《雲南社會科學》2019 年第 3 期）、陳偉揚《中古彭城劉氏的譜系建構》（《魏晋南北朝隋唐史資料》第 39 輯，第 107~129 頁）、沈剛《虛實相間：東漢碑刻中的祖先書寫》（《中國史研究》2020 年第 2 期）等亦部分涉及碑誌中之譜系建構，兹不贅述。

③ 代表性成果，如瀨川昌久《族譜：華南漢族的宗族·風水·移居》，錢杭譯，上海書店出版社，1999 年，第 1~25 頁；陳支平《福建族譜》，福建人民出版社，1996 年，第 92~157 頁；劉志偉《祖先譜系的重構及其意義——珠江三角洲一個宗族的個案分析》，《中國社會經濟史研究》1992 年第 4 期；黃國信、温春來《新安程氏統宗譜重構祖先譜系現象考》，《史學月刊》2006 年第 7 期。此外，饒偉新主編《族譜研究》第 1 輯（社會科學文獻出版社，2013 年）亦收録多篇涉及祖先譜系建構的文章。

系爲記載對象，則其中的譜系建構當也存在共通之處。因此，對於碑誌所見譜系建構過程的考察，能否在積纍更多個案研究的同時，借鑒學者對族譜中譜系建構的研討，進而揭示中古士族譜系建構過程的更多細節、方式，挖掘不止於標榜門第高貴、世胄綿長的歷史背景和現實意義，或許是接下來應該思考和推進的方向。

二 "異刻"與歷史書寫研究

對於中古士族譜系建構過程的探討，某種意義上也可以説是歷史書寫或史料批判研究。不過，後者關注的内容顯然更多，不僅譜系，碑誌中其他記載甚至文本整體，都或被視爲刻意書寫的産物。亦即在致力於此的學者看來，碑誌文獻絕非天然可供信賴的史料，而是和傳世文獻一樣可能基於某種背景、意圖被創作出來，具有和傳世文獻一樣的史料性。

對碑誌史料性的留意并不始於今。東漢末蔡邕爲名士郭林宗撰寫碑文，云"吾爲碑銘多矣，皆有慚德，唯郭有道無愧色耳"，已然意識到碑銘多溢美之詞。[1]成書於元魏末年的《洛陽伽藍記》"杜子休宅"條引隱士趙逸語："生時中庸之人耳。及其死也，碑文墓誌，莫不窮天地之大德，盡生民之能事，爲君共堯舜連衡，爲臣與伊皋等迹。牧民之官，浮虎慕其清塵；執法之吏，埋輪謝其梗直。所謂生爲盜蹠，死爲夷齊，妄言傷正，華辭損實。"同樣指出碑文墓誌的"妄言""華辭"之處。[2]及宋代以降金石學興起，金石學家或有"過信石刻"之弊，[3]但如歐陽修《集古録跋尾》等在以碑誌校史、補史之餘也曾對碑誌的史料性有所指摘。不過，這些文字大抵限於指出碑誌記載不可信，[4]對於碑誌文本的具體生成過程則缺乏充分探討。

而在現代歷史學視域下，碑誌文本的生成過程得到學者較多關注。譬如對於著名的《平淮西碑》——唐憲宗元和十二年（817）淮西吳元濟亂平，志在中興的憲宗大喜過望，先命韓愈撰寫碑文，但不久又下詔磨平，命段文昌重撰《平淮西碑》，圍繞此椿公案，學者多從黨爭角度解釋，認爲韓碑抑李愬而揚裴度，及李

---

① 范曄：《後漢書》卷六八《郭太傳》，中華書局，1965 年，第 2227 頁。

② 楊衒之撰，范祥雍校注《洛陽伽藍記校注》，上海古籍出版社，1978 年，第 89~90 頁。

③ 岑仲勉：《貞石證史》，《金石論叢》，上海古籍出版社，1981 年，第 76 頁。

④ 碑誌多溢美，故金石學家往往回避其所記言行事迹，而多論年代、地理、職官、譜系等。參歐陽修撰，鄧寶劍、王怡琳箋注《集古録跋尾》，人民美術出版社，2010 年，第 212 頁。

逢吉、皇甫鎛一黨排斥裴度，韓碑遂被廢。針對這一見解，黃樓《〈平淮西碑〉再探討》① 提出疑義，他認爲韓、段二碑廢立實際與政局變化及憲宗對武臣的態度相關——淮西亂平後，憲宗君相恐李愬等居功難制，對其有所戒心，故韓碑體現出抑制武臣的策略；及元和十三年（818）朝廷東討淄青，爲安撫并激勵李愬等前綫將領，故廢棄韓碑，改立行文中大幅提高李愬、李光顏等武臣功業的段碑。② 不僅如此，黃氏還將目光延及唐宋時期對二碑的評價，指出中晚唐藩鎮跋扈，時人推崇李愬武功，故對韓碑較多爭議；北宋以降文人官僚體制確立和中央集權强化，加之道學日盛，韓碑遂重新取代段碑。可以看到，儘管對於韓、段二碑興廢緣由學者尚未形成共識，但學者目光已更多彙聚到碑文製作、流傳的語境，關注政治局勢、社會氛圍對文本生成、評價的影響。而伴隨此一視角轉換，圍繞《平淮西碑》的探討不再是單純依據碑文考訂平淮西一役的事件史研究，而是轉入致力於探討文本生成、流衍過程的歷史書寫研究。

進入 2010 年後，學者對中古碑誌中歷史書寫的關注更趨突出。室山留美子較早對北魏墓誌的史料性進行探究，强調應關注墓誌書寫背後的政治意涵。在《北魏墓誌的史料性——以追贈和改葬爲綫索》③ 一文中，室山以與一般贈官有別的追贈（因各種原因死亡時没有得到和其身份相應的贈官，後來因某種變化重新給予贈官，或者曾經給予贈官，後來又因某種原因贈給更高官位的贈官），以及與追贈相伴的改葬爲綫索，指出墓誌與其製作時期的政治狀況密切相關，後者的變化深刻體現於墓誌製作的背景中。因此，墓誌絕非"一手資料"，而是和史傳一樣具有"史料性"，對於墓誌也應展開史料批判研究。隨後《出土刻字資料研究中的新可能——以北魏墓誌爲中心》④ 一文，室山又以北魏墓誌大部分産生於政權更迭頻繁的宣武帝以降，判斷通過墓誌對誌主的書寫可以窺視執政集團的意圖，進而發現墓

---

① 黃樓：《〈平淮西碑〉再探討》，初刊於 2006 年，後收入氏著《碑誌與唐代政治史論稿》，科學出版社，2017 年，第 64~88 頁。

② 傅紹磊意見相仿，不過他認爲韓碑被廢是在憲宗圖復河、湟的政治背景下出現的（《韓愈〈平淮西碑〉公案新探》，《史林》2013 年第 6 期）。

③ 室山留美子「北魏墓誌の"史料"的性格一追贈と改葬を手がかりに」（《北魏墓誌的史料性——以追贈和改葬爲綫索》）氣賀澤保規編『隋唐佛教社會の基層構造の研究』（《隋唐佛教社會基層結構研究》）明治大學東亞石刻文物研究所、2015 年、213-231 頁。按，此文發表雖晚，但寫作較早。

④ 室山留美子「出土刻字資料研究における新しい可能性に向けて——北魏墓誌を中心に」（《出土刻字資料研究中的新可能——以北魏墓誌爲中心》）『中國史學』第 20 卷、朋友書店、2010 年、133-151 頁。

誌産生的時代背景和政治局勢。她按製作時間將墓誌分爲三類：所屬集團執政時期製作的墓誌；政權更迭、接受追贈後製作的墓誌；反對派執政時期製作的墓誌。分別觀察不同政治背景下墓誌對誌主的書寫。要之，在室山看來，墓誌乃是政治的産物，其製作不可避免地會受到政治權力的影響，因此在不少墓誌中，都不難發現政治元素的參與。

同樣關注北魏墓誌中政治元素的還有徐冲。與室山矚目於誌文表述不同，徐氏將目光投向墓誌中更爲醒目的種種"異刻"亦即非正常刻寫，注重發掘"異刻"所蘊藏的政治意涵。在《從"異刻"現象看北魏後期墓誌的"生産過程"》[①]一文中，徐氏歸納出八種"異刻"現象：（1）左方留白，（2）誌尾擠刻，（3）誌題擠刻，（4）誌題省刻，（5）誌題記歷官、誌文記贈官，（6）誌題記歷官、後補刻贈官，（7）謚號空位，（8）謚號補刻。提出"異刻"的出現表明墓誌在北魏後期的洛陽社會中絶非一種"私密性"文本，其生産過程充滿了各種權力關係的參與和介入，故一方墓誌的誕生，毋寧説是包括喪家、朝廷等多種要素共同參與和互動的結果，而"異刻"則爲觀察這類參與和互動提供了綫索。[②]

循着這樣的思路，徐氏《元淵之死與北魏末年政局——以新出元淵墓誌爲綫索》，[③]矚目身死葛榮之手的廣陽王元淵墓誌中缺乏贈官褒賞的"異刻"，追究該方墓誌形成的政治環境。[④]徐氏通過對比墓誌與《北史·太武五王傳》記載的差異，指出《元淵墓誌》隱晦叙述元淵降敵，表明墓誌刻寫正值胡太后朝廷認定元淵"有異志"且降附葛榮叛軍，對廣陽王家實行褫奪王爵的嚴厲處罰之際，而帶有若干"異刻"特徵的《元淵墓誌》，就是廣陽王家在此不名譽的官方結論下努力書寫的一種紀念。與之相反，河陰之變後廣陽王家恢復名譽，重返政治舞臺，故史傳對元淵多有諱言。這樣，以對《元淵墓誌》中"異刻"的確認爲基礎，徐氏探賾索隱，挖掘該方墓誌生成的政治環境，以及在此環境下喪家的屈服與挣扎。

---

① 徐冲：《從"異刻"現象看北魏後期墓誌的"生産過程"》，初刊於 2011 年，後收入余欣主編《中古時代的禮儀、宗教與制度》，上海古籍出版社，2012 年，第 423~447 頁。

② 針對此説，朱華則認爲北魏後期墓誌中與贈官、贈謚相關的異刻主要源自喪家的誤判，其背景則是北魏後期私家請求封贈、國家主動賜謚與私家請謚制度混雜，以及社會動蕩、墓誌尚未定型等諸多現象共存（參朱華《北魏後期至唐初贈官、贈謚異刻出現與消失原因試析》，《中國史研究》2020 年第 3 期）。

③ 徐冲：《元淵之死與北魏末年政局——以新出元淵墓誌爲綫索》，《歷史研究》2015 年第 1 期。

④ 如果説《"異刻"》一文探討的是碑誌書寫背後的日常政治，是一種更爲普遍性的文本生成背景，本文指向的毋寧説是一種更具獨特性的事件史的政治意涵。

　　至於隋唐碑誌中的歷史書寫，唐雯則有多篇論文論及。《蓋棺論未定：唐代官員身後的形象製作》[1] 注意到令狐峘撰《顏真卿神道碑》中關於顏真卿殉國日期出現兩個不同記載，推測這一齟齬乃是王朝官方的政治化書寫與作者個人情感之間矛盾的產物。《從新出王宰墓誌看墓誌書寫的虛美與隱惡》[2] 在梳理墓誌與史傳記載差異的基礎上，檢討作爲私人化文體的墓誌敘述和評價誌主時的虛美與隱惡。針對以往學者對位於今河南偃師緱山之巔的《升仙太子碑》樹立緣由的種種誤讀，《女皇的糾結——〈升仙太子碑〉的生成史及其政治内涵重探》[3] 通過細緻辨析碑陰題刻各部分的刊刻時間，指出此碑生成實際經歷三個階段：聖曆二年（699），武則天撰寫碑文，主導立碑；久視元年（700），武則天返回洛陽時取道緱山，在碑陰上部刻《游仙詩》；神龍二年（706），相王李旦再次奉敕刻碑；而聖曆二年立碑，乃是武則天將把朝廷返歸李唐之際，試圖借碑文表達她對李弘逝世遲來的哀痛和惋惜，同時向天下表明她對儲君的重視。在這些研究中，皇帝的心願，大臣的意圖，喪家的立場，撰者的情感，都被視爲引導和制約碑誌書寫的元素，深淺不一地影響着碑誌文本的形成。

　　除此之外，唐氏《新出葛福順墓誌疏證——兼論景雲、先天年間的禁軍爭奪》，[4] 則透露出碑誌文本生成的另一景象。文章注意到《葛福順墓誌》墓石左側極爲罕見的擠刻二三百字，發現其原因在於誌文中存在一段長達 229 字、且相重複的衍文。以此爲綫索，唐氏推測該方墓誌上石時可能存在文稿錯簡情況，即書丹者依據的文稿原是錄有 200 餘字的散紙，今錄文中第二段，原係文稿第三葉，錄文第三段，原是第二葉，上石時二、三兩葉偶然顛倒，書丹者抄寫順序遂變成一、三、二葉，直到抄完第二葉，纔發現錯誤，如繼續抄第四葉，則全文錯亂，索性重抄第三葉，於是造成墓誌奇特的擠刻現象。這一研究雖不涉及歷史書寫，但却向讀者展示了古代墓誌在物質生產過程中頗爲有趣的一面。

　　2013 年，身處武則天、中宗時代宮廷政治旋渦的上官婉兒墓誌的出土，吸引

---

① 唐雯：《蓋棺論未定：唐代官員身後的形象製作》，《復旦學報》（社會科學版）2012 年第 1 期。

② 唐雯：《從新出王宰墓誌看墓誌書寫的虛美與隱惡》，《復旦學報》（社會科學版）2014 年第 5 期。

③ 唐雯：《女皇的糾結——〈升仙太子碑〉的生成史及其政治内涵重探》，《唐研究》第 23 卷，北京大學出版社，2017 年，第 221~246 頁。

④ 唐雯：《新出葛福順墓誌疏證——兼論景雲、先天年間的禁軍爭奪》，《中華文史論叢》2014 年第 4 期。

了數位學者關注墓誌對上官婉兒的書寫與形塑。陸揚《上官婉兒和她的製作者》[1]以墓誌與張説撰《昭容上官氏碑銘》及《中宗上官昭容集序》所見上官婉兒形象差異爲綫索，認爲墓誌以婉兒諫阻立安樂公主爲儲爲敘述重點，將婉兒形容成一位有先見之德却又衹能被動接受政治命運的無辜者，乃是有意爲婉兒開脱。仇鹿鳴《碑傳與史傳：上官婉兒的生平與形象》[2]也發現墓誌這一書寫策略，推測這與墓誌製作於上官婉兒被殺不久、太平公主權勢猶存相關。不過，他提出誌文未叙及婉兒草遺詔引相王輔政，且葬禮規格受限，又透露李隆基與太平公主的角力。二人都意識到上官婉兒墓誌存在刻意書寫成分，仇氏還揭示出更爲微妙複雜的一面。不過，一方墓誌能否同時容納敵對雙方的意圖，却也令人生疑。無論如何，上官婉兒與權力核心密切關聯的生命歷程使得其身後書寫難以擺脱政治影響，而不同撰者在不同時間、不同政治背景下完成的各種文本的并存，則爲探討其中的歷史書寫提供了契機。

當然，即便與政治權力無涉，歷史書寫在碑誌中亦不乏用武之地。按照學者界定，歷史書寫即是人們試圖通過歷史將其行動正當化，[3]以此而言，但凡與此意圖相關的歷史表述，均可被視爲歷史書寫。前舉唐雯《從新出王宰墓誌看墓誌書寫的虚美與隱惡》已經揭示代表私人立場的墓誌在塑造誌主形象時的"藝術處理"，夏炎《文本中的灾害史：〈泗州大水記〉與貞元八年水患的別樣圖景》[4]則顯示出同樣遠離政治的吕周任撰《泗州大水記》在歷史記述中的選擇與加工。作者注意到，記述貞元八年（792）泗州水患的《大水記》并未聚焦水灾本身，而是重點描述泗州刺史張伾的應灾行爲；對刺史應灾行爲的書寫也未將行爲一一列舉，而是重點表彰并不普遍的刺史親力親爲。在作者看來，《大水記》叙述重點的"偏離"源自撰者的主觀選擇，這樣的選擇或許并未改變叙事可信度，但對叙事性質却産生深遠影響。

無待贅言，碑誌中的歷史書寫，相當一部分乃是被製造的歷史虚像，故對歷史研究而言，原本是一種妨礙。不過，虚像并非憑空産生，而是撰者基於特定背

---

① 陸揚：《上官婉兒和她的製作者》，初刊於 2014，後收入氏著《清流文化與唐帝國》，北京大學出版社，2016 年，第 264~282 頁。

② 仇鹿鳴：《碑傳與史傳：上官婉兒的生平與形象》，《學術月刊》2014 年第 5 期。

③ 徐冲：《歷史書寫與中古王權》，《中國史研究動態》2016 年第 4 期。

④ 夏炎：《文本中的灾害史：〈泗州大水記〉與貞元八年水患的別樣圖景》，《灾害與歷史》第 1 輯，商務印書館，2018 年，第 61~77 頁。

景、特定意圖的産物，明乎此，則虚像也可構成綫索，引導學者探求歷史實像。碑誌的歷史書寫研究，就是循此虚像出發，追尋影響虚像生成的政治、社會背景。而經過這一視角轉換，碑誌研究某種意義上變爲"碑誌取徑"的研究，碑誌文本不再構成封閉自足的研究對象，其内容真僞的確認也不再是研究終點，而是變成新研究的起點。要之，對碑誌歷史書寫的研究，不僅可以擴充考察範疇，碑誌研究的意義亦因此放大。不過，正如史料批判研究存在諸如推測成分較多、"破"有餘而"立"不足、質疑文本或有過度之虞等一樣，[①] 碑誌歷史書寫的研究同樣存在這些隱憂，需要學者警惕。

三　碑誌的政治景觀研究

以往對碑誌的探討，大多集中於其上的文字表達，偶爾觸及紋飾，在此之外，歷史學人往往很難措手。不過，近年來一些學者開始重視文字置身的物質載體及外在環境，由此揭示碑誌作爲景觀尤其是政治景觀的意義。伊沛霞（Patricia Buckley Ebrey）《徽宗的石刻碑銘》[②] 注意到北宋徽宗在全國各地學校、道觀廣立御筆碑銘，且多以瘦金體寫成，推測這是徽宗有意以獨具一格的書法幫助他向臣民傳道布政，而瘦金體之所以具備此功能，乃是因爲瘦金體使得徽宗御筆碑銘更爲個人化，由此碑銘關聯的不祇是王朝或官府，而是徽宗本人。要之，在作者看來，徽宗的御筆碑銘不僅是一種藝術裝置，還是一種政治裝置，徽宗獨擅的瘦金體則强化了碑銘作爲政治景觀的意義。

如果説徽宗御筆碑銘的景觀效應源自其獨特的書法，那麼暴露於天地之間摩崖石刻，其景觀效應則相當程度的得益於其對地貌的改變及與環境融爲一體。韓文彬（Robert. E. Harrist Jr.）即矚目此類摩崖石刻，留意文本背後的"風景"意義。在《文字的風景：早期以及中古中國的石刻》[③] 中，韓氏强調不應祇關注石刻文本

---

① 孫正軍：《魏晉南北朝史研究中的史料批判研究》，《文史哲》2016 年第 1 期。

② 伊沛霞：《徽宗的石刻碑銘》（Patricia Buckley Ebrey, "Huizong's Stone Inscriptions"），伊沛霞、畢嘉珍編《徽宗與北宋時期：文化政治與政治文化》（Patricia Buckley Ebrey and Maggie Bickford, ed., *Emperor Huizong and Late Northern Song China: The Politics of Culture and the Culture of Politics*），哈佛大學亞洲中心，2006 年，第 229~274 頁。

③ 韓文彬：《文字的風景：早期以及中古中國的石刻》（Robert E. Harrist Jr., *The Landscape of Words: Stone Inscriptions from Early and Medieval China*），華盛頓大學出版社，2008 年。

內容，而是要將文本放回原來的環境，從視覺體驗視角理解摩崖石刻的景觀意義。爲此，他詳細檢討了包括陝西石門頌、山東雲峰山鄭道昭石刻、鐵山石刻佛經、泰山唐玄宗《紀泰山銘》等在內的多種摩崖石刻，在理解文本的基礎上將文本還原到石刻現場去發掘其景觀效應。儘管書中所討論的摩崖石刻大都與政治無涉，不過立於泰山之巔的《紀泰山銘》却被視爲"帝國書寫"之一環，具有鮮明的象徵唐帝國榮光的政治景觀意義，在韓氏看來，唐玄宗的御筆書寫同樣是《紀泰山銘》得以化身政治景觀的重要原因之一。

又唐玄宗爲諸妹御書神道碑，朱玉麒《鄎國長公主碑——御書刻石與文本流傳》[1] 指出亦具政治景觀意義。朱氏以玄宗御書睿宗女鄎國長公主之神道碑爲例，推測玄宗爲陪葬睿宗橋陵的諸妹書寫陪葬碑，乃是玄宗爲表達其宣揚兄弟姊妹同氣連枝的政治理念而營造的景觀，即將橋陵渲染爲玄宗個人統治的紀念豐碑。亦即朱氏眼中立於橋陵的玄宗諸妹之陪葬碑，係和玄宗賜宅諸王、爲興慶宮樓閣題名"花萼相輝"類似，具有展示玄宗個人意願的景觀效應，而前者之所以具備此效應，關鍵則在諸碑爲玄宗親筆御書。[2]

伊、韓、朱三氏的討論均矚目帝王書法，尚未完全脱離石刻文本，仇鹿鳴更進一步，將注意力徑直投向碑石自身。他意識到，與長埋於地下的墓誌不同，規模宏大的神道碑、德政碑往往立於碑主墓前或通衢要道，爲往來行人矚目，因此可視爲一種公開性的政治宣示，具有顯著的景觀效應。基於此，他把目光投向唐後期河朔藩鎮樹立巨碑的風習，試圖詮釋立碑行動自身所具有的政治表演功能。在《唐末魏博的政治與社會——以羅讓碑爲中心》[3] 一文中，仇氏指出在唐制規定中，碑文的書寫、碑石的刻立均被置於朝廷權威的嚴密控制之下，因此立碑并不單是一個禮儀性行爲，而是意味着特定政治秩序的建立，具體而言，即君臣關係的重新確認。執掌魏博不滿一年的羅弘信爲其父羅讓立碑，固然有朝廷追贈羅讓工部尚書爲直接緣由，但更深層次的政治意涵則是羅弘信試圖藉立碑這一活動建立對唐廷中央的尊奉和效忠，由此獲得政治合法性。河朔藩鎮其他巨碑的樹立，同樣應在此脉絡上進行理解。要之，在仇氏看來，樹立巨碑乃是河朔藩鎮政治宣傳與權威塑造的重要方

---

[1] 朱玉麒：《鄎國長公主碑——御書刻石與文本流傳》，《唐研究》第 23 卷，第 247~262 頁。

[2] 皇帝親筆書寫的意義，亦見於皇帝詔敕（參方誠峰《北宋晚期的政治體制與政治文化》，北京大學出版社，2015 年，第 164~188 頁）。

[3] 仇鹿鳴：《唐末魏博的政治與社會——以羅讓碑爲中心》，初刊於 2012 年，後收入氏著《長安與河北之間——中晚唐的政治與文化》，北京師範大學出版社，2018 年，第 261~303 頁。

式，藩帥需藉立碑完成對君臣關係的確認，建構權力來源的正當性與合法性。

對羅讓碑的探討奠定了仇氏對碑誌政治景觀的基本認識，即碑石樹立或毀棄具有強烈的政治表演功能。隨後在《權力與觀衆：德政碑所見唐代的中央與地方》[①]中，仇氏將上述認識推廣至德政（紀功）碑整體，試圖在這一公共性較強的紀念碑中追索碑銘興造、磨滅、重刻背後的政治角逐，探究石刻安置場域中的權力關係。作者注意到，德政碑多立於通衢要路之側，或重要衙署門旁，易爲百姓觀睹；若碑石立於偏遠之地，則可通過空間轉移或拓本傳布擴大其流傳範圍。此外，德政碑往往建有樓臺亭閣，并伴有盛大的迎碑儀式，這些都將凸顯其景觀功能。而從德政碑的樹立過程看，其頒賜大抵遵循"去任請碑"的程式，在此過程中，朝廷牢牢掌握主導權，故得以構築理想化的中央—地方關係。安史亂後，德政碑運作在藩鎮中的"順地"與"強藩"出現差異，"順地"基本沿襲前制，"強藩"則唐廷中央已不能完全主導德政碑頒授，中央與強藩之間出現更多博弈。但無論"順地""強藩"，德政碑的政治景觀功能都變得更爲突出——對於藩鎮，德政碑乃是國家政治權威的象徵，標志其對地方的正當統治；對於中央，朝廷可以通過對德政碑頒賜時機、過程的選擇，調整其與藩鎮的關係，從而達成或抑制或籠絡的政治意圖。要之，在作者看來，德政碑在古代并非祇是單純的對碑主政績的褒揚，而是一種重要的政治景觀，象徵着秩序與權力，其興廢背後，往往糾纏着複雜、重層的權力游戲。

在《政治的表達與實踐：田氏魏博的個案研究》[②]中，仇氏又以田氏魏博時期一系列立碑（包括德政碑、神道碑、祠堂碑、門樓碑等）事件爲例，援引"表達—實踐"一組概念，進一步申述前文見解。所謂表達，即構築意識形態合法性的政治話語，實踐即政治行動。後者雖是權力的真正來源，却不能被公開展示，前者或祇是對權力的緣飾，但對權力維繫不可或缺。在仇氏看來，田氏魏博時期的立碑，即是表達，與之相應的政治實踐則包括田氏對唐廷的反復、魏博内部政治權力的爭奪等。如大曆中田承嗣打破成例、任内立德政碑，表明魏博與唐廷在藩鎮割據之初建立政治關係的試探與博弈；貞元十年（794）《田承嗣遺愛碑》的頒賜，象徵唐廷

---

① 仇鹿鳴：《權力與觀衆：德政碑所見唐代的中央與地方》，初刊於 2013 年，後收入氏著《長安與河北之間——中晚唐的政治與文化》，第 124~173 頁。

② 仇鹿鳴：《政治的表達與實踐：田氏魏博的個案研究》，初刊於 2017 年，後收入氏著《長安與河北之間——中晚唐的政治與文化》，第 174~218 頁。

與魏博關係緩和；貞元十二年（796）田季安請立《田承嗣神道碑》，則是爲剔除田悦影響，强化田緒、田季安父子統治魏博的合法性；元和八年（813）田弘正初歸朝廷，重建狄仁傑祠堂，并立碑紀念，寓意魏博重奉王化；穆宗初田弘正移鎮成德，唐廷賜德政碑，期待鞏固河朔軍民向化之心；敬宗初史憲誠上表請爲田季安立神道碑，流露魏博重歸河朔故事的決心，等等。作者以這些立碑事件爲綫索，結合史文表述，細緻勾勒出田氏主政期間强藩魏博與唐廷中央的向背離合。

上述三文，《羅讓碑》聚焦的是一通碑，《權力與觀衆》矚目的是一類碑，《表達與實踐》關注的是某一時期特定區域内的各種碑。三文一脉相承却又各有側重，由此建構出仇氏對碑誌景觀的基本認識，即立於公共場合的碑誌并非祇是對誌主的禮遇，而是一種公開性的政治宣示，碑誌所附着的國家權威使得其刻立、廢棄、重鎸都傳遞出不同的政治信息，故無論立碑還是毀碑，其行動自身即具有强烈的政治表演功能。這之中，仇氏尤其重視立於地方、關涉中央—地方博弈的德政碑，視其爲帝國體制下理想政治秩序的象徵物，故無論中央、地方，均重視其政治景觀效應，中央藉以控馭地方，地方則據之獲得權力合法性。

仇氏研究的重點在於探索碑石立、毀所附着的景觀意義，孫英剛則注意到碑誌文字改動可能引發景觀效應發生改變。其《流動的政治景觀——〈升仙太子碑〉與武周及中宗朝的洛陽政局》[①]一文指出，聖曆二年（699）立升仙太子碑，碑陰題名包括諸王、諸大臣及張易之、張昌宗兄弟，且張氏兄弟題名位於碑陰上端居中的位置；及神龍二年（706）相王李旦率僚佐重新"刊碑立石"，不僅增刻相王集團成員人名，還鑿去張氏兄弟和武氏諸王之名；而伴隨碑陰題名變動，升仙太子碑的景觀意義亦發生改變——最初建立這一景觀，是爲了鼓吹武周政權的合法性；李旦的"修正"，則是中宗復辟後對武周政治遺産的否定；相王集團成員題名，還顯示出追隨相王的僚佐們試圖藉助這樣一個宣誓性儀式，向府主呈上投名狀。由此可見，一方碑誌的政治景觀不僅是流動的，同時還是多義的，時過境遷帶來的新的歷史背景和新的政治干預的影響，可能會使碑誌政治景觀發生根本性轉變。

如果不限於石質載體，碑誌的政治景觀研究似乎還可提及胡鴻對溪州銅柱的考察。在《從馬援銅柱到溪州銅柱——文本與物質的交錯互動》[②]一文中，對於旨

---

① 孫英剛：《流動的政治景觀——〈升仙太子碑〉與武周及中宗朝的洛陽政局》，《人文雜志》2019 年第 5 期。
② 胡鴻：《從馬援銅柱到溪州銅柱——文本與物質的交錯互動》，《唐研究》第 23 卷，第 469~492 頁。

在銘德紀功的溪州銅柱，胡氏指出馬援銅柱的"發現"與模仿，和唐代流行的立金屬柱并刻銘紀功的風尚以及以天樞爲最高代表的金屬柱鑄造和銘刻工藝，分別構成溪州銅柱得以鑄造的知識背景和技術背景。在此背景下，作爲馬楚政權、溪州彭氏、五溪地區舊蠻酋三方鬥爭與妥協的結果，并得益於當地豐富的銅器資源，溪州銅柱被製作出來，由此其銘文既有昭示馬楚功德的記與頌，也刻有保證溪州尤其是彭氏權益的誓文。在胡氏看來，溪州銅柱乃是紀功碑與會盟碑的結合形態，兼具紀功和盟誓兩個意義，而銅柱則是這種意義外顯、傳播的標識之物。

從以上討論可知，對於碑誌政治景觀的考察，事實上并未完全擱置碑文叙述，但視覺意義突出的文字表現形式及物質載體取代碑誌文本成爲重心，這一點毋庸置疑。而隨着視角轉換，碑誌文字的書法及作者，碑石的出現或消失，等等，成爲學者關注之所在，碑文由皇帝以個性化的書法寫成，以及發生在公共場合的立毀碑石，均被視爲特定意圖的公開展示，具有顯著的景觀效應。由於碑誌尤其是公開性較强的御書碑、德政碑、紀功碑在中國古代大多被置於王朝控制之下，與官府乃至皇帝個人關係密切，故碑誌背後的政治緣由往往成爲學者勾稽的要點，由此揭示的景觀效應亦多指向政治。不過，碑誌文字的作者及書法能否及多大程度上影響政治文化的呈現，目前看來仍不無疑問；[1]而立碑或毀碑，其背後是否都有切實的政治意涵推動，至少在那些反復出現甚至業已制度化的立碑場合似乎也可斟酌。又考慮到碑誌規模及所處位置存在差異，則碑誌景觀效應的性質及大小也可進一步細分——哪些碑誌展現的是日常、普遍的政治意涵，哪些又特定指向某一歷史事件，哪些碑誌輻射廣泛，景觀效應巨大，哪些又僅針對小範圍人群發生作用。此外，在政治景觀之外，立於地表、爲人所睹的碑誌是否還有其他景觀效應，如宗教景觀、禮儀景觀等也是值得開拓的課題。無論如何，學者基於景觀視角對碑誌文本表現形式及碑石出現或消失背景的發覆，使得碑誌研究得以突破文字限制，呈現許多不爲文字所顯的歷史圖景。以此而言，碑誌的政治景觀研究，無疑是對碑誌研究方法的一次開拓。[2]

---

[1] 如包偉民即對宋徽宗瘦金體的政治文化内涵持保留態度（《宋徽宗："昏庸之君"與他的時代》，《北京大學學報》2009 年第 2 期）。

[2] 西方學者亦對墓碑銘文研究的"文本化"傾向提出質疑，强調應將碑銘文本與物質載體及廣闊環境（如視覺、考古、地貌、文化等）相關聯。格雷厄姆·J. 奥利弗：《對於墓碑的一個介紹：以喪葬銘文爲證據》（Graham J. Oliver, *An Introduction to the Epigraphy of Death: Funerary Inscriptions as Evidence*），格雷厄姆 J. 奥利弗編《墓碑：關於希臘、羅馬歷史與社會的研究》（Graham J. Oliver, ed., *The Epigraphy of Death: Studies in the History and Society of Greece and Rome*），利物浦大學出版社，2000 年，第 1~23 頁。

四 結語

除上述動向外，近十年的中古碑誌研究還存在其他取徑，考慮到尚未形成群體效應，茲不贅述。[①] 而前舉三個動向中，如果説"一"圍繞的是考察對象，"二""三"毋寧説更關注研究視角，三者側重并不一致。不過，差異背後存在共性也是顯而易見的，即在這些研究中，學者不再如傳統金石學般執着於依據碑誌校史、補史，而是致力於檢討碑誌自身——這種檢討又非傳統的審核真僞、考訂年代或辨析内容之類，而是矚目於碑誌的文字屬性與物質屬性，探討碑誌文本及承載文本的碑石之形成過程、書寫方式、視覺效應等。在此研究取徑中，碑誌不再猶如被安置在殘破古畫上的一山一樹，依附於傳世文獻，[②] 而是立論行文的基礎和核心，問題據其引發，論述賴其支撐，碑誌擺脱了金石學傳統下作爲史傳附庸的地位，顯示出成爲主體、走向獨立的可能。在此視角下的碑誌研究，借用陸揚所説，即已從比較單一的史料考證轉向將碑誌視爲獨立而非孤立的考察對象，并對碑誌進行細膩周全的史學分析。[③]

無待贅言，中古碑誌研究中的上述新動向并非突然出現，在此之前，一些碑誌研究已然顯現類似取向。不過，這種取向在近十年的碑誌研究中變得更爲突出，且彼此相互激蕩，形成一股不大不小的潮流。新動向的出現顯示碑誌研究出現新的增長點的可能，但這并不意味着其即可取代傳統碑誌研究。事實上，從新動向能够施展的場合受限且自身尚存"隱憂"來看，毋寧説後者仍將是碑誌研究的主要構成。因此，依據碑誌校史、補史的傳統研究方法與通過檢討碑誌自身發覆歷史的新動向，二者乃是互爲補充，前者構成碑誌研究的基礎和起點，後者則開拓新的研究方向的可能，二者有效結合，方可將中古碑誌研究推向更高層次。

---

① 如魏斌從歷史記憶視角解讀碑誌文本，即令人印象深刻。代表作除前引《曇始碑考證：史傳闕失與地方記憶》外，另有《從領民酋長到華夏長吏：厙狄干石窟的興造與部落記憶》，《歷史研究》2018 年第 3 期。

② 陳寅恪在 1935 年"晋至唐史"課上對新出文獻與傳世文獻之關聯有一形象比喻："必須對舊材料很熟悉，纔能利用新材料。因爲新材料是零星發現的，是片段的。舊材料熟，纔能把新材料安置於適宜的地位。正像一幅已殘破的古畫，必須知道這幅畫的大概輪廓，纔能將其一山一樹置於適當地位，以復舊觀。"見蔣天樞《陳寅恪先生編年事輯（增訂本）》，上海古籍出版社，1997 年，第 96 頁。

③ 陸揚：《從墓誌的史料分析走向墓誌的史學分析——以〈新出魏晋南北朝墓誌疏證〉爲中心》，初刊於 2006 年，後收入氏著《清流文化與唐帝國》，第 305~332 頁。

近七十年來中古墓誌的整理與研究*

劉琴麗

  學界所謂的"中古"，一般指漢末至唐代這一時段，也是中國古代墓誌由興起到興盛的時期。墓誌以石質墓誌爲主流，此外還存在磚質和瓷質等特殊材質的墓誌，它們也在本文的涵括範圍之内。對於中國古代的墓誌整理，宋代便已存在，但是宋人一般將碑與墓誌統合起來，没有進行嚴格區分。當時的碑誌整理範式主要爲兩個方面：第一，進行碑目整理或題跋考證，如歐陽修《集古録跋尾》、歐陽棐《集古録目》、趙明誠《金石録》等；第二，進行録文整理，并附以題跋考證，間或加以摹刻的碑額圖或碑上的圖像、碑刻行款、形制介紹等，洪适《隸釋》《隸續》爲其代表，但是没有附上整拓。宋代碑誌整理還有另外一個體例，即按碑誌所在的地域或碑誌文撰者進行分類著録，前者如陳思《寶刻叢編》、王象之《興地碑記目》等，後者如撰者不詳的《寶刻類編》。

  元代在碑誌整理上没有太多建樹，唯潘昂霄著《金石例》介紹碑誌寫作範例，爲迄今流傳下來最早的金石括例方面的專著。[①]明代的金石著作雖然整體數量不多，但是已經出現了專門整理墓誌的專書，如都穆《吴下冢墓遺文》，[②]該書收録絕大多數都是墓誌録文，但没有題跋考證，也没有附拓本圖版；王行《墓銘舉例》更是對墓誌銘寫作方法進行分析的專書。[③]

---

 * 本文原刊於《理論與史學》第 2 輯，中國社會科學出版社，2016 年，作者同意入編本書。
 ① 馬立軍：《北朝墓誌研究史述論》，《國學研究》第 27 卷，北京大學出版社，2011 年，第 268 頁。
 ② 都穆：《吴下冢墓遺文》，《石刻史料新編》第 2 輯第 9 册，新文豐出版公司，1979 年。
 ③ 王行：《墓銘舉例》，《石刻史料新編》第 3 輯第 40 册，新文豐出版公司，1986 年。

　　清代，金石學大興，相關成果也極爲豐碩。就碑誌整理而言，有很大一部分著作仍然沿襲宋代的整理模式，或專做碑誌的目錄整理，[①] 或專做題跋考證，[②] 也有整理録文并附加題跋者。[③] 按地域進行整理更是蔚然成風，各省、各縣地方志中都辟有"金石"一欄，就是很好的明證。清代在金石整理的體例上較宋、明有很大進步：第一，出現了整理石刻法帖或圖像的專書，[④] 尤其是彙集拓本成書，爲整理碑誌提供了一個新的範式；[⑤] 第二，根據傳統文獻（如正史《晋書》《北史》等）提供的碑誌信息，拓展了碑誌著録的範圍；[⑥] 第三，出現了鑒別僞碑的著作。[⑦] 在墓誌整理方面，清人除了沿襲明代做法，對墓誌録文進行專門整理，并附題跋考證外，[⑧] 并專門搜集整理磚誌。[⑨]

　　民國時期的碑誌整理其建樹體現在：第一，對域外碑誌進行整理；[⑩] 第二，開始墓誌目錄整理；[⑪] 第三，編撰石刻題跋索引。[⑫] 對墓誌的整理更是興盛發展，羅振玉以一人之力，根據地域彙集墓誌録文，先後編成《京畿冢墓遺文》，《吳中冢墓遺文》，《兩浙冢墓遺文》，《襄陽冢墓遺文》，《東都冢墓遺文》，《芒洛冢墓遺文》以及續編、三編、四編，《山左冢墓遺文》，《中州冢墓遺文》，《六朝墓誌菁英二編》，《高昌專録》諸書。

---

① 吳式芬：《金石彙目分編》，見《石刻史料新編》第 1 輯第 27 册，新文豐出版公司，1982 年第 2 版；顧燮光：《古誌彙目》，見《石刻史料新編》第 3 輯第 37 册；尹彭壽：《山左南北朝石刻存目》，見《石刻史料新編》第 2 輯第 20 册。

② 如《石刻史料新編》第 1 輯第 25 册收録的錢大昕《潛研堂金石文跋尾》、武億《授堂金石跋》、嚴可均《鐵橋金石跋》等。

③ 如《石刻史料新編》第 1 輯第 10 册收録的翁方綱《兩漢金石記》、汪鋆《十二硯齋金石過眼録》；《石刻史料新編》第 1 輯第 11 册收録的端方《陶齋藏石記》；等等。

④ 如劉喜海《金石苑》，參見《石刻史料新編》第 1 輯第 9 册；張德容《二銘草堂金石聚》，參見《石刻史料新編》第 2 輯第 3 册；陳涇《求古精舍金石圖》，參見《石刻史料新編》第 2 輯第 7 册，但它們的圖版大多皆摹刻，而非拓本。

⑤ 如《石刻史料新編》第 2 輯第 2 册收録的牛運震《金石圖説》。

⑥ 如《石刻史料新編》第 3 輯第 37 册收録的陸雅浦《諸史碑銘録目》。

⑦ 如《石刻史料新編》第 1 輯第 8 册收録的陸增祥《八瓊室金石祛僞》。

⑧ 如《石刻史料新編》第 2 輯第 2 册收録的黃本驥《古誌石華》《古誌石華續編》。

⑨ 端方：《陶齋藏甎記》，《石刻史料新編》第 1 輯第 11 册；黃瑞：《台州金石録》附甎録五卷，《石刻史料新編》第 1 輯第 15 册。

⑩ 如《石刻史料新編》第 4 輯第 1 册收録的羅振玉《海外貞珉録》，新文豐出版公司，2006 年；《石刻史料新編》第 3 輯第 36 册收録的羅振玉《三韓冢墓遺文目録》；等等。

⑪ 如《石刻史料新編》第 2 輯第 18 册收録的顧燮光《古誌新目初編》，《石刻史料新編》第 3 輯第 37 册收録的顧燮光《古誌彙目》，其按朝代編排，著録古代墓誌的碑目。

⑫ 楊殿珣：《石刻題跋索引》，商務印書館，1940 年初版。

　　二十世紀五十年代以後，尤其是七十年代以來，無論國内還是國外，墓誌整理進入了一個新的歷史時期。由於碑豎立在外面，風化、毀損嚴重，因此，發現相對困難；埋葬在地下的墓誌則保存相對完好，隨着考古事業的發展、盜掘的盛行，加上一些基建工程，墓誌被大量發現，爲這一時期的墓誌整理提供了良好契機。

　　細觀近七十年來的墓誌整理工作，出版書籍遠遠超越前代，據曾曉梅統計，從北宋至中華人民共和國成立以前，近千年的時間，流傳下來的與石刻有關的著作共 1127 本；而新中國成立後至 2009 年，六十年的時間共出版與石刻相關的著作 817 本。[①] 而日本學者高橋繼男統計 1949 年至 2007 年期間，出版的與石刻相關的書籍有 3000 餘種。[②] 由於兩位學者的收書標準不同，因此統計的數字存在較大差異。無論哪一組資料，都清晰地反映了新中國成立以後碑誌整理與研究的巨大發展。這一時期的墓誌整理，除了對傳統石刻書籍、石刻文獻的彙編和叙錄外，[③] 更多的是對過去墓誌的系統梳理和對新出土墓誌的熱情追逐。就整理範式而言，或按時間，或按地域、或按館藏地進行。就編排體例而言，或專門收集拓本成書；或專門整理錄文成書；或拓本附錄文（有的後面還附以注釋或考證）；或編撰目錄索引或提要。以下便按照時間、出土地域和館藏地的墓誌整理進行分述，有交叉部分則進行相應歸類。

一

　　中古時期，古人熱衷於刻碑或撰寫墓誌，因此留下來的碑誌資料極多，整理起來也難度極大。新中國成立以來，就墓誌的整理而言，石質墓誌的通史性著作極少，很多都是將碑石與墓誌統合起來整理。或者就過去碑石著作中的錄文按朝代進行分編，如《石刻文獻全編》；[④] 或者彙編金石文獻，如新文豐出版公司出版的《石

---

① 曾曉梅：《碑刻文獻論著叙錄》，綫裝書局，2010 年，見目錄。
② 高橋繼男：《中國石刻關係圖書目録（1949—2007）》，收錄 2007 年前出版的中國石刻相關研究書目三千餘種（汲古書院，2009 年）。
③ 碑刻著作叙錄如曾曉梅《碑刻文獻論著叙錄》；高橋繼男『中国石刻関係図書目録（1949—2007）』、高橋繼男『中国石刻関係図書目録（2008—2012 前半）稿』汲古書院、2013 年。
④ 國家圖書館善本金石組：《歷代石刻史料彙編》，輯錄民國和民國以前編印的金石志書（包括地方志中的金石志）中的石刻文獻 17000 餘篇，上起先秦，下迄清末，既有秦磚漢瓦，又有碑碣墓誌，還有歷代金石學家對碑文進行的文字考釋（北京圖書館出版社，2000 年）。後來，金石組又將該書斷代編成《石刻文獻全編》16 册，内容相同（北京圖書館出版社，2003~2004 年）。

刻史料新編》第 1、2、3、4 輯共 100 冊；① 國家圖書館出版的《地方金石志彙編》80 冊。② 或者直接彙集拓本成書，如《中國金石集萃》、③《中國碑刻全集》、④《中國美術全集》、⑤ 日本學者中田勇次郎編《中國墓誌精華》⑥ 等，石質墓誌的通史性錄文整理或拓本附錄文者付諸闕如。與石質墓誌相較，磚質墓誌由於數量不是特別龐大，時段主要集中在漢魏六朝，因此，還有幾部較爲系統的整理著作，如殷蓀編著《中國磚銘》，⑦ 胡海帆、湯燕編著《中國古代磚刻銘文集》，⑧ 這些書皆圖版、錄文兼具。⑨ 然而，由於中國古代時間跨度長，石質墓誌數量特別巨大，因此相關的整理也都大體按斷代進行。

（一）漢魏六朝

漢代處於墓誌的興起階段，一些刑徒磚誌、少數石堂畫像題記具備了後世墓誌的一些簡單要素，如介紹誌主姓名、卒年或葬年以及葬地，《邳州青龍山元嘉元年（151）畫像石墓題記》就極其類似後代的墓誌，其介紹了碑主繆宇，字叔異，東漢和平元年（150）七月七日卒，元嘉元年三月廿日葬，以及營造墓葬的一些情況。⑩ 漢代墓誌由於數量不多，因此這一時期的墓誌整理則是與碑石共同進行。徐玉立主編《漢碑全集》、⑪ 高文著《漢碑集釋》、⑫ 袁維春撰《秦漢碑述》，⑬《日本京都大學藏中國歷代碑刻文字拓本：魏晉碑刻》皆是以漢碑爲主體的整理著作，内容也包括部分闕銘、墓表、石堂畫像題記等，⑭ 其中《漢碑全集》是收錄兩漢碑刻文

① 《石刻史料新編》第 1~4 輯，本叢書彙集歷代石刻史料 1095 種，這是目前所見彙集歷代石刻文獻及研究論著的最大型叢書（新文豐出版公司，1977~2006 年）。

② 國家圖書館：《地方金石志彙編》，收錄 130 餘種地方金石志（國家圖書館出版社，2011 年）。

③ 《中國金石集萃》，文物出版社，1995 年。

④ 《中國碑刻全集》，人民美術出版社，2010 年。

⑤ 《中國美術全集》，人民美術出版社，2015 年。

⑥ 『中國墓誌精華』、中央公論社、1975 年。其衹挑選了一百方中國古代墓誌圖版，附解説。

⑦ 殷蓀：《中國磚銘》，江蘇美術出版社，1998 年。

⑧ 胡海帆、湯燕：《中國古代磚刻銘文集》，文物出版社，2008 年。

⑨ 另，王鏞、李淼《中國古代磚文》衹是精選了戰國晚期至南北朝時期的磚文圖版，并附磚文錄文，沒有進行通史性的整理。

⑩ 徐玉立：《漢碑全集》第 2 冊，河南美術出版社，2006 年，第 660 頁。

⑪ 徐玉立：《漢碑全集》，河南美術出版社，2006 年。

⑫ 高文：《漢碑集釋》，河南大學出版社，1985 年第 1 版；1997 年修訂本。

⑬ 袁維春：《秦漢碑述》，北京工藝美術出版社，1990 年。

⑭ 本書編委會編《日本京都大學藏中國歷代碑刻文字拓本：魏晉碑刻》，新疆美術攝影出版社，2016 年。

字資料最多的圖録，展示全碑，并附有録文和介紹。

進入魏晋南北朝，墓誌漸興，數量也大量增加，因此，新中國成立以來，對魏晋六朝墓誌進行整理有專書出現。主要分爲以下幾類，整理拓本、整理墓誌録文并進行題跋考證，編排目録索引或提要、彙集題跋考證。

專門整理拓本或拓本附録文、考證的專著主要有：趙萬里編《漢魏南北朝墓誌集釋》，[①] 張伯齡編《北朝墓誌英華》，[②] 二書以整理拓本爲主。毛遠明《漢魏六朝碑刻校注》，[③] 王連龍《新見北朝墓誌集釋》，[④] 二書則是在展示拓本圖版的同時，釋讀誌文。遼寧省博物館編《北魏墓誌二十品》、[⑤] 戚叔玉等選編《北魏墓誌百種》、[⑥] 上海書畫出版社編輯《魏墓誌精粹》[⑦] 諸書，主要從研究書法的目的出發，挑選拓本圖版，但同時也具有一定的史料價值。彙集拓本圖版成書，可以使讀者一覽碑誌的大體面貌，一睹當時的文物風采。這些拓本圖版不僅能够真實地反映當時的書寫格式、字體變化、俗體字寫法，碑誌上的圖像、碑誌形制的大小變化還能反映時人的一些世俗觀念，因此拓本本身能够給學者提供一些録文之外的研究領域，這也是當今碑誌整理一般都附上圖版的根本原因。但是僅有拓本圖版也存在一個問題，就是有的拓本圖版模糊，難以直接爲學者所利用，故一些墓誌整理就會在刊布圖版的同時，也刊布經過整理的墓誌録文；有的甚至直接刊布墓誌録文，而略掉拓本圖版。

專門彙集録文的墓誌專著有趙超編著的《漢魏南北朝墓誌彙編》，[⑧] 羅新、葉煒編著《新出魏晋南北朝墓誌疏證》，[⑨] 二書主要收集 1949 年至 2003 年間全國各地出土的漢魏南北朝墓誌。尤其是後書，録文加疏證，并詳細注明墓誌的著録情况，體例較爲完備。但缺乏圖版，原文核對終究不便。

在整理墓誌拓本和録文的同時，一些碑目、題跋索引的工作也在同時跟進。王壯弘、馬成名編纂《六朝墓誌檢要》，[⑩] 收録六朝墓誌近千種，每方墓誌簡介其真

① 趙萬里：《漢魏南北朝墓誌集釋》，科學出版社，1956 年。
② 張伯齡：《北朝墓誌英華》，三秦出版社，1988 年。
③ 毛遠明：《漢魏六朝碑刻校注》，綫裝書局，2008 年。
④ 王連龍：《新見北朝墓誌集釋》，中國書籍出版社，2013 年。
⑤ 遼寧省博物館：《北魏墓誌二十品》，文物出版社，1990 年。
⑥ 戚叔玉等：《北魏墓誌百種》，上海書畫出版社，1987 年。
⑦ 上海書畫出版社：《魏墓誌精粹》，上海書畫出版社，2008 年。
⑧ 趙超：《漢魏南北朝墓誌彙編》，天津古籍出版社，1992 年初版，2008 年再版。
⑨ 羅新、葉煒：《新出魏晋南北朝墓誌疏證》，中華書局，2005 年初版，2016 年修訂本。
⑩ 王壯弘、馬成名：《六朝墓誌檢要》，上海書畫出版社，1985 年初版；上海書店出版社，2008 年修訂本。

偽、形制、收藏等情況。榮麗華編集，王世民校訂《1949—1989 四十年出土墓誌目錄》，[①] 收録這四十年間各地出土的東漢至清代墓誌 1464 通，漢魏六朝墓誌祇是其中的一部分。汪小烜編《1990—1999 年新出漢魏南北朝墓誌目録》[②] 收録 1990 年至 1999 年見諸中國各主要考古、文博、歷史雜志的新出漢隋墓誌，以目録爲主，考證爲輔。劉瑞昭著《漢魏石刻文字繫年》，[③] 較爲全面地收集宋代以來著録的漢魏石刻（包括大量墓誌）文字資料，共收録漢魏石刻 771 方，簡介之外，1949 年以後新出土的碑刻，附録原文。毛遠明著《漢魏六朝碑刻校注·總目提要》，[④] 用圖表的形式著録漢魏六朝碑刻近 2600 通，包括碑碣、墓誌等，對漢魏六朝碑誌進行了一次全面清理，但仍有大量遺漏。[⑤]

在編撰目録索引方面，日本學者走在了中國學者的前面。日本學者梶山智史編《北朝墓誌所在總合目録》收録北朝墓誌 779 方；後來，作者又著《新出北朝隋代墓誌所在總合目録（2006—2010 年）》[⑥] 收録 2006 年至 2010 年間新發表和新發現的北朝墓誌 235 方、隋代墓誌 121 方。日本學者中村圭爾、室山留美子在趙超《漢魏南北朝墓誌彙編》，羅新、葉煒《新出魏晋南北朝墓誌疏證》兩書的基礎上，編撰而成的《魏晋南北朝墓誌人名地名索引》《魏晋南北朝墓誌官職名索引》，[⑦] 對墓誌內容進行索引編目，祇是引用書籍僅限上述兩書。

（二）隋唐時期

隋唐時期，尤其是唐代墓誌數量激增，整理起來難度較大。很多唐代墓誌專

---

① 榮麗華編集，王世民校訂《1949—1989 四十年出土墓誌目録》，中華書局，1993 年。
② 汪小烜：《1990—1999 年新出漢魏南北朝墓誌目録》，《魏晋南北朝隋唐史資料》第 18 輯，武漢大學出版社，2001 年。
③ 劉瑞昭：《漢魏石刻文字繫年》，收入《香港敦煌吐魯番研究中心研究叢刊》，新文豐出版公司，2001 年。
④ 毛遠明：《漢魏六朝碑刻校注·總目提要》，綫裝書局，2008 年。
⑤ 王遲遲：《〈漢魏六朝碑刻校注〉未收石刻整理與研究——三國、兩晋及南朝時期》，碩士學位論文，西南大學，2014 年；杜瑩：《〈漢魏六朝碑刻校注〉未收北魏碑刻整理與研究》，碩士學位論文，西南大學，2014 年；朱遂：《〈漢魏六朝碑刻校注〉未收北齊北周碑刻輯補》，碩士學位論文，西南大學，2014 年。
⑥ 梶山智史編「北朝墓誌所在總合目録」『東アジア石刻研究』第 1 号、2005 年、74-130 頁；「新出北朝隋代墓誌所在總合目録（2006-2010 年）」『東アジア石刻研究』第 3 号、2011 年、97-117 頁。
⑦ 中村圭爾·室山留美子編『魏晋南北朝墓誌人名地名索引』平成 20 年度科學研究費補助金報告書、2008 年 9 月；『魏晋南北朝墓誌官職名索引』平成 17 年度-21 年度文部科學省特定領域研究成果報告、2009 年 11 月。

書，都是作者按照自己的既定體例進行編排，往往造成一方墓誌在諸書中重複出現的現象。

就隋唐墓誌拓本整理而言，吳鋼等主編《隋唐五代墓誌滙編》30冊，[①] 其主要收錄隋唐五代時期的墓誌拓本5000餘種，按收藏地域和單位整理成冊，沒有錄文。從各卷地域名稱看，顯然還有很多省市的墓誌整理呈現空缺狀態。拓本附錄文或考證的整理，其主要代表作有：王其禕、周曉薇編著《隋代墓誌銘彙考》6冊，[②] 共收錄隋代墓誌643方；中國臺灣學者毛漢光主編《唐代墓誌銘彙編附考》18冊，[③] 收錄唐代墓誌1800方。兩書皆每方墓誌有圖版、錄文和考釋，并列諸家著錄、跋尾等，堪稱上乘之作；但《唐代墓誌銘彙編附考》一書，開元十五年以後墓誌沒有進行整理。隋代碑誌編選組編《隋代碑誌百品》，[④] 許寶馴編10冊《隋唐墓誌百種》，[⑤] 袁道俊編著《唐代墓誌》[⑥]《隋唐墓誌精粹》，[⑦] 趙文成、趙君平編選《新出唐墓誌百種》，[⑧] 這些書籍拓本的選擇，重在書法，對書法史的研究有重要價值，同時也給史學研究提供了重要文獻來源。

唐代墓誌錄文的整理其代表作有周紹良編《唐代墓誌彙編》，[⑨] 周紹良、趙超編《唐代墓誌彙編續集》，[⑩] 兩書共書收錄唐代墓誌錄文約5560方；吳鋼主編《全唐文補遺》（第1~9輯）、《全唐文補遺・千唐誌齋新藏專輯》、《全唐文補遺總目索引》，[⑪] 該套書收錄唐代墓碑、墓誌約6370方（不包括經幢、造像題記、書札等），墓誌占了絕大部分。不過，《唐代墓誌彙編》及《續集》與《全唐文補遺》諸書中重出墓誌衆多。

隋唐兩朝墓誌索引的整理，日本學者同樣走在了國內學者的前列。日本學

---

① 吳鋼等：《隋唐五代墓誌滙編》全30冊，天津古籍出版社，1991年。

② 王其禕、周曉薇：《隋代墓誌銘彙考》全6冊，綫裝書局，2007年。

③ 毛漢光：《唐代墓誌銘彙編附考》全18冊，中研院歷史語言研究所，1984~1994年。

④ 隋代碑誌編選組：《隋代碑誌百品》，新時代出版社，2002年。

⑤ 許寶馴：《隋唐墓誌百種》全10冊，上海書畫出版社，1995年。

⑥ 袁道俊：《唐代墓誌》，上海人民美術出版社，2003年。

⑦ 袁道俊：《隋唐墓誌精粹》，上海書畫出版社，2008年。

⑧ 趙文成、趙君平：《新出唐墓誌百種》，西泠印社出版社，2010年。

⑨ 周紹良：《唐代墓誌彙編》，上海古籍出版社，1992年初版；2007年再版。

⑩ 周紹良、趙超：《唐代墓誌彙編續集》，上海古籍出版社，2001年。

⑪ 吳鋼主編《全唐文補遺》（第1~9輯）、《全唐文補遺・千唐誌齋新藏專輯》、《全唐文補遺總目索引》，三秦出版社，1994~2014年。

者梶山智史編《隋代墓誌所在總合目録》①收録隋代墓誌 483 方；後來，作者又著《新出北朝隋代墓誌所在總合目録（2006—2010 年）》收録 2006 年至 2010 年間新發表和新發現的隋代墓誌 121 方，介紹其著録狀況。日本學者氣賀澤保規編《新版唐代墓誌所在總合目録》，②本書在 1997 年版、2004 年版《唐代墓誌所在總合目録》的基礎上，再次增訂，收録 2009 年以前公開發表的唐墓誌、墓誌蓋共計 8737 方，標注同一墓誌在《石刻題跋索引》《北京圖書館藏中國歷代石刻拓本滙編》《隋唐五代墓誌滙編》《全唐文補遺》《唐代墓誌彙編》《新中國出土墓誌》等著作中的詳細出處。美國學者譚凱（Nicolas Tackett）編集《唐末至宋初墓誌目録》③（*Tomb Epitaphs from the Tang-Song Transition*），收録唐大中四年至宋咸平二年，即遼統和十七年（999）期間的墓誌和墓碑，著録葬年、誌主、注明拓片、録文資料來源、有關考證和介紹、發掘報告等，末附墓誌録文，是墓誌目録加録文的著作。

二

按照出土地域進行墓誌整理，是中古時期墓誌整理的又一重要範式。王素主編《新中國出土墓誌》便是其體例的典型代表。該書從 1994 年開始分省、分册陸續出版，收録 1949 年以來國内出土的歷代墓誌，但迄今祇出版了陝西卷三卷六册，河南卷三卷六册，河北卷壹卷二册，江蘇卷兩卷四册、上海天津卷一卷二册，北京卷一卷二册，重慶卷一卷一册，還有很多省份的整理工作没有完成。該書既有拓本圖版，又有釋讀録文，但考證研究相對不足。其餘很多大區域範圍内的石刻或墓誌整理都是祇附圖版和簡單的介紹，没有進行文字釋讀，如楊玉鈺主編 20 册《中國西南地區歷代石刻匯編》，④趙平主編 10 册《中國西北地方歷代石刻匯編》，⑤大體皆是如此。

按照省市區域進行的石刻整理數量極爲龐大，從收集的相關著作來看，幾

---

① 梶山智史編「隋代墓誌所在総合目録」『東アジア石刻研究』第 1 号、2005 年、38-73 頁；「新出北朝隋代墓誌所在総合目録（2006-2010 年）」『東アジア石刻研究』第 3 号、2011 年、97-117 頁。
② 氣賀澤保規『新版唐代墓誌所在総合目録』汲古書院、2009 年。
③ 譚凱（Nicolas Tackett）:《唐末至宋初墓誌目録》，自行刊印，2005 年。
④ 楊玉鈺:《中國西南地區歷代石刻匯編》全 20 册，天津古籍出版社，1998 年。
⑤ 趙平:《中國西北地方歷代石刻匯編》全 10 册，天津古籍出版社，2000 年。

乎各省都進行過相關的工作，祇是由於地域差異，數量參差不齊，因此整理出來的成果也就多少各異。即便東北的黑龍江，西南的雲南、西藏，東南的福建、廣東，西北的新疆都有相關的成果問世。[①] 在這些地域中，墓誌最爲集中的省份爲河南、陝西、山西三省，因此這些省份的墓誌整理成果尤爲耀眼。趙文成、趙君平編《秦晉豫新出墓誌蒐佚》全 4 册、《秦晉豫新出墓誌蒐佚續編》[②] 全 5 册，均是彙集這三個地域近年新出土的墓誌 1950 餘方，可惜祇著録圖版，没有進行文字釋讀。

就各省而言，河南整理出來的墓誌成果尤爲突出，如河南省文物研究所等編《千唐誌齋藏誌》，[③] 洛陽市文物工作隊編《洛陽出土歷代墓誌輯繩》、[④] 李獻奇、郭引强編《洛陽新獲墓誌》，[⑤] 朱亮編《洛陽出土北魏墓誌選編》，[⑥] 趙君平編《邙洛碑誌三百種》，[⑦] 楊作龍、趙水森編《洛陽新出墓誌釋録》，[⑧] 趙君平、趙文成編《河洛墓刻拾零》，[⑨] 喬棟等編《洛陽新獲墓誌續編》，[⑩] 齊淵編《洛陽新見墓誌》，[⑪] 齊運通編《洛陽新獲七朝墓誌》，[⑫] 郭茂育、趙水森編《洛陽出土鴛鴦誌輯録》，[⑬] 毛陽光、余扶危主編《洛陽流散唐代墓誌彙編》，[⑭] 安陽市文物考古研究所、安陽博物館編《安陽

---

① 王竞、滕瑞雲：《黑龍江碑刻考録》，黑龍江教育出版社，1996 年。徐發蒼：《曲靖石刻》，雲南民族出版社，1999 年；張方玉：《楚雄歷代碑刻》，雲南民族出版社，2005 年。〔美〕李方桂、柯蔚南：《古代西藏碑文研究》，臺灣商務印書館，1987 年；西藏人民出版社，2006 年；《李方桂全集》第九《古代西藏碑文研究》，清華大學出版社，2007 年。謝佐等：《青海金石録》，青海人民出版社，1993 年。何丙仲：《廈門碑誌彙編》，中國廣播電視出版社，2004 年。譚棣華等：《廣東碑刻集》，廣東高等教育出版社，2001 年；冼劍民、陳鴻鈞：《廣州碑刻集》，廣東高等教育出版社，2006 年。新疆的整理以磚誌爲主，將在後面詳述。

② 趙文成、趙君平：《秦晉豫新出墓誌蒐佚》全 4 册，國家圖書館出版社，2012 年；《秦晉豫新出墓誌蒐佚續編》全 5 册，國家圖書館出版社，2015 年。

③ 河南省文物研究所、河南省洛陽地區文管處：《千唐誌齋藏誌》，文物出版社，1984 年。

④ 洛陽市文物工作隊：《洛陽出土歷代墓誌輯繩》，中國社會科學出版社，1991 年。

⑤ 李獻奇、郭引强：《洛陽新獲墓誌》，文物出版社，1996 年。

⑥ 朱亮：《洛陽出土北魏墓誌選編》，科學出版社，2001 年。

⑦ 趙君平：《邙洛碑誌三百種》，中華書局，2004。

⑧ 楊作龍、趙水森：《洛陽新出墓誌釋録》，北京圖書館出版社，2004 年。

⑨ 趙君平、趙文成：《河洛墓刻拾零》，國家圖書館出版社，2007 年。

⑩ 喬棟等：《洛陽新獲墓誌續編》，科學出版社，2008 年。

⑪ 齊淵：《洛陽新見墓誌》，上海古籍出版社，2011 年。

⑫ 齊運通：《洛陽新獲七朝墓誌》，中華書局，2012 年。

⑬ 郭茂育、趙水森：《洛陽出土鴛鴦誌輯録》，國家圖書館出版社，2012 年。

⑭ 毛陽光、余扶危：《洛陽流散唐代墓誌彙編》，國家圖書館出版社，2013 年。

墓誌選編》，^① 等等。再加上《新中國出土墓誌》中河南省的三卷 6 册，^②《全唐文補遺・千唐誌齋新藏專輯》，^③《隋唐五代墓誌滙編》河南卷 1 册、洛陽卷 15 册，河南一省的墓誌整理成果極爲豐碩。從出版的時間來看，河南一省的墓誌整理顯然從二十世紀八十年代開始，本世紀更是加快了整理和出版速度，不過諸書之間重複著録的墓誌也不在少數。正是因爲河南，尤其是洛陽出土墓誌數量衆多，因此該地的墓誌目録整理也就成爲必要。河南省文物局、中原石刻藝術館編著《河南碑誌叙録》兩册，^④ 本書意在將河南出土和傳世的現存碑誌全部收録，是一部河南碑誌目録提要。洛陽市文物管理局、洛陽市文物工作隊編《洛陽出土墓誌目録》，^⑤ 洛陽市文物考古研究院編《洛陽出土墓誌目録續編》，^⑥ 二書共收録洛陽出土的墓誌 5171方，上自東漢，下迄民國，漢至唐代的墓誌占了大部分。

陝西是墓誌出土的又一重鎮，這與其曾作爲古都有關。陝西省的墓誌整理成果如《新中國出土墓誌》陝西三卷，共 6 册；^⑦《隋唐五代墓誌滙編》陝西卷 4 册，都收録了大量陝西地區出土的墓誌。西安碑林博物館也以館藏名義整理了諸如《西安碑林博物館新藏墓誌彙編》（上、中、下三册）、^⑧《西安碑林博物館新藏墓誌續編》（上、下兩册），^⑨ 其中也收録了大量陝西地區出土的墓誌。張鴻杰主編"陝西金石文獻彙集"叢書，力圖編輯一部陝西省各地市的金石書籍，目前這套叢書從1990 年至今已經出版了諸如《咸陽碑石》，《安康碑石》，《高陵碑石》，《昭陵碑石》《華山碑石》，王忠信編《樓觀臺道教碑石》，趙力光編《鴛鴦七誌齋藏石》，陳顯遠編《漢中碑石》，張進忠編《澄城碑石》，劉兆鶴、王西平編《重陽宮道教碑石》，劉蘭芳、張江濤編《潼關碑石》，康蘭英等編《榆林碑石》，劉兆鶴、吳敏霞編《户

① 安陽市文物考古研究所、安陽博物館：《安陽墓誌選編》，科學出版社，2015 年。
② 《新中國出土墓誌》河南〔壹〕〔貳〕，兩卷共 4 册，河南〔叁〕千唐誌齋・〔壹〕上下兩册，文物出版社，分別出版於 1994 年、2002 年、2008 年。
③ 《全唐文補遺・千唐誌齋新藏專輯》，三秦出版社，2006 年。
④ 河南省文物局、中原石刻藝術館：《河南碑誌叙録》全 2 册，中州古籍出版社，分別出版於 1992年、1997 年。
⑤ 洛陽市文物管理局、洛陽市文物工作隊：《洛陽出土墓誌目録》，朝華出版社，2001 年。
⑥ 洛陽市文物考古研究院：《洛陽出土墓誌目録續編》，北京圖書館出版社，2012 年。
⑦ 《新中國出土墓誌》陝西〔壹〕〔貳〕〔叁〕，各兩卷，文物出版社，分別出版於 2000 年、2003 年、2015 年。
⑧ 趙力光：《西安碑林博物館新藏墓誌彙編》全 3 册，綫裝書局，2007 年。
⑨ 趙力光：《西安碑林博物館新藏墓誌續編》全 2 册，陝西師範大學出版社，2014 年。

縣碑刻》，趙康民、李小萍編《臨潼碑石》等十幾地的碑石資料，^①其中有很大一部分爲墓誌資料，既公布圖版，又有釋文、考證，有着較高的學術價值。西安市文物稽查隊編《西安新獲墓誌集萃》^②則是最近出版的墓誌書籍，以"文物稽查隊"的名義編輯墓誌，顯示了當今盜掘的盛行。李慧主編《陝西石刻文獻目録集存》，^③收録1949年以前發現和出土的歷代陝西石刻，編成目録，大半爲隋唐五代石刻。

　　山西是墓誌出土的又一重鎮，這一地域的墓誌整理也在逐步跟進。與河南省的墓誌整理不同，山西地區的墓誌整理同陝西相近，主要是以各地市的名義進行碑誌彙編。《隋唐五代墓誌滙編》山西卷1冊已經出版。秦海軒編纂《晋城金石志》，^④崔正森、王志超著《五臺山碑文選注》，^⑤李百勤著《河東出土墓誌録》，^⑥吴鈞編注《河東鹽池碑匯》，^⑦王樹新主編《高平金石志》，^⑧常福江主編《長治金石萃編》^⑨等，這些碑誌書籍中含有大量墓誌，拓本圖版與文字抄録并舉，并簡要説明金石基本情況，有利於對山西省的墓誌情況有一定瞭解，但顯然，還有一些地市没有完成金石資料的彙編工作。山西以省的名義進行的碑誌彙編，前期成果選編類居多，如山西省考古研究所編《山西碑碣》、^⑩孔富安編《山西古代石刻集萃》^⑪等。近年來，由劉澤明、李玉明主編的《三晋石刻大全》，按山西省縣市爲單位，以《三晋石刻總目》爲基礎，對山西省現存石刻、亡佚石刻進行系統的著録，從2009年三晋出版集團出版，迄今已出版40餘册，儘管中古碑誌在其中數量不多，但若能將各縣市卷中的中古墓誌匯總成册，將大大利於中古史的研究，省去翻閱衆書之勞。

① 張鴻杰：《咸陽碑石》，三秦出版社，1990年；《安康碑石》，三秦出版社，1991年；《高陵碑石》，三秦出版社，1993年；《昭陵碑石》，三秦出版社，1993年；張江濤：《華山碑石》，三秦出版社，1995年；王忠信：《樓觀臺道教碑石》，三秦出版社，1995年；趙力光：《鴛鴦七誌齋藏石》，三秦出版社，1995年；陳顯遠：《漢中碑石》，三秦出版社，1996年；張進忠：《澄城碑石》，三秦出版社，2001年；劉兆鶴、王西平：《重陽宫道教碑石》，三秦出版社，1998年；劉蘭芳、張江濤：《潼關碑石》，三秦出版社，1999年；康蘭英等：《榆林碑石》，三秦出版社，2003年；劉兆鶴、吴敏霞：《户縣碑刻》，三秦出版社，2005年；趙康民、李小萍：《臨潼碑石》，三秦出版社，2006年。
② 西安市文物稽查隊：《西安新獲墓誌集萃》，文物出版社，2016年。
③ 李慧：《陝西石刻文獻目録集存》，三秦出版社，1990年。
④ 秦海軒：《晋城金石志》，海潮出版社，1995年。
⑤ 崔正森、王志超：《五臺山碑文選注》，北岳文藝出版社，1995年。
⑥ 李百勤：《河東出土墓誌録》，山西人民出版社，1994年。
⑦ 吴鈞：《河東鹽池碑匯》，山西古籍出版社，2000年。
⑧ 王樹新：《高平金石志》，中華書局，2004年。
⑨ 常福江：《長治金石萃編》，山西春秋電子音像出版社，2006年。
⑩ 山西省考古研究所：《山西碑碣》，山西人民出版社，1997年。
⑪ 孔富安：《山西古代石刻集萃》，山西科學技術出版社，2005年。

在其他各省的墓誌整理中，尤其值得提到的是新疆一地，儘管地方偏遠，但是其整理工作并不落後，除《隋唐五代墓誌滙編》新疆卷1冊如期出版外，黄文弼整理的《高昌磚集》，[①]整理出高昌國時期的磚誌。侯燦、吴美琳編著《吐魯番出土磚誌集注》[②]收録吐魯番出土的墓磚、墓誌共328通，既有圖版，又有釋文，文末還有注釋。這些磚誌整理成果，對研究西域歷史有較高的文獻價值。

河北、北京、天津雖然在中古時期，離都城相對較遠，但是其出土的墓誌也不在少數。[③]《新中國出土墓誌·河北〔壹〕》上、下兩冊，《新中國出土墓誌·北京〔壹〕》上、下兩冊，《新中國出土墓誌·上海、天津》上、下兩冊皆已出版。[④]吴鋼主編《隋唐五代墓誌滙編》也有河北卷一冊、北京附遼寧卷三冊、北京大學卷兩冊，河北、北京、天津的整理成果也可謂豐碩。石永士等著《河北金石輯録》，[⑤]對河北一省的金石更是進行了系統清理，收録河北省金石3595種，以碑刻爲主，附有拓片或照片，書末有河北全省金石目録。其餘碑誌整理則按照地市進行，如楊少山主編《涿州碑銘墓誌》，[⑥]劉海文編著《宣化出土古代墓誌録》，[⑦]侯璐主編《保定出土墓誌選注》，[⑧]楊衛東、黄淤生主編《涿州貞石録》，[⑨]鄧文華編著《景州金石》，[⑩]田國福主編《河間金石遺録》，[⑪]等等。顯然，就河北一省而言，各地市的墓誌整理也顯得參差不齊。

山東省的石刻整理則以曲阜和泰山爲中心，以濟南爲輔助。《新中國出土墓誌》迄今不見山東省的身影；《隋唐五代墓誌滙編》則是江蘇和山東兩地合一，出版墓誌一冊。總體而言，山東一地的碑誌整理是區域性進行的，宫衍興編《濟寧全

---

① 黄文弼:《高昌磚集》，中國學術團體協會西北科學考察團理事會出版，中國科學院印行，1931年版，1951年增訂。

② 侯燦、吴美琳:《吐魯番出土磚誌集注》，巴蜀書社，2003年。

③ 之所以將三地歸爲一個地域，是因爲北京、天津在中古時期屬於河北地域。

④ 《新中國出土墓誌·河北〔壹〕》上、下兩冊，文物出版社，2004年;《新中國出土墓誌·北京〔壹〕》上、下兩冊，文物出版社，2003年;《新中國出土墓誌·上海、天津》上、下兩冊，文物出版社，2009年。

⑤ 石永士等:《河北金石輯録》，河北人民出版社，1993年。

⑥ 楊少山:《涿州碑銘墓誌》，河北教育出版社，1991年。

⑦ 劉海文:《宣化出土古代墓誌録》，遠方出版社，2002年。

⑧ 侯璐:《保定出土墓誌選注》，河北美術出版社，2003年。

⑨ 楊衛東、黄淤生:《涿州貞石録》，北京燕山出版社，2005年。

⑩ 鄧文華:《景州金石》，中國文史出版社，2004年。

⑪ 田國福:《河間金石遺録》，河北教育出版社，2008年。

漢碑》，^①李正明、戴有奎主編《泰山石刻大全》，^②張玉勝著《岱廟碑刻》，^③袁明英主編《泰山石刻》，^④等等，皆是收録曲阜和泰山兩地碑刻，也包括一些墓誌。韓明祥編著《濟南歷代墓誌銘》，^⑤專門搜集二十世紀五十年代以後在濟南出土的墓誌、塔銘等，是研究濟南、山東的第一手資料。駱承烈編《曲阜碑目輯録》^⑥則是曲阜一地的碑目彙編。青島出版社 2013 年出版的《山東石刻分類全集》第 5 卷《歷代墓誌》，所收 145 方墓誌均爲東漢至唐五代時期者，該書拓本、録文兼具，且有少量墓誌爲首次刊發。

江蘇省的墓誌整理，除上述與山東合作，已出版《隋唐五代墓誌滙編》江蘇山東卷一册外，《新中國出土墓誌·江蘇〔壹〕常熟》上、下兩册，《江蘇〔貳〕南京》卷上、下兩册也順利出版。^⑦其餘江蘇省的碑誌整理，也是區域性的，如張曉旭著《蘇州碑刻》、^⑧性空主編《寒山寺碑刻集》、^⑨常熟市碑刻博物館編《常熟碑刻集》^⑩等。

浙江一地雖然在中古時期遠離中原王朝，其墓誌整理也沒有大部頭的資料彙編出版，但是也不乏地方特色。厲祖浩整理《越窑瓷墓誌》，^⑪收録瓷質墓誌 89 方，該批墓誌對研究越窑青瓷發展、古代墓誌形態變化都有較高價值。其餘按地市編輯的碑誌資料彙編，則沿襲傳統做法，或拓本附介紹，或拓本附録文，或直接録文。如章國慶編《寧波歷代碑碣墓誌彙編》、^⑫金柏東主編《温州歷代碑刻集》、^⑬衢州市博物館編《衢州墓誌碑刻集録》、^⑭章國慶編著《天一閣明州碑林集録》^⑮等。

---

① 宫衍興：《濟寧全漢碑》，齊魯書社，1990 年。
② 李正明、戴有奎：《泰山石刻大全》，齊魯書社，1992 年。
③ 張玉勝：《岱廟碑刻》，山東畫報出版社，1998 年；考古書店，1999 年。
④ 袁明英：《泰山石刻》，中華書局，2007 年。
⑤ 韓明祥：《濟南歷代墓誌銘》，黄河出版社，2002 年。
⑥ 駱承烈：《曲阜碑目輯録》，油印本，曲阜師範學院孔子研究室印，1981 年。
⑦ 《新中國出土墓誌·江蘇〔壹〕常熟》上、下兩册，文物出版社，2006 年；《江蘇〔貳〕南京》上、下兩册，文物出版社，2014 年。
⑧ 張曉旭：《蘇州碑刻》，蘇州大學出版社，2000 年。
⑨ 性空：《寒山寺碑刻集》，古吳軒出版社，2000 年。
⑩ 常熟市碑刻博物館：《常熟碑刻集》，上海辭書出版社，2007 年。
⑪ 厲祖浩：《越窑瓷墓誌》，上海古籍出版社，2013 年。
⑫ 章國慶：《寧波歷代碑碣墓誌彙編》，上海古籍出版社，2012 年。
⑬ 金柏東：《温州歷代碑刻集》，上海社會科學院出版社，2002 年。
⑭ 衢州市博物館：《衢州墓誌碑刻集録》，浙江人民美術出版社，2006 年。
⑮ 章國慶：《天一閣明州碑林集録》，上海古籍出版社，2008 年。

甘肅省的碑誌整理也是按照地市進行，但是由於地域特色，在甘肅省的金石資料彙編中，墓誌并不占主流，如鄭炳林著《敦煌碑銘贊輯釋》、①吳景山著《甘南藏族自治州金石錄》、②王其英主編《武威金石錄》③等。其餘各省整理出來的墓誌成果相對較少，以墓誌爲題者大致有貴州省博物館編《貴州省墓誌選集》、④陳柏泉編《江西出土墓誌選編》⑤等，但著作中幾乎沒有或祇有一兩方中古時期墓誌。

總之，以地域爲核心進行的墓誌整理，由於古代地域文化發展的差異，整理出來的墓誌數量地域之間差異極大；河南、陝西最多，其次山西、河北（包括北京、天津），再次江蘇、山東、浙江、新疆等地。反而離中原較近的湖北、安徽、湖南等地的墓誌整理成果相對較少，究竟是地域文化差異造成的，還是其他？個中原因值得深思。

<h2 style="text-align:center">三</h2>

館藏墓誌并不局限於一地出土，這也是將其單獨敘述的原因所在。民國時期，三大金石收藏家張鈁、于右任、李根源在新中國成立後，其金石收藏皆捐贈給了政府，張鈁所藏後來成立了千唐誌齋博物館，于右任的收藏捐贈給了西安碑林博物館，李根源的收藏由後人捐贈給政府，後來這批墓誌原石歸南京博物院收藏。因此，新中國成立以來的部分館藏墓誌整理便與這三人有一定關係。張鈁所藏由河南省文物研究所、河南省洛陽地區文管處編成《千唐誌齋藏誌》，該書收錄了張鈁千唐誌齋所藏墓誌 1360 餘方，以唐代爲主（1209 方），爲石刻精本圖錄。于右任所藏由趙力光編成《鴛鴦七誌齋藏石》，刊登了于右任"鴛鴦七誌齋"所收藏的漢至宋代石刻圖版 300 多種。李根源的部分所藏，由其子李希泌編成《曲石精廬藏唐墓誌》，⑥收錄唐代墓誌 93 方。其餘館藏墓誌整理大體都是博物館或圖書館進行的。

西安碑林是我國規模最大的石刻博物館，高峽主編《西安碑林全集》⑦對其館

①　鄭炳林：《敦煌碑銘贊輯釋》，甘肅教育出版社，1992 年。
②　吳景山：《甘南藏族自治州金石錄》，甘肅人民出版社，2001 年。
③　王其英：《武威金石錄》，蘭州大學出版社，2001 年。
④　貴州省博物館：《貴州省墓誌選集》，貴州人民出版社，1986 年。
⑤　陳柏泉：《江西出土墓誌選編》，江西教育出版社，1991 年。
⑥　李希泌：《曲石精廬藏唐墓誌》，齊魯書社，1986 年。
⑦　高峽：《西安碑林全集》，廣東經濟出版社，2000 年。

藏石刻進行了系統清理，其第二部分"墓誌"類則刊登了其館藏墓誌 800 種，爲拓本圖版加介紹説明。與之相配套的是陳忠凱等編《西安碑林博物館藏碑刻總目提要》，[①] 書以《西安碑林全集》爲底本，新增了二十世紀九十年代中期至 2005 年 12 月新獲藏石，全書收錄墓誌 1053 方，但祇有提要介紹。2007 年出版的《西安碑林博物館新藏墓誌彙編》收錄的則是 1980~2006 年 12 月西安碑林博物館入藏的墓誌 381 方，既有拓本圖版，也有錄文釋讀；2014 年陝西師範大學出版社出版的《西安碑林博物館新藏墓誌續編》收錄的則是 2007~2013 年該博物館收藏的西魏至元代墓誌 231 種，編排體例也依照前書。這些書籍的出版，給我們展示了西安碑林博物館館藏墓誌的大致情況。

河南省千唐誌齋博物館是收藏唐代墓誌最多的一個博物館，其館藏誌石以及拓片的整理從新中國成立後就開始了。1953 年由北京石默齋出版的張鈁《千石齋藏誌目錄》收錄其館藏墓誌 1346 件。隨着館藏的不斷增加，1984 年文物出版社出版了由河南省文物研究所與洛陽地區文管處共同編著的《千唐誌齋藏誌》，共收錄西晉至民國時期的墓誌拓片 1360 件，誌蓋拓本 92 件，但是沒有釋讀錄文。2006 年，三秦出版社出版了由吳鋼主編《全唐文補遺·千唐誌齋新藏專輯》，該書收錄了二十世紀九十年代以來千唐誌齋新收藏的墓誌 600 餘方，惜祇有錄文，沒有附拓片。2008 年文物出版社又出版了《新中國出土墓誌·河南〔叁〕千唐誌齋〔壹〕》，收錄了二十世紀九十年代以來千唐誌齋新收藏墓誌 350 方，拓本、錄文和介紹并具，但與《全唐文補遺·千唐誌齋新藏專輯》多有重複，祇是《新中國出土墓誌》多出拓本圖版部分，這也是其價值所在。西安碑林、河南千唐誌齋所藏墓誌中，中古時期墓誌占了相當大的比重。

其餘各省、地市的館藏墓誌出版者還有《遼寧省博物館藏碑誌精粹》，[②] 袁道俊編《南京博物院藏唐代墓誌》，[③] 故宮博物院編《故宮博物院藏歷代墓誌彙編》，[④] 劉雨茂等編《彭州博物館藏李宗昉集北朝隋唐碑拓》，[⑤] 胡戟、榮新江編《大唐西市博物館藏墓誌》，[⑥] 等等，皆對館藏墓誌做了系統清理，甚至一些著作對館藏墓誌做

①　陳忠凱：《西安碑林博物館藏碑刻總目提要》，綫裝書局，2006 年。
②　遼寧省博物館：《遼寧省博物館藏碑誌精粹》，文物出版社，2000 年。
③　袁道俊：《南京博物院藏唐代墓誌》，上海人民美術出版社，2003 年。
④　故宮博物院：《故宮博物院藏歷代墓誌彙編》，紫禁城出版社，2010 年。
⑤　劉雨茂：《彭州博物館藏李宗昉集北朝隋唐碑拓》，四川美術出版社，2010 年。
⑥　胡戟、榮新江：《大唐西市博物館藏墓誌》，北京大學出版社，2012 年。

了録文釋讀，如《大唐西市博物館藏墓誌》《李宗昉集北朝隋唐碑拓》《故宮博物院藏歷代墓誌彙編》等，皆是圖版、録文兼具，其餘一些館藏碑誌書籍，雖然所收不全是墓誌，但也包含墓誌在内，如劉之光編北京石刻藝術博物館藏的《館藏石刻目》，① 《中國西南地區歷代石刻滙編》之雲南省博物館卷 1 册、廣西博物館卷 5 册，俞苗榮、龔天力主編《紹興圖書館館藏地方碑拓選》，② 李龍文編《蘭州碑林藏甘肅古代碑刻拓片菁華》，③ 等等，諸書皆涵括中古時期的部分墓誌。

各省、市以及大學和研究機構圖書館也是墓誌的主要收藏地。北京圖書館（現改名國家圖書館）金石組編《北京圖書館藏中國歷代石刻拓本滙編》，④ 該書收録從戰國至民國時期的石刻拓本 15687 方，按時代順序編排成 100 册，另編索引一册，書中收録大量的漢唐時期墓誌。1990 年該館金石組又編輯《北京圖書館藏墓誌拓片目録》，⑤ 共收録館藏墓誌拓本 4638 方，以元代以前爲主。這兩套書使我們對現今國家圖書館的館藏墓誌狀況有一個大致瞭解。在此基礎上，徐自強主編《北京圖書館藏北京石刻拓片目録》，⑥ 則是地域性的石刻拓本目録；王敏輯注《北京圖書館藏善拓題跋輯録》，⑦ 則是對館藏善拓題跋進行了彙集。

北京大學圖書館也是碑誌收藏的另一重要陣地。除二十世紀九十年代出版的《隋唐五代墓誌滙編》北京大學卷兩册外，胡海帆、湯燕等編《北京大學圖書館新藏金石拓本菁華》共收録 279 種金石拓本，爲 1996 年至 2012 年期間的館藏新品，"碑誌"爲其中的一類。胡海帆、湯燕等編《北京大學圖書館藏歷代墓誌拓片目録》，⑧ 收録了北京大學圖書館現藏的全部墓誌，共 10194 種，從漢代到民國時期均有，包括部分磚誌，以唐代爲最大宗，達 6000 餘種，使我們對北京大學圖書館藏墓誌拓本有一個大致把握。其餘圖書館或研究機構所藏碑誌整理著作，如郭郁烈主編《西北民族大學圖書館于右任舊藏金石拓片精選》，⑨ 《中國科學院圖書館館藏歷

① 劉之光：《館藏石刻目：北京石刻藝術博物館叢書（二）》，今日中國出版社，1996 年。
② 俞苗榮、龔天力：《紹興圖書館館藏地方碑拓選》，西泠印社出版社，2007 年。
③ 李龍文：《蘭州碑林藏甘肅古代碑刻拓片菁華》，甘肅人民美術出版社，2010 年。
④ 北京圖書館金石組：《北京圖書館藏中國歷代石刻拓本滙編》，中州古籍出版社，1989~1991 年。
⑤ 北京圖書館金石組：《北京圖書館藏墓誌拓片目録》，中華書局，1990 年。
⑥ 徐自强：《北京圖書館藏北京石刻拓片目録》，書目文獻出版社，1994 年。
⑦ 王敏：《北京圖書館藏善拓題跋輯録》，文物出版社，1990 年。
⑧ 胡海帆、湯燕：《北京大學圖書館藏歷代墓誌拓片目録》，北京大學出版社，2013 年。
⑨ 郭郁烈：《西北民族大學圖書館于右任舊藏金石拓片精選》，上海古籍出版社，2008 年。

代墓誌草目》，①王鑫、程利主編《北京市文物研究所藏墓誌拓片》，②浙江圖書館編輯部編《浙江圖書館藏浙江金石拓片目録》，③等等。

海外大學或研究機構也紛紛整理來自中國大陸的古代墓誌。如日本學者中濱慎昭編《淑德大学書學文化センター藏中国石刻拓本目録》，④收録了該大學所藏從北魏到中華民國的 602 方墓誌拓片目録，其中，中古時期的墓誌有 590 方，并有少數爲大陸所不見者。《日本京都大學藏中國歷代文字碑刻拓本彙編》⑤一書，共 10 册，按斷代編排，中古時期占了 7 册。饒宗頤主編《唐宋墓誌：遠東學院藏拓片圖録》，⑥收録法國遠東學院所藏唐宋墓誌拓片 388 件，其中唐代有 370 件，爲整拓影印，無録文。周欣平主編《柏克萊加州大學東亞圖書館藏碑帖》2 册，⑦收録美國伯克利加州大學東亞圖書館收藏中國古代善本碑帖和金石拓本 2696 種，分善本碑帖圖録和總目提要 2 册。中研院史語所佛教拓片研讀小組編《中央研究院歷史語言研究所藏北魏紀年佛教石刻拓本目録》，⑧本書整理、收録中研院史語所傅斯年圖書館所藏北魏紀年佛教石刻拓片目録 254 通，包括僧人的墓誌塔銘。

當今的館藏雖然以國家博物館、圖書館、研究單位爲大宗，但仍存在少量的個人館藏墓誌，潘思源編《施蟄存北窗唐誌選萃》⑨便是其代表，編者選取施先生北山樓所藏唐代墓誌之精粹 260 多件，編爲是書出版。

四

近七十年來的墓誌整理成果突出，但也存一些問題。

第一，系統清理不够。

由於新墓誌的不斷出土，當今很多學者都在忙着"追新"，一是收集新出土墓

---

① 《中國科學院圖書館館藏歷代墓誌草目》，油印本，1957 年。
② 王鑫、程利：《北京市文物研究所藏墓誌拓片》，北京燕山出版社，2003 年。
③ 浙江圖書館編輯部：《浙江圖書館藏浙江金石拓片目録》，浙江圖書館綫裝油印本，1982 年。
④ 中濱慎昭『淑德大学書學文化センター藏中国石刻拓本目録』淑德大學出版社、2007 年。
⑤ 《日本京都大學藏中國歷代文字碑刻拓本彙編》全 10 册，克魯格出版社，2015 年；新疆美術攝影出版社，2016 年。
⑥ 饒宗頤：《唐宋墓誌：遠東學院藏拓片圖録》，香港中文大學出版社，1981 年。
⑦ 周欣平：《柏克萊加州大學東亞圖書館藏碑帖》全 2 册，上海古籍出版社，2008 年。
⑧ 中研院歷史語言研究所佛教拓片研讀小組：《中央研究院歷史語言研究所藏北魏紀年佛教石刻拓本目録》，中研院歷史語言研究所，2002 年。
⑨ 潘思源：《施蟄存北窗唐誌選萃》，上海古籍出版社，2014 年。

誌拓本集結成書，以取得出版首發權，或新資料的刊布權；二是利用新出土墓誌進行研究。我們在忙着追逐新墓誌的同時，也應該對以前的墓誌作系統清理。如《唐代墓誌彙編》、《唐代墓誌彙編續集》和《全唐文補遺》（共 10 輯）究竟有多少重出墓誌？日本學者氣賀澤保規所編《唐代墓誌所在總合目録》，大體能夠看出同一方墓誌在諸書中的著録情況，儘管該《總合目録》引用書籍有限，但也都是學界使用率較高的文獻，故其學術價值不言自明。相較之下，國内學者的目録索引編撰主要是按照出土時間、出土地點和館藏地進行的，唯毛遠明《漢魏六朝碑刻校注·總目提要》做了相關方面的工作，但遺漏碑誌較多。這些目録索引還存在一個共同問題，即我們從著録的書籍中，有時不能確切地知道哪本著作是著録的録文、拓本圖版或題跋？而且著録的書籍相對較少，這與相關墓誌考證或著録書籍繁多有關。日本學界也主要是對六朝至唐代的有録文或有拓本的墓誌編撰了索引，對一些僅存碑目或題跋的碑誌，没人進行系統清理，而這部分史料對於歷史研究不能説毫無裨益。如《寶刻叢編》中有郭子儀的兩位夫人碑誌，[①]對研究郭子儀的婚姻有一定幫助；東莞將門臧氏，在《寶刻叢編》中也發現兩方亡佚碑誌，一是刻於開元十八年（730）、李邕撰并書的《臧懷亮碑》，[②]二是刻於大曆年間，元載撰，張璪分書的《臧希讓碑》；[③]這兩塊碑文，通過撰者、書者，可以發現唐代武將與社會文化名流或權臣之間的交往現象，或者説他們希望通過文化名流或權臣，來提高自身的身份地位心理，故碑目對歷史研究仍然有所助益。題跋因爲提供的資料信息多於碑目，故文獻價值更高，更何況有的題跋還會有碑誌的節文。因此，對現有碑誌進行系統清理，顯得尤爲必要。

第二，分類整理不够。

當今的墓誌整理，或按年代，或按地域，或按館藏，在整理形式上，或整理拓本成書，或拓本附録文（有的還有考證或注釋），或專門整理録文（有的也附以考證或注釋）成書，或編排目録、題跋索引或墓誌提要，但少有對中古墓誌進行嚴格的分類整理。敦煌文書在分類整理上取得了豐碩成就，但中古墓誌則缺乏這樣一套行之有效的分類整理體系。

① 陳思纂輯《寶刻叢編》卷八《唐霍國夫人王氏碑》，王氏，郭子儀之妻，碑以大曆十三年（778）立，21a；《寶刻叢編》卷八《唐郭子儀夫人涼國李氏碑》，大曆三年（768）五月立，18a；均見《石刻史料新編》第 1 輯第 24 册。

② 《寶刻叢編》卷一〇，18a，《石刻史料新編》第 1 輯第 24 册。

③ 《寶刻叢編》卷七，16b，《石刻史料新編》第 1 輯第 24 册。

　　就現行的墓誌分類整理而言，書法界按書法標準進行的墓誌整理如趙際芳編著《墓誌書法百品》,[①] 收録東晉至隋代墓誌 100 通，比較系統地展現了中國墓誌特別是北碑書法藝術和書體流變。許寶馴編《隋唐墓誌百種》[②]10 册,《隋唐墓誌精粹》[③] 皆精選具有獨特風格和書、刻藝術水準的墓誌，代表隋唐書法水準，於書法史有重要價值。史學界如何提出一套有利於歷史研究的分類體系，從而對中古墓誌進行整理，也是當今學界面臨的一個重大課題。

　　第三，數據庫建設不够。

　　如果説當今的很多傳統文獻，如二十四史和《通典》《資治通鑑》等書籍都已經製成了可以檢索的電子書，那麽學界何時能够將中古時期的墓誌，甚至整個中古時期的石刻資料都製作成電子書籍，且可以檢索，則當是學界的又一重要貢獻。

　　總之，近七十年來的中古時期墓誌整理，有成就，也存在不足。祇有不斷地總結經驗教訓，大膽提出一些開創性想法，并借鑒相關學科的一些整理方法，纔能將中古墓誌的整理穩步地向前推進。

---

①　趙際芳:《墓誌書法百品》，世界圖書出版公司，2007 年。

②　許寶馴:《隋唐墓誌百種》全 10 册，上海書畫出版社，1995 年。

③　上海書畫出版社:《隋唐墓誌精粹》，上海書畫出版社，2008 年。

南北朝墓誌著録源流述略*

王連龍

　　墓誌以其兼具文物與文獻的雙重屬性，日益受到學術界的重視，逐漸成爲學術研究的熱點對象和前沿領域。通觀墓誌發展歷程，南北朝是一個重要階段：一方面，自曹魏禁碑以來，墓誌更多地出現在喪葬活動中，演變爲禮俗文化構成元素之一；另一方面，在有機結合碑碣與詩賦基礎上，墓誌在形制和内容上走向成熟，進而轉化爲後世範式。在此背景下，南北朝墓誌數量也大幅度增加。截至 2018 年底，筆者統計出古代金石志書、近現代學術著作及期刊論文公開刊布北朝墓誌 1348 種，南朝墓誌 96 種。這些墓誌爲史料相對匱乏的南北朝時期史學、文學、考古學、社會學等學術研究提供資料的同時，其自身的文獻學研究也爲學術界所關注。自梁蕭統《文選》卷五九單列"墓誌"始，經歷宋代金石學的形成，以及清代金石學的興盛，直到近現代考古學的出現，有關南北朝墓誌著目、文字輯集、拓本展示、考證研究的著述種類繁多，不可勝數。這些數量衆多的著述雖然可以助益南北朝墓誌的研究，但也會令初學者不得門徑，無從選擇。有鑒於此，筆者擬在前賢研究基礎上，從存目、圖録、釋文、題跋等角度，對古今所見南北朝墓誌著録源流做一宏觀的概述，以期於南北朝墓誌及相關問題研究有所裨益。

---

　　*　本文原刊於《中國魏晋南北朝史學會會刊》第 1 卷，廣西師範大學出版社，2020 年。

一　存目：學之有徑

目録之學，歷來以"辨章學術，考鏡源流"之功，爲學者所重。在墓誌文獻研究中，目録也發揮着同樣的作用。古人著録墓誌，必剖析條流，各有其部，欲人即類求石，因石究學。今見墓誌目録以著目側重不同，可以分爲多種類型。大體框架下，墓誌目録基本分爲原石目録和拓本目録兩大類。如果再細緻劃分，以種類劃分，可分爲題名目録、圖版目録、釋文目録及混合著録目録等形式。根據時代不同，又可分爲通代、斷代目録等。從空間角度上說，墓誌目録又有地域目録、館藏目録、專題目録等。雖然這些種類不同的墓誌目録在形式上有所區別，但在著録信息上，均包括出土時地、形制、書體、容字、歸屬、藏地等基本内容。這些信息既可以呈現出歷代墓誌出土數量和種類，也可以反應出不同時期學者對墓誌的整理和研究狀況。

在最初的墓誌著録中，墓誌通常夾雜石刻文獻目録中，以部類面貌呈現，即作爲石刻文獻的構成部分而存在，并未獨立分離出來。今見傳世文獻中，墓誌目録著述以宋歐陽棐《集古録目》①最早。歐陽棐將其父歐陽修所藏石刻拓本編輯成目，并於諸種碑刻下作簡要説明。該書雖然亡佚，後經黄本驥、繆荃孫等輯校，有遺文六卷行世。今見《集古録目》未著北朝墓誌，唯卷三録有《宋宗愨母夫人墓誌》《南齊海陵王墓銘》南朝墓誌兩種。後陳漢章作《集古録補目補》②雖於墓誌部分内容有所增録，但南北朝墓誌仍爲上述兩種。與《集古録目》相類的著述，還有朱長文《墨池編》③和王象之《輿地碑記目》。④前者爲書學論著彙編，故於歷代碑誌多有關注。卷六録有《宋宗愨母夫人墓誌》《齊海陵王昭文墓銘》之外，增録《陳張慧湛墓誌銘》。後者收録南宋疆域内碑刻，在上列三種南朝墓誌之外，又增加《陶隱居墓誌》一種。顯而易見，上述著作録目多傾向於南朝墓誌。到陳思編撰《寶刻叢編》⑤時，這種情況發展到極致。陳思搜集碑刻，多取材於當時所見《復齋碑録》《金石録》等金石志書，故數目上增益較多，其卷三、卷一四、卷一五增録《陳張

---

① 歐陽棐：《集古録目》，清光緒十四年（1888）槐盧自刻本。
② 陳漢章：《集古録補目補》，民國年間鉛印本。
③ 朱長文：《墨池編》，《景印文淵閣四庫全書》第 812 册，臺灣商務印書館，1986 年。
④ 王象之：《輿地碑記目》，《粵雅堂叢書》本。
⑤ 陳思：《寶刻叢編》，清光緒十四年（1888）吳興陸氏十萬卷樓刻本。

慧湛墓誌》《宋湘東太守張濟女雅兒墓誌》《梁太常卿陸倕墓誌》《梁許府君墓誌》
《梁永陽昭王敬太妃墓誌銘》《梁侍中司空永陽昭王墓誌銘》《梁侍中司徒鄱陽忠烈
王墓誌》等七種南朝墓誌。在數量之外，陳思《寶刻叢編》以《元豐九域志》爲
綱，著録墓誌範圍也有所拓展。從卷二〇開始著録北朝墓誌，計有《瀛州刺史孫惠
蔚墓誌》《張卑墓誌》《同州刺史普六如忠墓誌》《温州刺史烏丸僧修墓誌》四種，
數量略少。

比較而言，宋代時北朝墓誌也存在著録，祇是規模和數量不及南朝墓誌。現
存文獻中，最早對北朝墓誌著目的是趙明誠《金石録》。[①] 該書體例上承襲歐陽修
《集古録》，有目録十卷，跋尾二十卷，著録數量較《集古録》有所增加。《金石録》
未見南朝墓誌，著目北朝墓誌六種《後魏張夫人墓誌》《後魏瀛州刺史孫惠蔚墓誌》
《東魏張早墓誌》《魏岐州刺史王毅墓誌》《後周太學生拓拔府君墓誌》《後周同州刺
史普六如忠墓誌》。趙明誠於每一種墓誌均著録撰書人、刊刻時間及出土地等信息，
書中所見北朝墓誌均已亡佚，獨賴《金石録》著録名目及相關信息，彌足珍貴。在
趙明誠《金石録》之後，繼續著録南北朝墓誌的是鄭樵《金石略》。[②] 較之《金石
録》，《金石略》在北朝墓誌數目上并未增加，增列的《後周温州刺史烏丸僧修墓
誌》也見於《金石録》跋尾部分。反倒是增加的南朝《齊海陵王照文墓誌》，説明
《金石略》有取材《金石録》之外者。《四庫全書總目提要》謂《通志》之"《金石
略》則鐘鼎碑碣，核以《博古》《考古》二圖，《集古》《金石》二録，脱略至十之
七八"，大體不誣。及清修《續通志》，又增《魏濟青相涼朔恒六州刺史高植墓誌》
《齊朱岱林墓誌》兩種。

分析以上諸碑誌文獻，北宋時期著作多關注北朝墓誌，南宋時期志書傾向於
南朝墓誌，基本與政權遷移後產生的地域環境保持一致。這種南南北北的墓誌著録
特徵，在元明時期也得到延續。如元代張鉉《金陵碑碣新志》[③] 收録漢至宋石刻
160種，不録北朝墓誌，於南朝墓誌著目六種《鄭夫人墓誌》《謝常侍墓誌》《齊海
陵王墓誌》《梁鄱陽王墓誌》《梁昭王墓誌銘》《梁敬妃墓誌》。較之前代，新增《謝
常侍墓誌》一種。《金陵碑碣新志》録誌存在兩個特點。一是提出墓誌簡稱，目後
再釋全稱，如《梁鄱陽王墓誌》，後附全稱《梁故侍中司徒鄱陽忠烈王墓誌銘》。

---

① 趙明誠:《金石録》，清乾隆二十七年（1762）德州盧氏雅雨堂刻本。
② 鄭樵:《金石略》，清光緒八年至三十年（1882~1904）刻本。
③ 張鉉:《金陵碑碣新志》，元至正三年（1343）刊本。

這種簡稱雖然没有簡化爲人名＋墓誌的稱謂形式，但已經出現著録改革，對後世影響較大。二是標注墓誌撰者信息外，還提供墓誌的出處及收藏地，便於查找，具有範式功能。進入明代後，金石志書還是傾向於南朝墓誌的著録。如顧起元《金陵古金石考目》①專録金陵地區金石存佚情況，收集南朝墓誌九種，在上舉諸墓誌之外，又新增《梁簡文帝智蒨法師誌銘》、《梁簡文帝同泰寺正智寂師誌銘》及《梁陸倕誌法師墓誌銘》，開啓僧尼誌銘著録的風氣。與宋元時期不同的是，明代還集中出現一些按地域著録金石的志書。雖然南宋王象之《輿地碑記目》也屬同類，但明代的《天下金石志》、②《古今碑帖考》、③《金石備考》④等著録範圍已經不限江南，擴展至全國。如于奕正《天下金石志》按省、府、縣著録北直隸至貴州十五地碑刻 1000 餘種，其中在"南直隸應天府"下録目《宋宗愨母夫人墓誌》《梁永陽昭王墓誌銘》《梁永陽敬太妃墓銘》三種。朱晨《古今碑帖考》"宋齊梁陳碑"同樣著録以上三種南朝墓誌。至朱潛《金石備考》，也是采用地域著録形式，在"江南江寧府"下録目《梁永陽敬大妃墓銘》《梁永陽昭王墓誌銘》兩種。這種按地域著録金石的志書，有利於宏觀通覽全國金石分布情況。但過分追求宏觀，以及抄録前代志書，也導致各地碑誌數目未至詳盡。

　　進入清代，隨着金石學的復興，墓誌目録層出不窮。在評述這些目録書之前，有必要介紹清初幾部有關墓誌體例研究的著述。在以往的金石體例研究中，以"金石三例"最爲著名，即元潘昂霄《金石例》、⑤明王行《墓銘舉例》⑥及黄宗羲《金石要例》。⑦這三種著作雖然開啓了墓誌體例研究的新領域，但多以唐宋後墓誌材料爲例證，缺乏對早期墓誌的關注。有鑒於此，李富孫《漢魏六朝墓銘纂例》⑧重點探求漢魏六朝墓銘體例，後又有吴鎬《漢魏六朝志墓金石例》⑨踵繼其事。在結構上，李、吴二書先列誌目，後加論述，内容涉及墓誌的名稱、形制、出土地等信息，帶有墓誌目録性質。其中，《漢魏六朝墓銘纂例》著録《豫章長公主墓誌銘》

①　顧起元：《金陵古金石考目》，民國三十七年（1948）合衆圖書館紅印本。
②　于奕正：《天下金石志》，明崇禎五年（1632）刻本。
③　朱晨：《古今碑帖考》，錢塘胡氏刊本。
④　來潛：《金石備考》，陝西省博物館藏清抄本。
⑤　潘昂霄：《金石例》，清光緒十四年（1888）槐盧自刻本。
⑥　王行：《墓銘舉例》，光緒四年（1878）讀有用書齋刊本。
⑦　黄宗羲：《金石要例》，民國二十五年（1936）《叢書集成初編》本。
⑧　李富孫：《漢魏六朝墓銘纂例》，別下齋校勘本。
⑨　吴鎬：《漢魏六朝志墓金石例》，常熟鮑氏後知不足齋刻本。

《司空何尚之墓銘》《宋故散騎常侍謝公墓誌》等南朝墓誌 55 種，北朝墓誌《周大將軍聞喜公柳霞墓誌銘》《寧朔將軍司馬紹》《洛州刺史刁遵墓誌》等 35 種，著録量遠遠超過前人。相比之下，吳鎬《漢魏六朝志墓金石例》體例及内容多仿自《纂例》，著録墓誌較少，未見超出李書者。至清末梁玉繩《誌銘廣例》①開創以例統誌的叙述方式，墓誌目録功能已經弱化。

清代初期，比較有代表性的石刻目録是孫星衍《寰宇訪碑録》。②該書以年代爲序，著録三代至元代碑刻 7853 種，其中北朝《寧朔將軍司馬紹墓誌》《揚州長史司馬景和妻孟氏墓誌》《雒州刺史刁遵墓銘》《龍驤將軍臨青男崔敬邕墓誌銘》《濟青相涼朔恒六州刺史高植墓誌》《涇州刺史陸希道墓誌銘》《懷令李超墓誌銘》《法師惠猛墓誌銘》《南秦州刺史司馬昇墓誌》《齊州刺史高湛墓誌》《朱岱林墓誌》等 11 種。《訪碑録》雖然著録豐富，但也存在一定的訛誤。如書中叙述《懷令李超墓誌銘》《南秦州刺史司馬昇墓誌》刊刻信息，未加考證，錯誤地沿用《中州金石記》説法。羅振玉曾作《寰宇訪碑録刊謬》，③可爲參考。總體而言，《寰宇訪碑記》著録豐富，體例完備，信息全面，是宋元明以來較爲系統、規範的石刻目録學之作。故此，後世多有效仿及續補。如趙之謙曾撰《補寰宇訪碑録》五卷，附《失編》一卷，增目《侍中司空永陽昭王蕭敷墓誌》《永陽敬太妃王氏墓誌》南朝墓誌 2 種。劉聲木《續補寰宇訪碑録》二十五卷增補最多，共計《建威將軍笠鄉侯東陽城王劉懷民墓誌銘》《顯祖獻文皇帝第一嬪侯婦人墓誌銘》《御史左丞墓誌銘》《逸人陳峻岩墓誌銘》《奉車都尉定州刺史陸章墓誌銘》等南北朝墓誌 80 種。此外，黃本驥曾撰《金石萃編補目》④三卷，著目南朝《永陽昭王蕭敷墓誌》《永陽敬妃王氏墓誌》兩種，北朝《鄭道忠墓誌》《崔敬邕墓誌》《張元墓誌》《僧思猛墓誌》《崔頠墓誌》《僧法懃塔誌》《朱岱林墓誌》等 7 種，也值得關注。

在孫星衍《寰宇訪碑記》及其增補系列之外，清代還存在一些其他金石書目。如尹彭壽《山左南北朝石刻存目》⑤一卷，專録南北朝時期山東石刻，屬於斷代地方性石刻目録著述。書中收録北朝墓誌《後魏使持節都督刁遵墓誌》《後魏六州刺史高植墓誌》《後魏臨淄令齊郡太守□玄墓誌》《後魏黃縣石羊里鞠彦雲墓誌》《東

① 梁玉繩：《誌銘廣例》，清光緒四年（1878）會稽章氏刻《式訓堂叢書》本。
② 孫星衍：《寰宇訪碑録》，清光緒十四年（1888）刊本。
③ 羅振玉：《寰宇訪碑録刊謬》，清光緒二十年（1894）朱氏槐盧校刊本。
④ 黃本驥：《金石萃編補目》，清光緒二十三年（1897）《聚學軒叢書》本。
⑤ 尹彭壽：《山左南北朝石刻存目》，元和江標刻《靈鶼閣叢書》本。

魏齊州刺史高湛墓誌》《東魏勃海太守王偃墓誌》《北齊開府參軍崔頠墓誌》《北齊
處士房周陁墓誌》《北齊朱岱林墓誌》《北周齊安戍主時珍墓誌》等 10 種，并注明
時代、書體、所在地等信息，於探索山東地區北朝石刻，特別是墓誌文獻多有益
處。比較而言，吳式芬所撰《金石匯目分編》①《攈古錄》②更具特色。前者二十卷，
以行政區劃，分二十省，按府、州、縣著錄各地金石碑刻。後者以時間爲序，著錄
元代以前金石器物 18000 餘種，并於著目下作簡要介紹。兩書配合使用，極爲通觀
便利。書中共計著錄北朝《魚玄明墓誌》《司馬紹墓誌》《刁遵墓誌》《崔敬邕墓誌》
等 21 種。此外，繆荃孫《藝風堂金石文字目》③也是一種比較重要的金石目錄。該
書在書末單附墓誌一卷，集中著錄從晉至元歷代墓誌，其中有南朝《吳衡陽郡太
守葛祚碑額》1 種，北朝墓誌《司馬紹墓誌》《刁遵墓誌》《鄭道忠墓誌》等 35 種。
新增的《卜文墓誌》《王僧墓誌》《皇甫楚墓誌》《梁子彥墓誌》《曹禮墓誌》等均爲
前代未見，價值極高，專目墓誌也開創了墓誌目錄專書的新模式。

　　到了民國時期，隨着民間盜墓的盛行及隴海鐵路的開發，數以萬計的古代碑
誌文獻陸續出土，特別是北朝墓誌發現數量巨大。在這種背景下，當時也出現了
若干墓誌整理研究學者和墓誌目錄類集大成之作。列在首位的應該是羅振玉④及其
《蒿里遺文目錄》《墓誌徵存目錄》。羅振玉一生致力於金石收藏與整理，尤以墓誌
存目、題跋及刊布，貢獻巨大。羅氏曾撰《蒿里遺文目錄》，卷二"墓誌徵存"錄
南朝《笠鄉侯劉懷民墓誌》《隋郡王國中軍呂超靜墓誌》《梁宋新巴晉源三郡太守
程虔墓誌》3 種，北朝《韓顯宗墓誌》《許和世墓誌》《恒農太守寇臻墓誌》等 96
種。又有"元魏宗室妃主誌存目錄"，專輯北朝元氏墓誌《前河間王元泰安諱定墓
誌》《侍中司徒公廣陵王墓誌》《使持節城陽懷王墓誌》等 84 種。卷三"甎誌徵存
目錄"，錄有《京兆張嬰甎》《邸香妻張甎》《雍州刺史魚玄明銘》等 65 種。後來，
羅振玉在其子羅福頤協助下總編《墓誌徵存目錄》，將個人收藏及所見墓誌彙編成
目，共計南朝墓誌 3 種，北朝墓誌 334 種。其次是黃立猷《石刻名彙》。⑤黃立猷
通贍精博，嗜碑版尤勤，研討金石文字，參稽鈎考，罔間昕夕。數十年來隨時搜

①　吳式芬：《金石匯目分編》，清道光、咸豐年間文禄堂本。
②　吳式芬：《攈古錄》，《續修四庫全書》第 895 册，上海古籍出版社，1995 年。
③　繆荃孫：《藝風堂金石文字目》，清光緒三十二年（1906）刻本。
④　羅振玉：《蒿里遺文目錄》，民國十五年（1926）東方學會鉛印本；羅振玉：《墓誌徵存目錄》，民
　　國上虞羅氏排印本。
⑤　黃立猷：《石刻名彙》，民國十五年（1926）沔陽黃氏萬碑館刊本。

采，宦轍所到，不惜重金購覓，以故蓄金石書不下 700 餘種，金石拓本近萬種，自名"萬碑館"。《石刻名彙》録目《高景墓誌》《宗愨母鄭夫人墓誌》《盧夫人李氏墓誌》《崇公禪師塔銘》等南北朝墓誌 338 種，及《吳妃墓甎》《苑氏墓甎》等 94 種，亦當歸於墓誌之列。又《補遺》一卷，增補《徐氏墓誌》《元天穆墓誌》等 10 種。《續補》一卷，又録《王蕃墓誌》《成嬪墓誌》等 16 種。黃立猷曾留學日本，於海外金石收藏亦有關注，故書末附中外藏石處及墓誌異名，信息豐富，視野開闊。最後是顧燮光《古誌匯目》《古誌新目》。[1]顧燮光博雅好古，精於金石，撰有《河朔新碑目》《夢碧簃石言》《兩浙金石別録》等。其中，與南北朝墓誌有關的是《古誌匯目》六卷及《古誌新目》四卷。《古誌匯目》著録南朝《宋散騎常侍謝公墓銘》《韋意丙子墓甎》《宋宗愨母劉夫人墓誌》等 25 種。北朝墓誌《左監門衛將軍劉英潤妻楊珽墓誌》《秘書丞晋陽王雍墓誌》等 132 種。《古誌匯目》不僅著録墓誌名，還記録墓誌刊刻年代、原石拓本，及墓誌所在地等信息。顧燮光在編撰《古誌匯目》後，又獲新出土墓誌 200 餘種，續撰《古誌新目》四卷。其中南朝墓誌有《宋故散騎常侍吳興太守葛陽貞男蘭陵蕭府君惠明□礎題字》《□□□將軍隋郡王吕超□墓誌》《楊公則墓記》等 4 種。北朝墓誌增補較多，計有《安西將軍雍州刺史□康公魚玄明之銘》《魏故處士元理墓誌》《使持節征北大將軍相州刺史南安王元楨墓誌銘》等 265 種。羅振玉、黃立猷、顧燮光收藏墓誌及拓本四五百種，墓誌目録屢創新高，基本可以反映民國時期私人收藏面貌。

在私人藏家之外，北平圖書館、北京大學圖書館等館藏金石拓本數量也蔚爲壯觀。北平圖書館前身京師圖書館素有金石收藏之風氣，設有"金石部"，司職金石資料采購與搜集，特別是在接受陸和九、梁啓超子女、何叙甫等的捐贈後，金石拓本日漸豐富。據民國三十年（1941）館編《北平圖書館藏碑目·墓誌類》[2]著録，北平圖書館藏時藏歷朝墓誌目 3407 種，附釋氏塔銘目 74 種，其中南朝《笠鄉侯劉懷民墓誌》《梁宋新巴晋源三郡太守程虔墓誌》2 種，北朝《處士李瑞墓誌》《相州刺史南安王墓誌》《使持節安北將軍始平公元偃墓誌》等 299 種。《北平圖書館藏碑目》於誌目下著録題名、時間、書體等信息，書後附年代、種數統計表，便於檢索。同北平圖書館一樣，北京大學圖書館也藏有大量金石拓本。1923 年前後，北

---

① 顧燮光：《古誌匯目》，民國二十三年（1934）《非儒非俠齋叢著》本；顧燮光：《古誌新目初編》，民國二十三年（1934）《非儒非俠齋叢著》本。

② 北平圖書館：《北平圖書館藏碑目·墓誌類》，民國三十年（1941）鉛印本。

大研究所國學門收購藝風堂繆荃孫舊藏拓本 10800 餘種，1946 年又接收柳風堂張仁蠡藏金石拓本 13600 餘種。加之，顧頡剛、容庚等教授購買的五六千種石刻拓片，其中墓誌拓本近 2000 餘種。1955 年，孫貫文編撰《北京大學圖書館藏歷代石刻拓本草目》，[①] 衹記載當時館藏西漢至唐末石刻拓本 5500 餘種，未能反映北京大學圖書館金石拓片收藏全貌。

民國時期，相比拓本收藏，大量出土的墓誌原石更爲學界所關注。當時既出現了范壽銘"循園"、端方"陶齋"、羅振玉"雪堂"、黄立猷"萬碑館"、于右任"鴛鴦七誌齋"、張鈁"千唐誌齋"等私人收藏，也存在洛陽存古閣、河南圖書館、保定蓮池書院、曲阜聖廟、西安碑林、杭縣西泠印社、國立北平圖書館等公家收藏機構。下面略舉要者，以窺民國時期墓誌原石收藏情況。"雪堂""萬碑館"收藏上文已經涉及，"循園"、"陶齋"及"碑林"下文有集中介紹，此處先由洛陽存古閣講起。存古閣位於洛陽東關，道光二十年（1840）由洛陽縣令馬恕建造，專門收集、儲存當地的碑刻、墓誌、經幢等石刻，係當時國内三大石刻藏館之一。馬恕喜好金石，在建存古閣前，便已搜集碑拓 1300 餘種，劉喜海藉之彙編《金石苑》《洛陽存古録》等。後羅振玉據存古閣藏品，撰《洛陽存古閣藏石目》，[②] 録石 69 種，其中北朝四石均爲造像記，未見墓誌。直到洛陽知事曾炳章將新出土北魏元顯魏墓誌藏於存古閣，始見北朝墓誌藏品。民國晚期，存古閣藏石移至河洛圖書館。新中國成立後，部分原石歸河南省第二文物工作隊及洛陽博物館。其次是于右任"鴛鴦七誌齋"。于右任爲辛亥革命元老，書法名家，酷愛金石收藏，曾與張鈁相約，偏重北朝石刻蒐集，因藏石中有七對夫妻墓誌，故名齋號"鴛鴦七誌齋"。根據民國十九年（1930）《鴛鴦七誌齋藏石目録》[③] 所載，當時"鴛鴦七誌齋"藏石 159 種，其中北魏墓誌 85 種，北齊墓誌 7 種。此後，于氏又陸續收得《李挺墓誌》《劉幼妃墓誌》《元季聰墓誌》等北魏墓誌若干。抗戰時期，于右任將所藏石刻捐獻西安碑林。經西安碑林趙力光《鴛鴦七誌齋藏石》[④] 統計，于右任共捐獻石刻 318 種、387 石。其中北魏墓誌 138 種、東魏墓誌 7 種、北齊墓誌 8 種、北周墓誌 5 種，現藏西安碑林。再次是張鈁"千唐誌齋"。上文已言，與于右任不同，張鈁專藏唐代墓誌。

① 孫貫文：《北京大學圖書館藏歷代石刻拓本草目》，三晋出版社，2020 年。
② 羅振玉：《洛陽存古閣藏石目》，雪堂叢刻本。
③ 于右任：《鴛鴦七誌齋藏石目録》，《東方雜志》1936 年第 2 號。
④ 趙力光：《鴛鴦七誌齋藏石》，三秦出版社，1995 年。

後張鈁委托郭玉堂收購洛陽邙山出土唐代墓誌，并將墓誌安置於新安縣鐵門鎮千唐誌齋。郭玉堂曾撰《千唐誌齋藏石目録》，[①]載"千唐誌齋"藏石1578種。武漢大學魏晉南北朝隋唐史研究室譚兩宜編《千唐誌齋藏石目録》[②]及陝西師範大學圖書館編《千唐誌齋藏石拓片目録》，[③]皆據拓本著録，石刻數量皆不及郭書。今見"千唐誌齋"北朝墓誌3種《薛慧命墓誌》《元子正墓誌》《元恭墓誌》，另有墓誌蓋十餘種，未確定所屬。此外，河南圖書館也是當時藏石重鎮。民國十二年（1923），新鄭鄭公大墓發掘後，出土700餘件文物均入藏河南圖書館。後又館藏中岳廟文物及金石編纂處等數百種漢魏墓誌，影響漸大。據李根源《河南圖書館藏石目》[④]所載，時館藏漢代至金代碑刻329種，其中有魏故元使君墓誌蓋1種，未知誌主。

民國時期，與傳統墓誌目録不同，還存在一種專門著録墓誌出土時地的目録。如郭玉堂在整理洛陽地區出土墓誌時，將墓誌出土時間、地點以及收藏經過，按照時間順序一一記録在冊，編撰成《洛陽出土石刻時地記》。[⑤]《時地記》收録墓誌2818種，其中北朝《安妙娥墓誌》《元楨墓誌》《元偃墓誌》等263種。因爲郭氏經手墓誌多爲盗掘，出土信息不全，《時地記》可補史闕。近來日本學者氣賀澤保規又對《時地記》進行校勘，改正錯誤信息，編成《復刻洛陽出土石刻時地記——附解説·所載墓誌碑刻目録》，[⑥]極爲便於使用。與《時地記》相類的目録著述，還有余扶危、張劍編撰的《洛陽出土墓誌卒葬地資料彙編》。[⑦]該書繼承《時地記》編撰主旨，收録1998年前著録的洛陽出土墓誌近3000餘種，按照都城、府、縣、鄉、里行政區劃，整理誌主卒葬地及墓誌出土地4347條。《洛陽出土石刻時地記》《洛陽出土墓誌卒葬地資料彙編》前後相承，對洛陽歷史地理研究具有重要價值。

新中國成立後，文博事業獲得蓬勃發展，各地新出土及新發現石刻數量激增，相關研究成果也大量出版發行。下面根據墓誌目録，從地域角度梳理一下各地南北朝墓誌及拓本收藏情況。

① 郭玉堂：《千唐誌齋藏石目録》，上海西泠印社，民國二十四年（1935）。
② 譚兩宜編，黃惠賢、陳國燦、程喜霖校訂《千唐誌齋藏石目録》，《魏晉南北朝隋唐史資料》第1輯，1979年。
③ 陝西師範大學圖書館：《千唐誌齋藏石拓片目録》，油印本，1981年。
④ 李根源：《河南圖書館藏石目》，民國十四年（1925）鉛印本。
⑤ 郭玉堂：《洛陽出土石刻時地記》，大象出版社，2005年。
⑥ 氣賀澤保規『復刻洛陽出土石刻時地記——附解説·所載墓誌碑刻目録』汲古書院、2002年。
⑦ 余扶危、張劍：《洛陽出土墓誌卒葬地資料彙編》，北京圖書館出版社，2002年。

首先，河南地區。河南自古爲中原文化核心區域所在，加之作爲北魏、東魏都城的洛陽、安陽，及邙山陵墓區，保留北朝歷史文化遺迹衆多。可以比較全面反映河南碑誌存佚情况的是河南省文物局、中原石刻藝術館編撰的《河南碑誌叙録》（一、二）。① 該書著録東漢至清末墓誌、塔銘、造像記、廟碑、功德記等 1410 種，注明出土時間、地點、尺寸、書體、容字等信息，書後附 227 幅剪裱拓本。其中北朝墓誌有《元偃墓誌》《元龍墓誌》《元始和墓誌》等名品數十種。此外，洛陽師範學院也藏有數種北朝墓誌。楊作龍、趙水森編《洛陽新出土墓誌釋録》② 著録北魏《孫樹墓誌》《乞伏君墓誌》2 種，洛陽師範學院後來收藏的《高樹生墓誌》《韓期姬墓誌》等未及著録。在墓誌録目數量和廣度上，洛陽市文物局、洛陽市文物工作隊編《洛陽出土墓誌目録》③ 及洛陽市文物考古研究院編《洛陽出土墓誌目録續編》④ 要更爲專業一些。前者著録北魏《靳英墓誌》到北周《盧蘭墓誌》299 種，後者增録北朝《馮熙墓誌》《楊恩墓誌》等共計 78 種，大致可反映出河南北朝墓誌出土及保存情况。

其次，河北地區。關於河北地區的石刻現存情况，可參看石永士等編著的《河北金石輯録》。⑤ 該書搜集河北"金文""刻石""碑刻""經幢及其他""墓誌"等金石 3595 種，其中"墓誌"部分著録了河北省出土的《邢巒墓誌》《邢偉墓誌》等 30 種。書末有河北省金石目録，便於檢索。

再次，山東地區。對於山東地區石刻文獻的考察，可以從《山東省志·文物志》⑥ 入手。該書第七編"文物藏品"中第六章"石刻"有關於山東地區出土碑誌的介紹，輯録了《刁遵墓誌》《高道悦墓誌》《李璧墓誌》《鞠彦雲墓誌》《李謀墓誌》《房悦墓誌》《崔芬墓誌》等 7 種北朝墓誌。祇是《文物志》出版時間較早，一些新見墓誌未及著録。山東地區北朝墓誌還可以參閱《山東石刻分類全集·歷代墓誌卷》⑦ 和《山東石刻藝術選萃·歷代墓誌卷》，⑧ 二書均爲圖録類著述，前者録南朝《劉懷民墓誌》1 種，北朝《韓顯宗墓誌》等 43 種，後者録北朝墓誌 27 種，

① 河南省文物局、中原石刻藝術館：《河南碑誌叙録》，中州古籍出版社，1992 年、1997 年。
② 楊作龍、趙水森：《洛陽新出土墓誌釋録》，北京圖書館出版社，2004 年。
③ 洛陽市文物局、洛陽市文物工作隊：《洛陽出土墓誌目録》，朝華出版社，2001 年。
④ 洛陽市文物考古研究院：《洛陽出土墓誌目録續編》，國家圖書館出版社，2012 年。
⑤ 石永士、王素芳、裴淑蘭：《河北金石輯録》，河北人民出版社，1992 年。
⑥ 山東省地方史志編纂委員會：《山東省志·文物志》，山東人民出版社，1996 年。
⑦ 《山東石刻分類全集》編撰委員會：《山東石刻分類全集·歷代墓誌卷》，青島出版社，2013 年。
⑧ 山東石刻藝術博物館：《山東石刻藝術選萃·歷代墓誌卷》，浙江文藝出版社，1996 年。

皆山東地區所出北朝墓誌，圖像等大，宣紙印刷，便於學術研究之用。

復次，山西地區。山西地區也是北朝石刻遺存較爲豐富地區之一，如清胡聘之《山右石刻叢編》收録748種，後《山西通志·金石記》增録至1550餘種。1990年，劉舒俠編撰的《〈山右石刻叢編〉〈山西通志·金石記〉石刻分域目録》，[1]將《叢編》《金石記》所收碑誌按照光緒年間州府行政區劃重新編制目録，利於掌握山西各地區石刻分布情況。當然，最能反映山西石刻全貌是《三晋石刻總目》。《總目》按地、市分卷編撰，標注每一市下各縣石刻存佚情況，并在書末附《石刻簡目》《條目分域統計表》。自1998年始，已經出版《運城地區卷》、[2]《長治市卷》、[3]《陽泉市卷》、[4]《晋中市卷》、[5]《晋城市卷》、[6]《臨汾市卷》、[7]《大同市卷》、[8]《太原市卷》、[9]《朔州市卷》[10]等。與《三晋石刻總目》相配套的是《三晋石刻大全》，該書圖文對照，拓本與録文并重，目前已見出版《吕梁市石楼縣卷》、[11]《大同市靈丘縣卷》、[12]《晋中市壽陽縣卷》、[13]《晋中市靈石縣卷》、[14]《晋中市左權縣卷》、[15]《忻州市寧武縣卷》、[16]《陽泉市盂縣卷》、[17]《臨汾市侯馬市卷》、[18]《晋城市高平市卷》、[19]《長治市長治縣卷》、[20]《臨汾市蒲縣卷》、[21]《運城市绛縣卷》、[22]《臨汾市永和縣卷》、[23]《太原市

[1] 劉舒俠：《〈山右石刻叢編〉〈山西通志·金石記〉石刻分域目録》，山西人民出版社，1990年。
[2] 吳均：《三晋石刻總目·運城地區卷》，山西古籍出版社，1998年。
[3] 王懷中等：《三晋石刻總目·長治市卷》，山西古籍出版社，2000年。
[4] 張鴻仁、李翔：《三晋石刻總目·陽泉市卷》，山西古籍出版社，2003年。
[5] 晋華：《三晋石刻總目·晋中市卷》，山西古籍出版社，2004年。
[6] 吳廣隆、秦海軒：《三晋石刻總目·晋城市卷》，山西古籍出版社，2004年。
[7] 解希恭、張新智：《三晋石刻總目·臨汾市卷》，山西古籍出版社，2004年。
[8] 董瑞山：《三晋石刻總目·大同市卷》，山西古籍出版社，2005年。
[9] 張崇顔、王德岑：《三晋石刻總目·太原市卷》，山西古籍出版社，2006年。
[10] 雷雲貴：《三晋石刻總目·朔州市卷》，山西古籍出版社，2006年。
[11] 劉應剛：《三晋石刻大全·吕梁市石楼縣卷》，三晋出版社，2008年。
[12] 高鳳山：《三晋石刻大全·大同市靈丘縣卷》，三晋出版社，2010年。
[13] 史景怡：《三晋石刻大全·晋中市壽陽縣卷》，三晋出版社，2010年。
[14] 楊洪：《三晋石刻大全·晋中市靈石縣卷》，三晋出版社，2010年。
[15] 王兵：《三晋石刻大全·晋中市左權縣卷》，三晋出版社，2010年。
[16] 任寧虎、郭寶厚：《三晋石刻大全·忻州市寧武縣卷》，三晋出版社，2010年。
[17] 李晶明：《三晋石刻大全·陽泉市盂縣卷》，三晋出版社，2010年。
[18] 高青山：《三晋石刻大全·臨汾市侯馬市卷》，三晋出版社，2011年。
[19] 常書銘：《三晋石刻大全·晋城市高平市卷》，三晋出版社，2011年。
[20] 賈圪堆：《三晋石刻大全·長治市長治縣卷》，三晋出版社，2012年。
[21] 王東全：《三晋石刻大全·臨汾市蒲縣卷》，三晋出版社，2013年。
[22] 李玉明、柴廣勝：《三晋石刻大全·運城市绛縣卷》，三晋出版社，2014年。
[23] 楊年玉：《三晋石刻大全·臨汾市永和縣卷》，三晋出版社，2015年。

婁煩縣卷》、①《吕梁市興縣卷》②等。山西地區出土的北魏《司馬金龍墓誌》、《封和
寵墓誌》、《辛祥墓誌》、《宋紹祖墓誌》、《姬辰墓誌》，北齊《張肅墓誌》、《裴良
墓誌》、《庫狄迴洛墓誌》、《婁睿墓誌》、《韓裔墓誌》、《徐顯秀墓誌》及東魏《劉
懿墓誌》等，均見著録。

又次，陝西地區。相比其他地區，陝西不僅歷史悠久，文化遺存衆多，而且
還存在西安碑林、陝西歷史博物館等大型文物收藏機構。對陝西地區石刻情況的探
求，可以從李慧《陝西石刻文獻目録集存》、③李域錚《陝西古代石刻藝術》④兩部
目録著作開始。前書將 1949 年前有關陝西石刻的著述進行編目，整理出墓誌 448
種，其中魏晉南北朝占 132 種。後書分陝西石刻概述、西安碑林中的書法藝術和歷
代墓誌三個部分，從陝西現存石刻中選取 437 種，其中包括《元定墓誌》《元鑒墓
誌》等北朝精品墓誌。與這些目録書對應的圖録類著述是《陝西金石文獻匯集》叢
書，目前已見出版《咸陽碑石》、⑤《安康碑石》、⑥《漢中碑石》、⑦《咸陽碑刻》、⑧《臨
潼碑石》⑨等。在陝西省，乃至全國石刻收藏機構中，西安碑林都是一座較爲重要
的博物館。上文提到，于右任在抗戰時期曾將所藏石刻捐獻西安碑林，其中北朝墓
誌 158 種。據陳忠凱等編《西安碑林博物館藏碑刻總目提要》⑩所載，截至 2005
年，西安碑林藏墓誌 1053 種，其中北朝墓誌 171 種。與這些目録對應的圖版，可
參見西安碑林博物館編《西安碑林全集》。後來西安碑林陸續新入藏碑誌，皆著録
於《西安碑林博物館新藏墓誌彙編》《西安碑林博物館新藏墓誌續編》等，這些内
容將在圖録部分進行詳細介紹。

最後，遼寧地區。南北朝時期，遼寧西部曾經存在北魏、東魏、北齊等政權，
保存有大量歷史遺迹。石刻相關目録可以參看《遼寧省志·文物志》。⑪《文物志》
第一編"遺迹遺存"第六章"石刻"中有關於遼西地區出土北朝墓誌的介紹。碑

① 梁俊杰：《三晉石刻大全·太原市婁煩縣卷》，三晉出版社，2016 年。
② 史建春：《三晉石刻大全·吕梁市興縣卷》，三晉出版社，2017 年。
③ 李慧：《陝西石刻文獻目録集存》，三秦出版社，1990 年。
④ 李域錚：《陝西古代石刻藝術》，三秦出版社，1995 年。
⑤ 張鴻杰：《咸陽碑石》，三秦出版社，1990 年。
⑥ 張沛：《安康碑石》，三秦出版社，1991 年。
⑦ 陳顯遠：《漢中碑石》，三秦出版社，1996 年。
⑧ 曹發展：《咸陽碑刻》，三秦出版社，2003 年。
⑨ 趙康民、李小萍：《臨潼碑石》，三秦出版社，2006 年。
⑩ 陳忠凱等：《西安碑林博物館藏碑刻總目提要》，綫裝書局，2006 年。
⑪ 遼寧省地方志編纂委員會辦公室：《遼寧省志·文物志》，遼寧人民出版社，2001 年。

誌文字方面的著述，可參閱王晶辰編《遼寧碑誌》，① 錄有《劉賢墓誌》《張略墓誌》等北朝墓誌。此外，遼寧省博物館也藏有衆多歷代墓誌。其中有《元颺墓誌》《元略墓誌》《元欽墓誌》等北朝墓誌 35 種，部分墓誌係民國二十三年（1934）羅振玉寄贈時僞滿洲國立博物館（即今遼寧省博物館前身）收藏。

相比原石，碑誌拓本也以其直觀具象、携帶便捷、價格低廉等特點，爲公私博物館、圖書館，及個人藏家所鍾愛。如北京地區歷史上出土南北朝墓誌無多，但作爲新中國政治中心，逐漸成爲各種歷史文物的集散地。北京諸博物館、圖書館、大學等多見碑誌收藏，并已有館藏目錄出版。如孫貫文《北京大學圖書館藏歷代石刻拓本草目》，北京大學圖書館金石組《北京大學圖書館藏歷代墓誌拓片目錄》，② 中國科學院圖書館《中國科學院圖書館藏石刻編年草目》，③ 徐自強《北京圖書館藏石刻叙錄》，④ 北京圖書館《北京圖書館藏墓誌拓片目錄》，⑤《北京圖書館藏北京石刻拓片目錄》，⑥ 王鑫、程利《北京市文物研究所藏墓誌拓片》⑦ 等。其中，以國家圖書館和北京大學圖書館收藏量最大，其目錄更爲學界所關注。根據《北京圖書館藏墓誌拓片目錄》記載，國家圖書館收藏墓誌拓本 4638 種，南北朝《吕超墓誌》《元延明墓誌》《司馬紹墓誌》共計 318 種，可與《北京圖書館藏中國歷代石刻拓本滙編》相互參照使用。相比之下，北京大學圖書館收藏量要更大，《北京大學圖書館藏歷代墓誌拓片目錄》著錄從漢至民國墓誌 10194 種。其中南朝《李氏墓記》《劉懷民墓誌》《吕超墓誌》《程虔墓誌》《衛和墓誌》5 種，北朝《魚玄明墓誌》《司馬金龍墓誌》等 634 種，部分新出土墓誌圖版可參見《北京大學圖書館新藏金石拓本菁華》。此外，上海地區的上海博物館、圖書館等也是碑誌拓本收藏重鎮。二十世紀五十年代時期，孫伯淵先生曾捐贈上海博物館 3920 件碑帖拓本，其中南北朝墓誌 349 種，⑧ 不乏《程虔墓誌》《衛和墓誌》等名品。在孫先生之後，戚叔玉

---

① 王晶辰：《遼寧碑誌》，遼寧人民出版社，2002 年。

② 北京大學圖書館金石組：《北京大學圖書館藏歷代墓誌拓片目錄》，上海古籍出版社，2013 年。

③ 中國科學院圖書館：《中國科學院圖書館藏石刻編年草目》，油印本。

④ 徐自强：《北京圖書館藏石刻叙錄》，書目文獻出版社，1988 年。

⑤ 徐自强主編，冀亞平、王巽文編，北京圖書館金石組編輯《北京圖書館藏墓誌拓片目錄》，中華書局，1990 年。

⑥ 徐自强主編，王巽文、冀亞平協編，北京圖書館金石組編輯《北京圖書館藏北京石刻拓片目錄》，書目文獻出版社，1994 年。

⑦ 王鑫、程利：《北京市文物研究所藏墓誌拓片》，北京燕山出版社，2003 年。

⑧ 徐冰冠：《滿地香泥夢有痕：孫伯淵先生捐獻金石拓片清册》，香港集古齋，2000 年。

先生也陸續將舊藏 4800 餘件碑誌拓本捐獻給上海博物館，其中包括 323 種南北朝墓誌拓本。後上海博物館圖書館據此捐贈編撰成《戚叔玉捐贈歷代石刻文字拓本目錄》，① 2006 年由上海古籍出版社刊行。其中部分南北朝碑誌圖版見於戚叔玉等選編的《北魏墓誌百種》。② 上海圖書館藏碑誌拓本，可參閱上海圖書館編《上海圖書館藏善本碑帖》③《上海圖書館善本碑帖綜錄》④ 等。

此外，還有中國臺灣地區。中國臺灣地區碑誌拓本收藏主要集中於歷史語言研究所傅斯年圖書館，共計 25000 餘種。學者已進行編目，目前可見毛漢光《中央研究院歷史語言研究所藏歷代墓誌拓片目錄》、⑤《中央研究院歷史語言研究所藏歷代碑誌銘、塔誌銘、雜誌銘拓片目錄》、⑥ 佛教拓片研讀小組《中央研究院歷史語言研究所藏北魏紀年佛教石刻拓本目錄》、⑦ 洪金富《中央研究院歷史語言研究所藏遼金石刻拓本目錄》、⑧《中央研究院歷史語言研究所藏元代石刻拓本目錄》⑨ 等。其中，著錄南朝《劉懷民墓誌》《呂超墓誌》兩種，及北朝《李氏墓誌》《元容墓誌》《元理墓誌》等 341 種，另有墓誌蓋 6 種。此外，中國臺灣的圖書館也收藏有大量墓誌拓本。根據《“國立中央”圖書館藏墓誌拓片目錄附索引》所載，該館收藏墓誌 2707 種，其中南北朝墓誌《聞景墓誌》《劉懷民墓誌》《宋靈妃墓誌》等共計 258 種，也是收藏豐富。

至於海外中國古代碑誌拓本收藏，主要是日本、美國及法國等地區。

日本收藏中國石刻拓本較多的機構是東洋文庫、京都大學人文科學研究所、大東文化大學書道研究所、淑德大學書學文化研究中心、大阪市立美術館等。作爲日本漢學研究中心，東洋文庫是日本最大的東方學資料收藏機構。根據《東洋文庫所藏中國石刻拓本目錄》⑩ 記載，東洋文庫藏有中國石刻拓本 2760 種，其中南北朝

① 上海博物館圖書館：《戚叔玉捐贈歷代石刻文字拓本目錄》，上海古籍出版社，2006 年。
② 戚叔玉等：《北魏墓誌百種》，上海書畫出版社，1987 年。
③ 上海圖書館：《上海圖書館藏善本碑帖》，上海古籍出版社，2005 年。
④ 上海圖書館：《上海圖書館善本碑帖綜錄》，上海書畫出版社，2017 年。
⑤ 毛漢光：《中央研究院歷史語言研究所藏歷代墓誌拓片目錄》，樂學書局，1985 年。
⑥ 毛漢光：《中央研究院歷史語言研究所藏歷代碑誌銘、塔誌銘、雜誌銘拓片目錄》，學生書局，1987 年。
⑦ 佛教拓片研讀小組：《中央研究院歷史語言研究所藏北魏紀年佛教石刻拓本目錄》，中研院歷史語言研究所，2002 年。
⑧ 洪金富：《中央研究院歷史語言研究所藏遼金石刻拓本目錄》，中研院歷史語言研究所，2012 年。
⑨ 洪金富：《中央研究院歷史語言研究所藏元代石刻拓本目錄》，中研院歷史語言研究所，2015 年。
⑩ 東洋文庫『東洋文庫所藏中國石刻拓本目錄』興業社、2002 年。

墓誌有《劉懷民墓誌》《侯氏墓誌》《元勰墓誌》等 78 種。與東洋文庫比肩的京都大學人文科學研究所，也是日本漢學研究重鎮。根據京都大學網站公布目録，已見展示南北墓誌 213 種，相關圖版可瀏覽京都大學網站或《日本京都大學藏中國歷代文字碑刻拓本彙編》。[①] 需要説明的是，這 213 種拓本僅是人文研究所拓本收藏之一部分，并非全部藏品。大東文化大學書道研究所藏中國石刻拓本主要來自宇野雪村的捐贈。宇野雪村是日本書法名家，喜好中國石刻碑帖收藏。1997 年，宇野雪村將所藏書學、美術相關資料捐贈給大東文化大學書道研究所，其中石刻拓本 500 餘册，1000 餘種。據該所編制《宇野雪村文庫拓本目録》[②] 著録，南北朝墓誌有《劉懷民墓誌》《吕超墓誌》《陶峻墓誌》等 293 種，部分墓誌拓本存在整拓和册頁等不同裝幀形式，較爲珍貴。同前面幾所大學一樣，淑德大學書學文化研究中心也是日本收藏中國石刻拓本的重要機構。就南北朝墓誌而言，該中心收藏《劉懷民墓誌》《吕超墓誌》《陶弘景墓誌》《程虔墓誌》《楊公則墓誌》等墓誌拓本 231 種，[③]而且多爲其他館藏未見者。之外，東京國立博物館、大阪市立美術館等也收藏有數量衆多的中國石刻拓本。前者可以參見《東京國立博物館所藏竹島卓一舊藏中國史迹寫真目録》，[④] 後者收藏南北朝墓誌拓本 138 種。[⑤]

美國收藏中國石刻拓本機構很多，其中以哈佛大學燕京圖書館、伯克利加州大學東亞圖書館及芝加哥富地博物館爲代表。哈佛大學燕京圖書館現藏碑誌拓本1066 種、2465 幅，[⑥] 基本實現數字化，可於圖書館主頁瀏覽，見存南朝《楊公則墓記》，北朝《元鑽遠墓誌》《元徽墓誌》等百餘種。相比之下，伯克利加州大學東亞圖書館收藏的善本碑帖及各類金石拓本數量更多，達到 4753 種，28000 餘品。墓誌類中以山東、河南、山西地區出土的北朝及隋唐墓誌爲大宗，其中不乏《刁遵墓誌》《王僧墓誌》《李超墓誌》《高湛墓誌》《劉懿墓誌》等名品。2008 年，上海

---

① 《日本京都大學藏中國歷代文字碑刻拓本彙編》編撰委員會：《日本京都大學藏中國歷代文字碑刻拓本彙編》，新疆美術攝影出版社，2016 年。

② 玉村清司『大東文化大學書道研究所藏宇野雪村文庫拓本目録』大東文化大學書道研究所、2004 年。

③ 中濱慎昭『淑德大學書学文化研究中心藏中國石刻拓本目録』淑德大學書学文化研究中心、2016 年。

④ 田良島哲・平勢隆郎・三輪紫都香『東京国立博物館所藏竹島卓一旧藏「中國史迹写真」録目』東京大學東洋文化研究所、2015 年。

⑤ 大阪市立美術館『大阪市立美術館紀要・中國金石拓本目録』、1978 年。

⑥ 姚伯岳：《堀越喜博和他的金石拓片收藏》，《燕北書城困學集》，岳麓書社，2010 年，第 153~168 頁。

古籍出版社出版了周欣平主編的《柏克萊加州大學東亞圖書館藏碑帖》，[①] 對該館藏品有詳細介紹。最後是芝加哥富地博物館，該館所藏中國金石拓本主要來源於美國著名漢學家勞費爾的收藏。勞費爾一生致力於漢學研究，曾游歷中國，收集金石拓本 3336 種，大部分爲富地博物館收藏。1981 年，瓦拉文斯主編《富地博物館藏拓本聚瑛》[②] 出版。該書收錄館藏拓本 2014 種，并於每一目下詳述該石刻年代、出土地、書體、尺寸等信息，書後又附 "題名" "人名" "寺廟名" 等多種索引。石刻中山東、陝西等地的漢魏六朝石刻占有相當大的比重，多是造像記文獻，有北朝《崔敬邕墓誌》等 10 種。

在美國、日本之外，法國各地博物館、圖書館等也收藏了數量衆多的中國古代石刻拓本。如漢學家沙晼、伯希和、賽和朗、奧龍等學者收藏的拓本，分別收藏於亞洲協會、吉美博物館、法蘭西國立圖書館、遠東學院等機構，總數 7000 餘種。[③]

最後，談一下通代墓誌目録。這類目録涵蓋範圍廣，跨度時間長，具有集成性質，對墓誌及相關問題研究更具指導意義。首先介紹的是王壯弘、馬成名編撰的《六朝墓誌檢要》。[④] 該書根據《北京大學圖書館藏拓片草目》《石刻題跋索引》等文獻所載，對南北朝 546 種墓誌進行著録，編寫每種墓誌的時代、尺寸、書體、出土地及真僞等信息，并於目下詳列著録出處，書後又附目録索引。該書自 1985 年出版以來，2008 年再出修訂本，一直是六朝墓誌研究的重要工具書。之後是榮麗華編集的《1949—1989 四十年出土墓誌目録》。[⑤] 該書對 1949 年至 1989 年四十年間出土的墓誌進行統一著録，其中包括南北朝墓誌 100 種，所録墓誌多爲科學發掘，材料較爲真實可信。後汪小烜續編《1990—1999 年新出漢魏南北朝墓誌目録》。[⑥] 此兩種墓誌目録大致可反映 1949 年以來中古墓誌出土和著録情況。在此之

① 周欣平：《柏克萊加州大學東亞圖書館藏碑帖》，上海古籍出版社，2008 年。
② Hartmut Walravens ed., *Catalogue of Chinese Rubbings from Field Museum*（瓦拉文斯：《富地博物館藏拓本聚瑛》），Field Museum of Natural History，1981。
③ 戴仁：《沙晼和法國的中國碑銘學》，周長青、施安昌譯，《法國漢學》叢書編輯委員會編《法國漢學》第 6 輯（科技史專號），中華書局，2002 年，第 587~601 頁。
④ 王壯弘、馬成名：《六朝墓誌檢要》，上海書畫出版社，1985 年。
⑤ 榮麗華編集，王世民校訂《1949—1989 四十年出土墓誌目録》，中華書局，1993 年。
⑥ 汪小烜：《1990—1999 年新出漢魏南北朝墓誌目録》，《魏晉南北朝隋唐史資料》第 18 輯，武漢大學出版社，2001 年。

後出現的是兩部墓誌目録集大成之作：毛遠明《漢魏六朝碑刻校注·總目提要》[①]和梶山智史《北朝隋代墓誌所在總合目録》。[②] 毛遠明《漢魏六朝碑刻校注》總目收録 2008 年前出土或著録的漢魏南北朝時期諸類石刻近 2600 種，其中南北朝墓誌798 種。總目在著録墓誌信息之外，還特别注明拓片來源。這源於《漢魏六朝碑刻校注》祗收録有實物、拓片、照相、摹本的石刻，不見實物及拓本的石刻資料未予著録。相比之下，日本學者梶山智史《北朝隋代墓誌所在總合目録》更專注於北朝墓誌著録，共計録目 1211 種，是目前所見規模最大的北朝墓誌著録目録書。《總合目録》不僅條目多，著録信息也非常豐富，具有極高價值。但該書缺録南朝墓誌，信息分類不清，及對中國古代金石志書關注無多，略爲遺憾。加之，成書較早，亟須補入近年新發現墓誌。

二 圖録：觀之有物

圖録，又稱圖譜，是一種通過拓本、摹本、照片等呈現金石原貌的文獻形式。圖録的出現，可追溯至先秦時期。《漢書·藝文志》自易家後，著目圖録數十種。已見出土的長沙子彈庫戰國楚帛書、清華簡《筮法》卦位圖等都證明先秦時期確實存在圖録。就金石圖録而言，其來源有三：一是拓本，二是摹本，三是照片。前者復原準確性强，出品效率高，一直沿用至今；次者形式靈活，大小可變，多用於上石印刷；最後的照片是膠片攝影、電子成像等技術運用。無論是拓本，還是摹本，彙編成帙，刻版製書，都可以製成圖録。早期圖録中，拓本類圖録以歐陽修《集古録》爲代表。《集古録》前有拓本，後有跋尾，後拓本部分亡佚，祗剩跋尾，故成《集古録跋尾》。摹本類圖録以王溥《宛炎集》最早。王溥曾收藏三千餘石本，命善書者分録爲《宛炎集》凡百卷。關於圖録之用，鄭樵《通志·圖譜略》曾歸納"器用""班爵""名物"等十六類學問，"有書無圖，不可用也"。鄭氏所言雖略有誇張，但圖録在歷史信息的還原及傳遞過程中，所呈現出的直觀和具象優勢，是目録、文字等其他文獻所不具備的。這一點在石刻文獻上表現更爲明顯：一方面，石刻多在遠郊荒野，不便近至觀覽，即使私人收藏，也不輕易示人；另一方面，自然風化、人爲破壞都會造成石刻的泐損，甚至亡佚，早期拓本和摹本可以最大程度上

① 毛遠明：《漢魏六朝碑刻校注·總目提要》，綫裝書局，2008 年。
② 梶山智史『北朝隋代墓誌所在総合目録』汲古書院、2013 年。

保留石刻原貌。圖録在空間和時間上的穿越，可視爲其在石刻圖樣保存上的最大貢獻。

宋代金石學興盛，大量的圖録類著述也隨之而生。除上舉歐、王之書外，當時還有劉敞《先秦古器記》、曾鞏《金石録》、李公麟《考古圖》等，但均已亡佚。今見傳世文獻中，最早圖録是吕大臨《考古圖》。①《考古圖》十卷，成書於宋元祐七年（1092），著録青銅器 224 種，玉器 13 種，石器 1 種。該書摹繪圖形、款識，并記録尺寸、容量、重量、出土地、收藏處等信息，在圖録編撰體例上具有開創意義。此後，又有宋官修《宣和博古圖》②等，仍以圖録青銅器爲主，直到洪适《隸釋》、《隸續》③及朱熹《家藏石刻集》④始圖録石刻文獻。洪書將石刻隸書謄録於紙本，實現了拓本與書本的有機轉換。朱書則繼承傳統，將拓本編輯成書帙。在這些金石圖録之外，這一時期還出現收録金石文字的刻帖。如《淳化閣帖》《絳帖》《大觀帖》《汝帖》《歷代鐘鼎彝器款識法帖》《古鼎法帖》等，但重在提供書法臨摹對象，非爲純粹金石圖録著録，此不展開論述。即便如此，上舉諸著作仍不見墓誌類石刻録圖。從今見圖録來看，這種情況的改變是在王俅編撰《嘯堂集古録》⑤時。《嘯堂集古録》收録金石器 345 種，其中墓誌一種，即《滕公墓銘》，觀王俅臨摹字形，似爲道家符篆之體。雖然《滕公墓銘》真實性有待探究，但仍可視爲墓誌圖録之始。

元明时期，理學日盛，金石學逐漸没落。圖譜不若宋代之衆，反而是先出現一些刻帖圖録。如顧信、吳世昌《樂善堂帖》⑥將趙孟頫、姜夔、盧柳南等名家書迹摹刻上石，《趙孟頫安素軒石刻》⑦收録趙孟頫書《道德經》及老子畫像拓本圖録，董其昌《戲鴻堂法帖》搜集歷代名家法書等。到了明代，有代表性的石刻圖録是陶滋《碧落碑文正誤》，⑧書首録碧落碑篆書銘文，可視爲臨摹原石之作。相類著述還有楊慎《石鼓文音釋》，⑨對所見石鼓篆書，一一摹録原文。以及王佐《彙堂摘

① 吕大臨：《考古圖》，北京圖書館出版社，2003 年。
② 王黼：《宣和博古圖》，《景印文淵閣四庫全書》第 840 册。
③ 洪适：《隸釋》《隸續》，中華書局，1986 年。
④ 郭齊、尹波：《朱熹集》，四川教育出版社，1996 年。
⑤ 王俅：《嘯堂集古録》，民國十一年（1922）涵芬樓《續古逸叢書》本。
⑥ 顧信、吳世昌：《樂善堂帖》，北京圖書館出版社，1998 年。
⑦ 趙孟頫：《趙孟頫安素軒石刻》，天津古籍出版社，2006 年。
⑧ 陶滋：《碧落碑文正誤》，明嘉靖十二年（1533）汾亭陶氏刊本。
⑨ 楊慎：《石鼓文音釋》，中華書局，1950 年。

奇》，① 摹録《楚衡岳神禹碑》《漢滕公石椁銘》《吴季公碑》三種。相比之下，明代圖録收録金石最多者爲豐道生《金石遺文》，② 輯金石文圖録五卷，但大抵取材《博古圖》《考古圖》《歷代鐘鼎彝器款識法帖》等，價值不大。

相比宋元明，圖録的大發展發生在清代，不僅出現了若干圖録製版名家，還産生了一系列的圖録名著。清初較爲著名的圖録是褚峻《金石經眼録》。③ 褚峻字千峰，郃陽人，工於鎸字，以販鬻碑刻爲業，每裹糧走深山、窮谷、敗墟、廢址之間，搜求金石之文，凡前人所未及録與雖録而非所目擊未能詳悉言之者，皆據所親見，繪其形狀，摹其字畫，并其剥蝕剟缺之處，一一手自鈎勒，作爲縮本鎸於棗板，纖悉逼真。《金石經眼録》收録自太學石鼓以下迄於曲阜顏氏所藏漢無名碑陰，爲數 47 種。後牛運震於《金石經眼録》各係己説，詳其高卑廣狹及所在之處，其假借通用之字亦略訓釋，又增録碑文 60 種，成《金石圖説》。④ 前代圖録之書，重在摹寫或拓録文字，皆不及《金石經眼録》《金石圖説》圖繪形制，形象逼真。此外，還有朱楓《秦漢瓦圖記》，程敦《秦漢瓦當文字》，畢沅《秦漢瓦當圖》，鄒安《廣倉磚録》、《雙王鈢齋金石圖録》等圖録瓦當磚石。略微遺憾的是，上述著録著作均未收録墓誌。究其原因所在，一是墓誌形制簡單，字數繁多，文字書法并未受到時人的重視；二是墓誌摹勒刻印，難度較大，拓本製作仍占據主流。

進入清末，隨着石印技術傳入，印刷技術出現革命性的變革和發展。雖然石印技術很快被鉛印技術取代，但仍然有大量古籍憑此得到刊行。同樣，這一時期的石印技術也被廣泛地應用於墓誌圖録印刷。清光緒八年（1882），日本印書局影印楊守敬《寰宇貞石圖》，⑤ 將先秦至宋，及日本、朝鮮石刻 230 餘種名品集中進行影印。與以往圖版摹録不同，《寰宇貞石圖》采用了石印技術影印，這在石刻圖版印刷發展史上具有里程碑意義。1940 年，藤原楚水對該書删減增録成《增訂寰宇貞石圖》，⑥ 沈勤盧、陳子彝又編製了《寰宇貞石圖目録》，⑦ 可供檢索。《寰宇貞石圖》收録北朝墓誌《北魏司馬景和妻孟氏墓誌》《北魏涇雍二州別駕皇甫驎墓誌》《北魏

① 　王佐：《彙堂摘奇》，民國二十五年（1936）《叢書集成初編》本。
② 　豐道生：《金石遺文》，湖南圖書館藏鈔本。
③ 　褚峻：《金石經眼録》，《景印文淵閣四庫全書》第 684 册。
④ 　朱運震：《金石圖説》，清光緒二十一年（1895）聚學軒劉氏藏自刻本。
⑤ 　楊守敬：《寰宇貞石圖》，清光緒八年（1882）日本印書局石印本。
⑥ 　藤原楚水：《增訂寰宇貞石圖》，興文社，1940 年。
⑦ 　沈勤盧、陳子彝：《寰宇貞石圖目録》，民國二十一年（1932）江蘇省立蘇州圖書館鉛印本。

雒州刺史刁遵墓誌并陰》《北魏鎮遠將軍鄭道忠墓誌》《北魏鞠彥雲墓誌并蓋》《北魏吳高黎墓誌》《北魏南陽太守劉玉墓誌》《北魏懷令李超墓誌》《東魏南秦州刺史司馬昇墓誌》《東魏定州刺史李憲墓誌》《東魏齊州刺史高湛墓誌》《東魏太尉劉懿墓誌》《東魏渤海太守王偃墓誌》《東魏源磨耶墓誌》《東魏開府參軍崔頠墓誌》《北周開府儀同賀屯公高植墓誌》等 16 種。光緒三十四年（1908），吳隱纂輯，顧燮光編《六朝誌銘叢錄》①由西泠印社石印出版，收錄吳隱所藏六朝墓誌 80 種，皆舊拓本或新出土之初拓本，開本闊大，圖版清晰，足資校勘研究之用。民國六年（1917），羅振玉石印出版《六朝墓誌菁英》《六朝墓誌菁英二編》二書。前者收錄墓誌 18 種，其中南朝宋墓誌 1 種，北魏墓誌 16 種，隋墓誌 1 種。後者續收南朝墓誌 3 種，北魏墓誌 11 種。二書收錄墓誌皆南北朝墓誌精品，選用初拓影印，足可傳世。此外，六朝墓誌的圖錄著述還有狄楚青《六朝墓誌精華》，②該書 4 集 16 冊，收錄晉至隋墓誌 100 種，均爲原拓影印，字迹清晰。總體而言，民國時期墓誌圖錄集大成者爲趙萬里《漢魏六朝冢墓遺文圖錄》。③該書十卷，後有補遺一卷。第一冊叙述墓誌拓本年代、尺寸、書體，及對所涉史實進行考證，屬於題跋性質；第二冊爲圖版，著錄墓誌、墓記、墫銘、神坐、柩銘等各種冢墓遺文近 609 種，圖 780 餘。在趙氏碑誌研究著述中，此書先出，與後出《漢魏南北朝墓誌集釋》圖版部分多有重合，不爲學界所關注。《圖錄》圖版精良，雖無考釋，但大體涵蓋當時已見墓誌，亦有可觀之處。

石印技術的引進，雖然可以促進圖錄著述的發展，但對傳統悠久且自成體系的石刻拓本收藏影響不大。清末民初出現的拓本鑒定及收藏指導性著述即是例證。方若《校碑隨筆》④是其中較有代表性的一種。方若將收藏的歷代石刻 450 種進行整理，在記錄年代、書體、容字、所在地等信息之外，更關注拓本面貌的描述，以及不同拓本之間的考證與鑒別。因爲作者收藏廣泛，所據拓本多爲早拓及精拓，關於石刻早期及全貌的論述較爲權威，對後世石刻拓本收藏及錄文考證影響較大。在南北朝墓誌方面，《校碑隨筆》收錄南朝《劉懷民墓誌》《程虔墓誌》2 種，北朝《孟熾墓誌》《韓顯宗墓誌》《司馬昺墓誌》《司馬昭墓誌》《楊範墓誌》等 67 種。後

---

① 吳隱纂輯，顧燮光編《六朝誌銘叢錄》，清光緒三十四年（1908）西泠印社石印本。
② 狄楚青：《六朝墓誌精華》，民國九年（1920）有正書局石印本。
③ 趙萬里：《漢魏六朝冢墓遺文圖錄》，民國二十五年（1936）中央研究院歷史語言研究所石印本。
④ 方若：《校碑隨筆》，上海書畫出版社，1981 年。

王壯弘《增補校碑隨筆》增録南朝墓誌《永陽昭王蕭敷墓誌》《永陽敬太妃王氏墓誌》《衛和墓誌》《到仲舉墓誌》4 種，北朝墓誌《元弼墓誌》《元羽墓誌》《寇臻墓誌》《元緒墓誌》《元詳墓誌》等 39 種。王書爲避免重複，於《文物》《考古》等期刊發表石刻多不著録，略有遺憾。此外，方若《校碑隨筆》書末列僞刻 56 種，王壯弘又增 117 種，對於石刻辨僞多有指導意義。爲方便論述，兹將新中國成立後出現的拓本鑒定類著述集中介紹。1984 年，中華書局出版了張彥生《善本碑帖録》。①該書分四卷，前三卷分爲秦漢至唐宋的碑刻，第四卷爲宋元明叢帖，於每一碑帖目下，叙述書體、年代、出土地、容字等信息後，詳細考證不同拓本損泐、新舊拓本差異、翻本與僞刻不同，及傳世拓本紙墨、裝潢等特徵，爲碑帖收藏研究之必讀書目。《善本碑帖録》中收録南朝《劉懷民墓誌》等 7 種，北朝《韓顯宗墓誌》等23 種，均爲墓誌名品。另一部碑帖鑒定名作是馬子雲《碑帖鑒定淺説》，②是書專論碑誌之種類、形式、書法及其古今演變情況，以及各代刻石、碑誌之存佚、真僞以及拓本之考據情況。與以往碑帖考據著述不同，《淺説》附圖於文中及書後，使用方便。在張、馬二先生之後，仲威《中國碑拓鑒別圖典》、③《碑帖鑒定概論》④也是碑帖鑒定專書。特別是《中國碑拓鑒別圖典》，基於上海博物館藏品，選取歷代名碑 330 餘種，配以圖片 2300 餘幅，重在比較不同時期拓本及翻刻本特徵，學術價值較高。書中“南朝篇”收録《蕭敷墓誌》《程虔墓誌》2 種，“北魏篇”“東魏篇”“北齊、北周篇”收録《韓顯宗墓誌》《元羽墓誌》等 55 種，數量亦超前賢若干。

新中國成立以來，墓誌圖録著作如雨後春笋般刊行，不論在數量上，還是在質量上，都遠遠超越前代。這種局面的出現，一方面源於印刷技術突飛猛進的發展，可以滿足人們對碑誌原石及拓本觀覽需要；另一方面，新中國文博事業的蓬勃發展，也激勵着各大博物館、圖書館等文博單位出版館藏品圖録。爲便於論述，對墓誌圖録著述的分析仍以地域角度來進行。

第一，北京地區。關於北京各大文博機構收藏墓誌拓本情況，前文目録部分已經有所介紹。與目録相關的圖録也在新中國成立後得大規模出版，其中最著名的

---

① 張彥生：《善本碑帖録》，中華書局，1984 年。
② 馬子雲：《碑帖鑒定淺説》，紫禁城出版社，1986 年。
③ 仲威：《中國碑拓鑒別圖典》，文物出版社，2010 年。
④ 仲威：《碑帖鑒定概論》，上海古籍出版社，2014 年。

是北京圖書館金石組編撰的《北京圖書館藏中國歷代石刻拓本滙編》。^① 該書收録歷代石刻拓本近兩萬種，共計 100 册，有關南北朝墓誌的著録在第 2~8 册，第 2 册録有《劉懷民墓誌》《楊公則墓誌》《衛和墓誌》3 種，第 3~8 册著録北朝《元楨墓誌》《元偃墓誌》《元簡墓誌》等 380 種。《彙編》篇帙宏大，收藏豐富，圖版清晰，製作精良，爲目前所見規模最大的通代石刻拓本圖録彙編。前文已言，北京大學圖書館收藏金石拓本數量巨大，其中南北朝墓誌達到 639 種。相關墓誌圖録可以瀏覽北大圖書館"秘籍琳琅"網站，該網站收録 4 萬條拓片記録，75000 種拓片。2013 年，北大圖書館又出版了《1996—2012 北京大學圖書館新藏金石拓本菁華》，^② 收録 1996~2012 年間新入藏金石拓本，其中有北朝《司馬金龍墓表》《李伯欽墓誌》《司馬悅墓誌》等 38 種。與北京圖書館、北京大學圖書館收藏拓本不同的是，故宫博物院、中國國家博物館更多是收藏墓誌原石。其中故宫博物院收藏的墓誌基本爲清末民國初出土，多爲端方、周季木、徐森玉、馬衡等名家舊藏。根據《故宫博物院藏歷代墓誌彙編》^③ 所録圖版，有北魏、東魏、北齊《元鸞墓誌》《安緒墓誌》《元演墓誌》《孟敬訓墓誌》等墓誌 14 種。同樣，《中國國家博物館館藏文物研究叢書·墓誌卷》^④ 也圖録中國國家博物館藏南北朝《廣陵王墓誌》《胡毛進墓誌》等 9 種。

　　第二，河南地區。河南是北朝墓誌出土量最大的省份，所以出版的墓誌圖録也最多。如《新中國出土墓誌》系列已經出版河南三卷，《河南〔壹〕》^⑤ 有《范粹墓誌》《顔玉光墓誌》《吕昰墓誌》《道明墓誌》《姜夫人墓誌》《司馬悅墓誌》《和紹隆墓誌》《元華墓誌》等 8 種；《河南〔貳〕》^⑥ 有《席盛墓誌》《陶潛墓誌》2 種；《河南〔叁〕》^⑦ 有《譚棻墓誌》《元璨墓誌》《趙紹墓誌》3 種。與《新中國出土墓誌》系列相類似，河南衆多的文博單位也根據藏石情况自行刊布拓本圖録著述。如河南省文物研究所、河南省洛陽地區文管處編撰的《千唐誌齋藏誌》^⑧ 圖録北朝墓誌《薛慧命墓誌》《元子正墓誌》《元恭墓誌》3 種。譚淑琴主編的《琬琰流芳——河南省博

---

① 北京圖書館金石組：《北京圖書館藏中國歷代石刻拓本滙編》，中州古籍出版社，1989~1991 年。

② 胡海帆、湯燕等：《1996—2012 北京大學圖書館新藏金石拓本菁華》，北京大學出版社，2013 年。

③ 故宫博物院：《故宫博物院藏歷代墓誌彙編》，紫禁城出版社，2010 年。

④ 中國國家博物館：《中國國家博物館館藏文物研究叢書·墓誌卷》，上海古籍出版社，2017 年。

⑤ 中國文物研究所、河南省文物研究所：《新中國出土墓誌·河南〔壹〕》，文物出版社，1994 年。

⑥ 中國文物研究所、河南省文物考古研究所：《新中國出土墓誌·河南〔貳〕》，文物出版社，2002 年。

⑦ 中國文物研究所、千唐誌齋博物館：《新中國出土墓誌·河南〔叁〕·千唐誌齋〔壹〕》，文物出版社，2008 年。

⑧ 河南省文物研究所、河南省洛陽地區文管處：《千唐誌齋藏誌》，文物出版社，1984 年。

物館藏碑誌集粹》①圖録館藏《司馬悅墓誌》《元萇墓誌》等 10 種。近年來，張海書法藝術館入藏民間流散墓誌百餘種。該館自編圖録集中有《張斌墓誌》《楊倪墓誌》等 12 種，也值得關注。在上述文物研究所、高校、博物館之外，洛陽市文物工作隊、洛陽市第二文物工作隊在歷年考古發掘及文物徵集過程中，也積纍了爲數衆多的墓誌材料。如洛陽市文物工作隊編撰的《洛陽出土歷代墓誌輯繩》②圖録北魏《靳英墓誌》《曹永墓誌》等 42 種。此後，洛陽市第二文物工作隊陸續編撰《洛陽新獲墓誌》、③《洛陽新獲墓誌續編》④兩書，將考古隊近年來考古發掘的墓誌及徵集來的民間流散墓誌統一録圖及釋文，總集《穆循墓誌》《元冏墓誌》等 16 種北魏墓誌。在文博單位收藏原石拓本圖録之外，近年來還出現若干流散墓誌拓本圖録彙編，及代表性學者趙君平、毛陽光等。如趙君平編撰的《邙洛碑誌三百種》⑤圖録北魏《楊熙仙墓誌》《源顯明墓誌》等墓誌 22 種；《河洛墓刻拾零》⑥圖録《王皓墓誌》《元萇墓誌》等 28 種；《秦晋豫新出墓誌蒐佚》⑦圖録南朝《秦永太墓誌》1 種，北朝《馮熙墓誌》《楊恩墓誌》等 54 種；《秦晋豫新出墓誌蒐佚續編》⑧圖録北朝墓誌《趙謐墓誌》《王遇墓誌》達 113 種。此外，還有齊運通主編《洛陽新見墓誌》、⑨《洛陽新獲七朝墓誌》、⑩《洛陽新獲墓誌（二〇一五）》⑪等，也先後收録北朝墓誌 79 種。這些墓誌拓本圖録對民間流散墓誌的整理貢獻良多，但也要注意民間流散墓誌真僞問題，使用時亦需謹慎。

　　第三，河北地區。前文目録部分已經通過《河北金石輯録》對河北地區金石存在情況進行了介紹，其中也涉及一些收藏在河北省博物館、河北省文物研究所等地的北朝墓誌。相關圖録可以參看《新中國出土墓誌·河北〔壹〕》，⑫已見《邢偉墓誌》《崔氏墓誌》等北朝墓誌 36 種。在文博單位之外，河北還存在一些民間收

①　譚淑琴：《琬琰流芳——河南省博物館藏碑誌集粹》，中州古籍出版社，2015 年。
②　洛陽市文物工作隊：《洛陽出土歷代墓誌輯繩》，中國社會科學出版社，1991 年。
③　洛陽市第二文物工作隊、李獻奇、郭引强：《洛陽新獲墓誌》，文物出版社，1996 年。
④　洛陽市第二文物工作隊、喬棟、李獻奇、史家珍：《洛陽新獲墓誌續編》，科學出版社，2008 年。
⑤　趙君平：《邙洛碑誌三百種》，中華書局，2004 年。
⑥　趙君平、趙文成：《河洛墓刻拾零》，北京圖書館出版社，2007 年。
⑦　趙君平、趙文成：《秦晋豫新出墓誌蒐佚》，國家圖書館出版社，2012 年。
⑧　趙文成、趙君平：《秦晋豫新出墓誌蒐佚續編》，國家圖書館出版社，2015 年。
⑨　齊運通：《洛陽新見墓誌》，上海古籍出版社，2011 年。
⑩　齊運通：《洛陽新獲七朝墓誌》，中華書局，2012 年。
⑪　齊運通、楊建鋒：《洛陽新獲墓誌（二〇一五）》，中華書局，2016 年。
⑫　中國文物研究所、河北省文物研究所：《新中國出土墓誌·河北〔壹〕》，文物出版社，2004 年。

藏，數量品種也非常豐富，已出版的《文化安豐》、①《墨香閣藏北朝墓誌》② 等可見一斑。《文化安豐》以推介高陵，宣傳安豐爲主旨，於曹操高陵及周邊地區歷史文化遺迹記述甚詳。該書第六章“古墓誌銘集粹”收録北朝《閭麟墓誌》《李伯欽墓誌》《元昂墓誌》等 156 種。嚴格意義上講，安豐位於安陽縣的最北端，是河南省的北大門。但從《文化安豐》所收墓誌葬地來看，有一些墓誌應該出土於河北磁縣東魏、北齊古墓群，而且部分墓誌確實爲河北民間藏家收藏。《墨香閣藏北朝墓誌》一書係北京大學中國古代史研究中心對河北正定墨香閣所藏墓誌的整理著述。正定墨香閣以收藏豐富，種類齊全，在河北地區，乃至全國石刻收藏界都有所影響。在專業學術團隊的介入下，該書不論是圖録，還是釋文，都保持了較高的學術水準，其中著録《李伯欽墓誌》《元昂墓誌》等北朝墓誌 112 種。在墨香閣之外，正定百石齋所藏石刻數量也較爲可觀。2015 年，“百石齋藏新出宋元買地券整理與研究”（項目編號：15BZS053）獲得國家社科基金立項。聯想到北京大學等高校也曾專門整理西安大唐西市博物館館藏墓誌，共同編撰《大唐西市博物館藏墓誌》。公私博物館及私人收藏與高校等科研單位的合作，將是未來石刻整理研究的一個趨勢。

　　第四，陝西地區。陝西石刻保存豐富，圖録類著述有以下幾種值得關注。一是前面目録提到的《陝西金石文獻匯集》叢書，按地域收録金石拓本圖録及釋文。以《咸陽碑刻》爲例，書中著録咸陽地區出土的《張宜墓誌》《獨孤渾貞墓誌》等北朝墓誌 8 種。二是西安碑林博物館編《西安碑林全集》，③ 圖録北朝墓誌 171 種，其目録可參見《西安碑林博物館藏碑刻總目提要》。後碑林又連續出版《西安碑林博物館新藏墓誌彙編》④ 及《續編》。⑤《彙編》收録西安碑林博物館 1989 年至 2006 年間新入藏墓誌 381 種，其中北朝《趙超宗墓誌》《趙超宗妻王氏墓誌》《張宜墓誌》《楊舒墓誌》《楊暐墓誌》《辛蔪墓誌》《獨孤渾貞墓誌》等墓誌 7 種。《續編》新收録 2007 年至 2013 年入藏的 231 種墓誌，包括《辛術墓誌》《辛術妻裴氏墓誌》《侯興墓誌》《拓跋寧墓誌》《宇文業暨妻張氏墓誌》《宇文逢恩墓誌》等北朝墓誌 6 種。三是胡戟、榮新江編《大唐西市博物館藏墓誌》。⑥ 西安大唐西市博物館是近

①　賈振林：《文化安豐》，大象出版社，2011 年。
②　葉煒、劉秀峰：《墨香閣藏北朝墓誌》，上海古籍出版社，2016 年。
③　西安碑林博物館：《西安碑林全集》，廣東經濟出版社、海天出版社，1996 年。
④　趙力光：《西安碑林博物館新藏墓誌彙編》，綫裝書局，2007 年。
⑤　趙力光：《西安碑林博物館新藏墓誌續編》，陝西師範大學出版社，2014 年。
⑥　胡戟、榮新江：《大唐西市博物館藏墓誌》，北京大學出版社，2012 年。

年來發展比較迅速的民營遺址類博物館，館藏墓誌 500 餘種，其中有《劉阿倪提墓誌》《宇文測墓誌》《叱羅招男墓誌》等北朝墓誌 9 種。最後是陝西歷史博物館編《風引薤歌——陝西歷史博物館藏墓誌萃編》。① 陝西歷史博物館前身是陝西省博物館，館藏文物 171795 萬件，在國家級博物館中影響較大。1991 年，原陝西省博物館分爲西安碑林博物館和陝西歷史博物館，二者館藏石刻可以互相補充。根據《萃編》圖錄，陝西歷史博物館館藏有《楊阿難墓誌》《楊穎墓誌》《楊播墓誌》《楊泰墓誌》《馮景之墓誌》《侯義墓誌》《任老墓誌》等北朝墓誌精品。此外，趙力光《鴛鴦七誌齋藏石》，及《新中國出土墓誌》系列《陝西》三卷等，名目基本在上述諸圖錄範疇之內。

第五，甘肅地區。甘肅綜合性金石圖錄可以參閱趙逵夫主編《隴南金石校錄》，② 該書對 1949 年以前隴南行政區內九個區縣的金器銘文、碑碣摩崖等金石文獻進行了系統著錄，并提供原石照片或拓片圖版。此外，李龍文主編《蘭州碑林藏甘肅古代碑刻拓片菁華》③ 也收錄了部分甘肅地區古代石刻拓本。在甘肅本地出土碑誌之外，西北民族大學圖書館收藏的于右任金石拓本也值得關注。前文已講，于右任曾將舊藏碑石捐獻給西安碑林，但在西安及南京兩地仍收藏有大量金石拓本。抗戰時期，南京處拓本毀於戰火。新中國成立後，于右任女婿屈武將西安處 3000 餘種拓本捐贈給西北民族學院（今西北民族大學前身）。這批金石拓本中，南北朝墓誌數量較大，多爲早期精拓，較爲珍貴。2008 年，上海古籍出版社刊行《西北民族大學圖書館于右任舊藏金石拓片精選》④ 可見部分拓本圖錄，總目及叙錄見《西北民族大學圖書館于右任舊藏金石拓本總目提要》。⑤

第六，山東、山西、遼寧、四川地區。因前文已有論述，下面將這些地區集中一起介紹。山東地區北朝墓誌圖錄以《山東石刻分類全集·歷代墓誌卷》⑥ 和《山東石刻藝術選萃·歷代墓誌卷》⑦ 爲代表：前者錄南朝《劉懷民墓誌》1 種，北朝《韓顯宗墓誌》等 43 種；後者錄北朝墓誌 27 種，皆山東地區所出北朝墓誌。關

---

① 陝西歷史博物館：《風引薤歌——陝西歷史博物館藏墓誌萃編》，陝西師範大學出版社，2017 年。
② 趙逵夫：《隴南金石校錄》，社會科學文獻出版社，2018 年。
③ 李龍文：《蘭州碑林藏甘肅古代碑刻拓片菁華》，甘肅人民美術出版社，2010 年。
④ 郭郁烈：《西北民族大學圖書館于右任舊藏金石拓片精選》，上海古籍出版社，2008 年。
⑤ 楊莉、趙顯香：《西北民族大學圖書館于右任舊藏金石拓本總目提要》，甘肅文化出版社，2013 年。
⑥ 《山東石刻分類全集》編撰委員會：《山東石刻分類全集·歷代墓誌卷》，青島出版社，2013 年。
⑦ 山東石刻藝術博物館：《山東石刻藝術選萃·歷代墓誌卷》，浙江文藝出版社，1996 年。

於山西地區墓誌圖録，主要是《三晉石刻大全》系列，前言已經有所介紹。近年來比較重要的圖録是大同北朝藝術研究院編《北朝藝術研究院藏品圖録·墓誌》，[①] 圖録洛陽、鄴城等地出土的北朝《邢合姜墓誌》《建康長公主墓誌》《拓跋忠墓誌》等55 種，拓本圖版清晰，書後并附原石圖版，可作對比。遼寧地區的北朝墓誌基本收藏在遼寧省博物館，共計 35 種，部分爲羅振玉舊藏。圖版可見《北魏墓誌二十品》[②]《遼寧省博物館藏碑誌精粹》[③] 等。遼博一樓有常設展廳"中國古代碑誌展"，將墓誌鑲嵌於墻内，可近距離觀賞。四川地區在南北朝時期先後屬劉宋、南齊、南梁、西魏和北周統治，南朝歷史文化遺迹較多，以造像爲主。高文、高成剛編《四川歷代碑刻》圖録漢代至民國四川地區石刻 201 種，六朝部分多是造像記，不見墓誌。至於南北朝墓誌拓本，規模較大的是彭州博物館藏李宗昉集北朝隋唐碑拓。李宗昉係川軍將領，戎馬一生，精於碑誌拓本收藏，後將舊藏悉數捐獻給彭州博物館。2010 年，彭州博物館編《彭州博物館藏李宗昉集北朝隋唐碑拓》，[④] 選取精品 300 餘種圖録展示，其中有北朝《元理墓誌》《元簡墓誌》《元弼墓誌》等 120 種之多。

第七，江蘇、上海及海外地區。江蘇南京地區是南朝宋、齊、梁、陳都城所在，保留南朝歷史遺迹較多。這些墓誌圖録可以參看《南京歷代碑刻集成》，[⑤]《新中國出土墓誌·江蘇〔貳〕南京》[⑥] 二書。《集成》搜集南京及周邊地區現存歷代碑刻 236 種，其中有《温嶠墓誌》《王寶玉墓誌》等南朝 8 種。在數量上，後出的《江蘇（貳）南京》圖録墓誌要多一些，計有《謝琰墓誌》《恭皇帝墓碣》《宋乞墓誌》《宋乞妻丁氏墓誌》《宋乞暨妻丁氏合葬墓誌》《明曇僖墓誌》《蕭融墓誌》《王慕韶墓誌》《盧某墓誌》《蕭子恪墓誌》《黄法氍墓誌》等 11 种南朝墓誌。與南京不同，上海博物館等文博單位主要收藏墓誌拓本。相關圖録可見戚叔玉編《北魏墓誌百種》、[⑦] 上海圖書館編《北魏墓誌選萃》、[⑧]《上海圖書館藏善本碑帖》、[⑨]《上海圖書

① 大同北朝藝術研究院：《北朝藝術研究院藏品圖録·墓誌》，文物出版社，2016 年。
② 遼寧博物館：《北魏墓誌二十品》，文物出版社，1990 年。
③ 遼寧博物館：《遼寧省博物館藏碑誌精粹》，文物出版社，2000 年。
④ 劉雨茂、榮遠大、丁武明：《彭州博物館藏李宗昉集北朝隋唐碑拓》，四川美術出版社，2010 年。
⑤ 南京市文化廣電新聞出版局：《南京歷代碑刻集成》，上海書畫出版社，2011 年。
⑥ 故宮博物院、南京市博物館：《新中國出土墓誌·江蘇〔貳〕南京》，文物出版社，2014 年。
⑦ 戚叔玉等：《北魏墓誌百種》，上海書畫出版社，1987 年。
⑧ 上海圖書館歷史文獻研究所：《北魏墓誌選萃》，湖北美術出版社，2001 年。
⑨ 上海圖書館：《上海圖書館藏善本碑帖》，上海古籍出版社，2005 年。

館善本碑帖綜録》^①等，以及《新中國出土墓誌·上海、天津》^②等。至於海外收藏南北朝墓誌圖録，以前文提到的《柏克萊加州大學東亞圖書館藏碑帖》《日本京都大學藏中國歷代文字碑刻拓本彙編》《二玄社原色法帖選》《三井文庫館藏名品撰》《聽冰閣舊藏碑帖名帖撰》《木雞室金石碑帖拾遺》爲代表。

需要説明的是，在常規墓誌之外，磚誌也是墓誌重要形式之一。磚誌存世數量較大，很早就受到學界的重視，如吳廷康《慕陶軒古磚圖録》、陸心源《千甓亭古專圖釋》、吳大澂《愙齋磚瓦録》、鄒安《廣倉磚録》、端方《陶齋藏磚》、羅振玉《雪堂磚録》等都有集中著録。新中國成立後，殷蓀《中國磚銘》，^③胡海帆、湯燕《中國古代磚刻銘文集》^④最具代表性。後者收録磚文 2005 種，其中南北朝磚209 種，并有圖録及釋文，爲集成之作。

三　釋文：言之有文

如果説，目録可以開啓門徑之途，圖録給人以直觀感受。那麼，墓誌釋文則是更多地提供文本信息，以利於相關問題的深入研究。較之目録、圖録，墓誌釋文出現的時間要更早。與墓誌成熟狀態相對應，南北朝時期已見墓誌文的輯集。梁江淹《江文通集》録有《宋尚書左丞孫緬墓銘》5 種，蕭統《文選》卷五九"碑文下"録文"劉先生夫人墓誌"。梁元帝《金樓子》卷五"著書篇"著録《碑集》十袟百卷。《隋書·經籍志》亦載梁元帝曾撰《雜碑》二十二卷、《碑文》十五卷。與這些著録相印證的是，《續高僧傳》卷三〇載釋法韻"誦諸碑誌及古導文百有餘卷，并王僧孺等諸賢所撰"，説明當時碑誌文獻已經結集流行。前文已言，墓誌兼具文物、文獻的雙重屬性。在以往的研究中，學界多關注墓誌的文物屬性，以及在此基礎上的整理和研究。實際上，墓誌的文獻屬性也非常明顯，特別是作爲文學體裁之一，長期保持着獨立的流傳過程。從這個角度上説，墓誌的釋文輯録有兩條綫索：一是作爲文體類型，出現在不同時代的傳世文集和類書中；二是作爲出土文物，出土後被隸定釋文，編輯成出土文獻集。兩條綫索，一早一晚，涇渭分明，時有交叉印

①　上海圖書館：《上海圖書館善本碑帖綜録》，上海書畫出版社，2017 年。
②　中國文化遺産研究院、上海市博物館、天津市文化遺産保護中心：《新中國出土墓誌·上海、天津》，文物出版社，2009 年。
③　殷蓀：《中國磚銘》，江蘇美術出版社，1998 年。
④　胡海帆、湯燕：《中國古代磚刻銘文集》，文物出版社，2008 年。

證，皆爲墓誌録文的重要來源。

從現存文獻來看，最早對南北朝墓誌進行録文的著述是《江文通集》。[①]《江文通集》，梁江淹撰，又稱《江淹集》，《隋書·經籍志》《舊唐書·經籍志》《新唐書·藝文志》等均有著録，爲六朝舊集。今見《江文通集》中著録《宋尚書左丞孫緬墓銘》《宋安成王右常侍劉喬墓墓銘》《宋光禄大夫孫敻墓銘》《齊御史中丞孫詵墓銘》《齊司徒右長史檀超墓》5 種南朝墓誌，均存誌文。在此之後，蕭統《文選》卷五九“碑文下”亦録文《劉先生夫人墓誌》1 種。[②]與南朝墓誌文輯録相對應，北朝墓誌的録文以庾信《庾子山集》爲代表。《庾子山集》，又稱《庾信集》，北周大象元年（579）宇文逌編撰，唐宋目録書皆有著録，後原本亡佚，元末明初有重編之本。已見諸版本《庾子山集》中著録《周大將軍襄城公鄭偉墓誌銘》《周驃騎大將軍開府侯莫陳道生墓誌銘》《周車騎大將軍贈小司空宇文顯和墓誌銘》等 21種，并存墓誌文。這些南北朝墓誌均出撰者之手，集中見於個人文集中。目前，已有部分録文墓誌出土，文辭與文集所見略異，二者可互相校對。

南北朝之後，唐宋時期仍然未見專門輯録墓誌文的金石志書，大量的南北朝墓誌録文出現於諸種類書和總集中。其中，類書比較有代表性的是《藝文類聚》，[③]總集爲《文苑英華》。[④]類書以薈萃成言，裒次故實，兼收衆籍，不主一家，而區以部類，條分件系，利尋檢，資采掇，歷來爲學界所重。經過統計，在《藝文類聚》諸部類中出現《豫章長公主墓誌銘》《永嘉長公主墓誌銘》《臨海公主墓誌銘》《新安長公主墓誌銘》《徵君何先生墓誌》等南朝墓誌 48 種，北朝墓誌《太尉韓公墓誌銘》《後魏温子昇司徒元樹墓誌銘》《司徒祖瑩墓誌》等 3 種，全部録文。此外，《初學記》[⑤]也録有《齊太尉文憲王公墓誌銘》1 種。與《藝文類聚》重南朝墓誌不同，集中收録北朝墓誌文的是雍熙三年（986）成書的《文苑英華》。《文苑英華》一千卷，録唐及前代文學，精加銓擇，以類編次，自卷九六三“婦人”部録庾信所撰婦人墓誌《周譙國公夫人步陸孤氏墓誌》《周趙國公夫人紇豆陵氏墓誌》《周安昌公夫人鄭氏墓誌》《周大將軍隴東郡公侯莫陳君夫人竇氏墓誌》等 13 種。與此

---

① 江淹：《梁江文通文集》，《四部叢刊》影明翻宋本。
② 蕭統：《文選》，上海古籍出版社，1986 年。
③ 歐陽詢等：《藝文類聚》，上海古籍出版社，1965 年。
④ 李昉：《文苑英華》，中華書局，1966 年。
⑤ 徐堅：《初學記》，中華書局，1962 年。

同時，孫逢吉《職官分紀》^①中也曾引用南朝墓誌《王宏墓銘》《沈增旻墓銘》《陳暄墓銘》《海陵王墓銘》《文獻王墓銘》等 5 種，均爲節録誌文，多與前代著録重複，價值有限。

從上面梳理情況來看，南北朝墓誌録文的整理基本出現於個人文集、類書及總集中，尚屬於前文所言墓誌録文流傳的第一個綫索，即傳世文獻中的文體類型録文。但也要注意到，至南宋洪适撰《隸釋》《隸續》，及明都穆編《金薤琳琅》，專門輯録出土石刻的著述開始出現。祇是諸書未見南北朝墓誌録文，本文暫不展開論述。以今見傳世文獻觀之，專門著録出土南北朝墓誌的著述以陶宗儀《古刻叢鈔》^②最早。《古刻叢鈔》鈔碑刻凡 72 種，全録其文，其中南朝墓誌《故永陽敬太妃墓誌銘》《宋故散騎常侍揚州丹陽郡秣陵縣謝公墓誌》《宋張氏墓誌》《宋故散騎常侍護軍將軍臨澧侯劉使君墓誌》《前陳伏波將軍驃騎府諮議參軍陳府君墓誌序》等 5 種。這些墓誌與傳世文獻中保存的文體類墓誌名目有異，未見重複，是爲出土墓誌的録文整理之作，屬於前文所言墓誌録文流傳的第二個綫索。《古刻叢鈔》屢見碑誌篆書、隸書原石摹寫，也可爲佐證。

明代雖然出現《古刻叢鈔》等專門録文南北朝墓誌的著述，但對傳世文獻中墓誌文的整理仍然進行，如梅鼎祚《釋文紀》、^③張溥《漢魏六朝百三家集》、^④王志慶《古儷府》^⑤等。這些文集多取材前代史書、文集、類書、子書等編撰而成，所以在墓誌録文上會出現一些重複。如梅鼎祚《歷代文紀》中《後周文紀》録文北朝墓誌 19 種，均爲庾信撰文墓誌，不出《藝文類聚》著録範圍之外。在重複之外，新增補的墓誌更值得關注。如《陳文紀》《漢魏六朝百三家集》收録的《魯廣達墓誌》，前代文獻即没有著録。又如《釋文紀》著録南朝僧人墓誌《同泰寺故功德正智寂師墓誌銘》《宋姬寺慧念法師墓誌銘》《甘露鼓山寺敬脱法師墓誌銘》《湘宮寺智蒨法師墓誌銘》《净居寺法昂墓誌銘》《揚州僧正智寂法師墓誌銘》《保誌法師墓誌銘》《揚都興皇寺釋法朗墓銘》等 8 種。其中，《净居寺法昂墓誌銘》《揚都興皇寺釋法朗墓銘》都是新增録的墓誌，開創了專門集録僧人墓誌文的體例。雖然顧起元《金陵古金石考目》也曾著録過僧尼墓誌，但不論是數目，還是録文上，都遠遠

---

① 孫逢吉：《職官分紀》，《景印文淵閣四庫全書》第 923 册。

② 陶宗儀：《古刻叢鈔》，清嘉慶十六年（1811）蘭陵孫星衍平津館重編本。

③ 梅鼎祚：《釋文紀》，《景印文淵閣四庫全書》第 1400~1401 册。

④ 張溥：《漢魏六朝百三家集》，《景印文淵閣四庫全書》第 1412~1416 册。

⑤ 王志慶：《古儷府》，《景印文淵閣四庫全書》第 979 册。

不及《釋文紀》。此外，《釋文紀》文獻價值也不容忽視，如《保誌法師墓誌銘》，《藝文類聚》《金陵古金石考目》皆稱"誌法師"，闕錄"保"字，唯《釋文紀》錄墓誌文言"法師自說姓朱，名保誌"。此亦後世文集在墓誌校勘上的貢獻。

　　進入清代，尤以乾嘉之後，學者莫不藉金石以爲考經證史之資，金石著錄日漸盛行。南北朝墓誌錄文著述中，以高鈜《武鄉金石志》[①]最早。該書以山西武鄉縣碑刻爲著錄對象，其中有庾信撰《宇文顯和墓誌》，可與《庾子山集》相印證及校勘。其次是趙紹祖《金石文鈔》，[②]此書雖仿都穆《金薤琳琅》之體例，但每於錄文後均有考證，言之鑿鑿，較見學術功底。是書收錄《魏崔敬邕墓誌銘》1種，後趙氏繼作《金石續鈔》，[③]又錄《魏司馬紹墓誌銘》1種。相比之下，成書於嘉慶十年（1805）的王昶《金石萃編》[④]堪稱清代石刻文獻研究集大成之作。《金石萃編》收錄三代至遼金石刻1500餘種，叙述器物信息，移錄文字，輯衆家之跋，并加按語，集著目、錄文、題跋於一身。在《金石萃編》中，王昶共錄文北魏《司馬元興墓誌銘》《司馬景和妻墓誌銘》《刁遵墓誌》《高植墓誌》《司馬昺墓誌銘》《懷令李超墓誌銘》、東魏《司馬昇墓誌銘》《高湛墓誌銘》等8種。相比其他石刻，《金石萃編》雖然錄文較少，但該書開集文集跋之風氣，後世學者陸續增補校正，形成金石錄文系列。如嚴可均《平津館金石萃編》[⑤]增補北齊《崔頠墓誌銘》《朱岱林墓誌》2種，陸耀遹《金石續編》[⑥]增北齊《朱岱林墓誌》1種，方履籛《金石萃編補正》增南朝《永陽昭王蕭敷墓誌》《永陽敬妃王氏墓誌》2種，劉承幹《希古樓金石萃編》[⑦]增南朝《劉懷民墓誌》1種。比較之下，陸增祥《八瓊室金石補正》[⑧]增錄最全。在南北朝墓誌數目上，《八瓊室金石補正》增錄南朝《殷氏甎文》1種，北朝《四郡太守皇甫驎墓誌》《鎮遠將軍鄭道忠墓誌》《陸希道誌蓋》《吳高黎墓誌》《咸陽太守劉玉墓誌》《南陽張元墓誌》《太尉公劉懿墓誌》《源磨耶壙誌》《開府參軍崔頠墓誌》《功曹李琮墓銘》《開府儀同賀屯植墓誌》等11種之多。陸增祥不僅詳於墓誌題跋考證，對墓誌真偽問題亦有關注，書末附《袪偽》一卷，專論石刻

① 高鈜：《武鄉金石志》，清康熙三十一年（1692）刊本。
② 趙紹祖：《金石文鈔》，清嘉慶七年（1802）涇縣趙氏刻本。
③ 趙紹祖：《金石續鈔》，清嘉慶七年（1802）涇縣趙氏刻本。
④ 王昶：《金石萃編》，清光緒十九年（1893）上海醉六堂石印本。
⑤ 嚴可均：《平津館金石萃編》，嘉業堂抄本。
⑥ 陸耀遹：《金石續編》，清同治十三年（1874）毗陵雙白燕堂刻本。
⑦ 劉承幹：《希古樓金石萃編》，民國二十二年（1933）吳興劉氏希古樓刻本。
⑧ 陸增祥：《八瓊室金石補正》，民國十四年（1925）吳興劉氏希古樓刻本。

辨偽。在《金石萃編》增補系統之外，略晚於王昶的黃本驥曾編撰《古誌石華》^①
三十卷，同樣是一部值得關注的金石巨著。與其他志書金石并收不同，《古誌石華》
祇録文墓誌，并作題跋，为墓誌著録專書。該書共收録南朝《謝濤墓誌》《劉襲墓
誌》《張濟女推兒墓誌》《海陵王昭文墓誌》《永陽敬太妃王氏墓誌》5 種，北朝《僧
慧猛墓誌》《司馬紹墓誌》《司馬昇妻孟氏墓誌》《刁遵墓誌》《崔敬邕墓誌》《高植
墓誌》《司馬昇墓誌》《鄭道忠墓誌》《陸希道墓誌》《李超墓誌》《張元墓誌》《司馬
昇墓誌》《高湛墓誌》《崔頠墓誌銘》《朱岱林墓誌》《王通墓誌》等 16 種。稍後毛
鳳枝《關中金石文字存逸考》^②增録北朝《賀屯植墓誌》1 種。録文加題跋的體例，
直到清末仍有繼承。端方曾將所藏歷代石刻拓本編輯成《陶齋藏石記》四十四卷，
録文後加題跋考證，涉及南北朝墓誌 33 種。端方收集廣泛，書中多見甎誌、塔銘
等墓誌形式，爲他書未見，較爲珍貴。

到了民國時期，隨着大量北朝墓誌的出土，墓誌録文向專業化和集成化方向
發展。比如吳鼎昌《誌石文録》^③即是一部體例完備的純墓誌類録文著述。吳鼎昌
先於墓誌題首下介紹書法、尺寸、容字、存佚等情況，然後鈔録墓誌釋文，結構清
晰，層次分明。該書所録多爲北朝墓誌，計有《獻文帝嬪侯夫人墓誌》《城陽元王
元鸞墓誌》《元始和墓誌》《恒農太守寇臻墓誌》《城陽康王元壽妃魏氏墓誌》《鎮
北大將軍元思墓誌》《洛州刺史樂安王元緒墓誌》《寧陵公主墓誌》《益州刺史樂安
王元悦墓誌》《江陽王次妃石夫人墓誌》《安樂王元詮墓誌》《元顯儁墓誌》《梁州
刺史元演墓誌》《文成帝嬪耿氏墓誌》《冀州刺史元珍墓誌》《徐州刺史王紹墓誌》
《濟州刺史楊胤墓誌》《豫州刺史樂陵王元彦墓誌》等 64 種。後楊守敬撰《望堂金
石》，雖非墓誌專書，但也收録南朝《永陽昭王蕭敷墓誌》《永陽敬妃王氏墓誌》2
種，北朝《崔敬邕墓誌》《高植墓誌》《南陽張元墓誌》3 種。但比較而言，民國時
期進行大規模墓誌録文的學者是羅振玉。上文已言，羅振玉、羅福頤《墓誌徵存目
録》載羅氏藏南朝墓誌拓本 3 種，北朝墓誌拓本 334 種。羅振玉不僅存目，還將這
些墓誌一一録文，刊行於世。如《襄陽冢墓遺文》^④録梁《程虔墓誌》1 種;《鄴下
冢墓遺文》^⑤録《汝陽王墓誌》《章武王妃墓誌》《吳郡王墓誌》《穆子彦墓誌》16

---

① 黃本驥:《古誌石華》，清道光二十七年（1847）三長物齋刻本。
② 毛鳳枝:《關中金石文字存逸考》，清光緒二十七年（1901）會稽顧氏刻本。
③ 吳鼎昌:《誌石文録》，民國間鉛印本。
④ 羅振玉:《襄陽冢墓遺文》，民國四年（1915）上虞羅氏刊本。
⑤ 羅振玉:《鄴下冢墓遺文》，民國上虞羅氏刊本。

種；《芒洛冢墓遺文》①錄《江陽王次妃墓誌》《王紹墓誌》等北朝墓誌11種；《芒洛冢墓遺文補遺》②錄《韓顯宗墓誌》《□淵墓誌》《惠猛法師墓誌》等北朝墓誌3種；《芒洛冢墓遺文續編》③錄《張安姬墓誌》《吳高黎墓誌》《陸紹墓誌》《元毓墓誌》等北朝墓誌4種；《芒洛冢墓遺文續補》④錄《品一王遺女墓誌》《元倪墓誌》《元顯魏墓誌》等北朝墓誌3種；《芒洛冢墓遺文三編》⑤錄《一品嬪侯夫人墓誌》《寇臻墓誌》《安樂王元詮墓誌》等北朝墓誌15種；《芒洛冢墓遺文四編》⑥錄《元羽墓誌》《元鸞墓誌》《元始和墓誌》《元思墓誌》等北朝墓誌48種；《京畿冢墓遺文》⑦錄《姚纂墓誌》《刁遵墓誌》《李璧墓誌》《王僧墓誌》《李憲墓誌》《范思彥銘》《李琮墓誌》7種；《山右冢墓遺文》⑧錄《刘懿墓誌》1種；《山左冢墓遺文》錄《劉懷民墓誌》《□玄墓誌》《鞠彥雲墓誌》《李謀墓誌》《劉玉墓誌》《高湛墓誌》《王偃墓誌》《朱岱林墓誌》《房周陀墓誌》《逄哲墓誌》10種；《中州冢墓遺文》⑨錄《司馬元興墓誌銘》《司馬景和妻墓誌銘》《司馬昺墓誌銘》等7種。後來，羅振玉將這些墓誌類著述集中收錄於《唐風樓碑錄》⑩三十一卷，方便查閱和引用。

新中國成立後，墓誌的整理與刊布得到快速的發展，這在前文已經有所論述。隨着墓誌目錄、圖錄等著述的出版，墓誌釋文的整理工作也得到了相應的重視。目前看，新中國成立後出版發行的墓誌釋文類著作大體有三種形式：圖文并存、文跋合體，及單純錄文。下面從每一類中選擇若干有代表性的著述進行介紹。

首先，圖文并存。今所見一些大型石刻圖錄類著作通常都附有釋文，所以圖文并存類在墓誌釋文著作中所在比重比較大。如前面曾介紹的《新中國出土墓誌》系列、《洛陽新獲墓誌》及《續編》、《遼寧省博物館藏碑誌精粹》、《西安碑林博物館新藏墓誌彙編》、《文化安豐》，以及新近出版的《墨香閣藏北朝墓誌》《北朝藝

---

① 羅振玉：《芒洛冢墓遺文》，民國上虞羅氏刊本。
② 羅振玉：《芒洛冢墓遺文補遺》，民國上虞羅氏刊本。
③ 羅振玉：《芒洛冢墓遺文續編》，民國上虞羅氏刊本。
④ 羅振玉：《芒洛冢墓遺文續補》，民國上虞羅氏刊本。
⑤ 羅振玉：《芒洛冢墓遺文三編》，民國上虞羅氏刊本。
⑥ 羅振玉：《芒洛冢墓遺文四編》，民國上虞羅氏刊本。
⑦ 羅振玉：《京畿冢墓遺文》，民國上虞羅氏刊本。
⑧ 羅振玉：《山左冢墓遺文》，民國上虞羅氏刊本。
⑨ 羅振玉：《中州冢墓遺文》，民國上虞羅氏刊本。
⑩ 羅振玉：《唐風樓碑錄》，民國上虞羅氏刊本。

術研究院藏品圖錄·墓誌》等。此處要特別介紹一下洛陽市文物局編《洛陽出土北魏墓誌選編》①和毛遠明《漢魏六朝碑刻校注》。②《選編》精選北魏墓誌273種，圖文并存，書後附人名索引。相比上舉諸書，《選編》有三個特點值得關注：其一，釋文爲主，圖錄爲輔。與一般圖錄著作不同，《選編》先作釋文，後配圖錄，後者爲前者服務的意圖明顯。其二，釋文準確。《選編》作者能够核對原石拓本，厘定誌文，釋文保存較高的準確率，經常爲後來釋文著作明引或暗引。其三，去僞求真。《選編》對收集到的49件僞誌進行釋文，并附圖版及編制"僞刻墓誌目錄"。這樣的編撰，無論是在體例上，還是在内容上，都具有開創意義，對南北朝墓誌文獻辨僞有所裨益。比較而言，毛遠明《漢魏六朝碑刻校注》著錄石刻的範圍和時代要更加廣泛。《校注》收錄2008年前出土或著錄的漢魏南北朝時期諸類石刻近2600種，其中南北朝墓誌798種。在編撰體例上，《校注》先提供石刻圖版，然後謄錄釋文，最後對釋文進行校注。《校注》錄誌眾多，校注認真，學術性高，是近年來石刻文獻研究領域的佳作。不過，《校注》祗校注有拓本石刻，失收墓誌較多，後來毛先生弟子對此多有補充研究。③此外，《校注》圖版影印他書者，清晰度略低，墓誌類尤甚。

其次，文跋合體。所謂文跋合體，即指先謄錄誌文，再加以題跋。這類釋文著述出現很早，前文介紹的洪适《隸釋》、黄本驥《古誌石華》、王昶《金石萃編》、陸增祥《八瓊室金石萃編》等都屬於此類。新中國成立以來，文跋合體類著錄不多，僅有羅新、葉煒《新出魏晋南北朝墓誌疏證》，④王連龍《新見北朝墓誌集釋》⑤等數種。《疏證》收錄三國至隋末的231種墓誌，均爲趙萬里《漢魏南北朝墓誌集釋》及趙超《漢魏南北朝墓誌彙編》未及收錄的墓誌，多爲1986年後新出土及新發現，故冠名"新出"。在體例上，《疏證》先抄錄墓誌文，然後以"疏證"起首，進行考證。疏證内容，篇幅不大，關注史實，題跋性質明顯。該書在2016年又出增訂本，對部分釋文及觀點進行了修改。在羅新、葉煒《新出魏晋南北朝墓誌疏

① 洛陽市文物局：《洛陽出土北魏墓誌選編》，科學出版社，2001年。
② 毛遠明：《漢魏六朝碑刻校注》，綫裝書局，2008年。
③ 王遲遲：《〈漢魏六朝碑刻校注〉未收石刻整理與研究——三國、兩晋及南朝時期》，碩士學位論文，西南大學，2014年；朱遂：《〈漢魏六朝碑刻校注〉未收北齊北周碑刻輯補》，碩士學位論文，西南大學，2014年；杜瑩：《〈漢魏六朝碑刻校注〉未收北魏碑刻整理與研究》，碩士學位論文，西南大學，2014年。
④ 羅新、葉煒：《新出魏晋南北朝墓誌疏證》，中華書局，2005年初版，2016年修訂本。
⑤ 王連龍：《新見北朝墓誌集釋》，中國書籍出版社，2013年。

證》之後的是王連龍《新見北朝墓誌集釋》，二者在時間上相銜接，該書主要收録2003年以後學術刊物公開發布的墓誌，以及公私博物館收藏的新見墓誌，共計54種。與《疏證》略不同，《集釋》每種墓誌都配以圖版，然後再作釋文及考證。

最後，單純録文。顧名思義，單純録文是指專門輯録墓誌文，不附圖版，不作題跋。南北朝墓誌録文著作以趙超《漢魏南北朝墓誌彙編》①最爲著名。該書收録漢代至北周及陳代的墓誌686種，其中南朝《劉懷民墓誌》《劉岱墓誌》《蕭融墓誌》等11種，北朝《魚玄明墓誌》《元楨墓誌》等576種。單純從數字上來看，相比目前已見公開發布1400餘種南北墓誌，《彙編》并無特別之處。但該書在南北朝墓誌文獻整理活動中却占有着重要地位：其一，開創性。《彙編》係新中國成立以來第一部大型南北朝墓誌釋文全集，在體例編排、釋文隸定、墓誌命名等方面都爲後來墓誌文整理奠定了基礎，具有開創意義。其二，學術性。南北朝墓誌文的考釋，雖然不若甲骨文、金文識讀難度大，但也以數量多、別字衆等原因，爲一般學者所忌憚。《彙編》作者能够核對原石拓本，科學考釋墓誌文，使該書保存較高的學術水準。這是該書自問世以來一直保持較高引用率的重要原因所在。但如上所言，《彙編》收録墓誌截至1986年，加之，對無拓本及拓本不可辨識的墓誌不予收録，造成墓誌收録數量有限，無法滿足前沿學術研究創新需求。至於釋文錯字、缺乏索引等問題，在2008年《彙編》再版，以及日本學者制定相關索引目録書後，②已經得到了很大程度的改善。在《漢魏南北朝墓誌彙編》之外，南北朝墓誌單純録文的著作還有張永强、余扶危《洛陽出土少數民族墓誌彙編》③以及韓理洲編撰的《全三國兩晋南北朝文補遺》、④《全北魏東魏西魏文補遺》、⑤《全北齊北周文補遺》⑥系列，多輯録自相關金石志書，可備校勘之用。

在南北朝墓誌釋文類研究領域，還有一種特殊類型，即附録於研究專著中的

---

① 趙超：《漢魏南北朝墓誌彙編》，天津古籍出版社，1992年初版，2008年再版。
② 伊藤敏雄（主編）、中村圭爾·室山留美子編『魏晋南北朝墓誌人名地名索引——「漢魏南北朝墓誌彙編」「新出魏晋南北朝墓誌疏證」篇』、2008年；中村圭爾·室山留美子編『魏晋南北朝墓誌官職名索引——「漢魏南北朝墓誌彙編」「新出魏晋南北朝墓誌疏證」篇』、2009年。
③ 張永强、余扶危：《洛陽出土少數民族墓誌彙編》，河南美術出版社，2011年。
④ 韓理洲：《全三國兩晋南北朝文補遺》，三秦出版社，2013年。
⑤ 韓理洲：《全北魏東魏西魏文補遺》，三秦出版社，2010年。
⑥ 韓理洲：《全北齊北周文補遺》，三秦出版社，2008年。

墓誌文彙編。如羅宗真《羅宗真文集》、[1] 朱智武《東晉南朝墓誌研究》[2] 都存在南朝墓誌釋文輯録。特別是後者，在墓誌文輯録之外，還進行校釋，并附圖版及官職名、人名、地名索引，具有較高學術價值。祇是該書在中國臺灣新北市花木蘭文化出版社刊行，流傳不廣，不爲學界所熟知。

四 題跋：叙之有聞

在存目、圖録、釋文之外，南北朝墓誌的著録還有題跋一類。題跋文體出現也早，學者習引徐師曾《文體明辨序説》所言"題跋者，簡編之後語也。凡經傳、子史、詩文、圖書之類，前有序引，後有後序，可謂盡矣。其後覽者，或因人之請求，或因感而有得，則復撰詞以綴於末簡，而總謂之題跋。至綜其實，則有四焉：一曰題，二曰跋，三曰書某，四曰讀某……題、讀始於唐，跋、書起於宋。曰題跋者，舉類以該之也"。徐氏謂"題跋者，簡編之後語"，較爲中肯，至於"跋、書起於宋"，則不確。今以體例及内容觀之，題跋可追溯至劉向《別録》。劉向校書，"每一書已，向輒條其篇目，撮其指意，録而奏之"。今見《戰國策叙録》等多見校書過程、版本信息、作者介紹、主旨評介等，可爲後世典籍題跋之源。墓誌題跋亦由此而來，祇是將題跋文獻形式置於金石文獻之後，替換目録、版本、校勘等爲史誌互證、闡幽表微、補闕正誤等内容。墓誌題跋，行文簡約，要言大略，以傳後學，庶益於多聞。

以見存文獻而言，墓誌題跋始見於歐陽修《集古録跋尾》。[3] 歐陽修搜集歷代碑刻資料，上自周穆王，下更隋唐五代，外至四海九州，共計 400 餘種。歐陽修於所録石刻均一一題跋，如題跋《宋宗慤母夫人墓誌》：首先提出該誌不著書撰人名氏及有誌無銘，關注墓誌形制問題。其次，結合史書宗慤本傳，考證宗慤職官除授等問題。最後，以墓誌刊刻時間爲標準，分析當時州郡地理變遷等内容。這種史論結合，傳世文獻與出土文獻互證，開啓了後世碑誌題跋風氣和範式。《集古録跋尾》著録南朝墓誌 3 種《宋宗慤母夫人墓誌》《南齊海陵王墓銘》《陳張慧湛墓誌銘》，

---

① 羅宗真：《羅宗真文集》，文物出版社，2013 年。
② 朱智武：《東晉南朝墓誌研究》，花木蘭文化出版社，2014 年。
③ 歐陽修：《集古録跋尾》，清光緒十三年（1887）朱氏槐盧校刊本。

皆有題跋。在歐陽修之後，墓誌類題跋著述是黃伯思《東觀餘論》。[①]該書關注金石史實考評，於《集古録》多有勘誤，祇是原書十卷，今存二卷，易爲學界忽視。《東觀餘論》卷下有"跋海陵誌後"，專門考證《南齊海陵王墓誌》。與歐陽修考證史實不同，黃伯思更關注墓誌的出土與亡佚，以及撰書人真僞等問題。與《東觀餘論》相類的著述，還有董逌《廣川書跋》。[②]《廣川書跋》雖然側重於書學評論，亦有史學考證。該書卷六跋北朝《烏丸僧修誌》一種，先節録誌文，分析烏丸僧修世襲，次結合傳世典籍，考證烏丸氏遷徙及改姓，最後論述建德改元史實。跋文五百餘字，考證精審，爲不刊之論。今《烏丸僧修誌》已亡佚，幸賴該書存其大略。綜觀之，《東觀餘論》《廣川書跋》祇存南北朝墓誌題跋各一，略微遺憾。在宋代，可以比肩《集古録》題跋著述是趙明誠《金石録》。前文已言，《金石録》有目録十卷，跋尾二十卷。卷二一有《後魏安東將軍孫公墓誌》，卷二二有《後周太學生拓拔府君墓誌》《後周同州刺史普六如忠墓誌》《後周温州刺史烏丸僧修墓誌》，共見四種北朝墓誌跋尾。該書未見南朝墓誌跋尾，係成書北宋宣和年末（1126）之故，且書自《集古録》而來，前者已見南朝諸誌，故有省略。但核之目録，《後魏張夫人墓誌》《東魏張早墓誌》《魏岐州刺史王毅墓誌》皆有目無跋，《後周温州刺史烏丸僧修墓誌》無目存跋。在題跋内容上，《金石録》多參核史書本傳，文字較短，略顯簡略，不類《集古録》，更不若《東觀餘論》《廣川書跋》。此外，宋代存在的一些隨筆文集類著述，也偶涉金石，值得關注。如《宋宗愨母夫人墓誌》及相關事迹，沈括《夢溪筆談》卷二四、曾慥《類説》卷四七、江少虞《事實類苑》卷六〇、高承《事物紀原》卷八等均有論説，這類著述也不容忽視。

有明一代，南北朝墓誌題跋著述以胡謐《山西金石記》[③]爲代表。《山西金石記》十卷，祇收録山西金石，計有《張黑女墓誌》《龍驤將軍杜何拔墓誌銘》《侍中驃騎大將軍太保劉懿墓誌銘》《彭城太妃墓誌》《齊侍中開府儀同三司韓祜墓誌銘》《齊趙郡太守申穆墓誌銘》《齊中山太守蘇順墓誌銘》七種，均爲前世未見著録者。在題跋内容上，《山西金石記》先著録刊刻年代、書體及收藏地，次對墓誌進行考證，若有前賢論説，則引其文，再加按語，稱引《集古録》《金石録》《金石略》等較多。這種體例對王昶《金石萃編》、趙萬里《漢魏南北朝墓誌集釋》等集釋類著

① 黃伯思：《東觀餘論》，學津討原本。

② 董逌：《廣川書跋》，《景印文淵閣四庫全書》第 813 册。

③ 胡謐：《山西金石記》，明成化十一年（1475）刻本。

述的編撰多有影響。

進入清代後，金石題跋類著述逐漸增多。與南北朝墓誌相關者，有《金石録補》、①《山右金石録跋尾》、②《中州金石記》、③《潛研堂金石文跋尾》、④《授堂金石跋》、⑤《金石萃編》等數種。葉奕苞《金石録補》在《金石録》之後，增補《宋散騎常侍謝公墓銘》《宋林灃侯劉使君墓銘》《梁永陽太妃王氏墓銘》等南朝墓誌三種。夏寶晋《山右金石録跋尾》題跋北朝《劉懿墓誌》1 種。畢沅《中州金石記》成書於乾隆五十二年（1787），專跋河南中州古代碑刻數百種，其中有北朝《懷令李超墓誌》一種。錢大昕《潛研堂金石文跋尾》又增跋《司馬紹墓誌》《刁遵墓誌》《高植墓誌》《李超墓誌》《高湛墓誌》《朱岱林墓誌》等北朝墓誌六種。此後，武億撰《授堂金石跋》，題跋北魏《司馬昇墓誌銘》《司馬元興（紹）墓誌銘》《司馬景和妻墓誌銘》《刁遵墓誌銘》《司馬景和墓誌銘》《崔敬邕墓誌銘》《陸希道墓誌銘》、東魏《法師惠猛墓誌銘》、北齊《韓祐墓誌銘》等九種。以上諸書繼承了《集古録》《金石録》的體例，注重於金石文獻的題跋和考證。前文在言及墓誌録文時，曾以《金石萃編》及其增補系列爲例。實際上，這些著述在録文之後，都會對石刻進行研究考證，也在題跋類著述之列。具體如王昶《金石萃編》、嚴可均《平津館金石萃編》、陸耀遹《金石續編》、方履籛《金石萃編補正》、劉承幹《希古樓金石萃編》、陸增祥《八瓊室金石補正》、黃本驥《古誌石華》、毛鳳枝《金石萃編補遺》、端方《陶齋藏石記》等。清代中後期，在這些録文＋題跋著述形式之外，也存在數量衆多的純粹金石題跋著作。如嚴可均在編撰《平津館金石萃編》同時，還編有《鐵橋金石跋》，曾題跋《崔頠墓誌銘》。洪頤煊曾據孫星衍舊藏，編撰《平津讀碑記》，題跋北朝《寧朔將軍司馬紹墓誌銘》《揚州長史司馬景和妻孟氏墓誌銘》《洛州刺史刁遵墓誌銘》《濟青相凉朔恒六州刺史高植墓誌》《平州刺史司馬昺墓誌銘》《懷令李超墓誌銘》《南秦州刺史司馬昇墓誌銘》《齊州刺史高湛墓誌銘》《開府參軍崔頠墓誌》《朱岱林墓誌》10 種。《三續》又跋《鎮遠將軍鄭道忠墓誌銘》1 種，均屬此類。

綜觀清末及民國時期南北朝墓誌題跋學者，當以羅振玉爲大家。羅振玉善識

① 葉奕苞:《金石録補》，清咸豐元年（1851）海昌蔣氏宜年堂刻本。
② 夏寶晋:《山右金石録跋尾》，清咸豐四年（1854）木威喜室刻本。
③ 畢沅:《中州金石記》，清光緒十三年（1887）上海大同書局石印本。
④ 錢大昕:《潛研堂金石文跋尾》，清光緒十年（1884）長沙龍氏刻本。
⑤ 武億:《授堂金石跋》，清道光二十三年（1843）《授堂遺書》刻本。

文物，精研文史，收藏墓誌類原石及拓本數百種。羅氏《唐風樓金石文字跋尾》題跋《惠猛法師墓誌》《司馬昺墓誌》《魏賈太妃甄誌》等北朝墓誌 3 種。後又增訂《雪堂金石文字跋尾》，續跋《宋劉懷民墓誌》《魏魚玄明專誌》《魏元始和墓誌》《恒農太守寇臻墓誌》《江陽王次妃石夫人墓誌》《安樂王元詮墓誌》《梁州刺史元演墓誌》《冀州刺史元珍墓誌》《昌國縣侯王紹墓誌》《皇甫驎墓誌》《安樂王元彥墓誌》《崔敬邕墓誌》《惠猛法師墓誌》《汝南太守寇演墓誌》《寇憑墓誌》《司馬昺墓誌》《宮內大監劉阿素墓誌》《世宗第一貴嬪司馬氏墓誌》《宮第一嬪張安姬墓誌》《宮內司楊氏墓誌》《傅母楊遺女墓誌》等南北朝墓誌 46 種。觀羅振玉南北朝墓誌題跋，以數量巨大，種類齊全，材料真實，博學洽聞，爲學界所重。與前代金石混雜題跋不同，民國時期開始出現內容單一的墓誌題跋。如范壽銘《循園古冢遺文跋尾》[1]題跋兩漢至北齊墓誌 137 種，收錄南朝《呂超墓誌》《楊公則墓誌》2 種，北朝《韓顯宗墓誌》《元羽墓誌》《侯夫人墓誌》等 115 種。《跋尾》爲避免重複，凡《金石萃編》《續編》《古誌石華》等專書曾出現的墓誌，以及無拓本、字跡殘泐的墓誌等，均不收錄。書末六卷又附《元氏誌錄補遺目錄》，係顧燮光增補，多爲范氏未見者。

新中國成立以來，傳統意義上的題跋多見於書畫藝術創作中，在學術實踐中逐漸沒落，取而代之的是單篇論文考證和系統著作研究。但不論形式如何變化，深度如何拓展，前人關於墓誌題跋研究都是不可忽略的研究積纍，也是學術研究的規範所在。下面對新中國成立以來有代表性的墓誌研究著述進行介紹。

首先，具有題跋目錄性質的楊殿珣《石刻題跋索引》。[2]從前面的論述中可以看到，前人關於石刻題跋多散見於個人文集及著述中，數量巨大，形式分散，不易查找。有鑒於此，楊殿珣編撰了《石刻題跋索引》，分墓誌、墓碑、刻經、造像、題名題字、詩詞、雜刻七大類，於每一類下每一種石刻著錄題跋出處。楊殿珣早年入職北平圖書館（後改名北京圖書館，今國家圖書館），長期從事目錄類著述的研究與整理，具有豐富的目錄書編撰經驗。《索引》於 1941 年由商務印書館刊行，選用前代金石志書 134 種，石刻條目四萬餘種，其中墓誌 2325 種。至 1957 年出修訂本時，又增加葉奕苞《金石錄廣跋》等四種徵引書目。1977 年新文豐出版公司，及 1990 年商務印書館又出修訂本影印本。關於《石刻題跋索引》的編撰刊行及優

---

① 范壽銘：《循園古冢遺文跋尾》，民國十九年（1930）金佳石好樓石印本。
② 楊殿珣：《石刻題跋索引》，商務印書館，1990 年。

缺點，時賢邵友誠、冀亞平等多有評述，此處僅就《索引》中南北朝墓誌題跋索引
情況略作探討。應該説，《索引》貢獻巨大，但也存在一些不足。首先，書目失收。
古代金石志書浩如煙海，僅新文豐出版公司《石刻史料新編》系列就已經出版 100
册，書目 1095 種之多。《索引》雖以個人之力徵引書目 138 種，但失收者衆多。
較爲重要者如鄭樵《金石略》、朱長文《墨池編》、張鉉《金陵碑碣志》、胡聘《山
西金石記》、顧起元《金陵古金石考目》、于奕正《天下金石志》、朱晨《古今碑
帖考》、陳漢章《集古録補目》等，六朝墓誌類的李富孫《漢魏六朝墓銘纂例》、
吴鎬《漢魏六朝志墓金石例》等也未被收入。至於《索引》不收文集，擇地方志
最著者入録，都會造成題跋材料來源的缺失。另外，體例不清。《索引》雖然將墓
誌與墓碑、刻經、造像、題名題字、詩詞、雜刻并列爲七類，但在雜類中仍然存
在墓磚、墓記、塔銘等屬於墓誌範疇的石刻。造成這種情況的根本原因在於石刻
種類在不同時代發展并不均衡，經常會出現新興與消亡，不能用一成不變的模式
去套用石刻分類。至於《索引》成書時間較早，新出墓誌題跋失録等問題，也在
情理之中。

其次，作爲墓誌題跋類著述個案的趙萬里《漢魏南北朝墓誌集釋》，[①]羅新、葉
煒《新出魏晉南北朝墓誌疏證》，王連龍《新見北朝墓誌集釋》等。前文已言，趙
萬里曾編撰《漢魏六朝冢墓遺文圖録》，著録墓誌、墓記、椁銘、神坐、柩銘等各
種冢墓遺文近 609 種，圖 780 餘張，《漢魏南北朝墓誌集釋》即是在《圖録》基礎
上編撰而成。在體例上，《集釋》分爲題跋和圖版兩個部分。在題跋部分，作者繼
承胡聘《山西金石記》、王昶《金石萃編》集釋類編撰方式，將前人題跋一一羅列，
然後再增跋續論，無前人跋者，直接考證。就此而言，楊殿珣《石刻題跋索引》屬
於題跋查詢的指導性著作，趙萬里《漢魏南北朝墓誌集釋》則爲題跋搜集的實踐性
作品。此外，《集釋》在考證之前還能記述諸種墓誌的年代、尺寸、容字、書體、
出土地等信息，以及附録圖版，又兼有墓誌目録和圖録的功能。與《石刻題跋索
引》一樣，《漢魏南北朝墓誌集釋》也存在成書時間早及材料失收等問題。至於羅
新、葉煒《新出魏晉南北朝墓誌疏證》、王連龍《新見北朝墓誌集釋》以及大同北
朝藝術研究院編《北朝藝術研究院藏品圖録·墓誌》的前言部分，都屬於學術化的
墓誌題跋範圍，前文已有介紹，兹不贅述。

---

① 趙萬里：《漢魏南北朝墓誌集釋》，科學出版社，1956 年。

結　語

在上文中，筆者結合多年來學習和整理南北朝墓誌的實踐，談了一些心得和經驗。主要從存目、圖録、釋文、題跋等角度，對古今所見南北朝墓誌著録源流情況做了一個宏觀的概述。既然是心得體會和經驗之言，就決定了這個概述的主旨是爲廣大學者，特别是南北朝墓誌研究初學者提供服務。在書目上，本文涉及古今金石志書248種，并盡量介紹每一種著作中出現的墓誌名稱和數量，但限於篇幅及文章結構的考慮，數量可以做到精確，名稱祇能舉其大略。至於對不同書目的品評，多是個人讀書心得，權且算作今後研究中使用材料時的一些注意事項和善意提醒。

關於本文的史料和體例，有兩點需要説明：一是1949年之前的古籍多選用一些較早的版本，原因多半是筆者在早期搜集資料時曾有意尋求善本的緣故。實際上，今多見古籍影印本和整理本，如新文豐文化公司出版的《石刻史料新編》系列，就頗爲適用，祇是該叢書時有省略版本信息，值得注意。二是體例分類中不同金石著作重複出現問題。這主要有兩個原因，其一是早期墓誌整理著述偶有體例不純者，一書可分見存目、釋文、題跋等若干分類中；其二是近現代的著作多具兼容性，一書中經常并見圖版、釋文及研究等内容。所以，本文適當采用目録學中的"别裁""互著"方法來解决這個問題。

總體而言，墓誌目録是墓誌整理中發展比較平穩的研究分支。在早期著録中，墓誌并未單列爲一項，與其他石刻分離。這説明前人并未給予冢墓幽石的墓誌太多關注，即便有著録，也是南朝墓誌重於北朝墓誌。直到清末民國初，大量邙山墓誌出土，墓誌纔逐漸爲學者、商賈及盜墓賊所重視，并出現一系列的墓誌目録類著述。在早期石刻目録中，著録對象多爲石刻原石，後來逐漸轉化以拓本爲主。同樣，明清時期曾出現幾種全國視野下的地域石刻目録，但著録規模和數量都有限。到了民國及近代，隨着各省《文物志》的編撰和各大博物館等文博單位館藏目録的發布，全國性的墓誌目録編撰已經條件成熟。這種大型目録編制，一方面可以避免重複和缺録，節省材料查找的時間和精力；另一方面，也有助於全面瞭解全國墓誌石刻及拓本存佚情況，使墓誌文獻得到最有效的使用。此外，歷史上諸多原因造成的文物散佚，使得海外墓誌目録的整理也成爲當下墓誌研究的一個重要内容。

比較之下，圖録是一個既古老又新興的分支。説其古來，是因爲作爲重要載體的拓本，出現時間比較早，而且一直延續使用在今天。所謂新興，主要是指圖録印刷技術上幾次革命式飛躍，從拓本—臨摹—刻版—石印—鉛印—膠印—數字化印刷。加上時代風氣的變化，圖録是石刻文獻整理著述中增長變化最快的一個分支。墓誌圖録雖然發展快，但也存在一些問題。最明顯有兩個：一是圖版數量問題。以南北朝墓誌爲例，目前學術刊物公開發布近 1500 餘種，但并不是每種都有圖版。如《北京圖書館藏中國歷代石刻拓本滙編》這種大型圖録，已經很久沒有出版發行。二是圖版質量問題。與其他石刻略有不同，墓誌形制簡單，體積較小，而字數巨多。如何在有限的版面空間裏清晰地展現墓誌文字全貌，是一個迫切需要解決的技術和現實問題。已見部分圖録采用拓本同尺寸印刷，但因出版成本太高，并未得到普及。至於一些著作翻拍已見圖録圖版，及拍攝圖版像素低下等問題，情況更是堪憂。換言之，墓誌圖録在如何做到搜集全面及提高清晰度等方面上還有很長的路要走。可喜的是，目前一些大型電子數據庫陸續上綫，如果能處理好版權問題，則功莫大焉。

與目録、圖録不同，墓誌釋文和題跋是墓誌著録中發展比較緩慢的分支。如墓誌釋文方面，在 1992 年趙超《漢魏南北朝墓誌彙編》後，再無見集成性釋文著述。這在某種程度上也反映出墓誌研究嚴重滯後於墓誌發現的局面。此外，墓誌文的考釋、輸入、編定、校勘等内容也要納入文獻學範疇下進行，提高釋文準確性和規範性。同釋文不同，墓誌題跋不僅發展慢，而且面臨形式改變等問題。西方學科分類體系的引入，對我國傳統史學研究模式産生影響和推動。在墓誌研究上一個比較明顯的變化是，傳統意義上的題跋慢慢消失，逐漸轉化爲墓誌研究。墓誌研究雖然在深度及規範上都得到進一步強化，但問題是題跋與研究并不等同，前者祇是後者形式之一，并帶有一定的獨立性。題跋從開始産生，就具有叙録的性質，從而與目録、圖録發展更爲緊密。如何使文辭簡約、語言優美、信息豐富的墓誌題跋獲得新生，將是今後墓誌研究中需要思考的問題之一。

最後想説明的是，在墓誌著録中，目録開闢門徑，圖録呈現具象，釋文提供文本，題跋叙録多聞。它們并不是各自爲營，彼此分散，而是緊密聯繫，相互支撑。從當前墓誌著録情況來看，單一著録形式已不多見，多元化的整理著作開始出現，這也符合現代學術多元化發展的需求。就此角度而言，將來的墓誌著述更需要集目、圖、文、研爲一身的大成之作。

北朝隋唐遼東古族碑誌的著録與研究*

馮立君

在北朝至隋唐時代，契丹、奚、高句麗、渤海靺鞨位於中原王朝的東北方，與北朝隋唐關係密切，是中古時期北方民族關係史的重要研究對象。[①] 東北方素有"遼東"或"遼海"等稱謂，本文爲方便行文，將其統稱爲"遼東古族"。這些政權及其人群有些是在其居留故地，有些是在其移民中原之地，留下了彌足珍貴的墓誌、碑刻等金石文獻，這些碑誌史料對於補苴這一時段的史料匱乏，無疑具有重要學術價值。然而，目前既未出現關於契丹、奚、高句麗、渤海靺鞨四族任何一族的碑誌集，也沒有一部總輯東北古代民族碑誌的著作，更談不上對於遼東古族碑誌的總體性會校和通覽性研究，這就極大地制約了相關民族史問題的深入研究。爲填補此闕，本文針對遼東古族碑誌的學界先賢的著録與研究情況，予以儘可能全面地揭橥，以推動中古民族史的研究進展。

一　契丹碑誌

契丹是北朝至隋唐時期活動於中原東北方的重要民族，唐末五代以後崛起并

---

*　本文原刊於《西北民族論叢》第 22 輯，社會科學文獻出版社，2021 年，作者同意入編本書，并有所增補。

①　王小甫在《隋唐五代東北亞政治關係大勢》中，將《新唐書·四夷傳》序文忽視的東北民族作爲影響唐以後千年中國史的主要對象加以研究，頗具啓發意義。本文涉及的契丹、奚、高句麗、渤海靺鞨恰在此列，從整體上十分值得重視。參閱王小甫主編《盛唐時代與東北亞政局》，上海辭書出版社，2003 年。

建立中國歷史上重要的王朝遼朝。"契丹"之名最早見於《魏書》。契丹游牧民族逐獵往來，居無常處，主要馳騁於潢水（今内蒙古西拉木倫河）和土護真水（今老哈河）之南、黄龍（今遼寧朝陽）之北，占據鮮卑故地，控制遼西交通走廊，隋唐時期西鄰突厥，東通渤海、高句麗，北至室韋，南接奚族、營州，在歷史地理上具有非常重要的地位。① 在北朝至隋唐時代，契丹民族自身所留存的碑刻、墓誌等史料數量不多，但對於認知古代民族關係史、東北民族發展特點意義不菲。遼代以前的契丹碑誌目前没有任何專門的搜集和整理。契丹的碑誌散見於北朝隋唐各種墓誌彙編等總輯類著作中。

在學術史上，契丹民族關係的研究頗爲多元，這緣於契丹與突厥、鮮卑、隋唐、奚族、高句麗、渤海靺鞨等政權或民族錯綜複雜的關係。關於契丹建國之後即遼代史的研究擁有一支專業的研究隊伍，在遼代契丹碑誌方面也是如火如荼，譬如《遼代石刻文編》、②《遼代石刻文續編》③ 之類碑誌文獻的系統搜集。然而，與之形成鮮明對照的是，關於隋唐時代契丹碑誌基本處於荒蕪階段，僅僅有對於個別著名契丹蕃將碑誌的相關釋讀和文獻補正的初步工作，嚴重忽視隋唐契丹碑誌的搜羅、統計、彙集和系統研究。④

總體而言，契丹碑誌可粗分爲如下幾類。

其一，關於契丹貴族墓誌。

最近，日本學者森部豐《關於唐代契丹人墓誌的考察》曾對唐代契丹人墓誌有過相對綜合的研討，其資料基礎是遼寧省朝陽市博物館新見的契丹墓誌。⑤ 遼寧朝陽地區是唐代契丹活動的重要區域，2012 年《朝陽隋唐墓葬發現與研究》的整

---

① 葛承雍：《對西安市東郊唐墓出土契丹王墓誌的解讀》，《考古》2013 年第 9 期。

② 向南主編《遼代石刻文編》，河北教育出版社，1995 年。

③ 向南、張國慶、李宇峰輯注《遼代石刻文續編》，遼寧人民出版社，2010 年。《遼代石刻文續編》是《遼代石刻文編》的補充，主要收録二十世紀九十年代以後新見的漢文石刻。《遼代石刻文續編》仍然依照《遼代石刻文編》的體例，但其注文與《文編》重出者祇作簡單注解，不再詳細考證。出土不少金代石刻文，其内容對研究遼代歷史頗爲重要，故選其有價值者收入"外編"。

④ 李鴻賓近年來一直致力於帶領研究團隊開展基於墓誌資料的唐代胡漢關係研討，出版一系列研究著作。李鴻賓：《隋唐對河北地區的經營與雙方的互動》，中央民族大學出版社，2008 年；李鴻賓：《唐朝的北方邊地與民族》，寧夏人民出版社，2011 年；李鴻賓：《中古墓誌胡漢問題研究》，寧夏人民出版社，2013 年；李鴻賓：《墓誌所見唐朝的胡漢關係與文化認同問題》，中華書局，2019 年；裴恒濤：《形夷而心華：墓誌資料中唐代非漢人的王朝認同》，博士學位論文（李鴻賓指導），中央民族大學，2013 年。

⑤ 森部豐「唐代契丹人墓誌に関する——考察：遼寧省朝陽市博物館所藏新出墓誌の紹介を兼ねて」『関西大學アジア文化研究センターディスカッションペーパー』第 13 号、2016 年。

體性揭示，有助於學界加強對該地契丹等族文化多元融合面貌的認識。① 而近些年來最引人矚目的契丹墓誌是在 2011 年西安東郊出土的李過折墓誌，楷書誌文共三百六十九字，題爲《唐故特進松漠府都督兼同幽州節度副使北平郡王李府君墓誌銘并序》。墓誌主人李過折，契丹語 "果珍"，是唐玄宗開元年間契丹游牧部落聯盟政權的一個重要人物。更爲重要的是，李過折就是殺掉令唐廷頭痛不已的契丹反叛首領可突于的人。墓誌記載了開元年間契丹與唐朝的關係，反映了契丹政權内部的矛盾、分化狀況和唐朝的邊疆政策，陳述了契丹王李過折的事迹和其後代爲唐朝效力的事迹。②

其二，關於入唐契丹蕃將墓誌。

契丹碑誌主要集中在與唐代契丹蕃將有關聯的碑刻、墓誌。李光弼是唐朝名將，歷代獲譽極高。他出身契丹，世代爲部落貴胄。目前，李光弼墓誌、其父李楷洛墓誌、其子李彙墓誌、李彙女墓誌都已出土，③ 對於研究其個人、家族乃至契丹入唐蕃將軌迹、唐帝國北邊族群政策等内容都有重要的意義。李光弼神道碑亦存行於世，唐代著名書法家顏真卿撰《唐故開府儀同三司太尉兼侍中河南副元帥都督河南淮南淮西荆南山南東道五節度行營事東都留守上柱國贈太保臨淮武穆王李公（光弼）神道碑銘》，收錄於《全唐文》卷三四二，記錄了傳主一生輝煌的功業，"今上登極，寶應元年夏五月，進封臨淮郡王。廣德元年秋七月，加實封三百户，通前後凡二千户。賜鐵券，名藏太廟，仍圖畫於凌煙閣……諡曰武穆"。在這一神道碑中，還記載了李光弼與另一名將李楷固的關係。

李楷固也是唐初著名的契丹蕃將，《全唐文》卷三四二載："初天后萬歲中，大將軍燕國公武楷固爲國大將，威震北陲，有女曰今韓國太夫人，才淑冠族。嘗鑒之曰：'爾後必生公侯之子。'因擇薊公（李楷洛——引者注）配焉，後果生公（李光弼——引者注）。"李楷洛神道碑，即楊炎撰《雲麾將軍李府君神道碑》，④ 此外楊炎還撰有《唐贈范陽大都督忠烈公李公神道碑銘并序》。⑤ 馬馳曾據此二碑厘定李

---

① 遼寧省文物考古研究所：《朝陽隋唐墓葬發現與研究》，科學出版社，2012 年；吳炎亮：《試析遼寧朝陽地區隋唐墓葬的文化因素》，《文物》2013 年第 6 期。

② 葛承雍：《對西安市東郊唐墓出土契丹王墓誌的解讀》，《考古》2013 年第 9 期。

③ 周紹良總主編《全唐文新編》，吉林文史出版社，1999 年。李光弼家族墓誌在該書收錄的（册 / 卷 / 頁）如下：李光弼墓誌（6/342/3920）、（父）李楷洛墓誌（8/422/4927）、（李光弼子）李彙墓誌（13/738/8564）、沈師妻李氏（李彙女）墓誌（13/738/8565）。

④ 董誥編《全唐文》卷四二二，中華書局，1983 年，第 4308~4310 頁。

⑤ 董誥編《全唐文》卷四二二，第 4310~4311 頁。

光弼生父母。①

　　唐代另一著名契丹蕃將爲王武俊，以王武俊爲首的契丹王氏在中唐時期甚爲活躍，統轄河朔三鎮之一的成德鎮近四十年，但關於其三代之後的家族成員情況史籍記載幾乎空白，因此王武俊曾孫王知信墓誌的發現尤顯珍貴。此外還有王武俊子王士真墓誌、王士真妻墓誌，以及王承宗女王循墓誌。②

　　王士真墓誌，2007 年 5 月，河北正定縣于家莊出土，碑文顯示爲唐後期成德節度使王士真墓誌。該墓誌 2000 餘字，內容十分豐富，是迄今發現的這個王氏家族男系成員第一塊碑刻，爲研究其家族世系、仕宦經歷，乃至整個成德鎮歷史提供了第一手資料，是繼何進滔、何弘敬和王元逵墓誌之後，關於唐代河北三鎮的又一重要發現，對於認識唐代北邊民族關係頗有獨特意義。王士真，王武俊長子，事成德節度使李寶臣，爲帳中親將，李寶臣以女妻之。建中二年（781）春，李寶臣卒，其子李惟岳自爲留後。唐德宗下詔討伐，王武俊在遭受李惟岳猜忌和叛軍節節失利的情況下，與其子王士真內外聯合，殺李惟岳降唐。唐德宗乃以王武俊爲成德節度使。貞元十七年（801）六月，王士真繼立。③

　　近年來，王武俊家族中也有一些家族成員的墓誌出土。例如，據李景裕墓誌，其夫人王氏，爲王承宗之女。④《唐王公季女墓誌》全稱《唐故成德軍節度使尚書左僕射贈侍中王公季女墓誌銘并序》，出土時地不詳，2006 年入藏西安碑林博物館。誌石爲正方形，邊長均 54 厘米，誌文楷書 24 行，滿行 23 字。⑤另據一方吳氏墓誌，吳氏爲王武俊之妻，王士真之母。⑥

　　餘姚縣主李氏（677~734）墓誌，現藏西安碑林博物館。墓誌主人是唐高祖的曾孫、唐太宗之孫、唐玄宗之堂姑。墓誌撰寫者爲誌主餘姚縣主的丈夫慕容嘉賓。餘姚縣主與慕容嘉賓之女曾被唐朝册封爲燕郡公主，遠嫁於契丹松漠郡王李鬱于，

---

① 馬馳：《李光弼生父生母考》，《唐史論叢》第 6 輯，陝西人民出版社，1995 年；馬馳：《李光弼》，陝西師範大學出版社，1996 年。

② 楊瑋燕：《唐〈王知信墓誌〉考略》，《文博》2014 年第 6 期。

③ 馮金忠、趙生泉：《河北正定出土唐成德節度使王士真墓誌初探》，《中國國家博物館館刊》2013 年第 5 期。

④ 周紹良、趙超主編《唐代墓誌彙編續集》殘誌 011，上海古籍出版社，2001 年，第 1177 頁。

⑤ 李雪芳：《從唐〈王公季女墓誌〉看河北三鎮之成德軍變遷》，《碑林集刊》第 15 輯，三秦出版社，2009 年。

⑥ 《唐故成德軍節度使金紫光祿大夫檢校尚書左僕射兼御史大夫贈侍中王公先齊國太夫人濮陽吳氏墓誌銘》，吳鋼主編《全唐文補遺》第 5 輯，三秦出版社，1998 年，第 35 頁。

是歷史上有名的和親公主。這方墓誌的收藏對研究唐代的民族關係具有非常重要的意義。燕郡公主和親契丹先嫁李鬱于，李鬱于死後改嫁李吐于，開元十三年燕郡公主携李吐于投奔長安，李吐于被改封遼陽郡王。[①]

其三，關於契丹民族關係的碑誌。

李永定墓誌，自二十世紀五十年代以來，北京地區相繼出土了許多唐代墓誌，其中李永定墓誌就記載了以幽州城爲中心，在開元五載至天寶年間"安史之亂"前唐廷對北方奚、契丹民族所采取的多次軍事行動，證實幽州城確爲軍事重鎮。[②]

張休光墓誌，是開封市博物館庋藏的一件唐代珍貴墓誌。墓誌記載了張休光於開元二十一年（733）參加唐廷抗擊契丹的都山之戰，父子雙雙陣亡的事情，有證史補史的重要歷史價值。《張休光墓誌》係洛陽出土，但具體時間不詳。唐開元二十二年（734）十月刻，蓋題撰書"大唐故張君墓誌之銘"9字。萬俟餘慶撰文，張若芬書丹。書體隸書22行，行25字。[③]

耶律羽之墓誌，是迄今爲止發現的遼代漢文墓誌中年代最早、墓主人地位最高、保存最完整者。其誌文《大契丹國東京太傅相公墓誌銘并序》也是遼早期墓誌中内容最豐富的一篇杰作，具有很高的學術價值。誌文中有關於契丹耶律氏族源、遼代職官制度、契丹與中原王朝關係、契丹與渤海關係的重要記載。[④]

二　奚族碑誌

2007年，奚國皇宮遺址驚現河北省青龍滿族自治縣祖山深處，爲研究奚族歷史掀開了新的一頁。奚族對中華民族做出過重要貢獻，在唐代就以先進的農耕生産技術爲漢族人所稱道，他們還善治馬具車輛，製造的"奚車"聞名於世，現在著名的民族樂器——二胡的前身，就是奚族人發明的"奚琴"。[⑤]奚，隋朝以前稱庫莫奚，奚人北魏初駐牧在西拉木倫河中上游一帶，北魏中期起南移，擴展至老哈河

---

① 張安興：《我館徵集唐餘姚縣主墓誌等文物》，《碑林集刊》第17輯，三秦出版社，2011年。
② 魯曉帆：《從李永定墓誌看唐幽州城的軍事地位》，《首都博物館論叢》總第28輯，北京燕山出版社，2014年。
③ 唐冬冬：《唐代石刻珍品——〈張休光墓誌〉考》，《開封教育學院學報》2018年第1期。
④ 梁萬龍：《〈大契丹國東京太傅相公墓誌銘并序〉考釋》，《内蒙古大學學報》（人文社會科學版）2002年第3期。
⑤ 姚德昌：《奚國覓蹤》，《遼金歷史與考古》第1輯，遼寧教育出版社，2009年。

上游，大致在今内蒙古自治區赤峰市境内。同期，部分奚人西遷，活動於太行山北麓、桑乾河下游一帶。有唐一代，奚族居地的變遷大致可分爲三期。早期爲618年至八世紀前期，奚牙帳駐扎在潢河北岸，中期爲八世紀中期至840年，奚牙帳駐扎在今内蒙古寧城縣老哈河左岸，晚期爲840年至907年，奚牙帳仍駐扎在老哈河上游，奚人居地範圍東際渤海遼東灣，西至達賚諾爾湖，南抵長城以北，北至潢水北岸。唐末，隨着契丹崛起，奚族居地遂爲契丹吞并。①

由於奚人沒有建立獨立的政權，故一直沒有受到史學界的重視，近年來隨着遼金史研究的不斷發展，奚族關注度有所提高，取得不少成果。②儘管如此，由於史料匱乏等原因，奚族歷史研究往往伴生於契丹、女真族的研究，對於整個奚族社會史的研究也顯相對薄弱。③這和學界至今沒有對奚族及其相關民族碑誌的系統整理也有一定内在聯繫。

唐故奚質子右威衛將軍熱瓌墓誌。2005年夏，西安市西三環北石橋村一座唐墓出土一批陶俑等遺物，還有一方墓誌，題爲《大唐故奚質子右威衛將軍熱瓌墓誌銘》，④提供了古代奚族活動的新綫索，這是考古發掘中首次發現盛唐墓誌中署名奚質子的刻石。

蕭孝忠墓誌。該墓誌於1954年在遼寧省錦西縣孤山村出土，現藏於錦州市博物館。墓誌刻於大安五年（1089），計230餘字，主要記載了蕭孝忠的婚姻及子女情況。碑文較爲詳細地記述了蕭孝忠的五位夫人，其中有契丹人，也有漢人，説明遼代奚族與契丹和漢人之間均存在通婚現象。

大王記結親事碑。此碑於1974年秋在内蒙古自治區赤峰市寧城縣存金溝鄉喇嘛溝門村出土，現藏於寧城縣遼中京博物館。該碑刻於遼太祖天贊二年（923），碑額題"大王記結親事"六個楷體漢字，碑文由左向右竪行漢文書寫，碑身正面刻10行，右側面刻3行，背面刻13行，左側面刻1行，共27行。每行字數不等，共計897字。大王記結親事碑是現存奚族最早的碑刻，也是遼代石刻中時代最早者。主要記述了奚王與契丹聘女、求婦、續聘等事件，并對婚聘過程中將羊、牛、馬、金銀、衣服、綾彩等財物作爲聘禮的數量進行了較爲詳細的闡述。這些記載是

① 畢德廣：《北朝時期庫莫奚居地變遷考》，《内蒙古社會科學》2014年第4期；畢德廣：《唐代奚族居地的變遷》，《中國歷史地理論叢》2014年第1期。
② 劉一：《新中國成立以來國内奚族研究綜述》，《學術探索》2013年第8期。
③ 王凱：《20世紀80年代以來奚族研究綜述》，《東北史地》2011年第1期。
④ 張小麗：《西安市唐故奚質子熱瓌墓》，《考古》2014年第10期。

瞭解奚族的婚姻習俗、社會經濟狀況、奚族與契丹關係等方面的珍貴的史料。碑用白話文刻寫，包含的方言爲研究奚人語言提供了寶貴資料。李義《遼代奚"大王記結親事"碑》[①]和《内蒙古寧城縣發現遼代〈大王記結親事〉碑》[②]兩文對該碑進行了研究和考證。

蕭福延墓誌。墓誌合一，1992 年 8 月出土於河北省平泉縣柳溪鄉馬架子村八旦溝自然村。發現時已斷裂成數塊，誌蓋長 79 厘米、寬 76.5 厘米，周邊厚 7 厘米，中間厚 15 厘米。誌蓋頂部篆書 9 字"故上大夫墓誌銘之記"。墓誌長、寬與誌蓋相同。誌文楷書書寫 31 行，滿行 35 字，共計 820 餘字。該墓誌記述了奚王蕭福延的生平事迹，即墓主人自遼重熙四年（1035）入仕至咸雍六年（1070）辭世，歷任左千牛衛將軍、鎮國軍節度使、永興宮使、彰義軍節度使、檢校太傅、延慶宮使、崇德宮使、涿州軍州事、宣徽使、奚王等重要職位，還對蕭福延諸兄弟進行了介紹，有學者推斷墓誌中所記載的蕭福延之兄蕭福善就是奚王蕭韓家奴。[③]墓誌的發現可與傳世文獻以及房山石經題記等記載相互印證，成爲認識奚族大族的重要資料。

李府君夫人張氏墓誌。墓誌合一，1993 年出土於北京市房山區醫院，現藏於北京市文物研究所。墓誌誌蓋覆斗形，中間陰文篆書"唐故歸義王李府君夫人故貝國太夫人清河張氏墓誌銘"。誌石呈方形，邊長 72 厘米，厚 14 厘米。誌文楷書 26 行。據考證，該墓誌的主人是奚王李詩的夫人張氏，[④]可能是另一位奚族首領張瑣高的同族。[⑤]該墓誌對張氏的出身、家世及其與唐朝的關係等情況有所記載，與兩《唐書》相關内容同等重要。也有學者認爲男主人是李歸國墓誌，而非李詩。[⑥]墓葬早年被盜，祇出土了男主人墓誌的誌蓋和女主人墓誌。男主人墓誌蓋上篆"李府君墓誌"。女主人墓誌保存完整，學者結合張氏墓誌誌文和相關文獻，通過對男墓主姓氏、官職、子嗣和卒年等方面的考證，認爲李府君實爲另一位奚饒樂都督李歸國，而非李詩。

---

① 李義：《遼代奚"大王記結親事"碑》，《中國古都研究》第 18 輯下册，中國古都學會，2001 年。
② 李義：《内蒙古寧城縣發現遼代〈大王記結親事〉碑》，《考古》2003 年第 4 期。
③ 張守義：《平泉縣馬架子發現的遼代墓誌》，《文物春秋》2006 年第 3 期；陳曉偉：《奚王蕭福延墓誌三題》，《宋史研究論叢》第 11 輯，河北大學出版社，2010 年。
④ 周峰：《奚族碑刻概説》，《赤峰學院學報》2009 年第 9 期。
⑤ 王策：《〈唐歸義王李府君夫人清河張氏墓誌〉考》，《北京文物與考古》第 6 輯，民族出版社，2004 年。
⑥ 畢德廣：《唐清河張氏墓誌考》，《北方文物》2012 年第 3 期。

耶律氏墓誌銘。該墓誌於1998年在北京市平谷區黄松峪鄉韃子墳村出土，現存於平谷區黑豆峪村碑林。耶律氏墓誌銘，墓誌合一，金皇統元年（1141）刻石。誌石長97厘米，寬100厘米。誌蓋篆題“大金漆水郡夫人耶律氏墓銘”。誌文楷書37行，滿行35字。墓誌的主人耶律氏爲奚人蕭公建之妻，據考證，耶律氏很可能是漢人韓知古的後代。①誌文記述了耶律氏的家世及其丈夫蕭公建和子孫們的仕途情況，爲研究金代奚人的社會地位、奚族與金統治者的關係提供了重要的史料依據。

蕭資茂墓誌銘。蕭資茂墓誌與耶律氏墓誌同時出自蕭公建家族墓地，現存平谷區黑豆峪村碑林。該墓誌僅存誌石，金大定二十五年（1185）刻石。誌石長80厘米，寬79厘米。誌文楷書20行，滿行19字。誌文字數不多，主要記述了墓誌主人奚人蕭資茂的家世、品德、仕途及其死因。據考證，蕭資茂即蕭公建之孫。②蕭資茂墓誌銘與耶律氏墓誌銘同等重要，屬於瞭解蕭資茂本人和蕭公建家族情況的第一手資料。

大唐清河郡王紀功載政之頌碑。該碑俗稱李寶臣記功碑，2000年6月發現，現存於河北省石家莊市正定縣城燕趙大街西側。該碑刻於唐代宗永泰二年（766）。碑爲半圓形，刻有六龍環繞，坐北朝南，通高七米餘。碑額陰刻篆書“大唐清河郡王紀功載政之頌”3行12字。正面陰刻大字行楷書29行，滿行55字，共計1398字，尚存1000餘字。李寶臣，范陽城傍奚人，兩《唐書》中有傳。該碑主要記述李寶臣的生平功績。郭玲娣等《唐李寶臣紀功碑考述》，③張建寧《從〈李寶臣紀功碑〉看成德軍的早期發育》，④馮金忠、陳瑞青《唐成德軍節度使李寶臣殘碑考釋》⑤對該碑的著録情況、史料價值、揭示的成德軍問題等内容有所考釋。

屈突通墓誌，河南洛陽千唐誌齋博物館藏，全稱《大唐故左光禄大夫蔣國公屈突府君墓誌銘》。⑥貞觀二年（628）立，誌石長、寬各69厘米，隸書，1312字，見載於《西北民族大學圖書館于右任舊藏金石拓片精選》《北京圖書館藏中國歷代石刻拓本滙編》《唐代墓誌彙編附考》《千唐誌齋藏誌》《隋唐五代墓誌滙編》

① 周峰:《金代蕭公建家族兩方墓誌銘考釋》，北京遼金城垣博物館編《北京遼金文物研究》，北京燕山出版社，2005年，第233~238頁。

② 周峰:《金代蕭公建家族兩方墓誌銘考釋》，北京遼金城垣博物館編《北京遼金文物研究》，第233~238頁。

③ 郭玲娣、樊瑞平、杜平:《唐李寶臣紀功碑考述》，《文物春秋》2005年第5期。

④ 張建寧:《從〈李寶臣紀功碑〉看成德軍的早期發育》，碩士學位論文，中央民族大學，2007年。

⑤ 馮金忠、陳瑞青:《唐成德軍節度使李寶臣殘碑考釋》，《中國歷史文物》2009年第4期。

⑥ 盧逮曾:《唐屈突通墓誌跋》，《中央日報・文史副刊》1937年6月20日。

《唐代墓誌彙編》《全唐文新編》《全唐文補遺》。據郭玉堂《洛陽出土石刻時地記》（1939），[①]1931年屈突通及其夫人墓誌[②]一同出土於洛陽城北鄭凹村。屈突通是隋唐名將，誌稱其字坦豆拔，實爲奚人。屈突通在兩《唐書》《隋書》等史籍中有傳，墓誌稍補苴屈突通家系及仕宦經歷細節，爲瞭解隋唐之際史事有參考價值。此碑著錄者較多，最近又被《絲綢之路辭典》收錄。[③]

屈突通之子屈突詮的墓誌，即《大周故銀青光禄大人行籠州刺史上柱國燕郡開國公屈突府君墓誌銘并序》，天授二年（691）十月立，2001年春在河南省孟津縣出土，誌文收錄於《全唐文補編》。[④]拓本見《河洛春秋》2007年第3期，對錄文的修正還可參見繆韻《讀〈大周屈突詮墓誌〉》。[⑤]屈突詮墓誌詳細記載了其籍貫世系、官宦生涯、卒葬年月及葬地等信息，對於糾補史書、理解屈突家族史有重要幫助。[⑥]史書記載屈突詮及其子屈突仲翔父子二人都曾擔任瀛州刺史，但仲翔墓誌至今未見，不過洛陽陸續出土了屈突詮另外三位未見諸史籍的兒子屈突伯起、屈突璿、屈突季札的墓誌。

屈突詮之子屈突伯起墓誌，據《洛陽出土石刻時地記》（1939）載，民國二十二年（1933）七月初三日在洛陽城東北廿二里山嶺頭村附近出土，并出極精美的三彩器和陶器。誌文部分字殘缺，失去伯起祖父之名。屈突伯起墓誌高58.3厘米，寬58厘米；誌文35行，滿行35字，誌首題“故朝議郎行辰州司倉參軍事屈突府君墓誌銘并序”，石藏千唐誌齋。誌文所記官爵、封號和其父詮，正與兩《唐書》之《屈突通傳》相合，故知伯起乃屈突詮之子、屈突通之孫無疑。《新唐書·屈突通傳》提到，屈突通子壽、詮和詮子仲翔，而未記有伯起、季札。據誌載，伯起三十九歲卒於任所，因早卒未列史傳。屈突通與妻蔣國夫人墓誌出土於洛陽城北十二里鄭凹村，而伯起墓誌則出土於洛陽東北二十二里山嶺頭村南凹，可知伯起卒後，未入祖塋。

屈突詮另一子屈突璿墓誌，全稱《故朝散大夫光州長史屈突府君墓誌銘并

---

① 郭玉堂：《洛陽出土石刻時地記》，大象出版社，2005年，第76頁。

② 《大唐蔣國夫人墓誌》，吳鋼主編《全唐文補遺》第1輯，三秦出版社，1994年，第472頁。

③ 周偉洲、王欣主編《絲綢之路辭典》，陝西人民出版社，2018年，第547頁。

④ 吳鋼主編《全唐文補遺》第8輯，三秦出版社，2005年，第300~302頁；又見《全唐文補遺·千唐誌齋新藏專輯》，三秦出版社，2006年，第65~68頁。

⑤ 繆韻：《讀〈大周屈突詮墓誌〉》，https://tieba.baidu.com/p/807774380?red_tag=1519795960。

⑥ 李獻奇、周錚：《武周屈突詮墓誌考釋》，《中原文物》2002年第3期。

序》，唐開元二十九年（741）八月二十八日葬。河南洛陽出土，誌石現藏千唐誌齋博物館。正書 23 行，每行 23 字；蓋篆書。拓片寬 41 厘米，長 41.5 厘米（誌）。墓誌記其爲"河南人也"，除了記載官歷，并無年號紀年，對於葬年采取干支紀年，"辛巳歲己卯月丙戌日終於河南惠和之第，葬於北邙之源"。① 墓誌所載内容補充了屈突家族至唐代開元年間的發展情況。

屈突詮之子屈突季札墓誌，1991 年 9 月河南省文物研究所、洛陽市文物工作隊在孟津縣送莊鄉西山頭村附近的鄺山坡地進行聯合考古發掘時，出土於一座唐墓中，全稱《故銀青光禄大夫燕郡公屈突府君男季札墓誌銘并序》。拓片及誌文發表在《華夏考古》1993 年第 1 期的發掘簡報，② 陳尚君《全唐文補編》收録。③ 據誌文記録，屈突季札夭亡於十三歲，父親爲屈突詮，季札墓誌所載其父官爵號與屈突詮墓誌完全對應，祖父則記作"隨左候衛大將軍、唐兵部尚書使持節洛州都督左光禄大夫尚書左僕射蔣國公，謚曰忠。圖畫淩煙閣，贈司空。食實封六百户"。屈突家族第三代人的書寫已顯示出諸多新特點，關於季札本人的記録也透露出唐代歷史的不少信息。④

奚王蕭京墓誌，内蒙古赤峰市博物館藏，出土地不詳。誌石爲青砂岩，長 83 厘米、寬 79 厘米、厚 12 厘米，通石刻字 32 行，每行 24~30 字不等，通篇約 840 字。誌石首行題刻"左龍虎衛上將軍前六節度奚王燕京統軍使金紫崇禄大夫檢校太保食邑五千二百户食實封七百五十户開國公蕭京墓誌銘并引"。該墓誌稱誌主爲白霤，白霤是隋唐時期鐵勒十五部之一的强大游牧人群，唐前期從漠北草原移居漠南草原，與唐朝存在密切聯繫，唐中後期白霤淡出歷史舞臺。金元時期"白霤"已成爲奚人世居地的"郡望"。蕭京墓誌爲繼續探索遼代奚、霤之間的聯繫提供了證據。墓誌對於探討蕭京家族、白霤源流、奚族發展、華夏認同等問題都有一定價值。⑤

除此之外，近來學者通過細密爬梳史料，還對安史之亂中發揮重要作用的李懷仙族屬提出"奚族"説，雖然尚未取得對原本"粟特説"的發覆，但相信類似的研究會逐漸推動更多唐代奚族人士的揭櫫。⑥

---

① 吳鋼主編《全唐文補遺·千唐誌齋新藏專輯》，第 182 頁。
② 《洛陽孟津西山頭唐墓發掘報告》，《華夏考古》1993 年第 1 期。
③ 陳尚君輯校《全唐文補編》卷一五二，中華書局，2005 年，第 1851~1852 頁。
④ 《孟津文化大觀·陵墓》，河南人民出版社，2014 年，第 168 頁。
⑤ 任愛君等：《遼代奚王蕭京墓誌銘文釋讀》，《遼寧師範大學學報》（社會科學版）2020 年第 5 期。
⑥ 尹勇：《唐幽州節度使李懷仙族屬新考》，《蘭臺世界》2011 年第 13 期。

三　高句麗碑誌

　　高句麗既是民族稱謂，又指其建立的政權（前 37~668），政權時間跨度長，特別是進入南北朝時期之後，控馭着原遼東郡、玄菟郡、樂浪郡、帶方郡故地，并且與南北諸政權都有政治、經濟、文化聯繫，曾與隋唐有長期的戰争，是中古時代遼東古族最重要者。在高句麗全盛時期，其統轄地域囊括今朝鮮半島北部、中國東北中南部廣大地區，歷史遺迹較多。其中高句麗碑刻、墓誌留存數量亦不小，爲遼東古族之冠。

　　關於高句麗碑誌的金石著録，中國、日本、朝鮮、韓國學者都做了相當多的工作，持續收集整理，成績卓著。近代以來，劉喜海輯録、劉承幹重校《海東金石苑》，[①] 日本朝鮮總督府 1919 年編《朝鮮金石總覽》，[②] 葛城末治《朝鮮金石考》，[③] 池內宏《通溝》上（1938）等著述，從古代金石學體例方面對當時所見朝鮮半島金石資料進行彙編整理，其中就包括不少高句麗碑誌。

　　二戰以後，現代學術在東亞廣泛興起，各國開始從現代史學意義上對高句麗相關金石文獻予以整理和研究。在這方面，韓國李蘭暎《韓國金石文追補》、[④] 羅振玉《唐代海東藩閥志存》、[⑤] 梅原末治《朝鮮古文化綜鑒》、[⑥] 韓國黃壽永《韓國金石遺文》、[⑦]《韓國金石文大系》、[⑧] 許興植《韓國金石全文》（古代篇）、[⑨] 吉林省文物志編委會所編撰的縣域文物志，特別是《集安縣文物志》（1984）、毛漢光《唐代墓誌彙編附考》第 9 册、《北京圖書館藏中國歷代石刻拓本滙編》、[⑩] 韓國《譯注韓國

---

①　劉喜海輯録，劉承幹重校《海東金石苑》，嘉業堂金石叢書，1922 年。

②　朝鮮總督府編《朝鮮金石總覽》，1919 年。

③　葛城末治『朝鮮金石攷』大阪屋号書店、1935 年。

④　李蘭暎：《韓國金石文追補》，亞細亞文化社，1968 年。

⑤　《石刻史料新編》第 2 輯第 15 册，新文豐出版公司，1982 年；《羅振玉學術論著集》第 6 集（總第 8 册），上海古籍出版社，2010 年。

⑥　梅原末治：《朝鮮古文化綜鑒》卷四，養德社，1966 年。

⑦　黃壽永：《韓國金石遺文》，一志社，1976 年。

⑧　趙東元：《韓國金石文大系》（2），韓國圓光大學校出版局，1981 年。

⑨　許興植：《韓國金石全文》（古代篇），亞細亞文化社，1984 年。

⑩　《北京圖書館藏中國歷代石刻拓本滙編》第 16 册，中州古籍出版社，1989 年。

古代金石文》、[①] 朝鮮社會科學院 "朝鮮社會科學學術集"《高句麗文化》、[②] 魏存成
《高句麗遺迹》、[③] 拜根興《唐代高麗百濟移民研究》[④] 先後對高句麗地域碑刻、中原
出土高句麗移民墓誌進行過不同側重的輯録、整理，在體例越來越趨近於將録文等
原始信息保存完整，隨着現代印刷製版技術的提升，清晰的圖版日益成爲這些金石
著録的新增内容。在這方面，韓國近年來出版的大型資料集最具代表性，值得學習
借鑒。

在研究上，高句麗的各種碑刻和墓誌因爲總量有限，文獻史料稀缺，而得到
各國學者充分的細緻研究。碑刻以好太王碑的研究爲主，幾乎成爲高句麗前期發展
史研究的支撐。入唐移民的墓誌研究發現的時間晚近，在信息化程度較高的當下學
界，幾乎每出現一方就引起國內外諸多討論。總體上，高句麗碑誌的研究呈現的特
點是：其一，主要碑刻占據高句麗研究的重心；其二，新出碑誌迅速引發國際跟進
研究，形成熱潮；其三，碑誌總量有限，但對高句麗史及相關民族關係史的意義頗
爲重要，因此研究者的重視程度高；其四，高句麗碑誌的專門整理、輯録、會校實
際上還没展開。

在碑刻方面，最負盛名的是所謂高句麗三大碑 "高句麗好太王碑（又稱廣開
土王碑）" "中原高句麗碑" "集安高句麗碑"。而其中尤以好太王碑最爲吸引學者，
研究成果最多、爭論也最大。

（一）好太王碑

高句麗好太王碑全稱 "國岡上廣開土境平安好太王碑"，係中國東晉時期高句
麗第十九代王高談德（374~413）的記功碑。位於吉林省集安市東 4 公里太王鄉，
其西約 200 米處爲好太王陵。此碑是其子長壽王於 414 年建立，由一塊巨大的天然
角礫凝灰岩石柱略加修琢而成，碑體呈方柱形，高 6.39 米，底寬在 1.34~1.97 米之
間，四面環刻碑文，計約 1775 字。清末光緒三年（1877）在懷仁設縣，書啓關月
山在通溝的荒煙蔓草中發現了好太王碑。

1895 年 3 月，王志修在奉天府軍糧署以好太王碑爲題做韻文《高句麗永樂太

---

① 韓國古代社會研究所：《譯注韓國古代金石文》卷一，韓國古代社會研究所，1992 年。
② 朝鮮社會科學院 "朝鮮社會科學學術集"：《高句麗文化》，社會科學出版社，2010 年。
③ 魏存成：《高句麗遺迹》，文物出版社，2002 年。
④ 拜根興：《唐代高麗百濟移民研究》，中國社會科學出版社，2012 年。

王古碑歌》，同年又寫出《高句麗永樂太王碑考》，合成《高句麗永樂太王古碑歌考》由奉天軍糧署石印出版，這成爲清末學者對高句麗研究的最早成果之一。目前，在中國大陸和臺灣地區，保存着一批好太王碑不同時期的拓本。在日本、韓國、朝鮮、法國、美國的大學或圖書館也保存着一定數量的好太王碑拓本。[①] 好太王碑被發現後，因拓本捶拓流傳而聲名遠播。

　　海内外關於好太王碑的研究，主要是圍繞拓本展開。在中國學界，自金毓黻以來，王健群、朴真奭、耿鐵華、徐建新等都對該碑碑文内容進行過較爲系統的研究。中國東北歷史研究的開創者金毓黻，1927 年刊印《遼東文獻徵略》，收録了金毓黻高句麗好太王碑碑文釋讀和跋語，此外，其書還將清末以來的榮禧、羅振玉等相關著述録入。金毓黻肯定了羅振玉立碑年代的説法，結合中外史籍與碑文對照研究，并考證朱蒙以下諸王世次等。[②] 王健群，吉林省文物考古研究所所長、研究員，著有《好太王碑研究》，[③] 該書分爲好太王碑建立、發現與現狀，好太王碑的捶拓，好太王碑的調查、著録與研究，好太王碑碑文識讀，問題考釋，碑文譯注等幾部分。這是國内最早的一部好太王碑研究著作，被迅速翻譯成日文出版。[④] 朴真奭，延邊大學歷史系教授，1993 年出版《好太王與古代朝日關係研究》（朝鮮文版），[⑤] 結合碑文，重點圍繞東亞古代關係問題展開討論。1996 年《高句麗好太王碑》在韓國出版，2000 年該書中文版翻譯出版。[⑥]《高句麗好太王碑研究》由 12 篇論文組成，涉及好太王碑碑文識讀、朱蒙出身與建國年代、山上王、永樂年號、碑麗、永樂八年和十七年的征討對象、東扶餘、朝鮮半島内的倭地存無問題、好太王陵、守墓人身份等具體問題。

　　耿鐵華 1994 年出版《好太王碑新考》，[⑦] 主要是針對王健群著作的新證，作者當時在集安博物館工作，離好太王碑近，隨時可觀摩，且熟知悉當地風土，結合本地苔蘚的情況論證不存在所謂的“火前本”，即所有全拓本都在牛糞抹面焚燒後纔有可能等諸多問題。耿鐵華也是較早對碑文内容進行釋讀工作取得重要成績的學

---

①　耿鐵華：《好太王碑發現 140 周年的捶拓與研究》，《東北師大學報》2018 年第 1 期。

②　耿鐵華：《高句麗研究史》，吉林大學出版社，2012 年，第 52~53 頁。

③　王健群：《好太王碑研究》，吉林人民出版社，1984 年。

④　王健群『好太王碑の研究』雄渾社、1984 年。

⑤　朴真奭：《好太王與古代朝日關係研究》，延邊大學出版社，1993 年（朝鮮文版）、1996 年（中文版）。

⑥　朴真奭：《高句麗好太王碑研究》，亞細亞文化社，1996 年（韓文版）；朴真奭：《高句麗好太王碑研究》，延邊大學出版社，2000 年（中文版）。

⑦　耿鐵華：《好太王碑新考》，吉林人民出版社，1994 年。

者，其《好太王碑一千五百八十年祭》^①系統回顧了好太王碑發現史、研究史，揭示拓本捶拓與拍照、石灰塗抹問題，并對好太王碑文字現狀予以介紹，并附有與好太王碑相關的墓誌研究。作者還主編了《高句麗好太王碑》一書，收録中國學界相關論文，方便學界進一步研究。除了研究專著，作者還主持挑選高句麗好太王碑相關拓本予以出版。^② 2017 年底，耿鐵華將吉林通化、山東濟南、廣東廣州發現的好太王碑拓本等新研究結集出版，是爲中國學界最新的好太王碑拓本研究專著。^③

徐建新 2006 年將其關於好太王碑拓本的研究在日本出版。^④這是一部彙集作者研究好太王碑拓本前期論著的成果，涉及好太王碑拓本研究史及其論爭、北京所藏拓本的調查研究等一系列問題。2009 年作者又在國内發表長篇文章，論述好太王碑拓本的分期與編年方法。2015 年，又對國内新見的好太王碑拓本進行研究。^⑤高明士對於中國臺灣所藏好太王碑拓本進行了研究，^⑥他的貢獻在於揭橥中國臺灣所藏好太王碑拓本及其學術價值，拓寬了好太王碑拓本研究。

日本學界對於好太王碑的研究歷史悠久，成果卓著。最初問題的焦點似乎集中於好太王碑文中關於高句麗、百濟、新羅、倭之間關係的叙事。^⑦李進熙從多種角度對高句麗好太王碑予以研究，1977 年出版《好太王碑と任那日本府》^⑧專門討論所謂任那問題。他對廣開土王碑的研究，被翻譯到韓國。^⑨井上秀雄等還曾專門踏查高句麗遺迹，著有《好太王碑探訪記》。^⑩武田幸男專研高句麗史，除了著有《高句麗史與東亞》《朝鮮史》^⑪之外，還專門對好太王碑墨本進行過研究，結爲

① 耿鐵華：《好太王碑一千五百八十年祭》，中國社會科學出版社，2003 年。

② 耿鐵華、李樂營：《通化師範學院藏好太王碑拓本》，吉林大學出版社，2014 年。

③ 耿鐵華、李樂營：《好太王碑拓本研究》，吉林大學出版社，2017 年。

④ 徐建新『好太王碑拓本の研究』東京堂出版、2006 年。

⑤ 徐建新：《中國國内新見好太王碑拓本研究資料》，《聊城大學學報》2015 年第 2 期。

⑥ 高明士：《臺灣所藏的高句麗好太王碑拓本》，《韓國學報》第 3 輯，1983 年；《臺灣所藏高句麗好太王碑拓本補述》，《韓國學報》第 4 輯，1984 年；《中央研究院歷史語言研究所藏高句麗好太王碑乙本原石拓本的史學價值》，《古今論衡》2000 年第 4 期；《臺灣的高句麗好太王碑拓本及其碑文研究》《傅館藏好太王碑原石拓本乙本完整的發現》，氏著《天下秩序與文化圈的探索——以東亞古代的政治與教育爲中心》，上海古籍出版社，2008 年。

⑦ 三上次男『好太王碑：四、五世紀の東アジアと日本 シンポジウム』東方書店、1985 年。

⑧ 李進熙『好太王碑と任那日本府』學生社、1977 年。

⑨ 李進熙：《廣開土王碑의 探究》，李基東譯，一潮閣，1982 年。

⑩ 寺田隆信・井上秀雄『好太王碑探訪記』日本放送出版協會、1985 年。

⑪ 武田幸男『高句麗史と東アジア』岩波書店、1989 年；武田幸男『朝鮮史』山川出版社、1985 年初版、2000 年再版。

《広開土王碑墨本の研究》。① 此外，他還寫有一本《広開土王碑との對話》② 向一般讀者介紹好太王碑，以見其重視。

朝鮮學界對於廣開土王陵碑也極爲重視，1966 年出版了《廣開土王陵碑》③ 一書，并且此後在歷史研究大量徵引碑文中廣開土王東征西討的記事以對高句麗南進以及周邊擴張史進行論證。④

韓國學界高句麗史研究起步較晚，但在 1985 年曾出版有關廣開土王碑的研究的資料集。⑤ 1995 年出版《廣開土王陵碑早期善本集成》。⑥ 2003 年出版的《韓國金石文集成》⑦ 專門將廣開土王碑作爲單册付梓。高句麗研究會在 1993 年、2005 年先後出版特輯，討論廣開土王碑涉及的歷史問題。⑧ 2011 年權伍榮出版其論集《廣開土王碑的神話》，⑨ 内容含有不少批判性解讀，具有後現代歷史學意味。在長達 92 頁（全書 643 頁）的序章中，作者分别對碑文文本的問題、碑文文本的理解、"史實化"的認識予以論述。主體内容論述了包括研究史的批判、正統性的邏輯、廣開土王碑文的世界、東亞世界與天下思想四大部分，與傳統的研究相比較有新意。在此之前，權伍榮還曾專門對廣開土王碑文與日本記紀神話之間的關係予以批判性研究。⑩ 成均館大學韓國語言文學專業教授還從語言學角度對廣開土王碑進行了新的解讀。⑪ 2013 年東北亞歷史財團組織專家合力編寫了《廣開土王碑的再照明》，⑫ 顯示出韓國學界對該碑的持續性關注和重視。

（二）其他碑刻

關於中原高句麗碑，因 1979 年出土於韓國中原郡而得名，現改稱"忠州高句

---

① 武田幸男『広開土王碑墨本の研究』吉川弘文館、2009 年。
② 武田幸男『広開土王碑との對話』白帝社、2007 年。
③ 朴時亨：《廣開土王陵碑》，社會科學出版社，1966 年。
④ 朝鮮社會科學院：《朝鮮全史》第 3 卷，中譯本，延邊大學出版社，1988 年，第 133~148 頁。
⑤ 김근수：《광개토왕비연구자료집》，한국학연구소，1985。
⑥ 임기중（林基中）：《광개토왕비원석초기탁본집성》，국대학교출판부，1995。
⑦ 任世權：《韓國金石文集成》11，《고구려 1 광개토왕비》，韓國國學振興院，2003。
⑧ 고구려연구회：《고구려연구》제 2 집《광개토호태왕비 연구 100 년》，학연문화사，1996。고구려연구회《고구려연구》제 21 집《광개토대왕과 동아시아 세계》，학연문화사，2005。
⑨ 권오엽：《광개토왕비의 신화》，인문사，2011。
⑩ 권오엽：《광개토대왕비문과 일본의 기기신화》（일본문화연구총서 6），보고사，2001。
⑪ 권인한：《광개토왕비문 신연구》，박문사，2015。
⑫ 연민수、서영수：《광개토왕비의 재조명》，동북아역사재단，2013。

麗碑"，最早由韓國學者展開研究。發現者檀國大學最早進行了初步的研究。^① 韓國古代史著名學者李基白在《韓國古代政治社會史研究》^② 中利用中原高句麗碑進行了相關論證。韓國高句麗研究會會刊《高句麗研究》在 2000 年就曾以特輯形式對其專門研討，論題涉及中原高句麗碑立碑目的、建碑年代、碑文釋讀、高句麗國號變遷、高句麗與新羅關係、高句麗城及其關防體制、中原高句麗碑與新羅碑以及冉牟墓誌的比較、碑文書體、附近遺迹諸多問題。^③ 除了高句麗研究者關注之外，新羅史的研究中也非常重視這一碑文的解讀，例如金昌浩新著《古新羅金石文與木簡》^④ 就討論了這一碑刻。此外，韓國學界還有大量有關中原高句麗碑微觀考證的論文。

朝鮮學界高句麗史著名專家孫永锺在其《高句麗史的諸問題》^⑤ 中使用了中原高句麗碑作爲研究資料。孫氏著有《高句麗史》1~3 卷，是朝鮮高句麗史研究的代表作。^⑥ 中國學界對此討論不多，僅有耿鐵華、朴真奭等學者略作過一些考釋和引證。

關於集安高句麗碑，2012 年 7 月在吉林省集安市麻綫河邊被發現，迅速引發中韓日等國學者的濃厚興趣，掀起了研究熱潮。董峰、郭建剛最早發表《集安高句麗碑出土紀》，同期耿鐵華最早刊文《集安高句麗碑考釋》，^⑦ 隨後 2013 年 4 月張福有在《中國文物報》刊文。^⑧ 稍晚，《社會科學戰綫》集中刊登一組新發現集安高句麗碑的研究論文，^⑨《東北史地》接踵其後，發表郭建剛、林沄、徐建新、魏存成、張福有、孫仁杰、耿鐵華等最新研究。^⑩ 梁志龍、李新全、^⑪ 朴真奭^⑫ 等諸位高

---

① 단국대사학회：《한국고대사》4《중원 고구려비 특집호》, 학연문화사, 1994。

② 이기백：《한국고대 정치사회사연구》, 일조각, 1996。

③ 고구려연구회：《고구려연구》제 10 집《중원고구려비연구》, 학연문화사, 2000。

④ 김창호：《고신라 금석문과 목간》, 주류성, 2018。

⑤ 손영종：《고구려사의 제문제》, 신서원, 2000。

⑥ 손영종：《고구려사 I》, 과학백과사전종합출판사, 1990;《고구려사 2》, 과학백과사전종합출판사, 1997;《고구려사 3》, 과학백과사전종합출판사, 1999。

⑦ 董峰、郭建剛：《集安高句麗碑出土紀》,《通化師範學院學報》2013 年第 3 期；耿鐵華：《集安高句麗碑考釋》,《通化師範學院學報》2013 年第 3 期。

⑧ 張福有：《集安麻綫高句麗碑碑文補釋》,《中國文物報》2013 年 4 月 10 日。

⑨ 耿鐵華、董峰：《新發現的集安高句麗碑初步研究》, 張福有：《集安麻綫高句麗碑探綜》,《社會科學戰綫》2013 年第 5 期。

⑩ 參閱《東北史地》2013 年第 3 集集中刊發的七篇論文專輯"'集安高句麗'研究"。

⑪ 梁志龍：《集安麻綫高句麗碑試讀》, 李新全：《集安麻綫高句麗碑之我見》,《東北史地》2013 年第 6 期。

⑫ 朴真奭：《關於好太王碑和集安高句麗碑幾個問題的考證》, 2014 年中朝韓日高句麗國際學術會議論文集。

句麗研究者相繼發表關於集安高句麗碑的碑文釋讀、歷史研究等方面的論文。這些研究表明學者間雖然仍存在諸多分歧和爭論，但總體上無疑理清了集安高句麗碑碑文的基本情況，達成許多集體性共識，爲進一步的深入研究奠定基礎。

集安博物館編著的《集安高句麗碑》一書中，從碑文内容、好太王碑記載、碑石出土地等方面提出立碑時間的依據。該書認爲"集安高句麗碑立在麻綫河邊，距千秋墓較近，應該是爲千秋墓立的碑。好太王在千秋墓附近立碑，而且强調了'戊子'定律——制定守墓煙户法律條文，也有不忘先父教誨的意思。如是，此碑的出土又爲千秋墓是高句麗第十八代故國壤王的陵墓提供了有利的證據"。[①] 耿鐵華 2017 年底出版其對集安高句麗碑的系統研究《集安高句麗碑研究》，[②] 包括該碑概述考釋、捶拓與研究、真實性論定、初步研究、學術史回顧、碑名討論、王陵祭祀信息、高句麗謚法、墓碑主人推斷、王莽朝記事、史料價值、高句麗碑刻中的法律條文等諸多問題的研究。

韓國學界在《中國文物報》刊登了中國集安發現高句麗碑的消息之後，極爲敏鋭地做出反應，高句麗研究專家召集會議開始研討相關内容。在 2013 年，韓國學界李成制、尹龍九、余昊奎、金賢淑、林起焕、金壽泰、徐榮洙、金昌錫等諸多研究者即發表各自研究成果，[③] 論題逐步擴大，包括但不僅限於集安高句麗碑總體形制、研究現狀、高句麗守墓法、律令體系等問題，諸如考古學推論、書體等問題也都被引入討論。[④]

---

① 集安市博物館:《集安高句麗碑》，吉林大學出版社，2013 年，第 120 頁。

② 耿鐵華:《集安高句麗碑研究》，吉林大學出版社，2017 年。

③ 李成制:《〈集安高句麗碑〉로 본 守墓制》，《韓國古代史研究》70，2013；尹龍九:《集安高句麗碑의 拓本과 判讀》，《韓國古代史研究》70，2013；高光儀:《신발견〈集安高句麗碑〉의 형태와 書體》，《고구려발해연구》45，2013；정호섭:《集安 高句麗碑의 性格과 주변의 高句麗 古墳》，《韓國古代史研究》70，2013；여호규:《신발견〈集安高句麗碑〉의 구성과 내용 고찰》，《韓國古代史研究》70，2013；김수태:《〈집안고구려비〉에 보이는 율령제》，《韓國古代史研究》72，2013；김현숙:《集安高句麗碑의 건립시기와 성격》，《韓國古代史研究》72，2013；강진원:《신발견〈集安高句麗碑〉의 판독과 연구 현황》，《목간과 문자》11，2013；서영수:《〈지안 신고구려비〉발견의 의의와 문제점》，《고구려발해연구》45，2013。

④ 한상봉:《麻綫高句麗碑의 書體와 金石學의 問題點》，《서예학연구》24，2013；임기환:《집안고구려비와 광개토왕비를 통해 본 고구려 守墓制의 변천》，《한국사학보》54，2014；김현숙:《광개토왕비，집안고구려비를 통해 본 고구려의 수묘제 정비》，《嶺南學》26，2014；강현숙:《집안 고구려비에 대한 고고학적 추론》，《고구려발해연구》50，2014；김창석:《고구려 守墓法의 제정 경위와 布告 방식 - 신발견集安高句麗碑의 분석》，《동방학지》169，2015；여호규:《集安高句麗碑와 광개토왕릉비 序頭의 단락구성과 서술내용 비교》，《新羅文化》45，2015；최일례:《집안고구려비에 보이는 '守墓人 買賣 禁止'규정 검토》，《목간과 문자》16，2016。

　　除了三大碑之外，關於高句麗民族與政權最主要的碑刻還有曹魏時代的毌丘儉記功碑。毌丘儉記功殘碑現藏遼寧省博物館，是目前所見東北最古老的石刻文獻資料。這是曹魏時期大將毌丘儉征討高句麗之後在丸都勒石刊刻的一方紀念戰功之碑，1904 年出土於集安（輯安）。羅振玉不僅輯錄了該碑碑文（《漢晉石刻墨影》），還較爲系統輯錄幷研究了集安出土的鐫刻文字的高句麗文物，羅振玉因此被學界譽爲中國近代研究高句麗碑刻文字、考訂歷史、搜求最富、成果豐碩的學者之一。王國維《觀堂集林》卷二〇收錄了他對毌丘儉記功碑的跋語，結合文獻進行了具體的考訂和補正。[①] 金毓黻對該碑亦有獨到研究，他在《東北通史》中就曾使用該碑對高句麗與中原關係予以論證。[②] 對於這方字數不多的殘碑，新中國成立後學界幷未進行過多的研究，專文不過十篇左右。

（三）高句麗人墓誌

　　其一，高句麗碑刻的另一大宗爲高句麗人的墓誌。在這一方面，尤以墓誌盛行的唐代高句麗人移民墓誌數量最多。

　　1937 年羅振玉編撰《唐代海東藩閥誌存》[③] 一書以來，隨着洛陽、西安兩地新的朝鮮半島移民墓誌的不斷發現，以及韓國、日本研究者的加入，有關入唐高句麗移民的研究呈現相對繁榮局面。由於西安、洛陽兩地曾是唐朝兩京所在地，自二十世紀二十年代以來發現了二十餘座高句麗移民墓葬，這些墓葬均非正規發掘，數量仍不斷增多，幷具有家族式埋葬特點。同時，和現有唐人墓誌比較，這些墓誌在墓主籍貫、墓主思念家鄉、墓誌作者等方面頗具特色。入唐高句麗移民墓誌不僅增加了文獻史料没有記載的嶄新人物，擴大了研究者的視野，而且豐富了已有人物事件的内容，彌補了以往研究諸多空白，成爲探討唐代民族融合發展史無可替代的史料。[④]

　　目前，海内外已出版多部高句麗移民墓誌相關的研究專著和資料集。[⑤] 這其中

---

① 耿鐵華：《高句麗研究史》，第 58~60 頁。
② 金毓黻：《東北通史》，五十年代出版社，1943 年。
③ 羅振玉：《羅振玉學術論著集》第 6 集（總第 8 册）。
④ 拜根興：《入唐高麗移民墓誌及其史料價值》，《陝西師範大學學報》2013 年第 2 期。
⑤ 姜清波：《入唐三韓人研究》，暨南大學出版社，2010 年；苗威：《高句麗移民研究》，吉林大學出版社，2011 年；拜根興：《唐代高句麗百濟移民研究》；韓國高句麗研究財團編《中國所在高句麗關聯金石文資料集》，2004 年。

有意識使用墓誌材料對於高句麗移民進行專題研究的是拜根興著《唐代高麗百濟移民研究》。該書出版於 2012 年，除對入唐高句麗移民整體的遺迹分布特別是墓誌出土總體情况予以介紹外，還對截至出版爲止發現的高句麗移民墓誌進行全文抄錄，極大地便利後來者的使用。

2012 年之後，國内期刊相繼公布多方高句麗人墓誌，包括南單德、高提昔、高乙德、李隱之等多位歷史人物。[①]

韓國學界也異常關注中國國内西安等地朝鮮半島相關墓誌的出土和公布，及時地跟進、整理、研究是其一大特色。譬如，李成制、[②]金榮官[③]等對於唐代海東移民墓誌相關解讀。

其二，需要指出的是，在吉林集安和朝鮮平壤等地高句麗墓葬中還有一些并非入唐高句麗移民的墓誌，譬如著名的冉牟墓誌等。

冉牟墓誌。1935 年 5 月，僞滿洲國安東省視學官日本人伊藤伊八到輯安（今吉林省集安市）探訪高句麗文化古迹，從當地中學教員王永璘處得知下羊魚頭村（今集安下解放村）南一座墓内存有墓誌，遂尋得此墓誌。同年 9 月，日本學者池内宏、梅原末治在伊藤伊八的帶領下，對墓及墓誌進行了詳細的調查。此墓誌自此被發現并公布於世。1937 年 10 月，池内宏發表《高句麗人牟頭婁之墓與墨書墓誌》；[④]1938 年至 1940 年，池内宏、梅原末治將 1935 年至 1936 年二人對輯安高句麗文化古迹的調查綜合成《通溝》上、下兩卷先後出版，[⑤]其中上卷第五章第六節爲"牟頭婁塚"；下卷第六章爲"牟頭婁塚及環紋塚"。池内宏和梅原末治是最早對此墓誌進行著錄和研究的學者，他們的研究爲後來的深入考釋和研究打下了基礎。但二人却搞錯了墓主人冉牟和墓誌撰寫人牟頭婁的關係，將其誤定

① 王菁、王其褘：《平壤城南氏：入唐高句麗移民新史料——西安碑林新藏唐大曆十一年〈南單德墓誌〉》，《北方文物》2015 年第 1 期；王其褘、周曉薇：《國内城高氏：最早入唐的高句麗移民——新發現唐上元元年〈泉府君夫人高提昔墓誌〉釋讀》，《陝西師範大學學報》2013 年第 1 期；王連龍：《唐代高麗移民高乙德墓誌及相關問題研究》，《吉林師範大學學報》2015 年第 4 期；樓正豪：《新見高句麗移民李隱之墓誌銘考釋》，《延邊大學學報》2017 年第 2 期。

② 李成制：《高句麗·百濟遺民 墓誌의 出自 記録과 그 의미》，《韓國古代史研究》75, 2014；《高句麗遺民의 遼西지역 世居와 존재양상》，《중국고중세연구》46, 2017.

③ 김영관：《고구려 유민 고요묘 묘지 검토》，《한국고대사연구》56, 2009；《百濟遺民들의 唐 移住와 活動김영관》，《한국사연구》158, 2012.

④ 池内宏：《高句麗人牟頭婁之墓與墨書墓誌》，《書苑》，1937 年；楊春吉、耿鐵華：《研究系列高句麗歷史與文化研究》，吉林文史出版社，1997 年。

⑤ 池内宏、梅原末治：《通溝》，長春"滿日文化協會"，1938 年、1940 年。

名爲"牟頭婁塚"。

1940 年 7 月，勞榦先生發表《跋高句麗大兄冉牟墓誌兼論高句麗都城之位置》一文。[①] 文中勞榦先生斷定墓主人爲冉牟，牟頭婁爲墓誌撰寫人，故此墓誌應稱"冉牟墓誌"。勞榦先生推定此墓誌的年代應在好太王去世後，長壽王在位的前期。在池内宏、梅原末治釋讀出 291 字的基礎上，勞榦先生又多釋出 41 字，達到了 332 個字。勞榦先生對墓及墓誌的考釋貢獻頗大，特別是對墓誌名稱和撰成時間的研究，已成定讞。近年來，對冉牟墓誌進行研究并取得較大成就者爲耿鐵華先生。在《高句麗貴族冉牟墓及墓誌考釋》[②] 中，主要就墓誌中的"奴客""城民""谷民"諸問題進行了考述。在《高句麗冉牟墓研究》[③] 中，介紹了此墓及墓誌的發現與研究、國内的調查與保護，并在前人釋讀的基礎上，考釋整理出文字 436 個，大大超越了此前識讀出的文字數量。此外，還對前人著録的錯誤進行了訂正。《冉牟墓誌集釋》[④] 一文，係對釋讀出的文字進行整體性的解析和研究。這三篇專文，是中國學術界對此篇墓誌的最新研究成果。[⑤]

近年來，王連龍、拜根與等學者繼續致力於揭橥高句麗移民相關墓誌的工作，有些還擴展到中原高句麗移民等其他問題，取得新的研究進展。[⑥]

四　渤海靺鞨碑誌

渤海國是 698 年在遼東北部由靺鞨人爲主聯合遼東高句麗人等各族建立的政治體，因 713 年接受唐朝皇帝册封"渤海郡王"而國號"渤海"，《舊唐書》稱其爲"渤海靺鞨"。國土面積全盛時囊括中國東北東部、朝鮮半島東北部、俄羅斯濱海邊疆州一小部分，有"五京十五府"，與唐朝、日本、黑水靺鞨、契丹、突厥、新

---

① 《中央研究院歷史語言研究所集刊》第 11 册，商務印書館，1944 年。
② 耿鐵華：《高句麗貴族冉牟墓及墓誌考釋》，《遼海文物學刊》1987 年第 2 期。
③ 耿鐵華：《高句麗冉牟墓研究》，《高句麗歷史與文化》，吉林文史出版社，1997 年。
④ 耿鐵華：《冉牟墓誌集釋》，《全國首届高句麗學術研討會論文集》，通化師範學院，1999 年。
⑤ 參閲孫德麗《魏晋至隋唐時期東北石刻文獻綜述》，碩士學位論文，東北師範大學，2014 年，第 17~18 頁。
⑥ 王連龍、黄志明：《唐代高句麗移民〈李仁晦墓誌〉考論》，《文物季刊》2022 年第 2 期；拜根興：《唐故餘杭郡太夫人泉氏墓誌》考釋》，《文博》2022 年第 3 期；王連龍、叢思飛：《北魏平城時代高句麗移民史事考略——以〈申洪之墓誌〉爲綫索》，《考古與文物》2021 年第 5 期；王連龍：《唐代〈高乙德墓誌〉所見高句麗官制考》，《文史》2021 年第 1 期；王連龍、叢思飛：《唐〈高延福墓誌〉考略》，《中國書法》2019 年第 10 期。

羅有廣泛的聯繫，926 年被新興起的契丹帝國滅亡。

渤海國通行漢字，在其上京城遺址中發現的文字瓦中，模印或刻畫有不少漢字，此外，在其境內考古調查與發掘中，也有漢字石刻的出土。北京是唐朝境内的幽州地區所在地，該地出土了多方與渤海有關的墓誌石刻，彌足珍貴。

關於渤海國碑誌，目前尚未有專輯的整理，仍是散存於各大資料總集，但可貴的是有渤海國史料單獨的全編和集成。韓國學界關注渤海國古代史體系，因此在《韓國金石文追補》，黃壽永《韓國金石遺文》、《韓國金石文大系》，許興植《韓國金石全文》古代篇，韓國《譯注韓國古代金石文》卷一等都有所輯錄。中國學者近水樓臺，在不斷的考古發掘中，最早接觸渤海國碑刻墓誌，因此黑龍江省和吉林省文物志編委會所編撰的文物志，特別是渤海國都城所在地的牡丹江、延邊下轄各縣域文物志如《和龍縣文物志》《敦化市文物志》等對渤海文物都有較為一手的調查和記錄，信息來源可靠詳實。此外，毛漢光《唐代墓誌彙編附考》第 9 冊（刻拓本彙編）、吳鋼主編《全唐文補遺》對新中國成立以來陸續發現的貞惠、貞孝公主墓碑等也有著錄。孫玉良 1992 年主編《渤海史料全編》①對於散見於東亞各國漢文典籍中傳統史料，以及與渤海有關的金石文獻都有所注意，是截至當時為止最為全面的資料輯錄，極大地便利使用者。然而，這部著作距今已出版近三十年，渤海國考古與歷史研究特別是金石碑誌新資料積纍了不少新的成果，迫切需要新的結集和整理研究。

（一）渤海國王室貴族墓誌

渤海國人墓誌目前出土的有第三代王大欽茂之女貞惠、貞孝兩位公主墓誌，以及大欽茂皇后、簡王泰皇后兩位皇后（孝懿皇后墓誌、順穆皇后墓誌）墓誌。順穆皇后墓誌有"渤海國順穆皇后"即"簡王皇后泰氏也""建興十二年七月十五日，遷安□陵，禮也"等記載。②目前碑文尚未正式公布，據延邊朝鮮族自治州文物管理部門介紹，和龍市龍海墓區的發掘報告正在整理出版過程中。

關於貞惠、貞孝公主墓誌的研究，自新中國成立以來持續不斷，是渤海國研究的重要内容。貞惠公主墓碑，1949 年在吉林省敦化縣（今敦化市）六頂山貞惠

---

① 孫玉良：《渤海史料全編》，吉林文史出版社，1992 年。
② 吉林省文物考古研究所、延邊朝鮮族自治州文物管理委員會辦公室：《吉林和龍市龍海渤海王室墓葬發掘簡報》，《考古》2009 年第 6 期。

公主墓的甬道内發現，隨後的 1956 年第 2 期《考古學報》刊登了閻萬章、金毓黻對貞惠公主墓誌的初步研究。[①] 此後，學界對於墓碑文字的研究積纍了一定成果。[②]

1980 年、1981 年，吉林省和龍市龍海墓區的貞孝公主得到發掘，貞孝公主墓碑出土。[③] 學界開始將同爲大欽茂之女的姐妹倆墓誌進行比較研究，貞惠公主墓誌缺字頗多，而貞孝公主墓誌較爲完整，且兩誌使用同一墓誌文本格套，因此貞惠公主墓誌釋讀取得了重要進展。[④] 目前關於貞惠、貞孝公主墓誌及其所反映的渤海國政治史、[⑤]渤海對外關係史[⑥]等方面的研究雖然取得了一定的成果，但尚有繼續拓展的空間。

（二）渤海使臣墓誌

北京及周邊地區出土的張建章墓誌、張光祚墓誌。其一，張建章墓誌，1956 年發現於北京德勝門外冰窖口附近。誌蓋中間篆書題字"唐幽州刺史兼御史大夫張府君墓誌"。蓋周爲十二辰像，每個時辰的象徵性動物，均置於人像的懷中。誌石長 0.95、寬 0.96 米。張珪撰文，張總章書丹。背面補刻墓主官銜和遷葬題記，内容爲"唐故幽州盧龍節度使押奚契丹兩蕃副使、攝薊州刺史、正義大［夫］、檢校太子左庶子兼御史大夫、上柱國、賜紫金魚袋張公建章墓銘。中和三年十月。十六日自鄧村原改葬於幽都縣禮賢鄉高梁河北原"。[⑦] 楷書誌文共計九百零九字。誌文中出現"星紀再周，渤海國王大彝震遣撕賓卿賀守謙來聘……明年秋杪，達忽汗州，州即挹婁故地，彝震重禮留之，歲換而返""又著渤海記，備盡島夷風俗，宮殿官品，當代傳之"等記録，揭示渤海與唐朝之間遣使往來的實相以及張建章著有

① 閻萬章：《渤海"貞惠公主墓碑"的研究》，金毓黻：《關於"渤海貞惠公主墓碑研究"的補充》，《考古學報》1956 年第 2 期。
② 羅繼祖：《渤海貞惠貞孝公主的墓碑》，《博物館研究》1983 年第 3 期；王健群：《渤海貞惠公主墓碑考》，《渤海的歷史與文化》，延邊大學出版社，1991 年；鄭秀玉：《渤海貞孝公主墓誌并序考釋》，孫進己主編《高句麗渤海研究集成·渤海卷》（3），哈爾濱出版社，1997 年。
③ 延邊朝鮮族自治州博物館：《渤海貞孝公主墓發掘清理簡報》，《社會科學戰綫》1982 年第 1 期。
④ 王承禮：《唐代渤海〈貞惠公主墓誌〉和〈貞孝公主墓誌〉的比較研究》，《社會科學戰綫》1982 年第 1 期。
⑤ 張曉舟：《從貞孝公主墓誌看渤海文王晚期政局》，《北方文物》2016 年第 4 期。
⑥ 馮立君：《渤海與新羅關係的多面性》，《西北民族論叢》第 14 輯，社會科學文獻出版社，2016 年；呂書寶：《從貞惠、貞孝公主墓誌看中日文化的碰撞與交融》，《古籍整理研究學刊》2008 年第 3 期。
⑦ 朱國忱、朱威：《渤海遺迹》，文物出版社，2002 年，第 234 頁。

《渤海記》等信息。此後，文史學界逐漸開始注意到其價值，從其歷史信息解讀中獲得關於唐代東北民族關係、《新唐書》修訂、幽州地區史以及張建章本人等多方面的新知。①

其二，張光祚墓誌，1979 年 4 月在河北省涿縣出土，墓誌蓋題爲"唐故殿中監張君墓誌"，行文間以今草誌文計六百八十七字。墓誌中提及墓主人"委充勃［渤］海使，外門辟，遠徹通"等記錄，對於理解唐代幽州與渤海國關係有重要啓發。②張光祚（731~776）曾於唐開元年間任滿城縣丞，大曆年間，朱希彩爲幽州節度副使時，張光祚被委以重任。張光祚出使渤海的時間約在大曆二年（767）至八年（773）間，較張建章要早 60 年。其出使渤海的目的和過程不明，有的學者認爲可能是因渤海照例聘於幽州，而張光祚應選爲回聘的使者。大曆十一年（776）十二月，張光祚死於戰場，卒年 46 歲。其墓誌刊於唐代宗大曆十二年（777）二月二日。③

在民族關係研究中，馬一虹利用這兩方墓誌對唐代幽州與渤海關係有所揭示。④而在渤海國與唐朝交通道的討論中，魏存成以此二墓誌爲據論述朝貢道。⑤魏國忠對兩方墓誌本身的史料價值一并做了陳説。⑥關於張光祚墓誌顯示的"勃海"標識方式，劉曉東以之爲奧援結合其他證據考證渤海國上京附近的勃州。⑦

（三）渤海遺民墓誌

遼寧省遼陽市出土的《金贈光禄大夫張行願墓誌》是一方非常重要的與遼金

---

① 徐自強：《〈張建章墓誌〉考》，《文獻》1979 年第 2 期；李鴻彬：《北京出土的〈唐張建章墓誌〉》，《學習與探索》1980 年第 4 期；佟柱臣：《〈渤海記〉著者張建章〈墓誌〉考》，《黑龍江文物叢刊》1981 年第 1 期；張中澍：《關於〈張建章墓誌〉考釋的幾點辨析》，《黑龍江文物叢刊》1983 年第 3 期；羅繼祖：《張建章墓誌補考》，《黑龍江文物叢刊》1983 年第 3 期；羅繼祖：《張建章墓誌補考補記一則》，《黑龍江文物叢刊》1984 年第 1 期；劉曉東：《〈渤海記〉卷目及其相關内容》，《北方文物》1990 年第 4 期；陳光崇：《唐史所見張建章其人》，《史學史研究》1996 年第 3 期；房鋭：《〈唐史所見張建章其人〉辨析》，《唐都學刊》2006 年第 2 期；趙其昌：《唐〈張建章墓誌〉續考》，《首都博物館叢刊》第 18 輯，2004 年。

② 歐潭生等：《唐代張光祚墓誌淺釋》，《文物》1981 年第 3 期；羅繼祖：《唐入渤海使張光祚》，《史學集刊》1983 年第 2 期；張中澍：《張光祚瑣議》，《博物館研究》1987 年第 1 期；張中澍：《唐幽州入渤海使張光祚墓誌釋譯》，《北方民族》1989 年第 1、2 期。

③ 李鳳飛、刁麗偉：《東北古代邊疆史料學》，黑龍江教育出版社，2014 年，第 224 頁。

④ 馬一虹：《靺鞨、渤海與周邊國家、部族關係史研究》，中國社會科學出版社，2011 年。

⑤ 魏存成：《渤海考古》，文物出版社，2008 年，第 141 頁。

⑥ 魏國忠等：《謎中王國探秘——渤海國考古散記》，山東畫報出版社，1999 年，第 59 頁。

⑦ 劉曉東等：《渤海國渤州考》，《北方文物》1987 年第 1 期。

時期渤海遺民有關的墓誌。墓誌比較詳細記載了渤海遺民張行願家族情況，可補史之缺。由於歷史原因，該墓誌發現後不久就遺失了，但《遼東文獻徵略》《奉天通志》《全遼文》中都對該墓誌有所介紹以及論述。[①] 韓國學界從渤海遺民角度，對此有一些具體的考證。[②]

《賈師訓墓誌銘》最早見於羅振玉《遼居雜著乙編》，[③] 又見於《遼全文》《滿洲金石志》。誌石在新中國成立前河北省平泉縣驛馬圖鄉邢家溝出土。墓誌一合，誌蓋盝頂狀，有篆文"大遼故相國武威賈公誌銘"，4 行 12 字，誌正方形，邊長 100 厘米，誌文 55 行，滿行 56 字。楷書。但誌石殘缺破裂，不易辨識。[④]

（四）唐代靺鞨人墓誌

除了渤海國人及其遺民之外，唐代還有一些靺鞨蕃將留下墓誌。例如著名的李多祚墓誌，1990 年秋洛陽龍門山南麓出土，誌石初爲鄉民所得，後輾轉收藏於龍門石窟研究所。[⑤] 全稱"大唐故鎮軍大將軍行右羽林大將軍上柱國遼陽郡王食恒州實封八佰伍拾户封王墓誌銘"。唐先天元年（713）九月二十四日刻。誌石高 75、寬 75、厚 15 厘米。蓋篆刻"大唐故遼陽郡王李公墓誌銘"4 行 12 字。誌文楷書14 行，滿行 15 字，共 196 字，李多祚先世代爲靺鞨酋長，李多祚在武則天朝爲禁軍首領，曾參與剪除張易之、張宗昌兄弟及誅殺武三思父子兩次宮廷政變，於神龍三年七月五日被殺，年 54 歲。[⑥]《洛陽新獲墓誌》有載。[⑦]

諾思計墓誌。韓國學者金榮官的考證，原來被認爲是百濟遺民的諾思計，應該是出身於渤海國扶餘府大首領。[⑧] 該誌陝西西安出土，石藏西安市小雁塔保管所。《隋唐五代墓誌彙編·陝西卷》第 4 册收録該文。墓誌中表明身份的語句摘抄於下："故投降首領諾思計敕賜盧姓，名庭賓，望范陽郡。扶餘府大首領、游擊將軍，守右領軍衛京兆府文學府果毅"。"□庭賓望，□□□仰志南勛，唯嶽之秀。自天謹

---

① 李智裕：《〈金贈光禄大夫張行願墓誌〉補釋》，《北方文物》2015 年第 3 期。
② 方京一：《金代墓誌銘에 실린 渤海遺民》，《白山學報》76，2006。
③ 陳維禮：《羅振玉石刻遺文校史之研究》，《古籍整理研究學刊》1989 年第 1 期。
④ 李宇峰、李廣奇：《遼〈賈師訓墓誌〉考釋》，《遼金歷史與考古》2017 年第 2 期；周志明：《渤海石刻文獻研究》，碩士學位論文，東北師範大學，2012 年，第 6 頁。
⑤ 張乃翥、張成渝：《洛陽龍門山出土的唐李多祚墓誌》，《考古》1999 年第 12 期。
⑥ 中原石刻藝術館：《河南碑誌叙録》（2），河南美術出版社，1997 年，第 127 頁。
⑦ 洛陽市第二文物工作隊：《洛陽新獲墓誌》，文物出版社，1996 年。
⑧ 金榮官：《渤海人 諾思計 墓誌銘에 대한 고찰》，《목간과 문자》7，2011。

身，名利絕群，挺□□國，英名聞於海外；雄職詮於杖內，□無望空，天□單煞，鳥則驚透，獸則波散。”“天寶七載五月□日，終於京兆府萬年縣平康坊之里。”[①] 關於後世渤海遺民的研究，以日人外山軍治《金代遼陽の渤海人と佛教》《金朝治下の渤海人》爲代表。[②] 韓國學者羅永男《遼金時代異民族支配與渤海人》[③] 則是最新的較爲系統的研究。羅永男，現任教於韓國外國語大學，曾將中國中央民族大學李桂芝教授《遼金簡史》翻譯成韓文出版（合譯，題爲《遼金的歷史：征服王朝的出現》，新書苑，2014 年）。本書由作者 2013 年 8 月在韓國外語大學大學院史學科通過的博士學位論文《契丹的異民族支配政策與渤海人的存在樣態》增訂而成。

（五）渤海關聯石刻

其一，鴻臚井石刻。唐鴻臚井刻石本是一塊重逾九噸，單體十多立方米的駝形天然頑石，外形像是一隻輕握的右拳。[④] 唐朝派往渤海國的使臣崔忻在返歸長安的途中，即今遼寧省旅順黃金山刻下“敕持節宣勞靺羯使鴻臚卿崔忻井兩口，永爲記驗。開元二年五月十八日”三行 29 個大字。1895 年，清軍將領劉含芳修建四柱方亭，護衛刻石。1908 年，日本軍隊將刻石、護衛亭作爲日俄戰爭戰利品掠走，藏於日本皇宮至今。1911 年日本海軍駐旅順鎮守府司令官富岡定恭中將在唐鴻臚井刻石遺址建立了《鴻臚井之遺迹》碑。[⑤] 鴻臚井石刻是唐朝廷與渤海國之間政治往來的重要證據，歷來被作爲中原與遼東關係標志性文物來認識。

明代《大明一統志》《遼東志》，清代《大清一統志》《沈故》等志書曾先後提及崔訴碑刻。[⑥] 二十世紀三十年代，周肇祥、張宗芳等先後在報刊媒體發表與刻石相關的拓片、題跋、記述等。[⑦] 1937 年，羅福頤編纂的《滿洲金石志》一書對刻石的崔訴題刻進行了較爲詳細的考證。[⑧] 日本官員、學者也以碑刻、研究著録等方式

---

① 吳鋼：《隋唐五代墓誌彙編·陝西卷》第 4 册，天津古籍出版社，1991 年，第 9 頁。

② 外山軍治「金代遼陽の渤海人と佛教」『仏教史学論集：塚本博士頌寿記念』、1961 年；外山軍治「金朝治下の渤海人」『金朝史研究』京都大學東洋史研究室、1964 年。

③ 나영남：《요·금시대 이민족 지배와 발해인》，신서원，2017。

④ 郭平：《大連鴻臚井刻石是被日海軍大臣齋藤實偷走的》，《遼寧日報》2017 年 4 月 12 日，第 014 版。

⑤ 王禹浪：《三百餘年前日本發現的多賀城碑》，《社會科學戰綫》1996 年第 5 期。

⑥ 酒寄雅志：《“唐碑亭”“唐鴻臚井碑”探秘》，《唐鴻臚井碑》，人民出版社，2010 年。

⑦ 周肇祥：《跋·旅順黃金山唐井題記》，《藝林月刊》1930 年第 5 期；張宗芳：《記·唐崔忻記驗井刻石》，《河北省第一博物院畫報》第 54 期，1933 年。

⑧ 羅福頤：《滿洲金石志》，長春“滿日文化協會”，1937 年，第 23~24 頁。

提及唐鴻臚井刻石，例如在鴻臚井刻石舊址立碑的富岡定恭、內藤湖南《東洋文化史研究》、[①]松本豐三《滿洲金石志稿》等。[②]

關於唐鴻臚井刻石的著錄、記述在現代以前仍然屬於傳統金石學的範疇。1908年以後，僅有爲數不多的學者曾親睹國寶刻石的風采，但相關拓片爲研究提供了必要的材料。如上所述的近現代人物對其進行的記述開當代學者研究的先河。唐鴻臚井刻石自1896年（乙未年冬開建）劉含芳興建保護碑亭後起逐漸受到國內各界關注。學者們從相關拓本入手對刻石及其史實進行研究。近代以來，受傳統著錄（尤其是《遼東志》）的影響，國內學界對於使臣姓名最初并無分歧。學者認同"崔忻"是使臣的名字。根據刻石中存在的"崔忻"二字，史學家金毓黻先生還提出應據此"以碑校書"，認爲《舊唐書》提及的"崔訢"應爲"崔忻"。[③]這種觀點得到了廣泛的認同，并無疑義。1994~1995年，白城師範學院王仁富經過深入研究，在《文物》等期刊發文，闡述使臣名字爲"崔訢"。[④]

在渡邊諒的拓片流傳學界之前，我國學者最初能够獲得的拓片僅包括崔訢題刻及劉含芳題刻。1933年張宗芳在《河北第一博物館畫報》上刊發了較早的完整的崔訢題刻和劉含芳題刻。1937年羅福頤編纂的《滿洲金石志》較早地對兩種題刻進行了釋讀。二十世紀六十年代，日本人渡邊諒有機會親自觀摩國寶刻石，并拓印了刻石上包括崔訢題刻在內的各處題刻。這也爲學者們釋讀提供了一定的條件。近年來，瀛雲萍、劉俊勇先後梳理、句讀和釋讀了明嘉靖時期查應兆題刻、清乾隆時期額洛圖題刻、道光時期耆英題刻、光緒時期劉含芳題刻的文字內涵。[⑤]此外，還有關於刻石流失時間、實施者以及刻石回歸路徑的探討，中國、日本、韓國學者各方面的研究成果，在2010年有論文彙編出版。[⑥]韓國學者的歷史研究不多，但也有獨到視角。[⑦]

---

① 內藤湖南：《東洋文化史研究》，林曉光譯，復旦大學出版社，2016年。

② 松本豐三：《滿洲金石志稿》，"南滿洲"鐵道株式會社，1936年，第10頁。

③ 金杰、王仁富：《唐册封"渤海"使臣"崔訢"名字四百年的跨國大討論——紀念唐鴻臚井刻石建立1290年》，《白城師範學院學報》2004年第2期。

④ 王仁富：《現藏日本皇宮的唐鴻臚井刻石探討》，《文物》1995年第11期。

⑤ 瀛雲萍：《鴻臚井的考察與研究》，《滿族研究》1993年第2期；劉俊勇：《關於鴻臚井刻石的幾個問題》，《遼寧師範大學學報》2006年第3期。

⑥ 韓樹英、羅哲文：《唐鴻臚井碑》，人民出版社，2010年。

⑦ 권은주：《鴻臚井石刻에 보이는 崔忻의 職名 재검토：'宣勞靺羯使'를 중심으로》，《韓國古代史研究》46，2007。

其二，多賀城碑。日本宮城縣仙台附近的多賀城，七世紀前後建立，城内發現的一方石碑書寫有"多賀城"三字而得名多賀城碑。碑文有如下字句："多賀城去京一千五百里，去蝦夷國界一百廿里，去常陸國界四百十二里，去下野國界二百七十四里，去靺鞨國界三千里……天平寶字六年（762）十二月一日。"這一方相當於唐代的石碑，對與渤海國歷史認識有很大的啓發。因其"去靺鞨國界三千里"而常被引用作爲渤海國又稱"靺鞨國"的歷史依據。

其三，都管七國六瓣銀盒銘文。《譯注韓國古代金石文》第 3 册《渤海》"渤海關聯金石文·古文書"部分對此銘文有收録和説明。這一文物最早是由西安的學者揭示出來，[①] 日本學者進行過研討。[②] 韓國學者在對烏兹別克斯坦境内撒馬爾罕古王宫壁畫中"鳥羽冠"使者身份的探討中，也引證此銘文。[③]

結　語

關於北朝至隋唐時期中原與東北民族關係，是中國邊疆民族研究的一項重點，在這一方面，中外學界廣泛利用高句麗、渤海靺鞨、契丹與奚碑誌較好地推動了其研究的深化。關於東北少數民族遷居并融入中原内地特殊歷史問題，藉助新見入唐移民碑誌得到相當大的推進。對於唐代東北民族集團及其政體的内部情勢研究，高句麗、渤海靺鞨、契丹與奚碑誌作爲珍貴的第一手材料發揮了重要的基礎性作用。

在北朝至隋唐時期，由高句麗、渤海靺鞨、契丹、奚四大民族集團組成的遼東古族在中原漢文化强勢影響下發展出多元而聯動的文明，而其中尤以漢字作爲載體、以石刻碑誌爲表現形式的民族碑誌更具有其民族主體性，更貼近歷史本真，也是傳統文獻和考古發掘資料之外最爲重要的史料來源。

通過以上梳理，關於北朝隋唐時代遼東古族碑誌的整理與研究，我們的結論如下。

第一，現階段關於遼東古族碑誌的整理實際上并没有系統開展，雖然在國際學界推動下輯録了一部分專題的碑刻墓誌，但目前既没有一部關於北朝至隋唐時期

---

① 張達宏、王長啓：《西安市文管會收藏的幾件珍貴文物》，《考古與文物》1984 年第 4 期。
② 西谷正「唐章懷太子李賢墓の禮賓図をめぐって」『古文化論叢：児嶋隆人先生喜寿記念論集』、1991 年。
③ 노태돈：《예빈도에 보인 고구려》，서울대학교출판부，2003。

遼東古族碑誌的總體輯録，也没有專門對高句麗、渤海靺鞨、契丹、奚各自的民族碑誌進行分别的系統整理。此外，關於北朝至隋唐時期遼東古族民族關係相關碑誌的系統匯纂，也遠未引起學界重視，尚付之闕如。簡言之，遼東古族碑誌的系統彙編尚處於空白階段，亟待學人的進一步工作。

第二，目前國際國内學界尚未有整體性的遼東古族碑誌研究，現階段處於分散的微觀專題研究。所謂整體性，一是從時間斷限上將北朝至隋唐（約五世紀至十世紀）貫通，通覽這一時期各族碑誌；二是從空間地域上將動態的"東北"域内高句麗、渤海靺鞨、契丹與奚四大民族集團通盤内在有機地作爲整體予以觀察。兩個側面結合起來，實質上是超越以往單獨微觀的碎片化研究，從長時段區域史和人群史角度重新建構和研討其歷史。

以上兩個方面的學術史問題，呼唤着我們首先從基礎工作做起，對於以上述四大民族集團爲核心的遼東古族碑誌（外加不可忽視的漢人碑誌）進行系統地彙編、校釋，并展開整體性研究。這無疑將成爲北朝至隋唐時期東北區域史、民族史創新研究的重要推手，同時也將爲中古時代中國民族史的總體推進注入活力。

吐谷渾墓誌通考*

周偉洲

自二十世紀以來，在今河南洛陽、陝西西安、甘肅武威、河北磁縣、寧夏同心等地，先後出土了一批吐谷渾人墓誌，約二十方。學者們相繼撰文研討，多有創獲。這批墓誌不僅補證了歷史文獻所記西北民族吐谷渾的歷史，而且對於中國中古時期西北民族關係及歷史也多有補證和匡益。本文希冀在疏理這批吐谷渾墓誌研究史的基礎上，對墓誌中的一些疑難或有爭議的問題作進一步的考釋，最後對墓誌作一總的評述。

一　吐谷渾墓誌出土及研究概況

據傳在民國初年，武威南山首次出土了兩方吐谷渾墓誌，即《大周西平公主（即原弘化公主）墓誌》（簡稱《弘化公主墓誌》）及《大唐故代樂王上柱國慕容明墓誌》（簡稱《慕容明墓誌》）。1927 年，武威大地震，又出土《大周故青海國王烏地也拔勤豆可汗（即慕容忠）墓誌》（簡稱《慕容忠墓誌》）和《大唐故輔國王慕容宣徹墓誌》（也即慕容神威遷奉墓誌）。接着，杜光簡撰《烏地也拔勤豆可汗墓誌考釋》、[①] 甘肅的學者慕壽祺撰《唐弘化公主墓誌銘跋》，[②] 對弘化公主及其子慕容忠

　＊　本文原刊於《中國邊疆史地研究》2019 年第 3 期，作者同意入編本書。
　①　杜光簡：《烏地也拔勤豆可汗墓誌考釋》，《責善半月刊》第 2 卷第 13 期，1941 年。
　②　慕壽祺：《唐弘化公主墓誌銘跋》，《責善半月刊》第 2 卷第 14 期，1941 年。

誌作了考釋。以上四誌，又著録於張維編《隴右金石録》^①中。以上四方墓誌現均存武威文廟。

1944 年，夏鼐先生在武威南山喇嘛灣進行考古發掘，又獲《大唐金城縣主（妻慕容忠）墓誌》和《慕容曦光墓誌》兩方墓誌，并於 1948 年發表《武威唐代吐谷渾慕容氏墓誌》一文，載《中央研究院歷史語言研究所集刊》第 20 本上册。^②此文對新獲兩誌作了詳細、精闢的論述，并結合上述出土的四誌及文獻，詳細列出貞觀十四年（640）至貞元十四年（798）入唐後吐谷渾歷史"年表"。

1956 年，趙萬里先生出版了其編著的《漢魏南北朝墓誌集釋》一書，^③内著録了洛陽出土的《魏故直寢奉車都尉侯吐谷渾璣墓誌》（圖版二二〇）和《魏故武昌王（元鑒）妃吐谷渾氏墓誌》（圖版七一）兩方北魏時吐谷渾貴族墓誌，并作了初步的考釋。

1958 年，在武威南山喇嘛灣又出土《大唐隴西郡夫人李氏（名深，適吐谷渾元王慕容若）墓誌》一方。^④到 1981 年，在武威南山與喇嘛灣相鄰之青嘴灣又出土一方《大唐故武氏（適慕容曦光）墓誌》，甘肅武威寧篤學撰《甘肅武威南營發現大唐武氏墓誌》一文，發表在《考古與文物》1981 年第 2 期上。此年 7 月，適逢筆者參加中國唐史學會組織的絲綢之路考察活動，考察隊考察了武威南山青嘴喇嘛灣的吐谷渾先塋墓地，并見到藏於武威文廟的《大唐故武氏墓誌》。考察結束後，筆者撰《武威青嘴喇嘛灣出土大唐武氏墓誌補考》一文，載於考察隊編著《絲路訪古》文集中。^⑤文中考證墓主武氏（武則天侄孫女）所適之吐谷渾燕王"慕容公"，誌記其子爲慕容兆，據兩《唐書》之《吐谷渾傳》記"宣趙（新書作"宣超"）卒，子曦皓嗣。曦皓卒，子兆嗣"的記載。由此，筆者提出，此慕容公應即曦皓；夏鼐先生上述論文所云："或疑曦光即曦皓，然《誌》（曦光墓誌）不應漏載襲封'青海國王'事，當爲兩人"，兩人爲昆仲也；認爲曦光、曦皓可能是同一人，并引上述兩《唐書》文，作詳細考證。

---

① 張維：《隴右金石録》，鉛印本，1943 年。
② 1961 年夏鼐《考古學論文集》（科學出版社）出版時，對内容稍作修改，并加"補記"。1981 年，《中國考古學研究》（日文版）出版時，又加"再補記"。此文完整版見《夏鼐文集》中册，社會科學文獻出版社，2000 年，第 119~148 頁。
③ 趙萬里：《漢魏南北朝墓誌集釋》，科學出版社，1956 年。
④ 上引《夏鼐文集》"再補記"中有著録。又，周偉洲《吐谷渾資料輯録（增訂本）》，商務印書館，2017 年，也有録文。按：誌内夫人名下一字不清楚，依夏鼐先生録文作"深"。
⑤ 絲綢之路考察隊：《絲路訪古》，甘肅人民出版社，1982 年。

　　1983 年，寧夏考古學學者鍾侃公布了在寧夏同心縣韋州出土的《大唐故領軍衛大將軍慕容威（即慕容神威）墓誌》，并撰文作了考釋，題爲《唐代慕容威墓誌淺釋》，載於《考古與文物》1983 年第 2 期。1984 年，《文物》第 4 期刊載了《河北磁縣東陳村北齊堯峻墓》的發掘簡報，内出土的三合墓誌中，有《故驃騎大將軍開府儀同三司征羌縣開國侯堯公妻吐谷渾（静媚）墓誌》（簡稱《吐谷渾静媚墓誌》）。次年，筆者撰《河北磁縣出土的有關柔然、吐谷渾等族文物考釋》一文。①文中結合上述趙萬里書中的兩方墓誌及《吐谷渾静媚墓誌》，對投歸北魏的吐谷渾王族的一支世系作了疏理和考證。

　　1985 年，筆者撰《吐谷渾史》，由寧夏人民出版社出版。書中結合吐谷渾歷史，對上述出土墓誌（除《吐谷渾静媚墓誌》外）作了論述。②至 1992 年，筆者出版的《吐谷渾資料輯録》③一書，則著録以上出土的吐谷渾墓誌共十三方，并作了一些考釋。

　　1994 年，甘肅榆中縣孫永樂、李維貴撰文，披露 1973 年在榆中朱家灣清理一唐墓中，出土一方題爲《交河郡夫人慕容氏墓誌銘》殘墓誌，先後發表在《中國邊疆史地研究》1994 年第 2 期和 1995 年第 1 期。後筆者撰《甘肅榆中出土唐交河郡夫人慕容氏墓誌釋証》④一文，提出殘誌記慕容氏（名“儀”）先人係“……可汗、青海國……超”，并非兩文所釋此誌的“慕容氏”係十六國南燕慕容德兄納子慕容超，而是吐谷渾青海國王慕容宣超；交河郡夫人也非“交河郡王（高昌王麴崇裕）”的夫人；并考證誌記夫人葬地“薄寒山”，即在今甘肅蘭州東南興隆山一帶。

　　1995 年，三秦出版社出版了吳鋼主編《全唐文補遺》第 2 輯，公布了二十世紀九十年代出土於今西安長安區杜城一帶的《唐故大同軍使雲麾將軍左武衛大將軍寧朔縣開國伯慕容公（曦皓）墓誌》（簡稱《慕容曦皓墓誌》）。⑤接着有靳翠萍撰《唐與吐谷渾和親關係始末考》、⑥杜林淵撰《從出土墓誌談唐與吐谷渾的和親關係》、⑦孫

---

①　周偉洲：《河北磁縣出土的有關柔然、吐谷渾等族文物考釋》，《文物》1985 年第 5 期。

②　周偉洲：《吐谷渾史》，寧夏人民出版社，1985 年，第 43~44、158~162 頁。

③　周偉洲：《吐谷渾資料輯録》，青海人民出版社，1992 年。

④　周偉洲：《甘肅榆中出土唐交河郡夫人慕容氏墓誌釋証》，周偉洲主編《西北民族論叢》第 1 輯，中國社會科學出版社，2002 年。

⑤　周紹良、趙超：《唐代墓誌彙編續集》，上海古籍出版社，2001 年，第 697 頁也收録此誌。

⑥　靳翠萍：《唐與吐谷渾和親關係始末考》，《敦煌學輯刊》1998 年第 1 期。

⑦　杜林淵：《從出土墓誌談唐與吐谷渾的和親關係》，《考古》2002 年第 8 期。

瑜撰《唐慕容曦皓墓誌考釋》、[①] 李鴻賓撰《慕容曦光夫婦墓誌銘反映的若干問題》[②] 等文的發表。上述諸文均因曦皓誌的出土，而認爲上述兩《唐書》的《吐谷渾傳》記載有誤，筆者考證曦光、曦皓爲同一人之謬，并對吐谷渾王族與唐朝和親作了進一步研究。

又 1998 年，上述吳鋼主編《全唐文補遺》第 5 輯[③] 還著録一方有關陝北吐谷渾人墓誌，即曾任"行延州刺史"的《隴西李府君（即李良僅）墓誌》。先後有姬乃軍、范建國撰《唐李良墓誌銘考釋》，[④] 陳根遠撰《李良僅墓誌考釋質疑》，[⑤] 韓香撰《唐代吐谷渾的遷徙及其在陝北地區的活動——延安市出土〈李良僅墓誌〉研究》。[⑥]

至二十一世紀後，又有一批吐谷渾貴族墓誌出土。2014 年，吳敏霞主編《長安碑刻》[⑦] 著録了出土於今西安長安區郭杜（唐代高陽原）的一方《唐朔方副元帥防秋兵馬使金紫光禄大夫張掖郡王慕容瑰墓誌》。同年，陳瑋發表了《新出唐吐谷渾王族慕容環墓誌研究》，載《中國邊疆史地研究》2014 年第 4 期。此文結合唐安史之亂前後吐谷渾歷史，對此誌作了詳細的考證。2013 年，濮仲遠撰《唐代吐谷渾慕容氏王室墓誌研究述評》，載《青海民族大學學報》2013 年第 3 期。此文評述了出土的唐代吐谷渾慕容氏十一方墓誌的研究概況，提出從墓誌研究吐谷渾世系、與唐和親及入侍宿衛等專題及研究概況。

2014 年至 2015 年，陝西省考古研究院等單位的考古工作者發掘位於西安市長安區大兆鄉郭新村一座北朝時墓葬，出土墓誌兩方：一方爲《茹茹驃騎大將軍俟利莫何度支尚書金城王乞伏孝達妻暉華公主吐谷渾氏墓誌》（簡稱《吐谷渾暉華公主墓誌》）；另一方爲公主丈夫《乞伏孝達墓誌》，因《乞伏孝達墓誌》係用硃砂書寫，且字迹脱落，故已難辨識。由於陝西省考古研究院關於墓葬發掘簡報或報告至

---

① 孫瑜：《唐慕容曦皓墓誌考釋》，《山西師大學報》2010 年第 3 期。

② 李鴻賓：《慕容曦光夫婦墓誌銘反映的若干問題》，杜文玉主編《唐史論叢》第 14 輯，陝西師範大學出版總社有限公司，2012 年。

③ 吳鋼主編《全唐文補遺》第 5 輯，三秦出版社，1998 年。

④ 姬乃軍、范建國：《唐李良墓誌銘考釋》，《考古與文物》1996 年第 1 期。

⑤ 陳根遠：《李良僅墓誌考釋質疑》，《文博》1999 年第 3 期。

⑥ 韓香：《唐代吐谷渾的遷徙及其在陝北地區的活動——延安市出土〈李良僅墓誌〉研究》，《中國邊疆史地研究》2011 年第 1 期。

⑦ 吳敏霞：《長安碑刻》，陝西人民出版社，2014 年。

今末曾發表，故未有公開發表之論著問世。①

2018 年，先後又有兩方重要的吐谷渾墓誌問世：一爲李浩撰《新見唐代吐谷渾公主墓誌的初步整理研究》②一文，著録了《大唐興聖寺尼成月公主□氏墓誌》，并作了詳細考證；另一方出土於西安長安區郭杜的《唐故中郎將開國伯慕容府君（慕容曦輪）墓誌》（簡稱《慕容曦輪墓誌》），係由王國玉、王河松撰《唐〈慕容曦輪墓誌〉考辨》③一文刊布，并作了考釋。

以上是目前筆者所知關於吐谷渾墓誌出土及研究概況，共有墓誌二十方。除近幾年出土或著録的《吐谷渾暉華公主墓誌》《大唐興聖寺尼成月公主□氏墓誌》及《唐慕容曦輪墓誌》三方之外，其餘 17 方墓誌均在 2017 年商務印書館出版的筆者編著《吐谷渾資料輯録》（增訂本）中有著録及簡單的注釋。而其餘國内出版的相關石刻、碑銘、墓誌彙編，如《北京圖書館藏中國歷代石刻拓本滙編》《隋唐五代墓誌滙編》《全唐文補遺》《唐代墓誌彙編》《全唐文新編》等也多有上述吐谷渾墓誌的著録。

二　二十一世紀新出土吐谷渾墓誌補考之一

上述二十一世紀新出土吐谷渾墓誌共四方，内除《吐谷渾暉華公主墓誌》因考古發掘簡報未正式公布外，其餘三方墓誌於吐谷渾歷史的諸多方面，均已有學者進行過考釋和研究，多有創獲，但仍有增補和辨證的必要。下面從以下幾個方面加以論述：

1. 關於吐谷渾世系及封爵問題

首先，李浩撰《新見唐代吐谷渾公主墓誌的初步整理研究》一文云：“《弘化公主墓誌》提及‘嗣第五子右鷹揚衛大將軍’，《成月公主誌》謂其爲慕容鉢（即諾曷鉢）第二女，則諾曷鉢的子嗣至少應有五男二女，但目前史傳及學者的研究僅提及他有三子，則新文獻的出土和研究，仍有補史的功用。”此説是，但“成月公主”之封號，并非唐朝所封敕，正如前述諸誌所記“政樂王”“輔國王”“代樂王”

---

① 據坊間及網上透露，出土的《吐谷渾暉華公主墓誌》雖文字不多，但於北朝時吐谷渾政治制度的變革、吐谷渾與漠北柔然（茹茹）的和親關係、吐谷渾與西魏的關係等，均有重要的新的增補内容和學術價值。

② 李浩：《新見唐代吐谷渾公主墓誌的初步整理研究》，《中華文史論叢》2018 年第 3 期。

③ 王國玉、王河松：《唐〈慕容曦輪墓誌〉考辨》，《書法叢刊》2018 年第 4 期。

封號一樣，均爲吐谷渾本藩所自封。

出土於西安長安區郭杜的《唐朔方副元帥防秋兵馬使金紫光禄大夫張掖郡王慕容瓌墓誌》（簡稱《慕容瓌墓誌》），陳瑋文作"慕容瓖"誤，應爲"慕容瓌"。[①]此誌追述其先世云："高祖志烈，字諾曷鉢，唐使尚書唐儉册可汗、青海國王、駙馬都尉。妣西平大長公主。曾祖忠，字大海，嗣可汗、青海國王、工部尚書。妣金城縣主。祖宣超，字上仙，唐使衞尉卿唐休璟持節册嗣可汗、青海國王。妣姑臧縣主。父相，字千尋，改就字。"内宣超爲慕容瓌祖、慕容相父，則宣超除曦光、曦皓兩子外還有慕容相一子。新出土的《慕容曦輪墓誌》還記"父宣超，贈驃騎大將軍兼范陽郡大都督"。如此，宣超至少有四子，如據四子墓誌，大致可考出子四子的昆仲關係。

慕容曦光，卒於唐開元二十六年（738），年四十九，則其生於唐調露二年（680）。

慕容曦輪，卒於唐天寶八載（749），年四十三，則其生於唐中宗景龍元年（707）。

慕容曦皓，卒於唐寶應元年（762），年五十五，則其生於景龍二年（708）。

慕容相，《慕容瓌墓誌》僅記其"廣德年（763~764）遇疾，終原州（治今寧夏固原）"。

如上推算，曦光爲兄，次爲曦輪。如相卒時在五十七歲以後，則相爲長，曦皓爲第四子；如相卒時在五十五歲前，則曦皓爲長，相爲第四子。曦輪與曦皓僅差一歲，且《慕容曦皓墓誌》云其爲"姑臧縣主（宣超妻）次子"，則曦輪非姑臧縣主所生，爲庶出。[②]

值得注意的是，以上兩誌所記其先世之名、字及官爵名號，如《慕容瓌墓誌》記："高祖志烈，字諾曷鉢，唐使尚書唐儉册可汗、青海國王、駙馬都尉"，"曾祖忠，字大海，嗣可汗、青海國王、工部尚書"，"祖宣超，字上仙，唐使衞尉唐休璟持節册嗣可汗、青海國王"。《慕容曦輪墓誌》所記，"父宣超，贈驃騎大將軍兼范陽郡大都督"等。其中"志烈""大海""上仙"等漢式姓名或字，均不見於史籍或其墓誌。是其先世早已有此漢名、字呢？還是撰寫《瓌誌》時所追加？現已很難確定。無論如何，均説明吐谷渾王族自入居内地後，逐漸漢化的事實。

---

① 吴敏霞《長安碑刻》作"慕容瑰"，"瑰"爲"瓌"之簡化字，人名應作"瓌"爲是。

② 王國玉、王河松《唐〈慕容曦輪墓誌〉考辨》一文推測，可成立。

關於"唐使尚書唐儉册可汗、青海國王、駙馬都尉"諸曷鉢一事，前引陳瑋文作了考釋，認爲唐封諸曷鉢可汗、青海國王，是在貞觀十五年（641）唐儉、馬周出使持節撫慰吐谷渾時。又引《西平大長公主（弘化公主）墓誌》所記，"貞觀十七年，出降於青海國王、勤豆可汗慕容賀豆鉢"爲證，從而認爲《新唐書·吐谷渾傳》所記"乾封初（666），更封青海國王""在時間上有誤"。此説不確，因誌是籠統叙述諸曷鉢封號，正如陳瑋所説，以上封號"無疑是按照唐廷册封諸曷鉢官爵的時間先後順序而記載"。而《西平大長公主（弘化公主）墓誌》撰於武周聖曆二年（699），時諸曷鉢已更封爲青海國王，故誌有此記載。又《册府元龜》卷九六四《封册二》記此事更詳確："乾封元年五月，封河源郡王諸曷鉢爲青海王。"總之，唐朝初封諸曷鉢爲"河源郡王"，乾封初，纔更封爲青海國王。上引《新唐書·吐谷渾傳》及《册府元龜》卷九六四記載可信從。

《慕容璟墓誌》又記其曾祖忠官職有"工部尚書"一職，不見史籍及《慕容忠墓誌》的記載，是卒後追贈，還是漏記？不明。記其"祖宣超，字上仙，唐使衛尉唐休璟持節册嗣可汗、青海國王"。史籍所記宣超襲父忠官爵，而未見有封"青海國王"事，此可補史之闕。至於《慕容曦輪墓誌》所記，"父宣超，贈驃騎大將軍兼范陽郡大都督"官爵，則顯係其卒後之追贈。

2. 關於出土吐谷渾兩位公主的墓誌，即上述西魏時的《吐谷渾暉華公主墓誌》及唐弘化公主女《大唐興聖寺尼成月公主□氏墓誌》（簡稱《吐谷渾成月公主墓誌》），前者因考古發掘簡報未發表，暫且不論，[①] 後者已有上述李浩文發表。李浩文對弘化公主女成月公主的身世及與唐朝的關係，從成月公主出家爲尼，看唐興聖寺及貴族婦女崇佛現象等，多有新見。但是，也提出了一些還值得進一步討論的問題。

首先是對此墓誌釋讀問題。如李浩文録釋誌文云："成月公主諱□□，吐溶（裕）渾可汗海國王慕容鉢第二女也。"内"吐溶（裕）渾"，即吐谷渾，此處"谷"應如《金壺字考》所云，讀作浴或鹿；在北朝造像碑的供養人題名中，也有"吐浴渾"的姓氏。[②] "溶"與"浴"或"裕"音近，故誌作"吐溶渾"。又誌内"海國王"，顯係脱一"青"字。李浩文引《新唐書》卷二二一《吐谷渾傳》説："乾

---

① 因簡報發表，後筆者發表《吐谷渾暉華公主墓誌與北朝北方民族關係》一文，載《民族研究》2020 年第 2 期。

② 周偉洲：《甘肅正寧出土的北周造像題銘考釋》，載《馬長壽紀念文集》，西北大學出版社，1993 年。

封元年（666），高宗封諾曷鉢爲青海郡王，也就是墓誌所謂'海國王'。"此説不確。按，查上引《新唐書》文，内高宗封諾曷鉢非"青海郡王"，而係"青海國王"。唐官制，王爵爲正一品，郡王爵爲從一品，[①] 故誌"海國王"，當爲"青海國王"或"青海王"，而非"青海郡王"。與此相關的是，李浩文録釋下文一句："祖及父并嫡嫡相承，海國王并，褥情爽秀，風局清敞。"是否應斷爲"祖及父并嫡嫡相承（青）海國王，并褥情爽秀，風局清敞"（圖一）。

圖一　《成月公主墓誌》拓片（摘自《中華文史論叢》2018年第3期，第22頁圖）

其次，李浩文討論了弘化公主下嫁於吐谷渾諾曷鉢的時間，引過去學者有分歧的觀點，結論是："傳世文獻對弘化公主下嫁諾曷鉢的時間（貞觀十四年）與出

---

① 杜佑：《通典》卷四〇《職官二二》"大唐官品"。

土的《弘化公主墓誌》不同（貞觀十七年），學界多采傳世文獻的説法，筆者以爲，如無更直接有力的文獻支持，應以墓誌爲準，至少交待分歧，兩説并存。”按，關於弘化公主出降諾曷鉢的時間，文獻記載均云在貞觀十四年，除《舊唐書》的《吐谷渾傳》外，還有《舊唐書》卷三《太宗紀下》、《新唐書》卷七八《宗室道玄傳》、《資治通鑑》卷一九六貞觀十四年四月丁巳條等。[①]最有力的證據是，宋代王欽若編撰的類書《册府元龜》，此書唐代部分多引自唐代諸帝《實録》，故可信度頗高。此書卷九七八《外臣部·和親一》明確記：“（貞觀）十四年，吐谷渾烏也拔勤豆可汗諾曷鉢入朝請婚……至是，遂以弘化公主妻諾曷鉢，資送甚厚。”

更爲重要的是，《册府元龜》卷三五八《將帥部·立功一一》内記：“貞觀十五年，（席君買）率精騎百二十襲擊吐谷渾之丞相宣王，破之，斬其兄弟三人。初丞相宣王專其國權，陰謀作難，詐言祭山神，乃結人仗，將襲弘化公主，劫其王諾（諾）曷鉢等奔於吐蕃，期有日矣。諾（諾）曷鉢知而大懼，率輕騎走鄯城（今青海西寧），所部咸（威）信王以兵迎之……”（李浩文後附表内也記此事件）如果貞觀十四年弘化公主還未出降吐谷渾諾曷鉢，而是如《弘化公主墓誌》所記，是在貞觀十七年纔出降，那麽上述貞觀十五年宣王作亂時，就不會有弘化公主與諾曷鉢逃至鄯城的記載。因此，《弘化公主墓誌》記載其貞觀十七年出降諾曷鉢誤。

又李浩文云：“唐代除了弘化公主下嫁諾曷鉢外，還有金城縣主下嫁慕容忠、金明縣主下嫁闥盧摸末，後面兩位公主的許婚與迎娶，弘化公主在其間確實起了重要作用。”除上述唐宗室女與吐谷渾王族通婚外，還有姑臧縣主下嫁慕容宣超。而以上縣主，非如李浩文所云是與唐以宗室女封弘化公主下嫁一樣，爲所封公主，而僅封爲“縣主”。按唐官制，“武太后天授二年，又置皇孫官員。皇姑爲大長公主（如弘化公主後封大長公主），姊妹爲長公主，女爲公主，皆封國，視正一品。太子女爲郡主，封郡，視從一品。親王女爲縣主，封縣，視正二品”。[②]以上與吐谷渾和親之“縣主”，當係諸宗室親王女，封縣主者，縣主前地名爲其所封縣名。

從吐谷渾諾曷鉢始，其王族與唐之和親，從公主，到諾曷鉢第二代（慕容忠、闥盧摸末）及第三代（慕容宣超）尚親王女“縣主”；[③]再到第四代尚外戚女武氏

---

① 《新唐書》卷七八《道玄傳》云：“貞觀十四年，與武衛將軍慕容寶節送弘化公主於吐谷渾，坐漏言主非帝女，奪王，終鄆州刺史。”

② 杜佑：《通典》卷三一《職官一三》“歷代王侯封爵”。

③ 宣超弟宣徹娶博陵崔氏女，封博陵郡太夫人（見《慕容威墓誌》）。

（慕容神威、慕容曦光）；再到第五代娶高門第大姓之女（元王慕容若娶隴右成紀李氏、慕容瓌娶河南穆氏）；等等。可見其與唐之和親規格是各代均有所下降。這從另一個方面，反映了吐谷渾政權滅亡後，入居內地的吐谷渾王族地位逐漸下降，以致於與漢族官吏貴族處於同等地位，這也是其漢化過程的反映。

李浩文還引《大唐故興聖寺主法澄塔銘并序》，討論了吐谷渾成月公主爲何幼年出家爲尼的問題。結論是，當時弘化公主及諾曷鉢與唐朝關係良好，成月公主不會像法澄一樣，因家族獲罪而出家，"故成月公主的入寺要麼是一種堅定的信仰，要麼就是一種處罰。因目前還沒有更多的資料，故也不再做更詳細的推測了"。筆者不揣冒昧，欲對成月公主幼年出家爲尼作一個推測：吐谷渾王族早在慕利延在位時（436~452），就開始接觸并信奉佛教。[1]而公主生於貞觀二十年（646），卒於總章元年（668），時唐朝無論是屬靈州的安樂州或京師長安佛教均十分盛行，寺觀林立。這是月成公主出家的佛教氛圍大環境的影響。又可能因公主自幼體弱多病，其父母爲其健康祈福保佑而送其入寺爲尼。這祇要從公主二十三歲早卒可推知。當然，這也僅是一種推測。

最後，《成月公主墓誌》記公主葬於"明堂縣少陵原"，據《元和郡縣圖志》卷一《關內道》京兆府萬年縣條記："武德元年，復爲萬年。乾封元年（666），分置明堂縣，理永樂坊，長安三年（703）廢。天寶七年（748），改爲咸寧，乾元元年（758）復爲萬年縣。"公主卒於總章元年（668），故誌記爲"明堂縣少陵原"，而實爲京兆府萬年縣之少陵原，地在今西安長安區韋曲大兆一帶。

三　二十一世紀新出土吐谷渾墓誌補考之二

由於王國玉、王河松撰《唐〈慕容曦輪墓誌〉考辨》一文（簡稱"王國玉文"），對最新公布此方墓誌的考釋，多有未解決的疑難及一些可討論的問題，故引墓誌全文，再作補考。參照誌文拓片及王國玉文錄文，重錄誌全文如下（圖二）：

唐故中郎將、開國伯慕容府君墓誌銘并序

---

① 周偉洲：《吐谷渾史》，第130~131頁。

公諱輪，字曦輪，昌黎棘城人也。燕文明皇帝瑝（皝）之後。紫蒙之野，始其邑焉；鮮卑之山，發其原也。家承簪綬，姓氏因冠，門習干戈，英威動晉，備乎國史，可得而詳。祖忠，右衛大將軍，列在王庭，則人臣之首，退居河朔，爲異方至尊。父宣超，贈驃騎大將軍，兼范陽郡大都督。出自高峰，偏當秀氣，恭承玉冊，保壽金章。公蘭桂之下，芳香自然，幼志夙成，風神早慧。年十一，則治兵閫門，橫行瀚海，留情三略，獨運六奇，遂得寵入勳司，位高勇將。開元七載，解褐左武衛郎將，兼閣門府都督，借紫金魚袋。甘羅上卿之歲，然在青襟，張強侍中之年，雖無弱冠，方之早仕，彼而有慚。公以明略佐時，雄圖務贊，參謀武帳，洞晤兵機，事君榮君，則爲官族，將門有將，還入公臣。廿二載，遷左武衛中郎將。其少也，以智謀見拔；其壯也，以雄才入選。伏石爲虎，無以擬其彎弧；竹林逢猿，不足當其舞劍。加以鑄鼎世襲，廊廟相傳，公侯子孫，必復其始。廿七載，有詔冊封烏地野拔勤豆可汗，兼安樂州都督、吐谷渾使。命將用於昭陽，欲苞卷於六合，登壇取於韓信，擬清平於天下，公之此授，君有心焉。實深撫御之能，不無身手之用。西山盜賊，秋塵不飛，北塞匈胡，不敢論戰。所部偏僻，地實崎嶇。多不訓之人，有無君之政。公示之以德，威之以刑，莫不向日而傾，從風而偃。名振四海，聲聞六夷。公往歲在桑乾用兵，與王忠嗣同爲裨將，朋交契洽，忽爾開懷，聚石圖營，澆沙結壘，加臨向背，一時盡申。彼慚謀短智窮，不能屈色下問，惡居其上，苞藏禍心，及秉節制，飛言害德。天寶元載，貶授播川郡牂柯鎮將。江東八千子弟從項藉而不歸；海島五百軍人爲田橫而俱死。公麾下亡叛，擬於其倫。達人知命，曾無慍色。背闕懷楚，扁舟入吳，鎮山靜江，樂得其性。詩禮化俗，歌詠猶傳。君子至之，名不朽也。天子上淩煙之閣，先憶舊臣，聞鞞鼓之音，實思良將。八載，除房陵郡志成府別將。既備邊鄙之才，方委爪牙之任。霸陵漸近，詞氣逾高，朝端有期，衝冠彌勇。直以鴟入其舍，桑生井中，不遂鳳心，奄然過隙。其載八月十七日遘疾暴增，薨於房陵郡之賓館，春秋冊有三。荊衡流涕，如祠武侯之廟；老幼掩泣，似望羊公之碑。十載辛卯歲二月十九日，寄瘞於京兆長安縣高陽原之禮也。游魂羈旅，足傷溫序之心；玄夜思歸，終有蘇韶之夢。撫孤修葬，同氣盡心；訓子承家，嬬妻克意。胤子政等至性居喪，淚久松枯，聲哀鳥集。式旌泉壤，乃述銘云：

鮮山別嶺，餘水分流。率部歸漢，擁騎淩周。幽趙二國，傳譽千秋。山

川雄壯，美麗優柔。乃祖乃父，爲王爲侯。其一

　　晋初度隴，唐元入寵。婚納帝系，卓犖龍種。金柯暉暉，玉葉森聳。海內振威，河朔貫勇。靈武十將，異方一統。其二

　　遷鎮大江，名留越鄉。房陵菱命，賓館停喪。棟採摧折，志士淪亡。明主痛惜，親友哀傷。柩歸北里，魂往西凉。其三

　　風光催促，旌旐引速。衰柳寒亭，殘花空谷。周勃□悲，田横歌哭。孀妻誓寡，胤子繼族。封土植柏，刻石銘德。其四

圖二　《慕容曦輪墓誌》拓片（摘自《書法叢刊》2018年第4期，第30頁圖）

　　誌開首敘其先世與原居地，大致與史籍及以上諸墓誌相同，僅內云其爲"燕文明皇帝煌（皝）之後"，則很有意思。按，以上所述唐代吐谷渾王族慕容氏墓誌，一般追述其先世，多從唐封王的諸曷鉢始，僅《慕容威（神威）墓誌》云其爲"前燕高祖廆（慕容廆）之後"。事實上，出自遼東慕容鮮卑一支的吐谷渾部，原爲慕

容廆的庶兄吐谷渾所分領的部分，後西遷西北青海等地，以吐谷渾爲姓氏和國名。其後吐谷渾子孫理應以吐谷渾爲其先世，但因吐谷渾爲庶出，故北方民族也稱吐谷渾爲“野虜”，[①]地位較低。因此，在唐代崇尚門第、攀附之風極爲盛行的時代，上述諸吐谷渾墓誌撰者在追述其先世時，多避開其最早先祖吐谷渾而不提；或以地位顯赫的繼統慕容鮮卑部、吐谷渾弟慕容廆爲其先祖。而《慕容曦輪墓誌》所記，實爲攀附慕容廆第三子、建立前燕的文明皇帝慕容皝爲其先世，也就不足爲奇了。

誌文又云，曦輪“年十一，則治兵閣門，橫行瀚海，留情三略，獨運六奇，遂得寵入勳司，位高勇將。開元七載，解褐左武衛郎將，兼閣門府都督，借紫金魚袋”。其十一歲，當係唐開元六年（718），“治兵閣門”，此閣門，王國玉文釋爲“‘宮中小門’或‘中央官署之門’”，故云墓主“是因門蔭入仕，作爲宮中護門士衛，亦屬常情”。此説誤。此閣門，應指唐於涼州所置吐谷渾羈縻府州“閣門州”或稱“閣門府”。[②]《新唐書》卷四三《地理志七》記，“吐谷渾州一。閣門州。右隸涼州都督府”。又《舊唐書》卷四〇《地理志三》也記：“涼州中都督府……吐渾（即吐谷渾）部落、興昔部落、閣門府、皋蘭州、盧山府、金水州、蹛林州、賀蘭州已上八州府，并無縣，皆吐渾、契苾、思結等部，寄在涼州界內……。”閣門府當設於閣門川，即今青海門源一帶。這祇要從次年（開元七年），唐廷任其爲“左武衛郎將，兼閣門府都督”可證。

事實上，其父宣超在位時，有幾批原淪爲吐蕃役屬之青海吐谷渾餘部詣涼、甘、肅、瓜、沙等州降。武后時，涼州都督郭元振上《安置降吐谷渾狀》，建議將於涼州、甘、肅、瓜、沙州降者，於各州左側（即近今甘肅河西祁連山北麓）安置，并云：“所置之處，仍請簡取當處强明官人，於當處鎮遏之……兼每使達蕃情、識利害者，共宣超兄弟一人，歲往巡按，以撫育之。”[③]“詔可”。[④]因此，屬涼州都督府屬之閣門府（時已升爲府）自然在宣超的治下。[⑤]宣超派遣年僅十一的庶出子曦輪先於閣門從軍，次年被任爲閣門府都督，就是很自然的事了。而與曦輪年齡相

---

①　酈道元《水經注》卷二《河水》云：“吐谷渾者，始是東燕之枝庶，因氏其字，以爲首類之種號也，故謂之野虜。”

②　原爲“閣門州”，何時升爲“閣門府”已不可考。

③　杜佑：《通典》卷一九〇《邊防》“吐谷渾”條。

④　歐陽修、宋祁：《新唐書》卷二二一《吐谷渾傳》。

⑤　又上述《隴西李府君（良僅）墓誌》記其父邏曾“開閣府”，其長子據，“仍襲閣門府都督”，閣府即閣門府，唐於閣門川所置吐谷渾羈縻府州。

近、且爲宣超正室姑臧縣主次子曦皓，則作爲質子，入朝京師長安爲侍子。這在《曦皓墓誌》中得到證實：誌云其"少以强蔭補千牛備身，授尚舍直長"，後又"超拜尚衣奉御"。千牛備身，北魏置，掌執千牛刀，宿衛侍從，唐代因之，或改名奉御，中宗時又復名，皆以高蔭（强蔭）子弟任之，正六品。而"尚舍直長"（正七品下）爲唐殿中省屬尚舍局置次於尚舍奉御（從五品）之官名，掌供御及殿中張設之事。"尚衣奉御"，則爲尚衣局官吏，從五品上，掌供天子衣服，詳其制度，辨其名數，而供具進御。[①] 這就是解開作爲庶出的曦輪，不能作爲質子，入朝待衛，祇有到閤門府任職的原因。

《曦輪墓誌》記述了其任"閤門府都督"的事迹："公以明略佐時，雄圖務贊，參謀武帳，洞晤兵機，事君榮君，則爲官族，將門有將，還入公臣。"至"（開元）廿二載（734），遷左武衛中郎將。其少也，以智謀見拔；其壯也，以雄才入選。伏石爲虎，無以擬其彎弧；竹杖逢猿，不足當其舞劍。加以鑄鼎世襲，廊廟相傳，公侯子孫，必復其始"。則在其二十七歲之時，因任職有功，遷左武衛中郎將，此職爲雜號中郎將之號，約從四品。[②]

接着，誌記："廿七載（739），有詔册封烏地野拔勤豆可汗，兼安樂州都督、吐谷渾使。"王國玉文分析此段後，提出了一些疑問：開元二十七年爲何敕封庶出之曦輪"烏地野拔勤豆可汗，兼安樂州都督"如此重要的職位和稱號？又爲何宣超嫡子曦光、曦皓無襲此職？"其中疑寶仍需研討"。原來正是在開元二十六年曦光卒（見《慕容曦光墓誌》），原安樂州的吐谷渾部群龍無首，作爲嫡子的曦皓一直在長安爲侍子，長期脫離安樂州吐谷渾本部。在這種形勢下，唐朝最佳的選擇就是任命長期統御吐谷渾部、任閤門府都督、宣超庶子曦輪，以烏地野拔勤豆可汗兼安樂州都督的名號，以綏撫安樂州吐谷渾本部部眾，而僅予以"吐谷渾使"之名。至於曦輪何時免去此重要職位，改由已年長的曦光子慕容兆襲其官爵？則誌以下記其在"天寶元年，貶授播川郡牂牁鎮將"。可能正是此時，唐朝方令兆襲父宣超官爵。

《曦輪墓誌》接着叙述其任此重要職位的原委及功績："命將用於昭陽，欲苞卷於六合，登壇取於韓信，擬清平於天下，公之此授，君有心焉。實深撫御之能，不

---

① 見《唐六典》卷一一《殿中省》。

② 《通典》卷二九《職官十一》"雜中郎將"條記"武衛中郎將"下注云"魏始以許褚爲之"，"大唐無"。則曦輪之遷的"左武衛中郎將"係特爲其所敕封名號，約當從四品，或五品武官。此職略高於其任閤門府都督時的"武衛郎將"一職。

無身手之用。西山盜賊，秋塵不飛，北塞匈胡，不敢論戰。所部偏僻地，實多不訓之人，有無君之政。公示之以德，威之以刑，莫不向日而傾，從風而偃。名振四海，聲聞六夷。"内多有爲其溢美之詞，但也反映其統御安樂州吐谷渾本部的事迹。

誌以下記："公往歲在桑乾用兵，與王忠嗣同爲裨將，朋交契洽，忽尔開懷，聚石圖營，澆沙結壘，加臨向背，一時盡申。彼慙謀短智窮，不能屈色下問，惡居其上，苞藏禍心，及隸節制，飛言害德。天寶元載，貶授播川郡舸鎮將。"此乃墓主宦途及命運轉折的事件，王國玉文引兩《唐書》的《王忠嗣傳》，首先介紹了王忠嗣的生平，然後考釋曦輪與王忠嗣"往歲在桑乾用兵"的史實，云"唐史記載'桑乾用兵'，涉及王忠嗣參戰的爲開元二十六年（738），北伐契丹，出雁門關，戰於桑乾河畔，致使奚、契丹伐聯軍全軍覆没；天寶元年（742），王忠嗣兼任靈州都督。這年北伐，王與奚怒皆戰於桑乾河三次將他打敗，俘獲其大量人馬，耀武漠北，得勝而歸，授予左武衛大將軍。這兩次戰役在《新唐書·玄宗本紀》中均有明確記載"。筆者查閱《新唐書》卷五《玄宗本紀》，僅見有天寶元年十二月庚子，記"朔方軍節度使王忠嗣及奚戰於桑乾河，敗之，遂伐突厥"。内并無開元二十六年王忠嗣參戰北伐契丹，戰於桑乾之事。另有兩《唐書》的《王忠嗣傳》記其在"天寶元年，兼靈州都督。是歲北伐，與奚怒皆戰於桑乾河，三敗之，大虜其衆，耀武漠北，高會而旋"。[①]查《資治通鑑》卷二一五天寶元年八月條，僅記朔方節度使王忠嗣出征突厥烏蘇米施可汗，"盛兵磧口以威之"。下胡三省注引《資治通鑑考異》曰："新、舊書忠嗣傳皆曰：'是歲，忠嗣北伐，與奚怒皆戰於桑乾河，三敗之，大虜其衆'。又曰'明年再破怒皆及突厥之衆，自是塞外晏然'。按朔方不與奚相接，不知所云奚怒皆何也。今闕之。"即是説，《資治通鑑》撰者，對王忠嗣桑乾之戰的記載持懷疑態度，故而不記載此事。

如果兩《唐書》的《王忠嗣傳》等記其天寶元年桑乾河之戰確係事實，[②]桑乾河在今河北，在今安樂州（治今寧夏中衛鳴沙）的曦輪也不可能參與此役。兩《唐書》的《王忠嗣傳》及《玄宗紀》等僅記開元二十六年，王忠嗣貶爲東陽府左果毅時，河西節度使杜希望爲奪取吐蕃新城（在鄯州，今青海樂都一帶），詔招忠嗣赴

---

① 此引自《舊唐書》卷一〇三《王忠嗣傳》，《新唐書》卷一三〇《王忠嗣傳》略同。
② 這種可能是存在的。《考異》所疑之"奚怒皆"爲奚人，但此名也可作突厥姓名或投附突厥之奚部首領解。

河西，"進拔其城，忠嗣録多，授左威衛郎將，專知兵馬"。[1]或許時任吐谷渾安樂府都督的曦輪也參與此戰役，與忠嗣發生矛盾也即在此役，而非誌云"在桑乾用兵"之時。墓誌所云曦輪時"與王忠嗣同爲裨將，朋交契洽，忽尔開懷，聚石圖營，澆沙結壘，加臨向背，一時盡申"。這一記載也符合當時的歷史事實。

至於墓誌記，"彼（王忠嗣）慚謀短智窮，不能屈色下問，惡居其上，苞藏禍心，及隸節制（即忠嗣開元二十九年因功升任朔方節度使，兼靈州都督），飛言害德"。此事是否確實？已難以取證。從王忠嗣多次立戰功，後又爲節鎮，是否還"慚謀短智窮"及"惡居其上"，從而"飛言害德"？筆者以爲不太可能。墓誌一般皆爲墓主人歌功頌德之作，撰者輕信墓主或後人的推測或飾非之言，也有可能。筆者對曦輪的貶官有一個推測，即唐朝爲削弱、分化安樂州吐谷渾的勢力，故找一藉口，將其調離本部，讓青年的曦光裔子兆襲爵。故誌有"江東八千從項藉不歸；海島五百軍人爲田橫而俱死。公麾下亡叛，擬於其倫"的記述。總之，這樁公案因史籍闕載，成了冤案或迷案，祗能任由後人去評説。

無論如何，天寶元年，曦輪最終被貶爲"播川郡牂牁鎮將"。據《新唐書》卷三七《地理志一》記，開元十一年（723），於十道外又增設"黔中道"，下領有"播州"。而播州原爲隋牂牁郡，貞觀十三年（639）始置播州，天寶元年，改爲播川郡，下轄遵義、芙蓉、帶水三縣，而無牂牁縣。[2]而牂牁縣爲武德二年（619）以隋牂牁舊縣爲名，旋改爲建安縣，屬牂州。[3]曦輪所任之"播川郡牂牁鎮將"，當爲播川郡（治今貴州遵義）所置之"鎮"之鎮將。按，唐代兵制，"兵之戍邊者，大曰軍，小曰守捉，曰城，曰鎮，而總之者曰道"。[4]而播川郡所設之"鎮"，係借隋以來該地"牂牁"爲名。該地區爲少數民族（蠻夷）聚居之地，故誌云其任内，"達人知命，曾無愠色。背闕懷楚，扁舟入吴，鎮山静江，樂得其性。詩禮化俗，歌詠猶傳。君子至之，名不朽也"。

墓誌接着記："天子上淩煙之閣，先憶舊臣，聞鼙鼓之音，實思良將。八載，除房陵郡志成府別將。"天子思舊臣、良將云云，可能爲墓誌撰者溢美之詞，因墓主於天寶八載（749）并未被朝廷升調回安樂州或京師長安，僅"除爲房陵郡志成

---

① 歐陽修、宋祁：《新唐書》卷一三五《王忠嗣傳》。
② 見《舊唐書》卷四〇《地理志三》"播州"條。
③ 郭聲波：《中國行政區劃通史·唐代卷》下册，復旦大學出版社，2017年，第785頁。
④ 歐陽修、宋祁：《新唐書》卷五〇《兵志》。

府別將"。房陵郡，即隋房陵郡，唐初改爲遷州，貞觀十年廢遷州移房州治於廢州城。天寶元年改爲房陵郡（治今湖北房縣），乾元元年（758）復爲房州。下領房陵、永清、竹山、上庸四縣。[①] 曦輪所任之"房陵郡志成府別將"，當爲設於房陵郡之府兵制下的折衝府，名"志成"。唐制，折衝府"置折衝都尉一人，左右果毅都尉各一人，長史、兵曹、別將各一人、校尉六人"。[②] 儘管墓誌撰者在誌文中云其所任係"既備邊鄙之才，委爪牙之任"，但作爲房陵郡志成府中一員中下級武官（"別將"），實爲降貶。可以想見，曦輪調任後不得志的鬱鬱寡歡心情及精神上的打擊。故如誌文所記，到房陵郡後，"其載八月十七日遘疾暴增，薨於房陵郡之賓館，春秋卅有三"。也就是在天寶八載，僅四十三歲病卒於房陵郡之賓館。有意思的是，儘管曦輪到任也許纔幾個月，誌文仍然不忘以"荆衡流涕，如祠武侯（諸葛亮）之廟；老幼掩泣，似望羊公（西晉羊祜）之碑"之譽，加以溢美。

誌文緊接下記："十載辛卯歲二月十九日，寄瘞於京兆長安縣高陽原之禮也。"即在曦輪卒後兩年（751），遷葬寄瘞於京兆府長安縣高陽原（今西安長安區郭杜）。之所以其能寄葬於京師長安，可能與其弟曦皓（卒於 762 年，即葬於高陽原）等協助有關。誌文以下即叙述曦輪遺孀及胤子政等居喪哀痛之情，不贅述。

四　結語

近代以來，中國學者對中古時期出土的歷朝墓誌（墓誌銘）均十分重視。學者們在對墓誌的整理、録文、標點、考釋及與傳世文獻對勘等基礎研究工作之上，采用史學，甚至相關許多學科的理論和方法，應用墓誌對中國古代的政治、軍事、文學藝術（誌文、書法、圖案等）、民族與民族關係、歷史地理，甚至社會生活（婚姻、家庭、習俗等）及墓誌本身（書法、圖案、與譜牒之關係、行文格式等）等各方面進行綜合研究，起到對中國古代歷史研究推進和創新的作用。儘管國內學者對墓誌的研究多從某一角度，或作基礎研究，或作多學科的綜合研究；研究成果的學術水準也有高低之分，或存在一些問題。總的説來，無論基礎研究或進一步的綜合研究，對墓誌發揮的史學的功能和作用都是大有裨益，是缺一不可的。

從上述出土的有關吐谷渾人墓誌的學術研究史，也可證明上述的認識。下面

① 見《舊唐書》卷三九《地理志二》"房州"條。
② 歐陽修、宋祁:《新唐書》卷五〇《兵志》。

對已發現和公布的二十方出土吐谷渾墓誌作一綜合的考述。

1. 從已知二十方吐谷渾墓誌，瞭解墓誌主的身份及墓誌的時空分布。

在已知的二十方墓誌中，作爲吐谷渾王族吐谷渾氏和慕容氏的有：①北魏時的《吐谷渾璣墓誌》，唐代《慕容明墓誌》《慕容忠墓誌》《慕容宣昌墓誌》《慕容宣徹墓誌》《慕容威（神威）墓誌》《慕容曦光墓誌》《慕容曦皓墓誌》《慕容曦輪墓誌》《慕容璿墓誌》，共十方。加上作爲吐谷渾"大族"的《李府君（良僅）墓誌》共十一方，約爲二十方墓誌的一半以上。

作爲吐谷渾王族女與本部貴族或北朝、唐朝貴戚聯姻的墓誌有：北魏時的《魏故武昌王（元鑒）妃吐谷渾氏墓誌》、北齊時的《吐谷渾静媚墓誌》、西魏時的《吐谷渾暉華公主墓誌》、唐代的《交河郡夫人慕容氏墓誌銘》，共四方。另有唐朝宗室或貴戚女嫁與吐谷渾王族的墓誌有：《大周西平公主（弘化公主）墓誌》《大唐金城縣主墓誌》《大唐故武氏墓誌》《大唐隴西郡夫人李氏（名深）墓誌》，共四方。

以上十九方，再加上唐代出家爲尼的吐谷渾公主《成月公主墓誌》，總共二十方墓誌。

從墓誌時代看，北朝時（北魏、西魏、北齊）的墓誌共有四方。唐代共有十六方。關於墓誌的出土地，北朝時出於北魏京師洛陽有兩方，北齊都城鄴城附近一方，西魏都城長安一方，共四方。唐代出土於吐谷渾先塋凉州神鳥縣陽暉谷（今武威南山青嘴喇嘛灣）的最多，共九方，其次唐京師長安（今西安長安區）四方，唐吐谷渾長樂州（今寧夏同心韋州一帶）一方，②唐延州（治今陝北延安）一方，唐金城郡薄寒山（今甘肅蘭州興龍山）一方，共十六方。

從北朝吐谷渾墓誌出土於各朝都城附近來看，時投歸內地王朝的吐谷渾貴戚，或多在朝廷中央任職，或出嫁與王公貴族。至唐代，龍朔三年（663）吐谷渾亡於吐蕃至安史之亂前，吐谷渾的先塋地，即今武威南山青嘴喇嘛灣，是吐谷渾王族的主要墓葬地，出土了九方墓誌，今後可能還有墓誌出土（包括慕容諾曷鉢墓誌）。③時在內地卒後的吐谷渾王族如慕容神威、曦光，也遷葬於其先塋。然而，在安史之亂後，吐谷渾先塋及安樂等州先後爲吐蕃所據有，此時吐谷渾王族的葬地，則稍集

---

① 北朝時吐谷渾王族姓吐谷渾氏，至隋代夸吕可汗卒後，"還以慕容爲姓"。參見《通典》卷一九〇《邊防·吐谷渾傳》。

② 唐於吐谷渾本部設安樂州，後又向東另設長樂州，安樂州與長樂州爲兩州，皆爲吐谷渾羈縻州。見周偉洲《唐代的安樂州與長樂州》，《西北史地》1987年第3期。

③ 見上引周偉洲《武威青嘴喇嘛灣出土大唐武氏墓誌補考》一文。

於京師長安。①

從以上二十方墓誌的葬地的分布，可大致反映北朝至唐代，遷入内地吐谷渾王族貴戚分布及活動的地區。然而，史籍所載唐代吐谷渾政權亡後，吐谷渾王族及部衆入居内地的情況更爲複雜，分布更廣，在今甘肅河隴、寧夏、陝西、内蒙古、山西、河北等地均有。筆者相信，在今後，不僅上述二十方墓誌出土地，就是在其活動的廣大地區，都有可能不斷發現和出土有關吐谷渾人的墓誌。

2. 二十方墓誌增補了吐谷渾世系及官爵名號。

作爲墓誌，其最主要的特點之一，就是一般較爲詳細地記述家族的來源及世系，以及官爵名號。這就是學者們研究墓誌首先注意到的問題，因爲它不僅可以增補史籍記載的不足，而且可從一個方面反映唐朝對吐谷渾王族貴戚的態度和政策及其變化、吐谷渾王族漢化之軌迹等。如從北魏洛陽出土的兩方吐谷渾墓誌，理出了投魏一支吐谷渾王族的世系。②又如上述據墓誌，考證宣超四子的情況。出土兩吐谷渾公主墓誌，補知吐谷渾王族女等。

墓誌記載之歷朝對吐谷渾王族的封號及變化，如關於可汗、青海國王、大同軍使、朔方軍節度副使、朔方副元帥等，反映唐朝對其政策及變化，以及與朔方等邊鎮的關係。③又墓誌所記吐谷渾的漢姓，以及包括墓誌本身在内的漢族葬俗，均反映了遷入内地的吐谷渾王族貴戚漢化之軌迹。

3. 墓誌較爲詳細記述吐谷渾王族與其他族的婚姻關係。

作爲墓誌，其另一個主要的特點之一，即是一般都較爲詳確記載墓主或其親屬的婚姻情況，其中往往多爲史籍所闕載。這也是學者們研究墓誌特別關注到的問題之一。如北朝四方吐谷渾王族墓誌，就記載了北魏時與武昌王元鑒（拓跋鮮卑）聯姻的原吐谷渾主阿柴後裔吐谷渾氏；吐谷渾王伏連籌（卒後謚號“明元”）第四女庫羅伏（暉華公主）嫁與西秦亡後入吐谷渾、任車騎大將軍的乞伏孝達（乞伏鮮卑），其姊嫁與漠北柔然阿那瓌可汗，爲其可敦；④北齊時吐谷渾阿柴後裔吐谷渾璣（字龍寶）弟仲寶女吐谷渾靜媚之嫁於北齊驃騎大將軍堯峻（漢族）；等等。這種複雜的各族聯姻關係，反映了北朝時，北方各民族融合的趨勢。

---

① 以上所論可見前引陳瑋撰《新出唐吐谷渾王族慕容環墓誌研究》一文。

② 見上引周偉洲《河北磁縣出土的有關柔然、吐谷渾等族文物考釋》一文。

③ 見上引李鴻賓《慕容曦光夫婦墓誌銘反映的若干問題》一文。

④ 見上引周偉洲《吐谷渾暉華公主墓誌與北朝北方民族關係》一文。

至於唐代的十餘方墓誌反映吐谷渾慕容氏與唐宗室、外戚武則天侄孫女及門第高的士家大族（如博陵崔氏、河南穆氏）聯姻情況，前引諸多學者均有研究成果發表。特別是有的研究論文，還對七至八世紀唐與吐谷渾姻親關係作整體研究，從中可見唐對吐谷渾政策之變化及作用。①

4. 墓誌對增補、糾正史籍記載以及歷朝政治、軍事制度、民族政策、民族關係、歷史地理等各個方面，均有重要的作用和意義。如《慕容曦光墓誌》增補其曾參加開元九年唐平定六胡州的"康待賓之亂"；②《慕容曦輪墓誌》增補了唐於涼州所置吐谷渾羈縻州"閤門州"的史實；由《慕容威墓誌》云其曾任"長樂州游奕副使"，而研究唐代吐谷渾羈縻府州安樂州與長樂州的建置及地理位置問題；③《慕容曦皓墓誌》糾正了兩《唐書》中《吐谷渾傳》關於將曦光、曦皓誤爲一人。又如上面提到，從吐谷渾王族墓誌反映出唐代對四夷的"入侍"制度及"童年入侍，以其軍功和考績，逐步超遷"的民族政策。又如從墓誌的婚姻關係、官爵名號、籍貫郡望等方面反映的歷代的民族政策、民族關係及政治軍事、行政管理制度，甚至民族的遷移與融合，等等。當然，對墓誌的記載也決不能完全的信從，因爲古代墓誌本來就是爲墓主歌功頌德之作，多有溢美和對墓主飾非的成分在內。因此，對墓誌的記述，還應作具體的分析，方能得出符合歷史事實的結論。

5. 二十方墓誌對於墓誌本身的文體、格式、典故的應用，以及書法藝術，與譜牒的關係等方面的研究也很重要，過去學者涉及不多，今後應進一步加強研究。

---

① 見上引杜林淵《從出土墓誌談唐與吐谷渾的和親關係》、李鴻賓《慕容曦光夫婦墓誌銘反映的若干問題》等。

② 參見上引夏鼐《武威唐代吐谷渾慕容氏墓誌》一文。

③ 周偉洲：《唐代的安樂州與長樂州》，《西北史地》1987年第3期。

中古入華胡人墓誌的書寫[*]

榮新江

這裏所説的"中古"，主要是指魏晉南北朝到隋唐一段時期，并没有特別的時代區分的意義，祇是方便統稱這段跨越朝代的時間。"胡人"則是一個寬泛的概念，包括西北地方的游牧民族與緑洲定居居民，也泛指從中亞、西亞、南亞來的各國民衆。當然在中古時期，入華胡人以從漠北南下的突厥系民衆和從中亞河中地區進入中國的粟特人爲最多，所以我們的例子也主要來自這兩類人群。

既然是從"異域"入華的"胡人"，一般來説，他們剛剛入華的時候是不會講"漢語"，也不會寫"漢文"的。從漠北來的突厥民衆講的應當是屬於阿勒泰語系的各支突厥語方言，而從中亞來的胡人則説的是屬於印歐語系的不同分支語言，主要是屬於印度—伊朗語族的不同分支，如大夏人、粟特人、于闐人講的是東伊朗語，印度次大陸來的傳法僧人講的是各種印度語，如此等等。他們的宗教信仰和喪葬禮俗，也與中原的華夏民族有異。一般來説，胡人没有中古中原地區刻寫墓誌的習俗，波斯地區有摩崖或納骨瓮上的石刻墓銘，羅馬石棺停放處的墻上或墓室外面有時寫有銘文，後來的景教徒也有刻石墓銘，但大多非常簡略。在這些胡人進入中原後，他們逐漸采用了漢地的葬俗，同時也逐漸使用漢式的墓誌銘，來記録墓主的生平和喪葬情形。語言文字有胡漢雙語的，更多的則祇用漢語，一般來説，越到後來，漢語的越多，但也不排除胡語的使用。墓誌的内容也與一般的漢文墓誌没有兩樣，但在這些墓誌當中，時而還是可以感受到一些胡人的氣息，讓我們瞭解到一些

---

[*]　本文原刊於《文獻》2020 年第 3 期，作者同意入編本書。

胡人墓誌書寫的背後含義。

以下就選取幾對大致同時期的典型墓誌加以分析，來看看幾種不同的胡人墓誌的書寫情況。

一 安伽與史君

在討論史君和安伽墓誌之前，應當先簡單説一下康業的墓誌。康業墓是 2004 年在西安北郊發現的，經正規考古發掘，墓室早年曾被盜，中有墓誌一方，方形，尺寸爲 45.6×46.1 厘米，漢文書寫，字體楷書，略帶隸意。[①]《康業墓誌》稱：

> 君諱業，字元基，其先康居國王之苗裔也。父，魏大天主、羅州使君，去魏大統十年（544），車騎大將軍、雍州呼藥、翟門及西國胡豪望等舉爲大天主……以大周保定三年（563）正月薨。天和元年（566）蒙詔，以君積代蟬聯，門傳忠孝，授世掌大天主。……今天和六年（571）六月五日薨，春秋耳順，詔增（贈）甘州刺史，禮也。……大周天和六年歲次辛卯十一月廿九日。[②]

"康居"是西漢時中亞地區的古國，此時早已不存在了，此處實際代指粟特的康國，都城在撒馬爾罕（Samarkand）。所謂"大天主"，就是"大祆主"，是負責胡人聚落祆教事務的宗教領袖。[③] 按道理講，信奉祆教的人應當按照瑣羅亞斯德教的天葬方式進行喪葬活動，更何況是大祆主。但天和六年十一月二十九日埋葬的康業，却采用中國傳統的斜坡土洞墓方式入地土葬，而且還有中國傳統的漢文墓誌。我們知道，康業墓的位置在今西安北郊、北周長安城的東郊，這裏還比較集中地埋葬着中亞史國（Kish）來的史君、安國（Bukhara）來的安伽、罽賓（Kashmir）來的李誕，學者們認爲這可能是北周皇帝爲了招徠西域，特别給胡人首領賜的葬地，按中國方式埋葬，墓室規模壯觀。因此，康業作爲目前所知第一個采用中國式葬法的

---

① 西安市文物保護考古所：《西安北周康業墓發掘簡報》，《文物》2008 年第 6 期，圖 23。

② 程林泉、張翔宇、山下將司：《北周康業墓誌考略》，《文物》2008 年第 6 期。個别文字據圖版略有訂正。

③ 羅豐、榮新江：《北周西國胡人翟曹明墓誌及墓葬遺物》，榮新江、羅豐主編《粟特人在中國：考古發現與出土文獻的新印證》，科學出版社，2016 年，第 283~285 頁。

胡人領袖，其墓誌起草和書寫顯然也是完全由北周的文人承擔的，内容基本上是漢文墓誌的套路，祇是鑲嵌進去一些西胡的官稱和事迹而已。這種做法，與他的石棺床圖像也是相似的，也就是説這組目前所知最早的墓主爲胡人的石棺圖像，其主要内容與北朝以來的石棺床圖像傳統没有太大區別，主要是墓主宴坐圖和車馬出行圖，①祇是加入一兩個胡人形象而已。

到了九年之後去世的史君和安伽，我們看到情況有一些變化。

我們先來看《安伽墓誌》的情形，這是 2000 年 5 月在北周長安城東郊發現的安伽墓，是一座大型斜坡土洞墓，從未被盗掘過，所以墓葬的情況應當是原本的樣子。但與傳統中國的埋葬方式不同的是，墓室内祇有一套圍屏石榻，甚至連尸骨也没有放在石榻上。墓門外的甬道内，亂堆着尸骨以及漢文的墓誌，整個甬道經過火燒。②墓主安伽，是北周同州薩保，大象元年（579）五月去世，同年十月埋葬。

安伽的墓誌祇有漢文，保存着完整的誌蓋（圖一）和誌文（圖二），文字如下：

【誌蓋】大周同州薩保安君之墓誌記
【誌文】大周大都督同州薩保安君墓誌銘

君諱伽，字大伽，姑藏昌松人。其先黄帝之苗裔分族，因居命氏，世濟門風，代增家慶。父突建，冠軍將軍、眉州刺史。幼擅嘉聲，長標望實。覆仁蹈義，忠君信友。母杜氏，昌松縣君。婉兹四德，弘此三從，肅睦閨闈，師儀鄉邑。君誕之宿祉，蔚其早令，不同流俗，不雜囂塵，績宣朝野，見推里閈，遂除同州薩保。君政撫閑合，遠邇祇恩，德盛位隆，於義斯在，俄除大都督。董兹戎政，肅是軍容，志劢難鳴，身期馬革。而芒芒天道，杳杳神祇，福善之言，一何無驗。周大象元年五月遘疾終於家，春秋六十二。其年歲次己亥十月己未朔，厝於長安之東，距城七里，但陵谷易徙，居諸難息，佳城有敥，鐫勒無虧。其詞曰：

基遙轉固，派久彌清。光踰照廡，價重連城。方鴻等驚，辟驥齊征。如

①　參看鄭岩《逝者的"面具"——論北周康業墓石棺床圖像》，《逝者的面具——漢唐墓葬藝術研究》，北京大學出版社，2013 年，第 219~265 頁。

②　陝西省考古研究所：《西安發現的北周安伽墓》，《文物》2001 年第 1 期，第 4~26 頁；《西安北周安伽墓》，文物出版社，2003 年。

圖一　安伽墓誌蓋

圖二　安伽墓誌

何天道，奄墜泉扃。寒原寂寞，曠野蕭條。岱山終礪，拱木俄樵。佳城鬱〔鬱〕，隴月昭昭，縑緗易〔□〕，金石難銷。①

2003 年在西安市未央區井上村東發現的史君墓，是一座有五個過洞、五個天井的大型斜坡土洞墓，墓室雖然早年被盜，其中一座石椁基本完好，外面刻畫着豐富多彩的圖像。在石椁的門楣上方，鑲嵌着一塊長條石板（21×88.8 厘米），上面用粟特文和漢文刻寫着雙語墓誌銘（圖三）。墓中還出土有金戒指、金幣和金耳墜等，是帶有明顯西方特色的珍貴文物。墓主是北周涼州薩保，大象元年（579）五月七日去世，二年正月二十三日埋葬。②其長條形的墓誌上寫有 51 行文字，左邊是漢文 19 行，由右向左書寫；右邊是粟特文 33 行，由左向右書寫。

圖三　史君墓銘

《史君墓誌》的漢文部分文字如下：

大周□（涼）州薩保史君石堂

君〔諱□，其先〕史國人也。本居西域，土〔□□□。□□〕及派，遷居長安。目（自）他有〔耀，□□□□。〕永運應期，中原顯美。□〔□□□，〕日昌具德。祖阿史盤陁，爲本國薩保。父阿奴伽，并懷瑾握瑜（瑜），重規迭矩，秀杰不群，立功立事。少挺〔□〕石，又擅英聲。而君秉

① 陝西省考古研究所：《西安發現的北周安伽墓》，《文物》2001 年第 1 期，第 8 頁圖七，第 25 頁錄文；《西安北周安伽墓》，第 60~62 頁。

② 西安市文物保護考古所（楊軍凱、孫武執筆）：《西安北周涼州薩保史君墓發掘簡報》，《文物》2005 年第 3 期，第 4~33 頁；西安市文物保護考古研究院：《北周史君墓》，文物出版社，2014 年。

靈山嶽，〔□□□〕志。大統之初，鄉閭推挹，出身爲薩保判事曹主。〔□□〕五年，詔授涼州薩保。而天道芒芒（茫茫），沉芳永歲（滅）。大象元年〔五〕月七日，薨於家，年八十六。妻康氏，其〔歲六月七〕日薨。以其二年歲次庚子正月丁亥朔廿三日己酉，合葬永年縣堺，〔禮也〕。長子毗沙，次維摩，次富鹵多，并有孝行，乃爲父造石堂壹區，刊碑墓道，永播□□。①

漢文部分闕文較多，這一方面是因爲上部邊緣被盜墓賊打碎而缺失，另一方面的原因是銘文原本就有一些文字没有刻寫，好像刻寫者不懂漢文，所依據的底本不够清晰，因此有些明顯的字没有刻出，如標題中"薩保"的"薩"字，銘文第一行最末"西域"的"域"字衹刻了"土"旁，中間還有三處空缺無字，所以使得文字不能連貫。

粟特文部分稍有破損，但大體完好，刻寫也比較清晰。吉田豐教授曾先後將其翻譯爲英文、日文，②我們這裏綜合兩個文本，將內容轉譯如下：

時在大周大象二年歲在鼠年第一月第二十三日（公元 580 年 2 月 23 日）。有一位出身史國之姓（史姓）、居住在姑臧的人，他從〔中國〕天子那裏〔得到?〕姑臧薩保的〔任命〕，他是粟特地區的一個顯貴（？）名叫尉各伽（Wirkak），阿奴伽（Wanūk）之子，而阿奴伽是薩保阿史盤陀（Rashtvandak）之子。他的夫人生於西平（Senpen），名叫維耶尉思（Wiyūsī）。薩保尉各伽與其妻在西平（Senpen）於猪年第六月第七日兔日結爲連理。後來在猪年第五月第七日，他在胡姆丹（Khumtan＝長安）這裏入了鬼籍（去世）。他的夫人也在第六月第七日兔日入了鬼籍，與結婚在同樣的〔猪〕年，同月，同日。凡生於此世間之人，無一能避免死亡。人們也難以在這個世界上完滿地度過

---

① 《西安北周涼州薩保史君墓發掘簡報》附錄；《北周史君墓》，第 45~47 頁。參看孫福喜《西安史君墓粟特文漢文雙語題銘漢文考釋》，榮新江、華瀾、張志清主編《粟特人在中國——歷史、考古、語言的新探索》，中華書局，2005 年，第 18~25 頁；石見清裕「西安出土『史君墓誌』漢文部分」石見清裕編著『ソグド人墓誌研究』汲古書院、2016 年、31-43 頁。

② 吉田豐：《西安新出史君墓誌的粟特文部分考釋》，《粟特人在中國——歷史、考古、語言的新探索》，第 26~42 頁；Y. Yoshida, "The Sogdian Version of the New Xi'an Inscription," Les Sogdiens en Chine, sous la direction de É. de la Vaissière et É. Trombert, Paris: École française d'Extrême-Orient, 2005, pp. 57-72；吉田豐「西安出土北周『史君墓誌』ソグド語部分訳注」『ソグド人墓誌研究』、61-80 頁。

〔人生〕階段。然而，更難的是在人間世界，夫妻能够無意識（無心）地相互守望着（？）這相同的年月日，甚至他們還將在天堂裏携手共度同樣的歲月。此石制墓室是由毗黎沙漫盤陁（Vrēshmanvandak）、射勿盤陁（Zhēmatvandak）和拂菌吐盤陁（Frōtvandak）爲了他們的父母而在合適的地方建造的。

安伽和史君都是大象元年五月去世，前者是同年十月入葬，後者是翌年正月下葬，相隔很近，幾乎可以説是同時，又埋葬在同一地點，但兩方墓誌的書寫却有很多不同，以下從幾個方面加以分析。

《安伽墓誌》有誌蓋，篆書，文字與墓誌標題没有太大差別，形制也與漢地墓誌的誌蓋一致。《史君墓誌》懸在門楣，當然没有誌蓋，但也特意寫了標題，即"大周□（凉）州薩保史君石堂"，因爲使用篆書，或許相當於墓誌的誌蓋。

安伽的墓誌是用漢語單獨書寫的，方方正正（47×47厘米），與普通的漢文墓誌在形式上没有什麼不同，祇是墓誌没有放在墓門裏面、棺床前面的位置上。而《史君墓誌》是粟特語和漢語雙語的，寫在一塊長條石板上，石板被鑲嵌在石椁的門楣上，而不是像漢式墓誌放在棺椁的前面。這一點是兩者最明顯的不同。粟特人本來没有書寫墓誌的習俗，因此這種墓誌的書寫應當是按照漢式墓葬的配置，但由於他們都是最早一批被按照漢式墓葬方式埋葬的胡人，所以墓誌的擺放位置，還没有完全遵從漢地慣例。而《史君墓誌》還要以雙語的形式，表現其粟特本性。

顯然，從墓誌的文字就可以看出安伽比史君更"漢化"，這一點從墓誌内容的書寫上也可以看出來。首先是兩人的出身，《安伽墓誌》祇説他是"姑臧蒼松人"，而且是"黄帝之苗裔"。但從他姓安，名伽，字大伽，又擔任薩保之職，安伽顯然原本是粟特安國人，沿絲綢之路東來，先居住於凉州的蒼松縣，再到關内的同州，從商隊首領的薩保，變成聚落首領的薩保。墓誌的書寫者極力想抹去他的粟特出身，而和大多數漢人墓誌一樣，稱其爲黄帝的子孫。《史君墓誌》則完全看不出有故意"漢化"的意思，開頭"君"字下大概有四個字的空没有刻字，可以補"諱□，字□"，或是"諱□，其先"，上文説過，没有刻字可能是刻工不懂漢文，遇到難字則空過去，好在據粟特文部分我們知道史君名Wirkak，所以知道他是有名字的，翻譯構擬的漢字是"尉各伽"，所以也可以推補爲"諱尉，字伽"。名諱後緊接"史國人也，本居西域"，直接説自己出身於西域史國，與安伽墓誌的寫法迥異。史君是凉州薩保，説明他也是從史國先隨商隊來到凉州，後擔任凉州胡人聚落的首領，最後遷居長安。

從兩者的墓主生平描述上看，也有很大的不同。《安伽墓誌》明顯受漢文墓誌書寫的影響，比如描寫其父"幼擅嘉聲，長標望實。覆仁蹈義，忠君信友"。這些仁義、忠君、信友的觀念，顯然都是中國傳統儒家的倫理；描寫其母"婉茲四德，弘此三從，肅睦閨闈，師儀鄉邑"。這種三從、四德的女性儀範，更是一個儒家倫理所塑造的母親典型。至於稱墓主安伽"董茲戎政，肅是軍容，志効雞鳴，身期馬革"。這裏"雞鳴"是《詩經·國風》中一首詩的標題，内容是贊美官員勤於政事；"馬革"出自《後漢書·馬援傳》，指將士爲國捐軀，戰死沙場時以馬皮裹尸而還。都是用中國古代的典故，來稱贊安伽擔任大都督以後的政績。銘文最後的"岱山終礪，拱木俄樵。佳城鬱〔鬱〕，隴月昭昭"，也是傳統中國常用的文辭，"岱山"即泰山，是逝者歸天的地方；"佳城"典出《西京雜記》，喻指墓地；"隴"通"壟"，指墳墓。如沈約《冬節後至丞相第詣世子車中作》詩云："誰當九原上，鬱鬱望佳城。"[1] 可見安伽墓誌的作者是深愔漢文古典，用中國傳統的喪葬文學語言，賦予這位同州薩保安伽種種美德。反觀史君漢文墓誌，就顯得非常簡單，雖然有個別語句，如"懷瑾握瑜"，是典出《楚辭·九章》的詞句，比喻人之美德；還有"重規迭矩"這樣的成語，以及"金石""英聲"的比喻，但這些在北朝末期已經是十分常見的文詞。從總體上看，史君墓誌的内容，基本上是純生平事迹的描述，没有多少中國傳統倫理道德的隱喻，也没有多少漢文喪葬文學的描寫。反倒是粟特文部分，遣詞造句與漢文有所不同，有關史君妻子的叙述要多於漢文，而寫到去世之後的一些祈願之詞，更是比漢文要豐富多彩，表現出胡人不同於漢人的觀念。

産生這樣的不同，可能與兩位薩保所處的地域不同有關。安伽是關内的同州薩保，這裏是中原腹地，同州胡人聚落周邊基本上都是漢文化區。雖然安伽應當是生活在胡人聚落當中，但此時的聚落因爲聚集着胡人武裝，因此受到北周政權的青睞，用給予首領薩保以中央或地方軍政職務的方式，來控制胡人聚落，安伽就被授予"大都督"，他的胡人聚落百姓，也隨着變成中央或地方官府可以控制的鄉團或府兵，聚落也逐漸向鄉里轉變。[2] 因此，安伽的墓誌最後應當是由北周文人所寫。而史君所在的涼州，位於河西走廊東段，是絲綢之路的要衝，歷來是胡人聚集之

---

[1] 蕭統：《文選》卷三〇，上海古籍出版社，1986 年，第 1422 頁。

[2] 參看榮新江《從聚落到鄉里——敦煌等地胡人集團的社會變遷》，高田時雄主編《敦煌寫本研究年報》第 3 號，京都大學，2009 年，第 25~36 頁。

地，早在西晉末年，就有以粟特文古信札所記載的胡人聚落。[①] 到北朝末年，這裏至少有康阿達、安盤婆羅、史君爲首領的三個胡人聚落，可見其盛。史君墓誌雖然説他後來“遷居長安”，但他的最終結銜爲“涼州薩保”，表明他去世前仍然是涼州胡人聚落首領，應當長期生活在涼州。在涼州胡人聚落的氛圍中，史君沒有受到多少中華文化的薰陶，雖然按照北周皇帝的意願埋葬在長安東郊，但其墓誌基本上是胡人觀念的反映。

安伽和史君墓誌的這種不同，也和他們的不同年齡有關。安伽是 579 年去世，時年 62 歲，則生於 518 年。史君也是卒於 579 年，年 86 歲，出生當在 494 年。史君要比安伽大 24 歲，據墓誌，兩人都是年輕時進入中國，因此史君比安伽早二十年入華。史君在“大統之初（535），鄉閭推挹，出身爲薩保〔府〕判事曹主”，到北周“〔保定〕五年（565），詔授涼州薩保”，其主要的活動年代在 535 年之前到 565 年之間。這段時間沿絲綢之路最强的國家是中亞的嚈噠王國，史君作爲粟特商隊首領，是受到過嚈噠保護的，因此在史君石椁表現的其生平圖像中，他率領商隊行進中，曾拜訪嚈噠首領。[②] 正是在 565 年，新興的突厥汗國聯合薩珊波斯，攻滅嚈噠。突厥原爲阿爾泰山一帶的游牧部落，附屬於漠北强大的柔然汗國，是柔然的“鍛奴”。六世紀中葉逐漸强大，545 年（大統十一年），西魏王朝曾派酒泉胡安諾槃陀出使突厥。[③] 到 552 年，突厥大破柔然，成爲漠北的新霸主。到 656 年滅嚈噠，控制了整個絲綢之路，甚至北周、北齊也被視作“二子”。安伽大概比較早地進入武威，進而到關内，所以他活躍在絲綢之路上的時候，大約在六世紀四十年代到 579 年，突厥成爲絲路東段的新主人。因此我們從安伽墓圍屏石榻上表現其生平事迹的畫面中，看到的是薩保安伽拜訪披髮突厥首領的圖像。[④] 其實，在 579~580 年安伽、史君埋在長安的時候，不論嚈噠還是突厥，都已經距離遥遠，或已經不復

① N. Sims-Williams, "The Sogdian Ancient Letter Ⅱ," Philologica et Linguistica: Historia, Pluralitas, Universitas. Festschrift für Helmut Humbach zum 80. Geburtstag am 4. Dezember 2001, eds., M. G. Schmidt and W. Bisang, Wissenschaftlicher Verlag Trier, 2001, pp. 267-280；F. Grenet, N. Sims-Williams and É. de la Vaissière, "The Sogdian Ancient Letter Ⅴ," *Bulletin of the Asia Institute*, Ⅶ, 1998, pp. 91-104；畢波：《粟特文古信札漢譯與注釋》，《文史》2004 年第 2 輯，第 88~93 頁。

② F. Grenet and P. Riboud, "A Reflection of the Hephtalite Empire: The Biographical Narrative in the Reliefs of the Tomb of the Sabao Wirkak (494–579)," *Bulletin of the Asia Institute*, new series, 17, 2003 (2007), pp. 133-143.

③ 令狐德棻：《周書》卷五〇《異域傳》“突厥”條，中華書局，1971 年，第 908 頁。

④ 榮新江：《有關北周同州薩保安伽墓的幾個問題》，張慶捷等編《4~6 世紀的北中國與歐亞大陸》，科學出版社，2006 年，第 136~137 頁。

存在，但他們仍然把突厥和囈噠首領的圖像描繪出來，可見他們的歷史記憶有多深刻。而不同時間段的歷史記憶表明，史君要比安伽更久遠，也更靠西邊。因此，史君的墓誌書寫也就保持了粟特語爲主，簡略的漢文爲輔的方式；而安伽墓誌的書寫，則全部交給了漢地的文人。

二　史射勿與康阿達

在康業、安伽、史君墓發現之前，我們見到的最早用中國傳統斜坡土洞墓埋葬的胡人，是 1987 年寧夏固原發現的隋大業六年（610）史射勿。[①] 墓室早年已經被盜，經正式考古發掘，出土有薩珊王朝卑路斯三世（Peroz Ⅲ）銀幣一枚，還有金戒指、金帶扣、銅鏡等，墓誌一合的位置已被擾動，但基本在棺床前，漢文書寫。誌蓋與誌文内容如下：

【誌蓋】大隋正議大夫右領軍驃騎將軍故史府君之墓誌
【誌文】大隋正議大夫右領軍驃騎將軍故史府君之墓誌銘

公諱射勿，字槃陀。平涼平高縣人也，其先出自西國。曾祖妙尼，祖波波匿，并仕本國，俱爲薩寶。父認愁，蹉跎年髮，舛此宦途。公幼而明敏，風情爽悟，超悍蓋世，勇力絕人。保定四年，從晋蕩公東討。天和元年，從平高公於河東作鎮。二年正月，蒙授都督。其年二月，被使從郯國公征王（玉）壁城。建德五年，又從申國公擊破軹關，大蒙優賞。宣政元年，從上柱國齊王憲掩討稽胡。開皇二年從上開府、岐章公李軌出向涼州，與突厥戰於城北。又隨史萬歲，羅截奔徒。開皇三年應慕，隨上開府姚辯北征，隨方剿撲。又從安豐公高越，盡鋭攻圍。十年正月，從駕輦并州。十四年，轉帥都督。十有七年，遷大都督。十九年，又隨越國公素絕幕，大殲凶黨，噍類無遺。即蒙授開府儀同三司，以旌殊績。其年十一月，敕授驃騎將軍。廿年，又從齊王入磧。仁壽四年，蒙賜粟一千石，甲第一區，并奴婢綾絹，前後委積。大業元年，轉授右領軍、驃騎將軍，又蒙賜物三百段，米二百斛。其年又從駕輦楊州，蒙賜物四百段，錢六萬文。五年三月廿四日遘疾薨於私第，

---

① 羅豐：《固原南郊隋唐墓地》，文物出版社，1996 年，第 16~19 頁。

時年六十有六。即以六年太歲庚午正月癸亥朔廿二日甲申，葬於平涼郡之咸陽鄉賢良里。嗚呼哀哉！世子訶耽、次長樂、次安樂，朝請大夫，次大興、次胡郎、次道樂、次拒違，并有孝性，俱能追遠，懼茲陵谷，乃作銘云：

> 洪源峻極，慶緒靈長。祚興石室，族熾金方。維公降誕，家族載昌。撫劍從驃，挺刃勤王。位以功進，賞以誠來。既登上將，即擬中台。驚飆何迅，崦光遽頹，何年何歲，松槚方摧。①

我們要做對比的《康阿達墓誌》，不是正規的考古發現，出土於武威，詳細情況不明。墓誌與誌蓋完整，內容如下：

【誌蓋】康君墓銘
【誌文】大唐上儀同故康莫量息阿達墓誌銘

> 公諱阿達，西域康國人也。其先蓋出自造化之初，藤苗大唐之始。公即皇帝之冑胤也。盤根萬頃，玉葉千尋。宗繼皇基，枝連帝業。祖拔達，梁使持節驃騎大將軍、開府儀同三司、涼甘瓜三州諸軍事、涼州薩保。當官處任，水鏡元以近其懷；處逝公途，石席不之方其志。詔贈武威太守。父莫量，同葬安樂里。嗚呼哀哉！乃為銘曰：

> 哀哉天壽，喪此勳功。傷茲英喆，往投瓊銀。生形易圮，夢影難通。閽城獨立，野馬眾屯。河垠桂隱，月落雲昏。一辭冠冕，永閉泉門。②

上面的兩方墓誌，一寫於隋大業六年（610）正月；一未記年代，標題稱"大唐"，又有"藤苗大唐之始"，估計在唐朝初年；兩者年代相距不遠，都屬於粟特人早期使用漢式墓誌的例子，值得分析，其中有相同點，也有不同。

兩者都用漢文書寫，體量上史射勿的墓誌（46.4×47 厘米）要大得多。

從標題來看，史射勿的墓誌題目是標準的寫法，"大隋某官某府君墓誌銘"；康阿達有簡單的誌蓋，祇書"康君墓銘"，標題雖然也是"大唐某官某人墓誌銘"，但稱呼誌主的方式在我們所見的墓誌中十分罕見："故康莫量息阿達"。北朝時，

---

① 羅豐：《固原南郊隋唐墓地》，第 730、185~196 頁。
② 張維：《隴右金石錄》卷二，葉四；周紹良編《唐代墓誌彙編》，上海古籍出版社，1992 年，第 124 頁；吳鋼主編《全唐文補遺》第 7 輯，三秦出版社，2000 年，第 250 頁。

"息"指的就是子女，見吐魯番出土《前秦建元二十年（384）三月高昌郡高寧縣都鄉安邑里籍》和敦煌出土《大統十三年（547）計帳》。① 這種用"某人之子某某"的稱呼方式，不是漢語的語序，而是粟特語用來稱呼某人的方式，如粟特語古信札第 2 號信札開頭即爲：To the noble lord Varzakk（son of）Nanai-thvar（of the family）Kanakk "致尊貴的老爺拔槎迦（Varzakk）——迦那迦（Kānakk）〔家族的〕那你答拔（Nanai-thvār）〔之子〕"；② 第 42 行 Pesakk （son of）Dhruwasp-vandak holds 5[...]4 staters from me "度路越颯槃陀（Dhruwasp-vandak）之子畢婆（Pēsakk）從我這裏拿走 5 [……] 4 個斯塔特"；③ 巴基斯坦北部印度河上游夏提歐發現的一則粟特文題記稱：(I,) Nanai-vandak the（son）of Narisaf, have come (here) in (the year) ten "〔我〕，納里薩夫（Narisaf）之〔子〕娜娜槃陁（Nanai-vandak）於十〔年〕至〔此〕"；④ 上引《史君墓誌》粟特語部分有：He is named Wirkak, Wanuk's son. Wanuk, sabao Rashtvandak's son "他名叫尉各伽（Wirkak），阿奴伽（Wanuk）之子。阿奴伽是薩保阿史盤陀（Rashtvantak）之子"。⑤ 都是在説某人的名字時候，以其父的名字爲定語。"康莫量息阿達"的寫法，顯然是受到了粟特語文法的影響，纔會在漢文墓誌中這樣書寫。

不論是史射勿，還是康阿達，他們的名字應當都是胡語的音譯。《史射勿墓誌》稱"公諱射勿，字槃陀"，實際上"射勿槃陀"原本是一個詞，可構擬爲粟特文 *dazmtβntk，意爲"Dzimat 神之僕"，⑥ 敦煌發現的《唐天寶十載（751）敦煌縣差科簿》上就有名爲"安射勿槃陀"的粟特人。⑦ 可見，史射勿原本叫"認愁之子射勿槃陀"，進入中國後，按照漢人名字的方式，以名字的前半作爲名，後半作爲字，就成了"諱射勿，字槃陀"了。康阿達好像没有這麼徹底"漢化"，因此祇稱

① 榮新江、李肖、孟憲實主編《新獲吐魯番出土文獻》，中華書局，2008 年，第 176~179 頁；池田温：《中國古代籍帳研究》，東京大學東洋文化研究所，1979 年，第 156~164 頁。

② N. Sims-Williams, "The Sogdian Ancient Letter Ⅱ," pp. 269, 273；畢波：《粟特文古信札譯注》，第 78 頁。

③ N. Sims-Williams, "The Sogdian Ancient Letter Ⅱ," pp. 271, 276；畢波：《粟特文古信札譯注》，第 85 頁。

④ N. Sims-Williams, *The Sogdian and Other Iranian Inscriptions of the Upper Indus*, I, London 1989, p. 23；idem., "The Sogdian Merchants in China and India," Cina e Iran da Alessandro Magno alla Dinastia Tang, ed., A. Cadonna e L. Lanciotti, Firenze 1996, p. 54.

⑤ Y. Yoshida, "The Sogdian Version of the New Xi'an Inscription," Les Sogdiens en Chine, p. 59.

⑥ Y. Yoshida, "Review of N. Sims-Williams, Sogdian and Other Iranian Inscriptions of the Upper Indus Ⅱ," *Bulletin of the School of Oriental and African Studies*, 57.2, 1994, p. 391.

⑦ 池田温：《唐研究論文選集》，中國社會科學出版社，1999 年，第 19 頁。

"諱阿達"。

再從兩方墓誌所記出身來看，《史射勿墓誌》一方面説是"平涼平高縣人也"，已經落籍在平涼平高縣（今固原），同時也承認"其先出自西國"，雖然没有具體説是史國。《康阿達墓誌》一方面明確説是"西域康國人也"，隨後又説"公即皇（黄）帝之胄胤也。盤根萬頃，玉葉千尋。宗繼皇基，枝連帝業"。與大多數漢文墓誌一樣，説自己是黄帝的子孫，結果還誤寫作"皇帝"，顯然對漢文的習語還比較陌生。

兩方墓誌的主要内容是生平事迹的叙述，《史射勿墓誌》叙述墓主人從保定四年（564）跟從晋蕩公東討，直到大業元年（605）從駕輦揚州，詳細述説了史射勿一生的戰功，整篇墓誌没有多少文學的修飾詞句，祇是在銘文部分，纔略有文采。《康阿達墓誌》内容簡略，主要内容不是寫墓主本人，而是曾任"梁使持節驃騎大將軍、開府儀同三司、涼甘瓜三州諸軍事、涼州薩保"，最後"詔贈武威太守"的祖父拔達。然後提到其父"莫量"，稱父祖皆葬於安樂里。因爲康阿達最高的職衡是"上儀同"的勛官，其祖父的官職最高，因此特予表彰。銘文部分，略微有些文采。

從以上諸方面來看，《史射勿墓誌》的年代雖然早，但體制和内容和同時代的一般漢文墓誌没有區別，文從字順，應當出自平高當地漢人文士的手筆。而《康阿達墓誌》顯然要簡略得多，而且從題名用粟特語的稱名法，到内容缺少墓主事迹，在在都不像是出自一個具有一般中國文化知識的文人手筆，難道是遠在涼州某安樂鄉，找不到漢人代筆，銘文的部分，或許抄録自已有的某個墓誌銘文。

三　安師與康達

進入唐朝，入華粟特人基本上都采用了中國傳統的喪葬方式，也都配有漢文墓誌。但研究者也注意到，一些胡人墓誌出現了重複的現象。岑仲勉先生早就指出，埋葬於龍朔三年（663）的安師，和埋葬於總章二年（669）的康達，兩人的墓誌有驚人的相似之處。[①]這兩方墓誌十分典型，值得再加以分析。現將《安師墓

---

① 岑仲勉：《貞石證史》，《金石論叢》，上海古籍出版社，1981年，第82~84頁。

誌》①録出，加點標識兩誌互異之字，并在括弧中給出《康達墓誌》②的異文：

原夫玉關之右，金城之外，踰狼望而北走，越龍堆而西指，隨水引弓之
人，着土脾刀之域，俱立君長，并建王侯。控賞罰之權，執殺生之柄。天孫
出降，侍子入朝，日磾隆於漢辰，由余重於秦代。求之往古，備在縑緗。君
諱師（達），字文則，河南洛陽（伊闕）人也。十六代祖西華國君，東漢永平
中遣子仰入侍，求爲屬國，乃以仰爲并州刺史，因家洛陽（河南）焉。（以下
叙曾祖、祖、父不同的歷官）并勇冠褰旗，力逾扛鼎，至如逢蒙射法，越女
劍端，滅竈削樹之奇，塞井飛灰之術，莫不得之天性，闇合囊篇。君克嗣嘉
聲，仰隆堂構，編名蜀府（勛校），譽重城都，文武兼資，名行雙美，以斯厚
德，宜享大年。彼倉不仁，殲良奄及。……③即以其年九月廿日（七月八日），
合葬於北芒之坂。嗚呼哀哉！永言人事，悲涼天道。小年隨朝露共盡，大夜
與厚地俱深。着嬪風於冥漠，紀懿範於沈陰，譬銀河之不晦，同璧月而長臨。
其詞曰：

日磾仕漢，由余宦秦，美哉祖德，望古爲鄰。篤生懿範，道潤松筠。爰
有華族，來儀作嬪。四德無爽，六行紛綸，誕茲令胤，時乃日新。奄捐朱景，
遽委黃塵，泉扃一閉，春非我春。

吳玉貴先生也曾指出，固原出土的麟德元年（664）埋葬的史索岩夫人安娘，
與咸亨元年（670）埋葬的史訶耽，兩者墓誌的開篇部分也很雷同。現録《安娘墓
誌》④本文，加點標識兩誌互異之字，并將《史訶耽墓誌》⑤異文括注其後：

夫人諱娘（君諱訶耽），字白（說），岐州岐陽（原州平高縣）人，安息
（史國）王之苗裔也。［若］夫弈弈仙（崇）基，分軒臺（丘）而吐胄；悠悠
別（遠）派，掩媯水而疏疆。從層構於天街，族高西域（河右），系芳葰於地

---

① 吳鋼主編《全唐文補遺》第6輯，三秦出版社，1999年，第294~295頁。
② 吳鋼主編《全唐文補遺》第5輯，三秦出版社，1998年，第150~151頁。
③ 此處省略的內容爲兩誌分叙不同的去世時間與地點。安師有夫人康氏的內容，康達則無，故下文也無"合葬"之"合"字。
④ 羅豐：《固原南郊隋唐墓地》，第47~49、204~206頁；吳鋼主編《全唐文補遺》第7輯，第272~273頁。
⑤ 羅豐：《固原南郊隋唐墓地》，第68~72、206~211頁；吳鋼主編《全唐文補遺》第7輯，第284~285頁。

緒，道映中區。瓜瓞滋綿，羽儀紛藹。斯并煥乎家傳（牒），刊夫國史。……①
并岸宇岧嶢（崇邈），披（冠）重雲（雲霞）而秀起（峙秀）；韶姿爽（散）
朗，……嗣（胤）子（某某）等，踌厚載以長號，仰高旻而泣血（雪泣）。

他還舉出洛陽出土調露二年（680）的《安神儼墓誌》②和永隆二年（681）《康柱墓
誌》③的同樣情況，其中"原夫吹律命系，肇迹東周，因土分枝，建旗西魏"，兩方
墓誌也完全相同，由此他指出："入居内地的胡人由於長期受漢文化的熏陶，要在
墓誌中炫耀自己的先祖，但又缺乏基本的漢文修養，一種内容相近或相同的程式化
的墓誌套語於是應運而生。"④

　　這三組兩兩對應的墓誌都書寫於時間相距不長的時段内，相對應的墓誌也都
是在同一地點書寫的，比如洛陽和洛陽的墓誌雷同，固原和固原的墓誌相似，没有
看到跨地域的雷同。這似乎説明這些雷同的文本是產生在同一個地域，甚至同一個
作坊，或同一個作者。

　　這些墓誌雷同的最主要部分，是關於胡人祖先來歷的叙述，如《安娘墓誌》
與《史訶耽墓誌》，以及《安神儼墓誌》與《康柱墓誌》。這些如果説是胡人要炫
耀自己的先祖，把同樣的程式化文字抄録過來，是可以理解的。但《安師墓誌》與
《康達墓誌》這樣幾乎全篇相同的情形，恐怕不是程式化的問題，而是後者用前者
的文本，完全套用，衹是改寫人名、地名、官稱和時間。仔細看來，《安娘墓誌》
與《史訶耽墓誌》也應當是同一文本的字句改訂，其改寫還顯得頗爲用心。

　　這些墓主人，幾乎都是已經幾代入華的粟特人，像史訶耽還是具有"虢州刺
史、直中書省"頭銜的朝廷命官，他在中書省擔任翻譯多年，當然是粟特語、漢
語兼通，我們不知道主持葬儀的子嗣們漢文水準如何，如果是由他們起草墓誌，那
麼因爲他們漢文的水準有限，使用同類漢文墓誌來改寫，是完全有可能的。但《安
師墓誌》與《康達墓誌》這樣的雷同，很難想象是胡人自己的做法，因爲這顯然是
無法讓家屬接受的。從敦煌的情形看，石質的墓誌雖然埋入地下，但紙本的墓誌還
是有人抄寫流傳，《康達墓誌》可以與《安師墓誌》完全相同，也表明這種墓誌紙

① 　此處省略的内容，爲兩誌分叙祖、父的情況。其中也有個別文字雷同。
② 　吳鋼主編《全唐文補遺》第3輯，三秦出版社，1996年，第449頁。
③ 　吳鋼主編《全唐文補遺》第3輯，第452~453頁。
④ 　吳玉貴：《涼州粟特胡人安氏家族研究》，榮新江主編《唐研究》第3卷，北京大學出版社，1997年，
　　第317~321頁，引文在第319頁。

本的存在。在這樣的情況下，一個當地文人利用六年前的一個文本，很可能就是作者本人此前的舊作，抄襲一份，避過一介武夫之家的眼目，替換人名、時間等，刻石入葬。如果不是一千多年後兩方墓誌全都出土，我們也難以知曉這位書手的巧妙造作。

作爲有着强烈自我認同意識的粟特胡人，委托他們書寫墓誌，不如自己來蓋棺論定。但北朝到唐初，粟特人主要是經商而來，入仕者大多數也是走行伍和侍衛的路徑，作爲文人的并不多，因此胡人墓誌的書寫，主要應當寄托於漢人作者，我們從大多數墓誌文字與同時期的其他墓誌類似，就不難得出這樣的結論。

四　熾俟㳿與何德

但是，隨着胡人中逐漸成長起屬於他們自己的士人之後，我們看到胡人出身的“撰稿人”來給胡人撰寫墓誌的例證。西安發現的天寶十三載（754）埋葬的哥邏禄（葛邏禄）人游擊將軍、右武衛中郎將熾俟㳿的墓誌，題“京兆進士米士炎撰”。熾俟㳿屬於原本游牧於金山（阿爾泰山）的突厥系哥邏禄部，隨父祖進入長安，武后萬歲通天年間（696~697），特受游擊將軍、左威衛翊府右郎將。聖曆年間（698~700），被安排在國子學讀書，還特令博士就宅教示。天寶十一載四月十七日卒於義寧里之私第，天寶十三載五月廿五日與夫人康氏合葬於長安高陽原。作者與熾俟㳿爲升堂之交，因此受請撰寫墓誌。[①]

米姓不是中國傳統所有的姓氏，所以米士炎一定出自粟特的米國（Maymurgh）。我們不知道他是何時入唐，但他已經獲得進士出身，説明在華應當不止一代，而且已經接受唐朝的正規教育，通過科舉考試，成爲進士了。我們衹是在其地道的漢文名字中，透過“炎”字推測一下其先祖拜火教的一點記憶而已。他撰寫的與粟特胡人康氏聯姻的突厥胡人熾俟㳿的墓誌，特別强調其曾在“成均讀書”“游貴國庠”；還稱他“劾職而玄通周慎，出言而暗合詩書”等符合漢文化的方面；最後的銘文也表現出其漢文修養：

[①]　關於此誌的研究，參看榮新江《新出吐魯番文書所見唐龍朔年間哥邏禄部落破散問題》，沈衛榮主編《西域歷史語言研究集刊》第 1 輯，科學出版社，2007 年，第 12~44 頁；陳瑋《唐熾俟㳿墓誌所見入唐葛邏禄人研究》，《中國邊疆史地研究》2018 年第 2 期，第 55~56 頁。

玄冥封域，烏丸苗裔。向化稱臣，策名謁帝。糾糾龍驤，副臨節制。昂昂武賁，式司羽衛。報國忠公，承家繼世。上天不吊，哲人雲亡。合祔元吉，終然允藏。鶱昔孤瘞，劍今雙藏。真銘翠石，頌德玄堂。古原之上，松柏蒼蒼。①

值得注意的是，爡俟汕的父親爡俟弘福的墓誌也已出土，現藏於西安市文物考古研究所，出土情況不明。這方開元二十四年（736）的《爡俟弘福墓誌銘》，是"朝散郎、行長安縣尉裴士淹撰"。出身河東聞喜大族裴氏的裴士淹，是長安著名文人，開元二十四年以後曾歷任京兆少尹、京兆尹、禮部侍郎等，爲玄宗朝的翰林學士，② 鳳翔《孫志直碑》、長安《吳令珪碑》，都出自他的手筆。③《爡俟弘福誌》的書寫，應當出自唐朝官府的安排。過了不到二十年，到天寶十三載的《爡俟汕墓誌》，爡俟家族不再請求朝廷安排士人撰寫墓誌，而是找到了"京兆進士米士炎"，這顯然是有意而爲之。

幸運的是，我們發現就在天寶十三載這同一年，米士炎還撰寫了《何德墓誌》。④ 這位何德是唐隆元年（710）幫助相王李旦（後來的睿宗）一系政治勢力滅掉韋后的"唐元功臣"之一，後成爲效忠玄宗的龍武軍將領，⑤ 雖然墓誌説他是"廬江潛人也"，但從他的"何"姓，以及"太夫人酒泉安氏"等情形看，他應當也是出自中亞何國（Kushaniya）的胡人後裔，因此他的兒子右金吾衛安樂府長上果毅何神想，纔請胡人進士米士炎來撰寫父親的墓誌。由此看來，當胡人擁有了能够熟練運用漢文、并且掌握運用中國傳統典故等寫作技巧後，長安的胡人還是希望由與其族屬相同或相近的胡人文士來撰寫自己家人的墓誌，米士炎這樣一位"京兆進士"剛好填補了這個空白。

① 西安市長安博物館編：《長安新出墓誌》，文物出版社，2011年，第189頁。
② 郁賢皓：《〈全唐詩〉作者小傳補正（續）》，《南京師大學報》1991年第1期，第15~16頁。
③ 趙明誠著，金文明校證《金石錄校證》，廣西師範大學出版社，2005年，第148頁；葉夢得：《石林燕語》卷四，中華書局，1984年，第55頁；陳思：《寶刻叢編》卷七，《景印文淵閣四庫全書》第682冊，臺灣商務印書館，1986年。
④ 吳鋼主編《全唐文補遺》第3輯，第97~98頁。按此處錄文作者名作"米吉炎"，細審原石，"吉"字誤，就是"米士炎"。
⑤ 關於龍武軍將領，參看蒙曼《開天政局中的唐元功臣集團》，《文史》2001年第4輯。關於龍武軍中的胡人，參看榮新江《北朝隋唐粟特人之遷徙及其聚落補考》，《歐亞學刊》第6輯，中華書局，2007年，第167頁。

開元、天寶年間，唐朝勢力達到巔峰，中國文化也廣披西域、南海與東瀛，但生活在唐朝本土內部的胡人，卻沒有忘記自己的本原，除了讓胡人文士爲胡人書寫墓誌外，很長時間未見於書寫墓誌的粟特文，在最近西安發現的開元二十七年（739）《安優婆姨塔銘》上顯現，有粟特語和漢語雙語，據專家解說，粟特語部分相當流利，儘管內容寫的是完全中國化的佛法三階教信徒的事迹。[①] 而且，這樣一種胡語漢語雙語墓誌的書寫傳統，一直沒有斷絕，這就是中唐貞元十一年（795）的用漢文和突厥如尼文雙語書寫的《回鶻葛啜王子墓誌》，[②] 以及晚唐咸通十五年（874）漢文和波斯婆羅鉢文雙語書寫的《蘇諒妻馬氏墓誌》。[③]

五　結語

我們目前見到的中古胡人墓誌已經不少，從中可以看出胡人墓誌的書寫是相當複雜的問題。大體上來看，北朝末期最初刻寫墓誌的胡人因爲不具備這種漢文化的背景和操作技巧，因此基本上應當是交給當地的漢人書者。隨後在有了自我的民族意識之後，有些胡人首領也采用胡漢雙語的方式來書寫墓誌，有些可能是胡人自己來書寫簡單的墓誌，甚至我們看到受粟特語影響的漢文寫法。但入華胡人的主體發展方向是一步步漢化，所以采用漢式葬法，書寫漢文墓誌成爲慣例，而且大多數應當是由所在當地的漢人文士來書寫，這樣就産生了一些相互抄襲，內容雷同的墓誌。到了盛唐時期，胡人後裔中擁有了一些通過正規漢文化教育的胡人"進士"，由這樣的人士來書寫胡人墓誌，應當是一些胡人首領所傾向的做法，而采用胡漢雙語來書寫墓誌的做法又見行用，這種做法一直延續到晚唐。

---

① 參看李浩《新見唐代安優婆姨塔銘漢文部分釋讀》；畢波、辛維廉《新發現安優婆姨雙語塔銘之粟特文銘文初釋》，《文獻》2020 年第 5 期。

② 有關研究參看榮新江主編《唐研究》第 19 卷（北京大學出版社，2013 年）《〈葛啜墓誌〉研究專欄》所收文章；又，森安孝夫《漠北回鶻汗國葛啜王子墓誌新研究》，白玉冬譯，《唐研究》第 21 卷，北京大學出版社，2015 年，第 99~526 頁。

③ 比較新的研究，見張廣達《再讀晚唐蘇諒妻馬氏雙語墓誌》，袁行霈主編《國學研究》第 10 卷，北京大學出版社，2002 年，第 1~22 頁；Hasan Reza Baghbidi, "New Light on the Middle Persian-Chinese Inscription from Xi'an," *The Persian Language in History*, ed. M. Maggi and P. Orsatti, Wiesbaden, 2011, pp. 105-115。

高昌墓塼書式研究[*]

——以"紀年"問題爲中心

張銘心

一　高昌墓塼的書式問題

　　高昌墓塼，是指出土於今新疆吐魯番地區的魏晋南北朝隋唐時期漢人墓葬的墓誌。因吐魯番古地名爲高昌，且墓誌多爲塼質，所以今人多稱其爲"高昌塼"、[①]"高昌墓塼"。[②] 也有因其自名（銘文中的自稱）稱其爲"墓表"或"墓誌"[③]的。本文基本上使用"高昌墓塼"一詞，但根據行文需要，有時也使用"墓塼"或"墓表"等稱謂。

　　高昌墓塼至今已出土了三百四十餘方。[④] 按時代可以分爲三期，即高昌郡和早期高昌國時期（三世紀至五世紀末期）；麴氏高昌國時期（六世紀初期至七世紀中

---

　*　本文最初以「麴氏高昌墓塼の紀年問題」爲題，刊於日本大阪教育大學『歷史研究』第 37 號（2000 年）上，中文版以《高昌墓塼書式研究》爲題，發表於《新疆師範大學學報》（哲學社會科學版）2004 年第 1 期，作者同意入編本書。

　①　黄文弼:《高昌塼集》，1930 年。黄文弼:《高昌塼集（增訂本）》，中國科學院考古學特刊第 2 號，1951 年 12 月印行。

　②　白須净真:《高昌墓塼考釋（一、二、三）》，《書論》十三號（1978）、十四號（1979）、十九號（1981），其中的一、二與萩信雄共著。

　③　侯燦:《解放後新出土吐魯番墓誌録》，北京大學中國古代史研究中心編《吐魯番文獻研究論集》，1990 年。另外，侯燦氏最近出版的著作中又將其稱爲"磚誌"。參侯燦、吳美琳《吐魯番出土磚誌集注》，巴蜀書社，2003 年。

　④　據侯燦氏統計，至今爲止出土的高昌墓塼爲 326 方。參考同氏《吐魯番出土墓磚及其研究綜述》，《吐魯番學研究》2001 年第 1 期，第 132 頁。而據筆者統計，如果加上那些出土後又遺失的和未編號的墓塼，其數字已經達到 341 方。參筆者於 2003 年向日本大阪大學提交的博士論文「トゥルファン出土高昌墓塼の源流とその成立・資料編」。

期）；唐西州時期（七世紀中至八世紀末）。高昌墓塼銘文的書寫格式（以下簡稱"書式"）因時期的不同而有所別。下面先將各時期高昌墓塼的書式做一個簡單的概括，然後再將問題提出，并進行討論。

高昌郡時期和早期高昌國時期的墓塼書式屬於"形成期"。其書式基本上是以墓誌主的官號、郡望、姓名及"墓表"和夫人郡望、姓氏等構成，如果墓誌主是女性，則是以其夫的官號、郡望、姓名及夫人的郡望、姓氏及"墓表"等内容組成。其主要特徵是没有紀年和追贈官號。[①]

麴氏高昌國時期的高昌墓塼書式屬於"成熟期"。其書式如日本學者白須净真氏所指出的，是以埋葬年月日、官歷（女性時刻寫夫的官職）、追贈官號、郡望、姓名、享年、配偶者的姓氏、郡望等構成，銘文的最後刻寫"某氏（之）墓表"。[②]

唐西州時期的高昌墓塼書式屬於"變異期"。由於唐王朝統一了高昌國，中原文化又開始流入割據了近兩百年的吐魯番。受到同時期中原墓誌的影響，其書式在繼承了麴氏高昌國時期高昌墓塼書式特徵的同時開始出現變化。這一時期的高昌墓塼既可見到與麴氏高昌國時期墓塼完全相同的書式，亦可見到與中原同時期墓誌完全相同的書式，同時還有介於兩者之間的書式。其自名有"墓表""墓誌""墓誌銘"等，也見有許多没有自名的墓塼。

三期的高昌墓塼從數量看，"形成期"墓塼至今祇出土了三方，"成熟期"墓塼則有二百一十餘方，"變異期"墓塼爲一百二十餘方，以成熟期數量最多。從書式看，"形成期"的墓塼雖然有其時代特徵，但這一時期高昌墓塼還没有普及，而且從出土數量看也没有形成規模；"成熟期"墓塼書式最爲穩定、統一，代表了高昌墓塼書式的特徵；而"變異期"墓塼書式則是向中原墓誌書式變異。所以説從書式特徵看，"成熟期"的麴氏高昌國時期的墓塼最有代表性。由此我們這裏所説的高昌墓塼，基本上是指麴氏高昌國時期的墓塼。以下的研究也基本上是以麴氏高昌國時期的墓塼爲主。

高昌墓塼的書式，就其内容看可以説是簡單明瞭，似乎没有專門研究的必要。然而近年，圍繞着高昌國時期墓塼銘文的"紀年"性質，出現了兩種不同的觀點，

---

① 有關早期高昌墓塼的研究，參見筆者《吐魯番出土"且渠封戴墓表"的性質以及無紀年高昌墓塼的年代問題》，《新疆師範大學學報》（哲學社會科學版）2006 年第 2 期。

② 白須净真「トゥルファン古墳群の編年とトゥルファン支配者層の編年——麴氏高昌國の支配者層と青州の在地支配者層」『東方學』第 84 輯、1992 年、114-115 頁。

即“埋葬年月日”和“死亡年月日”兩説。這兩種觀點不僅僅關係到高昌墓塼的書式問題，還涉及高昌歷史，特別是有關麴氏高昌國末年發生的“義和政變”的結束時間等問題，[①] 所以筆者認爲有必要對高昌墓塼的書式問題做一個專題研究。

二　高昌墓塼“紀年”問題的先行研究及問題

據管見所知，雖然在一些論文中對於高昌墓塼的“紀年”問題也有所涉及，但到現在爲止還沒有關於高昌墓塼“紀年”問題的專題研究。前引白須净真氏在論及麴氏高昌墓塼的書式時，雖然指出其“紀年”爲埋葬年月日，但是還沒有做過具體論述。

近年，關尾史郎氏在論述麴氏高昌國後期發生在高昌的“義和政變”時指出：有重光元年紀年的十件出土文物均是隨葬衣物疏或墓誌。這些應該都不是被葬者死亡時做成，而應該是埋葬時做成的。而其中的“紀年”，應該是在麴伯雅復辟和改元後製作墓誌時追溯記録的死亡年月日。[②] 如此，關尾史郎氏對於高昌墓塼的“紀年”性質做出了新的解説。就此問題關尾史郎氏還指出：隨葬衣物疏的“紀年”是被葬者的死亡年月日還是埋葬年月日的問題，應該從文書的樣式論的角度出發進行深入討論。[③] 但是關尾史郎氏并沒有就此問題做進一步論述，從而我們也不知道他的這一觀點的根據何在。

自關尾史郎氏的這一觀點提出後，有關高昌墓塼“紀年”問題在史學界引起了混亂。王素氏在其論文中論述有重光元年二月的信女某甲衣物疏[④]和四方有重光元年紀年的高昌墓塼[⑤]時指出：疏主死於二月一日、誌主分別死於二月二十二日和二十八日。[⑥] 從而也隨關尾説，將衣物疏和墓塼的“紀年”性質定爲了死亡年月日。

---

① 參考關尾史郎「『義和政變』前史——高昌國王麴伯雅の改革を中心として」『東洋史研究』第 52 卷第 2 号、1993 年、153-174 頁；關尾史郎「『義和政變』新釈——隋・唐交替期の高昌國・游牧勢力・中國王朝」『集刊東洋學』第 70 号、1993 年、41-57 頁；張銘心：《“義和政變”與“重光復辟”問題的再考察》，《敦煌吐魯番研究》第 5 卷，北京大學出版社，2001 年，第 117~146 頁。

② 前揭關尾史郎「『義和政變』新釈」、46 頁。

③ 前揭關尾史郎「『義和政變』新釈釋」、注釋7。

④ 64TAM31:12 文物出版社出版圖版本《吐魯番出土文書》(壹)，第 358 頁。

⑤ 即吐魯番出土的重光元年紀年的氾法濟墓表、張武嵩墓表、張鼻兒墓表、張阿質墓表。參考前揭侯燦、吳美琳《吐魯番出土磚誌集注》上册，第 316~325 頁。以下本文所引用的高昌墓塼，均出自本書，不再一一注明。

⑥ 王素：《麴氏高昌“義和政變”補説》，《敦煌吐魯番研究》第 1 卷，北京大學出版社，1995 年，第 190 頁。

但是針對以上關尾史郎氏的觀點，孟憲實氏指出：墓表所標時間亦非死亡時間。就有追贈紀年的墓表而言，必先有人死，再有追贈，最後製成墓表。[1] 然而孟憲實氏的討論也祇能説明有追贈官號的高昌墓塼的"紀年"的性質，并不能證明全體高昌墓塼"紀年"的性質。

在此後的相關歷史研究中，由於不能證實高昌墓塼"紀年"的性質，學者多是"死亡年月日"和"埋葬年月日"兩説并用。[2]

三　高昌墓塼書式的分類

如前所示，高昌墓塼銘文內容大體可以分爲如下幾項：1 紀年；2 身份；3 姓名；4 享年；5 某某（之）墓表。然而有極少數的高昌墓塼在"紀年"以外、還記録有死亡日期（以下簡稱"卒年"）、埋葬日期（以下簡稱"葬年"）和"享年"等項內容的。如果按照這幾項內容的組合進行分類，可以將高昌墓塼分爲以下十式，即：

1 式："紀年"和"享年"

2 式：祇有"紀年"

3 式："卒年"和"享年"

4 式：祇有"卒年"

5 式："紀年""卒年""享年""葬年"

6 式："紀年""享年""卒年"

7 式："卒年""葬年"

8 式："享年""葬年"

9 式："卒年""享年""葬年"

10 式：無年代記録

另外，爲了統計的方便，我們將書式不明的一類定爲 11 式。

現將以上 11 式高昌墓塼按出土數量和占有總數的百分比列表一如下。

---

① 孟憲實：《關於麴氏高昌晚期紀年的幾個問題》，《學術集林》卷 10，上海遠東出版社，1997 年，第 303 頁。

② 鄧小南：《六至八世紀的吐魯番婦女——特別是她們在家庭以外的活動》，《敦煌吐魯番研究》第 4 卷，北京大學出版社，1999 年，第 216 頁；侯燦：《吐魯番墓磚書法》，重慶出版社，2002 年，第 2 頁。

表一　高昌墓塼"紀年"分類

單位：件，%

書式 年代	1式	2式	3式	4式	5式	6式	7式	8式	9式	10式	11式	總數
537~546	1	6	1									8
547~556	5	3	2		1			1		2		14
557~566	5	12		1			1					19
567~576	10	8				1						19
577~586	9	7					1		1		2	20
587~596	9	11				1		2		1	2	26
597~606	8	8									4	20
607~616	14	8									1	23
617~626	12	8									2	22
627~636	24	1									2	27
637~640	8	8						1			1	18
年代不明											3	3
537~640	105	80	3	1	1	2	2	4	1	3	17	219
占比	47.9	36.5	1.4	0.5	0.5	0.9	0.9	1.8	0.5	1.4	7.8	100

　　在以上各書式中，從時間上看，1式和2式從麴氏高昌國初期開始到其滅亡都在使用。從件數上看，1式和2式共有185件，約占麴氏高昌國時期墓塼總數的85%。而另外的3~9式，總共有14件，占總數的6.4%。與1、2式相比較，我們在這裏將3~9式墓塼的書式稱爲"異例"書式并繼續探討。

四　異例高昌墓塼"紀年"的性質

　　以下，將表一所列的3~9式異例墓塼書式進行統計，可以得到表二的結果。

表二　異例高昌墓塼書式統計

序號	紀年	卒年	葬年	享年	書式	公元紀年（年）	墓塼主
1		○		○	3	537	張文智
2			○	○	8	550	畫承夫人張氏
3	○	○	○	○	5	552	氾紹和
4		○			4	561	劉□□

序號	紀年	卒年	葬年	享年	書式	公元紀年（年）	墓塼主
5		○	○		7	565	王阿和
6	○	○		○	6	567	曹孟祐
7		○	○	○	9	579	儒子
8		○	○		7	586	將孟雍妻趙氏
9			○	○	8	591	畫伯演
10			○	○	8	591	孟孝□
11	○	○		○	6	593	衛孝恭妻袁氏
12			○	○	8	637	唐憧海妻王氏

注：有相關內容的以"○"表示，無相關內容者空白。

表中各項日期的性質，除了第一項的"紀年"外，其他各項的性質不言自明。然而第一項的"紀年"到底是什麼性質的年月日呢？這是下面要進行討論的問題。

首先，我們在這裏先列舉兩方1式的墓塼銘文，來分析一下這兩方墓塼的書式。

氾靈岳墓表：

> 章和十八年，歲次壽星，夏六月，朔辛酉，九日己巳。田地郡，虎牙將軍，內幹將，轉交河郡宣威將軍，殿中中郎，領三門散望將，字靈岳，春秋六十有七卒，氾氏之墓表。

通讀此墓塼銘文，其最初的"章和十八年六月九日"的"紀年"與"春秋六十有七卒"的內容似可連讀。也就是說此銘文似乎可以理解爲章和十八年六月九日氾氏以六十七歲之齡死亡。

張神忠墓表：

> 延昌十九年，己亥歲，三月，朔壬申，二日□巳。客曹主簿張神忠，春秋五十有五，寢疾卒於□內。張氏之墓表。

通讀此墓表銘文，似乎最初的"紀年"又與"春秋五十有五寢疾卒於□內"的"卒年"內容沒有直接的關係。

下面，我們再看看異例墓塼的"紀年"性質。

以下是表二·6的曹孟祐墓表的銘文：

> 延昌七年，歲次御聚砦（諏訾）望舒，建於隆（降）妻上旬五日，日維析木。戶曹參軍曹孟祐，春秋六十有一，於丁酉日戌時卒。文表於木也。（注：括弧內文字爲筆者改補。下同）

曹孟祐墓表的"紀年"采用的是星歲紀年。換算成干支紀年的話，就是延昌七年歲次丁亥九月朔戊戌五日壬寅。死亡時日用干支推算是九月五日前六天的八月三十日。戌時是晚上19點到21點。從而曹孟祐死於延昌七年八月三十日晚19~21時，而銘文冒頭的延昌七年九月五日的"紀年"不是卒年是可以肯定的了。

表二·11的衛孝恭妻袁氏墓表的銘文如下：

> 延昌卅年水丑，十一月朔丁酉，上旬七日□惟癸卯。交河內散望將衛孝恭妻，源州武威袁氏。春秋六十有七，□□此。十月晦日奄背，殯喪靈柩葬表文。

銘文中有"延昌卅年水丑十一月朔丁酉上旬七日□惟癸卯"的"紀年"和"十月晦日（三十日）奄背"的死亡月日。由此可知，衛孝恭妻袁氏墓表銘文冒頭的"紀年"不是死亡年月日。

表二·3氾紹和墓表的銘文如下：

> 和平二年壬申歲八月朔丙申（a），鎮西府，虎牙將軍，內幹將氾紹和，七月廿七日卒（b），春秋五十有八也（c）。以八月一日申時葬（d）於墓也。夫人敦煌張氏，享年六十二。

此墓表銘文中一共有四個日期，即（a）的"紀年"，（b）的"卒年"，（c）的"享年"，（d）的"葬年"。（b）、（c）、（d）的性質不用解釋也是清楚的，但是與（d）的"葬年"相同的（a）的性質如何呢？我認爲這祇能理解爲墓表銘文的書寫時間。[1]

---

[1] 埋葬當日刻寫墓誌的例子還可以例舉唐西州時期的咸亨四年（673）海生墓誌。參考前揭侯燦、吳美琳《吐魯番出土磚誌集注》下冊，第549~550頁。

高昌墓塼的刻寫在埋葬當日舉行，所以所記日期與埋葬日期相同。中國的傳統漢文化中的葬禮屬於"五禮"（吉禮、嘉禮、賓禮、軍禮、葬禮）之一，是絕對不可輕視的。埋葬日較之死亡日更具有重要意義，所以高昌墓塼的"紀年"記入埋葬日是不難理解的。加之高昌墓塼多是塼質，銘文内容也相對簡單，所以埋葬當日刻寫也是完全可能的。另外，即使是同時代的中原長篇銘文的石刻墓誌，其刻寫日期也多記爲埋葬日。據此或可以認爲，高昌墓塼的刻寫即使不是在埋葬日進行，其日期記入埋葬日的可能性也是有的。

表二·5 王阿和墓表銘文如下：

> 延昌五年歲在乙酉，□月朔水丑，廿日壬申卒。廿二日甲戌喪。王阿和之墓表。

王阿和墓表的"卒年"爲延昌五年□月二十日，"葬年"爲同年同月二十二日。"卒年"的位置和1式、2式墓塼的開頭的"紀年"的位置相同。表二·7的孺子墓表的書式與王阿和墓表相同，也是先在銘文的開頭處刻寫"卒年"（十七日寢疾卒），而"葬年"（廿日葬於墓）刻寫於銘文末尾。表二·8的將孟雍妻趙氏墓表的書式與以上兩方墓表相同，也是先刻寫"延昌廿六年丙午歲三月廿七日丁丑，將孟雍妻卒年"的"卒年"，然後在刻寫"四月二日挽喪埋葬"的"葬年"。

以上三方墓塼都刻寫有"卒年"和"葬年"，而且"卒年"刻寫在銘文開頭的地方，這與1式和2式墓塼冒頭的"紀年"的位置相同。由此，我們是否就可以認爲1式和2式墓塼的"紀年"就是"卒年"呢？然而在這裏我們應該注意到的是，此三方墓塼雖然開頭的年月日爲"卒年"，但是在"卒年"之後都標明了"寢疾卒""卒""卒年"，而且在其後還都刻寫有"葬年"。其與1式、2式墓塼的區別是顯而易見的。

表二·9 畫伯演墓表銘文如下：

> 君字伯演，田曹參軍畫纂之孟子。便弓馬，好騎射。寢疾卒。春秋卅有五。延昌卅一年辛亥歲十月十四日喪於廟。畫氏之墓表。

畫伯演墓表的書式與其他墓塼不同。其組合爲1姓名；2身份；3享年；4葬年；5

畫氏之墓表。從各項內容看，其組合與 1 式墓磚相同，從而可以認爲，4 "葬年"
與 1 式的 "紀年" 性質相同。其不同的衹是排列順序的先後。

表二・2 畫承及夫人張氏墓表銘文如下：

> 章和十六年，歲次析木之津，冬十二月己巳，三日辛未。高昌兵部主簿，
> 轉交河郡戶曹參軍，殿中中郎將，領三門弟子。諱承，字同安。春秋七十有
> 八，畫氏之墓表。

> 夫人張氏，永平二年，□□鶉火，二月辛巳，廿五日乙巳合葬。上天愍
> 善，享年七十有九。

此墓磚中有畫氏墓表銘文及夫人張氏的墓表銘文。畫氏墓表的銘文中有 "紀年"、
官名、姓名、"享年" 及 "畫氏之墓表" 等内容，夫人張氏的墓表銘文中衹有 "姓
名" "葬年" "享年" 等内容。對應夫人張氏墓表文中的 "葬年"，畫氏墓表文中的
"紀年" 也應該理解爲埋葬年月日。

以上，我們分析了高昌墓磚中的異例墓磚銘文的書式。在這裏，有的 "紀年"
可以理解爲墓磚銘文的刻寫年月日，有的 "紀年" 可以理解爲埋葬年月日，但是可
以肯定的是，異例墓磚銘文的 "紀年" 中没有死亡年月日。由此亦可以推斷，1 式
和 2 式高昌墓磚的 "紀年" 不是死亡年月日。對於此問題，我們下面繼續從另外的
角度進行探討。

五　高昌墓磚 "紀年" 與隨葬衣物疏 "紀年" 的比較研究

在吐魯番的古墳群中出土了大量高昌墓磚的同時，到現在爲止，還出土了 59
件隨葬衣物疏（以下簡稱 "衣物疏"）。[①] 其時代早至前秦建元二十年（384），晚
至唐咸亨四年（673）。其中屬於麴氏高昌國時代的有 36 件。而這 36 件中有 "紀年"
的有 32 件。現將高昌墓磚與衣物疏同墓出土的整理如表三。

---

① 據侯燦統計（《吐魯番晋—唐古墓出土隨葬衣物疏綜考》，《新疆文物》1988 年第 4 期，後載氏著
《高昌樓蘭研究論集》，新疆人民出版社，1990 年），吐魯番出土衣物疏共 58 件，如果再加上此後
出土的張師兒衣物疏，應該有 59 件。另外，日本龍谷大學的小田義久教授（「吐魯番出土埋葬儀
禮文書の一考察：隨葬衣物疏から功德疏へ」『東洋史苑』第 30・31 合并號、1988 年）統計，如果
將功德疏也計算在内，其數量達到了 61 件。

表三 麴氏高昌國時代同墓出土墓塼·衣物疏統計

序號	墓塼·衣物疏	墓葬編號	麴氏高昌紀年	公元紀年（年）
1	趙令達墓表	TAM303	和平元年	551
	欠名衣物疏			
2	張洪墓表	TAM107	延昌二年	562
	孝姿衣物疏		章和十三年	543
3	張神穆墓表	TAM88	延昌七年	567
	牛辰英衣物疏		延昌七年	567
4	張遁墓表	TAM169	延昌四年	558
	張孝章衣物疏		延昌四年	558
	信女某甲衣物疏		延昌十六年	576
5	氾崇慶墓表	TAM38	延昌卅二年	592
	氾崇慶衣物疏		延昌卅二年	592
6	張毅妻孟氏墓表	TAM517	延昌卅一年	591
	張毅墓表		延昌卅七年	597
	欠名衣物疏		延昌卅一年	591
	武德衣物疏		延昌卅七年	597
7	羅英墓塼	TAM313		
	欠名衣物疏		章和十八年	548
	欠名衣物疏			
8	某氏墓表	TAM520	延和六年	607
	碑兒衣物疏		延和六年	607
9	張順妻馬氏墓表	TAM113	延昌卅年	590
	張順墓表		延和十二年	613
	張順妻麴玉娥墓表		義和四年	617
	欠名衣物疏		義和四年	617
10	張頭子妻孟氏墓表	TAM116	義和元年	614
	張弘震墓表		重光二年	621
	張頭子衣物疏		重光二年	621
11	趙顯曹墓塼	TAM310		
	欠名衣物疏			
12	唐憧海妻墓牌	TAM15	延壽十四年	637
	唐憧海衣物疏		唐貞觀十五年	641
13	氾法濟墓表	TAM151	重光元年	620
	氾法濟衣物疏		重光元年	620
14	張師兒墓表	TAM386	延和十八年	619
	張師兒衣物疏		延和十八年	619
15	王伯瑜墓表	TAM504	延壽五年	628
	王伯瑜衣物疏		延壽五年	628

注：以上衣物疏分別引自《吐魯番出土文書》（圖版本）第壹至肆冊（文物出版社，1992~1996年），《1986年新疆吐魯番出土阿斯塔那古墓群發掘簡報》，《考古》1992年第2期。

表三當中，同時出土了同一被葬者的墓塼與衣物疏的有4、5、6、7、8、9、10、11、12、13、15 等十一例。爲了考察這十一例墓塼與衣物疏"紀年"的性質，我們將相關信息列表四如下。

表四 同被葬者墓塼與衣物疏紀年對照

編號	墓塼·衣物疏紀年	卒日	公元紀年（年）	墓塼·衣物疏名
4	○二月九日 ●二月九日		558	○張遁 ●張孝章
5	○一月十七日 ●一月十七日		592	○氾崇慶 ●氾崇慶
6a	○十月廿五日 ●此月中下旬		591	○孟氏 ●欠名
6b	○六月十三日 ●六月十三日		597	○張毅 ●武德
7	○十一月十八日		548	○羅英 ●欠名
8	○四月廿九日 ●四月廿九日	●廿四日	607	○欠名 ●碑兒
9	○一月十三日 ●一月□□	●此月某日	617	○麴玉娥 ●欠名
10	○五月四日 ●五月四日	●五月四日	621	○張頭子 ●張弘震
11				○趙顯曹
13	○二月廿二日 ●二月下旬		620	○氾法濟 ●欠名
14	○九月八日 ●九月六日		619	○張師兒 ●張師兒
15	○九月廿日	●此月廿日	628	○王伯瑜 ●王伯瑜

注：○爲墓塼相關内容，●爲衣物疏相關内容。

首先引起注意的是，表四中的8、9、10、15 的衣物疏中記録有死亡月日。

8 的某氏墓表銘文如下（銘文多有缺失，故未斷句）：

延和六年丁卯歲巳月己卯朔廿九日丁未□□□兒稟□□□□□□□□□□□

順□□□□□□忠□□匪□□□□□□□□□之咎姿□□□□□□矣溫古知
新□□□□□□英俊之士涅□□□□□□遐算終成大器□□□□殞逝宗親悲
號鄉閭啼泣□□□殯葬斯墓

衣物疏銘文如下：

（品名四行略）

5 延和六年丁卯歲四月廿九日，大德比丘果願敬移

6 五道大神。佛弟子碑兒，持佛五戒專修十善

7 宜向遐齡永保難老，而昊天不弔，以此月廿

8 四日奄喪盛年，經涉五道，幸勿呵留，任意

9 聽果。倩書張堅固，時見李定度。若欲

10 求海東，若欲覓海西，不得奄過

11 留停。急急如律令。

墓塼的"紀年"爲"延和六年丁卯歲四月已卯朔廿九日丁未"。衣物疏的"紀年"
也同樣是"延和六年四月廿九日"。但同時衣物疏中還有"此月廿四日奄喪"的死
亡日期，因此可以確認，墓塼和衣物疏的"紀年"應該具有同樣的性質，同時也可
以確認兩者的"紀年"都不是死亡年月日。

9 的衣物疏的"紀年"殘欠，同時死亡日期袛記載爲"此月某日"。然而在有
"紀年"的同時還記有死亡日期，其"紀年"的性質非死亡年月日是可以肯定的。
這同時，墓塼"紀年"的"義和四年丁丑正月朔壬子十三日甲子"不是死亡年月日
也是可以確認的。

10 的張弘震（亦名張頭子）墓表的"紀年"是"重光二年五月四日"，衣物疏
的"紀年"也同樣是"五月四日"，同時衣物疏中還記載了死亡日期"五月四日"。
如此，墓塼和衣物疏的"紀年"的性質爲死亡年月日的可能性似乎是不能否定的
了。然而在被葬者張弘震死亡前七年，其妻孟氏已經死亡（義和元年・614）并被
埋入同一墓中，因此張弘震在死亡的當日就被合葬於此墓中的可能性是很大的。因
此張弘震墓表、衣物疏中的"紀年"和"卒年"日期完全相同的問題就可以理解
了。況且衣物疏中有"紀年"的同時還有死亡日期，其"紀年"雖然與死亡日期相

同，但不是死亡年月日也是可以理解的。

與 10 的張弘震的情況相同，15 的王伯瑜墓表的"紀年"與同衣物疏中的死亡日期"此月廿日"相同。王伯瑜妻唐氏比王伯瑜早亡三年（延壽二年·625），王伯瑜與張弘震同樣，在死亡當日就下葬的可能性也是有的。①

從以上的探討可知，高昌墓塼和衣物疏中的"紀年"不是死亡年月日，而應該是埋葬年月日或墓塼銘文刻寫年月日。但是在表四當中，14 的墓塼"紀年"與衣物疏的"紀年"有兩日之差，同時 6a 和 13 的衣物疏的"紀年"分別是"此月中下旬"和"二月下旬"。其記載形式與 4、5、6b、8、10 的形式不同。這一現象又如何解釋呢？

對於 14 的情況，孟憲實氏認爲，衣物疏的"紀年"應該是衣物疏的書寫年月日。因爲衣物疏做成於埋葬日以前，其"紀年"未必與墓塼"紀年"相同。②

衣物疏與墓塼不同，在書寫其內容的同時，籌備相應的隨葬品也是必須的工作。所以可以推測衣物疏應該是在埋葬日前撰寫。在這裏，我們可以通過 6a 和 13 的衣物疏"紀年"來說明衣物疏的書寫在埋葬日前的問題。6a 和 13 的衣物疏"紀年"分別是"此月中下旬"和"二月下旬"，而其墓塼的"紀年"則分別是"十月廿五日"和"二月廿二日"。對於此現象可以如下推測，即在書寫此兩件衣物疏時，埋葬日期還沒有最後確定下來，所以就祇書寫了大概日期。

然而雖然如此，這并不能說衣物疏書寫於埋葬日前，其"紀年"就一定要記載衣物疏作成日。表四中有四方墓塼（4、5、6b、8）的"紀年"與衣物疏的"紀年"完全相同（這個數字中沒有將"紀年"與"卒年"相同的 10 計算在內）就說明了這個問題。由此可以推測，衣物疏的書寫雖然是在埋葬日前進行，但是其"紀年"應該還是記入埋葬年月日。

但如此，我們還是不能解釋 14 的張師兒墓表的"紀年"和同衣物疏的"紀年"爲什麼相差兩日的問題。這裏，我們應該注意的是，在張師兒墓中出土了墓塼和

① 關於張弘震和王伯瑜在死亡當日下葬的觀點，小田義久氏也持同樣的觀點。參考前揭同氏「吐魯番出土埋葬儀禮文書の一考察: 隨葬衣物疏から功德疏へ」『東洋史苑』第 30·31 合号、51 頁。另外，在吐魯番死亡同日埋葬的事例，還可以例舉吐魯番出土的唐垂拱四年（688）賈大夫墓表。賈大夫墓表銘文如下："君姓賈，諱阿名。父師西州高昌縣人也。粤以垂拱四年壬子二月五日構疾卒於私第，即以其月其日葬於州城北赤山南原，禮也。"

② 孟憲實：《關於麴氏高昌晚期紀年的幾個問題》，《學術集林》卷 10，第 303 頁。

衣物疏的同時，還出土了一件"張師兒追贈令"。[①]"張師兒追贈令"的授予時間是"九月八日"，與墓塼"紀年"相同。由此我們可以推測，追贈令的授予應該是埋葬儀式的内容之一。張師兒死亡時，正好是"重光復辟"的戰爭時期，[②]如此可以推測，張師兒的埋葬儀式可能受戰爭影響變更了日期，或許是爲了等追贈令而拖延了埋葬日期。

六　從十二支紀日看高昌墓塼"紀年"的性質

從以上檢討可知，高昌墓塼的"紀年"不是死亡年月日，而是埋葬年月日或墓塼刻寫年月日。然而，如果是埋葬年月日，其日期必定因埋葬禁忌風俗而有所選擇。麴氏高昌國時期的埋葬禁忌風俗的情況如何呢？這是我們下面要討論的問題。

下面，我們根據麴氏高昌國時期的墓塼"紀年"中的十二支（干支）紀日，統計列表五如下。

表五　麴氏高昌墓塼埋葬日十二支月日統計

單位：件

月\日	寅月	卯月	辰月	巳月	午月	未月	申月	酉月	戌月	亥月	子月	丑月	總數
子日	3	2	1	2	2	0	1	1	3	1	0	3	19
丑日	2	1	2	1	3	0	1	1	0	0	0	0	11
寅日	1	2	3	1	1	2	0	1	1	1	0	4	16
卯日	1	10	4	2	1	0	3	0	0	1	3	1	27
辰日	0	0	0	0	0	0	0	0	0	0	0	0	0
巳日	1	1	1	0	1	1	0	0	0	1	2	1	9
午日	2	2	0	4	5	2	0	2	1	5	2	2	27
未日	1	1	1	2	1	0	1	4	1	3	2	2	17
申日	2	2	1	0	2	1	1	1	1	2	2	2	17
酉日	3	3	2	3	1	0	1	0	0	0	0	2	15
戌日	1	3	3	0	0	0	0	0	1	2	2	0	12
亥日	1	2	3	2	1	0	1	1	2	1	2	0	16
總數	18	29	20	17	19	6	8	8	11	15	16	19	184

① 柳洪亮：《新出吐魯番文書及其研究》，新疆人民出版社，1997年，第49頁（録文）、第417頁（圖版）。

② 參考前揭張銘心《"義和政變"與"重光復辟"問題的再考察》，第117~146頁。

從表五可知，辰日“紀年”的墓塼數是零。而辰日前一日的卯日的墓塼却高達二十七方。很明顯，這是爲了避開辰日埋葬所造成的結果。

然而，高昌地區的埋葬風俗如何？辰日與埋葬禁忌有什麼關係呢？下面我們就這一問題做具體論述。

迄今爲止，我們還没有發現過有關高昌國時期高昌地區的埋葬風俗的史料，祇是據《周書》卷五〇《高昌傳》記載可知，麴氏高昌國時期的高昌，“其刑法、風俗、婚姻、喪葬與華夏小異而大同”。但是其“大同”到何種程度，又有什麼“小異”？這却是我們無從確知的。

然而在二十世紀，吐魯番地區根據現在考古學方法發掘了大量的魏晉南北朝隋唐時期的古代墓葬。據相關發掘報告可知，[①] 這些墓葬除了其墓誌——高昌墓塼與中原墓誌不同和因自然環境造成的一些地區特色外，其葬式、隨葬品等與同時期內地的墓葬形式基本相同。由此我們可以推測，麴氏高昌國的漢人社會雖然長期獨立於中原政權之外，但是其文化源流來自於中原漢文化。有關高昌漢人社會的研究，相關研究成果較多，[②] 在這裏我們就不再過多説明的了。

如此，我們再來檢索一下中國内地有關埋葬風俗的史料。

在這裏，首先引起我們注意的是《諸雜略得要抄子》[③] 這件敦煌出土文書。此文書中的有關十二支紀日禁忌條目中記載有“辰不哭泣，不遠行”等内容。喪葬儀式中不許哭泣是不可想象的，如此辰日不舉行喪葬儀式就是非常合理的事情了。

此外，湖北省雲夢縣睡虎地秦代墓葬出土的睡虎地秦簡的日書乙種中也見有“辰不可以哭、穿肂（肂），且有二喪，不可以卜筮、爲屋”[④] 的内容。由此可知，辰日埋葬禁忌在秦代就已經在中國内地流行了。

除了以上的出土文獻外，在編纂史料中我們也能找到有關辰日禁忌的相關内容。首先在《舊唐書·張公謹傳》中有如下一段記載：

（張公謹）甚有惠政。卒官，年三十九。太宗聞而嗟悼，出次發哀，有司

---

① 相關發掘簡報參考《新疆文物》2000 年第 3、4 期合刊。

② 有關這方面的研究信息，參考王素《敦煌吐魯番文獻》，文物出版社，2002 年。

③ 黄永武主編《敦煌寶藏》第 123 册，新文豐出版公司。相關研究參考高國藩《中國民俗探微》，河海大學出版社，1992 年，第 296 頁。

④ 《睡虎地秦墓竹簡》，文物出版社，1990 年，第 248 頁。相關研究參考工藤元男『睡虎地秦簡よりみた秦代の國家と社會』創文社、1998 年、130 頁。

奏言：準陰陽書，日子在辰，不可哭泣。又爲流俗所忌。太宗曰：君臣之義，同於父子。情發於哀，安避辰日。遂哭之。①

另外，《舊唐書·呂才傳》中有如下記載：

或云辰日不宜哭泣，遂晼爾而對賓客受吊。或云同屬忌於臨壙，乃吉服不送其親。聖人設教，豈其然也。葬書敗俗，一至於斯。②

由此可知，在唐代的陰陽書中記載有辰日不可哭泣的禁忌，而且此一禁忌不但在民間流行，在官方和宮廷中也流行。而高昌墓塼中没有辰日"紀年"的墓塼說明，這一喪葬習俗在魏晋南北朝隋唐時期的吐魯番地區也流行。這同時又進一步證明了高昌墓塼"紀年"的性質并非死亡年月日而是埋葬年月日的事實。

七　結語

以上，我們通過對高昌墓塼書式的分類、異例墓塼書式的分析、墓塼"紀年"和衣物疏"紀年"的比較研究以及葬日禁忌等的綜合考察，對於高昌墓塼的書式得到了以下的認識。

高昌墓塼的書式基本上由以下幾項内容組成：

1．紀年（即埋葬年月日）；

2．被葬者身份（男性時刻寫官職、追贈官號等，女性時刻寫其夫的身份）；

3．被葬者姓名；

4．被葬者享年；

5．某氏（之）墓表。

另外，根據以上的考察我們得知，高昌墓塼"紀年"的性質，除了埋葬年月日的性質外，因墓塼的刻寫一般在埋葬日進行，所以還有墓塼刻寫年月日的性質。

---

① 劉昫等：《舊唐書》卷六八《張公謹傳》，中華書局，1975 年，第 2507 頁。

② 前揭《舊唐書》卷七九《呂才傳》，第 2726 頁。相同内容又見於《資治通鑑》卷一九六、《通典》卷一〇五、《唐會要》卷三六等文獻中。

但是由於張師兒墓表①的存在，可知高昌墓塼的刻寫即使不是在埋葬日刻寫，其"紀年"也要刻寫埋葬年月日。這一問題在衣物疏的"紀年"中也是一樣的。同時，由於辰日墓塼一方也沒有的這一現象，我們可以肯定，高昌墓塼"紀年"是埋葬年月日這一性質是不容否定的。

---

① 張師兒墓表的"紀年"是延和十八年（619）九月八日，但是其墓塼的書寫是延壽十四年（637）五月。參考《1986 年新疆吐魯番阿斯塔那古墓群發掘簡報》，《考古》1992 年第 2 期；前揭侯燦、吳美琳《吐魯番出土磚誌集注》上册，第 313~315 頁。

唐代洛陽粟特人研究[*]

——以出土墓誌等石刻史料爲中心

毛陽光

近年來，隨着大量有關粟特人的考古資料和石刻文獻的刊布，中古時期入華粟特人的遷移以及他們在漢地的聚落、婚姻、漢化情況，成爲學術界研究的熱點問題，尤其是居住在絲綢之路沿綫城市如長安、太原、敦煌等地的粟特人的生存狀態和生活方式及與當地社會的互動更是學者關注和研究的熱點，并取得了豐碩的成果。[①]而此時的東都洛陽，在隋唐歷史中的政治、經濟、文化地位都非常重要，也是這一時期中外交流的重鎮。和長安一樣，這裏也聚集了大量外國人，其中也有許多粟特人。二十世紀以來，洛陽出土了大量粟特人的墓誌，這自然也受到許多學者的關注，如向達《唐代長安與西域文明》中就引用了洛陽出土的粟特人的墓誌資料。此後，李健超、劉銘恕、盧兆蔭、福島惠、森部豐都利用墓誌資料研究、探討了有關唐代洛陽粟特人的居住、婚姻等情況。[②]近年來，大量與粟特人有關的墓誌

* 本文原刊於《鄭州大學學報》(哲學社會科學版) 2015 年第 4 期，作者同意入編本書。

① 參見韓香《唐代長安中亞人的聚落及其漢化》，《民族研究》2000 年第 3 期；陳海濤、劉惠琴《來自文明十字路口的民族——唐代入華粟特人研究》第三章第五節 "商業型粟特人聚落——唐代長安粟特人的漢化進程"，商務印書館，2006 年；榮新江《隋及唐初并州的薩寶府與粟特聚落》，《文物》2001 年第 4 期；鄭炳林《晚唐五代敦煌地區的胡姓居民與聚落》，榮新江等主編《粟特人在中國——歷史、考古、語言的新探索》，中華書局，2005 年，第 178~190 頁；畢波《中古中國的粟特胡人——以長安爲中心》，中國人民大學出版社，2011 年。

② 參見李健超《漢唐時期長安、洛陽的西域人》，西北大學西北歷史研究室編《西北歷史研究》，三秦出版社，1988 年，第 41~83 頁；劉銘恕《洛陽出土的西域人墓誌》，《洛陽——絲綢之路的起點》，中州古籍出版社，1992 年，第 204~213 頁；盧兆蔭《唐代洛陽與西域昭武諸國》，洛陽文物工作隊《洛陽考古四十年——1992 年洛陽考古學術研討會論文集》，科學出版社，1996 年，第 372~377 頁；福島惠《唐代長安、洛陽的粟特人》，森部豐編《粟特人與東歐亞大陸的文化交涉》，勉誠出版株式會社，2014 年，第 144~153 頁。

以及其他石刻資料在洛陽不斷被發現。據筆者統計，目前洛陽出土的粟特人墓誌已達 63 方，是目前出土數量最多的地區。① 除此之外，洛陽還有大量與粟特人有關的造像題記、經幢等石刻，這些都爲唐代洛陽粟特人的研究奠定了深厚的基礎。因此，筆者在系統整理洛陽粟特人墓誌和石刻資料的基礎上，結合歷史文獻以及考古資料，嘗試探討唐代洛陽粟特人的生存狀態及其與洛陽地方社會的交集互動，進一步勾勒中古時期洛陽城市多元的文化碰撞以及民族融合的情況，彰顯唐代洛陽在中外文化交流史上的重要地位。

一　唐代居洛粟特人的來源和居住情況

從墓誌資料看，唐代洛陽粟特人許多都是北朝以來入華粟特人的後裔。東漢、魏晉時期，隨着洛陽政治、經濟地位的提升和絲綢之路上東西方貿易的興盛，相當數量的西域胡族如來自大月氏、安息、康居等國的使臣、僧侶和商人在洛陽居住，粟特人也在其中。1907 年，斯坦因在敦煌西北烽燧遺址發現的粟特文古信札，其中 II 號信札就提及西晉時期粟特商人在長安和洛陽的情況。② 2004 年，考古工作者在洛陽偃師首陽山鎮北的邙山上發掘了西晉支伯姬墓，墓中出土的墓誌磚銘文曰："永康元年二月廿一日安文明妻支伯姬喪。"永康是晉惠帝司馬衷的年號，永康元年爲公元300年，支伯姬應是月氏人，安文明無疑是居住在洛陽的安姓粟特人。③永嘉亂後直到東晉十六國時期，洛陽歷經戰火、殘破不堪。直到北魏孝文帝遷都洛陽以後，洛陽纔又恢復了昔日的繁榮，成爲東西政治、經濟貿易往來的重要都市。《洛陽伽藍記》卷三就記載了當時胡族來華的盛況："自蔥嶺已西，至於大秦，百國

---

① 粟特人墓誌的判定主要依據誌主姓氏、地望、家族背景、婚姻、職業等因素，相關標準參見榮新江《從新出石刻史料看粟特人研究的動向》，《東西學術研究所紀要》第 44 輯，關西大學，2011 年，第 142 頁。其中的翟姓，目前學術研究認爲來自粟特地區。陳菊霞《西域、敦煌粟特翟氏及相關問題研究》(《中國邊疆史地研究》2008 年第 3 期）認爲翟氏是源自康居的粟特人。羅豐、榮新江《北周西國胡人翟曹明及其墓門圖像》認爲來自中亞粟特地區的戊地。榮新江、羅豐《粟特人在中國：考古發現與出土文獻的新印證》(科學出版社，2016 年）在統計過程中，史惟清、翟夫人及何澄、何夫人夫妻誌按四方計算。其中誌主非粟特人但其配偶爲粟特人的沒有計算在內。需要說明的是，其中有六例是居住在異地而歸葬洛陽的粟特人，而非洛陽城市居民，分別是康威、康磨迦、康續、史諾匹延、安思溫、康固。
② 畢波：《粟特文古信札漢譯與注譯》，《文史》2004 年第 2 期。
③ 洛陽市第二文物工作隊、偃師商城博物館：《洛陽偃師西晉支伯姬墓發掘簡報》，《文物》2009 年第 3 期。

千城，莫不款附。商胡販客，日奔塞下，所謂盡天地之區已。樂中國土風因而宅者，不可勝數。是以附化之民，萬有餘家。"[1] 爲了安置歸降、歸化的各色人等，北魏在宣武帝景明年間專門在洛陽城南郭洛河永橋之南御道東、西設置了四夷館與四夷里。[2]《洛陽伽藍記》卷三"龍華寺"條下記載："永橋以南，圜丘以北，伊洛之間，夾御道，東有四夷館，一曰金陵，二曰燕然，三曰扶桑，四曰崦嵫。道西有四夷里，一曰歸正，二曰歸德，三曰慕化，四曰慕義。吳人投國者，處金陵館。三年已後，賜宅歸正里。北夷來附者，處燕然館。三年已後，賜宅歸德里。東夷來附者，處扶桑館，賜宅慕化里。西夷來附者，處崦嵫館，賜宅慕義里。"[3] 而西域胡人都居住在崦嵫館和慕義里，其中自然也包括來自粟特地區的胡人。如隋代粟特人安備墓誌就記載"其先出於安居耶尼國，上世慕中夏之風。大魏入朝，名沾典客"。則安備的先輩來自粟特地區的安國，在北魏入朝後在典客署任職，負責接待外來使臣和蕃客。[4]

類似情況在二十世紀以來洛陽、安陽等地出土的唐代墓誌中也有反映。

《康婆墓誌》載："本康國王之裔。高祖羅，以魏孝文世，舉國內附，朝於洛陽，因而家焉，故爲洛陽人也。"[5]

《安恕墓誌》載："本西域安居國人也。以國封公，還爲命氏。自魏處洛邑，省俗來儀。歷稔中原，遂居於鄴。"[6]

《安静墓誌》載："魏皇統曆，胤華胄於周南。"周南指的就是洛陽。[7]

《康子相墓誌》載："其先出自康居，仕於後魏，爲頡利發。陪從孝文，粵自恒安入都瀍洛。"[8]

《安延墓誌》載："冠冕酉豪，因家洛俟。"[9]

北魏末年，政局動蕩。之後東、西魏分裂，雙方對洛陽展開争奪，尤其是侯景焚燒洛陽導致的大破壞，使繁榮一時的洛陽城迅速走向衰敗。城南的胡人聚居區

---

① 楊衒之撰，周祖謨校釋《洛陽伽藍記校釋》卷三《城南》，中華書局，1963 年，第 117 頁。

② 王静：《北魏四夷館論考》，《民族研究》1999 年第 4 期。

③ 楊衒之撰，周祖謨校釋《洛陽伽藍記校釋》卷三《城南》，第 115、126 頁。

④ 毛陽光：《洛陽新出土隋〈安備墓誌〉考釋》，《考古與文物》2011 年第 5 期。

⑤ 周紹良、趙超：《唐代墓誌彙編》貞觀 139，上海古籍出版社，1992 年，第 96 頁。

⑥ 《唐故安君（恕）墓誌銘》，洛陽龍門博物館藏石，筆者收藏墓誌拓本。

⑦ 周紹良、趙超：《唐代墓誌彙編》顯慶 059，第 267 頁。

⑧ 曹建强、馬旭銘：《唐康子相墓出土的陶俑和墓誌》，《中原文物》2010 年第 6 期。

⑨ 周紹良、趙超：《唐代墓誌彙編》永徽 076，第 180 頁。

逐漸荒廢，胡人不再居住於此，甚至成爲故洛城附近居民的喪葬之地。[①] 直到隋煬帝時期，新的洛陽城被營建，洛陽成爲這一時期國家政治、經濟與文化的中心，再次迎來了城市的輝煌。此時，洛陽城仍舊居住着一些粟特人。《安懷墓誌》載："祖隋朝因宦洛陽，遂即家焉。"[②] 前面提到的安備，晚年就居住在漢魏洛陽故城東。翟突娑則居住在洛陽縣嘉善里。[③]

然而，出土墓誌也有這樣的記載，如《安師墓誌》"十六代祖西華國君，東漢永平中，遣子仰入侍，求爲屬國，乃以仰爲并州刺史，因家洛陽焉"。[④]《何盛墓誌》載何盛"其先出自大夏之後。物產珍奇，邑居填衍。自張騫仗節而往，班超旋斾以來，命氏開家，衣冠禮秩，備諸國史，可略言焉"。[⑤] 這些墓誌銘所記誌主的家事淵源都追溯到東漢，但從墓誌記載他們先世的仕宦情況來看，也祇提及其曾祖、祖父，如安師的"曾祖哲，齊任武賁郎將；祖仁，隋任右武衛鷹揚"；何盛"祖德，齊儀同三司。父那，北道和國大使"；等等，似乎表明他們是在北齊遷居漢地的。近年安陽出土的《安師墓誌》則記載："昔秦邦道替，漢紹天基。至德隆平，殊方納賮。先公雄果英毅，將命中都。漢主以公德邁由余，辯扶王略。遂留參廟算，秩以榮官。後以董卓亂常，獻皇東徙。遂駕之洛，并仕魏朝。"[⑥] 也將其先輩進入漢地的時間上溯到秦漢，同時將其家族進入洛陽的時間追述到曹魏。但從墓誌中對其家族的描述來看，也應該是北朝時期進入洛陽的粟特人，祇是將北魏改換爲曹魏罷了。洛陽近年出土的《康敦墓誌》則記載："晋太（泰）始年中奉表獻真珠寶物，因留子孫，遂爲河南洛陽人焉。"[⑦] 儘管墓誌記載可以和《晋書·康居傳》中的相關記載相印證，但康敦丈夫是安公，屬於粟特人之間的聯姻；他們居住在南市旗亭里，應該是粟特商人。這樣看來，康敦家族進入洛陽的時間也不長。因此，北魏後期一直到隋朝，有相當多的粟特人陸續來到漢地并最終定居在洛陽，唐代洛陽的粟特人許多可能都是他們的後裔。

到了唐代，高宗前期，洛陽成爲東都，其政治、經濟中心的地位得到了恢復。

---

① 毛陽光：《唐代洛陽胡坊與胡坊村考——以〈宋徽墓誌〉〈田玄敏夫人李氏墓誌〉爲中心》，《中國典籍與文化》2019 年第 4 期。

② 周紹良、趙超：《唐代墓誌彙編》長壽 019，第 845 頁。

③ 趙力光：《鴛鴦七誌齋藏石》，三秦出版社，1995 年，第 218 頁。

④ 周紹良、趙超：《唐代墓誌彙編》龍朔 075，第 385 頁。

⑤ 周紹良、趙超：《唐代墓誌彙編》永徽 088，第 188 頁。

⑥ 《大唐故安府君（師）墓誌銘》，私人藏品，筆者收藏墓誌拓本。

⑦ 毛陽光：《新見四方唐代洛陽粟特人墓誌考》，《中原文物》2009 年第 6 期。

武周時期，這裏一度超越長安成爲中古政治、經濟和文化中心。因此，大量的異域部落首領内附、入質和入貢於此，在此仕宦。僧侶、商販們也紛至沓來進行傳教、貿易活動。在洛陽，粟特人的活動再次頻繁起來。

從出土墓誌看，這一時期洛陽的粟特人中，粟特商人的數量相當大。此時由於大運河的開鑿，洛陽成爲溝通永濟渠和通濟渠的樞紐，大量物資通過這裏中轉。而洛陽所處的河南道又是當時經濟最爲發達的地區，因而這裏也聚集了大量善於經商牟利的粟特商人從事東西貿易活動。位於龍門古陽洞與藥方洞之間的 1410 號"南市香行社像龕"永昌元年（689）題記，記録了南市香行社商人出資營造佛像的情況，其中的安僧達、史玄策、康惠登、何難迪、康静智等無疑都是洛陽南市經營香料貿易的安、史、康國的粟特商人。[1]北市也有粟特商人，龍門盧舍那大佛南側 1504 窟的《北市絲行像龕》題記中有康玄智的題名，康玄智則是在北市經營絲綢貿易的粟特人。[2]

洛陽粟特商人的墓誌也有出土，如洛陽商胡康婆，"既而世襲衣纓，生資豐渥，家僮數百，藏鏹巨萬，招延賓□，門多軒蓋。錦衣珠服，入必珍羞；擊鐘鼎食，出便聯騎"，可謂是富甲一方。[3]康老師"金鞍寶馬，去來三市之傍；綏頰高談，出入五侯之第。何曾侈靡，不能逾一萬之錢；劉毅雄豪，不能多百萬之費。陸大夫之宴喜，願得分庭；孫丞相之招賢，方齊置驛"，也是一位結交權貴的商人。[4]前述康敦和丈夫安公居在南市旗亭里，他們也是經營商業的粟特商人。晚唐居住在通利坊的安元貞也是一位粟特裔商人，其父安公郅"乃高尚而不仕，貿易以供膳。公亦不墜父子弓裘耳"。[5]

唐代入華的粟特人貴族和使臣主要居住、仕宦在長安，但洛陽作爲曾經的神都和東都，在洛陽仕宦的粟特人也有一些。如《康氏墓誌》載其夫"即安國之首領，以皇風憬扇，帝道遐融……傾宗舉族，稽顙來王。聖朝優寵，授以榮秩"。[6]安元壽在高宗後期任諸衛將軍，居住在樂城里。[7]同樣經歷的還有史多，他在高宗、

---

① 榮新江、張志清：《從撒馬爾干到長安——粟特人在中國的文化遺迹》，北京圖書館出版社，2004年，第 129 頁。

② 劉景龍、李玉昆：《龍門石窟碑刻題記彙録》，中國大百科全書出版社，1998 年，第 552 頁。

③ 周紹良、趙超：《唐代墓誌彙編》貞觀 139，第 96 頁。

④ 喬棟、李獻奇、史家珍：《洛陽新獲墓誌續編》，科學出版社，2007 年，第 54 頁。

⑤ 《大唐故武威安府君（元貞）墓誌銘》，禹州宣和陶瓷博物館藏石，筆者收藏墓誌拓本。

⑥ 周紹良、趙超：《唐代墓誌彙編續集》萬歲通天 008，上海古籍出版社，2001 年，第 353 頁。

⑦ 周紹良、趙超：《唐代墓誌彙編續集》光宅 003，第 272 頁。

武后時曾任右領軍衛中郎將，在洛陽護衛宮禁。[①] 康仙昂由於任河南府慕善府右果毅都尉，"敕支省城使，出入宮禁，侍衛丹墀"。[②]

此時的洛陽還有許多粟特人僧侶，如著名僧人康法藏在武則天時期曾受命在洛陽翻譯了《華嚴經》，他還在這裏創立了佛教宗派華嚴宗。玄宗時期，曹彥璈之父嵩禪師爲僧三十多年，"禪林澹如以自得，釋門宗之以爲主"，門徒衆多，説法之際，"緇徒駢立，卑身而伏，聳耳而聽"。[③] 大曆二年（767），洛陽廣福寺還有僧人康守忠。[④] 而洛陽出土的景教經幢則記載了洛陽大秦寺還有米姓和康姓的景教僧侶。

另外，洛陽社會還有一些生活在社會下層的粟特人，他們從事音樂歌舞表演、侍候主人、牽馬拉車等工作。這從洛陽唐墓出土的大量神情恭順、拱手侍立的胡俑中也能够得到反映。儘管我們目前還無法準確判定這些胡俑的族屬，但其中應該有不少粟特人。如 1980 年洛陽偃師南蔡莊唐墓出土的一件彩繪胡俑，胡俑高鼻深目、絡腮須鬈、頭戴胡帽。雖然該胡俑手持的表演器具已經腐朽，然其左手前伸、右手揮舞，且兩手中有孔洞，原本應是手執樂器，可能體現了正在擊鼓的動作。[⑤] 武后時期太常樂工安金藏就居住在惠和坊。《曹乾琳墓誌》中記載其供奉宮廷期間，"萬乘親教殊絶之藝"，表明他也是玄宗時期隸屬太常的樂工，他晚年居住在陶化里。[⑥] 另外，偃師杏園唐李嗣本墓、李延禎墓還分別出土了高鼻深目、駕馭牛車的御夫俑。[⑦] 洛陽關林古代石刻藝術館收藏的一座唐代石雕塔題記曰："大唐開元三年正月二十七日，家人石野那爲曹主故王元邵造五給（級）浮圖一區爲記。"[⑧] 野那是中古時期粟特人經常使用的名字，粟特語爲"最喜歡的人"，[⑨] 石野那應該是一個奴僕身份的粟特石國人。

---

① 趙振華：《唐代粟特人史多墓誌初探》，《湖南科技學院學報》2009 年第 11 期。
② 趙君平、趙文成：《河洛墓刻拾零》二八七《大唐故河南府慕善府果毅都尉省城副使魏郡康府君墓誌銘并序》，北京圖書館出版社，2007 年，第 385 頁。
③ 周紹良、趙超：《唐代墓誌彙編續集》聖武 003，第 667 頁。
④ 圓照：《代宗朝贈司空大辨正廣智三藏和尚上表制集》卷二，大正大藏經本。
⑤ 周劍曙、郭宏濤：《偃師文物精粹》，北京圖書館出版社，2007 年，第 171 頁。
⑥ 毛陽光：《洛陽出土唐代梨園弟子曹乾琳墓誌及其相關問題初探》，《魏晋南北朝隋唐史資料》第 33 輯，上海古籍出版社，2016 年。
⑦ 中國社會科學院考古研究所：《偃師杏園唐墓》圖版 11，第 201 頁；圖版 24–5，第 60、79 頁；圖版 43–3。
⑧ 嚴輝、李春敏：《洛陽地區唐代石雕塔》，《文物》2001 年第 6 期。
⑨ 葛承雍：《曹野那姬考》，《中國史研究》2007 年第 4 期。

根據以上的論述可知，唐代居洛粟特人主要是北朝時期以來陸續進入洛陽的粟特人後裔以及隋唐時期入華粟特人構成的，他們的來源各異，在洛陽從事的職業也是多種多樣，其中以商人數量較多，也與洛陽交通便利、商業發達的城市特點相契合。

根據現有墓誌石刻資料的統計，居住洛陽的粟特人主要是安、康、史三姓，另外曹、何、米、石、翟也有一定數量，基本涵蓋了粟特人的主要姓氏，祇有穆、畢姓粟特人墓誌尚未發現。

通過對現有涉及粟特人居住情況的墓誌分析來看，洛陽粟特人的居住并不非常集中，他們分散居住在洛陽城的十四個里坊之中，這一點與長安粟特人的居住情況非常相似。居洛粟特人相對集中的居住在南市及其周邊地區，其中南市就居住有大量從事中西貿易的粟特商人，如康敦和丈夫安公就居住在南市旗亭里。而南市周邊的章善坊、嘉善坊、思順坊粟特居民數量也較多，其中嘉善坊十家、章善坊五家、思順坊五家。南市西南的修善里也有安公和夫人康勝、花獻妻安氏夫人居住。① 南市及周邊坊里還有祆教徒舉行宗教活動的祆祠，而修善坊則有以粟特人爲主要信徒的大秦寺，因而這裏成爲洛陽最具域外色彩的地區。

其他粟特家庭則居住在敦厚坊、弘敬坊、惠和坊、陶化坊、溫柔坊、河南坊、毓財坊、尊賢坊、福善坊等坊里。陳海濤曾將粟特人聚落分爲部落型、皈化型、商業型、部落—皈化型、商業—皈化型等類型，長安和洛陽的粟特人聚落皆屬於商業型粟特人聚落。② 而從唐代洛陽粟特商人居住情況來看，居住相對分散，南市周邊較爲集中。既然居洛粟特人絕大多數都居住在坊里之中，和其他漢族居民一樣，他們也應是著籍的編民，同樣接受地方政府的管理，并不存在聚落的情況。

另外，洛陽城外也有粟特人居住，如《曹曄石夫人墓誌》記載曹曄就居住在洛陽城東北的吳村私第，③ 安義則居住在從善鄉歸夏里永泰坊。④ 有學者認爲洛陽城東建春門外東南方的感德鄉是胡人聚落所在，⑤ 但其依據僅僅是幾件出土在這裏的

① 毛陽光、余扶危：《洛陽流散唐代墓誌彙編》〇一二《唐陪戎安君故夫人康氏墓誌銘》，國家圖書館出版社，2013年，第24~25頁；二六六《唐故安氏夫人墓誌銘》，第534~535頁。
② 陳海濤、劉惠琴：《來自文明十字路口的民族——唐代入華粟特人研究》，第132、398~402頁。
③ 毛陽光、余扶危：《洛陽流散唐代墓誌彙編》一九九《唐故唐州湖陽縣令譙郡曹公武威郡石夫人墓誌銘并序》，第398~399頁。
④ 毛陽光：《洛陽流散唐代墓誌彙編續集》二八六《唐故定安郡安府君墓誌銘》，國家圖書館出版社，2018年，第578~579頁。
⑤ 張乃翥：《洛陽景教經幢與唐東都"感德鄉"的胡人聚落》，《中原文物》2009年第2期。

移民墓誌以及宗教石刻題記，却忽略了大多數胡人墓誌中都有居住在城内的明確記載。而對於胡商占據相當比重的粟特移民而言，不居住在商業較爲發達的城市却捨近求遠到郊外定居并不合情理，而且居洛粟特人由於來源的多樣性，導致他們不可能形成過於集中的居住區。從現有的資料來看，粟特人所居住的里坊同時還有大量的漢族居民。另外，感德鄉本身就是唐代洛陽重要的喪葬區，除了粟特人之外，這裏還埋葬了大量的漢族民衆。因此，這個觀點值得商榷。

除了墓誌之外，檢索龍門石窟以及洛陽周邊衆多唐代佛教造像題記，我們還能看到安四娘、安玉□、安多富、安洇藏、安愛、安砵葉、康法藏、安思泰、康婆、安少連、安二娘、安國太夫人等粟特人的題名，可見此時生活在洛陽的粟特人數量相當多。當然，除了粟特人之外，唐代洛陽來自外域的移民中還有高句麗人、百濟人、波斯人、吐火羅人等。而從目前的文獻資料來看，粟特人在這些外國移民中的數量是最多的。

二　居洛粟特人對洛陽地方社會的影響

在區域文化交流過程中，外來移民一直是非常重要的媒介。通過他們，外來文化以較快的速度進入新的地區。由於居洛粟特人多數都是北朝以來入華粟特人的後裔以及隋、唐前期入洛的，他們居住洛陽的時間并不長，他們之間的聯繫比較密切，具有一定的民族凝聚力，自身的民族文化風俗體現得還比較濃厚。同時，他們相對分散的居住在坊里之中，且從事着各種各樣的職業，與洛陽社會生活聯繫非常密切。因而他們的一些活動也使洛陽城市的社會風貌呈現出外來文化的色彩，甚至在一定程度上影響了洛陽漢族人的生活。

唐前期，胡服在黄河流域社會非常流行。而胡服就是西域的粟特、于闐等國民衆的服飾，即圓領或翻領窄袖、兩側開衩的長袍、尖頂或卷沿胡帽等，進而影響到黄河流域的漢人服飾，其出現是和唐初大量粟特人進入中國有密切關係。[1] 而穿着胡服在洛陽社會也非常流行，許多漢族男女也穿着胡服。洛陽唐墓出土的大量身着胡服的陶俑也證明了這一點，如洛陽龍門盛唐時期安菩墓就出土了兩件身着圓領窄袖長袍、腰束革帶的漢族男俑。同樣服飾的男俑在孟津西山頭唐墓中也有多件，

---

[1]　榮新江:《女扮男裝——唐代前期婦女的性別意識》，鄧小南主編《唐宋女性與社會》，上海辭書出版社，2003 年，第 740 頁。

偃師恭陵哀皇后墓中出土了大量身着翻領窄袖長袍的騎馬俑。而唐代洛陽的許多女性也女扮男裝、穿着胡服，如偃師城關唐柳凱墓中出土有頭戴胡帽、身着圓領窄袖長袍的女俑，洛陽關林鎮唐墓也曾出土有身着翻領窄袖長袍的彩繪女俑。[①] 這些考古發現體現出當時粟特風氣對洛陽社會衣着服飾的影響。

而潑寒胡戲也是體現粟特習俗對洛陽社會生活產生影響的典型例證。潑寒胡戲本是流行於中亞粟特地區康國的風俗，據《舊唐書·康國傳》載："至十一月鼓舞乞寒，以水相潑，盛爲乞寒。"《資治通鑑》卷二〇八載："乞寒，本西國外蕃康國之樂。其樂器有大鼓、小鼓、琵琶、五弦、箜篌、笛。其樂大抵以十一月，裸露形體，澆灌衢路，鼓舞跳躍而索寒也。"可見，此活動是一種在臘月舉行的群衆性歌舞活動。武則天時期，由於大量胡人居住在洛陽，致使粟特人喜愛的潑寒胡戲也在洛陽風行一時。中宗神龍元年（705）十一月，中宗就在洛陽城南門樓觀看潑寒胡戲。[②] 這次活動的場面，我們可以在此後并州清源縣尉呂元泰的上疏中略知端倪："比見坊邑相率爲渾脫隊，駿馬胡服，名曰《蘇莫遮》。旗鼓相當，軍陣勢也；騰逐喧噪，戰爭象也。"[③] 在熱鬧的氣氛中，人們"裸露形體，澆灌衢路，鼓舞跳躍"。而這種風氣在當時是"積漸成俗，因循已久。至使乘肥衣輕，競矜胡服。闐城溢陌，深點華風"。[④]

大量粟特移民的涌入還爲洛陽地區的喪葬文化注入新的風氣，即明器中大量胡俑和駱駝俑的出現。需要指出的是，洛陽墓葬中出現胡俑是從西晋時期墓葬中開始的。[⑤] 此後胡俑和駱駝俑在北魏後期墓葬中多有出現，根據目前的考古發掘資料，有 7 座北魏墓葬中都出土有胡人和駱駝俑，而此時恰恰也是中外文化交流的繁榮時期。[⑥] 而到了唐代，墓葬中陪葬胡俑和駱駝俑變得更加普遍。從 1950 年以來，洛陽共有 46 座唐墓出土了大量的胡俑、駱駝俑，從中可以窺見此時洛陽對外文化交流之盛況。這些胡俑鬚髮濃密、高鼻深目、絡腮鬍鬚，身着窄袖圓領或翻領袍服，頭戴尖頂帽或卷沿帽。從胡俑的衣着、相貌等特徵及手牽駱駝等動作來分析，絶大

---

① 俞涼亘、周立：《洛陽陶俑》，北京圖書館出版社，2005 年，第 266~267、228~229、165、226 頁。

② 劉昫等：《舊唐書》卷七《中宗紀》，中華書局，1974 年，第 141 頁。

③ 王溥：《唐會要》卷三四，中華書局，1998 年，第 626 頁。

④ 宋敏求：《唐大詔令集》卷一〇九《禁斷臘月乞寒敕》，中華書局，2008 年，第 565 頁。

⑤ 洛陽市文物工作隊：《洛陽北郊西晋墓》，《文物》1992 年第 3 期。

⑥ 毛陽光：《唐代洛陽胡坊與胡坊村考——以〈宋徹墓誌〉〈田玄敏夫人李氏墓誌〉爲中心》，《中國典籍與文化》2019 年第 4 期。

多數都是來自中亞以及西亞的胡人，多數應該是粟特人的形象。[①] 例如龍門東山安菩墓就出土了大量身着外來服飾、手牽駱駝的胡商俑，考慮到安菩的粟特人背景，這些胡俑應該就是粟特人的真實寫照。值得注意的是，除了一些粟特人墓葬之外，唐代前期洛陽貴族、官員以及普通百姓的墓葬中也多有胡俑和駱駝俑。尤其是偃師杏園許多唐代官員墓葬的隨葬品中更是有大量造型精美、刻畫生動的胡俑和駱駝俑，由此就不難領略胡人對當時洛陽社會喪葬風氣的普遍影響。

從二十世紀以來，洛陽地區唐墓中還出土了許多具有外來文化色彩的金銀器。1991 年在洛陽伊川鴉嶺鄉杜溝村唐後期齊國太夫人墓中就出土了兩件内有突棱和圈足及底部中心有雙魚環繞的四曲金長杯，[②] 洛陽偃師杏園唐開成五年崔防墓中也出土了一件銀質四曲長杯。[③] 洛陽唐墓還出土過多件源於東羅馬的高足銀盃，如洛陽博物館就收藏有草葉紋高足銀盃、宜陽縣張塢鄉還出土過八棱銀高足杯，[④] 北京大學塞克勒考古與藝術博物館收藏的狩獵紋鎏金銀高足杯據稱也出自洛陽邙山。[⑤] 這些器物都源自波斯和東羅馬。源於古代波斯薩珊王朝時期的金銀器——胡瓶，在唐代洛陽上層社會生活中也有使用，2005 年在洛陽洛南新區發掘的唐安國相王唐氏孺人墓第二天井東壁壁畫中的侍者就手提一件胡瓶。[⑥] 北朝、隋唐時期，中國與西方之間的相互交往，許多都是通過粟特人進行的。考慮到唐代洛陽的波斯和東羅馬移民數量較少，因而這些外來器物的輸入主要是靠粟特人完成的。

在宗教信仰方面，唐代粟特人主要信仰流行於中亞地區的祆教、摩尼教和景教等三夷教。而唐政府對於入華外國人的信仰采取比較開明的政策，允許他們保持本民族的傳統信仰。因而居洛粟特人的外來信仰也在此得以保持，并且在洛陽建立寺院并舉行宗教活動。

從目前資料來看，早在隋代，洛陽已經居住有祆教徒。居住在嘉善里的翟突

---

① 任江通過對西安地區出土胡俑的研究，認爲尖帽胡俑、剪髮束帶胡俑以及携犬豹狩獵胡俑的原型是粟特人。參見《初論西安唐墓出土的粟特人胡俑》，《考古與文物》2004 年第 5 期；孫機則指出唐代的胡俑大抵指的就是粟特人。參見乾陵博物館編《絲路胡人外來風——唐代胡俑展·序言》，文物出版社，2008 年。

② 洛陽市第二文物工作隊：《伊川鴉嶺唐齊國太夫人墓》，《文物》1995 年第 11 期。

③ 中國社會科學院考古研究所：《偃師杏園唐墓》，科學出版社，2001 年，圖版 24-5。

④ 王繡：《洛陽文物精粹》，河南美術出版社，2001 年，第 68~69 頁。

⑤ 齊東方：《唐代金銀器研究》，中國社會科學出版社，1999 年，第 414~415 頁。

⑥ 洛陽市第二文物工作隊：《唐安國相王孺人壁畫墓發掘簡報》，河南美術出版社，2008 年，彩版 26，第 142 頁。

娑，就具有祆教信仰。① 根據《唐兩京城坊考》卷五以及張鷟《朝野僉載》卷三的記載，祆教祠廟分布在洛陽的會節坊、立德坊及南市西坊等處。立德坊位於漕渠北北市的西南側，南市西坊與會節坊一處位於南市、一處位於南市東南不遠處。粟特人經常在祆祠舉行宗教活動。"每歲商胡祈福，烹猪羊，琵琶鼓笛，酣歌醉舞。酹神之後，募一胡爲祆主，看者施錢并與之。其祆主取一橫刀，利同霜雪，吹毛不過，以刀刺腹，刃出於背，仍亂攪腸肚流血，食頃，噴水咒之，平復如故。此蓋西域之幻法也。"②

除了祆教之外，洛陽粟特人還信仰景教。據西安出土唐德宗建中二年樹立的《大秦景教流行中國碑》的記載：高宗時期，"而於諸州各置景寺"，説明此時洛陽已經有景教寺院存在了。碑文還記載，武則天秉政時期，"聖曆年，釋子用壯，騰口於東周"。③ 此時景教在洛陽受到了盛極一時的佛教的排擠，這從另一方面説明武則天時期洛陽還有景教徒。洛陽景教寺院的位置在修善坊，《河南志》卷一就記載修善坊"唐有波斯胡寺"。④ 天寶四載九月，唐政府下令"其兩京波斯寺宜改爲大秦寺，天下諸府郡置者亦准此"。這樣，洛陽的景教寺院更名爲大秦寺。⑤ 德宗時期洛陽景教的主教是景僧業利。⑥

根據 2006 年洛陽東郊出土的樹立於文宗太和三年的《大秦景教宣元至本經幢記》知，文宗時期，洛陽大秦寺的寺主是法和玄應，還有僧侶玄慶、志通、清素等，他們的俗姓分別是米、康，則洛陽大秦寺的僧侶主要是粟特人，這和長安波斯人爲主的景教僧侶群體有所不同，而且洛陽景教的信衆如安少連、安國太夫人等也都是粟特人。該題記還記載，當時洛陽的大秦寺還經常爲信徒舉行宗教活動。⑦ 2010 年底，筆者又在洛陽發現了唐代景教徒花獻的墓誌，這是繼《李素墓誌》《米繼芬墓誌》之後，唐兩京地區發現的唐代景教徒的墓誌。花獻就居住在大秦寺所在的修善坊。墓誌記載花獻"常洗心事景尊，竭奉教理"，而且"爲法中之柱礎，作徒侶之笙簧"。花獻的妻子安氏，雖然墓誌中沒有明確其信仰，但應該也是一名景

---

① 趙力光：《鴛鴦七誌齋藏石》，第 218 頁。
② 劉餗、張鷟：《隋唐嘉話　朝野僉載》，中華書局，1997 年，第 64~65 頁。
③ 翁紹軍：《漢語景教文典詮釋》，三聯書店，1996 年，第 41~81 頁。
④ 徐松輯，高敏校《河南志》，中華書局，1994 年，第 12 頁。
⑤ 王溥：《唐會要》卷四九，第 864 頁。
⑥ 段晴：《唐代大秦寺與景教僧新釋》，榮新江主編《唐代宗教信仰與社會》，上海辭書出版社，2003 年，第 438 頁。
⑦ 羅炤：《洛陽新出土〈大秦景教宣元至本經及幢記〉石幢的幾個問題》，《文物》2007 年第 6 期。

教徒。這可以和景教經幢的信息相印證。^①

　　唐後期，由於回鶻勢力的强大，摩尼教也在回鶻的推動下於元和三年（808）在洛陽建立了寺院。而摩尼教僧侣中粟特人也占據了相當的數量，因而洛陽摩尼教僧侣中應當也有粟特人存在。

　　除了以上涉及的，《全唐詩》卷二九八王建《凉州行》有云："城頭山雞鳴角角，洛陽家家學胡樂。"而洛陽也流行着源自波斯地區的馬球，這些都與粟特人有着一定的聯繫。^②可以説，隋唐時期的洛陽城是一座具有外來風情的城市，而居住在這裏的粟特人是促成這種事象的重要因素。

三　居洛粟特人的漢化傾向

　　居洛粟特人大多分散居住在城市里坊之中。儘管在南市周邊坊里居住者較多，但并没有形成非常集中的聚落。居住在洛陽的粟特人遠離了本民族原來的生存環境，尤其是文化環境，同時又受到洛陽漢地社會習俗和價值觀念的影響和濡染。儘管他們在一些方面還保持着本民族的風俗和習慣，對遷居地社會生活產生了一定的影響，但洛陽長期的城市生活也使粟特人在價值觀念、喪葬、信仰、婚姻觀念上產生了變化，越來越多的與當地漢族趨同。筆者這裏之所以用漢化傾向一詞，是因爲入華粟特人的漢化本身是一個漫長而漸進的過程，并不是在短時間内一蹴而就的。由於定居時間、所從事的職業、居住地社會環境等因素的差異，其個體差異也比較大。而漢化的範疇本身又比較廣，既有外在的，也有内在的，滿足哪一個或者哪些標準可以算漢化，也没有一致的看法。因此用傾向一詞更能體現出這種漸進的過程。

　　從洛陽出土粟特人墓誌來看，由於長期漢地的生活以及受到儒家文化的濡染，粟特人的價值觀念逐步在發生變化，逐漸遵循儒家倫理道德觀念，講究仁義道德，淡漠功名利禄。如《安神儼墓誌》稱贊他"仁惠之道，資訓自天，孝友之方，無假因習"。^③再如康元敬，墓誌上稱他"生於□□之門，幼聞仁義之訓。居心廉

---

①　毛陽光：《洛陽新出土唐代景教徒花獻及其妻安氏墓誌初探》，《西域研究》2014 年第 2 期。

②　毛陽光：《唐宋時期中原地區的打馬球風氣》，《尋根》2009 年第 5 期。

③　周紹良、趙超：《唐代墓誌彙編》調露 024，第 669 頁。

慎，口無擇言。立性恭儉，交游以信。不貪榮禄，怡然自安"。①《何澄墓誌》稱讚他"言涉忠信，謀當適時。仁禮冠於家邦，惠恤周於姻族"。②更有一些粟特人開始修習儒業。典型人物是康敬本，"司成碩學，就釋十翼之微；弘文大儒，詢明六義之奥"，并且"以經術知名"，儼然是精通儒學義理的學者。他還在貞觀年間參加制舉，"射策高第"。③唐後期的《康昭墓誌》記載其"聿行孝道，恒守父規。器度恢弘，性寬志直。言之與行，不妄不邪。忠信内修，仁義外着。智謀深遠，禮樂周身。交結往還，有終有始。至於父母未飡之物輒不先嘗，珍異之衣輒不先服。孝敬和順，内外欽風。屏迹遁居，不樂榮貴"。幾乎具有傳統漢族讀書人所有的美好品德。④而漢地女性所遵從的三從四德、居家和睦、孀居守節也成爲衡量粟特女性品行的標準，如曹諒妻安氏"温恭□朗，婦順外融，一醮齊於恭姜，四德諧於孟母"。⑤曹氏"四德周備，六行齊驅，整肅閨門，實爲和睦，喜怒不形於色，稟生自然。榮悴不改於懷，正符天性"。⑥史夫人"女儀無爽，一志貞心，婦禮有功，四德兼備"。⑦何夫人"令懿端穆，矜莊麗飾。蘭儀婉淑，□性堅貞。修蘋藻於中櫃，持禮容於内則"。⑧康勝"爰在幼齡，已蘊緹縈之節。既歸良族，更顯孟美之操。四德允備，三從克修，賢姬之道於兹見矣"。花獻妻安夫人"恭守箴誡，昭彰六姻。則賢班、姜，無以比也"。當然，以上這些粟特男女的墓誌文字也可能是文人對他們的溢美之辭，但畢竟它體現了洛陽社會對這些粟特人的品行要求以及他們自己道德觀念方面的自覺。

居洛粟特人的漢化趨向也表現在他們的名字上，早期居洛粟特人的名字多由本民族語言音譯爲漢字，帶有本民族痕迹。如安懷夫人史氏祖父名盤陀，是粟特語Vandak（意爲僕人）的音譯，其他如安比失、何摩訶、康留買、史多、石野那等。但是隨着遷居洛陽日久，這些粟特人的第二代、第三代的名字發生了明顯的變化，如安孝臣、史喬如、康敬本、康元敬、康智、安思節、安玉、康昭、曹曄、史惟

① 周紹良、趙超：《唐代墓誌彙編》咸亨 085，第 571 頁。
② 毛陽光：《新見四方唐代洛陽粟特人墓誌考》，《中原文物》2009 年第 6 期。
③ 吳鋼主編《全唐文補遺》第 2 輯，三秦出版社，1995 年，第 234 頁；周紹良、趙超：《唐代墓誌彙編》咸亨 015《蓋蕃墓誌》，第 519 頁。
④ 毛陽光、余扶危：《洛陽流散唐代墓誌彙編》，第 522~523 頁。
⑤ 周紹良、趙超：《唐代墓誌彙編》永徽 008，第 135 頁。
⑥ 周紹良、趙超：《唐代墓誌彙編》儀鳳 011，第 633 頁。
⑦ 周紹良、趙超：《唐代墓誌彙編》顯慶 169，第 335 頁。
⑧ 毛陽光：《新見四方唐代洛陽粟特人墓誌考》，《中原文物》2009 年第 6 期。

清、安義，其中孝、敬、智都是深受儒家文化影響的傳統中國人常用的名字，單純從名字上看，他們已經與這一地區的漢族百姓沒有區別了。

從墓誌記載的洛陽粟特人的家世淵源來看，玄宗以前的粟特人墓誌大多不避諱其來自異域以及胡人背景，正如本文前面所提到的。然而，類似記載在唐後期的墓誌中則很少見到，許多粟特人後裔在墓誌中標榜自己的漢地家族背景和郡望，如《康昭墓誌》載"自衛康叔初封於康，其後氏焉"，《安氏夫人墓誌》稱其"安定郡人也"，何澄和何夫人在姓氏前加潯陽郡和廬江郡，《曹曄石夫人墓誌》稱其爲"譙郡曹公"。單純從墓誌銘文上已經無法瞭解他們的異族背景了。

在宗教信仰方面，前面曾論述了一部分居洛粟特人的祆教、景教和摩尼教信仰。然而，居住在洛陽這樣具有濃厚佛教色彩的城市，許多粟特人都逐漸信仰漢地流行的佛教。許多粟特佛教信徒也與洛陽佛教寺院的僧侶們交往密切，如洛陽城南的龍門保存了大量唐代洛陽信仰佛教的粟特人爲保佑父母平安造像而保留下來的題記。許多粟特人還安葬在這裏，如康昭安葬在龍門地區，因爲這裏能夠"恒聞真經"。因而張乃翥指出在龍門地區已經形成了信仰佛教的粟特人的區系文化聚落。[①]而這些體現出粟特人對於漢地信仰的認同。

在喪葬文化上，居洛粟特人也深受洛陽地區葬俗的影響，在喪葬區域的選擇、葬具的使用、喪葬方式等方面都與洛陽漢族百姓一致。根據對出土粟特人墓誌的統計，洛陽粟特人卒後主要葬在洛陽北面的邙山，"無卧牛之地"的邙山自漢唐以來一直是洛陽各階層喪葬的首選之區，粟特人也不例外，現共出土有43方墓誌，其中以河南縣平樂鄉及所轄村落杜翟村、王晏村埋葬的粟特人數量最多。從盛唐開始，洛陽城南的龍門原，城東的感德鄉、三川鄉也成爲重要的喪葬區，許多粟特人埋葬在這裏。這些地方也都是唐代洛陽士人和民衆喪葬的主要區域，因此洛陽粟特人并無較爲集中的葬區。

據學者研究，中亞粟特本土流行的喪葬方式是天葬，使用盛骨甕作爲葬具。[②]而根據洛陽粟特人墓誌的記載來看，他們都是采用漢地的喪葬習俗，樹立墳塋并使用漢地傳統的喪葬用具。根據目前洛陽經過考古發掘的唯一一座粟特人墓葬——洛陽龍門安菩墓的情況來看，整座墓葬平面呈凸字形，由墓道、墓門、甬道和墓室四

---

① 張乃翥：《從出土文物看中古時期龍門地區的區系文化聚落》，《龍門石窟一千五百周年國際學術討論會論文集》，文物出版社，1996年，第94~109頁。
② 陳海濤、劉惠琴：《來自文明十字路口的民族——唐代入華粟特人研究》，第398~402頁。

部分構成，墓室東西兩邊各有一棺床。①儘管有學者通過對墓室情況的分析并結合歷史文獻認爲其喪葬上還具有祆教的色彩，②但其墓葬使用了這一時期常用的墓誌以及大量三彩明器等喪葬用具，而其墓葬結構也是典型的漢族土洞墓，仍能够感受到漢地葬俗的影響。康子相墓雖然被盜掘，但出土的器物也都是當時墓葬中慣常使用的葬具和三彩明器。

許多居洛粟特人夫婦采用了漢地流行的夫妻合葬的方式，如安菩與妻何氏、曹諒與妻安氏、安師與妻康氏、康武通與其康氏、安神儼與妻史氏、康敦與丈夫安公、何澄與妻何氏等，數量很多。由於死亡時間不同，許多都是在配偶死後很長時間以後再合葬的，并且在祔葬時强調合乎禮法。而許多居洛粟特家族也遵從漢地流行的聚族而葬的喪葬習俗，如康昭死後，專門叮囑家人將其安葬在兩位亡兄的墳塋旁邊。由於許多粟特人的祖塋都在洛陽，這使許多粟特人即使由於經商、仕宦離開了洛陽，然而在死後都不遠千里歸葬洛陽。如《康威墓誌》記載其夫婦二人都住在鄭州滎陽，但卒後"祔於先祖父塋定鼎門正北廿五里河南北山"；③康磨伽在長安爲官，但在永淳年間去世後歸葬於洛陽平樂鄉的家族墓地；④康續在平州任職并卒於此，之後歸葬邙山平樂鄉。

居洛粟特人的漢化傾向還表現在他們的婚姻上。在能够得知配偶信息的 43 方墓誌中，粟特人與漢族通婚的有 12 例，其中 8 名粟特人娶漢族女子爲妻、4 名漢人娶粟特女子爲妻，占總數的 28%。粟特人内部以及與中亞民族的通婚共有 25 例，占總數的 72%。從時間段來看，唐前期一直到玄宗時期，居洛粟特人内部之間的通婚非常普遍。尤其是康姓與安姓、史姓之間，通婚非常普遍。這其中最爲典型的是史陁家族，《史陁墓誌》記載史陁"詔授呼論縣開國公，仍守新林府果毅，遷居洛陽之縣"。⑤史陁三個孫女的墓誌先後在洛陽出土，新安千唐誌齋舊藏的《史夫人墓誌》稱其"祖□□，呼論縣開國公，新林府果毅"，其丈夫姓康。⑥《康老師墓誌》記載："夫人史氏，即呼論公之孫也。"⑦《安懷及夫人史氏墓誌》也叙述史氏

① 洛陽市文物工作隊：《洛陽龍門唐安菩夫婦墓》，《中原文物》1982 年第 3 期。
② 沈睿文：《重讀安菩墓》，《故宮博物院院刊》2009 年第 4 期。
③ 周紹良、趙超：《唐代墓誌彙編》開元 164，第 1270 頁。
④ 周紹良、趙超：《唐代墓誌彙編》永淳 014，第 695 頁。
⑤ 周紹良、趙超：《唐代墓誌彙編》顯慶 108，第 298 頁。
⑥ 周紹良、趙超：《唐代墓誌彙編》顯慶 169，第 335 頁。
⑦ 喬棟、李獻奇、史家珍：《洛陽新獲墓誌續編》，科學出版社，2007 年，第 54 頁。

之“祖盤陁，唐任揚州新林府車騎將軍，呼侖縣開國公；父師，□朝左□衛”，[①]則史陁的三個孫女分別嫁給了康公、康老師、安懷。這樣，史陁家族與康氏和安氏家族之間因通婚而締結成較穩固的社會網絡。雖然這25例中有4例粟特人與羅、唐、花、支等姓的婚姻，但羅氏是吐火羅人、唐氏也是酒泉單王之後、花獻則是景教徒，都是與粟特人聯繫密切的胡人，這與粟特人内部的婚姻差別不大。筆者認爲粟特人與當地漢族的婚姻受到自身漢化的影響，還受到當地粟特人數量以及當地漢族居民的接受程度等客觀因素的制約。北朝到隋、唐前期，粟特人不斷地進入洛陽，儘管他們的居住并不是非常集中，但種族和地域的淵源關係使他們之間的聯繫却較爲密切，這爲粟特人内部通婚創造了便利的條件。因此，洛陽粟特人在很長一段時間還保持着本民族内部的通婚習慣，以及與自己地緣聯繫非常密切的其他胡族保持着婚姻關係。

　　然而，從玄宗以後，較多粟特人開始與洛陽當地的漢族通婚。目前已知的12例通婚情況中，8例都出現在盛唐之後。比較典型的如曹乾琳，其父母還是曹、何聯姻，但他娶彭城劉氏爲妻。居住在修善里的孫子琳妻子是康氏，其長女嫁與河陽康氏，次女、三女分別婚配彭城劉氏、弘農楊氏。[②]晚唐居住在通利坊的商人安元貞，先後婚娶王氏、鄧氏。[③]這反映出由於居住洛陽日久，粟特人後裔從文化上已經逐漸得到了當地漢族人士的認同，因爲文化層面的一致性是不同民族通婚的前提和基礎。從民族學的角度而言，隨着相互之間交往的密切，文化認同的實現，族群之間關係比較融洽和和諧時，各民族間的通婚纔會較多出現。美國學者戈登認爲，當文化交融（宗教信仰、風俗習慣和語言的民族交融）和結構交融（居住區、學校、工作單位、政治機構、宗教組織各領域的民族交融）大規模地發生時，必然導致不同民族之較高通婚率。[④]更何況居洛粟特人經過幾代的漢化，多數已經得到地方社會民衆的認同。他們被視爲洛陽城市居民中的一員，這必然導致通婚現象的增多。

　　通過以上分析來看，尤其是到了唐後期，居洛粟特人後裔的漢化傾向越來越明顯。但就其具體表現而言，還存在着個體差異。如前面所提到的，直到唐

---

① 周紹良、趙超：《唐代墓誌彙編》長壽019，第845頁。

② 《唐故樂安郡孫府君（子琳）墓誌銘》，私人藏石，筆者收藏墓誌拓本。

③ 《大唐故武威安府君（元貞）墓誌銘》，禹州宣和陶瓷博物館藏石，筆者收藏墓誌拓本。

④ M Gordon, *Assimilation in American Life*, Oxford University Press, 1964, pp.233-236.

後期，洛陽部分粟特人後裔仍舊還存在通婚現象，還保持着景教等外來宗教信仰等。

結　語

通過以上的論述我們得知，唐代的洛陽生活着相當數量的粟特人，他們大多數都是北朝以來進入中原的粟特人的後裔。他們比較集中地居住在一些里坊内，在一定程度上還保持着本民族的信仰，還時常舉行一些具有異域色彩的集體活動。居洛粟特人的服飾、信仰、生活方式都對洛陽社會産生了一定的影響。作爲唐前期的一座國際化的都市，洛陽受到外來文明的影響無疑是多樣的，但其中粟特文化或是經粟特地區轉輸而來的文化對洛陽社會的影響占據了最大的比重。

與此同時，粟特人也深受洛陽社會主流文化的影響，他們主動或被動地接受了漢文化，這表現在修習儒家經典、崇尚儒家傳統倫理道德和價值體系、采用漢族禮俗等方面。居洛粟特人與當地漢族的通婚也逐漸增多。從墓誌資料來看，居洛粟特人和洛陽社會的各階層已經有了較爲密切的聯繫，已經被他們所接受，如《康敦墓誌》由右千牛率府長史王珪撰寫，《何澄墓誌》由進士趙南華撰寫，《曹暉武威郡石夫人墓誌》由鄉貢進士董昂撰寫，《康昭墓誌》由丹陽人藺叔良撰寫。而許多粟特佛教信徒也與洛陽佛教寺院的僧侶交往密切，何澄妻何氏的墓誌文字就是由聖善寺沙門文皎撰寫的。另一位何氏跟從傅禪師修行佛教，其卒後靈柩安置在信行禪師處，經幢題記由僧人惠璥撰寫。[1]再者如花獻妻安氏墓誌銘由聖善寺僧文簡書寫、《安義墓誌》則由沙門文惠撰寫，而《宣元至本經經幢記》則記載安國太夫人的墓地是其子從當地漢族地主崔行本處買到的，南市香行社以及北市絲行社的粟特商人還和漢族商人一起出資營造佛教像龕。這都表明許多居洛粟特人經過數代的生活，儘管他們的樣貌上可能還具有胡人的體貌特徵，但他們在道德觀念、價值取向、風俗習慣等方面已經和漢族居民趨於一致，在更講求文化認同的唐代，粟特人逐漸成爲唐代洛陽社會重要的組成部分，他們已經較好地融入了洛陽地方社會。

正是由於此時洛陽的國際化色彩和唐朝開放的大趨勢，使居住洛陽的粟特人

---

① 　王振國：《洛陽經幢研究》，《龍門石窟與洛陽佛教文化》，中州古籍出版社，2006年，第127~128頁。

逐步地接受漢地文化和信仰，同時還能保持其本民族特有的文化，并對洛陽地方社會產生了一定的影響。可以説，大量石刻史料的出現向我們展示了中古時期洛陽粟特人社會生活的生動畫卷，爲我們瞭解隋唐時期中原文化與西域文化的交流提供了很好的標本，也反映出洛陽在這一時期民族融合中的重要地位。

入唐高句麗移民墓誌及其史料價值[*]

拜根興

中國古代移民有戰争、經濟、實邊、灾荒、屯田等多種情况，^① 入唐高句麗移民似應劃歸戰争移民的範疇。自 1937 年羅振玉編撰《唐代海東藩閥誌存》一書以來，隨着洛陽、西安兩地新的朝鮮半島移民墓誌的不斷發現，以及韓國、日本研究者的加入，有關入唐高句麗移民的研究呈現相對繁榮局面。據筆者不完全統計，海内外已出版專著和資料集多部，^② 發表論文近百篇。然而，針對現存入唐高句麗人墓誌涉及問題的宏觀整體探討，似還未看到。本稿力圖在已有研究的基礎上，對出土於洛陽、西安的入唐高句麗人墓誌作整體探討，并評價其史料價值，以就教於諸師友方家！

一　入唐高句麗人墓葬及墓誌的總體狀况

（一）墓葬分布於唐兩京地區

長安與洛陽，是唐朝京師和東都所在地。洛陽北邙自漢魏以來，成爲當時達官貴族以及一般百姓死後理想的埋葬地，唐代也不例外。而作爲都城的長安，除過在其北部渭北高原上長達一百五十餘公里所在的唐十八陵及其陪葬墓群外，長安的

---

*　本文原刊於《陝西師範大學學報》（哲學社會科學版）2013 年第 2 期，作者同意入編本書。

① 丁鼎、王明華：《中國古代移民述論》，《安徽師範大學學報》（社會科學版）1997 年第 4 期。

② 姜清波：《入唐三韓人研究》，暨南大學出版社，2010 年；苗威：《高句麗移民研究》，吉林大學出版社，2011 年；拜根興：《唐代高麗百濟移民研究》，中國社會科學出版社，2012 年；韓國高麗研究財團：《中國所在高句麗關聯金石文資料集》，2004 年。

東、西、南三個方向周邊地帶，也有大量的唐人墓葬存在。有學者探討現有考古發掘及其他文獻史料，總結出長安周邊唐代墓葬分布的三個原則：即靠近交通幹道、多處於高敞地帶、靠近居民區等。而外國或周邊民族移民的墓葬分布，則是"東來的葬在東邊，西來的葬在西邊"。① 相信洛陽北邙唐代墓葬可能也是如此。而已發現的入唐高句麗人墓，均處於唐長安城周邊，以及洛陽北邙及其周邊地區，還沒有形成集團性的高句麗人墓地。爲什麼如此？ 筆者依據現存墓誌資料以及其他文獻記載，認爲可能有以下幾個原因。其一，入唐高句麗人病逝於長安或洛陽，其入唐後的住宅也在長安或洛陽，因而就近找尋墓地埋葬。其二，有的人雖然在長安和洛陽均有住宅，但入唐不久恰逢武周統治時期，國家的統治中心東移，而且大部分時間在洛陽居住，因此死後也就埋葬於洛陽。其三，屬於入唐第二代或第三代，時間也到了唐玄宗開元、天寶時期，此時要麼祖墳就在洛陽，要麼死後遷葬於洛陽。如泉毖雖然籍貫記爲京兆萬年人，但因祖墓在洛陽，故死後遷葬洛陽。無論如何，唐朝兩京之外還沒有發現入唐高句麗人墓葬。這種情況固然和葬於兩京及其周邊地區的多爲高句麗高官貴族，他們入唐後擔當唐朝重要官職，爲唐朝邊境的安寧建功立業，故死後也享受哀榮待遇，建造與其官位品級相對應的墓室。而遠在河西、隴右等地安置的中下級高句麗軍將以及一般百姓，一方面限於當地的自然環境，以及經濟、政治氛圍、生活習俗；另一方面唐朝喪葬有嚴格的等級規定，這些人死後的葬埋方式和規模，以及享受的禮遇，就不能和在京師長安、東都洛陽所在的高位官僚同日而語了，可能大部分人死後根本不可能有墓誌等文字性記錄。因而，在長安、洛陽之外至今沒有發現高句麗人墓葬也是可以想象的事情。當然，也有可能在未來的時間內，在唐兩京之外發現入唐高句麗人墓，因爲在七世紀中葉及其之後唐廷的邊疆戰爭中，遣派入唐高句麗軍將及其後裔的情況很多，或許有人戰死疆場後，限於窘迫情勢，立簡單的標志碑石，就安葬於當地也不是沒有可能。②

（二）墓葬多未經正規考古發掘

上述羅振玉《唐代海東藩閥誌存》一書中，涉及入唐高句麗人泉男生、泉男產、泉毖、高玄、高慈、高震等六人，其墓誌均來自於已遭盜掘墓葬，有的是幾經輾轉輾收集而來。如現藏於河南博物院的泉男生墓誌就幾易其手，最終得以收藏

① 程義：《關中地區唐代墓葬研究》，文物出版社，2012 年。
② 錢伯泉：《隋唐時期西域的朝鮮族人》，《新疆大學學報》（社會科學版）2006 年第 4 期。

保全。致力於唐人墓誌收藏的著名金石專家李根源記載泉氏墓誌云："民國十一年十一月在洛陽出土，爲陶北溟所得，轉賣日人，已捆綁登車矣。張省長鳳台截回，出資千元，交館收藏。"[①] 一般來說，因爲盜掘的緣故，這些墓葬出土狀況并不爲人所知，但個別墓葬出土文物情況還可略知一二。如郭玉堂編《千唐誌齋石目録》三集中，就記載了高玄墓出土當時的情況，其於民國"二十五年十月，後李村出土。三彩鳳壺一，盤子一，束腰人一對，十大件一全份，其餘小器二十件，馬上人十件"。[②] 當然，按照唐人的埋葬禮儀，作爲正三品的冠軍大將軍行左豹韜衛翊府中郎將的高玄，其陪葬品絶不止這些，其中也許郭氏見到的并非盜掘者發現高玄墓陪葬物的全部，也許當時人對於一些我們現在看來重要的東西并没有記載，但無論如何，在當時特殊狀況下能够記載高玄墓出土文物情況還是值得肯定的。另外，近二十年來新發現的入唐高句麗人墓，如高足酉墓、高震女兒墓、[③] 高性文墓、[④] 高鐃苗墓[⑤] 等，有的是收集民間收藏的墓誌，其出土於何處，何時出土并不知道。有的雖然有出土時間和地點，但從現公布的資料看，并没有具體的發掘記録，祇是簡單提及何時何地出土，未言及或公布與墓誌同時出土的其他文物。這些情況至少可以説明上述墓葬并非經過科學完整的考古發掘，極可能是清理盜掘，或者清理城市擴張建設過程中被破壞的墓葬而已。正因如此，現有研究祇是通過出土墓誌探討墓主的生平、入唐之際的表現，以及入唐之後爲唐朝建功立業，等等。而通過墓葬的葬式規格、陪葬品的多少及其品質、墓室壁畫等要素，探討與墓主關聯的問題，即墓葬是否完全按照唐人陪葬排設明器？在第一代入唐高句麗人墓葬中，墓室中是否殘留有或者説表現有墓主在故鄉高句麗生活的素材？這些現在都成爲不可能再現的東西。作爲學術研究，上述至關重要的考古信息，均因盜掘，或者非正式出土面世而蕩然無存，確實令人痛惜。當然，爲數衆多被盜掘的唐墓出土文物現狀也是如此。

（三）墓誌出土數量不斷增多

入唐高句麗移民墓誌數目，不同時期、地域、理念的統計，也呈現出不同的統計結果。如韓國首爾大學宋基豪教授在探討高玄墓誌時，就認爲當時所見入唐高

---

① 李根源、何日章：《河南圖書館藏石目》，1925 年。
② 張鈁：《千唐誌齋藏誌目録》，北京萬順德印刷局，1953 年。
③ 李獻奇、郭引强：《洛陽新獲墓誌》，文物出版社，1996 年。
④ 王化昆：《讀武周〈高質墓誌〉》，《武則天與神都洛陽》，中國文史出版社，2008 年。
⑤ 金榮官：《高句麗遺民高鐃苗墓誌檢討》，《韓國古代史研究》第 56 輯，2009 年。

句麗人墓誌共有 7 方。[①] 筆者此前發表的論文中提到 9 方入唐高句麗人墓誌。[②] 趙振華先生論文中也提到在唐高句麗人墓誌數目。[③] 其次，因爲對現存史料理解的差異，其統計數字也各不相同。筆者在《唐代高麗百濟移民研究》一書中，收録入唐高句麗人墓誌 21 方，如果去掉李仁德、似先義逸兩方唐之前其先祖進入中原者，實際上有 19 方。不過，2012 年初有研究者在洛陽找到入唐高句麗移民高牟墓誌拓片，祇是其誌石已不知所終。[④] 這樣，現在可以看到的入唐高句麗移民墓誌就有 20 方。事實上，這些墓誌可分爲入唐高句麗移民、入唐高句麗化漢人移民墓誌兩類。雖則如此，韓國學者權惪永教授并不認同將已高句麗化的入唐移民劃入高句麗移民之列觀點。[⑤] 也就是説，如果將高句麗化的入唐漢人排除於入唐高句麗移民之外，那麽最終統計入唐高句麗人墓誌數目就不同。還有一種情況，如筆者 2007 年赴洛陽出席武則天國際學術會議，會上就聽聞泉男生的弟弟泉男建墓誌流傳民間的消息，但該墓誌藏於何處却無法查證。可以預測，隨着西安、洛陽城市建設的不斷拓展，新的入唐高句麗人墓誌還會不時發現，數量還會不斷增多。

（四）墓葬呈現家族式埋葬特點

從現存 20 方入唐高句麗人墓誌看，其中就有泉氏家族四人、高性文高慈父子、高震父女、高欽德高遠望父子等，他們或者父子，或者祖孫三代，其墓葬均在同一區域相依相伴，形成家族墓地，其數目接近發現入唐高句麗人墓總數的一半。而隨着洛陽、西安兩地基本建設和考古工作的拓展，以及零星盜掘的一再出現，發現新的入唐高句麗家族式墓葬并非不可能。這些家族式墓葬，除過泉氏家族中泉男産墓地，與兄泉男生祖孫三代墓不在一個地方之外，其餘三個家族墓誌均出土於同一地點。爲什麽如此？是否與唐人死後同一家族共有相同墓地的習俗有關。[⑥] 不僅如此，入唐高句麗人墓葬及其出土墓誌，也與唐人葬埋乃至書寫方式相同，此亦可證實入唐高句麗移民逐漸融合於唐人共同體的歷史史實。當然，由於并非正規的、有計劃

---

① 宋基豪：《高句麗遺民高玄墓誌銘》，《首爾大學校博物館年報》第 10 輯，1998 年。

② 拜根興：《高句麗遺民高足酉墓誌考釋》，《碑林集刊》第 9 輯，陝西人民美術出版社，2003 年。

③ 趙振華：《洛陽、西安出土北魏與唐高句麗人墓誌及泉氏墓地》，《洛陽古代銘刻文獻研究》，三秦出版社，2009 年。

④ 樓正豪：《新見唐高句麗遺民〈高牟墓誌銘〉考釋》，《唐史論叢》第 18 輯，陝西師範大學出版總社有限公司，2014 年。

⑤ 權惪永：《韓國古代史關聯的中國金石文調查研究》，《史學研究》第 97 輯，2010 年。

⑥ 江波：《唐代墓誌撰書人及相關文化問題研究》，博士學位論文，吉林大學，2010 年。

的考古發掘，上述家族父子墓誌的出土時間各異，而出土地點則是出奇地相同。如高慈墓誌出土於 1917 年，而其父親高性文墓誌則出土於二十一世紀初；因父子兩人同時爲維護大唐邊疆的安寧捐軀生命，武周政權將其葬埋在一處，形成高性文父子家族墓地；至於高氏家族是否還有其他人士葬埋於此，因沒有確切的史料，難於作論。高震墓誌出土於 1926 年，現存史料祇是説出土於洛陽，并未載明具體地點，高震女兒墓誌則出土於洛陽市伊川縣白元鄉土門村，時間爲 1990 年。高欽德墓誌出土於洛陽，未説明具體時間和地點，其子高遠望墓誌 1997 年出土於洛陽市孟津縣，但從兩誌文本身看，其埋葬地點應該在一處，當然其出土地點也應當是同一地點。總之，從家族人士集中埋葬同一區域的事實，可以看出入唐高句麗移民入鄉隨俗，在葬埋形式上已和唐人沒有什麼兩樣了。

二　入唐高句麗移民墓誌涉及的問題

入唐高句麗移民在唐生活，并逐漸融入唐人共同體之中，成爲中華民族的一分子，他們死後的墓葬形式、誌文的構成，均趨同於唐人，進而成爲唐人墓誌的重要組成部分。雖則如此，現在看到的入唐高句麗人墓誌，也可找出一些足以成爲特點的要素，彰顯高句麗移民入唐後的心路歷程。

其一，從墓誌記述墓主籍貫看，入唐高句麗移民多來自遼東或朝鮮半島，但其具體表述則有差異。眾所周知，高句麗民族發源我國東北，後來執行所謂的南進政策，其勢力到達朝鮮半島中北部。公元 668 年高句麗滅亡前後，大量的高句麗高官和富户以各種方式遷至長安和洛陽，從此開始了移居唐朝的生活歷程。對此，可從現存墓誌及其他史料得其端倪（表一）。

表一　入唐高句麗移民籍貫統計

墓誌名稱	墓主	籍貫	死亡時間	代次	出土地點
泉男生墓誌	泉男生	遼東平壤城人	儀鳳四年	第一代	洛陽孟津縣東山嶺頭村
泉獻誠墓誌	泉獻誠	其先高句麗人	天授二年	第一代	洛陽孟津縣東山嶺頭村
泉男產墓誌	泉男產	遼東朝鮮人	大足元年	第一代	洛陽孟津縣劉坡村
高玄墓誌	高玄	遼東三韓人	天授元年	第一代	河南孟津縣後李村
高性文墓誌	高性文	遼東朝鮮人	萬歲通天二年	第一代	洛陽北邙山
高慈墓誌	高慈	朝鮮人	萬歲通天二年	第一代	洛陽北邙山

續表

墓誌名稱	墓主	籍貫	死亡時間	代次	出土地點
高足酉墓誌	高足酉	遼東平壤人	天册萬歲元年	第一代	伊川縣平等鄉樓子溝村
高鐃苗墓誌	高鐃苗	遼東人	咸亨四年	第一代	西安城南
李他仁墓誌	李他仁	遼東柵州人	上元二年	第一代	西安城東白鹿原
高牟墓誌	高牟	安東人	延載元年	第一代	洛陽北邙山
泉毖墓誌	泉毖	京兆萬年人	開元十七年	第二代	洛陽洛陽孟津縣東山嶺頭村
高木盧墓誌	高木盧	渤海人	開元十八年	第一代	陝西西安東郊郭家灘
高震墓誌	高震	渤海人	大曆八年	第三代	洛陽
高震女兒墓誌	高氏	渤海人	大曆七年	第四代	洛陽市伊川縣白元鄉土門村
高欽德墓誌	高欽德	渤海人	開元二十一年	第三代	洛陽
高遠望墓誌	高遠望	渤海人	開元二十八年	第四代	洛陽
高德墓誌	高德	渤海人	天寶元年	第三代	洛陽

從表一可以看出，入唐高句麗移民除了高木盧籍貫寫爲"渤海人"之外，其餘第一代移民的籍貫均與遼東及朝鮮半島密切相關。第二代以後的高句麗移民，包括上述死於開元中的高木盧，以及作爲高句麗王室的直系繼承人高震，他們的籍貫整齊劃一地記爲"渤海人"。爲什麽會出現這種情況？有學者認爲"説明高句麗舊日權貴已經在主動放棄其原有的即客觀的種族出自，轉而攀附中原正統了"，"反映了高震自我身份認同的矛盾心理。……在高震女兒的墓誌中，對曾祖高藏和高祖高連的身份，特別是朝鮮郡王的介紹閃爍其辭"。[1]同時，"高句麗人附會渤海高氏，是因爲這些高句麗人以出身東夷在中原備受輕視，所以冒充渤海高氏以抬高身價。高震自號渤海人一事，恐怕也是出於同樣的原因"。[2]在唐初門閥、華夷觀念仍然存在的現實狀況下，包括王室貴族以及上層官僚在內的入唐高句麗移民，他們對出自籍貫的重視和選擇，充滿了矛盾和無奈。至於泉毖將籍貫寫爲"京兆萬年人"，當是與其生於長安，以及父輩在長安居住有關。總之，無論是第一代高句麗移民墓誌直接記載其遼東及朝鮮半島籍貫，還是第二代之後或者對籍貫的閃爍其辭，或者攀附中原大姓，這些都不能改變他們出自遼東或朝鮮半島的事實。當然，入唐第二代，特別是中唐之後，這些人已經融入唐人共同體之中，現有碑刻史料中，再也看不到有關高句麗移民標榜出自遼東和朝鮮半島的記載了。

---

① 馬一虹：《從唐墓誌看高句麗遺民歸屬意識的變化》，《北方文物》2006年第1期。
② 馬一虹：《靺鞨、渤海與周邊國家部族關係史研究》，中國社會科學出版社，2011年。

其二，泉男産墓誌中明確有思念故鄉的内容，反映了第一代入唐高句麗人有別於常人的矛盾心情。泉男産墓誌云："年六十三，大足元年三月廿七日遘疾薨於私第，以某年四月廿三日葬於洛陽縣平陰鄉某所。邙山有阡，長没鐘儀之恨；遼水無極，詎聞莊舃之吟。故國途遥，精車何日。鶴飛自遠，令威之城郭永乖；馬鬣空存，滕公之居室長掩。"墓誌的撰寫者爲泉男産的兒子泉光富，雖然從年齡上看，其很可能是泉男産入唐後和唐人女子所生，但父子連心，泉男産臨終前對故鄉刻骨銘心的留戀思念，泉光富應最有發言權。應該説明的是，泉男産與其兄泉男生、侄泉獻誠的境況還有所不同：泉男生泉獻誠父子率先投誠，而且在滅亡高句麗戰爭中建有功勛，入唐後又頻繁帶兵出征，故受到最高統治者的頻繁褒獎，而泉男産則是不得已投唐，加之他與兄長泉男生固有的心結，或許在投誠唐朝之初的日子并不好過。而隨着泉男生泉獻誠父子的先後離世，作爲泉氏家族健在的掌門人，他與入唐其他家族，包括高句麗王族高氏保持怎樣的關係，七世紀末葉唐對高句麗故地采取的措施他持什麼樣的看法，因史料所限，不得而知。同時，泉男産"聖曆二年，授上護軍。萬歲天授三年，封遼陽郡開國公，又遷營繕監大匠，員外置同正員"。[①]從誌文看，險惡的酷吏政治背景下，泉男産奇迹般未受衝擊。總之，彌留之際的泉男産，可能思念故鄉的山川平原，也可能懷念年輕時代的榮華富貴，無論如何這也是人之常情，體現入唐第一代移民的共同心聲。其他人或許也有這種情懷，祇是現存墓誌文中没有表達而已。作爲學術研究，對此不必過分詮釋，也不能視而不見，應該予以客觀并恰如其分的評價。

其三，現存20方高句麗移民墓誌中，祇有泉男生泉獻誠父子，泉毖，高性文父子，[②]高欽德、高遠望父子，高震，李懷等的墓誌題有誌文作者，其他墓誌未見標出。對於未能標示誌文作者的墓誌，一般來説，要麽是唐朝廷有關部門例行公事，即官方差人撰寫，要麽是受到官方認可，讓熟悉死者生前事迹，和死者生前有過交往，并爲死者家屬認可的人士撰寫。這兩種情況中，前者撰寫素材一方面來自官方提供，同時參照死者家屬提供的家庭譜系材料，當然，是否采用墓誌撰寫書儀[③]類東西，至少從這20方墓誌文中很難認定。具體到入唐高句麗人士如高足酉、高鐃苗、高牟三人，誌文中詳細列出其入唐後事迹，但却很少觸及入唐前在高句麗

---

① 周紹良、趙超：《唐代墓誌彙編》，上海古籍出版社，1992年，第995頁。
② 王化昆：《讀武周〈高質墓誌〉》，《武則天與神都洛陽》。
③ 趙和平：《敦煌寫本書儀研究》，新文豐出版公司，1993年。

行迹，其中是否是刻意隱晦？對此，筆者曾對高足酉墓誌做過詳細的探討，分析誌文中人爲隱去入唐前事迹的幾種可能性。[①] 而高鐃苗、高牟兩人誌文簡略隱晦，可能與兩人在滅亡高句麗戰争中所擔當的角色有關。作爲小將的高鐃苗受主持平壤城防的僧信誠差遣，和已投誠唐朝的泉男生秘密接觸，最終打開平壤城門，[②] 爲唐朝組織的圍攻平壤戰役畫上了圓滿的句號。有研究者認爲高鐃苗誌文之所以隱晦不提在高句麗事迹，是害怕招致入唐高句麗不同派别移民人士的追殺，[③] 這種可能性當然是存在的。另據高牟墓誌，高牟延載元年（694）去世，享年 55 歲，其出生當在640 年。而投誠獻款的時間爲 668 年高句麗滅亡前後，此時高牟還不到 30 歲，唐朝授予其正四品雲麾將軍，是與高牟投誠唐軍後所建重大功勛密切相關。第二種情況在李他仁墓誌中可以得到驗證。李他仁墓誌的作者可能是曾爲李他仁部下，并且是獲得唐朝廷許可的高句麗化漢人。[④]

　　至於泉男生、泉獻誠，高性文父子、高震諸人墓誌撰寫者均爲當時著名人士或者和死者有一定交往的朝廷官員，書丹者亦是享譽後世的著名書法家。除過倒戈幫助唐朝滅亡高句麗之外，泉男生入唐後屢次受命出征，并在安撫遼東高句麗移民等問題上建有奇功，故泉男生死後唐廷頗爲重視，其誌文出自中書侍郎兼檢校相王府司馬王德真之手，書丹者則是朝議大夫行司勛郎中上騎都尉渤海縣開國男歐陽通，即初唐書法四杰之一的歐陽詢之子。不僅如此，泉男生墓前碑文是奉敕兼職國史事劉應道所撰，書丹者爲膳部員外郎值宏文館王知敬。依據墓誌，唐朝廷對待泉男生的喪事，幾乎和同時代爲唐朝建功立業的將帥没有差别，是所謂“寵贈之厚，存殁增華，哀送之盛，古今斯絶”。泉獻誠蒙冤死於酷吏的淫威之下，後昭雪平反，在葬儀等方面也是極盡優厚之能事。泉獻誠誌文作者爲朝議大夫行文昌膳部員外郎護軍梁惟忠，書丹者不明。其碑立於開元十五年，此前兩個兒子泉隱、泉逸分别參與撰寫碑文、書丹，而銘詞的撰寫、書丹則是邀請蘇晋、彭杲兩位著名人士。[⑤] 也就是説，泉獻誠的碑銘撰寫、書丹爲四人協作而成，其中也有死者子嗣參與，這種情況在現存唐人碑銘撰書成例中并不多見。單從高句麗移民墓誌的撰寫書丹情況

---

① 拜根興：《高句麗遺民高足酉墓誌考釋》，《碑林集刊》第 9 輯。

② 金富軾：《三國史記》，乙酉文化社，1997 年，第 515 頁。

③ 金榮官：《高句麗遺民高鐃苗墓誌檢討》，《韓國古代史研究》第 56 輯，2009 年。

④ 拜根興：《唐李他仁墓誌研究中的幾個問題》，《陝西師範大學學報》（哲學社會科學版）2010 年第 1 期。

⑤ 趙明誠撰，金光明校證《金石録》，廣西師範大學出版社，2005 年，第 97 頁。

看，雖然處於不同的年代，其墓誌撰作等事項，絲毫看不出與現存唐人墓誌的明顯差異。

其四，從現存 20 方誌文看，入唐高句麗上層移民似可歸爲三類：第一，以高句麗寶藏王高藏爲首的原高句麗王族成員；第二，泉男生家族以及迫於形勢投降唐朝廷者；第三，高足西，高性文、高慈父子，高饒苗，高牟等志願投誠者。對此，筆者此前曾有論述，[①] 在此不贅。

三　入唐高句麗移民墓誌史料價值及其評價

上述 20 方高句麗移民墓誌的出土，對於研究唐代東北民族史、唐與周邊民族融合發展史均具有重要意義，其史料價值彌足珍貴。對此，碑刻金石大家羅振玉八十餘年前就有過論述。針對泉男生墓誌，羅氏總結出可以 "補正前史者八事"。另外，根據泉男産其人在高句麗期間的官位升遷歷程，可對高句麗十三等官爵排列有明確的認識。羅振玉還通過泉男生、泉獻誠、泉男産、泉毖四方墓誌，探討泉氏家族入唐後的生息繁衍狀況。[②] 除此之外，針對高慈、高震墓誌涉及的問題，羅氏也條分縷析，得出令人信服的結論。除過上述羅振玉所論之外，筆者檢討相關史料，認爲還應該注意以下幾點。

第一，中古史涉及的各類史料中，石刻墓誌史料的價值近年來得到學界的更多認同，并爲研究者廣泛引用和追捧，增進了以唐史爲主的各個區段、方向研究的飛速發展。[③] 高句麗移民墓誌作爲石刻墓誌的具體存在，彰顯現存唐史史料的多樣性，對探討唐朝多民族統一國家民族融合發展提供了鮮活真實的史料，加深了學界對七八世紀唐朝民族融合繁盛局面的理解。

第二，墓誌中出現一些學界此前并不知曉的高句麗朝野人物，爲探討唐代東北民族史、唐與高句麗關係史提供了第一手材料。且不説高性文、高慈父子爲捍衛武周邊疆喋血磨米城，他們在高句麗時的官任，高句麗滅亡之際迫於時勢歸服唐

---

① 　拜根興：《唐代高麗百濟移民研究》，第 226 頁。

② 　羅振玉：《唐代海東藩閥誌存》，《石刻史料新編》第 1 輯，新文豐出版公司，1984 年。

③ 　大量的唐代墓誌圖版、錄文集出版，《唐研究》《唐史論叢》等集刊刊發唐代墓誌研究論文，出版唐代墓誌研究專號；日本學者氣賀澤保規編集《唐代墓誌所在總合目錄》，以及衆多研究者著作、論文中頻繁利用唐代誌文等。應該説，在掌握現有唐代文獻資料的同時，唐代墓誌已成爲繼敦煌吐魯番文書之後唐史研究不可或缺的史料來源。

朝，以及入唐後頻繁出征邊方，并成爲入唐高句麗移民融入唐人共同體的代表人物，而高足西、高玄兩人入唐後，不僅出征遠方，而且受到唐與武周朝廷的信任，逐漸熟悉朝野情勢，顯示出超乎尋常的適應力。高句麗王族後裔高震及其女兒墓誌的出土，上溯下延，對瞭解高句麗王室入唐後繁衍生息狀況提供了翔實的史料。李他仁祖孫三代擔當高句麗地方行政首腦，高句麗滅亡前夕迫於時勢投誠唐軍，隨後參與鎮壓遼東高句麗移民反叛的軍事行動，上元二年（675）病逝於長安。這些在文獻史料中不曾出現的人物，展現出高句麗政權兄弟睨墻，導致國家滅亡的慘況，爲進一步探討高句麗滅亡前夕，芸芸衆生的所思所想提供了依據。在唐朝開放包容的大背景下，這些人逐漸融入唐朝體制之內，成爲捍衛唐朝邊疆安寧的忠誠衛士。無論是唐朝還是武周王朝，在這些人死後，政府均追溯他們爲國家所建功勛，給予如同其他民族將領一樣的褒獎和追贈，顯示出多民族統一國家應有的氣魄，以及唐太宗之後執行"愛之如一"政策的持續。

第三，文獻中已有的人物，出土墓誌則增添了此前學界并不知曉的內容，豐富拓寬了研究視野。如泉男生泉獻誠父子墓誌中，透露了泉男生逃往國內城後尋求與唐朝取得聯繫的具體情況。筆者曾查閱《全唐文》卷一九六《左武衛將軍成安子崔獻行狀》文，瞭解到唐朝接納泉男生遣派使者後的反應，兩者結合，對於洞察這一重大事件的全貌，提供了强力的史料支撐。[1] 又如唐羅聯軍攻陷平壤城，俘獲泉男建與高句麗王高藏；昭陵獻捷之後，泉男建被被斬首，但泉男生"内切天倫，請重閣而蔡蔡叔，上感皇眷，就輕典而流共工。友悌之極，朝野斯尚"。即向唐高宗求情，纔使得泉男建得以減輕處罰，被流放至貴州，這些都是文獻史料中没有提起的事情。再如高句麗末代王高藏接受唐朝廷封賜，前往遼東安撫高句麗移民"還遼東以安餘民，先編僑内州者皆原遣"，[2] 可見唐朝對高藏還是委以重任并有所期待的。但高藏到達遼東後，迫不及待地利用自己的影響，企圖聯合靺鞨發動針對唐朝的叛亂，祇是未及行動就泄露行踪。唐朝召還高藏，將其流放至劍南道轄下的邛州。關於高藏聯合靺鞨陰謀敗露問題，一種觀點認爲是泉男生向唐朝報告了高藏反叛動向，而牛致功師用儀鳳二年（677）泉男生"奉敕存撫遼東，改置州縣，求瘼恤隱，纔負如歸；劃野疏疆，奠川知正"史料，證明事件發生於泉男生入遼東之

---

① 拜根興：《激蕩五十年：高句麗與唐朝關係研究》，《高句麗研究》總第 14 輯，2002 年。

② 歐陽修、宋祁：《新唐書》，中華書局，1975 年，第 6198 頁。

前。① 可見，泉男生墓誌確實爲解決這一問題提供了新的依據。近年公布的高鐃苗、高牟墓誌也可説明問題。《三國史記》卷二二《高句麗本紀·寶藏王》提到高鐃苗其人，墓誌雖采用隱晦的手法，但可以瞭解高鐃苗入唐後的官職，以及咸亨四年（673）死亡等情况。高牟其人《全唐文》中載有相關判詞，② 談到高牟時爲中郎將，而墓誌涉及高牟入唐後歷任官職，同時也記錄了高牟死亡時間及埋葬地點等。

第四，20 方高句麗移民墓誌爲高句麗移民家族史、入唐移民個案研究提供了翔實的史料。高句麗移民泉男生、泉男産、泉獻誠、泉毖墓誌出土以後，對高句麗泉氏家族的研究引起學界廣泛關注。衆所周知，文獻中涉及的泉氏家族史料相當有限，出土的四方墓誌則對泉氏的先祖，泉蓋蘇文生平，泉氏兄弟決裂，唐朝征伐高句麗戰爭的勝利，泉氏家族入唐後的東征西討，泉男生家族祖孫四代在唐繁衍生息③ 都有較爲詳細的記載，成爲學術界探討相關問題不可或缺的史料。與此相聯繫的還有高性文、高慈家族史；高句麗王室高藏入唐後 100 餘年家族繁衍發展史。這些記載豐富了唐代東北民族史的内容，成爲中、韓、日學界研究這一段歷史最基本的材料。與此同時，高句麗移民墓誌的發現，有利於從個案論述到宏觀普遍探討。如文獻史料中記載唐太宗征伐高句麗之前，指出征伐戰取勝的五大理由，并且直接關注遼東所在人口和遼東的歸屬問題。新發現的李懷、豆善富、王景曜三方墓誌，闡述了其先祖因各種原因遷移遼東，唐朝滅亡高句麗戰爭期間上述三人父祖携家人移居中原，并爲唐朝建功立業的歷史。當然，實際移居中原，有類似經歷的人也一定不少，上述三個家族祇是其中的代表而已。因爲這些人從兩晋或者南北朝時代移居遼東，臣服於遼東興起的高句麗政權，到唐朝征伐高句麗之時，數百年飛逝而過，故將他們定性爲高句麗化漢人符合歷史事實。④ 而對這些家族的個案研究，既能明瞭兩晋南北朝時期少數民族入主中原，國内民族因此遷徙邊地，形成融合發展的時代特徵，又可闡明在大唐統一王朝向心力感召下，不僅邊方少數民族，而且流落邊地已被同化的漢人重新回歸中原的史實。出土的入唐高句麗移民墓誌，彌補了現有文獻史料的不足，并可通過某些家族史、個案研究，對於深化整體研究起到重

① 牛致功：《有關泉男生降唐問題》，《碑林集刊》第 11 輯，陝西人民美術出版社，2005 年，第 149~156 頁。

② 董誥等：《全唐文》，中華書局，1983 年。

③ 紀宗安、姜清波：《論武則天與原高麗王室和權臣泉氏家族》，《陝西師範大學學報》（哲學社會科學版）2004 年第 6 期。

④ 拜根興：《唐代高麗百濟移民研究》，第 181、240 頁。

要的作用。

另外，從更寬闊的國際化視野，以及學術研究的客觀性，或者説從史源學諸方面，檢討上述入唐高句麗移民墓誌史料，還應注意以下幾點。

首先，探討唐代高句麗移民問題，不管是文獻史料還是墓誌石刻史料，很大部分出自於唐人或宋人撰述，雖然朝鮮半島方面有十二、十三世紀出現的《三國史記》《三國遺事》兩部史書，但其要麽大多來自中國方面的記録，要麽對需要探討的問題缺少撰述。這樣，至少從史料來源和分布上是不均衡的。這是一種歷史現實，在對一些問題的具體論述中，我們應該闡明這一點，進而增强相關研究的可信度和説服力。

其次，毋庸諱言，中國史書記載周邊地區民族政权史實時，不僅"詳内略外"，而且在某些方面不可避免地站在中原王朝的立場，這些均無可厚非，但從學術研究層面看，注重史料整體全面及其針對性，如此纔能體現客觀全面。對此，民族史專家李鴻賓教授已有論述，[①] 在此不贅。

再次，學界最近流行所謂的"從周邊看中國"研究思潮，這種探討方式值得推崇。也就是説，在注重出土的入唐高句麗移民墓誌史料的同時，還應從中發掘移民入唐後内心的感受和可能的期待。雖然囿於史料缺乏的局限，故在具體探討過程中，任何零碎有用的信息都不應放過。還有，進一步加强國際間的學術交流，發掘搜集朝鮮半島、日本兩地出現的各種史料，遴選和入唐高句麗移民關聯的史料，和現有出自唐人之手的史料相比較，進而得出既具備客觀性，又可自圓其説的結論。

---

① 參見拜根興《唐代高麗百濟移民研究·跋》，第 327~338 頁。

二十一世紀新見金代墓誌叙録

周　峰

　　清代張金吾（1787~1829）耗費十數年之功，對金代文獻進行搜集整理，他編成金代文章全集《金文最》六十卷，通行版本爲中華書局 1990 年句讀本（2020 年影印再版）。其中收録了大量墓誌、塔銘等"誌墓"文獻。近年來，吉林建築大學王新英先生也致力於金代石刻文獻的整理研究工作，他編成《全金石刻文輯校》，[①]收録文獻 870 餘篇，其中也有大量墓誌、地券、塔銘等。二十一世紀以來，隨着大規模經濟建設以及迅猛的城市化進程，大量歷代墓誌被發現，金代的也不在少數，且多數流散在民間。筆者不揣簡陋，對二十一世紀面世（或之前發現但未曾著録過）的金代墓誌、地券、石棺、塔銘等"誌墓"文獻進行搜集整理，編成此簡單目録，以供學術界進一步研究。《全金石刻文輯校》已經著録的，不再收入。敬請批評補正。

　　1. 張□□石匣。天會五年（1127）二月十二日建。左邊正書 6 行金剛般若無盡藏陀羅尼，右邊題記正書 10 行，多漫漶不清。淶水縣文物管理所編印《淶水歷代石刻拓本圖録》刊有拓片。[②]

　　2. 楊佺墓誌。葬於天會五年（1127）十月十七日。徵集於山西省汾陽市陽城鄉孝城村，現藏汾陽市博物館。青石質，高 65 厘米，寬 58 厘米，厚 10 厘米。正書 25 行，滿行 37 字，共計 900 字。額正書"故楊府君墓誌銘"，首題"故楊府君墓誌銘"。"鄉貢進士王尚賓"撰，"婿權汾州司録事成光"書并題額，"西河張莘"

---

① 王新英：《全金石刻文輯校》，吉林文史出版社，2012 年。
② 淶水縣文物管理所：《淶水歷代石刻拓本圖録》，2018 年，第 8 頁。

刊。拓片、録文刊於武登雲主編《三晉石刻大全·吕梁市汾陽市卷》上册。①

3．馬世榮墓誌。葬於天會六年（1128）二月十八日。現藏汾陽市博物館。青石質，高90厘米，寬56厘米，厚10.5厘米。正書31行，滿行32字，共計861字。額篆書"故馬公墓誌銘"，首題"西河馬公墓誌銘"。"進士武谷"撰，"西河武琪"書并篆額，"汾陽張莘"刊。拓片、録文刊於武登雲主編《三晉石刻大全·吕梁市汾陽市卷》上册。②

4．李思彦墓誌。天會六年（1128）十二月十日"哀孫知白，權絳陽軍兵馬都監兼管煙火事"立石。高74厘米，寬71厘米。行書19行，滿行27字。"文林郎、大理評事、權絳陽軍知律事楊汝明"撰，"入門房孫王度"書，李贊善刊。自藏拓片。何新所編著《新出宋代墓誌碑刻輯録·南宋卷》刊有拓片、録文。③周峰編《貞珉千秋——散佚遼宋金元墓誌輯録》④刊有拓片與録文。

5．文京墓誌。葬於天會八年（1130）正月十八日。2008年於山西省汾陽市陽城鄉孝城村徵集，現藏汾陽市博物館。青石質，高66厘米，寬34.5厘米，厚6厘米。正書17行，滿行29字，共計450字。額篆書"文公墓銘"，首題"故文公墓誌銘"。"鄉貢進士王尚賓"撰，"進士師唐"書，"前進士王世臣"篆額，張天民刊。拓片、録文刊於武登雲主編《三晉石刻大全·吕梁市汾陽市卷》上册。⑤該書將此墓誌誤繫於北漢。

6．劉順墓誌。葬於天會九年（1131）十二月九日。高106厘米，寬69厘米。正書28行，滿行33字。額篆書3行"故彭城劉府君墓誌銘"，首題"故彭城劉府君墓誌銘"。"上州文學、前權壺關縣丞楊舟"撰，"文林郎、試太子挍書郎、守襄垣縣主簿張士行"書，"前權知襄垣縣事李譽"篆額。浙江大學圖書館古籍碑帖研究與保護中心中國歷代墓誌數據庫刊有拓片。⑥

7．趙成墓誌。葬於天會九年（1131）十二月十九日。2007年秋，山西省晉城市出土，現藏於洛陽市民間。高57.5厘米，寬56.5厘米。正書26行，滿行27字。

---

① 武登雲：《三晉石刻大全·吕梁市汾陽市卷》上册，三晉出版社，2017年，第204~205頁。

② 武登雲：《三晉石刻大全·吕梁市汾陽市卷》上册，第202~203頁。

③ 何新所：《新出宋代墓誌碑刻輯録·南宋卷》，文物出版社，2020年，拓片刊於第1册第7頁；録文載第7册第4頁。

④ 周峰：《貞珉千秋——散佚遼宋金元墓誌輯録》，甘肅教育出版社，2020年，第135~136頁。

⑤ 武登雲：《三晉石刻大全·吕梁市汾陽市卷》上册，第164頁。

⑥ http://csid.zju.edu.cn/tomb/stone/detail?id=40288b957845339d017a0d33373815b1&rubbingId=40288b957845339d017a0d33374015b2.

首題"長平趙公墓誌"。"進士來獻可"撰并書,"孝子趙拱"篆蓋。拓片刊於趙君平、趙文成編《秦晋豫新出墓誌蒐佚》。①

8. 傅諒墓誌。葬於阜昌五年(天會十二年,1134)二月十六日。2011年10月28日,出土於山東省濟南市西郊臘山南麓傅諒與夫人衛國長公主劉氏的合葬墓,現藏於濟南市考古研究所。誌石長69厘米,寬68.5厘米,厚15厘米。正書29行,滿行30字,總計736字。誌蓋長67厘米,寬66.5厘米,厚14厘米。篆書3行"齊故通侍大夫駙馬都尉傅公墓誌銘"。首題"齊故通侍大夫、駙馬都尉傅公墓誌銘"。"宣義郎、簽書興德軍節度判官廳公事羅誘"撰,"起復迪功郎、濟南府歷城縣主簿兼專一管句勸農事范璹"書,"中奉大夫、秘閣修撰、知棣州軍州事兼管內勸農使、賜紫金魚袋李孝揚"篆蓋。墓誌拓片、録文刊於王興華、張幼輝、郭俊峰《山東濟南發現兩合劉豫偽齊時期墓誌》。②

9. 偽齊衛國長公主墓誌。葬於阜昌五年(天會十二年,1134)二月十六日。2011年10月28日,出土於山東省濟南市西郊臘山南麓傅諒與夫人衛國長公主劉氏的合葬墓,現藏於濟南市考古研究所。誌石長69厘米,寬68厘米,厚14.5厘米。正書29行,滿行30字,總計866字。誌蓋長69厘米,寬68厘米,厚14.5厘米。篆書2行"齊故衛國長公主墓誌銘"。首題"齊故衛國長公主墓誌銘"。"宣義郎、簽書興德軍節度判官廳公事羅誘"撰,"起復迪功郎、濟南府歷城縣主簿兼專一管句勸農事范璹"書,"中奉大夫、秘閣修撰、知棣州軍州事兼管內勸農使、賜紫金魚袋李孝揚"篆蓋。墓誌拓片、録文刊於王興華、張幼輝、郭俊峰《山東濟南發現兩合劉豫偽齊時期墓誌》。③

10. 尹安行墓誌。葬於天會十二年(1134)八月十三日。高80厘米,寬69厘米。正書38行,滿行47字。首題"故朝散大夫、尚書比部郎中、特授武騎尉、賜紫金魚袋致仕尹公墓誌銘并序"。"登仕郎、太子洗馬、前知景州遵化縣事、武騎尉、借緋武谷"撰,"將仕郎、太子正字、前守太原府祁縣主簿荆獻民"書并篆蓋。何新所編著《新出宋代墓誌碑刻輯録·南宋卷》刊有拓片、録文。④

---

① 趙君平、趙文成:《秦晋豫新出墓誌蒐佚》,國家圖書館出版社,2012年,第1133頁。
② 王興華、張幼輝、郭俊峰:《山東濟南發現兩合劉豫偽齊時期墓誌》,《中國國家博物館館刊》2013年第10期。
③ 王興華、張幼輝、郭俊峰:《山東濟南發現兩合劉豫偽齊時期墓誌》,《中國國家博物館館刊》2013年第10期。
④ 何新所:《新出宋代墓誌碑刻輯録·南宋卷》,拓片刊於第1册第14頁;録文載第7册第7頁。

11. 王壽墓誌。葬於天會十二年（1134）十一月四日。高87厘米，寬87厘米。正書18行，滿行30字。額篆書"故王公墓誌銘"，首題"大金故王公墓誌銘"。"前權主簿花時"撰，"東班小底、衛州榷場院使苗瑜"書并篆額，"丹城王勖"刊。自藏拓片。何新所編著《新出宋代墓誌碑刻輯錄·南宋卷》刊有拓片、錄文。①

12. 郭□墓誌。天會十二年（1134）十一月二十七日立石。現藏汾陽市博物館。青石質，高61.5厘米，寬44厘米，厚10厘米。正書26行，滿行36字，共計930字。額篆書"故郭公墓銘"，首題"故郭公墓誌銘"。"鄉貢進士曾敏"撰，"鄉貢進士李光"書并篆額，拓片、錄文刊於武登雲主編《三晋石刻大全·吕梁市汾陽市卷》上册。②

13. 李立墓誌。天會十三年（1135）正月十七日。高42厘米，寬40厘米。正書18行，滿行22字，最末一行部分夾有2行小字，總計395字。"表姪李天與"撰，張華刊，首題"故汾陽李公墓記"。拓片、錄文刊於周峰《金代〈李立墓誌〉考釋》。③

14. 范宗立墓誌。葬於天會十五年（1137）十月十一日。高34厘米，寬37厘米。正書15行，滿行22字。誌蓋篆書2行"范府君銘"，首題"故范府君之銘"。自藏拓片。周峰編《貞珉千秋——散佚遼宋金元墓誌輯錄》刊有拓片與錄文。④

15. 王宗孟墓誌。葬於天會十五年（1137）十一月十四日。出土於河北省隆堯縣。高70.5厘米，寬62厘米。正書35行，滿行38字。誌蓋篆書四行"故邢州堯山縣主簿王君墓銘"，高45厘米，寬46厘米。首題"故邢州堯山縣主簿王公墓誌銘"，"前進士上官昶"撰，"文林郎、守太子校書郎、前高平縣主簿、兼知縣尉滑可立"書，"姪男進士良弼"篆蓋，酒貴刊。自藏拓片。何新所編著《新出宋代墓誌碑刻輯錄·南宋卷》刊有拓片、錄文。⑤考釋文章有伊葆力、楊衛東《金初〈王宗孟墓誌〉考》。⑥

16. 路宗道墓銘。葬於天眷元年（1138）四月二十九日。磚質，方形，邊長

---

① 何新所：《新出宋代墓誌碑刻輯錄·南宋卷》，拓片刊於第1册第15頁；錄文載第7册第7~8頁。
② 武登雲：《三晋石刻大全·吕梁市汾陽市卷》上册，第206~207頁。
③ 周峰：《金代〈李立墓誌〉考釋》，《遼金歷史與考古》第10輯，科學出版社，2019年，第375~380頁。
④ 周峰：《貞珉千秋——散佚遼宋金元墓誌輯錄》，第137~138頁。
⑤ 何新所：《新出宋代墓誌碑刻輯錄·南宋卷》，拓片刊於第1册第20頁；錄文載第7册第10頁。
⑥ 伊葆力、楊衛東：《金初〈王宗孟墓誌〉考》，《文物春秋》2012年第5期。

31 厘米，正反兩面刻。正書 19 行，行字不等，共計 255 字。首題 "金故路君墓銘"。"鄉貢進士李升卿" 撰并書。拓片、録文刊於殷憲《大同新出唐遼金元誌石新解》。①

17. 董裕墓幢。天眷二年（1139）五月二十三日董仁端建。現存山西省大同縣吉家莊村。大理石質，八棱柱體。高 80 厘米，四大面寬 19 厘米，四小面寬 10 厘米。四面刻佛頂尊勝陀羅尼經，四面刻題記。首題 "董仁端爲亡過長男董裕建立經幢文"。拓片、録文刊於梁斌龍主編《三晉石刻大全·大同市大同縣卷》。②

18. 楊志墓碣。遷葬於天眷二年（1139）七月二十五日。2014 年 9 月至 10 月，河南省文物考古研究院與濟源市文物工作隊聯合對河南省濟源市天壇街道辦事處龍潭古墓葬進行了考古發掘，共清理古墓葬 2 座，墓碣出土於 2014JYTLTHM1。青石質，高 52 厘米，寬 74.9 厘米，厚 11.2 厘米。首題 "故贈登州防御使楊公墓碣"。正書 29 行，滿行 17 字。"儒林郎、知孟州濟源縣事劉謙益" 書，"門人武義大夫、閤門宣贊舍人、前權知孟州防御史馬秦" 立，曹寶刊。拓片、照片、録文刊於河南省文物考古研究院、濟源市文物工作隊《濟源市龍潭宋金墓葬發掘簡報》。③ 考釋文章有孫瑞隆《濟源出土宋代楊志墓誌考釋》。④

19. 陳諒墓誌。葬於皇統元年（1141）四月二日。2002 年出土於甘肅省環縣環城鎮十八里村陳諒墓，現藏於環縣博物館。紅砂岩質，高 121 厘米，寬 94 厘米，厚 12 厘米。正書 33 行，滿行 32 字，共計 949 字。額篆書 5 行 "故武功大夫密州刺史潁川陳公墓銘"。首題 "故武功大夫密州刺史潁川陳公墓銘"。"永免解進士蘇植" 撰，"承信郎、安塞寨兵馬監押李扶" 書并篆蓋，"古威王宗懋" 刊。拓片、録文刊於吳景山《慶陽金石碑銘菁華》。⑤ 考釋文章有沈浩注《陳諒墓誌考略》。⑥

20. 僧智微墓誌。葬於皇統元年（1141）七月二十五日。現藏於山西省朔州市民間。青石質，高 50 厘米，寬 39 厘米，厚 18 厘米。斷爲上下兩段。正書 14 行，滿行 17 字。拓片、録文刊於杜啓貴主編《三晉石刻大全·朔州市朔城區卷》

---

① 殷憲：《大同新出唐遼金元誌石新解》，三晉出版社，2012 年，第 146~148 頁。
② 梁斌龍：《三晉石刻大全·大同市大同縣卷》，三晉出版社，2014 年，第 4~7 頁。
③ 河南省文物考古研究院、濟源市文物工作隊：《濟源市龍潭宋金墓葬發掘簡報》，《中國國家博物館館刊》2016 年第 2 期。
④ 孫瑞隆：《濟源出土宋代楊志墓誌考釋》，《焦作師範高等專科學校學報》2019 年第 4 期。
⑤ 吳景山：《慶陽金石碑銘菁華》，甘肅文化出版社，2013 年，第 79~81 頁。
⑥ 沈浩注：《陳諒墓誌考略》，《陝西歷史博物館館刊》第 20 輯，三秦出版社，2013 年，第 255~261 頁。

上册。①

21. 張之才墓誌。葬於皇統三年（1143）七月二十九日。誌蓋高66厘米，寬64厘米，篆書3行"宋朝請郎張公墓誌銘"。誌石高66厘米，寬64厘米。正書26行，滿行27字。首題"宋朝請郎、通判祁州軍州兼管内勸農事、騎都尉、賜緋魚袋張公墓誌銘"。"邑人王祐"刊。何新所編著《新出宋代墓誌碑刻輯録·南宋卷》刊有拓片、録文。②

22. 明參墓誌。葬於皇統五年（1145）十一月十八日。誌蓋邊長68厘米，篆書3行"故文林郎明公墓誌銘"。誌石邊長68厘米，正書32行，滿行33字。首題"大金故文林郎明公墓誌銘"。"淄州州學直學昌黎韓思忠"撰，"婿徵事郎、大名府内黄縣令兼總轄弓兵、借緋魚袋刁暘"書，"修職郎、前東平府東阿縣令張成彦"篆蓋，"苗川郭寶"刊。何新所編著《新出宋代墓誌碑刻輯録·南宋卷》刊有拓片、録文。③考釋文章有武振偉《新見〈大金故文林郎明公（參）墓誌銘〉考析》。④

23. 常弼直墓誌。葬於皇統七年（1147）七月十一日。高93厘米，寬62厘米。正書26行，滿行32字。額篆書"故常君墓誌銘"，首題"金故常府君墓誌銘"。"鄉貢進士李可"撰，"鄉貢進士李宗道"書，"鄉貢進士牛舜端"篆額，任才刊。何新所編著《新出宋代墓誌碑刻輯録·南宋卷》刊有拓片、録文。⑤

24. 劉子志墓誌。葬於皇統九年（1149）十一月十八日。發現於内蒙古自治區赤峰市敖漢旗南部四家子鎮境内，現藏内蒙古自治區敖漢旗新州博物館。長115厘米，寬88厘米，厚12.7厘米。正書27行，滿行26字。首題"寧遠大將軍、燕京内省使、上輕車都尉、彭城縣開國伯、食邑七百户劉子志墓誌銘"。"子婿承事郎、真定府真定縣丞、權縣事崔擴仁"撰。拓片見邵國田《寧遠大將軍劉子志墓誌銘簡介》。⑥考釋文章有楊妹《金代"寧遠大將軍劉子志墓誌銘"考略》。⑦

25. 董浩墓誌。葬於天德二年（1150）八月二十九日。高92厘米，寬61.5厘

---

① 杜啓貴：《三晋石刻大全·朔州市朔城區卷》上册，三晋出版社，2017年，第76頁。

② 何新所：《新出宋代墓誌碑刻輯録·南宋卷》，拓片刊於第1册第27頁；録文載第7册第13頁。

③ 何新所：《新出宋代墓誌碑刻輯録·南宋卷》，拓片刊於第1册第28頁；録文載第7册第13~14頁。

④ 武振偉：《新見〈大金故文林郎明公（參）墓誌銘〉考析》，《濱州學院學報》2020年第3期。

⑤ 何新所：《新出宋代墓誌碑刻輯録·南宋卷》，拓片刊於第1册第30頁；録文載第7册第14頁。

⑥ 邵國田：《寧遠大將軍劉子志墓誌銘簡介》，《赤峰書法》2012年第2期。

⑦ 楊妹：《金代"寧遠大將軍劉子志墓誌銘"考略》，《東方收藏》2021年第4期。

米。正書 21 行，滿行 22 字。額正書四行 "大金董公墓誌之碑"，首題 "大金董公墓誌之碑"，"汾陰薛休" 撰并書，"廣平鄭寶" 刊。自藏拓片。

26. 僧希辯塔記。天德三年（1151）三月十五日，"陽臺山清水院小師比丘正寂" 建塔立石。2011 年 10 月 27 日，發現於北京市西山大覺寺院内南山坡，現藏北京西山大覺寺管理處。漢白玉石質，高 49.5 厘米，寬 72.5 厘米，厚 15.5 厘米。正書 20 行，滿行 34 字。首題 "大金國燕京宛平縣陽臺山清水院長老和尚塔記"。希辯自撰，正寂撰跋尾。拓片、録文見宣立品《〈大金國燕京宛平縣陽臺山清水院長老和尚塔記〉考述》。[1]

27. 僧善德墓幢。天德三年（1151）閏四月一日 "門第尼清嚴等" 立石。2012 年，發現於山西省忻州市南郊一處寺院遺址。幢殘高 80 厘米，8 面，每面寬 23 厘米。前三面半刻加句靈驗佛頂尊勝陀羅尼經，每面 7 行，滿行 22 字。後三面半刻僧善德事迹，每面 8 行，滿行 22 字。"殿試胡瑀" 撰，"管内表白誦《法華經》沙門道仁" 書，"石匠郭辛婿安林" 刊。首題 "故興化寺米寺主墓幢誌銘"。侯慧明《忻州新發現金代七通 "佛頂尊勝陀羅尼幢" 考論》刊有録文。[2]

28. 劉忠地券。天德四年（1152）五月二十六日立。磚質，方形，邊長 40 厘米。墨書 9 行，行 13 字，總計 102 字。照片、録文刊於殷憲《大同新出唐遼金元誌石新解》。[3]

29. 歷郊南墓誌。葬於貞元元年（1153）七月十八日。現山西省長治縣文博館。青石質，正方形，邊長 42 厘米。正書 12 行，滿行 18 字。首題 "墓誌銘碑并序"。拓片、録文刊於賈圪堆主編《三晋石刻大全·長治市長治縣卷》。[4]

30. 韓八十八石棺銘。葬於貞元元年（1153）十月十八日。1990 年出土於山西省廣靈縣梁莊西堡村，現存廣靈縣水神堂。漢白玉石質，銘文刻於石棺蓋上，長 74 厘米，寬 58 厘米。還刻有梵文破地獄真言。拓片、録文刊於劉祖福主編《三晋石刻大全·大同市廣靈縣卷》。[5]

31. 袁氏墓記。葬於貞元元年（1153）閏十二月二十二日。高 36 厘米，寬 27 厘米。正書 8 行，滿行 12 字。"進士張昂" 撰。何新所編著《新出宋代墓誌碑刻輯

① 宣立品：《〈大金國燕京宛平縣陽臺山清水院長老和尚塔記〉考述》，《北京文博文叢》2015 年第 3 期。
② 侯慧明：《忻州新發現金代七通 "佛頂尊勝陀羅尼幢" 考論》，《博物館研究》2014 年第 2 期。
③ 殷憲：《大同新出唐遼金元誌石新解》，第 149~151 頁。
④ 賈圪堆：《三晋石刻大全·長治市長治縣卷》，三晋出版社，2012 年，第 52 頁。
⑤ 劉祖福：《三晋石刻大全·大同市廣靈縣卷》，三晋出版社，2013 年，第 7 頁。

録・南宋卷》刊有拓片、録文。①

32. 僧永誠墓誌。貞元二年（1154）八月二十八日僧廣登立石。2010年10月出土，現存山西省浮山縣北王鄉中學。青石質，高45厘米，寬49厘米，厚10厘米。正書20行，滿行21字，總計376字。僧法恩撰并書。拓片、録文刊於張金科、姚錦玉、邢愛勤主編《三晉石刻大全·臨汾市浮山縣卷》。②

33. 張仲賓墓誌。葬於貞元二年（1154）十月六日。現藏山西省長治市觀音堂。正書27行，滿行36字，總計700多字。額正書“故張府君墓誌銘”。首題“故張府君墓誌銘”。“漳源布衣來汝翼”撰，“朝列大夫、行懷州河内縣令、騎都尉、弘農縣開國男、食邑三百户、賜紫金魚袋楊清卿”書，申福刊。録文刊布於周峰《金代張仲賓墓誌銘考釋》。③

34. 何氏墓誌。葬於貞元三年（1155）八月九日。現藏山西省朔州市民間。青石質，高49厘米，寬29厘米，厚8厘米。兩面刻，正書21行，滿行17字，共計347字。正面額刻5個梵文，首題“大金故母何氏墓誌銘”。拓片、録文刊於杜啓貴主編《三晉石刻大全·朔州市朔城區卷》上册。④

35. 尼劉座主塔銘。葬於貞元三年（1155）九月十六日。高52厘米，寬37厘米。正書19行，滿行27字。首題“大金國武州都綱司大悲院尼劉座主塔銘并叙”。拓片、録文刊於殷憲《大同新出唐遼金元誌石新解》。⑤何新所編著《新出宋代墓誌碑刻輯録·南宋卷》刊有拓片、録文。⑥

36. 程忠安墓誌。葬於貞元三年（1155）十一月二十八日。高37厘米，寬55厘米。正書19行，滿行12字。首題“大金故程醫墓誌”。“魯郡不拘子孔世祥”撰，“安陽史琳”刊。浙江大學圖書館古籍碑帖研究與保護中心中國歷代墓誌數據庫刊有拓片。⑦

37. 宋進賢墓誌。葬於貞元四年（1156）正月七日。2007年出土於河南省伊

---

① 何新所：《新出宋代墓誌碑刻輯録·南宋卷》，拓片刊於第1册第40頁；録文載第7册第18~19頁。
② 張金科、姚錦玉、邢愛勤：《三晉石刻大全·臨汾市浮山縣卷》，三晉出版社，2012年，第42~43頁。
③ 周峰：《金代張仲賓墓誌銘考釋》，《中國社會科學院民族學與人類學研究所青年學術論壇（2011年）》，社會科學文獻出版社，2013年，第128~133頁。
④ 杜啓貴：《三晉石刻大全·朔州市朔城區卷》上册，第78~79頁。
⑤ 殷憲：《大同新出唐遼金元誌石新解》，第152~156頁。
⑥ 何新所：《新出宋代墓誌碑刻輯録·南宋卷》，拓片刊於第1册第42頁；録文載第7册第19頁。
⑦ http://csid.zju.edu.cn/tomb/stone/detail?id=40288b956b0ae783016bb6a390c800b8&rubbingId=40288b95
6b0ae783016bb6a390d400b9.

川縣，現藏洛陽民間。高 89 厘米，寬 46 厘米。正書 13 行，滿行 20 字。額篆書 3 行 "故翰林醫學宋公墓誌"，首題 "故翰林醫學博士宋公墓表"。"太原王偉" 撰。拓片刊布於趙君平、趙文成編《秦晉豫新出墓誌蒐佚》。①

38．僧登高塔銘。正隆元年（1156）八月十五日 "門人廣順等" 建。現存山西省襄垣縣寶峰寺。青石質，四面刻，高 82 厘米，每面寬 31 厘米。碑陽刻登高造像。碑陰額題正書 "高公山主塔銘"。正書 16 行，滿行 40 字。碑左側面刻佛頂尊勝陀羅尼經，碑右側面刻捐資人姓名。首題 "紫岩山寶峰寺第三代住持講經高公和尚塔銘"。"屯留王烈" 撰，"師侄僧惠善" 書，"古韓張舜" 刊。拓片、録文刊於趙栓慶主編《三晉石刻大全·長治市襄垣縣卷》。②

39．牛氏墓誌。葬於正隆二年（1157）三月八日。現藏山西省大同縣民間。高 42.5 厘米，寬 27 厘米。正書 14 行，滿行 22 字，共計 284 字。首題 "清河郡君牛氏墓誌銘"。録文刊於李忠魁《〈清河郡君牛氏墓誌銘〉考釋》。③

40．大衆普同塔銘。正隆二年（1157）八月二十一日立石。2010 年前後出土於河北省正定縣常山大街靠近縣政府處。高 50 厘米，寬 49 厘米。正書 14 行，滿行 20 字。額正書 "大衆普同之塔"。趙生泉《正定新出金代塔銘考評》刊有拓片及録文。④浙江大學圖書館古籍碑帖研究與保護中心中國歷代墓誌數據庫刊有拓片。⑤

41．武元正墓誌。卒於正隆三年（1158）三月十三日。現藏陝西省西安市長安博物館。高 68 厘米，寬 56 厘米。正書 18 行，滿行 35 字。首題 "大金故□□□□□公墓誌"，"上黨包宗元" 撰并書，"西岐孫文奭" 刊。自藏拓片。拓本與録文最初刊布於西安市長安博物館編《長安新出墓誌》。⑥何新所編著《新出宋代墓誌碑刻輯録·南宋卷》⑦刊有拓片、録文。

42．韓氏墓誌。葬於正隆三年（1158）十月二十三日。高 85.5 厘米，寬 55 厘

① 趙君平、趙文成：《秦晉豫新出墓誌蒐佚》，第 1134 頁。
② 趙栓慶：《三晉石刻大全·長治市襄垣縣卷》，三晉出版社，2015 年，第 76~78 頁。
③ 李忠魁：《〈清河郡君牛氏墓誌銘〉考釋》，《黄河之聲》2014 年第 4 期。
④ 趙生泉：《正定新出金代塔銘考評》，《遼金元佛教研究——第二屆河北禪宗文化論壇論文集》下冊，大象出版社，2012 年，第 896~904 頁。
⑤ http://csid.zju.edu.cn/tomb/stone/detail?id=40288b956d7bc94a016ecaae1c7e0622&rubbingId=40288b956d7bc94a016ecaae1c870623.
⑥ 西安市長安博物館：《長安新出墓誌》，文物出版社，2011 年，第 338~339 頁。
⑦ 何新所：《新出宋代墓誌碑刻輯録·南宋卷》，拓片刊於第 1 冊第 54 頁；録文載第 7 冊第 24 頁。

米。正書 27 行，滿行 37 字。"鄉貢進士王著"撰并書，"承奉郎、飛騎尉、賜緋魚袋、充祁州軍事判官王春"篆額，申福刊。額篆書一行"故韓氏墓誌銘"，首題"故韓氏墓誌銘"。自藏拓片。何新所編著《新出宋代墓誌碑刻輯錄·南宋卷》刊有拓片、錄文。[1] 周峰編《貞珉千秋——散佚遼宋金元墓誌輯錄》[2] 刊有拓片與錄文。

43. 蕭逸地券。葬於正隆三年（1158）。邊長 28 厘米。正書 18 行，行字不等，共 204 字。額篆書"故蕭公墓誌"。浙江大學圖書館古籍碑帖研究與保護中心中國歷代墓誌數據庫刊有拓片。[3]

44. 重遷祖塔誌。正隆四年（1159）三月五日"院主僧洪論并弟監院僧□□□"立石。2018 年 9 月至 12 月，安陽市文物考古研究所對大華時代廣場 13 號樓施工範圍進行考古發掘時，發現一座金代高僧的磚雕壁畫墓（M1），墓誌即出於此墓。正書 16 行，滿行 20 字。"沙門善篪"撰。首題"大金重遷祖塔誌"。周峰編《散見宋金元墓誌地券輯錄》刊有拓片與錄文。[4]

45. 僧宗瑩塔銘。卒於正隆四年（1159）五月二十五日。塔銘現鑲嵌於山西省洪洞縣廣勝寺上寺毗盧殿西山墙。青石質，高 43 厘米，寬 76 厘米。正書 20 行，滿行 33 字，共計 623 字。首題"平陽府趙城縣霍山廣勝寺瑩山主塔銘"。"門下講經論沙門僧源滋"撰，康元刊。汪學文主編《三晉石刻大全·臨汾市洪洞縣卷》上冊刊有拓片及錄文。[5]

46. 苗公澤墓銘。葬於正隆四年（1159）六月一日。高 98 厘米，寬 60 厘米。正書 31 行，滿行 45 字。額篆書"故苗承直墓銘"，首題"金故苗公墓銘"。"鄉貢進士李可權"撰，"承事郎、前景州東光縣尉苗庭碩"書，"中議大夫、充中都路轉運都勾判官、上騎都尉、樂安縣開國子、食邑五伯户、賜紫金魚袋任重"篆額，任真刊。何新所編著《新出宋代墓誌碑刻輯錄·南宋卷》刊有拓片、錄文。[6]

47. 盧孝章地券。葬於正隆四年（1159）六月八日。現藏山西省朔州市崇福寺

---

① 何新所：《新出宋代墓誌碑刻輯錄·南宋卷》，拓片刊於第 1 冊第 56 頁；錄文載第 7 冊第 24~25 頁。

② 周峰：《貞珉千秋——散佚遼宋金元墓誌輯錄》，第 139~141 頁。

③ http://csid.zju.edu.cn/tomb/stone/detail?id=40288b956b0ae783016bb6a390ae00b6&rubbingId=40288b956b0ae783016bb6a390bc00b7.

④ 周峰：《散見宋金元墓誌地券輯錄》，花木蘭文化事業有限公司，2021 年，第 112~113 頁。

⑤ 汪學文：《三晉石刻大全·臨汾市洪洞縣卷》上冊，三晉出版社，2009 年，第 41 頁。

⑥ 何新所：《新出宋代墓誌碑刻輯錄·南宋卷》，拓片刊於第 1 冊第 57 頁；錄文載第 7 冊第 26 頁。

文管所。青磚質，正方形，邊長34厘米，厚6厘米。已碎成4塊。正書8行，滿行18字，總計138字。拓片、録文刊於杜啓貴主編《三晋石刻大全·朔州市朔城區卷》上册。①

48. 郭穩墓誌。葬於正隆四年（1159）八月十五日。高86厘米，寬56厘米。陽面正書24行，滿行45字。額篆書"故郭公墓銘"，首題"故郭録公墓誌銘"。"琅琊王處下"撰，"武功蘇章"書，"男從龍"篆額，申著刊。碑陰爲郭氏世譜。何新所編著《新出宋代墓誌碑刻輯録·南宋卷》刊有拓片、録文。②録文還載於王立新主編《三晋石刻大全·晋城市陵川縣卷》。③

49. 唐寅唐瑜爲叔祖父母買地券。葬於正隆五年（1160）十一月八日。2011年4月至5月，出土於河南省洛陽市苗北村。磚質，正方形，邊長30厘米，厚5厘米。朱砂正書8行，共84字。"孝男唐瑜"書。洛陽市文物考古研究院《河南洛陽市苗北村五代、宋金墓》刊有照片及録文。④

50. 武弼遷葬先祖記。大定二年（1162）九月二十八日立石。現存汾陽市民間。高55厘米，寬42厘米，厚10厘米。正書21行，滿行26字，共計485字。首題"遷葬先祖記"。拓片、録文刊於武登雲主編《三晋石刻大全·吕梁市汾陽市卷》上册。⑤

51. 僧惠琳墓幢。大定三年（1163）二月二十三日立石。現存山西省洪洞縣萬安鎮萬聖寺。青石質六棱柱，高105厘米。刻佛頂尊勝陀羅尼經及題記。汪學文主編《三晋石刻大全·臨汾市洪洞縣卷》上册刊有拓片及録文。⑥

52. 張通墓銘。葬於大定三年（1163）十月二十八日。高84.5厘米，寬53厘米。正書文25行，滿行32字。"鄉貢進士李可權"撰，"文林郎、孟州司侯申良弼"書，"從仕郎、武州寧遠縣主簿楊楘"篆額，董進刊。額篆書一行"金故張公墓銘"，首題"金故張公墓誌銘"。自藏拓片。何新所編著《新出宋代墓誌碑刻輯録·南宋卷》刊有拓片、録文⑦。周峰編《貞珉千秋——散佚遼宋金元墓誌輯録》

① 杜啓貴：《三晋石刻大全·朔州市朔城區卷》上册，第81頁。
② 何新所：《新出宋代墓誌碑刻輯録·南宋卷》，拓片刊於第1册第58頁；録文載第7册第25頁。
③ 王立新：《三晋石刻大全·晋城市陵川縣卷》，三晋出版社，2015年，第595~596頁。
④ 洛陽市文物考古研究院：《河南洛陽市苗北村五代、宋金墓》，《考古》2013年第4期。
⑤ 武登雲：《三晋石刻大全·吕梁市汾陽市卷》上册，第208頁。
⑥ 汪學文：《三晋石刻大全·臨汾市洪洞縣卷》上册，第44頁。
⑦ 何新所：《新出宋代墓誌碑刻輯録·南宋卷》，拓片刊於第1册第65頁；録文載第7册第30頁。

刊有拓片與録文。①

53. 申宗墓誌。葬於大定三年（1163）十月。現存山西省長治縣蘇店村。青石質，高 180 厘米，寬 70 厘米。正書 27 行，滿行 33 字。額篆書"金故申公墓銘"。"從仕郎、武州寧遠縣主簿楊□"書，"文林郎、守東勝州東勝縣令、借緋魚袋、武騎尉郭祁"篆額。拓片、録文刊於賈圪堆主編《三晉石刻大全·長治市長治縣卷》。②

54. 劉正墓銘。葬於大定四年（1164）四月十九日。高 89 厘米，寬 45 厘米。正書 22 行，滿行 48 字。"鄉貢進士李可權"撰并書，"承奉郎、前祁州軍事判官、飛騎尉、賜緋魚袋王春"篆額，申福、張智刊。額篆書"金故劉公墓銘"，首題"金故劉公墓銘"。自藏拓片。何新所編著《新出宋代墓誌碑刻輯録·南宋卷》刊有拓片、録文。③周峰編《貞珉千秋——散佚遼宋金元墓誌輯録》刊有拓片與録文。④

55. 斡彬墓誌。葬於大定四年（1164）十月十九日。現藏山西省汾陽市博物館。青石質，高 118 厘米，寬 69 厘米，寬 15 厘米。正書 27 行，滿行 47 字。額篆書"故斡公墓誌銘"，首題"大金故敦武校尉、飛騎尉公墓誌銘"。"鄉貢進士張宇"撰，"承直郎、行西河縣丞、雲騎尉、賜緋魚袋蘇文炳"書并篆額"汾陽賀邦乂"刊。拓片、録文刊於武登雲主編《三晉石刻大全·呂梁市汾陽市卷》上册。⑤

56. 法安塔銘。大定五年（1165）四月僧智修建塔立石。高 44.5 厘米，寬 45 厘米。正書 20 行，滿行 32 字。首題"汝州郟城縣開化寺東律院主僧安公塔銘并序"，"鄉貢進士劉涇"撰。"管内教門事、住持羅漢院、監寺僧智達"書。自藏拓片。何新所編著《新出宋代墓誌碑刻輯録·南宋卷》刊有拓片、録文。⑥浙江大學圖書館古籍碑帖研究與保護中心中國歷代墓誌數據庫刊有拓片。⑦

57. 崔士安墓誌。葬於大定七年（1167）四月二十七日。2008 年出土於山西省永和縣崔家垣村，現藏該村。磚質，長 32 厘米，寬 15 厘米，厚 7 厘米。正書

① 周峰：《貞珉千秋——散佚遼宋金元墓誌輯録》，第 142~144 頁。
② 賈圪堆：《三晉石刻大全·長治市長治縣卷》，第 53~54 頁。
③ 何新所：《新出宋代墓誌碑刻輯録·南宋卷》，拓片刊於第 1 册第 66 頁；録文載第 7 册第 30~31 頁。
④ 周峰：《貞珉千秋——散佚遼宋金元墓誌輯録》，第 145~147 頁。
⑤ 武登雲：《三晉石刻大全·呂梁市汾陽市卷》上册，第 209~210 頁。
⑥ 何新所：《新出宋代墓誌碑刻輯録·南宋卷》，拓片刊於第 1 册第 33 頁；録文載第 7 册第 15 頁。
⑦ http://csid.zju.edu.cn/tomb/stone/detail?id=40288b957845339d0179a7836e930cb5&rubbingId=40288b95 7845339d0179a7836e9a0cb6.

9 行，共計約 120 字。照片、録文刊於楊年玉主編《三晋石刻大全・臨汾市永和縣卷》。①

58. 慈明普照大師墓幢。大定九年（1169）正月二十八日立石。青石質，八棱柱，高 90 厘米，周長 135 厘米。文字殘泐嚴重，現存 300 餘字。拓片、録文刊於杜啓貴主編《三晋石刻大全・朔州市朔城區卷》上册。②

59. 武珪墓誌。大定九年（1169）十二月二十一日立石。高 90 厘米、寬 59 厘米、厚 17 厘米。正書 24 行，滿行 34 字。"進士姪男武大用"書。額楷書 3 行"故武公墓誌銘"，首題"大金故太原武公墓誌并序"。山西考古研究所、陵川縣文物局《山西陵川玉泉金代壁畫墓發掘簡報》刊有拓片。③ 周峰編《散見宋金元墓誌地券輯録》刊有拓片與録文。④

60. 暴益墓誌。葬於大定十年（1170）十月三日。高 100 厘米，寬 64 厘米。正書 26 行，滿行 40 字。"鄉貢進士程蹕"撰，"鄉貢進士婿趙偉"書，"奉議大夫、新授絳州垣曲縣令段泗"篆額，趙福刊。自藏拓片。何新所編著《新出宋代墓誌碑刻輯録・南宋卷》刊有拓片、録文。⑤ 周峰編《貞珉千秋——散佚遼宋金元墓誌輯録》刊有拓片與録文。⑥

61. 吳□墓幢。卒於大定十年（1170）十月十七日。現存山西省壽陽縣朝陽鎮峪口村。青石質，六棱柱，高 82 厘米。每面寬 26 厘米。三面刻佛頂尊勝陀羅尼經文，一面爲墓誌，一面爲吳氏世譜，一面空白。拓片、録文刊於史景怡主編《三晋石刻大全・臨汾市永和縣卷》。⑦

62. 常玖資地券。大定十三年（1173）二月二十一日立石，正書 10 行，滿行 13 字。周峰編《散見宋金元墓誌地券輯録三編》刊有拓片與録文。⑧

63. 武義將軍墓幢。葬於大定十三年（1173）四月二十二日。2012 年秋，發現於内蒙古自治區清水河縣北堡鄉灣子行政村後大井自然村東。高 65 厘米，八面，四窄面，寬 0.7 厘米。四寬面刻字，寬 15 厘米。第一寬面正書 4 行，滿行 15 字；

---

① 楊年玉：《三晋石刻大全・臨汾市永和縣卷》，三晋出版社，2015 年，第 8 頁。
② 杜啓貴：《三晋石刻大全・朔州市朔城區卷》上册，第 83 頁。
③ 山西考古研究所、陵川縣文物局：《山西陵川玉泉金代壁畫墓發掘簡報》，《文物》2018 年第 9 期。
④ 周峰：《散見宋金元墓誌地券輯録》，第 114~115 頁。
⑤ 何新所：《新出宋代墓誌碑刻輯録・南宋卷》，拓片刊於第 2 册第 78 頁；録文載第 7 册第 36 頁。
⑥ 周峰：《貞珉千秋——散佚遼宋金元墓誌輯録》，第 148~150 頁。
⑦ 史景怡：《三晋石刻大全・臨汾市永和縣卷》，三晋出版社，2010 年，第 63~65 頁。
⑧ 周峰：《散見宋金元墓誌地券輯録三編》，花木蘭文化事業有限公司，2022 年。

第二寬面正書4行，共41字；第三寬面正書3行，共22字；第四寬面正書2行，共24字。首題"大金國西南路招討司所管拽剌都糺故武義將軍、前本糺同知陀羅尼幢記"。胡漢光、張秀彪《呼和浩特清水河縣出土一方金代佛頂尊勝陀羅尼經幢》刊有拓片及錄文。①

64. 魏遵墓碣。葬於大定十三年（1173）四月二十二日。磚質，高25厘米，寬17.5厘米。正面刻正書8行，每行14字。左側面補刻2行。額正書"忠武校尉碣子"。拓片、錄文刊於殷憲《大同新出唐遼金元誌石新解》。②

65. 蔣忠立墓誌。葬於大定十三年（1173）七月二十九日。2006年夏出土於山西省壽陽縣朝陽鎮董家窊村西北，現存壽陽縣文管所。磚質，分3塊，通寬82厘米，高23厘米，厚4.5厘米。正書36行，滿行15字。郝珣撰。拓片、錄文刊於史景怡主編《三晋石刻大全·臨汾市永和縣卷》。③

66. 李久墓誌。現藏甘肅省合水縣博物館。正書31行，滿行60字。額篆書3行"故承德郎李公墓誌銘"。"華原米孝思"撰，"縣保義副尉、前懷羌城商稅都監申"書，"縣登仕郎、主簿致仕榮"篆額。拓片、錄文刊於吳景山《慶陽金石碑銘菁華》。④

67. 僧廣汴預修塔銘記。大定十四年（1174）五月建。現存山西省新絳縣泉掌鎮光馬村白寺。青石質，高50厘米，寬39厘米。正書11行，滿行25字。首題"普化寺僧廣汴預修塔銘記"。段朱刊。拓片、錄文刊於王國杰主編《三晋石刻大全·運城市新絳縣卷》。⑤

68. 僧道滿靈塔記。大定十四年（1174）十月二十日建，現存於太原市萬柏林區西銘村廣仁寺。青石質，六面體錐形，高32厘米，每面上寬20厘米，下寬22厘米。第一面正書2行"滿公大師靈塔"，第二面首題"西明廣仁院先師靈塔記"。"晋陽張□"刊。拓片、錄文刊於劉新主編《三晋石刻大全·太原市萬柏林區卷》。⑥

---

① 胡漢光、張秀彪：《呼和浩特清水河縣出土一方金代佛頂尊勝陀羅尼經幢》，《草原文物》2014年第2期。
② 殷憲：《大同新出唐遼金元誌石新解》，第157~159頁。
③ 史景怡：《三晋石刻大全·臨汾市永和縣卷》，第63~65頁。
④ 吳景山：《慶陽金石碑銘菁華》，甘肅文化出版社，2013年，第87~89頁。
⑤ 王國杰：《三晋石刻大全·運城市新絳縣卷》，三晋出版社，2015年，第29頁。
⑥ 劉新：《三晋石刻大全·太原市萬柏林區卷》，三晋出版社，2013年，第6頁。

69. 僧道滿靈塔題刻。大定十四年（1174）刊，現存於太原市萬柏林區西銘村廣仁寺。六面體錐形，高 30 厘米，每面上寬 18 厘米，下寬 20 厘米。拓片、錄文刊於劉新主編《三晋石刻大全·太原市萬柏林區卷》。①

70. 李勝家族墓誌。遷葬於大定十五年（1175）五月。高 39 厘米，寬 43 厘米。正書 10 行，行字不等，共 107 字。浙江大學圖書館古籍碑帖研究與保護中心中國歷代墓誌數據庫刊有拓片。②

71. 張彥墓誌。大定十六年（1176）七月二十九日立石。出土於山西省大同市南郊區馬軍營鄉馬軍營村北。殘，正書 21 行，滿行 25 字左右。額篆書"故朝請大夫張公墓誌銘"。首題"朝請大夫張公墓誌銘并序"。"大同府警巡院鄉貢進士張括"撰，"男文蔚"書、篆額立石，于純刊。照片、錄文刊於殷憲《大同新出唐遼金元誌石新解》。③拓片、錄文還刊於許德合主編《三晋石刻大全·大同市南郊區卷》。④

72. 張德規墓誌。葬於大定十八年（1178）四月二十一日。青石質，高 54 厘米，寬 42 厘米，厚 10 厘米。正書 24 行，滿行 29 字，共計 616 字。首題"大金國故承信校尉、充嵐州司獄張君墓誌銘"。拓片、錄文刊於杜啓貴主編《三晋石刻大全·朔州市朔城區卷》上册。⑤

73. 僧惠然塔銘。大定十八年（1178）立石。現存山西省襄垣縣寶峰寺。青石質，高 193 厘米，寬 68.5 厘米，厚 14.5 厘米。正書 22 行，滿行 46 字。碑額篆書"然公塔銘"。首題"紫岩山寶峰寺第四代住持然公塔銘"。"鄉貢進士屯留楊預"撰并書，"承事郎、沁州□□官張天翼"篆額，張舜刊。拓片、錄文刊於趙栓慶主編《三晋石刻大全·長治市襄垣縣卷》。⑥

74. 鄭□石棺銘。葬於大定十九年（1179）三月五日。出土於山西省朔州市利民鎮海子堰村南古墓，現存海子堰村中井口作飲馬槽用。棺蓋青石質，長 130 厘米，寬 90 厘米，厚 30 厘米。内側凹槽正中刻銘文，長 34 厘米，寬 28 厘米，正書 90 多字，多漫漶不清。拓片、錄文刊於杜啓貴主編《三晋石刻大全·朔州市朔城

---

① 劉新：《三晋石刻大全·太原市萬柏林區卷》，第 5 頁。
② http://csid.zju.edu.cn/tomb/stone/detail?id=40288b956d7bc94a016facfee667107f&rubbingId=40288b956d7bc94a016facfee6701080.
③ 殷憲：《大同新出唐遼金元誌石新解》，第 160~163 頁。
④ 許德合：《三晋石刻大全·大同市南郊區卷》，三晋出版社，2014 年，第 70 頁。
⑤ 杜啓貴：《三晋石刻大全·朔州市朔城區卷》上册，第 86 頁。
⑥ 趙栓慶：《三晋石刻大全·長治市襄垣縣卷》，第 80~81 頁。

區卷》上册。①

75. 任和墓誌。葬於大定十九年（1179）十月十三日。高 68 厘米，寬 43 厘米。正書 21 行，滿行 30 字。"鄉貢進士趙郁"撰并書，畢珹刊。額篆書一行"故任公墓誌銘"，首題"大金故任公墓誌銘并序"。拓片、録文刊於武登雲主編《三晋石刻大全·吕梁市汾陽市卷》上册。② 周峰編《貞珉千秋——散佚遼宋金元墓誌輯録》③ 刊有拓片與録文。

76. 郭襧來慶常墓誌。葬於大定十九年（1179）十一月七日。青石質，高 49 厘米，寬 34 厘米，厚 10 厘米。正書 27 行，滿行 17 字，共計 446 字。首題"忠翊校尉郭襧來墓誌銘并序"。拓片、録文刊於杜啓貴主編《三晋石刻大全·朔州市朔城區卷》上册。④

77. 浹公塔銘。大定二十年（1180）七月十五日建。青石質，八棱柱，高 120 厘米，周長 172 厘米。四個寬面各寬 25 厘米，三面正書 7 行；四個窄面各寬 18 厘米，正書 5 行。共計 41 行，滿行 28 字，總計 1075 字。另一寬面正書兩行"大金普照禪寺浹公長老靈塔"，首題"大金朔州普照禪寺第五代故浹公長老靈塔銘并序"。"退隱居士高潛"撰并書，"在州張公政"刊。拓片、録文刊於杜啓貴主編《三晋石刻大全·朔州市朔城區卷》上册。⑤

78. 張楠墓誌。葬於大定二十年（1180）八月五日。誌蓋高 33.5 厘米，寬 30 厘米。誌石高 40 厘米，寬 35 厘米。正書 16 行，滿行 26 字。誌蓋篆書 2 行"故忠武張公墓誌銘"，首題"故忠武校尉張公墓誌銘"，"進士畢山"撰并書。自藏拓片。何新所編著《新出宋代墓誌碑刻輯録·南宋卷》刊有拓片、録文。⑥ 浙江大學圖書館古籍碑帖研究與保護中心中國歷代墓誌數據庫刊有拓片。⑦ 考釋文章有周峰《金代張楠墓誌考釋》。⑧

79. 燃身明禪師塔銘。大定二十年（1180）十一月二十八日"見山主沙門圓

① 杜啓貴：《三晋石刻大全·朔州市朔城區卷》上册，第 93 頁。
② 武登雲：《三晋石刻大全·吕梁市汾陽市卷》上册，第 211 頁。
③ 周峰：《貞珉千秋——散佚遼宋金元墓誌輯録》，第 151~152 頁。
④ 杜啓貴：《三晋石刻大全·朔州市朔城區卷》上册，第 87 頁。
⑤ 杜啓貴：《三晋石刻大全·朔州市朔城區卷》上册，第 94~95 頁。
⑥ 何新所：《新出宋代墓誌碑刻輯録·南宋卷》，拓片刊於第 2 册第 99 頁；録文載第 7 册第 45 頁。
⑦ http://csid.zju.edu.cn/tomb/stone/detail?id=40288b957845339d0179a783734e0d5b&rubbingId=40288b957845339d0179a78373560d5c.
⑧ 周峰：《金代張楠墓誌考釋》，《遼金歷史與考古》第 12 輯，科學出版社，2021 年。

暉"立石。現存北京市房山區上方山國家森林公園。塔銘六面刻，第一面兩行"燃身明禪師塔"。每面高 50 厘米，寬 15 厘米，正書四行，滿行 14 字。首題"明禪師塔"，"寂照叟"撰，"善陽沙門行欽書"。自藏拓片。

80．僧皓英道信普通塔記。大定二十一年（1181）九月十一日建。六棱柱體，高 40 厘米，每面寬 15 厘米。首題"大金國西京奉恩院首座沙門皓英道信普通塔記"。拓片、錄文刊於殷憲《大同新出唐遼金元誌石新解》。[①]

81．焦稀墓誌。葬於大定二十三年（1183）二月二日。出土於山西省澤州縣上輦村南，現藏晉城市博物館。"鄉貢進士王俞"撰，"保義校尉、前晉城鐵場都監魏安貞"書并篆額。錄文刊於樊秋寶主編《澤州碑刻大全》。[②]

82．郭周墓銘。葬於大定二十三年（1183）正月七日。高 144 厘米，寬 73 厘米。正書 25 行，滿行 44 字。"鄉貢進士李欽道"撰，"鄉貢進士張瑾"書，"忠顯校尉、真定府稅使司都監蘇秉仁"篆額，董玘刊。額篆書二行"金故郭公墓銘"，首題"金故進義校尉郭公墓銘"。何新所編著《新出宋代墓誌碑刻輯錄·南宋卷》[③]刊有拓片、錄文。周峰編《貞珉千秋——散佚遼宋金元墓誌輯錄》[④]刊有拓片與錄文。浙江大學圖書館古籍碑帖研究與保護中心中國歷代墓誌數據庫刊有拓片。[⑤]考釋文章有周峰《金代郭周墓銘考釋》。[⑥]

83．張翱墓誌。葬於大定二十四年（1184）。1956 年出土於山西省懷仁縣下寨村張將軍墳故址，現藏該村楊姓村民家。青石質，殘損嚴重。殘高 38 厘米，寬 37 厘米，厚 9 厘米。正書 10 行，殘存 93 字。首題"大金故忠勇校尉張君……"。拓片、錄文刊於周志强主編《三晉石刻大全·大同市靈丘縣卷》。[⑦]

84．畢永寧殘墓幢。大定二十五年（1185）正月二十七日立。現存山西省朔州市朔城區南榆林鄉下疃村。青石質，八棱柱。殘存正書 9 行，51 字。拓片、錄文刊於杜啓貴主編《三晉石刻大全·朔州市朔城區卷》上冊。[⑧]

---

① 殷憲：《大同新出唐遼金元誌石新解》，第 164~166 頁。

② 樊秋寶：《澤州碑刻大全》第 4 冊，中華書局，2013 年，第 195~196 頁。

③ 何新所：《新出宋代墓誌碑刻輯錄·南宋卷》，拓片刊於第 2 冊第 104 頁；錄文載第 7 冊第 47 頁。

④ 周峰：《貞珉千秋——散佚遼宋金元墓誌輯錄》，第 153~155 頁。

⑤ http://csid.zju.edu.cn/tomb/stone/detail?id=40288b957845339d017a0d33374715b3&rubbingId=40288b957845339d017a0d33374e15b4.

⑥ 周峰：《金代郭周墓銘考釋》，《北方文物》2018 年第 2 期。

⑦ 周志强：《三晉石刻大全·大同市靈丘縣卷》，第 10 頁。

⑧ 杜啓貴：《三晉石刻大全·朔州市朔城區卷》上冊，第 96 頁。

85. 覺山寺僧善珍塔銘。大定二十五年（1185）二月十八日刊石。現存山西省靈丘縣覺山寺。八面柱體，高 50 厘米，每面寬 25 厘米。首題"覺山寺大經法師貞公塔銘并序"。"渾源縣東武故師弟野叟王偁"撰并書。高鳳山主編《三晋石刻大全·大同市靈丘縣卷》刊有拓片及録文。[①]

86. 尼清信幢銘。大定二十五年（1185）五月一日"門人前知院事誦《法華經》尼法門雲□、雲顯"立石。2012 年發現於山西省忻州市南郊一處寺院遺址。殘高 71 厘米，6 面，每面寬 24 厘米，六面均刻有文字。三面刻佛頂尊勝陀羅尼神咒，每面 8 行，滿行 20 字。三面刻清信幢銘，每面 9 行，滿行 25 字。"□東□石匠元深、王憲、元春"刊。侯慧明《忻州新發現金代七通"佛頂尊勝陀羅尼幢"考論》刊有録文。[②]

87. 張公義墓誌。大定二十五年（1185）八月十日立石。1991 年出土於山西省朔州市朔城區城關鄉北邢家河村，現藏朔州市崇福寺文管所。青石質，八棱柱，高 76 厘米，正書 32 行，滿行 24 字。首題"大金國朔州順義軍録事司西北廂侯殊街清河郡張公墓誌"。"進義校尉、供奉班祗候、前南郊攝官、兼終場札付習進士趙子華"撰并書，"石匠張存寶"刻。拓片、録文刊於杜啓貴主編《三晋石刻大全·朔州市朔城區卷》上册。[③]

88. 張公正墓誌。葬於大定二十六年（1186）七月九日。1953 年出土於山西省朔縣南關桑樹園，現藏朔州市崇福寺文管。青石質，高 68 厘米，寬 51 厘米，厚 10 厘米。正書 29 行，滿行 33 字。額篆書"故張公先生墓誌"，首題"大金故清河張先生墓誌銘"。"承德郎、前武州司候、飛騎尉、賜緋魚袋秦八元"撰。拓片、録文刊於杜啓貴主編《三晋石刻大全·朔州市朔城區卷》上册。[④]

89. 焦珪墓誌。葬於大定二十六年（1186）十月二十六日。出土於河南省孟州市城伯鎮東武章村東，出土時間不詳，現藏孟州市博物館。方形青石質，邊長 52 厘米，厚 16 厘米。正書 28 行，滿行 28 字，共 656 字。誌蓋高 53.9 厘米，寬 55.1 厘米，厚 7 厘米。篆書 3 行"大金故進義校尉焦君墓誌銘"。首題"大金故進義校尉焦君墓誌銘"。"鄉貢進士王藏器"撰，"丞事郎、綏德州軍事判官辛甲"書并篆

① 高鳳山：《三晋石刻大全·大同市靈丘縣卷》，三晋出版社，2010 年，第 17~18 頁。
② 侯慧明：《忻州新發現金代七通"佛頂尊勝陀羅尼幢"考論》，《博物館研究》2014 年第 2 期。
③ 杜啓貴：《三晋石刻大全·朔州市朔城區卷》上册，第 97~98 頁。
④ 杜啓貴：《三晋石刻大全·朔州市朔城區卷》上册，第 100~101 頁。

蓋。拓片、録文刊於陳朝雲、劉夢娜《大金進義校尉焦君墓誌研究》。①

90. □金之父墓誌。葬於大定二十八年（1188）正月十三日。現存山西省澤州縣府城村玉皇廟。磚質，竪長方形，右上部缺失。正書 14 行。照片、録文刊於樊秋寶主編《澤州碑刻大全》。②

91. 王説墓碣。葬於大定二十八年（1188）八月九日。高 87 厘米，寬 56 厘米。正書 25 行，滿行 32 字。"少中大夫、河東北路轉運同知董師中" 撰，"朝請大夫、昭義軍節度同知雷志" 書并篆額，董琚刊。額篆書一行 "金故王公墓銘"，首題 "金故上黨王公碣銘并序"。自藏拓片。何新所編著《新出宋代墓誌碑刻輯録·南宋卷》刊有拓片、録文。③ 周峰編《貞珉千秋——散佚遼宋金元墓誌輯録》刊有拓片與録文。④

92. 楊臯墓銘。葬於大定二十八年（1188）十二月二十四日。現存山西省陵川縣崇安寺。通高 103 厘米，寬 60 厘米，厚 20 厘米。正書 25 行，共約 960 字。額篆書 3 行 "金故楊公墓銘"。"鄉貢進士高平姬世英" 撰并書，"孫男進" 篆額，趙卞刊。拓片、録文刊於王立新主編《三晉石刻大全·晉城市陵川縣卷》。⑤

93. 張宣翼墓誌。葬於大定二十九年（1189）九月三日。青石質，正書 13 行，滿行 14 字，共計 160 字。額正書 "清河公墓銕銘"。拓片、録文刊於杜啓貴主編《三晉石刻大全·朔州市朔城區卷》上册。⑥

94. 張善墓誌。葬於明昌元年（1190）正月二十九日。現藏山西省汾陽市博物館。青石質，高 34.5 厘米，寬 45 厘米，厚 10 厘米。正書 11 行，滿行 11 字，共計 120 字。首題 "故清河郡張公墓銘"。拓片、録文刊於武登雲主編《三晉石刻大全·吕梁市汾陽市卷》上册。⑦

95. 王福墓誌。明昌元年（1190）七月十五日 "男王訓" 立石。高 136 厘米，寬 69 厘米。正書 23 行，滿行 40 字。額篆書四行 "大金故王公墓誌銘"，首題 "大金故王公墓誌銘"，"徵事郎、試大興府大興縣令、飛騎尉、借緋劉從善" 撰，"鄉

---

① 陳朝雲、劉夢娜：《大金進義校尉焦君墓誌研究》，《中原文物》2017 年第 1 期。
② 樊秋寶：《澤州碑刻大全》第 2 册，第 234~235 頁。
③ 何新所：《新出宋代墓誌碑刻輯録·南宋卷》，拓片刊於第 2 册第 114 頁；録文載第 7 册第 52 頁。
④ 周峰：《貞珉千秋——散佚遼宋金元墓誌輯録》，第 156~158 頁。
⑤ 王立新：《三晉石刻大全·晉城市陵川縣卷》，第 29~30 頁。
⑥ 杜啓貴：《三晉石刻大全·朔州市朔城區卷》上册，第 102 頁。
⑦ 武登雲：《三晉石刻大全·吕梁市汾陽市卷》上册，第 213 頁。

貢進士遼陽劉元外"篆額，"鄉貢進士孫永貞"書丹，"構堂者魏溢"，馮沂、趙元刻石。自藏拓片。

96. 濟公塔銘。明昌二年（1191）二月十五日立石。2010年前後出土於河北省正定縣常山大街靠近縣政府處。高60厘米，寬45厘米。正書7行，滿行10字。額正書3行"濟公和尚塔銘"。趙生泉《正定新出金代塔銘考評》刊有拓片及錄文。[1]周峰編《散見宋金元墓誌地券輯錄二編》刊有拓片與錄文。[2]浙江大學圖書館古籍碑帖研究與保護中心中國歷代墓誌數據庫刊有拓片。[3]

97. 尼明濟預建幢銘。明昌二年（1191）四月八日"師妹明示，□姪義演、□□"立石。2012年發現於山西省忻州市南郊一處寺院遺址。經幢殘高84.5厘米，6面，每面寬25厘米，五面刻有文字，一面刻菩薩像。三面刻佛頂尊勝陀羅尼經，每面8行，滿行22字。兩面刻尼明濟預建幢銘，每面9行，滿行23字。"瑤仙招見清涼華老郭益"撰，元□刊。首題"忻州興化寺比丘尼明濟預建幢銘"。侯慧明《忻州新發現金代七通"佛頂尊勝陀羅尼幢"考論》[4]刊有錄文。

98. 馮天下奴地券A。葬於明昌二年（1191）四月十六日。2012年10月21日，出土於遼寧省喀左縣官大海農場東官分場。磚質，正方形，邊長34.5厘米，厚6厘米。正書字15行，滿21字，共計208字。照片、錄文刊於侯申光《喀左官大海出土兩塊金代買地券》。[5]

99. 馮天下奴地券B。葬於明昌二年（1191）四月十六日。2012年10月21日，出土於遼寧省喀左縣官大海農場東官分場。磚質，正方形，邊長34.5厘米，厚6厘米。正書字15行，滿21字，共計213字。照片、錄文刊於侯申光《喀左官大海出土兩塊金代買地券》。[6]

100. 侯隨墓誌。葬於明昌二年（1191）十月九日。高88.5厘米，寬46厘米。正書22行，滿行48字。"第二男、承德郎、前知西京路鹽使事、驍騎尉、賜緋

---

[1] 趙生泉：《正定新出金代塔銘考評》，《遼金元佛教研究——第二屆河北禪宗文化論壇論文集》下冊，大象出版社，2012年，第896~904頁。

[2] 周峰：《散見宋金元墓誌地券輯錄二編》，花木蘭文化事業有限公司，2021年，第148頁。

[3] http://csid.zju.edu.cn/tomb/stone/detail?id=40288b956d7bc94a016ecaa6ee3e0567&rubbingId=40288b956d7bc94a016ecaa6ee470568.

[4] 侯慧明：《忻州新發現金代七通"佛頂尊勝陀羅尼幢"考論》，《博物館研究》2014年第2期。

[5] 侯申光：《喀左官大海出土兩塊金代買地券》，《遼金歷史與考古》第8輯，科學出版社，2017年，第36~40頁。

[6] 侯申光：《喀左官大海出土兩塊金代買地券》，《遼金歷史與考古》第8輯，第36~40頁。

魚袋" 侯大中撰并書，"房姪、鄉貢進士" 侯滋篆額。額篆書行 "金故侯公墓誌銘"。首題 "大金故侯公墓誌銘并序"。自藏拓片。何新所編著《新出宋代墓誌碑刻輯録・南宋卷》刊有拓片、録文。[①] 周峰編《貞珉千秋——散佚遼宋金元墓誌輯録》[②] 刊有拓片與録文。浙江大學圖書館古籍碑帖研究與保護中心中國歷代墓誌數據庫刊有拓片。[③]

101. 安永存地券。葬於明昌三年（1192）四月八日。現藏山西省朔州市崇福寺文管所。青磚質，正方形，邊長 34 厘米，厚 7 厘米。斷爲兩塊。正書 8 行，滿行 13 字，共計 104 字。拓片、録文刊於杜啓貴主編《三晋石刻大全・朔州市朔城區卷》上册。[④]

103. 張得墓磚。葬於明昌三年（1192）九月十五日。磚質，正方形，邊長 35 厘米，厚 5~6 厘米。墨書，可辨認出 8 行，每行 13 字左右。照片、録文刊於殷憲《大同新出唐遼金元誌石新解》。[⑤] 照片、録文還刊於杜啓貴主編《三晋石刻大全・朔州市朔城區卷》上册。[⑥]

103. 虞希閔墓銘。葬於明昌三年（1192）九月二十八日。漢白玉石質，高 28 厘米，寬 22 厘米。正書 5 行，滿行 8 字，共計 39 字："故明威將軍、鄜延路第九正將兼知嗣武城、騎都尉虞希閔，以明昌三年九月廿八日乙時安葬於此。" 拓片、録文刊於殷憲《大同新出唐遼金元誌石新解》。[⑦]

104. 尼法廣幢銘。明昌五年（1194）三月二十五日 "弟子惠念、弟子明玉，孫弟普全，□□師妹法妙、法真，弟子惠誠" 立石。2012 年發現於山西省忻州市南郊一處寺院遺址。經幢殘高 83 厘米，6 面，每面寬 25 厘米，五面刻有文字。兩面刻《佛頂尊勝陀羅尼經》，每面 9 行，滿行 24 字。三面刻尼法廣幢銘，每面 10 行，滿行 25 字。"東新典簿永昌" 撰并書，元□、元經、元春、元振刻。首題 "忻州興化寺尼法廣幢銘"。侯慧明《忻州新發現金代七通 "佛頂尊勝陀羅尼幢" 考

---

① 何新所：《新出宋代墓誌碑刻輯録・南宋卷》，拓片刊於第 2 册第 123 頁；録文載第 7 册第 56 頁。
② 周峰：《貞珉千秋——散佚遼宋金元墓誌輯録》，第 163~166 頁。
③ http://csid.zju.edu.cn/tomb/stone/detail?id=40288b957845339d017a0d33375615b5&rubbingId=40288b957845339d017a0d33375e15b6.
④ 杜啓貴：《三晋石刻大全・朔州市朔城區卷》上册，第 103 頁。
⑤ 殷憲：《大同新出唐遼金元誌石新解》，第 146~148 頁。
⑥ 杜啓貴：《三晋石刻大全・朔州市朔城區卷》上册，第 104 頁。
⑦ 殷憲：《大同新出唐遼金元誌石新解》，第 169~170 頁。

論》①刊有録文。

105．王氏墓誌。葬於明昌五年（1194）六月十三日。高 77 厘米，寬 50 厘米。正書 22 行，滿行 30 字。額篆書“王氏墓銘”，首題“金故張公妻王氏墓誌銘”，“朝奉大夫孫、鄉貢進士陳若昧”撰，“昭信校尉男鄉貢進士韓思温”書丹，“安遠大將軍男臨潢進士孟仲述”篆額，趙志刊。自藏拓片。

106．劉福等墓誌。葬於明昌六年（1195）正月十一日。高 34 厘米，寬 34 厘米。正書 10 行，滿行 16 字。首題“故劉公墓誌”。自藏拓片。周峰編《貞珉千秋——散佚遼宋金元墓誌輯録》②刊有拓片與録文。

107．孫進地券。承安二年（1197）二月十日立石。正書 13 行，滿行 18 字。周峰編《散見宋金元墓誌地券輯録》③刊有拓片與録文。

108．邢氏宗族墓銘。承安二年（1197）四月八日立石。現存山西省高平市三甲鎮邢村。通高 171 厘米，寬 74 厘米，厚 25 厘米。正書 22 行，滿行 60 字，共計 1270 字。額篆書“邢氏宗族墓銘”。“鄉貢進士李戴揚”撰。拓片、録文刊於常書銘主編《三晋石刻大全·晋城市高平市卷》上册。④

109．郭延慶墓誌。葬於承安三年（1198）八月十九日。高 102 厘米，寬 70 厘米。正書 32 行，滿行 40 字。額篆書“故徵事郎長葛縣簿郭公墓誌銘”，首題“故徵事郎長葛縣簿郭公墓誌銘”。“徵事郎、德順州軍事判官李樞”撰，“奉徵大夫、試戶部郎中、驍騎尉、借紫金魚袋李仲略”書，“奉議大夫、試武寧軍節度副使、兼徐州管内觀察事、驍騎尉、借紫金魚袋張師穎”篆額。何新所編著《新出宋代墓誌碑刻輯録·南宋卷》⑤刊有拓片、録文。周峰編《散見宋金元墓誌地券輯録》⑥刊有拓片與録文。考釋文章有裴興榮、王玉貞《金代〈故徵事郎長葛縣簿郭公墓誌銘〉考釋》。⑦

110．黄斡窩魯不墓誌。承安四年（1199）八月二十四日立石。現藏洛陽九朝刻石文字博物館。高 54 厘米，寬 34 厘米，從中部斷爲上下兩截，部分文字缺失。

① 侯慧明：《忻州新發現金代七通“佛頂尊勝陀羅尼幢”考論》，《博物館研究》2014 年第 2 期。
② 周峰：《貞珉千秋——散佚遼宋金元墓誌輯録》，第 167~168 頁。
③ 周峰：《散見宋金元墓誌地券輯録》，第 117 頁。
④ 常書銘：《三晋石刻大全·晋城市高平市卷》上册，第 37~38 頁。
⑤ 何新所：《新出宋代墓誌碑刻輯録·南宋卷》，拓片刊於第 2 册第 151 頁；録文載第 7 册第 66~67 頁。
⑥ 周峰：《散見宋金元墓誌地券輯録》，第 118~120 頁。
⑦ 裴興榮、王玉貞：《金代〈故徵事郎長葛縣簿郭公墓誌銘〉考釋》，《史志學刊》2019 年第 2 期。

誌文 17 行，滿行 31 字。武洵直撰。首題 "大金故武節將軍黄斡公墓誌銘"。齊運通、楊建鋒編《洛陽新獲墓誌（二〇一五）》刊有拓片。① 何新所編著《新出宋代墓誌碑刻輯録·南宋卷》刊有拓片、録文。② 浙江大學圖書館古籍碑帖研究與保護中心中國歷代墓誌數據庫刊有拓片。③ 考釋文章有周峰《金代黄斡窩魯不墓誌考釋》。④

111. 德銓法師塔銘。承安五年（1200）十月立石。八棱石柱，高 45 厘米，每面寬 45 厘米。每面 5 行，共 40 行。首題 "德銓法師塔銘并序"。"襄山逸人趙洙" 撰，"法弟監寺僧德清" 書。拓片、録文刊於殷憲《大同新出唐遼金元誌石新解》。⑤

112. 李仲得等造石棺銘。承安五年（1200）十一月八日建。石棺現存鄭州市碧沙崗公園内。正書 4 行 "孝男李仲得，承安伍年十一月初八日記。孝男李仲伯，孝男李仲清"。⑥

113. 劉瑀地券。泰和元年（1201）四月十八日置。出土於遼寧省遼陽市小屯鎮江官屯古窑址附近。瓷質，正書 15 行，行字不等。照片、録文刊於王嘉寧、王薦、蘇德永《新發現的金代瓷質買地券》。⑦

114. 張儀墓誌。葬於泰和元年（1201）十月八日。八棱柱，高 92 厘米，每面寬 15.5 厘米，正書 30 行，行字不等。首題 "故清河郡張公墓誌銘"。何新所編著《新出宋代墓誌碑刻輯録·南宋卷》刊有拓片、録文。⑧

115. 崔仙奴墓誌。泰和二年（1202）八月十三日置。爲長方形灰磚，寬 17.5 厘米，高 37 厘米，厚 5.5 厘米。正書 3 行共 14 字："泰和二年八月十三日亡過崔仙奴。"周峰編《散見宋金元墓誌地券輯録》刊有照片與録文。⑨

116. 周元墓誌。葬於泰和三年（1203）八月七日。高 32 厘米，寬 32 厘米。

① 齊運通、楊建鋒：《洛陽新獲墓誌（二〇一五）》，中華書局，2017 年，第 394 頁。
② 何新所：《新出宋代墓誌碑刻輯録·南宋卷》，拓片刊於第 2 册 55 頁；録文載第 7 册第 68 頁。
③ http://csid.zju.edu.cn/tomb/stone/detail?id=40288b957845339d017a0d33376515b7&rubbingId=40288b957845339d017a0d33376d15b8.
④ 周峰：《金代黄斡窩魯不墓誌考釋》，《遼金歷史與考古》第 11 輯，科學出版社，2020 年，第 334~339 頁。
⑤ 殷憲：《大同新出唐遼金元誌石新解》，第 171~174 頁。
⑥ 照片見 https://baijiahao.baidu.com/s?id=1714511422215621387&wfr=spider&for=pc。
⑦ 王嘉寧、王薦、蘇德永：《新發現的金代瓷質買地券》，《中國書法》2014 年第 2 期。
⑧ 何新所：《新出宋代墓誌碑刻輯録·南宋卷》，拓片刊於第 2 册 161 頁；録文載第 7 册第 70 頁。
⑨ 周峰：《散見宋金元墓誌地券輯録》，第 121 頁。

正書 7 行，滿行 11 字。自藏拓片。周峰編《貞珉千秋——散佚遼宋金元墓誌輯録》刊有拓片與録文。①浙江大學圖書館古籍碑帖研究與保護中心中國歷代墓誌數據庫刊有拓片。②

117. 劉洪肇墓記。葬於泰和三年（1203）八月七日。現藏山西省朔州市崇福寺文管所。青石質，八棱柱，高 63 厘米，正書 40 行，滿行 25 字。首題“大金朔州彭城郡劉公墓記”。“朝散大夫、前行信州武昌縣令、兼管勾常平倉事、騎都尉、天水縣開國男、食邑三百户、賜紫金魚袋秦八元”撰。拓片、録文刊於杜啓貴主編《三晋石刻大全·朔州市朔城區卷》上册。③

118. 劉全幢記。葬於泰和三年（1203）八月七日。現藏山西省朔州市崇福寺文管所。青石質，八棱柱，高 63 厘米。正書 35 行，滿行 21 字。首題“大金故朔州彭城郡進義副尉劉公幢記”。“朝散大夫、前行信州武昌縣令、兼管勾常平倉事、騎都尉、天水縣開國男、食邑三百户、賜紫金魚袋秦八元”撰。拓片、録文刊於杜啓貴主編《三晋石刻大全·朔州市朔城區卷》上册。④

119. 虞得海墓幢。泰和三年（1203）八月七日建。原立於山西省朔州市平魯區下面高鄉吳辛寨村虞氏墓地，現藏平魯區文管所。青石質，八棱柱體，高 68 厘米。每面正書 6 行，共計 48 行 900 多字。首題“進義副尉虞公碥記”。“進士陳邦政”撰，陳琮昱書，“匠人楊儀、周百清”刊。拓片、録文刊於周亮主編《三晋石刻大全·朔州市平魯區卷》。⑤

120. 合會王氏普通葬尊幢記。葬於泰和三年（1203）九月三十日。現存山西省朔州市朔城區河匯村王姓村民院内。青石質，八棱柱，高 70 厘米，正書 33 行，滿行 21 字。首題“大金國朔州鄯陽縣合會王氏普通葬尊幢記”。“朔州崇福寺前管内都僧正、宣秘大德、賜紫沙門即洪”撰，“馬邑三泉閑造畫人劉子谷”書，“雁門石匠楊儀”刊。拓片、録文刊於杜啓貴主編《三晋石刻大全·朔州市朔城區卷》上册。⑥

---

① 周峰：《貞珉千秋——散佚遼宋金元墓誌輯録》，第 169 頁。
② http://csid.zju.edu.cn/tomb/stone/detail?id=40288b957cc2a0ea017ce3af62f60284&rubbingId=40288b957cc2a0ea017ce3af62fc0285.
③ 杜啓貴：《三晋石刻大全·朔州市朔城區卷》上册，第 107~108 頁。
④ 杜啓貴：《三晋石刻大全·朔州市朔城區卷》上册，第 109 頁。
⑤ 周亮：《三晋石刻大全·朔州市平魯區卷》，三晋出版社，2012 年，第 7 頁。
⑥ 杜啓貴：《三晋石刻大全·朔州市朔城區卷》上册，第 110 頁。

121．王琳墓銘。葬於泰和三年（1203）十一月八日。高 98 厘米，寬 62 厘米。正書 31 行，滿行 44 字。"鄉貢進士李恢"撰，"承務郎、華州防禦判官兼提舉學校事郭伯英"書，"將仕郎、潞州學教授權觀察判官事王簡"篆額，"上黨任真全男玘"刊。自藏拓片。何新所編著《新出宋代墓誌碑刻輯録·南宋卷》刊有拓片、録文。① 周峰編《貞珉千秋——散佚遼宋金元墓誌輯録》② 刊有拓片與録文。浙江大學圖書館古籍碑帖研究與保護中心中國歷代墓誌數據庫刊有拓片。③ 考釋文章有周峰《金代王琳墓銘考釋》。④

122．李大伯墓誌。泰和三年（1203）五月二十七日置。磚質，正書 11 行，滿行 12 字。首題"了真宅"。周峰編《散見宋金元墓誌地券輯録》刊有照片與録文。⑤

123．劉公墓誌。葬於泰和三年（1203）十一月二十日。1997 年山西省應縣城内修建遼代街時發現，現藏應縣文管所。青石質，八棱柱體，上下均殘，每面寬 14 厘米。正書，因殘損不能成文。馬良主編《三晉石刻大全·朔州市應縣卷》刊有拓片及録文。⑥

124．趙叔逵墓誌。葬於泰和四年（1204）二月二十六日。高 52 厘米，寬 49 厘米，厚 10 厘米。正書 27 行，滿行 24 字。首題"顯武將軍、行深州束鹿縣主簿、兼管舉常平倉、騎都尉、天水縣開國男、食邑三百户致仕趙公墓誌銘并序"。涿州市文物保管所編《涿州貞石録》刊有拓片與録文。⑦

125．僧智瓊墓誌。卒於泰和六年（1205）二月二十五日。現藏甘肅省崆峒山博物館。砂岩質，高 30 厘米，寬 57 厘米，厚 6 厘米。正書 22 行，滿行 12 字。首題"崆峒山明慧禪院故瓊……"拓片、録文刊於吴景山《崆峒山金石校釋》。⑧

126．僧志英墓誌。泰和六年（1205）五月"門人覺義等"建。2005 年出土於山西省朔州市朔城區西朔州古城外古墓，現藏民間。青石質，高 58 厘米，寬 40 厘米，厚 9 厘米。正書 22 行，滿行 37 字，共計 684 字。額篆書 7 行"普照禪寺第拾

① 何新所：《新出宋代墓誌碑刻輯録·南宋卷》，第 169 頁。
② 周峰：《貞珉千秋——散佚遼宋金元墓誌輯録》，第 170~172 頁。
③ http://csid.zju.edu.cn/tomb/stone/detail?id=40288b957845339d017a0d33377415b9&rubbingId=40288b957845339d017a0d33377b15ba。
④ 周峰：《金代王琳墓銘考釋》，《黑龍江社會科學》2018 年第 1 期。
⑤ 周峰：《散見宋金元墓誌地券輯録》，第 122 頁。
⑥ 馬良：《三晉石刻大全·朔州市應縣卷》，三晉出版社，2021 年，第 26~27 頁。
⑦ 涿州市文物保管所：《涿州貞石録》，第 120~121 頁。
⑧ 吴景山：《崆峒山金石校釋》，甘肅文化出版社，2014 年，第 4 頁。

一代長老英公墓誌"，首題"朔州普照禪寺第十一代故長老英公和尚墓誌"。"友人進士楊浩"撰，"鄱陽高璩"書并篆額，劉德全刊。拓片、録文刊於杜啓貴主編《三晋石刻大全·朔州市朔城區卷》上册。①

127. 劉時遇墓誌。葬於泰和七年（1207）四月四日。高 69 厘米，寬 49 厘米。正書 24 行，滿行 29 字。"鄉貢進士蔚炳"撰并書，"汾陽處士畢城"刊。額篆書"故劉公墓誌銘"，首題"大金故劉公墓誌銘"。自藏拓片。何新所編著《新出宋代墓誌碑刻輯録·南宋卷》②刊有拓片、録文。周峰編《貞珉千秋——散佚遼宋金元墓誌輯録》刊有拓片與録文。③

128. 侯大中墓誌。葬於泰和七年（1207）四月四日。高 126 厘米，寬 69 厘米。正書 34 行，滿行 46 字。額篆書 4 行"大金故岢嵐刺史侯公墓誌銘"，首題"大金故中順大夫、岢嵐州刺史兼知軍事、提舉常平倉事、上騎都尉、上谷縣開國子、食邑五百户、賜紫金魚袋侯公墓誌銘"。"將仕郎、遼州司侯外甥楊公訥"撰，"長男子友"書，"將仕郎女夫武天贊"篆額，"石匠同里續興"刊。何新所編著《新出宋代墓誌碑刻輯録·南宋卷》刊有拓片、録文。④

129. 覺山寺行公墓誌。泰和七年（1207）八月十四日"知事沙門道貫"立石，"□主講經沙門□□、典座習經沙門道初、講主講經沙門清福、教讀習經沙門道升、山主講經律論沙門道明"同立。現存山西省靈丘縣覺山寺。八面經幢式，高74 厘米，每面寬 19 厘米。正書共 40 行，滿行 19 字。首題"覺山寺殁故行公監寺墓誌"，"中都香山大永安寺住持、傳法嗣祖、當寺沙門志玄"撰。自藏拓片。高鳳山主編《三晋石刻大全·大同市靈丘縣卷》刊有拓片及録文。⑤

130. 邵均墓誌。大安元年（1209）二月二十二日邵興祖立石。高 230 厘米，寬 95.5 厘米。正書 24 行，滿行 50 字。"本縣鄉貢進士翟師軻"撰并書，"寓居汴梁進士張杲"篆額，"匠人金垞李珪"刊。額篆書三行"大金故博陵邵公墓誌"，首題"大金故博陵邵公墓誌"。自藏拓片。周峰編《貞珉千秋——散佚遼宋金元墓誌輯録》刊有拓片與録文。⑥

---

① 杜啓貴:《三晋石刻大全·朔州市朔城區卷》上册，第 111~112 頁。

② 何新所:《新出宋代墓誌碑刻輯録·南宋卷》，拓片刊於第 3 册第 187 頁；録文載第 7 册第 81 頁。

③ 周峰:《貞珉千秋——散佚遼宋金元墓誌輯録》，第 173~174 頁。

④ 何新所:《新出宋代墓誌碑刻輯録·南宋卷》，拓片刊於第 3 册第 188 頁；録文載第 7 册第 82 頁。

⑤ 高鳳山:《三晋石刻大全·大同市靈丘縣卷》，第 19~20 頁。

⑥ 周峰:《貞珉千秋——散佚遼宋金元墓誌輯録》，第 159~162 頁。

131. 無名墓磚。葬於大安元年（1209）八月。1995 年 5 月，出土於河南省義馬市因基礎設施建千秋西路北側狂口村一座磚雕壁畫墓（編號 M1）。長 30 厘米，寬 30 厘米，厚 4.5 厘米。朱砂書寫，文字漫漶不清，僅能辨識出"大安元年八月"。參見三門峽市文物考古研究所《河南義馬狂口村金代磚雕壁畫墓發掘簡報》。①

132. 尼善圓墓誌。葬於大安元年（1209）十月十三日。1993 年出土於山西省朔州市朔城區曹沙會村北古墓，現藏朔州市崇福寺文管所。青石質，高 48 厘米，寬 36 厘米，厚 10 厘米。正書 20 行，滿行 24 字。首題"維大金國朔州妙因寺比丘尼大乘座主墓誌"。"姪男馬天佑"撰并書，朱彥甫刻。拓片、録文刊於杜啟貴主編《三晉石刻大全・朔州市朔城區卷》上冊。②

133. 馬興詩墓誌。葬於大安二年（1210）三月十六日。2000 年於山西省孝義市徵集，現藏汾陽市博物館。青石質，高 82.3 厘米，寬 41.5 厘米，厚 8 厘米。正書 19 行，滿行 33 字，共計 444 字。額篆書 2 行"馬公墓誌"，首題"西河故居士馬公墓誌銘"。"進士丘山"撰，"進士張之綱"書，"國子博士楊貞"篆額。拓片、録文刊於武登雲主編《三晉石刻大全・吕梁市汾陽市卷》上冊。③

134. 尼善圓幢銘。大安三年（1211）三月二十一日立石。1993 年出土於山西省朔州市朔城區曹沙會村北古墓，現藏朔州市崇福寺文管所。青石質，八棱柱，高 86 厘米。正書 36 行，滿行 23 字。首題"維大金國朔州妙因寺故乘座主尊勝陀羅尼幢銘并序"。"進士馬叔茂"撰，"姪男馬天佑"書，"石匠朱彥甫"刊。拓片、録文刊於杜啟貴主編《三晉石刻大全・朔州市朔城區卷》上冊。④

135. 覺山寺寧公禪師塔銘。大安三年（1211）七月十五日"門人持誦沙門德遇、童行清全、齊望孫、盧伯兒"立石。現存山西省靈丘縣覺山寺。八面經幢式，高 72 厘米，每面寬 17 厘米。正書共 32 行，滿行 18 字。首題"□□□□覺山寺寧公禪師塔銘"，"灤陽沙門運彥"撰，"□水沙門道琳"書。自藏拓片。高鳳山主編《三晉石刻大全・大同市靈丘縣卷》刊有拓片及録文。⑤

136. 馮榮墓銘。大安三年（1211）七月二十五日立石。刊刻於石棺上，原石無存。首題"維大金河東南路平陽府隰州永和縣可托村馮公墓銘"。"本村石匠黨

① 三門峽市文物考古研究所：《河南義馬狂口村金代磚雕壁畫墓發掘簡報》，《文物》2017 年第 6 期。
② 杜啟貴：《三晉石刻大全・朔州市朔城區卷》上冊，第 113 頁。
③ 武登雲：《三晉石刻大全・吕梁市汾陽市卷》上冊，第 216 頁。
④ 杜啟貴：《三晉石刻大全・朔州市朔城區卷》上冊，第 114~115 頁。
⑤ 高鳳山：《三晉石刻大全・大同市靈丘縣卷》，第 21~22 頁。

潤"刊。録文刊於楊年玉主編《三晋石刻大全·臨汾市永和縣卷》。①

137. 吕氏墓誌。葬於大安三年（1211）九月十五日。高79厘米，寬49厘米。正書16行，行字不等。何新所編著《新出宋代墓誌碑刻輯録·南宋卷》刊有拓片、録文。②

138. 毋氏墓誌。崇慶元年（1212）二月十八日立石。現存山西省澤州縣郭壁村。有殘缺，碑陽正書23行，記述了郭壁村毋氏家族的由來。額篆書2行"毋氏墓誌"，首題"毋氏墓誌"。碑陰刻毋氏支派圖。拓片、録文刊於樊秋寶主編《澤州碑刻大全》。③

139. 劉明威墓誌。崇慶二年（1213）四月"曾孫修武校尉見慶都縣泉丘務監彦忠、敦武校尉守涿州新城縣坊館鎮監彦明"立石。正書24行，滿行44字。額正書3行"劉公神道之碑"，首題"劉明威墓誌"。"北唐進士李慈次山"撰，田甫書，"□容山楊茂淙"刊。何任道、王英輝、李志剛編著《碑證望都》刊有録文及拓片。④

140. 張□墓誌。至寧元年（1213）九月立石。現存山西省吉縣東城鄉婆關村。紅砂石質，高172厘米，寬83厘米，厚14厘米。正書22行，磨渺嚴重，可辨識600多字。額正書"故清河張公墓誌銘"。"里人張溫"書，"河津縣解一"刊。拓片、録文刊於馮吉平主編《三晋石刻大全·臨汾市吉縣卷》。⑤

141. 無名地券。貞祐四年（1216）葬。2013年11月出土於陝西省西安市南郊黄渠頭村一座金代墓葬。爲一方形青磚，長30.2厘米，寬29.5厘米，厚5厘米。朱砂正書14行，滿行18字，個別字迹漫漶不清。西安市文物保護考古研究院、遼寧師範大學歷史文化旅游學院《西安南郊黄渠頭村金墓發掘簡報》刊有録文。⑥

142. 李居柔地券。葬於正大三年（1226）九月二十二日。2014年2月，陝西省考古研究院發掘出土於西安市雁塔區觀音廟村西影路46號小區院内的李居柔墓。泥質青磚，方形，邊長29厘米，厚5厘米。正面磨光塗黑，自右向左朱書竪行寫

① 楊年玉：《三晋石刻大全·臨汾市永和縣卷》，第213頁。
② 何新所：《新出宋代墓誌碑刻輯録·南宋卷》，拓片刊於第3册第215頁；録文載第7册第93頁。
③ 樊秋寶：《澤州碑刻大全》第2册，第362~364頁。
④ 何任道、王英輝、李志剛：《碑證望都》，人民出版社，2020年，第212~218頁。
⑤ 馮吉平：《三晋石刻大全·臨汾市吉縣卷》，三晋出版社，2017年，第52~53頁。
⑥ 西安市文物保護考古研究院、遼寧師範大學歷史文化旅游學院：《西安南郊黄渠頭村金墓發掘簡報》，《文物春秋》2014年第5期。

成，共 13 行，226 字。照片、録文刊於陝西省考古研究院《陝西西安金代李居柔墓發掘簡報》。①

143．孟選地券。葬於正大五年（1228）六月十九日。2009 年出土於山西省晋中市榆次區北田鎮一座金代彩繪磚雕墓。地券磚質，長 35.3 厘米，寬 35 厘米，厚 4 厘米。朱砂正書 13 行，滿行 16 字。王俊、閆震《山西晋中發現金代正大五年墓》刊有照片及録文。②

144．僧妙温墓幢。□□五年七月三十日"張嗣□"立石。現藏河北省淶水縣廣華寺。八面，高 66 厘米，每面寬 15 厘米。七面刻佛頂尊勝陀羅尼經，每面正書 4 行，滿行 19 字，多漫漶不清。一面刻題記，正書 5 行，多漫漶不清。淶水縣文物管理所編印《淶水歷代石刻拓本圖録》刊有拓片。③

145．尼正容墓磚。青磚質，高 34 厘米，寬 7 厘米，厚 6 厘米，有殘缺。正中竪行正書"圓寂親教比丘尼正容□□"11 字。拓片、録文刊於杜啓貴主編《三晋石刻大全·朔州市朔城區卷》上册。④

146．殘墓幢。現藏山西省朔州市崇福寺文管所。砂石質，八棱柱，高 78 厘米，正書 11 行，磨泐嚴重，祇可辨識 100 多字。拓片、録文刊於杜啓貴主編《三晋石刻大全·朔州市朔城區卷》上册。⑤

147．殘墓幢。現藏山西省朔州市崇福寺文管所。砂石質，八棱柱，高 60 厘米，正書 45 行，磨泐嚴重，祇可辨識近 200 字。"孫男柏堅"書。拓片、録文刊於杜啓貴主編《三晋石刻大全·朔州市朔城區卷》上册。⑥

① 陝西省考古研究院：《陝西西安金代李居柔墓發掘簡報》，《考古與文物》2017 年第 2 期。
② 王俊、閆震：《山西晋中發現金代正大五年墓》，《中國國家博物館館刊》2013 年第 10 期，第 6~10 頁。
③ 淶水縣文物管理所：《淶水歷代石刻拓本圖録》，第 30~31 頁。
④ 杜啓貴：《三晋石刻大全·朔州市朔城區卷》上册，第 117 頁。
⑤ 杜啓貴：《三晋石刻大全·朔州市朔城區卷》上册，第 120 頁。
⑥ 杜啓貴：《三晋石刻大全·朔州市朔城區卷》上册，第 121 頁。

本書

獲"古文字與中華文明傳承發展工程"資助

係國家社科基金重大項目"中國古代石刻文獻著録總目"（19ZDA288）階段性成果

書名題字：叢文俊

主編　王連龍

中國古代墓誌研究

中國古代石刻研究叢書

（下）

社會科學文獻出版社

下編

專

題

試談標志墓葬制度的起源

——銘（明旌）與徽記的考察

趙 超

　　中國古代墓誌，近年來越來越引起學界的關注。有關研究也日益深入。數以千計經整理發表的出土墓誌材料提供了極其豐富的研究課題，使歷史學、文字學、文學、社會學等有關學科都獲得了大量新研究成果。相對來講，在考古學方面的專題研究則比較薄弱。多年前，我在梳理有關考古發現與文獻記載的基礎上，曾經對墓誌這種重要考古資料的起源與演變做過一些探討。并提出要把墓誌這一器物本身的產生與標志墓葬這一禮制習俗的產生區分開來考察。^①標志墓葬的社會需求是產生墓誌這一器物的前提。在此前提產生後，出現過多種多樣可以起到標志墓葬作用的器物、銘文，歷經演變與選擇，最終產生了定型的墓誌，延續至今。但是，與墓誌產生是經過漫長的演變一樣，標志墓葬的需求及其采用的標志形式也要經過長期的演變。其過程與社會發展的進程互爲表裏，表現出由群體向個體的演變。故而在此結合考古成果與傳世文獻，再對標志墓葬制度的起源作一些探討。

　　現在談起古代人類社會的進化過程，基本上還是將其劃分爲原始社會與階級社會兩大階段。而在原始社會中，由於人類生產力的低下，在與自然和異族的鬥爭中祇能聚族而居，團結氏族、宗族衆人的力量在殘酷的生存環境中求生，從而形成星羅棋布的聚落文化。相應之下，死後遺體處理時，也是聚族而葬，使死者在地下也能保持族群的庇護。這種生態延續至進入階級社會後仍普遍存在。《周禮·地官·大司徒》稱："以本俗六安萬民：一曰媺宫室，二曰族墳墓，三曰聯兄弟，四曰聯師

---

　　① 趙超：《古代墓誌通論》第二章第一節，紫禁城出版社，2003 年。

儒，五曰聯朋友，六曰同衣服。"① 可見族葬制度是古代社會中延續已久的基本制度。根據考古資料，族葬制度至少可以推尋到新石器文化中期。例如裴李崗文化的公共墓地發掘，揭示出該墓地被劃分爲東西兩大區，聚合爲三組，每組包括30座至40座墓葬。而且每組中具有一兩座較大的墓葬，其中有較豐富的隨葬品。② 這可能表現了幾個較大的血緣氏族，説明當時的埋葬是以氏族爲單位的聚族而葬。嚴文明先生在《中國新石器時代聚落形態的考察》一文中總結了新石器時代晚期的西安半坡、臨潼姜寨、寶雞北首嶺、秦安大地灣、長島北莊、常州圩墩等聚落遺址後指出："這些聚落的一個顯著特點是把居住區、生產區和埋葬區緊密地結合在一起。并且在範圍上有明確的劃分。"③ 例如元君廟墓地的墓葬排列有序，被劃分爲兩個墓區，應該是分屬部落中的兩個氏族。而已發掘的50多座墓葬中大多爲多人合葬，多的一個墓中葬有25人。張忠培先生認爲每個合葬墓屬於一個家族的墓葬。整個墓地表現出部落—氏族—家族的三級結構。④ 又如大汶口文化王因墓地、⑤ 小河沿文化大南溝墓地、⑥ 屈家嶺文化肖家屋脊墓地⑦等考古發掘成果，都表現出類似的族葬現象。

降至商周時期，族葬仍然是聚居人群的主要埋葬形式。安陽殷墟墓地的發掘表明一般墓葬大都在分布上形成一個個相對獨立的區域。如大司空村的殷商墓葬可以分爲4個區，殷墟西區在二十世紀七十年代以來發掘的墓葬可以分爲10個區，郭家莊的墓葬分爲3個區，等等。⑧ 每個區內出土青銅器上的族徽相同，陶器隨葬

① 孫詒讓：《周禮正義》卷一九，中華書局，1987年。
② 開封地區文管會、密縣文化館：《河南新鄭裴李崗新石器時代遺址》，《考古》1978年第2期；開封地區文物管理委員會、新鄭縣文物管理委員會、鄭州大學歷史系考古專業：《裴李崗遺址一九七八年發掘簡報》，《考古》1979年第3期；中國社會科學院考古研究所河南一隊：《1979年裴李崗遺址發掘報告》，《考古學報》1984年第1期。
③ 嚴文明：《中國新石器時代聚落形態的考察》，《慶祝蘇秉琦考古五十五年論文集》，文物出版社，1989年。
④ 張忠培：《元君廟墓地反映的社會組織》，《中國北方考古文集》，文物出版社，1986年。
⑤ 中國社會科學院考古研究所：《山東王因：新石器時代遺址發掘報告》，科學出版社，2000年。
⑥ 遼寧省文物考古研究所、赤峰市博物館：《大南溝——後紅山文化墓地發掘報告》，科學出版社，1998年。
⑦ 湖北省荆州博物館、湖北省文物考古研究所、北京大學考古系、石家河考古隊：《肖家屋脊》，文物出版社，1999年。
⑧ 馬得志、周永珍、張雲鵬：《一九五三年安陽大司空村發掘報告》，《考古學報》第9册，1955年；中國社會科學院考古研究所：《殷墟的發現與研究》，科學出版社，1994年；中國社會科學院考古研究所：《安陽殷墟郭家莊商代墓葬》，中國大百科全書出版社，1998年。

品組合也各有特色。因此,《1969—1977 年殷墟西區墓葬發掘報告》中指出:"殷人活着時聚族而居,合族而動,死後合族葬在一起也就必然了。結合這批材料,我們推測,殷墟西區這片大墓地的各個墓區可能是屬於宗氏一級組織,而每個墓區中的各個墓群可能是屬於家族的。"[1]

以族屬爲基本群體的社會組織及生存方式,決定了其墓葬形式也是以宗族、氏族爲基本組合的群葬。就現有考古發掘資料來看,除被族群排除的人及殉嬰外,個人獨立的墓地,或者家庭獨立的墓地基本上不存在。如果存在有對墓地的標志要求,也可能衹會對於一個族葬墓地的範圍予以區劃,設立一個族屬的標志。從社會發展情況來看,估計當時社會狀況強調的是族人的組合,而不是個體的存在。就社會人群的大多數而言,衹需要認同其在族群中的位置,歸葬入族墓地,并在排列整齊的族墓地中擁有自己的墓葬即可。一般没有對個人墓葬進行特殊標志的要求。如果這種推測符合當時的社會意識,那麼在這種族葬形式下應該不大可能出現普遍標志個人墓葬的習俗,也就没有用來標志個人墓葬的器物標志。

但是在夏商時期進入階級社會後,便出現了明顯的階級與等級分化,并且愈演愈烈。在殷墟發掘中,可以明顯區分出多種大小不同,表現出等級高下的墓葬形式。商王及高等級貴族的大型墓葬已經與族葬墓地分開,單獨建造。王侯貴族們需要把世間占有的一切帶到陰間繼續享用,故而在其墓葬中出現了大量禮器與日常用品,出現了殉人、車馬、酒食、衣物等財富象徵。墓葬建築的形制也越來越大。商王陵可達四條墓道、墓室面積數百平方米的宏大建構。如殷墟侯家莊西北崗M1001,墓口呈"亞"字形,東西長 21.3 米,南北寬 18.9 米,深 10.5 米。墓室中的椁室由木板構成,高 3 米。椁底分布有方坑 9 個,各自埋有一執戈人與一犬(其中一坑無犬)。在椁外側與椁頂附近共有 12 個殉人。[2]墓道的填土中還有大量人頭骨與人骨架。由於多次被盜,隨葬品剩餘無幾,但仍清理出一些銅、玉、石、骨、角、牙、蚌、陶器及金飾等,可見原來隨葬有極其豐富的各種器物。類似這樣的大型墓葬,顯然已經不附屬於族墓地而獨立存在。獨立標志墓葬的需求應隨着這種墓葬等級的分化而逐漸産生,并且首先出現在貴族墓葬中。《禮記·檀弓下》云:"愛

---

[1] 中國社會科學院考古研究所安陽工作隊:《1969—1977 年殷墟西區墓葬發掘報告》,《考古學報》1979 年第 1 期。

[2] 梁思永、高去尋:《侯家莊 1001 號大墓》,中研院歷史語言研究所,1962 年。

之斯録之矣。敬之斯盡其道焉耳。"① 説明記録與標志死者個人的習俗正是隨着階級分化，個人權威的提升而形成的精神需求。

標志墓葬，可能首先采取在地表樹立一些標志的做法。陳星燦先生曾經提出："史前的人又是靠什麽標志，使得相隔多年的墓葬，彼此排列有序互不相擾的呢？我猜想除了用石頭等堅固的物體樹立在墓坑的四角之外，最大的可能是在墓上搭建起簡易的木棚或竹棚，既爲墓標，也可做祭祀或其他宗教方面的運用。"② 而這樣的標志，其目的并不是突出與紀念個人，僅僅是爲了再次埋葬時不至於打破舊墓。直至漢代出現墓碑之後，纔有了真正具有紀念個人意義的墓葬地表標志。

那麽，最早在喪葬中用來表現個人身份，并且埋入墓中的是什麽器物呢？我們考察現存禮書中的記載，認爲銘（明旌）③ 可能是現有記録中較早使用的墓主身份標志。而且是較早出現在墓葬内的紀念性墓主標志。華人德先生曾經提出："墓誌起源於'明旌'"，"類似墓誌的明旌早在周代就産生了"，④ 直接把明旌定爲墓誌的起源。但是我們覺得，還是把它看作志墓（即標志墓葬）的起源之一更確切一些。

《儀禮·士喪禮》云："爲銘各以其物。亡則以緇長半幅，赬末長終幅，廣三寸。書銘於末曰：某氏某之柩。竹杠長三尺，置於宇（校勘記稱：敖氏曰：宇，屋檐也，不宜與西階上連文）西階上。"鄭玄注云："銘，明旌也。雜帛爲物，大夫（校勘記稱：夫下《通典》《集釋》敖氏俱有士字）之所建也。以死者爲不可別，故以其旗識識之。愛之斯録之矣。亡，無也。無旌不命之士也。半幅一尺，終幅二

---

① 鄭玄注，孔穎達疏：《禮記正義》卷九，見《十三經注疏》，中華書局影印本，1980 年。
② 陳星燦：《墓上建築始於何時》，《中國文物報》1998 年第 39 期。
③ 關於喪葬中銘（或稱明旌、銘旌、旐）的名稱與定義如何確定，馬怡先生在《武威漢墓之旐——墓葬幡物的名稱、特徵與沿革》（《中國史研究》2011 年第 4 期）一文中曾對武威出土的銘旌加以深入考證，結合有關文獻記載，認爲這些銘旌應該稱作"旐"。稱："'銘'與徽相似，以紅爲主色，形制不大，有題字，用竹杠懸出，爲'神明之旐'。'旐'是古老的旗幟，大概在文字出現之前已有。喪用的'旐'形制較大，以紅爲底，繪有圖畫，爲表柩、引柩之幡，入壙。……後漸無圖畫，或與'銘'合而爲一。再到後世，此類墓葬幡物的名稱逐漸固定爲'銘旌'。"這種根據武威出土器物作出的判斷。可備一説。但文獻記載中，尤其是唐代學者的注疏中對"銘""旐"的解釋可能多結合了當時的實際，且多有抵牾，不一定符合先秦時期的情況。且《周禮》《儀禮》中多次出現"置銘""爲銘"，《荀子·禮論》中亦云："書其名置於其重。"則"銘"的名稱并不晚見。而且稱之爲"銘"還是"旐"的討論也不影響本文的論述，故本文暫仍采用"銘"的名稱，并附注（明旌）以説明其定義。
④ 華人德：《三國兩晉南北朝墓誌·序言》，《中國書法全集》第 13 卷，榮寶齋出版社，1995 年。

尺。在棺爲柩。今文銘皆爲名。末爲旐也。"①《禮記·檀弓下》云："銘，明旌也。以死者爲不可別已，故以其旗識之。愛之，斯録之矣。敬之，斯盡其道焉耳。"②

以上二經原文，已經把銘（明旌）的具體形制、用途及其來源説得很明確了。首先，古代使用的銘（明旌）是專門用於喪禮的一種標識。它的形狀是一條豎直的帛，上端爲黑色，長一尺，下端爲紅色，長二尺，寬均爲三寸。用一根長三尺的竹杠懸挂起來。大夫與士一般是在上面繪製自己的徽記圖像。没有徽記的就直接在下面的紅色帛上書寫"某氏某之柩"。從這些文獻的記載來看，至少在春秋戰國時期，喪禮中使用銘（明旌）的情況已經列入官方的喪禮制度。

銘（明旌）在喪禮中的作用即標識死者的神主。在《儀禮·士喪禮》記載的喪禮過程中，銘（明旌）自始至終都在起着這樣的作用。喪禮中，將死者招魂、衣被後就要"爲銘（明旌）"。製作好銘（明旌）後先置放在西階之上。《儀禮·士喪禮》疏："此始造銘訖，且置於宇下西階上，待爲重訖，以此銘置於重。"③ "重"是喪禮中象徵死者的神主，即在木架上懸挂裝有飯食的鬲，外面用葦席包裹而成。《儀禮·士喪禮》"重木刊鑿之。甸人置重於中庭。"鄭注："木也，懸物焉曰重。""用二鬲於西墻下"疏云："云重主道也者。《檀弓》文彼注云：始死未作主，以重主其神也。"待重製作完畢，"祝取銘置於重"。即開始用銘（明旌）標志死者神主。《儀禮·士喪禮》疏："釋曰：以銘未用。待殯訖，乃置於柩。今且置於重。必置於重者，重與主皆是録神之物故也。"重祇是死者的神主象徵。待死者入殯後，停棺於柩，供親友弔唁。這時"祝取銘置於柩"。可見銘（明旌）一直緊密隨從禮儀中的死者（或死者象徵）所在，昭示着死者的姓名身份。待下葬之時，要恢復殯時的布置。"主人柩束，西面。置重如初。""重"再次作爲死者象徵。《儀禮·既夕禮》："燭入。祝降，與夏祝交於階下，取銘置於重。"④ 即銘（明旌）又要暫時移至"重"上。行禮過後，下葬車隊與隨葬品準備好，"祝取銘置於茵"。疏曰："重不葬，擬埋於廟門。茵是入壙之物，銘亦入壙之物，故置於茵也。"銘（明旌）則要移至鋪在墓室中棺柩下的茵上。是説明銘（明旌）要伴隨死者棺柩下葬，在墓中繼續起着標志死者的作用。

---

① 鄭玄注，賈公彦疏《儀禮注疏》卷三五，見《十三經注疏》，中華書局影印本，1980 年。
② 孔穎達：《禮記正義》卷九，見《十三經注疏》，中華書局影印本，1980 年。
③ 此句及以下二處《儀禮·士喪禮》引文均見《儀禮注疏》卷三五。
④ 鄭玄注，孔穎達疏《儀禮注疏》卷三五。

　　由此可見，在古代葬禮中出現銘（明旌）這一器物之日，可能就是需要在喪葬中明確標識死者身份姓氏之時，即標志墓葬習俗的開始。上面已經説過，根據《儀禮》《禮記》有所記載來看，這種習俗至少在春秋戰國時期就已經存在了。但如果進一步分析銘（明旌）的形制來源，可能將這種意識産生的時間更向前推衍。

　　我們再來考察《儀禮·士喪禮》中"爲銘各以其物"這一記載。上引鄭玄注中對其進一步解釋説："銘，明旌也。雜帛爲物，大夫（校勘記稱：夫下《通典》《集釋》敖氏俱有士字。）之所建也。以死者爲不可別，故以其旗識識之。愛之斯録之矣。亡，無也。無旌不命之士也。"根據鄭玄的解釋，銘（明旌）上面原來并不是書寫文字，而是采用大夫、士這樣的低級貴族擁有的旗幟標識。祇有未曾受到賜命，没有自己的旗幟標識的人，纔在銘（明旌）上書寫文字。由此，我們可以把這一制度與《周禮》中記載的先秦官方旗幟制度聯繫起來。《周禮·春官·司常》載："司常掌九旗之物名。各有屬，以待國事。日月爲常，交龍爲旂，通帛爲旜，雜帛爲物，熊虎爲旗，鳥隼爲旟，龜蛇爲旐，全羽爲旞，析羽爲旌。"鄭注云："物名者，所畫異物則異名也。屬，謂徽識也。《大傳》謂之徽號。"[1] 這裏鄭玄對物的解釋是合理的。由此可知，"爲銘各以其物"的"物"，所指應該是旗幟上所畫的各種圖形標志，即日月、交龍、熊虎、鳥隼之類。而鄭玄解釋"爲銘各爲其物"時將其解釋爲大夫、士所建之旗幟是有偏差的，其説源於《周禮·春官·司常》"及國之大閱，贊司馬頒旗物：王建大常，諸侯建旂，孤卿建旜，大夫士建物，師都建旗，州里建旟，縣鄙建旐，道車載旞，斿車載旌"。[2]

　　上述《周禮·春官·司常》所作九旗之制，祇是一種規範化的理想體系，且在對九旗的定義時將質地、圖像、飾物等混爲一體，所以這種九旗的區分與等級排列未必與古代的實際情况吻合。[3] 但是它所反映出的利用徽識來區分等級與族屬，却應該是古代曾經確實存在的實用方式。我們可以看到具體的考古資料體現，如在殷墟發掘中不同墓區的墓葬裏出土青銅器上具有不同的族徽，而每一個墓區中出土的青銅器族徽則相同。像西區第三區出土的銅器族徽爲"員"，第七區則爲

---

①　孫詒讓：《周禮正義》卷五三。

②　孫詒讓：《周禮正義》卷五三。

③　前人治經時曾經對這一旗幟系統多所解讀，但發現其體系存在無法自圓其説的衆多不合理之處。孫詒讓《周禮正義》注疏按語中對此有長篇歸納辯證，并擬定出自己的體系説明。但仍不盡可信。當因其原文編排九旗時即存在不嚴謹的虛擬。詳見《周禮正義》卷五三《春官·司常》有關疏證。

“共”。^①考古學者們已經確認，殷墟墓葬的分區狀況表現出各個不同的族群分別擁有固定的墓地區域，則每個分區内埋葬同一個族屬的族人。青銅器上的族徽可能就是這個氏族的徽識。而我們知道在商代銅器上出現有大量族徽標志，張亞初、劉雨二先生曾經統計過，商周青銅器銘文總數在 10000 條左右，其中族徽金文就有 4000 多條。^②王長豐先生近來總結金文總數達 16000 件，含族徽的約有 8000 件。^③在青銅器上，這些標志一般作爲單獨的一個徽號標志出現，没有其他銘文，有些附着在簡短的銘文後邊或銘文開頭，也是處於署名的地位。可見其是在表示所有者或製作者的族名或氏名。有些學者還認爲其中包括有私名。這些標志往往由一些典型圖像組合而成，具有明顯的象形意義。認爲這些金文是族徽的説法，首創於郭沫若先生，而後在古文字學界與考古學界得到了較爲普遍的認同，將其作爲圖像徽識來看待。迄今爲止，有關青銅器中族徽的研究并不多。對於這些族徽金文，長期以來既没有全面整理，也缺乏相應的斷代研究。從現有的一些論述中，可以看到學者們已經注意到族徽金文基本上是屬於商代的各大宗族標記，而周代的上層氏族并不使用這種徽識。張懋鎔先生在其有關青銅器的論述中已經充分闡述了這一現象。張亞初與劉雨二先生的研究也結合甲骨文資料把族徽金文的存在時期限定在殷商至西周早期之間。^④由此可見，族徽金文具有比較早期的社會屬性，可能反映了較早階段的社會組織情況。也表明了古代中原曾存在着使用徽記來區別各個宗族、氏族乃至家族的歷史階段。而《儀禮·士喪禮》中“爲銘各以其物”的“物”，與青銅器上的族徽，應該是同一類型的身份標志。即以圖像徽號作爲族屬的標志。

根據《周禮正義》的解釋，這種“物”，不僅繪製在標明族屬的大旗幟上，也要繪製在具體使用的小旗幟上，甚至繪製在官員將士的服裝上。“皆畫其象焉，官府各象其事，州里各象其名，家各象其號。”疏云：“注云：‘事、名、號者，徽識’者，鄭意此即上經云各有屬是也。《詩·小雅·六月》‘織文鳥章’，箋云：‘鳥章，鳥隼之文章，將帥以下，衣皆着焉。’依彼説，則徽識如九旗而小，亦有畫章，各如其旗。若建旗者，其徽識即畫鳥隼之章，故《六月》孔疏云：‘以絳爲繒，畫爲鳥隼，又絳爲旒，書於末，以爲徽識’是也。”孫詒讓則認爲“此謂未入朝之先，

① 中國社會科學院考古研究所：《殷墟的發現與研究》，科學出版社，1994 年。
② 張亞初、劉雨：《商周族氏銘文考釋舉例——摘自〈商周青銅器族氏銘文的資料和初步研究〉》，《古文字研究》第 7 輯，中華書局，1982 年。
③ 王長豐：《殷周金文族徽研究》上册，上海古籍出版社，2015 年。
④ 張亞初、劉雨：《商周族氏銘文考釋舉例——摘自〈商周青銅器族氏銘文的資料和初步研究〉》。

先以其徽識樹於所當立之位，入朝時，各視所樹之徽識而就位，與軍事徽識綴之於身異也"。[①] 但不管哪一種說法，都承認文獻記載證明了在旗幟上繪製徽識來表明身份族屬的史實。《左傳》昭公十七年："郯子曰：'吾祖也，我知之。昔者黄帝氏以雲紀，故爲雲師而雲名。炎帝氏以火紀，故爲火師而火名。共工氏以水紀，故爲水師而水名。大暤氏以龍紀，故爲龍師而龍名。我高祖少暤，摯之立也，鳳鳥適至，故紀於鳥，爲鳥師而鳥名。'"[②] 實際上，這裏的雲、火、水、龍、鳥，應該也是上面所説的"物"，是各個部族的徽識。

　　關於《儀禮》和《周禮》的成書年代，歷來學者聚訟不斷，現在比較一致的看法是：《儀禮》爲先秦古籍的遺存。前儒或稱爲周公所撰，經孔子整理；也有人認爲是戰國早期成書。《周禮》則多認爲是戰國時期成書。《儀禮注疏》卷一賈公彦疏云："同是周公攝政六年所制……周禮取別夏殷，故言周。儀禮不言周者，欲見兼有異代之法。"[③] 賈氏對於年代的判斷雖與近人不同，但《儀禮》記録的禮儀不僅限於周禮，兼有夏、殷古禮，則有例可證。《儀禮注疏》卷一賈公彦疏云："故此篇有醮用酒，燕禮云諸公，士喪禮云商祝夏祝，是兼夏殷。"[④] 此外，如果《儀禮》確曾經過孔子的整理，那麼根據《論語·八佾》"子曰：'夏禮，吾能言之，杞不足徵也；殷禮，吾能言之，宋不足徵也'"及《論語·爲政》"子曰：'殷因於夏禮，所損益可知也；周因於殷禮，所損益可知也'"的記載，[⑤] 可知孔子是瞭解夏、殷兩代的禮制，并且將其與周禮做過比較，知道它們的損益變化的。這樣，在《儀禮》中存在夏、殷古禮的成分也是可能的。所以，雖然金文族徽在周代不再出現，但它仍證實了《儀禮·士喪禮》中記載"爲銘各以其物"這一重要古代文化現象的長期存在，也證明了使用旗幟徽識表明身份的悠久歷史，更反映出由旗幟徽識轉化爲墓中身份標志——銘（明旌）的可信性。如馬雍先生所説："倘使夏代果然已有銘旌。則原始的銘旌必然以圖像來表示標識死者神明的意義。"[⑥]

　　鑒於古代墓葬中遺物保存的條件大多不佳，兼以歷代盜掘破壞，迄今爲止，在商周時期的墓葬中很難發現完好的古代織物遺存。而銘（明旌）均爲絲帛製作，

---

① 孫詒讓：《周禮正義》卷五三。
② 杜預注，孔穎達疏《春秋左傳正義》卷四八，見《十三經注疏》。
③ 鄭玄注，孔穎達疏《儀禮注疏》卷一。
④ 鄭玄注，孔穎達疏《儀禮注疏》卷一。
⑤ 何晏注，邢昺疏《論語注疏》卷三、卷二，見《十三經注疏》，中華書局影印本，1979 年。
⑥ 馬雍：《論長沙馬王堆一號漢墓出土帛畫的名稱和作用》，《考古》1973 年第 2 期。

下葬後多難以長期保存。這應該是雖然文獻記載明確規定在葬禮中使用了銘（明旌），却在商周墓葬發掘中未得見實物的原因。幸運的是，1957 年以來，在甘肅武威磨嘴子漢墓群的發掘中曾經出土多件絲綢及麻布明旌。① 這些銘（明旌）一般長 2 米左右，寬 0.4 米左右。上面書寫死者鄉里及姓氏，安置在棺木蓋上，與《儀禮·士喪禮》中的記載相符。由於當地氣候乾燥，它們得以完好保存，字迹清晰，爲古代喪禮中銘（明旌）的存在提供了寶貴的實證。例如 M23 出土銘（明旌）一件，上書："平陵敬事里張伯升之柩，過所毋哭。" 又如 1957 年在磨嘴子漢墓 4 號墓中發現的一件銘（明旌），上書："姑臧北里閭道里壺子梁之【柩】"。原簡報稱作"幡幢"，爲絲織品，紫紅色。文字兩旁有繪畫，最上端兩角爲圓圈，圈內隱約似有動物形狀，下部接續有老虎形象，再下面全部爲雲紋。② 根據現在對磨嘴子 54 號墓出土銘（明旌）實物的觀察，其最上端兩個圓，內有三足鳥與蟾蜍的形象，應該是日、月的象徵。4 號墓所出銘（明旌）上應該也是類似的圖案。

有學者曾經把這些銘（明旌）與西漢馬王堆漢墓中出土的"非衣"帛畫聯繫起來，認爲它們屬於同一類型的喪葬用品。③ 由此似乎也可以表明源於久遠的墓中隨葬銘（明旌）這一禮儀制度始終存在。

在漢代以來，銘（明旌）這一器物可能在官方規定的喪葬禮儀中始終存在，其形制與使用方式也基本上沒有脱離《儀禮》中的規定。《後漢書·禮儀志下·大喪》記録東漢時期天子下葬時："旐之制，長三仞，十有二游，曳地，畫日、月、升龍，書旐曰：'天子之柩。'"④ 明顯就是銘（明旌）的最高形制。《通志·禮略》記載："宋崔元凱《喪儀》云：'銘旌，今之旐也，天子丈二尺，皆施跗，樹於壙中。'"⑤《新唐書·禮樂志十》中記載諸臣之喪的喪禮過程中基本沿用了《儀禮·士喪禮》的記載內容，略有修改，稱："乃爲明旌，以絳廣充幅，一品至於三品，長

---

① 馬怡：《武威漢墓之旐——墓葬幡物的名稱、特徵與沿革》（《中國史研究》2011 年第 4 期）一文中稱可考者爲 5 件，出自磨嘴子墓群 4、15、22、23、54 號墓。另外高臺縣博物館尚藏有多件。又，馬雍《漢代五鹿充墓出土的刺繡殘片》（《文物參考資料》1958 年第 9 期）稱 1930 年河北懷安曾在漢代五鹿充墓出土銘旌。

② 《武威縣磨嘴子古墓清理紀要》，《文物》1958 年第 11 期；《甘肅武威磨嘴子漢墓發掘》，《考古》1960 年第 9 期。

③ 安志敏：《長沙發現的西漢帛畫試探》，《考古》1973 年第 1 期；馬雍《論長沙馬王堆一號漢墓出土帛畫的名稱和作用》，《考古》1973 年第 2 期。

④ 范曄：《後漢書》卷六，中華書局，1965 年。

⑤ 鄭樵：《通志》卷七九，中華書局，1995 年。

九尺，韜杠，銘曰'某官封之柩'，置於西階上；四品至於五品，長八尺；六品
至於九品，長六尺。""在壙。……施銘旌、誌石於壙門之內。"^① 則唐代官員喪禮
與墓葬中仍然使用銘（明旌），并且銘旌與墓誌石同時存在。直至宋代官方的喪
禮制度中還規定使用銘旌。《宋史·禮志二十七》詔葬："《禮院例册》：……諸銘
旌：三品已上長九尺，五品已上八尺，六品已上七尺，皆書某官封姓之柩。""又
按《會要》：勛戚大臣薨卒，多命詔葬，遣中使監護，官給其費，以表一時之恩。
凡凶儀皆有買道、方相、引魂車，香、蓋、紙錢、鵝毛、影輿，錦繡虛車，大
輿，銘旌。……入壙有當壙、當野、祖恩、祖思、祖明、地軸、十二時神、誌石、
券石、鐵券各一。"^② 直至清代，官方禮書中還記載："（官員喪禮）祝取銘旌，去
杠，縱加柩上……執事者整銘旌，藏誌石，設明器，掩壙覆土。"^③ 但是，至今我
們還沒有在漢代以後的墓葬發掘中發現銘旌一類的器物。鑒於它應該是普遍使用
過的禮制用品，墓葬中沒有發現，恐怕是限於絲帛織物難於保存的外部條件，希
望在以後的考古發掘能有所突破。

　　以上我們簡略地追溯了銘（明旌）產生的歷史，可以看到它在古代墓葬與喪
禮發展的過程中始終存在，并且起着標志墓主、標志墓葬的重要作用。它可以把標
志墓葬的制度起源前推到古人進入階級社會的時代。它也將標志墓葬的習俗沿襲幾
千年，直至近代。顯然它對墓誌銘的產生具有一定影響。而墓誌銘的出現，除了標
志墓葬外，更多的是在對死者表達紀念，也是愛之敬之的意識在文化逐漸發達的條
件下不斷完善的結果。

---

① 歐陽修、宋祁：《新唐書》卷二〇，中華書局，1975年。
② 脫脫：《宋史》卷一二四，中華書局，1977年。
③ 《欽定大清通禮》卷五〇《凶禮》，《景印文淵閣四庫全書》第655册，上海古籍出版社，1987年。

墓誌文體起源及其與僑姓世族之關係[*]

程章燦

　　墓誌成爲一種名符其實的文體，源於南朝，旋即傳入北朝，在新的時空環境中得到迅速發展，并盛行一時。唐人承襲北朝遺風，在喪葬制度中非常重視墓誌，墓誌文體因此空前鼎盛，其作品數量十分驚人。從宋朝以來，歷代發掘出土的唐代墓誌已有五六千件。僅以周紹良、趙超主編的《唐代墓誌彙編》《唐代墓誌彙編續集》二書而論，前書收録唐代墓誌文 3608 篇，後書收録唐代墓誌文 1564 篇，總數已達 5172 篇，^① 加上《全唐文》中所收載的墓誌（其中一部分與前舉二書有重疊），真可謂洋洋大觀。宋元明清歷代各家別集之中，也經常可以看到墓誌文。一篇墓誌文，就是一篇人物的傳記，除了具有珍貴的史料價值之外，更有其獨特的文學價值。但是，對於這樣一種重要文體，我們現有的研究十分匱乏，既有的認識也頗多模糊不清之處，即使對於墓誌文體之起源這樣一個重要問題，也尚未有一個明確的説法。從傳世文獻和出土文獻來看，古來對這一問題的多種説法其實充滿傳聞不實之詞，相沿既久，諸説紛紜，有待辨明。

一　舊説辨證

　　舊説或以爲墓誌起源於先秦，其中出現於宋代而且影響很大的一種説法甚至

---

　*　本文原刊於《學術研究》2005 年第 6 期，作者同意入編本書，并有所增補。

　①　周紹良：《唐代墓誌彙編》，上海古籍出版社，1992 年；周紹良、趙超：《唐代墓誌彙編續集》，上海古籍出版社，2001 年。

認爲早至春秋時代。宋人高承在其所著《事物紀原》卷九中，曾將墓誌的源頭追溯到商末比干之時。據說，"唐開元時，人有耕地得比干墓誌，刻其文以銅盤曰："右林左泉，後崗前道。方世之寧，兹焉是保。'……則墓之有誌，其來遠矣"。①按高承的說法，這段銘文雖然刻於銅盤之上，但確實是銘墓之文，其文體屬於四言韻文，頗有類於後來墓誌文中的銘文。宋、明兩代的一些學者，例如宋薛尚功，②翟耆年、③張邦基、④明曹學佺、⑤周思宸及林侗⑥等，都對這件銅盤及其銘文曾經信以爲真。但是，關於此盤出土的時空背景，各家記載頗多矛盾，盤上刻字各家釋文也頗有出入。⑦再聯繫《墨莊漫録》卷七所揭示的時代背景，我們很可以懷疑此盤的來歷，推測此可能是當時人爲迎合宋徽宗好古求寶之意而僞造的。實際上，元代金石家吾衍已經從書迹上判斷這是漢人之筆，明人鄭瑗也斷言此盤出於後世，并强調"宣和博古多僞"。⑧二家之說雖然没有確證，但其質疑是相當有力的。降至清代，幾乎所有著名金石學家，包括如顧炎武、⑨錢大昕、⑩畢

---

① 高承：《事物紀原》卷九，《叢書集成初編》本，商務印書館，1937年，第344頁。

② 薛尚功《歷代鐘鼎彝器款識法帖》卷一六"封比干銅槃"有摹文，其字體爲科斗文。其釋文云："右林左泉，後崗前道（或云前崗後道）。萬世之寧（或云英字），兹焉是寶。"與《事物紀原》所記小有出入。薛尚功跋詳叙其出土經過云："右開元四年游子武之奇於偃師耕耘獲一銅片，盤形，四尺六寸，上鏤文，深二分，其左右前後，崗道與泉并存，唯林無矣。考諸圖籍，即比干之墓。"本文引用古籍，凡未另標注者皆據《景印文淵閣四庫全書》本。

③ 翟耆年《籀史・比干墓銅槃記》記出土過程與《歷代鐘鼎彝器款識法帖》略同，唯稱游子武"于偃師卜築（土厥）地"時所獲爲小異，并稱："有科斗字十有六，每字長八寸許。"其録文亦小有異同，曰："右林左泉，後崗前道，萬世之銘，兹焉是寶。"

④ 張邦基《墨莊漫録》卷七："政和間，朝廷求詢三代鼎彝器，程唐爲陝西提點茶馬，李朝儒爲陝西轉運，遣人於鳳翔府，破商比干墓，得銅盤，徑二尺餘，中有款識一十六字。"（張邦基撰，孔凡禮點校，中華書局，2002年，第195頁）當即此盤。張邦基與薛尚功、翟耆年皆南北宋間人，而所記時地差舛如此。

⑤ 曹學佺：《蜀中廣記》卷一〇引《輿地碑目》。

⑥ 《來齋金石刻考略》卷上"比干墓銅盤銘"謂在衛輝府汲縣北比干墓上，明萬曆十五年知府周思宸重摹汝帖立石於墓前，林侗録其文云："右林左泉，後道前崗。萬世之寶，兹焉是藏。"此與薛、翟二家録文出入較大。

⑦ 參看前此諸注引録各家釋文。

⑧ 鄭瑗《井觀瑣言》卷二："予觀其文奇峻勻麗，與三代鍾鼎彝敦諸款識不類，辭語亦不似魏晋以前文字，其出於後世無疑。歐公《集古録》不收此文，其鑒別精矣，不宜與《石鼓》《詛楚文》并刻。"倪濤《六藝之一録》卷二六二："以比干墓銅盤爲孔子書者，《法書苑》《河南志》也，吾衍、鄭瑗辨其非。以吴季札碑爲孔子篆者，張燕公、張從紳、蕭定也，歐陽永叔、秦少游斷其非。"又云："吾子行定爲漢人筆，閩南鄭瑗《井觀瑣言》曰：……比干盤則僞。"

⑨ 顧炎武：《金石文字記》卷一。

⑩ 錢大昕：《潛研堂金石文跋尾》卷一《殷比干墓銅盤銘》："此銘文字奇古，自非漢以後物。其以爲比干者，則無確證。"《嘉定錢大昕全集》第6冊，江蘇古籍出版社，1997年，第3頁。

沉、①武億、②倪濤③等，都持存疑態度，不相信這是商代之物。至於究竟爲哪一朝代的人所僞造，則各家見仁見智，又有不同。與此相關的另一種舊説，則將墓誌的起源附會到孔子身上。相傳孔子到比干墓前，以劍刻字，又傳説"昔吳季札之喪，孔子銘其墓曰：'嗚呼！有吳延陵季子之墓。'"④兩者都見於比較晚出的文獻材料，附會杜撰之迹更加明顯，因此自宋以來，學者多不采信，⑤當代學者也有文辨證，⑥總之，是不宜信以爲實并據以考論墓誌文的起源的。

無論是比干墓題字，還是季札墓題字，嚴格説來，都不能等同於墓誌，其文字與墓誌文體則有更大的距離。由於孔子在中國文化史上占有特殊的地位，其他有關墓誌起源的舊説往往也將其附會爲墓誌的始作俑者，可謂樂此不疲。唐代民間曾經流行一種看法，認爲墓誌起源於春秋時代，是孔子及其弟子所創製的。《大唐故張府君（張師儒）墓誌銘》云：

> 夫銘者，稱其美也，記歷年代，載標行德，因夫子讖秦始皇後必開發吾墓，顏回已下乃誌讖詞於墓内，使始皇見之，知我先師聖焉。又至後漢，滕公夏侯嬰將葬佳城，駟馬不進而鳴，乃掘其下，遇有穴室，中得石記，亦有讖文。是以先王制禮，勒石於泉，慮陵谷有遷，以明柩之德位也。⑦

《張師儒墓誌銘》的年代是在唐僖宗廣明元年（880），墓主是長安人，卒後葬於萬年縣。這種認爲墓誌銘源於顏回以下孔門諸弟子按照孔子的遺囑，"乃誌讖詞於墓内"的説法，恐怕祇是民間（至少在長安一帶）流行的一種傳説，其淺陋不值一駁。顏回固然是孔門弟子中最爲老師喜愛的一位弟子，却不幸短壽，在孔子之前就死了。此事在《論語》和《史記·仲尼弟子列傳》中都有明確的記載，略讀經史的人都當瞭然於心。至於説孔子讖知秦始皇時要掘發其墓，就更是無稽之談了。但民

---

① 畢沅：《中州金石記》卷一，見新文豐出版公司《石刻史料新編》第 1 輯第 18 册。
② 武億《偃師金石遺文記》卷一著録爲《漢何比干銅盤銘》，見新文豐出版公司《石刻史料新編》第 2 輯第 14 册。
③ 倪濤《六藝之一録》卷二六二對《墨莊漫録》所記發表評論云："此云墓在關中，又與開元武之奇同得一銅盤，可疑哉！"
④ 高承：《事物紀原》卷九，第 344 頁。
⑤ 較早質疑者如歐陽修《集古録》卷八、趙明誠《金石録》卷二八。
⑥ 參看沈乃文《也談"孔子劍刻碑"》，原載《中國讀書報》，此據"中國碑帖拓片網"。
⑦ 周紹良：《唐代墓誌彙編》，第 2502 頁。

間傳説往往不屑於這一類的史實考證，大概是鑒於顔回在後世知名度最高，就拉來做了仲尼弟子的代表。流傳既久，習非成是，一般士大夫也習焉不察，即使明察秋毫，也未必好事而爲之辨。比如，這篇《張師儒墓誌銘》的作者，"朝議郎前使持節藤州諸軍事前守藤州刺史上柱國賜緋魚袋蔡德章"，就未必不知顔回死於孔子之前，而仍然引述這一説法。這至少可以説，蔡氏從内心裏是認同這一説法，承認這一傳説的精神及其含義的可信性的。這一傳説起於何代已不可究詳，但它至少揭示了一部分古人的心理：他們想爲墓誌找一個光彩、堂皇的身世。

與此傳説有些類似的是明人陳衎在《槎上老舌》中提出的一種説法。《槎上老舌》"墓誌之始"條引《禮記·檀弓》："孔子之喪，公西赤爲誌焉……子張之喪，公明儀爲誌焉。"并懷疑此爲墓誌之始。[1] 按：這裏的"誌"不是墓誌的"誌"，而是"章識"也就是"標志、標記"的意思。此二處《禮記正義》鄭玄注云："誌謂章識。"孫希旦集解："葬之有飾，所以表識人之爵行，故謂之誌。"而清代王士禎《池北偶談》卷一七"墓誌"條則認爲：《檀弓》所謂"誌焉"者，"蓋職誌之誌，猶今之主喪云爾"。無論作何種解釋，這個"誌"指的都不是墓誌。可見陳氏之説乃起於對"誌"字的誤訓，當然就更不足爲據了。此外，晋常璩《華陽國志》卷三《蜀志》還記載古蜀國開明帝之時，"蜀有五丁力士，能移山，舉萬鈞。每王薨，輒立大石，長三丈，重千鈞，爲墓誌，今石筍是也，號曰筍里"。[2] 這裏的"墓誌"指墓上的標志之物，與文物及文體意義上的墓誌更不相干。

上引《張師儒墓誌銘》後半段提到的實際上是關於墓誌銘起源的另一種説法，祗是所謂"後漢滕公夏侯嬰"應作"前漢"纔是。這一説法最早見於西晋張華《博物志》卷七《異聞》和東晋葛洪集《西京雜記》卷四。[3]《博物志》所記爲：

> 漢滕公薨，求葬東都門外。公卿送葬，駟馬不行，踢地悲鳴，跑蹄下地，得石有銘，曰："佳城鬱鬱，三千年，見白日。吁嗟滕公居此室！"遂葬之。

---

① 此書有《叢書集成初編》本。

② 常璩撰，劉琳校注《華陽國志校注》，巴蜀書社，1984年，第185~186頁。

③ 《西京雜記》舊題漢劉歆撰，私意以爲此書是東晋葛洪據漢晋間百家短書抄集而成。説詳程燦《〈西京雜記〉的作者》，《中國文化》1993年秋季號。

《西京雜記》所記爲：

> 滕公駕至東都門，馬鳴，踢不肯前，以足跑地久之。滕公使士卒掘馬所
> 跑地，入三尺所，得石椁。滕公以燭照之，有銘焉。乃以水洗，寫其文，文
> 字皆古異，左右莫能知。以問叔孫通，通曰："科斗書也。"以今文寫之，曰：
> "佳城鬱鬱，三千年，見白日。吁嗟，滕公居此室！"滕公曰："嗟乎，天也！
> 吾死其即安此乎？"死遂葬焉。

這兩段文字大節相同，當是同一來源。根據傳說一般前簡而後繁的通例來推論，
《博物志》所記的（或所據的）故事版本似乎較早，而《西京雜記》所據故事版本則
可能較爲晚出，因爲其中的情節明顯經過修飾處理，添枝加葉。不管從地下挖出石
椁是在夏侯嬰生前（如《博物志》所記），還是在夏侯嬰死後出葬之時（如《西京雜
記》所言），這篇銘文充其量算是墓葬的一個標記，而不能算是一篇墓誌文——它連
夏侯嬰的最簡單的生平也沒有寫到。

值得注意的是，夏侯嬰這個故事的情節與《莊子·則陽篇》中的這段故事很
相似：

> 夫靈公也，死，卜葬於故墓，不吉；卜葬於沙丘而吉。掘之數仞，得石
> 椁焉。洗而視之，有銘焉，曰："不馮其子，靈公奪而里之。"

此事亦見《博物志》卷七，祇是文字略有不同而已。[①] 我們無意追究夏侯嬰故事是
不是從衛靈公這段故事中生發出來的，也無意斷言《莊子》中的這段記載并非實事
而祇是寓言。我們祇想指出，即使衛靈公葬時實有其事，這個石椁銘也算不得真正
的墓誌銘。與夏侯嬰墓室中所發現的石椁銘一樣，它根本不記墓主的身份、事業，
更缺乏卒葬年月等項内容。它們祇是銘刻了墓室爲某人所占的讖詞，與夏侯嬰、衛
靈公的身世毫無關係。也許衛靈公之事確實早於夏侯嬰，但是時間長河大浪淘沙，
浮沉難以預料，後出的夏侯嬰故事更牢固地駐留在人們的記憶裏。在古人關於喪葬
墓誌的知識儲存中，這一故事占據了極爲顯要的位置，從夏侯嬰故事中產生的"佳

---

① 張華：《博物志》卷七："衛靈公葬，得石椁，銘曰：'不逢箕子，靈公奪我里。'"

城鬱鬱"一詞，從此成了墓誌銘文中最常見的一句套話。

還有一些人認爲墓誌起源於西漢杜子夏自作墓誌文。與夏侯嬰故事相比，這段見於《西京雜記》卷三的故事似乎有更多説服力：

> 杜子夏葬長安北四里，臨終作文曰："魏郡杜鄴，立志忠款。犬馬未陳，奄先草露。骨肉歸於后土，氣魄無所不之。何必故丘，然後即化。封於長安北郭，此爲宴息。"及死，命刊石，埋於墓側，墓前種松柏樹五株，至今茂盛。①

這段故事在後代廣爲流傳，影響甚大。從内容上看，杜子夏這篇文字確實與後來墓誌文的體格有某些相似之處，頗像墓誌文的一個片斷，所以，徐師曾《文體明辨序説·墓誌銘》明確以其爲墓誌之源起：

> 誌者，記也；銘者，名也。古之人有德善功烈可名於世，殁則後人爲之鑄器以銘，而俾傳於無窮，若《蔡中郎（名邕）集》所載《朱公叔（名穆）鼎銘》是已。至漢，杜子夏始勒文埋墓側，遂有墓誌，後人因之。②

徐氏提到《朱公叔鼎銘》之類，乃所謂"鑄器以銘"者，充其量祇是刻石銘墓這一做法的遠源，祇是在心理傾向上與墓誌有一脉相承的聯繫，在體制方面，則二者仍然大相徑庭。嚴格説來，"埋於墓側"之"埋"可以有兩種理解：一是"埋植"之"埋"，即樹立於墓側地面之上；一是"掩埋"之"埋"，即埋藏於墓穴之中。如果作前解，那麼就更近於碑碣墓表而不是墓誌。③徐師曾顯然作後一種解釋，於是認爲墓誌的真正的創始者應該算是杜鄴（子夏）其人。杜鄴，西漢後期人，晚夏侯

---

① 高承《事物紀原》卷九"墓誌"、王士禎《池北偶談》卷一七"墓誌"引馮鑒《續事始》，皆謂《西京雜記》所載前漢杜子春臨終作文、命刻石埋於墓前爲墓誌之始。按：杜子春，緱氏人，西漢末東初漢的經學家，曾從劉歆學《周禮》，并傳其學於鄭衆、賈逵等，明帝時猶在世。其行年、行事、籍貫與《西京雜記》所記皆不合。所謂"杜子春"當是"杜子夏"之訛。

② 徐師曾：《文體明辨序説》，羅根澤校點，人民文學出版社，1983年，第148頁。

③ 徐乾學《讀禮通考》卷九九引明人張所望《閒耕餘録》之説，稱"杜子夏臨終作文，及死，命刻石埋於墓側"是"此後世碑銘之始"。顯然，張氏是將"埋於墓側"理解爲"樹石於墓側"。按：《閒耕餘録》有《四庫全書存目叢書》影印上海圖書館藏明天啓元年刻本，齊魯書社，1995年。徐氏所引文見卷一"碑銘之始"條。

嬰一百多年。他臨終自撰的這篇文字確實像一篇墓誌，其臨終自叙生平還開創了後代自撰墓誌之例，可惜他没有使用"墓誌"這個名稱，當然也還不是名符其實的墓誌文。

張華《博物志》卷七又載：

> 漢西都時，南宫寢殿内有醇儒王史威長死，葬銘曰："明明哲士，知存知亡。崇隴原隰，非寧非康。不封不樹，作靈乘光。厥銘何依，王史威長。"

"王史"是一個并不常見的複姓，據説此姓起源於周宣王時之太史，其後人以官爲姓氏，漢代有清河太守王史篆、新豐令王史音、侍中王史元庠，晋代有曲河人王史簡。① 看來，王史威長不像是假托的人名（似不必假托這樣一個很不常見的姓氏），雖然除了這條材料之外，文獻典籍中不見其他關於他的記載，王史威長的時代與杜鄴孰先孰後亦不能遽斷。王士禎《古夫于亭雜録》卷一稱此銘文爲"西漢墓銘之最古者"。如果《博物志》所記屬實，則這篇四言銘文應當是最早的墓誌銘之一。如果説，杜鄴自撰誌文較近於後世墓誌銘中的散體誌文（即所謂"序"者），那麽，王史威長銘隔句用韻，則是一篇很地道的"銘"，相同的是兩者都没使用"墓誌"這個稱法。值得重視的是，王史威長銘還向我們透露了一個重要的信息，即墓誌之源起與銘文是有關係的。

三國時代魏國的繆襲也曾被人指爲是墓誌銘的始製作者。《徐及夫人彭城劉氏合祔銘并序》明確説："古之葬者無銘誌，起自魏時，繆襲乃施之嗣子。"② 這一説法可以找到更早的文獻支持。唐封演《封氏聞見記》卷六引王儉《喪禮》云："魏侍中繆襲改葬父母，制墓下題版文。原此旨將以千載之後，陵谷遷變，欲後人有所聞知，其人若無殊才異德者，但記姓名、歷官、祖父、姻媾而已，若有德業，則爲銘文。"前者謂施之嗣子，後者謂改葬父母，應該是同一事而傳聞異辭，當以《封

---

① 鄧名世：《古今姓氏書辨證》卷一四："《風俗通》曰：周先王太史，其後號王史氏。《英賢傳》曰：周共王生圉，圉曾孫浦生簡，簡生業，業生宰，世傳史職，因以官爲氏。漢清河太守王史篆，生新豐令普。《漢藝文志》禮家有《王史氏》二十一篇，注：'七十子後學者。劉向《别録》云：六國時人。'按此人即宰之後，篆之先也。"凌迪知《萬姓統譜》卷一三〇"王史"亦引《風俗通》而説較簡略，唯"周先王"作"周宣王"，又"王史普"作"王史音"，此外别舉漢侍中王史元庠、晋曲河人王史簡等二人。

② 周紹良：《唐代墓誌彙編》，第 2164 頁。

氏聞見記》引王儉《喪禮》之説較爲可信。繆襲字熙伯，東海人，《三國志·魏書》卷二一稱其“亦有才學，多所述叙”。裴松之注引《文章志》謂其正始六年（245）年六十卒，子悦，字孔懌，晋光禄大夫。二書并未記繆氏子先卒，而襲爲之銘誌之事。《文選》卷二八選録繆襲《挽歌辭》一首。從詩中“生時游國都，死没棄中野。朝發高堂上，暮宿黄泉下”諸句看來，不像是挽其子的。《北堂書鈔》卷九二存其《挽歌辭》佚文八句，其中“令月簡吉日，啓殯將祖行”，“壽堂何冥冥，長夜永無期”諸句，送葬之意較爲明顯，但也無法確定其爲特定對象所作。但王儉是南齊時人，其所説應有所據，繆襲爲改葬其父母而制“墓下題版文”，就其功能而言，應屬墓誌一類，但其文體究竟如何，因原作無存而不能確定。從王儉的記叙來看，此文衹是題刻於石版并埋於墓下而已，并没有標題爲墓誌，因此也還不是名符其實的墓誌文。

還有一種説法也將墓誌的起源定在三國時代。明人何孟春《餘冬序録》云：“墓銘或謂晋以前無有，顏延年始爲其制。案《吴志》，凌統卒，孫權使張承作銘誄，則是三國時事也。”[1] 按，張承作銘誄事見《三國志》卷五五《吴書·凌統傳》。銘一般刻石，誄則未必，《三國志》的叙述比較含糊，此文是銘抑或誄殊難確定。不過，無論從考古發現的文物，還是傳世文獻的記載來看，都可以確定三國時代已有銘墓之石和銘墓之文，衹是其文體尚未完全符合墓誌文的標準。

二　從喪葬制度看墓誌文體的起源

不言而喻，墓誌文的産生與古代喪葬制度的變遷有着密切的關係。因此，討論墓誌之起源問題，除了從文體的角度切入，還可以從喪葬制度展開。後者討論的是墓誌作爲喪葬制度的起源，前者討論的是墓誌作爲文體的起源。二者雖然有多方面聯繫，但由於觀察問題的角度和重點不同，所得出的結論是不一樣的。實際上，上述諸種舊説基本上都是着眼於喪葬制度，而没有對制度與文體之間的界限加以辨别釐清，因此産生了彼此矛盾衝突的説法。

在討論墓誌的起源時，趙超從文物考古的立場出發，指出正式的墓誌應該符合如下三個條件：“一、有固定的形制。二、有慣用的文體或行文格式。三、埋設

---

[1]　何孟春：《餘冬録》，岳麓書社，2012年，第540頁。

在墓中，起到標志墓主身份及家世的作用。"從這個基點出發，趙超將墓誌的産生及發展過程分作三個階段：第一，秦漢爲墓誌濫觴期，包括刻有爲修秦始皇陵而死的工人的籍貫姓名身份的秦代瓦文、東漢刑徒磚銘、銘旌、神位、墓門等，雖然"存在着誌墓的風習，但并没有形成固定的墓誌形式"；第二，魏晉至南北朝初年爲轉化期，"墓誌開始正式形成，但還常以小碑或柩銘的形式出現，變化較多，或稱碑，或稱銘，或稱柩銘等。墓誌這一名稱尚未使用"，文物考古學界通常稱之爲墓誌的那些墓石，如漢代的《馬姜墓誌》、西晉《左棻墓誌》、東晉《謝鯤墓誌》①等其實都還没有標題爲墓誌的；第三，南北朝時期爲定形期，"墓誌的名稱正式出現，形制和文體相對固定，并成爲當時墓葬中普通采用的喪禮用品"。"這種定型的墓誌興起於南北朝時期。以宋大明三年劉懷民墓誌爲代表，墓誌的名稱正式出現。"②

顯然，趙氏主要是從文物考古的角度來立論的。上文根據歷史文獻所作的考察也可以從一個方面爲趙説提供佐證，并深化我們對於墓誌文起源這一問題的認識。如果從文體發展的角度來看，他所劃分的三個時期也可以分别命名爲誌墓（簡單的記號）、墓記（較多的記録）和墓誌（有一定的行文格式）時期。宋人周必大説過："銘墓三代已有之。"③如果結合上述《莊子·則陽篇》《西京雜記》《博物志》等的記載，從誌墓的角度來看，那麼，這種説法亦未嘗没有根據。而三國繆襲的墓版文，正可以看作墓記之類的文字。至於墓誌，則遲至更晚的時代纔正式出現。實際上，墓誌從秦漢濫觴，到南北朝時期定型，在多方面都有發展和變化。從材料上説，先是磚、瓦、石并用，後來纔逐漸定型到石刻墓誌（磚誌、陶誌極少）。從文體上説，墓誌内容是由簡單而繁複，由隨意寫刻到有了固定格式，伴隨着格式的固定和文體的成熟，其功能也從單一到多樣。在這一轉變過程中，墓誌顯然接受了碑、銘、誄、哀策等格式或功能相近的文體的影響。從名稱上説，墓誌也由早期的多種名目（如墓記、墓銘、神位、石椁題字、柩銘等），統一爲墓誌（或墓誌銘）。魏晉南朝時期，由於限制立碑，迫使墓碑以縮小的形式，從地上轉入地下。這也可以説是促使墓誌在南北朝時期正式形成的一個重要的外部機緣。清顧炎武《金石文字記》卷二《滎澤令常醜奴墓誌》："梁任昉撰《文章緣起》，謂誌墓始殷仲文，《隸

---

① 以上諸誌録文并見趙超《漢魏南北朝墓誌彙編》，天津古籍出版社，1992 年。
② 參看趙超《墓誌溯源》，《文史》第 21 輯，中華書局，1983 年。
③ 周必大：《文忠集》卷五一《跋王獻之保母墓碑》，文淵閣《四庫全書》本。

釋》謂東漢已有墓碑，任昉未之見也。周必大得光武時梓潼扈君墓磚橅脱，隸書而非鐫也，以此知東漢誌墓初猶用磚，久方刻石。今謂起於江左者，疑亦禁碑之後，至晉末復創爲之，而名曰誌耳。"這也是着眼於喪葬制度而言的。北朝以至唐代以降，雖然無立碑之禁，但彼時墓誌風氣既成，取代墓碑之勢已不可逆轉了。

今本《文章緣起》云："墓誌，晉東陽太守殷仲文作從弟墓誌。"① 顧炎武謂"起於江左"，趙超謂起於南北朝之劉懷民墓誌。三家有相似的立足點，即兼顧了制度與文體，但所提出的時間却仍然有比較大的出入。究竟哪一種説法更準確呢？

有一種相沿甚久的説法認爲墓誌起源於南朝劉宋顏延之。《文選》五九"墓誌"李善注引吳均《齊春秋》："王儉曰：'石誌不出禮典，起宋元嘉，顏延之爲王琳石誌。'"宋高承《事物紀原》卷九"墓誌"引《炙轂子》曰："齊王儉云，石誌不出禮經，起宋元嘉中顏延之爲王球作墓誌，以其無名誄，故以紀行，自此遂相祖習。'"二書皆未明載王儉此語是在何種場合講的。按《南齊書·禮志下》："有司奏：大明故事，太子妃玄宫中有石誌。參議墓銘不出禮典。近宋元嘉中，顏延（之）作王球石誌。素族無碑策，故以紀德。自爾以來，王公以下，咸共遵用。儲妃之重，禮殊恒列；既有哀策，謂不須石誌。"以《齊春秋》與《炙轂子》二書對證，可知此議即出自王儉。事實上，宋王應麟《困學紀聞》卷一三引《南齊書》，"參議"二字即作"儉議"。不知是其據諸書校考推測而得，還是其所見《南齊書》本來如此？

《宋書》卷七三《顏延之傳》云："中書令王球名公子，遺務事外，延之慕焉，球亦愛其材，情好甚款。延之居常罄匱，球輒贍之。"同書卷五八《王球傳》，亦謂球"頗好文義，唯與琅邪顏延之相善"。劉宋無王琳，可見《文選注》所引"王琳"是"王球"之誤。至於《事文類聚》引《事始》稱："齊太子穆妃將葬，議立石誌。王儉曰：石誌不出禮經，起顏延之爲王彌作墓誌，以其素族，無銘誄故也。"所謂"王彌"蓋亦形近致訛。王球元嘉十八年（441）卒，年四十九，顏延之爲撰

---

① 《四庫全書總目》卷一九五："《文章緣起》一卷，舊本題梁任昉撰。考《隋書·經籍志》載任昉《文章始》一卷，稱有録無書。是其書在隋已亡。《唐書·藝文志》載任昉《文章始》一卷，注曰：'張績補。'績不知何許人，然在唐已補其亡，則唐無是書可知矣。……（此本）其殆張績所補，後人誤以爲昉本書歟？"此本此段引文下明陳懋仁注云："漢崔瑗作張衡墓誌銘。"殆是崔瑗撰《河間相張平子碑》之誤。此引《四庫全書總目》據中華書局 1965 年版。參看嚴可均《全上古三代秦漢三國六朝文·全後漢文》卷四五，中華書局，1958 年。又，洪适《隸釋》卷二七引佚名《天下碑録》，載有"漢羅訓墓誌（在衡州末陽縣南六十里）"和"漢羅含誌（在末陽縣南四里）"，蓋亦墓記之類，而後人題爲墓誌也。

墓誌，當在此時。顏氏長於哀誄之作，現存《陶徵士誄》《陽給事誄》《宋文皇帝元皇后哀策文》諸作，并爲《文選》收錄，其文辭皆可觀。這篇爲生前好友撰寫的墓誌定然情辭兼美，哀感動人，還可能是最早的一篇墓誌，由此開創了一種新的文體。

不過，從形制、淵源等方面看，以劉宋顏延之所作《王球墓誌》爲墓誌起源在年代上似乎太晚了些。高承本人對此就不以爲然，并提出反證："隋代釀家於王戎墓得銘云：'晋司徒安豐元公王君之銘'，有數百字，則魏晋已有其事，不起於宋也。"其實，隋代發現的這個王戎墓銘，早在《封氏見聞記》卷六中就有記載，并說明王戎墓是在"東都殖業坊十字街"。既有數百字，則有可能已包括後來墓誌中通常具備的那些内容，衹是未以墓誌標題而已。王儉在南齊之世，當然看不到隋代出土的這方墓銘。不過，以他的博學多聞，不會不注意《博物志》《西京雜記》之類書中的有關條目。因此，私意以爲，他的話的着眼點是放在名實兼符這一點上：按趙翼的説法，以前的墓銘大都簡略，或僅書姓名官位，或衹有寥寥數語，顏延之第一次在墓誌中撰文叙事、臚述生平。[①]可惜的是，這篇墓誌的文字未流傳下來，其實物亦未被發現。現已發現的較早的南朝墓誌銘是《劉懷民墓誌》，[②]年代爲劉宋大明八年（464）的。這時距顏延之作《王球墓誌》已二十三年。趙超提出"以宋大明三年劉懷民墓誌爲代表，墓誌的名稱正式出現"，其證據就在於此。

但是，無論是以《王球墓誌》還是《劉懷民墓誌》作爲墓誌名稱正式出現的代表或標志，都面臨着來自傳世文獻和出土文獻兩方面的挑戰。在傳世文獻方面，早有《文章緣起》中的"殷仲文作從弟墓誌"説與顧炎武之"起於江左"説。其實，這兩種説法并不矛盾，因爲殷仲文是東晋人，而東晋正好是"江左"的開始。《隋書經籍志》著錄"晋東陽太守《殷仲文集》七卷（梁五卷）"，此集早佚，其文今存者僅《解尚書表》一篇，[③]所作從弟墓誌今不可見。史稱殷仲文"善屬文，爲世所重，謝靈運嘗云：'若殷仲文讀書半袁豹，則文才不減班固。'言其文多而見書少也"。[④]則其作從弟墓誌當實有其事，衹是暫時無法確定其從弟爲何人。又據《晋

---

① 趙翼：《陔餘叢考》卷三二，中華書局，1963年。
② 此外，有若干種東漢魏晋的石刻標題爲"墓誌"，但都有證據表明是僞誌。參看《漢魏南北朝墓誌彙編》卷前所附《僞誌（包括疑僞）墓誌》。
③ 見《文選》卷三八，《全上古三代秦漢三國六朝文·全晋文》卷一二九已輯錄，題作《罪釁解尚書表》。此外，殷氏尚有《南州桓公九井作》詩一首，見《文選》卷二二。
④ 房玄齡等：《晋書》卷九九《殷仲文傳》，中華書局，1975年。

書》本傳，殷仲文卒於義熙三年（407），則此墓誌文當撰成於此年之前。如果據義熙三年來計算，這個年代也比元嘉十八年（441）早了三十多年。

在出土文獻方面，近年來出土的一些"江左"墓誌似乎恰好爲《文章緣起》和顧炎武的説法提供了證據。1984年到1987年間，南京市博物館在南京南郊牛首山北麓司家山六朝謝氏家族墓地發掘出土了四方墓誌，即東晋義熙二年（406）的《謝温墓誌》、義熙三年（407）的《謝球墓誌》、義熙十二年（416）的《王德光墓誌》和劉宋永初二年（421）的《謝珫墓誌》。[①] 值得注意的是，這一組墓誌都是謝氏家族的墓誌，四誌之時代相去祇有十幾年，正好落在我們考察墓誌文起源的重點時間段内。更值得注意的是，義熙年間的三方王謝家族墓誌中，都還没有出現"墓誌"的標題，而永初二年的《謝珫墓誌》則出現了"宋故海陵太守散騎常侍謝府君之墓誌"的標題。[②]《謝珫墓誌》刻在六塊長方形青磚之上，全文"長達681字"，其中，"其本人的事迹却祇有寥寥數言，絶大多數的篇幅被其家族近百年四代成員的姻戚關係網所占據"。[③] 同時，篇末没有銘文。這些同樣也是值得我們特别注意的。

就我們現在所掌握的材料來看，《謝珫墓誌》乃是最早的以墓誌爲標題的，其性質與未經證實的殷仲文爲從弟撰寫墓誌一事截然不同。由此提出了一個不可回避的重要問題：既然如此，王儉當日爲什麽不説墓誌這種喪葬制度起於《謝珫墓誌》，而要説起於《王球墓誌》？我認爲最關鍵的原因是王儉在這裏談的是"石誌"，而《謝珫墓誌》（甚至可能包括時代更早的殷仲文從弟墓誌）則是刻在磚上的，二者材質明顯不同，不能混爲一談。至於文體的面貌，由於《王球墓誌》不可得見，無從進行比較。但若將《謝珫墓誌》與以《劉懷民墓誌》爲代表的南朝墓誌對比，則《謝珫墓誌》没有韻文銘辭的特點也是十分突出的。

由於當時素族不適用哀策、碑誄之類文字，而墓誌這一創新的名目適用於各階層，所以一出現就頗受歡迎，很快就在社會上流傳開來。到南齊之世，一般人已經不能説清墓誌的來歷，所以出現了太子妃玄宫中埋石誌的動議，殊不知這已不符

---

① 參看《南京南郊六朝謝温墓》《南京南郊謝珫墓》，并見《文物》1998年第5期，又《南京司家山東晋、南朝謝氏家族墓》，《文物》2000年第7期。又，張學鋒《南京司家山出土謝氏墓誌研究——東晋流寓政府的挽歌》，《南京曉莊學院學報》2004年第3期。

② 諸墓誌之詳細釋文，可參看張學鋒《南京司家山出土謝氏墓誌研究——東晋流寓政府的挽歌》，《南京曉莊學院學報》2004年第3期。

③ 參看前揭張學鋒文。

合原有的禮法了。因此，王儉纔提出上文引述的這段奏議。至於墓誌後來竟成爲貴賤各階層通用的、喪禮制度中必不可少的一種點綴，則是王儉始料所不及的了。前文曾據《封氏聞見記》援引王儉《喪禮》的一段文字，其内容與此處所引頗有聯繫，我們甚至可以推測，王儉論墓誌這段文字也有可能亦見於其所著《喪禮》一書。從《南齊書·禮志下》看來，當時墓誌已漸漸開始流行了。這一風氣傳到北方，大約是在北魏孝文帝太和（477~499）前後，并很快在北方流傳開來。唐代誌墓風氣盛行，就是直接從北朝承傳而來的。

三　墓誌文體起源與僑姓世族的關係

上文所涉及的各篇早期墓誌文，無論是磚刻還是石刻，無論見於傳世文獻還是出土文獻，無論其作者還是其墓主，基本上都與世家大族尤其是僑姓世族有聯繫。在東晉南朝的文化結構中，世族尤其是僑姓世族發揮了特殊突出的作用，占有重要的地位。筆者在《舊時燕：一座城市的傳奇》中曾經寫道：

> 永嘉元年（307），八王之亂剛剛結束，五胡之亂迫在眉睫，元氣大傷的司馬氏政權，注定凶多吉少。就在這一年，王氏家族的代言人王衍和東海王司馬越等人定計，派琅琊王司馬睿移鎮建業，狡兔三窟，爲司馬氏政權留一條退路。這是關係王室存亡、乃至關係中國文化興衰的千秋大計，王曠、王敦、王導三人都曾積極參與出謀劃策。琅琊王司馬睿由下邳移鎮建業，王敦、王導等人也按計劃先後南渡，成爲司馬睿的僚佐和謀士。田餘慶在《東晉門閥政治》中詳細分析了其間的利害關係。渡江南下，王氏家族最早，而且是有計劃、有步驟、有心理準備的，這與其他南渡世族大不相同。當其他世族南渡時，他們已然經過一段適應期了。在延續司馬氏政權、保存江左文化命脉方面，王氏家族特別是王導能有不俗的作爲，這點心理準備太重要了。故新亭對泣，王導與別人反應不同。王氏先到南方，經過一番心理準備。別人還在爲顛沛流離痛不欲生，痛心疾首，王導已經鎮定下來，胸有成竹，做好了在江南扎根的"本土化"準備了。[1]

---

[1]　程章燦:《舊時燕：一座城市的傳奇》，鳳凰出版社，2006 年。

僑姓世族南下，爲當時相對落後、欠開發的南方，帶來了北方的學術、文化以及禮俗制度，其中包括北方的喪葬制度。東晉初期江南地區出現墓誌，與中原墓葬制度有直接關聯，具體來説，就是南渡而來的北方士族將其故有的喪葬禮俗帶到了南方，從而促成了墓誌在江南地區的出現。李蔚然曾經從考古學的角度，對這一問題有所論述：

> 墓誌在江南的出現，特別是東晉初期出現，并不是一種偶然現象，而是與中原地區墓誌的發展有着直接關聯，也就是説，在江南仍然繼續使用地券隨葬的同時，北方已經出現墓誌，如長達千言的《徐美人墓誌》即是。該墓誌完備的内容、格式是東晉初期謝鯤、王興之墓誌所不具備的，而值得注意的是，上述墓誌的死者籍貫均爲北方，雖因政治和軍事上的失敗而被迫南渡，但故有的生活習慣、喪葬禮俗，在他們的思想意識中仍占有一定的地位，這是江南地區墓誌出現於東晉初期的原因所在。①

在這一段論述中，李蔚然指出出土的東晉初期“墓誌的死者籍貫均爲北方”，從而落實江南墓誌的出現與南渡的北方士族的關係，無疑是非常敏鋭的觀察，也是極具啓發性的。但是，他的論述衹從考古角度着眼，因而對於墓誌文體的出現，不免仍有考慮欠周之處。其中最爲重要、亟待辨證的，便是關於《徐美人墓誌》的形制及其功用問題。誠然，《徐美人墓誌》長達千言，其内容及格式之完備，顯然非南京地區出土的東晉初期的謝鯤、王興之墓誌可比。其時代爲西晉元康九年（299），1953 年出土於河南洛陽，也確實是北方的“墓誌”。② 但這裏有三點需要加以補充説明：第一，此石作長方形，圭首方趺，仍屬於碑的形制，故趙超《漢魏南北朝墓誌彙編》著録此石，記其“碑陽”如何，“碑陰”如何；③ 第二，所謂《徐美人墓誌》衹是流俗習慣的一種稱法，實際上，此石額題“晉賈皇后乳母美人徐氏之銘”，因此，嚴格説來，如果要給此石一個簡單的名稱，那麼也應該是《徐美人之銘》，或者《徐美人墓銘》。第三，碑文題爲“某某人之銘”的題名，在漢代已不十分罕

---

① 李蔚然：《南京六朝墓葬的發現與研究》第六章“地券與墓誌”，四川大學出版社，1998 年，第 68 頁。

② 參看蔣若是、郭文軒《洛陽晉墓的發掘》，《考古學報》1957 年第 1 期。

③ 按《徐美人墓誌》之文本，見録於趙超《漢魏南北朝墓誌彙編》，第 8~10 頁，可參看。

見，①祇不過由於此石埋於墓中，而不是樹於墓地之上，因此，文物考古界將其認定爲墓誌，而不是碑刻，但從文體特點來看，它與碑文并沒有本質區別，包括其篇末之銘詞，也仍然用漢碑中常見的引導詞"遂作頌曰"。儘管《徐美人墓誌》在文體上并不是名副其實的墓誌，但是，它體現了東晉南朝新出現的墓誌文體受北方喪葬文化的影響，却是很值得我們注意的。而南渡僑姓世族在這一過程中扮演了關鍵的角色。

在中國古代農業社會中，人們安土重遷，鄉土觀念十分濃重。東晉南北朝時代，南北分裂，戰亂頻仍，人口流動十分頻繁。即使在這種歷史條件下，人們也依然盡力歸葬故鄉。到東晉末年，南渡的僑姓世族已寓居南土數十年或近百年，隨着時間的推移，南北對峙的局勢并沒有改變，而僑姓世族對故鄉的認同却發生了變化。正如《魏晉南北朝社會生活史》中所指出的，"自東晉以後，南北分隔長達幾百年，南遷之人還鄉無望，祇好安居僑州郡縣，認他鄉爲故鄉了"。②該書引《晉書》卷七五《范寧傳》記范寧陳時政疏云："昔中原喪亂，流寓江左，庶有旋反之期，故許其挾注本郡。自爾漸久，人安其業，丘壟墳柏，皆已成行，雖無本邦之名，而有安土之實。"③又引東晉義熙九年（413）土斷劉裕上疏云："所謂父母之邦以爲桑梓者，誠以生焉終焉，敬愛所托耳。今所居累世，墳壟成行，敬恭之誠，豈不與事而至。"④所謂"土斷"，實際上是國家通過官方政策對這種"安土"之實，從政治、經濟以及地理等方面加以確認。⑤在這種歷史環境下，僑姓世族"世世代代將自己葬在僑居之地，這可視爲在特殊歷史條件下還鄉葬的一種特殊表現形式"。⑥墓誌文體在晉宋之際的出現，正是爲了滿足僑姓世族的這種文化需要、心理需要，從這一方面來講，它是應運而生的。研究中國書法史的學者注意到，東晉墓誌文字簡略，質地以磚爲多，字迹粗率，是"作爲以後遷葬祖塋時辨認棺木的

---

① 例如《孔宙碑》之首行即作《有漢泰山都尉孔君之銘》，見高文《漢碑集釋》，河南大學出版社，1997年，第249頁。又如《韓仁銘》，額題《漢循吏故聞喜長韓仁銘》，見《漢碑集釋》，第417頁。

② 朱大渭、劉馳、梁滿倉、陳勇：《魏晉南北朝社會生活史》，中國社會科學出版社，1998年，第298頁。

③ 房玄齡等：《晉書》卷七五《范寧傳》，第1986頁。

④ 沈約：《宋書》卷二《武帝紀》，中華書局，1974年，第30頁。

⑤ 關於東晉南朝的土斷，參看胡阿祥《論土斷》，《南京大學學報》2001年第2期；張學鋒《論東晉的"度田稅米"制——特別是從其與土斷的關係來看》，《中國史研究》（大邱）第8號，2000年。

⑥ 朱大渭、劉馳、梁滿倉、陳勇：《魏晉南北朝社會生活史》，第298頁。

記識".① 其後，墓誌銘刻之用材由磚而質，其字迹亦日趨精美，文字亦日益精整，從一個側面表現了"安土"觀念已深入人心。

另一方面，孝道在魏晋南朝最爲重視，對墳墓及喪葬的重視，也作爲孝道的延伸，而受到廣泛認可。② 慎終追遠，正是一種宗族尋根，墓誌恰好適合了這種需要。南朝早期墓誌文的體制及其内容中，有一項特別值得我們注意，那就是其中對家族、宗族甚至是親族世系不厭其煩的縷述羅列。這些叙述宗族世系的内容，或者在墓誌文之最前，或者在墓誌文之最後，總之，是相對獨立的一段，堪稱自成一體。在南朝齊《劉岱墓誌》中，叙世系一段即在文章最前，僅次於墓誌標題。這段文字不是最詳細的，但舉此一例，亦足以見一斑：

> 高祖撫，字士安，彭城内史。夫人同郡孫茍公。後夫人高密孫女寇。曾祖爽，字子明，山陰令。夫人下邳趙淑媛。祖仲道，字仲道，餘姚令。夫人高平檀敬容。父粹之，字季和，大中大夫。夫人彭城曹慧姬。南徐州東莞郡莒縣都鄉長貴里劉岱，字子喬。③

就文章而言，這樣平鋪直叙羅列名字里籍官銜的文字當然没有藝術價值，無怪乎歷來的類書、文章總集乃至別集，都不收録這類文字。但是，從社會史的角度來看，這些文字中所羅列的家族譜系，正象東晉南朝時代的士族世譜，也可以説就是移植到墓誌石刻上的一部世譜。④ 它不僅反映了東晉南朝譜學繁興的社會背景，而且通過石刻的形式，使家族記憶永久承傳。僑姓世族流寓南方既久，漸至"安土重遷"，他們對家鄉的懷念、對宗族的記憶，在墓誌文中找到了合適的表達方式。

由於僑姓世族在當時具有文化精英的地位，他們所創用的喪葬方式，他們所創作的墓誌文，也自然對社會風氣産生了顯著的影響。墓誌很快流行開來，并傳入北朝，在喪葬之中廣泛采用，這不僅展現了僑姓世族的文化影響力，而且落實了墓誌起源與世族的關係。

---

① 華人德：《論東晉墓誌兼及蘭亭論辨》，《書法研究》1997年第6期；另請參看劉濤《中國書法史·魏晉南北朝卷》，江蘇教育出版社，1998年，第254、255~257頁。

② 朱大渭、劉馳、梁滿倉、陳勇：《魏晉南北朝社會生活史》，第295~296頁。

③ 趙超：《漢魏南北朝墓誌彙編》，第24頁。

④ 《文選》卷五九《劉先生夫人墓誌》李善注引王僧孺《劉氏譜》曰："瓛娶王法施女也。"可見當時世族宗譜中，也包含對婚姻狀況的記述。

古代墓誌的材料來源問題[*]

任　昉

古代墓誌的材料來源，既是一個老問題，也是一個新問題。説它是一個老問題，是因爲墓誌從誕生到定型，大致一直存在；説它是一個新問題，是因爲當下從事墓誌研究的人，基本上都説不清楚。由於説清楚墓誌的材料來源，對於墓誌的深層研究，無疑大有裨助。我擬鈎稽史傳，嘗試進行解説。

一　近年關於古代墓誌材料來源的研究

羅新、葉煒介紹《南朝陳黃法𣰰墓誌》時曾云：

> 此誌爲江總撰誌文，顧野王撰銘辭，謝眾書寫。江、顧都以文辭名，而且顧野王身爲大著作，總國史之任，與撰王公墓誌，當出自朝命。……以此誌與《陳書·黃法𣰰傳》比照，行文十分接近，而叙事稍詳，這種情况説明，修撰墓誌時使用了祕書省史館機關原有的史傳資料，而且這種資料與後來的《陳書》非常接近。同樣的事例，還可以舉出 1988 年出土的梁桂陽王蕭象墓誌。據蕭象墓發掘簡報（《文物》1990 年第 8 期，第 33~40 頁），以蕭象墓誌與《梁書》卷二三《桂陽嗣王象傳》對照，不僅墓誌内容與本傳完全吻合，甚至行文詞句也有很多相同的地方，因此該簡報認爲"墓誌和《梁書》應有

---

[*]　本文原刊於《故宫學刊》2016 年第 2 期，作者同意入編本書。

一定的關係”。事實上這種關係就是同源關係，二者都是依據祕書省有關的史傳稿件而稍加改寫。

羅新、葉煒二人認爲：

　　據此類推，南朝由朝廷出面營葬的王公貴族，其墓誌的撰寫一般也就是由祕書省諸著作或相關人員來承擔，這些人所依據的資料，祇能是祕書省原有的檔案（名臣傳、功臣傳之類），所以在名號、稱謂、生平等等方面，是符合有關規定的。這與北朝墓誌很不一樣。①

　　陸揚對羅、葉二氏關於南朝王公貴族墓誌的材料來源是中央秘書省的檔案的見解，可以説完全贊同，不同的是，他進而認爲：“不過北朝的情況還需要更多更全面的研究纔能下定論。我的印象中北魏王公的墓誌也有類似的現象，如果我們將北朝王公的墓誌和正史中他們的傳記作仔細的比較，那麽對於兩者之間的關係就會有更確切的理解。”② 即他認爲，北朝王公貴族墓誌的材料來源，也有類似中央祕書省的檔案。然則，古人看法與此不同。

二　傳世文獻關於古代墓誌材料來源的記載

南宋吳曾《能改齋漫録》卷二《事始》行狀條云：

　　自唐以來，未爲墓誌銘，必先爲行狀。蓋南朝以來已有之。按梁江淹爲宋建［平王］太妃周氏行狀，任昉、沈約、裴子野皆有行狀。③

---

① 羅新、葉煒：《新出魏晋南北朝墓誌疏證》，中華書局，2005 年，第 46~47 頁。其中，“黄法㲻”之“㲻”（《陳書》《南史》紀、傳同），羅、葉《疏證》改作“氍”。按：“㲻”雖爲“氍”之或體，但“氍”音衢，“㲻”作人名音俱，二者并非所有場合都能通用。此外，還需要指出的是，按照出土文獻整理原則，人名都必須保持原樣。故本文特別改回。
② 陸揚：《從墓誌的史料分析走向墓誌的史學分析——以〈新出魏晋南北朝墓誌疏證〉爲中心》，《中華文史論叢》2006 年第 4 輯，第 119~120 頁。
③ 吳曾：《能改齋漫録》，《景印文淵閣四庫全書》第 850 册，臺灣商務印書館，1986 年，第 515~516 頁。

吳曾的説法表面很含蓄，意思却很清楚明確。所謂"自唐以來，未爲墓誌銘，必先爲行狀"，是説從唐代開始，寫墓誌之前，必須先寫行狀，墓誌是根據行狀撰寫的。唐規宋隨。這在宋人已屬常識，故無須明言。吳曾接下來"蓋南朝以來已有之"云云，則屬於推測。他想説明，既然南朝以來已有行狀，那麼根據唐宋制度逆推，南朝墓誌也應是根據行狀撰寫的。

清趙翼《陔餘叢考》卷三二行狀條不同意吳曾行狀始於南朝之説，云：

> 《南史》：袁昂臨没，敕諸子不得上行狀。徐孝嗣爲吳興守，王儉贈以四言詩，人以比蔡子尼行狀。《北史》：邢臧爲甄琛行狀，世稱其工。而裴松之《三國志注》引用《先賢行狀》最多，則漢末已有之，并不自六朝始也。①

則將行狀之有兼及北朝，行狀之始上推至東漢末年。趙翼没有對吳曾關於墓誌是根據行狀撰寫的觀點提出質疑，則可以推測，他也認爲，既然東漢末年和北朝也有行狀，那麼東漢末年和北朝墓誌也應是根據行狀撰寫的。

而南朝梁任昉撰，明陳懋仁注，清方熊補注之《文章緣起》則分別云：

> 任昉正文：行狀，漢丞相倉曹傅胡幹作《楊元伯行狀》。
> 陳懋仁注：狀者，貌也，類也。貌本類實，備史官之采，或乞銘誌於作者之辭也。
> 方熊補注：先賢表諡，并有行狀，蓋具逝者世系、名字、爵里、行治、壽年之詳。或牒考功、太常，使議諡；或牒史館，請編録；或上作者，乞墓誌碑表之類。皆用之。而其文多出於門生故吏親舊之手，以謂非此輩不能知也。其逸事狀，但録其逸者，其所已載，不必詳焉。②

任昉正文將行狀之始更上推至西漢時期。但是否暗示西漢墓誌也應是根據行狀撰寫的，從任昉正文看不出來。陳懋仁注認爲行狀的功用首先是備修國史，其次纔是備撰墓誌。方熊補注認爲行狀的功用首先是備議諡號，其次是備修國史，最後纔是備

---

① 趙翼：《陔餘叢考》，商務印書館，1957年，第685~686頁。
② 任昉撰，陳懋仁注，方熊補注《文章緣起》，《景印文淵閣四庫全書》第1478册，第225頁。

撰墓誌。① 按：任昉正文源出何處，現已無從考實。陳懋仁注實際出自明吳訥《文章辨體》行狀條，原文爲："按行狀者，門生故舊狀逝者行業上於史官，或求銘誌於作者之辭也。"② 方熊補注部分出自明徐師曾《文體明辨》行狀條，原文爲："（行狀）蓋具逝者世系、名字、爵里、行治、壽年之詳。或牒考功、太常，使議諡；或牒史館，請編録；或上作者，乞墓誌碑表之類。皆用之。而其文多出於門生故吏親舊之手，以謂非此輩不能知也。"③ 據此可知，行狀起源甚早，主要爲逝者的門生故舊所撰，功用有三：首先爲備議諡號；其次爲備修國史；最後爲備撰墓誌。當然，這祇是一般情況，實際情況應該較此複雜。

三　關於行狀性質的討論

按："行狀"，又稱行實、行述、行略，大致屬於記述不同人物出身、家庭、婚配、仕歷等的一種文檔，其筆始、類別、功用，存在一個演變過程，不能簡單論定。關於行狀及其與墓誌的關係，近年以來，雖然有過一些研究，但由於多屬專家治史，缺乏系統梳理，結論并不理想。④ 我認爲：所謂"行狀"，按性質應該分爲二類：一類爲"生狀"；一類爲"死狀"。"生狀"生前使用，"死狀"死後使用。根據常理推測："生狀"起源應較"死狀"爲早，"死狀"撰寫應含"生狀"成分。但也很難一概而論。

"生狀"最早見於曹魏蘇林《漢書音義》。《漢書》卷一下《高帝紀下》十一年（前196）二月詔曰："御史大夫昌下相國，相國酇侯下諸侯王，御史中執法下

---

① 《四庫全書總目》卷一九五《文章緣起》條懷疑此書并非任昉原著，而係唐張績補；又謂方熊補注多捃拾前賢之言，考證多失於糾駁，議論亦往往紕謬。見永瑢等《四庫全書總目》，中華書局，1965年，第1780頁。按：《文章緣起》是否任昉原著，本文不擬討論。實際上，不僅方熊補注，陳懋仁注亦多捃拾前賢之言，參閱下文。

② 吳訥：《文章辨體序説》，人民文學出版社，1998年，第50頁。

③ 徐師曾：《文體明辨序説》，人民文學出版社，1998年，第147~148頁。

④ 參閱蓋翠杰《行狀論》，碩士學位論文，浙江師範大學，2002年，第1~53頁；王德毅《墓誌銘的史料價值》，宋代墓誌史料的文本分析與實證運用國際學術研討會論文，臺灣東吳大學外雙溪校區國際會議廳，2003年10月18~19日，第1~20頁。按：《行狀論》係蓋翠杰在導師俞樟華指導下完成的論文，後拆分發表，俞樟華亦參與署名，目前見有以下四篇：（1）俞樟華、蓋翠杰：《〈齊竟陵文宣王行狀〉校正》，《文獻》2001年第4期；（2）蓋翠杰：《〈先賢行狀〉考證》，《浙江師範大學學報》2002年第1期；（3）俞樟華、蓋翠杰：《行狀職能考辨》，《浙江師範大學學報》2003年第2期；（4）俞樟華、蓋翠杰：《論古代的行狀理論》，《中國典籍與文化》2005年第1期。

郡守，其有意稱明德者，必身勸，爲之駕，遣詣相國府，署行、義、年。"注引蘇林曰："行狀年紀也。"但陳直《漢書新證》按云："蘇注解釋不詳。"他認爲應該是："行謂品行，義謂儀表，年謂年齡。"然後舉居延木簡名籍簡爲證。[①]其言應該可信。南朝宋范曄撰《後漢書》始大量出現。如：卷四二《光武十王·東平憲王蒼附孫敞傳》云："敞喪母至孝，國相陳珍上其行狀。"卷七八《宦者·呂强傳》云："舊典選舉委任三府，三府有選，參議掾屬，諮其行狀。"卷八一《獨行·李善傳》云："時鍾離意爲瑕丘令，上書薦善行狀。"又《獨行·范式傳》云："長沙上計掾史到京師，上書表式行狀，三府并辟，不應。"此類"生狀"又可簡稱爲"狀"。如同書卷七九《王符傳》云："其貢士者，不復依其質幹，準其才行，但虛造聲譽，妄生羽毛。略計所舉，歲且二百。覽察其狀，則德侔顏、冉；詳覈厥能，則鮮及中人。皆總務升官，自相推達。"長沙走馬樓三國吳簡私學名簿中多次出現此類"生狀"的簡稱"狀"。王素、宋少華二先生謂性質"同於今之簡歷"。[②]即謂類似於今之求職用的簡歷。當然，這祇是爲使今人便於理解的譬喻。實際情況應該較此複雜。但由於不屬於本文討論範圍，這裏不多涉及。

"死狀"的肇始、類別、功用遠較"生狀"複雜。我一直懷疑"行狀"之"行"，本義就是"已死將葬"的意思。《呂氏春秋》卷一六《知接》云："管仲有疾，桓公往問之，曰：'仲父之疾病矣，將何以教寡人？'管仲曰：'齊鄙人有諺曰：居者無載，行者無埋。今臣將有遠行，胡可以問。'"高誘注："行，謂即世也。"《禮記》卷九《檀弓下》云："始死，脯醢之奠；將行，遣而行之；既葬而食之。"鄭玄注："將行，將葬也。"當然，這個"行"爲臣民專用。與此相對應，皇帝稱"大行"，本義也是"已死將葬"的意思。《史記》卷八七《李斯列傳》云："胡亥喟然嘆曰：'今大行未發，喪禮未終，豈宜以此事幹丞相哉！'"《後漢書·安帝紀》云："孝和皇帝懿德巍巍，光於四海；大行皇帝不永天年。"李賢注引韋昭曰："大行者，不反之辭也。天子崩，未有諡，故稱大行也。"古人在"已死將葬"之時，門生故舊爲之撰寫"行狀"，雖然依次有備議諡號、備修國史、備撰墓誌三種功用，但需要提請注意的是，并非每個人的"行狀"，都能有此三種功用，其間是有着等級差異的。

---

① 陳直：《漢書新證》，天津人民出版社，1979年，第12~13頁。

② 王素、宋少華：《長沙走馬樓三國吳簡的新材料與舊問題——以邸閣、許迪案、私學身份爲中心》，《中華文史論叢》2009年第1輯，第21頁。

《新唐書》卷四六《百官志一》尚書省吏部條云："考功郎中、員外郎，各一人，掌文武百官功過、善惡之考法及其行狀。若死而傳於史官、謚於太常，則以其行狀質其當否。其欲銘于碑者，則會百官議其宜述者以聞，報其家。"説明重要人物的"行狀"，確實是有備議謚號、備修國史、備撰墓誌三種功用的。但這僅是就重要人物而言。唐封演《封氏聞見記》卷四定謚條云："太常博士掌謚，職事三品已上薨者，故吏録行狀，申尚書省考功校勘，下太常博士擬議訖，申省，省司議定，然後聞奏。"[①]職事官三品以上纔有資格議謚。據此推測，官民能入國史者也衹能是少數。唯任何人物死後，都有權給自己撰刻墓誌。因此，行狀最廣的功用，衹能是備撰墓誌。以下分别予以介紹。

四　關於行狀功用的討論

（一）備議謚號

古人對本人死後是否有謚號最爲重視。前揭韋昭曰："天子崩，未有謚，故稱大行也。"意謂皇帝死，也需要給予謚號，纔能入葬。高級别的臣民當然更是如此。故古人撰寫"行狀"，自應以備議謚號爲第一要務。

臣民備議謚號，最早見於《禮記》卷一〇《檀弓下》，原文爲：

> 公叔文子卒（鄭玄注：文子，衛獻公之孫，名拔，或作發。），其子戌請謚於君，曰："日月有時，將葬矣，請所以易其名者。"（鄭玄注：謚者，行之迹。有時，猶言有數也。大夫、士三月而葬。）君曰："昔者衛國凶饑，夫子爲粥與國之餓者，是不亦惠乎？（鄭玄注：君，靈公也。）昔者衛國有難，夫子以其死衛寡人，不亦貞乎？（鄭玄注：難，謂魯昭公二十年，盜殺衛侯之兄縶也。時齊豹作亂，公如死鳥。）夫子聽衛國之政，修其班制，以與四鄰交，衛國之社稷不辱，不亦文乎？（鄭玄注：班制，謂尊卑之差。）故謂夫子貞惠文子。"

公叔文子爲春秋時期的衛國大夫，生活時代約在公元前五世紀前後。南宋王柏《魯齋集》卷七《答劉復之（朔）求行狀》認爲其子公叔戌爲父所作"請謚之

---

① 封演撰，趙貞信校注《封氏聞見記校注》，中華書局，2005 年，第 33 頁。

詞", 應爲 "今世行狀之始"。其言曰:

> 某嘗謂行狀之作, 非古也。又嘗考之, 衛公叔文子卒, 其子戍請諡於君, 曰: "日月有時, 將葬矣, 請所以易其名者。" 請諡之詞, 意者今世行狀之始 也。周士大夫以上, 葬必有諡, 而勳德著見於時, 人所共知, 不待其子累累 之言, 故請諡之詞, 寂寥簡短, 不能數語。後之士大夫, 勳德不盡表表於當 時, 而人子哀痛之中, 難於自述, 遂屬以門生故吏, 具述行事以狀其請。[①]

中國古代之有 "諡法", 據傳始於周公。如南宋羅泌《路史》卷三六《發揮 五》論諡法條引《大戴氏》曰: "昔周公旦、太公望相嗣王以制諡法。"[②]公叔戍爲 父請諡, 時代完全吻合。故王柏之言應該可信。至於南宋陳善《捫虱新話》卷 一〇 "孔子曾子之説" 條云: "孔子曰: '吾十有五而志於學, 三十而立, 四十而不 惑, 五十而知天命, 六十而耳順, 七十而從心所欲不踰矩。' 此孔子未死前自作行 狀也。"[③]意謂孔子死前自作行狀, 也是爲了死後請諡, 則就未必可信了。

在公叔戍爲父請諡之後, 其請諡之詞中的 "易名", 就成爲以行狀請諡的專 用語。如南朝梁蕭統《文選》卷六〇載任彦升(昉)《齊竟陵文宣王(蕭子良)行 狀》最後説: "'易名' 之典, 請遵前烈。謹狀。"[④]又南朝梁劉勰《文心雕龍》卷五 《書記》云: "狀者, 貌也。體貌本原, 取其事實。先賢表諡, 并有行狀, 狀之大者 也。"[⑤]意謂行狀因有備議諡號功用, 在 "狀" 這種文體中最爲重要。北朝與南朝文 化同源, 情況也應相同, 無須贅述。[⑥]

唐李翱《李文公集》卷一一《唐故金紫光禄大夫檢校禮部尚書使持節都督廣

---

① 王柏:《魯齋集》,《景印文淵閣四庫全書》第 1186 册, 第 117 頁。
② 羅泌:《路史》,《景印文淵閣四庫全書》第 383 册, 第 520 頁。
③ 陳善:《捫虱新話》,《續修四庫全書》第 1122 册, 上海古籍出版社、綫裝書局, 2002 年, 第 138 頁。
④ 蕭統:《文選》, 上海古籍出版社, 1986 年, 第 2585 頁。
⑤ 周振甫注云: "行狀, 叙述人物生平行事, 供誄諡用。" 見劉勰著, 周振甫注《文心雕龍注釋》, 人民文學出版社, 1981 年, 第 280、289 頁。增加一 "誄" 字, 不僅錯誤, 且有違劉勰本意。
⑥ 魏收:《魏書》卷六八《甄琛傳》引吏部郎袁翻奏云: "案禮: 諡者, 行之迹也。號者, 功之表也。車服者, 位之章也。是以大行受大名, 細行受細名。行生於己, 名生於人, 故棺然後定諡。皆累其生時美惡, 所以爲將來勸戒。身雖死, 使名常存也。凡薨亡者, 屬所即言大鴻臚, 移本郡大中正, 條其行迹功過, 承中正移言公府, 下太常博士議讞, 爲諡列上。諡不應法者, 博士坐如選舉不以實論。若行狀失實, 中正坐如博士。自古帝王莫不殷勤重慎, 以爲褒貶之實也。" 所謂 "條其行迹功過", 據下文 "若行狀失實", 知指撰寫行狀也。

州諸軍事兼廣州刺史兼御史大夫充嶺南節度營田觀察制置本管經略等使東海郡開
國公食邑二千户徐公（申）行狀》最後説："謹具歷官行事如前，伏請牒太常編録。
謹狀。"① 唐柳宗元《柳宗元集》卷八在《故銀青光禄大夫右散騎常侍輕車都尉宜城
縣開國伯柳公（渾）行狀》後專門附録上給尚書考功的《謚議》。② 考功、太常職
掌議謚，故知當時"行狀"主要是爲備議謚號而作。清趙翼《陔餘叢考》卷三二行
狀條云："古人行狀，本以上太常、司徒議謚法。"③ 也認爲行狀主要是爲備議謚號而
作的文檔。

（二）備修國史

古人對本人事迹是否能够列入國史也很重視。一代通人姚華在所著《論文後
編·目録中》中，將"行狀"屬於"傳"類，并特別説是"史傳"，謂其制"當起
漢末"，云："行狀謂具其行義，陳之於朝，而備史裁。"又云："是以諸家爲狀，三
代籍貫，必列文前。"④ 説明"行狀"是專爲備修國史而作。

《北齊書》卷三七《魏收傳》言收撰《魏書》頗遭物議，云：

> 時論既言收著史不平，文宣詔收於尚書省與諸家子孫共加論討，前後投
> 訴百有餘人，云"遺其家世職位"，或云"其家不見記録"，或云"妄有非
> 毁"。收皆隨狀答之。

魏收"隨狀答之"之"狀"，雖然從行文看應指諸家子孫之"訴狀"，但聯想到《魏
書》卷六八《甄琛傳》引吏部郎袁翻奏言當時"行狀"虚僞不實，⑤ 似乎也不能排
除其中也包括諸家子孫所備之"行狀"。

唐著名史家劉知幾，長安（701~704）至景龍（707~709）初爲史官，《舊唐
書》卷一〇二《劉子玄傳》記上奏言修史之難，其中有云：

① 李翱：《李文公集》，《景印文淵閣四庫全書》第 1078 册，第 158 頁。
② 柳宗元：《柳宗元集》，中華書局，1979 年，第 190~191 頁。
③ 趙翼：《陔餘叢考》，第 686 頁。
④ 姚華：《弗堂類稿》卷一，據中華書局 1930 年聚珍仿宋版三十一卷本改編影印本，第 58~60 頁。
⑤ 袁翻奏言原文爲："今之行狀，皆出自其家，任其臣子自言君父之行，無復相是非之事。臣子之欲
光揚君父，但苦迹之不高，行之不美，是以極辭肆意，無復限量。觀其狀也，則周、孔聯鑣，伊、
顏接衽；論其謚也，雖窮文盡武，罔或加焉。然今之博士與古不同，唯知依其行狀，又先問其家
人之意，臣子所求，便爲議上，都不復斟酌與奪，商量是非……"

> 前漢郡國計書，先上太史，副上丞相；後漢公卿所撰，始集公府，乃上
> 蘭臺。由是史官所修，載事爲博。原自近古，此道不行，史臣編録，唯自詢
> 采。而左右二史，闕注起居；衣冠百家，罕通行狀。求風俗於州郡，視聽不
> 該；討沿革於臺閣，簿籍難見。雖使尼父再出，猶且成其管窺，况限以中才，
> 安能遂其博物。

其中提到"衣冠百家"的"行狀"，知當時修史都是需要參考"行狀"的。

唐李翱元和初爲史官，其《李文公集》卷一〇有《百官行狀奏》一篇，中云：
"凡人之事迹，非大善大惡，則衆人無由知之，故舊例皆訪問於人，又取行狀、謚
議，以爲一據。"[1]説明當時史官修史，涉及個人，按例都要以"行狀"爲據。同書
卷一一《故正議大夫行尚書吏部侍郎上柱國賜紫金魚袋贈禮部尚書韓公（愈）行
狀》最後也説："謹具任官事迹如前，請牒考功，下太常定謚，并牒史館。"[2]説明
當時撰寫"行狀"，給太常備議謚號的同時，按例都要通知史館，定謚完畢，原件
應送史館存檔。可見"行狀"很早就具有備修國史的功用。

（三）備撰墓誌

古人對本人死後如何撰寫墓誌自然也很重視。唯墓誌起源於何時？有秦朝、
西漢、東漢、魏晉、南朝劉宋等多説。如果折中取東漢説，則前揭東漢末年的《先
賢行狀》，就有可能具有備撰墓誌的功用。在此之後，凡人"已死將葬"，門生故
舊均爲撰寫行狀，請當世名流顯宦據以撰寫墓誌，應該成爲制度。

先看南北朝。《梁書》卷二五《徐勉傳》云："大同三年（537），故佐史尚書左
丞劉覽等詣闕陳（徐）勉行狀，請刊石紀德，即降詔許立碑於墓云。"當時碑誌一
體。可見南朝的"行狀"，是由逝者的門生故舊撰寫，具有備撰墓誌的功用的。《隋
書》卷七七《隱逸·李士謙傳》云："隋有天下，畢志不仕。……開皇八年（588），
終於家，時年六十六。……鄉人李景伯等以士謙道著丘園，條其行狀，詣尚書省請
先生之謚，事寢不行，遂相與樹碑於墓。"隋開皇八年，尚未滅陳，統一中國，沿
用的仍爲北朝以來典制。據此可知，北朝的"行狀"，也是由逝者的門生故舊撰寫，

---

① 李翱：《李文公集》，《景印文淵閣四庫全書》第 1078 册，第 148 頁。
② 李翱：《李文公集》，《景印文淵閣四庫全書》第 1078 册，第 156 頁。

具有備撰墓誌的功用的。

唐宋情況相同。唐柳宗元《柳宗元集》卷八《唐故秘書少監陳公（京）行狀》最後説："宗元，故集賢吏也，得公之遺事於其家，書而授公之友，以誌公之墓。"① 顯示柳宗元是逝者的故舊，他撰寫的這篇"行狀"，是準備交給逝者的朋友，用作誌墓之資的。北宋蘇軾先撰《司馬溫公（光）行狀》，最後説："軾從公游二十年，知公平生爲詳，故録其大者爲行狀。其餘，非天下所以治亂安危者，皆不載。"後撰《司馬溫公（光）神道碑》，内云："臣蓋嘗爲公《行狀》，而端明殿學士范鎮取以誌其墓矣。"又撰《范景仁（鎮）墓誌》，内云："君實（即司馬光）之没，軾既狀其行事以授景仁，景仁誌其墓，而軾表其墓道。"② 可知蘇軾是逝者的故舊，他的這篇"行狀"，也是專爲撰寫墓誌而作。

明代更爲普遍。明正統四年（1439）六月二十一日《故贈太淑人張氏（楊貴母）墓誌銘》云："余經衛金陵都會，忽承廣文劉先生以一行狀徵銘於余。按狀，乃興武衛指揮使楊侯貴之母，贈淑人，姓張氏。"③ 又明弘治九年（1496）十二月十一日《金陵處士梁啓明（升）墓誌銘》云："其孤瑄與諸兄弟謀奉葬於神策門外佘家岡祖塋之次。先事因其同鄉太常博士黃君顯忠奉行狀，請銘於予。予方以疾辭，博士爲請益力，乃按狀爲誌而銘之。"④ 此例甚多，無須贅舉。

我曾撰《常熟新出明瞿景淳行狀疏證》一文，對有關瞿景淳的傳世和出土的行狀和墓誌進行了比較研究。⑤ 傳世行狀爲常熟圖書館所藏海虞瞿氏鐵琴銅劍樓影抄本《瞿氏家乘》卷三所收《明故通議大夫禮部左侍郎兼翰林院學士贈尚書昆湖瞿文懿公（景淳）行狀》，出土行狀爲明隆慶三年（1569）七月二十一日（卒）《故通議大夫禮部左侍郎兼翰林院學士贈尚書昆湖瞿文懿公（景淳）行狀》。⑥ 此二行狀原爲一本，均爲瞿景淳的門生陳瓚所撰，雖然詳略稍有不同，但最後都説："勒銘貞石，揚休無窮，則有大手筆在，瓚謹論次其概以俟焉。"顯示該行狀是專爲備

---

① 柳宗元：《柳宗元集》，第 196 頁。

② 蘇軾：《蘇軾文集》，中華書局，1986 年，第 435、492~493、514 頁。

③ 故宫博物院、南京市博物館：《新中國出土墓誌·江蘇〔貳〕南京》下册，文物出版社，2014 年，第 94 頁。

④ 故宫博物院、南京市博物館：《新中國出土墓誌·江蘇〔貳〕南京》下册，第 153 頁。

⑤ 任昉：《常熟新出明瞿景淳行狀疏證》，《故宫學刊》第 4 輯，紫禁城出版社，2009 年，第 532~549 頁。

⑥ 中國文物研究所、常熟博物館：《新中國出土墓誌·江蘇〔壹〕常熟》下册，文物出版社，2006 年，第 194 頁。

撰墓誌而作。傳世墓誌爲《李文定公貽安堂集》卷七所收《嘉議大夫禮部左侍郎兼翰林院學士贈尚書瞿文懿公（景淳）墓誌銘》，[①] 出土墓誌爲明萬曆元年（1573）十一月八日（葬）《故通議大夫禮部左侍郎兼翰林院學士贈尚書諡文懿瞿公（景淳）墓誌銘》。[②] 此二墓誌亦原爲一本，均爲瞿景淳的門生李春芳所撰，與前揭行狀不同的是，傳世墓誌較爲簡略，出土墓誌較爲詳細。出土墓誌最後説："子汝稷以太常雨亭陳公瓚狀來乞銘。余，公所薦士也。傷懷永久，□□仿佛，然舍予孰任之赴，揮涕而爲之誌。"説明行狀是用來乞求誌銘的。特別需要强調的是，我進行比較研究後，指出："行狀是最原始的傳記資料，墓誌是根據行狀删節改寫，二者詳略不同，價值也是前者大於後者。"這一點非常重要。因爲需要提請學人注意：從事歷史研究，墓誌固然很有價值，但行狀作爲較墓誌更爲原始的傳記資料，價值較墓誌更大，更應受到重視。

本文臨近結束，順便澄清兩個誤解：（一）南宋王柏《魯齋集》卷七《答劉復之求行狀》云："自唐以來，有官不應諡，亦爲行狀者，其説以爲將求名世之士爲之誌銘，而行狀之本意始失矣。"[③] 此説不確。如前舉例證，至遲南北朝時期，行狀已經有了備撰墓誌之功用。（二）清黃宗羲《金石要例》行狀例條云："行狀爲議諡而作，與求誌而作者其體稍異。爲諡者須將諡法配之，可不書婚娶子姓（原注：昌黎狀董晉亦書子姓），柳州狀段太尉、狀柳渾是也；爲求文（按：此處指墓誌）者，昌黎之狀馬韓、柳州之狀陳京、白香山之狀祖父是也。"[④] 此説亦不確。如前揭《明瞿文懿公（景淳）行狀》，係專爲備撰墓誌而作，亦不書婚娶子姓。蓋行狀撰寫，因功用較多，逝者情況又各不相同，很難形成一定之規。另外，今日所見傳世行狀，收入撰者文集者，一般多有删減，并非當時原貌，據此討論行狀撰寫規範，恐怕并非理想途徑。

---

① 李春芳：《李文定公貽安堂集》，《四庫全書存目叢書》集部第 113 册，齊魯書社，1997 年，第 192~194 頁。
② 中國文物研究所、常熟博物館：《新中國出土墓誌·江蘇〔壹〕常熟》下册，第 283 頁。
③ 王柏：《魯齋集》，《景印文淵閣四庫全書》第 1186 册，第 117 頁。
④ 黃宗羲：《金石要例》，《景印文淵閣四庫全書》第 1483 册，第 156 頁。

魏晋南北朝時期墓葬習俗的變化與墓誌銘的流行[*]

朴漢濟 著　李椿浩 譯

緒　論

通觀中國的墓葬文化史，我們不難發現各時期以及各地區的墓葬都有各自的特點。墓的形狀也因時期和地區的不同而呈現出差異。[①] 魏晋南北朝時期在文化史上占有重要位置。之所以如此，是因爲異族進入了中原地區。異族是指北方游牧民族以及西域的緑洲民族。他們的進入對中國的墓葬習俗——"葬俗"留下了怎樣的影響呢？葬俗主要表現在墓葬内外的構築物上。墓葬内的構築物體現在墓室的結構、墓誌銘的形狀等方面，而墓葬外的構築物體現在封丘的有無和墓前石刻等方面。墓室一般由墓道（參道）、墓門、甬道（羨道）、（左右）耳門、前室、中室、後室構成。墓室的結構、以及被葬者的殮服（如金縷玉衣、銀縷玉衣）等問題則不在筆者的論述之内。

魏晋南北朝時期的葬俗具有墓内放置墓誌銘而墓外前方竪立石刻等特點。十六國、東晋以及南朝、北朝是中國南北分裂時期，在墓葬文化中是否有南北之間的差異？如果有，那是什麽呢？首先令人想到的是南方神獸、華表、墓碑等石刻立

---

[*]　本文先刊於《東洋史學研究》（韓國）第 104 輯，2008 年，後刊於《故宮學刊》2010 年第 1 期，作者同意入編本書。

[①]　董新林不僅把墓形制度分爲周制、漢制、晋制等，而且每個時期都按地區來分類了。董新林：《中國古代陵墓考古研究》，福建人民出版社，2005 年，第 160 頁。

在墓前這一形式的充分發展，而北方放在墓室内部的墓誌銘和壁畫[①]的盛行。這種情形是由什麼原因所引起的呢？

本文主要論述墓誌銘這一問題。首先值得注意的是南（東晋、南朝）和北（十六國、北朝）之間墓誌銘使用次數的不同。東晋、南朝的墓誌銘在數量上比十六國、北朝少得多。這種數量上的差距不僅在墓誌著録方面，而且新中國成立後，在考古發掘中所出土的墓誌銘的數量差也很突出。[②]東晋、南朝墓誌銘的數量爲什麼達不到北朝的程度呢？這就是筆者在本文要論述的重點。關於墓誌銘的起源與發展過程，雖有諸多看法與主張，但先想到是它起源於漢族農耕文化。可是，墓誌銘在隋唐時期得到最充分的發展，并在北魏時期打下了基礎，諸多學者對此保持一致的見解。[③]那麼，是什麼原因使得墓誌銘的外形和文體，在由鮮卑拓跋族所建的北魏王朝内得到完善呢？這就是筆者在本文要闡述的内容。與此同時，在結束南北分裂而實現統一的隋唐帝國，墓葬習俗有了什麼樣的變化，筆者要以墓誌銘爲主進行分析探討。

一 墓葬習俗的變化與魏晋南北朝

（一）封墳問題

戰國時期以前墓葬没有建立墳丘。[④]墳丘式的墓葬制度是因爲便於識别墓葬位置而出現的。春秋晚期，孔子合父母而葬，"封之，崇四尺"，之所以如此，是因

---

① 埋葬畫像石、畫像磚、壁畫的墓葬具有漢朝墓葬文化的特點，壁畫等在東漢以後流行了下去。參見董新林《中國古代陵墓考古研究》，第 162 頁。

② 據中村圭爾（『六朝江南地域史研究』汲古書院、2006 年、404-406 頁）的梳理，"著録墓誌"有 23 件（表二），"《藝文類聚》所載的墓誌"有 48 件（表三），"新出東晋南朝墓誌"有 19 件（表四）。後來所出土的墓誌銘有 25 件，和"新出東晋南朝墓誌"加起來有 44 件（表二）。

③ 川本芳昭認爲"墓誌的增多及其定型與其説由漢民族國家所完成，不如説由北魏等異民族國家所發展而成，其形狀後來成爲隋唐諸制的雛形"。參見川本芳昭『魏晋南北朝時代の民族問題』汲古書院、1998 年、395 頁。

④ 《禮記》卷六《檀弓上》"古也墓而不墳"，注曰："凡墓而無墳，不封不樹者，謂之墓。"引自鄭玄注，孔穎達疏《禮記正義》，北京大學出版社，2000 年，第 201~202 頁。《漢書》卷三六《劉向傳》："《易》曰：'古之葬者，厚衣之以薪，臧之中野，不封不樹。後世聖人易之以棺椁。'……殷湯無葬處，文、武、周公葬於畢，秦穆公葬於雍橐泉宫祈年館下，樗里子葬於武庫，皆無丘隴之處。"引自班固《漢書》，中華書局，1962 年，第 1952 頁。按，以下正史皆采用中華書局標點本。

爲便於識別。^①可是，不久墳丘作爲被葬者身份高低的一個標準正式開始營建。因此，君王的墓葬能夠帶有高大的墳丘。^②這種墳丘墓普遍營建應有一些理由，但主要在於春秋戰國時期政治、社會得到劇烈的變動。因而，春秋以前，對墓未提及丘墓、墳墓、冢墓等名稱，但進入戰國時期後，隨着墓葬封土變高大，而出現"墳丘墓"的名稱。^③

君王的墳墓稱爲"陵"，這始於戰國中期趙、楚、秦等國家。^④當時人把高大的墳墓比喻成"山"，國王的墳墓稱爲"山"或"陵"了。這合稱爲"山陵"，比喻爲最高統治者。^⑤正因爲如此，最高統治者逝去可避諱爲"崩山陵"。在國王生前事先營造的墳墓被稱爲"壽陵"。

漢代，在帝陵營造墳丘是葬禮中最受重視的。墳丘中最低的也有四丈六尺，安帝恭陵達到十五丈。這樣，營造高大的墳丘就是個問題，但厚葬則是當時最大的社會問題了。^⑥

---

① 《禮記》卷六《檀弓上》："孔子既得合葬於防，曰：'吾聞之，古也墓而不墳。今丘也，東西南北之人也，不可以弗識也。'於是封之，崇四尺。孔子先反，門人後。雨甚，至。孔子問焉，曰：'爾來何遲也？'曰：'防墓崩。'孔子不應。孔子泫然流涕，曰：'吾聞之，古不修墓。'"引自鄭玄注，孔穎達疏《禮記正義》，第 201~202 頁。

② 《墨子·節葬下》："棺椁必重，葬埋必厚，衣衾必多，丘壟必巨。"引自吳毓江《墨子校注》，孫啓治點校，中華書局，1993 年，第 263 頁。

③ 春秋以前，在史書上以墓葬稱爲"墓"，但到戰國時期，丘墓、墳墓、冢墓等成爲墳墓的統稱了。參見黃景略等《中華文化通志·宗教與民俗典——喪葬陵墓誌》，上海人民出版社，1998 年，第 147 頁。另外，"冢"意味着用土堆積的墳墓，"墳"也有"丘"的意味。

④ 在趙肅侯十五年（前 335），"起壽陵"。這屬於身爲"侯"，第一次營建墳墓。引自司馬遷《史記》卷四三《趙世家》，第 1802 頁。另外，身爲"王"，有"（惠文王）葬公陵"。引自司馬遷《史記》卷六《秦始皇本紀》，第 288 頁。還有"（悼武王）葬永陵"。引自司馬遷《史記》卷六《秦始皇本紀》，第 289 頁。就是說，在秦朝從惠文王開始稱"王"的同時，以自己的墳墓稱爲"陵"了。秦將白起攻破楚郢都後，"燒先王墓夷陵"。引自司馬遷《史記》卷四〇《楚世家》，第 1735 頁。此外，據劉向的言及，"秦惠文、武、昭、嚴襄五王，皆大作丘隴，多其瘞藏"。引自班固《漢書》卷三六《劉向傳》，第 1954 頁。呂祖謙《大事記附通釋解題》卷三《壽陵》："壽陵之名，見於書傳者，蓋自此始……秦紀，載諸君之葬，至惠文王以後，始稱陵，然則名王者之兆域爲陵，其出於戰國之際乎？"引自呂祖謙《大事記附通釋解題》，中華書局，1991 年，第 291 頁。顧炎武：《日知錄》卷一五"陵"條，對"丘"有"因山而高大者稱丘"，"乃有稱丘者，楚昭王墓謂之昭丘，趙武靈王墓謂之靈丘，而吳王闔閭墓亦名虎丘"。引自顧炎武《日知錄》，花山文藝出版社，1990 年，第 676 頁。

⑤ 《水經注》卷一九"渭水"條："秦名天子冢曰山，漢曰陵，故通曰山陵矣。"引自酈道元《水經注》，世界書局，1970 年，第 246 頁。

⑥ 《漢書》卷六七《楊王孫傳》："王孫報曰：'蓋聞古之聖王，緣人情不忍其親，故爲制禮，今則越之，吾是以嬴葬，將以矯世也。夫厚葬誠亡益於死者，而俗人競以相高，靡財單幣，腐之地下……今費財厚葬，留歸鬲至，死者不知，生者不得，是謂重惑。於戲！吾不爲也。'"引自班固《漢書》，第 2908~2909 頁。

這不僅對帝陵，而且對人臣之墓也是如此。① 這麼高大的墳冢無疑成爲盜墓者的攻擊對象。② 因此，有人對"起墳"表示反對。③ 墓前立有的石刻也受到和墳丘一樣的命運。在墓前立有的石刻是漢代以後的葬俗之一了。④ 在這樣的情景之下，進入三國時期，魏文帝爲防止盜墓，頒布詔令廢止"不封不樹"和陵寢制度。⑤ 可是，孫吳似乎未受到其影響。⑥ 到了兩晋時期，即使"不起墳"或"起墳"，陵墓的高度與漢代相比則矮小多了。⑦ 可是，較爲華麗的墓葬并未完全消失，最爲代表的是王浚的墓。⑧ 東晋時期，吳興郡武康縣似乎"俗多厚葬"。⑨ 到了南朝，雖不算是漢代式的"高墳大寢"，⑩ 但和東晋時期相比"起墳"之事多起來了，有的墳墓達到 10 米以上高了。⑪ 據此，

① 《後漢書》卷四九《王符傳》："古之葬者，厚衣之以薪，葬之中野，不封不樹，喪期無數。後世聖人易之以棺槨，桐木爲棺，葛采爲緘，下不及泉，上不泄臭……今京師貴戚，郡縣豪家，生不極養，死乃崇喪。或至金縷玉匣，襦梓梗枏，多埋珍寶偶人車馬，造起大冢，廣種松柏，廬舍祠堂，務崇華侈。"引自范曄《後漢書》，第 1636~1637 頁。

② 《後漢書》卷一一《劉盆子傳》："赤眉貪財物，復出大掠……乃復還，發掘諸陵，取其寶貨，遂污辱呂后尸。"引自范曄《後漢書》，第 483 頁。

③ 《後漢書》卷八二上《謝夷吾傳》："豫克死日，如期果卒。敕其子曰：'漢末當亂，必有發掘露骸之禍。'使懸棺下葬，墓不起墳。"引自范曄《後漢書》，第 2715 頁。

④ 《封氏見聞記校注》卷六"羊虎"條："然則，墓前石人、石獸、石柱之屬，自漢代而有之矣。"引自封演撰，趙貞信校注《封氏見聞記校注》，中華書局，2005 年，第 60 頁。

⑤ 《三國志》卷二《文帝紀》："冬十月甲子，表首陽山東爲壽陵，作終制曰：'封樹之制，非上古也，吾無取焉。壽陵因山爲體，無爲封樹，無立寢殿，造園邑，通神道。夫葬也者，藏也，欲人之不得見也。……故吾營此丘墟不食之地，欲使易代之後不知其處……漢文帝之不發，霸陵無求也；光武之掘，原陵封樹也。……自古及今，未有不亡之國，亦無不掘之墓也。喪亂以來，漢氏諸陵無不發掘，至乃燒取玉匣金縷，骸骨并盡，是焚如之刑，豈不重痛哉！禍由乎厚葬封樹。……其以此詔藏之宗廟，副在尚書、秘書、三府。'"引自陳壽《三國志》，第 81~82 頁。

⑥ 《三國志》卷五〇《孫和何姬傳》裴松之注曰："會（左）夫人死，（孫）皓哀潛思念，葬於苑中，大作冢，使工匠刻柏作木人，内冢中以爲兵衛，以金銀珍玩之物送葬，不可稱計。已葬之後，皓治喪於内，半年不出。國人見葬太奢麗，皆謂皓已死，所葬者是也。"引自陳壽《三國志》，第 1202 頁。

⑦ 朱希祖：《六朝陵墓調查報告書》："《建康實錄》卷八，按晋十一帝有十陵，康簡文武安恭五陵，在鐘山之陽，不起墳。"參見朱希祖《六朝陵墓調查報告書》，上海書店，1992 年，《民國叢書》第 4 編 87，第 10 頁。

⑧ 《晋書》卷一二《王浚傳》："浚平吳之後，以勛高位重，不復素業自居，乃玉食錦服，縱奢侈以自逸。……後又轉浚撫軍大將軍、開府儀同三司，加特進，散騎常侍、後軍將軍如故。太康六年卒，時年八十，謚曰武。葬柏谷山，大營塋域，葬垣周四十五里，面別開一門，松柏茂盛。"引自房玄齡等《晋書》，第 1216 頁。

⑨ 《晋書》卷六八《賀循傳》："後爲武康令，俗多厚葬，及有拘忌回避歲月，停喪不葬者，循皆禁焉。"引自房玄齡等《晋書》，第 1824 頁。

⑩ 崔寔：《政論》："乃送終之家，亦大無法度……高墳大寢，是可忍也，孰不可忍！"引自嚴可均《全後漢文》，第 465 頁。

⑪ 楊寬：《中國古代陵寢制度史研究》，上海古籍出版社，1985 年，第 41 頁。

在魏晉、南朝時期，墳墓没有漢代的高了，但并不能説消失了。

東晉、南朝時期，除帝陵外，我們對於高官士族或庶民的墳墓情况，還是不太清楚。不過，這時，豪門士族舉行了"家族聚葬"。最近幾十年間，據在南京地區所發掘的考古資料，可證明這一點。例如，有南京城北的象山、①郭家山、老虎山的王氏和顏氏的家族墓地。②謝氏的家族墓地處在南京城南的戚家山③及雨花區鐵心橋鄉（大定坊、司家山）。④除此之外，在南京東北郊區仙鶴門外的吕家山有東晉李氏家族墓。⑤東晉、南朝時期，磚室墳較爲流行，因此有人爲了購買用在父母之墓的幾塊磚，做了一輩子奴役。⑥由此可知，當時流行的磚室墳不是很高大，但却維持有一定的高度。

五胡十六國、北朝時期又是如何呢？首先要分析一下帝陵。據《文獻通考》卷一二五《王禮考二十》"山陵"條，發現在魏晉—南朝時期帝陵都被記錄下來了，但對十六國時期帝陵都被省略了，祇有記錄北魏以後的帝陵了。⑦這很可能表明在十六國時期，帝陵實際上并不存在。雖然前趙劉曜爲其父和其妻大建陵墓，⑧但這是極爲稀少的。北朝的情况也同於十六國時期。北魏前期的帝陵并不是完全意義上

---

① 南京市文物保管委員會：《南京人臺山東晉王興之夫婦墓發掘報告》，《文物》1965 年第 6 期；南京市文物保管委員會：《南京象山東晉王丹和二、四號墓發掘簡報》，《文物》1965 年第 10 期；南京市博物館：《南京象山 5 號、6 號、7 號墓清理簡報》，《文物》1972 年第 11 期；南京市博物館：《南京象山 8 號、9 號、10 號墓發掘簡報》，《文物》2000 年第 7 期。

② 南京市文物保管委員會：《南京老虎山晋墓》，《考古》1959 年第 6 期。

③ 南京市文物保管委員會：《南京戚家山東晉謝鯤墓發掘簡報》，《文物》1965 年第 6 期。

④ 南京市博物館、雨花區文化局：《南京南郊六朝謝珫墓》《南京南郊六朝謝温墓》，《文物》1998 年第 5 期。

⑤ 南京市博物館：《南京吕家山東晉李氏家族墓》，《文物》2000 年第 7 期。

⑥ 周一良：《魏晉南北朝史札記·宋書札記》"久喪不葬"條，中華書局，1985 年。

⑦ 《文獻通考》卷一二五《王禮考二十·山陵》："後魏道武帝崩葬盛樂金陵，明元帝崩葬雲中金陵，太武帝崩葬雲中金陵，文成帝崩葬雲中金陵，獻文帝崩葬雲中金陵……孝文帝崩葬長陵，宣武帝崩葬景陵，齊神武帝葬於鄴西北漳水之西號義平陵，文宣帝崩葬武寧陵，孝昭帝崩葬文静陵，武成帝崩葬永平陵，周文帝崩葬成陵，孝閔帝崩葬静陵，明帝崩葬昭陵，武帝崩葬孝陵，宣帝崩葬定陵。"引自馬端臨《文獻通考》，第 1123 頁。

⑧ 《晋書》卷一〇三《劉曜載記》："曜將葬其父及妻，親如粟邑以規度之。負土爲墳，其下周迴二里，作者繼以脂燭，怨呼之聲盈於道路。游子遠諫曰：臣聞聖主明王、忠臣孝子之於終葬也，棺足周身，椁足周棺，藏足周椁而已，不封不樹，爲無窮之計……今二陵之費至以億計，計六萬夫百日作，所用六百萬功。二陵皆下鋼三泉，上崇百尺，積石爲山，增土爲阜，發掘古冢以千百數，役夫呼嗟，氣塞天地，暴骸原野，哭聲盈衢，臣竊謂無益於先皇先后，而徒喪國之儲力。陛下脱仰尋堯舜之軌者，則功不盈百萬，費亦不過千計……號永垣陵，葬妻羊氏，墓號顯平陵。"引自房玄齡等《晋書》，第 2692~2693 頁。

的墳丘墓。

十六國、北朝時期，能算得上最具漢族特徵的帝陵應出現在孝文帝時期。孝文帝在方山（今西寺兒梁山）營造了文明太后的永固陵，并且在其後面營建了自己的虚宫萬年堂。[①] 孝文帝營建虚宫意味着將之作爲永固陵的陪冢。孝文帝遷都洛陽後，在邙山區營建了自己的長陵，并且把之定爲内遷鮮卑族的集體安葬之地。接着，他要命令内遷的鮮卑族死後必須在此地營建墓地，并不許回代北（山西省北部、内蒙古中部）歸葬。[②] 瀍河以西爲北魏諸帝陵地區，瀍河以東爲近支皇族墓葬區和妃嬪葬地，而此以東之地爲"九姓帝族"，"勳舊八姓"和其他内遷的"餘部諸姓"以及其他鮮卑諸部降臣（慕容諸燕和北燕馮氏）的墓地，甚至投靠的中原和南方的降臣（弘農楊氏、琅琊王氏）的墓域。有學者認爲，這種墓葬制度是原始社會族長的遺風在大族長群内的行列内所出現的。[③] 筆者認爲，北魏前期，在所謂"帝陵地區"的金陵内可維持族長的行列。在金陵，作爲陪葬有 21 個事例，大多由宗室諸王、[④] 代人出身的高位官僚、[⑤] 姻戚[⑥]功臣[⑦]而構成。從"賜葬金陵"[⑧]的記載來說，在北魏前期成爲陪陵似乎表示一種特權。由此推知，當時應有確保有特定身份的人具有特定的墓地的規定。例如，能使南人歸附者在桑乾營建墓地，并以之成爲制度化。[⑨] 這種陪葬形式正是由於鮮卑族固有的族葬制而遺留下來的，完全

① 《魏書》卷一三《文成文明皇后馮氏傳》："太后與高祖游於方山，顧瞻川阜，有終焉之志，因謂群臣曰：'舜葬蒼梧，二妃不從。豈必遠祔山陵，然後爲貴哉！吾百年之後，神其安此。'高祖乃詔有司營建壽陵於方山，又起永固石室，將終爲清廟焉。太和五年起作，八年而成，刊石立碑，頌太后功德。"引自魏收《魏書》，第 328~329 頁。

② 《魏書》卷七下《高祖孝文帝宏紀下》："（太和十有九年六月）丙辰，詔遷洛之民，死葬河南，不得還北。於是代人南遷者，悉爲河南洛陽人。"引自魏收《魏書》，第 178 頁。

③ 宿白：《北魏洛陽城和北邙陵墓》，《文物》1978 年第 7 期。

④ 魏收：《魏書》卷一四《江夏公吕傳》，第 349 頁；卷一五《常山王素傳》，第 375 頁；卷一五《拓跋勃、栗傳》，第 384 頁；卷一九《任城王雲傳》，第 462 頁。

⑤ 魏收：《魏書》卷二五《長孫道生傳附子抗傳》，第 646 頁；卷二六《長孫肥傳附翰、平成、陳傳》，第 652、653、654 頁；卷二九《奚斤傳附普迴傳》《叔孫建傳附子儁傳》，第 702、705、706 頁；卷三〇《王建傳》，第 710 頁；卷三四《車路頭傳》，第 801 頁；卷三七《陸俟傳附麗傳》，第 908 頁；卷四一《賀源傳》，第 923 頁；卷四四《羅結傳附斤、拔傳》，第 988 頁。

⑥ 《魏書》卷八三上《姚黄眉傳》："姚興之子，太宗昭哀皇后之弟也……姚泓滅，黄眉間來歸……賜爵隴西公，尚陽翟公主……卒……謚曰獻，陪葬金陵。"引自魏收《魏書》，第 1814 頁。

⑦ 《魏書》卷三七《司馬楚之傳》："在邊二十餘年，以清儉著聞。和平五年薨，時年七十五……謚貞王。陪葬金陵。"引自魏收《魏書》，第 908 頁。

⑧ 《魏書》卷二九《叔孫建傳》："太延三年薨，時年七十三。世祖悼惜之。謚曰襄王，賜葬金陵。"引自魏收《魏書》，第 705 頁。

⑨ 《魏書》卷三八《王慧龍傳》："時制，南人入國者皆葬桑乾。"引自魏收《魏書》，第 877 頁。

不同於漢代帝陵内文武大臣的陪葬方式。

孝文帝以後開始以帝陵爲中心營建土堆，并且在陵前建立祠廟，這顯然受漢化改革的影響了。與東漢時期每年正月和八月舉行"上陵禮"不同，鮮卑拓跋族在遇見"開元"或"親征"等國家大事時，舉行"謁陵"等向先帝神靈請示報告，這是沿用鮮卑族固有原始禮俗的。①

對於在北魏後期帝陵的地域以及它所具有的形狀，我們不太清楚。例如，對於孝明帝（肅宗：元詡）、前廢帝（節閔帝：元恭）、後廢帝（元朗）、出帝（孝武帝：元修）等墓域不知何處。除了北魏帝陵外，以後時期（東西魏、北齊、北周時期）的帝王陵墓也是不太清楚。東魏、北齊時期，除了孝静帝（元善見）外，未發現神武帝（高祖：高歡）、文襄帝（世宗：高澄）、文宣帝（顯祖：高洋）、廢帝（高殷）、孝昭帝（高演）、武成帝（世祖：高湛）、後主（高緯）、幼主（高恒）的陵墓了。另外，西魏、北周時期帝王陵墓的情況也是一樣的。除了文帝（宇文泰）外，找不到孝閔帝（宇文覺）、明帝（世宗：宇文毓）、武帝（高祖：宇文邕）、宣帝（宇文贇）、静帝（宇文闡）的陵墓。由此可見，在十六國、北朝時期，帶有墳丘特徵的墳墓不一定普遍的存在和發展。

（二）虛葬、潛埋與五胡、北朝的葬俗

五胡十六國、北朝時期，"潛埋"和"虛葬（僞葬）"在統治階層内頗爲盛行。潛埋和虛葬的特點在於所謂"一（墓）主二墓"或者"多墓"，對所公開的（虛葬）墓地和所秘密的實際葬地（潛埋）分開而置。在游牧民族中，最早關於潛埋和虛葬的實際記録出現於公元 313 年。後趙石勒當其母王氏死時，爲其舉行了虛葬、潛埋。②據《鄴中記》，石勒、石虎的陵墓都屬於"僞葬"，在"自别於深山"，并"埋之"。③公元 333 年，當石勒死時，以及後來當石虎死時，都是按其葬法舉行的葬禮。換言之，後趙時期，虛葬、潛埋所舉行的地點相互不同。所謂石勒的高平陵祇是舉

---

① 楊寬：《中國古代陵寢制度史研究》，第 52 頁。

② 《晋書》卷一〇四《石勒載記上》："勒母王氏死，潛窆山谷，莫詳其所。既而備九命之禮，虛葬於襄國城南。"引自房玄齡等《晋書》，第 2720 頁。

③ 《太平御覽》卷五五六《禮儀部三五·葬送四》引《鄴中記》曰："石勒陵在襄國城西南三十里……（石）虎陵在鄴西北角……凡此二陵，皆僞葬，石勒虎自别於深山。"引自任昉等《太平御覽》，商務印書館，1975 年，第 2646 頁。

行"備文物虛葬"的地點，而"夜瘞山谷，莫知其所"就是潛埋尸身的地方了。^①
另外，石虎的尸身在東明觀之下進行了潛埋。如此的虛葬、潛埋似乎在五胡族統治
階層當中較爲流行。漢化程度較高的慕容氏也是如此。例如，公元 405 年，當南
燕慕容德死時，做了十多口棺從四門而出，之後"潛葬山谷"。慕容德的正式陵墓
東陽陵祗是虛葬的場所。^②建立北魏的鮮卑拓跋族也不例外，據《宋書·索虜傳》，
可知"死則潛埋，無墳壟處所，至於葬送，皆虛設棺柩，立冢槨，生時車馬器用皆
燒之以送亡者。"^③

筆者認爲，既然舉行了虛葬，那不需要營建顯而易見的墳丘（墳壟）。這種虛
葬、潛埋習俗不僅僅在十六國時期存在，在北魏時期，以帝陵爲例，相當多的皇帝
采取了這種方法或與此類似的葬法。到南北朝後期，在北齊時期，似乎繼續舉行這
種虛葬、潛埋習俗。北齊獻武王（高歡）在漳水以西舉行虛葬，同時在成安鼓山的
石窟寺邊挖了一個洞舉行了潛埋。^④由此可知，虛葬、潛埋是在十六國—北朝時期
以游牧出身的統治階層內普遍舉行的葬法。這種虛葬、潛埋到隋朝纔消失。^⑤

游牧民族固有的葬俗是什麼樣子呢？據瞭解，鮮卑、烏桓所舉行的"燒葬"

---

① 《晋書》卷一〇五《石勒載記下》："以咸和七年（石勒）死，時年六十，在位十五年。夜瘞山
谷，莫知其所，備文物虛葬，號曰高平陵。僞謚明皇帝，廟號高祖。"引自房玄齡等《晋書》，第
2751~2752 頁；《太平寰宇記》卷五九《河北道八》"邢州龍鳳縣"條引《郡國志》曰："勒尸別在
渠山葬之。夜爲十餘棺，分道出埋以惑百姓。"引自樂史《太平寰宇記》，中華書局，2007 年，第
466 頁。

② 《晋書》卷一二七《慕容德載記》："其月死，即義熙元年也，時年七十。乃夜爲十餘棺，分出四
門，潛葬山谷，竟不知其尸之所在。在位五年，僞謚獻武皇帝。"引自房玄齡等《晋書》，第 3172
頁；《十六國春秋》："是夕，薨於顯安宮，即義熙元年也，時年七十，乃十餘棺，夜分出四門，
潛瘞山谷，竟莫知其尸之所在，虛葬於東陽陵。"引自崔鴻撰，湯球輯補《十六國春秋輯補》，世
界書局，第 446 頁。

③ 《宋書》卷九五《索虜傳》："晋孝武太元二十一年，（慕容）垂死，開（引者注：什翼鞬子，字涉
珪）率十萬騎圍中山。明年四月，克之，遂王有中州，自稱曰魏，號年天賜。元年，治代郡桑乾
縣之平城。立學官，置尚書曹。開頗有學問，曉天文。其俗以四月祠天，六月末率大衆至陰山，
謂之却霜。陰山去平城六百里，深遠饒樹木，霜雪未嘗釋，蓋欲以暖氣却寒也。死則潛埋，無墳
壟處所，至於葬送，皆虛設棺柩，立冢槨，生時車馬器用皆燒之以送亡者。"引自沈約《宋書》，
第 2322 頁。

④ 《資治通鑑》卷一六〇《梁紀》"武帝太清元年（547）八月甲申"條："虛葬齊獻武王於漳水之西，
潛鑿成安鼓山石窟寺之旁爲穴，納其柩而塞之，殺其群匠。及齊之亡也，一匠之子知之，發石取
金而逃。"引自司馬光《資治通鑑》，第 4957 頁。

⑤ 《文獻通考》卷一二五《王禮考二十·山陵》："隋文帝崩，葬太陵，與獨孤後同墳異穴，士庶赴葬
者皆聽入視陵內。"引自馬端臨《文獻通考》，第 1123 頁。

是游牧民族共同的葬俗。[①] 十六國、北朝時期，對一些帝王當中“非善終者”有所謂“投尸入河”的風俗。[②] 作爲游牧民族的葬法，“深葬平土”的方式，更爲普遍實行，就是説埋葬後破壞痕迹，并不留下墳冢，這是蒙古族的習俗。[③] 換言之，這種方式就是不營建墳丘，而把尸體埋在地下很深的地方。[④] 由此看來，游牧民族的葬法和修建墓上標志物是没有多大關係的。之所以如此，是因爲游牧民族經常遷徙，無法“省墓”和“守墓”。對游牧民族來説，他們更注重的不是像農耕民族那樣去擔心死者的腦袋會被吃掉等凶象，而是出現盗墓而破壞死者的陪葬品的行爲。自古以來游牧民族最喜愛的陪葬品就是金銀珠寶。在游牧地區人煙稀少，因此没有必要舉行虚葬。但是，當他們進入中原地區之後，成了最高統治階層，因而在死亡時，是要在萬人的注視之下埋葬。由此，他們進入中原後就要創造出新穎獨特的葬法——虚葬和潜埋。十六國、北朝時期，這種持續流行的葬法并不能説是游牧民族固有的舊習[⑤]，和在元代流行的潜埋一樣，是在游牧民族的思考中所創造出來的。[⑥]

---

① 在生時焚燒車馬器物等被稱爲“燒葬”，是原來鮮卑、烏桓族的舊習。《後漢書》：“俗貴兵死，斂尸以棺，有哭泣之哀，至葬則歌舞相送。肥養一犬，以彩繩纓牽，并取死者所乘馬衣物，皆燒而送之，言以屬累犬，使護死者神靈歸赤山。”引自范曄《後漢書》，第 2980 頁。在北魏時期，這種燒葬（送燒）習俗仍繼續舉行。《魏書》卷四八《高允傳》：“允以高宗纂承平之業，而風俗仍舊，婚娶喪葬，不依古式，允乃諫曰：‘前朝之世，屢發明詔，禁諸婚娶不得作樂，及葬送之日歌謠、鼓舞、殺牲、燒葬，一切禁斷。雖條旨久頒。而俗不革變。……今國家營葬，今國家營葬，費損巨億，一旦焚之，以爲灰燼。’”引自魏收《魏書》，第 1073~1075 頁。

② 這種風俗應關係到游牧民族的“水”崇拜習俗與古來他們爲防止“鬼魂作祟”的習俗。參見劉長旭《十六國北朝游牧民族的水崇拜與投尸入河習俗稽釋——以拓跋鮮卑族爲主要對象》，《社會科學輯刊》2002 年第 3 期。

③ “韃靼風俗，人死……深葬平土，人皆莫知其處。往葬日，遇行路人，盡殺徇葬。”引自鄭思肖《鄭思肖集》，陳福康點校，上海古籍出版社，1991 年，第 182~183 頁。《草木子》卷三下《雜制篇》：“歷代送終之禮。……元朝官里。用梡木二片。鑿空其中。類人形小大合爲棺。置遺體其中。加楺漆畢。則以黄金爲圈。三圈定。送至其直北園寢之地深埋之。則用萬馬蹴平。俟草青方解嚴。則已漫同平坡。無復考誌遺迹。”引自葉子奇《草木子》，《明清筆記史料》（87），中國書店，2000 年，第 66 頁。《黑韃史略》：“其墓無冢，以馬踐蹂，使如平地。”引自彭大雅撰，徐霆疏證《黑韃史略》，中華書局，1985 年，第 19 頁。

④ 1990 年在洛陽市鐵路北站所發掘的元賽因赤答忽墓埋在地下 19.8 米的地方。這深度不僅在洛陽市而且在整個中國都屬於最深的位置。參見《元賽因赤答忽墓的發掘》，《文物》1996 年第 2 期。

⑤ 其實石勒等羯胡以“燒葬”爲本俗。他們進入中原後在一段時間舉行了。《晋書》卷一〇五《石勒載記下》：“又下書禁國人不聽報嫂，及在喪婚娶，其燒葬，令如本俗。”引自房玄齡等《晋書》，第 2736 頁。

⑥ 楊寬認爲元代沿用蒙古族潜埋不起墳的風俗，“潜埋”與“不起墳”屬於元代的葬法。參見楊寬《中國古代陵寢制度史研究》，第 47 頁。

與上述問題有關，1965 年發掘的北燕馮素弗的墓引起了我們的注意。① 那座墓屬於北燕天王馮跋弟馮素弗和他的妻子，而在所謂一號墓的馮素弗的墓內所放置的棺內未發現人骨。由此，筆者認爲，當發掘時，未有盜墓的痕迹，又馮素弗的尸身從來沒有埋葬，這似乎爲"虚葬、潛埋"的事例。②

五胡統治階層通過虚葬、潛埋而保管尸身的努力并不是全都成功的。③ 儘管如此，這種葬法却在很長時間內得以維持，這其中肯定有别的原因。有學者認爲，潛埋和虚葬不是游牧民族獨特的葬俗，之所以流行這種習俗，是因爲當時社會不安等因素，以免發生盜墓。④ 那麼，漢族有没有舉行這種葬法？大致相像的可能是曹操，他營建了所謂的"疑冢"。⑤ 其實，東晋桓温也要隱藏自己的墓。⑥ 除了曹操、桓温的事例外，難以找出其他的例子。這可説明在農耕社會中它不是漢族常有的習俗。與此不同，虚葬、潛埋在十六國、北朝時期却很廣泛地實行。這無疑是在游牧民族進入中原後，所舉行的共同葬法。那麼，祇有游牧民族感到社會的動蕩不安了的嗎？這種社會動蕩給當時的各民族都造成了巨大的威脅。虚葬、潛埋雖不是游牧民族固有的習俗，但他們身爲游牧民族，祇得施行這種葬法。例如，在北魏時期，

① 黎瑶勃：《遼寧省北票縣西官營子北燕馮素弗墓》，《文物》1973 年第 3 期。

② 曹永年：《説"潛埋虚葬"》，《文史》第 31 輯，中華書局，1988 年。

③ 《晋書》卷一一〇《慕容儁載記》："儁夜夢石季龍齧其臂，寤而惡之，命發其墓，剖棺出尸，蹋而罵之曰：'死胡安敢夢生天子也！'遣其御史中尉陽約數其殘酷之罪，鞭之，棄於漳水。"引自房玄齡等《晋書》，第 2841 頁。《水經注》卷九《洹水》條："昔慕容儁夢石虎齧其臂，寤而惡之，購求其尸而莫之知。後宫嬖妾言虎葬東明館下，於是掘焉。下度三泉，得其棺，剖棺出尸，尸僵不腐，儁罵之曰：'死胡安敢夢生天子也！'使其御史中尉陽約數其罪而鞭之。此（引者注：東明觀下）蓋虎始葬處也。"引自酈道元《水經注》，第 133 頁。《資治通鑑》卷一〇〇《晋紀》"穆帝升平三年（359）二月"條："(慕容)儁夢趙王虎齧其臂，乃發虎墓，求不獲，購以百金，鄴女子李菟知而告之。得尸於東明館下（胡注曰：《水經注》，洹水東北流徑鄴城南，又東分爲二水，北徑東明觀下），僵而不腐。儁蹋而罵之曰：'死胡，安敢怖生天子也！'數其殘暴之罪而鞭之，投於漳水，尸倚橋柱不流。及秦滅燕，王猛爲之誅李菟，收而葬之。"引自司馬光《資治通鑑》，第 3174 頁。

④ 曹永年：《説"潛埋虚葬"》，第 81 頁。但任常泰認爲"我國北方少數民族，其埋葬制度具有濃厚的游牧民族特徵，多用'潛埋'的方式，不起墳，地表不留任何痕迹"。參見任常泰《中國陵寢史》，文津出版社，2005，第 133 頁。

⑤ 陶宗儀：《轍耕緑》卷二六"疑冢"條："曹操疑冢七十二，在漳河上。"馬端臨：《文獻通考·王禮考》"山陵"條："世傳曹公疑冢七十有餘，其防患至矣。"參見唐雲明等《磁縣講武城七十二疑冢調查》，《文物參考資料》1957 年第 7 期。

⑥ 《太平御覽》卷五五六《禮儀部三五·葬送四》："謝綽《宋拾遺》曰：'桓温葬姑熟之青山，平墳不爲封域，於墓傍開壙立碑，故謬其處，令後代不知所在。'"引自任昉等《太平御覽》，第 2644 頁。

“子貴母死”制度雖不是鮮卑族的舊俗，但拓跋部身爲游牧鮮卑族，袛好創造出這種制度了。^①虛葬、潛埋也是如此。

那麼，下面將就本文的主題墓誌銘的流行等有關問題，對北魏時期皇室的葬俗進行分析。據南朝史書記載，北魏前期拓跋皇室舉行了虛葬、潛埋。^②拓跋皇室的墓域位於盛樂的金陵。^③據《魏書》記載，可知在北魏前期所有皇帝、皇后等北魏宗室都埋葬在此處。例如，在太祖道武帝時期，昭成帝被埋葬在金陵。^④之後，道武帝、^⑤明元帝、^⑥景穆太子、^⑦太武帝、^⑧文成帝、^⑨獻文帝^⑩都被埋葬在金陵。與此同時，作爲皇后，平文皇后王氏、^⑪獻明皇后賀氏、^⑫明元昭哀皇后姚氏、^⑬明元密皇

---

① 朴漢濟：《北魏王權與胡漢體制》，《中國中世胡漢體制研究》，一潮閣，1988 年。

② 《宋書》卷九五《索虜傳》：“死則潛埋，無墳壟處所。至於葬送，皆虛設棺柩，立冢椁，生時車馬器用皆燒之以送亡者。”引自沈約《宋書》，第 2322 頁。

③ 目前不可考究金陵的正確位置。在《魏書》屢屢出現“雲中金陵”，但也有“盛樂金陵”的記載。另外，個別取代雲中、盛樂、金陵等三個地方。《魏書》卷一〇八《禮志一》：“又於雲中、盛樂、金陵三所，各立太廟，四時祀官侍配。”引自魏收《魏書》，第 2737 頁。

④ 《魏書》卷二《道武帝紀》：“元年，葬昭成皇帝於金陵，營梓宮，木柿盡生成林。”引自魏收《魏書》，第 19 頁。

⑤ 《魏書》卷二《道武帝紀》：“冬十月戊辰，帝崩於天安殿，時年三十九。永興二年九月甲寅，上謚宣武皇帝，葬於盛樂金陵，廟號太祖。”引自魏收《魏書》，第 44 頁。以及《魏書》卷三《太宗本紀》：“秋七月丁巳，立馬射臺於陂西，仍講武教戰。乙丑，車駕至自北伐。八月，章武民劉牙聚衆反。山陽侯奚斤討平之。九月甲寅，葬太祖宣武皇帝於盛樂金陵。”引自魏收《魏書》，第 50 頁。

⑥ 《魏書》卷三《太宗本紀》：“（泰常八年）冬十月癸卯，廣西宮，起外垣墻，周回二十里。十有一月己巳，帝崩於西宮，時年三十二。遺詔以司空奚斤所獲軍實賜大臣。自司徒長孫嵩已下至士卒各有差。十有二月庚子，上謚曰明元皇帝。葬於雲中金陵。廟稱太宗。”引自魏收《魏書》，第 60 頁。

⑦ 《魏書》卷四《太武帝本紀》：“（正平元年六月）戊辰，皇太子薨。壬申，葬景穆太子於金陵。”引自魏收《魏書》，第 105~106 頁。

⑧ 《魏書》卷四《太武帝本紀》：“（正平元年）三月甲寅，帝崩於永安宮，時年四十五。秘不發喪，中常侍宗愛矯皇后令，殺東平王翰，迎南安王余入而立之，大赦，改元爲永平，尊皇后赫連氏爲皇太后。三月辛卯，上尊謚曰太武皇帝，葬於雲中金陵，廟號世祖。”引自魏收《魏書》，第 106 頁。

⑨ 《魏書》卷五《文成帝本紀》：“（和平六年）夏四月，破洛那國獻汗血馬，普嵐國獻寶劍。五月癸卯，帝崩於太華殿，時年二十六。六月丙寅，上尊謚曰文成皇帝，廟號高宗。八月，葬雲中之金陵。”引自魏收《魏書》，第 123 頁。

⑩ 《魏書》卷六《獻文帝本紀》：“承明元年，年二十三，崩於永安殿，上尊謚曰獻文皇帝，廟號顯祖，葬雲中金陵。”引自魏收《魏書》，第 132 頁。

⑪ 《魏書》卷一三《皇后列傳》：“十八年崩，葬雲中金陵。”引自魏收《魏書》，第 323 頁。

⑫ 《魏書》卷一三《獻明皇后賀氏傳》：“皇始元年崩，時年四十六，祔葬於盛樂金陵。”引自魏收《魏書》，第 324~325 頁。

⑬ 《魏書》卷一三《明元昭哀皇后姚氏傳》：“泰常五年薨……葬雲中金陵。”引自魏收《魏書》，第 325 頁。

后杜氏、[①] 太武皇后赫連氏、[②] 太武敬哀皇后賀氏、[③] 景穆恭皇后郁久閭氏、[④] 文成元皇后李氏、[⑤] 獻文思皇后李氏、[⑥] 孝文貞皇后林氏[⑦] 等都被埋葬在金陵。筆者在整理史料當中，發現孝文帝以前衹有兩個例外，就是高宗乳母常氏和文明太后。常氏按她的遺囑被埋葬在別處，[⑧] 而文明太后馮氏的永固陵帶有高大的墳丘，營建在方山。[⑨]

筆者認爲，拓跋族很大可能在金陵舉行虛葬和潛埋。目前爲止，對於金陵是否在北魏前期屬於帝陵的地域名稱，或是指出特定的帝陵還不太清楚。顧名思義，它是否意味着黃金（Altan）族死後所埋葬的地方呢。金陵非常類似於後來元代皇帝被埋葬的起輦谷。[⑩] 顯然金陵未建石刻以確定墓主，并且未建立高大的墳丘來表示它的威嚴，它實際上等於是北魏皇室的集體埋葬地，采用了鮮卑族葬俗——族長的墳墓排列方式。

（三）墓前的石刻問題

下面將對墓前石刻的問題進行分析。就陵墓的石刻制度而言，南朝不同於北

---

① 《魏書》卷一三《明元密皇后杜氏傳》："泰常五年薨……葬雲中金陵。"引自魏收《魏書》，第326頁。

② 《魏書》卷一三《太武皇后赫連氏傳》："高宗初崩……祔葬金陵。"引自魏收《魏書》，第327頁。

③ 《魏書》卷一三《太武敬哀皇后賀氏傳》："生恭宗，新廬元年薨，葬雲中金陵。"引自魏收《魏書》，第327頁。

④ 《魏書》卷五《高宗文成帝本紀》："（興安元年十有一月）甲申，皇妣薨……壬寅，追尊景穆太子爲景穆皇帝，皇妣爲恭皇后……十有二月戊申，祔葬景皇后於金陵。"引自魏收《魏書》，第111~112頁。《魏書》卷一三《景穆恭皇后郁久閭氏傳》："生高宗。世祖末年薨……葬雲中金陵。"引自魏收《魏書》，第327頁。

⑤ 《魏書》卷一三《文成元皇后李氏傳》："及生顯祖，拜貴人。太安二年，太后令依故事……遂薨……葬金陵。"引自魏收《魏書》，第332頁。

⑥ 《魏書》卷一三《獻文思皇后李氏傳》："生高祖。皇興三年薨……葬金陵。"引自魏收《魏書》，第331頁。

⑦ 《魏書》卷一三《孝文貞皇后林氏傳》："生皇子恂。以恂將爲儲貳，太和七年後依舊制薨……葬金陵。"引自魏收《魏書》，第332頁。

⑧ 《魏書》卷一三《高宗乳母常氏傳》："遼西人……世祖選爲高宗。高宗即位，尊爲保太后，尋爲皇太后……和平元年崩……葬於廣寧磨笄山，俗謂之鳴雞山，太后遺志也。"引自魏收《魏書》，第327頁。

⑨ 《魏書》卷一三《文成文明皇后馮氏傳》："（太和）十四年，崩於太和殿……葬於永固陵……初，高祖孝於太后，乃於永固陵東北里餘，豫營壽宮，有終焉瞻望之誌。及遷洛陽，乃自表瀍西以爲山園之所，而方山虛宮至今猶存，號曰'萬年堂'云。"引自魏收《魏書》，第330頁。

⑩ 《元史》卷一《太祖本紀》："壽六十六，葬起輦谷。"引自宋濂等《元史》，第25頁。《元史》卷三七《寧宗本紀》："帝崩，年七歲。甲午，葬起輦谷，從諸陵。"引自宋濂等《元史》，第813頁。從太祖到寧宗元朝一切皇帝都埋葬在起輦谷。不過，此"起輦谷"具有如何意味，并不知其具體位置。不僅如此，在元朝未發現任何帝陵。

朝。在南朝都城南京以及江寧、丹陽、句容等地所留下的 31 處南朝石雕當中大多數采取了從前面到後面①石獸—②石柱—③石碑的排列方式。在帝陵前面修建了石獸一雙（一隻天禄、一隻麒麟）、神道石柱一雙，①而在王公墓之前建造了石獅一雙、神柱一雙、石碑一雙。②

這種方式繼承了漢代以來漢族墓葬的文化傳統。據瞭解，前漢霍去病的墳墓呈現出祁連山的樣子，并且在墓前立有各種石刻。③西漢時期，在少數大臣的墓前修建神道，但并未得到廣泛的普及。但到了東漢時期，在神道兩旁開始建立有對稱的石刻群。④在光武帝陵的參道上建立了石像、石馬等造像群。靈帝時期（168~189），在太尉橋玄的墓前立有石柱、石羊、石虎、石駝、石馬等高大的石刻群。⑤東漢時期，在高官的墓前修建神道，并建立石柱，⑥在其石柱上刻了"某某官職某某君之神道"的字樣。⑦在長水校尉蔡瑁的墓地建立大鹿形狀的石像（石天禄），⑧在桂陽太守趙越的墓地建立石碑、石牛、石羊、石虎，⑨而在安邑縣長尹儉的墓地建立石碑、石柱、石獅、石羊等。⑩大臣的墓前的石刻群，并且就排列在祠堂、

---

① 《封氏見聞記》卷六"羊虎"條："秦、漢以來，帝王陵前有石麒麟、石辟邪、石象、石馬之屬；人臣墓前有石羊、石虎、石人、石柱之屬，皆所以表飾墳壟，如生前之儀衛耳！"引自封演撰，趙貞信校注《封氏見聞記校注》，第 58 頁。

② 蕭秀與蕭憺的墳墓有所不同，立有兩雙石碑。參見《南朝陵墓石刻》，文物出版社，1981 年，第 2 頁。

③ 在霍去病的墳墓，"冢上有豎石，前有石馬相對，又有石人"（《史記·霍去病傳》索隱引姚氏説；《漢書·霍去病傳》顏師古注），現存有十四件（跃馬、卧馬、卧虎、小卧象、卧牛、卧猪、魚、龜、蛙、胡人、怪獸食羊、力士抱熊、馬踏匈奴等）。

④ 在東漢皇帝陵前立有石象，在太尉墓前立有石駝、石馬，在長水校尉墓前立有天鹿，在太守墓前立有石牛、石羊、石虎，在縣長墓前立有石獅、石羊等。參見楊寬《中國古代陵寢制度史研究》，第 73 頁。

⑤ 《水經注》卷二四"睢水"條："（睢陽）城北五六里，便得漢太尉橋玄墓……冢列數碑……墓南列二柱，柱東有二石羊，羊北有二石虎。廟前東北，有石駝，駝西北有二石馬，皆高大。"引自酈道元《水經注》，第 304~305 頁。

⑥ 《後漢書》卷四二《中山簡王焉傳》李賢注："墓前開道，建石柱以爲標，謂之神道。"引自范曄《後漢書》，第 1450 頁。

⑦ 洪适撰有《隸釋》，收録了諸多漢碑。

⑧ 《水經注》卷二八"沔水"條："沔水又東南徑蔡洲，漢長水校尉蔡瑁居之……其南有蔡瑁冢，冢前刻石，爲大鹿狀，甚大頭高九尺，製作甚功。"引自酈道元《水經注》，第 362 頁。

⑨ 《水經注》卷九"清水"條："（獲嘉）縣故城西，有漢桂陽太守趙越墓。冢北有碑……碑東有一碑，碑北有石柱石牛羊虎，俱碎，淪毀莫記。"引自酈道元《水經注》，第 117 頁。

⑩ 《水經注》卷三一"潕水"條："彭水徑其西北，漢安邑長尹儉墓東。冢西有石廟，廟前有兩石闕，闕東有碑，闕南有二獅子相對，南有石碣二枚，石柱西南，有兩石羊。"引自酈道元《水經注》，第 391 頁。

祠廟的周圍的做法，這應與當時所流行的"上墓"祭祀和禮俗息息相關，這類似於帝王們爲上陵、朝拜、祭祀而營建寢殿，在墓前的參道排列石象、石馬等石刻造像。一些石刻群排列在帝王或大臣墓前的神道兩側，主要有擔任警護的土卒像、祈禱吉祥或驅除惡鬼的動物像和靈獸像。東漢時期，在高官大臣的墓前立有駱駝、獅子、虎、牛、馬、羊等動物石像，還有靈獸像，一個是"辟邪"，另一個是"天禄"而刻銘。①

到了魏晉時期，就廢止陵寢制度，而不修整陵墓的外觀。孫吳時期，未有在墓前立有石刻的記載。西晉時期，爲避免發生盜墓，②除了個別情況外，不修建石獸、碑表等。③就是說，在帝陵内"不封不樹"，并找不出石獸、碑表等，即說明這一點。有主張認爲，即使在東晉帝陵前建立有石刻，但似乎并不那麼流行。④這麼看來，在魏晉時期，墓葬的封墳不是很高大，華麗的石刻也未建立。之所以如此，估計有兩個原因：第一，受"薄葬"和"碑禁"的影響，尤其在東晉時期，較好地遵守了在帝陵内"不封不樹"和"務以簡約"的原則；第二，"重回故土，恢復中原"意識起到的作用。不過，這種"不封不樹"的做法，不屬於漢族固有的葬俗，祇不過是臨時的舉措而已。殷周以來，墳丘和墓樹就是判別被葬者的尊貴的主要標準。⑤

---

① 《後漢書》卷八《孝靈帝紀》李賢注："天禄，獸也。時使掖廷令畢嵐鑄銅人，列於倉龍、玄武闕外，鍾懸於玉堂及雲臺殿前，天禄、蝦蟆吐水於平門外。事具《宦者傳》。案：今鄧州南陽縣北有宗資碑，旁有兩石獸，鐫其膊一曰天禄，一曰辟邪。據此，即天禄、辟邪并獸名也。漢有天禄閣，亦因獸以立名。"引自范曄《後漢書》，第353頁。
② 《晋書》卷六〇《索靖傳附子綝傳》："劉曜復率衆入馮翊……時三秦人尹桓、解武等數千家，盜發漢霸、杜二陵，多獲珍寶。帝問綝曰：'漢陵中物何乃多邪？'綝對曰：'漢天子即位一年而爲陵，天下貢賦，三分之一供宗廟，一供賓客，一充山陵。漢武帝饗年久長，比崩而茂陵不復容物，其樹皆已可拱。赤眉取陵中物不能減半，於今猶有朽帛委積，珠玉未盡。此二陵是儉者耳，亦百世之誡也。'"引自房玄齡等《晋書》，第1651頁。
③ 《宋書》卷一五《禮志二》："晋武帝咸寧四年，又詔曰：'此石獸碑表，既私褒美，興長虛偽，傷財害人，莫大於此。一禁斷之。其犯者雖會赦令，皆當毀壞。'至元帝太興元年，有司奏：'故驃騎府主簿故恩營葬舊君顧榮，求立碑。'詔特聽立。自是後，禁又漸頹。大臣長吏，人皆私立。義熙中，尚書祠部郎中裴松之又議禁斷，於是至今。"引自沈約《宋書》，第107頁。
④ 朱希祖：《六朝陵墓調查報告》："又（東）晉五陵雖不起墳，亦必有石麒麟。"參見朱希祖《六朝陵墓調查報告》，第10頁。
⑤ 《封氏見聞記校》："按，《禮經》云：'天子墳高三雉，諸侯半之，大夫八尺，士四尺。天子樹松，諸侯樹柏，大夫樹楊，士樹榆。'……蓋殷、周以來，墓樹有尊卑之制，不必專以冈象（引者注：冈象好食亡者肝腦，冈象畏虎與柏，故墓前立虎與柏）故也。"引自封演撰，趙貞信校注《封氏見聞記校注》，第59頁。

到了南朝劉宋時期，墓前的石刻發生了很大的轉變。就劉宋以後南朝的陵墓而言，墳丘不是很高大，并在山谷"鑿山爲壙墓室"，但在神道兩側開始建立一雙麒麟或辟邪等石像。這種石像群保留在目前江蘇省的南京市、江寧縣、丹陽縣、句容縣4個地區，計31處。這些直接繼承了後漢時期的石麒麟、石辟邪。值得注意的是，南朝以後，在帝王的陵前可以建立石麒麟、石辟邪等神獸，而在大臣的墓前是不許建立這些石刻的。東漢時期，在高官大臣的墓前立有天禄和辟邪。唐代以後，在大臣的墓前找不出一些除了石羊、石虎、石人以外的其他石像。石像的種類雖然有所不同，經過南朝後（除魏晋時期外），漢代以後建立石像的傳統被隋唐所繼承了。

北魏前期，所謂皇室的陵墓區——金陵的特點在於未營建墳丘，而且墓前未立有石刻。這種在金陵所舉行的葬俗，我們不妨稱之爲"代俗"。這種"代俗"到孝文帝時開始受到破壞了。筆者認爲，帶有墳丘和石刻的陵墓是在北魏時纔出現的，這應是在從太和五年（481）開始修建到太和十四年（490）文明太后入葬的永固陵。[①]值得注意的是，在陵前建立了永固堂、思遠圖等寢殿。作爲漢族的葬俗之一的寢殿和"上陵制度"被北魏所采用，應在修建永固陵之時開始的。[②]與此同時，北魏采用了東漢以來陵前的建築模式，即石殿、石闕、石獸、石碑等。在北魏時期因佛教信仰的盛行，從而出現以佛堂、齋堂和祀廟爲合的結構。[③]這既是受漢化影響，又是受佛教信仰影響的結果。不過，也能看到"代俗"的遺制，如在永固陵前代替祀廟而修建"永固石室"。這種祀廟的建築是按照鮮卑"鑿石爲祖宗之廟"的遺風而修建的。

在北魏時期雖然出現了"陵寢制度"和"墓前石刻制度"，但在永固陵以後，在陵墓前修建石刻的現象并不是很活躍。孝文帝遷都洛陽後，在陵墓前排列了一些東西。有報告稱對孝文帝長陵的情況不是很清楚，但在宣文帝的景陵，墓冢前建立

---

① 大同市博物館、山西省文物工作委員會：《大同方山北魏永固陵》，《文物》1978年第7期。

② 楊寬：《中國古代陵寢制度史研究》，第45頁。

③ 《水經注》卷一三"㶟水"條："羊水又東注于如渾水，亂流逕方山南。嶺上有文明太皇太后陵，陵之東北有高祖陵。二陵之南有永固堂。堂之四周隅雉，列樹階欄檻，及扉户梁壁，椽瓦悉文石也。檐前四周，采洛陽之八風谷黑石爲之。雕鏤隱起，以金銀間雲矩，有若錦焉。堂之内外，四側結兩石趺。張青石屏風，以文石爲緣。并隱起忠孝之容，題刻貞順之名。廟前鐫石爲碑獸，碑石至佳。左右列柏，四周迷禽闇日。院外西側有思遠靈圖。圖之西有齋堂，南門表二石闕，闕下斬山累結御路，下望靈泉宮池，皎若圖鏡矣。"引自酈道元《水經注》，第168頁。

了一個石刻武士像，頭部已亡失，但連座殘高有 2.89 米。1976 年，在北魏孝莊帝（敬宗：元子攸，528~530）的静陵前面出土了石人像、石人頭。^① 這正意味着在陵墓的神道兩側建立了石刻。^② 不過這已經是北朝全部墓前的石刻。除此之外，未發現任何陵墓和石刻。在北朝帝陵内偶見墳丘，但大多數墓前未立有石造物，與南朝的陵墓相比，這是最大的區別了。據瞭解，北齊都城鄴附近東魏、北齊墓群中未發現任何石刻。

據此，可以得出這樣的結論，北朝陵墓中即使修建封墳，但却未建立表示墓主人身份的任何石刻。如上所述，在十六國時期，所采用的虛葬、潜埋的葬法經過北魏維持到北齊時期。到北朝末期，仍回避表示墓主的墓碑形式。那麼，除了帝王的陵墓外，高官大臣的墓葬是個什麼樣子呢？

據瞭解，平城在從道武帝拓跋珪的天興元年（398）到孝文帝的太和十八年（494）期間作爲北魏的都城，大約一個世紀的時間。在北魏墓葬當中，最近發掘的幾座受到了很大的關注。這就是在大同市石家寨西南所發掘的"侍中鎮西將軍吏部尚書羽真司空冀州刺史琅琊康王"司馬金龍墓、^③ 在東王村西北所發掘的元淑墓^④ 以及在雁北寺院修復工程中所發掘的宋紹祖墓，^⑤ 在此墓内發現了有"大代太和元年歲次丁巳幽州刺史敦煌公敦煌郡宋紹祖之柩"内容的墓銘磚。在發掘報告書中，强調它們都接受了漢晉墓葬制，并在陪葬品方面繼承了西晉以來埋葬中原俑群的傳統。與此同時，報告書中還記述了在此墓葬内有"高鼻深目"的胡俑及其服飾等胡族特徵的成分。^⑥ 在這裏值得注意的是，在此墓葬内都發現了墓誌銘。在南朝時本應立在地上的鎮墓獸等，在北朝這些都埋在地下的墓室之内了，同時他們不立碑，而是製造埋在地下的墓誌銘了。由此可知，司馬金龍、宋紹祖等漢族在葬法方面都受到胡族的影響。不僅帝王的陵墓，而且人臣的墓葬，在南北朝之間都有明顯的差異。

① 黄明蘭：《洛陽北魏景陵位置的確定和静陵位置的推測》，《文物》1978 年第 7 期。這石人像在兩手有把劍，是帶有護衛模樣的衛士。這無疑繼承東漢的，而又影響到唐朝。

② 中國社會科學院考古研究所洛陽漢魏城隊、洛陽古墓博物館：《北魏宣武帝景陵發掘報告》，《考古》1994 年第 9 期。

③ 山西省大同市博物館、山西省文物工作委員會：《山西大同石家寨北魏司馬金龍墓》，《文物》1972 年第 3 期。

④ 大同市博物館：《大同市東郊北魏元淑墓》，《文物》1989 年第 6 期。

⑤ 山西省考古研究所、大同市考古研究所：《大同市北魏宋紹祖墓發掘簡報》，《文物》2001 年第 7 期。

⑥ 山西省考古研究所、大同市考古研究所：《大同市北魏宋紹祖墓發掘簡報》，《文物》2001 年第 7 期。

不過，到了隋唐時期，南朝和北朝的墓葬形式開始融合起來了。換言之，不但在地上有石刻，而且在地下有墓誌銘。唐代帝陵的石刻群有多種多樣的石像。在太宗的昭陵北門（玄武門）門口有 14 個少數民族酋長的石像，而且在北門内的東西廊廡有六駿浮雕，這是出於贊頌太宗的政治業績意圖而浮雕的。在合葬高宗、武則天乾陵的南門（朱雀門）有一雙石柱（華表），一雙飛馬、鴕鳥（朱雀），五雙石馬，兩手有劍的十雙石人，一雙石碑，還有少數民族酋長的 60 個石像，并且門前還有石獅。少數民族酋長的石像是爲了表現出皇帝的威武，此外，還有儀仗兵的意味。在肅宗建陵的南門前有石刻群，這是繼承乾陵的；在睿宗橋陵的南門前有石刻群，這也是繼承乾陵的。在皇族和官僚的廟殿，則按照石刻群的排列確立等級了。例如，作爲昭陵的陪葬，長樂公主墓有石柱、石虎、石羊、石人各一雙，而新城公主墓有石虎一雙；作爲乾陵的陪葬，所謂"號墓爲陵"的懿德太子、永泰公主墓有石柱、石人、石獅各一雙，而所謂"不稱陵"的章懷太子墓有一雙石羊。作爲高官大臣，李靖墓有一雙石柱，而李績的墓有一雙石人，石虎、石羊等。在唐代，大臣墓以石羊、石虎爲主，但帝陵没有這些。[1] 唐朝和漢朝一樣，采用了將相大臣的陪葬制度，皇族也不例外。這與北魏邙山區以鮮卑爲主的陪葬墓制度有所不同。就是説，隋唐的墓葬制度是繼承漢朝的，并且是在南朝和北朝融合之後出現的。

由於在帝陵内没有發現墓誌銘，因此無法確認它在帝陵内的存在。不過，在所陪葬的公主墓等墓葬内發現了墓誌銘。因此，在帝陵内很可能埋葬有墓誌銘。在北朝，墓誌銘的流行，受到胡族在地下埋葬葬俗的影響。隋唐的帝陵是以融合了南朝的墓前石刻和北朝的墓誌銘爲特徵的陵墓形式。

二　墓誌銘的出現及其流行

（一）從墓碑到墓誌銘

墓碑和墓誌銘是功用不同的石刻嗎？[2] 墓誌銘是由墓碑演變而來的嗎？古今以

---

① 楊寬：《中國古代陵寢制度史研究》，第 80~81 頁。

② 中村圭爾認爲，墓誌出現於"碑禁"較緩和的東晉時期，由此，"碑禁"不一定是墓誌銘出現的直接原因。另外，紀德認爲，帶有"銘"的墓碑和一般性質的墓誌是同時存在的。參中村圭爾『六朝江南地域史研究』、第 400 頁。

來，大多學者認爲，墓誌銘之所以流行起來，是受到"禁碑"的影響。[①]由於曹操頒布"禁碑令"，在地上所立的墓碑開始轉變爲埋在地下五十厘米左右并且帶有碑形的墓誌碑，隨着後來的發展，從而轉變爲墓誌銘了。[②]

首先，墓碑出現的背景要從政治、社會方面着眼。墓碑在漢時期，尤其在東漢時期得到完備，這應和儒教的國教化息息相關。儒教等於禮教，在"禮"中最受重視的是"孝"。而在"孝"中，對在父母居喪時所進行的"禮"——喪禮是最重要的，從而可知喪葬形式在此時開始得到完備。不僅如此，在選孝廉方面以"忠"爲前提，因而"孝"受到重視。兒女如何舉行父母的喪葬，便成了判斷孝心程度的關鍵所在。伴隨着對儒教的尊奉成爲士人精神支柱的開始，如何真誠地舉行"三年喪"，或者如何建造富麗堂皇的墓葬就成了至關重要的問題。"孝廉"成爲進入官場或晋升的重要標準，開始和吊喪一同成爲決定自己和家族將來的重要因素。由此，爲準備喪服還出現耗費全部家産的情景。[③]與此同時，還出現了越級施行"喪服禮"的僞君子。[④]如此，喪、葬儀式都變得非常華麗。據瞭解，當時同爲一人，還建立相互不同的三種碑，反映了非正常立碑的事件的發生。

在東漢桓帝時，本來爲死者製造的銘石，開始變成判斷後裔是否忠孝的手段。筆者認爲，忠孝名聲能否得以廣泛地散布出去，最有效的方法是利用地面上所立墓碑。此時，流行耗巨資製作豪華的墓碑，但却違背了儒教的初衷，是注重形式的結

---

① 《陔餘叢考》卷三二"墓誌銘"："南史齊武帝裴皇后薨，時議欲立石誌。王儉曰：'石誌不出禮經，起自宋元嘉中，顏延之爲王球石誌，素族無銘策，故以紀行。自儲以來，共相祖襲。今儲妃之重，既有哀策，不煩石誌。'此則墓誌起於元嘉中之明據也。……竊意古來銘墓，但書姓名官位，間或銘數語於其上，而撰文叙事，臚述生平，則起於顏延之耳。"參見趙翼《陔餘叢考》，河北人民出版社，1990年，第562~563頁；參見水野清一「墓誌について」『書道全集』第6卷、平凡社、1958年。

② 《語石·語石異同評》卷四"墓誌"："迨至晋代，碑禁甚嚴，立石墓上之風潮戢。或制擬碑碣，具體而微。"參見葉昌熾撰，柯昌泗評《語石·語石異同評》（考古學專刊丙種第四號），中華書局，1994年，第239頁。

③ 《後漢書》卷五二《崔寔傳》："初，寔父卒，剝賣田宅，起家塋，立碑頌。葬訖，資産竭盡，因窮困，以酤釀販鬻爲業。"引自范曄《後漢書》，第1731頁。

④ 《後漢書》卷七四上《袁紹傳》："紹少爲郎，除濮陽長，遭母憂去官。三年禮竟，追感幼孤，又行父服。"引自范曄《後漢書》，第2373頁。《後漢書》卷六六《陳蕃傳》："太尉李固表薦，徵拜議郎，再遷爲樂安太守。時李膺爲青州刺史，名有威政，屬城聞風，皆自引去，蕃獨以清績留。郡人周璆，高絜之士。前後郡守招命莫肯至，唯蕃能致焉。字而不名，特爲置一榻，去則縣之。璆字孟玉，臨濟人，有美名。民有趙宣葬親而不閉埏隧，因居其中，行服二十餘年，鄉邑稱孝，州郡數禮請之。郡內以薦蕃，蕃與相見，問及妻子，而宣五子皆服中所生。蕃大怒曰：'聖人制禮，賢者俯就，不肖企及。且祭不欲數，以其易黷故也。況乃寢宿冢藏，而孕育其中，誑時惑衆，誣汙鬼神乎？'遂致其罪。"引自范曄《後漢書》，第2159~2160頁。

果，同樣，漢碑的流行也是由於重視厚葬因運而生的結果。因而，東漢王朝被認爲一個非常盛行在地上立墓碑和墓闕的時期。

　　東漢末期，由於厚葬風俗的盛行，社會上便開始製造出二米以上，又高大又華麗的墓碑。統治階層爲了炫耀自己的權力而舉行厚葬，并且還讓普通百姓負擔這筆費用。曹操平定東漢末期的動亂并成爲實際統治者後，爲了實行政治改革，在建安十年（205）不僅禁止厚葬，而且頒布“禁碑令”，禁止建立墓碑。① 到了曹魏末期，雖然禁令有所緩和，但在西晉武帝咸寧四年（278）再次頒布禁令，并維持到劉宋時期。② 據瞭解，曹操還頒布了和薄葬有關的詔令。③ 所以，我們不妨稱魏晉南北朝時期爲“喪事最儉薄的時期”，據此，有學者認爲，這一定程度上説明曹操在薄葬方面起到了模範作用。④ 其實，之所以出現薄葬，與其説是因爲厚葬的弊端，倒不如説另有原因——這就是社會的動蕩不安。據曹魏文帝曹丕的話説，可明白薄葬的直接理由，⑤ 就是以免出現“戮尸地下”。

---

① 《宋書》卷一五《禮志二》：“漢以後，天下送死奢靡，多作石室石獸碑銘等物。建安十年，魏武帝以天下雕弊，下令不得厚葬，又禁立碑。魏高貴鄉公甘露二年，大將軍參軍太原王倫卒，倫兄俊作《表德論》以述倫遺美，云‘祗畏王典，不得爲銘，乃撰録行事，就刊於墓之陰云爾。’此則碑禁尚嚴也。此後復弛替。”引自沈約《宋書》，第 407 頁。

② 《宋書》卷一五《禮志二》：“晉武帝咸寧四年，又詔曰：‘此石獸碑表，既私褒美，興長虛僞，傷財害人，莫大於此。一禁斷之。其犯者雖會赦令，皆當毀壞。’至元帝太興元年，有司奏：‘故驃騎府主簿故恩營葬舊君顧榮，求立碑。’自是後，禁又漸頹。大臣長吏，人皆私立。義熙中，尚書祠部郎中裴松之又議禁斷，於是至今。”引自沈約《宋書》，第 407 頁。

③ 《宋書》卷一五《禮志二》：“漢獻帝建安末，魏武帝作終令曰，‘古之葬者，必在瘠薄之地，其規西原上爲壽陵。因高爲基，不封不樹。’……文帝黃初三年，又自作終制：‘禮，國君即位，爲椑，存不忘亡也。’……晉宣帝豫自於首陽山爲土藏，不墳不樹，作顧命終制，斂以時服，不設明器。文、景皆謹奉成命，無所加焉。”引自沈約《宋書》，第 404~405 頁。

④ 《三國志》卷一《魏武帝紀》：“（建安二十三年）六月，令曰：‘古之葬者，必居瘠薄之地，其規西門豹祠西原上爲壽陵，因高爲基，不封不樹。《周禮》冢人掌公墓之地，凡諸侯居左右以前，卿大夫居後，漢制亦謂之陪陵。其公卿大臣列將有功者，宜陪壽陵，其廣爲兆域，使足相容。’”“（建安）十五年春正月，至洛陽……庚子，王崩於洛陽，年六十六。遺令曰：‘天下尚未安定，未得遵古也。葬畢，便除服。其將兵屯戍者，皆不得離屯部。有司各率乃職。斂以時服，無藏金玉珍寶。’謚曰武王。二月丁卯，葬高陵。”引自陳壽《三國志》，第 51~53 頁。參見徐吉軍《中國喪葬史》，江西高校出版社，1998 年，第 321 頁。

⑤ 《三國志》卷二《文帝紀》：“（黃初三年）冬十月甲子，表首陽山東爲壽陵，作終制曰：‘……封樹之制，非上古也，吾無取焉。壽陵因山爲體，無爲封樹，無立寢殿，造園邑，通神道……自古及今，未有不亡之國，亦無不掘之墓也。喪亂以來，漢氏諸陵無不發掘，至乃所取玉匣金鏤，骸骨并盡，是焚如之刑，豈不重痛哉！禍由乎厚葬封樹……若違今詔，妄有所變改造施，吾爲戮尸地下，戮而重戮，死而重死。’”引自陳壽《三國志》，第 81~82 頁。

由於受禁碑令的影響，進入西晋時期纔出現文字數量少，又高度不高的[①]帶有小型墓碑形狀的墓誌碑。[②]其實，儘管禁碑令多次頒布下去，但由來已久的立碑舊習實則難以消除。在兩晋、南朝時期，禁令曾多次地反復出現：在咸寧四年（278）有了碑禁；在東晋末年，義熙年間（405~418）還出現禁碑令，之後維持到蕭梁時期。[③]在大興元年（318），顧榮"求立碑"，"立碑之風"盛行一時，[④]但在整個東晋、南朝時期，却屢受禁止。其實，禁碑令的多次頒布，反倒可以證明違禁期間多次發生和當時人們立碑有很大欲望的實際狀況。總之，從表面上看，東晋、南朝似乎是從墓碑時期轉入墓誌銘時期。

（二）墓誌銘的變化

1. 墓誌銘形狀的變化

"墓誌"[⑤]或"墓誌銘"[⑥]從南北朝時期開始出現，一直到清代，是中國墓葬文化中具有代表性的遺物之一。正式稱之爲墓誌銘，應從何時算起呢？關於墓誌銘的出現，以往學術界有許多不同的見解和看法，例如：西漢成立説、[⑦]東漢成立

[①] 其中，高的祇有一米左右，但大部分有五十厘米左右。

[②] 在西晋時期，墓誌的出現具有很重要的意義，不過有對其意義提出不同的見解。第一，西晋的（小型帶有碑形的墓誌）在東漢的墓碑和北魏的墓誌之間祇是起到橋梁作用。參見日比野丈夫「墓誌の起源について」『江上波夫教授古稀紀念論文集－民族、文化篇』山川出版社、1977年。第二，要重視東漢的墓碑與西晋的墓誌之間的連續性。參見水野清一「墓誌について」『書道全集』第6卷。第三，要重視西晋的墓誌與北魏的墓誌銘之間的連續性。參見中田勇次郎「中國の墓誌」『中國墓誌精華』中央公論社、1975年。

[③] 西晋武帝咸寧四年（278），東晋義熙中。《宋書》卷一五《禮志二》："晋武帝咸寧四年，又詔曰：'此石獸碑表，既私褒美，興長虛僞，傷財害人，莫大於此。一禁斷之。其犯者雖會赦令，皆當毀壞。'……義熙中，尚書祠部郎中裴松之又議禁斷，於是至今。"引自沈約《宋書》，第407頁。

[④] 《宋書》卷一五《禮志二》："至元帝太興元年，有司奏：'故驃騎府主簿故恩營葬舊君顧榮，求立碑。'"引自沈約《宋書》，第407頁。

[⑤] 對墓誌的稱呼有柩銘、墓記、墓碣、墓版、壙誌、靈舍銘、陰堂文、玄堂誌等。參見任昉《集新出土墓誌之大成展傳統文化之精華——〈新中國出土墓誌〉整理工作的回顧與前瞻》，《中國文物報》2005年7月13日，第4版。

[⑥] 墓誌銘以散文的誌（序）與以韻文的銘，是這兩者所結合的墓誌。這種墓誌出現在北魏孝文帝遷都洛陽的五世紀末。另外，起過"墓誌銘"的名稱，而現存最早的是在南朝劉宋大明八年（464）所埋葬的劉懷民墓誌。參見福原啓郎「西晋の墓誌の意義」礪波護編『中國中世の文物』京都大學人文科學研究所、348頁、注2。

[⑦] 葉昌熾《語石》卷四引《西京雜記》稱："前漢杜子春，臨終作文，刻石埋於墓前。"《博物志》："西京時，南宮寢殿有醇儒王史威長葬銘。此實誌銘之始。今皆不傳。"

説、①魏晋成立説、②西晋成立説、③南朝成立説④等。關於墓誌銘的出現和起源，之
所以有諸多見解，是因爲當墓誌銘究竟采取了哪種形狀和文體時，纔能作爲其誕
生的標準，對此，學術界的認識不太一致。當今學術界已認定所謂“墓誌”在東
漢時期第一次出現，⑤墓誌銘在北魏時期得到發展，⑥并在隋唐時期得以走上鼎盛
之路。

　　墓誌銘無疑是埋在地下壙内的銘文。在中國歷史上，最早和墓誌銘相似的，
是 1972 年 12 月在秦始皇陵西側的秦刑徒墓中所發掘的刑徒磚，其磚石上有姓名、
籍貫、身份、卒年。⑦不過，墓磚銘文祇在刑徒墓中出土，在秦漢時期，官吏或平

---

① 羅振玉：《遼居稿》“漢賈夫人馬武姜墓石記跋”：“漢人墓記前人所未見，此爲墓誌之濫觴。”參見
　　羅振玉《遼居稿》，延世大所藏綫裝本，第 22 頁。馬衡《中國金石學概要》：“其（墓誌）制始於
　　東漢，《隸釋》載‘張賓公妻穿中文（建初二年）’，即壙中之刻。”參見馬衡《中國金石學概要》
　　（下），《凡將齋金石叢稿》，中華書局，1977 年，第 89 頁。趙萬里：《漢魏南北朝墓誌集釋》：“馮
　　基石椁題字（太康三年）按近年陝北出土郭仲理石塼，亦個有銘，或以磚，磚之有字者尤多……
　　稍後以誌銘代椁銘與前世風尚，殊矣。”參見趙萬里《漢魏南北朝墓誌集釋》卷一，鼎文書局，
　　1975 年影印本。
② 日比野丈夫認爲，在魏晋時代，墓前立有碑受到嚴禁，因此不得已在墓中埋葬小型石碑代替墓碑
　　了。這似乎成爲墓誌的起源。參見日比野丈夫「墓誌の起源について」『江上波夫教授古稀紀念
　　論文集-民族、文化篇』山川出版社、1977 年。
③ 福原啓郎「西晋の墓誌の意義」礪波護編『中國中世の文物』、第 345 頁。
④ 顧炎武《金石文字記》卷二“大業三年榮澤令常醜奴墓誌跋”云：“墓之有誌，始自南朝。《南齊
　　書》云宋元嘉中，顏延之作王球石誌。素族無碑策，故以紀德，自爾已來，王公以下，咸共遵
　　用。”端方：《陶齋藏石記》卷五：“劉懷民誌作於大明七年，適承元嘉之後，此誌銘文字異源之時
　　代也。”《文選》卷五九“墓誌”李善注：“吴均，齊春秋，王儉曰：‘石誌不出禮典，宋元嘉，顏延
　　之，爲起王琳（王球）石誌。”據上述，墓誌銘在劉宋時期出現了。趙翼也表示與此相同的見解。
　　封演：《封氏見聞記》：“古葬無石誌，近代貴賤通用之。齊太子穆妃將葬，立石誌。王儉曰：‘石誌
　　不出《禮經》，起元嘉中顏延之爲王球石誌，素族無名策，故以紀行迹耳。遂相祖習。儲妃之重，
　　禮絶常例，既有哀策，不煩石誌。’儉所著《喪禮》云：‘施石誌於壙裹，禮無此制。魏侍中繆襲
　　改葬父母，制墓下題版文。原此旨，將以千載之後，陵谷變遷，欲後人有所聞知。其人若無殊才
　　異德者，但紀姓名、歷官、祖父、姻媾而已。若有德業，則爲銘文。’”
⑤ 在帶有“墓誌”名稱的墓誌銘當中，最早的就是東漢永元四年（92）所出土，并有“朱敬墓誌”
　　字樣的刑徒磚。可是，劉鳳君認爲劉宋大明八年（464）的劉懷民墓誌以及在北魏承平元年至和
　　平六年（452~465）的劉賢墓誌是最早。參見劉鳳君《南北朝石刻墓誌形制探源》，《中原文物》
　　1988 年第 2 期。
⑥ 北朝後期偶爾出現帶有墓碑形狀的墓誌銘。羅振玉《石交錄》卷三：“晋人誌墓之文皆植立藏中，
　　至六朝始平放，然仍間有植立者，若魏延昌四年（515）之皇甫璘、孝昌二年（526）之李謀、普
　　泰元年（531）之賈謹諸誌，仍是直立如碑式。至元氏諸誌中若永平四年（511）元侔誌亦然。”轉
　　引自趙超《中國古代石刻概論》，文物出版社，1997 年，第 41 頁。
⑦ 始皇陵秦俑坑考古發掘隊：《秦始皇陵西側趙背户村秦刑徒墓》，《文物》1982 年第 3 期。

民的墓葬内未有發現，^①因此難以説明這便是墓誌銘的起源。與此同時，從西漢末期開始盛行的，記録有墓主人姓名、籍貫等題記的畫像石，以及到東漢時期，墓穴中出現題記的封門，這些都相當接近於後來的墓誌銘了。^②

和死者的尸身一起埋在地下的還有多種器物。例如，有死者從陽世到陰間時給地下（陰間）的官吏（地下丞、土主、主藏郎中）所提示的通行證、被稱隨葬品的證明文書"告地狀"、死者在地下生活中祈求以"延年益壽，消禍免咎，增益財富人口"爲内容的鎮墓券、墓地的購買契約和信仰道教鬼神^③的"買地券"等。^④這些在東漢時期所流行的物品，大致帶有鉛質、長方形的條狀物，但也有另帶有石、磚、玉、鐵的。有學者認爲，"買地券"是墓誌的起源，^⑤但有學者認爲兩者間却未有關係，^⑥看來，筆者覺得後者更有説服力。

"刻石"意味着在石頭上刻銘文。^⑦漢代以前，不存在"碑"的名稱，但進入東漢時期便開始出現"碑"，成爲所謂"漢碑"的鼎盛時期。^⑧立碑風俗在東漢末期桓帝至靈帝時最爲盛行，大多墓碑以頌德死者爲目的。^⑨在爲死者而建的石刻中，^⑩除了墓碑外，還有墓闕、墓記等。^⑪如前所述，西晋以後墓碑逐步消失，取而代之的是墓誌。在地上的墓前、墓道上所立的是墓碑、神道碑，在壙中所埋的是墓

---

① 張同印：《隋唐墓誌書迹研究》，文物出版社，2003 年，第 5 頁。

② 馬衡《中國金石學概要》認爲"左表墓門把死者官職姓名和年月詳細記載，就是墓誌的用意"。

③ 吳天穎：《漢代買地券考》，《考古學報》1982 年第 1 期。

④ 趙超：《墓誌溯源》，《文史》第 21 輯，中華書局，1983 年，第 44~46 頁。

⑤ 日比野丈夫「墓誌の起源について」『江上波夫教授古稀紀念論文集－民族、文化篇』。

⑥ 趙超：《墓誌溯源》，第 45~46 頁。

⑦ 一般而言，刻在磚頭或石頭上的文字以及畫兒稱爲"石刻"，但刻在石頭的文字，其書體叫作"銘石之書"。張彥遠《法書要録》卷一《宋羊欣采古來能書人名》："潁川鍾繇，魏太尉，同郡胡昭，公車徵，二子俱學於德昇，而胡書肥，鍾書瘦。鍾書有三體，一曰銘石之書，最妙者也。"引自張彥遠《法書要録》，中華書局，1985 年，第 6 頁。

⑧ 在"漢碑"中，東漢光武帝的封禪紀念碑屬於最早。清朝考證學的發展，由此，"漢碑"的名稱就廣泛使用下去了。

⑨ 大體上，製造石刻的目的分爲"紀念"和"頌德"，但據瞭解，"漢碑"以頌德爲目的的占有多數，并大部分是墓碑。

⑩ 爲死者而製造的紀念物帶有如何形狀，其目的在於"刊石紀終，俾示來世"。

⑪ 在地上所立的有享堂、墓碑、墓表、墓闕、神道闕等，而在地下所埋的有告地狀、墓中券、誄、柩銘、墓磚、墓記、墓門、封記等。據瞭解，在墓前以左右對稱立有的墓闕、神道闕是表示墳墓的位置的，而誄、墓碑、墓表是稱頌死者生前的功德的。此外，柩銘、墓磚、墓記埋在地下而表示誰爲死者的，而告地狀、墓中券是向地下世界的官吏告訴死者的名字的。參見久田麻実子「墓誌銘の成立過程について——北魏墓誌銘の意義」『中國學誌』14、1999 年、33 頁。

誌銘。[①] 一般而言，所出土的墓誌銘接近於方形，材料爲石質（或磚質），有盝頂蓋，大部分埋在墓室中墓門前、墓主頭前或者甬道上。

墓誌銘的出現，應從在地上的墓碑埋在地下的情況中尋找緣由。因爲墓誌剛出現時以長石圓首（或圭首）的形式，而帶有墓碑的形狀，竪立在墓中。[②] 這種墓誌銘在三國時期很少，而在西晉時期留下不少。西晉的墓誌銘即使稱爲墓誌，但大部分稱爲“墓表”，帶有一米左右而縮小的墓碑形狀。[③] 它下面有座，并碑身上有圓首或圭首的形狀，[④] 一般垂直立在墓室内。[⑤] 這樣子很像墓碑立在壙中。

到目前，所出土的墓誌銘按形狀來分類的話，有碑形墓誌、長方形墓誌、（正）方形墓誌、龜形墓誌等四種。[⑥] 南北分裂後，西晉時期這種帶有小碑形狀，并有圓首、覆斗形碑座和在碑額上有小孔樣子形狀的墓誌，似乎直接被東晉所繼承。這種通常由長方形的磚或石塊做成，其最爲代表的是在南京出土的東晉寧元年（323）十一月二十八日的謝鯤墓誌、以及在江蘇省吳縣出土的泰寧三年（325）的張鎮墓誌等。可是，到東晉末期，圭首和圓首的部分開始消失，并其形狀有長方形。[⑦] 到了劉宋時期，墓誌的形狀一般有方形，并接近於正方形。與此同時，銘文未寫在碑陰和碑側。這意味着在墓誌的設置是從竪立到卧倒的轉變。

在東晉時期，就墓誌銘的材料而言，不是石頭，而是磚頭，并較爲簡單。[⑧] 但

---

① 梁玉繩：《誌銘廣例·序》：“凡刻石顯立墓前者，曰碑，曰碣，曰表。惟納於壙中，謂之誌銘。”參見梁玉繩《誌銘廣例》，中華書局，1985年，第1頁。

② 羅振玉認爲“晋人墓誌皆爲小碑，直立壙中，與後世墓誌平放者不同，故無蓋而有額”。參見羅振玉《石交錄》卷二，《貞松老人遺稿》甲集，《民國叢書》第5編，第5096册，上海書店，1996年，第25頁。

③ 墓碑由碑首、碑身、碑座等三部分而成。碑首作爲碑額的題刻，是碑的標題。碑文刻寫在碑身（在正面的碑陽中寫碑的正文，而在碑陰中寫樹碑人的姓名等。如果碑文的内容較多，先寫在左碑側，而後寫在右碑側）。碑座是固定碑身，具有裝飾和象徵意味。

④ 碑形墓誌分爲浮雕螭首、圓首、圭首、方首等四種。參見劉鳳君《美術考古學概論》，山東大學出版社，2002年，第435頁。

⑤ 西晋元康三年（293）十月十一日裴祇墓誌與永嘉元年（307）四月十九日華芳墓誌等屬於其種類的代表。

⑥ 劉鳳君：《南北朝石刻墓誌形制探源》，《中原文物》1988年第2期。

⑦ 長方形墓誌大部分帶有竪長方形，而少數部分帶有横長方形，但絶多數没有誌蓋。參見劉鳳君《南北朝石刻墓誌形制探源》，《中原文物》1988年第2期，第78頁。

⑧ 北方人離開原籍而南下，但後來要埋葬在原籍，這時很可能用石頭刻寫銘文了。1964年，在南京市戚家山所出土的太寧元年（323）《謝鯤墓誌》中有“舊墓在滎陽”的内容，寫了舊墓的場所。參見久田麻実子「墓誌銘の成立過程について——北魏墓誌銘の意義」『中國學誌』14、1999年、39頁。

進入南朝時期，石質的墓誌多了起來，并到蕭梁以後更多了。由於在最近發掘了的劉宋墓誌銘中也有磚質的，但對於什麼時候磚質消失，而轉變爲石質的并不太清楚。① 在東晋、南朝的墓誌銘中，諡文在幾個磚頭上刻了出來。例如，謝琰的墓誌銘是在六塊磚頭上刻的，是目前發掘的磚頭數目最多的，但也有三塊至五塊磚頭的。② 東晋時期，從北而南下的士族在墓誌上刻得很簡陋，意味着他們總有一天遷迴北方祖先的先塋去。③ 就書法而言，具有漢隸書轉變爲唐楷書的過渡期的特點。到東晋末、南朝時期，已經進入較爲成熟的楷書階段。④

墓誌銘剛出現的時候，祇有誌身，没有誌蓋，這是磚質墓誌形狀的特點。魏晋南北朝時期，墓誌銘的最後形狀是正方形，正面及四個側面刻寫銘文，之後帶有用誌蓋（覆斗形誌蓋）⑤ 蓋住的形狀。中型墳墓以上的磚室墓的墓主大部分屬於高級官員，墓誌銘埋在墓室内的入口或甬道。這種形式到北魏時期得到了進一步的規範。在北魏時期，墓誌銘的規格或紋飾也有一定的差異，但未有相關規定。⑥ 不過，在隋朝或唐朝有明確的相關規定，⑦ 這是北魏以後的變化。

隨着墓誌銘的規範化和普遍使用，從而得以促使墓誌的紋飾圖案得到了進一步的發展，這也是到北魏後期的情況。在誌蓋及其四面往往雕刻有紋飾，由於誌蓋的紋飾圖案因時代而各自不同，因此成爲判定其所處年代的有效依據。北魏皇室元氏在墓誌的誌蓋上刻畫了雲氣紋，有仙人、神獸、螭龍、四象等圖案，并在誌蓋中央畫着一個蓮花，而官吏的誌蓋上没有紋飾圖案。到了隋朝，則更重視圖案紋飾，在"十二生肖"和"寶相花飾"中刻畫了雲氣紋、忍冬花飾等，在有的墓誌銘上刻畫動物、人形或"人身獸頭形"的紋飾。到唐朝的花樣多，而宋朝的紋飾較爲簡單，出現"折綿紋""雲紋"等，而大多誌蓋上祇有文字，没有紋飾了。到了明清

① 南京市博物館、雨花區文化局：《南京南郊六朝謝琰墓》，《文物》1998 年第 5 期。
② 南京市博物館、雨花區文化局：《南京南郊六朝謝琰墓》，《文物》1998 年第 5 期。
③ 王宏理：《誌墓金石源流》，中國文史出版社，2002 年，第 208 頁。
④ 南京市博物館、雨花區文化局：《南京南郊六朝謝琰墓》，《文物》1998 年第 5 期。
⑤ 一般而言，它稱爲"盝頂形誌蓋"。在從北魏到宋朝的墓誌銘中它占有相當多的位置。
⑥ 趙超：《中國墓誌通論》，紫禁城出版社，2003 年，第 85 頁。
⑦ 《隋書》卷八《禮儀志三》："開皇初……其喪紀，上自王公，下逮庶人，着令皆爲定制，無相差越……三品已上立碑，螭首龜趺。趺上高不得過九尺。七品已上立碣，高四尺。圭首方趺。"引自魏徵《隋書》，第 156~157 頁。《唐六典》卷四"尚書禮部"："碑碣之制，五品已上立碑，螭首龜趺，趺上高不過九尺，七品已上立碑（碑當作碣），圭首方趺，趺上不過四尺。若隱淪道素孝義著聞，雖不仕亦立碣，凡石人石獸之類，三品已上用六，五品已上用四。"引自李林甫等《唐六典》，陳仲夫點校，中華書局，2005 年，第 129 頁。

時期，誌蓋的紋飾逐步消失，衹剩下誌文了。①

2.墓誌銘文體的變化

在東漢、魏晉時期，在墳墓的石刻題記中還没有出現"墓誌（銘）"的名稱，并且其名稱也還没有統一起來。有的稱爲"柩"、②"墓"，③或"銘"、④"墓表"。⑤在墓誌銘得以發展鼎盛的唐朝時期，墓誌銘的名稱很常用，除了墓誌銘外，還有墓碣、墓記、墓版文、玄堂文、玄堂誌、陰堂文、靈舍銘等稱呼。墓誌銘是把墓主的世系、名字、爵里、行治、壽年、卒葬日月及其子孫刻在石頭上，和柩一起埋在墓室中的。⑥

墓誌銘和它的源流——墓碑的叙述方式很相似。墓碑，在誌（序）部分叙述人物的傳記，而在銘部分叙述墓主的盛德。⑦被劉勰稱最著名的墓碑的學者蔡邕在碑文中，⑧先寫諱、字、出身地、祖系，然後寫墓主的人格等，最後寫對墓主的稱贊。其叙述序的書寫方法類似於史書中的列傳。相當於本文主體部分的銘都有四言的韻文。在墓誌銘把前序稱爲"誌"，韻語稱爲"銘"。⑨因而墓碑和墓誌銘從文體上來看，似乎没有什麽差别。墓誌銘剛出現的時候，文章很簡單，應比墓碑的規格小。但在北魏以後，墓誌銘和墓碑似乎無差别了。

墓誌銘的文體在韓愈的墓葬中基本得以成形。⑩它由諱、字、姓氏、鄉邑、族

---

① 張同印：《隋唐墓誌書迹研究》，文物出版社，2003年，第9頁。

② 《漢魏南北朝墓誌集釋》收録"樂生之柩（圖版9）""郭氏（郭槐）之柩（圖版10）""魏君侯（魏雛）柩（圖版11）"。原來"柩"意味着尸身放在棺椁裏。楊樹達認"棺已盛尸爲柩，柩上書死者之官職姓名"。參見楊樹達《漢代婚喪禮俗考》，華世出版社，1976年，第109頁。《漢書》卷八三《薛宣傳》："其以府决曹掾書立之柩以顯其魂。"參見班固《漢書》，第3390頁。

③ 這等於"關中侯劉府君（劉韜）之墓（圖版17）""荀君（荀岳）之墓（圖版14）"。

④ 這等於"王浚夫人華氏之銘""美人徐氏之銘"等。

⑤ 十六國前涼梁舒墓被寫成"墓表"。

⑥ 吳訥：《文章辨體》卷四八"墓碑"，以及徐師曾《文體明辯》卷五二"墓誌銘"。

⑦ 《文心雕龍》卷三《誄碑》："夫屬碑之體，資乎史才。其序則傳，其文則銘。標序盛德，必見清風之華，昭紀鴻懿，必見峻偉烈，此碑之制也。"引自劉勰《文心雕龍》，人民文學出版社，1978年，第214頁。

⑧ 在《文選·碑文條》記録蔡邕所製造，被稱墓碑的典型的《郭有道碑文》，并且還記録了《陳太丘碑文》。

⑨ 梁玉繩：《誌銘廣例》卷一《誌銘解》："墓石之文，分言之，則前序爲誌，韻語爲銘。通言之，則誌即是銘，銘即是誌。"引自梁玉繩《誌銘廣例》，第2頁。

⑩ 王行：《墓銘舉例序》卷一："凡墓誌銘書法有例，其大要十有三事焉。曰諱，曰字，曰姓氏，曰鄉邑，曰族出，曰行治，曰履歷，曰卒日，曰壽年，曰妻，曰子，曰葬日，曰葬地。其序如此，如韓文集賢校理石君墓誌銘，是也。"引自王行《墓銘舉例序》，《石刻史料新編》第3輯第40册，新文豐出版公司，1986年，第65頁。

出、行治、履歷、卒日、壽年、妻、子、葬日、葬地等十三個項目而成。與韓愈的墓誌銘的文體相近，最早的應屬北魏元纉的墓誌了。① 由此可知，墓誌銘的形制不是在南朝，② 而是在北朝，尤其在北魏時期得到完善。③ 後來，到隋唐和遼宋時期似乎未有變化。④

下面對在東晉、南朝時期的墓誌形狀及其内容的變遷過程進行分析。在東晉時期，還未出現定型的墓誌，也就是説其字數、規格、材質、内容等都没有得以統一，并且其埋葬場所也散布在甬道、墓室等多個不同的位置。這一時期貴族士大夫的墳墓本身帶有“假墓”的意味，其墓誌銘的文體也很簡單，也就是説，後來把柩移葬時，能看得出墓主便可，故衹在磚石上記録和死者相關的内容而已。⑤ 可是，到了劉宋時期，要北歸的希望破滅了，因此墓碑中頌德部分開始得到強調，内容也變長了。以《劉懷民墓誌》爲例，用韻文寫的銘放在前面，而用散文寫的序放在後面。⑥ 在漢碑，先出現相當於死者的傳記的序，然後出現頌德死者的銘，⑦ 但在《劉懷民墓誌》序和銘被顛倒了。

這樣，埋在地下的銘石文的内容，開始重視對墓主的稱頌，從而它本來的機能——柩銘的功能退爲次要地位了。在南齊時期，其内容仍延續漢碑的。可是，到了蕭梁時期，則出現了類似於隋唐時期的墓誌銘，外形帶有正方形，并具備了誌

---

① 永平元年（508），《漢魏南北朝墓誌集釋》卷四收録。

② 久田麻実子認爲，就墓誌銘的外形而言，北魏從南朝劉宋引進它，并進行改良完成，之後被南朝蕭梁所接受。參久田麻実子「墓誌銘の成立過程について——北魏墓誌銘の意義」『中國學誌』14、1999 年、7 頁。

③ 羅振玉認爲“晋人誌墓之文皆植立藏中，至六朝始平放，然仍間有植立者，若魏延昌四年（515）之皇甫驎、孝昌二年（526）之李謀、普泰元年（531）之賈謹諸誌，仍是直立如碑式。至元氏諸誌中若永平四年（511）元伻誌亦然”。轉引自趙超《中國古代石刻概論》，文物出版社，1997 年，第 41 頁。就是説，在北魏的墓誌銘中也帶有墓碑形狀的。

④ 水野清一認爲，“北魏的墓誌遷都洛陽（494）後，在 5、6、700 年時期廣泛流行。所以不妨稱在北魏時期墓誌形制得到完成。從此，經過東·西魏、北齊、北周，到隋唐朝或者到遼宋朝墓誌形制似乎未有變化”。參見水野清一「墓誌について」『書道全集』第 6 卷、36、38 頁。墓誌銘所完成的形狀意味着：（1）在壙中和“柩”一起埋葬；（2）有寫銘文的部分和寫表題的“蓋”等兩張石頭；（3）石頭的形狀有正方形或方形；（4）“誌”的内容由“序”和“銘”組成；（5）在“序”要寫表題、諱、字、行述、官歷、謚號、年齡、姓氏、籍里、世系、卒年、卒地、葬年、葬地等。參見久田麻実子「墓誌銘の成立過程について——北魏墓誌銘の意義」『中國學誌』14、1999 年、49 頁。

⑤ 例如，1965 年在南京市象山出土升平二年（358）《王閩之墓誌》有“故刻磚爲識”字樣，屬於這一種。參見南京市博物館《南京象山 5 號、6 號、7 號墓清理簡報》，《文物》1972 年第 11 期。

⑥ 《漢魏南北朝墓誌集釋》卷一所收，大明八年（464）。

⑦ 同一個時期的 1972 年在南京太平門外出土的元徽二年（474）《明府君墓誌》，采取漢碑的形式。南京市文物管理委員會：《南京太平門外劉宋明曇憘墓》，《考古》1976 年第 1 期。

蓋。在内容上，也顯現出對死者頌德部分和記録部分走上融合的趨勢。就是説，分成表題、諱、字、卒地、卒年、葬地等提示死者身份的部分和對死者的稱頌部分。關於在蕭梁時期出現如此的變化，有學者認爲應受北魏墓誌銘的影響。[①] 在北魏，得以規範的墓誌銘的文體和形狀反而對南朝蕭梁發生了影響。

北魏分裂成東、西魏，并由隋統一中國之前，墓誌銘的製造不斷進行，其趨勢被唐朝所繼承，爲後來唐朝出現 "碑誌文學" 而做出貢獻。[②] 北魏的墓誌銘，與其説具有文學性的特徵，倒不如説對個人記録性的特徵更爲突出。文學性的特徵很突出，義味着對傳記部分叙述的認真以及對修辭方式考究，這在北周時期就達到了相當高的水平。墓誌銘能成爲文學的一部分，當時代表性的文人庾信的貢獻最大。[③] 這正説明北方的墓誌銘因其具有文學性而發展程度領先。在南朝蕭梁時期所著的《文選》中，有任昉（彦升）的《劉先生夫人墓誌》，但其墓誌不算放在文學的位置。[④] 在《文選》所書録的墓誌銘没有墓碑多。[⑤]

墓誌剛出現的時候，除了特殊情况外，大部分都找不出其撰者。到公元 700 年，在墓誌的撰者中僅有 2% 屬於明確的。初唐以後撰者開始增加，到玄宗天寶年間達到 50%，而到 820 年代可達到 80%。[⑥] 從中國的所有墓誌銘概括起來的話，在文體上有簡、繁不同，在字數上有數十字至數千字不同。[⑦] 墓誌銘埋在地下，不同於碑文，其字數上有一定的限制。墓誌銘大體上有 5~600 字，到唐朝，也不超過 1000 字。可是進入宋朝後，字數開始多了起來。在二蘇（蘇軾、蘇洵）刻寫墓誌銘後，其字數更多了。從此，墓誌銘在刻字方面難以控制，實際上并不適合埋在墓室中了。[⑧]

---

① 久田麻実子「墓誌銘の成立過程について——北魏墓誌銘の意義」『中國學誌』14、1999 年、43 頁。
② 久田麻実子「墓誌銘の成立過程について——北魏墓誌銘の意義」『中國學誌』14、1999 年、30 頁。
③ 久田麻実子「墓誌銘の成立過程について——北魏墓誌銘の意義」『中國學誌』14、1999 年、50 頁。
④ 中砂明德「唐代の墓葬と墓誌」礪波護編『中國中世の文物』京都大學人文科學研究所、390 頁。
⑤ 《文選》卷五八記録有三件，卷五九寫記録二件等，共五件，對墓誌銘的記録祇在卷五九有一件。
⑥ 中砂明德「唐代の墓葬と墓誌」礪波護編『中國中世の文物』、395-396 頁。
⑦ 趙超：《墓誌溯源》，《文史》第 21 輯，第 43 頁。
⑧ 王昶《金石萃編》卷二七《北魏一·司馬元興墓誌銘》: "蓋誌石高不過二三尺。橫亦如之。壙中爲地甚隘，所容止此。故其爲文不過略叙生平梗概，使有陵谷變遷之日，後人可以識其墓處，覘其行誼而已。若文繁即不能大書深刻，却之亦易致磨泐。固與神道碑墓表墓碣，舉事直書，暢所欲言者，其例各殊矣……韓柳諸公所撰誌文亦皆叙事，蕭括言簡意該，故昌黎集中惟韋丹墓誌篇幅稍長，餘皆無過千字者，以之勒石納壙，猶恢乎有餘也。唐末間多千字以外之文。而北宋蘇氏弟兄出，遂有至四五千字者。此則斷難刻置墓中，故碑誌爲二蘇所撰無出土者。" 參見王昶《金石萃編》，《石刻史料新編》第 1 輯，新文豊出版社，第 494 頁。

（三）禮制與墓誌銘的流行

如前所述，在東晉—南朝時期所製造的墓誌數量比北朝少得多。由此出現了"北碑南帖"①的説法。② 在這裏，"碑"應包括墓碑和墓誌銘。墓誌銘的發展和鼎盛不是在南朝，而是在北朝的。這是爲什麼呢？筆者在前節所論述的十六國、北朝時期他們獨特的葬俗，即虛葬、潛埋對於不是墓碑而是墓誌銘的流行提供了可能性。墓碑不適合他們的葬俗。那麼，他們爲什麼喜愛墓誌銘呢？在東晉、南朝不流行墓誌銘的理由又在哪裏呢？首先，要尋找墓誌銘在北方流行的原因。

其實，在十六國、北朝時期，墓誌銘的流行是發生在北魏孝文帝遷都洛陽之後。迄今爲止，在河西走廊和遼寧地區發掘的五胡十六國時期的墓誌銘，是受到了中原影響的。1975年，在甘肅武威趙家磨村所發掘的前涼梁舒及其妻宋華的墓誌，在原石上刻寫帶有碑形的"墓表"。③ 在陝西省咸陽所出土的後秦弘始四年（402）十一月三十日呂他墓表也是一樣的。1965年，在遼寧朝陽市所出土的北魏劉賢的墓帶有小碑形狀的螭首，在碑額刻寫"劉賢墓誌"。④ 劉賢身爲關中人，是在北魏前期遷徙到營州的地方豪强。⑤ 這些墓誌帶有碑形（小型墓碑形狀墓誌等於墓表），似乎繼承西晉時期在中原所使用的墓誌形狀。之所以如此，是因爲中原的文人士族避難於當地，或者生活在視東晉爲正統的割據政權之内。在十六國時期，游牧民族使用墓誌銘的痕迹難以找到。

我們認爲，北魏前期的墓誌銘也較多受到魏晉—南朝的影響。在山西大同所出土的太和八年（484）十一月十六日的司馬金龍的墓誌銘帶有小碑形狀，并在碑

---

① 這是清朝阮元對書法的論説。"南帖"指南朝的"書帖"，是屬於王羲之一派的温潤的書風。以此爲學風的學派叫作"南派"或"帖學派"。"北碑"指北朝（尤其是北魏）的碑，基於鄭道昭的多種碑，是龍門的造像、北齊摩崖碑等。學習其寒險的書風的一派叫作"北派"或"碑學派"。阮元在對古碑進行分析研究後，説成"南帖北碑論"，認爲必須以北碑而學楷書，不適合學習法帖的楷書。

② 在《漢魏南北朝墓誌集釋》所記録的墓誌銘中，1949年以前所發覺的衹有2座（劉宋劉懷民、南齊呂超）。與此不同，北朝的有353座（北魏有290座；北齊有41座；北周有12座等）。最近30多年間，在江南地區發掘了多數（24座）墓誌，共有26座，但其數量完全達不到北朝的。參見羅宗真《六朝考古》，南京大學出版社，1994年，第144頁。

③ 鍾長發、寧篤學：《武威金沙公社出土前秦建元十二年墓表》，《文物》1981年第2期。

④ 曹汛：《北魏劉賢墓誌》，《考古》1984年第7期。

⑤ 在他的墓誌銘上有"魏太武皇帝奠定中原，并有秦隴，移秦大姓，散入燕齊，君先至營土，因遂家焉"的内容。

額上段刻寫"司空琅琊王墓表"。與此同時，在大同所出土的正始元年（504）四月的封和突墓誌與永平元年（508）十一月五日的元淑墓誌也同樣帶有小碑形狀，并在碑額上面刻寫"魏元公之墓誌"。在洛陽所出土的太和二十三年（499）十二月二十六日的韓顯宗的墓誌，以及正始四年（507）三月十三日的奚智的墓誌也帶有小碑形狀。到北魏時期，纔出現身份爲游牧人士的墓誌銘。

北魏時期，尤其孝文帝遷都洛陽以後的墓誌銘大部分帶有正方形，材料爲石質，是基本定型。[①]太和二十年（496）的元楨墓誌，太和二十三年（499）三月甲午的元簡墓誌，太和二十三年（499）九月二十九日的元弼墓誌也是一樣的。

雖然説北魏時期的墓誌銘增多了，但這完全是在孝文帝遷都洛陽以後的事情了。有學者認爲，北魏墓誌銘的增多關係到孝文帝進行改姓以及本籍的轉移、禁止歸葬等措施，并在太和二十年以後墓誌銘廣泛流行起來了。[②]這種看法有一定的參考價值。第一，北魏時期，墓誌銘的墓主大多屬於帝皇宗室，大部分是在正史所録的人物。[③]第二，孝文帝遷都洛陽後，不許拓跋族死後前往平城歸葬，他們的籍貫變更爲洛陽了。以此時爲界，墓誌銘開始增多，目前發掘了300多座。在《漢魏南北朝墓誌彙編》所載北魏時期的297座墓誌銘中，拓跋氏（元氏）的有119座，非元氏的有178座，北魏皇室在墓誌銘的製造方面處在領先的位置。在北魏墓誌銘中，元氏的占40%，這證明孝文帝頒布詔令後墓誌銘開始增多了。可是，這也不能充分地説明他們爲什麽常用墓誌銘的問題。

另一種主張認爲，拓跋族常用墓誌銘應和他們的"漢化"有一定的關係。[④]如前所述，北魏的墓誌銘主要使用在拓跋宗室内，可除此之外的墓誌銘則出現在景明年間以後了。如果墓誌銘的流行受"漢化"的影響的話，顯而易見的"立碑"更合適不過了。同時在十六國、北朝時期，也没有發現有關禁碑令的記載。

---

① 不過，這種形狀不一定有相關規定。北齊武平三年（572）的張潔墓誌（《齊故張君墓誌銘》）帶有圭首碑形，而有石灰石質。參見李森《新見北齊張潔墓誌考證》，《考古與文物》2008年第1期。

② 久田麻実子「墓誌銘の成立過程について——北魏墓誌銘の意義」『中國學誌』14、1999年、45頁。

③ 到唐朝，墓誌銘在社會各階層中廣泛使用。庶民也是如此。與此同時，墓誌銘的材料中，除了石質外，還有瓷墓誌、磚墓誌等。在四千多座（毛漢光主編《唐代墓誌銘彙編附考》，《中央研究院歷史語言研究所專刊》之八十一）的唐代墓誌銘當中，99%以上都是未記載在正史的人物。

④ 川本芳昭認爲"墓誌的增多及其定型與其説由漢民族國家所完成，不如説由北魏等異民族國家所發展而成，其形狀後來成爲隋唐諸制的雛形。這意味着當時他們未對漢文化、漢族受到'自卑''卑屈'感，反而以自己的意志取捨漢文化，并有意把它更爲發展下去"。參見川本芳昭『魏晋南北朝時代の民族問題』、395頁。

實際上，此時的游牧民族統治階層沒有頒布薄葬令。可見，如果是因爲受"漢化"的影響的話，那麼建立墓碑最合適了。北燕馮素弗"車服屋宇，務於儉約"，[①]但在他的墓葬所出土的 500 多件物品，却奢侈得讓人驚訝。與此同時，張駿的墳墓被盜竊後，"陸奇珍不可勝紀"。[②]北魏時期還盛行厚葬之風，功臣、權臣、幸臣都得到國家的支持而舉行厚葬。因而，他們沒有理由放棄墓碑的建立，但却去選擇和其他物品一起埋再地下的墓誌銘。任城王元澄死時，[③]以及他的恩幸趙脩之父死時用公費舉行了厚葬。[④]在北朝時期，連一般百姓都死時可以"樹碑立傳"。[⑤]既然可以"立碑"，但爲什麼堅持要使用墓誌銘呢，在這裏是否有獨特的理由呢？

下面將探討南朝的墓誌銘沒有得到充分發展的緣由。在東晉—南朝時期，沒有實施諸如禁碑令那樣的禁碑措施。由此可知，在此時，墓誌銘的數量少，不僅僅因爲禁碑令。那麼是什麼原因呢？首先可想到的是禮制問題。在禮制中"喪服禮"占有很重要的位置。據史書記載，在魏晉南北朝時期，有的子女爲購買父母墓葬用磚，要服一輩子勞役。[⑥]那麼，到底墓誌銘和禮制之間有什麼關係呢？

在東晉、南朝時期，墓誌的正式出現是在劉宋前期後，因而有學者認定此時

---

① 《晋書》卷一二五《馮跋載記附馮素弗傳》："跋之偉業，素弗所建也。及爲宰輔，謙虛恭慎，非禮不動，雖厮養之賤，皆與之抗禮。車服屋宇，務於儉約，修己率下，百僚憚之。初爲京尹。及鎮營丘，百姓歌之。"參見房玄齡等《晋書》，第 3134 頁。

② 《晋書》卷一二二《呂纂載記》："即序胡安據盜發張駿墓，見駿貌如生，得真珠簾、琉璃榼、白玉樽、赤玉簫、紫玉笛、珊瑚鞭、馬腦鍾，水陸奇珍不可勝紀。纂誅安據黨五十餘家，遣使吊祭駿，并繕修其墓。"參見房玄齡等《晋書》，第 3067 頁。

③ 《魏書》卷一九《任城王澄傳》："神龜二年薨……賻布一千二百匹、錢六十萬、蠟四百斤，給東園温明秘器、朝服一具、衣一襲；大鴻臚監護喪事，詔百僚會喪……澄之葬也，凶飾甚盛。"引自魏收《魏書》，第 480 頁。

④ 《魏書》卷九三《趙脩傳》："脩之葬父也，百僚自王公以下無不吊祭，酒牘祭奠之具，填塞門街。於京師爲制碑銘，石獸、石柱皆發民車牛，傳致本縣。財用之費，悉自公家。凶吉車乘將百兩，道路供給，亦皆出官。"引自魏收《魏書》，第 1998 頁。

⑤ 《魏書》卷八二《常景傳》："有才思，好雅文章……世宗季舅護軍將軍高顯卒，其兄右僕射肇私托景及尚書邢巒、并州刺史高聰、通直郎徐紇各作碑銘，并以呈御。世宗悉付侍中崔光簡之，光以景所造爲最，乃奏曰：'常景名位乃處諸人之下，文出諸人之上。'遂以景文刊石。"引自魏收《魏書》，第 1801 頁。以及《北史》卷三○《盧玄傳附玄孫思道傳》："聰爽俊辯，通俗不羈。年十六，中山劉松爲人作碑銘，以視思道，思道讀之，多所不解。"參見李延壽《北史》，第 1075 頁。

⑥ 周一良：《魏晉南北朝史札記·宋書札記》"久喪不葬"條，中華書局，2007 年，第 189 頁。

爲墓誌銘的出現時期。^①其實，在劉宋大明二年（458），爲已死的親王使用了石誌。^②不過，關於是否要使用墓誌當時人提出過很多意見。大明年間（457~464），是否把"石誌"——墓誌銘埋在太子妃的玄宮内，對此問題，支持者和反對者之間還曾互相論難，之所以如此，原因就是"不出禮典"。在後來的南齊時期，當太子穆妃舉行葬禮而想要建立石誌（墓誌銘）時，然而王儉按照"施石誌於壙里，禮無此制"的説法加以反對，也就没有使用了。^③除上所述，也有例外的，^④但可以説，衹有南朝的陵墓在墓前立有墓碑，而在地下未埋（石）誌。不過，在這一時期（南朝），非皇帝或皇室的所謂"素族（貴族士大夫家）"^⑤因禁碑令而不能建立銘策（碑策）。因此，劉宋前期的元嘉年間（424~453），顔延之衹能爲王球代石碑而製造石頭的墓誌。^⑥據上述，在禁碑令的限制下，王公以上可以立碑，而"素族"不能立碑，衹能使用墓誌了。"禮典"或"禮制"怎麽能僅僅通用在王公以上的呢？

如果使用墓誌銘是違背禮制的話，那麽在這種認識之下，誰能够製造墓誌銘呢？禁碑令持續頒布，在一定程度上説明了貴族士大夫在不斷地試圖立碑。東晋、南朝主要的墓葬文化，與其説是墓誌銘，倒不如説墓碑了。據瞭解，東漢以後，中國漢族社會中最受重視的是"喪服禮"，而墓誌銘就違背了"喪服禮"，那麽貴族士大夫們怎麽會使用它呢？

---

① 顧炎武：《金石文字記》卷二"大業三年滎澤令常醜奴墓誌跋"云："墓之有誌，始自南朝。《南齊書》云宋元嘉中顔延之作王球石誌。素族無碑策，故以紀德，自爾已來，王公以下，咸共遵用。"端方：《陶齋藏石記》卷五："劉懷民誌作於大明七年，適承元嘉之後，此誌銘文字異源之時代也。"《文選》卷五九"墓誌"李善注："吴均《齊春秋》，王儉曰：'石誌不出禮典，宋元嘉，顔延之爲王琳（球）石誌。'"據此，墓誌銘是從劉宋時期開始的。

② 《宋書》卷七二《文九王》："宏少而多病，大明二年疾動……其年薨，時年二十五。……上（孝武帝）痛悼甚之……自爲墓誌銘并序。"引自沈約《宋書》，第1860頁。

③ 《封氏見聞記》卷六"石誌"條："古葬無石誌，近代貴賤通用之。齊太子穆妃將葬，立石誌。王儉曰：'石誌不出禮經，起元嘉中顔延之爲王球石誌，素族無名策，故以紀行迹耳。遂相祖習。儲妃之重，禮絶常例，既有哀策，不煩石誌。'儉所著《喪禮》云：'施石誌於壙里，禮無此制。魏侍中繆習改葬父母，制墓下題版文。原此旨，將以千載之後，陵谷變遷，欲後人有所聞之。其人若無殊才異德者，但紀姓名、歷官、祖父、姻媾而已。若有德業，則爲銘文。'"引自封演撰，趙貞信校注《封氏見聞記校注》，第56頁。《語石·語石同異評》卷四："一曰墓誌。齊武帝欲爲裴後立石誌墓，王儉以爲非古。"參見葉昌熾撰，柯昌泗評《語石·語石同異評》，第226頁。

④ 1979年，南京博物院在南京堯化門附近發掘了梁墓，并找到四座墓誌。這座墳墓很可能蕭梁建安王蕭偉的。參霍華《南京堯化門南朝梁墓發掘簡報》，《文物》1981年第12期。

⑤ 周一良：《魏晋南北朝史札記·南齊書札記》"素族"條，第217頁。

⑥ 《南齊書》卷一〇《禮志下》："有司奏：'大明故事，太子妃玄宮中有石誌。參議墓銘不出禮典。近宋元嘉中，顔延（之）作王球石誌。素族無碑策，故以紀德。自爾以來，王公以下，咸共遵用。儲妃之重，禮殊恒列，既有哀策，謂不須石誌。'從之。"參見蕭子顯《南齊書》，第158~159頁。

在魏晋、南朝時期所流行的喪葬習俗中，一個叫"凶門柏歷"的做法，也是"非禮"①或"不出禮典"②的。不過，它還是在士大夫階層中流行了起來。這是爲什麼呢？首先要想到的是，在貴族士大夫階層中，它是聯絡人與人之間的一種手段。其中，"凶門"是吊喪的一種方式。在江南風俗中，遇到大喪，三日之內必須舉行吊喪，不然因失禮而有絕交的可能。③在江南社會中，居喪和吊喪受重視，雖然是"非禮"，但想方設法散布出喪家，這就是"凶門柏歷"流行的真正原因吧。④

小　結

以上，我們用事實論證了一些問題。本文的研究，以農耕漢族喪葬文化之一的墓誌銘爲研究對象，分析它爲何到北朝時期發展到成熟的階段，而且比南朝更爲流行的問題。首先，墓誌銘的主要使用者屬於十六國、北朝的統治階層，從他們作爲游牧民族而具有的葬俗中尋找其中的理由。據瞭解，游牧民族最具代表性的葬俗是火葬。可是，在十六國到北朝末期所流行的是虛葬和潛埋。這就意味着，要爲一個人的"虛葬"（公開埋葬隨葬品及不斂入尸體棺椁）和"潛埋"（實際上秘密地埋葬"尸體"）營建至少兩個以上的墳墓。在舉行虛葬、潛埋時，或營建較小的墳丘，或乾脆不修建。北魏前期，在作爲帝陵（地區）的金陵內未有墳丘。這完全不同於魏晋、南朝的帝陵。其實，這難以稱爲"帝陵"。《文獻通考》記載了魏晋南北朝各王朝的帝陵，但由於上述原因，略去了十六國時期的帝陵。那麼，游牧民族進入中原之後，爲什麼要舉行這種較爲獨特的埋葬法呢？首先，在草原上"深葬平土"，埋葬後"滅迹，不留墳冢"，這是游牧民族的主要埋葬法。游牧民族不同於農耕民族，遷徙是他們生活的特點，因此"守墓"非常困難，從而他們采取了隱瞞埋葬地

---

① 《晋書》卷二〇《禮志中》："范堅又曰：'凶門非禮，禮有懸重，形似凶門。後人出之門外以表喪，俗遂行之。'"引自房玄齡等《晋書》，第633頁。

② 《宋書》卷五六《孔琳之傳》："又曰：'凶門柏裝，不出禮典，起自末代，積習生常，遂成舊俗。爰自天子，達于庶人，誠行之有由。卒革必略。然苟無關於情，而有愆禮度，存之未有所明，去之未有所失，固當式遵先典，厘革後謬，況復兼以游費，實爲民患者乎。'"引自沈約《宋書》，第1562頁。

③ 《顏氏家訓》卷六《風操篇》："江南凡遭重喪，若相知者，同在城邑，三日不吊則絕之。"參見王利器《顏氏家訓集解》，中華書局，1993年，第96頁。

④ 洪廷妸：《關於魏晋南北朝時代的"凶門柏歷"》，《魏晋隋唐史研究》第10輯，2003年，第107頁。

點的方法。在人口稀少的草原上，他們沒有必要采用這種煩瑣的虛葬方式。而當他們進入中原後，和草原不同的是，要在萬人的注視之下舉行葬禮。加之政治、社會上的動蕩不安，也對虛葬和潛埋起到了推波助瀾的作用。雖然，虛葬和潛埋不是游牧民族的舊習，但這種喪葬方式應是在游牧民族獨特埋葬法的基礎上，經過思考加工後出現的。在這樣的情況下，用不着修建墳丘，但如果要修建墳丘的話，則不會在墓前立有石造物。同時，他們也不需要建立表示墓主的其他標志。生前使用過的全部物品都要焚燒掉或者埋在地下，這就是游牧民族的習俗。因此，能在南朝帝陵上所看到的石刻，而在十六國、北朝時期却無法見到。

在禁碑令頒布以後，墓碑轉變成了被埋在地下的墓誌銘。這麼看來，墓誌銘剛出現的時候，便在形狀上帶有了墓碑的特徵。從某種意義上説，墓碑就代表着漢族的文化傳統。然而，在南朝却沒有出土多少墓誌銘。無論是在各種金石書籍的記載中，還是在實際的考古發掘中，南朝和北朝的墓誌銘在數量上都呈現出很大的差距。這其中的原因有哪些呢？首先，南朝受到薄葬令（以禁碑令爲主）的影響。第一次薄葬令在曹魏時期頒布之後，經過兩晋到蕭梁，仍舊斷斷續續地頒布了同樣的命令。在整個南朝時期，薄葬對於喪葬文化起到了一定的影響。與此不同的是，十六國、北朝時期，一次薄葬令都沒有出現過，因而，過於奢侈的葬禮曾多次舉行過。功臣、權臣、幸臣都在得到國家支持的情況下舉行了厚葬，并且有相關的物品被埋在了地下。在北朝，主要使用墓誌銘的是北魏皇室元氏（拓跋氏）。他們被漢化後，接受喪葬文化——墓誌銘。不過對於他們爲什麼常用墓誌銘的理由，我們瞭解得尚不充分。如果要舉行厚葬的話，建立墓碑其實比墓誌銘更爲華麗奢侈，所以這個問題不能用"漢化"來加以説明。使用墓誌銘的做法，這應該是受到了他們進入中原後的葬俗——虛葬、潛埋的影響。而且，在孝文帝遷都洛陽後，墓誌銘突然間流行了起來。孝文帝不許"代遷人"歸還舊地——代北，并本籍轉變爲河南洛陽，這應也起到了一定的作用。孝文帝很可能鼓動過使用表示死者的履歷——墓誌銘。另外，當被葬者本人被埋在他鄉時，在千年之後，能證明自己的唯一資料就是墓誌銘了，正因如此，這可能就是拓跋氏用它的原因。

南朝帝陵的獨特之處，在於建立絢麗的墓前石刻群。以神獸—石柱（華表）—墓碑組成的成套石刻，就是最爲典型的代表。也可以説，它是代表六朝文化的藝術品。就功能而論，石柱（華表）相當於北朝墓誌銘的誌蓋，墓碑相當於誌石。他們覺得，把類似於墓前石柱、墓碑的墓誌銘重新製造出來，并且埋在地下，會感到一些不太自然。而且，把墓誌銘埋在地下的行爲，也不符合中國的傳統喪禮。墓誌銘在《禮經》中是不存在的東西。

綜上所述，在北朝時，喪葬流行的是墓誌銘；而在南朝，喪葬流行的則是墓前的石刻。這後來便成爲了中國南北朝時期，墓葬文化的傳統。這種傳統到統一王朝——隋唐帝國時得以融合。唐代的帝陵，既在地上的墓前樹立石刻，同時又在地下埋葬了墓誌銘，這就是南北葬俗融合的表現。

十六國時期碑形墓誌源流考[*]

張銘心

一　引言

　　至今爲止有關隋唐以前墓誌源流的研究，多集中在墓誌起源等問題上，[①] 而對於這期間碑形墓誌源流的專題研究尚未見到有人探討。[②] 雖然我們也見到有一些以時代、地域或者單例墓誌爲中心的這一時期的墓誌研究，[③] 但基本上都沒有涉及碑

---

*　本文原刊於《文史》2008 年第 2 輯，作者同意入編本書。

①　有關墓誌起源的相關研究，請參見趙超《墓誌溯源》，《文史》第 21 輯，中華書局，1983 年；華人德《談墓誌》，《書譜》1983 年第 5 期。其後發表的相關論文還有黃展岳《早期墓誌的一些問題》，《文物》1995 年第 12 期；福原啓郎「墓誌銘の起源」『月刊しにか—石で読む中国史—』2001 年第 3 期；等等。

②　雖然上引論文中有些也論及墓誌從濫觴到定型的過程，但多是泛泛而論，未見到與本文的研究相關的内容。

③　比如福原啓郎「西晋の墓誌の意義」『中國中世の文物』京都大學人文科學研究、1993 年、315-369 頁；羅宗真《略論江蘇地區出土六朝墓誌》，《南京博物院集刊》1980 年第 2 輯，第 44~59 頁；同氏《南京新出土梁代墓誌述評》，《文物》1981 年第 12 期；宮大中《邙山北魏墓誌初探》，《中原文物》1981 年特刊，第 116~122 頁；中村圭爾「東晉南朝の碑・墓誌について」河温能平（研究代表者）『比較史の觀點による史料學の綜合的研究』昭和六一・六二年度科學研究費補助金一般研究（A）研究成果報告書（昭和六三年三月出版）、36-54 頁；殷憲《北魏早期平城墓銘析》，《北朝研究》第 1 輯，北京燕山出版社，1999 年；路遠《後秦〈呂他墓表〉與〈呂憲墓表〉》，《文博》2001 年第 5 期。華人德曾經撰寫過《魏晉南北朝墓誌概論》，雖然其文對這一時期的墓誌有過比較系統的介紹，但是對於源流問題幾乎沒有涉及，參見《中國書法全集》13《三國兩晉南北朝墓誌》，榮寶齋出版社，1995 年。另外，至今出版的一些有關墓誌的概論或史話等性質的文章和書籍雖然多涉及這一時期的墓誌，但是均無有關碑形墓誌的源流問題研究。

形墓誌的源流問題。近幾年，筆者由於研究新疆吐魯番出土的高昌墓磚，[①] 涉獵了
一些魏晉南北朝時期墓誌源流的問題，略有心得，特撰此文以求正於方家。

迄今所見漢至西晉時期的墓誌均爲河南、山東、河北等地出土的碑形墓誌。[②]
進入東晉十六國時期，中原政權南移，墓誌的使用中心也南移到了以今南京爲中心
的江南地區，并且墓誌形制以非碑形的方形墓誌爲主。[③] 這一時期在北方雖然也有
零星的墓誌出土，但仍然保持着西晉時代的碑形形制。然而與西晉的碑形墓誌出土
地點相對集中在中原地域的狀況相比較，其出土地點分散在西北各地，非常散亂。

十六國時期[④] 的碑形墓誌到底是一種什麼樣的存在呢？本文將以此問題爲中心
進行探討。

二　有關十六國時期碑形墓誌的先行研究

有關十六國時期碑形墓誌的研究，據管見所知，主要有趙超和兼平充明二氏
的相關論著。首先，趙超認爲："十六國時期西北地方的一些官員中存在着這樣一
種送葬禮俗，即在墓中安放小碑形的墓表。對照晉代墓葬的狀況，很明顯，這種習
俗應該是沿襲了晉代的喪葬制度。由此可見，晉代，在地位較高的官員墓中樹立小
碑的做法基本上形成了一定的制度，并且往往把這種小碑稱作墓表。"[⑤] 其次，兼平
充明認爲，十六國時期的圓首碑形墓誌雖然基本上都自稱爲"墓表"，其內容和機

---

① 參看拙文「高昌墓塼の紀年問題」日本大阪教育大学『歷史研究』第 36 号、1999 年；《"義和政變"
　　與"重光復辟"問題的再探討——以高昌墓磚爲中心》，《敦煌吐魯番研究》第 5 卷，北京大學出
　　版社，2000 年；《高昌墓磚書式研究》，《新疆師範大學學報》2004 年第 1 期；《吐魯番出土"且渠
　　封戴墓表"的性質以及無紀年高昌墓磚的年代問題——以高昌墓磚的起源問題爲中心》，《新疆師
　　範大學學報》2006 年第 2 期。
② 參見前引福原啓郎「西晉の墓誌の意義」。此外，在墓誌源流的研究中，至今還沒有一個得到相關
　　學者共識的有關墓誌的定義。我認爲這是墓誌起源問題出現諸多爭論的主要原因。本文雖然不討
　　論墓誌起源問題，但是爲了不引起爭議，特將墓誌定義如下：埋藏在墓域地下（包括埋藏在墓域
　　地下的墓室、甬道、斜坡墓道或墓穴的填土中）的，專門爲了刻寫被葬者姓名、籍貫、享年、身
　　分、埋葬日期及頌詞等相關內容而製作的，可以長久保存的隨葬品。按照這個定義，刻寫於黃腸
　　石上（氣賀澤保規編著·郭玉堂原著「洛陽出土石刻時地記——附解説·所載墓誌碑刻目録」『明治
　　大學東洋史資料叢刊』2、汲古書院、2002 年、8 頁）的被譽爲"中國最早的墓誌"的《賈仲武妻
　　馬姜墓記》〔1929 年在洛陽出土，刻於東漢延平元年（106）九月〕就不屬於墓誌之列。
③ 關於東晉墓誌源流問題，筆者近期將發表專題討論。
④ 本文中使用的"十六國時期"一詞，是時間概念，同時也包含着地域概念。
⑤ 參見趙超《古代石刻》，文物出版社，2001 年，第 135~137 頁。

能與墓誌并不完全相同，可以説是十六國時期特有的一種石刻。兼平氏進而指出，"墓表" 與墓誌有着不同的性質和機能，可以認爲，"墓表" 是墓誌形成前的一種形態。[①]

以上對於十六國時期碑形墓誌的研究，既有將十六國碑形墓誌與西晋碑形墓誌相提并論的觀點，也有將其看作一個時期特有的石刻形態的結論。但是由於在西晋時期的碑形墓誌中從來没有見到過 "墓表" 的自稱，[②] 我們可以認爲，前者的觀點是不正確的。後者的研究可以説是有關十六國時期碑形墓誌的最早的專題研究。然而雖然其强調 "墓表" 是墓誌形成前的一種形態，但是并没有對此結論做出進一步説明，而且對於十六國時期以 "墓表" 爲自稱的碑形墓誌的地域性偏差也没有進行任何探討。

可以認爲，至今爲止雖然有以上列舉的有關十六國時期碑形墓誌的相關探討，但是還没有出現過有關其源流問題的研究。

三　碑形墓誌資料的整理與分析

在對十六國時期碑形墓誌進行整理分析之前，爲了明確十六國時期的碑形墓誌與其前後各時代碑形墓誌的差異，我在此對隋以前的碑形墓誌根據墓誌主姓名、紀年、公曆、墓主本籍、墓誌出土地、墓誌自稱、誌首形態、墓誌本體的高寬厚、墓誌質地、墓誌銘文字數、銘文書刻形式、書體等項内容做了一個統計（表一）。

表一　漢魏晋南北朝隋唐時期碑形墓誌相關資料統計

序號	墓誌主	紀年	公元紀年（年）	墓主本籍	出土地	誌自稱	誌首	高×寬×厚（厘米）	質地	字數	書刻形式	書体
01	肥致	建寧二年	169	河南梁東安樂	河南偃師	碑	圓首	98×48×9.5	石	512	單面陰刻	隸書
02	孫仲隱	熙平三年	174	北海高密	山東高密		圭首	88×34	石	51	單面陰刻	隸書
03	王文伯?	太康八年	287	不明	河南洛陽	不明	圭首	22（殘）×17	石	不明	單面陰刻	隸書

① 兼平充明「書道博物館『後秦吕憲墓表』について」『明大史論集』第 7 号、2002 年 2 月、63-81 頁。

② 西晋時期的碑形墓誌在自稱上有 "碑" "墓" "柩" "表" "銘表" 等，在形態上有圓首、圭首、方首等區别，與十六國時期的碑形墓誌有着明顯的區别。參見前引福原啓郎「西晋の墓誌の意義」。

序號	墓誌主	紀年	公元紀年（年）	墓主本籍	出土地	誌自稱	誌首	高×寬×厚（厘米）	質地	字數	書刻形式	書体
04	徐夫人管洛	永平元年	291	□郡	河南洛陽	墓碑	圓首	58×24.4	石	244	兩面陰刻	隸書
05	成晃	元康元年	291	陽平	河南洛陽	碑	圓首	69.3×28.8	石	172	單面陰刻	隸書
06	荀岳	元康五年	295	潁川	河南洛陽	碑	圭首	59（殘）×41	石	692	四面陰刻	隸書
07	王侯	元康六年	296		河南洛陽	碑	圓首	64×21	不明	186	兩面陰刻	隸書
08	賈充妻郭槐	元康六年	296	太原陽曲	河南洛陽	柩	圭首	76×31.2	石	172	單面陰刻	隸書
09	魏鶵	元康八年[1]	298		河南洛陽	柩	圓首	45.4×21	磚	151	兩面陰刻	隸書
10	趙氾	元康八年	298	河南河南	河南洛陽	表	圓首	78×33×8.5	石	341	單面陰刻	隸書
11	徐義	元康九年	299	城陽東武	河南洛陽	銘	圭首	86×50	石	1002	兩面陰刻	隸書
12	張朗	永康元年	300	沛國相	河南洛陽	碑	圓首	53×27	石	418	兩面陰刻	隸書
13	劉寶	永康二年	301	高平	山東鄒縣	銘表	圓首	44×21.5×5	石	57	單面陰刻	隸書
14	劉韜		265~316		河南偃師	墓	圭首	58.4×16.4	石	47	單面陰刻	隸書
15	張鎮	太寧三年	325	吳國吳	江蘇吳縣		圓首	45.6×29.5×13.5	石	98	兩面陰刻	隸書
16	梁舒	建元十二年	376	安定郡烏氏縣	甘肅武威	墓表	圓首	37×26×5	石	74	單面陰刻	楷書
17	梁阿廣	建元十六年	380		寧夏固原	墓表	圓首	36×27.5×5	石	86	兩面陰刻	隸書
18	呂憲	弘始四年	402	略陽	陝西咸陽	墓表	圓首	66×34	石	37	單面陰刻	隸書
19	呂他	弘始四年	402	略陽	陝西咸陽	墓表	圓首	65×34	石	37	單面陰刻	隸書

續表

序號	墓誌主	紀年	公元紀年（年）	墓主本籍	出土地	誌自稱	誌首	高×寬×厚（厘米）	質地	字數	書刻形式	書体
20	尹氏	嘉興二年	418	不明	甘肅酒泉	墓表	圓首	9.8×24×3.1	磚	不明	單面陰刻	隸書
21	梁氏	不明	314~439	不明	甘肅嘉峪關	墓表	圓首	不明	磚[2]	不明	不明	隸書[3]
22	韓弩真妻	興安三年	454	幽州范陽方城縣	山西大同?	碑	圓首	44×24	石	71	單面陰刻	楷書
23	且渠封戴	承平十三年	455		新疆吐魯番	墓表	圓首	52×35×16	石	40	單面陰刻	隸書
24	劉賢		452~465	朔方	遼寧朝陽	墓誌	圓首	103×30.4×12	石	200	四面陰刻	楷書
25a	司馬金龍	大和八年	484	河內郡溫縣	山西大同	墓表	圓首	64.2×45.7×10.5	石	74	單面陰刻	楷書
25b	司馬金龍	大和八年	484	河內郡溫縣	山西大同	銘	圓首	71×56×14.5	石	74	單面陰刻	楷書?
26	韓顯宗	太和二十三年	499	昌黎棘城人	河南洛陽	墓誌	圭首	55.5×32.8	石	418	單面陰刻	楷書
27	封和突	正始元年	504	恒州代郡平城	山西大同	墓誌銘	圓首	42×33×8.3	石	141	單面陰刻	楷書
28	奚智	正始四年	507	恒州	河南洛陽		圓首	57×40	石	221	單面陰刻	楷書
29	元淑	永平元年	508	河南洛陽	山西大同	墓誌	圓首	79×43×8	石	554	兩面陰刻	楷書
30	賈瑾、賈晶	普泰元年	531	山東長山	山東長山	墓誌	圭首	93×57	石	678	正側陰刻	楷書
31	□子輝	天保九年	556	高柳	山西太原		圓首	121×52.5×13.5	石	423	單面陰刻	楷書
32	淳于儉	開皇八年	588	恒州代郡平城	山東任城	墓誌銘	圓首	95×40	石	262	單面陰刻	楷書
33	張賢	開皇二十年	600	青州安樂	四川奉節	墓誌	圓首	98.5×51	石	292	單面陰刻	楷書
34	劉猛進	大業五年	609	彭城	廣東廣州	墓誌	圓首	76.7×35	石	979	兩面陰刻	楷書

續表

序號	墓誌主	紀年	公元紀年（年）	墓主本籍	出土地	誌自稱	誌首	高×寬×厚（厘米）	質地	字數	書刻形式	書体
35	徐智竦	大業八年	612	山東兖州	廣東廣州	墓誌銘	圓首	81×43.5	石	967	兩面陰刻	楷書

説明：

（1）表一的各項中如果墓誌銘文中没有相關信息，表格空白不填，如果相關内容殘缺，則注"不明"二字。

（2）"紀年"一項中，如果墓誌銘文中有死亡年代和埋葬年代兩項，則記入埋葬年代。如果没有紀年，則在公元紀年一項中填入推測年代。

（3）如果墓誌題額和銘文的書體不同，則"書體"一項中記入銘文書體。

（4）如果有相關内容未能確定者，在其後標明"？"。

注：

[1] 本墓誌没有紀年，但是由於同時出土的石柱上有"元康八年二月甲戌十日"的銘文，故可知此墓誌紀年。

[2] 本墓表首爲磚質，墓表本體質地不明。據發掘者推測，墓表本體爲木質。參見後文。

[3] 此書體爲墓表首書體，墓表本體未見，故書體不明。

至今爲止，已經發表的傳世（包括實物和拓本）或考古出土的隋以前（包括隋）的碑形墓誌共有36件。① 其中東漢2件、西晋12件、東晋1件、十六國時期6件、北朝11件、隋4件。通過上表我們可以注意到，漢和西晋時期的碑形墓誌基本上都出土於河南、山東、河北等地區，它們没有統一的名稱，有"碑""墓碑""柩""表""銘""銘表""墓"等自稱，在形制上有圓首碑形、圭首碑形（西晋時期還有方首碑形的），書刻形式方面有單面陰刻，也有雙面或者四面陰刻的，在字數上少者四十餘字，多者超過千字。然而到了東晋十六國時期，其情況却有所不同。比如在出土地域上，東晋和十六國地區出土的7件碑形墓誌分别出土於江蘇、甘肅、寧夏和陝西，但是除了東晋的張鎮墓誌（表一–15）② 外，它們在名稱上都自稱"墓表"，在形制上都是圓首碑形，在書刻形式上都是單面陰刻（梁阿廣墓表背面雖然也刻有銘文，但是與正面銘文性質有别），在字數上都少於百字。然而進入北朝以後，以上各項又開始出現變化，比如出土地雖然也見有新疆和遼寧的，但其大多數都集中在山西大同和河南洛陽等地區。在墓誌名稱上也開始出現變化，

① 由於方首碑形墓誌與本研究没有直接的關係，所以本數字不包括這一時期的方首碑形墓誌。

② 參見西林昭一「中國新發見の書」柳原書店、2001年、151頁。張鎮墓誌雖然在形制上與十六國地域出土的碑形墓誌有着相同的樣式，但是在銘文書式上不同於西北地區出土的8件碑形墓誌，而且無"墓表"名稱，碑額部分雕刻有碑穿，與十六國地域出土的碑形墓誌有着明顯的區別。所以筆者在此祇探討十六國地域出土的八件碑形墓誌，不將本件碑形墓誌納入討論範圍。

比如有稱"墓表"者，而更多的是"墓誌"和"墓誌銘"，在形制上也是圓首、圭首和方首都有。如此看來，十六國時期的墓誌應該有其時代的特徵，下面我就此問題通過個體的具體分析進一步探討。

如上表所示，至今為止出土的十六國時期的碑形墓誌共有六件，如果加上與這一時代有關的二件，共有八件。它們分別是梁舒墓表（376）、梁阿廣墓表（380）、呂憲墓表（402）、呂他墓表（402）、李超夫人尹氏墓表（418）、梁府君墓表（314~439）、且渠封戴墓表（455）、[①] 司馬金龍墓表（484）。[②] 下面先將這八件碑形墓誌進行整理和分析。

1. 梁舒墓表

梁舒墓表[③]於 1975 年 3 月出土於甘肅省武威縣城西北的金沙公社。本墓表圓首碑形，石質，有長方形蓮花紋底座。墓表本體高 37 厘米，寬 26 厘米，厚 5 厘米。碑額豎排陽刻篆書"墓表"二字，墓表銘文豎排陰刻，共 9 行，行 8 字，共 72 字。書體介於隸楷之間，錄文如下。

墓
表

楊墓東百步深五丈
卅日葬城西四十里
建元十二年十一月
延女名華字成子以
事掌軍中侯京兆宋
叔仁夫人故三府錄
定郡烏弍縣梁舒字
國中尉晉昌太守安
涼故中郎中督護公

梁舒墓表是至今發現最早的有"墓表"自稱的碑形墓誌。銘文中的"建元"是前秦苻堅的年號，建元十二年即公元 376 年。前涼在這一年的八月被前秦苻

---

① 從年代上看，且渠封戴墓表屬於北朝時期的墓誌。然而，雖然北魏在公元 439 年統一了中國北方地區，但是且渠封戴墓表出土的吐魯番地區仍然是一個獨立政權，而且且渠氏又是十六國之一的北涼的王族，所以筆者在此將且渠封戴墓表作為十六國時期的墓誌資料使用。

② 司馬金龍墓表是北魏平城時代的墓誌。但是由於司馬金龍妻且渠氏有着十六國之一的北涼王族的背景（相關內容見後文），所以在此筆者也將此墓誌作為十六國時期的碑形墓誌資料使用。

③ 參考鍾長發、寧篤學《武威金沙公社出土前秦建元十二年墓表》，《文物》1981 年第 2 期；宿白《武威行——河西訪古叢考之一（上）》，《文物天地》1992 年第 1 期。

堅所滅，^①此墓表是前涼滅亡三個月後製作的。銘文中的"涼故中郎中督護公國中尉晉昌太守"表明，墓表主梁舒是前涼張氏政權的官員。梁舒的事迹不見文獻記載。

2. 梁阿廣墓表

梁阿廣墓表是 2000 年寧夏固原博物館在彭陽縣新集鄉徵集到的，現收藏在該博物館中。^②此墓表圓首碑形，沙石質，有長方形蓮花紋底座。墓表通高 36 厘米，寬 27.5 厘米，厚 5 厘米。碑額豎排陽文篆書"墓表"二字，銘文豎排陰刻，共 9 行，行 8 字，共 72 字。墓表背面也有兩行陰文銘刻，共 12 字。銘文内容如下。

墓
表

秦故領民酋大功門
將襲爵興晉王司州
西川梁阿廣以建元
十六年三月十日丙
戌終以其年七月歲
在庚辰廿二日丁酉
葬于安定西北小盧
川大墓塋内壬去所
居青巖川東南卅里

碑表及送終之
具於涼州作致

① 參考司馬光《資治通鑑》一〇四《晉紀二十六》"太元元年八月"條，中華書局，1987 年，第 3275~3276 頁。
② 寧夏博物館：《固原歷史文物》，科學出版社，2004 年，第 113、114 頁。

据寧夏考古所的羅豐先生告知，梁阿廣墓表被徵集以後，他曾經撰寫過一篇相關論文，惜原稿紛失，至今尚未發表。近年，日本學者町田隆吉先生發表有相關研究。①

梁阿廣墓表雖然銘文完整，但是銘文内容的解讀還存在一些問題。據"建元"年號可知，此墓表爲前秦遺物。建元十六年即公元 380。此時距前秦滅前涼僅四年。銘文中的"領民酋大、功門將"之官名及墓主梁阿廣之名均不見《晋書》《魏書》等相關文獻記載，興晋王之爵名也不見於有關十六國時期的編纂文獻中。據嚴耕望、周一良諸位先生的研究可知，"領民酋長"在北魏政權是一種給與非漢族族長的官號。② 進而町田隆吉先生認爲，梁阿廣"領民酋大"之官號，或許就是北魏同官號之源。然而梁阿廣另有"功門將"之官號，表明其地位似乎又與一般的族長不同。西川，晋屬安定郡，③ 即今寧夏固原。這與梁阿廣墓表的出土地吻合。從行文看，西川當是梁阿廣的祖籍，然而墓表背部銘文"碑表及送終之具於涼州作致"，表明梁阿廣與涼州有着密切的關係。梁姓，本安定之大姓，④ 然而梁阿廣似乎與東漢盛極一時的安定梁氏并非同族。町田隆吉先生認爲梁阿廣的祖先或許是從涼州遷居到安定郡的屠各種之梁氏。

3. 呂憲墓表

呂憲墓表於清末光緒年間出土於陝西咸陽。⑤ 初被端方收藏，後流落東洋，現陳列在日本東京的書道博物館。⑥ 本墓表圓首碑形，石質，有長方形碑座。墓

① 町田隆吉「『前秦建元 16 年（380）梁阿廣墓表』試釈」、櫻美林大學『國際學レヴュー』第 18 号、2006 年、91-105 頁。以下所引町田隆吉先生的有關梁阿廣墓表的觀點均出自此文，故不再特別注明出處。

② 嚴耕望：《中國地方行政制度·乙部——魏晋南北朝地方行政制度》，《中央研究院歷史語言研究所專刊》之四十五 B，1990 年，第 837~851 頁；周一良：《領民酋長與六胡都督》，《魏晋南北朝史論集》，北京大學出版社，1997 年，第 190~214 頁；另見《20 世紀中華學術經典文庫史學卷·中國古代史卷》中册，蘭州大學出版社，2000 年，第 90~112 頁。

③ 房玄齡等：《晋書》卷一四《地理上》"雍州"條，中華書局，1974 年，第 431 頁。

④ 參見范曄《後漢書》卷三四《梁統列傳》，中華書局，1982 年，第 1165 頁；徐興亞《西海固史》，甘肅人民出版社，2002 年，第 74~77 頁。

⑤ 據相關文獻記載，呂憲墓表出土於長安，但具體出土地點不明。然而由於呂他墓表的出土（參見後文），我們可以推知呂憲墓表的出土地點應該是陝西咸陽渭城區密店鎮東北原畔。另外，過去曾經有人認爲呂憲墓表是地表刻石，如姚華在《論文後編》目錄中寫到："至與墓碣式同而名異者、有墓表、如呂憲；有墓專、如房宣。表則樹於墓外、專則藏於墓中。"另外，趙超也有過相同的觀點，參見前揭趙超《墓誌源流》，第 51 頁。呂他墓表的出土使我們得知，呂憲墓表不是地表刻石而是埋藏於墓域地下的墓誌。

⑥ 呂憲墓表的圖版與録文請參考『台東區立書道博物館図録』二玄社、平成十二年四月、54、74 頁。

表本體高 66 厘米，寬 34 厘米（碑座資料不明），碑額橫排陰刻隸書"墓表"二字，銘文竪排陰刻，共 6 行，行 5~6 字不等，共 35 字。書體爲隸書，録文如下。

墓　表

弘始四年十二

月乙未朔廿七

日辛酉秦故遼

東太守略陽呂

憲葬於常安北

陵去城廿里

呂憲墓表銘文中的"弘始"是後秦姚興的年號，弘始四年爲公元 402 年。呂憲爲後凉呂纂的從叔。①銘文中的常安即長安，後秦建初元年（386）姚萇在長安僭稱帝號，改長安爲常安。②呂憲的墓表出土於後秦領地常安的問題，陸增祥根據《晉書》卷一二二《呂隆載記》中"（姚）碩德表隆爲使持節、鎮西大將軍、凉州刺史、建康公。於是遣母弟、愛子、文武舊臣慕容筑、楊穎、史難、閻松等五十餘家質于長安，碩德乃還"③的記載認爲，"呂憲蓋在五十餘家之內，故繫於秦而葬於常安也"④。關於此問題，在下文繼續討論。

4. 呂他墓表

呂他墓表於二十世紀七十年代出土於陝西咸陽市。⑤此墓表圓首碑形，石質，有長方形座。墓表本體高 65 厘米，寬 32.5~34 厘米，厚 9 厘米。碑額橫排陰刻隸書"墓表"二字，銘文竪排陰刻，共 5 行，行 7 字，共 35 字。書體爲隸書，録文如下。

---

① 《十六國春秋》卷八四"呂憲妻苻氏"條："呂憲，纂之從叔也，爲建節將軍，遼東太守。"另外，《太平御覽》卷四三九《人事部八十》"貞女上"記載呂憲官職爲"建中將軍，遼東太守"，中華書局，1985 年，第 2021 頁。"建節（建中？）將軍"或許爲呂憲在後凉時的官職。

② 《晉書》卷一一六《姚萇載記》，第 2964 頁。

③ 司馬光：《資治通鑑》卷一一二《晉紀三十四》記載同一事件的時間是安帝隆安五年（401）九月，第 3528 頁。

④ 同氏《八瓊室金石補正》卷一〇"遼東太守呂憲墓表"條，文物出版社，1985 年，第 55 頁。

⑤ 參考李朝陽《呂他墓表考述》，《文物》1997 年第 10 期。

表　墓

弘始四年十二月
乙未朔廿七日辛
酉秦故幽州刺史
略陽呂他葬於常
安北陵去城廿里

　　呂他墓表銘文中的紀年與前揭呂憲墓表相同，埋葬地點也同樣是"葬於常安北陵，去城廿里"。墓表主呂他是後涼王呂光之弟，[①] 銘文中的幽州，李朝陽先生認爲是陝西耀縣，[②] 其實不然。對於這個幽州刺史，應該理解爲"示以名位，寵授之耳"。[③] 同樣，呂憲墓表中的"遼東太守"的官號，應該也具有同樣性質。另外，作爲後涼王族的呂憲、呂他兄弟爲什麼被埋葬在了後秦的常安這個問題，李朝陽認爲他們是元興元年（402）十月"秦徙河西豪右萬餘户於長安"[④] 時來到常安的，

---

①　據《十六國春秋》卷八一中有"（呂光）遣弟左將軍他、子武賁中郎將纂……"的記載，可知呂他是呂光之弟，但《晋書》卷一二二《呂光載記》中又有"（呂光）遣其子左將軍他，武賁中郎將纂討北虜……"的記載，説明呂他是呂光之子。最初發表呂他墓表的前揭李朝陽論文《呂他墓表考述》中采用的應該就是《晋書》中的這一條史料。但是在《十六國春秋》卷八四"呂緯"條和《晋書》卷一二二《呂纂載記》中還有"（呂）他妻梁氏止之曰，緯（呂光之子）、超（呂光之弟呂寶之子）俱兄弟之子……"的內容，證明呂他是呂光之弟無誤。有關此問題參見《晋書》卷一二二，中華書局，1982年，第3059、3068、3073頁，校勘記之［六］。另參見前揭路遠《後秦〈呂他墓表〉與〈呂憲墓表〉》。

②　前揭李朝陽《呂他墓表考述》，第81頁。

③　司馬光：《資治通鑑》卷一一二《晋紀三十四》"安帝元興元年（402）"條："（晋輔國將軍）袁虔之等至長安……（姚）興善之，以虔之爲廣州刺史。"胡注："秦以廣州授袁虔之、示以名位寵授之耳。"（第3546頁）據《晋書》卷一一七《姚興載記上》，袁虔之是叛逃到後秦的晋官員，其身份與呂他相同。參見《晋書》，第2982頁。此外，且渠封戴中也記載有"敦煌太守"的追贈官號，其性質也應該與呂他的"幽州刺史"相同。參考王素《高昌史稿·統治編》，文物出版社，1998年，第261~262頁。另外，相關研究還有前揭兼平允明《關於書道博物館藏"後秦呂憲墓表"》，羅新、葉煒《新出魏晋南北朝墓誌疏證》，中華書局，2005年，第29~30頁。另外，路遠先生認爲呂憲的"遼東太守"及呂他的"幽州刺史"均是前秦所授官職，但無實證；參見前揭路遠《後秦〈呂他墓表〉與〈呂憲墓表〉》，第63、65頁。

④　司馬光：《資治通鑑》卷一一二《晋紀三十四》"安帝元興元年（402）十月"條，第3544頁。

然而據文獻記載，呂他是呂超和呂隆兄弟弑呂纂[1]後不久就叛逃到後秦的，[2]所以
呂憲、呂他到達常安的時間應該在隆安五年（401）二月之後不久，早於元興元年
（402）十月被遷徙的萬餘户河西豪右。

5. 李超夫人尹氏墓表

2006年9月6日筆者在甘肅省酒泉市調查時，得知酒泉市博物館也收藏有一
件碑形墓表。[3]據該博物館的范曉東先生告知，1999年8月，酒泉地區文物局在清
理新建博物館管區内墓葬時，在位於丁家閘十六國壁畫墓東南50米處發掘了一座
五涼時期的墓葬。[4]墓葬中出土了一件碑形墓表。墓表由碑首、碑身、碑座三部分
組成，均爲磚質，碑首下部有兩個凹槽，當是與碑身連接的榫槽。由於盜墓所致，
墓表身部已經破碎，墓表頭部及座部保存完整。

墓表首部高9.8厘米，寬24厘米，厚3.1厘米。其上自右而左豎排陰刻六行銘
文，每行兩字，共十二字。内容爲"隴西狄道李超夫人尹氏墓表"。碑身由於破碎
嚴重，銘文已不可復原，根據拓片可識讀十餘字，具體内容如下。

隴西狄道李超夫人尹氏墓表
□□□涼嘉興二
□□年十二月十九日

① 呂纂被弑的時間，參考司馬光《資治通鑑》卷一一二《晋紀三十四》"安帝隆安五年（401）二月"
條，第3518~3519頁。
② 《十六國春秋》卷八四"呂緯"條："（呂）超弟邈有寵於緯，因説緯曰……緯信之，乃與隆、超結
盟，單馬入城。超執而殺之，他尋叛降於秦。"
③ 郭大民：《現存西涼文字經籍珍貴文物資料》，參見同氏主編《西涼王國史探——酒泉歷史一瞥》，
政協甘肅省酒泉市委員會編（内部資料），2004年，第137~139頁，圖版參見第136、137頁間彩
版插頁。
④ 此墓葬位於丁家閘5號墓東50米處，被編號爲丁家閘6號墓。參見《酒泉小土山墓葬清理簡報》，
《隴右文物》2004年第2期。

嘉興爲西涼李暠的年號，嘉興二年，即公元418年。尹氏墓表，是至今發現的唯一的一件十六國時期的女性的碑形墓誌。墓表分爲碑首、碑身、碑座三部分，均爲磚質，碑首刻銘不僅刻有“墓表”二字，而且還刻有墓主人的姓氏。被葬者尹氏之夫李超，編纂史料未見記載，但是其本籍、姓氏均與西涼宗室相同，① 或爲西涼宗室。夫人尹氏身世因墓表本體損毀而不知其詳，但是其尹氏之姓，很容易讓人聯想到西涼王李暠之夫人尹氏。② 因此李超及夫人尹氏應該與西涼宗室關係極近。③

6. 梁府君墓表

梁府君墓表是1977年甘肅省博物館和酒泉地區文教局在酒泉縣果園公社丁家閘大隊和嘉峪關市新城公社觀蒲大隊發掘的八座晋代墓葬中出土的。④ 梁府君墓表就出土於丁家閘墓地的一號墓。此墓表出土時祇發現了磚質的刻有“鎮軍梁府君之墓表”的墓表首（高23厘米，下寬35厘米⑤）和底座，沒有發現墓表本體。據發掘者推測，墓表本體很可能是木質的，由於年代久遠，已經腐朽不存。録文如下。⑥

鎮軍梁府君墓表，因同墓未見有紀年的文物出土，所以具體年代無法確認。但是據墓表首題額中的“鎮軍”官號可以推測，本墓表的製作年代應是五凉時期。⑦ 進而，同一墓域的丁家閘6號墓的同樣是磚質，且碑首銘文書式基本相同的李超夫人尹氏墓表的出土，進一步説明，此梁府君之墓表很可能是西涼（400~421）時代的遺物。

---

① 魏收：《魏書》卷九九《署涼王李暠傳》，第2202~2203頁。
② 房玄齡等：《晋書》卷九六《涼武昭王李玄盛後尹氏傳》，第2526~2528頁。
③ 関尾史郎「『西涼嘉興二年十二月李超夫人尹氏墓表』について——『五胡』時代石刻ノート（2）」『環日本海研究年報』第12号（2005），55-62頁。
④ 甘肅省博物館：《酒泉、嘉峪關晋墓的發掘》，《文物》1979年第6期。
⑤ 西林昭一編《新出土中國歷代書法》，陳滯東譯，成都出版社，1990年，第175頁。
⑥ 參見前揭《酒泉、嘉峪關晋墓的發掘》，《文物》1979年第6期，第11頁。
⑦ 參見前揭《酒泉、嘉峪關晋墓的發掘》，《文物》1979年第6期，第11頁。

7. 且渠封戴墓表

且渠封戴墓表於 1972 年出土於吐魯番阿斯塔那古墳群的 TAM117 號墓。[①] 本墓表圓首碑形，石質，有碑座。墓表本體高 52 厘米，座高 13 厘米，寬 35 厘米，厚 16 厘米。據考古發掘報告示意圖可知，此墓表埋藏在墓室内靠近甬道的一側。[②]墓表銘文楷書，陰文填朱，録文如下。

大凉承平十三年歲
在乙未四月廿四日
冠軍將軍凉都高昌
太守都郎中大且渠
封戴府君之墓表也

且渠封戴墓表的銘文中出現的"大凉"，即五世紀四十年代時逃亡到高昌的北凉政權的殘餘勢力所建立的地方政權。"承平"即此大凉國的年號，[③]承平十三年即公元 455 年。雖然有關且渠封戴的編纂文獻史料没有發現，但史學界一般認爲且渠封戴應該是北凉王且渠蒙遜之子，或者很可能就是文獻史料中記載的且渠封壇。[④]

8. 司馬金龍墓表

司馬金龍墓表於 1965 年 11 月出土於山西省大同市東南約六公里的石家寨村的司馬金龍墓。[⑤] 本墓表圓首碑形，石質，有座。出土時埋藏於墓門券頂。墓表高 64.2 厘米，寬 45.7 厘米，厚 10.5 厘米，座的長寬厚分别是 47、14.4、13 厘米。銘文楷書，陰刻，共 9 行，行 3~8 字。録文如下。

---

① 新疆文物考古研究所：《阿斯塔那古墓群第十次發掘簡報》，《新疆文物》2000 年 3、4 期合刊，第 84~128 頁。

② 參考前揭《阿斯塔那古墓群第十次發掘簡報》，《新疆文物》2000 年 3、4 期合刊，第 90 頁，圖一。

③ 周偉洲：《試論吐魯番阿斯塔那且渠封戴墓出土文物》，《考古與文物》創刊號，1980 年，另見同氏《西北民族史研究》，中州古籍出版社，1994 年，第 441 頁。

④ 池田温「新疆維吾爾自治區博物館編『新疆出土文物』」『東洋學報』第 58 卷第 3·4 号、1977 年、127 頁；前揭周偉洲《試論吐魯番阿斯塔那且渠封戴墓出土文物》，第 441 頁，注 3。

⑤ 山西省大同市博物館、山西省文物工作委員會：《山西大同石家寨司馬金龍墓》，《文物》1972 年第 3 期。

司空瑯琊康王墓表

維大代大和八年
歲在甲子十一月
庚午朔十六日乙
酉代故河內郡溫
縣肥鄉孝敬里使
持節侍中鎮西大
將軍吏部尚書羽
真司空冀州刺史
瑯琊康王司馬金
龍之銘

　　司馬金龍墓表的紀年爲“大代大和八年”，大代即北魏，大和即太和，太和八年爲公元 484 年。有關本墓表主人司馬金龍，《魏書》《北史》均有傳。[①]

四　有關十六國碑形墓誌相關信息的分析

　　首先我們注意到，上舉八件中國西北地域出土的碑形墓誌與其前後各時代的碑形墓誌相比較，不僅在形制上統一、名稱上一致，而且銘文書體也有着諸多共同之處。比如均爲圓首碑形，名爲“墓表”，銘文書體都是隸書，[②]而且在書法風格上具有共同的特徵。[③]進而我們還發現，這八件墓表在書式上也有着共同點，其基本構成是紀年＋官號＋墓主名＋墓域位置等，與其前後時代的碑形墓誌相比較，非常統一（表二）。

表二　十六國時期圓首碑形墓表書寫格式統計

序號	墓表主	碑額文	紀年	官号	墓主名	墓域	其他
1	梁舒	墓表	○	○	○	○	夫人的家世
2	梁阿廣	墓表	○	○	○	○	終年

---

①　魏收：《魏書》卷三七，第 857 頁；李延壽：《北史》卷二九，第 1043~1044 頁。

②　梁氏墓表由於沒有發現墓表本體，我們無法確定其書體形式。但是由於墓表題額是隸書，墓表本體銘文也應該是隸書。

③　參考施安昌《古代書法地方体》，同氏著《善本碑帖論集》，紫禁城出版社，2002 年，第 240~272 頁；前揭西林昭一『中國新發見の書』、158 頁。

序號	墓表主	碑額文	紀年	官号	墓主名	墓域	其他
3	吕憲	墓表	○	○	○	○	×
4	吕他	墓表	○	○	○	○	×
5	尹氏	李超夫人尹氏墓表	不明	不明	不明	不明	不明
6	梁氏	鎮軍梁府君之墓表	不明	不明	不明	不明	不明
7	且渠封戴	×	○	○	○	○	墓表文的最後爲"墓表"
8	司馬金龍	司空琅耶康王墓表	○	○	○	○	墓表文的最後爲"銘"

注:"○"表示墓表銘文中有相關内容,"×"表示無相關内容。

如此看來,十六國時期的碑形墓誌在形制與銘文書式上有着高度的統一。但是正如在表一中所顯示的,不管是漢晋時期的碑形墓誌,還是北朝時期的碑形墓誌,都有着出土地比較集中的特徵,而上舉八件十六國時期的墓誌,其出土地却是散在西北各地,從出土地看不出任何關聯。若如此,我們就看不出這種高度的統一有什麽政治背景或者地方文化、葬俗背景。但是讓我們對這八件墓表的墓主人做一次考察後就會發現,這八個人都與河西地域有着各種各樣的關聯(表三)。

表三 十六國墓表墓主本籍統計

序號	墓表名	墓表出土地	墓誌載籍貫	文獻載籍貫	現地名	備注
1	梁舒墓表	甘肅武威	安定郡烏式縣	無	甘肅涇川北	安定郡屬雍州
2	梁阿廣墓表	寧夏固原	司州西川	無	寧夏固原	墓表本體製作於凉州
3	吕憲墓表	陝西咸陽	略陽	略陽[1]	甘肅天水東北	略陽郡古屬秦州
4	吕他墓表	陝西咸陽	略陽	略陽	甘肅天水東北	略陽郡古屬秦州
5	李超夫人尹氏墓表	甘肅酒泉	不明	天水冀	天水甘谷	李暠夫人尹氏同族?夫狄道李氏
6	鎮軍梁府君墓表	甘肅酒泉	不明	無	不明	墓表本體出土於酒泉
7	且渠封戴墓表	新疆吐魯番	無	臨松盧水[2]	甘肅張掖	古屬凉州張掖郡
8	司馬金龍墓表	山西大同	河内郡温縣肥鄉孝敬里	河内温縣孝敬里	河南温縣	夫人且渠氏爲北凉宗室

注:

[1]《十六國春秋》卷九四《後凉録一》:"吕光字世明,略陽氏人也。"引自《十六國春秋》,第61頁。房玄齡等《晋書》卷一二二"吕光"條記載相同,第3053頁。

[2]《十六國春秋》卷九四《北凉録一》"且渠蒙遜"條。

　　從墓表的出土地來看，這八件墓表分別出土於甘肅武威（梁舒）、寧夏固原（梁阿廣）、陝西咸陽（吕憲、吕他）、甘肅酒泉（梁府君、李超夫人尹氏）、新疆吐魯番（且渠封戴）、山西大同（司馬金龍），但是從墓表主本籍來看，其中的梁舒爲安定郡烏式人（今甘肅涇川北），梁阿廣爲司州[1]西川（今寧夏固原）人，均屬雍州。從文化、地理範圍看，雍州自古爲西河之地，[2]在地緣上接壤河西地域。吕憲、吕他本籍略陽，古屬秦州。另外的李超夫人尹氏，雖然我們不能確定她一定就是地屬秦州的天水尹氏，但是其墓表本體出土於河西，其原籍大致應屬西北地域。而且其夫李超籍貫隴西狄道（今甘肅臨洮），古屬秦州。秦州亦是接壤河西。沮渠封戴原籍張掖郡，屬涼州。梁府君墓表雖然銘文内容已不可知，但其與李超夫人尹氏墓表一樣，本體就出土於甘肅省酒泉市的同一墓區，其本籍也應屬河西地域。此外，司馬金龍的原籍屬於河南，[3]但是我們注意到他的夫人是北魏世祖之妹武威公主所生的河西王且渠牧犍之女且渠氏（原籍張掖郡，屬涼州）。[4]如此，我們可知這八件墓表的主人在籍貫上基本上都集中在秦、雍、涼三州。

　　以下，再讓我們看看八件墓表主的主要活動地域。首先，從梁舒的官名"涼故中郎中督護公國中尉、晉昌太守"看，梁舒一生的活動地域應該就在以武威爲中心的河西地域。其次，梁阿廣爲"秦故領民酋大，功門將，襲爵興晉王"。從銘文看，"領民酋大、功門將"等官名看不出所屬地域，但是"興晉王"之"興晉"，據《晋書》記載，前涼時期屬河州（州治枹罕縣，今甘肅臨夏市），[5]前秦時代也應該是河州之一郡。[6]但是梁阿廣墓表銘文中所記官職，是否表明就是河州興晉（青海省民和縣西北），據現有的資料我們還無從判斷。然而梁阿廣墓表碑陰中刻有"碑表及送終之具，於涼州作致"。可知梁阿廣墓表製作於涼州，不管梁阿廣活動地域如何，墓表本體代表着的是涼州喪葬風俗。吕憲在逃到常安以前的官歷我們雖

---

①　房玄齡等：《晋書》卷一四《地理志上》"雍州"條："石氏既敗，苻堅僭據關中，又都長安，是爲前秦。於是乃於雍州置司隸校尉⋯⋯苻堅時，分司隸校尉爲雍州。"（第431頁）可知此司州即雍州。

②　房玄齡等：《晋書》卷一四《地理志上》"雍州"條，第430頁。

③　魏收：《魏書》卷三七《司馬楚之附子金龍傳》，第857頁。

④　魏收：《魏書》卷三七《司馬金龍傳》，第857頁。

⑤　房玄齡等：《晋書》卷一四《地理志上》"涼州"條："張駿分武威、武興、西平、張掖、酒泉、建康、西郡、湟河、晋興、廣武合十一郡爲涼州，興晉、金城、武始、南安、永晉、大夏、武成、漢中爲河州。"（第434頁）

⑥　參見前引町田隆吉「『前秦建元十六年（380）梁阿廣墓表』試釈」、96-97頁。

然不清楚，①但是他是後凉呂纂的從叔，②死前（401 年二月逃到常安，402 年十二月前死亡）的主要活動地域在武威，其河西的文化背景自不待言。另外的呂他曾在後凉被封爲"左將軍"、③"巴西公"，④他的經歷與呂憲相同，也同樣具有河西的文化背景。梁府君作爲西凉⑤官員，且死葬在酒泉，他具有河西的文化背景也是不言而喻的。李超夫人尹氏雖然不能確定其原籍，但是她被埋葬在酒泉，且其夫李超本籍河西（狄道），其活動範圍當以河西之酒泉爲中心。另外的且渠封戴，是被北魏政權逼迫而從河西逃到吐魯番的，⑥他的一生應該主要活動於河西地域。這裏衹有司馬金龍一人没有任何河西文化的背景，但是司馬金龍的夫人且渠氏作爲北魏世祖之妹武威公主和河西王且渠牧犍所生之女，⑦具有河西的文化背景也是自不待言的了。

如此看來，雖然十六國時期的這八件碑形墓誌出土於不同的地域，但是它們有着共同的"河西地域"的文化背景。進而我認爲，這八件圓首碑形，自稱"墓表"的墓誌均是河西地域喪葬風俗的具體表現。在這裏，我們不妨將這類墓誌統稱之爲"河西圓首碑形墓表"。

五　有關"河西圓首碑形墓表"形制之源流

圓首碑形墓誌，最早的可追溯到東漢的肥致墓誌（169 年 / 表一–1）。⑧此後的還有西晉徐夫人菅洛墓誌（291 年 / 表一–4）、⑨成晃墓誌（291 年 / 表一–5）⑩等。這些墓誌雖然是圓首碑形，但碑首部都雕有裝飾圖案，與"河西圓首碑形墓

---

① 《十六國春秋》卷八四"呂憲妻苻氏"條："呂憲，纂之從叔也，爲建節將軍，遼東太守。"另外，《太平御覽》卷四三九《人事部八十》"貞女上"記載呂憲官職爲"建中將軍，遼東太守"。引自《太平御覽》，第 2021 頁。"建節（建中？）將軍"或許爲呂憲在後凉時的官職。

② 《十六國春秋》卷八四。

③ 房玄齡《晉書》卷一二二《呂光傳》，第 3059 頁，另見《十六國春秋》卷八一、《通志》卷一九〇《載記五·後凉》（中華書局，1987 年，第 3062 頁）、《册府元龜》卷二三一《僭僞部·征伐》（中華書局，1982 年，第 2751 頁）。

④ 房玄齡：《晉書》卷一二二《呂纂傳》，第 3068 頁；另見《通志》卷一九〇，第 3065 頁。

⑤ 參見前引関尾史郎「『西涼嘉興二年十二月李超夫人尹氏墓表』について」、55-62 頁。

⑥ 王素：《高昌史稿·統治編》，第 163~254 頁。

⑦ 魏收：《魏書》卷三七《司馬金龍傳》，第 857 頁。

⑧ 河南省偃師縣文物管理委員會：《偃師縣南蔡莊鄉漢肥致墓發掘簡報》，《文物》1992 年第 9 期。

⑨ 西安碑林博物館：《西安碑林博物館》，陝西人民出版社，2000 年，第 57 頁。

⑩ 河南省文物研究所、河南省洛陽地區文物管理處：《千唐誌齋藏誌》，文物出版社，1984 年第 1 版，1989 年第 2 次印刷，圖版第 1 頁。

表"有一定的差別。與"河西圓首碑形墓表"完全相同的圓首碑形之形制，最早的可以追溯到西晉時代的碑形墓誌中。比如魏雛墓誌（298 年 / 表一–9/ 左圖）[1] 和劉寶墓誌（301 年 / 表一–13/ 中圖）[2] 等。由於我們沒有更具體的有關魏雛墓誌和劉寶墓誌形制的資料，還難於做進一步的比較，但是兩墓誌碑身的形態與"河西圓首碑形墓表"基本相同。此外，浙江吳興出土的東晉張鎮墓誌（325 年 / 表一–15/ 右圖），[3] 形態上除了碑首上多出了一個裝飾性的碑穿外，與"河西圓首碑形墓表"也基本相同。也就是説，雖然西晉時代在中原地域圓首碑形墓誌非常少見，但是由於魏雛墓誌、劉寶墓誌、張鎮墓誌[4]的存在，這種圓首碑形的墓誌在西晉時代已經出現是可以肯定的了。

然而我們應該注意的是，至今爲止出土的西晉時代的十餘件墓誌中，雖然祇有兩件出土於以洛陽爲中心的地域以外，但其形制却都是圓首碑形。這是不是暗示着這種圓首碑形墓誌在晉代有可能是一種地方官貴經常使用的墓誌形制？如果有這種可能性，那麼作爲具有地方色彩的"河西圓首碑形墓表"的圓首碑形似乎就有了理論根據。

---

① 參考趙萬里《漢魏南北朝墓誌集釋》卷一，科學出版社，1956 年。

② 參見佟柱臣《喜見中國出土的第一塊烏丸石刻》，《遼海文物學刊》1996 年第 2 期。

③ 參考本文"三碑形墓誌資料的整理與分析"中"（表一–15）"處注釋。

④ 東晉以前的江南地域葬俗中，還未見使用墓誌，張鎮墓誌源於西晉當無疑異。所以我們可以將東晉時代的張鎮墓誌看作西晉時代中原墓誌的一個類型。參見阮國林《南京梁桂陽王肖融夫婦合葬墓》，《文物》1981 年第 12 期。

六　有關"河西圓首碑形墓表"之"墓表"的稱謂

雖然我們可以在西晉時代的墓誌中找到與"河西圓首碑形墓表"形制基本相同的墓誌，但是其中"墓表"的稱謂還没有出現過。西晉趙汜墓誌（298年／表一–10）①的題額中刻寫有"墓中之表"的用詞，雖然可解釋爲"墓中的墓表"，但這同時也説明"墓表"一詞這時還没有使用在墓誌上。

在編纂文獻中，關於"墓表"一詞的含義一般有兩種。第一種是將陵墓神道上樹立的神道石柱稱爲"墓表"；②另一種是將墓葬前樹立的墓碑稱爲"墓表"。有關墓前樹立的神道石柱的稱謂問題，趙超先生曾經指出："有人把南朝的神道柱稱爲墓表，這種稱呼容易造成混亂。"③筆者同意趙超先生的觀點。關於墓葬前樹立的墓碑，明人徐師曾曾經指出："按墓表，自東漢始。安帝元初元年立謁者景君墓表，其文體與碑碣同。以其樹於神道，故又稱神道表。"④此處的謁者景君墓表，即趙明誠《金石録》卷一四中所收録的題額爲"漢故謁者景君墓表"之墓碑。

由此可知，"墓表"一詞，自東漢起一般使用於墓前樹立的墓碑上。那麽，西晉趙汜墓誌所題刻的"墓中之表"的用詞，表現的正是漢代到十六國時期"墓表"從地上轉移到地下的過程。當然，據文獻記載可知，地上之"墓表"在漢代以後并没有中斷使用，⑤而且在中原地區出土的墓誌中也從來没有出現過"墓表"的用詞。那麽，十六國時期的"河西圓首碑形墓表"除了與前代中原地域的地上墓表有着淵源關係外，應該還有着河西地域的地方特色。特别是聯繫到吐魯番地區出土的麴氏高昌國（502~640）時期的高昌墓磚中普遍使用"墓表"一詞，⑥十六國時期的圓首碑形墓表的地域性特徵就更加明顯。

---

① 湖南省博物館、香港中文大學文物館：《中國古代銘刻文物》第53號展品，2001年；羅新、葉煒：《新出土魏晉南北朝墓誌疏證》，第3~4頁。

② 司馬光：《資治通鑑》卷一二九《宋紀》"世祖孝武皇帝大明七年（463）"條："（宋孝武帝殷貴妃）墓前石柱。"胡注："石柱，墓表也。"引自《資治通鑑》，第4063頁。

③ 趙超：《墓誌溯源》，《文史》第21輯，第51頁。

④ 參見賀復徵《文章辨體彙選》卷六八六，墓表一。

⑤ 有關地上石刻"墓表"的問題，筆者將專文討論，故此處注釋省略。

⑥ 參見侯燦、吳美琳《吐魯番出土磚誌集注》，巴蜀書社，2003年。另參見前揭拙文《高昌墓磚書式研究》及《吐魯番出土"且渠封戴墓表"的性質以及無紀年高昌墓磚的年代問題——以高昌墓磚的起源問題爲中心》。

如此看來，"河西圓首碑形墓表"的出現，不但有深刻的中原的文化因素，同時也有其地域文化特徵。

七 "河西圓首碑形墓表"與河西文化

河西地域爲中原與西域的交通孔道，自從元狩四年（前119）漢朝在漠北擊敗匈奴單于之後，中原王朝就開始向西北邊疆地區移民，開發河西地區。[①] 而以武威爲中心的河西地域，自西漢元狩二年（前121）設武威郡[②]開始，就成爲中原漢人移民地。[③] 特別是十六國時期，隨着中原戰亂，"中州避難來者日月相繼"。[④] 此後，漢人移民的進入，使此地迅速成爲中原之外的一個重要漢文化中心。進入東漢以後，河西地域雖然也有"羌胡化"的傾向，[⑤] 但是魏晉以後，涼州已然形成了一個以漢文化爲主的地域，同時保存了漢代中原之文化學術，經歷了東漢末、西晉、十六國之大亂而不衰，最後成爲隋唐文化的重要源泉。[⑥] 與中原漢文化相比，其文化具有地域文化特徵[⑦]是可以理解的。表現在喪葬文化方面，在西晉時代河西地域與中原雖然有着相同的墓域地上石刻制度。[⑧] 但是在河西地域的魏晉時代的古墓，除了具有魏晉時代古墓的一般特徵外，還具有此地域所獨有的特徵。[⑨] 而"河西圓首碑形墓表"所表現出來的地域特徵，進一步說明河西文化在十六国時期的喪葬文化中具有其特有的地方文化特徵。

---

① 參見王宗維《漢代絲綢之路的咽喉——河西路》，昆侖出版社，2001年，第204頁。

② 有關漢設武威郡的時間，學界還有不同說法，此處采用傳統說法。參見梁新民《武威史地綜述》，蘭州大學出版社，1997年，第6~10頁。

③ 參見前揭梁新民《武威史地綜述》，第78~83頁。

④ 房玄齡等：《晋書》卷八六《張軌傳》，第2225頁。

⑤ 陳勇：《東漢涼州"羌胡化"論述》，《何茲全先生八十五華誕紀念文集》，中國社會科學出版社，1997年。第163~176頁；趙向群：《魏晉五涼時期河西民族融合中的羌化趨勢》，西北師範大學歷史系：《西北史研究》第1輯上冊，蘭州大學出版社，1997年，第243~251頁。

⑥ 陳寅恪：《隋唐制度淵源略稿》，中華書局，1977年，第19~20頁。

⑦ 比如在石窟造像上形成了"涼州模式"。參考宿白《涼州石窟遺迹和"涼州模式"》，《考古學報》1986年第4期。在書體上形成了"北涼體"。參考施安昌《古代書法地方體》，同氏著《善本碑帖論集》，紫禁城出版社，2002年，第240~272頁。

⑧ 比如武威出土的魯銓刻銘（神道石柱上的方版）的存在就可以說明，在河西與中原有着相同的使用神道石柱的喪葬制度。參見北京圖書館《北京圖書館藏中國歷代石刻拓本滙編》，中州古籍出版社，1990年，第2冊，第45頁。相關研究，參見王素《西晉魯銓墓表跋》，《出土文獻研究》第6輯，上海古籍出版社，2004年，第271~278頁。

⑨ 中國社會科學院考古研究所：《新中國的考古發現和研究》，文物出版社，1984年，第523頁。

八　小結

漢晉十六國時期的墓誌源流是至今學界還没有完全能解决的一個課題。本論文針對這一課題，通過對漢至隋代碑形墓誌的整體性考察，發現了十六國時期碑形墓誌具有統一的圓首碑形的形制、統一的銘文書寫格式、統一名爲"墓表"的自名等特徵。并進一步通過對十六國時期碑形墓誌特徵的分析研究，發現了出土於不同地域的十六國時期的"圓首碑形墓表"的主人在籍貫上集中於秦、雍、涼三州，更在活動區域上集中於涼州的問題。由此得出了圓首碑形墓表作爲一種喪葬文化，具有河西文化之地域性特徵，并提出了"河西圓首碑形墓表"的概念。在此研究的基礎上，本文進一步從形制、名稱等角度分析"河西圓首碑形墓表"的淵源，探討了其發源於河西地域的歷史、文化淵源。

南北朝石刻墓誌形制探源[*]

劉鳳君

石刻墓誌始於何時，前人論述有謂西漢，或曰魏晋，也有説始於南朝宋元嘉年間。《宋書·建平宣簡王宏傳》載，宏大明二年（458）薨，孝武帝"痛悼甚至"，"自爲墓誌銘并序"。《南齊書·禮志》亦載："有司奏：大明故事，太子妃玄宮中有石誌，參議墓銘不出禮典。近宋元嘉中，顔延之作王球石誌。素族無碑策，故以紀德。自爾以來，王公以下，咸共遵用。諸妃之重，禮殊恒列，既有哀策，謂不須石誌。從之。"趙翼《陔餘叢考》一書據此認爲："古來銘墓，但書姓名官位，間或銘數語於其上。而撰文叙事，臚述生平，則起於顔延之耳。"從目前考古發現的資料看，東漢魏晋時期墓中的石刻題紀，還没有稱"墓誌"者，名稱也不甚統一。有的叫"柩"，如"郭氏（即郭槐）之柩""樂生之柩""魏君侯（即魏雛）柩"。柩，即墓，東晋王興之命婦宋和之墓紀稱王興之墓爲"君柩"。有的直接稱"墓"，如"劉氏（即劉韜）之墓""荀氏（即荀岳）之墓"。有的稱銘，如"王浚夫人華氏之銘""美人徐氏之銘"等。十六國前涼梁舒墓紀還稱"墓表"，仍是神道碑"永懷哀痛""樹碑表墓"之意。這些石刻題紀，雖多數内容簡單，也没有明確稱爲"墓誌"，但其作用和後來的墓誌一樣，都是"刊石紀終，俾示來世"，所以它們都是墓誌。我們可以把東漢魏晋時期看作是墓誌産生和探索的時期。

南朝宋大明七年（463）劉懷民墓誌，[①] 北魏承平元年至和平六年（452~465）

---

　　* 本文原刊於《中原文物》1988 年第 2 期，作者同意入編本書。

　　① 趙萬里：《漢魏南北朝墓誌集釋》，科學出版社，1956 年。以下所引資料未注明出處者，皆出自本書。

劉賢墓誌，[①] 是目前發現較早的明確稱爲"墓誌"的實例。南北朝墓誌大量出土，見於著録的也很多，誌石的形狀和誌文的格式内容逐漸變得規整統一，對隋唐時期的墓誌影響很大。因此，我們把南北朝時期看作石刻墓誌的發展和定型時期。學者們研究墓誌多從誌文考究，本文主要圍繞墓誌的形制談點不成熟的看法。

南北朝時期的墓誌，因爲是處在東漢魏晋和隋唐之間的過渡時期，形制樣式較多，初步可以分爲碑形墓誌、長方形墓誌、方形墓誌和比較特殊的龜形墓誌四種。

一　碑形墓誌

碑形墓誌主要流行在北朝的北魏太和年間以前，南京仙鶴門一座南朝的墓中也出土了一件碑形墓誌，惜其上文字已蝕盡無迹。[②] 又可細分爲浮雕螭首、圓首、圭首和方首四類碑形誌。

浮雕螭首碑形誌發現較少。如北魏劉賢墓誌，原立於棺前，碑誌高 103 厘米，寬 30.4 厘米，厚 12 厘米，碑首浮雕盤纏的四螭，額題"劉戌主之墓誌"六字，陰額浮雕雙鸞對舞。碑文隸書，正文 165 字，下爲龜趺座（圖一）。這種浮雕螭首龜趺座碑形態，完全是地面神道碑的形制，和西晋徐夫人管洛碑形紀、成晃碑形紀、張朗碑形紀類同。入隋後，雖没有發現這種浮雕螭首龜趺座碑形誌，但清咸豐年間在湖北沙市出土的開皇二十年（600）龍山公□質墓誌，碑首陰刻四龍，誌高 98.5 厘米，寬 51 厘米，方趺。山東淄川出土的開皇八年（588）淳于儉墓誌，誌高 95 厘米，寬 40 厘米，趺已失，碑首兩側浮雕雙鳳，中間浮雕一人站於蓮花上，下題"淳于儉墓誌銘"六字。兩個碑形誌的形制，都是受到北朝螭首碑形誌的影響，但和北魏劉賢碑形誌相比，顯得草率，已没有地面神道碑的莊重感了。

---

①　曹汛:《北魏劉賢墓誌》,《考古》1984 年第 7 期。
②　南京市博物館:《南京郊區兩座南朝墓》,《考古》1983 年第 4 期。

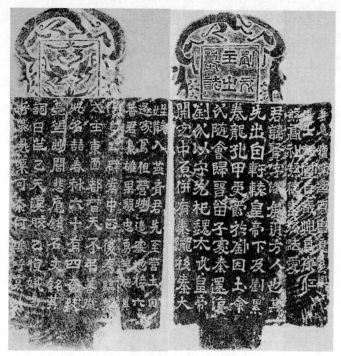

圖一　朝陽北魏劉賢墓誌拓本

　　圓首碑形誌發現較多。大同北魏太和八年（484）司馬金龍墓表和司馬金龍墓誌銘一樣，都可視爲較早的圓首碑形誌。[1]另外大同北魏正始元年（504）封和突墓誌，[2]正始四年（507）奚智墓誌，洛陽北魏孝昌二年（526）吳高黎墓誌，以及北齊諱子輝墓誌等皆作圓首碑形。如封和突墓誌，出於後室西南處，高42厘米，寬33厘米，厚8.3厘米，底座長42厘米，寬25.5厘米，高15厘米，首行題“屯騎校尉建威將軍洛州刺史昌國子封使君墓誌銘”（圖二-1、二-2）。吳高黎墓誌較特殊，高66厘米，寬32.5厘米，上半部作龕，內雕佛像，下半部刻誌文，首行題“魏故處士吳君之墓誌”八字。碑形誌上雕佛像，是受當時佛教造像碑的影響。圓首碑形誌其淵源亦可追溯到晋代的墓誌，山東鄒縣西晋永康二年（301）劉寶墓銘就是圓首碑形。[3]

① 山西省大同市博物館、山西省文物工作委員會：《山西大同石家寨北魏司馬金龍墓》，《文物》1972年第3期。

② 大同市博物館：《大同市小站村花圪塔臺北魏墓清理簡報》，《文物》1983年第8期。

③ 現存鄒縣孟廟。

十六國時期也偶有發現，1975 年在甘肅武威金沙出土一件前秦建元十二年（376）梁舒墓表，高 37 厘米，寬 26.5 厘米，厚 5 厘米，圓首正中題"墓表"二字，下爲長方形覆蓮座。[①] 受南北朝影響，隋代也有圓首碑形墓誌。如廣州出土的大業五年（609）劉猛進墓誌，高 76.7 厘米，寬 35 厘米，方趺。趙萬里稱其"如古碑之式""嶺南古風未泯"，可於此誌見之。

圖二-1　大同北魏封和突墓誌　　　　圖二-2　大同北魏封和突墓誌拓本

圭首碑形墓誌殊爲少見。可以洛陽北魏太和二十三年（499）韓顯宗墓誌説明之，誌高 55.5 厘米，寬 32.8 厘米，額題"魏故著作郎韓君墓誌"九字（圖三）。趙萬里説，此誌"圭首下方，形制與郭槐、徐義、劉韜諸晋誌相似，乃植立壙中者，太和間古制未泯，與後此洛中風尚殊矣。"但在偏遠的山東壽光縣還發現了北魏末年普泰元年（531）賈瑾圭首碑形誌，誌高 93 厘米，寬 57 厘米，下有榫，趺已佚，額題"賈散騎之墓誌"字。隋唐時期的墓中尚未發現此類墓誌。

---

① 　鍾長發、寧篤學：《武威金沙公社出土前秦建元十二年墓表》，《文物》1981 年第 2 期。

圖三　洛陽北魏韓顯宗墓誌拓本

　　方首碑形誌數量也不多。主要有洛陽北魏永平四年（511）元侔墓誌，山東臨淄北魏孝昌二年（526）李謀墓誌等。皆上有題額，下有榫，置於石座上。李謀墓誌高 75.5 厘米，寬 49 厘米，額題"大魏故介休縣令李明府墓誌"（圖四）。西晋也有方首碑形墓誌。如裴祇墓紀，高 43 厘米，寬 20 厘米，厚 4 厘米，下有榫，置於石座上，①北朝方首碑形墓誌於此可以尋到淵源。

　　綜上所述可以看出：一方面碑形墓誌多流行於北朝的太和年間以前，說明它是一種比較古拙的墓誌形制；另一方面這種碑形墓誌承襲了晋、十六國碑形墓誌的形制，而晋、十六國這種碑形墓誌是源於漢代墓前神道石碑的形制特點。曹魏嚴禁厚葬立碑，"建安十年，魏武帝以天下凋弊，下令不得厚葬，又禁立碑"。②黃初三年（222）魏文帝自作終制曰："壽陵因山爲體，無爲樹封，無立寢殿、造園邑、通

---

①　黃明蘭：《西晋裴祇和北魏元暐兩墓拾零》，《文物》1982 年第 1 期。
②　沈約：《宋書》卷一五《禮志二》，中華書局，1974 年，第 407 頁。

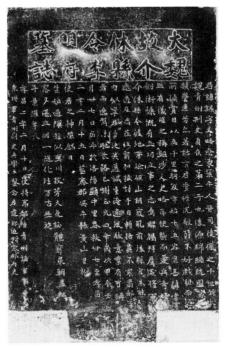

圖四　山東臨淄北魏李謀墓誌拓本

神道。"① 不造園邑，不通神道，也就不能立神道碑。因此，魏甘露二年（257）大
將軍參軍王倫卒，其兄王俊作《表德論》以表彰王倫的功績美德，并説："祇畏
王典，不得爲銘，乃撰録行事。"② 足見當時碑禁之嚴。目前僅知有毌丘悦碑、程
冲碑、曹真碑、王基碑等。西晉承魏制，多次詔令嚴禁厚葬。如晉武帝咸寧四年
（278）曾詔："石獸碑表，既私褒美，興長虛僞，傷財害人，莫大於此。一禁斷之。
其犯者雖會赦令，皆當毀壞。"③ 因此，晉碑也殊爲少見，後人僅知有陳壽碑、郭休
碑、王導碑等。但傳統的葬俗，人們要表達對死者的紀念和頌德，地面墳前禁止樹
碑立傳，就"刻石爲識藏之於墓"，"托黃壤以傳風，寄玄石而留咏"。就這樣地面
神道碑在禁令下，變成了地下碑形墓誌。

　　一般説，碑形墓誌比地面神道碑小，文字少，高者僅有 1 米左右，大多數在 50
厘米以下。葉昌熾在《語石》一書中對此作過這樣的解釋：碑形"誌石高不過二三

① 　陳壽：《三國志》卷二《文帝紀》，中華書局，1973 年，第 81~82 頁。
② 　沈約：《宋書》卷一五《禮志二》，第 407 頁。
③ 　沈約：《宋書》卷一五《禮志二》，第 407 頁。

尺，横亦如之。壙中爲地甚隘，所容止此。故其爲文不過略叙生平梗概，使陵谷變遷，後人可以識其葬處，覘其行詣而已。若文繁即不能大書深刻，刻之亦易致磨泐，固與神道碑、墓表、墓碣據事直書暢所欲言者，其例各殊矣"。葉説有一定的道理。

二 長方形墓誌

南北朝長方形墓誌出土較多，多爲竪長方形，少數爲横長方形，絕大多數無誌蓋。出土的北朝長方形墓誌已不少於幾十方。如北魏太和二十二年（498）元偃墓誌，高68.7厘米，寬35.5厘米。東魏武定二年（544）隗天念墓誌，高35厘米，寬24.7厘米。北周建德六年（577）□安寧墓誌，高103厘米，寬45厘米。出土的南朝長方形墓誌，雖没有北朝數量多，但它是南朝主要的石刻墓誌形制。如南京宋元徽二年（474）明曇憘墓誌，高48厘米，寬65厘米。[①]梁天監十三年（514）桂陽王妃王慕韶墓誌，高49厘米，寬64.7厘米，厚7.5厘米。[②]普通二年（521）輔國將軍墓誌，高100厘米，寬80厘米，厚8厘米。另外，洛陽出土的北魏正光四年（523）元尚墓誌，高49.5厘米，寬11.6厘米，厚9厘米。建義元年（528）元均墓誌，高48.4厘米，寬、厚皆11.2厘米。兩誌爲方柱形，前者四面刻字，後者三面刻字，形制雖特殊，但亦可歸爲長方形墓誌。

在長方形石板上刻墓紀，以洛陽東漢延平元年（106）賈武仲妻馬姜墓紀爲早。該紀高46厘米，寬58.6厘米，是目前發現的漢代墓中題紀比較特殊的例子。《遼居稿》認爲此"墓記前人所未見，此爲墓誌之濫觴。石質頗粗，磨礱未平，即刻字其上，遠不逮後世之精好"。還認爲這種"懼不能章明，故刻石紀"，不置神道碑的做法，是"當時外戚（馬姜是明帝賈貴人之母，馬皇后異母姊）蒙馬後恭儉之化"，纔這樣"樸略"。西晉墓出土的長方形墓誌都是竪長方形。如左棻墓紀，高27.3厘米，寬14.3厘米。荀岳墓紀，高59厘米，寬41.6厘米。石定墓紀，高45.6厘米，寬22.4厘米。東晉南遷，仍流行長方形墓誌。如南京太寧元年（323）謝鯤墓紀，高60厘米，寬16.5，厚11厘米。[③]咸康六年至永和四年（340~348）王興之夫婦墓紀，高28.5厘米，寬37.2厘米，厚11厘米。[④]不言而喻，南北朝時

①　南京市文物館管理委員會：《南京太平門外劉宋明曇憘墓》，《考古》1976年第1期。
②　南京市博物館阮國林：《南京梁桂陽王肖融夫婦合葬墓》，《文物》1981年第12期。
③　南京市文物保管委員會：《南京戚家山東晉謝鯤墓簡報》，《文物》1965年第6期。
④　南京市文物保管委員會：《南京人臺山東晉王興之夫婦墓發掘報告》，《文物》1965年第6期。

期的長方形墓誌是沿襲了漢、晋長方形墓誌的特點。東漢、晋代的長方形墓誌都較小，高、寬都在 60 厘米以下。南北朝長方形墓誌可分爲大小兩類：大者高 70 厘米以上，寬 50 厘米左右，有的高達 116 厘米，寬 86 厘米；小者高約 40 厘米，寬約 30 厘米。二者除共同受到漢、晋長方形墓誌影響外，還可探其各自的另外來源。

較大的長方形墓誌和方首碑形墓誌近似，衹是上没有題額，下没有趺座。南北朝時期，魏晋以來的禁碑之風鬆弛了，特别是北朝，一般人死後都可以樹碑立傳，有人因給人作碑銘而名垂於史。[①]有了地面神道碑，有些人就不願再把墓誌製成碑形。因此，減額去趺就成了長方形墓誌。有些長方形墓誌本身也足可以説明這一問題。如北魏皇甫驎墓誌高 116.8 厘米，寬 70 厘米，比一般的方首碑形墓誌還高，和一般的神道碑尺寸相似。北魏元偃墓誌高 68.7 厘米，寬 35.5 厘米，誌文刻於上部，下部不刻一字，"疑葬時直立壙中，如小碑之式"（圖五）。北齊□安寧墓誌係磨舊碑重刻，下端處尚存舊碑字迹。長方形墓誌係神道碑、碑形墓誌的減化，於斯可得資證。

圖五　洛陽北魏元偃墓誌拓本

① 《魏書·常景傳》："常景……有才思，雅好文章。……世宗季舅護軍將軍高顯卒，其兄右僕射私托景及尚書邢巒、并州刺史高聰、通直郎徐紇各作碑銘，并以呈御。世宗悉付侍中崔光簡之，光以景所造爲最，乃奏曰：'常景名位乃處諸人下，文出諸人之上。'遂以景文刊石。"《北史·盧玄傳》：玄孫"思道，字子竹，聰爽俊辯，通説不羈。年十六，中山劉松爲人作碑銘，以示思道，思道讀之，多所不解。"

　　比較小的長方形石墓誌，和同時期的磚誌近似。把磚放在墓壙中刻紀，漢墓中就可找到例子。洛陽城郊東漢時期刑徒墓地出土的八百多塊磚墓誌，就是一批難得的實物資料。兩晉磚石墓誌并用。如樂生柩銘，魏雛柩銘皆用一塊整磚刻成。南北朝承襲這一傳統，有的墓仍用磚刻文，但多稱"銘"不稱"誌"。小型長方形石墓誌文比大型長方型墓誌文字少，大多和磚銘一樣，僅有誌文部分，用散文記死者姓氏、籍貫、生平、埋葬時間等，多沒有用韻文對死者進行贊揚、悼念或安慰之詞的銘。如北魏正光四年（523）姬伯度磚銘全文："正光四年五月廿四日河内郡白水縣民姬伯度銘記。"東魏興和二年（540）王顯慶石墓誌，高 22.5 厘米，寬 29.5 厘米，僅刻"興和二年九月十三日太原王顯慶墓記"十六字。小型長方形石墓誌和磚誌一樣，墓主人生前多是官品不高或無官品，大型長方形墓誌墓主人生前多是官品較高的官吏或皇室成員。和《封氏聞見記》所載"無殊才異德者，但記姓名、歷官、祖文、姻媾而已；若有德業則爲銘文"相吻合。此區別更說明了小型長方形石墓誌和磚墓誌關係之密切，非它可比。

三　方形墓誌

　　方形石墓誌始見於南北朝初期。如南朝宋大明八年（464）劉懷民墓誌，長 49 厘米，寬 52.5 厘米。大同北魏延興四年（474）司馬金龍妻姬辰墓誌，長 30 厘米，寬 28 厘米。兩塊方形墓誌均無蓋，受這種影響，南朝一百多年中所刻的墓誌均無蓋。有蓋方形墓誌主要流行在孝文帝遷洛之後的北朝時期，首推洛陽太和二十年（496）元楨墓誌，邊長 66 厘米，誌石四周邊緣凹下半寸許，且首行無標題，標題應該在邊緣出凸半寸許的誌蓋上。前人祇注意收藏，"誌石出土其蓋，往往缺失，十不存五"，[①] 元楨誌蓋也早已下落無聞。

　　帶蓋方形石墓誌是墓誌規範化的産物，也是孝文帝實行全面改革，葬制中出現的新事物，它標志着墓誌成熟定型了。誌石和誌蓋上下相合，稱爲一合墓誌。誌石是方形石板，主要刻誌文，誌蓋則呈覆斗形，蓋頂中間刻標題。爲什麼把誌石刻成方形，誌蓋刻成覆斗形，而不刻成其他形狀呢？我個人理解，誌石方而表示地，誌蓋覆斗形表示天，"在天成象，在地成形"，"天尊地卑，乾坤定矣"。漢至唐宋

---

　　① 葉昌熾：《語石》卷四，上海書店，1986 年。

時期的大型磚（石）室墓，下爲方形或弧方形墓室，頂爲穹窿頂或覆斗形頂，頂上繪日月星辰象徵天體。方形墓室穹窿頂者，正是《曾子》所言："天之所生上首，地之所生下首。上首之謂圓，下首之謂方。始識天圓而地方則是四角之不掩也。"方形墓室覆斗形頂者和覆斗形蓋方形石墓誌一樣，和《天文録》"天形如笠，中央高而四邊下"的記載相符。墓誌標題刻在覆斗形蓋頂中間，誌文刻在誌石上面，亡者的功名可與天同輝，與地共存。

　　帶蓋方形石墓誌出現後，形制定型了，開始注重刻劃紋飾并日趨繁縟。標題頂心的四周多陰刻四神、怪獸、纏枝等，四角各刻一朵蓮花，四斜殺刻纏枝，蓋的四側面和誌石四側面刻纏枝流雲等（圖六）。有的則在蓋頂中間刻二龍銜璧或一龍蟠繞，或刻一朵盛開的蓮花，四邊刻四神或神禽異獸，四角刻蓮花，空白處密布流雲鮮花（圖七），儼然一幅神奇的天體圖，而又充滿了對西方蓮花世界的無限追求。隋唐以降皆流行帶蓋方形墓誌，祇是裝飾花紋因時代不同而有差異。江蘇邗江縣南唐保大四年（946）王氏墓誌蓋和南通縣南唐徐氏墓誌蓋均刻有詳細的天體圖，[1]蓋頂刻有日、月、華蓋（杠）、勾陳、二十八宿和陰陽八卦、十二相屬神、蓮花等，四斜殺刻四神（圖八）。誌石方而表示地，覆斗形誌蓋表示天，於此可進一步得到説明。

圖六　洛陽北魏元天穆墓誌蓋拓本

---

① 中國社會科學院考古研究所：《中國古代天文文物圖集》，文物出版社，1978年。

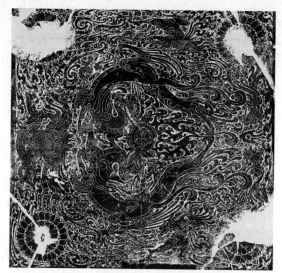

圖七　洛陽北魏元昭墓誌蓋拓本

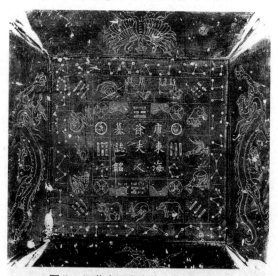

圖八　江蘇南通南唐徐氏墓誌蓋拓本

四　特殊的龜形墓誌

洛陽北魏延昌二年（513）《元顯儁墓誌》，誌石與蓋爲一完整石龜，高 82 厘米，寬 50 厘米。蓋爲龜甲，中間題"魏故處士元君墓誌"八字，周圍遍刻龜甲。誌石即龜身，首尾四爪畢具，製作十分精奇（圖九）。新中國成立後，陝西省三原縣唐貞觀五年（631）李壽墓亦出土一盒龜形墓誌，[①] 現藏陝西省博物館。古人相信龜有神靈，能"明於吉凶""千歲而靈"，并能負書銜圖。《龍魚河圖》曰："堯時，與群臣賢智到翠嬀之川，大龜負圖來投堯，堯敕臣下寫取，告瑞應，寫畢，龜還水中。"[②]《太平御覽》卷九三一引《尚書中候》曰："堯沉璧於洛，元龜負書出，於背甲赤文朱字，止壇場，沉璧於河，黑龜出赤文題。"龜形石墓誌一方面可能是引申古義，寓意吉祥。因此，元顯儁墓誌文稱："若夫太一玄象之原，雲門靈鳳之美。"另一方面龜形石墓誌和帶蓋方形石墓誌一樣，象徵天地之自然，陰陽相順。《太平御覽》卷九三一引《禮統》曰："神龜之象，上圓法天，下方法地，背上有盤法邱山，元文交錯，以成列宿。"這一記載，可作爲龜形石墓誌的注脚。

圖九　洛陽北魏元顯儁墓誌拓本

---

① 陝西省博物館、文管會：《唐李壽發掘簡報》，《文物》1974 年第 9 期。
② 歐陽詢：《藝文類聚·祥瑞部下》，上海古籍出版社，1986 年。

談墓誌與書法[*]

華人德

　　墓誌，爲墓主姓名或附有爵里、卒葬年月、生平事迹寫刻於磚、石、木、瓷等上而埋於壙中者。及後，多係之以銘，故又稱墓誌銘。早期的墓誌，名稱與形式都不定，有葬磚、墓碑、墓記、柩銘、神座、墓表等。到南北朝時，始稱之墓誌或墓誌銘，誌文似傳，爲散文；而銘語似詩，爲韻文，格式雷同，形制也漸趨定型。至唐，或變稱墓碣，個別有稱玄堂誌、陰堂文者。宋元以後，則多稱壙誌、埋銘，然而通常還稱墓誌，形制也基本不變。

　　近二百年來，墓誌大量出土，數以千計，爲歷史、地理、民俗、文學、文字、書法等方面的研究提供了豐富的資料。從事碑誌的研究，應在大處着眼，從其演變上來考察一個時代的名物制度、風尚習俗；從其書法上來研究書體之沿革與欣賞藝術之精美。

　　下面就從這兩方面來談談。

一　墓誌的演變

墓誌起於"明旌"

　　有關墓誌的產生，以前衆說紛紜。有人以元嘉中顔延之爲王球作墓誌，有銘，認爲始自劉宋。也有根據記載，隋時有人掘得王戎墓銘，并有《劉韜》《房宣》二

---

　　*　本文原刊於《書譜》1983 年第 5 期，後收入《華人德書學文集》，榮寶齋出版社，2008 年，作者同意入編本書。

誌存世（《房誌》爲僞作）而認爲始於西晋。更有以崔子玉（瑗）書張衡墓銘，云始自東漢。有人還上推至西漢，理由是《西京雜記》稱前漢杜子夏臨終，作文刻石，埋於墓前；又《博物志》載："漢西都時，南宫寢殿内有醇儒王史威長死，葬銘曰……"[①] 作爲墓誌肇始的依據。

其實，類似墓誌之明旌，早在周代就産生了。"明旌"爲喪具之一，二字急讀，遂稱曰"銘"。《禮記·檀弓》云："銘，明旌也，以死者爲不可別已，故以其旗識之。"又《儀禮·士喪禮》云："爲銘各以其物，亡，則以緇長半幅，赬末，長終幅，廣三寸，書銘於末，曰：'某氏某之柩。'"鄭玄注："銘，明旌也，雜帛爲物，大夫士之所建也，以死者爲不可別，故以其旗識識之。"明旌是出喪時作爲幡信在棺前舉揚，入葬後則覆蓋在棺上的。二十世紀五十年代末，在甘肅武威漢墓群中相繼發現了數幅東漢時的明旌，上書死者的籍貫姓名，偶有其他語句，分別是用朱或墨書寫在絲、麻質材料上的。如"姑臧北鄉閭道里壺子梁之（柩）""平陵敬事里張伯升之柩，過所毋哭"。當然，這種明旌與後世設立碑、石質墓誌的用意是不盡一樣的，所以還不能算作墓誌。明旌作爲喪具，一直沿用到了近現代。

後來，有人在石椁上刻了類似的文字。如東漢時郭仲理、郭季妃石椁分別刻有"故雁門陰館丞西河圜陽郭仲理之椁""西河圜陽郭季妃之椁"。西晋馮恭石椁的題字爲"晋故太康三年二月三日己酉趙國高邑導官令大中大夫馮恭字元恪"，另外還刻有馮恭諸子之名。這種題字内容就和當時許多單設的墓誌完全一樣了。在與馮恭石椁同時期，洛陽的樂生墓中出土的石棺，其前後（和棺材兩頭的板）分別刻了柩銘和墓誌（圖一–1、圖一–2）。在安徽壽縣一西晋墓中出土了一方磚質墓誌，上刻"元康元年六月十四日蔣之神柩。"另外，由於當時碑禁的原因而設立的碑式墓誌，在其碑首或題首尚刻某某之柩。如"賈充妻郭槐柩銘"題首爲"夫人宜成宣君郭氏之柩"，"魏雛柩銘"碑首爲"晋故武威將軍魏君侯柩"，這些柩銘已不同於石椁題字而單獨設立了，因此也可以把明旌（銘）看作墓誌的先導。

秦漢刑徒墓中的瓦文和磚文

南齊高帝建元二年（480），王儉對於墓誌曾有過這樣一段議論："墓銘不出禮

---

① 張華:《博物志》,《叢書集成初編》本。

圖一-1　西晋《樂生柩銘》

圖一-2　西晋《樂生墓誌》

典，近宋元嘉中，顏延之作《王球石誌》，素族無碑策，故以紀德。自爾以來，王公以下，咸共遵用。"[1]確實，墓誌原非宗室妃匹、功臣勳戚喪禮中所用，也非豪强世族、名士清流用來"紀德"的，而最早的墓誌，是在死掉的髡鉗役作的刑徒墓坑中所設的記識。

近年在秦始皇陵西側趙背户村發現的秦代刑徒墓瓦文，是至今所見的最早墓誌。[2]刑徒墓葬内發現了骨架一百具，而瓦文衹有十八件，其中第二件上面刻有二人籍貫姓名，共計十九人，墓誌文合計一百一十二字。這些墓誌的年代在秦始皇二十六年（前221）統一六國時到二世二年（前208）之間。誌文都是用刀直接刻在筒瓦上的，字體屬小篆，很草率，[3]格式不統一。誌文極簡單，少的衹有三字（地名、人名），多的十字（有地名、刑名、爵名、人名），不管字多少，都已具爵

① 蕭子顯：《南齊書·禮志下》，中華書局，1972年。

② 《水經注·穀水注》記："孫暢之嘗見青州刺史傅弘仁説：臨淄人發古冢得銅棺，前和（棺之前額也）外隱爲隸字，言'齊太公六世孫胡公之棺'也。唯三字是古隸，餘同今書，證之隸書出自古，非始於秦。"此説不可信。另外《莊子·則陽篇》云："夫（衛）靈公也死，卜葬於故墓不吉，卜葬於沙丘而吉。掘之數仞，得石椁焉，洗而視之，有銘焉，曰：'不馮其子，靈公奪而里之。'"《莊子》多寓言，再則石椁所鐫非墓主籍貫姓名之屬，不能算作墓誌。

③ 參見《秦始皇陵西側趙背户村秦刑徒墓》，《文物》1982年第3期。

里、人名等墓誌所必記的内容了（圖二–1、圖一–2）。這些説明，瓦文墓誌并非官方所設，而衹是某些刑徒給死去的夥伴埋置的。筒瓦上刻着最簡單的文字作爲記識，以便遷葬收取尸骨時能够認領。這可算是墓誌的權輿了。

圖二–1　秦代刑徒筒瓦誌文《東武睢瓦》　　圖二–2　秦代刑徒筒瓦誌文《博昌余瓦》

在西漢時期的刑徒墓葬中，還未發現有墓誌，[①]漢承秦制，西漢時的刑律、制度大多是承襲秦代的，在刑徒墓中不設墓誌，也正説明官方當時還未有設誌的規定。

東漢刑徒墓葬大多都有葬磚（沿用習慣稱呼）。如 1964 年發掘的東漢洛陽城南郊的刑徒墓五百廿二座，共出土葬磚八百二十餘塊，每一墓中一般放兩塊葬磚，也有不放葬磚、放一塊或多至四五塊的。凡是一墓中有兩塊葬磚以上的，除死者本人的葬磚（一塊或兩塊）之外，其他的均爲别人的舊葬磚。刻有部屬、職别、獄名或郡縣名、刑名、姓名、死亡日期等，刑徒墓坑中原來都有棺材，葬磚放在棺上，有少數還附刻“官不負”字。“官不負”，即刑徒的死葬，官方不負責任。《後漢書·桓帝紀》載桓帝於建和三年（149）十一月甲申，因灾眚連仍，京師死者相枕，曾下詔：“其有家屬而貧無以葬者，給直，人三千，喪主布三匹；若無親屬，可於官壖地葬之，表識姓名，爲設祠祭。又徒在作部，疾病致醫藥，死亡厚埋藏。”由此可見，這些葬磚都是官方規定放置的，有大致統一的格式，記録也詳細，這和秦

①　參見秦中行《漢陽陵附近鉗徒墓的發現》，《文物》1972 年第 7 期。

代有所不同。葬磚是利用殘缺廢棄的磚塊，把磚面磨平，先寫後刻，有時正背面都刻字，刻後再用朱描字，字體爲隸書陰刻。[①] 這些葬磚是爲了遷葬時辨認棺木、尸骨而放設的，這是設立墓誌的最早用意。爲了防止葬磚丢失而不能辨認棺木，東漢時期的習慣往往在一個墓坑中放兩塊葬磚。這在六朝墓中也能見到子遺，如東晋劉尅墓誌、南朝蔡冰墓誌都是兩塊相同的墓誌。更有東晋孟府君墓誌，共五方，分置墓室四隅及棺前，五誌大小、銘文盡同。

王公貴族的早期墓誌

至於王公貴族、地主士人所用的墓誌，史載最早的是西漢杜子夏和王史威長葬銘。《西京雜記》云：

> 杜子夏葬長安北四里，臨終，作文曰："魏郡杜鄴，立志忠欵，犬馬未陳，奄先草露，骨肉歸於后土，氣魂無所不之，何必故丘，然後即化，封於長安北郭，此焉宴息。"及死，命刊石埋於墓側。

《博物志》亦載西漢南宫寝殿有醇儒王史威長葬銘，八句三十二字，今皆不傳。這兩種記載未必可信。

按現在傳世的西漢刻石如《趙廿二年群臣上疇刻石》《霍去病墓前刻石》《魯北陛石題字》《廣陵中殿石題字》《楊量買山記》《五鳳二年刻石》《麃孝禹刻石》《居攝兩墳壇刻石》等，都祇有很簡單的刻字，似乎西漢時没有銘辭刊石的風氣。即便從杜子夏、王史威長二葬銘的内容上看，與早期的墓誌亦不類，且墓誌是埋於墓室而非墓側的。較可信的是《南史·何承天傳》載：開（建康）玄武湖時，遇古冢，冢内除其他器物外，還有一石銘，曰 "大司徒郫邯之墓"。郫邯爲新莽時司徒。而能見到的最早實物，則是東漢《賈武仲妻馬姜墓記》。[②] 墓記石質，高46厘米，廣58.5厘米，洛陽出土，所書葬期爲延平元年（106）九月十日，晚於刑徒東門當葬磚永元二年（90）十六年（圖三）。誌文約一百八十餘字，散文，所記内容形式

---

① 參見《東漢洛陽城南郊的刑徒墓地》，《考古》1972 年第 4 期。

② 近年曾發現新莽時郁平大尹馮孺久畫像石墓，在墓中門柱上有 "郁平大尹馮君孺久，始建國天鳳五年十月十七日癸巳葬，千歲不發" 的題記（見《唐河漢郁平大尹馮君孺人（久）畫像石墓》，《考古學報》1980 年第 2 期）。再有，洛陽發掘的個別西漢墓中，在門楣磚上寫有某某墓室，然均非單設的墓誌。

類似同時期的墓碑碑文。東漢墓誌除刑徒葬磚外，還能見到的有延熹六年（163）之《□通本封記》，許阿瞿墓畫像石左方的墓誌及《孫仲隱墓誌》等。其時盛行厚葬，碑闕畫像，燦若繁星；而墓誌却寥寥無幾，且形式各不相同。這說明當時尚無設立墓誌的禮俗，偶有爲之而已，無怪乎南齊王儉聲稱"墓銘不出禮典"了。三國時，唯見曹魏有類似於墓誌的鮑捐、鮑寄及張□三神座（圖四）。

圖三　東漢《東門當葬磚》　　圖四　三國魏《鮑寄神座》及《鮑捐神座》

晋後墓誌流行於世

墓誌到晋代則漸漸增多，至南北朝就"王公以下，咸共遵用"了。推其原因有三：碑禁，動亂，好名。

先說碑禁。東漢後期，政治腐敗黑暗，門閥地主勢力強盛，各以名節相尚，標榜孝悌。府主守令死後，門生故吏要爲其守喪立碑；父兄死後，子弟破家厚葬，營造石室石闕，以此競相誇耀。如山東武氏石室西闕銘記中記道："造此闕直錢十五萬"；崔寔父死，"剟賣田宅，起家塋，立碑頌，葬訖，資産竭盡"。[①]另外，傳世漢碑碑陰，亦都能看到門生故吏出錢千百的數目。其時，王符曾尖銳地指出："今京師貴戚，郡縣豪家，生不極養，死乃崇喪，或至刻金鏤玉，襦梓楩柟，良家

---

① 范曄：《後漢書·崔寔傳》，中華書局，1965年。

造塋，黃壤致藏，多埋珍寶偶人車馬，造起大冢，廣種松柏，廬舍祠堂，崇侈上僭。寵臣貴戚，州郡世家，每有喪葬，都官屬縣，各當遣吏齎奉，車馬帷帳，貸假待客之具，競爲華觀。”這樣“但作煩擾擾，傷害吏民”。[①] 黃巾起義後，爲了恢復經濟，杜絕浮華之風，統治者一再禁碑。“至建安十年（205），魏武帝以天下雕弊，下令不得厚葬，又禁立碑。”[②] 而後魏文帝下過“薄葬詔”，高貴鄉公也立過禁令，[③] 五六十年間碑禁一直很嚴。在晉武帝咸寧四年（278），因禁令弛替，故又下詔曰：“此石獸碑表，既私褒美，興長虛僞，傷財害人，莫大於此。一禁斷之。其犯者雖會赦令，皆當毀壞。”[④] 因禁令森嚴，一些勋戚官僚、士族豪强都不敢立碑，衹得把墓碑做得很小，下部空兩三字的位置不刻，以便采用如碑直立的方式，放在墓室内。如《徐夫人管洛碑》《處士成晃碑》《沛國相張朗碑》《晉中書侍郎荀岳碑》等皆是。即使是晋朝開國元勛賈充的妻子、晋惠帝皇后賈南風的母親郭槐也不例外。這些碑形墓誌無引縴下棺的功用，故也就不刻如漢晋碑都有的“穿”（漢碑上大多刻有一圓孔，稱爲“穿”）。東晉時，碑禁一度鬆弛，故大臣長吏，常有私下立碑。[⑤] 東晋義熙中，裴松之曾上表議碑禁，言辭甚切，由是又加禁斷。[⑥] 至梁天監六年（507），“申明葬制，凡墓不得造石人獸碑，唯聽作石柱記名位而已”。[⑦] 當時，蕭秀身爲帝弟，爵列諸王，立碑尚須表請詔許，其制度之嚴，可以想見。[⑧] 故南朝以墓誌來替代碑銘，乃至“王公以下，咸共遵用”，百僚墓銘，或有太子諸王撰立。

再説動亂。自東漢末到隋統一南北，數百年間是我國歷史上戰亂最多、分裂最甚的時期。許多中原的士族地主紛紛渡江南遷北移，這些離開了故土的人，總盼望着骸骨能歸葬先人舊塋，故在死後設一墓誌，以待子孫遷葬。如在1965年北京西郊八寶山出土的《幽州刺史王浚妻華芳墓誌》，該誌立於永嘉元年，正值八王之亂，誌中大段文字記述祖、父、姻、親及墓葬所在地：“先公舊墓在洛北邙，文、

---

① 王符：《潛夫論·浮侈》，上海古籍出版社，1978年。

② 沈約：《宋書·志第五·禮二》，中華書局，1974年。

③ 沈約：《宋書·志第五·禮二》：“魏高貴鄉公甘露二年，大將軍參軍太原王倫卒，倫兄俊作《表德論》以述倫遺美，云衹畏王典，不得爲銘，乃撰録行事，就刊於墓之陰云爾。”

④ 沈約：《宋書·志第五·禮二》。

⑤ 房玄齡等：《晋書·孫綽傳》：“綽字興公。少以文才垂稱，於時文士，綽爲其冠。温王都庾諸公之薨，必須綽爲碑文，然後刊石焉。”

⑥ 沈約：《宋書·裴松之傳》。

⑦ 魏徵等：《隋書·志第三·禮儀三》，中華書局，1973年。

⑧ 姚思廉：《梁書·大祖五王·安成康王秀傳》載：安成康王薨，“佐吏夏侯曾等表立墓碑，詔許焉”。《南史·梁宗室下·安成康王秀》作“表立墓碑誌”。

衛二夫人亦附葬焉。今歲荒民饑，未得南還，輒權假葬於燕國薊城西廿里……故圖畫容儀，綴集往行，俾後之子孫以明先母之攸操云爾。"很清楚地看出，這種詳刊氏族及舊塋所在以便讓子孫遷葬故土的墓誌，與後世"慮陵谷貿遷，丘隴難識，故鑿誌埏陰，刊載氏族"，讓子孫辨別先人冢墓，不忘祖宗蔭德，兩者用意是有區別的。

再有 1964 年在南京戚家山出土的東晉謝鯤墓誌，亦同樣説明問題。其誌文爲："晋故豫章内史，陳（國）陽夏謝鯤幼輿，以泰寧元年十一月廿日亡。假葬建康縣石子岡，在陽大家墓東北□丈。妻中山劉氏，息尚仁祖，女真石，弟褒幼儒，弟廣幼臨。舊墓在滎陽。"它反映了當時南渡的一些士族地主引領北望，希冀一旦克復中原，骸骨能歸葬故土的心情。迄今考古發掘到的長江中下游地區的東晉墓已有數十座，其中十餘座有墓誌，除個別簡單地祇刻姓氏外，從墓誌所記籍貫來看，墓主幾乎都爲北方僑遷來的山東、河南士族。[1]

在北方，由於戰火不斷，故在十六國時期和北魏孝文帝遷洛以前，墓誌寥若星鳳。北魏自文成帝以後，北方的民族矛盾已趨緩和，孝文帝即位後，馮太后、孝文帝先後進行了各種改革，北方經濟得到很大恢復。孝文帝於太和十八年，把都城由平城（今大同）遷到洛陽。接着，他實行了一系列改革鮮卑舊俗的措施，其中之一是："詔遷洛之民，死葬河南，不得還北。"[2] "遷洛之人，自兹厥後，悉可歸骸邙嶺，皆不得就塋恒代。"[3] 這些措施都是强制性的，許多鮮卑貴族在無可奈何的心情下，設一墓誌，以待時機讓子孫遷葬代北。後來長時間經濟生活的變化使定居在洛陽的鮮卑貴族開始耽於逸樂，也不再想遷回代北舊地了，而設立墓誌的風氣却在上層階級形成了一種制度被固定了下來。[4] 這種雖非戰亂而是政治原因帶來的變動，亦促使了墓誌的驟增。此所以近代邙洛北魏墓誌間出，而其數量遠過南朝墓誌也。

還有好名。東漢時士大夫以名節相尚，刻石紀功、樹碑頌德之風盛行，好名

---

[1] 1979 年 9 月在吳縣甪直鎮出土張鎮墓誌，誌作碑形、誌文除記張鎮官爵、籍貫、姓名、夫人身份、卒年及生前名望等外，最後有"千世邂逅，有見此者，幸愍焉"之語，與一般東晉墓誌有所不同。張鎮，吳郡人，爲江東士族。有關張鎮墓誌詳細情況，可見鄒厚本《東晉張鎮碑誌考釋》，《文博通訊》第 27 期。

[2] 魏收：《魏書·高祖紀下》，中華書局，1974 年。

[3] 魏收：《魏書·文成五王列傳·廣川王略》。

[4] 1975 年在呼和浩特市内發現的北魏墓，隨葬物的形制與河南洛陽地區發現的北魏王公貴族墓的出土物毫無二致，反映了代北拓跋鮮卑的上層也已漢化，年代當在孝文遷洛以後。而墓中無墓誌，這也可作爲一旁證，説明邙洛一帶北魏王公貴族墓中都設墓誌，有遷葬代北的用意。

之風，代相增長。曹操雖一生節儉去奢，然其申述初志，也説："欲望封侯，作征西將軍，然後題墓道，言漢故征西將軍曹侯之墓。"[1] 更有《晋書·杜預傳》載："預好爲後世名，常言'高岸爲谷，深谷爲陵'，刻石爲二碑，紀其勛績，一沈萬山之下，一立峴山之上，曰：'焉知此後不爲陵谷乎！'"爲了要流芳百世，而別出心裁如此。晋人是很相信有陵谷遷變、滄桑更替的。[2] 西晋石尠、石定墓誌都有"刊石紀終，俾示來世"之語。一些"好爲後世名"者，在碑禁森嚴時，就在壙中設誌，待"陵谷貿遷，以示來昆"。後世碑禁鬆替時，就往往碑誌皆設。元魏、高齊無碑禁，或許當時邙洛漳濱王公妃嬪之墓碑誌皆立。而中原多兵燹，地表蕩然，除有少數巨碑至今還幸存外，祇見墓誌出土，觀其時誌銘文辭，多有懼山海移易，鎸勒金石，傳之不朽之語，其好名傳久之用心明白無遺。

墓誌形制的形成

兩晋南北朝實爲墓誌演變之關鍵時期，由於各個時期的社會環境、政治氣候、心理狀態的不同，在墓誌的形制上也顯示出不同的特徵。

西晋墓誌受碑禁影響，許多墓誌都作碑式。如郭槐柩銘、徐義墓誌、荀岳暨妻劉簡訓墓誌、劉韜墓誌等都作圭形（尖首），郭槐柩銘更有方趺；管洛碑、成晃碑、張朗碑、魏雛柩銘等都作琬形（圓首），或加裝飾作螭首。這些墓誌都是碑的縮影，放置時亦是植立於墓室中的。還有一些墓誌則簡略作長方形，往往正背面刻文，亦有施之兩側而四面環刻的。如華芳墓誌、石尠墓誌。其下端常不鎸字，可知其也是植立的。這些類似碑式的墓誌到元魏時期尚能屢見。如太和二十二年（498）元偃墓誌、二十三年韓顯宗墓誌、正始四年（507）奚智墓誌等。唐宋人雖間有之，僅千百之中一二而已。西晋這種墓誌在文體上大抵也一仍漢碑之舊，有序有銘，先序後銘。銘或稱辭、稱頌，且往往有題首，如"夫人宜成宣君郭氏之柩"等。歷來認爲有題首、有銘辭而稱墓誌銘者，始自劉宋大明八年（464）劉懷民墓誌銘，而墓誌有銘、加題首則由來远矣。諸如樂生墓誌則類似東漢刑徒葬磚，而左棻墓誌之形制、格式則已開東晋墓誌之先了。

東晋墓誌多用磚爲之，誌文所記，大抵分爲三方面：一記墓主姓名、歷仕、

---

[1] 陳壽：《三國志·魏志·武帝紀》建安十五年裴松之注，中華書局，1971 年。

[2] 葛洪：《神仙傳》云："麻姑謂王方平曰：'接待以來，已見東海三爲桑田；向到蓬萊水淺，淺於往者會時略半也；豈將復爲陵陸乎。'"

里貫；二記生、卒、葬日期及葬地；三記祖考子女姻親姓名、官職，而少紀功述德之浮文，亦不繫銘辭。從目前發掘情況看，設墓誌的墓葬，絕大部分爲南渡的山東、河南士族，原其初衷，設誌以待子孫遷葬舊塋，而非好名以"俾示後昆"，故墓誌多不講究。

至劉宋、蕭齊時，墓誌多爲石質，作扁方形，平放於墓中，故背面亦不刻字。誌文前面加一題首，如"宋故建威將軍齊北海二郡太守笠鄉侯東城城主劉府君墓誌銘"（《劉懷民墓誌》）、"齊故監餘抗（杭）縣劉府君墓誌銘"（《劉岱墓誌》）。內容除東晉墓誌所記三方面之外，更列叙生平事迹，且繫之以銘。銘辭有時放在誌文前面，也有放在誌文中間的，說明格式尚未定形。這時的墓誌往往要請大手筆來書撰，這些都是與東晉墓誌迥然不同的。因爲到南朝，那些僑遷來的中原士族子孫也不再有歸葬舊塋的想法了，設墓誌祇是成了無碑策者"紀德"的一種形式。故誌文漸次增長，近年在南京燕子磯出土的梁普通二年（521）《輔國將軍（失名）墓誌》，誌文竟長達三千七百餘字。在南朝中晚期墓葬中，還發現一些龜趺圓首墓誌，通高約40厘米至80厘米，大多置於甬道，也有在祭臺前的，龜首向外，多數誌首無穿，形制一如安成康王蕭秀、始興忠武王蕭憺墓碑，爲地表墓碑之縮影。由於質地是石灰岩，在地下長期受侵蝕，誌文幾乎都已剝落無存。這類墓誌與地表同式樣的墓碑，當爲梁代"表立"而"詔許"的諸王侯的墓碑誌，是那時期的特殊產物。

元魏墓誌多作正方形，兩石相合，平放墓中。上面爲蓋，文字作篆、作隸，亦有真書，猶如碑之額；下則爲誌銘，開頭有題首（圖五）。自此而後，永爲定式，雖間有把墓誌作爲各種特異形狀者，祇是少數，別出心裁而已。

從西晉開始，墓誌大量產生并不斷演變，到元魏時形制方固定下來，後代祇是小有變化而已。所以說西晉至元魏，乃墓誌演變之關鍵時期。

隋唐後墓誌的特點

隋唐至清，顯貴達官往往碑誌并設，一般的則單設墓誌，與前代相比，不同之處有四。

一是設誌的範圍擴大了。除常見有庶人平民的墓誌出土外，僧尼葬處也常立塔銘，然塔銘不盡埋於土中，此又墓誌用之於宗教也。

二是設誌的地域更廣袤了。除青藏地區外，西起新疆，東極於海，北至白山黑水之間，南盡兩廣雲貴都有設誌的墓葬。

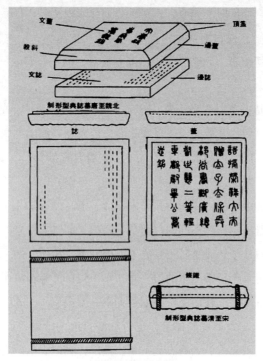

圖五　墓誌形制

　　三是質料更多樣了。如在吐魯番阿斯塔那、哈拉和卓發掘的麴氏高昌國墓葬中，出土了墓誌百餘方，除磚、石質的以外，也有簡陋而用石片、土坯及木板的。唐以後，製瓷業發達，在一些著名產瓷地區，如浙江、江西都發現有歷代燒製的瓷質墓誌或刻寫有誌文的器皿。

　　四是出現了非漢文的墓誌。1955 年，在西安西郊出土了祆教徒蘇諒妻馬氏墓誌，誌文爲漢文與波斯婆羅鉢文合刻。遼代墓葬中除了發現過大批的漢文墓誌外，在翁牛特旗毛不拉拉溝出土的《故耶律氏銘石》、阜新臥鳳溝出土的《許王墓誌》及河北興隆縣金國貴族蕭仲恭墓出土的長達二千三百字的墓誌，都爲契丹小字；在阿魯科爾沁旗出土的《北大王墓誌》和朝陽柏木溝《耶律延寧墓誌》的文字結構與上述墓誌不同，且都同列漢文，當爲契丹大字。在滿清，一些皇室貴族的墓誌亦往往滿漢文合璧。

　　從隋唐墓誌形制來看，可見其逐漸呈現有規律變化。隋及初唐時期，墓誌蓋頂寬大，斜殺小，誌蓋、誌側多無紋飾，或刻忍冬蔓草花紋，遒勁大方；至盛唐以後，斜殺漸大，盝頂逐次增高，呈覆斗狀，紋飾多刻蔓草、海石榴、四神十二時像，綫條豐滿舒張；德宗建中以後，多刻四神、海石榴、雲氣，題材較爲多樣，紋飾繁縟，而綫條則鬆散無力。藝術亦與一朝國運盛衰相關。五代十國墓誌形制，尚因襲唐代，至宋，誌蓋已不作覆斗狀而多方正，明清繼承宋制，蓋、誌二石對合，以鐵條箍緊（參見圖五）。

南北朝後期，墓誌始有撰、書人姓名，然僅見數塊而已，初唐時亦寥寥無幾，至盛唐而漸增，中唐以後，幾乎都必有撰、書者姓名了。且以得名家手筆爲榮，至不惜重金爲酬。[①]誌文亦不像前代記爵里姻親，簡述行詣了，而是鋪叙功伐，摛辭擷藻，故唐宋間多千字以外之文，煩瑣冗長，尤以宋代爲甚。如北宋張顯夫婦合葬墓誌有二千五百餘字，《包拯墓誌銘》約三千二百字，超出《宋史》本傳。葉昌熾以爲"蘇氏兄弟作誌文有至四五千字者，斷難刻置墓中，或竟撰文存集而實未鐫刻"，見《包拯墓誌銘》，知當時文長四五千言，亦不無可能。

隋唐墓誌的數量大大超過了前代。隋朝雖衹有短短三十七年，而已見出土墓誌二百餘方。唐代則更多，河南新安縣張鈁"千唐誌齋"就收藏了唐墓誌一千一百九十三塊，而至今出土總數，當不下數千了。《語石》中提到："宋墓誌新舊出土者視唐誌不過十之一，元又不逮宋之半。"唐以後墓誌之所以少，我看是因年代較近，不爲人所重視、搜集，而旋出旋棄的緣故，非設墓誌的風俗有所衰落也。明代唐順之尚譏笑過當時設置墓誌之濫："近日屠沽細人，有一碗飯吃，其死後必有一篇墓誌，此亦流俗之最可笑者。"[②]明以前平民庶人，"無殊才異德"，墓誌僅能記姓名、籍貫、祖父、姻媾而已，明代中後期那些爲士大夫不屑一顧的市井小人居然也要鋪事摛辭，作起長篇墓誌了，説明當時市民階層的地位越顯重要了。

二　墓誌的書法

自康雍後見重於世

碑刻書法，漢人已頗爲重視，蔡邕才藝冠絕當代，求其書撰碑銘甚夥，嘗有慚德之嘆。晋至宋，書法皆爲二王所牢籠，漢魏碑誌無人眷顧，至明時始有

---

① 劉禹錫：《祭韓吏部文》云："公鼎侯碑，誌隧表阡，一字之價，輦金如山。"又，錢泳：《履園叢話》載："白樂天爲元微之作墓銘，酬以輿馬、綾帛、銀鞍玉帶之類，不可枚舉。"
② 見唐順之《荆川先生文集》卷六"答王遵岩書"，上海商務印書館縮印明刊本。

留意漢碑而施之氈蠟。清康雍間，先後得《崔敬邕》《刁遵》二誌，文人相繼評價，何義門跋《崔誌》云："入目初似醜拙，然不衫不履，意象開闊，唐人終莫能及，未可概以北體少之也。"[①] 觀此論已開包安吳推崇北碑、康南海尊魏卑唐之先河。墓誌書法，於是乎爲士林注目。其先，《朱岱林墓誌》雖已出土，然無人問津。而後，邙洛漳濱魏齊墓誌往往一出，遂爲考訂家之資料、收藏家之瑰寶，而爲臨池者之範本也。清代以前，墓誌雖亦見於歐（陽修）、趙（明誠）、南邨（陶宗儀）著錄，然不遑論及書法，也罕爲人所愛重，有之，唯王獻之《保母磚誌》一通而已。此誌拓本曾經姜夔、周密、鮮于樞、仇遠等宋元名家題跋，皆贊美備至。然此誌乃南宋時人僞作，鐵案已定，向之諸家非注重於墓誌之書法，實謨拜於小王名下也，故爲贗品所欺。由此可曰，墓誌書法爲世愛重，自清康雍時始。

墓誌書法特點概論

墓誌書法，品之有四美，茲分而詳述如下。

一曰數量衆多，無體不備。墓誌書體篆隸真行草皆備。秦代筒瓦誌文作篆，北魏以後墓誌亦多以篆書作蓋，而筆畫結構富有裝飾性。東漢刑徒葬磚全爲草率隸書，兩晉誌文亦以隸書爲多，唐以後作隸書者較少，博洽如葉昌熾，僅見五石。近數十年出土墓誌作隸書者，其數遠不至此，然與真行書比，還衹是一小部分。自南北朝始，墓誌大多作真書。唐以後間有行書。草書因難認而不適用於碑銘，故絕少作，墓誌中唯見章炳麟撰、于右任草書之《富平胡太公墓誌》，奇崛逸宕，可補草書墓誌之闕。

二曰埋於幽冥，完好如初。漢魏碑刻，多露於地表，經風化雨蝕和人爲損壞，以致面目全非。墓誌則刻成便納於壙中，後世出土，除南朝部分墓誌爲石灰石質，長期在地底受潮氣侵蝕，多漫漶剥落外，皆如新發於硎，施之氈蠟，即晉魏隋唐之初拓也，宋明舊拓，論清晰完好，豈可與之同日而語哉！康有爲建"卑唐説"而盛贊小唐碑，一爲唐墓誌多工絕而不失六朝矩矱；二爲六朝隋唐墓誌皆完好無恙，出土日新，從此入手便與歐虞争道。

三曰書寫精美，鎸刻工致。碑刻誌銘書法，可看作書寫與刀刻兩種藝術

---

① 何焯：《義門先生集》卷八，清道光三十年（1850）姑蘇刻本。

的結合。北魏《元暉墓誌》左上角數行字筆畫較粗，而結構與其他部分相類，顯然爲一人所書、二人所刻，效果判然分明。其他如《常季繁墓誌》，如睹墨迹，而十五行以後，漸顯粗率。南北朝以來，誌銘以祈傳之來昆，而壙中狹小，墓誌通常高廣在二三尺以內，字數又多在數十百至千餘，故寫刻皆精絕。

四曰礱磨平光，椎拓精細。摩崖往往石面凹凸不平，使拓本斑駁、字口模糊，如看霧裏亭臺，僅具輪廓而已。而豐碑巨碣又多在窮鄉僻壤，荒嶺野冢間，塵積苔侵，或沉埋於榛莽之中。土著有賴椎拓謀生者，常不加洗剔，磨泐掩埋處亦惜紙墨工力而不拓，以致精本、整本難得。舊拓與精拓，難有兩全其美。墓誌則不然，因其精小，多由私人據爲己有，藏諸內室，陳諸几席，良墨素紙，親加監拓。故墓誌拓片，皆字字清晰，無毫髮遺恨。

然墓誌書法有不足處二，曰少氣勢，曰易作僞。

墓誌文字，大者作寸楷，小者斗方千言。因其字小，囿於界格，論精美工麗爲所長，而求渾厚開張則難與摩崖碑碣比肩也。包世臣稱北魏《刁遵墓誌》"取勢排宕，結體莊和"，"與《經石峪》大字、《雲峰山》五言、《鄭文公碑》爲一種"。似則似矣，然以盆景作山林，自難見大氣勢也。

豐碑巨刻難以贋造，而墓誌石小，形制雷同，埋於幽冥，不見於前人著錄，易作僞而取信於人也。葉昌熾《語石》云作僞手段有兩種，一爲"憑空結撰者，如世傳《涼州刺史郭雲誌》《女子蘇玉華墓誌》《黃葉和尚墓誌》，皆題爲歐陽詢書。無其人，無其事，謬種流傳，稍有識者能辨之"。另一種爲"後添蛇足"，如《蕭勝墓誌》加刻"刺史褚遂良書"六字，《劉智墓誌》加刻"武功蘇靈芝書"六字。此二石原爲唐誌，且不失爲佳刻，作僞者無非是添上名家姓名而增重之也。還有一種手段爲葉氏未道，即"魚目混珠"。藏家得一六朝墓誌，珍秘不以示人，亟仿造一石，以應觀者及椎拓。《劉韜》《元顯儁》《刁遵》《崔敬邕》《鞠彥雲》《李謀》《董美人》《常醜奴》諸誌皆有複刻，多至再三。然複刻者拘謹不自然，或肥或瘦，或有缺失，形似而神傷，與初拓相校可立辨。

墓誌書法時代的特徵

墓誌書法，歷代因受社會習俗、文字演變及書風崇尚諸因素的影響，各有特徵，下面述其大概，以供書法愛好者參考。

秦代刑徒誌文是在筒瓦上草率刻畫而成，轉角處多呈方折，顯示出圓轉的篆書向着方折的隸書過渡。因其不求工整，時時流露出一種拙趣。

東漢刑徒葬磚出土已有千餘，其文字皆信手寫刻而成，不作波磔，而顯得天真爛漫。同朝代的數通墓誌，文字也不加整飾，寬博古拙、樸茂遒勁，風格分別與《三老諱字忌日記》、《陽三老食堂題字》和《武梁祠畫像題贊》相類。傅青主云："漢隸其不可思議處衹是硬拙，初無布置等當之意，凡偏旁左右、寬窄疏密，信手行去，一派天機。"這些葬磚墓誌真是此種境界。學隸書者，不妨可從漢代葬磚墓誌中吸取營養，不必字字墨守蠶頭燕尾也。

西晉墓誌悉爲隸書，字形與《孫夫人》《郛休》《辟雍碑》相近，雖時有俊逸之致，而樸茂之風漸失。

東晉墓誌多爲磚質，寫刻一任工匠爲之，不論工拙也。然從字體上看，東晉墓誌由隸書而隸楷雜糅到楷書，隨年代先後而漸次嬗變。所傳王獻之書《保母磚誌》共一百二十字，作行書，形體與《稧帖》相似，以當時墓誌特徵來衡量，顯爲僞迹。

劉宋以後，墓誌視同碑策，作傳勒銘，寫刻工致，此制傳諸元魏，變本加屬。此時期南北墓誌書法之美，燦若群星。《劉懷民》《鞠彦雲》（圖六–1、圖六–2）二誌，如璞玉渾金，與《爨龍顏》《西岳》《嵩高靈廟碑》相似；《蕭偉誌》雍容舒展，疑與《蕭憺》《蕭秀》二碑同出一手；《刁遵誌》寬博遒勁，與《鄭義上下碑》爲一類；《胡明相誌》瘦硬精正，與《高慶》《高貞》二碑相比，秀逸更爲過之；《元詳》《元彦》二誌方勁茂密，與《張猛龍》《賈思伯》二碑爲一家眷屬；《孟敬訓》奇側跌宕，可與《馬鳴寺根法師碑》相頡頏；《楊範誌》及《鞠彦雲誌蓋》刻削雄強（圖六），與《龍門造像》同一品流。更有《張玄誌》駿利疏朗、遒厚精古，後之《敬顯儁》《雋脩羅》二碑差可望其項背；《皇甫驎》《劉玉誌》鐵畫銀鈎、古逸有致，隋之《張鳳舉》《崔玉》二誌以繼其蹤；《元倪》《鄭道忠誌》秀雅凝練，已開褚（遂良）薛（稷）法門；《司馬顯姿》《元新成妃李氏》《司馬昇誌》韶美流媚，隋《董美人誌》實汲其流波。當時佳刻，難以一一列舉。前人稱北魏墓誌如"千巖競秀，萬壑爭流"，洵非過譽也。總而論之，正光以前墓誌，氣象淵穆渾厚，正光以後，則多趨秀逸疏宕。

圖六-1　北魏《鞠彦雲墓誌》及墓誌蓋　　　　圖六-2　北魏《鞠彦雲墓誌》及墓誌蓋

　　墓誌至東魏北齊，體勢雖寬博，而已近鬆散，且別字連篇，還常以隸筆入楷，顯得浮佻輕滑；或使篆、隸、楷三體雜糅，多涉詭異醜怪。北齊之《朱岱林誌》雄秀飛動；《乞伏保達誌》麗則典雅，可算是鶴立雞群了。

　　隋代墓誌已見者有二百餘通，著名如《董美人》《常醜奴》《陶貴》《蘇慈》《元智夫婦》諸誌，實可上承元魏之勁拔，下啓李唐之秀整。一些宮人墓誌，亦多清麗可愛。此外有許多隸書墓誌，如《劉多》《馬稺》《張姜》《張儉》《王榮》諸誌，比之晋代隸書，更顯工整平穩，實已開唐隸格局，樸茂遒逸之風，亦蕩然矣。

　　唐人重碑誌，關中墓誌多宗尚歐虞褚薛四家之體。由於褚遂良官高權重，書體又新，故而受褚之影響爲最大。如《蕭勝誌》（永徽二年）、《李文誌》（麟德元年）、《張玄弼誌》（永昌三年）、《張慶之》、《張敬之》、《張景之》（皆天授三年）等，悉爲褚字，幾可亂真。河南出土的唐初墓誌書法，多保存北魏至隋的面目。康有爲盛稱的"小唐碑"即指此類。唐代四百年間墓誌書法凡數變，葉昌熾論之較詳：

　　　　大抵自唐初至宋約分五變：武德貞觀，如日初升，鴻朗莊嚴，焕然有文明之象；自垂拱迄武周長安，超逸妍秀，其精者兼有褚河南、薛少保之能事；開元天寶變而爲華腴爲精整，盛極而衰，蘇靈芝、吳通微之流即出於是時；乾元以後，體格稍卑，其流派亦分爲二，以肉勝者多近蘇靈芝、王縉，以骨勝者多近柳誠懸；至開成，遂有經生一派，學歐者，失之枯臘，學虞者，失之沓拖，浸淫漸漬，馴至爲宋初之袁正己、孫崇望。於是，蘇黃諸家始出而振之，此書學遷流之大概也。①

宋人墓誌傳世較少，書法尚不失流利。至元、明、清三朝，誌蓋多作玉箸篆，誌文多作工楷，寫刻精整，然亦絕無性靈氣韻可言矣。

李唐以後，墓誌多著書撰人姓名，而名家亦常爲之，見於文集、著錄者，其數不下千百，傳世而著稱者：唐有虞世南《汝南公主墓誌》稿本（圖七），此本一説爲臨本，論者不一。歐陽通《泉男生墓誌》，誌文不爽一字，峻峭勁拔，爲晚年精心極作，於《道因法師碑》更勝一籌，實爲誌中瑰寶。徐浩《張庭珪墓誌》，近年出土，遒健俊秀，爲唐隸之佼佼者。宋有徐鉉《太原溫君墓誌》，蔡襄《朝奉郎劉爽墓誌》，蘇軾《乳母任氏葬誌銘》，黃庭堅《王長者墓誌銘》和《史詩老墓誌銘》二墨迹，米芾《章吉老墓誌》和近年出土的殘墓誌，張即之《李伯嘉墓誌》。元有趙孟頫《鮮于府君墓誌》，宋克《七姬權厝誌》。明季墓誌也不乏名家所書。文徵明年高九十，"爲御史嚴杰母書墓誌，已，擲筆而逝"。② 書家與墓誌有如此不解之緣。

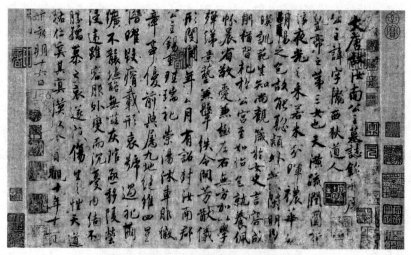

圖七　唐虞世南書《汝南公主墓誌》墨本

①　葉昌熾：《語石》卷四"墓誌"，《石刻史料新編》第 2 輯，新文豐出版公司，1979 年。
②　王世貞：《弇州四部稿》卷八三，《景印文淵閣四庫全書》第 1280 册，臺灣商務印書館，1986 年。

唐後墓誌書法之式微

唐以後墓誌之書法不爲人所重，究其原委，不外這三方面。

年代晚近易得。藏家總是珍視年代久遠的碑刻。清乾隆間在河南偃師掘得晋劉韜墓誌，後歸武億。況周頤《蕙風簃隨筆》載："武虚谷得此石於桃園（應爲杏園），珍秘特甚。亟仿造一石，應索觀及索打本者，真者則什襲而韞藏於櫃。虚谷歿後，其猶子疑其寶器也，夜盜之出，竭畢身力幾弗及負荷，及啓視，石也，則怒而委之河。"《劉韜》誌文不多，字亦平平，武億之所以珍秘如此，是因爲"晋碑世不多有，而此誌尤喜爲余得獨不淪毁"。① 這是當骨董看了，非爲書法也。而唐以後墓誌以晚近易得，就不加珍惜，往往旋出旋棄。

名家墨迹猶存。晋唐遺墨已成鳳毛麟角，而宋以來，即便名家如蘇黄米蔡，傳世墨迹尚多，故下真迹數等的碑刻就不稀罕了。葉昌熾有次在北京琉璃廠見到一本宋《曹豳墓誌》舊拓本，宛似東坡手筆，且索價不高，因其是宋誌，當時未購，後爲一前輩購去，始知爲僅見孤本，後來時時悔之。宋石中名家所書尚一時不在乎，則無論明清了。

書法平庸少變。葉昌熾搜集了唐墓誌三百餘通，并品評高下："至精者百通，又百通遜而居乙，其餘皆等之自鄶以下，然書雖不工，自有氣韻，雖宋元名家之筆，亦未能遽到。"唐以後則多工整刻板，平庸少變，千人一面，氣韻全失。這應爲臨池者所不取的最大原因。

以上所述，非獨墓誌如是，其他宋以來碑刻皆此遭遇。總而言之，墓誌爲碑刻之大國，書法之淵藪，愛好和研究書法的同志當留意着力於斯！

---

① 　武億:《偃師金石遺文記》,《石刻史料新編》第 2 輯。

魏碑體考論[*]

叢文俊

　　自清代碑學以來，論說魏碑書法者甚多，而對其書體特徵、基本的風格樣式形成的歷史綫索，至今尚無論說與證明。筆者將根據個人的學習體會，試圖彌補這一缺憾。至於和本課題相關的清河崔氏、范陽盧氏二門楷法的傳承及其與魏碑體的關係，將另文考述。

　　所謂魏碑體，即北魏刻石書法中作爲主流、有其楷書典範樣式的作品類型，以洛陽周圍出土的皇室和元姓貴族墓誌爲代表。它的形成，歷時較長，因素亦多，需要多方求證。一是把握書寫的字形體勢與風格，關注時間接近、可以作爲參照的墨迹；二是考察刻石書法的自身發展綫索；三是研究鑿刻工藝時尚，瞭解它們是如何改造書寫原貌，使之成爲"二次完成品"的，尤其要注意比較不同用途的作品，如墓誌和造像記的面目差異中刀鑿因素所占比重等。就現象做簡單、直觀的判斷論說，前人已失誤太多，理當捐棄。^①

　　北魏初期，拓跋鮮卑東西征戰，亂世中的佛教也轉向衰落。太武帝崇奉道教，於太平真君七年（446）詔令在長安屠殺僧侶，燒滅佛經，毀壞佛像，使佛教遭受滅頂之灾。文成帝即位，佛禁乃解。其復佛詔云：

---

　　*　　本文原刊於《中國書法》2003 年第 3 期，後收入《揭示古典的真實——叢文俊書學、學術論集》，中州古籍出版社，2003 年，作者同意入編本書。

　　①　　詳見拙文《關於魏晉出土文字遺迹的性質與學術意義的分析》，《叢文俊書法研究文集》，中國文聯出版社，1999 年。

（釋迦如來）助王政之禁律，益仁智之善性，排斥群邪，開演正覺，故前代已來，莫不崇尚，亦我國家常所尊事也。①

恢復佛教的後果之一，就是在平城、長安、敦煌等地迅速形成龐大的寫經市場，傭書成爲一種較好的謀生職業。《魏書·劉芳傳》云：

劉芳，字伯文，彭城人也。……慕容白曜南討青齊，芳北徙爲平齊民，時年十六。……芳雖處窮窘之中，而業尚貞固，聰敏過人，篤志墳典。晝則傭書，以自資給。

芳常爲諸僧傭寫經論，筆迹稱善，卷直以一縑，歲中能入百餘匹，如此十數年，賴以頗振。②

晉唐寫經文字，往往工拙有異，幷無一定的體式，而以簡便筆法、快速書寫爲其共同特徵。後世有“經生體”之目，蓋亦出於此。寫經者但爲換取口食之資，必須注重工作效率，藝術的需求是次要的。士人傭書，亦不能例外。我們祇能推想，士人訓練有素，在“筆迹稱善”之餘，還會有些學養的意蘊滲透其中，工美爲其基本的價値取向，係既定的立場、觀念使然。和一般的傭書寫經相比，應該有着《論語·子路》所謂“君子和而不同”的細微差別。又《魏書·蔣少游傳》云：

蔣少游，樂安博昌人也。慕容白曜之平東陽，見俘入於平城，充平齊戶，後配雲中爲兵。性機巧，頗能畫刻。有文思，吟咏之際，時有短篇。遂留寄平城，以傭寫書爲業，而名猶在鎭。後被召爲中書寫書生。③

劉芳、蔣少游都是强徙平城的平齊民，劉以傭書自振，蔣以傭書干祿，表明鮮卑統治者對有才能的漢族士人，還能做到擇賢任用。又，蔣少游書法能同時滿足傭書、政府抄寫文件圖書之用，表明當時社會上下之取尚有其一致性。這種一致性的特點是“趨時近雅”。趨時，指北魏在沒有必要的文化依托和制度保障的情況下，書法

---

① 魏收：《魏書》卷一一四《釋老志》，中華書局，1974 年，第 3035~3036 頁。
② 魏收：《魏書》卷五五《劉芳傳》，第 1219 頁。
③ 魏收：《魏書》卷九一《蔣少游傳》，第 1970 頁。

取尚有"約定俗成"的特點，亦即時文楷法有其通俗性；近雅，指漢族士大夫之書雖少名家風範的薰陶，而固有的文化傳統和審美習慣會使其書法趨向雅正，儘管其"雅正"已和江左風流質文相異。又《魏書·崔光傳》云：

> 慕容白曜之平三齊，光年十七，隨父徙代。家貧好學，晝耕夜誦，傭書以養父母。太和六年，拜中書博士……①

又《魏書·崔亮傳》述云：

> 及慕容白曜之平三齊，內徙桑乾，爲平齊民。時年十歲，常依季父幼孫，居家貧，傭書自業。②

童子而能傭書，表明儒業傳承，夙有積習。若此之漢族士人，大概祇是平齊民中傭書自業的一小部分。有他們的加入，對提高傭書群體的書法水準，使寫經趨近成熟，體現通俗的美觀與規範，必將有所助益。至於崔光、崔亮在傭書時還能否恪守其傳衛之家法，獨立於世俗之外，并不重要。

從現有資料來看，寫經與魏碑體的關係最近。例如，晋人寫經《第五十三品釋論》（圖一），字勢傾側而略呈梯形，用筆方折而平直帶過，已初備魏碑體的基本特徵；十六國寫本《晋陽秋》（圖二）略與之仿佛，表明寫經和抄書的書寫群體及其書寫習慣風尚的一致性。斯風相沿至北魏，表現更爲清楚（圖三、圖四）。而一旦加諸刀斧之迹，即會與同時的造像記、碑誌中的某些作品無異。如果進一步美化規範，再經過鑿刻的棱角誇飾，則將成爲魏碑體的佳作（圖五～圖七）。這裏，我們要有很好的想象力，以彌合墨迹與刻石之"二次完成品"的距離。相比之下，某些認真抄寫的古書遺迹反而距魏碑體較遠，如北魏司馬金龍墓木板漆書（圖八）。此情形足以表明，魏碑體自通俗的類於寫經的書法時尚中規範、脫化而出。應該看到，在佞佛的風氣中，書法取尚上下趨同，這對魏碑體的迅速成熟，形成一定的通行樣式，有着重要的意義。如果沒有鼎盛的佛教和寫經活動作爲媒介，在不暇講習文字，也不重視書法的北朝，能使北方廣大地區的各類刻石書法面目有着驚人的一

---

① 魏收：《魏書》卷六七《崔光傳》，第 1487 頁。
② 魏收：《魏書》卷六六《崔亮傳》，第 1476 頁。

致性，是不可想象的。這樣説，旨在强調寫經和魏碑體之間的共性與親緣關係，并没有把士大夫、文史之書和寫經等同起來。作爲士大夫、文史書法，應該以其文化修養和較好的書寫能力，使筆下較多地體現工美規範，代表了知識階層的價值取向，這也是洛陽、長安一帶皇室成員、元姓貴族、達官顯貴墓誌書法多循精美一路的根本原因。作爲寫經書法，始終與實用、快捷等反映職業特色的功利性相聯繫，審美的需求遠不如快寫、多寫以換取口食之資的目的强烈。所以，寫經書法始終未能和雅文化銜接并融入主流，功利使然。换言之，寫經成就了魏碑體，而其自身却祇能當配角。

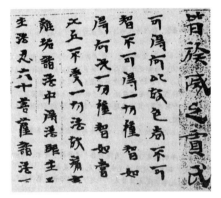 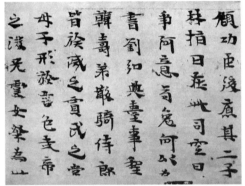

圖一　晋人寫經　　　　　　圖二　十六國寫本《晋陽秋》

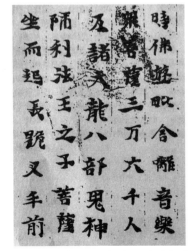 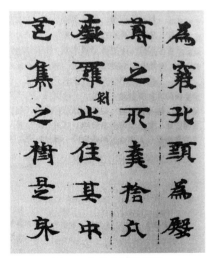

圖三　北魏太和十一年（487）寫經卷　　圖四　北魏大般涅槃經

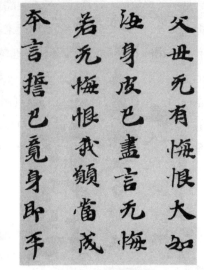

圖五　北朝晚期大般涅槃經　　　　　圖六　西魏賢愚經

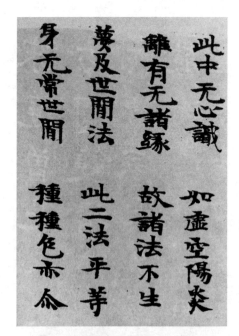

圖七　北周明帝二年（558）寫經　　　圖八　北魏司馬金龍墓木板漆書

　　關於魏碑體在刻石書法中的歷史綫索，我們可以放到魏晉十六國北朝的大背景下考察，盡可能地復原其發展的全過程。

三國時期的楷書，曹魏僅傳鍾繇一家，無碑，係其楷、隸用途分明所致。東吳有三種：一爲傳皇象書《松江本〈急就章〉》，楷、草對照，楷作晉以後筆法，不足信；二爲《葛府君碑》，傳世拓本僅碑額十二字，字法近唐，前人業已疑之，本文亦不取；三爲《谷朗碑》，鳳凰元年（272）四月書刻，字在楷、隸之間，與樓蘭出土《急就章》殘紙的書體特徵近似。上述作品均對探索魏碑體淵源没有意義，此從略。

晋人作品與魏碑體有關者，是南渡以後的墓誌和邊遠地區的碑刻。其中重要者爲東晉永和至咸安年間（348~372）的王興之夫婦、王閩之、王丹虎、王建之等王氏家族墓誌，以及《劉剋墓誌》《王仚之墓誌》，雖然鑿刻草率，而書字并同（圖九）。其字楷隸雜糅，延續性極强，筆者曾視其爲“工匠或傭書所用受時文影響而蜕化的銘石書”，其書寫原貌也盡爲刀斧之迹所掩。[①] 這裏要補充的看法有二。其一，這類作品獨立於以二王爲代表的士大夫書法風流之外，書體不能純正，其風格特徵和北魏前期的銘石現象頗爲相似。此足以表明，魏碑體的形成與江左風流不在同一層面，而是建立在約定俗成的蜕化銘石書的基礎上，不斷地加入演進中的北方時文楷法而成。大量的典型魏碑體作品的隸書孑遺，也可以證明。其二，鑿刻工藝南北亦多相同之點，它將有助於探討魏碑體中“刻風”所占位置及其歷史淵源。此外，出土於四川巴縣的東晋隆安三年（399）《枳楊陽神道闕》、出土於雲南曲靖的大亨四年（405）《爨寶子碑》，均地處邊遠，書字與上述傭書和工匠作品近同，祇是更爲誇張，使方折坳翹的隸書本源更爲突出一些[②]（圖十）。

南朝刻石對研究魏碑體有意義者爲劉宋時物。一是出土於雲南陸良的《爨龍顔碑》，大明二年（458）九月書刻。阮福跋云“字體方正，在楷隸之間，畢肖北魏名碑”，[③] 頗是。歷史地看，它應爲《爨寶子碑》書體的演進，二者屬於蜕化銘石書的接續發展，對考察魏碑體的萌生和演化過程，頗有益助。二是出土於山東益都的《劉懷民墓誌》，大明八年（464）正月書刻。該地曾屬南燕、東晋，明元帝末年被北魏攻占，不久爲宋武帝奪取，刻此誌時尚爲宋地，未幾再度淪爲魏土。以該地位置特殊，書法也具有北派風貌，如把此誌放到北魏碑誌當中，將很難看出它是

---

① 詳見拙文《關於魏晋出土文字遺迹的性質與學術意義的分析》。
② 關於隸書書丹與鑿刻的關係、對作品風格的影響，筆者在《包頭漢墓出土殘碑散考》文中有詳細的分析和説明，可以參看（《中國書法》2001 年第 1 期）。
③ 轉引自梁披雲《中國書法大辭典》，廣東人民出版社，1984 年。

圖九　王闓之墓誌　　　　　　　　　圖十　爨寶子碑

南朝之物。所以，我們把它視爲魏碑體的先驅，可以彌補平城時期刻石作品的不足
（圖十一、圖十二）。

 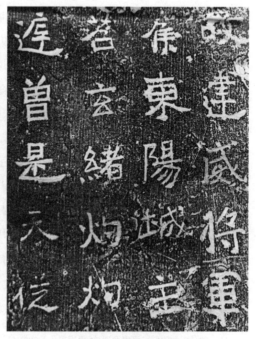

圖十一　爨龍顏墓誌　　　　　　　　圖十二　劉懷民墓誌

十六國舊物十分罕見，北魏前期作品亦不多，然而魏碑體的形成綫索，仍可以考見其大概。例如，河北新出土後趙建武五年（339）《趙郡太守元氏縣界封刻石》（圖十三），其字爲楷、隸雜糅的蛻化銘石書，其風格似可表明，魏碑體已經開始孕化。前些年遼寧朝陽出土後燕建興十年（395）《崔遹墓表》（圖十四），遹爲清河崔氏，仕燕官尚書左丞，范陽、昌黎二郡太守，弟崔逞事北魏，事詳《北史·崔逞傳》。此墓表或出其門生故吏之手，字勢沉重開張，隸意昭然，初具魏碑體格。朝陽另出一石，爲北魏皇興二年（468）《張略墓表》，張略生前仕涼，卒後歸葬。此表楷隸參半，鑿刻簡率，書法頗爲生動，而書體演化却很緩慢。此外，在内蒙古呼倫貝爾盟鄂倫春自治旗發現《大興安嶺嘎仙洞祝文摩崖刻石》，係太平真君四年（443）太武帝拓跋燾派使臣到鮮卑發祥地祝祭時所刻，字兼楷隸，可以代表當時的刻石書法風尚（圖十五）。

圖十三　後趙元氏縣界封刻石

圖十四　後燕崔遹墓表

山西大同地區傳世和新發現的刻石作品，對瞭解北魏平城時期書法，以及考察魏碑體的形成，應該是最直接的。時間最早者爲興安三年（454）《韓弩真妻王億變墓碑》，傳聞新出於大同城南。字多方正，楷隸混合，極具蛻化銘石書的特點。稍後是和平二年（461）的《皇帝南巡之頌》殘碑，石在靈丘縣南筆架山。據《魏

圖十五　嘎仙洞祝文

書・高宗紀》所載，和平二年二月，文成帝南巡中山、鄴，三月返經靈丘，與群臣競射，勒碑以誌其盛。此碑意義重大，理當由善書士大夫書寫。其字側聳，爲典型的楷法“抑左揚右”之勢，然多隸筆，與魏碑體尚有一段距離（圖十六）。再則，是碑去崔浩之卒不久，看不出有傳衞書法的影響，抑崔氏所善，不及於碑碣銘石之書，亦未可知。此後還有延興二年（472）《申洪之墓誌》，字頗拙陋；延興四年（474）《欽文姬辰墓誌》，隸多於楷，形態古於《皇帝南巡之頌》，表明一種書法風氣的形成，要經過較長時間的選擇和認同。刻於太和七年（483）的雲岡石窟《邑師法宗造像記》，字頗樸厚，魏碑體的特徵也强化許多，然其似非出自士人手筆，是以不能接續《皇帝南巡之頌》。出土於大同城東的太和八年（484）《司馬金龍墓表》更加趨近於魏碑體，而殘存的隸法表明，八分銘石書的正統觀念影響尚在，儘管書刻者已不能熟悉古法，却仍在沿着習俗的慣性，在時文楷書中頑强地凸現這種業已淡漠的意識（圖十七）。北魏遷都洛陽之後，故都平城人物凋零，書法也隨之衰落。刻於正始元年（504）的《封和突墓誌》、永平元年（508）的《元淑墓誌》等均已成其魏碑體規模，然則技藝平庸，標志着平城書法的終結（圖十八）。

圖十六　皇帝南巡之頌碑

圖十七　司馬金龍墓表

圖十八　元淑墓誌

　　太和十八年（494），孝文帝遷都洛陽，北魏刻石書法進入全盛期。作爲成熟的魏碑體的典範性作品，始見於遷洛之初。刻於太和十九年（495）的《尉遲造像記》，係長樂王丘穆陵亮夫人尉遲爲亡子牛橛所造，題記由屬吏書寫，故能工美，成爲龍門造像的佳作之一。刻於景明三年（502）的《孫秋生造像記》，是新城縣功曹孫秋生、劉起祖等二百人的造像題記，書寫者蕭顯慶，應爲與孫秋生等身份近同的善書文吏。是書氣度恢宏，爲龍門四品之一。刻於景明二年（501）的《鄭長猷造像記》，書既不工，刻亦拙陋，以至於有學者疑其未經書丹，由工匠直接刻就。①實際上，無論其書丹與否，殘留的隸意都在向人們提示其蛻化銘石書的本源，鑿刻的誇飾則可以表明造像工匠階層在用字上的書體滯後。上述作品的書刻情況很有代表性，對全面認識北魏造像記書法乃至於各類刻石書法，很有參考價值。刻於太和二十年（496）的《元楨墓誌》，是魏碑體初成的代表性作品，其點畫體勢都有了一定的樣式，與造像記中同類作品異趣，表明其書刻屬於兩個不同的群體。有助於説明這個問題的作品是刻於景明二年（501）的《任城王妃李氏墓誌》，字頗遒美而有楷模，後署“前國太農府功曹史臣茹仲敬造”，乃士大夫書誌之堅證。其時墓誌文辭尚未形成一定的格式，故有此特例。刻於同年的《元羽墓誌》書法尤佳，字勢緊媚，筋骨強健，然筆意情趣恨少，其掩飾盡在刀斧之迹。試以此誌較之前述造像作品，同樣存在刀斧改造誇飾的痕迹，而風格有別。由此不難想見，工匠群體的不同，其刻製工藝和習慣也可能有所不同，析論刻石書法，這種細節也不容忽略（圖十九～圖二十四）。

---

　　①　詳見宮大中《龍門石窟藝術・試談龍門二十品》，上海人民出版社，1981 年。

圖十九　尉遲造像記 　　　　圖二十　孫秋生造像記

圖二十一　鄭長猷造像記 　　圖二十二　元楨墓誌

圖二十三　任城王妃李氏墓誌 　　圖二十四　元羽墓誌

　　至此，我們是否可以説，魏碑體是在孝文帝遷都洛陽之後迅速成熟起來的？事實并非如此。其一，洛陽缺少必要的文化與人才積聚。晋末戰亂，洛陽廢敗。東晋永和、太元間王化暫及，而太和、隆安時俱失；宋武帝北定關洛，少帝景平初（423）覆没。① 對南、北政權而言，這一時期的洛陽都處於邊鄙的地位。據載，太和十七年十月，孝文帝詔令"經始洛京"，翌年遷都；十九年詔令遷洛的鮮卑貴族"死葬河南，不得還北"，籍貫"悉爲河南洛陽人"，九月"六宫及文武盡遷洛陽"；景明二年九月，"築京師三百二十三坊，四旬而罷"，三年，重建洛陽乃告完成"。② 也就是説，善書的士大夫、文史和刻字、造像的工匠都是從平城遷到洛陽的，魏碑體也由他們帶到洛陽。其二，平城時期，刻石所見魏碑體已趨近成熟，然其墨迹楷法必不止於是。又以其刻碑埋誌的風氣不盛，士大夫之書未能普遍介入其事，故爾不能僅據刻石及其蜕化銘石書的狀態，推論當時的楷書尚處於隸楷的演進嬗變之中。其三，孝文帝遷都洛陽後實行了一系列的改革措施，核心的内容就是全面漢化，葬禮中普遍地埋誌即其表現之一。承魏晋禁碑之積習，墓誌地位上升，形同碑策。晋宋士大夫清流書法取尚尺牘，而北魏鮮卑貴族初行漢制，他們衹想讓善書之士大夫和文吏做他們所希望做的事情，在異族統治者面前，士大夫之書是無所謂"清流""高雅"的，它衹是一種工具而已。北朝有士大夫臨石書丹的風氣，完全是統治者的需要，不得不爾。其四，士人書法，例有雅文化氣息，縱使不能企望江左風流，但書體規範、字形美觀、書法審美的一般原理，都可以由知識、觀念和技能的傳承訓練來實現。鮮卑統治者對漢族士人的任用，即取其所長。遺憾的是，由於長期缺乏足够的思想文化等滋養，書法未能做到純正淵雅，這也是後人謂其有"氈裘氣"③ 的原因。《魏書·高祖孝文帝紀》云：

　　　　史臣曰：有魏始基代朔，廓平南夏，闢壤經世，咸以武威爲業，文教之事，所未遑也。高祖幼承洪緒，早著叡聖之風，時以文明攝事。④

由此可見，當全面漢化之際，魏碑體業已形成，積習既深，終難復歸大雅。北周時

① 詳見沈約《宋書·州郡志》。
② 詳見魏收《魏書》之《高祖孝文帝紀》《世宗宣武帝紀》；顧炎武《歷代宅京記》，中華書局，1984年；顧祖禹《讀史方輿紀要》"河南府"與"洛陽縣"條，上海書店，1998年。
③ 黄伯思：《東觀餘論·論書六條》，載《歷代書法論文選續編》，上海書畫出版社，1993年。
④ 魏收：《魏書》卷七下《高祖孝文帝紀》，第187頁。

貴游子弟棄趙文深而從王褒學書，既是書法上的去質就文，也是對純正之雅文化的回歸。其後宇内混一，書法則南風北漸，具有誇飾、刻厲特徵的典型魏碑體也漸告消止。

在魏碑體的基本形態與風格變化中，刻製工藝、水準等占有重要位置，在我們討論其書風的同時，也要關注其"刻風"問題。對此，將從以下幾方面進行説明。

第一，工匠問題。北魏的百工大都從北方各地强徙到平城，他們地位低下，統歸政府管轄。國家明文規定，工匠不許移居，不得改行遷業，子弟不准入學校讀書，祇能習父兄所業。這種職業性家族學有專精，技能的傳承比較穩定。例如，同樣是石工，造像、建築、碑誌銘刻各有分工；同樣是刻字，碑誌銘刻者爲職業專長，其技術自然要與造像、建築工匠的刻字有着精粗高下之異，風格也就各有不同；同樣是職業的碑誌銘刻工匠，專爲皇室和元姓貴族服務的能手，在技術、習慣等方面也會與普通石工、各地同行有所區別，而保持相對穩定的群體特色。例如，近年河北臨漳鄴城故地新出北魏景明三年（502）《李伯欽墓誌》，誌主祖父李寶、父李佐、叔李沖等，均爲朝廷權臣，以太和六年早卒，暫厝於平城，景明三年歸附舊塋。以其家世，自然易致善書之人，但爲洛陽名手，抑於河北求之，尚難確認。劉恒先生考李氏多長於文翰，推測"此誌之書丹，或即出其族中之能手"，[①] 似亦不無可能。其書頗工，爲當時魏碑體之典型樣式，藝術水準不在洛陽名品之下。誌由二人鑿刻。前八行用刀精審，筆意俱在，此種情景爲洛陽刻石所罕見；後十二行刻工粗疏生硬，刀痕類於造像，而時做省減，造成字形散斷、筆劃不全的狀態，書寫原貌亦隨之蕩然無存。此誌鑿刻的工拙之異，代表了能工與庸手之間技術和"刻風"的區別，并且它們又與洛陽墓誌所見的"刻風"不同，這就是本文關注工匠群體和地域差異的用意所在。

第二，在古代，皇室、貴族的東西經常受到仿效，由尊崇轉化爲擁有，使禮制轉化爲習俗，構成一種獨特的歷史文化趨向。同樣，因"上以風化下"而推演書法時尚的現象也相當普遍，"刻風"亦或相輔而行。晋宋、十六國和北魏前期，各地均有蜕化銘石書，其基礎在於大衆化之通俗用字的不規範與滯後，"刻風"則加重了這一傾向。不同的是，晋宋書法以士大夫清流的取尚爲主體，北方則任由蜕化

---

① 詳見劉恒《北朝墓誌題跋二則》一文的考述，載《書法叢刊》2002 年第 2 期。

銘石書自然發展。當魏碑體形成之際，彙集各地工匠固有的"刻風"與士大夫、文吏書法平分秋色，雅俗共存。風氣既成，很快就會出現上行下效的局面。如果説代表王者風範的碑誌"刻風"在改造、掩飾書法原貌上邁出一步，仿效者就會轉相誇大而邁出三步，甚至十步，北朝摩崖、造像書法的發展正是如此。

第三，在北魏刻石書法中，刀斧之迹幾乎囊括所有的作品，唯改造書寫原貌的程度有差。"刻風"改造書寫的情況很複雜，就作品現象的審美所得進行論説的做法并不科學，我們以洛陽一帶出土的皇室和元姓貴族墓誌作爲考察的基礎和衡量其他類型作品的參照標準，主要是它們被改造的程度相對地輕一些，距離書體規範、書法時尚的真實狀態也近一些。例如，這類墓誌中的"點"，多作三角形、肥瘦不一的橄欖形，時或微帶筆勢，雖非書寫原貌，但用筆的感覺還在；以其和性質相同的造像記相比，後者多作圭角外出的三角形，書寫感較差，擬之則易生畫字之病。對此，筆者曾多次進行實物考察，發現墓誌中"點"的鑿刻大都精確輕巧，造像記則多剛直生硬，兩刀交接處頗爲深入，拓之即有清楚的圭角。當然，二者間字之大小往往有別，刀之大小也隨着變換，刀大則點畫自然方直。可以想見，洞穴光綫不佳，在造像完成之後，主人對題記書法并無明確要求，亦無監督驗收，而工匠簡率地鑿刻以敷衍其事，十分正常。[1] 再如橫畫兩端的方大和圭角，墓誌遠不如造像記的拗翹誇張，表明後者刀斧之下殘餘的蜕化銘石書痕迹，要重許多。

如何把握鑿刻對書寫原貌的改造掩飾，明確"刻風"在不同作品中各自所占比重，我們還可以舉例做進一步的比勘説明。前述圖二十四《元羽墓誌》末行"松"字，用筆圓熟而美，近於書寫原貌。如果以其筆勢、點畫爲標準，用來衡量其他字形，則祇有字形框架結構和點畫位置大致尚存，而樣式態度、呼應關係、筆意等所有生動的細節妙處，盡被損壞遺失。如就此論説其美感和風格，必有假象摻雜其中，以訛傳訛，誤己誤人。再則，橫直筆劃的轉折，寫經多平直方折帶下，司馬金龍墓出土的木板漆書或作頓筆斜殺下引，此誌亦如是，表明這是當時書寫的通行之法。但是，此誌中的"海""革""恩""響""留"等字的橫直轉折處，均有一個斜折的過渡環節，與書寫了不相涉，後來却蔓延而成爲一種風氣，反過來再影響

---

[1] 華人德先生也有類似的看法，與鄙見不謀而合。詳見其《分析〈鄭長猷造像記〉的刊刻以及北魏龍門造像記的先書後刻問題》，《中華書道》第 36 期，2002 年。

到書寫。①

在洛陽出土的元姓鮮卑貴族墓誌中，有一個草率急就的特例，即《元鑒墓誌》，對我們的討論頗有啓示（圖二十五）。該誌由一人書丹，二人同時鑿刻。前八行字多粗劣，變形、省簡、缺漏、殘壞、訛形等觸目皆是，其技藝的低下與改造書寫原貌的嚴重程度，是不言而喻的。後面的部分情況略好，問題也要少一些。經過仔細的觀察之後，所得仍是支離破碎的印象，很難據以推説其書寫原貌。如依照經驗，勉强爲其比較量説，則前者"刻風"可占十之八九，後者約占十之六七。如果并不固執，不堅持以書寫原貌來評論北朝刻石書法，則其作品現象亦不乏可取之處，但碑學中的錯誤和學碑導致的種種問題，還會被延續多久，就很難説了。如果以書寫原貌爲基礎，則好的鑿刻將爲其增色，差者可使之低劣。可以説，在"刻風"的改造和掩飾下，書寫原貌已經變得相當模糊，對它的追求，將會是相當困難的，需要有更大的投入和不懈的努力。

圖二十五　元鑒墓誌

---

① 這種橫畫上翹，再斜折下接直畫的墨迹實證，見於新疆出土的高昌墓表。其一是延昌二十九年（589）的《郭恩子墓表》，其二是延和十一年（612）的《任謙墓表》，表明該風氣在邊遠地區的綿延與傳播。

關於漢晉南北朝書法的不平衡狀態，如文化中心區與邊遠地區的差異、上層社會士大夫清流書法與下層民衆用字及其書寫趨尚的差異、南北差異等，筆者已有專文論及。[①]這裏，擬從少數民族政權的漢化、對漢文化的選擇與書法之關係方面，對十六國北朝書法再做一個簡要的總結。其中政治、文化的需求，遠遠大於文字規範，書法更在其次，這是總綱。

十六國時期的五胡亂華，給黃河流域的文化造成極大的破壞，先後建立的少數民族政權大都國祚甚短，縱有漢化及相應的文化措施，亦收效無幾。這些少數民族政權的漢化，先要從馬背轉向土地，亦即放棄固有的游牧文化，轉向農業文化，開始其封建化進程。這是一個漫長的認識、選擇、改革、適應的過程，它不在於統治者任用多少漢族士人，祇有統治者的自身漢化，纔能從全局、從本質方面去復蘇華夏文明。十六國没有做到。略可言者，不過是佛教的譯經與傳播而已。這一時期的寫經、殘紙、刻石等作品儘管傳世不多，還是能夠從其粗劣的現象中透出衰敗的氣息。關鍵在於，書法是雅文化的一種象徵藝術，與通俗用字在形制、寄寓等各個方面，都有很大的不同。即使我們今天欣賞其如何的拙樸生動，仍無法改變歷史事實。

漢化是遠離草原的結果，是出於統治者的自身利益的選擇。從北魏立國，武威北方，到孝文帝遷都洛陽、鎮壓包括太子在内的鮮卑貴族的叛亂，以鞏固改革成果，前後百餘年，漢化纔初步完成，而鮮卑子弟深入到雅文化當中，解其三昧，還要更晚一些。[②]相比之下，佛教是外來文化，有助於統治，是以十六國北朝的統治者均熱衷於浮圖。據《晋書·姚興載記》所言，後秦時州郡"事佛者十室而九"，其盛可知。北魏從平城後期到洛陽，漸次把禮佛活動推向高潮，這可以石窟寺藝術和興建寺院爲代表。石窟寺藝術伴隨佛教傳入而興起於漢晉，其盛在十六國北朝，而論其普及、規模、數量、藝術水準和聲譽，當以北魏爲最。這種倚山開鑿洞窟雕塑佛像并滿壁繪畫的禮佛活動，西起新疆、河西走廊，東至遼東，遍及北魏全境，其中最著名者如敦煌莫高窟、千佛洞、萬佛峽、炳靈寺石窟、麥積山石窟、慶陽石窟、雲崗石窟、龍門石窟、義縣萬佛洞等，時間晚至北魏末至東、西魏者尚不在内。寺院之盛，也是始於北魏，遷洛後全國寺院迅速增至一萬三千七百餘所，北魏

---

① 詳見叢文俊《中國書法史總論》相關内容，載《中國書法史·先秦卷》，江蘇教育出版社，2002年。

② 《資治通鑑》太元二十一年胡三省注謂"自隋以後，名稱揚於時者，代北之子孫十居六七"，此容或有些誇大，而其漢化已卓見成效，也應該是事實。

末年增至三萬餘所，僅洛陽就有一千三百餘所。寺多僧侶亦衆，佞佛之事亦繁，寫經傳經即其中之一。寫經帶動了通俗用字的書法發展，形成自發的、普及魏碑體的社會基礎。實際上，從北魏後期至隋，小字墓誌多有寫經痕迹，這祇要仔細審視附圖五、圖六、圖七寫經，即可明瞭，祇是常爲"刻風"所掩，容易被人忽略罷了。進而還可以確認，北朝士人書法之雅未能純正，主要是其筆下與寫經有着千絲萬縷的聯繫，并矜賞這種時尚。否則，啓隋唐楷法之先、可能與崔盧之書傳承有關的那些作品，何以不被人認知，在當時未能引領時尚呢？換句話説，由於長期的胡漢雜處，傳統雅文化的稀薄，漢族士人自身的審美能力也在下降，在統治者不重視不提倡、善之無用的情況下，士人的工書很可能是"五味一和，五色一彩"的狀態。[①]既無伯樂，百里馬也可以稱之騏驥矣。

　　胡俗尚武而性粗豪，故能容忍甚至欣賞工匠的刀斧之迹，任由刻屬矜誇的"刻風"去改造、掩飾書寫原貌，以此釀成流俗。試想，如果鮮卑統治者懂得欣賞書法藝術的書寫美，必然要鄭重其事，救工精雕細刻；如果漢族善書士大夫能珍惜手迹，也會鄭重其事，使刻石書法一如唐宋之精。可以説，北朝時期，沒有人真正關心書法，沒有人講論書法，王褒之書得到激賞，恐亦不免被"刻風"所掩。這裏，還可以引出一個問題，即南北爲敵，然不能沒有往來，何以不見南書傳入之迹？我們推想，北魏時期的人們也許不具有認知江左風流、賞悦其美的能力和需求，苟有傳寫，亦必寂寥，終爲刀斧所壞。東魏、西魏緊銜齊、周，漢化日深，風氣始稍見扭轉。

　　總而言之，魏碑體濫觴於蜕化銘石書，借力於寫經，規範於士人楷法，既成樣式與風格變化完成於鑿刻的改造和掩飾，缺一不可。書法美在筆迹，清賢何以競賞刀鋒，殊令人不解。以祖鍾傳衛、世不替業的崔盧二門書法嫁接北碑，亦屬無稽之談。雖然，碑學掇拾歷史之遺，鼎力推重北派，使後人知碑習碑，功不可沒。今天所見日廣，學術日新，研究條件遠超前人，立論或有寸進，固所宜焉。

---

① 庾肩吾《書品》評書序列九等，此爲其最末 "下之下" 的評語（《歷代書法論文選》，上海書畫出版社，1979 年）。

古代墓誌蓋"題銘書刻"及相關問題*

劉天琪

　　墓誌是古代喪葬禮俗中重要的隨葬品，爲記叙逝者姓名、族望、生卒年月、行年事迹等内容的器具，是當時人們生死觀與喪葬文化的重要體現。南北朝以後定型的墓誌以石質盝頂盒式爲主，分爲誌石與誌蓋兩個部分。誌蓋上有標識性功能的文字稱爲墓誌蓋題銘，簡稱"蓋題"。因誌蓋題銘大多文字寥寥，時有荒誕不經之書，其史學價值、文獻價值等較低，或旋出旋棄，頗受冷眼，以致今存者十不足一二，長期以來未能引起考古、歷史、書法等學界的重視。

　　廣義上的"題銘書刻"，指在某種器物上刻畫上有標識性質的文字。它不僅包涵青銅鼎彝、碑額、墓誌蓋、印章等具有一定禮儀器物之上的題銘，也包括錢幣、權、量、鏡、磚瓦等日常生産生活器物及兵器等上的題銘。其中青銅鼎彝、印章、有字瓦當、有字磚等上的銘刻文字，雖然絶大多數屬於以鑄造等工藝一次成形，因其模具也是雕鏨鐫刻而成，故爾文字的表現形式也是題銘書刻的基本式樣。狹義上的"題銘書刻"，指施之於碑碣、墓誌等一定的禮制儀規器物之上，不僅具有標識性質，更重要的是表達莊重或特定的文化含義，有一定的社會共約性或遵循一定的社會文化習俗。題銘書刻的形式一般分爲兩種。一種是文字式題銘書刻，如碑額、墓誌蓋題；一種是半文半圖式題銘書刻，如鑄有紋飾的印章、瓦當以及刻有四神、十二生肖或花草等紋樣的墓誌蓋等等。

---

　　* 本文原刊於《中國書法》2012 年第 3 期，作者同意入編本書，并有所增補。

一　關於“題”與“銘”

　　題，《説文》釋：“題，額也。”表示物品的前端或頂端。如《孟子·盡心下》：“堂高數仞，榱題數尺。”[①] 後用如名詞，引申爲“標志”之意。如“欲墾荒田，先立表題”。[②] 用如動詞，引申爲“書寫”“題署”“品評”之意。如“一經品題，便作佳士”（李白《與韓荆州書》）。在銘刻藝術上，題，就是標題，重在標志作用。如武威銘旌上的“平陵敬事里張伯升之柩，過所毋哭”；漢碑上的題額，如東漢中平三年（186）《張遷碑》，碑額爲“漢故穀城蕩陰令張君表頌”；三國魏《鮑寄神坐》，題爲“魏故處士陳郡鮑寄之神坐”（圖一）；漢代畫像石的題榜，如東漢永元八年（96）《楊孟元墓葬紀年石》，題爲“西河太守行長史事離石守長楊君孟元舍永元八年三月廿一日作”（圖二）；晋《趙府君墓闕》，題爲“晋故振威將軍鬱林太守關内侯河内趙府君墓道”（圖三）；等等。

圖一　三國《鮑寄神坐》（采自華人德《中國書法全集·三國兩晋南北朝》，榮寶齋出版社，1995年，第1頁）

---

①　焦循：《孟子正義》卷二九《盡心章句下》，沈文倬點校，中華書局，1987年，第1014頁。
②　房玄齡等：《晋書》卷九四《郭翻傳》，中華書局，1974年，第2446頁。

圖二　東漢永元八年（96）《楊孟元墓葬紀年石》，藏綏德縣博物館（采自《新中國出土
墓誌·陝西〔壹〕》上册，文物出版社，2001年，圖三）

圖三　晋《趙府君墓闕》（采自《北京大學圖書館藏歷代金石拓本菁華》，文物出版社，1998年）

銘，源自"名"。甲骨文與金文中，并無"銘"字，祇有"名"。《説文》："名，自命也。人口從夕，夕者，冥也。冥不相見，故以口自名也。"銘爲後起之字，因爲要把"名"的内容刻在鼎彝之上，此後有"銘"字。銘刻之意來自鼎彝刻劃，有金石不朽之意，逐步演化爲一種禮制。商周時期，由於不同形式的祭祀，需要不同種類的彝器。爲了稱呼這些彝器，就給它們各自命名。"名"字包括了命名的過程。後來"銘"的種種文化内涵，是從商周時期運用與"名"這個字有關的行爲和形式發展而來的。

"銘"在漫長的發展過程中，不斷地消失、融入、積纍、沉澱、演變，表現出以下的文化内涵。

一是銘記、鏤刻。《國語·魯語下》："故銘其栝曰'肅慎氏之貢矢。'"韋昭注："刻曰銘。"[1] 宋曾鞏《寄歐陽舍人書》："蓋古之人有功德材行志義之美者，懼後世之不知，則必銘而見之。"[2] 銘原意是記載、鏤刻，也指刻在器物上的文字或文辭，所以又稱銘文。商周時代衆多的青銅器都鑄有一些文字，早期的典籍中也有記載。《禮記·祭統》："夫鼎有銘。銘者自名也。"鄭玄注："銘，謂書之刻之以識事者也。"[3] 不光金屬器皿，古人在日常生活中的一些非金屬用具，如几、杖、硯等器具上也勒刻文字，以至於後來在山川、石碣、橋堤、樓觀、居室、座右都勒刻或題寫文字，銘文的載體擴大，而銘也就逐漸成爲了一種早期的文體式樣。

二是文體的一種。古代常刻文字於碑版或器物之上，或以稱功德，或用以自警，遂爲文學一體。《後漢書·延篤傳》："（延篤）所著詩、論、銘、書、應訊、表、教令，凡二十篇云。"[4] 南朝梁劉勰《文心雕龍·銘箴》："箴全御過，故文資確切；銘兼褒贊，故體貴弘潤。"又，《文心雕龍·誄碑》："夫碑實銘器，銘實碑文。"[5] 銘文從性質上看不外乎兩大類，一類爲戒勉性質的，一類爲頌贊性質的。明徐師曾《文體明辨序説·銘》中提到銘，"然要其體不過有二：一曰警戒，二曰祝頌"。[6] 如《禮記·大學》引湯之《盤銘》曰："苟日新，日日新，又日新。"[7]《大戴

① 徐元誥：《國語集解·魯語下》，王樹民、沈長雲點校，中華書局，2002 年，第 204 頁。
② 《曾鞏集》卷一六《書》，陳杏珍、晁繼周點校，中華書局，1984 年，第 253 頁。
③ 鄭玄注，孔穎達疏《禮記正義》，北京大學出版社，1999 年，第 136 頁。
④ 范曄：《後漢書》卷六四《延篤傳》，中華書局，1959 年，第 2108 頁。
⑤ 劉勰著，陸侃如、牟世金譯注《文心雕龍譯注》，齊魯書社，2009 年，第 202、212 頁。
⑥ 徐師曾：《文體明辨序説》，羅根澤校點，人民文學出版社，1962 年，第 142 頁。
⑦ 鄭玄注，孔穎達疏《禮記正義》，第 1594 頁。

禮·武王踐阼》：“見爾前，慮爾後。”①警戒勸勉性質的銘文出現較早，稍後出現了頌贊性質的銘文，在《禮記·祭統》中有記載：“自名以稱其先祖之美，而明著之後世者也。爲先祖者，莫不有美焉，莫不有惡焉。銘之義，稱美而不稱惡，此孝子孝孫之心也。”②説的就是鼎銘贊美不稱惡的特點。而這個特點也正是後來造成墓碑、墓誌“諛墓”之虞的源頭。墓誌之“銘”，也爲“銘”類文體的一種，多爲褒贊或哀挽之辭，以四言居多，也有五言、七言者，但不多見。

三是刻寫有文辭的碑版誌文。《吕氏春秋·安死》：“今有人於此，爲石銘置之壟上。”《後漢書·延篤傳》：“（延篤）到官，表龔遂之墓，立銘祭祠，擢用其後於畎畝之間。”北魏酈道元《水經注·滱水》：“水西有《御射碑》……水陰又有一碑，徐水又隨山南轉，徑東崖下，水際又有一碑。凡此三銘，皆翼對層巒，岩障深高，壁立霞峙。”③

題銘書刻之“書”，就是書寫，指以某種式樣的文字書寫在某種器物之上，重在書寫的式樣；“刻”，就是鎸刻，指以一定的方式把器物上的文字按原樣鎸刻出來，重在工藝優劣。題銘是最終樣式，而“書”與“刻”的過程決定了樣式美觀與否，我們今天所討論的題銘之藝術性，包括書法美感也就決定於此。

“題”與“銘”作爲一個有集合“標志”性質的概念，我們認爲最早來源於氏族族徽。族徽文字是商周金文中面目特殊的一種圖案化書刻式樣，主要存在於商晚期到西周早期（圖四），由幾個獨立的“文字”組合而成，表達特定意義的“圖語”。這種式樣，沈兼士稱爲“文字畫”，也有人稱爲“圖畫文字”，這主要強調了其象形性和圖畫化樣式。這兩種提法受到後來學者的批評，李學勤先生認爲“這衹是爲了把族氏突出出來而寫的一種‘美術字’，并不是原始的象形文字，也不能作爲文字畫來理解。”④叢文俊先生以“象形裝飾文字”來統一這種文字形式。在承認族徽文字已是“文字”的前提下，對這一群體式樣的象形與裝飾化，在宗教情感與藝術審美兩個不同而又不可分的界面上作了特意的突出和強調。認爲族徽文字作爲一種傳達宗教情感的象形符號，與同爲殷商宗教政治巫文化附屬産物的甲骨文和一般性金文相比較，其象形和裝飾意味都要顯著得多。這種刻意地講究裝飾，追求

---

① 王聘珍：《大戴禮解詁》，王文錦點校，中華書局，1983 年，第 105 頁。
② 鄭玄注，孔穎達疏《禮記正義》，第 136 頁。
③ 酈道元：《水經注·滱水》，上海人民出版社，1987 年。
④ 李學勤：《古文字學初階》，中華書局，2003 年。

圖案化變形，并傾向於對稱與綫條式省簡的"文圖"製作，無一不在力圖表現一種基於宗教信仰的書體式樣方面的審美價值觀念。在這種書體美的形成過程中，是原始宗教文化孕育了其表現形式和審美觀念。①

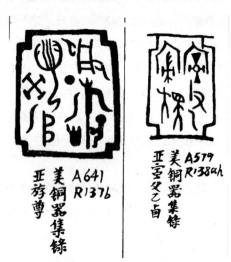

圖四　族徽文字（采自高明《古文字類編》，中華書局，1980年，第595頁）

二　墓誌蓋題銘書刻的確立

墓誌作爲喪葬禮俗的特定道具，其誌蓋題銘鎸刻着墓主的姓氏、官爵、地望等重要的標志性信息，是古代"題銘書刻"最重要的載體之一。我們通過對其源流、式樣以及文化内涵等方面的研究，在某種意義上可以窺探"題銘書刻"在一定歷史時期的發展狀況與不同的文化、地域等特徵，其學術價值不言而喻。墓誌蓋題銘作爲"題銘書刻"的重要表現形式，其確立主要體現在以下四個方面。

一是對於現實社會來説，把頌揚的言辭"刻"在鼎彝之上，名其功德，彰顯教化作用。故銘，揚名也。又因墨書、朱書易壞，故銘刻於金石，以期不朽。對於冥界來説，從明旌的題名到送葬時的呼名，從刑徒磚瓦、畫像題記上的題銘到買地券、棺椁銘柩上的題銘等，其意在"誌人"與"誌墓"，并以一定的等級身份向冥

① 叢文俊：《象形裝飾文字：塗上宗教色彩的原始書法美》，載叢文俊主編《中國書法全集·商周金文》，榮寶齋出版社，1993 年。

界報到。從這個意義上説，銘旌的文字就是墓誌蓋題銘的最初形式，是代表向"陰間"報到時的名片。

二是因曹魏禁碑等客觀原因，致使墓碑與其他形式的具有誌人誌墓功能的器物相融合疊加，最終形成了墓誌。而誌蓋題銘不僅延續碑額等題銘形式，而且在發展演進中不斷擴展文化内涵，最終形成了喪葬禮制的一種儀規典制。

三是銘與銘文是有所區別的。一方面，早期的"銘"僅僅是一種刻字行爲，和銘文不一定有必然聯繫，後來纔與文體相關。銘刻的文字有大部分是銘文，也有衆多的銘刻文字不是銘文，如山川題記、器物款識等。另一方面，銘文也不是都需要銘刻行爲的。最初的銘文和銘是密不可分的，銘文都是有銘刻行爲，後來出現了書而不刻的銘文之後，銘文和銘之間的這種必然聯繫就分開了，即創作銘文不一定非要有銘刻行爲。

四是墓誌蓋之"題銘"，既有名詞性質的"標志"之意，又有動詞性質的"鏤刻"之意。"題"重在書寫，包括書體樣式選擇、用字正俗選擇、書手水準優劣選擇等因素。"銘"重在銘刻，包括刻工選擇、刻製工藝等因素。因此，可以把墓誌蓋題銘理解爲"以某種書體將墓主姓氏、官爵、地望等銘刻於墓誌誌蓋之上，用以誌人、誌墓，以防陵谷遷移，以期金石不朽"。由此可以看出，墓誌蓋題銘具有特定的文化涵義。它一方面受制於文字的發展、書體的演進，體現了許慎《説文解字叙》所言的"文字之始，王政之始"的一以貫之的傳統思想；另一方面，也儘量體現造字之初的先民思想——"仰則觀象於天，俯則觀法於地，視鳥獸之文，與地之宜，近取諸身，遠取諸物"，[1] 不受文字的規範，體現與祭祀等特質文化氛圍相符合的特殊意義。這也是初唐以前墓誌蓋題銘上多爲類鳥蟲書的原因之一。

三　誌文首題與誌蓋題銘的異同

廣義上講，墓誌題銘應該包括兩類。一類指書刻在誌石文字的前邊（偶見繫於誌文末尾的，應爲特例），類似文章的"標題"，通常稱爲"首題"或"題首"；一類指書刻在墓誌誌蓋之上，稱爲"誌蓋題銘"。

從書體上看，絕大多數的誌文首題與誌石相同。偶有不同者，首題多爲篆書，

---

① 許慎：《説文解字》，中華書局，1963 年。

可視爲字體雜糅現象的一種。從内容上看，一般説來誌文首題字數較多，而誌蓋題銘相對簡單。如北魏孝昌二年（526）《侯剛墓誌》，誌文首題爲"魏故侍中使持節都督冀州諸軍事車騎大將軍儀同三司冀州刺使武陽縣開國公侯君之墓誌"三十八個字，而誌蓋題銘爲"魏侍中車騎大將軍儀同三司武陽公誌"十六個字。這個現象一方面是因爲誌蓋上無法書刻這麼多的字；另一方面，從誌蓋題銘的文字内容來看，多爲死者追贈之官爵，如元颺、元綽、元延明墓誌等，此爲誌蓋題銘之常例。這種情況從隋代開始又有大的變化，因爲便於書刻的橫竪 3×3 式的九宮題銘流行，所以祇在某些身份高等級墓主的墓誌上纔偶見文字比較多的誌蓋題銘。但這種便於書刻的模式，也帶來很大的弊端，有的誌蓋題銘因僅存墓主姓氏，如果誌石與誌蓋分離，就難以分清此誌蓋爲誰所有，所以歷來金石學者、歷史學家等認爲誌蓋毫無價值，這是最重要的原因之一。

誌石首題和誌蓋題銘不同與其功用不同也有關。我們知道，誌石題銘重在"昭示後昆"，誌蓋題銘乃告天帝之文，是死者通往天堂的憑信。從早期的誌蓋上多刻以類鳥蟲書等裝飾性書體就可得知。誌石題銘幾爲楷書、隸楷書等通行字體，祇是記録上的意義。換言之，誌蓋題銘飾以各種物象，既有引導靈魂升天之意，又有故作詭異神秘而區别於日常用字的特點。

另外，誌蓋題銘本身起到標志墓主身份的作用，這和秦漢時期墓葬中有很多帶文字的器物（如印章）可以起到標志墓主身份的作用是一樣的。從目前的墓葬考古看，春秋戰國時期開始，就有隨葬官私印章的習俗。曹錦炎先生在《古璽通論》一書中以大量古代文獻與出土實物考證，認爲"對春秋時璽印的普遍使用，已不用懷疑"。[①]當時人們把印章作爲重要的憑信，隨身携帶，既用於日常的文書符契上，又可以用它證明自己的身份。死後，就將印章繫在腰帶上隨同下葬。所以在這一時期的墓葬中出土了相當數量的官私名印，也就證明墓主的身份姓名。在漢代，墓葬中出土印章的現象更爲普遍，如長沙地區西漢墓葬、廣州南越王墓、徐州漢墓中都發現過大量官私名印。這個習慣到晋代以後迅速式微，或許與墓誌的廣泛使用有關。從這個意義上説，墓誌蓋題銘文字，刻有墓主的姓名、官爵等，也就具備了與印章一樣的功用。從外形上看，墓誌蓋題銘的確也像一枚印拓，但墓誌蓋題銘是否與印章有直接關係，目前還不能確認，我們祇是做了大膽的推測，有待進一步論證。

---

① 曹錦炎：《古璽通論》，上海書畫出版社，1996 年。

唐代墓誌誌蓋鋪首紋飾之文化蘊意探析[*]

——以碑林新藏墓誌爲例

王慶衛　韓　釗　傅清音

一

　　墓誌立意，兼顧生死，生人的榮興，逝者的安寧，非圖文并茂，似無以周全生前身後。誌文與紋飾交相輝映、含蘊深廣，對其追根溯源，收穫豐碩。近年來趨向於將墓誌定位爲墓葬的濃縮，這種觀念使墓誌與墓葬渾然一體，互爲文化觀照，并取得了突破性成績。目前的墓誌紋飾研究，有將紋飾歸類整理分析的，^① 有從宇宙觀的角度對墓葬紋飾進行整合研究的，^② 凡此種種，使我們對墓誌紋飾的形式和功能有了較爲明晰的整體印象，便於我們在分析其他紋樣時既能融會貫通又能深入淺出。隨着新材料的不斷公布，唐代二十三方墓誌蓋上鐫刻鋪首的現象不由得引起了學人的關注，^③ 就目前資料所知均收藏於西安碑林博物館。^④ 除此之外還有數目不

---

*　本文原刊於《文博》2012 年第 5 期，作者同意入編本書。

①　張蘊:《西安地區隋唐墓誌紋飾中的十二生肖圖案》,《唐研究》第 8 卷，北京大學出版社，2002 年；董淑燕:《隋唐墓誌四神十二辰紋述略》,《碑林集刊》第 12 輯，陝西人民美術出版社，2006 年；周曉薇、王菁:《隋墓誌刻飾圖案中的稀見紋樣——以〈隋代墓誌銘彙考〉爲基本案例》,《考古與文物》2009 年第 1 期；周曉薇:《隋代墓誌石上的四神與十二辰紋飾》,《紀念西安碑林 920 周年華誕國際學術研討會論文集》，文物出版社，2008 年。

②　李星明:《唐代墓室壁畫研究》，陝西人民美術出版社，2005 年。

③　張婷:《簡述西安碑林藏一批山西墓誌裝飾紋樣》,《碑林集刊》第 14 輯，三秦出版社，2009 年；劉天琪:《挽歌、鋪首、八卦符號與墓誌蓋題銘——以新發現的晉東南地區唐代墓誌紋飾爲研究重點》,《美術學報》2011 年第 5 期。

④　趙力光:《西安碑林新入藏墓誌彙編》，綫裝書局，2007 年。

詳的與西安碑林博物館收藏的這批墓誌蓋相類的材料，收藏於河北正定縣的文物收藏商店之中。[①] 澤潞地區是唐王朝防衛河北藩鎮、保障江南貢賦順利運抵關内的重要屏障，從北魏開始就是胡漢雜居之地，在唐五代政治中處於極其關鍵的地位。這二十三方誌蓋均出自唐代山西的澤潞地區，對於這些紋飾的分類及其隱含的社會意義，前人衹是進行了簡單的梳理，本文則試圖通過分析鋪首紋飾產生的相關背景，進而對其形成的文化成因及其内涵進行考究，以期爲學界提供新的參考意見。

二

墓誌蓋上鐫刻有鋪首，鋪首均在誌蓋的中央位置，有綫刻、高浮雕和淺浮雕三種形式，鋪首的造型又有類兔、類獅、類猴、類怪獸、鋪首銜環等，這些紋飾不管采用何種鐫刻技術，無一例外都散發着一種神秘的氣氛。這二十三方誌蓋根據整體構造及其圖案分布又可以分爲A、B兩型，A型僅有一例，即唐開元二十三年（735）《景羨墓誌蓋》（圖一），[②] 正中央綫刻類獅形象，整個輪廓外部有捲曲的鬃毛，頭頂有彎曲向上的雙角，雙眸有神，大口張開露有鋒利的牙齒，與四周所飾的如意形捲雲紋構成一體，整個造型誇張流美。A型誌蓋上面無文字題銘，整個平面突出了誌蓋中央的鋪首形象，給人一種强烈的觀感。

圖一　景羨墓誌蓋

---

①　梁海燕：《唐人墓誌蓋題詩考論》，《中國典籍與文化》2011年第4期。
②　趙力光：《西安碑林新入藏墓誌彙編》，圖158-2。

　　B 型誌蓋中的鋪首形象有鋪首銜環和類獸的不同，如唐建中三年（782）《宋山墓誌蓋》（圖二），[①] 不過同 A 型比較來看的話，顯得小一些，并且多采用浮雕的手法。鋪首一般都處於九宮墓誌蓋題銘的中宮位置，同唐代常見的墓誌蓋題不同的是，B 型誌蓋的題銘省略了一般誌蓋 "大唐故某府君之墓誌" 中的 "大" 字，多寫作 "唐故某府君之墓誌" 或 "唐故某府君墓誌銘" "唐故某君墓誌之銘" 等不同的變體。B 型誌蓋在九宮布局中，中宮爲浮雕的鋪首，其餘八宮爲蓋題文字，在蓋題四周有時還陰綫鎸刻着蔓草紋、石榴紋、捲草紋等不同的植物紋樣。

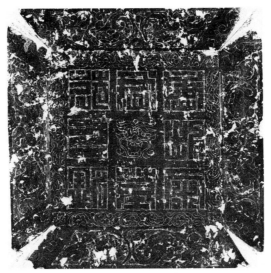

圖二　宋山墓誌蓋

　　二十三方墓誌蓋中，B 型占絶大多數，不管是 A 型還是 B 型，在墓誌蓋的布局中鋪首都處於中心位置，這种現象的出現應該不是一種隨意和偶然，發展了幾千年的墓葬文化，在古人的信念裏是作爲一種神秘和靈驗的存在，這種理念的日益成熟必然轉化爲精心布局的空間設置。以白鶴爲例，從裝飾墓道走向裝飾主墓室到出現在券形墓門上，意味着通向不朽世界的神奇入口。[②] 墓葬中的意象因此并非任意排布的，所以關注鋪首在墓誌上的出現應該是有意義的。

　　那麼，墓誌蓋中心的意象又是如何出現的呢？北魏《元謐墓誌》出土於洛陽，

---

　　① 　趙力光：《西安碑林新入藏墓誌彙編》，圖 213-2。
　　② 　巫鴻：《黄泉下的美術——宏觀中國古代墓葬》，施杰譯，三聯書店，2010 年，第 61 頁。

誌蓋正中刻有異形圖案；隋開皇四年（584）《楊居誌蓋》出土於洛陽，誌蓋正中高浮雕玉兔；隋開皇二十年《張蔭墓誌》出土於甘肅，誌蓋正中浮雕一條團龍形象；隋大業三年（607）《浩喆誌》出土於山西襄垣，誌蓋正中高浮雕一異獸；隋末出土於山西的《萬君墓誌》，誌蓋正中有八瓣團花；唐開元二十三年（735）《李廉墓誌》出土於河南，誌蓋正中高浮雕一匍匐烏龜，將這些意象置於墓誌蓋的中心位置有何獨特之處呢？ "（墓誌蓋的設計）是將死者置於一個象徵性的宇宙中心，這些宇宙符號簇擁着死者的名字，因此把一種特殊的歷史存在疊加在一般性的宇宙時空程式之上"。① 按此，墓誌蓋上的種種意象是作爲這個象徵性宇宙中心的宇宙符號而存在的。觀察唐代墓誌蓋上面的鋪首形象，和漢代畫像石中的鋪首形象雖然在外觀上有所相似，但是其寓意却有很大的不同：漢代對於死亡抱有生死陌路的觀念，而唐代人們對於死亡則是坦然面對，甚至會通過亡者的喪葬營造出有利於生者利益的行爲。唐代誌蓋上面的鋪首形象既是溝通生死的媒介，同時也是爲了亡者到達仙境的引導之徑的引魂靈獸，既是厭鬼避凶的承擔者，又是保護死者的護身獸，所以鋪首的造型看起來雖然神秘，但是却很少給人以凶狠的感覺。②

墓誌蓋正中是一個頗有意味的重要位置，可以稱爲墓誌之 "穴"，風水所尋求的這個 "穴"，其實就是地上人間能通天、通神的一個神秘的點，可以説，風水中所尋找的 "穴" 和古人建築追求象天法地的根本目的是完全一致的。③ 中國古代一直對中心方位十分重視，在商代墓葬中大量的十字型大墓就是最明顯的證據，商代的宇宙觀裏大地是十字型，人所居住的中央是方形，周圍是四方，如果把另外四角包進來，這樣大地就成了九個部分，八方圍繞着中央，以至形成中國古人後來的信仰。④

從仰紹文化陶瓷棺上的小孔，到曾侯乙墓外棺上面華麗的孔洞和內棺上彩繪的神靈把守的門窗，這些都隱示着死者靈魂的移動和出入的通道。在東周晚期楚墓中棺椁之間的繪畫或可以實際開闔的小門，所隱含的應該是同樣的概念。門的符號在漢代墓葬藝術中得到繼續發展，被給予多種多樣的形式和意義。在墓門上常見獸首銜環的圖像，這種圖案或對稱或結合，表達相互接近又互補的含義。環紋和圓圈

---

① 巫鴻：《黄泉下的美術——宏觀中國古代墓葬》，第 181 頁。

② 譚淑琴：《試論漢畫中鋪首的淵源》，《中原文物》1998 年第 4 期。

③ 王慶衛：《試論天水趙氏墓誌石與誌蓋間的墊壓物及其內涵》，《四川文物》2011 年第 6 期。

④ 艾蘭：《龜之謎——商代神話、祭祀、藝術和宇宙觀研究（增訂版）》，汪濤譯，商務印書館，2010年，第 210 頁。

紋及其環形的器物可能更多的帶有引魂和轉化的含義，而門則表現出靈魂通過這些通道轉化而上升天界的意圖，標識出死者靈魂升天的途徑。[①]

三

B 型鋪首在誌蓋的九宮布局中獨占中宮位置，在古人的知識世界當中，五和九是聯繫在一起的。《淮南子》卷五《時則訓》中五位以戊己居於中宮，出入天地人鬼四門，就是配合五行的概念。中國古代數術主要分爲兩個系統：一個是四分、八分和十二分的系統；一個是五分和九分的系統。前一個系統是以陰陽爲象徵，後一個系統是以五行爲象徵的。[②]

古代的宇宙衍化圖式以及宇宙結構模式作爲道教宗教理論的核心，如果從道教的這種宇宙觀來加以理解，墓葬中的宇宙圖像的配置不僅僅是根據事死如事生的觀念爲亡者模擬出一個現實空間，人們依然希望可以通過道教的方式獲得另一種轉化形式的永生，即死後成仙。作爲紀念和哀悼墓主人的誌文與銘文的載體，墓誌的形制和宇宙圖像以一種特定的方式表達出這種期望，亦或是以一種宗教的手段來實現這種期望，進而希望在心理上超越死亡。[③]五行、九宮的合流，在唐代思想史上具有重要的意義，五行理論在本質上屬於儒家思想的産物，九宮則是在先秦星占的基礎上和中古道教有着密不可分的關係，在唐代上層政治當中道教與民間信仰以及儒家國家祭祀産生了整合，[④]在這種思想下則不可避免地會對墓葬藝術産生一定的影響。

唐代澤潞地區發現的墓誌蓋上有兩種特殊的情況：一是在誌蓋鎸刻鋪首；一是在誌蓋上面刻寫挽歌。我們懷疑在誌蓋上面刻寫挽歌墓誌的出現，是受武宗滅佛後由道教分離出來的流落在澤潞地區的一批道士影響所致，這些道士在避難的同時也把道教的知識與技術帶到了民間。[⑤]在誌蓋題銘九宮布局中，把中宮布局采用鋪

---

① 巫鴻：《引魂靈壁》，《古代墓葬美術研究》第 1 輯，文物出版社，2011 年，第 55~64 頁。
② 李零：《從占卜方法的數位化看陰陽五行説的起源》，《中國方術續考》，東方出版社，2001 年，第 83~96 頁；馮時：《中國天文考古學》，中國社會科學出版社，2007 年，第 500~533 頁。
③ 李星明：《唐代墓室壁畫研究》，陝西人民美術出版社，2005 年，第 216~219 頁。
④ 吳麗娛：《論九宮祭祀與道教崇拜》，《唐研究》第 9 卷，北京大學出版社，2003 年，第 283~314 頁。
⑤ 王慶衛、王煊：《生死之間：唐代墓誌中新見挽歌研究》，《碑林集刊》第 16 輯，三秦出版社，2010 年，第 82~107 頁。

首的形象凸現出來，則更是和道教對生死的關懷息息相關的，也許可以這樣認爲，這批鋪首墓誌蓋出現的原因和挽歌墓誌蓋的形成是一樣的。關懷生死和彼岸世界的墓葬藝術，必然會有道教思想的印迹，誌蓋上面雕刻的鋪首圖像和挽歌的刻寫，很可能是古老的數術知識和當時的道教思想糅合後的一種表現。

在古代人的思維中相信文字和圖像具有一定的魔力，即相信凡是可寫出、繪出的事物，在特定的宗教儀式轉化下，即成爲真實存在於此世或另一世界中的事物，這是古代宗教中再生儀式和死後世界信仰之所以能成立的根本原因。[1]B 型誌蓋上面采用文字和紋飾互相襯托的方法來裝飾，這種效果和敦煌變文中的圖像文字共同叙事的效果有着異曲同工之妙，[2]誌蓋題銘和鋪首形象一起作爲亡者生命歷程的叙述展示，文字書寫作爲死者生平的歷史叙事，各種紋飾結合墓誌形制則是把死者放進一個宇宙空間之中，墓誌成了名副其實的“墓中之墓”了。

在鋪首紋樣的四周經常鐫刻植物紋飾，植物紋飾作爲輔紋，簡單的綫條却蘊含着豐富的文化氣息，表達着時代的審美趨向和人們的欣賞與喜愛。無論簡單或複雜的圖像都與文字一樣，可以作爲傳遞訊息的工具，某些帶着象徵性的圖像甚至能傳遞更深層的象徵意義。[3]植物紋飾暗示着四季的變化，它與星辰、日月、生肖、山水屏風一同構成了宇宙。人們習慣將人間的事物和品質與對自然界的描述相類比，這種類比和暗喻中最多的就是四季花鳥紋飾。爲死者和生者所采用的動物和植物紋飾都是模仿宇宙的計劃的一部分，并由此創造出與宇宙相一致的吉祥空間。人們認爲圖像創造了吉祥圖景，而不僅僅是描摹原物，是宇宙觀的力量的又一例證。[4]

生與死是統一的連續體，墓葬不僅僅呈現了死後世界，也表現出對日常生活的解釋和説明。這些花草紋飾是春夏來臨的標志，這些季節性繪畫被人們一直沿用至今，古人通過强調春夏之際來確保墓主人享受到這些美景。古人認爲陰陽是天地萬物的基本組織原則，而四季則是陰陽的主要表現形式，陰陽、四季、時間和空間以及五行五方的概念引發了關聯性思維中對各種自然現象的系統叙述。古人經常將

---

① 蒲慕洲：《墓葬與生死：中國古代宗教之省思》，中華書局，2008 年，第 198 頁。

② 關於敦煌變文中的繪畫叙事可參閲美國學者梅維恒《繪畫與表演：中國繪畫叙事及其起源研究》，中西書局，2011 年。

③ 黄佩賢：《論漢代墓室壁畫的功能》，《古代墓葬美術研究》第 1 輯。

④ 羅森：《作爲藝術、裝飾與圖案之源的宇宙觀體系》，《祖先與永恒：杰西卡·羅森中國考古藝術文集》，鄧菲等譯，三聯書店，2012 年，第 307~343 頁。

這種思維運用到天地以及人間的各種事物當中，在唐代，牡丹、蔓草等植物圖案往往是和山水圖案相關聯的，山水形象又和東海仙島息息相關，這樣一來似乎從精神上暗示亡者會被一些吉祥的仙島所保佑而得到庇護。①

目前發現的在誌蓋上出現鋪首紋飾的，一方是隋大業九年（613）在陝北延州出土的《郝伏願墓誌》，在墓誌蓋的右上角一格爲鋪首紋飾；其餘主要出土於山西澤潞地區，鋪首紋飾出現在誌蓋中心。首先，這些墓主身份一般，這與隋唐以來日漸開放的風氣和逐步走向下層、世俗的社會文化關係密切，"制式"的墓葬建構受到更多世俗化的衝擊，民間信仰在墓葬建構中得到更多的表現，"官方宗教的目的偏重國家社會的福祉，民間信仰則主要在求一己之福"。② 正是因爲官方宗教没有解決個人内心的問題，民間信仰纔有其活動的空間。當然，在民間信仰之中，個人内心的問題并不一定會得到照顧，但顯然有比較好的機會，正是這一世俗化的過程，③ 讓藝術的張力得到了展示，"藝術的本質是表現人的情感和精神，因而也就能最終超越地域、民族、宗教的界限"。④ 根源於此，墓葬的建構逐步發展，雖然制式的表現形式是主流，但是亦不斷融入新的元素，"對於死後世界觀念的曖昧與矛盾可能會導致一個更爲系統和完整的宗教學闡釋，但是中國墓葬藝術却并没有走這條路……更重要的事情便成了如何以更統一的方法來表現這些界域，而不是爲了追求某個統一理論來犧牲其中之一"。⑤ 中國墓葬文化的包容性可見一斑，這就爲與外來文化的融合提供了基礎。

其次，這些墓誌主要出現在陝北、山西澤潞地區，特定地域中的文化信仰與漢地因素的結合可能催化了誌蓋鋪首紋飾的出現。陝北和山西是少數民族的聚集區，各少數民族之間遷徙融合，文化信仰勢必相互影響，這種影響同樣會體現在墓葬建構上。澤潞地區從北魏開始，乃是胡漢雜居之地，安史之亂後，河朔地區又開始了胡化的發展，緊鄰河北的澤潞地區不可避免地出現了更爲複雜的民族關係。⑥

---

① 羅森：《中國山水畫的緣起——來自考古材料的證明》，《祖先與永恒：杰西卡·羅森中國考古藝術文集》，第355~386頁。
② 蒲慕洲：《追尋一己之福：中國古代的信仰世界》，上海古籍出版社，2007年，第6頁。
③ 齊東方：《唐代的喪葬觀念習俗與禮儀制度》，《考古學報》2006年第1期。
④ 姜伯勤：《中國祆教藝術史研究》，三聯書店，2004年，第8頁。
⑤ 巫鴻：《黄泉下的美術——宏觀中國古代墓葬》，第63頁。
⑥ 參閱馬長壽《碑銘所見先秦至隋初的關中部族》，廣西師範大學出版社，2006年；韓棣堯《從石刻史料看北朝隋唐時期澤潞地區的民族構成》，《新材料、新方法、新視野：中國古代國家和社會變遷》，北京師範大學出版社，2011年。

以祆教信仰爲例，榮新江先生指出至晚在西晋時期，即公元三四世紀，粟特人已經把鎖尼亞斯德教傳入中國。[1] 山西是中土最早流傳祆教的鄉土，山西一帶，信奉祆教的西胡居民大量存在；統萬爲赫連夏據地，有祆教崇拜遺痕。祆教信仰對在這兩個地域出現的墓葬產生了明確的影響力。

　　山西太原出土的隋代虞弘墓，是比較明確的祆教墓葬。西安出土的北周安伽墓，是本土思想與入華昭武九姓粟特人及祆教信仰發生至密關係的確證。陝西三原出土的李和墓石棺上的神獸圖像與北周安伽墓石棺床榻板正面的動物圖案相似度很高，很可能頗受祆教藝術的影響。[2] 按此來看，少數民族在自己文化信仰的基礎上，吸收漢地文化中的相關元素應用於墓葬藝術當中也是一種正常的情態。

　　B 型誌蓋多采用高浮雕和淺浮雕的技術工藝，這種對石材的處理方法在北魏時期就已經很多了。北魏太和元年（477）宋紹祖墓以浮雕形式雕刻在入口上方的門楣處以及把手位置的蓮花、門側面較低的兩個鋪首位置裝飾的兩個中亞服飾的矮小人物，鑒於這幾種造型所處的次要位置和發生變形的情況，它們或許在墓葬系統中并不具有明確的宗教含義，但是這却表明工匠們熟稔佛教雕刻傳統，并且把其引入了墓葬系統。[3] 公元五世紀時，宗教性的建築引發了對石材的重新審視，到六世紀晚期，石材及其表現力得到進一步探索，圖像和工藝融入了新的結構之中，結合了外來因素，并可能爲了迎合圖像與功能的需要而做出相應的調整。[4] 從北魏的司馬金龍墓、宋紹祖墓到六世紀晚期的安伽墓、史君墓、康業墓、虞弘墓、李和墓出土的棺床、石椁等葬具及其所雕刻的圖案，看起來是把不同的傳統熔於一爐，就技術層面來講，不僅有淺浮雕，還有高浮雕的運用，這就模糊了二維雕刻和三維雕刻的界限，形成一個完整的實體結構。這種手法的使用及其在技術上的變化，很可能和中古時期佛教的影響有很大的關聯。或許正是 569~579 年的北魏太武帝的滅佛活動，造成此時期技術圖像及圖像方面呈現出融合的面貌，雖然不能將浮雕石質葬具的出現和滅佛運動及其對佛經和偶像的破壞直接聯繫起來，但正因爲失去了宗教偶像的市場，工匠們不得不將其技藝運用到其他視覺領域之中，從而使"黃泉下的美

---

① 參閱榮新江《中古中國與外來文明》，三聯書店，2001 年。
② 姜伯勤：《中國祆教藝術史研究》，第 105 頁。
③ 劉俊喜：《大同雁北師院北魏墓群》，文物出版社，2008 年，第 129~130 頁，圖 51。
④ 鄭如珀：《再論石材——以北朝墓葬爲中心》，《古代墓葬美術研究》第 1 輯，第 191~204 頁。

術"更加豐富多彩起來。①

山西是一個多民族的聚居地，居民成分複雜，多樣的文化信仰形成了獨特的地域特色。《唐故太原郭公壼關苗氏夫人墓誌銘序》："明達儒教，傳丘雄軻孟之規；被覽道原，見莊老群仙之術。敬崇釋氏，厭生死而慕空寂。"②可見在山西民間，當時存在着多種文化共存的現象，且爲當地人相容并蓄，這種開放性爲外來文化與本土化的多樣融合奠定了基礎，也爲誌蓋鋪首紋飾的出現和發展提供了可能性。

四

在西安碑林博物館收藏的這二十三方墓誌上出現的鋪首紋飾，既源於墓誌自身的獨特性，并且與社會文化的發展密不可分，隨着時代文化慢慢走向大衆化、世俗化，民間信仰在墓葬建構中的藝術表現愈加廣泛。山西、陝北出現的帶鋪首的墓誌就是在這樣的社會背景下，在特定的地域文化中，融合不同的知識信仰的元素發展而成的。把與不同宗教相關的圖像安排在一件葬具上，既反映了墓主、家屬或設計者宗教信仰的多元化，同時還體現出這樣一種喪葬信仰：即對死者來說，不論是神仙道教的仙界洞天、佛教的極樂世界，還是祆教的光明天堂，同樣都是令人嚮往的樂土，因而選擇哪種樂土并不重要，重要的是能在來世獲得幸福和永生。

---

① Angela Sheng, "From Stone to Silk: Intercultural Transformation of Furnishigs among Eastem asian Peoples around 475–650 CE," Etienne de la Vaissiere and Trombert, eds, *Les Sogdiens en China*, p.168.

② 趙力光:《西安碑林新藏墓誌彙編》，第820頁。

六朝墓誌的撰者與書人身份辨析*

朱智武

隨着六朝墓誌出土數量的不斷增多，墓誌的書法藝術也逐漸受到學術界的更多關注，相關研究亦隨之越來越多、越來越深入。然而，關於墓誌參與者（撰者、書人）的身份問題，學界仍是衆説紛紜，迄無定論。這在相當程度上影響了對六朝墓誌書法藝術的客觀定位與公正評價。鑒於此，筆者試就這一問題作系統考辨，希望對相關研究有所推動。

一 前人相關研究述評

前人在品評六朝墓誌的書法藝術時，通常會提到墓誌書人的身份問題。南朝墓誌的書人身份，或以爲出自具有一定社會聲望的名書家之手，進而對墓誌書法大加讚賞和褒揚；或以爲"南朝墓誌的書者多爲身份較低的書吏"。[①] 對於東晋墓誌的書人身份，學界通常認爲出自工匠之手，"如果説南朝墓誌書人衹是一些中下級官佐，那麼從出土東晋墓誌概未見題書人亦可推知東晋墓誌的書人身份可能更低"，鎸刻工整的墓誌爲"熟練的專業刻工造設"，刻寫隨意草率的墓誌則是"普通匠人率爾操觚之作，其書法無甚藝術價值可言"。[②]

---

　*　本文原刊於《徐州師範大學學報》（哲學社會科學版）2010 年第 1 期，作者同意入編本書。

① 邵磊：《南朝墓誌書人身份辨析》，《蘇州大學學報》（哲學社會科學版）1996 年第 2 期。

② 王志高：《六朝墓誌及買地券書法述略》，《第五屆中國書法史論國際研討會論文集》，文物出版社，2002 年，第 121~136 頁。

也有學者根據墓誌設置的目的、撰者的身份來推斷墓誌的書人，認爲“東晉墓誌因僅僅是臨時埋設而作爲遷葬時辨認棺木用的記識，不可能有書法家參與書寫，而是任由民間石匠書刻”，“故刊刻的刀法十分簡單，甚至粗率”，墓誌書法“呆板而無生氣”，“給人以拙劣狼藉的感覺”；而“南朝墓誌‘視同碑策’，撰文者往往爲皇帝、太子、諸王及大臣，故相應的書寫亦必是好手”，“除了少數誌文簡單僅作記識用的墓誌書刻較粗率外，大多墓誌書刻均工致精美”。①

此外，還有學者通過對六朝士人的社會地位及其具有的門閥觀念的考察，論定他們不可能也不屑於參與碑誌的撰寫，認爲“六朝尤其是東晉時期，士人的門閥觀念相當濃厚。他們視尺牘書法爲展現風流的藝術，而對於技藝性的碑誌書法却不屑一顧”。王興之墓誌等六朝墓誌“刻工極爲粗劣”，“它的出土祇證明當時對墓誌書法并不重視，絶非像王羲之這樣的名流所書”，而是“出自平民之手的民間書法”。②

以上前人對六朝墓誌書人身份問題的諸種辨析與討論，雖然是以墓誌的書人身份爲主題，但在具體論述過程中，又往往對墓誌的撰者、書人、刻工糾纏不清。或以爲墓誌的撰、書、刻均出自一人之手，統而言之；或依據撰者的身份推斷書人的身份；或根據墓誌設置的目的、“六朝士人不屑碑誌”的個人認識等，間接斷定書人爲一般工匠、平民，各執一端，莫衷一是。對此，筆者以爲，如果首先弄清楚墓誌文字的形成與刊刻的具體過程，即是否存在墓誌撰者、書人與刻工的分工，然後綜合考察六朝士人參與墓誌書寫活動的可能性，以及自東晉至南朝墓誌設置目的的變化，如此不僅能明晰六朝墓誌的書人身份，也使六朝墓誌書法的藝術價值能够得到比較客觀的評價。

現存地面的南京堯化門外甘家巷一帶的梁故始興終武王蕭憺神道碑，其碑文末題有：“侍中尚書右僕射宣惠將軍東海徐勉造，前正員將軍吴郡張法明監作，吴興貝義淵書，丹陽房賢明刻字，防閤吴興郜元明上（立）石。”③ “東海徐勉造”之“造”字，無疑是“撰文”或“制文”之義，④ 蕭憺神道碑撰者、書人、刻者的職官、籍貫、姓名俱存，分工明確。同時，也可看出神道碑經過了撰、書、刻、上

---

① 華人德：《論東晉墓誌兼及蘭亭論辨》，《故宫學術季刊》1995 年第 1 期。
② 王元軍：《從六朝士人不屑碑誌看“蘭亭論辯”的失誤》，《光明日報》1998 年 12 月 4 日。
③ 朱希祖：《六朝建康冢墓碑誌考證》，朱希祖、朱偰：《六朝陵墓調查報告》，中央古物保管委員會，1935 年。
④ 邵磊：《冶山存稿——南京文物考古論叢》，鳳凰出版社，2004 年，第 155 頁。

（立）碑等四道程式。再者，1989年南京西善橋出土的"陳故司空義陽郡公黄法氍墓誌銘"，題名署"左民尚書江總制，太子率更令領大著作東宮舍人顧野王撰，冠軍長史謝棠書"，[①] 撰者、書人俱列。由此推而論之，則六朝墓誌在文字形成與刊刻過程中，亦理應存在撰者、書人與刻工的不同分工。本文就此分別予以考察。

二　撰者

在現有出土實物資料中，東晋墓誌的撰者并無明確記載。然從墓誌所記載的內容，如墓主的姓名、籍貫、職官、家族世系、婚姻等情況來看，可以肯定是由墓主親屬提供或親自撰寫的。按常理論，無論是王興之夫婦、王建之及其妻劉媚子等刻文字數較多的墓誌，還是顔謙婦劉氏、卞氏王夫人等內容簡要的墓誌，在刊刻之初即有一書面手稿還是極有可能的。即使如後者內容十分簡單的墓誌沒有書面手稿，關於墓主的相關情況也祇能由墓主的親屬口述，再由他人刊刻。

由墓主親屬撰寫墓誌的作法，文獻有證。《唐故東海徐府君夫人彭城劉氏合祔銘并序》云："古之葬者無銘誌，起自魏時，繆襲乃施之嗣子。"[②] 唐封演《封氏聞見記》卷六引王儉《喪禮》云："魏侍中繆襲改葬父母，制墓下題版文。原此旨，將以千載之後，陵谷遷變，欲後人有所聞知。其人若無殊才異德者，但紀姓名、歷官、祖父、姻媾而已。若有德業，則爲銘文。"[③] 前者謂施之嗣子，後者云改葬父母，一事而傳聞異辭，但繆襲"制墓下題版文"當是可信的。繆襲所制"墓下題版文"，內容究竟如何，無從得知，但從王儉的記述來看，其功能應屬墓誌一類。由此，雖不能肯定繆襲所制嗣子或父母的墓誌由其本人所書刻，但撰者爲其本人當是可以斷定的。

清顧炎武《金石文字記》卷二"滎澤令常醜奴墓誌"云："梁任昉撰《文章緣起》，謂誌墓始殷仲文。"四庫本《文章緣起》云："墓誌，晋東陽太守殷仲文作從弟墓誌。"[④] 殷仲文"善屬文，爲世所重，謝靈運嘗云：'若殷仲文讀書半袁豹，則文才不減班固。'言其文多而見書少也"。事見《晋書》卷九九本傳。另《隋書·經

---

① 南京市博物館：《南京西善橋南朝墓》，《文物》1993年第11期。

② 周紹良、趙超：《唐代墓誌彙編》，上海古籍出版社，1992年，第2164頁。

③ 封演著，趙貞信校注《封氏聞見記校注》，中華書局，2005年，第56頁。

④ 任昉撰，陳懋仁注，方熊補注《文章緣起》，《景印文淵閣四庫全書》第1478冊，臺灣商務印書館，1986年，第225頁。

籍志》著録"晋東陽太守《殷仲文集》七卷（梁五卷）"，早佚，所作從弟墓誌已無從窺見。蕭梁時人任昉去晋世不遠，則殷仲文作從弟墓誌當實有其事，衹是尚無法確定其從弟爲何人。據《晋書》本傳，殷仲文於義熙三年（407）被劉裕誅殺，則此墓誌當撰成於此年之前。由此，則東晋時由親屬撰寫墓誌的情況是肯定存在的。再者，聯繫東晋墓誌較南朝墓誌相對簡單，且均不含"銘文"，故轉而延請名家撰寫的可能性并不大。

至於南朝墓誌的撰者，根據文獻記載和出土實物資料可以略知一二，但撰者的身份相對東晋墓誌更爲複雜。南朝劉宋大明（457~464）以前不含"銘文"的墓誌，基本爲墓主親屬所撰。然而大明以後，墓誌中"銘文"出現，且在"誌文"叙事中，夾以韻文，并注重辭藻的遣造和修飾，開始用典，較之此前的東晋及劉宋初期叙事簡單、行文樸實的墓誌來說，無疑更具文采。考諸文獻記載和出土實物，這些墓誌的撰寫，除墓主親屬外，尚有非親屬的文人或名士參與其中。

前引劉宋大明二年（458），宋孝武帝親自爲建平宣簡王劉宏撰寫"墓誌銘并序"事，① 孝武帝與劉宏爲同父異母的兄弟，雖爲九五之尊，然"自爲墓誌銘并序"，是爲墓主親屬所撰之例證。

此外，南朝墓誌尚存在由墓主友人撰寫的情況。《文選》卷五九"墓誌"李善注引吳均《齊春秋》云："王儉曰：石誌不出禮典，起宋元嘉，顏延之爲王琳石誌。"宋高承《事物紀原》卷九"墓誌"引《炙轂子》曰："齊王儉云，石誌不出禮經，起宋元嘉中顏延之爲王球作墓誌，以其無名謙，故以紀行，自此遂相祖習。"《宋書》卷七三《顏延之傳》云："中書令王球名公子，遺務事外，延之慕焉，球亦愛其材，情好甚款。延之居常罄匱，球輒贍之。"同書卷五八《王球傳》亦謂球"頗好文義，唯與琅邪顏延之相善"。劉宋無王琳，《文選注》所引"王琳"當是"王球"之誤。據《宋書》本傳，王球卒於元嘉十八年（441），時年四十九，顏延之爲撰墓誌，當在此時或稍後。王儉卒於齊永明七年（489），時年三十八，② 生年當在宋大明五年（451），距王球、顏延之之世甚近，故顏延之爲王球撰寫墓誌一事，當可信。

齊梁以後，皇室貴族的墓誌一般都由名家撰寫，當時的文學名家如：沈約、謝朓、鮑行卿、任昉、王暕、徐勉、江總、顧野王等，都撰寫過墓誌。然而因爲

---

① 沈約：《宋書》，中華書局，1974年，第1860頁。
② 蕭子顯：《南齊書》，中華書局，1972年，第437頁。

南朝墓誌又存在"序""銘"由二人分撰，而後合爲一篇完整墓誌文的情況，[①]故墓主親屬參與墓誌撰寫的情況還是存在的。如江蘇蘇州出土的梁普通七年（526）陸倕墓誌，宋陳思《寶刻叢編》卷一四"兩浙西路蘇州"引王厚之《復齋碑録》云："梁太常卿陸倕墓誌，從子襄序，湘東王蕭繹銘。"同一方墓誌，分別由陸倕從子陸襄寫"序"，湘東野王蕭繹撰"銘"。由此，則南朝"序""銘"俱全的高門權貴墓誌，"序文"仍爲墓主親屬所作，"銘文"則由當朝顯貴或文學名家撰寫。這種現象在東晋及南朝初年是見不到的。文人名士介入墓誌的撰寫活動，使得南朝墓誌發生了由俗轉雅、由野轉文的質變，表明南朝時人較東晋時人對墓誌的設置更加重視。個中原因，當與東晋、南朝社會政治環境的變動有關。"永嘉喪亂以來，胡漢分治，南渡士族引頸北望，但自晋末劉宋以來，由於北伐屢次失利，兼以第一、二代南渡士族相繼故去，庶族寒門紛紛登上政治舞臺，統治者偏安江左，耽於逸樂，再無克復中原、歸葬祖塋的願望。在這一歷史背景下，士大夫們對於終制愈發重視，墓誌的設置亦愈加鄭重其事，以至延請名家撰作誌文竟成一時風尚。"[②]

三　書人與刻工

墓誌刊刻的最後一道工序是交由刻工鐫刻，當無疑問。然在工匠鐫刻之先，是否存在由他人或工匠本人先行書丹於磚石的情況呢？在出土實物中，六朝墓誌絶大部分不及書人，僅陳黄法氍墓誌有"冠軍長史謝衆書"的題名，而刻工的相關記載更是没有。則黄法氍墓誌以外的其他六朝墓誌，刊刻之先是否曾有書丹，無法定奪。

從六朝墓誌的刊刻情況看，那些鐫刻工整、字間劃界格或竪綫欄的墓誌，如東晋謝鯤、張鎮、王興之夫婦、王建之及其妻劉媚子、王閩之、高崧及其夫人謝氏墓誌，以及雖無界格然分行布白規整的南朝中晚期大部分墓誌，在鐫刻之前書丹很有可能；而那些鐫刻隨意草率、不講究布局、内容簡單的墓誌，如卞氏王夫人、顔謙婦劉氏、李纂妻何氏、王德光墓誌等，書丹的可能性很小，恐怕多由工匠直接奏刀刊刻。後者未經書丹的墓誌書法價值如何，由工匠書法素養的高低與鐫刻工藝的熟練程度直接決定；而前者既經書丹的墓誌書法如何，則不僅取決於工匠的書法素

---

① 邵磊:《冶山存稿——南京文物考古論叢》，第 153 頁。
② 邵磊:《冶山存稿——南京文物考古論叢》，第 153 頁。

養與鎸刻工藝，還取決於書丹者的書法水平。由此，對六朝墓誌書人身份的界定，因直接影響到墓誌書法的評價，無疑顯得非常重要。學界關於六朝墓誌書人身份的辨析與討論，已如前所述。筆者現就前人論述中值得商榷之處，再作討論。

筆者同意邵磊對"造"是否爲"撰并書"的質疑，及其依據蕭憺神道碑與黃法氍墓誌銘的撰者、書題名，而得出南朝墓誌可能多出自名不見經傳、身份不高的書吏之手的觀點。[1] 然稱之爲"當時的一種制度使然"，"從出土東晉墓誌概未見題書人亦可推知東晉墓誌的書人身份可能更低"，[2] 筆者則不敢苟同。從現有材料來看，東晉及南朝中前期墓誌均未見書人題名，如同撰者亦不作題名，應是當時墓誌的通行體例，并不能就此斷定東晉墓誌的書人身份較南朝更低。

而華人德的觀點："東晉墓誌因僅僅是臨時埋設而作爲遷葬時辨認棺木用的記識，不可能有書法家參與書寫，而是任由民間石匠書刻"，"故刊刻的刀法十分簡單，甚至粗率"，亦值得商榷。如果説東晉北方士族南渡之初尚有"假葬"之意，某些粗簡墓誌爲"臨時埋設而作爲遷葬時辨認棺木用的記識"是可行的。然考之張鎮、高崧等南土舊姓墓誌，王建之、劉媚子、謝球等第二代"流寓貴族"子弟墓誌中"舊墓""安厝"等措辭，[3] 以及刊刻工整、謀篇布局甚是講究等情況，"遷葬"之説恐難以成立。有無書家參與墓誌的撰寫，恐怕也無法據此斷定。至於其"南朝墓誌'視同碑策'，撰文者往往爲皇帝、太子、諸王及大臣，故相應的書寫亦必是好手"的論斷，從其由撰者推及書人身份的論證方法來看，是根本站不住脚的。[4]

王元軍提出："六朝尤其是東晉時期，士人的門閥觀念相當濃厚。他們視尺牘書法爲展現風流的藝術，而對於技藝性的碑誌書法却不屑一顧。"王興之墓誌等六朝墓誌"刻工極爲粗劣"，"它的出土衹證明當時對墓誌書法并不重視，絕非像王羲之這樣的名流所書"，而是"出自平民之手的民間書法"。其結論與華人德所謂"像王、謝等豪門親戚子弟中的書法好手是不會爲這種暫設的埋幽標記親自書丹的，而是讓工匠鑿刻"，并無二致。雖然文獻記載與出土實物，均無法證明存在延請書法名家書丹的情況，但也不能一概否定有王、謝等豪門親戚子弟中的書法好手參與其中。

---

① 邵磊：《南朝墓誌書人身份辨析》。
② 王志高：《六朝墓誌及買地券書法述略》。
③ 張學鋒：《南京象山東晉王氏家族墓誌研究》，牟發松：《社會與國家關係視野下的漢唐歷史變遷》，華東師範大學出版社，2006年，第319~336頁。
④ 朱希祖：《六朝建康冡墓碑誌考證》。

　　六朝士人即便確如王元軍所言"門閥觀念相當濃厚。他們視尺牘書法爲展現風流的藝術，而對於技藝性的碑誌書法却不屑一顧"，不屑於替他人或權貴書寫碑誌，但不一定不參與自己親屬族人的碑誌書寫。據《晉書》卷八《王羲之傳》，王羲之曾爲山陰道士寫經以換鵝，又曾爲一老嫗書寫竹扇，"書罷籠鵝去，何曾別主人"的飄逸之趣頓顯無遺。由此，就情理而言，王、謝子弟爲同族成員甚或親屬書寫墓誌，恐怕也不會影響其風流聲名吧。

　　所以，有必要區別對待高門家族墓誌書法與普通士族墓誌書法。如琅邪王氏、陳郡謝氏等高門的家族墓誌，雖無確證表明有其族人參與墓誌的書寫，但也不能一概斥之"六朝士人不屑碑誌"，否認有參與墓誌書寫的可能，特別是王興之夫婦、王建之夫婦等書刻均十分精湛的墓誌，王氏族人參與書寫的可能性還是存在的。

北朝墓誌之撰人及其相關問題[*]

魏宏利

　　墓誌作爲中國古代一種重要的誌墓文體在北朝出現了一個發展高峰，無論是從作品的數量還是品質而言，這一時期的墓誌創作都達到了前此未有的高度。值得注意的是，伴隨創作的繁榮也開始出現一批以誌墓名家的作者，其中就包括像庾信這樣的文章大家。但是，因爲北朝墓誌作者署名的體制尚未正式形成，加之相關歷史資料的缺乏，所以絕大多數北朝墓誌的作者都已無從考證，這對更進一步研究北朝墓誌的創作造成了不小的困難。值得慶幸的是，在部分北朝墓誌和歷史資料中仍然保存了一些與創作者有關的信息，雖然爲數不多，但爲我們對這一問題的討論提供了極爲珍貴的第一手資料，以下所作的分析就是建立在這些資料的基礎之上。

一　北朝墓誌的作者身份

　　在爲數不多保留作者信息的北朝墓誌中，按照作者身份的不同可以將其分爲公、私兩個方面。所謂"公"，即墓誌的創作過程由政府主導完成，作者亦爲政府委派、指定，如北魏正光五年（524）五月《比丘尼統慈慶墓誌》，誌序末稱"以十八日窆於洛陽北芒之山，乃命史臣作銘誌之"，銘辭之後則詳細記錄了作者的個人信息：

---

　　* 本文原刊於《寶雞文理學院學報》（哲學社會科學版）2009 年第 5 期，作者同意入編本書，并有所增補。

征虜將軍、中散大夫、領中書舍人常景文，李寧民書。①

從誌序我們知道，慈慶死後墓誌的寫作是在孝明帝元詡的直接授意下完成的，擔任具體寫作任務的是征虜將軍、中散大夫兼領中書舍人的常景，中書舍人主要擔負朝廷文件的起草工作，而常景則是北魏後期的重要作家，由他來完成墓誌的撰寫可以看出朝廷對此事的重視。當然，能够享受這種待遇的人在北朝并不多見，他們一般都擁有極爲特殊的身份。以慈慶爲例，誌主生前在皇宫執事多年，墓誌稱其"爲恭宗景穆皇帝昭儀斛律氏躬所養恤，共文昭皇太后有若同生"，② 更重要的是她曾經"侍護先帝於弱立之辰，保衛聖躬於載誕之日"，③ 孝明帝元詡的詔書也提及"朕躬誕育之初，每被恩救，委付侍守"。④ 正因爲這樣特殊的身份和經歷，所以誌主病危時元詡不惜以皇帝之尊"躬臨省視，自旦達暮，親監藥劑"，⑤ 誌主死後更備極哀榮。類似的例子還有北魏孝昌元年（525）十一月《元熙墓誌》、⑥《元懌墓誌》、⑦ 孝昌三年（527）五月《魏故胡昭儀墓誌》，⑧ 等等，他們或出身皇族，或爲皇帝妃嬪，都因身份特出而於死後享此殊榮。

所謂"私"，是指墓誌的創作屬於私人行爲，作者因此不具有公共身份，北朝墓誌的撰寫大部分屬於這種情况。具體而言，根據作者與誌主關係的不同，大體可以分爲以下幾種。

作者爲誌主之親屬，這類情况在北朝墓誌有作者可考的作品中占有相當大的比例。其中，有弟爲兄作誌者，如北魏延昌三年（514）十一月《元颺墓誌》，墓誌序稱"幽扉一閉，永夜無光。季弟散騎常侍、度支尚書、大宗正卿思若哀玉山之半摧，痛良□之中折，悲踰□聽，慕深九泉，敬飾玄石，以述清徽，乃作銘曰"，⑨ 可知作者是元颺的季弟元思若。同樣的例子還有北魏正光六年（525）三月《元茂

---

① 趙超：《漢魏南北朝墓誌彙編》，天津古籍出版社，1992年，第146頁。
② 趙超：《漢魏南北朝墓誌彙編》，第146頁。
③ 趙超：《漢魏南北朝墓誌彙編》，第146頁。
④ 趙超：《漢魏南北朝墓誌彙編》，第147頁。
⑤ 趙超：《漢魏南北朝墓誌彙編》，第146~147頁。
⑥ 趙超：《漢魏南北朝墓誌彙編》，第169頁。
⑦ 趙超：《漢魏南北朝墓誌彙編》，第172頁。
⑧ 趙超：《漢魏南北朝墓誌彙編》，第209頁。
⑨ 趙超：《漢魏南北朝墓誌彙編》，第76頁。

墓誌》，① 作者是元茂之弟元洪略；北魏武泰元年（528）二月《元畧墓誌》，② 作者元景文也是誌主元畧之弟；北魏永熙二年（533）十一月《元鑽遠墓誌》，③ 作者爲誌主季弟元昭業。也有兄爲弟作誌者，如隋仁壽三年（603）二月《蕭紹墓誌》，誌序末稱“式埋玄礎，傳此令名，余悲哲弟，復製銘云”，④ 可知作者爲誌主蕭紹的哥哥，惜其名未知。

有子爲父、母作誌者，其中子爲父作者，如北魏太昌元年（532）十一月《長孫季墓誌》，誌序稱“越太昌元年十一月十八日將歸祔於先君之神兆，慶等酷慈顏之永閟，號微感之莫申，謹追録遺徽，少敷哀苦，長窮餘恨，昊天何追，乃作銘曰”，⑤ 從墓誌銘辭後所記長孫季家族成員名諱，我們知道這裏所記之“慶”，是誌主的三子長孫慶，時任驃騎將軍兼領給事黃門侍郎。同樣的例子還有武平二年（571）二月《朱岱林墓誌》，⑥ 誌序即出自誌主四子朱敬修。又，同年十一月《杜孝績墓誌》，誌末記作者云“長息前開府行參軍公嗣之詞”。⑦ 子爲母作誌者，如武平元年（570）十一月《姚洪姿墓誌》，誌末稱“息君卿，清都尹功曹，痛屺岵之不見，恐淮海之變物，是故刊勒爲頌云爾，其詞曰”，⑧ 姚氏嫁宇文忠爲妻，誌文出其子宇文君卿之手。又，隋開皇六年（586）一月《趙蘭姿墓誌》，⑨ 誌序爲趙氏子隋代作家李德林所撰。

有夫爲妻作誌者，如北魏永熙二年（533）一月《宋靈妃墓誌》，墓誌題稱“侍中太傅録尚書事馮翊郡開國公第四子散騎常侍征東將軍金紫光禄大夫西華縣開國侯長孫士亮妻廣平郡君宋氏墓誌”，⑩ 誌序記墓誌寫作緣起云“夫亮悲瑟琴之乖好，痛伉儷之不終，既結怨於天道，乃鏤石於泉宮，其詞曰”，⑪ 可知作者爲宋靈妃的丈夫長孫士亮，類似的例子還有隋開皇十七年（597）十月《董美人墓誌》，誌

---

① 趙超：《漢魏南北朝墓誌彙編》，第 163 頁。

② 趙超：《漢魏南北朝墓誌彙編》，第 215 頁。

③ 趙超：《漢魏南北朝墓誌彙編》，第 308 頁。

④ 謝高文、劉衛鵬：《隋〈蕭紹墓誌〉考》，《碑林集刊》第 11 輯，三秦出版社，2005 年，第 216 頁。

⑤ 趙君平：《邙洛碑誌三百種》，中華書局，2004 年，第 30 頁。

⑥ 嚴可均：《全北齊文》，商務印書館，1999 年，第 94 頁。

⑦ 賈振林：《文化安豐》，大象出版社，2011 年，第 342 頁。

⑧ 賈振林：《文化安豐》，第 325 頁。

⑨ 羅新、葉煒：《新出魏晉南北朝墓誌疏證》，中華書局，2005 年，第 379 頁。

⑩ 趙超：《漢魏南北朝墓誌彙編》，第 301 頁。

⑪ 趙超：《漢魏南北朝墓誌彙編》，第 302 頁。

文末稱"上柱國益州總管蜀王製"，[①] 作者爲隋文帝楊堅第四子蜀王楊秀。

也有妻爲夫作者，如北齊太寧二年（562）二月《王震墓誌》，誌序末稱"妻劉，發源豐里，望出彭城。追惟異谷，尚想同衾。悲鴛鴦喪侶，泣半體先摧。故識空煎無益，聊銘石隨徽，其詞曰"，[②] 作者即王震妻彭城劉氏。

有外甥爲姑母作誌者，如北魏神龜二年（519）四月《崔賓媛墓誌》，墓誌末稱"文夫人長弟故廷尉卿國子博士息本州茂才巨倫孝宗造"，[③] 作者爲崔賓媛外甥崔巨倫。崔賓媛爲李叔胤妻，事迹見《魏書》卷五六、卷九二，《北史》卷三二、卷九一，崔氏亦擅文，史載其所作書、詩"辭理可觀"。[④] 崔巨倫生平附見《魏書·崔辯傳》，史稱其"幼孤，及長，歷涉經史，有文學武藝"，[⑤] 又稱"巨倫姑趙國李叔胤之妻"，[⑥] 與本誌所述相同。墓誌比較特別的是行文以第一人稱"余"貫穿全篇，如"余祖使君薨於京代""余幼羅窮罰""余之姊又婦事焉"[⑦] 等，加强了誌文的情感力度，在北朝有作者可考的墓誌中這種情形并不多見。

亦有作者爲誌主其他親屬者，如北魏正光六年（525）五月《李遵墓誌》，誌文稱"内妹夫張景淵慭王儀之長逝，嘆爼川之無返。以舟壑易徙，縑竹難常，敬刊幽石，勒美玄堂，其詞曰"，[⑧] 作者爲誌主李遵的内妹夫張景淵。又，北齊天統元年（565）十一月《張起墓誌》，墓誌於誌題後記稱"宗人長兼參軍張景邕造"，[⑨] 作者是誌主張起的同宗兼宗人長張景邕。又，《北史·外戚·馮熙傳》記馮熙葬日孝文帝拓跋宏"送臨墓所，親作誌銘"，[⑩] 馮熙是文明皇太后之兄，孝文帝又娶熙女爲妃，誌主身份是拓跋宏的舅爺兼岳父。所以就君臣關係來説，這是君爲臣作誌，就親屬關係而言，則是女婿爲岳丈（兼爲舅爺）作誌，揆之情理，當時孝文帝應該是以親屬關係臨葬并撰寫墓誌的。

親屬之外，還有作者爲誌主友人者，如東魏興和三年（541）十月《元鷟墓

---

① 韓理洲：《全隋文補遺》，三秦出版社，2004 年，第 47 頁。
② 賈振林：《文化安豐》，第 267 頁。
③ 陶鈞：《北魏〈崔賓媛墓誌〉考釋》，《收藏家》2012 年第 6 期，第 34 頁。
④ 魏收：《魏書》，中華書局，1974 年，第 1252 頁。
⑤ 魏收：《魏書》，第 1251 頁。
⑥ 魏收：《魏書》，第 1252 頁。
⑦ 陶鈞：《北魏〈崔賓媛墓誌〉考釋》，《收藏家》2012 年第 6 期，第 34 頁。
⑧ 趙超：《漢魏南北朝墓誌彙編》，第 165 頁。
⑨ 趙超：《漢魏南北朝墓誌彙編》，第 431 頁。
⑩ 李延壽：《北史》，中華書局，1974 年，第 2679 頁。

誌》，墓誌叙寫作緣起稱"於是友人車騎大將軍、秘書監常景惜白珩之掩曜，悲懋德之未融，鑴金石而爲誌，托賓實以宣風，乃作銘曰"，①常景正是前引慈慶墓誌的作者，不同的是前者身份是朝廷之史臣，其創作屬官方委派，後者則爲誌主之友朋，寫作則屬私人之誼。此外，如北魏延昌四年（515）四月《皇甫驎墓誌》，誌稱"前雍州主簿、横水令辛對與君纏篤，臨棺悲慟，彌增哀切，遂尋君平志，刊記金石，其辭曰"，②作者係誌主生前好友辛對。又，隋大業十一年（615）十一月《蕭翹墓誌》，誌稱"余與夫子，篤忘年之好，情深管鮑，義切金蘭，未駕臣卿之車，有愧伯喈之作，意盡悲多，才輕筆短，仰陳盛美，乃作銘云"，銘辭末記"絳州曲沃縣令濟陽蔡叔悌製文"，③知誌序所稱"余"者即蔡叔悌。類似的例子，還有北魏孝昌二年（526）七月《尹祥墓誌》、④永安三年（530）二月《寇宵墓誌》、⑤北齊天統元年（565）十月《房周陀墓誌》⑥等。

第三類爲誌主臣屬所作，如北魏景明二年（501）十一月《任城王妃李氏墓誌》，誌文於銘辭後稱"前國大農府功曹史臣茹仲敬造"，⑦作者茹仲曾爲任城王之府屬，墓誌雖爲任城王妻李氏所作，但作者仍以臣屬自稱。又，北魏正光三年（522）四月《王静墓誌》，誌序末稱"故吏功曹于悦等痛良木之雲摧，懼山川之易改，乃作誌銘"，⑧誌主王氏卒於善無太守任上，墓誌作者爲其故吏于悦。

還有一類作者與誌主并無特殊關係，他們從事墓誌創作或出誌主家族請托或爲潤筆之需，在身份上仍然屬於私人性質。一般而言，這類撰寫者往往是一些享有聲譽的作家。《北史·裴陀附諰之傳》稱"楊愔闔門改葬，托諰之頓作十餘墓誌，文皆可觀"，⑨楊氏闔門改葬請托裴諰之撰寫墓誌，除去楊愔與諰之私交甚密外，其創作水準也是重要的考慮因素，《北史》"文皆可觀"的評價正好説明了這一點。又，北魏永熙二年（533）五月《李暉儀墓誌》，墓誌銘辭出自"北地三才"之一的魏收，誌文叙其寫作始末云"友人中書侍郎鉅鹿魏收，雖年在雁行，而義均同

---

① 趙超：《漢魏南北朝墓誌彙編》，第 343 頁。
② 趙超：《漢魏南北朝墓誌彙編》，第 82 頁。
③ 韓理洲：《全隋文補遺》，第 50 頁。
④ 羅新、葉煒：《新出魏晉南北朝墓誌疏證》，第 120 頁。
⑤ 趙超：《漢魏南北朝墓誌彙編》，第 268 頁。
⑥ 趙超：《漢魏南北朝墓誌彙編》，第 430 頁。
⑦ 趙超：《漢魏南北朝墓誌彙編》，第 41 頁。
⑧ 齊運通：《洛陽新獲七朝墓誌》，中華書局，2012 年，第 16 頁。
⑨ 李延壽：《北史》，第 1385 頁。

志，後來之美，領袖辭人，托其爲銘，式傳不朽"，① "後來之美，領袖辭人"正是對作者創作能力和地位的高度肯定。又，北齊河清四年（565）八月的《元洪敬墓誌》，② 作者爲梁尚書比部郎譙國桓柚和侍中陳郡袁奭。袁奭事迹略見《北齊書·文苑傳》，梁蕭莊時，袁奭奉使聘齊，蕭莊敗亡後遂留北不歸，入文林館，由袁奭的經歷可以推知桓柚的基本情況當與之類似。袁奭既入《文苑傳》，後又待詔文林館，可知其長於創作，《元洪敬墓誌》請他撰寫自然是看重這一點。同時，袁奭、桓柚與顏之推、庾信等人一樣，是南人入北者，而陳郡袁氏、譙國桓氏都屬於南方高門，袁奭祖父即是梁司空袁昂，選擇這樣的創作者撰寫墓誌同時也可以起到炫耀誌主門第的作用。

值得注意的是，在實際創作中北朝墓誌的誌序和銘辭往往由不同作家分別完成，《北史·樊遜傳》有"魏收作《庫狄干碑序》，令孝謙爲之銘，陸卬不知，以爲收合作"③ 的記載，所云雖爲墓碑，但類似體例也見於墓誌寫作，現存北朝墓誌中就有不少這樣的例子。一般而言，凡兩人合撰一誌，誌序往往由誌主家人親自撰寫，而銘辭則多請托他人。以前引《朱岱林墓誌》爲例，誌序爲岱林四子朱敬修所作，銘辭則是敬修從父兄朱敬範撰寫。《李暉儀墓誌》銘辭爲魏收所作，誌序則由李氏子鄭伯猷完成。同樣的例子還見於隋開皇六年（586）一月《李敬族墓誌》、④《趙蘭姿墓誌》，兩誌的序文同爲李敬族、趙蘭姿的兒子李德林撰寫，銘辭前者出河南陸開明之手。開明，《北史》有傳，史稱其"少聰敏，年九歲就學，日誦兩千餘言"，⑤ 北齊末待詔文林館，入隋後曾與宇文愷等撰《東宮典記》七十卷，李德林稱其"博物高才，譽重當世"，⑥ 并非全然是誇飾之辭。後者銘辭出古道子，亦爲"學業優長，才思通博"⑦ 者。當然也有例外的情況，如前引《元洪敬墓誌》，誌序、銘辭由袁奭和桓柚分別撰寫，而誌序作者袁奭與誌主并非親屬關係。我們謹慎推測，誌序是否由誌主直系親屬撰寫關鍵在於有無適任之作者，如無其人，則誌序與銘辭無論是出於一人之手還是由兩人合撰都祇能請人代筆。

---

① 羅新：《跋北魏鄭平城妻李暉儀墓誌》，《中國歷史文物》2005 年第 6 期，第 45~46 頁。
② 羅新、葉煒：《新出魏晉南北朝墓誌疏證》，第 176 頁。
③ 李延壽：《北史》，第 2790 頁。
④ 羅新、葉煒：《新出魏晉南北朝墓誌疏證》，第 374 頁。
⑤ 李延壽：《北史》，第 1022 頁。
⑥ 羅新、葉煒：《新出魏晉南北朝墓誌疏證》，第 375 頁。
⑦ 羅新、葉煒：《新出魏晉南北朝墓誌疏證》，第 379 頁。

這種由家人創作誌序而請托他人撰寫銘辭的現象，在一定程度上也反映了時人對墓誌銘辭的重視往往要超過誌序，《朱岱林墓誌》叙寫作緣起云：“第四子敬修……罄兹鄙拙，式序徽猷，思與泣俱，文兼涕落，先言多不備述，往行盡是闕如。良由才非作者，情限蕪次。從父兄敬範，史君伯第三子，脱略榮華，不應徵聘，沈深好古，尤工摛屬，勒銘黄壤，以播清風”。[①] 朱敬修評價自己“才非作者”，而稱贊朱敬範“沈深好古，尤工摛屬”，言外之意自然是銘辭的重要性和寫作難度高於誌序。誌序撰寫遺行，不過據實而録，所以即便“才非作者”也可勝任，但銘辭以頌揚先人功德爲主，必須是“沈深好古，尤工摛屬”者方可。同樣的情形也見於隋開皇八年（588）十一月《朱幹墓誌》，[②] 誌主朱幹出自錢塘世家，係南人入北，天和五年卒於北周平齊之役，天和六年葬“萬年縣軹道鄉”，隋開皇中因其葬地“邇於王城”，遂移墳於“涇陽縣鴻川鄉”。關於墓誌撰者，誌序末稱“平原明克讓，世親義重，姻屬情深……悉其行事，録而序焉。開府、新野庾信，文林辭苑，詩弈相交，舊有銘文，今仍鐫勒”，[③] 開皇改葬所撰墓誌不脱誌序由親族撰寫、銘文請托他人這一基本模式，但有趣的是誌序爲重新創作，而銘辭則沿用了北周天和六年第一次下葬時的舊銘。原因何在？究其實質，不過是因爲天和六年之“舊銘”爲庾信所撰，其爲一代文宗，最負盛名。開皇八年改葬時庾信已經去世，既無法請其重作，其他人之聲望又不及信，退而求其次遂將舊銘重新鐫刻，這種特殊處理正説明北朝人對銘辭創作的看重。

關於銘辭在墓誌中的地位，《封氏聞見記》卷六“石誌”條引王儉《喪禮》中的一段話也頗能説明問題：

> 原此旨將以千載之後，陵谷遷變，欲後人有所聞知，其人若無殊才異德者，但紀姓名、歷官、祖父、婚媾而已。若有德業，則爲銘文。[④]

王氏所云不過是理論上的説法，實踐中子孫爲先人樹碑立誌無德而銘者所在多有，但這種區分本身還是可以看出時人對銘辭創作所持的慎重態度以及誌序與銘辭的不

---

① 嚴可均：《全北齊文》，第94頁。
② 周曉薇：《流寓周隋的南朝士人交往圖卷》，《陝西師範大學學報》2014年第4期。
③ 周曉薇：《流寓周隋的南朝士人交往圖卷》，《陝西師範大學學報》2014年第4期，第84頁。
④ 封演撰，趙貞信校注《封氏聞見記校注》卷六，中華書局，2005年，第56頁。

同地位。

請托名家撰寫銘辭除對其重要性肯定之外，由他人頌揚先人德業也可顯示其所作評價公正無私，我們祇看對銘辭作者"脱略榮華，不應徵聘，沈深好古""博物高才，譽重當世"等形容描述就知其大概了。同時，如前所述，能請到"譽重當世"的作家來撰寫銘辭也能自高身價、炫耀門第，這正是北朝人墓誌創作中努力追求的目標之一。

關於北朝墓誌的作者，還有一些問題值得注意。前引《北史·裴陀附諏之傳》記"楊愔闔門改葬，托諏之頓作十餘墓誌"，即家族成員墓誌全部請一人來撰寫，《新出魏晉南北朝墓誌疏證》中收録有楊愔同族墓誌七方，其中有五方墓誌誌主下葬時間、地點完全相同，墓誌文辭也頗多相似之處，如"永言盛美，刊諸玄石"[①]（《楊侃墓誌》）、"永言盛美，刊諸玄石"[②]（《楊仲宣墓誌》）、"永言盛美，刊諸玄石"[③]（《楊遁墓誌》）、"永言盛德，以刊玄石"[④]（《楊順墓誌》），則這些墓誌極有可能出自一人之手。又《河洛墓刻拾零》著録西魏大統七年（541）《楊瑩墓誌》《楊蘭墓誌》，[⑤] 兩誌不但作者相同，而且書者也明顯出自一人。

有多方墓誌一人完成者，也有一人墓誌由多位作者分別撰寫，擇其優者刊石以行者，《魏書》卷八二《常景傳》：

> 世宗季舅護軍將軍高顯卒，其兄右僕射高肇私托景及尚書邢巒、并州刺史高聰、通直郎徐紇各作碑銘，并以呈御，世宗悉付侍中崔光簡之，光以景所造爲最……遂以景文刊石。[⑥]

所記爲碑銘撰寫，而且誌主高顯身份特殊，其兄高肇其時也正當權，所以纔能托諸人分作碑銘，并呈御覽以擇優而定。但是，既然有此特例，我們就不能排除在北朝墓誌創作中出現類似情況的可能性。祇不過即便真有其事，那些没有選中最終被淘汰的作品已經消失在歷史的長河中，不可能被今天的讀者看到了。

---

① 羅新、葉煒：《新出魏晋南北朝墓誌疏證》，第 144 頁。
② 羅新、葉煒：《新出魏晉南北朝墓誌疏證》，第 152 頁。
③ 羅新、葉煒：《新出魏晉南北朝墓誌疏證》，第 154 頁。
④ 羅新、葉煒：《新出魏晉南北朝墓誌疏證》，第 150 頁。
⑤ 趙君平、趙文成：《河洛墓刻拾零》，北京圖書館出版社，2007 年，第 40~41 頁。
⑥ 魏收：《魏書》，第 1725 頁。

二 作者身份差異對北朝墓誌創作的影響

以上對北朝墓誌的作者身份進行了簡單的分類和界定，這種身份的差異不僅體現出"公""私"的分野，事實上也對具體的墓誌創作產生了影響，涉及書寫材料的使用、行文的筆法、風格以及作者情感的表達等多方面，以下舉例加以說明，先看前引《元洪敬墓誌》：

> 君幼則聰穎，聞孝敬於其親；長而敏識，著信讓於三友。出身宣武帝挽郎，除冀州長史，行清河君。屬梁師侵凌，奉敕專征。率馬步二萬，掃滌青、光兩州之梗，撲滅元顥、邢杲之寇。自茲厥後，處處勤王，歷拜鎮遠、龍驤、征虜、中軍、翊軍將軍，及金鏞等城大都督。頻降朝旨，特加賞贊，凡除清河、東萊、高陽、長廣、陽夏五郡太守。自剖符從政，樹門厝枉，吏日難欺，民嘆來暮。又累除洛州司馬、中散大夫、冀州別駕，平陽、上黨及太尉府從事中郎。歷任諸難，功高譽顯。系言寵贊，備在方冊。初爲汾州長史，勤明廉直，刺史以下，及州境豪族，編名薦舉，具陳盛德。但驥驥之足未聘康衢，棟宇之才非施大夏，不終人爵，奄遺天命。以大齊河清四年四月一日卒，春秋六十有八，其年八月廿二日，葬於鄴郊野馬崗之朝陽。如金如玉，掩夜臺之長罷；若桂若蘭，啓佳城其無日。梁侍中陳郡袁奭，愛君子之不朽，乃援筆爲銘曰。[①]

此誌屬於請托之作，無論誌序還是銘辭都寫的中規中矩，誌序先叙世系及父祖官歷，接着對誌主一生行略進行簡要概括，間以贊頌之辭，最後記誌主卒葬時、地及壽年。但是，閱讀全文我們没有發現作者私人情感的流露和有關誌主生活細節的描寫，以至於整篇作品無論是形式還是内容與大多數北朝墓誌高度雷同，無法給讀者留下深刻印象。作爲對照，下面再看北魏孝昌元年（525）八月《羊祉妻崔神妃墓誌》：

> 夫人諱神妃，清河東武城人也。……時雁門壽君薨甫爾，家進□□，

---

① 羅新、葉煒：《新出魏晋南北朝墓誌疏證》，第176頁。

而太夫人在堂，夫人奉水授□，供養□□。復以男女衆多，嬰孫滿堂，室負□携，劬勞莫甚。而怨語□□，護養無缺。允兄弟頗用成立，實仰稟訓誘之恩。及太夫人薨，先夫人以家婦傳家，躬奉饘醍，朝夕弗怠。冀天地有靈，獲□餘己之志，而彼蒼不吊，斯願莫從。□正光五年秋九月廿九日，允第四兄和徂逝，夫人因此數疾。暮出不歸，已有倚閭之望；一去莫及，寧無舐犢之悲。……竊此立言不朽，種德流馨。允以殘年餘喘，曾何萬一，雖不周盡，粗□□慕，亦是其實録云。①

誌序的作者從上下行文可以知道是誌主崔神妃的兒子羊允，與《元洪敬墓誌》相比，我們首先發現在誌序中出現了大量崔氏生前生活場景的具體描寫，而不再是粗綫條的簡單勾勒。誌主十五歲嫁給允父羊祉爲妻，後羊祉早亡，於是整個家庭的重擔就自然落在崔氏肩上，“復以男女衆多，嬰孫滿堂，室負□携，劬勞莫甚”，寥寥數語，一個任勞任怨、奉上携下的女性形象就躍然紙上。而這些充滿生活氣息的細節描寫之所以能够被呈現，是因爲這是作者早年親見親歷。一俟墓誌創作，當年生活中有關寡母的點點滴滴自然歷歷在目。此外，我們在墓誌中也看到了作者情感的真實流露。允父早亡，其四兄羊和又徂逝，崔氏早年喪夫、晚年喪子，其心境可知。墓誌用“暮出不歸，已有倚閭之望；一去莫及，寧無舐犢之悲”這樣的句子形容母親暮年喪子的深悲巨痛，其中也包含了羊允對母親一生境遇的深切同情。誌序末云“竊此立言不朽，種德流馨。允以殘年餘喘，曾何萬一，雖不周盡，粗□□慕，亦是其實録云”，語雖平淡，但其中所流露出的對亡母的情感却足以打動人心。同樣的例子，我們不妨再來看李德林爲其生母趙蘭姿所作誌序中的一段：

德林父兄早棄，夙嬰荼蓼，姊妹及弟，煢然靡托，寔賴慈育，得及人倫。光景如流，瞻望日遠。几筵永絶，温清無期。徒深銜索之哀，空有終身之慕。②

李德林也是早年喪父，《李敬族墓誌》中作者自稱“十六而孤”，③ 所以和羊允兄弟一樣作者也是在母親含辛茹苦的撫育下長大成人，誌序中“姊妹及弟，煢然靡托，

---

①　羅新、葉煒：《新出魏晋南北朝墓誌疏證》，第110頁。
②　羅新、葉煒：《新出魏晋南北朝墓誌疏證》，第379頁。
③　羅新、葉煒：《新出魏晋南北朝墓誌疏證》，第375頁。

寔賴慈育，得及人倫"諸語，是從肺腑間流出的句子，無多修飾，自然動人心魄。
而"光景如流，瞻望日遠。几筵永絶，温清無期。徒深銜索之哀，空有終身之慕"，
更是寫出全天下多少爲人子而不能盡孝養之情者的愧疚和悲傷，讀者閲讀至此，寧
不動容？誌序同樣不乏對李氏生活細節的描寫，如記趙氏"凡見貧窮，常必施贍，
垂恩賤隸，每睹非違，唯加訓誘，未嘗捶撻"，[①]也是從日常生活中的瑣屑中見出誌
主樂善好施的品德，誌序引北朝大儒徐遵明對趙氏"夫人是内德之師"的評價，就
顯得順理成章而不覺得是虛譽了。

夫爲妻所作墓誌中也常有真情之流露，如前引隋蜀王楊秀爲其妃董氏所作墓
誌，我們試看銘辭中的一段：

> 比翼孤栖，同心隻寢。風卷愁漢，冰寒淚枕。悠悠長暝，杳杳無春。落
> 鬢摧櫬，故黛凝塵。昔新悲故，今故悲新。余心留想，有念無人。去歲花臺，
> 臨歡陪踐。今兹秋夜，思人潛泫。[②]

正因爲作者身份特殊，銘辭中纔能出現"去歲花臺，臨歡陪踐。今兹秋夜，思人潛
泫"這樣私密的描寫和真實情感的流露，這裏既有對斯人已逝的悲哀，也有對往日
歡樂時光的追憶，而今昔對比、存亡兩隔所形成的強烈反差更讓作者情難自抑，雖
無意爲文，却自成佳構。

又前引北魏《崔賓媛墓誌》，作者爲崔氏外甥崔巨倫，誌序在記崔氏葬埋之後
寫道：

> 余幼羅窮罰，天地崩離，夫人訓撫，慈矜備篤，余之姊又婦事焉。理艱
> 鞠養，恩深罔極，顧覆之仁，絶世莫有。魯之義姑，蔑以爲喻。何慮幽寂，
> 奄見今辰。仰慕慈顔，痛貫骨髓。[③]

從誌序可知，巨倫姐弟二人早年父母雙亡，頗得其姑崔氏慈訓，又《魏書·崔辯
傳》稱："初，巨倫有姊，明慧有才行，因患眇一目，内外親類莫有求者，其家議

---

① 羅新、葉煒：《新出魏晉南北朝墓誌疏證》，第 379 頁。
② 韓理洲：《全隋文補遺》，第 47 頁。
③ 陶鈞：《北魏〈崔賓媛墓誌〉考釋》，《收藏家》2012 年第 6 期，第 34 頁。

欲下嫁之。巨倫姑趙國李叔胤之妻，高明慈篤，聞而悲感曰：'吾兄盛德，不幸早世，豈令此女屈事卑族！'乃爲子翼納之，時人嘆其義。"①正因有此一段故事，所以作者在叙及"余之姊又婦事焉"時，纔用"理艱鞠養，恩深罔極，顧覆之仁，絕世莫有"這樣强烈的語言來表達作者的感念之情。對崔巨倫姐弟而言，崔賓媛名爲其姑，實則母也，也因此作者對崔氏去世"痛貫骨髓"的形容也就讓讀者感到非常真實而不覺其假了。

比較而言，出自友人的作品，作者往往對誌主的生平志尚會有某種"同情之瞭解"，這是一般純粹出於請托者所不具備的，如前引隋《蕭翹墓誌》，作者蔡叔悌與誌主爲忘年之交，誌序稱蕭氏"幸藉基資，早縻榮位，官涉四朝，名馳萬里。及兹晚暮，頗爲淪屈，雖有君山之嘆，曾無亭伯之悲。榮辱淡如，風猷自遠。縱情琴酒，抗志風雲，沉吟篇什之間，惆悵天人之際"，②誌主蕭翹爲蕭梁宗室，陳亡入隋後祇作到武安郡肥鄉令這樣的小官，仕途頗不得意，作者對此頗感不平，由"及兹晚暮，頗爲淪屈"諸語可見。但墓誌記蕭氏對此的態度却是"榮辱淡如，風猷自遠。縱情琴酒，抗志風雲。沉吟篇什之間，惆悵天人之際"，顯然對蕭翹晚年的心境及志尚有着超越一般人的體認和理解。

當然，也并非所有出於請托的作品都毫無真情流露或細節描寫，庾信的少數墓誌創作就突破了這些限制。此外，如北周保定二年（562）三月《賀蘭祥墓誌》，③誌主爲北周重臣，墓誌記其死後皇帝親率文武於東堂舉哀，而按照北朝的制度，祇有皇族和外戚去世，皇帝方於東堂哭送，賀蘭祥雖不預此列而能享此殊遇，可見其地位之崇高。墓誌雖不言作者，但可推知或由朝廷派史臣撰寫或爲家人請托當時能文之士創作，墓誌在對誌主一生行略的叙述中不乏細節呈現，如其記宇文泰赴賀拔岳死難事云："太祖自夏來赴岳難，公時在平涼，中路奔逆，具述時事安危大機，太祖瞭然曰：'吾意決矣。'因以都督從平侯莫陳悦。"④平侯莫陳悦之亂是北周政權建立的開始，墓誌通過這個細節突出了賀蘭祥在整個事件中所起的重要作用。墓誌在結尾處對賀蘭祥一生作了簡短樸素的概括，"公以懿親當佐命之任，窮榮極寵卅餘年。臨薨之日，家業疏迥。季文之節，於此方見。上下同酸，久而不

① 魏收：《魏書》，第 1252 頁。
② 韓理洲：《全隋文補遺》，第 50 頁。
③ 羅新、葉煒：《新出魏晉南北朝墓誌疏證》，第 245 頁。
④ 羅新、葉煒：《新出魏晉南北朝墓誌疏證》，第 245 頁。

息"，①一方面是"以懿親當佐命之任，窮榮極寵卅餘年"；一方面却是"臨薨之日，家業疏迥"，强烈的對比，使"季文之節，於此方見"的評價顯得真實可信，這與那些流於空泛的議論形成了明顯的區别。

當然總體而言，出於請托或潤筆進行的創作更容易流於程式化，除過那些精心結構的華麗語言和空泛的議論之外，很少能給讀者留下深刻的印象，而與誌主有着特殊關係的作者，由於其特殊的身份和經歷使他們或多或少能寫出一些真情實感，其中的優秀之作更具有强大的藝術感染力，從而在一定程度上擺脱了墓誌作爲一種實用文體的限制趨於純文學的境界。

三　作者署名的目的、方式及意義

在有關北朝墓誌作者的討論中還有一個問題值得注意，那就是在墓誌創作中作者署名的目的和意義何在，其實在前面的討論中已部分涉及這一話題，這裏做一點補充説明。

柯昌泗在《語石異同評》中認爲大凡墓誌題名或"以見風儀，非自表其文而然"，②作者一般爲誌主之僚友或姻親之屬；或"以昭恭恪"，如奉敕所撰之墓誌；或作者爲當時文士，則以題名自重，并舉北齊太寧二年（562）二月魏收所作《彭城寺碑》爲例稱"末題僕射魏收造文，此則造寺者以伯起名高，特爲表著，而非收所自署者矣"。③柯氏的意見大體可以概括北朝墓誌中作者署名的目的和意義，但是也有例外。庾信爲北朝碑版大家，集中有大量受人請托撰寫的墓誌，其中即包括作於北周建德元年（572）十一月的《周譙國公夫人步陸孤氏墓誌》，④此誌二十世紀五十年代於陝西咸陽出土，但誌文中并無庾信署名，據《庾開府集》方知爲信所撰。由此可知，柯氏"作者爲當時文士，則以題名爲重"，⑤祇是一部分人的選擇，作爲一種文體規範，作者署名的制度在當時尚未正式確立，所以是否署名全看具體個人之選擇而非有一定之規。

---

① 羅新、葉煒：《新出魏晋南北朝墓誌疏證》，第 246 頁。
② 葉昌熾撰，柯昌泗評《語石・語石異同評》，中華書局，1994 年，第 386 頁。
③ 葉昌熾撰，柯昌泗評《語石・語石異同評》，第 387 頁。
④ 北京圖書館金石組：《北京圖書館藏中國歷代石刻拓本滙編》第 8 册，中州古籍出版社，1989 年，第 159 頁。
⑤ 葉昌熾撰，柯昌泗評《語石・語石異同評》，第 387 頁。

　　當然，這從一個側面也説明，墓誌作爲一種特殊文體在當時尚保留其私密性的一面。換言之，不同於神道碑立於墓上，其撰述本身就是爲了供他人觀覽流傳，墓誌是隨死者埋入壙中，對於請托者和作者而言，恐怕有相當意見認爲并無明署作者的必要。而隨着創作的持續發展和藝術水準的不斷提高，墓誌的私密性逐漸下降，其價值除過埋入地下以完成其實用功能外，留於紙上的文本也開始具有公共傳播的價值。換句話説，墓誌創作開始具備了某種公共性。從作者的角度出發，出色的墓誌作品可以增加自己的聲譽，對請托者而言，聲譽越大的作者其光耀門楣的價值自然也越大。就這樣，在雙方需要的合力推動下作者署名的體制逐漸形成，并最終在唐代正式確立。

　　最後是關於作者署名的具體方式，從目前所能見到的作品來看大致可以分爲兩類：一類是於文前或文末直接署名；一類於文中通過叙述間接説明。前者如北魏孝昌二年（526）十月《侯剛墓誌》，墓誌於銘辭後署名“孝昌二年十月十八日侍御史譙郡戴智深文”，[①] 又前引北齊《元洪敬墓誌》，誌序作者署名在誌文之前，題稱“梁尚書比部郎譙國桓柚製序”。[②] 後者如東魏興和三年（541）十月《元鷙墓誌》，墓誌於誌序末稱“於是友人車騎大將軍秘書監常景惜白珩之掩曜，悲懋德之未融，鐫金石而爲誌，托賓實以宣風。乃作銘曰”。[③] 又北齊河清四年（565）二月《封子繪墓誌》，墓誌在誌序中稱“從弟孝琰以爲陸機之誄士平，情則兄弟；潘岳之哀茂春，事實昆季。是以謹撰遺行，用裁誌序……吏部郎中清河崔瞻與公禮闈申好，州里通家，摛綴之美，籍甚河朔。敬托爲銘，式昭不朽。其詞曰”，[④] 知誌序爲誌主從弟封孝琰所作，銘辭則出自清河崔瞻之手。

　　柯昌泗認爲作者的署名方式與署名的目的和意義存在一定的聯繫，其論稱“表風義者，沿漢碑之體，姓名叙於文内。昭恭恪者，開唐碑之式，姓名於文前别題一行……藉重文名者，或題於文後，若慈慶誌等……或題於誌蓋，若陸希道誌蓋”，[⑤] 從我們對北朝墓誌署名方式的分析來看，柯氏的結論基本是中肯的，但前舉李暉儀、元洪敬諸誌不在此例。李氏銘辭爲魏收所作，屬於“藉重文名者”，但作者的署名方式却是“姓名叙於文内”，而《元洪敬墓誌》并非奉敕撰寫，作者署

　　① 趙超：《漢魏南北朝墓誌彙編》，第 188 頁。
　　② 羅新、葉煒：《新出魏晉南北朝墓誌疏證》，第 176 頁。
　　③ 趙超：《漢魏南北朝墓誌彙編》，第 343 頁。
　　④ 趙超：《漢魏南北朝墓誌彙編》，第 424~425 頁。
　　⑤ 葉昌熾撰，柯昌泗評《語石·語石異同評》，第 387 頁。

名不屬於"以昭恭恪"，但誌序作者"姓名於文前別題一行"。而柯氏所言北魏正光五年（524）五月《比丘尼統慈慶墓誌》爲常景奉敕撰寫，并非"藉重文名者"，作者姓名題於文末與柯氏所稱"昭恭恪者……姓名於文前別題一行"正相反。所以出現這種情況，根本的原因仍然在於墓誌的署名制度還未成熟，既然作者是否署名尚未形成規範，則作者署名的方式自然不會有明確要求。衹是在具體實踐中，某些署名方式逐漸被大家所接受，久而久之開始形成一定的體例，但在規範形成的初期仍然存在自由選擇的空間，這就是爲什麽在署名方式上既有一定的規律可尋但又顯得雜亂無章的原因所在。

以上，我們分別從三個方面對北朝墓誌之撰人及其相關問題做了簡要分析。但如前所述，因爲其時作者署名的體制尚未正式形成以及相關歷史資料的缺乏，導致相關的討論受到極大的限制，由此得出的結論也難免有不够全面甚或不盡準確的地方，希望隨着考古工作的不斷進展能有更多的材料來進一步加深我們對這一問題的認識和理解。

從"異刻"現象看北魏後期墓誌的"生產過程"*

徐 冲

一 引言

對於今天的中國中古史研究來説，石刻材料的重要性毋庸贅言。在近年新出土墓誌與日俱增的背景下，[①] 學者所面臨的更爲重要的課題，是如何更爲充分有效地利用墓誌材料所提供的信息，來豐富對於中古歷史的理解與構建。在這方面，羅新、葉煒《新出魏晋南北朝墓誌疏證》無疑是近年最具典範性的作品。[②] 而陸揚的書評《從墓誌的史料分析走向墓誌的史學分析——以〈新出魏晋南北朝墓誌疏證〉爲中心》在對《疏證》做出深刻評介的同時，亦爲南北朝墓誌研究提示了若干方向性建議，尤其引人深思。[③]

---

* 本文曾報告於復旦大學"中古中國共同研究班"（2010 年 9 月 29 日）和"中古時代的禮儀、宗教與制度"國際學術研討會（2010 年 11 月 8 日）。初刊於《復旦學報》（社會科學版）2011 年第 2 期，大幅修訂後，收入余欣主編《中古時代的禮儀、宗教與制度》（上海古籍出版社，2012 年）。此次收入論文集，僅對脚注中的若干論著信息做了更新和增補。又朱華先生新近發表的《北魏後期至唐初贈官、贈諡異刻出現與消失原因試析》（《中國史研究》2020 年第 3 期），所見多有不同，敬希讀者參看。

① 參考仇鹿鳴《近年來中古史研究的新進展·石刻》，收入《中國中古史研究：中國中古史青年學者聯誼會會刊》第 3 卷，中華書局，2013 年；同氏《十餘年來中古墓誌整理與刊布情況述評》，《唐宋歷史評論》第 4 輯，社會科學文獻出版社，2018 年。

② 羅新、葉煒：《新出魏晋南北朝墓誌疏證》，中華書局，2005 年。以下簡稱《疏證》。

③ 陸揚：《從墓誌的史料分析走向墓誌的史學分析——以〈新出魏晋南北朝墓誌疏證〉爲中心》，《中華文史論叢》2006 年第 4 期。

誠如陸揚所言,“使墓誌成爲一種獨立而非孤立的史學考察對象”,是今後中古墓誌研究應該致力的方向。[①] 但迄今爲止,對於單一墓誌所提供歷史信息的考察仍然是學界最爲常見的研究模式,少有將“墓誌”本身作爲對象來思考者。[②] 有限的關於中古墓誌的整體性考察,集中於所謂墓誌的起源或者定型化問題。[③] 這一問題當然非常重要。然而不應忘記的是,在墓誌的興起階段,它還衹是一種不爲時人所重的新興文體;[④] 而當墓誌成長爲中古社會一種標志性的文化現象之後,其作爲一種社會生産“裝置”在當時歷史世界中的樣態、位置與功能,却未必能説已經得到了清晰的展示。换言之,在墓誌本身的歷史地位與今日學界的相關研究之間,呈現出了一種奇妙的顛倒。

欲推動上述研究現狀的改變,筆者認爲學界在以下兩個方面的成績值得關注。首先是關於中古墓誌“撰寫過程”的研究。如《疏證》即曾相當敏鋭地指出:“南朝由朝廷出面營葬的王公貴族,其墓誌的撰寫一般也就是由秘書省諸著作或相關人員來承擔,這些人所依據的資料,衹能是秘書省原有的檔案(名臣傳、功臣傳之類),所以在名號、稱謂、生平等方面,是符合有關規定的,這與北朝墓誌很不一樣。”[⑤] 顯然其側重於利用墓誌文本中所包含的歷史信息,從一種史源學式的視角出發,來探討墓誌文本的成立過程。與此相對,一些書法界的研究者則把目光放在了與中古墓誌相關的若干物質性和技術性層面,如石材、書體、刻製工序等,墓誌的

① 陸揚:《從墓誌的史料分析走向墓誌的史學分析——以〈新出魏晋南北朝墓誌疏證〉爲中心》,《中華文史論叢》2006 年第 4 期,第 126 頁。

② 以下學者的研究可能是其中少有的例外。室山留美子「出土刻字資料研究における新しい可能性に向けて——北魏墓誌を中心に」『中国史学』第 20 巻、朋友書店、2010 年;同氏「北魏墓誌の『史料』的性格——追贈と改葬を手がかりに」、收入氣賀澤保規『中国中世の社会諸相と石刻史料』汲古書院、2011 年;陳爽《出土墓誌所見中古譜牒研究》,學林出版社,2015 年;窪添慶文「北朝墓誌について」『中国——社会と文化』35、2020 年。

③ 重要研究包括劉鳳君《南北朝石刻墓誌形制探源》,《中原文物》1988 年第 2 期;趙超《漢魏南北朝墓誌彙编·前言》(以下簡稱《彙编》),天津古籍出版社,1992 年;同氏《古代墓誌通論》,紫禁城出版社,2003 年;程章燦《墓誌起源考》,收入氏著《石學論叢》,大安出版社,1999 年;同氏《墓誌文體起源新論》,《學術研究》2005 年第 6 期;張銘心《十六國時期碑形墓誌源流考》,《文史》2008 年第 2 期;福原啓《西晋墓誌的意義》,陸帥、劉萃峰、張紫毫譯,收入氏著《魏晋政治社會史研究》,江蘇人民出版社,2021 年;中村圭爾「東晋南朝の碑·墓誌について」、收入氏著『六朝江南地域史研究』汲古書院、2006 年;窪添慶文「墓誌の起源とその定型化」「遷都後の北魏墓誌に關する補考」、均收入氏著『墓誌を用いた北魏史研究』汲古書院、2017 年。

④ 劉勰《文心雕龍》文體論諸篇中,有《銘箴》《誄碑》《哀悼》等,却并未涉及墓誌。參考程章燦《墓誌銘的結構與名目:以唐代墓誌銘爲例》,《古籍整理研究學刊》1997 年第 6 期。

⑤ 《疏證·黄法氍墓誌》,第 47 頁。

"製作過程"由此被凸顯出來。①

　　無論是"撰寫過程"還是"製作過程"，都突破了個別墓誌考釋的研究層次，深化了我們對於中古墓誌這種重要的社會文化現象的理解。然而另一方面，前者重在"文本"，後者重在"物品"，但二者也都祇是墓誌在當時社會中的一個面相而已，并不能完全容納和揭示在墓誌身上所介入的各種權力關係與社會功能。無疑，這也意味着中古墓誌自身所蘊含的歷史信息尚未得到充分發掘和有效利用。②

　　在這一問題上，筆者認爲，北魏後期③墓誌中大量存在的"異刻"現象，可以爲我們深化討論提供更多的綫索。本文所謂"異刻"，不是指在墓誌定型化之後所出現的非典型或不標準的墓誌，而是指在同一方墓誌之内所出現的非正常刻寫。④從中古墓誌的整體表現來看，在時人眼中，一方"正常"的墓誌當刻寫工飭、分布均勻；那麼，下文所要討論的左方留白、誌尾擠刻、誌題不記贈官、謚號空位等種種現象，就可以認爲屬於非正常刻寫，也就是"異刻"。如果將墓誌理解爲中古社會權力關係的産物，則一方精美的"正常"墓誌就顯示了相關權力關係所達到的平衡狀態。但我們也知道，人類社會的權力關係未必能時時保持平衡。墓誌中異刻現象的存在，可以視爲這種平衡狀態被打破時所留下的痕迹。我們則可以藉此討論，在墓誌文化已經相對成熟的北魏後期社會之中，一方墓誌需要經歷怎樣的過程，纔能呈現今天所見的實存樣態？有哪些權力關係，以怎樣的方式，介入到了這一進程之中？又發揮了怎樣的社會功能？本文將此稱爲墓誌的"生産過程"。嘗試以這樣一個更具統合性的概念工具，從"異刻"入手，去接近中古社會中"墓誌"的真正位置。

---

① 如楊克炎《北魏墓誌中的同誌異刻現象》，《書法研究》1995 年第 1 期；馬新宇《魏晋南北朝時期墓誌題銘研究》，碩士學位論文，吉林大學，2001 年；劉天琪《隋唐墓誌蓋題銘藝術研究》，博士學位論文，西安美術學院，2009 年。

② 這在一定程度上和中國源遠流長的金石學傳統和書法文化的興盛不無干係，值得我們認真反思。

③ 本文所謂"北魏後期"，指孝文帝遷洛之後至東西魏分立時期，大致相當於六世紀上半葉這個時段。窪添慶文「墓誌の起源とその定型化」指出，在孝文帝遷洛後十四年間，北朝墓誌已趨向於定型化（第 31~37 頁）。

④ 就筆者目前所見，"異刻"一詞最早爲楊克炎《北魏墓誌中的同誌異刻現象》一文所用。楊文所謂的"同誌異刻"，指"同一方誌石，其上書寫的文字，由於鑴刻的原因，或更改鑴刻方法，或變換鑴刻工具，或由不同刻手鑴刻，從而使其呈現有差别的形體、氣韻、風格"，與本文所討論的"異刻"概念并不相同。比如其所言述文與銘詞的異刻、不規則的塊形異刻，就本文的定義而言，就不屬於"異刻"。林登順《北朝墓誌文研究》（麗文文化事業公司，2009 年）也大致沿用了楊文所論。

二 異刻種種

本節將先對北魏後期墓誌中經常出現的種種異刻現象進行分類整理，以爲後文的討論奠定基礎。可資討論者，共計如下八類：（一）左方留白；（二）誌尾擠刻；（三）誌題擠刻；（四）誌題省刻；（五）誌題記歷官、誌文記贈官；（六）誌題記歷官、後補刻贈官；（七）謚號空位；（八）謚號補刻。以下分述之。

（一）左方留白

如前文所述，整齊、均勻分布於方形誌石之上是中古墓誌的一般特徵。其中在誌石的上、下、左、右四邊出現一至二行的空白距離，也是很常見的，有時反而是製作精美的一種表現。但在北魏後期墓誌中，却可以看到有些墓誌左方出現了較大面積的空白。相關墓誌列如表一。從拓片來看，這些墓誌并非半成品或者製作粗漉之作，大多數結構完整，刻寫工飭。然而在其左方出現的空白部分，少則四五行，多則十五六行，其所占誌石面積有多達 1/2（表一–2《麴氏墓誌》、表一–6《元斌墓誌》）甚至 2/3 者（表一–13《董偉墓誌》），顯得極不協調。應該將其視爲一種在墓誌生産過程中出現的非正常現象，也就是"異刻"。

表一 左方留白墓誌

序號	誌主	葬年	出處	序號	誌主	葬年	出處
1	元彬	太和廿三年（499）	《彙編》收錄誌文，拓片見趙萬里《漢魏南北朝墓誌集釋》（以下簡稱《集釋》），廣西師範大學出版社，2008年，圖版149	5	尉氏	正光元年（520）*	《彙編》收錄誌文，拓片見《集釋》圖版202
2	麴氏	正始四年（507）	《彙編》收錄誌文，拓片見《集釋》圖版143	6	元斌	正光四年（523）	《彙編》收錄誌文，拓片見《集釋》圖版110
3	元演	延昌二年（513）	《彙編》收錄誌文，拓片見《集釋》圖版164	7	孟元華	正光四年（523）	《彙編》收錄誌文，拓片見《集釋》圖版580
4	元懷	熙平二年（517）	《彙編》收錄誌文，拓片見《集釋》圖版193	8	王基	正光四年（523）	《彙編》收錄誌文，拓片見《集釋》圖版235

續表

序號	誌主	葬年	出處	序號	誌主	葬年	出處
9	元子直	正光五年（524）	《彙編》收錄誌文，拓片見《集釋》圖版187	14	元誕	建義元年（528）	《彙編》收錄誌文，拓片見《集釋》圖版50
10	杜法真	正光五年（524）	《彙編》收錄誌文，拓片見《集釋》圖版581	15	元均之	建義元年（528）	《彙編》收錄誌文，拓片見《集釋》圖版88
11	元則	孝昌二年（526）	《彙編》收錄誌文，拓片見《集釋》圖版87	16	元廞	建義元年（528）	《彙編》收錄誌文，拓片見《集釋》圖版141
12	元珽	孝昌二年（526）	《彙編》收錄誌文，拓片見《集釋》圖版158	17	韓震	普泰二年（532）	《彙編》收錄誌文，拓片見《集釋》圖版281
13	董偉	孝昌三年（527）	《彙編》收錄誌文，拓片見《集釋》圖版257				

* 墓誌載"大魏神龜三年歲次庚子六月癸卯朔卅日壬申附葬於景山之舊塋"。據《魏書》卷九《肅宗紀》，是年七月元叉、劉騰發動政變後改元正光（中華書局，1974年，第230~231頁）。

（二）誌尾擠刻

同樣是在誌石左方，還可以發現另外一種與上述"留白"相反的異刻現象——誌尾擠刻。即整個墓誌基本都是按照誌石行款規定最大容字數均匀書寫的，祇有在左方的誌尾部分以"擠刻"形式容納了超量的文字。相關墓誌列如表二。

根據誌尾內容的不同，可將表二所列墓誌分爲兩類。一類誌尾部分爲死者親族信息，包括表二–2《元颺墓誌》、表二–3《寇憑墓誌》、表二–5《元义墓誌》、表二–7《盧貴蘭墓誌》。這幾方墓誌誌尾諸親族信息分布匀稱，筆劃清晰，顯然經過認真仔細的規劃，雖然出之於擠刻，還是視爲正常的墓誌書寫較爲妥當。另一類誌尾部分爲銘辭。其中既有將銘辭的結尾部分擠刻於誌尾者（表二–1《元鸞墓誌》、表二–6《吐谷渾氏墓誌》、表二–8《陸順華墓誌》），也有如表二–4《叔孫協墓誌》這樣從銘辭的開頭部分即開始擠刻，至最後一行反而書寫正常者。這四方墓誌銘辭的擠刻部分字迹潦草粗糙，當爲異刻。

表二　誌尾擠刻墓誌

序號	誌主	葬年	出處	序號	誌主	葬年	出處
1	元鸞	正始二年（505）	《彙編》收錄誌文，拓片見《集釋》圖版144	2	元颺	永平元年（508）	《彙編》收錄誌文，拓片見《集釋》圖版185

續表

序號	誌主	葬年	出處	序號	誌主	葬年	出處
3	寇憑	神龜元年（518）	《彙編》收録誌文，拓片見《集釋》圖版225	6	吐谷渾氏	建義元年（528）	《彙編》收録誌文，拓片見《集釋》圖版71
4	叔孫協	正光元年（520）	《彙編》收録誌文，拓片見《集釋》圖版229	7	盧貴蘭	武定四年（546）	《彙編》收録誌文，拓片見《集釋》圖版150
5	元乂	孝昌二年（526）	《彙編》收録誌文，拓片見《集釋》圖版78	8	陸順華	武定五年（547）	《彙編》收録誌文，拓片見《集釋》圖版151

（三）誌題擠刻

值得注意的是，"擠刻"現象，不僅僅出現於北魏後期墓誌左方的誌尾部分，也見於右方的"誌題"部分。一般而言，中古墓誌根據誌題內容的多寡，均匀分布爲一行或兩行不等。而誌題擠刻者，則是在一行的誌題空間中刻入了超出誌石行款最大規範容字數的內容。相關墓誌列如表三。此外還可以舉出一方類似的北齊《婁黑女墓誌》。①

表三　誌題擠刻墓誌

序號	誌主	葬年	出處
1	楊胤季女	神龜二年（519）	《彙編》收録誌文，拓片見杜葆仁、夏振英《華陰潼關出土的北魏楊氏墓誌考證》，《考古與文物》1984年第5期
2	馮季華	正光五年（524）	《彙編》收録誌文，拓片見《集釋》圖版83
3	元誘	孝昌元年（525）	《彙編》收録誌文，拓片見《集釋》圖版136
4	元乂	孝昌二年（526）	《彙編》收録誌文，拓片見《集釋》圖版78
5	元鑽遠	永熙二年（533）	《彙編》收録誌文，拓片見《集釋》圖版114

其中表三-2《馮季華墓誌》在誌題"魏故樂安王妃馮氏墓誌銘"之後緊接着在同一行內繼續刻寫誌主諸親族信息，比較特別；其他諸方墓誌，誌題部分都以誌主所得贈官爲主要內容。也就是説，所謂誌題擠刻現象，主要是指墓誌刻寫的誌主所得贈官字數超過了誌石行款的最大規範容字數。如表三-1《楊胤季女墓誌》，其誌石行款爲行十二字，誌題則爲"魏故華荆秦濟四州刺史楊胤季女之墓誌"，達十七字；又如表三-3《元誘墓誌》，其誌石行款爲行二十五字，誌題則爲"魏故

---

① 誌主葬年爲天保六年（555）。《彙編》收録誌文，拓片見《集釋》圖版322。

使持節車騎大將軍儀同三司都督秦雍二州諸軍事雍州刺史恭惠元公之墓誌銘”，達三十五字。如果從均勻分布的角度考慮，這些墓誌本可以將誌題分作兩行刻寫。那麼這種“擠刻”於一行的處理方式，也當視爲一種異刻。

（四）誌題省刻

北魏後期墓誌中另有一種情形，是在誌題中省略部分信息，或以簡練形式出之。因爲誌題都是從第一行上端開始刻寫的，這樣在誌題下方會出現一段空白。相關墓誌列如表四。

這種現象與上述“誌題擠刻”貌似相反，實爲異曲同工。都可以視爲在以贈官爲主要內容的誌題字數超出了誌石行款最大規範容字數的情況下，所采取的不同變通措施。如表四–3《司馬興龍墓誌》，若按照完整贈官書寫誌題則應爲“魏故使持節司徒公都督定瀛滄幽殷五州諸軍事驃騎大將軍定州刺史司馬公墓誌”，達三十四字，已然超出了該誌誌石行款三十一字的限制。

表四　誌題省刻墓誌

序號	誌主	葬年	誌題	贈官	出處
1	元繼	永安二年（529）	大魏丞相江陽王墓誌銘	使持節丞相都督雍涇岐華四州諸軍事大將軍雍州刺史印綬侍中，王如故	《彙編》收錄誌文，拓片見《集釋》圖版76
2	封延之	興和三年（541）	魏故侍中司徒尚書左僕射封公墓誌銘	使持節侍中司徒公尚書左僕射都督冀瀛殷三州諸軍事驃騎大將軍冀州刺史郊城縣開國子	《彙編》收錄誌文，拓片見北京圖書館金石組編《北京圖書館藏中國歷代石刻拓本滙編》（以下簡稱《北圖藏拓》）第6册，中州古籍出版社，1989年，第79頁
3	司馬興龍	興和三年（541）	魏故司徒司馬公墓誌	使持節司徒公都督定瀛滄幽殷五州諸軍事驃騎大將軍定州刺史	《彙編》收錄誌文，拓片見鄭紹宗《北魏司馬興龍墓誌跋》，《文物》1979年第9期

（五）誌題記歷官、誌文記贈官

可以看到，上述誌題的擠刻與省刻現象，都與誌主所得贈官有密切關聯。而在北魏後期墓誌中，誌題之外，誌文結尾部分往往也會對誌主所得贈官進行叙述。① 也就是説，就其時墓誌的正常書寫而言，在誌題與誌文結尾會分別出現兩次基本保持一致的贈官記録。然而，個别墓誌的誌題部分記録的却是其歷官，而非其後誌文中所叙述的贈官。相關墓誌列如表五。

表五　誌題記歷官、誌文記贈官墓誌

序號	誌主	葬年	誌題	贈官	出處
1	司馬悦	永平四年（511）	魏故持節督豫州諸軍事征虜將軍漁陽縣開國子豫州刺史司馬悦墓誌	平東將軍青州刺史，謚曰莊	《彙編》收録誌文，拓片見孟縣人民文化館《河南省孟縣出土北魏司馬悦墓誌》，《考古》1983年第3期
2	楊泰	熙平三年（518）	魏故朔州刺史華陰伯楊君墓誌銘	持節平西將軍汾州刺史	《彙編》收録誌文，拓片見杜葆仁、夏振英《華陰潼關出土的北魏楊氏墓誌考證》，《考古與文物》1984年第5期
3	元祐	神龜二年（519）	持節督涇州諸軍事征虜將軍涇州刺史齊郡王墓誌銘	使持節平東將軍冀州刺史，王如故	《彙編》收録誌文，拓片見《集釋》圖版165
4	元欽	永安元年（528）	大魏故侍中特進驃騎大將軍尚書左僕射司州牧司空公鉅平縣開國侯元君之神銘	侍中太師太尉尚書令驃騎大將軍定州刺史，謚曰文懿	《彙編》收録誌文，拓片見《集釋》圖版102
5	元懷	興和三年（541）	魏故侍中太保領司徒公廣平王*	使持節假黄鉞都督中外諸軍事太師領太尉公侍中，王如故	《彙編》收録誌文，拓片見《集釋》圖版193

＊ 嚴格地説，《元懷墓誌》并没有誌題，其第一行文字爲"魏故侍中太保領司徒公廣平王姓元諱懷字宣義"。

（六）誌題記歷官、後補刻贈官

也有個别北魏後期墓誌誌題亦僅記誌主歷官，其後通篇誌文不見贈官記録，却在某一空白處以小字刻寫了所得贈官。無論從位置還是字迹都可以判斷，小字部分應係整方墓誌刻寫完畢後所施之補刻。相關墓誌列如表六。

---

① 像《元舉墓誌》(《彙編》收録誌文，拓片見《集釋》圖版154) 這樣誌題與誌文均僅記其本官"員外散騎侍郎"而不及贈官者，在北魏後期墓誌中極爲罕見。

表六　誌題記歷官、其後補刻贈官墓誌

序號	誌主	葬年	誌題	補刻內容	出處
1	元鑒	正始四年（507）	故武昌王通直散騎常侍散騎常侍冠軍將軍河南尹左衛將軍持節督齊徐二州諸軍事征虜將軍齊徐二州刺史	贈齊州刺史，王如故，諡□王	《彙編》收錄誌文，拓片見《集釋》圖版70
2	吐谷渾璣	熙平元年（516）	魏故直寢奉車都尉汶山侯吐谷渾璣墓誌	臨葬引路蒙旨贈使持節寧朔將軍河州刺〔史〕記銘後	《彙編》收錄誌文，拓片見《集釋》圖版220
3	李謀	孝昌二年（526）	大魏故介休縣令李明府墓誌	孝昌二年二月十日使持節都督青州諸軍事平東將軍青州刺史安樂王鑒念君遺迹追贈齊郡內史	《彙編》收錄誌文，拓片見《集釋》圖版246

（七）諡號空位

　　上文列舉的墓誌材料中，有些已經涉及諡號，如表五-4《元欽墓誌》、表六-1《元鑒墓誌》等。事實上，在北魏後期墓誌中，與此相關的異刻現象也是比較常見的。首先來看諡號的"空位"現象。相關墓誌列如表七。

表七　諡號空位墓誌

序號	誌主	葬年	空位位置	空位字數	出處
1	元緒	正始四年（507）	誌題	一	《彙編》收錄誌文，拓片見《集釋》圖版81
2	元鑒	正始四年（507）	誌題後補刻	四	《彙編》收錄誌文，拓片見《集釋》圖版70
3	元罔	永平四年（511）	親族信息	一	《疏證》收錄，拓片見李獻奇、郭引强《洛陽新獲墓誌》，文物出版社，1996年，圖版第10頁
4	元演	延昌二年（513）	誌題	無*	《彙編》收錄誌文，拓片見《集釋》圖版164
5	元珍	延昌三年（514）	誌文	一	《彙編》收錄誌文，拓片見《集釋》圖版44
6	王紹	延昌四年（515）	誌文	一	《彙編》收錄誌文，拓片見《集釋》圖版218
7	皮演	熙平元年（516）	誌文	二	《疏證》收錄，拓片見《洛陽新獲墓誌》圖版第11頁

續表

序號	誌主	葬年	空位位置	空位字數	出處
8	席盛	正光四年（523）	誌文	一	《疏證》收録，拓片見中國文物研究所、河南省文物研究所《新中國出土墓誌·河南〔貳〕》上册，文物出版社，2002年，第321頁
9	元壽安	孝昌二年（526）	誌文	二	《彙編》收録誌文，拓片見《集釋》圖版117
10	元固	孝昌三年（527）	誌文	二	《彙編》收録誌文，拓片見《集釋》圖版120
11	元順	建義元年（528）	誌文	二	《彙編》收録誌文，拓片見《集釋》圖版127
12	元略	建義元年（528）	親族信息	多字	《彙編》收録誌文，拓片見《集釋》圖版139
13	公孫略	天平元年（534）	誌文	二	《彙編》收録誌文，拓片見《集釋》圖版590
14	高雅	天平四年（537）	誌文	二	《彙編》收録誌文，拓片見河北省文管處《河北景縣北魏高氏墓發掘簡報》，《文物》1979年第3期
15	元鷙	興和三年（541）	誌題	三	《彙編》收録誌文，拓片見《集釋》圖版42

* 《元演墓誌》誌題"維皇魏故衛尉少卿謚鎮遠將軍梁州刺史元君墓誌銘"，"謚"後緊接"鎮遠將軍"。或本欲在"謚"後預留空間而刻寫失誤所致。

　　上表所列墓誌的謚號空位現象有見於誌題者。如表七–1《元緒墓誌》誌題"大魏征東大將軍大宗正卿洛州刺史樂安　王墓誌銘"，在"樂安"與"王"字之間空出一格不書；表七–15《元鷙墓誌》誌題"魏故假黄鉞侍中尚書令司徒公都督定冀瀛滄四州諸軍事驃騎大將軍冀州刺史華山　　王墓誌銘"，更是在"華山"與"王"字之間空出三格不書。但這一異刻現象更多見於誌文部分。如表七–5《元珍墓誌》誌文載"追贈侍中使持節驃騎大將軍冀州刺史，謚曰　公"，又如表七–9《元壽安墓誌》誌文載"追贈使持節司空公都督冀瀛滄三州諸軍事領冀州刺史，謚曰　公，禮也"，分别空出一至二字的空格不書。也有墓誌中的謚號空位并非誌主本人，而是有關其親族的。如表七–3《元冏墓誌》載誌主爲"陽平　王第二息"，對其父謚號空而不書；[①] 表七–12《元略墓誌》誌尾記誌主岳父盧尚之"贈散騎常侍使持節都督青州諸軍事安東將軍青州刺史謚曰"，之後即空而不書。

---

① 據《魏書》，冏父頤謚莊。而《疏證》指出，"根據元頤的母親、元冏的祖母李太妃的墓誌，元頤的謚號應當是'惠'"（第69頁）。

（八）謚號補刻

與上述謚號空位現象形成對照的，是在墓誌中出現謚號的補刻。相關墓誌列如表八。其中有些墓誌的補刻痕迹比較明顯。如表八–2《盧令媛墓誌》在誌題"魏故充華嬪盧氏墓誌銘"下方，刻有三字"謚曰昭"。表八–5《于纂墓誌》和表八–7《元端墓誌》均在誌尾銘辭之後，分別又補刻"謚曰孝惠"和"追贈司空公，謚曰文"。表八–1《楊胤季女墓誌》則在誌尾銘辭之後補刻了誌主父親的贈官與謚號。但有些墓誌中的謚號出自補刻則是一種推測。如表八–3《于仙姬墓誌》和表八–4《寇治墓誌》，一字謚號之後均有一字空格。可以推想它們最初刻寫時當也屬於表七所列諸誌情形，即預留了二字的謚號空位。但最終刻入的謚號衹有一字。與此類似的是表八–6《元毓墓誌》。誌題"趙郡宣恭王墓誌銘"，雖然"宣恭"二字之後并無空位，但其與前後字體差別較大，也應係預留空位後補刻的結果。

表八　謚號補刻墓誌

序號	誌主	葬年	補刻位置	補刻内容	出處
1	楊胤季女	神龜二年（519）	誌文結尾，銘辭之後	父平東將軍，謚曰穆公	《彙編》收錄誌文，拓片見杜葆仁、夏振英《華陰潼關出土的北魏楊氏墓誌考證》，《考古與文物》1984年第5期
2	盧令媛	正光三年（522）	誌題下方	謚曰昭	《彙編》收錄誌文，拓片見《集釋》圖版37
3	于仙姬	孝昌二年（526）	誌文	謚曰恭，後空一格	《彙編》收錄誌文，拓片見《集釋》圖版38
4	寇治	孝昌二年（526）	誌文	謚曰昭，後空一格	《彙編》收錄誌文，拓片見《集釋》圖版254
5	于纂	孝昌三年（527）	誌文結尾，銘辭之後	謚曰孝惠	《彙編》收錄誌文，拓片見《集釋》圖版259
6	元毓	建義元年（528）	誌題	趙郡宣恭王	《彙編》收錄誌文，拓片見《集釋》圖版173
7	元端	建義元年（528）	誌文結尾，銘辭之後	追贈司空公，謚曰文	《彙編》收錄誌文，拓片見《集釋》圖版179

三 墓誌的“生産過程”

以上主要以分類列舉的方式，對北魏後期墓誌中的異刻現象進行了整理與介紹。本節將結合上述材料與其他歷史信息，嘗試勾勒北魏後期墓誌的“生産過程”及介入其中的權力關係與社會功能。

前文曾經引述《疏證》之言，指出“南朝由朝廷出面營葬的王公貴族，其墓誌的撰寫一般也就是由秘書省諸著作或相關人員來承擔……這與北朝墓誌很不一樣”。[1]本文贊成《疏證》的這一分析。若北魏後期墓誌亦由朝廷方面統一主持製作，就難以解釋前述異刻現象的大量存在。可以説儘管在總體上北魏後期統治集團中墓誌文化的發達和普及進程，或許與遷洛後孝文帝主導的“華夏國家”再造不無關聯；[2]但就個別墓誌的生産過程而言，喪家無疑仍是其中的行爲主體。[3]然而墓誌這種以死者個人爲書寫對象、以喪家爲製作主體、以後世爲默認讀者的壙内之物，是否真的與政治性與公共性無緣？異刻現象的存在，提示我們問題有着更爲複雜的一面。

首先來看誌文（叙述誌主生平部分）與銘辭。作爲中古墓誌的主體，這兩部分雖然一般是委托文士來完成的，[4]但其基礎應來自喪家所提供的誌主之“行狀”。北魏後期的行狀可能尚不如後來唐代那樣普遍和制度化。[5]不過從若干史料記載看來，其發展程度也相當可觀。如《韋彧墓誌》載孝昌元年（525）彧死後，“贈使

---

[1] 《疏證·黃法氍墓誌》，第 47 頁。

[2] 參考窪添慶文「遷都後の北魏墓誌に關する補考」、91-95 頁；徐冲：《馮熙墓誌與北魏後期墓誌文化的創生》，《唐研究》第 23 卷，北京大學出版社，2017 年，第 109~143 頁。

[3] 北魏後期墓誌中，也有少數由朝廷主持者。一類是妃嬪女官等宫人的墓誌，一類則出於朝廷優遇，特命“史臣”作銘，如《比丘尼統慈慶墓誌》《元懌墓誌》等。參考林登順《北朝墓誌文研究》第二章第三節“北朝墓誌文之作者”。

[4] 與唐以後墓誌不同，北朝墓誌大多不署作者姓名（後期亦有少量在誌文中指出銘辭作者的例子，參考林登順《北朝墓誌文研究》第二章第三節“北朝墓誌文之作者”）。不過，如窪添慶文「墓誌の起源とその定型化」所指出的，北魏遷洛後帶有銘辭者即成爲墓誌主流。則北魏後期墓誌的生産過程中，文士亦爲一必須因素。

[5] 如《唐六典》卷二《尚書吏部》“考功郎中”條注曰：“諸職事官三品已上、散官二品已上身亡者，其佐史録行狀申考功，考功責曹任勘校，下太常寺擬諡訖，覆申考功，於都堂集省内官議定，然後奏聞。”（陳仲夫點校，中華書局，1992 年，第 44 頁）參考俞樟華、蓋翠杰《行狀職能考辨》，《浙江師範大學學報》（社會科學版）2003 年第 2 期；吳麗娛《唐代贈官的贈賻與贈諡——從〈天聖令〉看唐代贈官制度》，《唐研究》第 14 卷，北京大學出版社，2008 年。

持節、都督諸軍事、撫軍將軍、雍州刺史。喪禮所備，悉皆公給。長子彪與吏民謹上行狀”。① 韋或“行狀”由其長子與所在“吏民”共同完成上獻。又《魏書》卷六八《甄琛傳》載正光五年（524）吏部郎袁翻奏曰，“今之行狀，皆出自其家，任其臣子自言君父之行，無復相是非之事”，② 更是明白指出當時喪家爲行狀的製作主體。③ 雖然這兩則材料所述行狀主要都是供朝廷爲死者定諡之用，但文士受托所撰誌文、銘辭，無疑也需要以來自喪家的行狀類材料爲基礎方能完成。這裏我們還能舉出一個有趣的例子。刻於正光五年（524）的《元昭墓誌》載：

> 君諱昭，字幼明，河南洛陽人也。……太和年中，貢帛丘園，游旌招士。以君策量淵華，委以繡衣之任。……永平三年中，丁太妃憂。泣血苫廬，遂縈胸塞之疾。故天縱之，斯患漸損。自皇輿南徙，帝宅崧洛，北朔沙蕃，聞道稍迥。即日召入，面奉帝敕，以翁忠果鳳彰，威惠早著，服内屈翁北箱大使。哭請殷懃，泣盡繼血。辭不獲免，割哀從權。……于時武帝登遐，聖躬晏駕。遺敕無聞，顧命靡托。君明眄在官，張瞻蒞事。效等劉章，勳齊平勃。扶危定傾，安全社稷。鳴驄天府，直筆百僚。……時縉紳嫉君能，衣冠妬君美。遂菶菲交構，收君封爵。君得之不憘，失亦無怨。……④

可以看到，就《元昭墓誌》的整體敘述而言，對誌主的稱謂以中性色彩的敬稱“君”爲主。事實上，這也是中古墓誌的基本敘述特徵，顯示出誌文作者刻意保持與喪家的距離，意欲營造一種客觀與中立的氛圍。⑤ 但其中却不甚和諧的夾雜了兩

---

① 《疏證》，第 129 頁。

② 《魏書》，第 1516 頁。

③ 值得注意的是，上述二例中的“喪家”，都不僅僅限於死者以“子”爲代表的親族，還囊括了“吏民”之類的“臣”在内，顯示出中古所謂的“家”，其實是一種政團，其成員包括了其首長家族與家臣等多種人群在内。參考甘懷真《中國中古時期“國家”的形態》，收入氏著《皇權、禮儀與經典詮釋——中國古代政治史研究》，華東師範大學出版社，2008 年；同氏《東亞古代册封體制中的將軍號》，收入徐興慶主編《東亞文化交流與經典詮釋》，臺灣大學出版中心，2009 年；同氏《從天下國家的觀點論中國中古的朝代》，《中國中古史研究：中國中古史青年學者聯誼會會刊》第 2 卷，中華書局，2011 年。

④ 錄文見《彙編》第 144~145 頁，拓片見《集釋》圖版 49。

⑤ 這一特徵也顯示了墓誌與史傳之間的密切關係。然而《疏證·殷伯姜墓誌》指出，其“以殷氏子女口氣寫出……這反映了墓誌體裁的新傾向”（第 109 頁）。如何理解這種新傾向與墓誌文本敘述中的作者身份，需要更進一步的探討。

處以"翁"爲稱的地方——"以翁忠果夙彰"與"服内屈翁北箱大使"。考慮到"翁"在北魏後期常常被作爲對家族内部的長輩，尤其是祖父與父親的尊稱，[①] 可以推測這裹夾雜了兩處"翁"字的一段文字，當來自元昭死後喪家所撰之行狀。行狀既爲"臣子"爲"君父"所撰，自可以"翁"爲稱。而文士受托撰寫誌文時，需要盡將"翁"改爲"君"，以成墓誌之體。但可能是出於一時疏忽，餘下兩處未改，而喪家亦未覺察，遂徑行付刻（某種程度上也可以視爲一種"異刻"）。由此可見，儘管是喪家提供行狀，并委托文士撰寫誌文與銘辭，但墓誌作者的叙述立場，却并非同於"臣子"的"家内"立場。在北魏後期的社會文化中，這顯然是喪家與文士間的共識。

而前述（一）左方留白、（二）誌尾擠刻等異刻現象的存在，則顯示在喪家與文士之外，還有一個因素也對墓誌面貌的呈現有着不容忽視的影響，那就是誌石的空間限制。這裹的所謂"空間限制"，不僅僅指誌石的大小，[②] 還包括了誌石上由罫綫所規定的行款，即最大規範容字數。由上述異刻等現象不難推測，喪家將墓誌付刻之際，所用誌石應該是已經劃好罫綫的成品；而非根據墓誌篇幅，再在空白誌石上以罫綫劃出合用的行款。[③] 中古墓誌行文中所謂的"量石裁文"，[④] 有其特定含義；但我們也可以想象當喪家面對購置入手的誌石上由罫綫所限定的最大規範容字數時，或不得不對文士所撰誌文與銘辭進行增補或者删減，否則就衹有出之於左方留白或者誌尾擠刻這樣的變通措施了。

① 如《魏書》卷五八《楊播傳附楊椿傳》載其《誡子書》曰："吾雖不記上谷翁時事，然記清河翁時服飾，恒見翁著布衣韋帶，常約敕諸父曰云云。"（第1289頁）其中的上谷翁指楊椿曾祖父上谷太守楊珍，清河翁指其祖父清河太守楊真。又《韋彧墓誌》："永平元年，翁疾，孝侍憂毀，興居罔倦。風樹不追，委曠告分，痛毁刑魂，位消化骨，去粒絶鹽，幾於滅性。"（《疏證》，第129頁）這裹的"翁"，指的就是誌主韋彧的父親。

② 趙超《試談北魏墓誌的等級制度》（《中原文物》2002年第1期）指出，北魏時期已經形成了一套對墓誌外形尺寸以及雕飾的正式等級規定。

③ 石見清裕「唐代墓誌の資料的可能性」（『史滴』30、2008年）注意到了《井真成墓誌》與《九姓突厥契苾李中郎墓誌》等墓誌左方留白的現象，認爲這説明了至少唐代前期的一般墓誌，都是在已經預先畫好罫綫的誌石之上來刻寫誌文的。筆者認爲石見氏的這一見解完全適用於亦出現左方留白個案的北魏後期墓誌，而且可以將解釋範圍擴展至誌尾擠刻等其他異刻現象。不過窪添慶文先生提示，當亦存在誌石未畫罫綫的情況。又，石見氏認爲唐代前期劃有罫綫的誌石當購自長安、洛陽東、西市的凶肆之中。但北魏後期的情況尚不明瞭。《魏書》卷九三《恩倖·趙脩傳》載："脩之葬父也，百僚自王公以下無不弔祭，酒犢祭奠之具，填塞門街。於京師爲制碑銘、石獸、石柱皆發民車牛，傳致本縣。"（第1998頁）由"於京師爲制碑銘、石獸、石柱"之語，或可推測北魏後期的洛陽也存在發達的喪葬業。

④ 如永平元年（508）《石婉墓誌》曰："恨量石裁文，書德不盡。"《彙編》，第55頁。

　　誌文與銘辭之外，異刻現象更多出現於誌題、誌尾等墓誌的邊緣位置；而在中古墓誌的規範面貌之中，這些位置乃是贈官、謚號等哀榮的分布之地。這顯示出這一類來自朝廷的政治資源難以爲喪家所完全把握，但却又是無法不孜孜以求的。換言之，儘管并非墓誌製作的行爲主體，北魏後期的朝廷仍然以特有的方式參與了墓誌的生產過程。

　　以贈官爲例。雖然北魏後期的贈官有一定的規範性可循，[①]但具體到每個個人，其間仍有操作空間。《魏書》中屢見因結交權貴而得佳贈之例，[②]也有因得罪要人而在死後追贈之際吃虧的。[③]可以想象喪家必然有奔走求贈之需。事實上，若干迹象顯示，在北魏後期的贈官文化中，喪家的求贈、請贈之風非常普遍。《魏書》卷六六《崔亮傳附崔光韶傳》載：

　　　　（崔光韶）誡子孫曰：“……然贈謚之及，出自君恩，豈容子孫自求之也，勿須求贈。若違吾志，如有神靈，不享汝祀。……”[④]

又同書卷七六《張烈傳》載：

　　　　元象元年（538），卒於家，時年七十七。烈先爲家誡千餘言，并自叙志行及所歷之官，臨終敕子侹不聽求贈，但勒家誡立碣而已。其子質奉行焉。[⑤]

又同書卷八八《良吏·裴陀傳》：

　　　　永安二年（529）卒。遺令不聽請贈，不受賻襚。諸子皆遵行之。[⑥]

---

① 參考窪添慶文「北魏における贈官をめぐって」，初出 2000 年，收入氏著『魏晋南北朝官僚制研究』汲古書院，2003 年。又劉長旭《兩晋南朝贈官研究》（博士學位論文，北京師範大學，2002 年）對於北朝贈官也有不少涉及，值得參考。
② 如《魏書》卷一五《昭成子孫列傳》載元昭“卒，贈尚書左僕射。納貨元叉，所以贈禮優越”。許多貴幸之人對其父祖的追贈也可作如是觀。
③ 《魏書》卷六五《邢巒傳》載延昌三年（514）巒死後，“贈車騎大將軍、瀛州刺史。初，世宗欲贈冀州，黄門甄琛以巒前曾劾己，乃云：‘瀛州巒之本邦，人情所欲。’乃從之。及琛爲詔，乃云‘優贈車騎將軍、瀛州刺史’，議者笑琛淺薄”（第 1447 頁）。
④ 魏收：《魏書》，第 1484 頁。此事亦見於同書卷七二《賈思伯傳附賈思同傳》。
⑤ 魏收：《魏書》，第 1686 頁。
⑥ 魏收：《魏書》，第 1907 頁。

上述幾則所謂"遺令不聽請贈"值得作爲一種特別嘉行提出表彰，正顯示當時"請贈"行爲的普遍。雖然如崔光韶所言，"贈謚之及，出自君恩"，然而在北魏後期的社會文化中，這一活動最初的發動者却變成了喪家子孫。這在當時應該也被視爲一種對死者"盡孝"的表現。[①] 反過來説，若死者無遺令而喪家子孫"不聽請贈"，則反有被輿論責爲"不孝"之虞。那麽喪家子孫在"盡孝"（也包括死者故吏的"盡忠"）動力驅使之下不斷發動請贈行爲的奔走努力，也就很容易理解了。

相較於贈官，謚號的決定具有更大的"公共性"。在北魏後期，議謚的根據同樣來自喪家所撰行狀，[②] 但參與主體更爲廣泛。如《魏書》卷四一《源賀傳附源懷傳》載懷死後：

> 兼吏部尚書盧昶奏："太常寺議謚曰，懷體尚寬柔，器操平正，依謚法，柔直考終曰'靖'，宜謚靖公。司徒府議，懷作牧陝西，民餘惠化，入總端貳，朝列歸仁，依謚法，布德執義曰'穆'，宜謚穆公。二謚不同。"詔曰："府、寺所執，并不克允，愛民好與曰'惠'，可謚惠公。"[③]

關於源懷的謚號，太常寺與司徒府發生了爭議，而"詔曰"選擇了第三種方案。又如同書卷三一《于栗磾傳附于忠傳》載忠死後：

> 有司奏："太常少卿元端議，忠剛直猛暴，專戇好殺，案謚法剛强理直曰'武'，怙威肆行曰'醜'，宜謚武醜公。太常卿元脩義議，忠盡心奉上，剪除凶逆，依謚法除偽寧真曰'武'，夙夜恭事曰'敬'，謚武敬公。二卿不同。"事奏，靈太后令曰："可依正卿議。"[④]

説明即使在同一機構内部，也有可能就謚號的擬定發生爭議。可見謚號的決定過程，包括了太常寺、司徒府、尚書臺等不同機構的衆多官員的參與，以及以"詔

---

① 《魏書》卷八八《竇瑗傳》載："普泰初，瑗啓以身階級爲父請贈，詔贈征虜將軍、平州刺史。"（第1907頁）也顯示了請贈行爲在當時所具有的"盡孝"意義。
② 參考前引《魏書》卷六八《甄琛傳》所載正光五年（524）吏部郎袁翻奏言。
③ 魏收：《魏書》，第928頁。
④ 魏收：《魏書》，第746頁。

曰"形式表現的皇帝（或者太后）意志。[①] 而且贈官無論大小皆爲正面資源，謚號却還有得到"惡謚"的可能。這些都使得謚號的決定過程變得更爲複雜，難以爲喪家所完全把握。[②]

前述（三）至（八）異刻現象的存在，顯然與贈官和謚號的如上特質關係密切。如（三）誌題擠刻與（四）誌題省刻，應該是緣於墓誌開始刻寫之際，因爲朝廷贈官尚未下達，故喪家先爲以贈官爲主要内容的誌題預留了一行空間；但後來所得贈官字數又超出了行款規定，故不得不出之以擠刻或者省刻這樣的變通措施。而（五）（六）中的誌題記歷官而非贈官，則是喪家在付刻之際尚未取得贈官時而采取的另一種變通措施。事實上，祇要是在下葬之前朝廷的贈官能夠下達，喪家都會盡力將其反映於墓誌之中；即使這樣的"補刻"無疑會破壞墓誌原有的精美外觀。

表六中的三方墓誌爲此提供了很好的例子。其中表六–2《吐谷渾璣墓誌》誌題"魏故直寢奉車都尉汶山侯吐谷渾璣墓誌"所記爲誌主歷官，誌尾銘辭之後，則以小字補刻"臨葬引路，蒙旨贈使持節寧朔將軍河州刺〔史〕，記銘後"。説明整方墓誌付刻之時，喪家仍未得到朝廷的贈官，不得不以誌主歷官代之刻入。而刻寫完畢後贈官又即下達，故得以在入葬前臨時補刻。從其漏刻"河州刺史"之"史"字，可以看出補刻時之倉促。[③] 表六–3《李謀墓誌》補刻文字中的日期爲葬前五日，提示了贈官下達的具體時間。表六–1《元鑒墓誌》在補刻贈官的同時，還爲謚號預留了四字空位，顯示當時喪家仍期待能够得到更多哀榮。而《魏書·元鑒傳》則記其卒後"謚曰悼王"，[④] 説明最終喪家得遂其願。這一個案也可以幫助我們更爲準確地理解表七和表八所列的謚號空位與謚號補刻現象。即喪家刻寫墓誌之時，朝廷謚號尚未下達，故預留空間以待填寫。謚號若在葬前下達，自然即行補刻；若直至下

---

① 參考汪受寬《謚法研究》，上海古籍出版社，1995 年。

② 值得注意的是，在謚號的決定過程中，如于忠的"武醜"所示，可以良謚、惡謚搭配的方式組成二字謚號。類似事例又見於《魏書》卷五六《鄭羲傳》載羲所得"文靈"之謚號（第 1239 頁）。由此聯繫到前述墓誌生産中謚號後空一格的異刻現象，或許除了僅有一字謚號可供補刻的可能性之外，也有可能是最後所得的二字謚號中有一字爲惡謚或不如喪家之意，遂空而不刻。而那些謚號完全空而不書的墓誌，也不能完全排除是因爲所得皆爲惡謚之可能。當然這種情況是比較少見的。筆者目前所見僅有一例，即《魏書》卷一九中《景穆十二王歷中》載元世儁"興和中薨。贈侍中、都督冀定瀛殷四州諸軍事、驃騎大將軍、太傅、定州刺史，尚書令、開國公如故，謚曰躁戾"（第 488 頁）。關於這一問題，參考戴衛紅《魏晉南北朝時期官員謚號用字——魏晉南北朝官員謚法、謚號研究之二》，《南京曉莊學院學報》2010 年第 4 期。

③ 楊克炎：《北魏墓誌中的同誌異刻現象》，第 83 頁。

④ 魏收：《魏書》卷一六《道武七王列傳》，第 398 頁。

葬之時仍未下達，也祇能以空位狀態入葬了。[①]事實上即使是那些看上去謐號刻寫正常的墓誌，也未必不是事先預留空位後再行補刻的結果，祇不過刻工較好，難以分辨而已。前列七–15《元騰墓誌》可以爲這一推測提供綫索。誌文言其“謐曰武昭王”，似無他異；然而誌題中的“華山　　王”顯係謐號空位。説明墓誌刻寫之初誌題與誌文均爲謐號預留了空位，後來“武昭”謐號下達之後即補刻於誌文預留空位，祇是疏忽了將誌題空位一并補完。

最近公布的洛陽出土的《吕達墓誌》和《吕通墓誌》，也非常值得關注。[②]後者“通”字當爲“達”之誤刻。據整理者介紹，兩誌同出一墓，内容基本相同，唯後者結尾處增加了一段文字：“天子哀悼，縉紳悲惜，贈吊之禮，有國常准。乃下詔追贈輔國將軍、博陵太守。考德立行，謐曰静，禮也。”并由此推測：“第一方墓誌（引者按：指《吕達墓誌》）刻好後未及使用，天子下詔追贈新職，故又新刻一誌同時入葬。”筆者完全贊成整理者的以上判斷，并由此注意到，《吕達墓誌》誌題爲“魏故威遠將軍積射將軍宫畢令吕君之墓誌銘”，《吕建墓誌》誌題則已改爲“魏故輔國將軍博陵太守吕公之墓誌銘”。顯然在前者付刻時，因贈官、謐號均未下達，喪家祇能以歷官刻入誌題，且稱“吕君”；而在天子下詔追贈官、謐之後的新刻誌中，不僅誌題已經改爲所得贈官，稱呼亦因謐號之故改稱“吕公”了。[③]

事實上，在北魏後期社會中，喪家對於贈官、謐號等政治資源的追求，絶不僅僅止於得到贈官即可。爲數不少的北魏墓誌都保留了不止一次贈官的記録，本文稱之爲“二次贈官”。相關墓誌列如表九。其中在叙述二次贈官時，諸如表九–1《元廠墓誌》“以君在朝清勤，公顯累著，前贈未盡，復加征東大將、散騎常侍”、表九–4《尒朱襲墓誌》“猶以聲望未褒，轉贈定州刺史、萬年縣開國伯”之類措辭，似乎顯示這是來自朝廷的主動；但可以想象，對初贈官感到不夠滿意的喪家纔應該是其後的行爲主體。

---

① 北齊《徐顯秀墓誌》中也出現了謐號空位的異刻現象。對此《疏證》認爲：“一個可能是下葬之時尚未得謐，另一個可能，則是墓誌撰作者不知謐號，空其地以待誌主家人填補，而家人直接付工刻寫，竟未填寫。這種情況在中古墓誌中比較常見。傳世文獻所見中古文人爲人所撰墓誌碑銘，多於年月名諱處脱略不書，應當都是故意空缺以待誌主家人完成的。亦可見墓誌的撰寫者，未必瞭解誌主的生平事迹。”（第 211 頁）但筆者認爲至少在北朝，喪家得到謐號却在墓誌中空而不書的可能性是比較小的。

② 洛陽市文物工作隊：《河南洛陽市吉利區兩座北魏墓的發掘》，《考古》2011 年第 9 期。此材料承孫正軍先生告知，謹致謝意。

③ 不過對於爲何要把贈官下達之前的《吕達墓誌》與新刻的《吕通墓誌》一起放入誌主墓中，以及同文所公布的其子吕仁的墓誌爲何沿用其父誌文大部，都仍然需要進一步的解釋。

表九　二次贈官墓誌

序號	誌主	葬年	誌題	初贈官	二次贈官	出處
1	元廞	建義元年（528）	魏故使持節中軍將軍征東大將軍散騎常侍瀛州刺史元君墓誌銘	使持節中軍將軍瀛州刺史	以君在朝清勤，公顯累著，前贈未盡，復加征東大將、散騎常侍	《彙編》收錄誌文，拓片見《集釋》圖版141
2	元寶月	孝昌元年（525）	魏故持節都督秦州諸軍事平西將軍秦州刺史孝王墓誌并銘	持節都督秦州諸軍事平西將軍秦州刺史	故又詔曰：……宜加襃異。可葬以王禮，餘如前贈，考行論德，謚曰孝王	《彙編》收錄誌文，拓片見《集釋》圖版191
3	尒朱紹	永安二年（529）	魏故使持節侍中驃騎大將軍司徒公都督冀州諸軍事冀州刺史趙郡開國公尒朱公之墓誌銘	使持節驃騎大將軍司徒公都督冀州諸軍事冀州刺史	猶以勳業未盡，進爵趙郡開國公，食邑一千三百戶，謚曰文貞侯，禮也	《彙編》收錄誌文，拓片見《集釋》圖版273
4	尒朱襲	永安二年（529）	魏故使持節車騎大將軍儀同三司都督定州諸軍事定州刺史萬年縣開國伯尒朱君之墓誌銘	使持節車騎大將軍儀同三司都督雍州諸軍事雍州刺史	猶以聲望未襃，轉贈定州刺史、萬年縣開國伯，食邑三百戶，考德立行，謚曰武恭，禮也	《彙編》收錄誌文，拓片見《集釋》圖版274
5	王悦暨妻郭氏	永熙二年（533）	魏故使持節平西將軍秦洛二州刺史王使君郭夫人墓誌銘	持節平西將軍洛州刺史	上天降滑，有顧存亡，追尋往冊，聲實未隆，復贈本州、秦州刺史，餘官如故，謚曰簡公	《彙編》收錄誌文，拓片見《集釋》圖版287
6	元融	孝昌三年（527）	魏故使持節侍中司徒公都督雍華岐三州諸軍事車騎大將軍雍州刺史章武武莊王墓誌銘	使持節侍中司空都督雍華岐三州諸軍事車騎大將軍領雍州刺史王如故	復進司徒	《彙編》收錄誌文，拓片見《集釋》圖版575
7	元端	建義元年（528）	魏故使持節儀同三司都督相州諸軍事車騎大將軍相州刺史元公墓誌銘	使持節儀同三司都督相州諸軍事車騎大將軍相州刺史開國如故	又追贈空公，謚曰文	《彙編》收錄誌文，拓片見《集釋》圖版179

　　值得注意的是，表九所列七方墓誌的誌題中，有六方包括了初贈官和二次贈官的内容在内，顯示其刻寫當發生於二次贈官下達之後。而其誌文對誌主所得贈官

却并未采取合并敘述的形式，仍然不厭其煩的對二次贈官的發生進行了詳盡記錄。這暗示着二次贈官本身即爲一種尊崇待遇，值得特別顯彰。唯一一方誌題中祇有初贈官的表九－7《元端墓誌》，二次贈官雖不見於誌文，但補刻於誌尾銘辭之後。顯示其二次贈官下達於整方墓誌刻寫完成之後，但因其重要，仍以補刻形式記入墓誌。《魏書》《北史》列傳中大量存在的"重贈""追贈""復贈"記錄，與北魏後期墓誌的這種書寫方式是正相對應的。事實上，墓誌中之所以不厭其煩的羅列初贈官與二次贈官，其意除了彰表死者所得哀榮之外，也當有顯示喪家子孫盡孝的目的在内。一些北魏後期墓誌葬日與卒日相隔甚久，或許也與喪家遲遲不能得到滿意的贈官有關。

即使是付刻於墓誌、入葬於墓穴之後，喪家因爲贈官問題與朝廷之間的互動也不一定就走到了終點。前引表五－2《楊泰墓誌》誌題僅記其歷官"魏故朔州刺史華陰伯楊君墓誌銘"，誌文中則記其所得贈官爲"持節平西將軍汾州刺史"。顯示誌題刻寫之際贈官尚未下達。但在卒於其後（大統十七年，551）的楊泰妻元氏的墓誌中，其誌題爲"魏故平西將軍汾州刺史華陰伯楊保元妻華山郡主元氏誌銘"，①記錄的已經換成了楊泰所得贈官，與其夫當年的墓誌誌題僅記歷官恰成對比。又如表六－1《元鑒墓誌》中以小字補刻"贈齊州刺史，王如故，謚　王"，顯示下葬之時的贈官爲齊州刺史，且没有得到謚號。然而據誌主元鑒《魏書》本傳所載，其"年四十二薨，贈衛大將軍、齊州刺史、王如故，謚曰悼王"。②可以推測，衛大將軍的贈官與悼王的謚號都是死者於入葬後所得哀榮。不及刻入墓誌，却在朝廷的史傳檔案中留下了記錄。③

又如《王翊墓誌》誌題爲"魏故散騎常侍鎮南將軍金紫光禄大夫領國子祭酒濟州刺史王使君墓誌"，根據其後的誌文可以判斷，其所記爲誌主歷官，誌文中也未記載其所得贈官。④但《魏書》卷六三《王肅傳附王翊傳》即載其卒後"贈侍中、衛將軍、司空公、徐州刺史"，⑤而其女王令媛的墓誌則稱其爲"魏侍中司空孝獻

---

① 錄文見《彙編》第385頁。拓片見杜葆仁、夏振英《華陰潼關出土的北魏楊氏墓誌考證》，《考古與文物》1984年第5期。

② 魏收：《魏書》卷一六《道武七王列傳》，第398頁。

③ 林登順《北朝墓誌文研究》認爲《元鑒墓誌》係補刻時漏刻"悼"字，與本文所見不同。見是書第24頁。

④ 錄文見《彙編》第253頁，拓片見《集釋》圖版270。

⑤ 魏收：《魏書》，第1413頁。

公"。①《集釋》在《王令媛墓誌》的跋語中有如下判斷：

> 考《王翊傳》但叙贈官，不載諡典。《王翊墓誌》則官、諡俱失書。案翊誌作於永安二年二月，上距翊之卒不及三月，諡典之頒殆在葬後，故翊誌未及。據此，知翊有贈官，且有諡也。②

筆者亦贊同趙萬里的推測。王翊卒於永安元年（528）十二月，葬於永安二年二月；而其女王令媛卒於興和四年（542）十月，葬於武定二年（544）八月。顯然王翊之喪家對其官、諡的請贈活動持續了相當長的時間，《王翊墓誌》、《魏書·王翊傳》和《王令媛墓誌》則分別記録了這一活動過程的階段性成績。

小　結

以上從第二節提示的北魏後期墓誌中存在的各種"異刻"現象入手，對墓誌的"生産過程"進行了初步探討。結果顯示墓誌這種以死者個人爲書寫對象、以喪家爲製作主體、以後世爲默認讀者的壙内之物，在北魏後期的洛陽社會中絶非一種"私密性"的文本，其生産過程中充滿了各種權力關係的參與和介入。以下幾點本文做了着重探討。

1. 預先畫好罫綫的誌石限定了墓誌分布的空間形式。

2. 作爲誌文和銘辭基礎的行狀，其參與撰寫者包括了死者的親族和故吏在内，使"喪家"呈現出政團的色彩。

3. 被委托根據行狀撰寫誌文和銘辭的文士，其預設的叙述立場并非喪家内部的"臣子"，刻意保持了與死者的距離。

4. 贈官和諡號是墓誌的重要構成要素。但這類來自朝廷的政治資源難以爲喪家所完全把握，喪家的請贈活動往往持續相當長的時間，且反復多次。儘管并非墓誌製作的行爲主體，北魏後期的朝廷仍然以其特有的方式參與了墓誌的生産。

因此可以認爲，在北魏後期，墓誌的社會功能，絶不僅止於對死者的紀念與哀悼。從一定意義上來説，墓誌的生産過程，也是其時洛陽上層社會中日常政治的

---

① 録文見《彙編》第 358 頁，拓片見《集釋》圖版 97。
② 《集釋》卷三。

一環。喪家所在的政治團體，通過與此相關的種種活動，藉由這一過程對自身在社會權力網絡中的位置感進行確認與强化。作爲中古墓誌文化的第一個發達時期，北魏後期墓誌的如上特質，在其後的時代脉絡中將如何發展和變化，這是筆者未來希望探討的課題。

中古墓誌銘的文體形態與書寫規則*

胡可先

　　墓誌銘是埋於墓中載有墓主傳記的石刻，起源於東漢，發展於南北朝，繁盛於隋唐五代。它是由石刻、文本、書法等多種載體構成，其石刻形制構成墓誌銘的實物載體，文字内容構成墓誌銘的文本載體，文字書寫構成墓誌銘的書法載體。墓誌銘的實物之上還會雕刻一些藝術紋飾、生肖圖案、干支標識等，這樣的多元融合，構成墓誌銘的完整實體。墓誌銘的最核心部分是誌文與銘文，并合在一起刻於石上，這是一種較爲特殊的文體。二十世紀以來，因爲石質形制的原始墓誌銘大量出土，爲我們研究墓誌銘的原生狀態和文體形態提供了重要的載體。墓誌銘因爲其特殊的屬性，需要對多重載體進行整體定位的基礎上，探討其特殊的文體特徵和義例範式，而這些文體特徵和義例範式構成了中古墓誌銘的文體形態，其文體形態又是與墓誌銘的書寫規則緊密聯繫的。

一　中古墓誌銘的多重載體

　　墓誌銘是一種特殊的文學樣式，它具有多重載體。這跟中國文學史上的多數文學體式有所不同：一般的文學體式，諸如詩歌、辭賦，都是由作家創作再經過書寫、編集、刻印以流傳於世的；墓誌銘除了由寫本到編集、刻本之外，更爲重要的是有石本，即要將寫本刻石以埋入墓中，刻石之前又要有書家書寫，刻石之後形成

---

　　*　本文原刊於《浙江大學學報》（人文社會科學版）2019 年第 3 期，作者同意入編本書。

了一個實物載體。而這一實物載體，承載着豐富的文學内涵、家族歷史、文化信息和藝術蘊藉。

（一）文本載體

墓誌銘的撰寫和完成過程，是由撰者進行文章的寫作，經由書家書寫紙本，進而拓印到石上，最後由刻工刻石完成的。當然，也有個別墓誌銘没有經過拓印而是直接由書家寫在石上而鎸刻的。無論如何，墓誌銘的最初狀態爲寫本，最終狀態爲石刻。因而墓誌銘的文本載體是既有寫本，又有石本，其過程是先有寫本，後有石本。

墓誌銘的寫本完成以後，同時應該有兩個去向：一是撰者將寫本交給喪家，直接或再經修改而上石；二是撰者録存一份底稿留存於手中，後來編入自己的文集。

古代尤其是中古時期的墓誌銘寫本，直接流傳到今天者極爲罕見，但我們可以通過傳鈔或刻印而流傳的典籍以窺其一斑。流傳至今的歷代總集和別集當中，一個重要的文體類別就是墓誌銘，這是以撰者爲主體又是以集部爲載體的文本形式。這些墓誌銘，是以寫本形式的不斷輾轉流傳爲主綫，但也有極少數墓誌銘，可以得到新出土的石本加以比較和印證。石本是墓誌銘的完成狀態。因爲二十世紀初期以來，新出墓誌不斷增多，我們能够見到的石本也層出不窮。比如韓愈撰寫的墓誌銘，新出土的石本就有《竇牟墓誌銘》《李觀墓誌銘》《李虚中墓誌銘》《苗蕃墓誌銘》《裴復墓誌銘》《薛公達墓誌銘》六篇，這些墓誌銘同時還有集本傳世。

墓誌銘的形成過程，有一個從紙上到石上的過程。它寫於紙上，刻於石上，藏於墓中。有些實物墓誌千年之後又被發掘出土重新問世，故而墓誌銘理論上就會有兩個版本——紙本和石本。有的墓誌銘，祇見紙本，有的則祇見石本；而有的墓誌銘，紙本、石本，并行於世。[1] 現在新出土的墓誌石本當中，有些墓誌我們還可以在傳世的別集和總集中找到文本，二者進行比較，往往有很多異文。這對於研究墓誌文體的形成過程很有意義。

（二）書法載體

墓誌銘由撰寫到刻石的過程中，書寫拓印是一個不可缺少的環節，因而其文

---

① 參彭國忠《從紙上到石上——墓誌銘的生産過程》，《安徽大學學報》（哲學社會科學版）2016 年第 3 期。

字載體的核心就是書法。在這一過程中，書家起了重要作用。中古時期，貴族官僚和文人士大夫的墓誌銘，往往會請著名書家撰寫。因此，墓誌銘書法就成爲中國書法史上的重要篇章。僅以唐代最著名的書家顏真卿、徐浩、柳公權而言，出土墓誌中由其書丹的墓誌銘就有：顏真卿書《王琳墓誌》《郭虛己墓誌》；徐浩撰并書《張庭珪墓誌》《崔藏之墓誌》《楊仲嗣墓誌》；徐浩書《李峴墓誌》《李峴妻獨孤峻墓誌》《陳尚仙墓誌》《張堧墓誌》；柳公權書《韓復墓誌》。

但是，目前所見的墓誌石本，初唐以前尤其是魏晋南北朝墓誌，題撰書家名諱者極爲罕見，盛唐以後逐漸增多，且不僅題寫書丹者，而且書丹者的職位銜名都逐漸繁複。儘管初唐以前的墓誌銘較少題寫書丹者，而其墓誌書法則大都是書中精品。諸如北魏《元顯儁墓誌》，體制特殊，書法精絶；《李頤墓誌》，結體端峻，用筆方勁；《李瞻墓誌》，體勢開張，點畫舒展；《元懷墓誌》，端勁秀拔，平正工整；《元暉墓誌》，清雅平和，沉雄遒麗。這些墓誌雖然不題書丹者姓名，但多出於名家之手，自無可疑。

（三）實物載體

中古時期的墓誌銘，最終呈現的完整狀態是誌石。誌石由兩方石頭構成一合，上爲誌蓋，下爲誌體。我們現在所稱的墓誌銘，就其實體而言，往往包括誌蓋和誌體，就其文本而言，主要是指刻在誌石上的誌文。實則上，誌石除了誌蓋和誌體上的文字之外，還有墓誌四邊、四刹以及誌蓋上所刻的花紋圖案等内容，這些都是實體墓誌銘的重要組成部分，有些還是唐代藝術品中的佳制。因此，我們研究墓誌銘的文學藝術價值，僅僅注意其文字是不全面的，還要綜合考察其誌石形制、石刻圖案等内容，纔能使得墓誌銘的價值得到進一步彰顯。到了宋代，纔出現了僅僅撰有寫本而并不模勒上石的墓誌銘，這樣的墓誌銘就是没有實物載體的墓誌銘，這是中古以後墓誌載體的一個重要變化。研究中古墓誌銘的文體形態，也必須注意其與實物載體的關聯。

二　中古墓誌銘的文體特徵

中古時期，是墓誌銘從産生到繁盛的重要時期，墓誌銘從毫無系統的簡單紀事發展到完善獨立的文學體裁，經歷了東漢、三國、魏晋南北朝、隋唐五代數百年的歷程。由誌文和銘文兩個部分組成的墓誌銘成爲後世墓誌的定制，誌文叙事、銘文頌德也成爲墓誌文撰寫的基本格局。中古時期也逐漸形成了墓誌銘較爲固定的“十三事”格式，使得墓誌銘走向程式化。同時也因爲墓誌銘的繁盛，使得各個階層的文士都進入了這一文體的創作行列，使得個體創作的墓誌銘在基本範式的框架内也能够凸顯獨特的創作個性。在中古墓誌銘當中，我們還會發現有不少誌銘分撰的現象，撰作者也會吸收前代各種文體的長處，相互滲透，熔鑄於墓誌銘之中，使得墓誌銘到了唐代，成爲一種既獨立又通行的一種文體，以至於一流大家韓愈、柳宗元等在這一文體上大展其才，而諸如盛唐時期的張説、蘇頲還被譽爲“燕許大手筆”。

（一）墓誌“十三事”的形成及其變化

墓誌銘在東漢初起之後，經歷了魏晋南北朝隋唐，逐漸形成了較爲固定的格式，這就是後人總結出來的“十三事”。清人王行説：“凡墓誌銘書法有例，其大要十有三事焉：曰諱，曰字，曰姓氏，曰鄉邑，曰族出，曰行治，曰履歷，曰卒日，曰壽年，曰妻，曰子，曰葬日，曰葬地。其序如此，如韓文《集賢校理石君墓誌銘》是也。其曰姓氏，曰鄉邑，曰族出，曰諱，曰字，曰行治，曰履歷，曰卒日，曰壽年，曰葬日，曰葬地，曰妻，曰子，其序如此，如韓文《故中散大夫河南尹杜君墓誌銘》是也。其他雖序次或有先後，要不越此十餘事而已，此正例也。其有例所有而不書，例所無而書之者，又其變例，各以其故也，今取韓例也。”[1] 有了這十三事，就成爲一篇完整的墓誌銘了。但是，這樣的“十三事”在墓誌銘的初起時，并不是完整的，如西晋傅玄所撰《江夏任君墓銘》云：

> 君諱倈，承洪苗之高胄，稟岐嶷之上姿，質美珪璋，志邈雲霄，景行足以作儀範，柱石足以應安危，弱冠而英名播乎遐邇，拜江夏太守，内平五教，外運六奇，邦國乂安，飄塵不作，銘曰：峨峨任君，應和秀生。如山之峙，如海之淳。才行闓茂，文武是經。群后利德，泊然弗營。宜享景福，光輔上京。如何夙逝，不延百齡。[2]

---

①　朱紀榮：《金石全例》，北京圖書館出版社，2008 年，第 257 頁。
②　嚴可均：《全上古三代秦漢三國六朝文》，中華書局，1958 年，第 1726 頁。

這一墓誌雖然有序有銘，但較爲簡短，僅涵蓋了諱、姓氏、族出、履歷四事，所缺尚多。墓誌經過南北朝以至隋唐五代，有逐漸趨繁和不斷完善的過程，其大多數墓誌是"十三事"齊備的。這一方面，我們可以參考楊向奎先生的《唐代墓誌義例研究》第三章第一節"唐前'十三事'的完善"和第四節"'十三事'的排序"。然而，隨着唐代墓誌的逐漸豐富和變化，不同個性的墓誌也不斷產生，其行文特點也就不受"十三事"的束縛而顯得靈活自如。如唐人自撰墓誌存世和出土者都有不少，這些墓誌就因爲突破了"十三事"而避免了程式化的現象，同時也增加了文學意味。如新出土《唐樂知君自靖人君室石詩并序，自撰》：

> 樂知，自謚也。自靖人，自予也。名映，字韜之。玄晏十七代孫。祖父兄皆二千石。貞元癸酉秋生於蜀。映年七十二，太歲甲申終於洛。十歲而孤，母兄育訓；長爲儒業，無所成名；壯而納室，竟無嗣續。因緣從事，僅十五載。邴曼容之賢，祿不過六百石，吾已及之；鄧伯道之哲，皇天尚使無兒，何足嘆也。依釋不佞，奉道不諂，與朋以澹，事長以恭，如斯而已矣。今日倖免毀傷，歸全泉下，預於先大夫北廿步，先妣東十三步，兄西十五步，鑿深九尺，築高一尋，旁蔭故柏，上植三株，祔塋不敢具三代官諱。詩曰：三樂道常，九思不惑。六極倖免，百行慚德。四大無有大患息，一丘樂化永無極。①

這方墓誌出土於河南洛陽，雖有名諱而姓氏沒有直接標明，故而《河洛墓刻拾零》收録此墓誌拓片而其標目則爲《唐樂映室石詩》，②將墓主確定爲姓"樂"名"映"。其實樂知君是其號，而據誌文"玄晏十七代孫"，我們就知道墓主是皇甫玄晏的後代，其姓氏爲"皇甫"。墓誌除了交代了一些不幸的身世之外，其他方面都沒有涉及，最後的銘文又不稱"銘"而稱"詩"。因而這篇墓誌無論其誌文叙事還是銘文抒情，都突出了强烈的文學色彩與詩性意味。

（二）誌銘分撰的意義和作用

中古墓誌的通例是由序文與銘文兩部分組成，這兩部分一般是由同一位元作

---

① 喬棟、李獻奇、史家珍：《洛陽新獲墓誌續編》，科學出版社，2008年，第257頁。
② 趙君平、趙文成：《河洛墓刻拾零》，北京圖書館出版社，2007年，第611頁。

者撰寫的，但也有特殊的情況，就是同一篇墓誌的銘文和誌文由不同的作者分別撰寫，這是中古墓誌的文體範式中非常值得關注的方面。有關誌銘分撰的問題，程章燦先生較早注意到，他在研究《陸廣成墓誌》時說："此誌體例有一個特點，就是墓誌本文爲丁仙芝撰，而墓誌銘則爲萬楚所撰，誌文與銘文分出兩人之手，可以説是墓誌中的一個罕見之例。"① 其實，這種事例并不罕見。在隋代即有出現，趙明誠《金石録》卷三："《隋上儀同楊緒墓誌》，許善心撰序，虞世基銘。"② 即是實例。孟國棟博士專門撰寫了《碑誌所見唐人合作撰文研究》，他搜集了當時所能見到的誌銘分撰的十六篇墓誌，并探討其原因大致有三個方面：一是誌文的作者不足以勝任銘文的撰寫，故銘文以他人代筆；二是借重他人名望以抬高誌主身價；三是防止諛墓情形的出現。③ 除了上述幾位學者所列的十餘篇之外，在新近出土的墓誌當中，我們還可以見到一些實例。如長安高陽原新出土《大唐將作主簿韋虛舟亡妻李氏墓誌銘并序》，題署："伯尚書左丞韋虛心撰序，夫韋虛舟書。正字于休烈撰銘。"④ 千唐誌齋新藏的《唐故集賢殿校理京兆府萬年縣尉范陽盧公（公亮）墓誌銘并序》，題署："永樂縣令殷堯藩撰，再從弟前鄉貢進士罕書。"而誌文云："小子於　公爲從祖弟，承友愛之分於等倫，雪涕銘之。"這篇墓誌的誌文是殷堯藩所撰，而銘文是盧罕所撰，但與其他墓誌不同的是，撰銘者沒有在題下署明。

　　實際上，出現誌銘分撰的現象，主要是由兩個因素造成的：一是因爲墓誌的誌文和銘文具有各自的特點和不同的功用，誌文重在紀事，銘文重在頌德，這樣不同的功能就爲分撰提供了可能性，故而唐代的墓誌銘經常出現二人分撰的現象。新出土《大唐故黃門侍郎兼修國史贈禮部尚書上柱國扶陽縣開國子韋府君（承慶）墓誌銘并序》，題署："秘書少監兼修國史兼判刑部侍郎上柱國朝陽縣開國子岑羲撰，中書舍人鄭愔製銘。"⑤《唐故納言上輕車都尉博昌縣開國男韋府君墓誌銘》，題署："孤子前朝議大夫行春官員外郎承慶撰序，春官尚書弘文館學士兼修國史南陽縣開國子范履冰製銘。"⑥《唐故居士錢府君夫人舒氏墓誌銘并序》，題署："左威衛冑曹

① 程章燦：《陸廣成墓誌考》，《考古》1995 年第 10 期。

② 金文明：《金石録校證》，廣西師範大學出版社，2005 年，第 47 頁。

③ 參榮新江主編《唐研究》第 17 卷，北京大學出版社，2011 年，第 165~167 頁；趙小華《誌銘分撰：唐代墓誌文學研究之新視角》對於誌銘分撰的緣由及意義也做了進一步闡述（《社會科學研究》2015 年第 3 期，第 181~187 頁）。

④ 李明等：《長安高陽原新出土隋唐墓誌》，文物出版社，2016 年，第 164 頁。

⑤ 吳鋼：《隋唐五代墓誌滙編·陝西卷》第 3 册，天津古籍出版社，1991 年，第 130 頁。

⑥ 余華青、張廷皓：《陝西碑石精華》，中州古籍出版社，2006 年，第 76 頁。

參軍廣平程休撰序，許州扶溝縣尉博陵崔顥撰銘。"①《唐故左龍武軍大將軍譙國曹公墓誌銘并序》，題署："河南府進士李漸撰，又銘河〔南〕府進士張倪。"②二是誌銘分撰是由兩位作者合寫一篇墓誌，而這兩位作者往往都是當代名人，因而這樣撰寫出來的墓誌銘，社會影響一般要大於同一作者撰寫的墓誌銘。誌銘分撰，主要是適應提高墓主聲望的需要。

（三）墓誌與詩體的交融

墓誌銘這種文體因爲有序文與銘文兩個部分，銘文多有押韻的特點，故而與詩歌就會相互滲透。即便是序文，在唐詩極爲發達的背景下，也會與詩體産生一定的聯繫。在墓誌與詩體的交融過程中，呈現出詩體墓誌和詩體銘文兩種現象。

1. 詩體墓誌

以詩體形式作爲墓誌銘文的典型事例，要數韓柳所作的兩篇詩體墓誌。柳宗元《趙秀才群墓誌》："嬰臼死信孤乃立，王侯世家天水邑。群字容成系是襲，祖某父某仕相及。嗟然秀才胡伋伋。體貌之恭藝始習。娶於赤水禮猶執，南浮合浦遽遠集。元和庚寅神永戢，問年二紀益以十。僕夫反柩當啓蟄，瀟湘之交瘵原隙。稚妻號叫幼女泣，和者悽欷行路悒。追初憫夭銘兹什。"③這篇墓誌全篇爲七言，且逐句用韻，也是一首較爲完善的古體詩。韓愈《試大理評事胡君墓銘》："胡之氏，別於陳。明允先，河東人。世勤固，戴厥身。籍文譜，進連倫。惟明允，加武資。力牛虎，柔不持。吏夏陽，有施爲。去平陽，民思悲。河東土，河陸原。宜兹人，肖後昆。五十七，不足年。孤兒啼，死下官。母弟証，秩大夫。擭君遺，哭泣書。友韓愈，司馬徒。作後銘，系序初。"④都是由三言韻語寫成，且四次換韻，是一首三言古詩。這兩篇墓誌同時又具備墓誌銘的特點，提供了墓主姓名、字型大小、家世、生平、享年等多方面的信息。

這種文體在新出土墓誌中也有發現，五言體詩墓誌如《張氏亡女墓誌銘》，首題"哭亡女二首"，誌云："送汝出秋□，□舟臨路岐。全家共來處，丹旐獨歸時。撫櫬腸欲絶，舉觴心更悲。不知黃壤裏，知此與無知。吳興嘉山水，爲汝不復游。

① 韋娜：《河洛文化論叢》第 3 輯，中州古籍出版社，2006 年，第 312 頁。
② 趙文成：《唐曹仁墓誌》，河南美術出版社，2011 年。
③ 柳宗元：《柳宗元集》，中華書局，1979 年，第 1348 頁。
④ 韓愈著，馬其昶校注《韓昌黎文集校注》，馬茂元整理，上海古籍出版社，1986 年，第 380 頁。

終日□□後，閉門空淚流。冥然當盛暑，忽爾成高秋。片玉想如在，一生□□□。"題爲墓誌銘，實際上是兩首較爲嚴整的五言律詩，表現對女兒夭亡的哀痛。因其女早喪，可記之事實不多，故用詩體來作墓誌是較爲合適的。這是墓誌與詩歌文體滲透最爲典型的事例。七言詩體墓誌如《王氏殤女（容）墓銘》："王氏殤女其名容，名由儀範三德充。頌詩閱史慕古風，卑盈樂善正養蒙。是宜百祥期無窮，奈何美疢剿其躬。芳年奄謝午咸通，季夏二十三遘凶。翌月二八即幽宮，壽逾即笄三而終。晋陽之胄冠諸示，厥考長仁命不融。外族清河武城東，中外輝焯爲世雄。今已矣夫石窆封，仲父刻銘藏户中。以紓臨穴姨悲恫。古往今來萬化同，高高誰爲問圓穹。姑安是兮龜筮從，竢吉良兮從乃公。"這篇墓誌没有區分序文和銘文，而是句句押韻的詩體。陳尚君輯補《全唐詩》，將其收録於《全唐詩續拾》，以其通篇爲七言韻文，與詩無異。

2. 詩體銘文

和詩體墓誌相比，詩體銘文更爲多見。甚至有些銘文不用"銘曰"而用"詩曰"，或是"歌曰"。即如上文引用的《皇甫映墓誌》："詩曰：三樂道常，九思不惑。六極倖免，百行慚德。四大無有大患息，一丘樂化永無極。"[1] 又如新出土崔朏撰《劉元貞墓誌銘》："歌曰：面松岳兮小有陽，東望溟兮飲太行。夾河洛兮地一藏，奉天勞兮憩北邙。奄歺奄兮不重光，大賢郵兮物感傷。甫奇谷兮三畛强，永爲古兮從此張。"[2] 再如新出土《趙睿宗墓誌》："乃爲歌訣：冠帶懸高作天柱，官國功曹如覆釜。伏尸横卧似龍頭，傳送相連正甲授。大墓如龜數十重，小墓如床沉更起。如知生氣接長山，沐浴勾陳來不止。可憐申酉百崗連，可愛寅卯長千里。養男鎮國坐天堂，幼女長添玄武水。青龍踴躍着江池，白虎昂藏蹲又起。諸山鬱鬱復來朝，千山漸漸棱層起。鄰前交應是横崗，五年必出明經子。朱紅孝弟滿龍庭，穀麥資財積如市。四神八將重復重，御史三公九城里。"[3] 這三方墓誌銘文，文字置於墓誌銘的位置，但第一方不稱"銘"而稱"詩"，第二方不稱"銘"而稱"歌"，第三方不稱"銘"而稱"歌訣"，都兼有銘文和挽歌的性質。前者是四言與七言融合的雜言詩，後者是一首騷體詩，這都與一般的四字爲主的銘文有所不同。

詩體銘文的形式，我們還可以列舉新出土的《裴府君妻李秀芳墓誌》："宗之

---

① 喬棟、李獻奇、史家珍：《洛陽新獲墓誌續編》，第 257 頁。

② 吳鋼：《全唐文補遺·千唐誌齋新藏專輯》，三秦出版社，2006 年，第 197 頁。

③ 殷憲：《大同新出唐遼金元誌石新解》，三晋出版社，2012 年，第 234 頁。

榮，夢之吉。生淑媛，仇良匹。入高門，饋下室。如桃李，合琴瑟。善有餘，神
不恤。遷旅櫬，從彝秩。□疑雲，埋晝日。平生盡，天地畢。"①這是三言詩體的墓
誌銘文，與上節所言整個墓誌用三言表述有所不同。因爲前面的三言墓誌涵蓋了
"十三事"的很多内涵，而這樣的三言銘文則主要是贊頌墓主之德行和表現親朋的
哀思，具有强烈的抒情意味，而有關敘事的成分已經在銘文之前的序文做了充分的
敘説。再如《唐故銀青光禄大夫和州刺史上柱國琅琊縣開國伯顔府君（謀道）墓誌
銘》銘文云："滄海東接琅琊臺，鼓動靈氣生奇才。惟公生也稟靈氣，天所福兮天
所貴。分茅剖竹趨禮闈，金章紫綬生光輝。善始令終子任之，造化雙輈兩輮子。同
歸大夜西□之日東流川，北邙山上年復年。"②這篇銘文實則上是一首七言爲主體的
歌行詩，前面八句爲七言，而第九句多達十二言，而且十句銘文三次换韻，這與七
言歌行的韻律變化也頗相一致。

（四）銘文的體式

我們現在研究墓誌銘，無論從文學的、歷史的、文化的角度，都偏重誌文而
忽略銘文，因爲誌文提供墓主的家世、身世、交游、活動、卒葬等很多信息，而
銘文提供的信息就比較有限，誌文徵實，銘文凌虚。但在墓誌銘撰寫的當時，正好
是與此相反的，無論哪篇墓誌，都是以銘文爲主的，這也形成了墓誌銘的題目往
往稱"墓誌銘并序"，"銘"是主體，而作爲"并序"的誌文反而在輔助位置。新
出土吉郁撰《楊准墓誌銘》起首即云："銘者，明也，死生之義必彰；貞者，正焉，
信行之端必録。"③這裏的"銘"即銘文，"貞"即貞石，是説墓誌銘重在"義"和
"信"，銘文重在彰義，誌文重在紀實。

我們現在如果從文學的層面研究墓誌銘的銘文，則更能彰顯其獨特的價值。
就體式而言，中古時期特別是唐代墓誌銘文大致有四言、騷體、詩體等類型；就結
構而言，墓誌的銘文還有分章等特殊形式。詩體銘文，我們在上文中已有論及，這
裏重點論述四言、騷體。

1. 四言

四言是墓誌銘文的基本形式，這在中古墓誌中舉目皆是，毋需舉例。而這種

---

① 周紹良：《唐代墓誌彙編》，上海古籍出版社，1992年，第1246頁。
② 周紹良：《唐代墓誌彙編》，第1239頁。
③ 周紹良：《唐代墓誌彙編》，第137頁。

形式也與上古時期的銘文有關。我曾在《出土文獻與中古文學研究》中談到墓誌序文和銘文的淵源：銘辭這種文學體裁產生很早，它的產生與古代祭祀相關，春秋戰國時期的很多青銅器就有銘辭，并已形成一定的格式，形式以四句爲多，風格典雅古樸，有些還符合音韻節律。春秋戰國時期，銘文經歷了由金刻到石刻的演變過程，到了秦代頌功刻石作爲文學的重要體裁表現了尚質和實用的特點，這是墓誌銘文的重要淵源。因爲墓誌文是一種特殊的文體，要對墓主一生的行迹加以記述，就必須吸取史傳文體之優長，又要對其一生功績加以評價，這就綜合了銘辭既銘功頌德又古樸典雅的特點。除了受到以四言爲主的金石銘刻影響之外，先秦以來的四言詩也對墓誌銘文產生重要的影響。就詩歌發展而言，先秦是四言詩的時代，這以《詩經》爲代表。詩經中的“風”詩雖以民間歌謠爲主，而“雅”“頌”則是以紀功爲主的，詩主雅正，與後來的墓誌銘一脉相承。隨着漢代五言詩興起，四言逐漸衰微，而這種體式逐漸被各類銘所承襲，其中墓誌銘文是最大宗的一個類型。

2. 騷體

隨着墓誌文體的發展和演進，到了唐代，雖然銘文仍以四言爲主，但也出現了其他樣式，最爲典型的就是騷體銘文，或者説是受騷體影響的墓誌銘。騷體對唐代墓誌銘文的影響主要表現在三個方面。

第一，騷體手法對於墓誌銘的影響。我在與孟國棟博士合撰的《論墓誌文體誌文和銘文的特點、功用及相互關係》一文中，曾經對於騷體銘文有過論述：“唐代墓誌的銘文還有一個重要的變化，就是以騷體詩的形式來表現。自初唐起，墓誌銘的寫作手法開始發生變化，騷體手法逐漸滲透到銘文中來，陳子昂、蘇頲等人所撰墓誌中的銘文中經常出現‘兮’字句等騷體句法。如‘泱泱大風，其太公兮。穆穆君子，紹厥宗兮’‘御溝水兮章臺街，有此送兮無還期’等。這些騷體句法的形式也是多種多樣的，有三兮三式、四兮四式、四兮三式、三兮四式等等。但凡楚辭體中存在的句式，都在唐代墓誌銘中得到了運用。”① 這段論述主要是闡述騷體形式和手法對墓誌銘文的影響。

第二，整個銘文運用騷體寫成。賀知章所撰《戴令言墓誌》是新出土墓誌中的名篇，其銘文即運用騷體：“橘洲浮兮昭潭無底，沙如雪兮泉味猶醴。楚人秀兮地靈所啓，旌弓招兮載筆靈陛。餉饋給兮含香建禮，彼君子兮如王之批，人之云亡

① 孟國棟、胡可先：《論墓誌文體誌文和銘文的特點、功用及相互關係》，《浙江大學學報》（人文社會科學版）2012 年第 6 期。

兮潛焉出涕。彼達人兮何必故鄉，樹枌櫃兮封茲北邙。篆幽石兮誌夫陰堂，歲遒盡兮煙墅微茫。"[1] 其所撰《鄭績墓誌》的銘文亦運用騷體："我府君兮惟人特，探班揚兮憲孔墨，孝於家兮忠於國。我夫人兮庶姬則，誇寶容兮闡明德，福不偕兮天何惑。朱鳥南兮玄武北，柳駕迴兮桐閣塞，貞石埋兮芳字刻。"[2] 再如泉隱所撰《泉毖誌銘》，其銘文云："天之蒼蒼兮其色正耶？人之悠悠兮其能久耶？蠢兹萬類兮生老病死，悟彼百齡兮今也已矣。生於氣兮立於空，倏而見兮忽而終，何賦命之飄索，知造化之無窮。重曰：梁木其壞兮太山其頹，哲人一去兮不復再來！幽扃永閟兮邙山之隈，萬古千秋兮嗚呼哀哉！"[3] 銘文不僅在句式上運用騷體，同時加上"重曰"。這樣的實例還有新出土楊知溫所撰《李朋墓誌》，其末有很長的銘文，而且分爲兩個部分。前面七十四句是四言體的銘文，接着又云："重曰：膻德懿行兮不泯，陵谷寒暑兮自遷。梁木壞兮歸大夜，噫無窮兮千萬年。"[4] 這樣加上"重曰"的銘文，明顯是在結構上模仿屈原的《遠游》。

第三，騷體與四言融合使用。如《唐故朝散大夫劉君（華）誌銘》的銘文："綿綿瓜瓞，本枝百代。亹亹崇基，業垂後裔。公侯遞襲，卿相傳繼。其一。悲風發兮野晦，愁雲起兮林藥秋。嘆四蛇兮電速，嗟二鼠兮遄流。歸泉路兮杳杳，魂永去兮悠悠。"[5] 這一銘文由兩章組成，第一章是四言，第二章的騷體。

3. 分章

墓誌銘文的分章情況，漢魏六朝時期非常罕見，到了隋代，其例漸多。如《謝岳墓誌》分爲三章：

> 赤雀呈符，白魚表德。建是藩屏，成歸謝國。九族從順，四民攸則。令色令儀，不愆不愿。其一。我履前迹，堂構斯在。巖巖若山，淵淵如海。外馳駿足，內光文彩。世有代遷，棟樑無改。其二。叢蘭正馥，霜雪忽摧。一人辭世，長還夜臺。松煙恒慘，楊風屢哀。徒臨其穴，無復歸來。[6]

① 周紹良：《唐代墓誌彙編》，第 1156 頁。
② 陳尚君：《全唐文補編》，中華書局，2005 年，第 425 頁。
③ 周紹良：《唐代墓誌彙編》，第 1418 頁。
④ 胡戟、榮新江：《大唐西市博物館藏墓誌》，北京大學出版社，2012 年，第 968 頁。
⑤ 趙力光：《西安碑林博物館藏墓誌彙編》，綫裝書局，2007 年，第 128 頁。
⑥ 羅新、葉煒：《新出魏晉南北朝墓誌疏證（修訂本）》，中華書局，2016 年，第 417 頁。

銘文爲四言體共二十四句，由三章組成，每章四句。這是較爲整齊的墓誌分章模式，并以"其一""其二"標示。再如隋開皇十七年《王幹墓誌》的銘文由五章組成，每章八句；隋仁壽元年《房吉墓誌》的銘文由四章組成，每章八句；隋仁壽三年《楊氏妻高氏墓誌》的銘文由四章組成，每章四句；隋大業二年《秘丹墓誌》的銘文由兩章組成，前章六句，後章八句；隋大業六年《李世舉墓誌》的銘文由三章組成，每章八句；隋大業六年《劉士安墓誌》的銘文由三章組成，每章六句；隋大業六年《王愻墓誌》的銘文由三章組成，每章六句；隋大業七年《王德墓誌》的銘由三章組成，分別爲八句、六句、四句。

墓誌的分章，到了唐代則成爲普遍的現象。我們列舉大詩人賀知章所撰寫的墓誌銘文加以説明，或許更具有典範意義。賀知章所撰《楊執一墓誌》的銘文由十三章組成，其結構非常完善：

> 天道祚德，地靈潛祉。一君作乂，百世必祀。於鑠楊侯，周宣之子。避居西岳，遠迹商阯。其一。太尉台漢，德王佐隋。積慶二十，長源逶迤。玉環照爛，朱輪陸離。盛烈無巳，高門在斯。其二。猗歟祖考，徽業靡墜。苴茅侯服，列棘卿寺。勃海仁君，河渠賢使。降生才子，洪勳重位。其三。爰在幼齒，學如不及。逮乎成童，孝以冥立。柴骨如毁，飲血而泣。苴菓僅勝，水漿不入。其四。明主理奪，忠臣直難。千祀一會，興言結嘆。惟公秉列，抗議朝端。利見攀攬，肇允彈冠。其五。官序初卑，德聲已盛。冕旒虛受，簪紱推敬。君子道興，佞臣所病。貞石可轉，寒松本性。其六。仁由造次，聖啓殷憂。北軍誅呂，左袒安劉。雲雨感義，經綸獻謀。弓矢命錫，山河胙侯。其七。行直雖毁，功著終録。遠出江介，載臨汾曲。驥乃贖轅，蠅非污玉。十城善價，千里良足。其八。大君出震，天下文明。三顧縹墨，萬里長城。我旅爰奮，我惎用精。帝澤無遠，王師有征。其九。屯則小往，享爲大來。總戎北塞，專席南臺。擊海自遠，搏風上培。泉魚炯察，溪翅遲回。其十。德謂不亡，人亦誰久。十五虎竹，二六龜紐。黃金飾吾，紫文飛綬。存榮終□，忠公不朽。其十一。夫人邦媛，德惟展如。命服飛翟，文軒畫魚。長簟先委，孤墳已蕪。周禮從祔，咸陽故墟。其十二。秦郊蒼莽，渭川□□。別館北臨，橫橋南度。秋日無影，寒禽相顧。孝子之亭，忠臣之墓。其十三。[①]

---

① 毛陽光、余扶危：《洛陽流散唐代墓誌彙編》，國家圖書館出版社，2013年，第172頁。

這是一篇非常整飭的銘文，都是由四言韻文句式組成，而每章之韻脚又是平仄交錯，富於變化的，這樣十三章合之既爲一個整體，分之又能够各自獨立，無疑見出賀知章是撰寫墓誌銘文的大手筆。賀知章撰誌的銘文，常常分章撰寫，在新出土的十餘篇墓誌當中，《張有德墓誌》的銘文分五章撰寫，《封禎墓誌》的銘文分六章撰寫，《姚彝墓誌》的銘文分十一章撰寫，《王内則墓誌》的銘文分八章撰寫，新出土《史懷訓墓誌》之銘文由五章構成：

> 於赫高門，狩斅顯祖。積仁邁德，鳴鍾伐鼓。錫胤於周，俾侯於魯。聯芳紫葉，藉用黄土。其一。降生王父，功名克彰。以宴翼子，繼體彌光。瑚璉之器，蘭蓀之芳。出入馳道，儀形畫堂。其二。始奉桂宫，擢德而隆。遽悲蒿里，吞恨何已。可嘆朝露，於嗟逝水。莫奉龍唇，徒看塵尾。其三。死生有命，夫子罕□。合葬非古，周公所存。幽幽隧路，黯黯泉門。穴鄰萬鬼，壙奄雙魂。其四。左平原兮古叢權，長夜漫漫何時旦。晨風凄兮夜月明，荒郊寂寂無人□。恐堙明發之誌，敢勒滕公之銘。①

這則銘文由五章組成，而這五章前後爲兩種體式，與前面的《楊執一墓誌》有所不同。這則銘文前四章爲四言體，第五章爲騷體，二者融合，使得一篇銘文既表現出層次感，又體現出文體的變化。類似於這樣的組合，在新出土的唐代墓誌中頗爲常見。

（五）墓誌尊體與程式化

因爲墓誌銘是一種特定的文體，是對於死者銘功紀事的文章，其形成過程與一般的文章有所不同，經歷了撰製、書寫、拓印、刻石等過程，而這些過程都具有一定的程式。即以撰製而言，實際上是對於誌主家人提供的行狀等進行的再創作，同時因爲"十三事"的記載，因而大量的墓誌呈現出一些程式化的現象，而這些程式化也受到了歷代學者的批評。即如錢鍾書先生批評庾信所撰墓誌"造語謀篇，自

---

① 趙力光：《西安碑林博物館藏墓誌彙編》，第266頁。

相蹈襲""通套莫分彼此"。① 當然，這樣的批評是具有一定道理的，因爲我們發現中古時期的墓誌，尤其是唐代墓誌中的宫女墓誌，基本上是同一模版刻製而并没有實質的内涵。但以程式化來否定整個傳世墓誌和新出墓誌，也是非常偏頗的。因爲不僅其有突破程式化的大量墓誌存在，即使是墓誌的程式化也是具有特定的體式意義和認識作用的。這一方面，孟國棟博士進行了專門的研究，認爲："從六朝到唐代，墓誌銘的發展和變化，是在大衆追求程式化和著名文學家追求創新的過程之中不斷演進的，範式的構建和突破是相輔相成的。墓誌銘的程式化雖模式單一，結構固定，但也還呈現出重要的文學意義，成爲我們深入考察經典文士形象和詩歌名句生成路徑的重要依據。"② 這樣的論述頗爲切合墓誌銘創作的實際，也對於墓誌銘的程式化現象做了一定層面的合理解釋。

　　我們認爲，墓誌銘的程式化是由墓誌銘的體式所決定的，是作文時"尊體"的需要。首先，墓誌銘是銘功紀事的文字，是對於死者的蓋棺論定。追溯銘文體裁的來源和特點，《禮記》云："夫鼎有銘，銘者，自名也。自名以稱揚其先祖之美，而明著之後世也。爲先祖者，莫不有美焉，莫不有惡焉，銘之義，稱美而不稱惡。此孝子孝孫之心也，惟賢者能之。"③ 這裏雖説的是鼎銘，但給銘文的宗旨進行了定位就是"稱美而不稱惡"。墓誌銘也是由前代銘文發展而來，又是隨死者之葬而埋幽之文，這樣的宗旨定位就更爲突出。明代徐師曾《文體明辨序説》云："墓誌銘，誌者，記也。銘者，名也。古之人有德善功烈可名於世，殁則後人爲之鑄器以銘而俾傳於無窮，若蔡中郎集所載朱公叔鼎銘是已。至漢杜子夏，始勒文埋墓側，遂有墓誌，後人因之。……其爲文，則有正變二體。正體唯叙事實，變體則因叙事而加議論焉。"④ 雖然有正變之别，而流傳至今的墓誌畢竟仍以正體居多，内容無一例外地都在稱揚墓主的賢德懿行，這樣共同的主題無疑是導致墓誌銘程式化的重要因素。其次，墓誌銘的特定體例使其在書寫方式上具有一定的趨同性。上文已經論述，墓誌的基本體式是對於"十三事"的表述要求，而每方墓誌都要涉及"十三事"的交代，當然就會給人以趨同之感。但是，如果回避了"十三事"，這樣的文體也就不成爲墓誌銘了。因而我們從這樣特定的體式要求來看待墓誌銘，就

---

① 錢鍾書：《管錐編》，三聯書店，2001 年，第 2375、2378 頁。

② 孟國棟：《唐代墓誌銘創作的程式化模式及其文學意義》，《浙江大學學報》（人文社會科學版）2015 年第 5 期。

③ 朱彬：《禮記訓纂》卷二五，饒欽農點校，中華書局，1996 年，第 732 頁。

④ 徐師曾：《文體明辨序説》，人民文學出版社，1962 年，第 148~150 頁。

會覺得墓誌的程式化是墓誌的體式所決定的，也是具有重要意義的。再者，墓誌銘的材料來源也是導致程式化的一個因素。我們知道，墓誌銘是記載墓主家世生平的文字，而墓誌的撰者不一定對於墓主的情況十分清楚，這樣就決定了墓誌銘的材料來源是墓主家人提供的有關墓主的文字資料，這裏最重要的是行狀。墓誌銘與行狀的關係，明人徐師曾《文體明辨序説》云：“蓋具死者世系、名字、爵里、行治、壽年之詳，或牒考功太常使議謚，或牒史館請編録，或上作者乞墓誌碑表之類皆用之。而其文多出於門生故吏親舊之手，以謂非此輩不能知也。”[1] 是説行狀的用途頗爲廣泛，其作用之一就是作爲墓誌撰寫的材料。行狀是叙述死者世系、籍貫、生平、事迹、生卒年月的文章，墓誌銘的資料來源主要是行狀，這也必定在書寫方式和評價導向上受到行狀的影響。

三 中古墓誌銘的書寫規則

長期以來作爲文學研究，我們以前關注的墓誌銘，基本上集中於傳世文獻的墓誌文體。這些墓誌銘主要集中於作家别集和文學總集之中，比如，韓愈、柳宗元等“唐宋八大家”所撰寫的墓誌銘大多收録在他們的文集之中。但是，這樣的研究是不全面的。因爲傳世文獻所載的墓誌銘，是經過編集時根據文集體例删改統一後的文本，與石本的墓誌有着一定的區别。而石本墓誌的書寫是墓誌文本的綜合體。它由墓誌撰者提供的文本，經過喪家的修改補充定稿，再由書家書丹，而後拓印由刻工上石。故而石本所提供的信息要比集本多了很多，而其中的相關信息也都是與文體關聯的。即如石本題款，在集本中是不見的，而這些題款表明了撰書者的身份，這些信息也是墓誌文本的一個組成部分，是研究墓誌文體相得益彰的重要材料。墓誌銘的集本和石本，是墓誌文體的一體兩面。我們現在研究墓誌這一文體，既要注重新出土僅有石本的墓誌，也要注意傳世文獻中僅有集本的墓誌，更要注意既有集本傳世又有石本出土的墓誌。

（一）墓誌銘的題款

墓誌銘的題款主要是指題署和末署，是墓誌書寫形制的重要方面。早期的墓

---

[1] 徐師曾：《文體明辨序説》，第 148 頁。

誌銘大多是沒有題署或末署的。魏晉南北朝時期的墓誌前後的題款非常罕見，隋及初唐逐漸增多，晚唐五代的墓誌題署和末署就非常繁盛而複雜了。既有題署又有末署的墓誌應該説是唐代墓誌文體中最爲規範的墓誌，也是墓誌文體成熟的標志。

1. 墓誌銘題款的位置

從魏晉南北朝到隋唐五代，墓誌銘的題款經過了從無到有、從簡單到複雜的過程。盛唐以前的墓誌，題款較爲簡單，主要是署明撰者及其職銜，而盛唐以後的墓誌，包括書丹者、篆額者都要題寫。初唐時期，即使是著名人物薛元超墓誌、雍王李賢墓誌、越王李貞墓誌、上官婉兒墓誌，也沒有題署。到了盛唐時期，題署就漸趨規範。題署之外，還會有末署，相較題署較爲簡單一些，功能也有所不同。唐代墓誌的題署和末署，大致有以下三種樣式。

第一，墓誌銘的題署。墓誌銘題款中，題署撰者是常見的格式。如張説墓誌題爲《唐故尚書左丞相燕國公贈太師張公墓誌銘并序》，題署：“工部侍郎集賢院學士族孫張九齡撰，朝散大夫中書舍人梁昇卿書。”[1] 李益墓誌題爲《唐故銀青光禄大夫守禮部尚書致仕上輕車都尉安城縣開國伯食邑七百户贈太子少師隴西李府君墓誌銘并序》，題署：“銀青光禄大夫行尚書兵部侍郎上柱國武城縣開國侯食邑一千户清河崔鄖撰。”[2] 一般而言，撰文者置於題署，刻字者置於末署，書丹者或置於題署，或置於末署。但也會出現特殊情況，如《大唐故雍王贈章懷太子墓誌并序》，題署“大常卿兼左衛率岐王範書”，末署“銀青光禄大夫邠王師上柱國固安縣開國男盧粲撰”。[3] 將書丹者置於前，撰文者置於後，這大概是因爲岐王的地位高於盧粲。同樣是題署，也有將書者置於前而撰者置於後的情況，如1974年陝西蒲城出土《大唐故金仙長公主誌石銘》，題署：“玉真公主書，中大夫守大理少卿集賢院學士上柱國慈源縣開國公臣徐嶠撰。”這也是因爲玉真公主地位高於徐嶠之故。

第二，墓誌銘的末署。墓誌銘題款的另一重要位置就是在銘文之末。一般而言，撰者常常置於題下，而書丹者和鐫刻者往往置於文末。如前引張説墓誌，末署：“鄜州三川縣丞衛靈鶴刻字。”初唐時期，墓誌書寫題款没有形成一定格式，故而有些墓誌僅有末署而没有題署。即如著名人物薛元超墓誌，洋洋三千餘字，没有題署而僅有末署：“崔融纂，曜、駱、演書序，毅、俊書銘。萬三奴鐫，萬元抗

---

① 趙君平：《邙洛碑誌三百種》，中華書局，2004年，第154頁。
② 趙君平、趙文成：《秦晉豫新出墓誌蒐佚》，國家圖書館出版社，2012年，第931頁。
③ 吳鋼：《隋唐五代墓誌滙編·陝西卷》第1册，第85頁。

鐫。"① 相較於題署，末署具有更大的自由空間，或將撰者署於文末。如《唐故銀青光禄大夫工部尚書絳州刺史上柱國平原郡開國公張府君（錫）墓銘并序》末署："大理評事□州員外司户河間邢巨撰。"② 或將撰書者同時署於文末，如《大唐故吏部侍郎高陽許公（景先）墓誌銘并序》末署："中大夫守兵部侍郎韓休撰，弟河南縣尉景休書。"③ 有些墓誌在文末書寫刻工名銜或墓誌檢校者。

第二，僅有題署没有末署。這樣的墓誌最爲常見，一般墓誌的書寫格式，基本上是將撰者和書者置於題下。如韋承慶墓誌，原題爲《大唐故黄門侍郎兼修國史贈禮部尚書上柱國扶陽縣開國子韋府君墓誌銘并序》，題署："秘書少監兼修國史兼判刑部侍郎上柱國朝陽縣開國子岑羲撰，中書舍人鄭愔製銘。"④ 這是將墓誌的誌文和銘文的撰者分别書寫於誌題之下。再如徐嶠妻王氏墓誌，題爲《唐故趙郡君太原王氏墓誌銘并序》，題署："夫潤州刺史江南東道採訪處置兼福建等州經略使慈源縣開國公徐嶠撰，朝散郎前行秘書省著作局校書郎顔真卿書。"⑤ 這是將撰者和書者一起書寫於誌題之下。

2. 墓誌銘題款與墓主身份

唐代某些特殊類型的人物，如太子、諸王、公主、後妃的墓誌往往是奉敕撰書，這些撰誌者的身份往往是翰林學士或知制誥，書丹者的身份往往是翰林待詔，這與一般墓誌常見的撰寫方式有所不同。下面依次叙述。

第一，諸王墓誌。白居易元和五年撰寫的會王李繟墓誌，就是典型的翰林學士奉敕寫的諸王墓誌。原題爲《唐故會王墓誌銘并序》，題署："翰林學士將仕郎守京兆府户曹參軍臣白居易奉敕撰。"誌文云："是日，又詔翰林學士白居易爲之銘誌，故事也。"⑥ 唐代諸王墓誌，由翰林學士撰寫，中晚唐時已成慣例。如大和八年《大唐故郯王墓誌銘并序》，題署："翰林學士朝議郎守中書舍人上柱國賜紫金魚袋臣李玨奉敕撰。"⑦ 開成五年《大唐故安王墓誌銘并序》，題署："翰林學士朝議郎守尚書庫部郎中知制誥上柱國臣李褒奉敕撰，翰林待詔將仕郎守徐州豐縣尉臣安景之

① 吳鋼：《新中國出土墓誌·陝西〔壹〕》，文物出版社，2000年，第8頁。
② 趙跟喜：《新中國出土墓誌·河南〔叁〕》，文物出版社，2008年，第114頁。
③ 張乃翥輯《龍門區系石刻文萃》，國家圖書館出版社，2011年，第492頁。
④ 吳鋼：《隋唐五代墓誌滙編·陝西卷》第3册，第130頁。
⑤ 趙振華：《唐徐嶠墓誌與徐嶠妻王琳墓誌初探》，杜文玉主編《唐史論叢》第9輯，三秦出版社，2006年，第246頁。
⑥ 王仁波：《隋唐五代墓誌滙編·陝西卷》第2册，第38頁。
⑦ 吳鋼：《新中國出土墓誌·陝西〔貳〕》，文物出版社，2003年，第293頁。

奉敕書，翰林待詔朝議郎守梁王府司馬上柱國賜緋魚袋臣唐玄度奉敕篆額。"① 開成
五年《大唐故瓊王墓誌銘并序》題署："韓林學士朝散郎權知尚書兵部員外郎臣敬暉
奉敕撰，翰林待詔將仕郎守徐州豐縣尉臣安景之奉敕書，翰林待詔翰請郎守梁王府
司馬上柱國賜緋魚袋臣唐玄慶奉敕篆額。"② 大中十四年《故慶王墓誌》，題署："翰
林學士將仕郎右拾遺內供奉賜緋魚袋臣李覬奉敕撰。"③ 乾符三年《唐故昭王墓誌銘
并序》，題署："翰林學士朝散大夫守中書舍人上柱國賜紫金魚袋臣徐仁嗣奉敕撰，
翰林待詔朝請郎行少府監丞上柱國賜緋魚袋臣郭弘範奉敕書，翰林待詔朝議郎守左
司御率府兵曹參軍上柱國臣董瓘奉敕篆蓋。"④ 乾符四年《唐故廣王墓誌銘并序》，題
署："翰林學士朝議郎守尚書禮部員外郎柱國賜緋魚袋臣裴澈奉敕撰。"⑤ 乾符四年
《唐故康王墓誌銘并序》，題署："翰林學士朝議郎守中書舍人柱國賜紫金魚袋臣蕭
遘奉敕撰，翰林待詔朝議郎前守光州光山縣主簿柱國臣牛德殷奉敕書，翰林待詔朝
議郎守殿中省尚舍奉御柱國賜紫金魚袋臣那希言奉敕篆蓋。"⑥ 乾符六年《唐故涼王
墓誌銘并序》，題署："翰林學士朝議郎守中書舍人柱國賜紫金魚袋裴澈奉敕撰。"

　　第二，公主墓誌。如大和二年《大唐故文安公主墓誌銘并序》，題署："翰林
學士朝議郎守尚書戶部郎中知制誥上柱國賜紫金魚袋臣宋申錫奉敕撰。"⑦ 咸通八年
《唐故朗寧公主墓誌銘并序》，題署："翰林學士朝議郎守中書舍人上柱國賜紫金魚
袋李騭奉敕撰，翰林待詔朝議郎行亳州譙縣丞上柱國郭弘範奉敕撰，翰林待詔承
奉郎守殿中省尚藥奉御臣董咸奉敕篆蓋。"⑧ 初盛唐時期，有些郡主、縣主，其墓誌
也有敕撰者。如《大唐榮王故第八女墓誌銘并序》，題署："太子侍讀兼侍文章朝散
大夫守太子諭德上柱國趙楚賓奉敕撰。"⑨《大唐贈南川縣主墓誌銘并序》，題署："太
子侍讀兼侍文章朝散大夫守國子司業臣趙楚賓奉敕撰，太子及諸王侍書中散大夫守
國子司業臣韓擇木奉敕書。"⑩

---

① 吳鋼：《新中國出土墓誌·陝西〔貳〕》，第 242 頁。
② 齊運通、楊建鋒：《洛陽新獲墓誌二〇一五》，中華書局，2017 年，第 318 頁。
③ 趙力光：《西安碑林博物館藏墓誌彙編》，第 211 頁。
④ 趙力光：《西安碑林博物館藏墓誌彙編》，第 887 頁。
⑤ 周紹良、趙超：《唐代墓誌彙編續集》，上海古籍出版社，2001 年，第 1125 頁。
⑥ 吳鋼：《新中國出土墓誌·陝西〔貳〕》，第 319 頁。
⑦ 周紹良、趙超：《唐代墓誌彙編續集》，第 887 頁。
⑧ 吳鋼：《新中國出土墓誌·陝西〔貳〕》，第 293 頁。
⑨ 吳鋼：《新中國出土墓誌·陝西〔貳〕》，第 130 頁。
⑩ 吳鋼：《新中國出土墓誌·陝西〔貳〕》，第 132 頁。

第三，宮妃墓誌。如《大唐故婕妤高氏墓誌銘并序》，題署："中大夫行給事中侍皇太子及諸王文章集賢院學士上柱國呂向奉敕撰，將仕郎守左衛長史侍皇太子及諸王書翰林供奉馬處仙奉敕書。"①《故楚國夫人贈貴妃楊氏墓誌銘并序》，題署："翰林學士朝議郎守尚書户部郎中知制誥賜紫金魚袋劉允章奉敕撰，翰林待詔將仕郎守泗州司馬臣張宗厚奉敕書，翰林待詔承奉郎守建州長史臣董咸奉敕篆。"② 其撰書規格和撰書者品級與諸王、公主墓誌一致。

第四，宦官墓誌。唐代一些高級官僚包括高級宦官，其墓誌也由翰林院奉敕撰書。如大宦官高力士墓誌，原題爲《大唐故開府儀同三司兼内侍監上柱國齊國公贈揚州大都督高公墓誌銘并序》，題署："尚書駕部員外郎知制誥潘炎奉敕撰，太中大夫將作少監翰林待詔張少悌奉敕書。"③ 大宦官許遂忠墓誌，原題爲《唐故内坊典内銀青光禄大夫行内侍省内侍上柱國高陽郡開國公食邑二千户許公墓誌銘并序》，題署："翰林學士中大夫中書舍人上柱國賜紫金魚袋王源中撰，翰林待詔儒林郎守常州司倉參軍騎都尉劉諷書。"④ 同樣由劉諷所書的宦官墓誌還有《姚存古墓誌》，題署："正議大夫守河南尹兼御史大夫上柱國陽武縣開國男賜紫金魚袋鄭澣撰，翰林待詔儒林郎守汴州司功參軍騎都尉劉諷書。"⑤ 但這樣奉敕撰書的宦官并不多，大多宦官墓誌還是由普通文人撰書刻石的，情況較爲複雜。

（二）墓誌銘的右書和左書

中古墓誌的一般格式都是自右向左書寫的，這也是古代各種文書和石刻文本的主流書寫方式，但也偶然可見自左向右書寫的特例。這樣的書寫實例雖然很少，而我們現在的書寫方式則是自左向右的，因而墓誌中這樣極少的實例也是我們應該引起重視的。就筆者所及，可以列舉十餘例。

千唐誌齋博物館藏《劉希陽及妻韓氏合葬墓誌》，⑥ 誌二十行，滿行二十四字。自左向右兩行爲首題"唐故守左金吾衛大將軍試太常卿上柱國彭城劉府君南陽韓夫人合袝墓誌銘并序"，第三行題署"承務郎試晉州參軍張傳禮撰"，第四行至第

---

① 胡戟、榮新江：《大唐西市博物館藏墓誌》，第 500 頁。
② 周紹良：《唐代墓誌彙編》，第 2410 頁。
③ 余華青、張廷皓：《陝西碑石精華》，第 141 頁。
④ 吳鋼：《新中國出土墓誌·陝西〔貳〕》，第 225 頁。
⑤ 吳鋼：《新中國出土墓誌·陝西〔貳〕》，第 232 頁。
⑥ 新安縣千唐誌齋管理所：《千唐誌齋藏誌》，文物出版社，1989 年，第 962 頁。

二十行爲自左向右書寫的誌文。

千唐誌齋博物館藏《柳君靈表》，[①]誌文二十七行，每行字不等。自左首行爲誌題"唐故朝散大夫試大理司直兼曹州考城縣令柳府君靈表"，第二行題署"外孫江夏李師稷述"，第三行至第二十七行爲自左向右書寫的誌文。

洛陽九朝刻石文字博物館藏《田洪妻竇氏墓誌銘》，[②]自左向右依次爲第一行："亡妻扶風竇氏墓誌銘并序。"第二行："知鹽鐵宋州院事將仕郎前試大理評事田洪述。"第三行至第二十四行自左向右書墓誌正文，第二十五行至第三十行爲自左向右書墓誌銘文。

新出土《盧繪妻李氏墓誌銘》，[③]墓誌共二十八行，滿行三十一字。最左第一行爲題，第二行題署："夫宣德郎守蘇州海鹽縣令范陽盧繪撰并書。"第三行至第二十五行，自左向右書墓誌正文，第二十六行至第二十八行爲自左向右書銘文。

《盧繪妻李氏墓誌銘》誌蓋下面還刻着一方《李氏墓表》，也是自左向右書寫的格式。首行誌題"唐蘇州海鹽縣令盧君亡夫人隴西李氏墓表"，第二行、第三行是自左向右書的題署："福建等州都團練觀察處置等使朝散大夫橙校左散騎常侍兼御史中丞賜紫金魚袋黎埴撰。"[④]第四行至第二十五行爲自左向右書寫墓誌正文，第二十五行末端署"繪書并篆額"。

北京大學圖書館藏《靳濯華墓誌》拓片，[⑤]墓誌共二十行，行二十四字至二十九字不等。自左向右第一行首題"大唐故宣德郎試太子通事舍人西河靳公墓誌銘并序"，第二行題署"鄉貢明經、州助教博士尉遲□撰"。第三行至第二十行自左向右誌文。

北京大學圖書館藏《楊秀奇墓誌》拓片，[⑥]墓誌共十六行，每行字數不等。自左向右書第一行首題"唐故弘農郡楊府君墓誌銘并序"，第二行至第十六行爲自左向右書寫誌文。

北京大學圖書館藏《李巡墓誌》拓片，[⑦]墓誌共十六行，每行字數不等。自左

① 新安縣千唐誌齋管理所：《千唐誌齋藏誌》，第 980 頁。
② 齊運通、楊建鋒：《洛陽新獲墓誌二〇一五》，第 290 頁。
③ 趙君平、趙文成：《河洛墓刻拾零》，第 566 頁。
④ 趙君平、趙文成：《河洛墓刻拾零》，第 567 頁。
⑤ 胡海帆、湯燕：《北京大學圖書館藏徐國衛捐贈石刻拓本選編》，上海人民出版社，2007年，第6頁。
⑥ 胡海帆、湯燕：《北京大學圖書館藏徐國衛捐贈石刻拓本選編》，第 8 頁。
⑦ 胡海帆、湯燕：《北京大學圖書館藏徐國衛捐贈石刻拓本選編》，第 9 頁。

向右書第一行首題"大唐故李府君墓誌銘并述"，第二行至第十四行爲自左向右書寫誌文，第十五行和第十六行爲銘文。

北京圖書館藏《宋朝日墓誌》拓片，[①] 墓誌共十七行，每行字數不等。自左第一行爲首題及題署，已漶漫不清，可以看出"并序　王初撰"字樣。第二行至第十七行爲自左向右書寫誌文。

北京圖書館藏《李琮墓誌》拓片，[②] 墓誌共二十四行，行二十四字。自左向右書第一行首題"大唐故隴西郡李府君墓誌銘并序"，第二行題署"鄉貢進士昔耘撰，兄承務郎行潞州長子縣尉璵書"。第三行至第二十行爲自左向右書寫誌文，第二十一行至第二十四行爲銘文。

北京圖書館藏《陳士揀墓誌》，[③] 墓誌共三十行，行三十字。自左向右第一行、第二行首題"故金紫光禄大夫檢校太子詹事守右神策軍正將兼侍御史上柱國潁川郡開國公食邑二千户陳府君墓誌銘并序"，第三行題署"鄉貢進士扶風班潯譔"。第三行至第二十七行爲自左向右書寫誌文，第二十八行至第三十行爲銘文。

北京圖書館藏《長孫君妻杜氏墓誌》拓片，[④] 墓誌共十一行，行十一字。自左向右書第一行首題"長孫氏夫人陰堂文"，第二行至第十一行爲自左向右書寫誌文。

（三）墓誌銘的注文

墓誌銘是刻於石上的文字，其文體特點是古樸典雅，厚重深沉，書家書丹後拓印上石，再由刻工完成刻字。因爲碑版文字的整齊和美觀，加以上石時文字經過千錘百煉，故而絕大多數墓誌銘，文字通篇一體，但也偶爾見到墓誌銘石刻之上帶有注文的現象。這些注文或是家世的補充，或是避諱的説明，或注字音，或注人物，或注方位。下面就筆者所及，舉例述之。

1. 注世系

墓誌銘中以注文形式表明世系的情況，在魏晉南北朝墓誌中已經出現，這大概是因爲魏晉南北朝是重視士族的時代，人們對於世系較爲重視，因而在墓誌銘的

---

① 北京圖書館金石組：《北京圖書館藏中國歷代石刻拓本滙編》第 28 册，中州古籍出版社，1989 年，第 53 頁。
② 北京圖書館金石組：《北京圖書館藏中國歷代石刻拓本滙編》第 30 册，第 132 頁。
③ 北京圖書館金石組：《北京圖書館藏中國歷代石刻拓本滙編》第 31 册，第 53 頁。
④ 北京圖書館金石組：《北京圖書館藏中國歷代石刻拓本滙編》第 35 册，第 175 頁。

書寫中，不僅正文中提及，還要通過注文對正文的世系加以補充。即如西魏《趙超宗妻王氏墓誌》書寫世系文字的誌末部分：

> 長子元練早亡
>
> 次子仲懿尚書郎中行南秦州事撫軍將軍岐州刺史尋陽伯娶河東柳氏（父僧習侍中平東將軍銀青光禄大夫　祖緝宋驤將軍義陽内史）
>
> 少子季弼平東將軍太中大夫娶河南元氏（父顯和散騎常侍肆州刺史　祖麗侍中尚書左僕射儀同三司雍冀二州刺史淮陰縣開國侯）
>
> 長女適撫軍將軍司空諮議參軍濮陽太守河東柳師義（父緝宋龍驤將軍義陽内史　祖紹宋員外散騎常侍後將軍鍾離太守隨郡内史益州刺史）
>
> 次適平東將軍秘書丞領中書含人隴西李獎（父思穆營華二州刺史左光禄大夫秘書監　祖衍和宋建威將軍東萊晉壽安陸三郡太守）
>
> 次適散騎常侍鎮東將軍金紫光禄大夫雍丘子河東裴英起（父約丹陽平原二郡太守　祖彦光趙郡勃海二君太守青州刺史雍丘縣開國子）
>
> 次適儀同開府參軍事河東柳遠（父玄遠彭城王諮議參軍光州刺史夏陽縣開國子　祖邕明宋通直散騎常侍南陽太守）
>
> 次適員外散騎常侍太子洗馬本州中正安國縣開國侯譙國夏侯朏（父旭長廣定陽二郡太守鎮南將軍金紫光禄大夫定陽男　祖真冠軍將軍中散大夫）①

上述引文括弧中的小字都是墓誌注文，是對正文的一些補充説明，但這種情況也會造成墓誌表述的繁冗瑣碎，破壞了墓誌作爲一種文體的整體感，因而這種情況在中古墓誌中是非常罕見的。

2. 注人物

新出土《盧載墓誌》，記載其創作情況有這樣一段話："長兼叙事，多必有爲而作。其中《建中德音述》一篇，是興起德宗皇帝終美之諷。《文定》一首，是伸陳伯玉微婉被謗之尤。洎《私門傳實哀辭》、《黄叔度碑序》、《張子田文（宋汴判官名權輿）》、《銘鄭玉水墓誌（東都留守推官名溶）》、《與崔周楨書》、《爲魏博田侍中與鎮州兵馬留後王侍御承元書》及《爲田公初到鎮州祭王侍中承宗文》、《任

---

① 趙力光：《西安碑林博物館藏墓誌彙編》，第 24 頁。

商州刺史日告城隍神碑文》等一二十篇，庶幾及倫。"按，《盧載墓誌》最早刊載於
《全唐文補遺・千唐誌齋新藏專輯》，對於盧載作文之篇名做了這樣的標點："泊私
門傳實哀辭：黄叔度碑序、張子田文宋汴判官名權興銘、鄭玉水墓誌東都留守推官
名溶、與崔周楨書……"較早讀到此誌録文，實難以讀通。直到洛陽師範學院中文
系高慎濤先生提供給我《盧載墓誌》拓片的照片，這些問題纔迎刃而解。因爲拓片
中"張子田文"是正文，"宋汴判官名權興"爲注文；"銘，鄭玉水墓誌"爲正文，
"東都留守推官名溶"爲注文。這樣的注文是對正文的補充説明。

3. 注方位

新出土《姚勖自撰墓誌》："高王父府君，皇中書令、梁國公，諡文貞（塋去
寂居東南六百廿一步）。曾王父府君，皇鄧、海二州刺史、光禄少卿（塋在寂居南
八十二步）。王父府君，皇河南府河南縣丞、贈太常少卿（塋去寂居東北三百一十五
步）。烈考府君，皇宣州涇縣主簿、贈刑部員外郎（塋在寂居南地相接）。由梁公至
員外府君，諱字具在《烈考玄堂記》，平梁、穎川二公之詞。皇妣祁縣王夫人，贈
晉陽縣太君。"[1]這裏引文的括弧内小字都是墓誌注文，目的是點明其家族塋地的位
置，這樣的注文不僅是對墓誌葬地的説明，更主要地有助於我們瞭解唐代的葬俗。

新出土的《盧繪自撰墓誌》也是一方注明塋地較爲詳細的墓誌。這方墓誌明
確寫明瞭族人墓葬的位置，雖然不是小字注文，而是標注於誌石的四邊，但其性
質與《姚勖墓誌》相類。其下邊文字："五代祖萬年縣丞府君、四代祖監門將軍塋
并在正北，堂叔瀛莫節度使贈工部尚書塋在諸塋西北。"上邊文字："曾祖深州司馬
府君、祖妣崔夫人塋在此西南，諸伯祖墓皆在次北，諸院堂叔伯墓多在大塋東北。"
左邊文字："祖考莘縣和簿贈贊善大夫、祖妣滎陽縣太君塋在此正西，先考均王府
諮議府君、先妣太原王夫人塋在大塋次西。"右邊文字："堂伯彭州刺史塋在此次西
南，男校理世兄塋在次北，親伯和州刺史廿房塋在先考塋次北，親叔餘杭十七房塋
在次□。"[2]這方墓誌明確標明了其祖先和族中標志性人物墓葬的位置，是唐代聚族
而葬的最好説明。

4. 注避諱

新出土《鄭估墓誌》，題署："前宣歙池等州都團練判官將仕郎試秘書省校書郎

---

[1] 毛陽光、余扶危：《洛陽流散唐代墓誌彙編》，第606頁。
[2] 趙君平、趙文成：《河洛墓刻拾零》，第566頁。

盧子復撰。"雙行小字注："稱字不名，蓋避忌也。"①唐代避諱一般情況是直接改字，或者缺筆，像這樣通過説明的方式稱字而不稱名者，是非常少見的，對於研究避諱而言，也是頗具啓迪意義的。

5. 注音讀

浙江大學圖書館碑帖保護中心藏《薛崇墓誌》，首行"甥薛岳傳"下注："去聲，下同。"又誌文"曳起足數"，"足"下注："去聲。"這是對於墓誌文字聲調的注釋。又誌文"縣兆可言"，"縣"下注："音胄。"這是對讀音的注釋。新出土《張讀墓誌》，誌文"七歲爲文偏好八韻賦"下注："句絶。"②注明是要在"賦"下斷句，也説明張讀七歲能做文章，而且偏好八韻之賦。八韻賦是唐代的律賦體式，科舉考試就是運用這種賦體。

（四）墓誌銘的平闕格式

"平闕"是古代公私文書行文特殊的格式，古人爲了表示尊敬，使用了平闕格式。所謂"平"即换行平出，所謂"闕"即低格行款。平闕格式產生時代頗早，這種格式至唐代已臻於完備，并且產生了與之相適合的各種詞彙。③新出土的唐代墓誌石本，基本上按照特定的平闕規定書寫，我們舉著名人物張説墓誌爲例加以説明。

《張説墓誌》全稱爲"唐故尚書左丞相燕國公贈太師張公墓誌銘并序"，④共三十二行，滿行三十三字，但因其官至宰相，位望之隆，故而誌中行文涉及皇帝、詔敕之處頗多，故平闕之式最爲顯著。

誌文第二行"尚書左丞相燕國公葬於位享年六十四嗚呼哀哉"下面闕十三字，即因其下"皇帝悼焉"需要另起一行平出。

誌文第三行"皇帝悼焉制贈太師蓋師傅之舊恩禮有加也詔葬先遠襄事"，"制"上闕三字，"恩"上闕三字，"詔"上闕三字。

誌文第四行"特賜"下闕五字。

---

① 李明等：《長安高陽原新出土隋唐墓誌》，第 270 頁。
② 齊運通、楊建鋒：《洛陽新獲墓誌二〇一五》，第 364 頁。
③ 有關中國古代平闕格式的形式以及由平闕格式所產生的相應詞彙，可參李林甫《唐六典》卷四，中華書局，1992 年，第 113 頁；王國維《觀堂集林》卷一八，中華書局，1959 年，第 907頁；黄正建《平闕與唐代社會政治》，《走進日常：唐代社會生活考論》，中西書局，2017 年，第295~313 頁。
④ 趙君平：《邙洛碑誌三百種》，第 154 頁。

誌文第五行"公諱説"上闕三字。

誌文第九行"矣初天后稱制……"，"天后"前闕九字。

誌文第十四行"專聞自久宜其翊戴聖后師範……"，"聖后"前闕九字。

誌文第十八行"墜禮咸甄與經籍爲笙簧於朝廷爲粉澤……"，"朝廷"前闕三字。

誌文第二十一行"喪而今也則亡嗚呼克生以輔時而臣道不究致用以利物而人將安仰"，其下闕五字，蓋因其下"上"字需要另起一行平出。

誌文第二十四行"柔範皆可師訓及公之貴聯姻帝室雖處榮盛……"，"帝室"前闕五字。

誌文第二十九行"遂身謝名由實美言而有立古無不死南山之下詔葬於兹……"，"詔"前闕六字。

由上面平闕書法可以看出，書寫當朝皇帝情況時必須於下一行平出，書寫前朝皇帝如"天后""聖后"時，前面必須闕九字，書寫皇帝"賜"予或一般"帝室"情況時前面闕五字，書寫皇帝"制""詔"時，或闕五字，或闕三字。書寫墓主時亦在前面闕三字。這種平闕的情況非常普遍，如新出土顔真卿撰并書《郭虛己墓誌》，[①] 誌文第三行"皇上"平出，第六行"皇朝"前闕三字，第十三行"皇帝"前闕五字，第二十三行"盛時"前闕三字，"王室"前闕三字，"聖君"前闕三字，第二十九行"帝思"前闕三字，第三十二行"皇鑒"前闕三字。

這種平闕書寫的情況，在奉敕撰書的墓誌銘中更爲突出，但比較簡單，不像《張説墓誌》那樣複雜。如《唐故會王墓誌并序》，誌文第三行"上"起，第六章"德宗"起，第七章"順宗"起，第八行"皇帝"起，第九行"祖功"起，第十行"宗德"起，第十一行"父天"起，第十二行"兄日"起，第十四行"皇帝"起，都另行平出；第三行"恩"前，第八行"寵"前，第十四行"王室"前，都闕三字書寫。現在我們研究中古時期的墓誌銘，往往忽視平闕的情況，有關墓誌的釋文之書，一般都沒有標出平闕格式，這樣就難以看出墓誌的原貌。

（五）墓誌銘的集本與石本

墓誌銘是由文學家撰寫成文交予墓主家屬，經過家屬補充相關信息，然後由

---

① 趙君平：《邙洛碑誌三百種》，第 211 頁。

書家書丹，再由刻工上石的過程。而文學家撰寫的文稿在後來編集時又會收入集中。這樣就會出現新出土墓誌石本，同時又見於傳世文獻中集本的情況。這在唐代墓誌中較爲多見，[①] 而這種情況在南北朝墓誌中即有實例。

即如庾信所撰《步六孤須蜜多墓誌銘》《宇文顯墓誌銘》，[②] 石本分別在 1953 年和 2005 年出土。與集本比較，石本《步六孤須蜜多墓誌銘》有三十七處異文，尤其是"禮也"下石本多出"夫人奉上敬老，事親竭孝，進賢有序，逮下有恩。及乎將掩玄泉，言從深夜，内外姻族，俱深節女之悲；三五小星，實有中閨之戀"四十八字。"金闕"下石本多出"太夫人早亡，夫人咸盥之禮，不及如事。至於追葬之日，步從輀途，泥行卅餘里，哭泣哀毁，感動親賓。桂陽之賢妻，空驚里火；成都之孝婦，猶掩江泉。嗚呼哀哉"六十字。《北周宇文顯墓誌銘》的正文，石本就多出一百二十二字。將石本和集本對比，石本的文字基本是駢散參半的，這也表現了同樣一篇文章，當其刻石和收入文集時，因功用差異，而詳略有别。刻於石者要遵從墓主家人的意願，儘量多地叙述墓主的生平經歷，而收於集者則更體現當時重駢輕散的潮流，而删去原文中較多的散句。

到了唐代出現更多，如韓愈文集收録的《國子司業竇公墓誌銘》，其本身就是歷代注釋家和研究者重視的名篇。而在 2005 年的夏天，河南省洛陽偃師首陽山出土了該墓誌的原石，爲我們研究韓愈的這篇文章提供了珍貴的原典文獻資料。這方墓誌原題爲《唐故朝散大夫守國子司業上柱國扶風竇公墓誌銘并序》，題署："議大夫尚書兵部侍郎上柱國賜紫金魚袋韓愈撰，第五弟朝議郎前使持節都督登州諸軍事守登州刺史賜緋魚袋庠書。"[③] 這一題署既記述了韓愈撰誌時的官職，又記述了書丹者是墓主竇牟的第五弟，這樣就爲我們瞭解韓愈撰誌時的身份和墓主竇牟的家世背景提供了更多的信息，無疑有利於加深我們對於這篇墓誌的認識。

因此，同樣是一篇墓誌，刻之於石和收録於集的文字往往在書寫方式上會有所不同，這是我們研究中古墓誌所要特别注意的。

---

① 參拙作《唐代碑誌集本與石本對比研究》，《人文——第三屆中國古典文學國際學術討論會論文集》，東吳大學出版社，2015 年，第 133~170 頁。
② 《步六孤須蜜多墓誌銘》，《漢魏南北朝墓誌彙編》，天津古籍出版社，2008 年，第 484~485 頁；《宇文顯墓誌銘》，《出土文獻研究》第 8 輯，上海古籍出版社，2007 年，第 250~259 頁。
③ 趙君平、趙文成：《河洛墓刻拾零》，第 514 頁。

結　語

　　墓誌銘是融合文學、歷史、藝術、文化等多個領域的綜合體式，研究墓誌的文體範式，就必須關注墓誌銘的多重載體，即文本載體、書法載體和實物載體，在這樣多重載體之下探討其文體形態。墓誌銘的文體形態是在長期發展過程中形成的，一篇完整的墓誌銘由誌文和銘文組成，二者既爲一體又各有功用，誌文重要叙事，銘文重在頌德。墓誌銘自其成立到繁盛的過程中，逐漸形成既定的格式，後人將其概括爲“十三事”，并逐漸走向趨同而表現出程式化傾向。但墓誌銘的發展總是在形成範式、走向趨同、突破範式、體現個性的道路上發展的，因而範式和變化也是相輔相成的。墓誌銘的範式形成也是繼承和融合前代文體的結果，即以銘文而言，出現了銘文與詩體、騷體的滲透。

　　墓誌銘文體形態的形成，又不僅僅是由文體本身的因素決定的。因爲墓誌銘的載體與其他文體不同，這與其書寫規則密切相關。這裏的書寫規則也會影響到墓誌文體本身的研究。諸如墓誌銘的題款能够體現創作者的身份和墓主的家庭背景，墓誌銘的平闕格式表現特定時期的撰文特點和墓誌文體的尊體意識。墓誌銘既有傳世千年的文集收録本，又有新近出土的體制完備的石質實物本，對於這兩種墓誌文本的比較，更有利我們對於墓誌銘這一文體特質的把握。

　　觀察近年對於新出墓誌的研究，其焦點在於新史料的關注，歷史學者多以證史補史爲要務，語言學者多以考釋文字爲指歸，文學學者多以鈎稽生平爲能事，雖成就巨大，而瑣屑支離之弊亦或有之。故而綜合文史而總括義例就成爲墓誌研究最應該致力的方向，本文即爲初步的嘗試。

唐代碑誌制度性撰文研究[*]

江　波

　　凡碑誌撰文不外三類，一爲制度性撰文，一爲親人自撰，一爲非親請托撰文。制度性撰文至唐方漸有規章或慣例，有專門的部門、人事負責其事。而親人自撰、請托撰文則自有碑誌以來并行不悖。碑誌之制度性撰文，是指通過建立制度或形成某種具有約束力的機制，使碑誌撰文成爲部分官員的職責所在。本文研究發現：唐代，著作（佐）郎一度作爲碑誌的撰寫者而寫入典章，然而并未真正認真執行；而史官、宰臣及翰林學士等先後作爲制度性撰文的人選。同時，撰寫碑文與撰寫墓誌在制度層面并無區別，因此本文將碑誌撰文合并進行論述。

一　著作（佐）郎掌撰碑誌考辨

　　著作郎隸屬秘書省著作局。《舊唐書·百官志》："著作郎、佐郎掌修撰碑誌、祝文、祭文，與佐郎分判局事也。"^①《新唐書·百官志》同，^②《大唐六典》卷一〇則作："著作郎掌修撰碑誌、祝文、祭文，與佐郎分判局事。"^③

　　關於著作郎員額，文獻記載有異。《舊唐書·百官志》云著作郎二人；《新唐書·百官志》《大唐六典》卷一〇所載并同；而《唐會要》卷六五則云：

---

　　* 本文得到湖南省社會科學基地項目"傳統書法文化架構下的書法文化功能研究"資助。

① 劉昫等：《舊唐書》，中華書局，1975年，第1855頁。

② 歐陽修、宋祁：《新唐書》，中華書局，1975年，第1215頁。

③ 李隆基撰，李林甫注《大唐六典》，三秦出版社，1991年，第223頁。

"著作郎，本四員，開元二十六年正月二十八日減兩員。"① 考《唐會要》卷
六三 "史館" 條云貞觀二十年閏三月四日詔撰《晋書》，其中即有三著作郎：
陸元仕、劉子翼、劉允之。② 似當以《唐會要》所記詳正。著作郎官從五品
上則無異議。

與之類似，關於著作佐郎員額，文獻記載亦不相同。《舊書·百官志》云佐郎
四人，《新唐書·百官志》則云二人，《大唐六典》卷一〇云 "著作佐郎四人"，注
云："皇朝置四人……開元二十六年減置二人。"③ 則《大唐六典》所記爲詳，而兩
《唐書》各取一端爲記。著作佐郎官從六品上無異議。

著作郎職掌，據《舊唐書·百官志》，歷代史官隸屬秘書省著作局，皆著作郎
掌修國史。《隋書·百官志》"秘書省……著作郎一人，佐郎八人，掌國史，集注起
居。著作郎謂之大著作"。此時著作郎、佐郎 "掌國史，集注起居"，碑誌撰寫并
非著作郎之職掌。武德因隋舊制。至貞觀三年（629）閏十二月，始移史館於禁中，
在門下省北，由宰相監修國史，"自是著作郎始罷史職"。④ 兩《唐書》等所記著作
（佐）郎 "掌修撰碑誌、祝文、祭文" 應是貞觀三年閏十二月以後的新執掌。然而
從修史和撰碑誌情況考察，事實并非如此簡單。一方面，著作（佐）郎依然參與修
史；另一方面作爲職守，著作（佐）郎撰寫碑誌遲至開元間可見作爲制度存在，同
時這一制度又并未認真執行。下面分別述之。

（一）著作（佐）郎仍多兼任史官

貞觀三年，因史館搬遷禁中，著作郎罷史職，僅僅是從整體而言。著作郎不
再爲專任史官，却仍然是史官的重要人選。

首先，在貞觀三年以後，著作郎仍多參與修史。《舊唐書·姚思廉傳》貞觀三
年姚思廉以著作郎受詔與秘書監魏徵同撰梁、陳二史；⑤《舊唐書》卷六六《房玄
齡傳》，貞觀十九年，著作郎陸元仕、劉子翼等與撰《晋書》。⑥《唐會要》卷六三
載，貞觀十七年七月，司空房元齡、給事中許敬宗、著作郎敬播等，上所撰高祖太

---

① 王溥：《唐會要》，中華書局，1955 年，第 1123 頁。
② 王溥：《唐會要》，第 1123 頁。
③ 李隆基撰，李林甫注《大唐六典》，第 222 頁。
④ 劉昫等：《舊唐書》，第 1852 頁。
⑤ 劉昫等：《舊唐書》，第 2593 頁。
⑥ 劉昫等：《舊唐書》，第 2463 頁。

宗實録各二十卷。同卷載顯慶元年（656）七月修成義寧至貞觀末國史，著作郎楊仁卿爲重要參與者。① 顯慶四年二月，受詔撰成貞觀二十三年至顯慶四年實録，有見著作郎楊仁卿、顧允，其與事者五人，著作郎占其二。②

其次，此後，仍可見以有史才者任著作郎。《全唐文》卷二五一載蘇頲《授吳兢著作郎制》云：

> 黄門：朝議大夫守諫議大夫上柱國兼修國史吳兢，祗服言行，貫穿典籍，蘊良史之才，擅巨儒之義。項專筆削，仍侍軒階，而官之正名，禮不以諱，宜著書於麟閣，復載籍於鴻都。可行著作郎兼昭文館學士，餘如故，主者施行。③

又《授胡皓著作郎制》云：

> 黄門：朝議大夫檢校秘書丞兼昭文館學士上柱國胡皓，屬文用思，知名最久，才清調遠，寓興皆新。項掌秘文，佇刊良史，宜擢金閨之彥，用光石渠之作。可行著作郎，餘如故，主者施行。④

吳兢、胡皓均以有良史之才而授著作郎。則對於著作郎的簡拔，史才依然是最重要的標準。

因此著作郎雖從職務上講不再是專職史官，而仍多委以撰史之任，如同他官修史一樣，稱“兼修國史”。如《舊唐書·許敬宗傳》載其貞觀八年，累除著作郎，兼修國史；⑤《舊唐書》卷九八《魏知古傳》載魏知古累授著作郎，兼修國史；⑥《史通通釋·原序》載劉知幾長安二年（702）以著作郎兼修國史；⑦《唐會要》卷六四《史館雜録下》載吳兢以著作佐郎兼修國史；等等。⑧

---

① 王溥：《唐會要》，第 1092 頁。
② 王溥：《唐會要》，第 1093 頁。
③ 董誥：《全唐文》，中華書局，1983 年，第 2542 頁。
④ 董誥：《全唐文》，第 2543~2544 頁。
⑤ 劉昫等：《舊唐書》，第 2761 頁。
⑥ 劉昫等：《舊唐書》，第 3061 頁。
⑦ 《史通通釋·原序》，《四部叢刊》第 304 册，1932 年。
⑧ 王溥：《唐會要》，第 1106 頁。

（二）著作（佐）郎的制度性撰誌

唐以前，撰碑誌雖非著作郎之職掌，然著作郎撰碑由來已久。如東漢蔡邕著作東觀，平生撰碑無數；晋葛洪《碑頌詩賦百卷》（《抱樸子·附録一》），陳大著作徐陵奉詔撰《司空徐州刺史侯安都德政碑》《廣州刺史歐陽頠德政碑》等。晋宋以後，著作郎并撰墓誌，如隋大業二年（606）著作郎諸葛貞撰《宫人朱氏墓誌》。

唐初，著作郎承詔撰碑誌見於史傳。武德九年（626）著作郎虞世南奉詔撰《孔子廟堂碑》。《唐會要》卷四八"唐興寺"條記貞觀三年十二月一日詔於"建義以來，交兵之處，爲義士凶徒，隕身戎陣者，各建寺刹"，建寺立碑計七處。其中"破宋老生於吕州，立普濟寺，著作郎許敬宗爲碑銘"；"破王世充於邙山，立昭覺寺，著作郎虞世南爲碑銘"。[①]《舊唐書·杜如晦傳》載貞觀四年杜如晦薨，太宗手詔著作郎虞世南爲制碑文等。虞世南、許敬宗皆太宗親近之臣，撰碑時間則在"著作郎罷史職"先後間，尚不能納入制度撰碑誌之例。

在以後的墓誌中，有數條資料爲"著作郎掌撰碑誌"提供了佐證（表一）。其中高宗龍朔二年（662）《太妃王氏墓誌》所云"爰命有司，乃爲銘曰"，説明此時有專門的機構負責墓誌撰寫；永淳元年（682）《大唐故光禄大夫行太常卿使持節熊津都督帶方郡王扶餘君墓誌》云"司存有職，敢作銘云"，則説明此時有專人負責墓誌撰寫；而玄宗天寶三載（744）《契苾李中郎墓誌》"鴻臚護葬，庶事官給；著作司銘，遺芬是記，哀榮之禮，國典存焉"，直接印證了兩《唐書·百官志》及《唐六典》的説法。結合兩《唐書》及《唐六典》關於著作（佐）郎職守的記載，可以認爲，上述墓誌中所謂"有司"，當即秘書省著作局，所謂"司存有職"當指著作郎、著作佐郎有撰誌之責。因此著作（佐）郎撰墓誌在高宗時以至天寶三載之前是作爲制度并且是作爲"國典"存在的。

表一　著作（佐）郎職務内撰誌（含可能性情況）

誌主	碑誌首題	卒葬時間	撰文者	誌文引用	資料來源
太妃王氏	大唐故彭國太妃王氏墓誌銘	龍朔二年（662）		爰命有司，乃爲銘曰	《唐代墓誌彙編續集》（簡稱《續集》）龍朔019

① 王溥：《唐會要》，第 849 頁。

誌主	碑誌首題	卒葬時間	撰文者	誌文引用	資料來源
李勣	大唐故司空太子太師贈太尉揚州大都督上柱國英國公勣墓誌銘	總章二年（669）	朝散郎守司文郎崇賢館學士臣劉褘之奉敕撰		《續集》總章010
扶餘隆	大唐故光禄大夫行太常卿使持節熊津都督帶方郡王扶餘君墓誌	永淳元年（682）		司存有職，敢作銘云	《唐代墓誌彙編》（簡稱《彙編》）永淳024
竇希瑊	太子少傅竇希瑊神道碑	開元六年（718）	唐著作佐郎李湛然撰	凶事葬事官給，務令優厚并爲立碑	《全唐文》卷100
契苾李中郎	故九姓突厥契苾李中郎右領軍衛大將軍墓誌	天寶三載（744）		鴻臚護葬，庶事官給；著作司銘，遺芬是記，哀榮之禮，國典存焉。	《續集》天寶018

此四方墓誌誌主或爲王室成員，或爲當朝一品，或爲少數民族首領，顯示出著作（佐）郎撰誌具有很高規格。這樣，我們似乎可能對初唐以至開元、天寶間大量未署名而又官品極高的墓誌撰寫者作出一些推測：是否爲著作（佐）郎所撰？然而實際情況并非如此簡單。

（三）著作（佐）郎較少參與碑誌撰文

在唐代署名碑誌中，很少能見到著作郎的身影。筆者以《唐代墓誌彙編》《唐代墓誌彙編續集》《全唐文》《全唐文補遺》《全唐文新編》《隋唐五代石刻文獻全編》《北京圖書館藏歷代石刻拓本滙編》《新中國出土墓誌》《舊唐書》《新唐書》等文獻爲範圍，普查唐墓誌7125方，得唐署名墓誌2700餘方，其中署著作郎（司文郎）撰文的僅八方，佐郎撰文僅七方，其比例是非常之小的。且其中明確與職責有關撰寫墓誌的則僅見上引《李勣墓誌》，其餘爲與制度無關的私人請托。

又貞觀至敬宗寶曆間（825~827）見諸兩《唐書》的著作郎、著作佐郎計二十二位：太宗時如姚思廉、虞世南、蕭德言、敬播、劉褘之、許敬宗、陸元仕、劉子翼、劉允之，高宗時則有楊仁卿、張文恭、顧允、郝處俊、元萬頃，武周時可見崔融、魏知古、劉知幾、吳兢，另有開元間鄭虔、憲宗時王長文、敬宗時韋公肅等。其中僅五人有撰寫碑誌記錄，即虞世南六碑二誌、劉褘之二誌、許敬宗十二碑一誌、元萬頃一誌、崔融三碑一誌、鄭虔二誌。而這些碑誌中又僅虞世南《孔子廟堂碑》《昭覺寺碑》《杜如晦碑》，許敬宗《普濟寺碑》，劉禕之《李勣墓誌》爲著作郎任上官差撰寫。其餘除元萬頃《李君亡妻裴氏墓誌》是著作郎任上爲侄女撰寫外，撰文時均非著作郎。

若開元以前，墓誌署名尚未形成風俗，著作郎撰寫墓誌情況尚無法統計。則高宗咸亨之後署名墓誌漸多的情況下，爲何依然少見著作郎撰墓誌的情況？可能的原因，一方面著作郎職務内撰碑誌有較高的門檻，誌主須有較高的身份；另一方面，著作郎撰碑誌恐怕并不受重視。這一點對比秘書監、秘書少監撰誌便知。

自高宗上元以後至玄宗開元前期，著作郎所屬秘書省行政長官秘書監、秘書少監承命爲一品大員撰誌較爲多見（表二），這在早期爲數不多的署名墓誌當中特別引人注意。

表二 高宗上元至玄宗開元前期秘書（少）監撰寫墓誌

誌主	首題	葬期	撰者	品級	資料來源
阿史那貞忠	大唐故右驍衛大將軍贈荆州大都督上柱國薛國公阿史那貞公墓誌之銘	上元二年（675）合葬昭陵	秘書少監清河崔行功撰	從一品	《彙編》上元014
李鳳	大唐故使持節青州諸軍事青州刺史上柱國贈司徒揚州大都督虢莊王墓誌銘	上元二年（675）陪葬獻陵	朝議大夫守秘書少監通事舍人内供奉博陵崔公撰銘	正一品	《續集》上元011
臨川郡長公主	大唐故臨川郡長公主墓誌銘	永淳元年（682）陪葬昭陵	秘書少監檢校中書侍郎弘文館學士上柱國郭正一撰文	正一品	《彙編》永淳025
韋承慶	大唐故黃門侍郎兼修國史贈禮部尚書上柱國扶陽縣開國子韋府君墓誌銘	神龍二年（706）	秘書少監兼修國史兼判刑部侍郎上柱國朝陽縣開國子岑羲撰中書舍人鄭愔製銘	正三品	《續集》神龍019
韋洞	大唐贈衛尉卿并州大都督淮陽郡王京兆韋府君墓誌銘	景龍二年（708）	大中大夫守秘書監修文館學士上柱國臣劉憲奉敕撰	從一品	《彙編》景龍011
竇淑	大唐故燕國夫人墓誌銘并序	開元九年（721）	秘書少監王琚奉敕撰	從一品	《全唐文補遺》第8輯，第18頁
封禎	大唐故銀青光禄大夫行大理少卿上柱國渤海縣開國公封公墓誌銘	開元九年（721）	秘書□□會稽賀知章撰	從二品（爵）	《續集》開元045

這説明，秘書省長官秘書監（從三品）、秘書少監（從四品）爲高規格葬禮撰寫墓誌似成一種慣例，其筆端或即上元年間。《李鳳墓誌》有云："朝議大夫守秘書少監、通事舍人、内供奉博陵崔公，才掞文雄，學該武庫，控歸塘於筆海，秀姑緜於翰林。逸調淹華，壯思過警，憑緝銘典，式彰茂烈。"據表中同年入窆《阿史那貞忠墓誌》署銜，知此崔公即崔行功。引文對撰銘者秘書少監崔行功的評價無疑來自撰序者。藉助名望更高者撰銘也是唐墓誌特點之一（詳後節），由撰銘到銘序兼撰，反映出慣例形成的軌迹。

因此，我們初步判斷，"著作郎掌撰碑誌"的制度在事實上并未能很好地實行。究其原因，自貞觀三年著作郎罷史職之後，雖仍有部分著作郎兼修國史，但著作郎一職的地位無疑是下降了。有兩則史料可以作爲説明。《唐會要》卷六七"試及邪濫官"條云：

> 天授二年二月十五日，十道使舉人。石艾縣令王山輝等六十一人，并授拾遺補闕；懷州録事參軍霍獻可等二十四人，并授侍御史；并州録事參軍徐昕等二十四人，授著作郎；魏州内黄縣尉崔宣道等二十三人，授衛佐校書。蓋天后收人望也。故當時諺曰："補闕連車載，拾遺平斗量。把推侍御史，腕脱校書郎。"試官自此始也。①

雖爲試官，但這一舉措無疑對著作郎這一專業知識性極强的"清望官"的地位産生極大負面效應。同時，部分著作郎水準下降，對著作郎聲譽造成了負面影響。《大唐新語》卷八《聰敏第十七》載："高宗東封還，幸孔子廟，詔贈太師，命有司爲祝文。司文郎中富少穎、沙直撰進，不稱旨，御筆濃破，付左寺丞。"②司文郎中即著作佐郎。此時，太宗時如著作郎虞世南等的名望、地位，其後都無法企及。學識才能雖有如崔融、劉知幾、吳兢等碩儒鴻筆，但平庸碌碌之輩亦復不少。誌墓目的在於垂後，以期不朽。藉托更具名望或影響力的作者撰文以達成目的在情理之中，而缺少了史官的身份，著作郎作爲官品不高的清官，在重要碑、誌撰寫中基本上無所表現。

---

① 王溥：《唐會要》，第1180頁。
② 劉肅：《大唐新語》，許德楠、李鼎霞點校，中華書局，1984年，第121頁。

二　史官奉詔撰寫碑誌

（一）唐以前史官撰誌

史官承詔撰誌至遲可以追溯到南北朝時。對於特別重要的墓誌，多詔遣史官撰文。北魏正光五年（524）《魏故比丘尼統慈慶墓誌銘》因誌主"侍護先帝於弱立之辰，保衛聖躬於載誕之日"，故其卒後，皇帝"乃命史臣作銘誌之"。誌文末署"征虜將軍中散大夫領中書舍人常景文，李寧民書"，[①] 則常景署銜之外，尚有史官身份。又洛陽出土北魏孝昌元年（525）十一月二十日入窆兩方墓誌《魏文獻王元懌誌銘》、[②]《魏中山王元熙墓誌銘》，[③] 二誌誌主在正光元年（524）的宮廷政變中因支持皇太后而見殺，皇太后重新主政後，元懌、元熙也重獲厚葬，[④] 故詔史臣撰文。然墓誌不署撰書人姓名。稍後的孝昌三年（527）《魏故胡昭儀墓誌銘》據誌文昭儀胡明相年僅十九而卒，育有兩童。母以子貴，故"命史臣作銘"，也不署撰書人姓名。[⑤] 以上四方墓誌均屬北魏明帝時期，可見其時史官承詔撰寫墓誌已成慣例。又北周天和二年（567）《華嶽頌》署"使持節驃騎大將軍開府儀同三司大都督司宗治內史臨淄縣開國公萬紐於瑾造此文，車騎大將軍儀同三司縣伯大夫趙興郡守白石縣開國男南陽趙文淵字德本奉敕書"，碑云"爰詔史臣爲之頌曰"。[⑥] 亦是此類。

（二）太宗貞觀間史官撰碑誌

"著作郎、著作佐郎掌撰碑誌"并不能反映唐代碑誌制度性撰文的真實情況。在對唐代碑誌作進一步的考察中，我們認爲史官身份纔是其撰寫碑誌的真正原因。重新審視貞觀年間奉詔撰寫碑誌者，實亦因其兼具史官身份。《唐會要》卷四八"唐興寺"條載：

① 《北京圖書館藏歷代石刻拓本滙編》第 4 册，中州古籍出版社，1989 年，第 163 頁。
② 洛陽博物館：《洛陽北魏元邵墓》，《考古》1973 年第 4 期，第 222~224 頁；趙超：《漢魏南北朝墓誌彙編》，天津古籍出版社，1992 年，第 172~174 頁。
③ 《北京圖書館藏歷代石刻拓本滙編》第 5 册，第 12 頁。
④ 魏收：《魏書》，中華書局，1974 年，第 230 頁。
⑤ 《北京圖書館藏歷代石刻拓本滙編》第 5 册，第 64 頁。
⑥ 王昶：《金石萃編》卷三七，《石刻史料新編》第 1 輯第 1 册，新文豐出版公司，1982 年，第 629~630 頁。

　　貞觀三年十二月一日，詔有隋失道……可於建義以來交兵之處，爲義士、凶徒、隕身戎陣者各建寺刹。……命虞世南、李百藥、褚遂良、顏師古、岑文本、許敬宗、朱子奢等爲碑記，銘功業。破劉武周於汾州，立弘濟寺，宗正卿李百藥爲碑銘；破宋老生於莒州，立普濟寺，著作郎許敬宗爲碑銘；破宋金剛於晉州，立慈雲寺，起居郎褚遂良爲碑銘；破王世充於邙山，立昭覺寺，著作郎虞世南爲碑銘；破竇建德於氾水，立等慈寺，秘書監顏師古爲碑銘。破劉黑闥於洺州，立昭福寺，中書侍郎岑文本爲碑銘。已上并貞觀四年五月建造畢。①

　　唐興寺七處，於貞觀三年十二月一日詔建，則受詔撰寫碑文也在此時。而碑均建成於次年五月。《唐會要》此處撰碑文者職銜多是後來所任，今予考訂并改正如次：著作郎虞世南、著作佐郎許敬宗（誤爲著作郎）、②秘書郎褚遂良（誤爲起居郎）③并是史官。顏師古（非秘書監）其時與孔穎達等共撰《隋史》。④同時秘書郎岑文本（稍後代顏師古爲中書侍郎）、中書舍人李百藥其時并修史。⑤朱子奢未詳其史官身份，然《舊唐書》卷一八九《朱子奢傳》云其隋大業中，直秘書學士，亦有先爲史官履歷。

　　而虞世南受詔於貞觀四年以著作郎撰《杜如晦碑》、貞觀七年以秘書少監撰《戴胄碑》，雖在著作郎罷史職後，并因其老一輩著作郎——史官身份。又貞觀六年《九成宮醴泉銘》前署“秘書監檢校侍中巨鹿郡公臣魏徵奉敕撰”。考其時《齊史》《梁史》《陳史》《周史》《隋史》等諸史分工并撰，魏徵則受詔總加撰定。⑥知魏徵撰此碑時乃總修史官。

---

① 王溥：《唐會要》，第 849 頁。

② 《舊唐書》卷七二《褚亮傳》：“始太宗既平寇亂，留意儒學，乃於宮城西起文學館……著作佐郎攝記室許敬宗、薛元敬……并以本官兼文學館學士。”（第 2582 頁）《舊唐書》卷八二《許敬宗傳》：“貞觀八年，累除著作郎。”（第 2761 頁）

③ 《舊唐書》卷八〇《褚遂良傳》：“貞觀十年，自秘書郎遷起居郎。”（第 2729 頁）

④ 《舊唐書》卷七三《令狐德棻傳》：“貞觀三年，太宗復敕修撰前朝史。”（第 2596 頁）《魏鄭公諫錄》卷五“進五代史”條云：“貞觀初，公爲秘書監……奉敕遣……秘書郎岑文本撰周史，前中書侍郎顏師古、給事中孔穎達撰隋史。”（第 200 頁）又《舊唐書》卷七三《顏師古傳》：“太宗踐祚，擢拜中書侍郎，封琅邪縣男。以母憂去職。服闋，復爲中書侍郎。歲餘，坐事免。”知師古坐事免中書侍郎在貞觀三年奉敕修史前。本傳云貞觀“十五年……師古俄遷秘書監、弘文館學士”（第 2594 頁），知《唐會要》此處誤記顏師古官銜。

⑤ 《舊唐書》卷二三《令狐德棻傳》云：“貞觀三年，太宗復敕修撰，乃令德棻與秘書郎岑文本修《周史》，中書舍人李百藥修《齊史》。”（第 2596 頁）知岑文本、李百藥其時并爲修史官。

⑥ 劉昫等：《舊唐書》，第 1058 頁。

（三）高宗－玄宗開元間史官撰碑誌

我們以上文所述範圍之七千餘方墓誌及傳世文獻及碑刻所見唐代神道碑、德政碑、紀功碑爲對象進行搜集整理，得有撰寫人且明確爲奉敕、奉詔撰寫的唐代碑誌共計七十二通。其中高宗年間至玄宗天寶末十八通，撰文者除三例不詳其是否具有史官身份外，其餘十五通撰者均可見撰文時史官身份。

其中又區分爲四種情形。

其一，於署銜中直接有史官職銜。如神龍二年（706）五月《永泰公主誌石文》署"太常卿兼修國史臣徐彦伯奉敕撰"。[①]

其二，署銜、碑誌文中均表明撰文因史官身份。如開元十三年（725）張説奉敕撰《大唐鄎國長公主神道碑銘》署"中書令修國史上柱國兼燕國公張説撰"，碑文云"乃命國史，昭銘懿迹"。[②]

其三，署銜中不詳其史官身份，而於碑誌文中表明，且可與史相證。如總章三年（670）《李勣墓誌》署"朝散郎守司文郎崇賢館學士臣劉禕之奉敕撰"，誌文云"爰詔史臣，載揚勛烈"。[③]考劉禕之高宗上元年間（674~676）之前"遷右史、弘文館直學士"，則墓誌自稱"史臣"應即指其所任"右史"之職而言。[④]又景龍二年（708）《韋洞墓誌》署"大中大夫守秘書監修文館學士上柱國臣劉憲奉敕撰"，墓誌云"微臣托於史官之末，敢闕其文哉"。[⑤]據《舊唐書·劉憲傳》其時劉憲"兼修國史，加修文館學士"，[⑥]明劉憲自云"史官"乃其"兼修國史"職務。

其四，著録中及録文不明史官身份，考史可明。《寶刻叢編》卷一〇載開元廿四年（736）張九齡撰《唐贈太師裴光庭碑》題"唐中書令集賢院學士張九齡奉敕撰"。此即《全唐文》卷二九一所録張九齡《大唐金紫光禄大夫行侍中兼吏部尚書

---

① 周紹良：《唐代墓誌彙編》，上海古籍出版社，1992年，第447頁。

② 王昶：《金石萃編》卷七五，《石刻史料新編》第1輯第30册，第1290~1291頁。

③ 周紹良、趙超：《唐代墓誌彙編續集》，上海古籍出版社，2001年，第177頁。

④ 《新唐書》卷一一七《劉禕之傳》："禕之少與孟利貞、高智周、郭正一俱以文辭稱，號'劉孟高郭'，并直昭文館。俄遷右史、弘文館直學士。上元中，與元萬頃等偕召入禁中。"（第4250頁）劉禕之遷右史在上元（674~676）前，則墓誌自稱"史臣"應即指所任"右史"。

⑤ 周紹良：《唐代墓誌彙編》，第1083頁。

⑥ 《舊唐書》卷九《劉憲傳》："神龍初……出爲渝州刺史。俄復入爲太僕少卿，兼修國史，加修文館學士。景雲初，三遷太子詹事。"（第5016頁）

宏文館學士贈太師正平忠獻公裴公碑銘（并序）》，碑云“天子命我，頌德銘功”，①
按《舊唐書·張九齡傳》開元“二十一年十二月，起復拜中書侍郎、同中書門下平
章事。明年，遷中書令，兼修國史”，② 知張九齡撰碑時同樣具史官身份。

再以張説爲例。張説主文於玄宗開元年間，“爲文屬思精壯，長於碑誌，世所
不逮”，③ 深受玄宗信任和器重。在有唐奉詔撰寫碑誌者中，張説在數量上獨占鰲
頭。其奉詔所撰碑、誌因多僅見於《全唐文》，失其撰書人署題。從碑誌内容考
察，可見者十通中有六通標明其以史官身份承命。除上述《大唐鄎國長公主神道
碑銘》外，其餘五通列序如下：開元十年（722）撰《鄭國夫人楊氏神道碑》，碑
云“國史司文，命爲鄭誌”；開元十二年撰《撥川郡王碑》，碑云“有命國史，立
碑表墓”；開元十四年撰《和麗妃神道碑銘》，碑云“有詔史臣，恭銘内職”；開
元十六年撰《王君㚟碑》，碑云“史官頌石”；開元十七年撰《節湣太子妃楊氏墓
誌》，誌云“史官承詔，勒銘沈碧”等。④ 考《舊唐書》卷九七《張説傳》載張説
“長安初……修《三教珠英》畢，遷右史、内供奉，兼知考功貢舉事，擢拜鳳閣舍
人……（景雲元年）同中書門下平章事，監修國史……開元七年，檢校并州大都督
府長史，兼天兵軍大使，攝御史大夫，兼修國史，仍齎史本隨軍修撰……（開元九
年）拜兵部尚書、同中書門下三品，仍依舊修國史……（開元十四年）詔説致仕，
仍令在家修史……十七年，復拜尚書左丞相、集賢院學士”。⑤ 可知張説自長安初
（701）至開元十七年（729）二十九年中一直兼任史官，甚至致仕之後也受命在家
修史。以此知其餘三通：開元七年奉詔撰《王仁皎碑》、開元九年奉詔撰《郭知運
碑》、開元十年奉詔撰《姚崇碑》并爲史官任上所撰。⑥

然而這并不意味着是史官便可奉詔撰碑誌。史官是撰碑者基本身份，在此基
礎上另參以文辭、官品乃至人際關係等。

以許敬宗爲例。許氏爲初唐撰寫開國名臣碑誌最多的官員。僅昭陵陪葬碑誌
中就有八通，即貞觀十三年（639）《唐贈徐州都督秦瓊碑》、永徽六年（655）《高

---

① 碑云：“公諱恍庭，字連城。”《新唐書》卷一〇八《裴光庭傳》云“光庭字連城”，實同一人。（第
　4089 頁）
② 劉昫等：《舊唐書》，第 1083 頁。
③ 歐陽修、宋祁：《新唐書》，第 4410 頁。
④ 董誥：《全唐文》，第 2351 頁。
⑤ 劉昫等：《舊唐書》，第 3050~3054 頁。
⑥ 董誥：《全唐文》，第 2328 頁。

士廉塋兆記》、顯慶元年（656）《唐儉墓誌》、顯慶中《李靖碑》、顯慶三年《周護碑》、顯慶四年《尉遲敬德碑》、麟德二年（666）《程知節碑》、上元元年（674）立《馬周碑》等。雖然其中多數并非奉詔撰寫，而是請托於許氏。但同樣與其史官身份有根本性關係，同時其官品地位無疑也是重要因素。《舊唐書》卷八二《許敬宗傳》：

> 貞觀八年，累除著作郎，兼修國史，遷中書舍人。十年……左授洪州都督府司馬。累遷給事中，兼修國史。十七年，以修《武德》《貞觀實錄》成，封高陽縣男，賜物八百段，權檢校黃門侍郎。……高宗嗣位，代於志寧爲禮部尚書。……左授鄭州刺史。永徽三年，入爲衛尉卿，加弘文館學士，兼修國史……六年，復拜禮部尚書……顯慶元年，加太子賓客，尋冊拜侍中，監修國史。……（顯慶）三年……代李義府爲中書令……龍朔二年，從新令改爲右相，加光祿大夫。三年，冊拜太子少師、同東西臺三品，并依舊監修國史。

知許敬宗自貞觀前期至於高宗咸亨元年致仕，數十年知掌國史。故本傳云："敬宗自掌知國史，記事阿曲……然自貞觀已來，朝廷所修《五代史》及《晋書》《東殿新書》《西域圖志》《文思博要》《文館詞林》《累璧》《瑤山玉彩》《姓氏錄》《新禮》，皆總知其事，前後賞賚，不可勝紀。"[1] 其史官身份、文辭出眾、官高望重使其成爲撰寫碑誌首選。

撰刻碑誌的目的是昭示世人，留名後世，以不至於隨歷史而至湮没無聞，史官恰是書寫歷史者。長安二年（702），鳳閣舍人修國史劉允濟嘗云："史官善惡必書。言成軌範，使驕主賊臣，有所知懼。此亦權重，理合貧而樂道也。昔班生受金，陳壽求米，僕視之如浮雲耳。但百僚善惡必書，足爲千載不朽之美談，豈不盛哉！"[2] 雖然不少史官所撰碑誌仍無免於諛墓之嫌，而史官的這種特質與聲望，使其撰述有着超乎一般的可信度。因此得史官書碑誌無疑與入於史册相埒，真正得以千年不朽。而作爲褒揚大臣的目的和手段，遣史官撰誌則成爲一種慣例，私相請托亦以史官爲選。貞觀十一年岑文本撰《溫彦博碑》所云"表墓資於典史"，[3] 是對前

---

① 劉昫等：《舊唐書》，第 2761~2764 頁。
② 王溥：《唐會要》，第 1100 頁。
③ 張沛：《昭陵碑石》，三秦出版社，1993 年，第 104 頁。

代碑誌撰寫取之史官的概括。也因此“著作郎、著作佐郎掌撰碑誌”并没有實際執行的原因，與自貞觀三年著作郎罷史職相關。同時史官以他官兼任，由宰相監修國史，使史官成分複雜化，突出的一點便是史官官品懸殊，使得撰寫碑誌者身份逐漸拔高，而向具有史官身份的宰臣集中，如許敬宗、張説、張九齡等。

（四）玄宗天寶至肅宗時奉詔撰碑誌

玄宗天寶以後以至代宗期間，承詔撰寫碑誌者呈現出身份多元化的現象。史官身份逐漸淡化，而文詞之士逐漸增多。

1. 史臣

天寶以後仍可見史臣奉詔撰寫碑誌例，如代宗廣德元年（763）常袞奉詔撰《華州刺史李懷讓墓誌》云“史臣奉詔，謹而誌之”。[①] 大曆十二年（777）五月楊綰《太保昭武公李抱玉碑》署“唐中書侍郎平章事楊維奉敕撰”，[②]“楊維”當作“楊綰”，楊綰其時以宰相“兼修國史”，具有史官身份。[③] 代宗以後，則僅見宣宗大中三年（849）杜牧奉詔撰《唐故江西觀察使武陽公韋公遺愛碑》云“大中三年正月二十日，詔書授史臣尚書司勛員外郎杜牧曰：‘汝爲丹序而銘之，以美大其事。’”於銘詞中復云：“乃命史臣，刻序碑辭。”[④] 總體而言，在史官承詔撰誌數量上已相對很少。

2. 文詞官員

天寶間往往有不涉修史之文詞之士奉詔撰寫碑誌。如天寶九載（750）《唐榮王故第八女墓誌銘》署“太子侍讀兼侍文章朝散大夫守太子諭德上柱國臣趙楚賓奉敕撰”，[⑤] 天寶十一載《大唐贈南川縣主墓誌銘》署“太子侍讀兼侍文章朝請大夫守國子司業臣趙楚賓奉敕撰”。[⑥] 趙楚賓兩《唐書》無傳，自署銜知其文學之士，非史家者流。是天寶間，撰寫碑誌由注重史官背景到兼取文詞之士的傾向。這種傾向當可上溯至開元間。張説即有三通奉詔之作自稱“詞人”“掌文之官”：開元七年（719）奉詔撰《王仁皎碑》云“詞臣奉詔，作之銘曰”、開元九年奉詔撰《郭知運

① 周紹良：《全唐文新編》第 8 册，吉林文史出版社，2000 年，第 4905 頁。
② 陳思：《寶刻叢編》卷七引《集古録目》，《石刻史料新編》第 1 輯第 24 册，第 18211 頁。
③ 劉昫等：《舊唐書》，第 3430 頁。
④ 董誥：《全唐文》，第 7821~7822 頁。
⑤ 周紹良、趙超：《唐代墓誌彙編續集》，第 628 頁。
⑥ 周紹良：《唐代墓誌彙編》，第 1678 頁。

碑》云"有詔詞人，爲其碑誌"，開元十年奉詔撰《姚崇碑》云"有詔掌文之官叙事，盛德之老銘功"。張説兼具史官與詞人雙重特徵與才能，其承詔，或以史才，或以文才，是兼取二者，與後來純以文才承詔不同。然已開後來以憑文詞入選的"翰林學士"承詔撰寫碑誌先聲。

三　外詔台席，内委翰林

穆宗長慶元年（821）正月元稹《謝准朱書撰田宏正碑文狀》云：

> 臣伏准今月二十四日敕，令臣撰前件碑文者……陛下所宜外詔台席，内委翰林，妙選雄文，式揚丕績。豈謂天光曲照，御札特書，猥付微臣，實非常例。①

結合其時碑誌史料，我們發現，"外詔台席，内委翰林"不僅反映了其時詔撰碑文慣例，也反映了詔撰墓誌慣例。約自德宗（780~805）以後，承詔撰寫碑誌逐漸形成"台席"與翰林學士分擔的局面。而元稹其時職非二者，故云"實非常例"。

（一）外詔台席

台席即宰相之位，此借指宰相。古以星象係論人事，而以"三公"比象"三台"，"三台六星，兩兩而居，起文昌，列抵太微"，"在人曰三公，在天曰三台"。②稱宰相之位爲台席始見於唐。《舊唐書》卷一六五《柳公綽傳》："牛僧孺罷相鎮江夏，公綽具戎容，於郵舍候之。軍吏自以漢上地，高於鄂，禮太過。公綽曰：'奇章（牛僧孺封奇章縣子）纔離台席，方鎮重宰相，是尊朝廷也。'竟以戎容見。"③憲宗《授李逢吉劍南節度使制》云："朝議大夫守門下侍郎同中書門下平章事輕車都尉賜紫金魚袋李逢吉……自處台席，載移星管，温然德器，休有素風。"④唐代之中書、門下、尚書三省長官及同平章事皆謂之宰相。⑤故李逢吉任宰相（同中書門

---

① 董誥：《全唐文》，第 6605 頁。
② 房玄齡等：《晋書》卷一一《天文志》，中華書局，1974 年，第 293 頁。
③ 劉昫等：《舊唐書》，第 4303 頁。
④ 董誥：《全唐文》，第 628 頁。
⑤ 張國剛：《唐代官制》，三秦出版社，1987 年，第 1 頁。

下平章事）爲“處台席”，牛僧孺罷相則爲離台席。

唐宰相承詔撰寫碑誌可上溯至唐初。前面討論撰者史官身份時曾舉貞觀六年（632）《九成宫醴泉銘》前署“秘書監檢校侍中巨鹿郡公臣魏徵奉敕撰”，時魏徵爲宰相而總修國史。《金石録》卷五有載太極元年（712）十二月崔湜奉敕撰《唐玄通居士張萬迴墓誌》。考《舊唐書》卷七《睿宗本紀》景雲二年（711）十月“太子詹事崔湜爲中書侍郎，同中書門下三品”。[①]卷八《玄宗本紀》載先天二年（713）七月三日，尚書左僕射竇懷貞、侍中岑羲、中書令蕭至忠、崔湜……等與太平公主同謀作亂事。[②]知崔湜撰誌時爲宰相。又開元五年（717），玄宗遣中書侍郎蘇頲撰盧懷慎碑。[③]考《舊唐書》卷八《玄宗本紀》開元四年十二月，紫微侍郎（即中書侍郎）蘇頲同紫微黄門（即中書門下）平章事，至開元八年罷相。[④]知碑撰於宰相任上。

上文所引張説自開元九年至開元十三年奉詔所撰七通碑誌，亦并是宰相任上所撰。開元二十四年《唐贈太師裴光庭碑》題“唐中書令集賢院學士張九齡奉敕撰”，亦宰相撰碑，等等。此數位宰相除蘇頲未詳外，撰文時也并是史官。上述部分奉詔撰碑誌者兼有宰相與史官雙重身份與貞觀三年後多以宰相監修國史的史實相合。而撰者多於碑誌中强調撰文因其史官身份。因此相比之下，宰相身份尚非撰文的第一位原因，而祇是在客觀上拔高了史官奉詔撰寫碑誌的級别。

代宗至憲宗朝宰相奉詔撰寫碑誌者見表三。據表計碑誌七通中宰相撰文者六人。此數人中，代宗大曆十二年（777）《李抱玉碑》撰者楊綰其時有“兼修國史”職。同年常衮撰《馬璘墓誌》云“儒臣奉詔，用旌美實”，明其雖宰相，實以儒臣身份奉詔。常衮於廣德元年（763）奉詔撰《華州刺史李懷讓墓誌》時曾自稱“史臣奉詔”，可見《馬璘墓誌》之奉詔緣由是《李懷讓墓誌》緣由的延續。楊綰、常衮二人均有史官背景，又都具文館大學士身份。因此代宗年間宰相奉詔撰寫碑誌似仍屬開元天寶之延續，即宰相身份并非撰文第一位因素。而德宗貞元九年（793）董晋奉詔撰《李抱真德政碑》云“詔門下侍郎平章事董晋撰文”，憲宗元和五年（810）十月權德輿奉詔撰《彭城郡王贈太師劉濟墓誌》云“又詔宰臣德輿銘於壽堂”，則明確其撰寫碑誌是以宰相身份。同時董晋、權德輿、李絳、崔群史不載其史官及文

---

① 劉昫等：《舊唐書》，第 158 頁。
② 劉昫等：《舊唐書》，第 169 頁。
③ 劉昫等：《舊唐書》，第 3069 頁。
④ 劉昫等：《舊唐書》，第 4603 頁。

館學士身份。因此此數人奉詔撰文應均以宰相緣由。如此，筆者以爲元稹所謂"外詔台席"的慣例應當形成於德宗貞元（785~805）至憲宗元和（806~820）年間。然而，敬宗寶曆以後，這一慣例被同時存在的另一慣例——内委翰林所取代。

表三　代宗至憲宗朝宰相奉詔撰寫碑誌

碑誌名	時間	撰文者署銜（考定職銜）	身份1、2 職事/史官	身份3 學士	引文	出處
李抱玉碑	大曆十二年（777）立	唐中書侍郎平章事楊綰奉敕撰	宰相（兼修國史）	集賢殿、崇文館大學士		《寶刻叢編》卷3
馬璘墓誌	大曆十二年（777）葬	朝議郎守門下侍郎同中書門下平章事……崇玄弘文館大學士……臣常袞奉敕撰	宰相	崇玄、弘文館大學士	儒臣奉詔，用旌美實	《全唐文補遺》第6輯，第98頁
李抱真德政碑	貞元九年（793）	（門下侍郎平章事）	宰相		詔門下侍郎平章事董晉撰文	《全唐文》卷446
劉濟墓誌	元和五年（810）葬	（禮部尚書平章事）﹡	宰相		又詔宰臣德興銘於壽堂	《全唐文》卷505
張茂昭墓誌	元和六年（811）葬	（禮部尚書平章事）	宰相		疇庸之命，親奉聖謨	《全唐文》卷505
樊成公遺愛頌	元和八年（813）立	唐中書舍人平章事李絳撰奉敕撰	宰相			《寶刻叢編》卷3
不詳	元和十四年（819）		宰相		仍命宰臣崔群撰碑以紀其績	《舊唐書》卷124《李師道傳》

﹡《舊唐書》卷一四八《權德輿傳》："五年冬，宰相裴垍寢疾，德輿拜禮部尚書、平章事，與李藩同作相。"

（二）内委翰林

翰林此指翰林學士。自二十世紀四十年代岑仲勉先生《補唐代翰林兩記》《翰林學士壁記注補》兩文發表以來，關於翰林學士的討論持續被關注，八十年代後形成了新的熱點。就翰林學士的名號、翰林院的設置、翰林學士的地位及其與政治的關係等問題均有多方討論。① 而翰林學士奉詔撰寫碑誌問題較早見於毛蕾《唐代翰林學士》有所涉及（詳後）。

《新唐書》卷四六《百官志》云："學士之職，本以文學言語被顧問，出入侍從，因得參謀議、納諫諍，其禮尤寵。而翰林院者，待詔之所也。"對於翰林學士名號及其性質，《新唐書·百官志》敘述甚爲簡練，其云：

> 唐制，乘輿所在，必有文詞、經學之士，下至卜、醫、伎術之流，皆直於別院，以備宴見；而文書詔令，則中書舍人掌之。自太宗時，名儒學士時時召以草制，然猶未有名號。乾封以後，始號"北門學士"。玄宗初，置"翰林待詔"，以張説、陸堅、張九齡等爲之，掌四方表疏批答、應和文章。既而又以中書務劇，文書多壅滯，乃選文學之士，號"翰林供奉"，與集賢院學士分掌制詔書敕。開元二十六年，又改翰林供奉爲學士，別置學士院，專掌内命。②

玄宗時翰林待詔是由貞觀以來文詞待詔延續而來，而貞觀時待詔以文詞、經學備顧問爲主，兼及草制。之後草制任務漸至首位，至中宗時"上官昭容獨當書詔之任。睿宗時，薛稷、賈膺福、崔湜，又代其任"。③ 至玄宗時翰林待詔"掌四方表疏批答、應和文章"，成爲直接聽命於皇帝的參與機務人員。

翰林學士除草擬詔命文書、充當侍從顧問、參決政事之外，奉詔撰書碑誌是

---

① 如辛德勇《大明宮西夾城與翰林院學士院諸問題》（《陝西師範大學學報》1987 年第 4 期）、袁剛《唐代的翰林學士》（《文史》第 33 輯，中華書局，1990 年）、楊友庭《唐代翰林學士略論》（《廈門大學學報》1985 年第 3 期）、趙康《論唐代翰林學士院之沿革及其政治影響》（《學術月刊》1986 年第 10 期）主要就翰林院及翰林學士建制制度等考察；王永平《論翰林學士與中晚唐政治》（《晉陽學刊》1990 年第 2 期）、趙雨樂《唐代翰林學士院與南北司之爭》（《首都學刊》2001 年第 1 期）、程宗才《唐代的翰林學士與宰相》（《史學月刊》1991 年第 5 期）等均主要從政治角度切入；傅璇琮對翰林學士進行分段研究，先後發表《唐玄肅兩朝翰林學士考論》（《中華文史論叢》2001 年第 3 輯）、《唐德宗朝翰林學士考論》（《燕京學報》新第 10 期）、《唐永貞年間翰林學士考論》（《中國文化研究》2001 年秋之卷）重點關注文人參與政治的方式及其心態；馬自力《唐代的翰林待詔、翰林學士和翰林供奉》（《求索》2002 年第 5 期）就三者名實進行討論等。

② 歐陽修、宋祁：《新唐書》，第 1183 頁。

③ 劉昫等：《舊唐書》，第 1853 頁。

其工作之一（表四）。毛蕾《唐代翰林學士》是較早關注此一問題者，其以"奉詔撰寫紀念文章"加以分類論述：一是爲有功績的節度使撰寫德政碑；二是爲特殊事件撰寫碑記銘文；三是爲皇室成員亡者作誌。惜其所收碑誌甚少（德政碑四、事件碑五、墓誌六），且有的碑誌并無明確記載爲奉敕所撰，[①] 其中分類尚有可補充之處，如翰林學士尚有爲大臣撰寫墓碑及墓誌。同時，對翰林學士撰寫碑誌在全部奉敕撰文中的權重及其動態變化未有涉及。本文以有確切記載爲奉詔撰寫爲標準，收集翰林學士奉敕所撰碑誌三十七通，其中墓誌二十四，墓碑五，德政、紀功類碑六，其他碑二。哀册文不録。下文將分階段進行比較分析和論述。

表四　代宗至憲宗朝翰林學士承詔撰寫碑誌

碑誌名	時間	撰文者署銜/考定職銜	身份1、2 職事/史官	身份3 學士	引文	出處
齊國公高力士墓誌	寶應二年（763）四月葬	尚書駕部員外郎知制誥潘炎奉敕撰	尚書駕部員外郎知制誥	翰林學士？	炎今之所述者，天所命焉	《全唐文補遺》第7輯，第58頁
唐故會王墓誌銘	唐元和五年（810）十一月薨，十二月十八日窆	白居易	京兆府户曹參軍	翰林學士	是日又詔翰林學士白居易爲之銘誌故事也	《白氏長慶集》卷42
唐故會王墓誌銘	唐元和五年（810）十一月薨，十二月十八日窆	白居易	京兆府户曹參軍	翰林學士	是日又詔翰林學士白居易爲之銘誌故事也	《白氏長慶集》卷42
內侍護軍中尉彭獻忠神道碑	元和十二年（817）十月葬	張仲素奉詔	禮部郎中	翰林學士	詞臣奉詔，傳信揚芳	《全唐文》卷644
平淮西碑	元和十四年（819）十二月	翰林學士段文昌	祠部郎中知制誥	翰林學士	詔命掌文之臣文昌勒銘淮浦	《全唐文》卷617

自代宗朝開始，翰林學士成爲主要的承詔撰寫碑、誌者之一，見如表四。由於撰者署銜簡略或未被著録，先爲考訂其身份如下。

---

① 毛蕾：《唐代翰林學士》，社會科學文獻出版社，2000 年，第 91~93 頁。

其一，潘炎碑誌兩通。《高力士墓誌》入窆於寶應二年（763）四月十二日，署"尚書駕部員外郎知制誥潘炎奉敕撰"。《高力士碑》碑末云以大曆十二年（777）五月十一日奉敕立石，署"尚書駕部員外郎知制誥□炎奉敕撰"。《全唐文補遺》第 1 輯《高力士碑》曾據《金石萃編》補撰文者姓"韓"而題爲"韓炎"。①《全唐文補遺》第 7 輯《高力士墓誌》後注以爲，高力士之碑、誌均奉敕撰，撰者官職均爲"尚書駕部員外郎知制誥"，認爲作"韓炎"訛，當作"潘炎"。②可從。而此碑、誌亦均爲奉敕書，書者及官職亦同，均爲"太中大夫守將作少監翰林待詔張少悌"。而大曆八年（773）張少悌書《佘元仙墓誌》見署"前將作少監"，③知至遲大曆八年張少悌已卸任"將作少監"。則書碑時間并非在大曆十二年，而在大曆八年之前。從碑誌撰、書人名、官職全同觀之，碑的撰書當與墓誌同時，即都在寶應二年。而碑後墓誌十五年立，是撰書之後因某種原因延誤了立碑。

潘炎，貞元二年（786）十月韋執宜撰《翰林院故事》載其爲肅宗朝翰林學士："自五驍衛兵曹充，累改駕中又充，中人又充，出守本官。"④開成二年（837）五月丁居晦《重修承旨學士壁記》（以下簡稱《壁記》，出處同者不注）："潘炎，右驍衛兵曹充，累遷中書舍人，出守本官。"⑤以前者所記爲詳。依前者，潘炎三充翰林學士。其"累改駕中又充"，駕中謂駕部郎中。《高力士墓誌》及碑均署駕部員外郎，應在任駕部郎中前，五驍衛兵曹後。其首充之後，出院時間不詳。撰碑誌時或具有翰林學士身份。岑仲勉先生《翰林學士壁記補注》未見潘炎所書碑誌，此可補其闕。⑥

其二，常衮三通墓誌：廣德元年（763）《華州刺史李懷讓墓誌》《贈婕妤董氏墓誌》、永泰元年（765）《鄆國公李侸墓誌》均見於《全唐文》及《全唐文新編》，失其署題。考《翰林院故事》，常衮爲代宗朝翰林學士，"自補闕充，遷考中又充，出知制誥"。⑦《舊唐書》卷一一九《常衮傳》："寶應二年，選爲翰林學士、考功員外郎中、知制誥，依前翰林學士。永泰元年，選中書舍人。"常衮見於永泰元年

① 吳鋼：《全唐文補遺》第 1 輯，三秦出版社，1994 年，第 35 頁。
② 吳鋼：《全唐文補遺》第 7 輯，三秦出版社，2000 年，第 60 頁。
③ 吳鋼：《全唐文補遺》第 8 輯，三秦出版社，2005 年，第 83 頁。
④ 洪遵：《翰苑群書》卷四，《景印文淵閣四庫全書》第 595 冊，第 354 頁。
⑤ 洪遵：《翰苑群書》卷六，《景印文淵閣四庫全書》第 595 冊，第 363 頁。
⑥ 岑仲勉：《翰林學士壁記注補》，《中央研究院歷史語言研究所集刊》第 15 本，臺灣商務印書館，1948 年，第 64 頁。
⑦ 韋執宜：《翰林院故事》，洪遵：《翰苑群書》卷四，《景印文淵閣四庫全書》第 595 冊，第 354 頁。

（765）四月十五日以翰林學士身份參譯佛經事。① 據此知上述墓誌均爲翰林學士任上奉詔所撰。其中《贈婕妤董氏墓誌》《鄴國公李傳墓誌》均云以“侍臣”奉詔，明其即以翰林學士身份撰文。

其三，梁肅，丁居晦《重修承旨學士壁記》載梁肅“貞元七年自左補闕充兼皇太子侍讀守本官兼史館修撰”。又《新唐書·梁肅傳》：“肅字敬之，一字寬中……召爲監察御史，轉右補闕、翰林學士、皇太子諸王侍讀。卒，年四十一。”② 崔元翰《右補闕翰林學士梁君墓誌》：“唐右補闕翰林學士皇太子諸王侍讀史館修撰梁君，諱肅，字寬中……貞元五年以監察御史徵還臺，於是備諫諍而侍於大君，傳經術而授於儲后；典文章於近署，垂勸戒於東觀……九年冬十有一月旬有六日，寢疾於萬年之永康里，享年四十有一。”③ 則梁肅終於翰林學士任上，且同時有史館修撰之職，其貞元八年（792）撰《睦王李述墓誌》時職兼二者。同時《壁記》“左補闕”爲“右補闕”之訛。④

其四，白居易墓誌兩通，丁居晦《壁記》載其“元和二年十一月六日自盩厔縣尉充，三年四月二十八日遷左拾遺，五年五月五日改京兆府户曹參軍，依前充。丁憂”。⑤ 知元和四年（809）撰《賢妃韋氏墓誌》時職銜爲左拾遺翰林學士。元和五年（810）十一月撰《曾王墓誌》時職銜京兆府户曹參軍。

其五，張仲素，丁居晦《壁記》載其“元和十一年八月十五日自禮部郎中充，十三年正月十二日加司封郎中知制誥，二月十八日賜紫，十四年三月二十八日遷中書舍人，卒官，贈禮部侍郎”。⑥ 知元和十二年（817）撰《彭獻忠神道碑》時官禮部郎中翰林學士。

其六，段文昌，丁居晦《壁記》載其“元和十一年八月十五日自祠部員外郎充，十三年正月十二日加本司郎中，二月十八日賜緋，十四年四月加知制誥，十五年正月二十三日遷中書舍人，閏正月一日賜紫，八日拜中書侍郎平章事”，⑦ 知段文昌元和十四年（819）十二月撰《平淮西碑》時官銜翰林學士祠部郎中知制誥。

① 岑仲勉：《翰林學士壁記注補》，第64頁。
② 歐陽修、宋祁：《新唐書》，第5774頁。
③ 董誥：《全唐文》，第5322頁。
④ 岑仲勉：《翰林學士壁記注補》，第77頁。
⑤ 丁居晦：《重修承旨學士壁記》，洪遵：《翰苑群書》卷六，《景印文淵閣四庫全書》第595冊，第364頁。
⑥ 洪遵：《翰苑群書》卷六，《景印文淵閣四庫全書》第595冊，第364頁。
⑦ 洪遵：《翰苑群書》卷六，《景印文淵閣四庫全書》第595冊，第364頁。

爲便叙述，我們對代宗至憲宗期間各類官員奉詔撰寫碑誌情況統計如下（表五）。

表五　代宗至憲宗期間各類官員奉詔撰寫碑誌情況統計

單位：通

	宰相			翰林學士			其他官員			小計
	德政、紀功類碑	墓碑	墓誌	德政、紀功類碑	墓碑	墓誌	德政、紀功類碑	墓碑	墓誌	
代宗時		1	1		2	4		1	1	10
德宗時	1				3	1	1	1	1	7
憲宗時	2		2	1	1	2	1			9
小計	3	1	3	1	3	9	2	2	2	26
合計1	7			13			6			
合計2	德政、紀功類碑6　墓碑6　墓誌14									

據表五，從撰文者身份進行比較，其時翰林學士奉詔撰碑誌計九人次十三通，爲碑誌總數的一半。在數量已經遠超台席（宰相）所撰的七通。反映出翰林學士逐漸成爲詔撰碑誌的最主要人選。而前述宰相常袞、李絳、崔群撰寫碑誌前均曾任翰林學士。因此所謂"外詔台席，内委翰林"，已經明顯向翰林傾斜。

就誌主身份考察，王室成員與大臣墓誌在選擇撰人時仍有所區別。元和五年（810）白居易撰《唐故會王墓誌》曰"是日又詔翰林學士白居易爲之銘誌，故事也"，説明此時由翰林學士掌撰王室墓誌已經形成慣例。此一時段（寶應至元和，762~820），承詔撰寫的七通王室墓誌除大曆九年（774）《信王李瑝墓誌》由禮部侍郎常袞撰寫外，其餘均由翰林學士撰文。而《信王李瑝墓誌》云："故事，藩王墓銘，别詔論譔，微臣惶恐，謹而誌之。"顯然，常袞撰寫此誌在"故事"之外，方有"惶恐"之説，而此故事應即上文白居易所説之"故事"。這樣看來，翰林學士掌撰王室墓誌慣例更應早在大曆（766）之前便已形成。與之相反，此時詔撰大臣碑誌仍多屬宰相撰寫。尤其是僅見的三通大臣墓誌：大曆十二年（777）《馬璘墓誌》、元和五年（810）《劉濟墓誌》、元和六年《張茂昭墓誌》全由宰相撰文。由此大體可見，此時翰林學士與宰相有分撰内外墓誌的傾向。

除具有宰相或翰林學士身份者外，尚有一種身份比較突出。據表五我們發現其中兼具知制誥、翰林學士身份者三人，撰六碑／誌，近翰林學士書碑誌總數的一半。另外權德輿純以中書舍人知制誥身份撰有《贈太傅上谷郡王張君妻谷氏墓誌》（貞元十二年十月葬）、《贈太師忠武渾公渾瑊神道碑》（貞元十六年二月葬），反映出"知制誥"身份在奉敕撰寫中也具有代表性。翰林學士内廷草詔職能與"知制誥"外庭草詔職能均以進入權力決策中心爲特徵。在詔撰碑誌政治目的性和現實性日趨加強的情況下，翰林學士、宰相、知制誥等中樞權臣成爲撰文者必然選擇。

再對奉敕撰寫墓誌與碑的情況進行比較。撰碑與撰誌人選并無區别：宰相撰寫四碑三誌，翰林學士撰寫四碑八誌。宰相、學士并撰碑誌。而從數量上看，墓誌十三通，墓碑六通，墓誌數量超過墓碑的兩倍，也超過各類碑數量的總和。説明詔撰墓誌已作爲比墓碑更爲普遍的形式存在。十三通墓誌中五通屬於大臣，八通屬於王室成員；而墓碑六通均屬大臣。詔撰大臣墓誌、墓碑數量接近，撰人無别，反映出上至皇帝、下至官員對墓誌有着與碑同等的重視，説明其時墓誌取得了與碑近乎相同的地位。而王室成員如王、嗣王、公主、嬪妃等均有誌無碑，一方面與盛唐之後皇室及朝廷財力不逮有關，另一方面更與墓誌在碑、誌中地位相對上升有關。

四　專委翰林學士

約自敬宗以後，翰林學士承詔撰寫碑誌成爲更爲普遍的現象而作爲慣例存在。敬宗時（825~827）杜牧《唐故銀青光禄大夫檢校禮部尚書御史大夫充浙江西道都團練觀察處置等使上柱國清河郡開國公食邑二千户贈吏部尚書崔公（郾）行狀》中一段有助於瞭解其時碑文撰寫情形：

> 敬宗皇帝始即位，旁求師臣。今相國奇章公上言曰非公不可。遂以本官充翰林侍講學士，命服金紫。旋拜中書舍人，仍兼舊職。侍帝郊天，加銀青光禄大夫。高承簡罷鄭滑節度使，滑人叩閣，乞爲承簡樹德政碑。内官進曰："翰林故事，職由掌詔學士。"上曰："承簡功臣允也，治吾咽喉地，克有善政，罷而請紀，人入深矣。吾以師臣之辭，且寵異焉。"居數月，魏博節度使史憲誠拜章爲故帥田季安樹神道碑，内官執請亦如前辭。上曰："魏北燕、趙，南控成皋，天下形勝地也。吾以師臣之辭，且慰安焉。"居數月，陳許節度使王

沛拜章乞爲亡父樹神道碑，内官執請亦如前辭。上曰："許昌天下精兵處也。
俗忠風厚，沛能撫之，吾視如臂。吾以師臣之辭，而彰其忠孝焉。"是三者皆
御札命公，令刻其辭，恩禮親重，無與爲比。[①]

《高承簡德政碑》《田樹安神道碑》及王沛之父神道碑均乞官立。從内官三次進言，
知其時官立德政碑及神道碑已形成由翰林掌詔學士撰文的慣例。據劉禹錫《唐故中
書侍郎平章事韋公（處厚）集序》：

> 内署故事與外庭不同，凡言翰林學士必草詔書，有侍講者專備顧問。雖
> 官爲中書舍人，或它官知制誥，第用其班次耳，不竄言於訓詞。至是上器公，
> 且有以寵之，乃使内謁者申命，去侍講之稱。[②]

知前文"掌詔學士"即翰林學士。翰林侍講學士不草詔書，專備顧問，位在翰林學
士之下。然以皇帝師傅（師臣）身份撰寫，又顯示出對於碑主不同尋常的恩賞。出
於現實政治的考慮，敬宗有此破例。

由此知翰林學士承詔撰寫碑文至穆宗長慶時雖早已成爲慣例，然尚有宰臣分
撰。至敬宗時則一委翰林掌詔學士。或有不同，已屬例外。參照其後碑誌撰寫情
況，可爲證明（表六）。

表六　敬宗至唐末各類官員奉詔撰寫碑誌情況統計

單位：通

	宰相			翰林學士			其他官員			小計
	德政、紀功類碑	墓碑	墓誌	德政、紀功類碑	墓碑	墓誌	德政、紀功類碑	墓碑	墓誌	
敬宗時				1	2					3
文宗時				2		4	1			7
武宗時	1			2				1		4

① 董誥：《全唐文》，第 7840 頁。
② 董誥：《全唐文》，第 6109 頁。

續表

	宰相			翰林學士			其他官員			小計
	德政、紀功類碑	墓碑	墓誌	德政、紀功類碑	墓碑	墓誌	德政、紀功類碑	墓碑	墓誌	
宣宗時						1	1			2
懿宗時						6				6
僖宗時				2		4	1			7
昭宗時								1		1
小計	1			7	2	15	4	1		30
合計1	1			24			5			
合計2	德政、紀功類碑12　墓碑3　墓誌15									

　　筆者收集敬宗寶曆至唐末奉詔撰寫碑誌三十通，其中二十四通爲翰林（侍講）學士所撰，占總數的百分之八十。而宰臣所撰僅一通（即會昌元年《仇士良紀功碑》，撰者右僕射李程并先有翰林學士履歷）。説明宰相已基本上退出奉詔撰碑誌行列。從碑誌數量比較，則德政、紀功類碑十二（含他碑二），神道碑三，墓誌十五，墓碑數量進一步減少，僅墓誌的五分之一。其中德政碑、墓碑多數與藩鎮或軍閥有關，有明顯的維繫唐王朝中央政權的現實政治目的。如光啓三年（887）十月，僖宗命水部郎中王贊撰紀功碑以賜朱温。十二月，僖宗遣使賜朱温鐵券，又命翰林承旨劉崇望撰德政碑以賜朱温，[①] 都是在唐氏傾頹，朱温擁兵破敵後所爲。而墓誌十五通均屬皇室成員，反映出其時皇室成員墓誌撰寫形成了由翰林學士撰寫的明確程式。

五　奉詔撰文前後期動態與原因分析

　　至此，我們可以比較清晰地看到奉詔撰寫碑誌者由初唐至開元間史官身份走向身份多元化，自代宗以後漸成宰相與翰林學士分擔、敬宗之後向翰林學士集中的動態發展過程。史官作爲詔撰碑誌的人選，唐以前已然。而以翰林學士爲主體的詞臣作爲人選則是唐代中後期出現的新現象，因此我們也可將這一變化描述爲由重史

---

① 薛居正：《舊五代史》，中華書局，1976年，第8頁。

官而至重詞臣——主政之臣的過程。奉敕撰文者由史官轉向以翰林學士爲主體的詞臣，其緣由可從以下幾方面加以考察。

其一，史官與文士之間存在明確的區分。劉知幾"幼喜詩賦，而壯都不爲，恥以文士得名，期以述者自命"。[①]道出史家與文士別爲兩途。兩者之別一在史實，一在文辭。劉知幾以《周史》記太祖宇文泰言語動合經典，多依《史》《漢》爲不實，與史家重實録相悖。故曰："雖文皆雅正，而其事悉虛無。豈可便謂南董之才，宜居班馬之職也？"[②]而不贊成文士修史。以此，初唐以至開元間奉詔撰文者絕大多數兼具史官身份，故自稱"史臣"。開元以後承詔撰寫碑誌者多文詞之士，多自稱"詞臣"，也有稱"近臣""侍臣""掌文之臣"者。反映出撰文者本身知識結構的變化。

其二，貞觀以至開元中以文詞待詔者多兼史官身份。《舊唐書·翰林院》所舉貞觀以至開元間待詔二十三人中，魏徵、李百藥、岑文本、許敬宗、褚遂良、劉禕之、周思茂、范履冰、韋承慶、張説、張九齡等十一人均有兼修國史或監修國史履歷，也是其時史著主要的撰文者。是則初唐尤以貞觀之世，文詞待詔實學賅文史，兼履史職，爲由史官而詞臣的轉變埋下了伏筆。

其三，由此，即便初唐史家，也有偏於文辭傾向。貞觀十九年（645）左僕射房玄齡與中書侍郎褚遂良受詔重撰《晉書》，參與撰録者有太子左庶子許敬宗，中書舍人來濟，著作郎陸元仕、劉子翼，前雍州刺史令狐德棻，太子舍人李義府、薛元超，起居郎上官儀等八人，"以臧榮緒《晉書》爲主，參考諸家，甚爲詳洽。然史官多是文詠之士，好采詭謬碎事，以廣異聞；又所評論，競爲綺艷，不求篤實，由是頗爲學者所議"。[③]這也是其時文風所致，劉知幾《史通·自叙》云："余初好文筆，頗獲譽於當時，晚談史傳，遂減價於知己。"[④]即其例證。

其四，人才選拔方式的影響。唐承隋以科舉取士，進士成爲朝廷最爲活躍的力量，其所修業均適用於科舉而長於文詞；文人士大夫也率以文辭相高。翰林學士多出身進士，爲文士之翹楚，"尤擇名士"，得充選者，"文士爲榮"。[⑤]

① 劉知幾：《史通》，《四部叢刊》第 306 册，第 13 頁。
② 劉知幾：《史通》，《四部叢刊》第 308 册，第 2~3 頁。
③ 劉昫等：《舊唐書》，第 2462 頁。
④ 劉知幾：《史通》，《四部叢刊》第 306 册，第 13 頁。
⑤ 劉昫等：《舊唐書》，第 1854 頁。

其設置緣因政務需要，選人則以"詞藝學識"爲主要標準："由是始選朝官有詞藝學識者，入居翰林供奉別旨"，而"承導邇言，以通密命"。① 李肇《翰林志》載興元元年（784）敕書規定初遷翰林學士者試制、書、答共三首，詩一首，至憲宗元和十一年（816）張仲素後加賦一首。② 選拔翰林學士測試内容各時期雖有所不同，但"其目的一是看被選者的文才，二是測試被選者草擬各類詔令文書的能力"。③ 以此，翰林學士在整體上重文詞，重處理政務的能力。人才的選拔方式推動了轉變的形成。

其五，修史工作唐前期與後期出現重大變化。唐前期修史工作如火如荼，前代史，當代史均全面鋪開，網羅了當時著名文史人才，諸多浩大工程業已完畢。天寶以後，皇室播遷，天下動蕩。史館難以爲繼，史官也如鳳毛麟角，僅偶見於史傳，修史工作多有闕如。《舊五代史·賈緯傳》記賈緯以"唐代諸帝實録，自武宗已下闕而不紀，乃采掇近代傳聞之事，及諸家小説，第其年月，編爲《唐年補録》"。至晉天福中，賈緯爲起居郎、史館修撰，對監修國史趙瑩説"《唐史》一百三十卷，止於代宗。已下十餘朝未有正史，請與同職修之"。趙瑩以其言上奏，晉祖然之，問宰臣李崧"賈緯欲修唐史，如何？"對曰："臣每見史官輩言唐朝近百年來無實録，既無根本，安能編紀。"④ 這種現狀客觀上造成前期撰碑誌者多以史官身份，後期則反之。

綜而言之，著作（佐）郎掌撰碑誌一度作爲制度寫入典章，一方面，在碑誌中可以見到著作（佐）郎職務範圍内撰寫碑誌的例證；另一方面，這種例證非常少見，反映出制度未能很好的實行。究其原因，與著作（佐）郎罷史職直接相關。由於史官書史的特殊職能與墓誌銘功德以不朽的目的性的合一，史官身份纔是奉詔撰寫碑誌的真正因素。自代宗以後適應新的文化條件與政治需要，宰臣、翰林學士成爲奉詔撰文者，敬宗以後更出現翰林專掌碑誌撰寫的局面，其雖未寫入典章，但以慣例的形式類同於制度了（表七）。

---

① 韋執宜：《翰林院故事》，洪遵：《翰苑群書》卷四，《景印文淵閣四庫全書》第595册，第298頁。
② 李肇：《翰林志》，《景印文淵閣四庫全書》第595册，第298頁。
③ 毛蕾：《唐代翰林學士》，第41頁。
④ 薛居正：《舊五代史》，第1727頁。

表七　敬宗至唐末翰林學士（含侍講學士）承詔撰寫碑誌

序號	碑誌名	時間	撰文者署銜/考定職銜	身份1、2 職事/史官	身份3 學士	引文	出處
1	高承簡德政碑	敬宗寶曆年間（825~827）	崔郾（中書舍人翰林侍講學士）	中書舍人	翰林侍講學士	今令翰林侍講學士崔郾與卿撰碑文	《賜義成軍節度使高承簡立德政碑敕》，《全唐文》卷68
2	田樹安神道碑	敬宗寶曆年間（825~827）	崔郾（中書舍人翰林侍講學士）	中書舍人	翰林侍講學士	上曰"吾以師臣之辭，且寵異焉"	杜牧《贈吏部尚書崔公行狀》，《全唐文》卷756
3	王沛之父神道碑	敬宗寶曆年間（825~827）	崔郾（中書舍人翰林侍講學士）	中書舍人	翰林侍講學士	上曰"吾以師臣之辭，且寵異焉"	杜牧《贈吏部尚書崔公行狀》，《全唐文》卷756
4	文安公主墓誌	大和二年（828）五月十二日遷窆	翰林學士朝議郎守尚書户部郎中知制誥上柱國賜紫金魚袋臣宋申錫奉敕撰	尚書户部郎中知制誥	翰林學士	近臣祗命，謹誌貞珉	《續集》大和011
5	義成節度李聽德政碑	大和三年（829）八月建	唐宋申錫奉敕撰		翰林學士	詞臣奉詔，勒銘貞石	《全唐文》卷623、《寶刻叢編》卷5
6	郊王李經墓誌	大和八年（834）八月遷窆	翰林學士朝議郎守中書舍人賜紫金魚袋臣李珏撰	中書舍人	翰林學士	詞臣奉詔，誌於佳城。銘曰	《續集》大和046
7	贈隴西郡夫人董氏墓誌	開成二年（837）八月葬	翰林學士朝議郎尚書司勛員外郎上輕車都尉臣黎埴奉敕撰	尚書司勛員外郎	翰林學士	詔詞臣誌幽壤	《彙編》開成010

續表

序號	碑誌名	時間	撰文者署銜/考定職銜	身份1、2職事/史官	身份3學士	引文	出處
8	何進滔德政碑	開成五年（840）正月	翰林承旨兼侍書工部侍郎柳公權奉詔撰并正書	工部侍郎	翰林承旨兼侍書		《寶刻叢編》卷6
9	安王李溶墓誌	開成五年（840）八月	翰林學士朝議郎守尚書庫部郎中知制誥上柱國臣李褒奉敕撰	庫部郎中知制誥	翰林學士	下臣奉詔，其敢以辭	《續集》開成025
10	重修漢未央宮記	會昌元年（841）	裴素		翰林承旨學士	乃命侍臣曰：爾爲我記之	《全唐文》卷764
11	左神策紀聖德碑	會昌三年（843）立	唐翰林學士承旨崔鉉奉敕撰	中書舍人	翰林承旨學士		《寶刻叢編》卷8
12	慶王李沂墓誌	大中十四年（860）	翰林學士將仕郎右拾遺内供奉賜緋魚袋臣李眈奉敕撰	右拾遺内供奉	翰林學士		《唐研究》第12卷
13	贈平原長公主墓誌	咸通三年（862）十二月	翰林學士朝議郎行右補闕柱國賜緋魚袋臣獨孤霖奉敕撰	右補闕	翰林學士	乃命詞臣，仰載淑德	《續集》咸通015
14	貴妃楊氏墓誌	咸通六年（865）七月	翰林學士朝議郎守尚書户部郎中知制誥賜紫金魚袋臣劉允章奉敕撰	尚書户部郎中知制誥	翰林學士		《續集》咸通041

序號	碑誌名	時間	撰文者署衔/考定職衔	身份1、2職事/史官	身份3學士	引文	出處
15	贈魏國夫人墓誌	咸通六年（865）七月	翰林學士朝議郎守尚書户部郎中知制誥柱國賜紫金魚袋臣裴璩奉敕撰	尚書户部郎中知制誥	翰林學士	詞臣奉詔，銘曰	《續集》咸通031
16	普康公主墓誌	咸通七年（866）七月	翰林學士朝議郎行尚書兵部員外郎柱國臣盧深奉敕撰	行尚書兵部員外郎	翰林學士	爰命侍臣，誌於貞石	《續集》咸通039
17	朗寧公主墓誌	咸通八年（867）四月	翰林學士朝議郎守中書舍人上柱國賜紫金魚袋李騭奉敕撰	中書舍人	翰林學士	乃命侍臣爰紀芳規	《續集》咸通045
18	德妃王氏墓誌	咸通十年（869）七月	翰林學士朝議郎守尚書駕部郎中柱國賜紫金魚袋臣薛調奉敕撰	駕部郎中	翰林學士	覆命詞臣紀其令德	《續集》咸通075
19	康王李汶墓誌	乾符四年（877）四月十四日	翰林學士朝議郎守中書舍人柱國賜紫金魚袋臣蕭遘奉敕撰	守中書舍人	翰林學士	皇帝命内署司文之臣臣遘爲之銘，曰刻於墓。	《續集》乾符011
20	廣王李澭墓誌	乾符四年（877）四月十四日遷窆	翰林學士朝議郎守尚書禮部員外郎柱國賜緋魚袋臣裴澈奉敕撰	尚書禮部員外郎	翰林學士	臣澈奉詔，謹爲銘曰	《續集》乾符010
21	嗣陳王李行莘墓誌	乾符四年（877）七月廿一日葬	翰林學士朝議郎守左諫議大夫柱國賜緋魚袋臣崔庚奉敕撰	左諫議大夫	翰林學士	臣庚奉詔謹爲銘曰	《續集》乾符012

續表

序號	碑誌名	時間	撰文者署銜/考定職銜	身份1、2職事/史官	身份3學士	引文	出處
22	涼王李倛墓誌	乾符五年（878）六月	翰林學士朝議郎守中書舍人柱國賜紫金魚袋臣裴澈奉敕撰	中書舍人	翰林學士	命翰林學士臣裴澈撰刻石之銘	《續集》乾符026
23	西川青羊宮碑銘	廣明元年（880）	樂朋龜		禁林學士	臣職忝禁林	《全唐文》卷814
24	朱溫德政碑	光啟三年（887）十二月	翰林承旨劉崇望		翰林承旨	僖宗……命翰林承旨劉崇望撰德政碑以賜帝	《舊五代史》卷1《梁書·太祖本紀》

寫本・刻本・拓本[*]

——唐代墓誌的生發、篆刻與流傳

孟國棟

終唐之世，印刷術尚未流行，文學作品的傳播主要靠手抄，從現存的一些唐代寫卷來看，不僅"俗寫文字紛亂雜陳，盈紙滿目"，[①]魯魚亥豕、烏焉成馬之處也隨時可見，對文學作品的流傳和接受產生了較大的負面影響。不過在寫本流行的同時，另外一種傳播手段——刻石與拓印技術也變得日益成熟，爲文學作品的流傳提供了新途徑。雖然已經有學者關注到唐代墓誌的刻石程序和傳播方式等問題，但由於研究視角的不同，其中仍有一些環節没有引起足夠的重視。現有的研究成果或偏重於對墓誌製作過程的梳理而未從其流傳的層面展開論證，或僅將刻石作爲唐代墓誌傳播的一種媒介而疏於對傳播的廣度和效度進行探討。基於此，本文不擬對整個刻石流程做方方面面的考察，立足於唐代墓誌刻石傳播的過程與效果，根據石刻文獻中提供的新資料和唐人的相關記載，對前人關注較少的一些環節展開論述。

一　行狀：墓誌銘創作的藍本

在唐代，喪者家屬請他人代撰墓誌銘之前，往往會事先勾勒喪者生平的大節，作爲墓誌銘創作的藍本。無論是新出石刻，還是傳世典籍中，對此都有清楚的記載。如新出土《崔璘墓誌銘》的作者崔閱即對撰文緣起交代甚詳："公將絶之時，

---

[*]　本文原刊於《中國文學研究》第 32 輯，復旦大學出版社，2019 年，作者同意入編書，并有所增補。

[①]　張涌泉：《試論敦煌俗字研究的意義（下）》，《張涌泉敦煌文獻論叢》，上海古籍出版社，2011 年，第 380 頁。

告其孤鈇曰：'尔與右司禦糾清河崔君，胤同叔乙，官接京曹，咸欲脱卑栖，聚盛事。況切磋之道，獨厚於他人，崔君又於七姓之中，究其善惡，必能揚我祖宗之德行也，欲誌吾之墓，無出於崔君。'於是其孤鈇叙公之道，執公之言，懇請撰述，至于三四。"① 韓愈在爲張季友所撰的墓誌銘中也提到誌主之侄張塗"自署其末與封，敢告以請"。② 無論是崔鈇的"叙公之道"，還是張塗的"自署其末與封"，都不會僅僅是口述，而應該有一寫本形態的文本提供給崔閌和韓愈，供他們創作墓誌銘時參考。這一文本就是行狀，所以在唐代墓誌銘中經常見到喪者家屬"狀其往行""賫狀請銘""持狀請銘"等記載，行狀這一文體也在唐代得到了迅速發展。

徐師曾指出："（行狀）蓋具死者世系、名字、爵里、行治、壽年之詳，或牒考功太常使議謚，或牒史館請編録，或上作者乞墓誌碑表之類皆用之。而其文多出於門生故吏親舊之手，以謂非此輩不能知也。"③ 根據行狀的文體特徵，它本來有察舉選士、爲亡者請謚等功能，④ 但同時又兼具墓誌銘藍本的作用，多數情況下，作者祇要根據墓誌銘的文體形式對行狀稍事增删就能完成。歐陽修在《與杜訢論祁公墓誌書》中將此點闡述得極爲清晰："如葬期逼，乞且令韓舍人將行狀添改作誌文。修雖遲緩，當自作文一篇紀述……若葬期未有日，可待，即尤好也，然亦祇月十日可了。若以愚見，誌文不若且用韓公行狀爲便。"⑤ 歐陽修再三強調可逕直將韓絳爲杜衍所撰之行狀改作其墓誌銘，可見在當時，行狀作爲墓誌銘創作藍本的觀念已深入人心。

唐代的情況也是如此，唐高宗時期的名臣薛元超去世後，楊炯曾撰《中書令汾陰公薛振行狀》（以下簡稱《行狀》），文末云："垂拱元年四月四日，故中書令汾陰公府功曹姓名謹狀。文昌臺考功：竊聞生爲貴臣，車服昭其令德；死而不朽，謚號光其大名。"⑥ 可知《行狀》作於垂拱元年（685）四月，根據楊炯的交待，其主

---

① 周紹良：《唐代墓誌彙編》，上海古籍出版社，1992年，第2475頁。
② 韓愈著，劉真倫、岳珍校注《韓愈文集彙校箋注》，中華書局，2010年，第2082頁。
③ 徐師曾：《文體明辨序説》，人民文學出版社，1962年，第148頁。吳訥也説："行狀者，門生故舊狀死者行業上於史官，或求銘誌於作者之辭也。"見吳訥《文章辨體序説》，人民文學出版社，1962年，第50頁。
④ 行狀有察舉選士、議謚等方面的功能，詳見俞樟華、蓋翠杰《行狀職能考辨》，《浙江師範大學學報》（社會科學版）2003年第2期。日本學者中村裕一也在《唐代官文書研究》中辟專節，從制度化層面論述了行狀的樣式和功能，參中村裕一『唐代官文書研究』中文出版社、1991年、350-368頁。
⑤ 歐陽修著，洪本健校箋《歐陽修詩文集校箋·外集》卷一九，上海古籍出版社，2009年，第1842頁。
⑥ 楊炯：《楊炯集》，中華書局，1980年，第163頁。

要目的是向朝廷請謚。但薛元超墓誌銘的出土，却使我們看到了墓誌銘與行狀之間的承繼關係。崔融所纂《大唐故中書令兼檢校太子左庶子户部尚書汾陰男贈光禄大夫使持節都督秦成武渭四州諸軍事秦州刺史薛公（震）墓誌銘》①（以下簡稱《墓誌銘》）於二十世紀七十年代在乾陵附近出土，據《墓誌銘》記載，薛元超卒於光宅元年（684）十一月二日，垂拱元年四月廿二日陪葬乾陵。將《墓誌銘》與《行狀》對比之後不難看出，自楊炯撰寫《行狀》到薛元超入葬，僅間隔了十餘日，即使刻石的預備工作可以事先完成，但書丹、篆刻、檢校等諸多環節却祇能在墓誌銘撰寫完成之後纔能進行。因此，爲確保薛元超能够在四月廿二日按時下葬，墓誌必須要在此之前鎸刻完成。崔融纂輯完墓誌的文本以後，還要爲書丹、雕刻（包括篆蓋、刻字和四殺的製作）等環節預留出一定的時間，他能够利用的時間實際上是非常有限的。這就使他的纂輯工作變得極爲緊張，從《墓誌銘》的題署中也能够看出當時爲趕工期而儘量節省時間的情形："崔融纂，曜、駱、續書序，毅、俊書銘，萬三奴鎸、萬元抗鎸。"不僅書丹和刻字者都要分工協作，崔融更是用了"纂"而非"撰""作"一類的字眼，不僅體現出了時間的短促，而且透露出了《墓誌銘》是有所依憑而非原創的。

對比之後，我們發現《墓誌銘》誌文的主體完全源自楊炯所撰之《行狀》，特別是其中有關人物言論的部分，《墓誌銘》幾乎是完全照搬了《行狀》中的内容。②祇不過《行狀》先將薛元超的仕歷遷轉作了整體介紹，然後又詳細記載傳主的言

---

① 薛震，字元超，傳世典籍中均以薛元超稱之，本文亦按慣例稱其爲薛元超。據《新中國出土墓誌·陝西〔壹〕》記載，《薛元超墓誌銘》形制爲"誌、蓋均長八八、寬八八厘米；誌厚一五厘米，蓋厚一三厘米，四殺寬一三厘米。蓋文五行，滿行四字。篆書。蓋頂及周邊、四殺均爲蔓草及草葉紋。誌文五七行，滿行五五字。正書"（第 83 頁）。録文見周紹良、趙超《唐代墓誌彙編續集》，上海古籍出版社，2001 年，第 278~281 頁。又見吳鋼《全唐文補遺》第 1 輯，三秦出版社，1994 年，第 69~72 頁。

② 楊炯所撰《行狀》云："公襲封之年也，受《左傳》於同郡韓文汪，至天王狩河陽，乃廢書而嘆曰：'周朝豈無良相，何得以臣召君？'文汪異焉。神堯皇帝婕妤河東郡夫人，公之姑也，每侍高宗詞翰，高宗嘗顧曰：'不見婕妤倥經數日，便謂社稷不安。'其見重如此。上幸温泉，射猛獸，公奏疏極諫，上深納焉。後因閒居，謂公曰：'我昔在春宮，與卿俱少壯，光陰倏忽，已三十年。往日賢臣良將，索然俱盡。我與卿白首相見，卿歷觀書傳，君臣共终白首者幾人？我觀卿大憐我，我亦記卿深。'公嗚咽稽首謝曰：'先臣早參麾蓋，文皇委之以心膂；臣又多幸，天皇任之以股肱。誓期殺身報國，致一人於堯、舜。伏願天皇遵黄老之術，養生衞壽，則天下幸甚。'……每讀孝子忠臣傳，未嘗不慷慨流涕……客有譏之者，公曰：'寧有揚君父之過，而稱忠孝哉！'太夫人薨，公每哭嘔血，杖而後起。上見公柴毁，泣曰：'朕遂不識卿，卿事朕，君父一致，遂至於滅性，可謂孝子。'……上初覽萬機，公上疏論社稷安危、君臣得失，上大驚，即日召見，不覺膝之前席，嘆曰：'覽卿疏，若暗室而照天光，臨明鏡而睹萬象。'此後寵遇日隆，每軍國大事，必參謀帷幄，

行，而《墓誌銘》則將薛元超的言論繫於相關年份之下，顯得更加有條理而已。崔融與楊炯均爲薛元超晚年擢拔的崇文學士，兩人不僅年輩相當，崔融的文名亦不在楊炯之下，但他在創作《墓誌銘》時却幾乎完全照搬《行狀》中的相關文字，正體現出了行狀可以作爲墓誌銘前身的重要作用。

撰寫墓誌銘之前先作行狀，幾乎成爲唐代墓誌銘創作的通例。李弘慶曾在《大慈恩寺大法師基公（尉遲基）塔銘》中交待撰文的緣起："又明年十月，賣行狀請弘慶撰其銘。予熟聞師之本末，不能牢讓。"① 新出土《大唐故張君（威）賈夫人墓誌銘》中也說張威："以總章二年四月三日卒於□，行狀□已詳之。"② 尉遲基乃方外之人，張威亦非朝中重臣，他們的行狀自然并非爲"牒考功太常使議謚，或牒史館請編録"所作，而主要就是爲撰寫墓誌銘提供依據的。如果没有行狀，墓誌銘撰寫的難度將大大增加，如顧方蕭在撰寫《唐故趙氏夫人墓誌銘》時即云："祖殁年遠，子孫絶嗣，無人紀於後世之事，今難序焉。"③ 由此不僅可以看出行狀在撰寫墓誌銘中的重要性，亦可看到這一現象在唐代的普及情况。因此吳曾纏說："自唐以來，未爲墓誌銘，必先有行狀。"④

除了行狀以外，家狀也同樣具有爲撰寫墓碑和墓誌銘提供原始資料的實用功能，這可從白居易撰寫的相關文章中得到集中體現。白居易曾爲其祖父白鍠、父親白季庚創作《太原白氏家狀二道》，并於題後加小注："元和六年，兵部郎中、知制

在中書獨掌機務者五年，出納帝命，口占數百，上曰：'使卿長在中書，一夔足矣。'大駕東巡，詔公驂乘，上曰：'朕之留卿，若去一日，若斷一臂，關西事重，一以委卿。'"（楊炯：《楊炯集》，第 160~162 頁）崔融所撰《墓誌銘》之相關部分云："六歲，襲汾陰男。受《左傳》於同郡韓文汪，便質大義。聞天王狩於河陽，乃嘆曰：'周朝豈無良相，何得以臣召君！'文汪異焉。宰輔之器，基於此矣……公之姑河東夫人，神堯之婕妤也，博學知禮，常侍帝翰墨。帝每謂曰：'不見婕妤姪一日，即疑社稷不安。'……卅二，丁太夫人憂，哭輒歐血。有敕慰喻，起爲黃門侍郎，累表拜秩。帝見公過禮，泣而言曰：'朕殆不識卿。'遂至毁減，曾是爲孝……五十四，拜守中書侍郎，尋同中書門下三品。此後得知國政者五年，詔敕日占數百。帝曰：'得卿一人足矣。'……帝嘗機務餘，語及人間盛衰事，不覺淒然，顧謂公曰：'憶昔我在春宫，髭猶未出；卿初事我，鬚亦未長。倐忽光陰卅餘載，疇日良臣名將，并成灰土，唯我與卿白首相見。卿歷觀書記，君臣偕老者幾人？我看卿事我大忠赤，我托卿亦甚厚。'公感咽稽首謝曰：'先臣攀附，文帝委之心膂；微臣多幸，天皇任以股肱。父子承恩，榮被幽顯。晉期殁身奉國，致一人於堯舜。竊覩天儀貶損，良以旰食宵衣。唯願遵黄老之術，養生衛壽，則天下幸甚。'……五十九，加正議大夫、守中書令，餘如故。駕幸洛陽，詔公兼户部尚書，留侍太子居守。清警後丹鳳門外，傾都拜辭，特詔公驂乘，謂公曰：'朕留卿，若去一目，斷一臂，關西之事，悉以委卿。'"兩相比較，《墓誌銘》承襲《行狀》的痕迹甚明。

① 周紹良：《唐代墓誌彙編》，第 2187 頁。
② 周紹良：《唐代墓誌彙編》，第 580 頁。
③ 周紹良：《唐代墓誌彙編》，第 2047 頁。
④ 吳曾：《能改齋漫録》卷二，上海古籍出版社，1979 年，第 22 頁。

誥李建按此二狀修撰銘誌。"① 可知白鍠、白季庚二人的墓誌銘是由李建根據白居易所提供的家狀撰寫成的。據此二狀可知白鍠、白季庚分別卒於大曆八年（773）和貞元十年（794）。白居易《太原白氏家狀二道》作於元和六年（811），距他們特別是白鍠去世的時間已久，撰寫家狀的目的自然也就不是爲二人請謚。且白鍠、白季庚分別官終鞏縣令和襄州別駕，官階亦遠未達到可以請謚的級別。② 據記載，此文乃是白居易在遷護二人靈柩回歸祖塋時所撰，可見白居易撰文之主要目的就是爲其祖、父撰寫墓誌銘作準備。家狀的這一功能還可以從白居易所撰的《唐故通議大夫和州刺史吳郡張公（無擇）神道碑銘》中得到印證。張無擇的墓碑也是以其孫張平叔提供的家狀爲藍本的："長慶二年某月某日，平叔奉祖德碣之，居易據家狀序而銘之。"③ 據碑文記載，張無擇早在天寶十三載（754）即去世并安葬，故張平叔寫作家狀的主要目的也是爲撰寫墓碑提供資料的。

　　相對於整方墓誌的製作，據行狀或家狀改寫而成的墓誌銘文本，僅僅是完成了第一步。就載體而言，還停留在紙質階段；就形態而言，還呈現出寫本狀態。要想真正模勒上石，完成從寫到刻的過程，中間還要經歷諸多環節（圖一）。

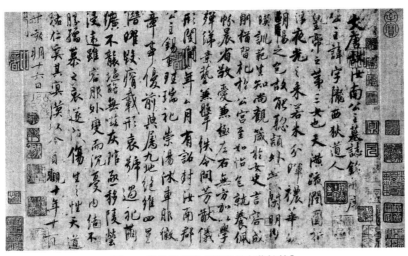

圖一　唐虞世南書《汝南公主墓誌銘》

---

① 白居易著，朱金城箋校《白居易集箋校》卷四六，上海古籍出版社，1988 年，第 2832 頁。
② 據《唐六典》記載，諸職事官三品已上、散官二品已上身亡者，方有資格請謚。見李林甫等《唐六典》卷二，中華書局，1992 年，第 44 頁。由白居易祖、父的終官來看，顯然不能享受此等殊榮。
③ 白居易著，朱金城箋校《白居易集箋校》卷四一，第 2684 頁。

二　選石：石刻賴以不朽的基礎

寫本狀態的墓誌文本定稿以後，大致即可進入刻石階段。根據唐代墓誌銘中提供的信息，我們發現刻石的工序相當複雜，在正式刻字之前，尚有選石、書丹（應該還包括撰文、書丹、篆額、刻字甚至排文檢校者的題署），篆刻完成之後也還有填譿、檢校等多個環節。需要在石上完成的工序，最爲重要者莫過於書丹和刻字。多數書丹者和刻工均會嚴格按照作者提供的文字進行書寫和刻字，墓誌銘的内容會得到較爲忠實地呈現，劉禹錫所書《崔迢墓誌》更是將此點凸顯到了極致。①書丹和刻字前人關注和討論的較多，因此本文不擬再作論述。除了書、刻，還有幾個對墓誌文本流傳的廣度和效度影響較大的環節，如選石和檢校，往往爲世人所忽略。選石實在是其中最爲重要的一環，是石刻賴以不朽的前提和基礎。

王芑孫的經歷對於我們認識石材的重要性有非常大的幫助，他曾自述道："騎行燕趙間，睹道旁碑漫漶無字，疑其古碑。下馬視之，乃乾隆間刻耳。遇有摩挲積久，光澤如鏡而筆劃仍在者，必唐以前物。若《攝山明僧紹碑》《虎丘經幢》是也。唐人亦重其事，故魯公至載石以行，今則其傳絶矣。雖精擇撰人、書人，匪久旋滅，所賴獨其人文集流行天地間耳。"②正如王芑孫所言，顔真卿的不少文章均靠刻石得以廣爲流傳，而縱然是名家撰書的清代石刻，很快也會湮滅無存，其中一個重要原因就在於漢唐時代和宋代以後石刻的材質有着很大的差異。

古人之所以埋設石刻，其中一個重要目的就是希望石頭上的文字能夠傳諸久遠，垂示將來。在印刷術尚未普及的時代，人們對石刻的這一記事功能似乎更加重視。衆所周知，許多石刻特別是碑文，大都立於地面上，不僅要經歷風吹雨淋，還不斷地被人摹勒、拓印，大大加快了碑石的磨損。故而材質的優劣，不僅直接關係到文字書、刻的效果，與碑石的生命力也有較大的關聯，進而直接影響到文章的保

---

① 該文雖然名義上是郭行餘所撰，但文中叙事却多用第一人稱，與郭行餘身份不合。業師胡可先教授認爲："唐代墓誌很多爲墓主家人提供行狀等材料，再請當時文士撰著，這篇墓誌，則是由崔迢次子撰寫好墓誌的初稿，然後請郭行餘撰文，劉禹錫書丹。但對於崔迢次子已經提供的初稿，郭行餘并沒有加以改動，就署上撰著者姓名和官職，致使出現墓誌行文語氣與撰文者身份完全不相合的現象。而劉禹錫又完全按照原文書寫，隨後由主家上石。"胡可先:《新出土劉禹錫書〈崔迢墓誌〉考論》,《劉禹錫研究》第 1 輯, 暨南大學出版社, 2017 年, 第 277 頁。

② 王芑孫:《碑版文廣例》卷三, 見朱記榮輯《金石全例》下册, 北京圖書館出版社, 2008 年, 第 191 頁。

存和流傳。故而漢唐時期人們對石材的選擇極爲重視，王芑孫因此提出"古人重選石，故石能久存"，他還舉例説漢代武梁祠中的碑文雖"累經桑海而所刻至今可辨"。①唐宋時期的儒家經典刻石至今仍有不少保存得較爲完整，亦與所選石材的質地精良有關。

宋代以後的情況則不容樂觀，印刷術的發明和版刻技術的發展，使得文學作品的傳播有了更爲便捷、高效的媒介。别集、總集的大規模刊行，也使得文章更易於保存與流傳。要想使自己的文章或者先人的事迹流傳千古，不一定非要通過刻石，後世碑文中出現"刻石記事，永將不易""勒諸金石，用彰不朽"的頻率也大爲下降。刻石傳播已經不如唐代緊迫，因此選石、刻字等環節均不如唐代受重視。葉昌熾曾將唐代與唐代以後石材之優劣作過一個對比："余奉命度隴，道出西安，詣郡學碑林。見唐初刻石如廟堂、聖教諸碑，皆黝然作淡碧色，光如點漆，可鑒毫髮，扣之清越作磬聲，真良材也。吴越閒古碑絶少，唐以後碑雖有存者，亦多淺蝕。若無屋覆，露處田野，其久也、馴至漫漶無一字。燕趙閒遼金幢多黄沙石，坳突不平。揭出之後，疣痏徧體。石質尤脆者，歷年稍久，字面一層劃然蛇蜕，拂而去之，片片落如拉朽。"②明清時期，文章流布的途徑則更爲多樣和便捷，很多碑刻在石材的選擇上顯得有些隨意，甚至率爾從事，以致有的碑石樹立不久即殘漶嚴重。筆者在調查杭州遺留古代碑刻時發現，清代的碑石砂質者居多，較易風化漶蝕，因此即使有碑亭覆蓋，也多已剥落嚴重。如位於六和塔景區的龔佳育碑，爲康熙年間所立，但大多數文字已經難以辨認，雖没到"片片落如拉朽"的程度，但也絲毫没有"光如點漆，可鑒毫髮"的風神。

漢唐時期和宋代以後人們對於石刻材質的重視程度之所以會有如此明顯的差異，應該歸因於傳播媒介的革新。印刷術的發達使得後世的碑文縱然漫漶甚至殘漶，上面的文字也能賴"文集流行天地間"。漢唐時期則不然，材質的優劣對文字的釋讀及文章的傳播有着重要影響，甚至直接影響到了文章傳播的廣度和效度。況且唐代以後，拓印風氣極爲流行，本身即會給碑石帶來一定程度的磨損，若其材質較爲低劣，則石刻設置的初衷也就難以實現。

---

① 王芑孫：《碑版文廣例》卷三，見朱記榮輯《金石全例》下册，第191頁。
② 葉昌熾撰，柯昌泗評《語石·語石異同評》卷六，中華書局，1994年，第418頁。

三　檢校：文從字順的重要保障

除了模勒上石以前需要對石材進行甄別以外，刊刻過程中還有一個環節——檢校，也極易爲研究者忽視。如毛遠明在《碑刻文獻學通論》中雖專列"碑碣的製作"一節，對刻石過程中石料的鑿製、書丹和鐫刻等流程進行了詳細論述，但對檢校程序的討論僅用寥寥數行帶過。[①]實際上，檢校乃是唐人極爲重視的刻石環節，這可以從他們的一些言論中得到確認。如狄仁杰在爲虞世南校勘的《老子道德經》寫跋語時說：

> 大周神功元年五月初五日，我天聖神皇帝，出内府所藏秘書少監虞世南書《老子道德經》一卷……命仁杰等鉤摹勒石，以公天下。具此以嘉惠文生，意至渥也。告義之日，并墨迹石刻，上歸天府。臣等幸此校勘，獲睹琳琅，謹拜手稽首，排署於後……臣等亦庶幾永附寶刻，昭垂不朽歟。總理，納書妻師德。校對，鳳閣侍郎同鳳閣鸞臺平章事王方慶。復校，鳳閣舍人薛稷。監刻，地官侍郎鸞臺平章事狄仁杰。刻字，太常工人安金藏。[②]

狄仁杰、王方慶與薛稷等之所以不厭其煩地校勘、校對、復校等，固然是由於該石乃受武則天之命而立，故須慎之又慎，另一方面也與石刻自身較易產生訛誤有關。

狄仁杰等人對於鉤摹勒石的謹慎態度正體現出唐人對校對或檢校工作的重視。由新出石刻的情況來看，即使是普通的墓誌銘，刻石完畢之後也要進行校勘，不過沒有奉敕撰書者那樣複雜與嚴謹。《唐故鄧州司户參軍何府君（昌浩）墓誌銘》中說："無何，二京覆没，遂潛跡江表。"[③]在刻字過程中"江"字脱漏，祇好在"跡"和"表"之間用小字進行增補。再如，《唐故潞州潞城縣申屠君（行）墓誌銘》："桂輪宵魄，仙娥之影不追。"[④]其中的"桂輪宵魄"四字却以雙行小字形式擠占兩個字的位

---

① 毛遠明：《碑刻文獻學通論》，中華書局，2009年，第32~39頁。
② 丁巍：《老學文獻又一重要發現——路工先生訪得唐虞世南校寫〈老子道德經〉石刻拓本》，《中州學刊》1994年第6期，第67頁。又見陳尚君校輯《全唐文補編》卷二〇，中華書局，2005年，第246頁。按：因武周新字"人"作"𤯔"，與"生"形近，故二文中的"鳳閣舍生"均應改作"鳳閣舍人"。
③ 録文、拓片均見周劍曙、趙振華、王竹林《偃師新出土唐代墓誌跋五題》，洛陽歷史文物考古研究所：《河洛文化論叢》第3輯，中州古籍出版社，2006年，第323頁。
④ 録文、拓片分別見毛漢光《唐代墓誌銘彙編附考》第15册，中研院歷史語言研究所，1992年，第419、422頁。

置。因石刻較寫本有一特殊優勢：若刻字過程中發現漏刻和誤刻現象，可隨時將誤字鏟除或磨平，再將正確的文字刻入，不僅可以做到不露痕迹，也可使石刻更爲簡潔和美觀。然而上述兩例顯係刻石完畢後進行校對時方發現有漏刻和誤刻，爲了方便起見，僅在原有文字的基礎上作出的增補和修正。類似的實例還有很多，不僅體現了檢校工作的普遍性，也凸顯了檢校工作在墓誌銘文字的匡謬正訛方面極爲必要。

唐人對於墓誌非常重視，有些較爲講究的家庭，在刻石完畢後還會專門請人校字，這也可以從當事人的題署中得到直觀的認識。如作於咸亨四年（673）的《唐故儀同三司董君（仁）墓誌銘》即有兩位“專檢校人”，該文文末題署：“東都留守御史兼敕勾大使弘農楊再思撰文。故西臺侍郎息前岐州岐陽縣令孫儆書。專檢校人隋户部尚書孫逸士、京兆楊元珣。”[①]《唐工部尚書贈太子太師郭公（虚己）墓誌銘》亦於文末署：“劍南節度孔目官徵仕郎行太僕寺典廄署丞張庭訓檢校。”[②]《唐故陳公（守禮）夫人李氏合祔墓誌》更是分别由他們的三個兒子進行了三次校勘，該文文末題署：“第十四男前弘文館明經鍊初校；第十五男朝議郎試肅王府户曹鈛校成；第十七男鈢檢校鎸磨。”[③]陳守禮的三個兒子之所以反復對其父母的墓誌銘進行校勘，自然是慎之再三，以期徹底杜絶錯誤的出現，并且就題署的情况來看，墓誌銘在刻石的過程中確實有錯誤，所以纔會由陳鈢“鎸磨”，即磨平錯字，重新刻上正確的文字。甚至一些由名家撰書的墓碑也要經過别人的“鑒定”，以減少錯誤的出現，由顔真卿撰寫與書丹的《漢太中大夫東方先生墓碑》文末題署：“朝散大夫檢校尚書都官郎中東海徐浩鑒定。”[④]其所謂“鑒定”，當然會包括對文字内容和形式兩個方面的校勘。這些情况都反映了唐人對雕刻過程中檢校環節的重視。

雖然刻石工作的核心是書丹和刻字，但書丹之前的選石和刻字完畢之後的檢校也是必不可少的環節，可以説這兩道工序是决定石刻是否能够傳諸久遠的保障。衹有檢校完成以後，整個刻石工作纔算結束，墓誌銘也完成了從寫本到石本的轉變，可以進入流通環節。

需要指出的是，經過選石、書丹、篆刻、檢校等一系列環節而完成的墓誌石本，已與最初的寫本形態有了很大不同。特别是在文本形式方面，多出了最初的

---

① 周紹良：《唐代墓誌彙編》，第579頁。

② 吴鋼：《全唐文補遺》第8輯，三秦出版社，2005年，第57~58頁。

③ 胡戟、榮新江：《大唐西市博物館藏墓誌》，北京大學出版社，2012年，第669頁。

④ 吴鋼：《全唐文補遺》第6輯，三秦出版社，1999年，第13頁。

寫本尚不具備的撰、書、篆、刻甚至排文、檢校者的題署。這些題署在補充史傳缺失、訂正史傳訛誤和考訂題署者事迹等方面都具有很高的價值。

四　拓印：刻石流布的有效途徑

終唐之世，印刷術尚未普及，文學作品的傳播主要靠手抄，敦煌藏經洞發現了不少唐代墓碑和墓誌的寫本，都是墓誌銘通過抄本傳播的明證。敦煌藏經洞出土的唐代墓碑和墓誌銘寫本多數被伯希和劫走，現藏法國巴黎國家圖書館。其中不僅包括西州、沙州等當地官員的墓誌銘，也不乏中原地區官員的墓碑和墓誌銘抄本（圖二）。[①] 雖然這些抄本文字訛奪之處亦比比皆是，對墓誌銘的流傳和接受均造成了一定的負面影響，但這多是由書手的文化層次不高造成的。中原地區士人的墓碑或墓誌銘以抄本的形式流傳到西域，不能説沒有作爲創作典範或樣本的意義。除了敦煌寫本以外，民間還流傳着不少其他墓誌銘創作的範本，應該也都是以抄本的形式傳存的。

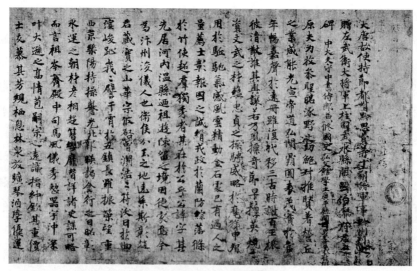

圖二　唐李義府書《常何墓碑》

---

① 其中最爲著名者當屬李義府所撰《常何墓碑》，詳參鄧文寬《〈常何墓碑〉校詮》，《敦煌吐魯番研究》第 11 卷，上海古籍出版社，2008 年，第 369~389 頁。榮新江《石碑的力量——從敦煌寫本看碑誌的抄寫與流傳》一文也對《常何墓碑》的寫本形態和抄寫目的作了説明。榮新江主編《唐研究》第 23 卷，北京大學出版社，2017 年，第 308~309 頁。

　　而在抄本盛行的同時，另外一種傳播形式——拓印也正變得日益成熟，爲墓誌銘的流布提供了新的途徑。歐陽修不僅對自己撰文的墓誌銘拓片較爲關注，再三叮囑"刻石了，多乞數本"，他還非常注重搜集古代遺留下來的石刻拓本，所獲甚豐，其中唐代的拓片占據了大半。他曾集録前人的文章一千卷，"唐賢之文十居七八"。① 僅以韓愈爲例，《集古録跋尾》中就列舉了《黃陵廟碑》《盤谷詩序》《南海神廟碑》《田弘正家廟碑》等數方碑刻的拓片。

　　北宋時期，印刷術開始逐步推廣，歐陽修也屢稱《昌黎集》已經流行於世，因此人們已經較少關注韓愈文章的刻石情況。歐陽修則不然，他認爲雖然"集本世已大行"，但"刻石乃當時物"，石刻拓本不僅能夠"存之以爲佳玩"，② 還可以糾正集本的訛誤。③ 所以他樂此不疲地進行着搜集碑刻拓片的工作，④ 縱然是一些殘石，他也較爲注意輯集，⑤ 有時候爲了獲得某種石刻的拓片，甚至需要經過十餘年的等待。他曾在《唐竇叔蒙海濤誌》的題跋中説："余向在揚州得此誌，甚愛之，張於座右之壁，冀於朝夕見也。已而夜爲風雨所壞，其後求之凡十五年，而復得斯本。以示京師好事者，皆云未嘗見也。"⑥ 在跋《唐鄭澣陰符經序二》中又云："余自皇祐中得公權所書《陰符經序》，遂求其經，云石已亡矣。常意必有藏於人間者，求之十餘年，莫可得。治平三年，有鑴工張景儒忽以此遺余家小吏，遽録之。"⑦ 歐陽修致力於搜集石刻拓本的精神，確非常人可比。他對自己因勤於收集而羅致繁富的行爲頗爲自負，偶獲別人未見或他心儀已久的拓本時的那種自得與喜悦心情也躍然紙上。歐陽修能夠搜集到的唐碑與墓誌銘數量如此之巨，皆因石刻文獻具有可依靠拓本流傳的優勢。

---

① 歐陽修著，鄧寶劍、王怡琳箋注《集古録跋尾》卷八，人民美術出版社，2010年，第184頁。

② 歐陽修著，鄧寶劍、王怡琳箋注《集古録跋尾》卷八，第181頁。

③ 他在爲《唐韓愈黃陵廟碑》所作的跋尾中云："《昌黎集》今大行於世，而患本不真。余家所藏，最號善本，世多取以爲正，然時時得刻石校之，尤不勝其舛繆。"歐陽修著，鄧寶劍、王怡琳箋注《集古録跋尾》卷八，第187頁。

④ 歐陽修經常自詡"集録古文，其求之既勤且博"，如他在跋《唐裴大智碑》時云："右《裴大智碑》，李邕撰，蕭誠書。誠以書知名當時，今碑刻傳於世者頗少，余集録所得纔數本爾。以余之博采而得者止此，故知其不多也。"歐陽修著，鄧寶劍、王怡琳箋注《集古録跋尾》卷六，第144頁。

⑤ 歐陽修跋《唐干禄字樣》云："右《干禄字樣》，別有摹本，文注完全，可備檢用。此本刻石殘缺處多，直以魯公所書真本而録之爾……世俗多傳摹本，此以殘缺不傳，獨余家藏之。"歐陽修著，鄧寶劍、王怡琳箋注《集古録跋尾》卷七，第165頁。

⑥ 歐陽修著，鄧寶劍、王怡琳箋注《集古録跋尾》卷六，第163頁。

⑦ 歐陽修著，鄧寶劍、王怡琳箋注《集古録跋尾》卷九，第205頁。

　　雖然製作拓本的方法興起於何時已不能確考，但由現存的記載來看，北魏早期已有拓片流傳，唐代修《隋書》時，對前代的石刻拓片已有較多參考。^①唐人對石刻拓印更加重視，各項技術也已較爲成熟。唐太宗和唐玄宗還專門設官員負責石刻的拓印。據《唐六典》記載，貞觀二十三年，崇文館即設拓書手三人。^②《舊唐書·職官二》則云開元六年，集賢殿書院置"拓書六人"。^③唐中葉以後，拓印之風大爲盛行，很多著名的石刻更是競相爲人傳拓，元結所撰之《大唐中興頌》即是顯例。《大唐中興頌》因石奇、文奇與字奇，而被稱爲"摩崖三絶"。因此其碑雖僻處永州，又刻於極高的摩崖之上，拓印難度較大，但依舊未能逃過"摹多而速損"的厄運。歐陽修對此不無感慨地説："模打既多，石亦殘缺，今世人所傳字畫完好者，多是傳模補足，非其真者。此本……蓋四十年前崖石真本也，尤爲難得爾。"^④不僅如此，唐代中後期甚至出現了專門以製作拓片爲生的工人，歐陽修在《唐干禄字樣摹本》的跋語中説："右《干禄字樣》摹本，顏真卿書，楊漢公摹。真卿所書乃大曆九年刻石，至開成中遽已訛缺。漢公以謂一二工人用爲衣食之業，故摹多而速損者，非也。"^⑤且不論《干禄字樣》速損的原因究竟爲何，楊漢公所説的"一二工人用爲衣食之業"，卻透露出了當時拓印風氣流行的社會現實。

　　拓印技術的發展，使石刻資料，包括墓誌銘的傳播得到了新途徑，極大地推動了唐文，特別是名家撰、書文章的傳播，歐陽詢書丹的《化度寺塔銘》、柳公權書丹的《金剛經》拓片都出現在敦煌藏經洞中，即是其顯例。歐陽修也説顏真卿所書《干禄字》《放生池碑》尚多見於人家"，"今世所行《昌黎集》類多訛舛，惟《南海碑》不舛者，以此刻石人家多有故也"。^⑥可見，到北宋中葉，石刻拓本也在更爲廣泛的空間內得到了傳播，凡此均是石刻可以依靠拓本廣爲流傳的明證。

　　石刻拓本相對於抄本的優勢也是顯而易見的。抄本在流傳過程中往往存在着輾轉抄寫，文字失真的弊病，抄寫者的文化程度和抄寫態度對所抄内容的品質有着直接影響。由於主觀、客觀兩方面的原因，行文之中更是容易產生各種訛誤。拓印

---

① 王國維：《魏石經考四》，《觀堂集林》卷二〇，中華書局，1959 年，第 970~971 頁。
② 李林甫等：《唐六典》卷八，第 255 頁。
③ 劉昫等：《舊唐書》卷四三，中華書局，1975 年，第 1852 頁。《新唐書·百官二》也有相同的記載，歐陽修、宋祁：《新唐書》卷四七，中華書局，1975 年，第 1213 頁。
④ 歐陽修著，鄧寶劍、王怡琳箋注《集古録跋尾》卷七，第 161 頁。
⑤ 歐陽修著，鄧寶劍、王怡琳箋注《集古録跋尾》卷七，第 165 頁。
⑥ 歐陽修著，鄧寶劍、王怡琳箋注《集古録跋尾》卷八，第 186 頁。

過程中雖然存在着"摹多速損"的缺陷，拓印時間的先後和拓書手技術的高低會影響到文字的清晰程度。但因拓印對象是唯一的，故而受到拓書手主觀因素影響而導致文字錯訛的概率遠低於抄本。所以即便是不同時代的拓書手所製作的拓本，其內容也是基本一致的（不排除有個別文字漏拓）。加之像歐陽修那樣，在刻石完畢之後立即製作墓誌銘拓片的情況也不在少數，這些都在很大程度上保證了墓誌銘流布的效度，體現出拓本所獨有的學術價值。

　　無論是敦煌寫本、民間流行的創作範本還是石刻拓本，都使得墓誌銘最終完成了從石本到紙本的飛躍，原本具有唯一性且作爲隨葬品的墓誌銘也可以化身千百，持續發揮着它的影響力。杜甫之所以能將墓誌銘銘文中習見的對句"看花落淚，聽鳥驚心"，點化成名句"感時花濺淚，恨別鳥驚心"，[①]與墓誌銘可以通過抄本或拓本流傳有着莫大的關聯。在考察唐人文集結集情況的基礎上，結合唐代墓誌銘通過抄本和拓本傳播的分析，我們也可以對石本、集本中大量存在的異文和作者的本意作出合理的判斷。

---

① 類似的例子還有很多，如李清照《夏日絶句》中的名句"生當作人杰，死亦爲鬼雄"也化用了唐代墓誌銘中常見的成句。詳參拙文《唐代墓誌銘創作的程式化模式及其文學意義》，《浙江大學學報》2015 年第 5 期，第 31~43 頁。

僞托望族與冒襲先祖*

——以北族人墓誌爲中心

何德章

北魏孝昌元年（525）《元寶月墓誌》：

> 王諱寶月，字子煥，高祖孝文帝之孫，臨洮王愉之元子也……皇妣楊妃，
> 恒農人，父次德，蘭陵太守；祖伯念，秦州刺史。嬪南陵蕭氏，齊太祖高皇
> 帝曾孫，父子賢，齊太子詹事，平氏侯。①

元寶月的名字附見於《魏書》卷二二《京兆王元愉傳》。元愉爲孝文帝子，正光元
年（520）在冀州刺史任上舉兵反叛被殺，其有四子均被赦免，後又得附於宗室屬
籍，寶月即襲其追封之臨洮王爵位。但該傳元愉四子祇見寶月及後來成爲西魏皇
帝的元寶矩二人，另兩子不詳。同書卷九《肅宗紀》武泰元年（528）二月條：立
"皇曾孫故臨洮王寶暉世子釗"爲帝，此寶暉不見於其他記載，陳仲安先生等編
《北朝四史人名索引》第156頁疑元寶月、元寶暉是同一人，可能因爲兩人都擁有
臨洮王爵號致疑。據誌，元寶月卒於孝昌元年，有子二人，長子元蒨四歲，次子元
森仲二歲，至武泰元年他們分別有七歲和五歲，而被立爲皇帝的"故臨洮王"之嫡
長子元釗，"年始三歲"，② 與寶月兩子名字相異，年齡不合，可知寶月、寶暉絕非

---

* 本文原刊出《魏晉南北朝隋唐史資料》第17輯，武漢大學出版社，2000年，作者同意入編本書。

① 本文所引墓誌均出自趙萬里編《漢魏南北朝墓誌集釋》所附圖版及趙超《漢魏南北朝墓誌彙編》
（天津古籍出版社，1992年），文中均標明墓誌撰寫年代，以便讀者查證，不再一一注明出處。對
後者録文有疑義者，亦徑據前者圖版改正，不再詳細説明。

② 魏收:《魏書》卷一三《皇后·胡氏傳》。

同一人，寶暉當爲寶月次弟，在兄長死後承襲了臨洮王爵，兄弟爵位相襲在北朝是常見的事情。在同一時期還有一個曾任大都督的元寶掌，見於《北齊書·慕容儼傳》，當亦是元寶月四兄弟之一，唯長幼次序不明。

作爲孝文帝之孫，身享王爵，死後墓誌中歷數姻親地望官職，如該誌歷述母親族屬地望、母親的父祖的官職以及外曾祖母的族望及外曾祖母父親的官職，這些都應當是撰誌者或執事者認爲值得炫耀的事。這是孝文帝實行門閥制度，選擇官吏崇門第、重婚宦之後，墓誌中常見這種情形，元寶月誌中所述還不是皇室人物墓誌中最煩瑣的，更極端的情形可見孝昌元年（525）《元煥墓誌》及《元顯魏墓誌》、武泰元年（528）《元舉墓誌》、建義元年（528）《元悛墓誌》、興和三年（541）《元寶建墓誌》、武定二年（544）《元湛墓誌》及《元湛妃王令媛墓誌》。中原士族亦是如此，比較典型的可見正光元年（520）《李璧墓誌》、孝昌二年《公孫猗墓誌》、普泰二年（532）《韓震墓誌》、元象元年（538）《李憲墓誌》。在相關叙述中，鮮卑貴族出身者對於其聯姻的漢族姻親的官職與婚姻情況津津樂道，士族人士對其鮮卑族姻戚亦細列詳舉。孝文帝定姓族的目的之一，"是使門閥化了的鮮卑貴族與漢士族合流，以便消除矛盾，加强合作"，[1]從墓誌中兩者互舉姻親這一側面，可知孝文帝確實成功地達到了自己的目的。

《元寶月墓誌》中記誌主其母親楊氏的族望爲"恒農楊氏"，與史書記載不合，值得留意。《魏書·京兆王元愉傳》稱：

> 世宗爲納順皇后（于氏）妹爲妃，而不見禮答。愉在徐州，納妾李氏，本姓楊，東郡人。夜聞其歌，悅之，遂被寵嬖。罷州還京，欲進貴之，托右中郎將趙郡李恃顯爲之養父，就之禮逆，産子寶月。順皇后召入宮，毀擊之，强令爲尼於內，以子付妃養之。歲餘，后父于勁以后久無所誕，乃上表勸廣嬪侍，因令后歸李於愉，舊愛更甚。

孝文帝行門閥制度，尤重門第婚姻，規定宗室諸王正妃"應取八族及清修之門"，并强制性地命自己的幾個弟弟分別娶隴西李氏、滎陽鄭氏、范陽盧氏及鮮卑勛臣八

---

[1] 唐長孺：《論北魏孝文帝定姓族》，收於氏著《魏晉南北朝史論拾遺》，中華書局，1983年，第80頁。

姓之首穆氏之女爲妃，"前者所納，可爲妾媵"。① 孝文帝以後，宣武帝同樣嚴格控制宗室諸王的聯姻家族。《魏書》卷二一上《高陽王雍傳》說："元妃盧氏薨後，更納博陵崔顯妹，甚有色寵，欲以爲妃。世宗初以崔氏世號'東崔'，地寒望劣，難之，久乃聽許。"博陵崔氏雖屬士族高門，但與孝文帝時規定的皇室通婚家族崔盧王鄭"四姓"② 中的清河崔氏相比，却顯得"地寒望劣"，高陽王元雍曾奉其兄孝文帝之命娶原中書博士范陽盧神寶之女爲妃，盧氏死後，再娶博陵崔氏，雖當時元雍對崔氏特別喜愛，宣武帝却長期不同意將其册立爲王妃。對宗室諸王正妃選娶家族的此種限定，宣武朝以後有所改變，執政的胡太后因出身寒門，在爲皇帝元詡選備後宮時有意"抑屈人流"，崔、盧、李氏之女等僅被册封爲"世婦"，而不入地位更高的左右昭儀、三夫人或九嬪，各家族忿忿不平，紛紛申述。③ 鮮卑貴族婚姻原本具有隨意性，執政者態度如此，貴族婚姻復趨雜亂而淫風熾盛，元雍本人亦將其爭取而來的王妃崔氏抛在一邊，"多幸妓侍，近百許人，而疏棄崔氏，别房幽禁，不得關預内政，僅給衣食而已。至乃左右無復婢使，子女欲省其母，必啓聞，許乃得見"。

元愉所娶正室爲鮮卑勳臣八姓之一的于氏之女，于氏在八姓中地位居後，但孝文帝時，居八姓之首的穆、陸二姓均有人參與反遷都及漢化改革的叛亂活動，于烈却忠心耿耿，與其子于忠相繼統領禁軍，于烈弟于勁女又立爲宣武帝皇后，位望顯赫。元愉作爲宣武帝之弟，納皇后于氏之妹爲妃，既門當户對，又能"結二族之好"，無奈個人感情與政治婚姻并不能相處無間，他更喜歡并非名門的東郡楊氏女，并"欲進貴之"，即當是試圖改變楊氏妾的身份，徑以爲妃。無論如何，元愉還是明白人，知道以名不見經傳的東郡楊氏作爲自己的王妃不會得到其兄宣武帝的首肯，遂托爲趙郡李氏養女，并隆重地迎娶，以此改變楊氏的出身門第。祗是作爲政治上層人物，個人感情還是不得不讓位於政治，楊氏或者説是改頭換面後的李氏還是被當時的皇后出於保護妹妹的私心，召進宮中，痛加毆打，并逼其出家爲尼。楊氏後來因特殊情況回到元愉身邊，正式身份不明，元愉在反叛之際，立楊（李）氏爲皇后，終於"進貴"了楊（李）氏一次，可算是出了一口惡氣。及事敗被擒，遣

---

① 魏收：《魏書》卷二一上《咸陽王元禧傳》。

② 關於北魏定士族等地時産生的"四姓"的確切内涵，參陳爽《世家大族與北朝政治》第二章，中國社會科學出版社，1998年，第42~80頁。

③ 魏收：《魏書》卷一三《孝明皇后胡氏傳》。

送京師，"愉每止宿亭傳，必携李手，盡其私情"。兩人感情確屬真摯。

有趣的是，在《元寶月墓誌》中，李氏又變成了楊氏，祇是其地望由東郡改成了恒農，出身變成了漢魏以來的名門弘農楊氏，當然我們可以確信，其父蘭陵太守楊次德、秦州刺史楊伯，均屬假冒，或是如以前改姓李一樣，通過締結養父養女關係締結而成的。儘管當時活躍於北魏政壇的楊播一族"自云恒農華陰人"，本身便有假冒之嫌，[①] 且"門望姻援不勝他人"，但從仕北魏起，"乃有七郡太守、三十二州刺史，内外顯職，時流少比"，并且確曾與皇室聯姻。[②] 在這種情況下，楊氏如真出自真正的或假冒的弘農楊氏，却去攀附當時門第并不比弘農楊氏高的趙郡李氏，則令人難以理解。

結合《元愉傳》與《元寶月墓誌》所看到的"楊妃"先偽托趙郡李氏，後又偽托弘農楊氏，這是北魏孝文帝定姓族以後社會上的一種普遍行爲，文獻中事例甚夥，唐長孺先生在《〈魏書·楊播傳〉自云"弘農華陰人"辨》一文中已有揭示。除唐先生所舉《魏書·王叡傳》及《侯剛傳》兩個典型事例外，我們還可舉同書《朱瑞傳》爲證。傳稱朱瑞本代郡桑乾人，魏末委身尔朱榮，官高爵顯，"啓乞三從之内并屬滄州樂陵郡，詔許之，仍轉滄州大中正。瑞始以青州樂陵有朱氏，意欲歸之，故求爲青州中正；又以滄州樂陵亦有朱氏，而心好河北，故乞移屬焉"。而如楊氏改姓以偽托地望還可舉張整爲例。景明元年《張整墓誌》稱：

> 君諱整，字菩提，并州上黨郡刈陵縣東路鄉告遷里人，源出荆州南陽郡
> 白水縣，五世祖充，晋末爲路川戍主，因官遂居上黨焉。燕、趙之世，冠冕
> 彌光，暨世祖太平真君中，君以鄉難入京，奉榮宮掖，顯祖異焉。高祖……加
> 大長秋卿，龍驤將軍，委以六宮之任。

誌主張整，趙萬里先生指出即《魏書·閹官傳》中的白整，亦即孝文帝《吊比干碑》碑陰所附隨從人員中的"中給事録大官令臣上黨白整"，此人事迹還見見於《魏書·孝文幽皇后傳》，姚薇元先生推斷白整源出稽胡。[③] 出身稽胡白氏的白整因偽托地望，在墓誌中改姓張，并杜撰出五世祖張充。

---

① 參唐長孺《〈魏書·楊播傳〉"自云弘農華陰人"辨》，《魏晋南北朝隋唐史資料》第 5 期。
② 魏收：《魏書》卷五八《楊播傳弟楊椿附傳》。
③ 姚薇元：《北朝胡姓考》，科學出版社，1958 年，第 294 頁。

北魏政權在西晋以後北方社會動蕩已久、人口移徙無常、籍貫變遷頻繁、重同姓而譜牒不密的背景下確立門第高卑，同時還考慮到各家族魏晋時代的地位，這原本就爲僞托地望開了方便之門。

僞托地望除舉族直接移徙於所托之地外，常常還以“自云”“自言”某一魏晋名人後代的方式出現，而要成爲事實，似乎還需如前引朱瑞改地望事一樣，經皇帝下詔特許。如成淹，上谷居庸人，“自言晋侍中粲之六世孫”；劉道斌，武邑灌津人，“自云中山靖王勝之後也”；張熠，“自云南陽西鄂人，漢侍中衡是其十世祖”；高肇，“自云本勃海蓨人，五世祖顧，晋永嘉之亂避入高麗”；孫惠蔚，“自言六世祖道恭爲晋長秋卿”；温子昇，“自云太原人，晋大將軍嶠之後也”；王仲興“世居趙郡，自以寒微，云舊出霸城，故爲雍州大中正”；茹皓，“舊吳人也……既官達，自云本出雁門，雁門人諂附者乃因薦皓於司徒，請爲肆州大中正，府、省以聞，詔特依許”。①

值得注意的是，北朝後期，“代人”或以鮮卑爲主的“北人”亦染此風，不再滿足於以“代人”或“河南洛陽人”②爲自己的籍貫，且樂於引一先代漢族名人爲先祖。興和二年（540）《劉懿墓誌》稱誌主劉懿“字貴珍，弘農華陰人”，并虛誇：“自豢龍啓胄，赤烏降祥，磐石相連，犬牙交錯，長源遠葉，繁衍不窮，斧衣朱紱，蟬聯奕世。”《北齊書》卷一九《劉貴傳》所述劉貴事迹與《劉懿墓誌》所記基本相同，傳却稱他爲“秀容陽曲人”。從誌、傳所述劉懿曾爲肆州大中正、死葬時隸秀容的肆盧鄉、其子亦曾爲肆州中正、誌稱劉懿擁有“第一酋長”等事實，我們可以斷定劉懿或者説劉貴原本爲北族人，後屬籍肆州，而“弘農華陰”籍貫屬於僞托。與《劉懿墓誌》相類的還有天平四年《張滿墓誌》，誌稱：“君諱滿，字華原，南陽西鄂人也，漢相留侯之苗裔。”《北齊書·循吏·張華原墓誌》却稱他爲“代郡人”。從誌中稱張滿“語通書革之國，言辨刻木之鄉”的情況看，他確實應是土生土長的“代人”，誌中所稱“南陽西鄂”，實是此時開始且影響及於後世的張姓僞托地望的慣技，這在北朝家族無聞的張姓人物的誌、傳中頗爲常見。如《北齊書》卷一九《張保洛傳》稱：“代人也，自云本出南陽西鄂。”至於高歡自稱渤海高氏而難以究

---

① 見《魏書》各人本傳。

② 孝文帝規定隨遷洛陽之鮮卑人改籍貫爲“河南洛陽人”，從墓誌中可知，這得到鮮卑人的普遍遵循，不過以“洛陽河陰人”作爲籍貫者亦不少。

詰；①侯景顯係北族出身，上代最遠衹知其父名諱，代梁建漢後，却"以漢司徒侯
霸爲始祖，晋徵士侯瑾爲七世祖"，②雖均出於政治圖謀，却也是當時北族出身者偽
托地望與冒引先祖的風氣使然。

墓誌中反映出來的北魏皇族人物偽托地望與冒引先祖的行爲特別令人注目。
正光元年（520）《元寧墓誌》稱：

> 君諱寧，字阿安，河南洛陽人也。其先唐堯之苗裔，漢高之胤胄孝章帝
> 之後。君故使持節龍驤將軍雍州刺史外都大官賀延鎮都督武陽侯渴洛侯曾孫，
> 故平遠將軍散騎常侍殿中尚書冠軍將軍始平公侯尼須之孫，故岐州刺史之
> 子……旨補騎官之任，釋褐殿中將軍，稍加位號，還授輕車將軍。

從元寧姓氏、先祖名字任官、本人任官經歷及河南洛陽人的地望，我們可以斷定他
屬於北魏宗室，但他的墓誌却自稱爲"漢高之胤胄孝章帝之後"。普泰二年（532）
《韓震墓誌》誌陰説："君妻，南陽娥氏，羽真、南平公、魚曹尚書、使持節秦雍二
州刺史仇池都督娥清之女。"娥清爲將於北魏明元、太武二朝，傳記見於《魏書》
卷三〇。據本傳，他屬"代人"，有關史料表明他曾擁有須昌侯、昌平侯、東平侯
等爵位，而無南平公爵位。娥清因戰不力，被太武帝"黜爲門卒，遂卒於家"，其
子娥延後被賜爵爲南平公，見於本傳。娥清與韓震時代遠隔，誌中所述娥清官爵與
本傳相去甚遠，頗疑誌中娥清應作娥延。姚薇元先生《北朝胡姓考》隸娥氏於東
胡諸姓之首，并據《宋書》卷四八《朱超石傳》中"索虜托跋嗣……遣弟黄門郎鵝
青……屯河北"一語，推斷娥清原姓當爲托跋，娥清乃其名，"以罪戾見擯於皇族，
不得襲用陰山貴姓，而以其名第一音爲氏也"。③無論是出於一般的"代人"，還
是源出拓跋皇室，娥氏在北魏末年已自認望出南陽，却是不争的事實。

一些北族人墓誌中還杜撰先祖從中原外遷的史實，以證明自己在血統上確實

---

① 高歡北魏末起於北鎮，且"累世北邊，故習其俗，遂同鮮卑"（《北史》卷六《神武紀》），但自稱
　 渤海蓚人，在史書存在可以稽考的世系。而這一世系存在疑點，被指爲偽造，或疑高歡本出高句
　 麗，諸家觀點詳見繆鉞《東魏北齊政治上漢人與鮮卑人之衝突》，收於氏著《讀史存稿》，三聯書
　 店，1963 年。後李培棟復著文對史籍中的高氏世系加以肯定，見其《高歡族屬家世辨疑》，收於
　 劉心長、馬忠理《鄴城暨北朝史研究》，河北人民出版社，1991 年。但筆者認爲，李氏所論并不
　 能證明高氏世系的真實性。
② 姚思廉：《梁書》卷五六《侯景傳》。
③ 姚薇元：《北朝胡姓考》，第 237~238 頁。

源自華夏。孝昌三年（527）《劉玉墓誌》説：

> 君諱玉，字天寶，弘農胡城人，厥初基兆，與日月同開，爵封次第，通
> 君臣之始，周秦漢魏，并班名位。遠祖司徒寬之苗，其中易世，舉一足明。
> 值漢中譏（季？）匈奴之患，李陵出討，軍略不利，遂没虜庭，先人祖宗便習
> 其俗，婚姻冠帶與之錯雜。大魏開建，托定恒代，以曾祖初萬頭大族之胄……
> 爲何渾地汙，爾時此班例亞州牧。

北周天和三年（568）《李賢墓誌》：

> 公諱賢，本姓李，原州高平人，漢將李陵之後也。十世祖俟地歸，聰明
> 仁智，有則哲之，監知魏聖帝齊聖廣淵，奄有天下，乃率諸國定扶戴之議。
> 鑿石開路，南越陰山，竭手爪之功，成股肱之任。建國拓跋，因以爲氏。

大趙神平二年（北魏永安二年，529）《王真保墓誌》：

> 君諱真保，秦州略陽人，實軒轅之裔，后稷之胄。蓋隆周即豫，霸者專
> 征，陳生嗟去，獲兆西城，遂飛實武威，別爲王氏，歷代名位，左右賢王。
> 暨漢世大統，諸國内屬，因朝入士，鳴玉西都；後中國失御，魏晉迭昇，或
> 龍騰白馬，風颺金域，所在立功，圖勳帝室，受晉茅土，遂家略陽。

還有一些北族人的墓誌直截了當地稱是華夏族公認的始祖黃帝或聖王的後裔。正光
元年（520）《叔孫協墓誌》説：“君諱協，字地力懃，河南洛陽人也，其先軒轅皇
帝之裔胄，魏馮翊景王渴羅侯之孫，倉部尚書敕俟堤之子。”孝昌二年（526）《和
邃慕誌》稱：“朔州廣牧黑城人也。其先軒皇之苗裔，愛自伊虞，世襲纓笏，式族
命三朝，亦分符九旬。因食所采，故世居玄朔。”武泰元年（528）《陸紹墓誌》云：
“河南河陰人也。其先蓋軒轅之裔胄。”武平元年（570）《乞伏保墓誌》：“其先蓋夏
禹之苗裔。”

從墓誌中我們還發現，同一家族的北族人物的墓誌中，雖均引華夏先代聖王
和名人爲先祖，但説法并不一致。如永安二年（529）《尔朱紹墓誌》説：“其先

出自周王虢叔之後，因爲郭氏，封居秀容，酋望之胤，遂爲尔朱。"而河清三年（564）《叱列延慶妻尔朱氏墓誌》却稱："郡君諱元静，北秀容人也，其先蓋夏後氏之苗裔。至如尋熊鑿山之巧，收功於九折，逐龍入穴之能，取智於九鼎。源流共四海俱深，基構與五山并極。"同出秀容尔朱氏，却一稱"周王虢叔之後"，一稱"其先蓋夏後氏之苗裔"，表明他們在新的族源的選擇上，還未達成共識。還有的父子兩代的墓誌對地望與始祖的叙述差異頗大。如正始四年（507）《奚智墓誌》説："恒州樊氏人也。始與大魏同先，僕膾可汗之後裔。中古遷移，分領部衆，遂因所居，改爲達奚氏焉。逮皇業徙嵩，更新道制，敕姓奚氏。"其子正光四年（523）《奚真墓誌》却稱："河陰中練里人也。其先蓋肇俟軒轅，作蕃幽都，分柯皇魏，世庇瓊蔭，綿弈部民，代匡王政。可謂芬桂千齡，松茂百世者矣。"這無疑反映出兩代人文化心態上的變化。

以華夏始祖爲族源或將族源追溯至華夏民族起源時期，這是十六國北朝少數民族政權的統治者爲獲得中原人心普遍采用的辦法。匈奴人劉淵自稱"漢室之孫"，建國稱漢，"追尊後主，以懷人望"；①鮮卑慕容氏稱"其先有熊氏之苗裔"；②氐族苻氏則稱"其先蓋有扈氏之苗裔"；③羌人姚氏自稱"其先有虞氏之苗裔。禹封舜少子於西戎，世爲羌酋"；④略陽臨渭氐人吕氏則稱"其先吕文和，漢文帝初，自沛避難徙焉，世爲酋豪"；⑤匈奴人赫連勃勃在建國之後，下詔書説："朕之皇祖，自北遷幽朔，音殊中國，姓改姒氏，故從母姓爲劉。子而從母，非禮也。……帝王係天爲子，實與天連，今改姓赫連氏，庶協皇天之意，永享無疆大慶。"⑥雖棄劉姓，却肯定了自《史記》以來匈奴乃"夏後氏之苗裔"的説法，故北齊武平四年（573）《赫連榮墓誌》説："朔方人也。昔櫛風沐雨，大業禀於帝圖；疏河導源，嘆嗟仲尼之口。波流於是浩汗，根葉所以鬱槃。連天徽赫，難得而稱焉。"鮮卑拓跋氏自述族源説："昔黄帝有子二十五人，或内列諸華，或外分荒服。昌意少子，受封北土，國有大鮮卑山焉，因以爲號。……黄帝以土德王，北俗謂土爲托，謂後爲跋，故以爲氏焉。其裔始均，人仕堯世，逐女魃於弱水之北，民賴其勤，帝舜嘉之，命爲田

---

① 房玄齡等：《晋書》卷一〇一《劉元海載記》。
② 房玄齡等：《晋書》卷一〇八《慕容廆載記》。
③ 房玄齡等：《晋書》卷一一二《苻洪載記》。
④ 房玄齡等：《晋書》卷一一六《姚弋仲載記》。
⑤ 房玄齡等：《晋書》卷一二二《吕光載記》。
⑥ 房玄齡等：《晋書》卷一三〇《赫連勃勃載記》。

祖。爰歷三代，以及秦漢，獫鬻、獯狁、匈奴之屬，作暴中州，而始均之後不交南夏，是以載籍無聞焉。"[1] 匈奴宇文氏[2]於國史中稱炎帝神農之後，并説炎帝"爲黄帝所滅，子孫遁居朔野。有葛烏兔者，雄武多算略，鮮卑慕之，奉以爲主，遂總十二部落，世爲大人。……其俗謂天曰'宇'，謂後曰'文'，因號宇文國，并以爲氏焉"。[3]

北族出身者僞托中原名族，冒引華夏名人爲先祖，反映了他們進入中原後，面對一個有着悠久歷史與深厚文明的民族，心理上的不自信與趨同，這正是促使他們漢化的一種内在動力。史書中的説法，是一種政治宣傳，而墓誌中的記述，則是誌主或其後人心理上的認可。當進入中原的少數族人認同於華夏，或雖没有忘記從邊地遷入中原的歷史，心理上却仍然自認爲是華夏裔孫時，歷史上的少數族人漢化或華化的過程纔算真正完成。

作者附識：二十世紀八九十年代通讀趙萬里先生《漢魏南北朝墓誌集釋》時，形成數篇札記之一，2000 年刊於武漢大學《魏晋南北隋唐史資料》第 17 輯。文中首舉《元寶月墓誌》，推測寶月兄弟四人，其中或有見於《北齊書·慕容儼傳》之元寶掌。2016 年，《北朝藝術研究院藏品圖録·墓誌》由文物出版社出版，中有正光四年《臨洮王楊妃墓誌》，楊妃即寶月母，《誌》中述楊氏四子："息寶月，年廿二。寶輝，年廿一。寶矩，年十七。寶明，年十六。"使元愉四子得明，證筆者原來推斷不確。現北朝墓誌研究已蔚爲大觀，小文中揭示的一些話題，後來論述者不少，是亦有功。承王連龍先生不棄，新編大著，欲加收録，特附語説明。至於文中墓誌徵引、史實注釋，雖不符時下流行的瑣屑規矩，不妨理解，一仍其舊。

---

① 魏收：《魏書》卷一《序紀》。
② 關於宇文氏之族屬，采用周一良《論宇文周之種族》一文的研究，見《周一良學術論著自選集》，首都師範大學出版社，1995 年。
③ 令狐德棻等：《周書》卷一《文帝紀上》。

出土墓誌所見中古譜牒探迹*

陳　爽

《史通》卷三《書志》云："譜牒之作，盛於中古。"[①] 所謂中古譜牒，主要是指唐代以前特別是魏晉南北朝時期的譜牒文本。本文借用"中古譜牒"的概念，既是與宋明以後的近世家譜相對舉，也便於與唐代諸多姓氏書類譜牒著述相區別。長期以來，學界一直認爲六朝古譜亡佚殆盡，無從稽考，本文則試圖以出土墓誌中所見譜牒資料爲綫索，對中古譜牒的主要內容、行文格式和書寫義例進行初步探討，以拓展中古社會史研究的學術視野。

一　出土墓誌與古譜尋證

　　魏晉南北朝時期是門閥士族發展的鼎盛時期，也是中國譜牒之學最爲繁盛階段之一。這一時期，譜牒不僅是維繫家族制度的紐帶，還在官吏選拔、婚姻締結、社交禮儀諸多方面發揮着舉足輕重的作用。周一良先生曾指出：

　　　　自魏晉立九品中正制，以門第取士，單寒之家摒棄不齒，於是士大夫又以氏族郡望自矜。其時官有簿狀，家有譜系，官之選舉比由簿狀，家之婚姻必由譜系。當時譜牒今雖不可得見，而觀各書所載譜名之多，猶可想

---

　*　本文原刊於《中國史研究》2013 年第 4 期，作者同意入編本書。

　①　劉知幾撰，浦起龍釋《史通通釋》，上海古籍出版社，2009 年，第 68 頁。

見其盛也。①

這一時期，譜牒的官修色彩濃厚，不僅出現了摯虞、賈弼之、王僧孺等知名譜學家，在官府中還曾設置了專門的主譜官員和修譜機構"譜局"。《隋書·經籍志》著録了兩晉南北朝時期各類譜牒41種，360卷，通計當時已亡之書，合53部，1280卷。就形式而言，中古譜牒主要有以下幾種類型：1. 士族譜，祇列一姓一族譜系，如《謝氏譜》《桓氏譜》等；2. 宗室譜，單列皇族宗室譜系，如南朝的《齊帝譜屬》、北朝的《後魏皇帝宗族譜》等；3. 州郡望族譜，以州爲名，祇列一州著名家族，如《冀州姓族譜》《敦煌望族譜》等；4. 天下望族譜，包括海内各大名族譜系，如晉摯虞的《姓族昭穆》、宋王儉的《百家集譜》。②就内容而言，中古譜牒可以分爲單姓家譜和多姓總譜兩大類；而就性質而論，中古譜牒著述大致有家族譜牒、姓氏書和譜學專著三個層面。

隋唐以後，所有六朝古譜漸次亡佚，鄭樵《通志·氏族略》序云：

自五代以來，取士不問家世，婚姻不問閥閱，故其書散佚，而其學不傳。③

錢大昕《十駕齋養新録》卷一二"郡望"條：

自魏晉以門第取士，單寒之家屏棄弗齒。而士大夫始以郡望自矜。唐、宋重進士科，士皆投牒就試，無流品之分。而唐氏尤尚士族，奉敕第其甲乙，勒爲成書。五季之亂，譜牒散失，至宋而私譜盛行，朝廷不復過而問焉。士既貴顯，又多寄居他鄉，不知有郡望者，蓋已五六百年。④

兩宋以後至明清時代，家譜的撰述重新復興，但形式與内容與中古時期已大爲不同，修譜的主要目的由"明選舉、辨婚姻"轉爲"敬宗收族"，不再具有中古時期

---

① 周一良：《〈新唐書宰相世系表引得〉序》，《周一良集》第5卷，遼寧教育出版社，1998年，第4頁。
② 參見徐揚《中古譜牒譜名表》，載氏著《家族制度與前期封建社會》，湖北人民出版社，1999年，第108頁。
③ 鄭樵：《通志》卷二五《氏族略》，中華書局，1987年，第439頁上。
④ 錢大昕：《嘉定錢大昕全集》，陳文和點校，江蘇古籍出版社，1997年，第7册，第313頁。

那種强烈的官學色彩，多爲私家著述，因而爲一些官修書目所不取。清《四庫全書總目提要》卷四五《史部總序》：

> 舊有"譜牒"一門，自唐以後，譜家斷絶，玉牒既不頒於外，家乘亦不上於官，徒存虛目，故從删焉。[①]

由於没有一部保持完整格式的中古譜牒傳世。這一時期譜牒的原貌如何，各種官私譜牒的體例、内容如何，各自的社會功能、政治作用怎樣，在傳承關係上對後代譜牒是否産生過影響，學界已有的認識還相當的籠統和模糊。

長期以來，前輩學者對於中古譜牒的探求和追索主要沿以下幾個方向進行。

（一）古譜輯佚

清人章宗源撰《隋書經籍志考證》，其"譜系"篇首開六朝譜牒的輯佚工作，後人逐步從劉孝標《世説新語注》、裴松之《三國志注》和李善《文選注》以及部分類書中尋找到一些零散佚文，但所能輯録出的家譜文字每條大多祇有十餘字，雖有個人的名諱、歷官和婚姻狀况，但内容互無關聯，家族人物關係被完全拆散，失去了家譜的完整性，雖可部分補足正史，却基本失去了作爲完整意義的譜牒本身的研究價值。

（二）譜系辯證

唐代以後，格式繁複的單姓家譜大多失傳，但以簡譜性質的多姓族譜仍以天下"姓族譜""郡望譜"等方式得以延續。《元和姓纂》是唐代最後一部官修譜牒，保存至今。全書雖藉"諸家圖牒"以成書，其排列格式和記録内容已經與魏晋唐初的譜牒有了很大差别，除皇族李氏外，其他姓氏一律按韻編排，實際上已經向宋以後的百家姓氏書過渡了。宋以後，歐陽修著《新唐書·宰相世系表》、鄧名世著《古今姓氏書辯證》，"皆承用諸家譜牒"，[②] 有賴於此，中古譜牒中世系的傳承順序大致得以保留，其内容經常爲研治中古歷史的學者所引證，但中古譜牒格式和内容仍難窺原貌。

南宋汪藻《世説叙録》中有《人名譜》一卷，一般被學者認爲是傳自六朝古

---

① 《四庫全書總目提要》，中華書局，1965年，第971頁。
② 洪邁：《容齋隨筆》卷六《唐書世系表》，上海古籍出版社，1978年，第82頁。

譜，并且形式最爲接近。楊勇《汪藻世説人名譜校箋·序例》：

> 又卷首《琅邪王氏譜》下注云："凡《世説》人物可譜者，自臨沂而下
> 二十六家，世説所記止於晋末，今用諸史譜至陳、隋。"……則汪藻之前，王
> 氏以下二十六族已有舊譜可循，汪氏之譜，不過取前人舊譜，稍加勾勒譜至
> 陳、隋而已。然汪譜甚草率，例意雖存，而内容錯亂，輩次混淆最甚，字迹
> 之間漫斑剥，更難以狩讀。[1]

《世説人名譜》雖"輩次錯亂""字迹斑剥"，却部分地保留了中古譜牒的格式，如
横格製表，一代一格。表格之後按輩分人物做文字説明，但其中的文字"藉録"部
分主要配合《世説》内容而經過了大量删改和剪裁，已不復譜牒原貌。

（三）考古發現

二十世紀初，敦煌遺書中發現了一些唐初的姓氏譜，曾引起學者激烈的討論，
肯定者認爲是貞觀八年的官修氏族誌，[2] 否定者認爲僅是唐初郡望的常識性讀物。[3]
無論其性質如何，殘卷内容中祇有各地郡望和大姓順序，屬於簡譜性質，對於恢復
中古譜牒的原始格式并没有什麽實質性幫助。

1959 年至 1975 年，新疆吐魯番阿斯塔墓出土了兩件高昌家譜殘件："高昌某氏
殘譜"和"某氏族譜"。馬雍、李裕民、王素、郭峰等學者撰文進行了系統研究，
雖具體意見不一，但大體可以認定是十六國至北朝時期的私撰家譜，這是迄今爲止
考古發現兩晋南北朝時期唯一的家譜實物。[4]

1980 年，陳直先生發表《南北朝譜牒形式的發現和索隱》，[5] 指出：漢代碑文

---

① 楊勇：《世説新語校箋》下册附録，正文書局，2000 年，第 5 頁。
② 關於敦煌所出唐代姓氏書，中外學界研究頗豐，具體釋文可參閱王仲犖《〈唐貞觀八年條舉氏族事
　件〉殘卷考釋》《〈新集天下姓望氏族譜〉考釋》《敦煌石室出殘姓氏書五種考釋》，刊氏著《蜡華
　山館叢稿》，中華書局，1987 年。
③ 唐耕耦：《敦煌寫本天下郡望氏族譜殘卷的若干問題》，中國社會科學院歷史研究所魏晋隋唐史研
　究室編《魏晋隋唐史論集》第 2 集，中國社會科學出版社，1983 年，第 293 頁。
④ 馬雍：《略談有關高昌的幾件新出土文書》，《考古》1972 年第 4 期；李裕民：《北朝家譜研究》，《譜
　牒學研究》第 3 輯；王素：《吐魯番出土〈某氏族譜〉新探》，《敦煌研究》1993 年第 3 期。
⑤ 《西北大學學報》1980 年第 3 期，後收入陳直《文史考古論叢》，天津古籍出版社，1988 年，第
　218 頁。

中叙述世系詳細者，必依據於家譜，"不啻漢人石刻的家譜"。他進而以這一思
路探求南北朝家譜，對照《新唐書・宰相世系表》等史籍，舉北魏《薛孝通貽後
券》、宋《劉襲墓誌》和北魏《元颺妃李媛華墓誌》爲證，對這一時期譜牒的内
容和形式進行了深入探討。陳直先生的思路充分地體現了他一貫倡導的文獻與考
古結合的研究方向，爲魏晋南北朝譜牒研究打開了一個新的突破口，也爲漢魏六
朝譜牒史料的開掘指明了努力的方向。但是，在當時的歷史條件下，陳直先生所
見的墓誌資料有限，[1]使他得出"南北朝家譜載於刻石者"僅見於以上三方墓誌的
判斷；更爲遺憾的是，陳直先生的意見并未引起學界的足够重視，[2]長期以來，由
於基礎史料的嚴重匱乏，中古譜牒一直是中國譜牒研究史上的缺環，無法進入具
體的實證性研究層面。幾十年來，雖然不斷有魏晋南北朝時期的墓誌出土，相關
釋讀和整理成果不斷涌現，却幾乎未見有學者從譜牒研究的角度去考察相關的石
刻資料。

　　一般説來，墓誌的撰寫必然參考了墓主的譜牒資料，墓主的世系源流在墓
誌中也必然有所記述，這些誌文中雖然包括了很多家族世系源流的信息，但都
經過文學加工和文字潤色，不復譜牒的原貌，這并不是我們所要尋找的譜牒
資料。

　　與上述一般性的墓誌内容相比，陳直先生所引的幾方墓誌，[3]内容比較特殊，
以《李媛華墓誌》爲例，全文 900 餘字，誌首用了 300 餘字詳盡記述了墓主的父祖
及兄弟姐妹的名諱、郡望、婚姻、歷官的情况：

　　　亡祖諱寶，使持節侍中鎮西大將軍開府儀同三司并州刺史燉煌宣公。亡
　　父諱沖，司空清淵文穆公。夫人滎陽鄭氏。父德玄，字文通，宋散騎常侍，
　　魏使持節冠軍將軍豫州刺史陽武靖侯。兄延實，今持節督光州諸軍事左將軍
　　光州刺史清淵縣開國侯。亡弟休纂，故太子舍人。弟延考，今太尉外兵參軍。
　　姊長妃，適故使持節鎮北將軍相州刺史文恭子滎陽鄭道昭。姊伸王，適故司
　　徒主簿滎陽鄭洪建。姊令妃，適故使持節撫軍青州刺史文子范陽盧道裕。妹

---

① 據篇末附記，此文初稿完成於 1964 年 10 月，1974 年 8 月最後修改。
② 參見李傳印《北朝譜學與北朝政治》，《史學月刊》2003 年第 4 期；高賢棟：《北朝宗族譜牒述論》，
　　《北方論叢》2007 年第 5 期。
③ 陳直先生所引證的第一篇墓誌"薛孝通貽後券"疑爲僞誌，暫不予討論。詳參楊强《"薛孝通貽後
　　券"辨僞》，《文博》2002 年第 3 期。

稚妃，適前輕車將軍尚書郎中朝陽伯清河崔勋。妹稚華，適今太尉參軍事河南元季海。子子訥，字令言，今彭城郡王。妃隴西李氏，父休纂。子子攸，字彥達，今中書侍郎武城縣開國公。子子正，字休度，今霸城縣開國公。女楚華，今光城縣主，適故光禄大夫長樂郡開國公長樂馮顥。父誕，故使持節侍中司徒長樂元公。女季望，今安陽鄉主，適今員外散騎侍郎清淵世子隴西李彧，父延寔。①

陳直先生認爲，南北朝叙及親屬譜系見於刻石者，"僅見於此"，"皆是譜牒學上極可寶貴的文獻"。

二十世紀以前，魏晋南北朝時期墓誌的發現和著録還比較稀少，這種在誌首大段叙述家族譜系和婚宦的文字，與當時常見的墓誌體例差别很大，因而被時人認爲與通行的"誌例"不合。清黄本驥《劉襲墓誌》跋語曰：

> 誌首叙曾祖以下銜名列在題前，與北魏崔敬邕誌同例，叙祖父母、兄弟，并及其葬地，祖母、嫡母、兄嫂、弟婦、姊妹夫之祖若父名字官位一一備載，而姊妹之離婚重嫁者，其所適之族，亦備載無遺，爲誌例罕見。②

錢大昕《刁遵墓誌》跋語亦云：

> 誌列三世官爵於首，似行狀之式。而銘辭之後，別云夫人同郡高氏云云，皆墓誌之變例也。③

這種"備載譜系官位"的墓誌，在當年被認爲是一種罕見的墓誌體例，但經過近百餘年間大量兩晋南北朝墓誌的陸續出土和刊布，這種已經不是個例或"變例"，而是一種十分常見墓誌體例。翻檢收録魏晋南北朝墓誌釋文最爲完備的兩部著作，趙超先生的《漢魏南北朝墓誌彙編》和羅新、葉煒先生所著《新出魏晋南北朝墓誌疏

---

① 趙超：《漢魏南北朝墓誌彙編》，天津古籍出版社，1992 年，第 148~149 頁；趙萬里：《漢魏南北朝墓誌集釋》圖版 186。
② 黄本驥：《古誌石華》卷一，道光二十七年（1847）三長物齋叢書本。
③ 錢大昕：《潛研堂金文跋尾》卷二，《石刻史料新編》第 1 輯第 25 册，新文豐出版公司，1977 年，第 18759 頁。

證》，^①可以看到很多類似的文字。^②

（1）在墓誌起首（墓主事迹之前）即完整叙述家族世系婚宦，如《華芳墓誌》《羊祉墓誌》等。

（2）在墓誌結尾（辭銘之後）完整叙述家族世系婚宦，如《元顯魏墓誌》《李蕤墓誌》等。

（3）在墓誌起首記述父祖世系婚宦，如《明曇憘墓誌》《劉岱墓誌》《祖顯墓誌》《元憺墓誌》《元液墓誌》《元龍墓誌》等。

（4）在墓誌結尾記録子女行輩婚宦，如《李憲墓誌》《公孫甑生墓誌》《劉懿墓誌》《韋孝寬墓誌》等。

（5）在墓誌起首記述父祖世系婚宦，同時在墓誌尾部記述子女行輩婚宦，如北魏《宗欣墓誌》《賀蘭祥墓誌》等。

（6）在墓誌誌陰等位置記述家族世系婚宦，如北魏《左棻墓誌》《韓震墓誌》《裴良墓誌》等。

（7）幾乎通篇墓誌記録家族譜系，如東晋《温嶠墓誌》《謝琰墓誌》《宋乞墓誌》等，主要集中在東晋時期。

諸如此類的文字和記述，從兩書中可檢出上百方之多，其中不僅有十幾字、幾十字的簡短文字，也不乏長達上百字、數百字的世系記述。據筆者初步輯録統計，《漢魏南北朝墓誌彙編》和《新出魏晋南北朝墓誌疏證》兩書中這種以特殊格式記録家族世系、婚姻和歷官的，涉及墓誌一百五十餘方，總計 15000 字以上，如果加入近年來多方新刊布的魏晋南北朝墓誌，^③估計有此類墓誌達二百方左右，總字數達 20000 字以上。可見在墓誌中詳細記載家族世系，是兩晋南北朝時期墓誌撰寫的一個通行的慣例，可視爲這一時期獨有的一種特殊“誌例”。

---

① 羅新、葉煒：《新出魏晋南北朝墓誌疏證》，中華書局，2005 年。

② 本文以下所引證的墓誌，除特别注明外，均出自兩書，釋文僅依兩書録文原貌，對録文中的點斷、文字釋讀和職官名物等暫不予討論。

③ 趙君平：《邙洛碑誌三百種》，中華書局，2004 年；趙君平、趙文成：《河洛墓刻拾零》，國家圖書館出版社，2007 年；趙君平、趙文成：《秦晋豫新出土墓誌蒐佚》，國家圖書館出版社，2011 年；齊運通：《洛陽新獲七朝墓誌》，中華書局，2012 年；胡戟、榮新江：《大唐西市博物館藏墓誌》，北京大學出版社，2012 年。

二　引譜入誌：文本辨析與格式比勘

如此衆多與通行"誌例"不合的文字譜系叙述文字從何而來？進一步分析墓誌文本，疑點頗多。

疑點之一，如果不考慮東晉南朝的個別墓誌，大多數長篇世系叙述文字均出現在墓誌的特殊位置，或在誌首，或在誌尾，或單獨書寫在誌陰，甚至寫到誌蓋陰面或刻石兩側。

作爲一種獨立的文體，兩晉南北朝時期，墓誌尚處在形成和發展階段，撰寫體例并不完備，不如後世那樣整齊劃一。除去一些形制特殊，内容粗略的墓表、墓記和東晉南朝的個別墓誌不論，大體説來，墓誌文體的主幹包括以下幾個部分。

（1）誌題（亦稱首題）：概括指明墓主的姓名和身份。簡單的誌題祇寫墓主之名，如"蕭融墓誌銘"，而詳盡的誌題通常包括墓主的屬國、官職、籍貫、爵位、姓氏等内容，如"大齊故使持節都督揚懷潁徐兖五州刺史驃騎大將軍太府卿山鹿縣開國伯洛川縣開國子安次縣都鄉男元使君墓誌銘"。

（2）銘序：記載墓主家世、生平事迹的部分，兩晉南北朝時期以駢文居多，或有散體，或駢散間雜，多有文采。這部分内容，有些學者稱爲"誌文"，[①]其實在古人的觀念中，我們今天所認爲的"誌文"部分都是誌銘的序，因而中古墓誌很多都題爲"某某墓誌銘并序"。銘序格式一般以"君（公、王）諱某"作爲起首，以"其銘（詞、辭）曰"作爲結束。

（3）誌銘：用來表示哀悼墓主并稱頌功業德行的銘文，通常爲四言韻文。

（4）尾識：一般用以記載墓主親屬的姓名和身份、刻石時間，有時也會出現撰書人的姓名。如"孝昌元年十月壬申朔廿一日壬辰克""永平元年歲次戊子十二月庚戌朔四日癸丑建，太常博士青州田徽寶造，書者相州主簿魏洽"。

而前揭墓誌中世系的有關記述，似乎不屬於以上任何部分，一般出現在誌題（首題）之後，銘序（誌文）的"君諱某"之前，可稱爲"首叙"；或在四言誌銘之後（有時在尾識之後，這一時期大多數墓誌無尾識），可名爲"尾記"。

在一時期很多墓誌中，原本"誌題＋銘序＋誌銘＋尾識"的格式，變成了"誌

---

① 黄蓓：《魏晉南北朝墓誌銘流變及文體特徵研究》，碩士學位論文，華中師範大學，2009年，第36頁。黄蓓先生認爲，南北朝墓誌的結構分爲首題、序、誌文、銘、尾記幾部分。

題＋首叙＋銘序＋誌銘＋尾識""誌題＋銘序＋誌銘＋尾識＋尾記"或"誌題＋首叙＋銘序＋誌銘＋尾識＋尾記"。

疑點之二，這些文字多簡潔平實，直録其事，無任何潤色和修飾。與誌文其他部分文采飛揚的駢散和韻文的反差很大，内容也互無銜接，并與誌文内容有所重複，甚至有相互矛盾之處，完全不似出自一人之手。

（1）叙事章法怪異，與銘序互無關聯，内容上没有銜接，文字上没有轉承和呼應。如《郭顯墓誌》誌首，叙述子女名姓出現在墓主名諱和事迹之前：

> 父萇命，東兖州别駕。母趙郡李氏。顯妻濟州平原柏氏。息金龍。息女洪妃，適段萇洛。次息女景妃，適楊康生。龍妻劉氏。龍息文憘，次息見憘。君字季顯，并州太原郡晋陽縣人也……①

又如《李蕤墓誌》誌尾，前面銘序、誌銘叙述墓主事迹已盡，纔開始出現父祖的名諱，叙述墓主家世：

> ……幽埏一晦，泉庭不曙，身滅黄廬，芳題篆素。亡祖寶，字懷素，儀同三司燉煌宣公。夫人金城楊氏。父褘，前軍長史。亡父承，字伯業，雍州刺史沽臧穆侯。夫人太原王氏。父慧龍，荆州刺史長社穆侯。君夫人太原王氏，諱恩榮，封晋陽縣君。合葬君墓。父洛成，太宰中山宣王。君八男，四女。②

（2）同樣的内容在首叙（或尾誌）和銘序中都有記載，内容重複。如北魏《李璧墓誌》誌陰記載：

> 曾祖祐，燕吏部尚書。曾祖親，廣平游氏。祖雄，東莞太守。祖親北平陽氏，父璆，御史中丞。父景仲，州主簿，齊郡太守。母遼東公孫氏，字佛仁……

而在銘序（誌文）中，又稱：

---

① 趙超：《漢魏南北朝墓誌彙編》，第 157~158 頁。
② 趙超：《漢魏南北朝墓誌彙編》，第 148 頁。

　　曾祖尚書，操履清白，鑒同水鏡，銓品燕朝，聲光龍部。祖東莞，乘榮
遷世；考齊郡，養性頤年；并連芳遞映，繼寶相輝……①

再如東魏《祖顯墓誌》，而銘序中已有"父并州，風飆儁邁，繼綣龍顏"的記述，
誌首又記：

　　父萬，并州刺史淮南王。②

又如西魏《元華墓誌》銘序中已經提到"長子熙之，位大鴻臚卿。次子叡景，夙年
零落"，而在誌尾又重述：

　　長子名熙之，驃騎大將軍北華州刺史大鴻臚卿，華陰縣開國男。次子叡
秀。次子叡景。次子叡和。次子叡弼。次子叡邕。③

　　（3）首叙或尾記與銘序（誌文）相互矛盾，如北魏《羊祉墓誌》：

　　使君祖父已見銘序。太夫人清河崔氏，父□史，贈平東將軍、兗州刺史，
諡曰威（以下記譜系，略）④

首叙開篇即提到"使君祖父已見銘序"。而緊隨其銘序中却通篇没有介紹羊祉祖父
和父親的文字。
　　出現這樣的矛盾，令人懷疑墓誌中兩類文字的來源不同，在墓誌中的功能和
作用也不同。
　　疑點之三，墓誌中這些記錄家族譜系的文本，產生於兩晋南北朝不同時期，
不同地域的墓誌文本，其主要内容和書寫格式却有着驚人的相似，似乎有某些統一

---

① 趙超：《漢魏南北朝墓誌彙編》，第120、118頁。
② 趙超：《漢魏南北朝墓誌彙編》，第359頁。
③ 杜葆仁、夏振英：《華陰潼關出土的北魏楊氏墓誌考證》，《考古與文物》1984年第5期。
④ 羅新、葉煒：《新出魏晋南北朝墓誌疏證》，第77頁。

的書寫規範和文本格式，其内容主要表現爲：

（1）祇叙官爵不述行狀；

（2）叙及女性親屬，不僅列舉郡望，而且追述其父祖的官爵；

（3）所有子息的全部收録，不厭其詳。

以上疑問通過墓誌文本的比勘無法獲得完滿解釋，而查閲相應的墓誌拓片圖版，令人驚訝地發現：這些記述家族世系的文字，除了位於墓碑的首尾等特殊位置外，還有一些特殊的行款格式。這些特殊的行款包含了很多重要信息，而這些信息僅僅通過閲讀文本形式的録文則很容易被忽視，[①] 這些格式包括：

（1）分段提行，前後有留白；

（2）特定的内容低格書寫；

（3）特定内容之間有空格分開。

按照通例，中古墓誌是不分段落的，無論是幾十字的短篇，還是上千字的長文，均一段到底，整個墓誌除了誌題外，祇有銘序和誌銘兩段（個别誌文中出現皇帝或祖先名諱等特殊情況時會以平闕之制提行書寫）。僅以《邢偉墓誌》的首尾爲例，趙超《漢魏南北朝墓誌彙編》録文爲：

> 　　魏故博陵太守邢府君墓誌｜祖穎，散騎常侍冠軍將軍定州刺史城平康侯。｜夫人渤海李氏。父升，太子洗馬。｜父修年，南河鎮將。｜夫人趙郡李氏。父祥，安東將軍定州刺史平棘獻子……夫人渤海封氏。父休桀，河間太守安陵子。｜後夫人清河房氏。父千秋，立中將軍南青州刺史。[②]

而根據墓誌拓片，原文格式實爲：

> 祖穎散騎常侍冠軍將軍定州刺史城平康侯
>
> 夫人渤海李氏　父昇太子洗馬
>
> 父脩年南河鎮將

---

① 趙超《漢魏南北朝墓誌彙編》録文對於空格留白等行款全部未予標注，羅新、葉煒《新出魏晋南北朝墓誌集釋》雖注意保留了這些特殊行款，但仍有很多録文因未見圖版，無法標明。

② 趙超:《漢魏南北朝墓誌彙編》，第78頁。

夫人趙郡李氏　父祥安東將軍定州刺史平棘獻子

…………

夫人勃海封氏　父烋桀河間太守安陵子

後夫人清河房氏　父千秋立中將軍南青州刺史①

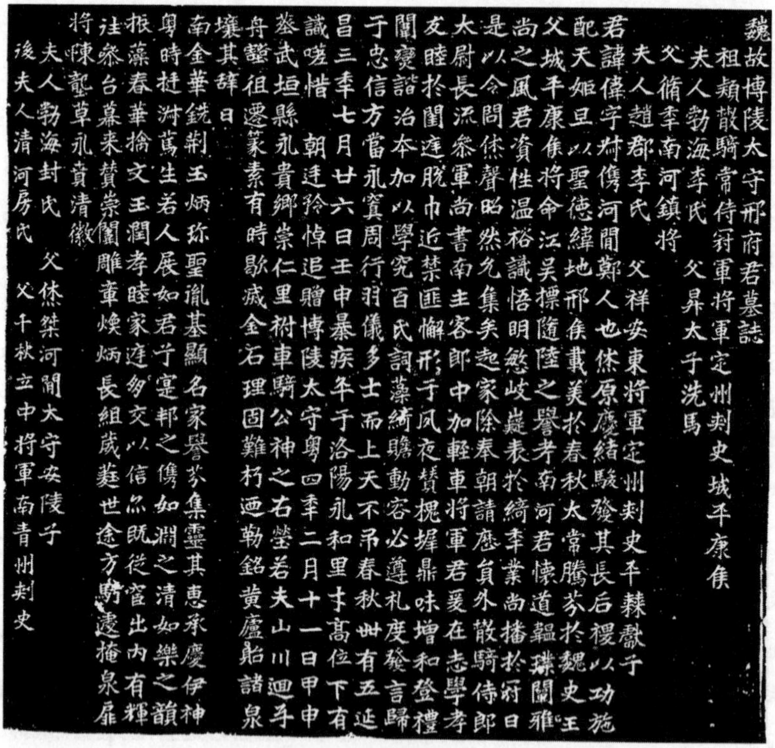

圖一　邢偉墓誌圖版

再如《劉懿墓誌》尾部，《彙編》錄文爲：

　　夫人常山王之孫，尚書左僕射元生之女。」長子撫軍將軍銀青光禄大夫
都督肆州諸軍事肆州刺史元孫。妻驃騎大將軍司徒公元恭之女。」世子散騎
常侍千牛備身洪徽。」妻大丞相勃海高王之第三女。」次子肆州主簿徽彦。」

---

① 邢偉墓誌見《考古》1959 年第 4 期《記後魏邢偉墓出土物及邢巒墓的發現》，原錄文保持了原墓
誌的行款。

少子徽祖。

而根據圖版，實際格式則爲：

夫人常山王之孫尚書左僕射元生之女

長子撫軍將軍銀青光禄大夫都督肆州諸軍事肆州刺史元孫

　妻驃騎大將軍司徒公元恭之女

世子散騎常侍千牛備身洪徽

　妻大丞相勃海高王之第三女

次子肆州主簿徽彦

少子徽祖①

墓誌中這些特殊的書寫格式，頗似古代公文中的“平闕之制”。所謂“平闕”，是指在繕寫文書時，遇有特定字詞時要另起一行平格或高出幾格書寫，或者在同一行中空格書寫。平，即平抬之意；闕，即空抬之意。②平闕制度始於秦朝，③兩漢魏晋時期規定不甚嚴格，而到了唐、宋以後則有明確規定。④

　　這些位於墓誌特殊位置，并以低格、空格和留白等特殊行款書寫的内容，顯然和銘序、銘文有很大差别，應有不同的文本來源，而這些特殊的行款顯然抄録自某些原有固定格式的文本。那麽，記録家族譜系的文本來源是什麽呢？我認爲祇能是墓主家族的譜牒資料。換言之，兩晋南北朝墓誌中這些以提行、低格、空格和留白等特殊格式書寫的文字，是家族譜牒直接抄録或節録。

　　爲證實這一推測，我們可以把墓誌中的譜系記述内容與現存的譜牒實物進行比較。如前所述，現存的兩件家譜殘件，一件整理者定名《高昌某氏殘譜》（圖二），1973 年出土於阿斯塔那 173 號墓，收入《吐魯番文書》第 3 册第 64 頁；另一件定名《某氏族譜》，1966 年出土於阿斯塔那 50 號墓，收入《吐魯番文書》第

①　趙超：《漢魏南北朝墓誌彙編》，第 337 頁；趙萬里：《漢魏南北朝墓誌集釋》圖版 294。

②　馮惠玲：《我國封建社會文書抬頭制度》，《歷史檔案》1985 年第 1 期。

③　王國維《觀堂集林》卷一八：“平闕之制自秦以來然矣。”載《王國維遺書》第 3 册，上海古籍書店，1983 年影印本。

④　李林甫等：《唐六典》卷四《尚書禮部》，陳仲夫點校，中華書局，1992 年，第 112 頁。

3 册第 179~184 頁。除前引諸學者的研究外，郭峰先生從文書學的角度對兩份家譜進行了復原研究，總結出二譜的主要特點：

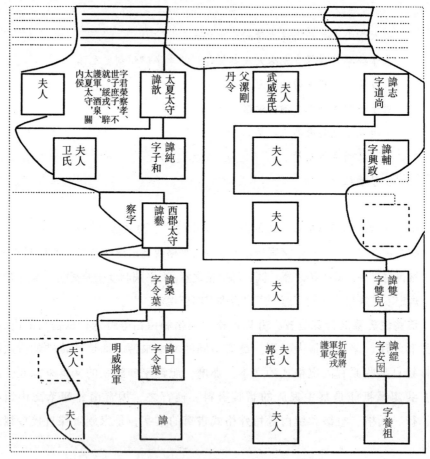

圖二　《高昌某氏殘譜》（73TAM　113:35）

（1）世系和歷官爲主，有官者皆注之；

（2）男女皆記，已嫁之女，仍收入本族譜中，女父有官則注出；

（3）家族成員皆入譜。①

---

① 郭峰：《晋唐時期的譜牒修撰》，《中國社會經濟史研究》1995 年第 1 期，後收入氏著《唐史與敦煌文獻論稿》，中國社會科學出版社，2002 年，第 170~195 頁。

　　將前引墓誌中的諸條文字家譜殘件相對比，内容與格式特徵幾乎完全吻合，且墓誌中的内容更爲系統和詳盡。

　　再以墓誌中的諸條文字與現存兩晋南北朝家譜殘句進行比較，如《世説新語》注引《謝氏譜》：[①]

> 安娶沛國劉耽女。(《德行篇》)
> 重女月鏡，適王恭子愔之。(《言語篇》)
> 朗父據，取太康王韜女，名綏。(《文學篇》)
> 衰子石，娶恢小女，名文熊。(《方正篇》)
> 萬取太原王述女，名荃。(《簡傲篇》)
> 尚長女僧要適庾龢，次女僧韶適殷歆。(《輕詆篇》)

再如《袁氏譜》：

> 恪之字元祖，陳郡陽夏人。祖王孫，司徒從事中郎。父緼，臨汝令。恪之仕黄門侍郎，義熙初爲侍中。(《品藻篇》)
> 耽大妹名女皇，適殷浩。小妹名女正，適謝尚。(《任誕篇》)

兩相比較，墓誌中的譜系記録完全符合“無具體事迹，主要記述人物的婚宦、血脉”這一魏晋家譜的基本特徵。[②]

　　2002 年陝西長安縣出土的西魏《趙超宗妻王氏墓誌》(圖三)，格式特殊，内容重要，但迄今爲止似乎没有引起學界的充分重視。現根據墓誌圖版格式録文如下：

---

①　章宗源：《隋書經籍志考證》，《廿五史補編》第 4 册，中華書局，1991 年，第 4999 頁。

②　參胡寶國《雜傳與人物品評》，載《漢唐間史學的發展》，商務印書館，2003 年，第 154 頁。

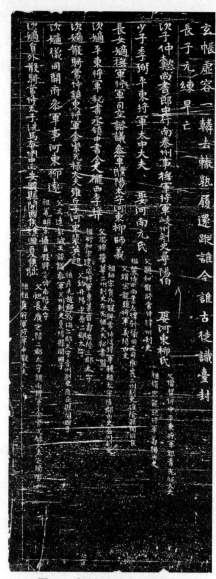

圖三　《趙超宗妻王氏墓誌》

祖修之，宋青州刺史夫人同郡韋氏。父華，後秦尚書左僕射兗州刺史

父僧珍，宋正員郎，南城、懷安二周刺史。　　夫人南安龐氏。父山虎，

宋梁秦徐三州刺史

（以上誌首）

長子元練，早亡。

次子仲懿，尚書郎中，行南秦州事，撫軍將軍，岐州刺史，尋陽伯。　娶河東柳氏父僧習，侍中、平東將軍、銀青光禄大夫。
祖緝，宋龍驤將軍、義陽内史。

少子季弼，平東將軍，太中大夫。　娶河南元氏父顯和，散騎常侍、肆州刺史。
祖麗，侍中、尚書左僕射、儀同三司、雍冀二州刺史、
淮陰縣開國侯。

長女適撫軍將軍司空諮議参軍、濮陽太守河東柳師義父緝，宋龍驤將軍、義陽内史。
祖紹，宋員外散騎常侍、後將軍、鍾離太守、
隨郡内史、益州刺史。

次適平東將軍、秘書丞領中書舍人隴西李獎父思穆，營華二州刺史、左光禄大夫、秘書監。
祖衍和，宋建威將軍，東萊、晋壽、安陸三郡太守。

次適散騎常侍、鎮東將軍、金紫光禄大夫雍丘子河東裴英起父約，丹陽、平原二郡太守。
祖彦光，趙郡、勃海二郡太守，
青州刺史，雍丘縣開國子。

次適儀同開府参軍事河東柳遠父玄達，彭城王諮議参軍、光州刺史、夏陽縣開國子。
祖邕明，宋通直散騎常侍、南陽太守。

次適員外散騎常侍、太子洗馬、本州中正、安國縣開國侯譙國夏侯朏
父旭，長廣、定陽二郡太守，鎮南將軍，金紫光禄大夫，定陽男。
祖祖真，冠軍將軍、中散大夫。

（以上誌尾）

墓誌首尾譜系完整，格式分明，墓誌記述譜系多達三十餘人，全部以提行、空格和留白等格式標示，子女姻親中的父祖關係用雙行小字加以標示，似乎是直接抄録自某種譜籍或譜狀，謄録之迹，斑斑可見，可以視爲中古墓誌“引譜入誌”的一個較爲明顯的證據。

據此可以基本斷定：兩晋南北朝墓誌中這些位於特殊位置，并以特殊行款記録家族譜系的文本，應當就是墓主家族譜牒的直接抄録或經過簡單改寫的節録。

三　引譜入誌：圖版分析與考古旁證

録譜牒入墓誌，史無明文可徵，有必要從墓誌圖版分析中進一步尋找旁證。

（一）“擠刻”與“留白”現象

近年來，已經有學者注意到中古墓誌的製作流程，并從中發現了一些重要問題。2011 年，徐沖先生發表《從“異刻”現象看北魏後期墓誌的“生産過程”》一文，①總結了北魏墓誌的多種"異刻"方式：（1）左方留白；（2）誌尾擠刻；（3）誌題擠刻；（4）誌題省刻；（5）誌題記歷官、誌文記贈官；（6）誌題記歷官、其後補刻贈官；（7）謚號空位；（8）謚號補刻。認爲"誌文與銘辭之外，異刻現象更多出現於誌題、誌尾等墓誌的邊緣位置；而在中古墓誌的規範面貌之中，這些位置乃是贈官、謚號等哀榮的分布之地"，"而作爲中古墓誌主體的誌文（叙述誌主生平部分）與銘辭部分，在北魏後期墓誌中幾乎看不到太多的異刻現象。這種差別顯示在墓誌生産過程中，喪家對於墓誌各大構成要素的掌控力并不均衡"。

文章認爲，北魏墓誌的"異刻"現象，與贈官、謚號等政府給予的哀榮有密切關聯，將墓誌付刻之際，所用誌石應該是已經劃好罫綫的成品；而非根據墓誌篇幅，再在空白誌石上以罫綫劃出合用的行款。而誌題的擠刻與省刻現象的出現，也應該是緣於墓誌開始刻寫之際，因爲朝廷贈官尚未下達，故先爲以贈官爲主要內容的誌題預留了一行空間；但後來所得贈官字數又超出了行款規定，故不得不出之以擠刻，"顯示北魏後期墓誌的生産過程并非由單一主體一蹴而就，而是包括了喪家、朝議等多種要素共同參與和互動的結果"。

徐冲先生的相關探討，基本可以合理解釋其所列出的3~8類"異刻"，對於第1、2項，即"左方留白"和"誌尾擠刻"現象的産生，作者的解釋是："在喪家與文士之外，還有一個因素也對墓誌面貌的呈現有着不容忽視的影響，那就是誌石的空間限制。""中古墓誌行文中所謂的'量石裁文'，有其特定含義"，"當喪家面對購置入手的誌石上由罫綫所限定的最大規範容字數時，或不得不對文士所撰誌文與銘辭進行增補或者删減，否則就祇有出之於左方留白或者誌尾擠刻這樣的變通措施了。"由此我們可以進一步引申推測，留白和擠刻的出現，大都是喪家對需要填寫的譜牒內容的字數控制不準確所導致的。

所謂左方留白，是有些墓誌左方出現了較大面積的空白。這些墓誌并非半成品或者製作粗糙潦草之作，大多數結構完整，刻寫工飭。然而在其左方出現的空白部分，少則四五行，多則十五六行，其所占誌石面積多達一半甚至三分之二。而所謂誌尾擠刻，即整個墓誌基本都是按照誌石行款規定的最大容字數均匀書寫的，祇有在左方的誌尾部分以"擠刻"形式容納了超量的文字。——這兩類現象實際上是一個問題，就是誌尾留白所要填寫的內容究竟是什麼？

---

① 《復旦學報》2011年第2期；文章修訂稿收入余欣主編《中古時代的禮儀、宗教與制度》，上海古籍出版社，2012年，第423~447頁。

　　答案應該比較明確，由等待政府贈官、給予諡號等所發生的刻寫問題多發生在誌題或誌文首行，即使需要在誌尾留空補寫贈官，也不可能事先留出多達數行甚至超過墓誌一半的空白，而根據前文所述，出現在墓誌誌尾的文字，除了少量記載墓葬信息的尾識外，祇能是記載家族世系的譜牒。由於喪家對這些譜牒文字內容控制不當，就出現了留白（未填滿或未寫）、擠刻（字數過多）的現象。

　　以徐文中所舉十七方左方留白的墓誌爲例，這十七方墓誌的誌文大都以"君（公）諱某"起首，誌首都未出現特定格式的譜牒記錄，且誌尾也大多沒有關於家族譜系的文字，這說明左方的留白原本是留給喪家填入家族譜牒的，但由於種種原因沒有被填寫。而其中祇有幾個個例，分別考察如下。

　　《元子直墓誌》（圖版187）：誌文首部有兩行父祖世系，左側有四行留白。推測：尾部留白可能爲填入子女譜系而備，因某種原因沒有填入。

　　《王基墓誌》（圖版235）：尾誌有譜系，但左方仍有2~3行留白。但此誌文的尾誌是一段到底的，沒有像其他墓誌那樣以平闕格式書寫。如果提行書寫，後面的空行基本可以占滿。據此推測：墓誌刻寫前原本規劃好了留空預備以平闕格式書寫，但刻工不審，沒有提行，一段到底。①

　　《韓震墓誌》（圖版281）：誌尾無譜系，但誌陰記錄譜系。推測：留白原本備謄錄譜系，但因規劃不周，譜系內容遠遠超過留白的空間，祇好把長達400字的譜牒內容刻在誌陰。

　　關於誌尾擠刻，徐文中所舉八方墓誌，其中元鸞、叔孫協、吐谷渾氏、陸順華四方墓誌字迹潦草，製作粗糙，作者在文章中已將其劃入另類，可不予討論。

　　《元緦墓誌》（圖版185）：誌尾原預留的兩行留白原本爲記錄潘、李二妃的世系而設，但加入二妃譜牒後，父祖的官位已遠遠超過容量，祇能把字體改小，分上下兩欄雙行書寫。②

　　《寇憑墓誌》（圖版225）：尾識譜系過長，內容過多，留白無法容納。

　　《元乂墓誌》（圖版78）：尾誌譜系過長，超出原有留白的規劃。

---

① 《王基墓誌》尾誌內容："其先出自有殷周武王克商封箕子於朝鮮子孫因而氏焉六世祖波燕儀同三司武邑公高祖班散騎常侍平西將軍給事黃門侍郎晉陽侯曾祖定國聖朝庫部給事冠軍將軍并州刺史博平男唐成廣武將軍東宮侍郎合肥子父光祖寧遠將軍徐州長史淮陽太守司州中正晉陽男第三子也"。

② 《元緦墓誌》誌尾內容："太妃長樂潘氏祖猛青州治中東萊廣川二郡太守父彌平原樂安二郡太守妃隴西李氏祖寶儀同三司燉煌宣公父沖司空清淵文穆公"。

《盧貴蘭墓誌》（圖版 150）：尾誌譜系過長，超出原有留白的規劃。

北魏墓誌中留白和擠刻的大量存在，間接證明了墓誌中這些記錄譜系的文字與誌文本身并不同源。由此我們就可以解釋前文所陳述的關於譜系文字與誌文其他部分的諸多矛盾。如前文提到的《羊祉墓誌》，因墓誌撰寫者的疏忽，在銘序中未寫入墓主父祖之銘，而是墓主家屬在拿到墓誌文稿後，未加詳審，徑直把包含"使君祖父已見銘序"的譜牒文字加到了誌文之前，交付刻工，因而纔産生了重大遺漏。

（二）"補刻"現象

與諡號、贈官等内容相比較，墓誌在譜系部分出現補刻的情況極少，但也有例外，如東魏的《裴良墓誌》。

裴良墓誌，1986 年冬出土於山西省襄汾縣永固鄉家村，現藏襄汾縣博物館。[①]裴良墓誌的誌蓋盝頂上，刻有裴良家庭成員的譜系。這些文字是分兩次刻上去的，第一次是在東魏孝静帝天平二年（535），裴良初次安葬於絳縣其父裴保歡墓附近時，墓誌誌石文字亦刻於此時。因誌石文字太多，家族譜系衹好寫在誌蓋盝頂的各個刹面上。到北齊後主武平二年（571）進行第二次安葬，把裴良的妻子趙氏與裴良合葬於臨汾的汾組堆，這時距墓誌最初寫刻已經 36 年，其家庭成員的情況已經有了很多變化，於是，新的家族成員和舊家族成員的新官爵便被補刻在誌蓋盝頂各個可以刻寫的空隙。

現依據羅新、葉煒釋文，將墓誌中有關家族譜系的記載移錄如下：

> （誌首）祖諱虎，河北太守。父諱保歡，少舉秀才，早卒。
> ....
> （誌尾）夫人河東柳氏，少亡，無子。父仲起，秦州主簿。夫人天水趙氏，父賓育，寧遠將軍，秦州别駕，隴西、天水二郡太守。
> （下接誌蓋盝頂的各刹面）長子懇，字建扶，少徵本郡功曹，孝明皇帝直後，以建義中亡，年廿五。妻天水姜氏。第二子誕，字仲叡，釋褐太尉丹陽王行參軍，太保南陽王主簿，征虜將軍，中散大夫，年廿九。妻滎陽鄭氏。第三子子昇，字仲仙，奉朝請，荆州衛軍府外兵參軍，以去永安三年在州亡，

---

① 李學文：《山西襄汾出土東魏天平二年裴良墓誌》，《文物》1990 年第 12 期；周錚：《裴良墓誌考》，《北朝研究》1994 年第 1 期。羅新、葉煒《新出魏晉南北朝墓誌疏證》第 194~197 頁有詳細疏證。

年廿四。妻隴西李氏。第四子子通，字叔靈，釋褐員外郎，大司馬記室參軍，輔國將軍，諫議大夫，年廿六。【補刻：後爲驃騎大將軍，正平太守，趙州刺史，中散大夫，年六十二。】第五子子祥，字叔祉，釋褐員外郎，廣平王開府錄事參軍，諫議大夫，典儀注，年廿五。第六子子休，字季祥，釋褐太傅行參軍，年廿二。第七子子闡，字季猷，釋褐太師行參軍，年廿。第八子輔翼，年九。【補刻：第五子後爲尚書郎，太子中舍，驃騎大將軍，鉅鹿、浮陽、長樂三郡太守，冀州長史，司空長史，太府卿，使持節都督南光州諸軍事，南光州刺史。年六十一。第六子後爲車騎大將軍，廣州、東雍二州長史，岐州刺史，年五十八。第七子後爲鎮西將軍，徐州道行台郎中，郢州別駕，年五十六。第八子釋褐開府參軍事，年卌五。】

長女絳輝，年卌六，適滎陽鄭氏，夫長休，鎮遠將軍，步兵校尉。第二女玉輝，年卌一，適京兆杜氏，夫穆，衛將軍，右光祿大夫。第三女琰輝，年十八，適趙郡李氏，夫慎，散騎侍郎，平南將軍。[①]

關於裴良遷葬的原因和過程，羅新、葉煒先生曾結合當時的地理與政治格局進行了精彩的考證。值得注意的是，兩次安葬時間相隔三十六年，補刻的内容證明這部分文字不是出自墓誌的撰寫者，而是直接録自家族的譜牒。這也從一個側面反映了譜牒的撰寫和修訂過程。

（三）"二誌同文"或"多誌同文"現象

在某些同屬某一個家族的多方墓誌中，記載家族譜系的部分往往有很大的重合，甚至完全相同。以北魏《元愭墓誌》和《元悛墓誌》爲例，兩位墓主均是元魏宗室，均死於公元 528 年的河陰之變，[②] 同時下葬，墓誌的形制、書體幾乎完全相同，趙萬里先生跋語曰：

> 愭與悛同遭河梁之難，二誌文采書體類似，殆出一家手歟？[③]

---

① 羅新、葉煒：《新出魏晉南北朝墓誌疏證》，第 191、194~195 頁。
② 陳爽：《河陰之變考論》，《中國社會科學院歷史研究所學刊》第 4 輯，商務印書館，2007 年。
③ 趙萬里：《漢魏南北朝墓誌集釋》卷三。

兩方墓誌的銘序和誌文各不相同，但起首的譜系記載却幾乎完全相同（圖四-1、圖四-2）：

　　　　曾祖諱於德，選部給事、寧西將軍、冀州刺史、河間公。

　　　　曾祖親南陽張氏。

　　　　祖諱暉字景襲，使持節侍中都督中外諸軍事、司空、文憲公、領雍州刺史。

　　　　祖親遼東公孫氏。父順振威將軍、義平子、北平太守。

　　　　父諱逸字仲俊，使持節、散騎常侍、都督冀州諸軍事、衛將軍、冀州刺史。

　　　　母頓丘李氏。父平，侍中、車騎大將軍、司空、武邑郡開國公。

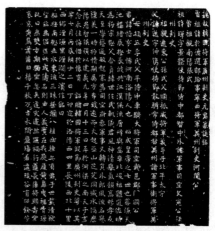

圖四-1　《元愔墓誌》圖版　　　　圖四-2　《元悛墓誌》圖版

　　一百二十餘字的譜系中，祇有兩字不同，一作"母頓丘李氏"，一作"母頓李"，從圖版看應是誌石上預留空間不夠而臨時省略的。

　　《楊穎墓誌》[①]和《楊阿難墓誌》[②]的結尾也各有一段幾乎完全相同譜系：

曾祖母扶風竇氏　　　　　　　父秦北平太守

---

①　趙超：《漢魏南北朝墓誌彙編》，第61頁。
②　趙超：《漢魏南北朝墓誌彙編》，第62頁。

祖母高陽許氏	父明月東宮侍郎
母太原王氏封新昌郡君	父融幽州刺史汝南莊公

楊穎和楊阿難爲兄弟，其墓誌記載世系也幾乎完全相同，數十字中僅有一字之差，其母太原王氏，一作"新平郡君"，一作"封新平郡君"。

類似的情況，還可以舉出的是《李祖牧墓誌》：

> 外祖廣平宋弁，魏吏部尚書。 夫人廣平宋，父維，魏洛州刺史。 長子君榮，字長謀，司空府刑獄參軍。 第二子君明，字仲爽，齊符璽郎中，卅九亡，同日祔葬於塋西北。 第三子君穎，字叔睿，安德王開府長史，年卅四亡，同日祔葬於塋東北。 第四子君弘，字季寬，太尉府行參軍。庶第五子 君亮。庶子君華，染道。 庶子君盛。 庶子君褒。 長女魏潁川王元斌之世子世鐸。第二女適博陵崔子信，信太子舍人。第三女適博陵崔伯友，友梁州騎兵參軍。第四女齊世宗文襄皇帝第五子太尉公安德王延宗妃。

這段内容經過不同的剪裁和改寫，被反復刻寫到李祖牧之妻《宋靈媛墓誌》和李祖牧之子《李君穎墓誌》中，家族譜系記錄似乎成爲墓誌中一個可以靈活擺放的"組件"。[①]

從墓誌圖版中的"留白"、"擠刻"、"補刻"和"同文"的狀況，我們可以認定，兩晉南北朝墓誌中家族譜系部分與誌文的主體（銘序＋誌銘）是相互獨立的兩個書寫單元，兩者内容不同，文體不同，執筆撰寫者不同，甚至在墓石上鐫刻的時間也不同，這爲本文的"引譜入誌"的判斷提供了一些雖然間接但十分有力的佐證。

關於家族世系與誌文主體撰寫者各有其人的問題，近年新出土的碑刻資料又提供兩個例證。《李稚華墓誌》[②]在辭銘之後以尾識的方式明確標注了墓誌書撰者乃北朝著名文士王褒，題名"琅耶王褒書"，在其後又載：

---

① 三方墓誌見羅新、葉煒《新出魏晉南北朝墓誌疏證》，第 216、219、223 頁。
② 胡戟、榮新江：《大唐西市博物館藏墓誌》，北京大學出版社，2012 年，第 10 頁。按，北朝墓誌有題名者較少，一般撰者題名爲"造""撰"，書寫者題名爲"書"，此誌僅題王褒"書"，但考慮到王褒在北朝著名文士的身份，此墓誌很有可能也是王褒所撰。

　　　息德良平涼公　　息義儉　大女將軍建壽公夫人

　　　第二女出家　　　　第三女柱國安武公夫人

顯然這數十字記載子息世系的文字，并非墓誌撰寫者王褒所撰。

　　北朝另一位著名文士庾信曾撰寫過大量碑誌，大多收入其文集中，《庾子山集》卷一五載《周車騎大將軍贈小司空宇文顯和墓誌銘》，[①] 2005 年，這一墓誌在陝西省咸陽市北古洪瀆原上出土，石刻文字與傳世文本相比勘，文字小有異同，但石刻尾部却多出了一段譜系記載：

　　　大夫人祖明青州刺史　父遷太僕卿兖定州二周刺史弟琳柱國犍爲西歷任梁江陵延丹四總管廿五州刺史。[②]

由此也可證明，墓誌中記載世系的部分通常并非由撰寫墓文的文士所撰，因而沒有被收録到本人的著述當中。

四　引譜入誌：文體演變與歷史背景

　　值得注意的是，這種"引譜入誌"的撰寫方式，并不是某一時期、某一地域所發生的個別現象，而是貫穿了整個兩晉南北朝數百年的歷史時期，覆蓋了南北廣大的地域。從西晉到隋代的千餘方出土墓誌中，有超過十分之一的墓誌出現了這樣的書寫，除去一些内容簡略、格式不清的墓誌和一些早期過渡形態的墓誌，其數量也達到了百餘方，這意味着這一歷史時期應存在着一種用墓誌記録譜系的通例或習慣，有必要追根溯源。

　　關於墓誌源流，學界有過充分的研究和討論。隨着新墓誌的不斷出土，各種觀點也在不斷地被完善和修正。僅從文體形成的角度認識，兩晉南北朝的墓誌文直接承襲了漢碑的書寫格式和内容。《文心雕龍》卷三《誄碑第十二》對碑文的特點論述得很明晰：

---

①　庾信：《庾子山集》，中華書局，1980 年，第 953 頁。
②　毛遠明：《漢魏六朝碑刻校注》第 10 册，綫裝書局，2008 年，第 267 頁。

> 夫屬碑之體，資乎史才，其序則傳，其文則銘。標序盛德，必見清風之
> 華；昭紀鴻懿，必見峻偉之烈：此碑之制也。夫碑實銘器，銘實碑文，因器
> 立名，事先於誄。是以勒石贊勳者，入銘之域；樹碑述亡者，同誄之區焉。[①]

東漢晚期，在墓地竪立墓碑的習俗在官僚士大夫階層中一度風行。如果不考慮形制
和功用，東漢的《國三老袁良碑》《平都相蔣君碑》《樊安碑》《郎中鄭固碑》等在
内容和文法上幾乎和後世的墓誌在内容和體例上別無二致。[②] "從最初的形制上看，
墓誌可以説就是一種埋藏在地下的碑，是碑的替代品。與碑相比，墓誌的形制相對
較小，而從功用與内容方面來看，則比碑更加私人化"。[③]

曹魏至東晉，政府屢次下令禁碑。《宋書》卷一五《禮誌二》：

> 漢以後，天下送死奢靡，多作石室石獸碑銘等物。建安十年，魏武帝以
> 天下凋弊，下令不得厚葬，又禁立碑。魏高貴鄉公甘露二年，大將軍參軍太
> 原王倫卒，倫兄俊作表德論，以述倫遺美，云"祇畏王典，不得爲銘，乃撰
> 録行事，就刊於墓之陰云爾"。此則碑禁尚嚴也。此後復弛替。
>
> 晉武帝咸寧四年，又詔曰："此石獸碑表，既私褒美，興長虛僞，傷財害
> 人，莫大於此。一禁斷之。其犯者雖會赦令，皆當毀壞。"至元帝太興元年，
> 有司奏："故驃騎府主簿故恩營葬舊君顧榮，求立碑。"詔特聽立。自是後，禁
> 又漸頹。大臣長吏，人皆私立。義熙中，尚書祠部郎中裴松之又議禁斷，於
> 是至今。[④]

自此以後，碑銘式微，墓銘漸起。墓誌的興盛是對禁碑令的一種變通，在某種程度
上可以看作是碑轉入地下，與墓誌銘合而爲一。從文字内容上看，碑文和墓誌實無
太大區別，祇是前者立在墓旁，後者埋於地下。[⑤]

---

① 范文瀾：《文心雕龍注》，人民文學出版社，1958 年，第 214 頁。
② 洪适：《隸釋》卷六，中華書局，1985 年，第 68~79 頁。
③ 程章燦：《從碑石、碑頌、碑傳到碑文——論漢唐之間碑文演變之大趨勢》，《唐研究》第 13 卷，
　　北京大學出版社，2007 年，第 430 頁。
④ 沈約：《宋書》，中華書局，1974 年，第 407 頁。
⑤ 李士彪：《漢魏六朝的禁碑與碑文的演變》，《中國典籍與文化》1999 年第 4 期。

　　碑誌文撰寫的主要參考文本，當是墓主的行狀，黄永年先生認爲："碑、誌之性質價值，大體與史傳相埒，以顯達身後必有行狀，史傳、碑誌多本行狀撰作。"①西晋時期，處在碑銘向墓誌轉化的歷史過程當中，墓誌在内容上發生了一些重要的變化，這一時期出土的墓誌雖然十分稀少，特點却十分鮮明，《荀岳墓誌》《石尟墓誌》《石定墓誌》等，都用了大量篇幅記載其官爵閥閱和血緣家世；篇幅宏大的《華芳墓誌》，用了近700字記述其家族世系，即使是在八王之亂期間倉促下葬形制簡陋的《左棻墓誌》，②也在誌陰用了誌文多一半的文字記述其家族譜系。

　　關於西晋墓誌的特點，二十世紀三十年代羅振玉與沈曾植曾進行過討論，《石交録》卷二：

　　　　予在海東得見荀岳誌，詫爲奇品，以一本寄沈子培尚書。尚書以書謝，言荀岳誌精善，爲傳世墓誌之祖，至可寶玩。且於此知晋人誌墓，但記姓名、官閥、卒葬、子女，并無銘文，其有韻語，殆并於六朝也。乃荀岳誌出土，後復見徐君夫人管氏碑、張朗碑及余所藏魏碑，則文末均有銘，尚書所言雖近理，而未得實。蓋晋人誌墓，實有有銘、無銘二者，惜尚書墓草已宿，不及語之也。③

兩位金石大家雖未及見後世出土的多方西晋墓誌，但對西晋時期墓誌文特點的概括爲"但記姓名、官閥、卒葬、子女"是有一定根據的。

　　墓誌文體出現這種變化，有其内在的歷史背景。魏晋之際，門閥士族興起，以閥閱自矜，以婚姻相尚，社會上對於譜系血脉開始異乎尋常地重視起來，各種譜牒之書也應運而生，而世家大族也有了把這種值得炫耀的家世刊諸石墓傳之永世的心理需求。而兩漢以來序銘爲基本内容的碑銘文體，對現實的需求一時尚不能充分適應。

　　受到誄賦等文體的影響，兩漢以來的碑銘體裁的主流，是追求辭藻的華麗和對偶的工整，崇尚豐富的想象和鋪陳，并不拘泥於具體細節。如漢末撰寫碑文最富盛名的蔡邕，傳世碑文多以咏頌爲主，對墓主事迹叙述至爲簡明，因而劉勰稱"其

---

① 黄永年：《碑刻學（講義）》，《新美術》1999年第3期。
② 參見徐傳武《〈左棻墓誌〉及其價值》，《漢學研究》第13卷第2期，1995年。
③ 羅振玉：《羅振玉學術論著集》第3集，上海古籍出版社，2010年，第263頁。

叙事也該而要"。①

　　而碑銘和墓誌特殊的社會功用，要求其具備基本的寫實性，對文體有陳述亡者姓名、籍貫、家族世系、歷官等事實等基本要求，二者有内在的衝突。這種虚實之間的分寸，很難把握，就連西晋文壇巨擘陸機，也難免受到"碑文類賦"之貶，②有所謂"孟堅之頌，尚有似贊之譏；士衡之碑，猶聞類賦之貶"。③"班固碩學，尚云贊、頌相似；陸機鈎深，猶聞碑、賦如一"。④

　　試以北魏《李璧墓誌》爲例，其首叙爲：

> 曾祖佑，燕吏部尚書。曾祖親廣平游氏。祖雄，東莞太守。祖親北平陽氏，父璆，御史中丞。父景仲，州主簿，齊郡太守。

而這些基本的事實，使用駢麗文體加工潤色後書寫到銘序中，則表述爲：

> 曾祖尚書，操履清白，鑒同水鏡，銓品燕朝，聲光龍部。祖東莞，乘榮違世；考齊郡，養性頤年；并連芳遞映，繼寶相輝。

其中，燕朝、尚書、東莞、齊郡等名物，都經過了加工和潤色，雖辭藻華麗，文采飛揚，但最基本的史實都被模糊過濾掉了，如不參照首叙，根本不知所云。若以這種文體和文字如實地表述多達幾十人的家族譜系、歷官和婚媾情況，困難重重。

　　在中古時期，無論是碑銘還是墓誌，其文字的話語權主要壟斷在少數有才名的高層文士手中，如漢末之蔡邕、⑤東晋之孫綽、⑥北齊之裴諏之、⑦北周之庾子

---

① 劉勰：《文心雕龍·誄碑》，范文瀾：《文心雕龍注》，第214頁。

② 程章燦：《論"碑文似賦"》，《東方論叢》2008年第1期。

③ 劉孝綽：《昭明太子集序》，載《昭明太子集》，《四部備要》本，第12頁。

④ 蕭繹：《内典碑銘集林序》，載道宣《廣弘明集》卷二〇，上海古籍出版社，1991年，第252頁。

⑤ 顧炎武：《日知録》卷一九《作文潤筆》："《蔡伯喈集》中爲時貴碑誄之作甚多，如胡廣、陳寔各三碑，橋玄、楊賜、胡碩各二碑（今本《蔡中郎集》中實有《楊賜碑》四篇）。至於袁滿來年十五，胡根年七歲，皆爲之作碑，自非利其潤筆，不至爲此。"（顧炎武著，黄汝成集釋《日知録集釋》，上海古籍出版社，1984年）

⑥ 《晋書》卷五六《孫綽傳》："於時文士，綽爲其冠，温（嶠）、王（導）、郗（鑒）、庾（亮）諸公之薨，必須孫綽爲碑文，然後刊石刻焉。"（中華書局，1974年，第1547頁）

⑦ 《北齊書》卷三五《裴諏之傳》："楊愔闔門改葬，託諏之頓作十餘墓誌，文皆可觀。"（中華書局，1972年，第467頁）

山。①即使是有身份有地位的大族和高官，也祇能通過請托、潤筆等手段獲取美文，無法改變這種文體本身。

魏晉時期墓誌文體發展尚不成熟，不能適應世家大族在葬儀中炫耀門第、矜誇婚宦的社會需求，於是，社會上就產生了一種變通的辦法，喪家在名士所撰的誌文的前後，加入自己所需要的内容——家族的譜牒。

2001年出土南京北郊的《溫式之墓誌》，②以三百餘字的篇幅詳盡歷數了家族世系。值得注意的是，在列舉家族世系之前，墓誌中有這樣一段文字：

> 泰和六年四月廿九日晉故散騎常侍新建開國侯太原郡祁縣［都］鄉仁義里溫式之葬琅耶郡華縣白石崗□□□閲如左

誌文雖已殘泐，其中“□閲如左”四字，我推測當爲“閥閲如左”，即是在下文叙述家世門第之意。

這種以家族譜系録入碑誌的做法，在漢代就有歷史傳統，如《隸釋》卷三《楚相孫叔敖碑》③的正面，是以銘頌爲主，而長篇世系刻在碑陰，説明這種録譜系入碑誌的“誌例”有其久遠的歷史傳統。兩晉諸墓誌多因襲了這種體例。

東晉南朝墓誌發展的脉絡較爲複雜，且呈現出不穩定性。總體説來，東晉墓葬大都十分簡陋，墓誌内容也十分簡略，多數學者認爲這與東晉時期碑禁較嚴，且僑寄江南的中州士族時刻心存收復中原、回歸故土的企盼，權把建康當作假葬之地有關。從東晉出土墓誌的墓主身份來看，絕大部分爲南來之北方流寓貴族。聯繫東晉初年北方流人“寄人籬下”的心境與“回歸故土”的意願，他們使用粗簡的“假葬”墓誌，爲日後“歸葬祖塋”以做標示的心理甚爲明顯，因而不以成熟的西晉墓誌爲準繩，轉而效仿南方地域本即流行的誌墓磚銘的做法。④在這種“假葬”與“粗葬”的潮流中，南渡高門被迫摒棄了銘頌等華麗的文體，却保留了古樸簡約的譜牒，如東晉名士《溫嶠墓誌》，⑤雖祇有短短百字，却通篇都是譜系的記載；《謝

---

① 《庾子山集》中收入墓誌銘十九方。
② 岳涌、張九文：《南京市郭家山東晉溫氏家族墓》，《考古》2008年第6期。
③ 洪适：《隸釋》，第39頁。
④ 朱智武：《東晉南朝出土墓誌若干問題探析》，《南京農業大學學報》（社會科學版）2007年第3期。
⑤ 羅新、葉煒：《新出魏晉南北朝墓誌疏證》，第11頁；《南京北郊東晉溫嶠墓》，《文物》2002年第7期。

玧墓誌》[①] 雖屬磚質，却用了長達五百多字叙述譜系。

東晋後期以至劉宋，隨着北伐的屢次失利，兼以第一代、第二代南渡士族相繼故去，士家大族再無克復之志，開始求田問舍，偏安江左。在這種歷史背景下，隨着碑禁的鬆弛，士大夫對終制也愈發看重，墓誌的設立也愈發鄭重，誌文多延請名家撰造，冗長繁縟并繫以銘辭。這些文字在《文選》《藝文類聚》中還有所保留，給人以南朝墓誌駢麗華美的印象。事實上，這些通過傳世文獻記載下來的南朝"墓誌文"，僅僅是實際墓誌的部分内容，而衆多缺乏文采的"譜系"，却大多没有保存在傳世文獻中。

近年出土的多方南朝墓誌顯示，在墓誌文日趨華美的南朝，在墓誌中記録譜系的傳統依然保留。邵磊先生認爲，《劉襲墓誌》在文法結構上的一些特點，如"起首即以超過全文一半篇幅詳列家族譜系與婚媾情况"等，既與東晋至劉宋初年以來盛行的"假葬"墓誌不合，也較蕭梁及其以後日趨成熟定型的墓誌通制迥異，而與近年出土的劉宋《明曇憘墓誌》、南齊《劉岱墓誌》體例相符。三誌的墓主，劉襲爲宗室，明曇憘與劉岱皆屬次等士族，地位懸隔殊異，而隨葬墓誌則表明，"此種首列家族譜系與婚媾、次及傳主生平并贊銘，置傳主卒歲於卒年之前且通篇無撰造題銘的誌銘格式，乃是劉宋晚年至南齊這一階段通行的具有時代特點的墓誌格式"。[②] 尚可補充的是，從《古刻叢鈔》所引隋《陳詡墓誌》，[③] 證明這種格式延至梁陳，乃至隋初依然存在。

北朝墓誌的濫觴，是在北魏孝文帝改制之後。據《魏書》卷一一三《官氏誌》，太和十九年，孝文帝下詔：

> 凡此定姓族者，皆具列由來，直擬姓族以呈聞，朕當決姓族之首末。其此諸狀，皆須問宗族，列疑明同，然後勾其舊籍，審其官宦，有實則奏，不得輕信其言，虛長僥偽。不實者，訴人皆加"傳旨問而詐不以實之"坐，選官依"職事答問不以實"之條。令司空公穆亮、領軍將軍元儼、中護軍廣陽

① 羅新、葉煒：《新出魏晋南北朝墓誌疏證》，第 34 頁；華國榮：《南京南郊六朝謝玧墓》，《文物》1998 年第 5 期。
② 邵磊：《劉宋臨澧忠侯〈劉襲墓誌〉疏證》，刊氏著《冶山存稿——南京文物考古論叢》，鳳凰出版社，2004 年，第 147 頁。
③ 《古刻叢鈔》（知不足齋本），原題"前陳伏波將軍驃騎府諮議參軍陳府君墓誌序，儀同三司周彪撰"。

　　王嘉、尚書陸琇等詳定北人姓，務令平均。隨所了者，三月一列簿帳，送門下以聞。[1]

於是，在官府的干預之下，"先無姓族"的鮮卑宗室和鮮卑貴族，也擁有了和漢族士人同樣的譜牒，成爲"家藏譜系之書"的閥閱之家。我們從北魏後期的大量墓誌中看到，很多元魏宗室和鮮卑貴族的譜牒中，世系之完整，官爵之詳盡，甚至超過了當世的漢人大族。

　　北朝後期，墓誌文體中有關譜系的記錄也更爲靈活多樣，官私譜牒作爲一個獨立的文字單元，可以根據喪家的需要，加入到誌文當中。喪家在通過請托等各種途徑拿到文士根據墓主的行狀寫好的誌序和誌銘之後，可在墓誌尾部録入譜牒。如認爲銘序叙述先世不詳，可在銘序前録入父祖譜牒，交誌書人重新謄録，或直接按照事前的留白鐫刻；有些喪家還會把譜牒拆開，叙述先祖的部分置於誌首，叙述家族子息的部分放到誌尾。

　　需要强調的是，在北朝墓誌中，"正常格式"的墓誌畢竟占大多數，大部分的墓誌仍然是采用"銘序＋誌銘"的體例，沒有選擇直接録入譜牒，是因爲家族譜牒不完整，還是因爲已經擬就的銘序已經完整準確地表述了家族的譜系和血脉，還有待分析。但較之兩晋時期，北朝墓誌誌文雖"古法尚存"，[2] 却已經發展成爲一種成熟的實用寫作文體，當時的文士已經能够熟練地駕馭虚實、文質之間的尺度，"叙先祖、姿質、官歷，叙頌結合，駢散結合，行文求流自然流暢，力求有所變化"。[3]《庾子山集》中所録多篇庾信撰寫的碑誌文都體現出這一特點，代表了北朝墓誌文體的主流。在這種背景下，這種以"古法"直録譜牒的"誌例"逐漸被時人所捨棄，畢竟影響墓誌的美觀，也有礙文氣。

　　唐代以後，這種"引譜入誌"的"誌例"基本上消失了。在唐代墓誌中，罕有單獨節録譜牒記入墓誌的書寫方式，全面完整介紹家族血脉的文字也非常之少，雖偶有特例，內容與叙述方式也與兩晋南北朝時期有很大的差別。[4] 關於家族譜系的叙述已經完全被整合到誌序（墓誌正文）當中，唐以後的墓誌，雖體例

---

① 魏收：《魏書》，中華書局，1974 年，第 3014 頁。
② 李兆洛：《駢體文鈔·誌狀類》卷二五《北魏崔敬邕墓誌銘》評語，上海書店，1988 年，第 559 頁。
③ 黄金明：《漢魏晋南北朝誄碑文研究》，人民文學出版社，2005 年，第 348 頁。
④ 如《唐代墓誌彙編》第 2 頁載武德六年（623）《庫狄真相墓誌》；第 1975 頁載元和四年（809）《孫素朱墓誌》。

劃一，文采可觀，但家世源流的叙述和家族的詳細信息已經大爲減少。究其深層背景，是門閥士族的衰落，門第觀念的削弱，那種"家藏譜牒之書"的社會環境已不復存在。這一時代民間流傳的譜牒之書，祗是一種簡單列舉郡望以備日常婚喪嫁娶參考的姓氏表，敦煌所出的幾種姓氏書殘卷，并非官文書，大都是這類姓氏簡表。[①] 而兩晋南北朝時期那種格式複雜、内容繁複的標準意義上的中古譜牒已經逐漸消亡。

"引譜入誌"，録譜牒以充誌文，是墓誌發展史上在特定歷史時期的一種特定的成例，顯示了兩晋南北朝時期墓誌文體發展的不穩定和不成熟，是中古墓誌文體發展中的一個過渡性産物。但這些未經加工潤色的譜牒殘章，却爲我們研究兩晋南北朝家族與社會提供了最原始可靠的珍貴史料。

五　中古譜牒的形式與内容

墓誌中的所抄録的譜牒是與誌文相配合的，由於墓誌體裁的特殊要求，轉抄謄録過程中會有所取捨，有所剪裁，并根據墓主的身份對於稱謂行輩等内容做適當的改寫，需要我們認真辨析和研究。關於墓誌所載中古譜牒的格式復原與義例分析等問題，筆者擬另文探討，在此，僅對照出土墓誌圖版，選取數例行款清晰、内容完整，時間和地域有代表性的譜牒做一些復原示例，以展示中古譜牒的原始格式與内容。

（1）《華芳墓誌》所見西晋譜牒[②]

華芳，西晋名臣王浚妻，永嘉元年（307）葬，其墓誌於1965年北京八寶山公墓西出土。全文1600餘字，四面環刻，誌首700餘字詳細記述王浚與前後三位妻子文粲、衛琇、華芳四個家族的譜系。誌文連寫，四個家族之間以段落相隔，試復原如下：

> 公諱浚，字彭祖。
> 曾祖父諱柔，字叔優，故漢使持節護匈奴中郎將雁門太守。

---

① 唐長孺：《魏晋南北朝隋唐史三論》，武漢大學出版社，1992年，第390頁。
② 圖版見《文物》1965年第12期《北京西郊王浚妻華芳墓誌》。釋文見《文物》1966年第2期《晋王浚妻華芳墓誌銘釋文》；《漢魏南北朝墓誌彙編》第12頁；《漢魏六朝碑刻校注》第2册第340頁。

夫人宋氏、李氏。墓在本國晋陽城北二里。

祖父諱機，字虚平，故魏東郡大守。

　　夫人郭氏、鮑氏。墓在河内野王縣北白徑道東北，比從曾祖代郡府
　　君墓，南鄰從祖東平府君墓。

父諱汶，字處道，故使持節散騎常侍司空博陵元公。

　　夫人潁川荀氏。墓在洛陽北邙恭陵之東，西比武陵王衛將軍，東比
　　從祖司空京陵穆侯墓。

浚前夫人濟陰文氏，諱粲，字世暉，年廿四薨。

　　有子女曰韶，字韶英，適潁川棗臺虚。虚父故大子中庶子。

　　麗，字韶榮，適濟陰卞稚仁。仁父故廷尉。

　　則，字韶儀，適樂安孫公淵。淵父故平南將軍。

夫人祖諱和，字叔懌，故光禄勛。

　　夫人張氏、解氏。

父諱猗，字子課，故温令。

　　夫人孫氏。外祖父義陽孫朝，字恭宗，故征北司馬。夫人樊氏。

長舅諱溥，字玄平，故建平大守。

　　夫人孟氏。

中舅諱超，字玄叔，故大子庶子。

　　夫人鄧氏。

次舅諱疇，字玄回，故南陽大守。

　　夫人崔氏。

季舅諱啓，字玄明，南安大守。

　　夫人索氏。

中夫人河東衛氏，諱琇，字惠瑛，年十九薨。無子。

夫人祖諱覬，字伯覬，故魏尚書閺陽鄉敬侯。

　　夫人□氏。

伯父諱瓘，字伯玉，故侍中行大子大保司空菑陽公。

　　夫人董氏、任氏。父諱寔，字叔始，故散騎常侍閺陽鄉侯。

夫人劉氏。外祖父劉□字□□，故河東大守。

右二夫人陪元公墓西三丈。

夫人華氏，諱芳，字敬華，年卅七薨。

有子曰胄，字道世，博陵世子。

次曰裔，字道賢。

夫人曾祖父諱歆，字子魚，故魏太尉。

夫人滕氏。

祖父諱炳，字偉明，故魏侍御史。

夫人任氏。

父諱衍，字長胄，故侍御史安鄉亭侯。

夫人劉氏。

兄諱鄴，字敬始，故豫章王文學安鄉亭侯。

兄諱璣，字敬珩，前西安令。

姊諱茗，字宣華，適潁川荀泰章。章父故司徒。

外祖父沛國劉芬，字含元，故尚書肅成伯。

夫人武氏。

長舅諱粹，字純蝦，故南中郎將。

夫人荀氏。

中舅諱宏，字終蝦，故太常。

夫人華氏。

少舅諱漢，字冲蝦，故光禄勛。

夫人程氏。

（2）《温式之墓誌》所見東晋世族譜牒①

温式之，東晋名臣温嶠之子，東晋泰和六年（371）四月廿九日卒。墓誌於
2001 年南京市北郊郭家山西端下關區大廟村 12 號墓出土，現存南京博物館。試復
原如下：

---

① 圖版見《考古》2008 年第 6 期《南京市郭家山東晋温氏家族墓》，釋文參見毛明遠《漢魏六朝碑
刻校注》第 3 册，第 15 頁。

祖司徒右長史河［東太守］諱澹，字少卿。

　　［夫人潁］川陳氏。

　　夫人清河崔氏，父御史中丞參。

考［使持節、侍］中大將軍、始安郡［忠］武［公］諱嶠，字太［真］。

　　夫人高平李氏，父河南□□□祖。

　　夫人琅耶［王氏，父修武令］訥，字季演。

　　夫人盧［江何氏］，父吳國內［史邃，字彥］偉。

兄使持節輔國將軍［交州刺］史［襲封始］安公諱放之，字弘祖。

　　夫人太［原龐氏，父盧陵太］守企，字子及。

式之夫人潁川荀氏父御史中丞閭，字道明。

大妹適潁川庾志，字宣慶。

小妹適餘杭令陳國袁矯之，字叔產。

大妹二男三女。

小妹四男五女。

放之三男三女。

長女適陳國謝廓，字敬慶。

長息高之，字敬林，散騎侍郎，襲封始安公。

　　配河內山氏，父東［陽太守］退，字彥林。

式之長女［適譙國］桓肸，［字］少仁。

中女適陳國謝遁，［字］□□。

［小女適］琅耶顏暢，字少和。

長息崇之，字□□□□□。

次息程之，字仲光。

次息慕之，字□□。

次息□□，字稚光。

凡此八［人］皆荀氏之□□□□□□。

（3）《明曇憘墓誌》所見劉宋世族譜牒。[①]

明曇憘，卒於宋後廢帝元徽二年（473），墓誌 1972 年出土於南京太平門外，誌首載家族譜系，誌尾載前後二夫人譜系。譜系書寫有平闕，試復原如下：

祖儼，州別駕，東海太守。

　　夫人清河崔氏，父逞，度支尚書。

父歆之，州別駕、撫軍武陵王行參軍、槍梧太守。

　　夫人平原劉氏，父奉伯，北海太守。

　　後夫人平原杜氏，父融。

伯恬之，齊郡太守。

　　夫人清河崔氏，父丕，州治中。

　　後夫人勃海封氏，父愷。

第三叔善蓋，州秀才、奉朝請。

　　夫人清河崔氏，父模，員外郎。

第四叔休之，員外郎東安東莞二郡太守。

　　夫人清河崔氏，父諲，右將軍冀州刺史。

長兄寧民，早卒。

　　夫人平原劉氏，父季略，濟北太守。

第二兄敬民，給事中寧朔將軍齊郡太守。

　　夫人清河崔氏，父凝之，州治中。

第三兄曇登，員外常侍。

　　夫人清河崔氏，父景真，員外郎。

第四兄曇欣，積射將軍。

　　夫人清河崔氏，父勳之，通直郎。

（以上誌首）

夫人平原劉氏，父乘民，冠軍將軍、冀州刺史。

後夫人略陽垣氏，父闡，樂安太守。

（以上誌尾）

---

① 墓誌圖版見《考古》1976 年第 1 期李蔚然《南京太平門外劉宋明曇憘墓》，釋文見趙超《漢魏南北朝墓誌彙編》第 22~23 頁。

（4）《元侔墓誌》所見北魏宗室譜牒 [1]

元侔，北魏皇族，永平四年（511）葬，墓誌於 1926 年河南省洛陽城北四十里陳凹村東出土。世系刻於誌陰，格式有平闕，試復原如下：

> 君六世祖昭成皇帝。
>
> 五世祖第八皇子諱受久，獻明皇帝之母弟。
>
> 　妃王氏，昭成之舅女。
>
> 高祖右丞相常山王諱遵，字勃兜。
>
> 　妃劉氏，大宗明元皇帝之姨。
>
> 曾祖侍中、使持節征西大將軍、都督河以西諸軍事，常山康王諱素連。
>
> 　妃赫連氏，夏主昌之妹。
>
> 祖平南將軍、冀州刺史、河澗簡公諱於德。
>
> 　夫人南陽張氏，龍驤將軍阜城侯提之孫女。
>
> 父鎮遠將軍、光州刺史諱悷，字純陀。
>
> 　夫人叱羅氏，儀曹尚書、使持節散騎常侍、安東將軍、都督兗州諸軍事、兗州刺史帶方静公興之長女也。

（5）《韓震墓誌》所見北魏鮮卑勛貴譜牒 [2]

韓震，北魏孝昌二年（526）卒，北魏普泰二年（532）葬。1926 年河南省洛陽出土。墓誌中譜系記載位於誌陰，無平闕。試復原如下：

> 曾祖業，字世隆，太尉屬匡之子，莨子令、蓁真内小、上黨太守。
>
> 曾祖親遼西孟氏，常山太守孟融女。
>
> 祖達，字大度，上黨府君業之子，綏遠將軍、虎牢司馬。
>
> 祖親東燕慕容氏，玄氏令慕容干女。
>
> 父曜，字伯驎，綏遠達之子，綏遠將軍本州治中、寧遠將軍、桑乾太守，

---

①　墓誌圖版見趙萬里《漢魏南北朝墓誌集釋》圖版 54，釋文見趙超《漢魏南北朝墓誌彙編》第 60 頁。

②　墓誌圖版見趙萬里《漢魏南北朝墓誌集釋》圖版 281，釋文見趙超《漢魏南北朝墓誌彙編》第 285~286 頁。

後除龍驤將軍、平州刺史。

母東燕俟文氏，内行給事俟文成女。

君妻南陽娥氏，羽真、南平公、魚曹尚書、使持節秦雍二州刺史、仇池都督娥清之女。

長息紹顯。

娶南安趙氏，父本州別駕趙儁女。

次息子捷，字顯安，起平南府中兵參軍，征東將軍、金紫光禄大夫、高邑縣開國伯。

娶弘農楊氏，父鎮遠將軍、并州城局參軍、高平男楊殖女。

次息暉，字貴顯，起大丞相府行參軍、中堅將軍、奉軍都尉。

娶天水乞伏氏，父爲桑乾、善無二郡太守乞伏歸女。

次息光，字遵顯，本州主簿、通直散騎常侍、中書侍郎、征虜將軍領中書舍人、巨鹿縣開國伯。

娶河南長孫氏，父爲朔州長史、平壽子長孫果女。

次息欽，字遵和，本郡功曹、威烈將軍、奉朝請。早喪。墓在君墓西五十步。

次息遵雅，字阿醜，中軍將軍、金紫光禄大夫、定陽縣開國伯。

次息阿谷，字遵嚴，靈壽縣開國子。

次息車兒，字遵道，廣宗縣開國子。

并未婚。

（6）《盧令媛墓誌》所見北魏漢族士人譜牒[①]

盧令媛，世出北朝高門范陽盧氏，曾祖盧度世、祖盧淵、父盧道約均爲北魏重臣。盧令媛葬於正光三年（522），墓誌於 1926 年河南洛陽城北小梁村南出土，現存西安碑林博物館。譜系載於墓誌尾部，有平闕，試復原如下：

> 曾祖度世，字子遷，散騎常侍、太常卿、使持節鎮遠將軍、濟州刺史、固安惠侯。

---

① 墓誌圖版見趙萬里《漢魏南北朝墓誌集釋》圖版 37，釋文見趙超《漢魏南北朝墓誌彙編》第 127 頁。

夫人清河崔氏。父瓆，散騎常侍、大鴻臚卿、使持節平東將軍青冀二州刺史、清河侯。

祖諱淵，字伯源，散騎常侍、尚書、始平王師、秘書監、使持節安北將軍、幽州刺史、固安懿侯。

夫人趙郡李氏。父孝伯，散騎常侍、尚書、使持節平西將軍、泰州刺史、宣城公。

父道約，字季恭，今司空錄事參軍。

妻熒陽鄭氏。父道昭，國子祭酒、秘書監、使持節鎮北將軍、光青相三州刺史、文恭侯。

總結以上諸譜，兩晋南北朝時期官私譜牒的主要内容和基本特徵如下。

（1）家族成員的官爵是中古譜牒中最核心的内容，官修色彩濃厚。宗族内父祖、子息的官爵均被記録，且妻子父祖的官爵也被詳細記録。所記官爵詳略不一，簡略者祇記所終之官，詳盡者歷數其遷轉之官。按照通例，譜牒中大多祇記官爵，無行狀，無事迹。

譜牒中對於官爵的記述，直接關係到家族成員選官資格，也是締結婚姻的重要參照，因而務求詳盡和準確。郭峰先生認爲：“如果説，譜牒在地方，出地方宗族之手，服務於民間地方社會，維繫血緣宗族色彩强烈，是後來宋元明清時期譜牒的主要特點的話，那麼，譜牒在官方，出官府及官宦家族之手，服務於中央政治社會，政治色彩强烈，則是晋唐時期譜牒修撰的最大特點。”[1]

（2）重視女性譜系，是中古譜牒最重要的特徵之一，也是中古譜牒與後世家譜的重大差别。女性外家的郡望和父祖的職官在譜系占有特别重要的位置，父祖的配偶和墓主的妻子的郡望，父親甚至祖父的官爵是譜牒中必不可少的要素；已出嫁女兒配偶的郡望，以及其父親乃至祖父的官爵，也是譜牒的重要内容。

宋明以降，家譜中主要内容是男性血緣世系的記録，女性能否進入家譜有許多嚴格的義例和規範，[2]中古時期對於女性譜系重視，并不一定意味着婦女在家族中地位的重要，很多譜牒中女性的名諱都隱而不書，但其所出郡望、父祖官爵一定會被標注；有些出嫁女的名諱可能隱而不書，而祇記載其夫婿和父祖的官爵。

---

① 郭峰：《晋唐時期的譜牒修撰》，《中國社會經濟史研究》1995 年第 1 期。

② 參見胡中生《清代徽州族譜對女性上譜的規範》，《安徽大學學報》2007 年第 1 期。

（3）中古譜牒的書寫格式有比較嚴格的規範。通常按行輩分列書寫，一人一列；先叙述父祖，後叙同輩，再及子女；同一行輩先叙男性，後叙女性。女性配偶低一至兩格書寫。父祖的書寫格式比較嚴格，每一輩提行書寫；子女的書寫格式稍顯隨意，有的提行，有的以空格區分。

中古譜牒書寫格式十分嚴格，帶有一定的公文色彩，也顯示出官修文書的程式化特徵。譜牒在當世更普遍地被稱爲“譜籍”或“譜狀”，由各個家族編纂完成後，上交官府，經核查檢覆之後統一編排和保管，因而在格式上具有高度的一致性。

總之，中古譜牒重官爵、重外裔、重格式等特點，非常明確地反映出中古譜牒濃厚的政治色彩，與選官相聯繫，與婚姻相聯繫，即所謂“別選舉，定婚姻，明貴賤”，與宋元以後的家譜格式和内容有着顯著的差别。

如果本文的分析和判斷基本可以成立，那麽中古墓誌中大量位於首尾、誌陰等特殊位置并以特殊行款書寫的家族譜系記載，均可認定爲兩晉南北朝時期的官私譜牒。雖然有部分文字依據墓主身份和人物關係對譜牒内容進行過少量改寫，但已經不妨礙我們瞭解和認識中古譜牒的原始格式和主要内容，這意味着這些史料基本上可以作爲與六朝古譜最爲接近的原始文本加以引證和研究。從史料學意義上講，傳統認識中早已失傳的中古譜牒，特別是以一家一姓爲單位的家族譜牒并未完全亡佚，而是以特殊的形式大量保存於中古墓誌之中，并在相當程度上保存了中古譜牒的原始風貌。古代石刻中新史料的開掘與清理，爲我們研究中古社會風貌提供了豐富而詳盡原始史料，也將進一步拓展中古歷史研究的學術視野。

墓誌整理三題[*]

近年來，由於種種原因，墓誌大量出土，并且很快流散，公私單位和個人既都在從事收購、收藏，又都在從事整理、出版。雖然這種整理、出版，難免重複和無序，甚至存在"學術倫理"問題，[①]但我們認爲，整理、出版總比不整理、出版爲好。衹是墓誌整理屬於古籍整理之一種，不僅需要具有一定的規範，還需要具有一定的文學功底。這裏就三個常見問題解説如下。

一　墓誌定名應用首題

近年整理、出版的墓誌類圖書，墓誌定名多用簡稱，直云"某人墓誌"或"某朝某人墓誌"。然而，如所周知，按照現代古籍整理規範，古人别集中的詩文篇題，整理者都是衹能照録，没有權力隨意簡化的。墓誌經草創到定型，一般都有首題。這些首題與古人别集中的詩文篇題性質相同，都是原作者爲墓誌擬定的題目，整理者如果没有特别的原因，也是没有權力隨意簡化的。這可以説是墓誌整理者都應遵守的規範。如果隨意簡化，就會産生問題。

首先，隨意簡化首題，按照現代法制觀念，侵犯了原作者的著作權。其次，

＊　　本文原刊於《故宫博物院院刊》2013 年第 6 期，作者同意入編本書。

① 按，羅新曾經撰文，從"現代學術倫理"的角度，對這一現象的影響進行過思考。參閲《新出墓誌與現代學術倫理》，《南方周末》2008 年 3 月 6 日，第 24 版。我們也曾聯名撰文，對墓誌類文化遺産如何搶救和保護表示了憂慮。參閲《讀〈河洛墓刻拾零〉斷想》，《古籍整理出版情況簡報》2008 年第 6 期。

首題原本含有誌主身份仕宦等豐富信息，隨意簡化自然全都成爲子虛烏有，對於研究者也十分不利。[①] 最後，隨意簡化首題，會使墓誌有繁簡幾個題目，如何檢索也會成爲問題。譬如：《昌黎先生集》卷三三有《唐故國子司業竇公墓誌銘》，[②] 這顯然也是經過後世編者簡化過的題目。2005 年夏，該墓誌原石在洛陽偃師市首陽山出土，始知首題爲《唐故朝散大夫守國子司業上柱國扶風竇公（牟）墓誌銘》（圖一）；但《河洛墓刻拾零》著録，簡稱爲《唐竇牟墓誌》。[③] 一方墓誌三個題目，如何檢索自會成爲問題；不僅如此，孰信息豐富、孰信息貧乏，也是一眼可見。

圖一　韓愈撰《唐故朝散大夫守國子司業上柱國扶風竇公（牟）墓誌銘》

① 余扶危、劉君田、余黎星：《洛陽出土墓誌首題研究》，《河洛文化論叢》第 3 輯，中州古籍出版社，2006 年，第 273~294 頁。
② 朱熹：《朱文公校昌黎先生集》第 7 冊，《四部叢刊初編·集部》之一種，上海商務印書館（涵芬樓）影元本，1929 年。
③ 趙君平、趙文成：《河洛墓刻拾零》，北京圖書館出版社，2007 年，第 514 頁。另參胡可先、魏娜《唐代詩人事迹新證》，《浙江大學學報》2010 年第 1 期。

墓誌定名用簡稱，説起來，始作俑者并非今人，而是自古而然，也有一定的理由。《集古録跋尾》卷八有《唐賀蘭夫人墓誌》，據介紹，首題爲《祕書監陸公夫人墓誌銘》。[①]《金石録》卷一〇有《唐蔚州刺史馬紓墓誌》，[②]《古刻叢鈔》著録首題作《唐故銀青光禄大夫使持節蔚州諸軍事行蔚州刺史兼御史中丞馬公墓誌銘》。[③]《八瓊室金石補正》唐四十四有《劉漢潤妻楊珽墓誌》，首題爲《唐左神策軍護軍中尉副使兼左街功德副使金紫光禄大夫右監門將軍上柱國高平郡開國公食邑二千户劉公故夫人宏農縣君楊氏墓誌銘》；又有《幽州節度銜前兵馬使王夫人李氏墓誌》，首題爲《唐幽州節度銜前兵馬使王公夫人故隴西李氏墓誌銘》。[④]爲什麼有現成首題不用，而要費力另編簡化題目？推測應與擔心架屋疊床有關。因爲墓誌類圖書的正文，總是先列題目，再録釋文，如果題目是首題，釋文開頭也是首題，兩個首題前後并排，難免會受到架屋疊床之譏。爲了避免架屋疊床，在正文中，題目用簡稱，首題緊排其後，對研究者獲取信息没有影響，應該説不失爲一種解决辦法。但前面的總目怎麼辦呢？因爲總目也祇能相應用簡稱，却没有首題緊排其後，研究者無法根據簡稱獲取應有的信息，還是需要逐條翻書比對正文，這樣是不是太麻煩、太不方便了呢？

現代的墓誌整理者不少也都在思考兩全其美的辦法。《唐代墓誌彙編》採取的辦法是：總目先冠年號＋序號，再以首題爲題目，其中括注誌主姓名或名；正文則先以年號＋序號爲題目，然後直接進入蓋、誌釋文。譬如：總目上爲序號"貞觀015"，下爲題目《大唐綿州萬安縣令故毛（祐）府君墓誌銘》；正文右爲題目"貞觀015"，左爲蓋、誌釋文，首題爲《大唐綿州萬安縣令故毛府君墓誌銘》，没有括注誌主之名。[⑤]《漢魏南北朝墓誌彙編》採取的辦法是：總目没有年號＋序號，直接以首題爲題目，其中括注誌主姓名或名；正文没有題目，直接進入蓋、誌釋文。譬如：總目題目爲《魏故使持節侍中假黄鉞都督中外諸軍事太師領司徒公彭城武宣王（元勰）墓誌銘》，正文直接爲蓋、誌釋文，首題爲《魏故使持節侍中假黄鉞都督中外諸軍事太師領司徒公彭城武宣王墓誌銘》，没有括注誌主姓名。[⑥]這兩種辦法雖然不盡相同，但都既没有簡化首題，又避免了首題在同一處重複使用，似

① 歐陽修：《集古録跋尾》，《石刻史料新編》第1輯第24册，新文豐出版公司，1977年，第17902頁。

② 趙明誠：《金石録》，《石刻史料新編》第1輯第12册，第8866頁。

③ 陶宗儀：《古刻叢鈔》，《石刻史料新編》第1輯第10册，第7595頁。

④ 陸增祥：《八瓊室金石補正》，文物出版社，1985年，第494~495頁。

⑤ 周紹良：《唐代墓誌彙編》上册，上海古籍出版社，1992年，目録第2頁，正文第19頁。

⑥ 趙超：《漢魏南北朝墓誌彙編》，天津古籍出版社，1992年，目録第10頁，正文第54~55頁。

乎兩全其美。可惜的是，總目有題目，正文没有對應題目，使得總目缺乏針對性，失去了應有的檢索的意義。

《新中國出土墓誌》除了第一卷《河南》〔壹〕題目用簡稱外，後面九卷題目都改用了首題。[①] 本書認爲：首題作爲墓誌原作者的成果，其著作權理應得到基本的尊重。但作爲墓誌整理圖書，也要考慮全書的體例和規範，既應避免架屋疊床，也應避免因噎廢食。采取的辦法是：總目與正文題目都用首題，但并不是一字不易的舊首題，而是經過了編者再加工的新題目。譬如：題目第一字都必須統一爲朝代名。據此，原首題的“大唐”“大明”都删爲“唐”“明”，原首題無朝代名則在新題目前另補朝代名。其中當然也要括注誌主姓名或名。没有首題的墓誌，則由編者根據墓誌内容，重擬含有誌主身份仕宦等信息的新題目。因此，總的來説，作爲目録的題目，既源出首題，對首題表示了尊重，又與首題有區别，避免了架屋疊床之虞。這種墓誌定名辦法似乎較爲可取。

二　平闕轉行應有標識

古代公私文書行文，爲了表尊表敬，遇到特定的字詞，常常需要提行和空格，提行稱爲“平出”，空格稱爲“闕”，合稱爲“平闕”。平闕之制起源甚早，但至唐纔逐漸興盛。唐代法律文件分爲律、令、格、式四種，其中有所謂“平闕式”，主要針對公文書行文。敦煌本唐代《書儀》有“公私平闕式”，則也針對私文書行文。其中規定遇某字詞“准式并平闕”，遇某字詞“准式闕二字”，區分很細，不一而足。[②] 到了明清，愈益煩瑣。平闕在墓誌中得到廣泛應用。墓誌原本就存在轉行，遇到“平出”更成爲不規則轉行。出土文獻整理有一個原則，就是要儘量保存和顯示原貌。這是爲了能在原件毀壞的情況下，儘可能地根據整理文本恢復原來的形制。因此，墓誌整理要對平闕轉行作出標識，本是一件極爲普通的常規工作。然而，自古至今，情況却均非如此。

古代的墓誌整理，一般祇標識平闕，不標識轉行；而即使標識平闕，也不

---

①　王素主編，任昉執行主編《新中國出土墓誌》（全 10 卷 19 册），文物出版社，1994~2009 年。按：我們正式接管本書工作時，第一卷《河南》〔壹〕已出校樣，題目用簡稱已很難改回，祇能將後面九卷題目都改用首題。又，《新中國出土墓誌》第二期工程已經啓動，以首題爲題目仍延續前例。

②　黄正建：《平闕與唐代社會政治》，《春史卜麟錫教授還曆紀念唐史論叢》，1995 年，第 141~154 頁。另參趙和平《中國家書的源流體例和格式》，《光明日報》2006 年 2 月 20 日，第 11 版。

一定都遵照原式。《金石萃編》卷七五《唐三十五·高延福墓誌》於"大明""皇位""主""我大君""王室""天眷""天王"等前均空三格；同書卷八七《唐四十七·趙思廉墓誌》於"高祖""曾祖""祖""父""公""天子"等前均空二格，於"我公"前又空三格。①《陶齋藏石記》卷二〇《唐四·和錢墓誌銘》於"祖""考"等前均空一格；同書卷二一《唐五·鄭玄果及夫人元氏合葬墓誌銘》於"武帝""鑾輿""文皇""龍飛""主上""則天"等前均空一格，而於"丹禁""紫闥"等前又均空二格。②顯然，其中有些平闕標識，并未遵照原式。譬如《高延福墓誌》，根據原拓（圖二），"主""我大君"均屬提行"平出"，"主"與其前"事"字原空二十四格，"我大君"與其前"力士"原空十八格。高延福爲大宦官高力士的義父，其墓誌備受學術界重視，如果沒有原拓，僅根據《金石萃編》的平闕標識進行復原，恐怕是很難成功的。

圖二　孫翌撰《大唐故中大夫守内侍上柱國渤海高府君（延福）墓誌銘》

---

① 王昶：《金石萃編》，《石刻史料新編》第 1 輯第 2 册，第 1277、1472~1473 頁。
② 端方：《陶齋藏石記》，《石刻史料新編》第 1 輯第 11 册，第 8172、8189~8190 頁。

現代的墓誌整理，僅收釋文的圖書，一般衹標識轉行，不標識平闕；而即使標識轉行，也不一定都遵照原式。前揭《唐代墓誌彙編》《漢魏南北朝墓誌彙編》都是如此。譬如所有轉行號都置於字下，没有考慮有的是齊字轉行，有的是字下空若干格纔轉行，二者需要有所區別。有興趣者可自行尋找原拓校核，這裏不一一舉例説明。而圖版、釋文兼收的圖書，則干脆平闕轉行均不標識。如《大唐西市博物館藏墓誌》。[①] 整理者可能認爲，既然圖文可以對照，何處平闕，何處轉行，圖版上清晰可見，釋文再予標識，顯得多此一舉。但這是衹知其一，不知其二。因爲圖版雖然不一定會單行，釋文却肯定是會單行的。譬如研究者撰寫墓誌論文，按例都是要照録釋文的，但圖版却不一定會再刊，如此，整理者做的釋文，没有平闕轉行標識，很難反映原來的形制，研究者爲了反映原來的形制，就須重新增補平闕轉行標識，這樣的釋文，著作權到底屬誰，難免就會成爲問題。早年，唐長孺先生主編《吐魯番出土文書》，先出簡裝本，衹有釋文，没有圖版，釋文不僅要標注行號，連塗改處也要照描，儘量保存和顯示原貌；後出精裝本，圖版、釋文兼收，且是上圖下文，可以對照，有人提出，既然有圖對照，是否可以將行號和一些照描處去掉，唐長孺先生不同意，現在回想，可能也是出於這種考慮。[②] 應該説，這種考慮是正確的。

《新中國出土墓誌》重視保存和顯示墓誌原貌，因而也重視對墓誌的平闕轉行進行標識。原來準備完全按照平闕的空格數調整釋文和安排製版，後因計算空格太容易出錯，且過於增加校對的工作量，不得不放棄，改爲不論空多少格，釋文均統一空一格，并在凡例中特別説明。雖然未能實現最初設想，但也避免了無規則空格造成的紊亂。對於轉行，根據不同的情況，采用不同的標識。大致而言：凡齊字轉行，均在字下接標轉行號；凡字下空若干格纔轉行，均在字下空一格標轉行號。這種平闕轉行標識辦法應該較爲可取。

三 銘文標點應該慎重

墓誌銘文基本都是韻文，存在一韻到底、二句换韻、四句换韻、六句换韻、

---

① 胡戟、榮新江：《大唐西市博物館藏墓誌》，北京大學出版社，2012 年。下引本書收録墓誌，均在其後括注頁碼，不再出注。

② 唐長孺：《吐魯番出土文書》（簡裝本全 10 册，精裝本全 4 册），文物出版社，1981~1996 年。

八句换韻等多種形式，而且以中古音韻爲主，其標點自應與墓誌序文不同，具有韻文的特點。近代以來，對唐宋詩詞進行標點，考慮到不少韻字讀起來已不押韻，便特别在標點上予以提示。大致而言，詩歌首句可押韻也可不押韻，因而可以標逗號外，其他韻字都標句號作爲提示。遇到内容銜接，不易斷開的韻字，則標分號作爲提示。這裏從《大唐西市博物館藏墓誌》所收墓誌銘文中選二例進行解説。

例一：本書第 307 號《［唐］元子長墓誌》銘文（圖三）（第 665 頁）：

幽桂雖貞，有蠹必朽。善人維祺，嬰疾不壽。肅肅武陵，明明賢守。奉此清白，宜其有後。克生詞曹，系彼纓緌。氣胡不堅，命胡不偶。殁有妻子，葬歸川阜。神兮魂兮，將安將久。

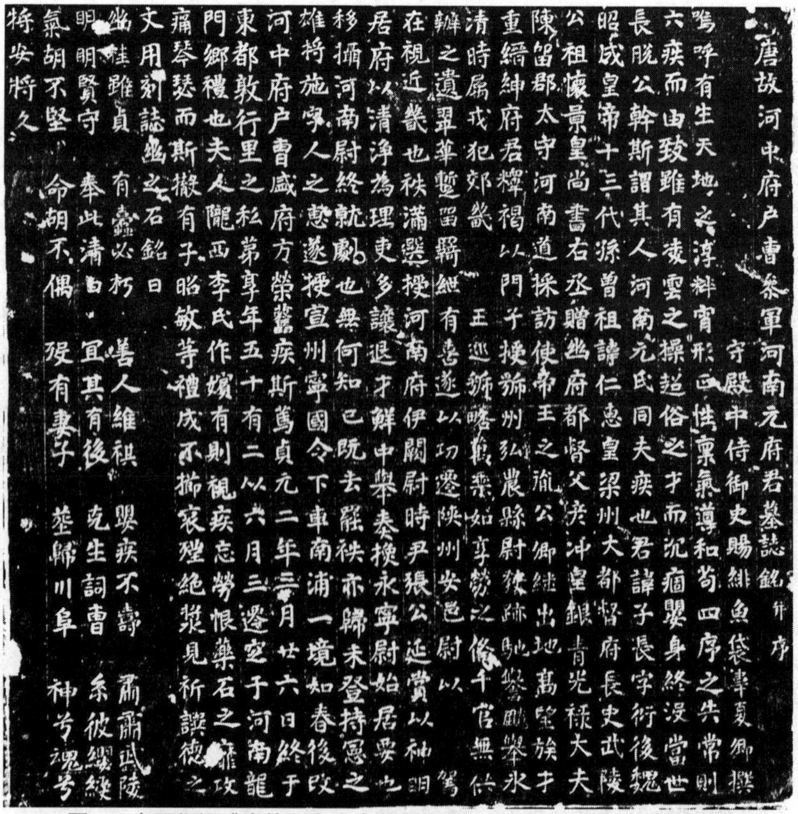
唐故河中府户曹參軍河南元府君墓誌銘并序
守殿中侍御史賜緋魚袋韋夏卿撰
嗚呼有生天地之淳粹胄形正性稟氣導和苟四序之失常則
六疾而由致雖有凌雲之操超俗之才而沉痼嬰身終没當世
長脱公斡斯謂其人河南元氏同夫疾也君諱子長字衍後魏
昭成皇帝十三代孫曾祖諱仁惠皇梁州大都督府長史武陵
公祖懷景皇尚書右丞贈幽府都督父光沖皇銀青光祿大夫
陳留郡太守河南道採訪使帝王之胤公卿繼出地高望族才
重縉紳府君糅褐以門子授滁州弘農縣尉發跡馳譽舉水
清時屬戎犯郊畿 王巡豳睹戢棄如享芻之後千官無佇
辦之遺翠華蹔留羈紲 有喜遂以功遷陝州安邑尉以 駕
在視近畿也秩滿選授河南府伊闕尉時尹張公延賞以神明
居府以清淨為理吏多讓退才鮮中舉奏換永寧尉始居要也
移攝河南尉終軌勵也無何知已既去罷秩亦歸未登持憲之
雄將施字人之惠遂授宣州寧國令下車南浦一境如春後政
河中府户曹盛府方榮藝疾斯篤貞元二年三月廿六日終于
東都敦行里之私第享年五十有二以六月三遷窆于河南龍
門鄉禮也夫人隴西李氏作嬪有則視疾忘勞恨藥石之[illegible]攻
痛琴瑟而斯撤有子昭敏等禮成不擗哀毀絕漿見祈諛德之
文用刻誌幽之石銘曰
幽桂雖貞 有蠹必朽 善人維祺 嬰疾不壽 肅肅武陵
明明賢守 奉此清白 宜其有後 克生詞曹 系彼纓緌
氣胡不堅 命胡不偶 殁有妻子 葬歸川阜 神兮魂兮
將安將久

圖三　韋夏卿撰《唐故河中府户曹參軍河南元府君（子長）墓誌銘》

全文十六句，一韻到底。其中，每四句爲一組，共爲四組。

第一組：用《詩》六義之比興體。比指以彼物比此物，興謂以他物引出欲説之物。唐劉知幾《史通·叙事》説："昔文章既作，比興由生。鳥獸以媲賢愚，草木以方男女。詩人騷客，言之備矣。"顯然，該組是以"幽桂"比興"善人"，二者不能斷開，"必朽"下袛能標分號。

第二組：也是用比興體。據誌文，"武陵"指誌主曾祖"武陵公"仁惠，"賢守"指誌主之父"陳留郡太守"彥冲，蓋欲以此二人引出"宜其有後"，也就是誌主。顯然，中間不能斷開，"賢守"下也袛能標分號。

第三組："詞曹"爲户曹別稱，典出西晋羊祜。《晋書》卷三四《羊祜傳》記祜死後："荆州人爲祜諱名，屋室皆以門爲稱，改户曹爲辭曹焉。""辭曹"即"詞曹"。據誌文，誌主卒官"河中府户曹參軍"。故知"詞曹"指誌主本人。唐制：府稱户曹參軍，州稱司户參軍，縣稱司户。唐高適《送柴司户充劉卿判官之嶺外》詩："月卿臨幕府，星使出詞曹。"用的也是這個典故。此組意思是説：上天既生誌主，且讓他官至户曹參軍，爲什麽又讓他氣命不久呢？可見中間不能斷開，"纓綬"下也袛能標分號。

第四組：據誌文，誌主死後，妻子隴西李氏仍存。此組意思是説：誌主死後，妻子將其葬於川阜，希望他的神魂永遠得到安寧。可見中間不能斷開，"川阜"下也袛能標分號。

這種四句一組的銘文，在中古墓誌中最爲常見。本書大致均以逗、句、逗、句標點，將一組斷爲二組，一事斷爲二事，顯得不太慎重。附帶提及，《唐代墓誌彙編續集》《新出魏晋南北朝墓誌疏證》等書，遇到這種四句一組的銘文，均以逗、逗、逗、句標點。[①] 雖然讀懂了這類銘文，沒有將一組斷爲二組，一事斷爲二事，但對第二句韻字標逗號，缺少應有的提示，也不太合常規。

例二：本書第 314 號《［唐］郭幼明夫人蘇氏墓誌》銘文（圖四）（第681 頁）：

---

① 參閱周紹良、趙超《唐代墓誌彙編續集》，上海古籍出版社，2001 年；羅新、葉煒：《新出魏晋南北朝墓誌疏證》，中華書局，2005 年。不具列。按：裴蘭婷曾指出《新出魏晋南北朝墓誌疏證》所收隋代墓誌銘文録文存在校點錯誤，對本文談到的銘文標點問題似未涉及。見《隋代墓誌銘文點校獻疑——〈新出魏晋南北朝墓誌疏證〉校讀札記》，《傳奇·傳記文學選刊（理論研究）》2011年第 3 期，第 77~79 頁。

采蘩所以奉祭祀也，采蘋能循法度也。夫人有之，家室攸宜。德愈修，善愈積。謂極偕老之祉，俄軫未亡之感。以禮自防，殆廿霜。龜鏡閨門，今也則亡，從乎周制，祔于秦野。已矣夫，眇煙雲與松檟。

圖四　胡證撰《唐扶風郡夫人武功蘇氏墓誌銘》

這篇銘文換韻較多，規則不明晰，各句字數又不統一，標點難度較前稍大。根據換韻與句法推測，應該是先二句、二句換韻，然後再四句換韻，最後又二句、二句換韻。先將改爲正確標點的釋文迻錄如下，以便對照進行解說。

采蘩所以奉祭祀也，采蘋能循法度也。夫人有之，家室攸宜。德愈修，善愈積；謂極偕老之祉，俄軫未亡之戚。以禮自防殆廿霜，龜鏡閨門今也則亡。從乎周制祔于秦野，已矣夫眇煙雲與松檟。

前四句，每二句爲一組，換一韻，原標點沒有問題。接下來四句爲一組，另換一韻，"愈積"下也祇能標分號。此後原作八句四組，分得太細，割裂文意，難以通讀。譬如：可能受"德愈修，善愈積"句式影響，將"殆廿霜"與"已矣夫"也單獨爲句，不知前者爲排比，自成句式，而後者孤立，與前後句式均不合。如將"殆廿霜"與前"以禮自防"合爲一句，"已矣夫"與後"眇煙雲與松檟"合爲一句，則其他四句也須合并，這樣就成爲四句二組，換二韻，與前四句爲二組，換二韻，也正可呼應。令人十分不解的是，原銘文在"今也則亡"下標逗號。此句之後已另換一韻，在這裏祇能標句號，連分號也不能標。應該是疏忽了吧。校讀文字，常會遇到盲點，不足爲怪。

關於墓誌整理，雖然自古至今，沒有統一的規範，大家都是在自行其是，但怎樣整理纔能最好地保存和顯示墓誌原貌，怎樣標點纔能最真實地反映墓誌銘文原意，總應有一個起碼的標準。早年池田温先生整理著名的高昌三方殘碑，不僅完全復原碑形，而且縱橫均標行號，精細程度嘆爲觀止，堪稱碑誌整理典範。[1] 可惜我們爲印刷條件所限，直到現在也很難做到。但在現有條件下，做得更好一點，還是完全有可能的。希望能够以此與大家共勉！

---

[1] 池田温：《高昌三碑略考》（原載《三上次男博士喜壽紀念論文集·歷史編》，平凡社，1985 年，第 102~120 頁），謝重光譯，《敦煌學輯刊》1988 年第 1、2 期合刊，第 146~161 頁。

新出墓誌與現代學術倫理[*]

羅　新

　　我們面臨一個困境，一方面應當拒絕任何來路不正的研究對象，另一方面又不應漠視新出的史料。

　　在 2007 年最後一期的美國《考古》（*Archaeology*）雜志上，有一篇 Sanchita Balachandran 的文章，討論她作爲文物保護與修復專家所遇到的倫理困境。一位業餘史學家兼收藏家把自己從 eBay 上買來的一把羅馬鐵劍交給她，請她加以清理與維護。這把劍無疑是真正的羅馬文物，劍身橘紅色的銹蝕與白色的鹽斑顯示出它是多麼急迫地等待着專家的護理。可是作者的職業道德却提醒她，她不應當去維護這樣一件不能被證明出自科學發掘或合法銷售的文物。文物保護工作者的職責是保護文化遺産，反對盜掘等一切損壞遺址及文物的活動。可是，一件真實的、脆弱的古代文物，如果不及時加以維護，它所遭受的損壞將會在不可逆轉的方向上繼續下去。是否動手去修復它，是擺在 Sanchita 面前的一道職業倫理的難題。

　　我最近開始面對同樣的難題——或者説，這道難題一直就在那裏，祇是我直到最近纔意識到它。三個多月前在紀念西安碑林 920 周年華誕的大會上，面對着臺下衆多優秀的研究墓誌的前輩學者，我在發言時小心翼翼地提到，近年"地不愛寶"，大量中古墓誌出土，既是墓誌研究者的幸事，同時又是中國文物的大不幸，是文化遺産的大灾難。

　　有人指出，以墓誌爲對象的盜掘活動已經猖獗到不可思議的地步。比如有某

　　＊　本文原刊於《南方周末》2008 年 3 月 6 日，第 24 版，作者同意入編本書。

一收藏機構專收弘農楊氏的墓誌，甚至有買家親自下到墓中確認該墓誌確屬弘農楊氏，然後盜墓者再把墓誌起出來完成交易。中古墓誌以如此規模出土，在中國歷史上是第二次。第一次墓誌大出是在二十世紀二三十年代，那時的墓誌祇是以洛陽北邙山爲主要舞臺的盜墓活動的副產品，墓誌及拓片不太值錢，因此相當一部分誌石并沒有被起出墓穴。如今北邙山上沒有被盜過的古墓大概難以找到了，可是相當多被盜過的古墓中還殘留有墓誌，成爲當代盜墓者、黑市文物交易者們發財的新機會。

我注意到這個問題，是從閱讀兩部新出版的由趙君平編著的墓誌圖集開始的，一部是《邙洛碑誌三百種》（中華書局，2004 年），一部是《河洛墓刻拾零》（北京圖書館出版社，2007）。這兩部書都不是研究性學術著作，但受到學界的強烈關注，因爲書中所收的圖版絕大多數都是新出的中古墓誌，其中相當一部分顯然具有極高的史料價值。可是，圖版所附有關墓誌出土及保存情況的説明却極端草率，至多是"出於孟津，旋歸洛陽某氏"。有些從内容上可以清楚地判斷爲夫婦關係，因此必定是同墓所出的兩方墓誌，一則説"出於孟津"，一則説"出洛陽邙山"，完全不能反映同墓出土的情況。根據編者趙君平的描述，這些墓誌并不是由他收藏的，他祇是從收藏者那裏獲得了捶拓的機會（當然很多是要付費的）。因此可以理解，他不可能獲知墓誌出土的確切信息，他祇是把自己積攢起來的拓片拿出來出版而已。

在傳統金石學的天地裏，有了拓片就足够了。研究者重視的是文字本身，并不在乎文字的物質載體及與此載體相關的其他資料。可是現代史學研究早就超越了那種祇關心文字内容的階段。現在，墓誌所出的墓葬信息變得同樣重要（或更重要），墓葬所在的地理方位，與其他墓葬的關係，墓葬地表遺迹狀況，墓葬形制，墓室内各類器物的類型、品質及排列方式，墓誌在墓室内的空間關係，最後，還有誌主的物質資料，即墓主人的遺骸、棺椁及衣物等，這些都藴含着絕不遜色甚至更豐富的歷史信息，這些信息祇有在包括墓誌在内的墓葬遺址經過完整、科學的發掘時，纔可能得到保存和全面解讀。把墓誌從墓中盜出來進入彼此防範的流通市場，就如同魚兒離開了水，這些互爲依存的信息被割裂開來了，而且這種割裂幾乎是無法復原的。即使祇關心墓誌，你也不能僅僅依賴拓片，你需要瞭解墓誌的石質、厚薄、側面及背面的紋飾，等等。

這學期我一直在課堂上使用趙君平所編的這兩部書。原則上這是可行的，因爲這兩部書都是正式出版物，我不需要爲資料的合法性問題承擔責任。可是，這種形式上合法却并不規範的出版物，絲毫也不能爲那些拓片所代表的墓誌提供必要的合法性。没有確切的出土記録，更没有墓誌本身的可靠下落。嚴格地説，這樣的拓片不足以説明該墓誌是真實的。然而作爲專業研究者，一定程度上可以依據墓誌内容判定真僞。可以肯定，這兩部書中大多數墓誌都是真的。既然是真的，爲什麼不研究呢？你明明已經可以依據其中某一墓誌的材料解決某一個重要的問題，爲什麼還要猶猶豫豫地糾纏其合法性問題呢？

我們面對一個困境：一方面我們應當拒絶任何來路不正的研究對象，非法新出墓誌當然屬於這一範疇，對新出墓誌的熱衷追捧無疑是在鼓勵盜掘；另一方面歷史學的取材範圍本身是絶無禁區的，一切皆可成爲史料。更嚴重的問題是，一旦相關新史料的出現成爲事實，研究者若繼續相關主題的研究而不理會新史料（無論這新史料具有什麼樣的性質），本身便構成了對學術規範的漠視。如果説趙君平所編的這兩部書畢竟是正式出版物，多少可以抵消使用者對墓誌合法性問題的質疑，而對那些個人收藏或市場上流通的墓誌，研究者又當如何處理呢？

幾年前我訪問過千唐誌齋，對於他們新收購的數十方弘農楊氏墓誌大爲驚嘆。後來知道包括西安碑林博物館、洛陽石刻藝術博物館在内的專業機構，近年也都加大了收購力度。理由是相當充分的：這樣的文物流散在市面上，我們不去收購，難道眼看着讓它們流落海外嗎？然而，這樣的收購是不是多少也可能構成一種鼓勵呢？最近一兩年，一些企業家也加入了收藏墓誌的行列，其中頗有高舉開發旅游大旗的大企業，得到專業人士的幫助，極大地推動了陝西和河南等地墓誌價格的上揚。我曾經到西安一家這類企業去參觀，看到倉庫裏堆放着數百方北朝隋唐時期的墓誌，令人扼腕驚愕。上個月去香港開會，有朋友帶我去看港島著名的古董一條街。在一家據説克林頓也訪問過的古董店的向街的玻璃櫥窗裏，看到了一方北魏弘農楊氏的墓誌。進店裏打聽價格，竟然是 16.8 萬港幣。店裏還有兩方唐代墓誌，作價分別是 6.8 萬港幣和 4 萬港幣。如此之高的價格，怪不得内地會有那麼多人開始收藏墓誌了呢。這樣的墓誌，我該不該納入自己的研究範圍呢？隔着玻璃櫥窗所拍的照片，已經足以讓我對這方北魏墓誌進行基本的録文和研究，但我是否應當這樣做呢？我過去研究過個人（非法）收藏的墓誌，寫過文章，今後我是否應當拒絶任何此類邀請呢？可是，明明見到了那麼有趣的資料，又怎麼能夠背過身去、裝作從未見過呢？

從墓誌的史料分析走向墓誌的史學分析[*]

——以《新出魏晋南北朝墓誌疏證》爲中心

陸　揚

　　中國中古史的研究在過去十多年中正經歷一種突破性的進展，這種進展雖不像簡帛文獻的出土那樣聳動學界的視聽，但其意義却并不遜色，因爲它爲我們瞭解從南北朝到隋唐的層層面面提供了許多重要的細節，使史家對這段歷史的重構能從平面走向立體，從單一走向多元，這正是現代史學所期望達到的境界。而推動這種進展的一個重要因素就是對於墓誌材料的整理和研究。出土墓誌數量的不斷增加使得墓誌在中古史研究中所具有的意義日益突出，而對於這種意義，中國大陸、臺灣地區和日本的史學界都已有了相當的認識，對墓誌材料的利用也越來越普遍。在這一點上西方的學術界可以説是遠遠落在了後面。在中古的墓誌中，唐代墓誌的數量無疑是驚人的，而南北朝（包括隋在内）的墓誌數量雖然不能和唐代相比，但也已經非常可觀。南北朝墓誌中尤其以北朝墓誌爲主。而南北朝墓誌有兩個非常重要的特點。第一，作爲一種書寫的體裁，南北朝墓誌對瞭解中古墓誌風格的成型和演變有關鍵的意義。要真正瞭解唐代墓誌的書寫特徵，就必須深入考察南北朝的墓誌。第二，在南北朝墓誌中，各族裔社會政治最上層人物的墓誌所占的比重極大，這往往爲研究政治結構的變化和種族之間的關係提供了許多很關鍵的綫索和證據。所以對南北朝墓誌的史學價值做全面性的整理和考察是一項相當重要的學術工作。新近出版的由羅新、葉煒兩位年輕的學者編著的《新出魏晋南北朝墓誌疏證》（以下簡稱《疏證》）[①]是這項工作的一個里程碑，值得學術界

---

*　　本文原刊於《中華文史論叢》2006 年第 4 期，作者同意入編本書。

①　　羅新、葉煒:《新出魏晋南北朝墓誌疏證》，中華書局，2005 年。

的重視，本文的目的是以對《疏證》一書的貢獻的評述來進一步探討南北朝墓誌在史學上的利用價值，尤其是如何拓寬墓誌研究的視野。

一

廣義地來説，《疏證》一書繼承了清代以來形成的金石學研究傳統的優點，也就是將金石文字和正史材料做仔細的對勘考辨，以達到證史和補史的目的，一些清代有代表性的金石學著作如以端方名義作的《陶齋藏石記》，陸增祥的《八瓊室金石補正》，李慈銘的《越縵堂文集》，羅振玉的《雪堂金石文字跋尾》，等等，都有不少爲這種目的而進行的細緻的考證工作。最能代表這種傳統的優點的集大成作品是趙萬里的《漢魏南北朝墓誌集釋》（以下簡稱《集釋》）。從考訂史實的角度來説，趙萬里的工作可以説是非常有成績的，其學問的深厚和工作的細心都遠非前人可比，這些特點在他對像《尒朱敞墓誌》《趙韶墓誌》《内司楊氏墓誌》這一類墓誌的精審考證中有充分的體現。同時趙氏的眼光也有獨到之處，比如在對《肅宗充華盧令媛墓誌》和《元纚妃李媛華墓誌》等的考釋中，他也注意到了盧令媛家族和李媛華家族的婚姻對象均爲當時北方的一流高門。不過這些超出史實考訂範圍的評論不很多。晚清以來的墓誌研究的關注點基本還是局限於對人物的生平、行政制度，歷史事件的年代和歷史地點等史實的考辨，用趙萬里先生的話來説，就是"徵前代之事實"和"匡史文之訛謬"。而且大多集中在那些和正史中有記載的人物有關的墓誌上。但是傳統的研究工作基本祇能到達這一步。如果墓誌中所包含的歷史信息一時無法和傳統史料中的記載相參證，或者這種信息在傳統的政治制度史的範圍之外，諸如民族史、文化史、宗教史等方面的信息，那麼就很少受到學者的注意，更談不上以此種新獲得的信息爲出發點去全面研究古代的社會。這種偏向也存在於像《集釋》這樣的巨著中。比如《集釋》中對有些墓誌討論頗爲詳盡，但對另一些就幾乎不加評論，而後者常常是和傳統史料關係銜接較弱的墓誌。我們如果比較一下趙萬里對於墓誌文字所包含的信息的意見和清代學者的意見，就不難發現趙著對於清代學術以來墓誌研究方法是繼承多於突破。比如對《劉玉墓誌》的分析，趙萬里雖然更明確的指出劉玉是外族，所以諱其所出，但是他的意見也祇是停留在這一層次，大體上沒有比李慈銘等人的看法深入多少。① 在趙先生

---

① 《集釋》卷六，第 56 頁。可是早在《集釋》出版以前，周一良先生在《領民酋長與六州都督》一文中就對《劉玉墓誌》有深入討論。該文首刊於《中央研究院歷史語言研究所集刊》第 20 本，載於其著《魏晉南北朝史論集》，北京大學出版社，1997 年，第 190~214 頁。

的時代，魏晋南北朝史的研究已經産生了不少大家和重要的突破，但是趙氏的工作却對當時這方面的研究新成果和新視角借鑒不多。

雖然《集釋》的成就有其内在的限制，對於南北朝墓誌的研究來説其貢獻依然是前所未有的，事實上長期以來學術界也缺乏能像趙萬里這樣對南北朝墓誌的内容大規模加以研究的學者，雖然就個別碑誌的史學研究而言出現了一些很出色的範例，比如唐長孺先生對《敬史君碑》的分析。①《疏證》可以説是對趙萬里工作的繼承，但其工作是《集釋》的延續而非取代了《集釋》的本身。《疏證》的出現是二十世紀九十年代以來中古墓誌研究水準大幅度提高的一個證明。目前這方面的研究已從内容和方法比較單一的史料考證走向對墓誌的内涵作全面的史學分析，而且和趙萬里時代不同的是，這種工作和當前的中古史研究的新視野和新課題存在日益密切的關聯。不少學者對個別或某些類型的墓誌的重視和分析就體現出這一趨向，比如有關於粟特或來自域外的人士的墓誌。比《疏證》一書出版稍早的《吐魯番出土磚誌集注》也是近年對中古墓葬文字加以整理和研究的專著中比較出色的一種（巴蜀書社，2003）。由侯燦和吳美琳合著的這部著作不僅將吐魯番出土的磚誌收集得很完備，而且在較充分掌握了現代研究資料的基礎上對磚誌的文字做認真的釋讀。不過這部著作的研究對象畢竟集中於一個特定的地域和像高昌國這樣特定的政權，磚誌所提及的誌主也大都爲社會中級以下階層的人員，加上大部分磚誌本身的篇幅短小，所以包含的信息量受到了資料本身的限制。另外，這部著作在史學上關注的重點也放在對高昌和唐代西北地方的官職律令等行政制度的鈎稽上面，所以并非全面研討中古時期墓誌的著作。

相比之下，《疏證》的工作就更顯得具有全面性。《疏證》的工作包括了墓誌的彙集、録文、圖版刊載、録文著録和研究的概況、《疏證》自身對墓誌的研究等幾個方面。《疏證》所收的墓誌總數二百三十一方。其中魏晋南北朝的墓誌基本都是過去二十年中新出的，也就是説這些墓誌不見於趙超編的《漢魏南北朝墓誌彙編》（以下簡稱《彙編》）。同時《疏證》又沿襲了趙萬里《集釋》收録的標準，將隋代的墓誌也包括在内。這種選擇從歷史研究的角度來説是合理的，因爲許多隋代墓誌的誌主，其主要活動年代在南北朝時期，所以包括了隋誌可以使《疏證》作者對南北朝時期的墓誌内容的研究工作更爲完整。墓誌的彙集和録文工作當然是很花

---

① 見唐長孺《跋敬使君碑》，載唐長孺《山居叢稿》，中華書局，第110~118頁。這一點承友人胡寶國提示。

精力也很有價值的工作，但這還不是這部著作最重要的貢獻。《疏證》最主要的目標在我看來是從史學研究的角度對墓誌的價值加以開發，爲研究這些資料提供作者自己的視角。作者有心要提示讀者：如果我們閱讀這個時期的墓誌，最應該注意的歷史層面有哪些，如何去注意。正是因爲《疏證》的作者將宗旨確定在通過對墓誌中特別值得關注的歷史信息的解析來研究南北朝的歷史，這部著作很明智地沒有采取對墓誌的文句做字字句句的詮釋的方式，而是采用了近乎讀書札記的形式將作者看來最值得注意的歷史成分標示出來。這種表述方式也和《集釋》相當接近，趙萬里的著作雖然匯集了前人對每方墓誌的考釋，但他個人的工作就是札記式的。但《疏證》的研究工作大大超越了《集釋》所涵蓋的範圍，對微妙的歷史變化在墓誌文字中的反映也比《集釋》要敏鋭得多。《疏證》對當前的研究成果有相當充分的利用，在每方墓誌的討論中都有將與這篇墓誌有關的主要研究列出，這樣一方面爲研究者提供了方便，一方面也使《疏證》本身得以集中表述兩位作者自己的心得。雖然對一部分墓誌來說，《疏證》的評論必須和其他學者的研究合觀纔能對墓誌的史學價值有比較全面的瞭解，但《疏證》中很多墓誌都是首次得到比較深入的探究，所以從此意義上説，《疏證》的工作和《集釋》一樣是具有開創性的。

南北朝的墓誌涉及的人名、地名、職官、紀年等頭緒紛繁，要瞭解墓誌的史學價值則首先要解決這些技術上的問題，《疏證》對於這些方面的考證很扎實，對各種文獻的運用頗爲自如，這些方面的具體貢獻在全書的討論中隨處可見。如果從制度史的方面來評價，那麼從北朝後期到隋代這一時期的行政建制各方面的變化不僅錯綜複雜，而且在正史的記載中常遭到忽略。《疏證》在這方面作了不少補正，例如從《吕武墓誌》中誌主在開皇期間的職銜推論隋代儀同府和開府的關係，以及置驃騎府的大約時間；通過《李椿墓誌》所提供的資料糾正了王仲犖對武伯和司武關係的意見；對《李静訓墓誌》的討論確定了隋汾陽宫的建造年代是大業二年（606）而非四年；《姬威墓誌》中，《疏證》的作者通過對墓誌所任的西魏到隋代的宫廷職位之間的關聯來説明誌主升遷的原因；根據《獨孤羅墓誌》中獨孤羅在開皇元年的“上開府儀同大將軍”名銜提出開皇初年仍沿用北周的散實官系統的意見；討論《王昞墓誌》時對“訪第”的説明；等等。

除了具體史實考釋上的貢獻，《疏證》的着眼點更多是通過對墓誌的分析來探討誌主的生平及其所處的歷史境況，有些對誌主生平的討論本身就是建立在《疏證》作者的單篇論文基礎上的，還有些可以很容易地擴展成獨立的論文。《疏證》

對《可朱渾孝裕墓誌》《李和墓誌》《陳宣帝夫人施氏墓誌》的討論就是比較典型的
例子。①《疏證》以《徐之範墓誌》爲中心對南北朝時期最爲重要的醫學世家徐氏
家族的譜系，家族成員的生平所做的討論也是我所見到這方面最詳盡和精確的討
論，超出了一般墓誌考釋的範圍。②南北朝時期是中國歷史上政權變遷最爲迅疾，
相互關係最爲複雜的時期，所以處理這一段的墓誌特別需要有將政治史、制度史和
民族史結合起來觀察的能力。《疏證》的兩位作者恰恰很擅長做這樣的工作，所以
對許多墓誌的解讀能和歷史的境況相吻合，而且分析也細膩。《疏證》對從後趙，
北燕到北魏這一段短暫時期在政治和制度上的複雜變化瞭然於心，所以將這種瞭解
運用於解釋《染華墓誌》中所顯示的冉魏的建立者冉閔及其後代染華的職銜變化
上。而在《張忻墓誌》的研究中，《疏證》從墓誌對於張忻生平的敘述開始於北魏
孝莊帝永安二年（529）元灝入洛這一細節開始，對張忻所經歷的歷史過程對他個
人及其家庭身份的影響等都作了有說服力的說明，使得這樣一位不見於正史記載的
地方人士的生平能呈現出比較清晰的輪廓。

　　《疏證》的研究在很大程度上離不開正史和其他傳統史料的記載，但《疏證》
對傳統史料利用的目的不再僅僅是和墓誌作相互間的參證補缺，而是爲墓誌的敘
述提供一個能相關聯的歷史背景。在這種背景下，墓誌中一些看上去似乎意義模糊
的語句便具有了特定的内涵。比如在《若干雲墓誌》的討論中，《疏證》首先通過
將墓誌所提供的若干雲所參加的北周滅齊戰爭的路綫和正史所載北周宇文憲的進軍
路綫對比，推斷若干雲爲宇文憲的部將。同時又結合正史所載宇文憲被殺的時間來
說明墓誌中"思有所不及，智有所不周。一匱未成，遽從朝露"數語，推測若干雲
并非善終和其人的事迹未在正史中出現的可能原因，都是有啓發性的解讀。《疏證》
對於《趙猛墓誌》的討論更是體現《疏證》有意識將誌主的生平置於歷史的框架下
來考察的特色。該墓誌篇幅不長，其中對趙猛的家世有如下的介紹：

　　　君諱猛，字玄威，南陽西鄂人也。其先趙明王之苗裔，晋揚州刺史尚之

① 《疏證》作者羅新新作有《跋北齊〈可朱渾孝裕墓誌〉》，《北大史學》第 8 輯，北京大學出版社，
　2001 年，第 135~151 頁。
② 有關徐氏家族的討論還見於范家偉《六朝隋唐醫學之穿承和整合》（香港中文大學出版社，2004
　年）。范著對徐之才、徐之範生平的討論没有參考墓誌資料，但其重點基本在於徐氏一門的醫學
　貢獻，所以仍然可以和《疏證》相互補充。賴非《齊魯碑刻墓誌研究》（齊魯書社，2004 年）一書
　中對徐之才等人的墓誌也作了考訂，但相當粗略，見該著第 268~280 頁。

後。高祖永，永嘉之年剖府新平，遂宅秦壚。曾祖辨，雄才冠世，授命府氏，拜建威將軍、天水太守。祖魚，姚奉車都尉、關内侯，遷官河左，因而家魏。君稟英明之姿，挺驍果之略，志氣恢弘，風操雅□。於時荆州偏垂，地岨關洛，以君德望具瞻，擢爲曰揚將軍。（中略）夫人馮翊田氏，父背，秦姚中書博士，馮翊太守。

《疏證》作了如下的相關評論：

> 墓誌稱趙猛爲晋揚州刺史趙尚之後，趙尚不見於史，或出杜撰附會，或官職有誤。其高祖趙永、曾祖趙辨、祖趙魚，歷仕西晋、前秦和後秦。據墓誌，趙猛一家永嘉亂後定居關中，因而得以與前秦、後秦政權合作。趙魚"遷官河左"，當是爲姚秦守河東，與北魏對抗，北魏奪取河東，趙魚陷於拓拔，"因而家魏"（這裏的魏，是指魏地，具體就是指河東），趙魚的妻父田背，仕姚秦爲中書博士、馮翊太守，與趙氏都是姚秦集團的成員。趙猛娶妻之時，姚秦早已覆亡，田趙二氏當時都在拓拔境内，可見入魏以後的姚秦集團成員内部還存在互爲婚姻的傳統。趙猛祖名魚，妻父名背，都不似華夏之名。懷疑趙猛及其妻田氏本來就是少數族。①

墓誌所提供的僅僅是趙猛先人的職銜及其家族所遷移的地區，《疏證》却能將這些綫索和十六國到北朝期間的政治情勢相連，細膩而又要言不煩地將趙氏家族的遷居背景説明清楚，并進一步指出趙、田婚姻所包含的意義。我們很難想象這樣的分析會出現在《集釋》那樣類型的研究中。

　南北朝時期家族的譜系、地位的升降、遷移和婚姻關係等方面一直是南北朝史研究者關心的重點，《疏證》所收的許多墓誌對這些方面的研究尤其重要。《疏證》不僅注意出於門第原因的士族聯姻，也同樣注意到權勢家族出於政治原因的聯姻，比如在《常襲妻崔氏墓誌》的討論中將常襲和崔宗隆女的婚姻與慕容燕婚親集團互婚的傳統相聯繫。用《李麗儀墓誌》的資料指出麗儀父母的結合是八柱國家族之間的一次聯姻。和家族研究同樣重要且關係緊密的是民族史的研究。當前中古史

---

① 《疏證》，第107頁。

研究中發展最快而且成績最顯著的領域之一就是北方民族史的研究。而北朝墓誌中包含大量有關入遷中原的西域、内亞和東北亞民族的資料，要做到從這些信息中整理出各民族的遷移軌迹和身份認同的過程，研究者除了民族史和政治史的知識之外，還必須對地理空間與族群移動的關係有相當的敏感，并對地理文獻相當熟悉。而將對墓誌中提到的誌主及其家族活動過的地域、埋葬的地點等地理方面的考察和種族遷移、身份認同等方面一一聯繫起來分析，正是《疏證》一書另一個值得研究者參考的優點。《疏證》在討論北魏《員標墓誌》時對原先活動於湟水、洮水流域而後來内遷的胡族員氏的情況作了很有價值的説明。從北齊《賀樓悦墓誌》中提到的籍貫爲高陸阿陽這一細節推斷誌主所屬的那一支賀樓氏并未隨孝文入洛的情形。根據隋《尉仁弘墓誌》的出土地點和墓誌中"大墳"一詞的使用指出六鎮移民在定州的定居。《疏證》對各種族建構自身世系的原因和過程的討論也很多，比如對《侯義墓誌》《高琨墓誌》的討論。特別是在《狄湛墓誌》的研究中，《疏證》通過馮翊羌人狄氏的世系認同的演變，來説明外族人士構建自身身份的過程中，不僅以連接華夏的氏族爲目標，而且有越追越古的傾向。《疏證》對這些問題的關注和《疏證》作者的研究重點有很密切的關聯。關於外族對華夏的認同，《疏證》的作者之一羅新在一篇有關新出的北齊《豐洛墓誌》的研究中也有進一步的説明。[①]

從研究歷史的角度來説，考釋出墓誌文字的史料價值固然重要，透過文字去探尋在歷史記録中消失的那些片斷往往更具有挑戰性。也就是説，墓誌的研究者更應該注重瞭解哪些方面是墓誌没有直接告訴我們，但我們却可以通過某種綫索去追尋。這需要史學想象力的發揮，但這種想象力必須建立在對於文字細節的精確把握和敏感的基礎上。《疏證》能很熟練地從稱謂和卒葬年代等細節中推測文字背後的歷史真相。比如《高崧及妻謝氏墓誌》中提到高崧爲鎮西長史，《疏證》由此入手推論高崧和陳郡謝氏集團的密切關聯，爲高崧在東晋荊揚的鬥爭中站在朝廷一邊提供解釋。根據《楊仲宣墓誌》中官職的漏記的情況推斷出對爾朱政權合法性的否定意味。討論《裴良墓誌》中結合北方政治情勢的變化來對裴家歸葬地點和時間加以考索，解釋了裴子通夫婦及兒子的埋葬地點爲何是在臨汾而非在山西聞喜、絳縣一代裴氏家族的傳統墓地。在討論《席德將墓誌》時，《疏證》從誌主死亡的日期推斷出大業九年（613）楊玄感之亂中洛陽守備的虚弱，而誌主是守將在倉促之間招

---

① 參見羅新《新見北齊〈豐洛墓誌〉考釋》，載殷憲編《北朝史研究》，商務印書館，2004年，第165~183頁。

募上陣的百姓，在六月十四日激戰中死於陣中等情形，甚合情理。最近出版的《邙洛碑誌三百種》中有《疏證》未及收入的隋《劉度墓誌》一種，其中提到"處士"劉度在大業九年六月楊玄感兵臨洛陽之際"首先應募"，并同樣在十四日這一天的激戰中"矢盡兵闌，身没行陣"。[①] 劉度被召入戰陣和死亡的情況和席德將幾乎相同，由此《疏證》作者的分析可以得到堅强的印證。

　　最引起我的興趣，也似乎最能體現《疏證》對歷史想象力的運用的是那些篇幅極其短小的墓誌的討論。《劉寶墓誌》、《李庶墓誌》、《宋紹祖墓誌》和《鄭胡墓誌》等都屬於這種情況。《疏證》用墓誌留下的有關誌主的很有限的綫索來對誌主生平境況作巧妙而大膽的推測。《劉寶墓誌》和《李庶墓誌》的時代很接近，所載除了紀年和誌主姓名之外，至多還包含簡單的官職身份背景等信息。《疏證》根據《晋書》和《水經注》中的資料，指出劉寶擔任烏丸校尉的時間在張華和劉弘之間，并從《世説新語》的記載推測張華很可能是推舉劉寶任此職位的人。《李庶墓誌》纔短短十五字，但《疏證》却能從《李庶墓誌》所采用的東晋永昌三年這一細節入手來説明爲何在東晋改元多時之後，遠在遼東的李庶依然遵奉東晋的永昌紀年，同時進一步討論當時江東政權和石趙的對立以及東晋内部權利鬥爭對慕容鮮卑政權的影響。八十多字的《鄭胡墓誌》提到鄭胡及其兄弟四人同時下葬。《疏證》作者一方面根據郭世軍、劉心健等學者的意見，從墓誌上字迹的潦草，埋葬的時間，鄭氏家族同時下葬人員數量之多等現象，推測這次墓葬和爾朱榮之亂中鄭氏家族成員死難有關。同時又進一步通過對北朝權門鄭羲家族的史料分析，推測鄭胡兄弟就是鄭羲的兄弟，又通過鄭氏家族受到地方力量仇視的正史記載來推測這次下葬的匆促和滎陽鄉黨對鄭氏的打擊有關。這種推測層層迭進，以期用小中見大的分析方式來解決墓誌所帶來的困惑。雖然我們不得不承認《疏證》的推論尚缺乏足够的旁證，所以一時還不能成爲今後研究鄭羲家族歷史的出發點，但《疏證》却提供了一個如何最大程度地從墓誌中提煉歷史信息的例子。《疏證》對於墓誌的解讀一般遵循的是嚴格的實證方法，但却并不怯於在合理的框架下提出假設性的看法，這本身是一種值得佩服的勇氣。

　　以上比較簡略地對《疏證》的工作做出帶有個人看法的一種評估，但也已經可以看出《疏證》將許多當代史學的方法和視野貫注到具體的墓誌解讀之中，使未

---

① 趙君平：《邙洛碑誌三百種》，中華書局，2004 年，第 50 頁。

來的中古史研究者對魏晉南北朝隋的墓誌可以產生很多全新的認識。這也一定會促使墓誌解讀采用新的學術標準。當然《疏證》所進行的墓誌資料整理和解讀工作是個開放性的工作，本身會不斷接受新信息而更加深入，所以我接下來想對《疏證》的具體工作提供一些的建議，并對一些墓誌的具體解讀提出一些補充。然後我也想就如何擴展南北朝墓誌的研究視野做一些評論。

二

我在上文已經指出《疏證》的最大貢獻是史學分析。但新出土墓誌的匯集也是《疏證》的一項主要工作。據《疏證》所定的條例，書中所收的墓誌大致以二零零三年底被發表者爲限。漏收的情況是難免的，但有些明顯是一時疏忽，所以頗爲可惜。比如《疏證》的作者之一羅新對《和紹隆墓誌》做過探討，但不知何故《疏證》却失收這方墓誌。同樣，《疏證》中收入了王士良和王士良妻的兩方墓誌，却偏偏漏了同時出土的王士良父親王德衡的墓誌。[①]《疏證》對於中國國內近年來出版的很多重要的中古墓誌圖版和録文匯集都有加以利用，唯獨未能參考《洛陽出土北魏墓誌選編》（科學出版社，2001 年）一書中的圖版和録文，所以該書所載的《元隱墓誌》《吕通墓誌》《丘哲墓誌》等十多方墓誌没能包括在《疏證》内，這也是頗爲可惜的。[②]還有一些散見於各種學術出版物的南北朝重要墓誌也應該收入，比如北魏早期的《申洪之墓誌》和後期的《于昌榮墓誌》；[③]南朝蕭齊的《王寶玉墓誌》。[④]此外《疏證》還存在一個比較矛盾的情形，從墓誌録文匯集整理的角度，《疏證》所收的魏晉南北朝墓誌是以在時限上後出於趙超的《彙編》爲定例，但是《彙編》并没有對墓誌加以解讀，而不少墓誌又出現在《集釋》的出版之後，

---

① 《疏證》在對王士良及其妻董氏的説明中都提到有將王德衡的墓誌收入，但實際却漏收。同時也誤認王德衡爲王士良之子。王德衡、王士良和董氏三方墓誌的録文都刊載於《中國北周珍貴文物》，陝西人民美術出版社，1992 年。

② 在往復學術網站上的有關《疏證》的討論中，有的網友就已經指出這一點（http://wangf.net/vbb/showthread.php?s=&threadid=20751）。

③ 對《申洪之墓誌》的討論見殷憲《一方鮮爲人知的北魏早期墓誌》，載《北朝研究》1998 年第 1 期。《于昌榮墓誌》録文見趙振華、梁鋒《北魏于昌榮墓誌》，載《河洛史志》1999 年第 1 期；又朱紹侯《〈北魏于昌榮墓誌〉研究》，載趙振華《洛陽出土墓誌研究文集》，朝華出版社，2002 年，第 282~290 頁。

④ 《王寶玉墓誌》的録文圖版和研究可見邵磊《南齊〈王寶生墓誌〉考釋》，初刊於《文獻》2003 年第 4 期，收入氏著《冶山存稿》，鳳凰出版社，2004 年，第 151~155 頁。

所以使這些墓誌不能像《疏證》收入的墓誌那樣較爲集中地得到釋讀，這也讓人感到遺憾。而且其中有些墓誌事實上和《疏證》中的一些墓誌關係密切，甚至是同一個家族中的墓誌，比如東晉王興之、王閩之、夏金虎、王丹虎等人的墓誌，未能收入《疏證》也使討論這些家族的墓誌時讀者無法前後對照。所以如果今後《疏證》能得到增訂重版，應該就以墓誌釋讀爲基本工作定位，將不包括在趙萬里《集釋》內的這一時期的墓誌一概收入，這樣也能使《疏證》和《集釋》之間的學術承接關係更加明確。同時，《疏證》的作者還應該在再版時加一篇引論，將作者對於這個時期墓誌的一些基本看法和實際操作中處理文字的經驗總結一下。

《疏證》在墓誌的録文方面做了很多校刊訂正的工作。兩位作者對中古史料的熟悉無形之中使他們避免了很多關鍵性的字句的誤録和誤讀。但畢竟由於客觀條件的限制，《疏證》未必都能依據品質上乘的圖版照片或拓片來録文，所以出現文字上的闕誤不可避免。這裏袛舉兩例。

（1）在對《張妙芬墓誌》的討論中，《疏證》通過墓誌文字和正史記載的相互參證，將張妙芬的家庭背景，自身婚姻的緣由，從守寡到入隋宮的起伏命運解釋得絲絲入扣。唯一可惜的是該墓誌的録文由於圖版的不清晰而缺字較多，不過不少字可以通過新近出版的《全隋文補遺》中稍更完整的録文得到補正。比如妙芬之曾祖的結銜中有“交州刺史”，妙芬嫁始興王的年齡是十九而非十五，去世地點是洛陽宜善里，等等。①

（2）《高六齊墓誌》的誌主的職位是龍門縣令，《疏證》推測是蒲州或絳州，據《全隋文補遺》當作蒲州。②

《疏證》在墓誌分析方面的細緻工作，上文已經説明，但是對個別墓誌的分析和判斷尚可以做一些必要的修正和補充。下面袛是就本人學力所及，提出一些意見。

（1）《王企之墓誌》。《疏證》根據企之字少及糾正了前人將其名字讀爲企之的錯誤。此方墓誌和其他在南京王家墓地出土的墓誌一起，提供了有關東晉時期琅邪王氏的婚姻習慣的重要資料，對此日本學者中村圭爾有比較深入的討論，不妨

---

① 見《全隋文補遺》，三秦出版社，2004 年，第 276 頁。比較《疏證》和《全隋文補遺》的録文，有些字在《疏證》中有而在《全隋文補遺》中沒有，或《疏證》不誤而《全隋文補遺》誤的。

② 《全隋文補遺》，第 222 頁。

參考。①

（2）《楊無醜墓誌》。《疏證》注意到墓誌中"該般若之玄旨，遵斑（班）氏之秘誡"等語是將佛典與傳統女子教育典籍并舉。其實還可以注意的是墓誌中的"體兼四德，智洞三明"和銘辭中有"行該四德，志達三明"等表達也是同樣的意思。這"三明"應該就是《大般涅槃經》中提到的菩薩明、諸佛明和無明明。將儒家要求女性的"四德"與佛家的"三明"相對，這是我見到的最早的例子。這也是可以説明儒佛倫理概念關係的有用例子。

（3）《羊祉妻崔神妃墓誌》。墓誌的銘詞中有"韋提多福，護斯□子"，"九鼎難煉，六輪□□"等，都包含佛教的概念。其中的韋提用的就是《大般涅槃經》等經中經常提到的韋提（Vedih）夫人的典故。以佛教中的模範母親來比喻崔神妃，也暗示她對佛教的信仰，所以典故用得妥當。墓誌作者顯然對佛典有相當的知識，而且對死者有親切的瞭解。這可以和史書上提到羊氏一族的女性信佛的事迹合觀。②

（4）《染華墓誌》。《疏證》認爲該誌中提到的冉閔取代後趙而自稱魏天王的記載和《晋書·石季龍載記下》《資治通鑑》《太平御覽》所引《十六國春秋》之《後趙録》等的記載不同，在《晋書》《通鑑》等著作中冉閔的稱號是皇帝而非天王。但是《疏證》作者没有注意到《晋書》卷八《穆帝紀》中就有"（永和六年）閏月，冉閔弑石鑒，僭稱天王，國號魏"的明確記載。所以墓誌的記載是很精確的，也説明冉閔沿襲了後趙以來國主自稱天王的傳統。另外《染華墓誌》也提到染華的曾祖名叡。《疏證》認爲《晋書》所提到的冉閔諸子中没有包括冉叡。但認爲冉叡不見於正史記載的意見是值得重新考慮的，因爲《魏書》卷九五《徒何慕容廆傳附慕容儁傳》中提到了冉叡的事迹：

> （慕容儁）進克中山、常山，大破冉閔於魏昌廉臺，擒之。閔太子叡固守鄴城，進師攻鄴，克之。建國十五年，儁僭稱皇帝，置百官，號年元璽，國

---

① 見中村圭爾「墓誌銘よりみた南朝の婚姻關係」收入氏著『六朝貴族制研究』風間書房、1987 年、399-417 頁。

② 《北齊書》卷四三《羊烈傳》稱"烈家傳素業，閨門修飾，爲世所稱，一門女不再醮。魏太和中，於兖州造一尼寺，女寡居無子者并出家爲尼，咸存戒行"（中華書局，1972 年，第 576 頁）。《北史》卷三九《羊烈傳》同（中華書局，1974 年）。

稱大燕，郊祀天地。①

可見墓誌中冉叡的名字不僅是正確的，而且冉叡同時也曾是冉魏的太子。根據墓誌所記冉叡擔任了前燕的高官可以推斷，冉叡一定是在慕容儁攻破鄴城之後降燕的。據《晋書》的記載，冉閔的幼子冉智也是太子，在鄴城被攻破後試圖投奔東晋，却被部下所執，送往慕容燕的朝廷。② 當然冉智有可能是冉叡的弟弟，但智、叡意義相同，所以更可能就是同一個人。

（5）《庫狄業墓誌》。《疏證》注意到該誌中將庫狄業稱爲陰山人而不書寫州郡籍貫，反映了作爲高車人一支的庫狄部（正史中均作庫狄）并未隨孝文帝南遷的史實。這個看法當然不錯，但應該注意的是該族在北朝後期政權中突然變得非常重要，其成員大量進入權力中心。這種情況在東魏北齊的政權中尤其突出。反映這種情況最明顯的例子是《資治通鑑》中多處提到東魏北齊的重臣庫狄干，同時也可以從二十世紀七十年代末出土的《庫狄迴洛墓誌》中所記載的庫狄迴洛生平看出這種變化。我認爲庫狄氏的崛起應該和六鎮變亂之後的變局直接有關。六鎮中大量的庫狄成員隨變亂南下并和北魏分裂後的北方東西政權相結合。比如當破六韓拔陵和杜洛周等在六鎮起事不久，就有庫狄豐樂在朔州反叛。③ 高歡的主要支持者中也包括了庫狄迴洛和庫狄盛等人。④ 西魏北周方面則有庫狄昌，情形也很類似。⑤ 所以庫狄業所獲得的地位極可能和庫狄族的活躍有關。

（6）《安伽墓誌》。學界對這方墓誌的討論頗多。墓誌提到的安伽爲"姑藏昌松人"，《疏證》認爲姑藏昌松是涼州粟特人較集中的地方。這也許是對的，但是來自西域的安氏自漢末以來都漸漸以姑藏爲籍貫，這和佛教名人安世高有直接的關係。所以這裏安伽自稱的籍貫就和許多域外人士一樣，和他實際所來的地點恐怕沒有必然的關聯。⑥

---

① 魏收：《魏書》，中華書局，1974 年，第 2061 頁。
② 房玄齡等：《晋書》卷八《孝宗穆帝紀》，中華書局，1974 年，第 197 頁；卷一〇七《載記》，第 2797 頁。
③ 房玄齡等：《晋書》卷九《蕭宗紀》，第 243 頁。
④ 李百藥等：《北齊書》卷一九《庫狄迴洛傳》《庫狄盛傳》，第 254~255 頁。
⑤ 令狐德棻：《周書》卷二七《庫狄昌傳》，中華書局，1971 年，第 448~449 頁；李延壽：《北史》卷六五《庫狄昌傳》，第 2312 頁。
⑥ 李百藥等：《北齊書》卷一九《庫狄迴洛傳》和《庫狄盛傳》，第 254~255 頁。關於昭武九姓的安姓人士在中古時代的世系和活動，可以參看 Antonino Forte, *The Hostage of An Shigao and His Offspring*, Kyoto, 1995。雖然該書將來自波斯的安世高和昭武九姓中的安姓混爲一談，但是對於安姓的譜系形成的研究還是可以參考一下。

（7）《徐之範墓誌》。墓誌的最後有如下一段話：

> 公第四弟之權譙郡太守散騎常侍卜此葬地，得泰卦後一千八百年爲孫長壽所發，所發者滅門。①

《疏證》中認爲這種表達方式在現有的南北朝隋唐墓誌中是僅有的一例，其實在南北朝隋唐的墓葬實踐中，在墓誌結尾加入類似語句的例子還是有的，《疏證》顯然未能注意到趙萬里在《集釋》中對這一問題的富有啓發性的討論。《集釋》所收的《元子邃墓誌》，結尾也是：

> 今葬後九百年必爲張僧達所開，開者即好遷葬，必見大吉。②

趙萬里認爲這一類的文字"蓋術者厭勝之辭。古人墓誌之文多有之"。③他還提供了隋唐期間的兩個相近的例子，一個是開皇九年（589）趙洪墓磚，結尾有"千七百年爲樂受所發"；另一個是建中二年（781）《李府君夫人賈嬪墓誌》，結尾有"後一千三百年爲劉黃頭所發"。④我在隋唐墓誌中還找到了兩例：天寶十四載（755）《蘇崇俠墓誌》最後有如下的字句：

> 田石爲棺，田石爲門户，故勒石銘：
> 急急如律令：忽有程陸開此墓，必滅程氏。⑤

收入新近出版的《邙洛碑誌三百種》的大業六年（610）《李吁墓誌》，結尾也有類似的語句。⑥從上引數例可以看出運用這種卜辭的目的按具體的卜算結果而有所不同，有的希望有人將來來遷葬的，也有的是詛咒掘墓之人的。確如趙萬里所言，這

---

① 《疏證》，第357頁。
② 《集釋》，圖版五七七。
③ 《集釋》卷一一，113b。
④ 《賈嬪墓誌》的録文見周紹良、趙超《唐代墓誌彙編》（下），上海古籍出版社，1992年，第1825頁。
⑤ 周紹良、趙超：《唐代墓誌彙編續集》，上海古籍出版社，2001年，第662頁。
⑥ 《邙洛碑誌三百種》，第48頁。

有厭勝的用途，但是將這種頗爲特別的卜辭明確録入墓誌很可能具有特殊的宗教上的意義。《蘇崇俠墓誌》最後的字句很像東漢以來的鎮墓文傳統的沿續。這種傳統在南北朝時又演變爲與天師道有密切關聯的買地券傳統。而南北朝醫者不僅和占卜關係密切，也和天師道傳統信仰聯繫密切，所以《徐之範墓誌》中出現這種言辭是否説明徐氏家族也是天師道的信奉者，從而在墓葬禮儀中采用了這種也許和天師道教墓葬禮儀有關聯的表達方式，這都是很有趣味的問題。① 該誌文明確提到負責卜葬的是徐之範的弟弟徐之權，所以負責整個安葬的也應該是徐之權。

（8）《李敬族墓誌》和《李敬族妻趙蘭姿墓誌》。在《李敬族妻趙蘭姿墓誌》的説明中，《疏證》指出該墓誌序文是隋代有名的學者和文士陸開明所作。這個判斷是不正確的。該誌序文的結尾有如下的説明：

太子洗馬河南陸開明，博物高才，譽重當世。德林願其叙述，敬托爲銘。②

由此可見，陸開明是該墓誌銘辭而非序文的作者。這個序文的作者不是别人，正是李敬族的第二子、隋代的一代文士李德林。同樣的情況也發生在《李敬族妻趙蘭姿墓誌》上。根據該墓誌序文結尾的説明，該誌的銘辭是隋尚書倉部郎中古道子所撰。而該誌序文的作者不是别人，也同樣是李德林。這兩方墓誌都是李德林爲在大業六年正月卅日將其父母合葬而撰，所以在學術上有非同尋常的價值。

（9）《趙齡墓誌》。墓誌中有趙齡“後任建忠將軍左中郎將，於時西域茹茹，侵擾邊陲，奉詔與齊王征討”數語，《疏證》認爲這裏的西域茹茹并非指柔然，而可能是突厥或費也頭。根據墓誌的記載，趙齡在戰爭結束後不久就因功被授予鎮東將軍、幽州漁陽郡太守、漢陽縣開國公的職位和頭銜，并不久在天保九年（558）死於漁陽郡太守的任上。所以這次北齊和茹茹之間的大規模的戰爭無疑就是天保五年北齊和柔然的對抗。這也是北齊文宣帝時期的重大事件。《北齊書·文宣帝紀》中有如下記載：

（天保五年）夏四月，茹茹寇肆州。丁巳，帝自晋陽討之，至恒州黄瓜堆，虜騎走。時大軍已還，帝率麾下千餘騎，遇茹茹别部數萬，四面圍逼。

---

① 日本學者近年來對於從漢代到南北朝的鎮墓文和買地券作了不少研究，但沒有留意這一特殊的表達卜卦的方式及其與買地券等傳統的可能關聯，見阪出祥伸「冥界野の道教的神格──『急急如律令』をめぐって──」『東洋史研究』第 62 卷第 1 号、2003 年、75-96 頁。

② 《疏證》，第 375 頁。

帝神色自若，指畫形勢，虜衆披靡，遂縱兵潰圍而出，虜乃退走，追擊之，
伏尸二十里，獲菴羅辰妻子及生口三萬餘人。[①]

上述記載從各個方面都和墓誌所提供的綫索吻合。這場戰役看來是以北齊大勝結
束。所以墓誌中毫無保留地對該次勝利加以描述，有"奮龍豹之韜，列天地之陣，
於是妖宼殲滅，灌若摧枯。獻凱旋師，策勛飲至"等句子，[②]這也和正史對戰争結
果的説辭相合。所以這裏的西域茹茹，就是指在柔然可汗阿那環死後其子菴羅辰所
率的部衆。

（10）《元伏和墓誌》。《疏證》作者將墓誌中其父祖的官爵和《魏書》及其父
元鷙的墓誌中所列的官爵作對照後指出了元伏和本人的地位不足以使其父祖得到追
封，這是正確的。但同時作者又認爲《元伏和墓誌》中對其父祖結銜的叙述的依據
還不清楚。其實這個問題的答案已經可以在《疏證》本身的討論中獲得。那就是元
鷙的兒子，元伏和的兄長元大器應是使其父祖的官爵得到追封的人。大器不僅襲華
山王爵，而且在北朝政治地位相當高。《疏證》有見地的指出大器之被殺對伏和的
仕進不順可能造成的影響，卻未將大器和伏和的墓誌中父祖的結銜書寫相聯繫。另
外據收入《彙編》元鷙妻公孫甑生的墓誌，公孫嫁給元鷙應是在正光五年（524），
當時元鷙已五十歲了，所以《集釋》中趙萬里先生推測公孫很可能是元鷙的繼室。
而依據《元伏和墓誌》，元伏和出生於北魏孝明帝神龜二年（519），這就完全證實
了趙先生的推測，也説明大器和伏和均非公孫甑生所生。這些都是值得指出的。

（11）《陳宣帝夫人施氏墓誌》。《疏證》作者爲了説明陳朝宗室子弟在隋代的
境遇的變化而引用了正史中的資料，指出陳宗室子弟開始重獲政治地位的時間是大
業二年，原因是隋煬帝對陳後主第六女的寵幸而恩及陳室子弟。這無疑是很正確的
判斷，而且也糾正了趙萬里認爲是由於煬帝幸宣華夫人的結果這一判斷上的失誤。
但《疏證》未能引用收入了《集釋》中的有關陳宣帝第六子陳叔明和第三十三子陳
叔榮的兩方墓誌。趙萬里對這兩方墓誌都作了説明。墓誌中分别提到陳叔明和陳叔
榮在大業二年都重新獲得了官職。叔明授正五品朝散大夫，并從此宦途順利。而叔
榮則獲得内黄縣令的任命，這些都是對《疏證》觀點的最爲具體的證明。[③]

① 李百藥：《北齊書》卷四，第 58 頁。
② 《疏證》，第 414 頁。
③ 兩方墓誌的拓片分别見《集釋》圖版四五九及圖版六 O 九之二，説明見卷九，99b；卷一一，
118b。《陳叔榮墓誌》録文又見《全隋文補遺》，第 289~290 頁。

（12）《蕭球墓誌》。《疏證》據墓誌中提到的蕭球之父爲梁太宰吳郡王，并入隋被封爲懷義公這些信息，指出蕭球是蕭岑之子。這是對的，不過蕭球一家的墓誌還有不少，特別是蕭球的兄長蕭瑾墓誌，其中的資料正可以和蕭球墓誌互爲補充。該墓誌的圖版收在《集釋》中，趙萬里對其家族也有所討論。[①] 比如蕭瑾墓誌提到：

> （蕭瑾）及來朝上國，因留藩邸，屬荆衡失守，遂尔栖遲，逮（逮）今上嗣業，光隆鼎祚，長秋肇建，正位後宫，以尚近屬密親，乃加旌命，除滎陽郡新鄭縣令。[②]

蕭瑾的墓誌正説明誌主很可能是和他父親蕭岑一同入隋而被拘留的。而當隋煬帝立蕭氏爲后之後，他和弟弟蕭球一樣被授予縣令的職位。這種對蘭陵蕭氏的處理方法和隋朝對陳朝宗室的處理方式非常類似。

三

當前中國史學界對於南北朝時期墓誌的價值的瞭解比二十年前深入許多，可是一般來説考察墓誌時的着眼點依然以政治史和制度史的層面爲主。近年來開始注重的民族史和中外關係史的研究雖然擴展了墓誌研究的範圍，但總的研究範圍還是有所局限。也就是説學者的關注點還主要在那些實證的方法可以得到運用的層面，而較少觸及必須藉助史學詮釋方法和歷史學以外領域的研究取徑纔能獲得的信息。這些取徑包括宗教史、文學史和物質文化的研究等。如果我們要擺脱將墓誌的研究僅僅看作爲補史的一種途徑，而使墓誌本身的成爲史學分析的一種對象，那麼我們無論如何應該對墓誌所出現的歷史階段的精英階層的價值取向和書寫習慣等方面的性質和演變作深入的推究。所以接下來我想就這幾個方面提供一些我個人的觀察和意見。

我們首先要關注的是墓誌寫作的特點和過程，這種關注主要是史學上的而非文學上的，雖説文學上的瞭解會對我們從史學角度判斷墓誌的特性很有幫助，這後一點下文還將涉及。作爲文體的一種，墓誌的出現和廣泛應用是中古時代的一個很重要的文化現象。學界對南北朝墓誌的物質層面諸如形制變化以及和墓葬的關係等

---

① 見《集釋》卷九，第 101 頁。
② 《集釋》卷九，圖版四七三之二。

多有探討，[①] 但對墓誌的書寫演變的關心比較少。從東漢到隋唐，墓誌作爲一種書寫方式，其規範和文風的變化最能體現時代風氣的轉變和社會各階層各族裔的人士尋求自我塑造（self-fashioning）的過程。所以墓誌既是在"蓋棺論定"，同時也是在"洗心革面"。甚至有時表面上是在對死者做"蓋棺論定"，實際是爲了表彰死者的家人。比如《疏證》中所收的《郭定興墓誌》，表彰得更多而且更具體的其實是郭定興的弟弟，也就是安葬其兄的北魏土木大匠郭安興。古代的墓誌固然不是現代意義上的私人表達空間，但相對於官方的文件和正史來說，卻又是一種社會認可的宣揚私人成就的場合，對照墓誌和正史列傳可以看出中古時代"公"與"私"的表述之間的微妙關係。墓誌作爲一種書寫體裁同時也必須放置於南北朝以來文體觀念的演變及其與文化價值觀的關係這些框架下來考察。墓誌固然體現了社會和文化的價值取向，但是這種體現絕非是單一和直接的，也不是一觸即發的。墓誌本身作爲一種文體也受到文體觀念和書寫習慣的制約。有些唐代墓誌中的標準陳述習慣，如"某年某月葬於某處，禮也"，就是從南北朝後期的墓誌中開始出現的。[②] 目前魏晉南北朝墓誌的數量已經十分可觀，有足够的樣本可以讓我們去尋找其書寫習慣形成的軌跡。比如墓誌對於不同性別所作出的書寫就會有所不同。最明顯的例子就是中古的墓誌中對女性的宗教取向和實踐往往不加遮掩地加以表彰，而相對來說對於男性在這方面的活動描述則要隱晦很多。這當然不表示在實際生活中男性對於宗教的熱情比女性低，而更多的是受書寫習慣的制約。當然這種書寫習慣的背後也隱隱然有某種社會觀念的運作。比如上文已經探討過的都出自隋代大文士李德林之手的李敬族和趙蘭姿的墓誌就是證據。在李敬族的墓誌中說：

> 公幼有令望，門好儒雅，伏膺文典，過目必記，陰陽數術，經緯群言，探索幽深，盡詣宗極。時燕趙數亂，墳素無遺，公家有舊書，學又精博，大儒徐遵明聞遠而至，詣門請友，呼之側，別構精廬，共業同心，聲猷俱盛。[③]

祇提他儒學和陰陽數術方面的造就，沒有涉及他是否信仰佛道的問題，而其夫人趙

---

① 比如趙超所著的《古代墓誌通論》（紫禁城出版社，2003年）一書，有專門探討南北朝墓誌的形制的章節。

② 比如梁《蕭融墓誌》《于景墓誌》和北齊《宇文誠墓誌》，均載《彙編》，第25~26、197、444頁。

③ 《疏證》，第374頁。

蘭姿的墓誌裏却有下面的記錄：

> 夫人始笄之年，備禮言歸，内外節文，吉凶制度，曲爲規矩，合門異之。
> 聖哲遺旨，又多啓發，大儒徐遵明時在賓館，具相知委，常謂學者云：夫人
> 是内德之師。崇信佛法，戒行精苦，蔬食潔齋卅餘載，行坐讀訟，晨昏頂禮，
> 家業廉儉，財貨無餘。①

墓誌不僅頌揚趙氏學佛的虔誠，而且還借大儒徐遵明之口來暗示趙氏成年後信佛是
内德的表現。雖然李敬族的墓誌裏未提他是否信佛，徐遵明也衹是因爲儒學上的志
同道縫和敬族相過從，但我們絶不能因此得出李敬族不信佛的結論。正如上文已
經説明，這兩個墓誌非但出於同一人之手，而且作者李德林是精英文化的代表性人
物，所以就更説明作者對男女的側重不同在哪裏。

研究者應該多關注南北朝墓誌在製作過程上有何異同，相互之間的影響如何
等。《疏證》討論南朝《黃法氍墓誌》時，就指出南朝後期王公墓誌的誌文和銘辭
往往由不同的人來書寫，這個意見無疑是正確的，比如南京北郊出土的《蕭融墓
誌》就特別説明其銘辭是由任昉所寫。《王寶玉墓誌》也指明有名文士鮑行卿是銘
辭的作者。② 現存的《江文通文集》中收有數篇"墓誌文"，其實都是銘辭而非誌
文。《藝文類聚》中所錄的南朝墓誌文辭，絶大部分也是銘辭。這明顯表示銘辭在
南朝的墓誌文字中的特殊地位，所以作者值得特別標明，而序言部分又是如何變得
愈加重要并富有文采了呢？這是一個非常值得思考的問題。③ 又例如在討論《黃法
氍墓誌》時，《疏證》通過和《陳書》中的《黃法氍傳》加以對比，認爲該墓誌的
修撰過程中使用了秘書省史館機關原有的史傳資料，而且這種資料與後來《陳書》
中的傳記具有同源關係。《疏證》并應用其他的例證來指出：

---

① 《疏證》，第 379 頁。
② 邵磊對此有所討論，認爲整個墓誌似都應出鮑行卿之手，但也不排除衹是銘辭部分的作者。見氏
著《南齊〈王寶生墓誌〉考釋》，第 153~154 頁。
③ 程章燦在他的《墓誌銘的結構與名目》一文中，對這些方面的問題有很不錯的討論，可以參看，該
文載其著《石學論叢》，大安出版社，1999 年，第 13~20 頁。他指出《文心雕龍》的評論涉及《銘
箴》、《誄碑》和《哀弔》，却未及墓誌，這是因爲墓誌作爲一種喪葬體制與新興文體尚未形成較大
的影響。"如果《文心雕龍》晚出二百年，墓誌很有可能會取代'箴'或'誄'，而成爲劉勰文體
論的重要一章，同時，對'銘'之意義體格和功用，他也一定會作出全新的解釋。"（《石學論叢》，
第 17~18 頁）這當然是個假設性的看法，而且劉勰文論的傾向是比較保守的，但也值得考慮。

　　南朝由朝廷出面營葬的王公貴族，其墓誌的撰寫也由秘書省著作或相關人員來承擔，這些人所依據的資料，祇能是秘書省原有的檔案（名臣傳、功臣傳之類），所以在名號、稱謂、生平等等方面，是符合有關規定的，這與北朝墓誌很不一樣。①

這樣的意見對我們理解南朝高級官僚墓誌資料的來源很有幫助，不過北朝的情況還需要更多更全面的研究纔能下定論。我的印象中北魏王公的墓誌也有類似的現象，如果我們將北朝王公的墓誌和正史中他們的傳記做仔細的比較，那麼對於兩者之間的關係就會有更確切的理解。還有，中古墓誌的基本風格在東晉作家的手上可以說就已成型，這一點從收在現存的《文館詞林》中的東晉孫綽等人的碑銘作品可以看出。②但是北朝社會對於墓誌的重視是不言而喻的。例如，以現存的南北朝文人的文集而言，庾信留下的墓誌文字遠遠超過任何其他作者，文學品質也特別高。但值得注意的是這些文字全部是他到關中後替宇文周的達官命婦所寫。墓誌的書寫在北朝社會究竟發生了哪些變化，這對我們理解墓誌本身的演變很關鍵。《疏證》就提醒我們《殷伯姜墓誌》是以殷氏子女的口吻寫出，這是墓誌寫作的新傾向。③其他方面的新傾向還有哪些很值得細細考察。從體裁的角度而言，同樣是墓誌文字，神道碑和墓誌銘在寫作上的聯繫和差別也很值得推敲。在這方面一個值得注意的例子是《疏證》裏收入的北周《田弘墓誌》。與之對應的有庾信所作的《周柱國大將軍紇干弘神道碑》。《田弘墓誌》雖然不如庾信所寫的神道碑來得辭氣豐贍，但是也相當典雅，而且使用了有庾信特色的四六隔句對仗的寫法。有學者認爲這兩篇文字都出自庾信之手，但這種可能性是很小的，因爲從唐代的情況來看，同一個人的神道碑和墓誌銘一般都由不同的人來寫。按慣例，唯有地位很高的官僚纔能有神道碑，而且往往是朝廷出面讓重要的文臣命筆。北周的情形應該類似，所以庾信既已撰田弘的神道碑，那麼田的墓誌銘應該是另一位作者所寫。

　　雖然受到書寫習慣的制約，墓誌的製作至少在北朝社會成了一種社會上層普遍

---

① 《疏證》，第 47 頁。
② 許敬宗編，羅國威校正《文館詞林校正》卷四五七，中華書局，2001 年。該卷中收入的孫綽、張望等人所作的碑銘實際就是神道碑。
③ 《疏證》，第 109 頁。

注重的文化活動，所以墓誌終究是瞭解這一時期精英階層中"關鍵的多數"（critical mass）的社會意識、文化心態和自我期許標準的一個比較直接的風向標。學界對墓誌中的這些方面也應該像對政治制度和人物事件等的紀錄同樣敏感。上文已經提到的對中古婦女宗教信仰的表彰就是這些方面之一，這種書寫習慣從北朝的墓誌中已經有了端倪，除了上面提及的幾方墓誌外，《韓賄妻高氏墓誌》《薛慧命墓誌》《楊敷妻蕭妙瑜墓誌》《李静訓墓誌》等墓誌也都提到了貴族女性信佛的虔誠。[①] 與這一情況類似的是在北朝墓誌中，對於貴族和士族婦女的文化素養非但不加貶抑，相反還常作爲一種身份資本來加以彰顯。我所見到的包括此類信息的女性墓誌就包括《彙編》中所收的《石婉墓誌》《王普賢墓誌》《馮會墓誌》《馮迎男墓誌》《王僧男墓誌》《馮邕妻元氏墓誌》《韓賄妻高氏墓誌》《薛伯徽墓誌》《元純陀墓誌》和《疏證》中所收的《宋靈媛墓誌》《王士良妻董榮暉墓誌》等。[②] 像北魏的《高猛妻元瑛墓誌》，將學問和對佛道信仰作爲誌主的兩項個人的成就而相提並論。稱讚元瑛："加以披圖問史，好學罔倦，該挂下之妙説，核七篇之幽旨，馳法輪於金陌，開靈光於寶樹。"[③] 上述這些例子包括不同種族背景，她們墓誌中這種對學問和宗教的強調是受了南朝社會的影響還是在北方的環境下自我發展出來對我們瞭解北朝社會的風氣很關鍵。

中古的墓誌對於高門的生活理念，文化事業及其成員自我形象的維持值得現代研究者注意的點很多。北朝的墓誌中弘農楊、京兆韋、趙郡李、聞喜裴、博陵崔等大族成員的墓誌相當集中，這爲從北魏到唐代初期這些大族如何建立和轉化自身身份（identity）的過程提供了比其他記載更直接和細微的證據。比如韋彧的墓誌裏幾處都強調爲朝廷草擬詔書所具有的重要性，比如提到韋彧在永平年間被任命爲散騎侍郎，負責草詔：

> 秋，拜散騎侍郎，優册雅言，謨明盛辰。□（或爲"飛"）章符檄之文，蔚萬古以葳蕤；軍國詔告之翰，□（當爲"歷"）千祀而昭晰。[④]

到了唐代，草詔成了"文"和"清"的象徵，也是對一個政治和文化的精英的最高

---

① 《彙編》，第153~154、214~215頁；《疏證》，第526、547頁。
② 《彙編》第55~56、69~70、82~83、84~85、123、124、128~129、153~154、174、261~262頁；《疏證》，第210~218、255~257頁。
③ 《疏證》，第118頁。
④ 《疏證》，第129頁。

期許，而這方墓誌中就已將這些傾向表露地很徹底了。又比如《裴良墓誌》中有關裴良撰寫《宗制》的緣起也頗值得留意：

> 君嘗以季葉澆替，骨肉世疏，九族斯穆，事光聖典，實欲驅末反本，化薄反淳。乃於五服之內，著《宗制》十卷，使夫後生稚識，知在宗之爲重，少長晚輩，悟收族之有歸。散花萼於常棣，飛鶺鴒於原野，規模弘遠，有可觀焉。今則行於宗族，以爲不刊之訓。[①]

這段話叙述了誌主爲了强調宗族的秩序，撰寫了《宗制》十卷。雖然該著作的失傳使我們無從得知《宗制》的具體内容，但從著作的標題和墓誌提到的這一著作産生的目的是要"驅末反本，化薄反淳"，而且"行於宗族，以爲不刊之訓"來判斷，這更應該是中古士族制定的家禮而不是譜牒。《隋書·經籍志》史部中記載了相同時期出現的一些雜禮書，比方説北齊李穆叔的《趙李家儀》。這部著作在性質和内容上應該和《趙李家儀》比較接近，或許都是這一時期北方大族努立通過制禮的方式來確保其家族完整的産物。這些作品也影響到唐代的家禮、家儀一類著作的産生。[②]

中古士族階層的自我塑造并不僅僅停留在德性和學養等可以培養的層面，他們也同樣强調某些與生俱來的素質，比如形體外貌上的魅力，墓誌正是强調這種素質的重要場合。比如隋《李椿墓誌》裏面描述李椿是"平叔之面，與粉不殊；夷甫之手，與玉無別"。[③]北周《獨孤藏墓誌》中也提到誌主"美須髯，好容貌。平叔食餅，未足比倫；安仁擲果，尤爲慚德"。[④]何晏（平叔）、潘岳（安仁）和王衍（夷甫）都以膚色潔白、面容姣好著稱，他們的那種柔性的美有明顯的女性化傾向。上述引文中提到的何晏食餅和王夷甫的素手都是對這種美作誇張描述的故事。而故事通過像《世説新語》這樣的著作而廣爲流傳，使他們成爲南朝士族心目中男性美

---

① 《疏證》，第 200 頁。
② 見興膳宏·川合康三『隋書經籍志詳考』汲古書院、1995 年、355 頁；又，吴麗娛《唐禮摭遺——中古書儀研究》，商務印書館，2002，第 39~40 頁。
③ 《疏證》，第 434 頁。
④ 《疏證》，第 296 頁。獨孤藏的父親獨孤信《周書》上有傳，稱其"美容儀。……好自修飾，服章有殊於衆，軍中號爲獨孤郎"（《周書》卷三三《獨孤信傳》，第 263 頁）。可見這種重視容儀的特點在獨孤父子間的沿襲。

的代表。這和北朝社會一般强調以男性魁偉的身軀和威嚴的儀態爲美在趣味上有明顯的區别。獨孤藏和李椿恰恰都是北方的盛族，他們墓誌中出現的這種描述絕非偶然，這顯示了北方的一些大族的成員在北朝後期已經開始接受南方士族社會的某些審美標準。

最後需要説的是，南北朝墓誌對這一時期文學發展的影響也是一個受到忽略的課題。但墓誌的寫作是一種社會性的文學活動，所以對瞭解文學與社會的關係有特别的幫助。雖然這一時期的墓誌，絕大多數没有留下作者的姓名，但我們却依然可以從墓誌的寫作中觀察出一般文學的品質和南北方文學的交互影響，這一點對於北朝文學尤其重要。當代對南北朝文學的研究重點幾乎都在南朝，雖然有些像曹道衡這樣的優秀學者也將研究的目光轉向北朝文學，但迄今爲止我還没有看見有哪一種討論北朝文學的著作將北朝墓誌作爲其考察的對象，這是非常可惜的，因爲這無形之中將大批能代表社會精英階層文學趣味的作品樣本棄之不顧。這或許和中國文學史的研究取向和文學觀有關。這種研究仍然過多着眼於所謂的經典性名家名作，而且對於何謂文學采取一種以能否抒發個人情感爲標志的現代觀念。就像近年來葛兆光針對以經典和精英爲主的思想史的弊病提出要寫一般知識、思想與信仰世界的歷史，文學史家也應該關注貼近社會精英大衆的一般文學實踐的歷史，這樣纔能將一個時代的文學理念和趣味的具體應用勾勒出來，而且也可以反過來大大加强我們對名家作品的歷史感的把握。還是以庾信作爲例子，他所帶來的藻麗文風對北朝的墓誌寫作是很有影響的，但同時從他的墓誌也可以看出北朝所看重的宏壯風格對他的影響。其實北朝到隋代的墓誌的寫作風格變化對於唐代帶有公衆性意義的文字諸如碑銘之類是有關鍵影響的，所以要知道崔融、張説一類唐代的名寫手的風格是如何產生的，北朝墓誌的文學分析應該可以帶來諸多啓發。

即便純粹從文學水準的角度而言，現存的北朝墓誌中也不乏精彩的文字。比如篇幅較長的《元乂墓誌》就是一例。而《元顯墓誌》中描摹誌主的生活是“工名理，好清言，善草隸，愛篇什。及春日停郊，秋月臨牖，庭吟蟋蟀，援響綿蠻，籍茲賞會，良朋萃止，式敦燕醑，載言行樂，江南既唱，豫北且行，詩賦去來，高談往復，蕭然自得，忘情彼我”，語句很清新。[①] 有的文字則遒勁而有感召力，比如隋代的《蘇慈墓誌》就有“發西山制勝之衆，挫東嬴（瀛）乞活之軍”這樣用典渾

---

① 《彙編》，第360頁。

然的警句。① 從文學的創造性來説，收入《疏證》的墓誌最讓我印象深刻的是北齊的《李祖牧妻宋靈媛墓誌》，請看其中寫誌主宋靈媛的一段：

> 夫人遠稟慶靈，近鐘世德，芬芳襲物，光彩映人。縱使朝霞暮雨，比方南國，蓮灼苕華，弗能加美。兼以窺案圖史，規模保傅，六行四德，不肅而成。織紝綺繪之巧，組紃絺絡之妙，自擅婉娩之功，無愧葛覃之旨。卒能牢籠衆媛，儀範庶姜，秦晉匹也，欽我令淑。良人言求宋子，乃疲十駕，夫人爰適華庭，卒登百兩。及結褵成禮，齊眉展敬，閨壼之内，風教穆如，上下悌恭，中外彝序，共沐仁恩，俱仰慈則。房中牖下之奠，蘋藻荇菜之虔，肅展清祠，祗奉贊裸。至於比興鸚鵡，緣情芍藥，皆能掩映左嬪，呑含蔡琰。故柔閑用顯，貞順克修，初爲梁鴻之妻，終成文伯之母。②

這段文字能自如地驅遣當時一些形容女子才德的典故而不落俗套，文句錯落有致，溫婉的筆調中帶着情感，有一唱三嘆之美，可以説讓一位風致、才情和品德兼具的大族女性的形象躍然而出。現存南北朝作家的作品中，唯庾信爲婦女所寫的墓誌最多，但《宋靈媛墓誌》的水準比起庾信的同類作品有過之而無不及。北朝墓誌文學價值的不容忽視也由此可見一斑。

以上的這些申論，無非是對日後南北朝墓誌的研究提供一些方向性上的初步建議。這些建議的方向是使墓誌成爲一種獨立而非孤立的史學考察對象。使我們對其功能及其蘊涵的時代特徵有一種比較細膩而周全的把握。如果説這種整體性的工作還有待於加強的話，那麼《疏證》的工作已經爲之做了很好的準備。以現代史學方法爲歸旨的中古墓誌研究畢竟是個很年輕的領域，需要更多具備史學眼光的研究者加入，而《疏證》也爲訓練未來南北朝史的研究生如何處理墓誌提供了一種很難得的教材，因爲研究生可將其中的墓誌當作習題來分析，然後再對照《疏證》作者的工作，無論這種對照的結果是爲新的發現而欣喜，還是爲缺乏《疏證》所具有的敏鋭而慚愧，都將向我們證明此書經久的價值。

---

① 《集釋》，圖版四○九。
② 《疏證》，第 216 頁。又 "良人言求宋子，乃疲十駕，夫人爰適華庭，卒登百兩" 數句，《疏證》的標點有誤，此處引文已改正。

義例研究在墓誌文獻整理中的應用*

——以唐五代墓誌爲中心

楊向奎

金石義例學的術語和方法均源自經學，是研究金石，尤其是石刻文獻中對後世有示範作用的記事規則的一門學問。金石義例的研究與金石學的興起相伴隨，但其形成系統却在元明兩代，其最初動機是爲了應對漫無矩鑊的碑誌寫作現實。在《金石三例》的示範和朱彝尊的提倡下，清代嘉道年間，興起了一股金石括例的熾熱之風，最終成就了金石義例學的鼎盛。鼎盛時期的金石義例研究不再僅僅爲了指導現實生活中的碑誌寫作，變得多元而豐富，但凡石刻之事，無所不包，儼然成爲金石學當中的重要分支。隨着時代變遷，碑誌寫作失去了現實意義，考據之風亦漸次消歇，致使義例之學一蹶不振。近年碑誌的不斷出土，引發學界石刻研究熱潮，金石義例重又受到學界關注。

葉國良在《石例著述評議》一文中，宣導當今學者建立四項觀念，以期括例之學能够發揚光大，復爲石學重要一支。四項觀念是：（一）括例與考證二學不可分；（二）括例必當分別定例、常例與特例；（三）括例必求其義；（四）知其義，然後能判別例之善者與例之惡者。知例之善惡，然後能知撰者學問造詣之深淺、一代禮俗制度之良窳。在解釋括例與考證不可分的關係云："蓋考證精則所括之例確，括例確則後人考證之功省。"[①] 筆者在學習墓誌義例的過程中，深感葉氏斯言之善。今不揣譾陋，略論義例研究對墓誌文獻整理的助益之處，以就教於博雅君子。

---

* 本文原刊於《文獻》2017 年第 5 期，作者同意入編本書，并有所增補。

① 葉國良：《石學蠡探》，大安出版社，1989 年，第 148 頁。

一　夫妻合誌的篇題

目前的墓誌録文對篇題的處理主要有兩種方式，一種是照録墓誌首題爲篇題，另一種是整理者根據墓主名諱另立新題。前者如周紹良主編的《唐代墓誌彙編》、吴鋼主編的《全唐文補遺》等；後者如《北京圖書館藏中國歷代石刻拓本滙編》，周阿根編著的《五代墓誌彙考》，胡戟、榮新江主編的《大唐西市博物館藏墓誌》等。照録墓誌首題，最大限度地保留了墓誌的篇題信息，但由於首題中包含郡望、名號、職官、爵位等要素，文字冗長，使用起來多有不便。根據墓主名諱另立新題，多將墓誌首題縮減爲“某某墓誌”或“某某及夫人墓誌”，簡潔明瞭，很便於使用和記憶，但這種方式在丟失首題書寫信息的同時，還會因某些複雜情況出現錯誤。

夫妻墓誌情況較爲複雜，有分寫、合寫兩種形式。分寫夫婦各誌，成雙成對，即鴛鴦誌，鴛鴦誌一般兩石分刻，但也有刻於一石者。即使刻於一石，二者也都有獨立的首題、序文、銘文等，界限清楚，比較容易判定。合寫夫妻同石，同首題、序文、銘文。在没有具體考古信息的情況下，妻先卒的夫妻合誌，因與部分男性專誌結構相似，故容易引起混淆，但夫先卒與權窆再合葬的夫妻合誌却較易識別。黄宗羲在總結夫妻合誌首題書寫規律時云：“婦人從夫，故誌合葬者，其題祇書某官某公墓誌銘或墓表，未有書暨配某氏也……自唐至元，皆無夫婦同列者，此當起於近世王慎中集中。”[1] 黄氏自唐至元皆無夫婦同列的判斷雖過於絶對，但明代以前的夫妻合誌大多遵循“婦人從夫”的禮儀——首題祇書其夫，却符合墓誌書寫的歷史事實。合誌題不書妻，在明代以前可謂是常例。[2] 夫妻合誌不易識別和首題的單標，都增加了整理的難度，提高了錯誤出現的概率。

試舉兩例。後晋高祖天福五年（940）的《大晋故孫府君墓誌銘并序》，拓片見《北京圖書館藏中國歷代石刻拓本滙編》，編者另立新題爲《孫思暢墓誌》。[3] 此誌墓主的基本情況是：孫思暢不書卒日，壽年“五十有三”，兩娶，郅氏、趙

---

① 朱記榮：《金石全例》上册，北京圖書館出版社，2008年，第418頁。
② 楊向奎、唐奧林：《中國古代夫妻合誌首題書寫的演變》，《新疆大學學報》2014年第6期。
③ 北京圖書館金石組：《北京圖書館藏中國歷代石刻拓本滙編》第36册，中州古籍出版社，1989年，第73頁。

氏，均不書卒日，趙氏"享年六十有五""天福五年歲當庚子十一月十一日合祔本莊西北七里屯留縣□泉村左側平原"。此誌因趙氏卒而撰，首題却不及趙氏，據此可斷爲夫妻合誌。北圖拓本彙編的新題顯然不夠周延。後來的整理者意識到這一點，周阿根編著的《五代墓誌彙考》就將此誌新題命爲《孫思暢及妻劉氏趙氏合祔墓誌》。[①]篇題并加郗氏趙氏，雖比北圖滙編周延，但仍不夠嚴謹。誌文關於郗氏的記述是："夫人郗氏，早流膏肓，終於寢室。頃因兵革被覆，丘墳靈櫬。從茲不知處所。"既然不知處所，自然無法合葬，因此，此誌新題應爲《孫思暢及妻趙氏合祔墓誌》。

另一例是後周顯德二年（955）的《大周故北京飛騰五軍都指揮使銀青光禄大夫檢校司空兼御史大夫上柱國贈左驍尉將軍石公妻河南郡太夫人元氏墓誌銘并序》，《北京圖書館藏中國歷代石刻拓本滙編》命其新題爲《石金俊妻元氏合祔誌》。[②]此書認定的夫妻合誌會在新題中加"及"字，如與《石金俊妻元氏合祔誌》同年的《大周田府君墓誌銘并序》，新題即爲《田仁訓及妻王氏合葬誌》，[③]據此，知編者將《石金俊妻元氏合祔誌》看做元氏專誌。祔即合，言將後喪合前喪。即將此誌看做元氏合石金俊時的個人墓誌。但陳長安主編《隋唐五代墓誌滙編》、[④]周阿根編著《五代墓誌彙考》都將新題命爲《石金俊及妻元氏合祔墓誌》，[⑤]明顯將其看做夫妻合誌。據夫妻合誌序文的結構特點及文中信息，《隋唐五代墓誌滙編》《五代墓誌彙考》誤。

夫妻合誌序文的結構是先夫後妻，即前部分寫夫的生平仕履，後部分寫妻的懿德高行。如《大唐故吏部常選元府君墓誌銘并序》，墓主元温，唐高宗永淳二年（683）遘疾，卒於私第，武周垂拱元年（685）窆於河陽縣。其妻王氏，玄宗開元三年（715）六月卒，同年十一月與夫合葬舊塋。因王氏卒而撰此誌，首題不書王氏，據此可斷爲夫妻合誌。其結構即爲前段元温、後段王氏。[⑥]再如《維大漢國清河郡張府君夫人彭城郡劉氏合祔墓誌銘》，夫張鄴，以後晋高祖天福四年（939）

---

① 周阿根：《五代墓誌彙考》，黄山書社，2012年，第323頁。通篇不見"劉氏"，顯然爲"郗氏"之誤。

② 北京圖書館金石組：《北京圖書館藏中國歷代石刻拓本滙編》第36冊，第131頁。

③ 北京圖書館金石組：《北京圖書館藏中國歷代石刻拓本滙編》第36冊，第140頁。

④ 陳長安：《隋唐五代墓誌滙編》，天津古籍出版社，1991年，洛陽卷第15冊，第176頁。

⑤ 周阿根：《五代墓誌彙考》，第552頁。

⑥ 周紹良：《唐代墓誌彙編》，上海古籍出版社，1992年，第1178頁。

卒，妻劉氏，卒年不書，時逢喪亂，"考妣喪來一十三周，骸骼權墳兩處"，今遇升平，遂乃葬事，於五代周太祖廣順元年（951）合葬潭州頓丘縣千秋鄉。權葬後的合祔墓誌，夫妻合誌無疑，結構也是先夫後妻。①夫妻合誌，先夫後妻的敍事結構，可以認爲是古代墓誌書寫的定例。但《大周故北京飛騰五軍都指揮使銀青光禄大夫檢校司空兼御史大夫上柱國贈左驍尉將軍石公妻河南郡太夫人元氏墓誌銘并序》不是如此，開頭云："夫結褵配賢夫，師女訓，正家道於内。承家教，令子奮仁勇，書戰勛於册。没世有良嗣爲郡守，護輛車以歸，較其享遐齡、具豐福，如太夫人者鮮矣！夫人姓元氏，懷州成懷人……"典型的女性專誌的開頭。中間對夫石金俊、子石仁贇的大段敍寫，實爲論證"結褵配賢夫""没世有良嗣"兩句。另，一般情況下，銘文可視爲序文主要内容的總結回顧，此誌也不例外，銘文"既富且壽，人之所難。猗歟夫人，繁兹令族"云云，説的都是元氏，根本不見石金俊的内容，這也證明此乃元氏專誌。綜合以上，其情況大致是：石金俊於長興七年（後唐明宗長興共四年，"七年"不知何謂。長興元年爲930年，七年或即936年）遘疾卒於太原，後晋天福三年（938）遷葬西京河南縣平樂鄉。元氏以後漢乾祐三年（950）卒於義州官舍，後周顯德二年（955）祔葬於石金俊之塋，葬時單獨有此石。《北京圖書館藏中國歷代石刻拓本滙編》新命篇題符合墓誌實際，《隋唐五代墓誌滙編》《五代墓誌彙考》的編著者未注意到夫妻合誌的義例特點。

二　墓誌撰者的著録

華人德云："南北朝後期，誌始有撰、書人姓名，然僅見數塊。初唐時亦寥寥無幾，至盛唐而漸增，中唐以後，幾乎必有撰、書人姓名了。"②撰者在墓誌中署名，是墓誌發展演變中的一個重要現象，爲研究墓誌作者提供了最原始的資料，有重要的學術價值。墓誌撰者署名的位置有敍於文内、題於文前、書於文後等幾種形式。對於這種複雜的情況，柯昌泗總結云："若此之類，雖非一例，就其體制，略可分疏。表風義者，沿漢碑之體，姓名敍於文内。昭恭恪者，開唐碑之式，姓名

---

① 周阿根：《五代墓誌彙考》，第479頁。
② 華人德主編《三國兩晋南北朝墓誌》，見劉正成主編《中國書法全集》第13卷，榮寶齋出版社，1995年，第8頁。

於文前別題一行……藉重文名者，或題於文後……或題於碑側……或題於誌蓋。"①
位置不同，緣於不同的用意，柯氏此論，基本符合事實。題於文前、書於文後的撰
者，因其位置顯著，容易被研究者發現，但叙於文內者，若不仔細審讀誌文，就會
因其隱蔽而遺漏。除此之外，墓誌還有序、銘分撰的現象，也要求研究者仔細分
辨，以免出現將撰銘者當作全篇作者的失誤。

　　陳尚君編《唐五代文作者索引》是從作者方面檢索唐五代文的重要工具書，
此書的出版大大方便了學界對唐五代文的查找。據前言，其編録基礎主要是四個系
列：（一）清編《全唐文》和陸心源《唐文拾遺》《唐文續拾》；（二）陳先生本人輯
《全唐文補編》附《全唐文再補》《全唐文又再補》；（三）吳鋼主編《全唐文補遺》；
（四）周紹良主編《唐代墓誌彙編》和《唐代墓誌彙編續集》。② 應該説，對於第四
個系列所收叙於文內的撰者，陳先生給予了充分重視，但仍不免有所遺漏。如《唐
故處士河東裴府君夫人祖氏墓誌銘并序》，序文末尾云："嗣子濟以爲至敬無文，直
書其事，庶夫來者知我不誣。"銘曰："幽明異處，母子殊方。"③ 據其語氣，撰文者
當爲裴濟，《陳書》失收。足見墓誌撰者著録亦并非易事。

　　序銘分撰的墓誌，若整理者不熟悉其義例特點，也容易遺漏或失誤。在序銘
分撰的墓誌中，撰序者往往在序文中對撰銘者的文采、德行等予以稱贊。這幾乎
可以看做序銘分撰墓誌的定例。如《大周故納言博昌縣開國男韋府君夫人瑯耶郡
太君王氏墓誌銘》，署"孤子前鳳閣舍人承慶撰序，鳳閣舍人趙郡李嶠製銘"，典
型的序銘分撰。序文末尾云："鳳閣舍人趙郡李嶠，時秀朝英，文宗學府，膠庠朋
故，樞近官聯，敬托爲銘，庶揚柔德。"④ 贊揚李嶠的才能和文學地位，同時交代友
朋關係及請托所想達到的效果。序銘分撰的撰序者大多是墓主的親友，請托撰銘主
要有避嫌寵親、借重文名等目的，⑤ 請托別人，對被請者進行誇贊是人之常情。但
從文獻整理角度看，序文中的這些稱贊，爲判定那些不署撰者名姓的墓誌是否是序
銘分撰提供了依據，因爲在嚴肅的文體中，畢竟没有自敬、自贊的道理。如天寶四
載（745）的《大唐潁川郡夫人三原縣令盧全善故夫人陳氏墓誌銘并序》，署"滎
陽郡滎澤縣主簿博陵崔藏曜撰銘"，據此，《全唐文補遺》將此篇繫於崔藏曜名下，

---

① 葉昌熾撰，柯昌泗評《語石·語石異同評》，中華書局，1994 年，第 385 頁。

② 陳尚君：《唐五代文作者索引》，中華書局，2010 年，第 1 頁。

③ 周紹良：《唐代墓誌彙編》，第 1622 頁。

④ 周紹良、趙超：《唐代墓誌彙編續集》，上海古籍出版社，2001 年，第 349 頁。

⑤ 拙著《唐代墓誌義例研究》有論述，岳麓書社，2013 年，第 181 頁。

但仔細審讀，就會發現此文非崔氏獨撰。序文最後云："内事不出，外言未喻。是用罄竭荒心，銓叙平昔。殘生餘息，觸目窮迷。執簡含毫，言多無次。滎澤主簿博陵崔藏曜，外姻近族，富學精才。郡縣官聯，往來精洽。托爲銘誌，式播芳猷。"① 崔藏曜不可能誇自己"富學精才"，此言祇能出自撰序者，這是一篇序銘分撰的作品無疑。撰序者誰？據首題直呼其名和"内事不出，外言未喻。是用罄竭荒心，銓叙平昔"幾句判斷，撰序者祇能是陳氏之夫盧全善。因此這篇作品應當是盧全善撰序、崔藏曜撰銘。《全唐文補遺》將著作權全部歸屬崔藏曜，顯然不夠嚴謹。另查陳尚君《唐五代文作者索引》，未見盧全善，當是失收。

再如唐高宗儀鳳四年（679）的《大唐慈州□□□元善妻公孫氏墓誌》，序文後段云："夫人年始初笄，于歸此室，已逾卺席卅八年，貞柔聽從，靡涉私事，訓罰僕妾，不賤其名。模楷孩□，□過常道。元善既尟兄弟，傍無近屬，琴瑟相合，二人而已。自闔棺之後，每想音容，□恨平生，觸途摧咽。一男三女，偏露於兹。撫事辛酸，再深悲慟。慮陵谷遷貿，桑田徙易，用紀德音，以旌魂爽。援筆拊心，悲端無極。□州司功郎餘令，材華著美，後□□人，敬托爲銘，傳之不朽。"② 據此，撰序者爲元善，撰銘者爲郎餘令，屬序銘分撰之文。《全唐文補遺》將此文歸屬郎餘令，有失允當。在墓誌文獻的整理過程中，抓住序銘分撰墓誌的義例特點，略作考索，此類失誤即可避免。

三　校勘啓示

親屬修改是指墓誌文在刻石前主持葬事的墓主親屬對撰者之文的修改。在請托撰文中，墓主親屬對墓誌文進行修改的現象較爲多見。無論在題材上還是在寫法上，親屬都不會被動接受，他們有着自己的訴求。事實上，親屬具有是否刻石的最終決定權，撰者是無法擺脱親屬訴求影響的。墓誌義例正是在親屬訴求、撰者審視兩種力量的對立、妥協、交融過程中形成的，它不是一方所能完全決定的。

親屬修改的方式有刪芟、改換、補充等。補充的實例較多。如北魏孝明帝孝昌元年（525）的《輕車將軍給事中封君夫人長孫氏墓誌銘》，開頭云："夫人河南洛陽人也，柱國大將軍、太尉公、北平王嵩之曾孫，伏波將軍萇生之女。蟬聯載於

---

① 吳鋼：《全唐文補遺》第 6 輯，三秦出版社，1999 年，第 73 頁。
② 吳鋼：《全唐文補遺》第 1 輯，三秦出版社，1994 年，第 61 頁。

國史，官華備於方策，今不復更言矣。"既曰"不復更言"，銘辭之後却又將長孫氏之曾祖、祖及父名諱、官職、謚號，祖、父之母及母之父，一一羅列。[①]行文上前後矛盾。同年的《魏故寧朔將軍諫議大夫龍驤將軍荆州刺史廣川孝王墓誌》也是如此，族出部分已云："長源浩淼，聯光天首，鴻本扶疏，列萼雲端。攀宵宅日，既彪炳於圖書；握符控海，又焆爛於墳史。今不復言之矣。"但銘辭之後還是將本祖、本父、繼曾祖、繼祖、繼父等，進行了詳細介紹。[②]也是行文上的前後矛盾。這種矛盾表明銘辭後的文字可能非作者所撰。北齊武成帝河清四年（565）的《齊故尚書右僕射冀州使君封公墓誌銘》，誌主從弟孝琰撰序，吏部郎中清河崔瞻撰銘，典型的序銘分撰。銘文一般是用韻文的形式總括提煉序文的内容，本篇銘文正是如此。序銘分撰的過程應是撰序者將所撰之文交予撰銘者，撰銘者據序撰銘，銘文撰成與序文合并。但此篇墓誌銘辭之後，還有"世子左丞相府參軍事寶蓋，次子寶相"一句話。[③]這句話不應是撰銘者的文字，也不該是撰序者的文字。因爲這非撰銘者的職責所在，而撰序者要補充這些内容，完全可以把它寫入銘辭之前。北周武帝保定四年（564）的《魏故司空尚書令留守大都督馮翊簡穆王妃墓誌銘》，銘辭之後標明書丹者——"琅耶王褒書"，其後又云："息德良，平凉公。息義儉。大女，大將軍延壽公夫人。第二女，出家。第三女，柱國安武公夫人。"[④]墓誌的製作包括撰文、書丹、刻石等前後程式，書丹者題署之後的文字，定非出自撰文者之手。唐高宗上元二年（675）的《唐故驍騎尉韓府君墓誌銘并序》，"詞曰"之後有"夫人李氏，風纏蘭巡，雪祕蓮川，月落娥□，星頹娑彩"二十字，《唐代墓誌彙編》的編者將其定爲補刻，且移出正文作爲注釋出現，正是將其定爲添加處理。[⑤]唐文宗大和二年（828）的《唐故桂管都防禦觀察等使桂州刺史兼御史大夫賜紫金魚袋贈左散騎常侍劉公墓誌銘》，誌主劉栖楚，撰文李逢吉，蓋陰有李仲京録書的一段文字，記載了栖楚夫人裴氏及二人合葬的情况，并云："以公之英風操義，備於凉國季父之文，以其文自襄漢而來，前後事之未書者，今不敢編於文之次，將别誌於石之陰，固不俟於文字也。"[⑥]因前誌有未書者而補充，代表了當時孝家的一般心態，

① 羅新、葉煒：《新出魏晉南北朝墓誌疏證》，中華書局，2005年，第112頁。
② 趙超：《漢魏南北朝墓誌彙編》，天津古籍出版社，2008年，第166頁。
③ 趙超：《漢魏南北朝墓誌彙編》，第423頁。
④ 胡戟、榮新江：《大唐西市博物館藏墓誌》，北京大學出版社，2012年，第10頁。
⑤ 周紹良：《唐代墓誌彙編》，第606頁。
⑥ 周紹良：《唐代墓誌彙編》，第2106頁。

"今不敢編於文之次"的言説，反證編於文之次的存在。

碑誌文在編入文集時，編者往往會把文題、撰者、書者等信息加以改變或删芟，再加上編入文集後屢經傳抄轉刻，衍、脱、錯訛、倒序等在所難免。而石刻文獻，尤其是埋在地下的墓誌，却能較好地保存原貌。因此，石本具有很高的校勘價值。但在校勘的過程中，不應忽視親屬修改的存在。如庾信撰宇文儉妻《步六孤須蜜多墓誌》，該石 1953 年於陝西省咸陽市出土，現藏西安碑林，拓本見《北京圖書館藏中國歷代石刻拓本滙編》，①《庾子山集》卷一六收録。將石本與文集互校，異文有三十餘處，其中石本"禮也"下、"銘曰"上的兩段文字最引人注目。"禮也"下云："夫人奉上盡忠，事親竭孝，進賢有序，逮下有恩。及乎將掩玄泉，言從深夜，内外姻族，俱深節女之悲；三五小星，實有中閨之戀。""銘曰"上云："太夫人早亡，夫人咸盥之禮，不及如事。至於追葬之日，步從輤途，泥行卌餘里，哭泣哀毁，感動親賓。桂陽之賢妻，空驚里火；成都之孝婦，猶掩江泉。嗚呼哀哉！"此兩段文字乃集本所無。一篇墓誌之中，石本比集本多出一百餘字，這確實是個問題，於此諸家皆有解説。葉國良先生云："按二段所述，屬家庭中事，庾信未必知悉，且集中婦人誌亦無載女德瑣事者，則此蓋喪家得稿後所補，屬第（四）（2）種情况。"②（筆者按，第（四）（2）種情况指撰者陳述事實不誤，喪家修飾文辭後修改。）胡可先先生云："收於集者則要更多地體現當時重駢輕散的潮流，而删去原文中較多的散句。"③毛遠明先生云："《文苑英華》、四庫箋注本、四部叢刊本、四庫倪注本均全脱……脱漏甚矣。"④幾相比較，筆者以爲葉國良的論説更爲允當，畢竟大段删芟著者文字不符合編集的通常原則和規律。親屬所添文字多位於首尾、誌陰等特殊位置。⑤略作推廣，"禮也"之後，"銘曰"之前，其位置也具有一定的特殊性。綜合來看，《步六孤須蜜多墓誌》石本多出的兩段文字，屬於親屬得稿後所補的可能性更大。因此，在校勘此段文字時，還是慎言集本"脱漏"爲妙。

還有一例是出土的《唐故衢州司士參軍府君李公墓誌銘并序》，誌主李濤，署

---

① 北京圖書館金石組：《北京圖書館藏中國歷代石刻拓本滙編》第 8 册，第 159 頁。

② 葉國良：《石學續探》，大安出版社，1999 年，第 34 頁。

③ 胡可先：《出土文獻與中古文學研究》，《浙江大學學報》2012 年第 4 期。

④ 毛遠明：《石本校〈庾子山集〉二篇》，見西安碑林博物館《紀念西安碑林九百二十周年華誕國際學術研討會論文集》，文物出版社，2008 年，第 505 頁。

⑤ 陳爽：《出土墓誌所見中古譜牒研究》，學林出版社，2015 年，第 91 頁。

安定梁肅撰。傳世的梁肅作品中并無此文，似乎可以作爲佚文看待。但將此文與相關的獨孤及撰《唐故衢州司士參軍李府君墓誌》及《皇五從叔祖故衢州司士參軍府君墓誌銘并序》，[①] 梁肅撰《衢州司士參軍李君夫人河南獨孤氏墓誌銘》及《故衢州司士參軍李君夫人河南獨孤氏墓誌銘并序》[②] 比勘，就會發現三誌的先後關係是：李濤乾元二年（759）終於潤州，權窆衢州。十六年後的大曆九年（774），其從父弟涵按節江東，將其歸葬於洛陽清風鄉北邙之南陲，葬時請獨孤及撰誌，即獨孤及所撰文。大曆十一年（776），李濤妻獨孤氏終於常州，權窆於“建安精舍”，大曆十二年（777）某月十七日，遷兆與李濤合祔於洛陽清風鄉之原，葬時請梁肅撰誌。不知何故，大曆十三年（778）的七月廿三日，親屬又把李濤夫婦從洛陽“清風鄉之原”遷葬到“洛陽北邙之東原”。葬時有誌，即這方署名“安定梁肅撰”的《唐故衢州司士參軍府君李公墓誌銘并序》。進一步校勘三誌文字，發現署名“安定梁肅”的《唐故衢州司士參軍府君李公墓誌銘并序》，其實是由獨孤及撰《李濤墓誌》與梁肅撰《李濤夫人獨孤氏墓誌》綴合而成：寫李濤部分照搬獨孤及文，寫獨孤氏部分對梁肅文略作刪削。“嗚呼”後的感慨照抄獨孤及文。銘文中“天何余欺”以上抄獨孤及，“温温夫人”後抄梁肅。對於這種簡單綴合成文的方式未必再請托梁肅，墓主親屬，尤其是墓主諸子（前越州士曹參軍居介、南陵尉居佐、譙縣尉居敬、孝廉居易）皆可輕易完成此文。之所以署“安定梁肅”而非獨孤及，乃因獨孤氏爲獨孤及姊妹、[③] 李濤爲獨孤及姊妹夫，爲避自賢之嫌，署梁肅合情合理。據此，出土的這方署名梁肅的《唐故衢州司士參軍府君李公墓誌銘并序》未必是梁肅親手綴合。即使是，其文本價值也遠不如集本所收《衢州司士參軍李君夫人河南獨孤氏墓誌銘》的高。在此情況下，若據石本責集本脫略，豈不謬哉！

筆者認爲，對於石本與集本當中的大段異文，應該謹慎對待，對其本質要認真甄別、細緻分析，努力摒棄那種一味信從石本而主觀折損集本價值的觀念和行爲。

以上從三個方面討論義例研究在墓誌文獻整理中的應用，不難看出，義例研究乃辭章研究，屬於形式的範疇，在具體應用中，若不與考據相結合，其價值是無

---

① 前者見《全唐文》卷三九一，後者拓片見《北京圖書館藏曆代石刻拓本滙編》第27冊，第136頁，錄文見《唐代墓誌彙編》大曆〇三五。
② 前者見《全唐文》卷五二一，後者錄文見《唐代墓誌彙編》大曆〇五二。
③ 據《新唐書·宰相世系表》，獨孤及乃獨孤永業之後獨孤通理第三子，《獨孤氏墓誌》明言“自臨川五葉至贈秘書監府君諱通理，門風世德，家牒詳矣。夫人秘書之第三女”。

法實現的。但實踐證明，形式同樣也具有重要意義：第一，可以幫助研究者發現但從考據角度難以發現的問題；第二，有助於考據的深入和證據鏈的形成。注意墓誌義例研究在墓誌文獻整理中的運用，可以有效避免文獻整理中的一些錯誤。或許這正是葉國良先生所說的“括例確則後人考證之功省”吧。

隋唐碑誌疑難字考釋[*]

梁春勝

　　隋唐碑誌是研究隋唐史的重要資料，在史學界備受關注，相關研究也取得了豐碩成果。而隋唐碑誌所蘊含的語言文字學價值，則尚未得到充分發掘，語言文字學界也關注不够。尤其是其中還有相當數量的疑難俗字仍未準確考釋，直接影響到對隋唐碑誌文獻的正確解讀和利用。本文在前賢錄文的基礎上，試對隋唐碑誌中的十七個疑難俗字加以考釋。不當之處，敬請方家指正。

　　1. 隋李貴墓誌："三息青兒。"（《隋彙》，^① 1/119）

　　按："青"拓本作"春"，當是"貳"字俗寫。魏劉賢墓誌"息貳興"之"貳"作"毻"（《校注》，^② 7/92），東魏王休墓誌"人情皆貳"作"青"（趙君平、趙文成，^③ 2012：40），北齊許儁等造像記"董貳"之"貳"作"毻"（《北圖》，^④ 7/109），北齊標異鄉義慈惠石柱頌"居士尹貳洛"作"貳"（《北圖》7/116），字形皆相近；魏王亮等造像記"董貳"之"貳"作"春"（《校注》，7/99），東魏源磨耶墓誌"源貳虎"作"壹"（《校注》，8/129），北齊路衆墓誌"字貳醜"作"壹"（《校注》，9/86），寫法則相同。皆可以比勘。"青"没

　　＊　本文原刊於《中國語文》2018年第4期，作者同意入編本書。
　　①　王其禕、周曉薇：《隋代墓誌銘彙考》（簡稱《隋彙》），綫裝書局，2007年。斜綫前的數字表册數，後表頁數。下同。
　　②　毛遠明：《漢魏六朝碑刻校注》（簡稱《校注》），綫裝書局，2009年。
　　③　趙君平、趙文成：《秦晋豫新出墓誌蒐佚》，國家圖書館出版社，2012年。
　　④　北京圖書館金石組：《北京圖書館藏中國歷代石刻拓本滙編》（簡稱《北圖》），中州古籍出版社，1989年。

有這樣的寫法，釋作"青"非是。魏王亮等造像記的"青"，《校注》疑是"旹（春）"字，《漢魏六朝碑刻異體字典》（毛遠明，^① 2014：120）收入"春"字下，皆非是，"春"也沒有這樣的寫法。

"青"所從"毛"，應是"式"之變。六朝以後"三"俗書常寫作"毛"（梁春勝，^② 2014：97；趙大旺，^③ 2017：250），如魏魏文朗造像碑"北地郡三原縣"之"三"作"毛"（《校注》，3/219），魏楊縵黑造像碑"龍花三會"作"毛"（《校注》，3/332），魏樊奴子造像記"泥陽富平三原三縣令"中"三原"之"三"作"毛"，^④ 西魏陳神姜等造像記"維那張三好"作"毛"（《北圖》，6/12），北齊劉碑造像記"邑子曹三周"作"毛"（顔娟英，^⑤ 2008：159），北周匹婁歡墓誌"字三歡"作"毛"（《北圖》，8/161）。"三"寫作此類字形，當是"弍"之變。^⑥ 這與"式"之變作"毛"，正是類似的演變。

東魏李僧造像記："邑子王青威。"（《校注》，8/148）"青"拓本作"青"。北齊王謨墓誌："君諱謨，字春同。"（安陽市文物考古研究所等，^⑦ 2015：159）"春"拓本作"春"。二者亦皆當是"弍"字。《論語·衛靈公》："子曰：'道不同，不相爲謀。'""謨""謀"通用字，其人名謨字弍同，蓋反用《論語》之意。北齊潘景暉等造像記："起象主宋青安。"（《魯迅輯校石刻手稿》^⑧ 第 2 函第 4 册，第 797 頁）"青"亦應是"弍"字。

隋姜明墓誌："君諱明，字亮哲。"（《隋彙》，4/304）"亮"拓本作"亮"（《北圖》，10/78），亦當是"弍"字。《全隋文補遺》（韓理洲，^⑨ 2004：292）同誤。

2. 隋扈誌墓誌："從破晋州，仍攻并部。賊帥高延宗覆巢餘燼，將焰死灰，未及交綏，俄同徯組。"（胡戟、榮新江，^⑩ 2012：35）

按："徯"有等待、小路等義，置入文中，皆文意難通。"徯"拓本作"徯"，

① 毛遠明：《漢魏六朝碑刻異體字典》，中華書局，2014 年。
② 梁春勝：《六朝石刻疑難字考釋》，《語言研究》2014 年第 3 期。
③ 趙大旺：《敦煌社邑文書校讀札記三則》，《中華文史論叢》2017 年第 3 期。
④ 見京都大學人文科學研究所藏南北朝碑刻文字拓本 No.67.A。
⑤ 顔娟英：《北朝佛教石刻拓片百品》，中研院歷史語言研究所，2008 年。
⑥ 此説承謝捷師賜教，謹此致謝！
⑦ 安陽市文物考古研究所等：《安陽墓誌選編》，科學出版社，2015 年。
⑧ 魯迅：《魯迅輯校石刻手稿》，上海書畫出版社，1987 年。
⑨ 韓理洲：《全隋文補遺》，三秦出版社，2004 年。
⑩ 胡戟、榮新江：《大唐西市博物館藏墓誌》，北京大學出版社，2012 年。

據文意當是"係"之俗字。"系""奚"二字俗書常相混，如魏王悦暨妻郭氏墓誌"蟬聯遠系"之"系"作"奚"（《北圖》，5/191），東魏王僧墓誌"遠系綿葛"作"奚"（《北圖》，6/35），隋吕道貴墓誌"原系共巨海争深"作"奚"（《隋彙》，2/69），《可洪音義》"系"或作"奚"（韓小荆，[1] 2009：735）。"系""奚"作爲偏旁亦可互作，如魏奚真墓誌"肇係軒轅"之"係"作"倿"（《北圖》，4/156），北齊獨孤忻墓誌"無爲係想"作"倿"（胡海帆、湯燕，[2] 2012：112），《可洪音義》"係"或作"倿"（韓小荆，2009：735），皆可比參。《史記·秦始皇本紀》："子嬰爲秦王四十六日，楚將沛公破秦軍入武關，遂至霸上，使人約降子嬰。子嬰即係頸以組，白馬素車，奉天子璽符，降軹道旁。"裴駰集解引應劭曰："組者，天子黻也。係頸者，言欲自殺也。""係組"即本此。據《北齊書·文襄六王傳》，高延宗爲北齊安德王，在齊末任相國、并州刺史，以禦周軍，後被部下擁立爲帝，在晋陽曾屢敗周軍，但最終戰敗被俘。誌文所言，雖多誇飾，然基本史實仍與史書記載相合。

3. 隋楊秀墓誌："公乃宣威冀邑，運策漳濱，出猊虎於一城，屢先鳴於萬里。徂天道輔德，齊命告亡，破燕鴒之征，絶飛行之相。"（《隋彙》，4/89）

按："猊"拓本作"猊"，據文意乃是"貔"的俗字。《尚書·牧誓》："勖哉夫子，尚桓桓，如虎如貔，如熊如羆，於商郊。"孔傳："貔，執夷，虎屬也。四獸皆猛健，欲使士衆法之，奮擊於牧野。""貔虎"即出此，喻指猛士。魏元天穆墓誌"勒貔虎"之"貔"作"猊"（《北圖》，5/148），魏元恭墓誌"屬茲貔虎"作"猊"（《北圖》，5/172），北周若干雲墓誌"鑾駕親率貔虎"作"猊"（《校注》，10/304），皆其比。《全隋文補遺》（韓理洲，2004：252）亦録作"猊"而無説。目前已知六朝石刻中的"猊"皆當是"貔"字俗寫，無一例外。《漢魏六朝碑刻異體字典》（毛遠明，2014：492）將元天穆墓誌的"猊"、元恭墓誌的"猊"、若干雲墓誌的"猊"收入"猊"字下，《漢魏六朝隋唐五代字形表》（臧克和，[3] 2011：599）亦將元恭墓誌的"猊"收入"猊"字下，皆非是。

"徂"拓本作"但"，據文意乃是"但"字俗訛，此處"但"是轉折連詞。北齊鏤石班經記"但運感將移"之"但"作"但"（顏娟英，2008：174），北齊元

① 韓小荆：《〈可洪音義〉研究——以文字爲中心》，巴蜀書社，2009年。

② 胡海帆、湯燕：《1996—2012北京大學圖書館新藏金石拓本菁華》，北京大學出版社，2012年。

③ 臧克和：《漢魏六朝隋唐五代字形表》，南方日報出版社，2011年。

洪敬墓誌"但騏驥之足未騁康衢"作"佢"(《校注》，9/201)，隋張囧妻蘇恒墓誌"但陰陽代謝"作"佢"(《北圖》，10/77)，皆其比。《全隋文補遺》(韓理洲，2004：252)錄作"但"而無説。

"鴰"拓本作"鴰"，據文意當是"頷"的俗字。其字左旁當爲"含"俗寫，如魏緱静墓誌"白楊含素"之"含"作"含"(齊淵，[1] 2011：9)，隋宋胡墓誌"含豪譔德"作"含"(《隋彙》，1/157)，《可洪音義》"頷"或作"頜"(韓小荆，2009：471)，皆其比。"鴰"上一字爲"鷰"(同"燕"，故《隋彙》錄作"燕")，其字即受"鷰"類化而換從"鳥"旁。《後漢書·班超傳》："其後行詣相者，曰：'祭酒，布衣諸生耳，而當封侯萬里之外。'超問其狀。相者指曰：'生燕頷虎頸，飛而食肉，此萬里侯相也。'""鷰鴰(頷)之征"和"飛行之相"即本此。誌主楊秀北齊時爲任城王高湝屬吏，北齊亡，遂不復出仕，故此處云"破鷰鴰(頷)之征，絶飛行之相"，意思是説本可如班超一般建功立業，封侯獲賞，奈何天命不濟，以致無成。《全隋文補遺》(韓理洲，2004：252)同誤。

隋絞干廣墓誌："天子思將，英人杰出。龍鱗燕鴰，鳳毛虎質。"(葉煒、劉秀峰，[2] 2016：224)"鴰"拓本作"鴰"，據文意亦當是"頷"之俗字。"燕頷"也是指特異之相貌，喻指才能杰出。其字右旁從"鳥"，亦應受上"鷰"(拓本作"鷰"而非"燕")字類化。左旁"合"則是"含"之俗訛，"含"與"合"相混爲俗書通例。"龍鱗""鳳毛""虎質"，皆喻指才華出衆。

4. 隋楊約墓誌："公深入其阻，從公于邁，獲餘皇之舟，衿水犀之甲，執訊攸馘，功效居多。"(《隋彙》，4/338)

按："丹"拓本作"丹"，吳鋼[3](2006：463)、喬占景[4](2013：14)指出當爲"舟"之俗字，甚是。"衿"拓本作"衿"，據文意當是"拎"字俗寫。"拎"同"擒"，與"獲"對文同義。"扌"旁俗書或與"衤"旁相混，如魏元憕墓誌"擅美一時"之"擅"作"襢"(《北圖》，5/94)，魏郭定興墓誌"千載垂箱"之"箱"作"箝"(《校注》，5/152)，北齊柴季蘭等造像記"拈草無異化生"之"拈"作"袧"(《北圖》，7/160)，隋王曜墓誌"大使板授滄州浮陽郡守"

---

① 齊淵：《洛陽新見墓誌》，上海古籍出版社，2011 年。
② 葉煒、劉秀峰：《墨香閣藏北朝墓誌》，上海古籍出版社，2016 年。
③ 吳鋼：《全唐文補遺·千唐誌齋新藏專輯》，三秦出版社，2006 年。
④ 喬占景：《隋代墓誌疑難字考釋》，碩士學位論文，河北大學，2013 年。

之"授"作"𫝃"（《北圖》，9/65），皆其比。《左傳·昭公十七年》："戰於長岸，子魚先死，楚師繼之，大敗吳師，獲其乘舟餘皇。"杜預注："餘皇，舟名。""餘皇之舟"出此。《國語·越語上》："今夫差衣水犀之甲者億有三千，不患其志行之少恥也，而患其衆之不足也。"韋昭注："犀形似豕而大，今徼外所送有山犀，有水犀。水犀之皮有珠甲，山犀則無。""水犀之甲"出此。"衿""衿"俗寫皆可作"衿"，須據文意確定正字。此處釋作"衿"則文意不通，故非是。吳鋼（2006：463）同誤。

5. 隋張虔墓誌："仁兼孝友，義存克讓；德擅五龍，器蔑三虎。內潤外朗，珠明玉潔，蘭疇溢氣，桂菀□芳，朝賢拭目，群公藉甚。"（《隋彙》，4/376）

按："蔑"拓本作"㒼"，據文意當是"蔑"的俗字。如隋李則墓誌"方之蔑如"之"蔑"作"㒼"（《隋彙》，2/87），《可洪音義》"蔑"或作"㒼"（韓小荊，2009：591），皆其比。此處"蔑"有"輕視"義，"德擅五龍，器蔑三虎"是互文句式，指誌主道德器量超出五龍（古代指同時以才名著稱的五個人。時代不同，所指亦異）和三虎（古代指同時以雄杰著稱的三個人。時代不同，所指亦異）。《全隋文補遺》（韓理洲，2004：303）將其字釋作"㒼"，亦非。"菀"拓本作"㒼"，乃是"苑"的俗字。缺字拓本作"𫝃"，據殘劃可補作"流"。

6. 隋宋仲墓誌："其先宋公微子之後也。自契君臨，從駕肇祚，承皇纂帝，其來尚矣。"（《隋彙》，5/16）

按："契"拓本作"𮮿"，二者字形相差很遠，"𮮿"不太可能是"契"字。根據字形，其字當是"褻"的俗字。《龍龕手鏡·草部》："褻，音世。"（釋行均，[1] 1985：264）《四聲篇海·艸部》引《龍龕》："㒼，音泄。"[2] "褻""㒼"一字，其字當音泄，爲"褻"字俗寫。"泄""褻"《廣韻·薛韻》并音私列切，故"褻""褻"同音。《龍龕手鏡·衣部》："褻，俗；褻，正：私列反，衷衣也。"（釋行均，1985：107）所謂正字"褻"乃"褻"的俗寫，"㒼"亦爲"褻"的俗字。"褻""㒼"形近，亦可比勘。"褻"從"埶"聲，"埶"旁俗寫作"執"，與"扐"及其俗寫"扨"形近，故常相混。如晋徐義墓誌"視望勢候"之"勢"作"㔟"（《北圖》，2/64），魏劉玉墓誌"軍勢不利"作"㔟"（《北圖》，5/72），魏吐谷渾璣墓誌"善文藝"之"藝"作"藝"（《北圖》，4/38），皆其例。"𮮿"與"褻"字形相近，故亦應是

---

① 釋行均：《龍龕手鏡》，中華書局，1985年。

② 韓道昭：《四聲篇海》，《續修四庫全書》第229冊，上海古籍出版社，2002年，第409頁下欄。

“褻”字。此處“褻”當讀作“契”，指商的祖先，其字又作“偰”“卨”等。《廣韻·薛韻》“褻”“契”并音私列切，二字同音，故可通假。此誌銘文部分“湯初受命，契始封商”，“契”拓本有裂痕，但可以看出與前文“䙝”同形，亦是“褻”字俗寫，通“契”。《全隋文補遺》（韓理洲，2004：307）、《隋彙》皆將其字徑録作“契”，未妥。

7. 隋宋文成墓誌：“父林，早知微顯，深鑒沉浮，無欣排漢之情，且樂巢萊之志。於開皇元年爲洛州主簿。褒犛貶介，實在斯人，美誦清謡，是焉攸屬。”（《隋彙》，5/32）

按：“犛”拓本作“𣯍”，當是“氂”字俗寫。“𠩺”旁俗或作“敉”，如魏元昭墓誌“厘婦鰥夫”之“厘”作“𠩺”（《北圖》，4/160），東魏李憲墓誌“盤水氂纓”之“氂”作“𣯍”（《北圖》，6/52），敦煌俗字“氂”或作“𣯍”（黄征，[①]2005：239），《可洪音義》“氂”或作“毴”（韓小荆，2009：552），皆其例。“𣯍”上部所從即“敉”之小變。“毛”俗書與“乇”相混，如S.4642《文様》“炳玉毫之光耀”的“毫”作“亳”（《英藏》，6/189），[②]敦煌俗字“笔”或作“乇”（黄征，2005：17），唐安延墓誌“英髦挺穀”之“髦”作“髦”（《北圖》，12/87）。“𣯍”下部所從即“毛”俗寫。唐釋道宣《廣弘明集》卷八引北周釋道安《二教論》：“《維摩經》曰：‘佛以一音演説法，衆生隨類各得解。’夫纖介之惡，歷劫不亡；毫厘之善，永爲身用。”墓誌所謂“褒氂貶介”，“氂”“厘”古今字，指毫厘之善；“介”通“芥”，指纖芥之惡。“褒氂貶介”，指褒獎毫厘之善，貶斥纖芥之惡，即有善必賞、有惡必罰之意。

8. 隋□侶昂墓誌：“惡弱稍加，請假私停，權離玉案，臨效無方，年六十有三。”（《隋彙》，5/295）

按：“臨”拓本作“醫”，當是“醫”字俗寫。“醫”本從酉、殹聲，隸書“殹”旁或訛作“臥”，如漢居延簡甲921“醫”作“醫”（漢語大字典字形組，[③]1985：1070），衡方碑“醫”作“醫”（顧藹吉，[④]1986：16），晋徐義墓誌“殿中大醫”作“醫”（《北圖》，2/65），魏于仙姬墓誌“醫不救命”作“醫”（《北

① 黄征：《敦煌俗字典》，上海教育出版社，2005年。

② 中國社會科學院歷史研究所等：《英藏敦煌文獻（漢文佛經以外部分）》（簡稱《英藏》），四川人民出版社，1990~1995年。

③ 漢語大字典字形組：《秦漢魏晋篆隸字形表》，四川辭書出版社，1985年。

④ 顧藹吉：《隸辨》，中華書局，1986年。

圖》，5/23）。“臤”旁俗書又進一步訛作“�]”，如魏吐谷渾璣墓誌“醫治無救”之“醫”作“醫”（《北圖》，4/38），隋董美人墓誌“竟無救於秦醫”作“醫”（《隋彙》，2/257）。“臣”俗書可作“目”，如魏成休祖造像記“仕宦速遷”之“宦”作“官”（《北圖》，6/87），北齊□弘墓誌“恩深卧轍”之“卧”作“卧”（《校注》，8/308），隋劉明墓誌“柏翳墳頹”之“翳”作“臀”（《隋彙》，2/283），《龍龕手鏡·弓部》“弴”俗作“弲”（釋行均，1985：151）。故“醫”又可進一步變作“膈”。“醫效無方”即醫救無效。《全隋文補遺》（韓理洲，2004：351）同誤。

9. 隋寶儼墓誌：“琴臺寂漠，已絕子期之絃；書池瀲淡，空思伯英之翰。”（《隋彙》，5/327）

按：“瀲淡”不辭。“淡”拓本作“淡”，據文意當是“灩”之改換聲旁俗字。“炎”是“焰”的古字，《集韻·艷韻》“艷”“炎（焰）”并音以贍切，故“艷”與“炎”同音，作爲聲旁可以互換。文獻中“艷”“炎（焰）”二字亦可互通，例如北齊宋買等造像記：“鐫勒彫文，并龍鱗而翠璨；鏤狀圖形，等金錦而競炎。”（《校注》，9/267）其中“炎”讀作“艷”。S.5640《文樣·施傘文》：“舍錦彩於彌勒之前，制雲傘於金艷之上。”（《英藏》，8/232）其中“艷”讀作“炎（焰）”。敦煌文獻“佛炎（焰）”又寫作“佛艷”（張小艷，[1] 2013：40）。皆其例。故“灩”可換聲旁作“淡”。“瀲灩”指水波蕩漾之貌，正合於文意。《長安新出墓誌》（西安市長安博物館，[2] 2011：31）亦錄作“淡”而無説。

傳世文獻亦有“瀲灩”作“瀲淡”之例。如南朝梁王臺卿《詠風》詩：“暫拂蘭池上，瀲淡玉波生。”鄧魁英、袁本良[3]（2000：882）注云：“瀲淡（liàn yàn），同‘瀲灩’，水波蕩漾的樣子。”是其證。梁元帝蕭繹《玄覽賦》：“爾其彭蠡際天，用長百川，沸渭渝溢，瀲淡連延。”“瀲淡”亦同“瀲灩”，此處訓相連貌。《文選》卷一二木華《海賦》：“爾其爲狀也，則乃浟湙瀲灩，浮天無岸。”李善注：“瀲灩，相連之貌。”可以比參。

10. 唐韋慶嗣墓誌：“弱齡對策，是膺高第。人斁所縻，佐司分部。而州郡瑣職，尤非厥好。曾未浹稔，謝病歸閑。”（西安市長安博物館，2011：49）

---

① 張小艷：《敦煌社會經濟文獻詞語論考》，上海人民出版社，2013年。
② 西安市長安博物館：《長安新出墓誌》，文物出版社，2011年。
③ 鄧魁英、袁本良：《古詩精華》，巴蜀書社，2000年。

按："鷺"拓本作"𪔀"，上引録文未確。根據字形和文意，其字當是"爵"字。"爵"小篆作"𩾅"，"𪔀"即是從小篆字形變來。"人爵"指爵禄，出《孟子·告子上》："有天爵者，有人爵者。仁義忠信，樂善不倦，此天爵也；公卿大夫，此人爵也。"韋慶嗣墓誌這一段話，是説他在弱冠之年，以對策高第而出仕，輔助掌理州郡之職，因所掌事務瑣碎，尤其不喜歡，所以未及一年，就托病辭官家居。"縻"讀作"靡"，訓分。"爵"常與動詞"靡/縻"搭配，指給賢者分以爵禄，使之任官。《易·中孚》："鳴鶴在陰，其子和之。我有好爵，吾與爾靡之。"孔穎達疏："'我有好爵，吾與爾靡之'者，靡，散也。又無偏應，是不私權利，惟德是與。若我有好爵，吾願與爾賢者分散而共之，故曰'我有好爵，吾與爾靡之'。"《經典釋文》卷二："爾靡，《埤蒼》作縻，云：散也。""人爵所縻"即典出於此。魏郜乾墓誌："錫土分茅，好爵是縻。"（《校注》，4/219）隋楊約墓誌："勳在王府，終縻人爵，寵數之來，車服甚盛。"（《隋彙》，4/338）《文苑英華》卷八三一舒元輿《鄂政記》："某聲名陋小，未縻人爵，不敢擅斷石，懼累公德。"亦可比參。或釋"𪔀"爲"愛"（馬瑞、黨懷興，[1] 2015：52），亦非。"愛"没有這樣的寫法，"人愛所縻，佐司分部"亦文意不通。

11. 唐嚴君妻鄭金墓誌："醴酏是務，纂組惟勤。鴛飛織室，𧖞俗桑津。"（周紹良、趙超，[2] 1992：161）

按："𧖞俗桑津"文意不通。"俗"拓本作"俗"（《北圖》，12/52），據文意當是"浴"的俗字。"氵"旁俗書或與"亻"旁相混，如北齊堯峻墓誌"叛涣并肆"之"涣"作"㑧"（《校注》，9/258），北齊賈寶墓誌"溢爾還冥"之"溢"作"傃"（安陽市文物考古研究所等，2015：9），S.329《書儀鏡·四海平蕃破國慶賀書》"櫛風沐雨"之"沐"作"㑷"（《英藏》，1/132），S.525《搜神記·劉安》"河間人也"之"河"作"何"（《英藏》，2/1），S.343《文樣·亡妣文》"三有猶（由）是沉淪"之"淪"作"倫"（《英藏》，1/141），S.2832《文樣·尼》"澆訛隔心"之"澆"作"僥"（《英藏》，4/250），《龍龕手鏡·人部》"汰"俗作"佚"，"汾（滲）"俗作"㑖"（釋行均，1985：35），《門部》"闊"俗作"𨵣"（釋行均，1985：95），皆其例。所以"浴"俗訛可作"俗"。"浴𧖞"即浸洗𧖞子，是古代育𧖞選種的方法。"𧖞浴桑津"與"鴛飛織室"正相對，指誌主善於養𧖞和紡織。

① 馬瑞、黨懷興：《碑刻古文字釋疑五則》，《考古與文物》2015年第6期。
② 周紹良、趙超：《唐代墓誌彙編》，上海古籍出版社，1992年。

這二者與上文的"醴酏"（酒漿之事）、"纂組"（編織之事）在古代都是屬於家庭主婦的工作。《唐代墓誌銘彙編附考》[①]（2/385）、《全唐文補遺》[②]（5/106）亦照録原形而無説。

12. 唐魏德墓誌："何悟風霜屢乃，灰館頻移，儵變市朝，俄遷風月。"（周紹良、趙超，1992：168）

按："乃"拓本作"乃"（《北圖》，12/70），單看字形確是"乃"字。但釋作"乃"文意無法理解。《唐代墓誌銘彙編附考》疑是"及"字俗訛（3/21），是也。在石刻和寫本文獻中，"及""乃"常常形近相混。如中村不折藏《諸尊陀羅尼》"乃是過去七十二億諸佛所説"之"乃"作"乃"（《中村不折舊藏禹域墨書集成》上册，[③] 第244頁），唐唐張五墓誌"乃含悲而爲銘曰"作"及"（《北圖》，31/122），S.1441V《文樣·願文》"此乃無形之形"作"及"（《英藏》，3/53），這是"乃"誤作"及"。中村不折藏《諸尊陀羅尼》"諸神仙人及諸龍王"之"及"作"乃"（《中村不折舊藏禹域墨書集成》上册，第247頁），S.2832《文樣·律》"即座孝子、比丘及尼衆等"作"乃"（《英藏》，4/247），《篆隸萬象名義·辵部》"逝"字下釋文"及"作"及"（釋空海，[④] 1995：94），則是"及"誤作"乃"。"灰館"讀作"灰管"，本是古代候驗節氣變化的器具，引申指時序、節候。這裏的四句意思都是説歲月流逝得很快。北周庾信《周大將軍隴東郡公侯莫陳君夫人竇氏墓誌銘》："風霜所及，灰管遂侵。""風霜"與"灰管"相對，也是喻指歲月，其後動詞亦用"及"，可以比勘。《全唐文補遺》亦照録原形而無説（5/108）。

13. 唐董士墓誌："昌緒蟬聯，洪源寫弈。英標青史，忠列丹籍。代□賢良，聲昭金石。"（毛陽光、余扶危，[⑤] 2013：31）

按："寫弈"不辭。"弈"拓本作"弈"，此處當是"弈"字俗訛，上部的"厶"，當是"亦"俗寫之變。南朝宋明曇憘墓誌"頗亦慷慨"之"亦"作"亦"（《校注》，3/123），魏元顯儁墓誌"亦莫邁其後"作"亦"（《北圖》，4/8），魏源延伯墓誌"父亦無濫"作"亦"（齊淵，2011：8），隋龍藏寺碑"故亦迦葉目連"

---

① 毛漢光：《唐代墓誌銘彙編附考》，中研院歷史語言研究所，1983~1995年。
② 吳鋼：《全唐文補遺》，三秦出版社，1994~2000年。
③ 磯部彰編『中村不折舊藏禹域墨書集成』二玄社、2005年。
④ 釋空海：《篆隸萬象名義》，中華書局，1995年。
⑤ 毛陽光、余扶危：《洛陽流散唐代墓誌彙編》，國家圖書館出版社，2013年。

作"么"（《北圖》，9/32），從中可以看出由"亦"向"厶"演變的中間環節，"弇"上部的"厶"應即"么"形之省。魏源模墓誌"弈世垂芳"之"弈"作"弄"（齊運通，[1] 2012：29），隋宫人朱氏墓誌"弈葉重陰"作"弄"（《隋彙》，4/128），隋韓暨墓誌"弈葉雕龍"作"弄"（《隋彙》，4/259），字形皆與"弇"相近，省去中間短橫，即與"弇"相混，可以比參。"寫弈"又作"烏奕""烏弈""寫奕"等，連綿不絶之義，與"蟬聯"對文同義。此處"弈""籍""石"皆爲入聲昔韻字，正合於押韻要求。若作"弇"不僅文意不通，而且失韻。

14. 唐霍玄墓誌："金闈緝翰，璧水疏芳。毗風甌□，贊俗蠻方。"（毛陽光、余扶危，2013：37）

按："緝翰"不辭。"翰"拓本有殘泐，剔除泐痕作"誌"，乃是"誝"字，同"懿"。"懿"異體作"誝"，如《可洪音義》"懿"或作"誝"（韓小荆，2009：782），《龍龕手鏡·壹部》"懿"或作"誝"（釋行均，1985：358）。"誝"又當是"誝"之省，猶"懿"俗省作"懿"。"緝懿"與"疏芳"相對，皆指美名傳揚。如崔致遠《大唐新羅國故鳳巖山寺教謚智證大師寂照之塔碑銘并序》："或緝懿縑緗，或鎸華琬琰。"可以比參。缺字拓本作"塊"，當是"壞"字，"甌壞"與"蠻方"相對，皆指南方少數民族地區。

15. 唐韓承墓誌："藿蘼春蘭，露團零落；手茸秋菊，霜濃勁彫。"（周紹良、趙超，1992：275）

按："手"拓本作"手"（《北圖》，13/82），單就字形而言確是"手"字，但作"手"文意無法理解。今謂此字當是"丰"的訛俗字。"丰"俗書或與"手"相亂，如漢圉令趙君碑"邦"作"邦"（顧藹吉，1986：7），北周比丘尼法藏等造像記"沙彌尼敬丰"之"丰"作"手"（顔娟英，2008：201），隋來和墓誌"邦國珍悴"之"邦"作"邦"（《隋彙》，1/294），《唐韻·黠韻》"刬"俗寫作"刬"（周祖謨，[2]1983：702），《龍龕手鏡·山部》"屳（丰）"俗作"峷"（釋行均，1985：71），皆其比。"丰茸"是狀草木繁密茂盛之貌。《唐代墓誌銘彙編附考》（4/205）、《全唐文補遺》（2/153）亦皆照録原形而無説。

唐長孫氏墓誌："裁紈剪妙，花蘂羋茸於綵刀；裂素圖真，煙露巇峘於畫筆。"（《北圖》，21/2）"羋"字《唐代墓誌彙編》（周紹良、趙超，1992：1143）照録

---

① 齊運通：《洛陽新獲七朝墓誌》，中華書局，2012年。
② 周祖謨：《唐五代韻書集存》，中華書局，1983年。

原形，《唐代墓誌銘彙編附考》（16/125）、《全唐文補遺》（2/415）録作"革"，是也。"革"是"丰"的類化增旁俗字（受下"茸"字類化），所從"丰"亦俗訛作"手"。

16. 唐牛遇墓誌："孫男修揩，年非馭虚，歲纔乘羊，苗實未徵，早從物化。"（趙力光，[①] 2007：247）

按："虚"拓本略有殘泐，剔除泐痕其字作"虗"，當是"虎"字。"虎"小篆作"𧇓"，下從篆書"人"。"虗"所從"𠃌"即從篆書"人"變來。另如北齊薛廣墓誌"浮虎遥屏"之"虎"作"虎"（《北圖》，7/148），隋吕道貴墓誌"浮虎止蝗"作"虎"（《隋彙》，2/69），唐張本墓誌"三台傅於金虎"作"虎"（河南省文物研究所等，[②] 1984：796），唐袁仁爽墓誌"入虎穴而羣兕白（自）首"作"虎"（《北圖》，25/26），諸字"虍"頭下的部分皆是由篆書"人"變來，可以比參。此處"馭虎"與"乘羊"相對，"馭虎"代指少年，典出《西京雜記》卷三："有東海人黄公，少時爲術，能制蛇御虎。""乘羊"代指幼年，典出《晉書·衛玠傳》："總角乘羊車入市，見者皆以爲玉人，觀之者傾都。"句謂牛遇之孫修揩（楷）幼年而早夭。

17. 唐能政墓誌："蘭桂摧萎，馨香不圬。紀令德於兹石，石與德兮長久。"（周紹良、趙超，1992：2076）

按："圬"拓本作"圬"（河南省文物研究所等，1984：1023），單看字形確是"圬"字，但"圬"同"杇"，作名詞指抹墻用的工具，作動詞指抹墻，置入文中皆扞格難通。竊謂此處"圬"當是"朽"字俗訛。"蘭桂摧萎，馨香不朽"，喻指誌主雖已去世，然其美名將永垂不朽。"朽"俗或作"杇"，如東魏叔孫固墓誌"揚不朽於遠世"之"朽"作"杇"（《北圖》，6/117），西魏鄧子詢墓誌"彰之不朽"作"杇"（《校注》，8/188），北齊法懃禪師塔銘"芳傳不朽"作"杇"（《北圖》，7/112），隋楊暢墓誌"金石難朽"作"杇"（《隋彙》，1/243），敦煌俗字"朽"或作"杇"（黄征，2005：462）。"朽"作"杇"，與"杇"俗寫"圬"同形，書刻者不察，誤以"圬（杇）"爲"圬（杇）"字，且寫作了"圬（杇）"的異體"圬（圬）"。這樣，"朽"就訛成了"圬"。"朽"爲上聲有韻字，與上下文的"厚"（上

---

① 趙力光：《西安碑林博物館新藏墓誌彙編》，綫裝書局，2007年。

② 河南省文物研究所、河南省洛陽地區文管處：《千唐誌齋藏誌》，文物出版社，1984年。

聲厚韻）、"首"（上聲有韻）、"口"（上聲厚韻）、"後"（上聲厚韻）、"久"（上聲有韻）押韻（《廣韻》厚、有二韻同用，故實爲一韻）。而"圬"爲平聲模韻字，若作"圬"則失韻。可見從形、音、義三方面來看，將此處的"巧"釋作"朽"皆無疑義。《全唐文補遺》（1/281）亦照録原形而無説。

近代洛陽複刻僞造的墓誌及其惡劣影響[*]

趙振華

洛陽爲九朝帝都，文物淵藪。北宋時期當地傳有"漢進士曹禋墓誌"，今之識者一看即知其僞，而宋元明以來文人，或信以爲真。此照録之以便於分析：

> 熙寧末，洛中有民耕於鳳凰山下，獲石碣，方廣二尺餘，乃婦人誌其夫墓之文。予愛其文理高明，雖作者無以復加，故録於是集。文曰："漢進士曹禋墓誌銘。君姓曹氏，名禋，字禮夫，世爲洛陽人。二十八歲，兩策不擧，卒於長安道中。朝廷、卿大夫、鄉閭、故老聞之，無不哀其孝友姻睦，篤行能文。何其天之如是邪！唯兒聞之，獨不然。乃慰其母曰：'家有南畝，足以養其親；室有遺文，足以教其子；凡累乎陰陽之間者，生死數不可逃，夫何悲喜之有哉！'丙子年三月十八日卒，其年十一月十五日葬於鳳凰山。予姓周氏，君妻也，歸君室十八歲矣。生子一人，尚幼。以其恩義之不可忘，故作銘焉。銘曰：其生也天，其死也天；苟達此理，哀何復言。其生也浮，其死也休；終何爲哉，慰母之憂。"①

到了清代，開封仍有此誌的打本流傳。"婦誌夫墓者，有宋洛陽周氏。熙寧末，洛

---

* 本文原刊於《碑林集刊》第 14 輯，陝西人民美術出版社，2008 年，作者同意入編本書，并有所增補。

① 虞裕：《談撰》，陶宗儀：《説郛》卷三五下，《景印文淵閣四庫全書》第 877 册，臺灣商務印書館，1986 年，第 849 頁。

中有人耕於鳳凰山下，獲石碣，方廣二尺餘，即此誌也。……孫月泉布衣承祖游汴時，嘗得其拓本"。[1]依常識而言，"墓誌銘"一詞南北朝時期方出現，此誌之作亦非漢代文體。"鳳凰山"在洛陽北邙山上，位於今孟津縣和偃師市交界處。可以肯定地説，這是一方在洛陽僞造的墓誌，與北宋西京爲學術中心，士人聚集，朝野熱衷金石有很大的關係。

一　清代的複刻與僞造

　　清代以來，爲了保藏和牟利，洛陽民間逐漸有了複刻和僞造墓誌、造像題記等石刻的行爲。複刻是依照出土墓誌原拓、龍門二十品原拓的仿製品，僞造則是或據原誌改換誌主姓名、干支、葬地等，或無中生有地編造。此舉金石學家和市儈各一例以明其事。"乾、嘉以還，金石專門之學，偃師武虛谷與錢塘黄小松馬易齊名。虛谷博洽精考據，尤好金石，姚園莊農家掘井，得晋《劉韜墓誌》，急往買之，自負以歸。石重數十斤，行二十餘里，至家憊頓幾絶。日夕撫玩，珍秘特甚。亟仿造一贋石，以應索觀及索打本者，真者則什襲而藏於匱。歿後，其猶子某疑其爲重寶器也，夜盗之出，竭畢生力，幾弗克負荷，及啓視，石也，則怒而委之河"。[2]二十世紀末，還有人把此誌新中國成立前的青石複刻品送到洛陽古代藝術館來，我觀覽後認爲製作水準一般。

　　清代古董商僞造《北魏吴高黎墓誌》以牟利，金石家陸增祥（1816~1882）記此誌云："右吴高黎墓誌在洛陽。其上截刻佛像，誌文在下截，疑非埋入土中者。"[3]并於録文之後作跋，考其月朔之誤。金石家吴士鑒（1868~1933）跋云："右《吴高黎誌》，在河南洛陽。碑首題'魏故處士吴君之墓誌'，而碑文云，'聖世兖州城局參督護高平郡事'，既已服官，則不當題爲士，良以文辭簡率，不諳誌例也。'城局參督'不見於官氏志。……碑言'徐州瑯琊郡治下里人'，案地形志瑯琊郡屬海州，不屬東徐州。……變體訛字甚多，碑長約二尺，誌文書於下方，其上鑿穿，幾及一尺，他墓誌無此式也。"[4]顯然，這是僞誌的又一刻本。如此不合史情、不符體

①　《孫月泉得宋曹裡墓碣拓》，徐珂編《清稗類鈔》第9册，中華書局，1986年，第4447頁。
②　《武虛谷藏晋劉韜墓誌碑》，徐珂編《清稗類鈔》第9册，第4443頁。
③　陸增祥：《八瓊室金石補正》卷一六《北魏五》，文物出版社，1985年，第92頁上欄。
④　吴士鑒：《九鐘精舍金石跋尾》甲編，《北魏吴高黎墓誌》，宣統二年（1910）刻本，第38頁。

例、文辭拙劣之僞誌，吳氏以爲真誌而考述之，却明確點出文辭之錯誤與形制之謬
訛，其鑒識亦可謂深矣。此誌的諸家考跋，可參考趙萬里《漢魏南北朝墓誌集釋》
的輯録。① 近年新書《中國歷代墓誌全集·北魏卷》收録之，② 可謂取材不慎。

二　民國的複刻與僞造

　　清末民初修建的汴洛鐵路和洛潼鐵路通過邙山南麓，因工程動土，毁壞了一
批古墓。出土文物引起修建鐵路的外國技師等的注意，導致歐美人士競相購求，京
滬古董商往返洛陽。政府疏於管理，於是鄉人相率負钁荷鋤遍野搜尋。士人愛好
金石的傳統也導致石刻墓誌造假之風隨着文物買賣而興起，其中以僞造北魏墓誌爲
大宗。太和十八年（494），孝文帝元宏遷都洛陽，實施漢化，凡南遷之民悉爲河
南洛陽人，死葬邙山。民國洛陽金石學者郭玉堂的《洛陽出土石刻時地記》記録了
二十世紀一二十年代，在邙山北魏帝王陵墓區域内盜掘出土的約250方北魏墓誌。③
墓誌多鴻篇巨制，除有裨益於史學外，其書法上承秦漢隸書，下啓隋唐楷書，結體
方嚴，筆劃沉着，變化多端，被譽爲“魏碑體”和習字楷模，故一出土即被古董商
高價買去。其歷史與藝術價值也爲學術界所注目，學者争相購求，洛陽遂多贋作，
複刻本便紛紛出籠，各家藏石真僞相雜。有的流往國外，金石學者王壯弘積十餘年
之力，撰《歷代碑刻外流考》，④ 其中有洛陽出土者若漢熹平石經、魏三體石經、北
魏墓誌等十四種。

　　古董商作僞誌於青石，既可施拓賣字，又可售石。有的在便於取材與鐫刻的
木板、石膏板上複刻或作僞誌，施拓出售。洛陽的荀岳、左棻、石尠等西晉墓誌，
出土未久便有青石複製品。原洛陽古代藝術館藏有一件新中國成立前的石尠墓誌複
製品，仿刻頗精，而原石藏故宫博物院。坊間所見北魏墓誌的複刻本、仿刻本則
更多。

　　民國早年，洛陽出土的唐垂拱元年（685）《賈玄贊殯記》，五十厘米見方，石
上的幾個關鍵字被改刻，首行“唐”改爲“隋”，文中“垂拱”改爲“大業”，“乙

---

①　趙萬里：《漢魏南北朝墓誌集釋》第 1 册，《吴高黎暨妻許氏墓誌》，科學出版社，1956 年，第 53 頁。

②　余扶危、郭茂育：《中國歷代墓誌全集·北魏卷》下册，中州古籍出版社，2019 年，第 80 頁。

③　趙振華：《郭玉堂與〈洛陽出土石刻時地記〉》，《洛陽師範學院學報》（社會科學版）2007 年第 3 期。

④　王壯弘：《歷代碑刻外流考》，《書法研究》1984 年第 2 期。

酉"改爲"甲戌","乙亥"改爲"辛未",①乃古董商爲獲利而將時代改早,手段
拙劣,易於看出破綻,那個時期也較少使用。拓本見於著録。②

1931年,知名學者余嘉錫云:"自近歲士大夫喜藏石刻,東西各國人士亦懸重
金購求,於是一碑出土,古董商輒居爲奇貨,黠者至作僞以售其欺,以故新出之碑
刻,多不可保信。"③余氏以考洛陽新出晋碑而引發的議論,可見當地碑估作僞之頻
烈。李健人記民國時期的狀況亦云:"洛陽近年來出土之碑碣古物,巧者多仿製僞
作以冒利,精者至於僞可亂真。"④僞造墓誌,爲數不少。一些輾轉流傳於今,若鑒
別不慎,容易以假爲真,如洛陽古代藝術館曾把吳瑱墓誌當作二級品來保藏。僞造
墓誌給學術界製造混亂,至今惡果未除,而新的僞誌仍在生產出售。

(一)北魏墓誌的收藏複刻與僞造

北魏的洛陽是國家政治經濟中心,也是國人學習和嚮往的文化中心。孝文帝
遷洛之初,外戚大臣馮熙的墓誌由孝文帝親筆,⑤以示哀悼,引領了時尚潮流。貴
族達官喪葬,也必精心製作墓誌,成爲喪葬制度。故墓誌文辭與書法,往往是秘書
省著作局大手筆的作品,爲後世所敬仰和寶重。

1915年前後,洛陽出土《北魏元顯魏墓誌》等一批石刻。河南大學校長王廣
慶於二十世紀四十年代初叙其事云:"魏誌出土者,自以洛陽爲多,民國初年,一
石恒值數百金,有至千餘金者。其始爲洛陽縣知事曾炳章所重。曾氏將《元顯魏
誌》複刻一版,欲將原石攜去,經地方人力爭而止。武進董康等,購至北平者亦
多。而三原于先生右任,最後亦得七八十方,分藏洛陽、北平,今移贈西安碑林
矣。"⑥于右任的外甥周伯敏曾簡括地回憶說:"他以十餘萬圓的資金,二十年的搜
集,陸續收購到漢熹平石經一塊和魏、隋墓誌三百餘方,因其中有夫婦成雙的墓誌
七對,而名之曰:'鴛鴦七誌齋藏石'。抗戰前夕,他把這些藏石全部移贈陝西碑

---

① 羅振玉:《芒洛冢墓遺文四編》卷三,《賈玄贊墓誌》,1917年,家刻本。
② 北京圖書館金石組:《北京圖書館藏中國歷代石刻拓本滙編》第17册,中州古籍出版社,1989年,
　　第26頁。
③ 余嘉錫:《余嘉錫論學雜著·晋辟雍碑考證》,中華書局,1977年,第134頁。
④ 李健人:《洛陽古今談》第三編第十一章"今日之洛陽及其新建設",1935年,第246頁。
⑤ 《魏書》卷八三上《馮熙傳》:"柩至洛七里澗,高祖服衰往迎,叩靈悲慟而拜焉。葬日,送臨墓
　　所,親作誌銘。"(中華書局,1974年,第1820頁)
⑥ 王廣慶:《洛陽訪古記》,《河南文史資料》第23輯,1987年,第134頁。

林，碑林爲辟專室嵌陳。"①于氏不惜重金購藏捐公，惠益後世。由此亦可知當時誌石價格之高昂。

曾氏載元顯魏墓誌複本離開洛陽的故事揭示了嗜好金石的地方長官居然複製古誌，以原石之複刻本拓墨欺世，混淆真僞，造成混亂，負面影響頗巨。民國古董商洛陽雷氏亦藏有此誌石的複刻本，其後人捐贈洛陽古代藝術館。真正的元顯魏誌"現存開封市博物館"。②北魏元詮墓誌出土後被其子曾虞民出重金購得，保藏起來。不久，洛陽流傳出依照該誌複刻的拓本。

清末至民國數十年間，洛陽出土的歷代墓誌亦有流失海外者。2008 年，日本東京明治大學東亞石刻研究所收藏了二十三件中國古代墓誌原石，據說是二戰前，經日本山中商會，由日本藏家高橋三郎購藏的，并公布全部拓本。唐代墓誌、墓誌蓋、鎮墓石等十六件，即《都昌縣丞盧氏墓誌并蓋》《許仲升墓誌》《東京大安國觀觀主彭尊師墓誌并蓋》并同墓所出《東方鎮墓石并蓋》《南方鎮墓石并蓋》《西方鎮墓石并蓋》《北方鎮墓石并蓋》《崔君妻盧氏墓誌》《柳棠墓誌》《李夫人墓誌蓋》（誤作袁夫人）是洛陽出土的。《張池墓誌并蓋》兩件是長安出土的。③其中有摹刻的北朝墓誌五方："如前所述，這批藏品包括兩件奇怪的同名墓誌，而且内容也一樣。即《李達及妻張氏墓誌》。按照常識這樣的事情是不可能發生的，不過在其他地方也發現了與這方墓誌内容相同的墓誌。不僅如此，經調查藏品中的《元繼妻石婉墓誌》《張安姬墓誌》《王遺女墓誌》三方墓誌的同名人物墓誌也在別處存在。這究竟原因何在呢？首先可以說的是上述四件均爲北魏時代的年號，具有共通性。喜好北朝時代墓誌字體風格的人很多，其成爲好事者收集買賣的對象，根據拓本進行偽刻的事件時有發生，這幾件藏品或與偽刻行爲有關，可能是贋品。雖説是偽刻贋品，但是并不一定具備通常想象的精雕細刻的特徵。與真刻拓本比較，差異一目瞭然，甚至有的行間字數也不相同。因爲以法帖本爲原本偽刻，所以發生了行間字數的誤差，這并不難理解。然而，如此草率，甚至以偷工減料的手法製成的贋品，好像不太符合進行買賣的商業目的。"④三件複刻品的母本尚在國内收藏：《元繼妻石

---

① 周伯敏：《我所知道的于右任》，《文史資料選輯》1980 年第 6 輯，第 104 頁。
② 河南省文物局：《河南碑誌叙録》，中州古籍出版社，1992 年，第 64 頁。
③ 氣賀澤保規：《新發現的彭尊師墓誌及其鎮墓石——兼談日本明治大學所藏墓誌石刻》，《唐史論叢》第 14 輯，陝西師範大學出版社，2012 年，第 71、72 頁。
④ 氣賀澤保規：《新發現的彭尊師墓誌及其鎮墓石——兼談日本明治大學所藏墓誌石刻》，《唐史論叢》第 14 輯，第 71~74 頁。

婉墓誌》（永平元年），原石藏上海博物館；《張安姬墓誌》（正光二年）和《王遺女墓誌》（正光二年），原石藏西安碑林。而《李達及妻張氏墓誌》（孝昌三年），居然是内容相同的大小兩石，這五件複刻本是現代書法，毫無北魏的書體風格，對照真石拓本，真僞立判。① 是複刻北魏墓誌以貿錢的顯例。

《邙洛碑誌三百種》著録的《魏元□墓誌》（永平三年）拓本，首題“魏故寧陵□王墓誌”，云“字已磨損，爲洛陽老城東關王氏舊藏”，② 複刻於唐代墓誌的背面，與原拓相比，尺寸也小了一兩厘米，由於石面風化陳舊，拓本模糊不清，大約作於七十年前。實即翻刻的《魏寧陵公主墓誌》，原石拓本見於《北京圖書館藏中國歷代石刻拓本滙編》《洛陽出土北魏墓誌選編》等書，③ 十分清晰。由於編纂者不曾認真核對已往著録而未予鑒別。

（二）郭玉堂的《僞造石刻録》

民國時期贋品頗多，郭氏著書專記洛陽僞造墓誌、造像題記目録與文字，惜爲稿本，知者無多。此録誌主姓名，以廣其識。僞造金石文目録：

垣獻誌（神龜元年二月十九日）	楊旭誌（神龜元年七月）
王遷誌（神龜二年二月五日）	楊惠誌（神龜二年十月十九日）
曹元標誌（正光元年六月三日）	唐雲誌（正光元年九月十日）
何彦詠誌（正光二年四月十五日）	高舉誌（正光二年五月）
劉惠芳誌（正光三年四月五日）	雷彰誌（正光三年四月五日）
元慈雲誌（正光三年八月十日）	綦儔誌（正光四年十月九日）
董紹之夫人段氏誌（正光四年三月十八日）	元暉誌（正光五年三月廿五日）
譚棻誌（正光五年六月五日）	康建誌（正光五年六月三日）
吳方誌（正光五年六月三日）	吳瑱誌（孝昌元年二月三日）
杜延等造像（孝昌二年四月八日）	劉招誌（孝昌二年八月十七日）
元飈誌（孝昌二年十月二日）	陽作忠誌（孝昌二年十二月十八日）

① 氣賀澤保規「明大寄托新收の中國北朝・唐代の墓誌石刻資料集」『明治大学東洋史資料叢刊』6、2010 年 3 月 30 日、49-68 頁。

② 趙君平：《邙洛碑誌三百種》，中華書局，2004 年，第 10 頁。

③ 北京圖書館金石組：《北京圖書館藏中國歷代石刻拓本滙編》第 3 册，第 129 頁。朱亮：《洛陽出土北魏墓誌選編》，科學出版社，2001 年，第 247 頁。

周恒誌（孝昌二年十一月十四日）　　陶宏景誌（孝昌三年七月十二日）

諱韶誌（孝昌三年七月十二日）　　　張敬誌（孝昌三年九月十三日）

元悦誌（孝昌三年十一月四日）　　　張墀誌（孝昌三年十一月十日）

王仁誌（孝昌三年五月廿四日）　　　寇慰誌（孝昌五年九月三日）

吐谷渾誌（建義元年八月十一日）　　元廣誌（建義元年四月十三日）

楊逸誌（永安元年五月廿二日）　　　穆祥造像（永安二年四月十九日）

鄭黑誌（普太二年三月十七日）　　　元虔誌（太昌二年十月）

高珪誌（永熙三年十月九日）　　　　高氏誌

孫彦同誌（天平三年八月十八日）　　王安誌（武定元年八月廿日）

范穎誌（武定元年八月廿日）　　　　楊鳳翔誌（武定五年五月廿四日）

諱韶誌（武定六年大梁月十八日）　　到仲舉誌（大建十年八月十四日）

孟常誌（大業十三年十月八日）　　　李肅誌（大業元年二月十一日）

羊凝誌（大業六年十月十五日）

是目列北魏、東魏、隋墓誌四十五種、造像題記二種，計四十七種。在録文之後，郭氏或説明僞誌内容之來源。如王遷誌後書：“洛陽僞造誌，爲至早也。”康建誌後書：“康建與吳方，改其姓名，未改文也。師作成，弟子見草稿存篋中，私取之，添名刻石。”二誌僅人名不同。王暉誌後書：“樂陵王元思誌原文録來。”張敬誌後刻小字：“民國己未（1919）秋月購石，邇來仿刻錯出，鑴此以示鑒別，并柑一味，率真押署，庶免混淆。陶古齋啓。”郭氏於誌後書：“係龍門石窟寺集字成文。”元悦誌後書：“元固誌拓來，誌而不銘。”即删節抄録而成。元虔誌後書：“洛陽李式璽以唐誌磨去，改魏誌也。”高氏誌（梁始安郡公元法曾妻高氏葬誌）後書：民國“二十一年，周覺書於行都”。揭露了一些作僞的人和作僞的方法。

　　民國顧燮光談《陳到仲舉墓誌之僞》云：“曩見碑估有陳到仲舉墓誌，與《陳書》本傳核對，事實多矛盾處（如本傳，到仲舉係不得其死，子尚信義長公主之類），其爲僞作可知（酈君禾農云，此誌爲洛陽碑估某甲所僞作，集蘇孝慈誌字而擴大者）。”且“全文録下，以告海内鑒賞家焉”。[1] 廣傳學人，不受其惑。

　　趙萬里精於碑誌之學，痛惡僞誌攪撓學者，提出一些鑒別方法。1953 年重新

---

① 顧燮光：《夢碧簃石言》卷二《陳到仲舉墓誌之僞》，王其褘點校，遼寧教育出版社，2001 年，第 71~72 頁。

編著《漢魏南北朝墓誌集釋》，有《序》説道：僞誌"字體率嬌揉造作，或平弱無力"。"近年洛陽北魏墓誌大出，嗜古者珍逾拱璧，碑賈乘機私造，以牟重利。或竊改唐誌年號以充隋誌，如《賈玄贊殯記》，不一而足。然一驗文采書體，立竿見影，真贋自明。大抵晋誌承炎漢之餘，古風未泯，分書豐厚圓潤，上者可與正始石經、咸寧辟雍碑抗衡，下者亦與郭休、任城孫夫人碑相近。北魏則太和、景明，遷洛未久，書體厚重，氣象盛大。正光以降，漸趨秀整。漳濱所出東魏北齊墓誌，體勢寬博，文字多存隸古，視高長恭、高盛、高翻諸碑及磁縣響堂諸石刻，如出一輒。隋誌則俊爽遒麗，別具風格。兹所甄錄，悉經鑒定。世有摭拾游談，傅會耳食，以真爲贋，如繆藝風之疑高百年，陳可壯之疑蘇孝慈；或以贋爲真，如楊惺吾、端匋齋之信房宣，則非吾所敢知矣"。①

《北魏處士元顯僬墓誌》（延昌二年），1917 年出土於洛陽城北後海資村北，即今孟津縣向陽村，爲罕見的雕刻成龜形的墓誌，現藏中國國家博物館。② 拓本見於《漢魏南北朝墓誌集釋》《北京圖書館藏中國歷代石刻拓本滙編》等多種著錄。二十一世紀初市場上出現了以此誌爲藍本的複刻品，藏千唐誌齋，僅將原誌首句"維大魏延昌二年歲次癸巳二月丙辰朔廿九日甲申故處士元君墓誌銘"改動年號、年月爲"維大魏永平三年歲次癸巳五月丙辰朔廿九日甲申故處士元君墓誌銘"，③ 餘則照抄。目前洛陽坊肆仍有此誌的僞品隱現。

所謂 1949 年出土現藏孟津縣文化館的《大魏故彭澤令陶公（潛）墓誌》，《新中國出土墓誌》將其作爲贋品資料收入"河南〔貳〕"附錄中。④ 誌署"徐州刺史，冠軍將軍、都督中外諸軍事并錄尚書事劉敬宣撰文"，"晋護軍、右將軍王羲之之孫登閣書丹"。此《陶潛墓誌》是陶淵明《五柳先生傳》的翻版。而"撰文""書丹"的格式，始於明代，盛於清代和民國，可見造假的水準不高。有學者將有關陶潛的歷史記載和前人研究成果與該誌進行比照，從其享年、葬地、子孫以及誌文涉及的歷史人物和職官等方面，對《陶潛墓誌》是僞誌做了具體論證。⑤

中國社會科學院考古研究所石刻專家趙超研究員在著《漢魏南北朝墓誌彙編》

① 趙萬里：《漢魏南北朝墓誌集釋·序》，第 1 頁。
② 郭培育、郭培智：《洛陽出土石刻時地記》，大象出版社，2005 年，第 16 頁。
③ 陝西省古籍整理辦公室：《全唐文補遺·千唐誌齋新藏專輯》，三秦出版社，2006 年，第 435 頁。
④ 中國文物研究所、河南文物考古所：《新中國出土墓誌·河南〔貳〕》上册，文物出版社，2002 年，第 359 頁。
⑤ 王昕：《河南新見陶潛墓誌辨僞》，《中國歷史文物》2003 年第 6 期。

一書時，通過審閱摩挲數百種漢魏南北朝墓誌及拓本，總結出僞作墓誌的幾種手法：
一是將某一真品墓誌作爲底本，模仿它重刻一石，保留原誌的内容與書體，僅改刻
姓名、年號等關鍵字樣；二是自行撰文，仿照南北朝碑誌字體刻石；三是將其他朝
代（如唐代）的墓誌加以修改鑿抹，冒充北朝（或漢晋）墓誌；四是將原石中已殘
損的某些字加以修補，或以其他誌石中的文字替換已殘損的字，這種做法多見於石
刻拓本剪裱本，尤其是一些著名的貴重石刻拓本。[①] 在書中附僞誌（包括疑僞）目
錄 92 種。[②]《洛陽出土北魏墓誌選編》將僞誌集中編錄，49 件據拓本予以錄文，并
刊出 34 件拓本，另外 24 件無拓本可據，僅有存目。《洛陽美術文物的鑒賞與辨僞》
一文，從真品與仿製品、真品與複製品、真品與贋品、真品與工藝品的視角，辨別
石刻、墓誌、陶俑、唐三彩等文物的真僞，附以照片與拓本。[③] 洛陽學者宮大中於
1983 年在偃師河頭村徵集到一方十六國時期的青石墓誌，面長方形，底内凹，四隅
呈短腿脚狀。該誌全文爲："護國定遠侯，祖籍建昌，以北邊多警，仗節孤征，馳逐
沙漠，墜騎被虜。建元二年四月朔一日身故，軍士負土以瘞焉。"字體係草隸，結
體用筆較爲自由靈活，字形大小、疏密亦有變化。這一時期的墓誌十分稀見，故民
國年間有人依拓本在青石板上複製，後收歸文物部門，以爲真品。二十世紀五十年
代，將其編爲"001"號石，刻在石面右下方，藏洛陽古代藝術館。不料數十年後
原石重見天日，兩相比較，二誌書體相似，"001"號石字形略微走樣，筆劃較粗，
古拙味差，據以定爲複製品。可以想見，若無真品比較，難以判斷複製品。

由於複刻和僞造墓誌常常迷惑眼睛，或"以贋爲真"，使得人們對每一方未曾
謀面的北魏墓誌時懷戒心，於是就出現了趙萬里所謂"以真爲贋"的例子。1930
年，《左棻墓誌》於偃師出土未久，中國畫學研究會會長、北京佛教會評議長周肇
祥據徐森玉所藏墨本，"挑燈讀之，複檢《晋書》相參證，遂發其僞"，[④] 撰《晋左棻
墓誌僞刻》，附以拓本，居然還找出八條證據來，可謂謹慎有餘。故馬衡於二十世
紀二十年代云："蓋洛陽之邙山，自古爲邱墓之墟，而北魏陵寢多在其間，王侯貴
族胥葬於此。嗜利之徒，私自發掘，時有所獲。此事本無足奇，而求之過深者，往
往疑爲出自僞造，是誠武斷之甚矣。"[⑤]

---

① 趙超：《漢魏南北朝墓誌彙編·前言》，天津古籍出版社，1992 年，第 9~10 頁。
② 趙超：《漢魏南北朝墓誌彙編》，第 56~61 頁。
③ 宮大中：《洛陽美術文物的鑒賞與辨僞》，《美術觀察》1996 年第 10 期。
④ 周肇祥：《晋左棻墓誌僞刻》，《藝林月刊》第 25 期，1932 年。
⑤ 馬衡：《凡將齋金石叢稿》卷二，《中國金石學概要下》，中華書局，1977 年，第 90 頁。

（三）原洛陽古代藝術館藏僞造複刻北魏墓誌

二十世紀五六十年代，洛陽博物館收集新中國成立前的石刻中有一批仿製、僞造北魏墓誌：

著作郎韓顯宗誌 　　處士元顯儁誌并蓋　瑶光寺尼慈義誌

涇州刺史齊郡王元祐誌　比丘尼慧静誌　　　長樂郡太守楊惠誌

燉煌鎮將元倪誌　　　　平州刺史元崇業誌　文成皇帝夫人于仙姬誌并蓋

世宗宣武皇帝嬪李氏誌　東平太守垣歇誌

原洛陽古代藝術館藏石中有幾件僞造複刻的北魏墓誌，僞造墓誌若《狄道縣令吳瑱墓誌》《父諱滋字洪秀墓誌》《魏尚書左僕射驃騎將軍岐涇二州刺史元質墓誌》《魏故鎮遠將軍安州刺史元（賄）使君成公墓誌》《荆河二州刺史張澈墓誌》《處士王曉墓誌》等，書體呆板柔弱，或描虎而類犬，没有北魏墓誌的時代風格和書法風骨。《魏故冠軍府長史寇慰墓誌》（有蓋），年月干支不符。《豐城縣令房誕墓誌》，係以《唐故朝散大夫行洪州都督府豐城縣令上柱國公士魏郡清河房誕墓誌》（景龍元年）爲底本，利用北魏遷都洛陽前的“神瑞”年號、編造“太常”年號而成。《前河間王元定之長子策宗之墓誌銘》係抄改《北魏前河間王元泰安諱定君墓誌銘》。複刻墓誌若《大魏故使持節征南將軍侍中司州牧趙郡貞景王元謐誌銘》，原誌藏美國明尼阿波利斯藝術館（The Minneapolis Institute of Art，Minnesota）。若《持節督涇州諸軍事征虜將軍涇州刺史齊郡王元祐墓誌》《侍中驃騎大將軍儀同三司尚書令徐州刺史太保東平王元略墓誌》，二誌原石藏遼寧省博物館。[1] 而《魏故胡昭儀（諱明相）墓誌》複刻品，《洛陽出土北魏墓誌選編》將其攬入真品。[2] 很有意思的是，洛陽古代藝術館藏《魏故樂安王妃馮季華墓誌》的複刻本，於三行誌文的空白處刻文云：“余於民八以五百餘元購得此石，後□□縣知事□訛石去，乃在道、省、京各署呈控。謹蒙由道省大人公刊發還此石。凡□□□□□□曰，曩者有慶倖等事，皆永存之，以誌不忘。吾今效之，希遵吾諭。寇萬青諭於民國拾貳年六月一日。”寇氏

---

① 王綿厚、王海萍：《遼寧省博物館藏碑誌精粹》，文物出版社、日本中教出版株式會社，2000 年，第 60、74 頁。

② 朱亮：《洛陽出土北魏墓誌選編》，第 353 頁。

於民國八年使用購買真品墓誌的價格得到的却是複刻品，身受其害而弗曉。奸商牟利行徑，流弊於今。購買者的記事刻辭證明墓誌出土於民國九年的説法不確。[①]

三 僞造《叔孫協墓誌》的披露

所謂北魏《叔孫協墓誌》爲于右任舊藏，現在西安碑林，原文如下：

> 魏平北將軍懷朔鎮都大將終廣男叔孫公墓誌銘

> 君諱協，字地力懃，河南洛陽人也。其先軒轅皇帝之裔胄。魏馮翊景王渴羅侯之孫，倉部尚書敕侯堤之子。其考德茂蘭松，志真鏡玉。持除平東大將軍黃龍將。化同姬輔，弈贊東州，君爲人猛惠恭懃，算合忠恩。召除平北將軍懷朔鎮將。春秋卅，游神放世。夫人百宇文氏，六壁鎮將胡活撥女。功容備四，慈真聲教。年六十八，逝矣都里。正光元年太歲庚子十一月辛未朔十五日乙酉葬光武陵東南二里許。千春萬代，山移地改，刊頌銘曰：崇峰峭極，嶽峙清淵，是燿谿于荆山。楚表雲光，塞外暉煙，何靈何祐，殲我良賢。池蘭景都，桂萼懸莊，匪伊寶質，伊御斯霜。世非常世，胡寧有常，人百其身，物無永昌。刊之以璧，昭述前王。

郭玉堂説："民國十八年陰曆十月，洛陽城東北卅里，翟泉人劉士廉於鎮北邙山上玉仙廟西掘得之。"後附河南大學校長王廣慶按語："光武陵在北邙之陰，孟津縣境黃河南岸，距叔孫協墓廿里，以漢魏葬制推之，今所謂光武陵即和帝陵"。[②] 對墓誌深信不疑。數十年來所出之專書，如《漢魏南北朝墓誌集釋》、[③]《北京圖書館藏中國歷代石刻拓本滙編》、[④]《鴛鴦七誌齋藏石》、[⑤]《洛陽出土北魏墓誌選編》著録拓本，[⑥]《漢魏南北朝墓誌彙編》著録釋文。[⑦] 以上諸書，雖或另

---

① 郭培育、郭培智：《洛陽出土石刻時地記》，第 27 頁。
② 郭培育、郭培智：《洛陽出土石刻時地記》，第 22 頁。
③ 趙萬里：《漢魏南北朝墓誌集釋》第 4 册，圖版 229。
④ 北京圖書館金石組：《北京圖書館藏中國歷代石刻拓本滙編》第 4 册，第 94 頁。
⑤ 趙力光：《鴛鴦七誌齋藏石》，三秦出版社，1995 年，圖版 52。
⑥ 朱亮：《洛陽出土北魏墓誌選編》，圖版 78，第 54 頁。
⑦ 趙超：《漢魏南北朝墓誌彙編》，第 117 頁。

附僞誌，而均納其入真誌之列。《漢魏南北朝墓誌集釋》還作簡考。[1]

從《叔孫協墓誌》的"出土"地，聯繫墓誌的關鍵字"葬光武陵東南二里許"，可見所記與漢光帝武陵在今孟津三十里鋪村一帶的情況相悖。由於事關劉秀墳究在何處的學術問題，宫大中於二十世紀八十年代專程下鄉訪問當事人，劉士廉承認叔孫協墓誌是他僞造的。於是混沌了半個世紀的謎團解開，并予以披露。[2] 此誌文氣不通，外族姓氏，純屬編造。北魏夫婦墓誌，均言合葬，此誌則但言夫人之葬，於時俗扦格未洽。後半部有數行字明顯增多，字體縮小以及書風虛浮等，都是僞造的硬傷。

《洛陽出土石刻時地記》的作者受作僞人的蒙騙而記述之，書中這種情況極少。故數十年來，學者因信任此書而共同受到劉氏的欺惑。僞誌混亂學術的嚴重性，於此可見一斑。

四 《北魏元顯魏鉛墓誌》辨僞

1936 年的《河南博物館館刊》第 2 輯上有牛克卿《跋魏元顯魏鉛誌》并附拓本，之後有金石名家關百益、許平石的跋文。

前所未聞的鉛墓誌，是一塊竪長條形的鉛版，長約市尺一尺，寬約二寸，厚約一分餘。期刊所附"元顯魏鉛誌拓本"云："誌鉛制，高 30.1 公分，廣 5.2 公分，兩面刻，每面 6 行，行 36 字，正書。字徑 0.5 公分。出土地域不明，購自河南新鄉。唐河牛克卿先生藏。"

書法名家牛克卿於 1935 年（民國乙亥）在旅途中便道輝縣百泉游覽，至新鄉時購得《元顯魏鉛誌》。他在跋文裏説，《魏書》有關元顯魏的記載和鉛誌正合，檢查北宋以來金石圖書，俱無鉛器。唯羅振玉《貞松堂集古遺文》著録了五六種洛陽出土的東漢買地鉛券、鎮墓鉛券。於是"詳考歷來墓誌，石刻居多，鉛板此爲創建"。以爲真品："《元顯魏墓誌》，已有石刻。檢出校對，文字咸同……尚有歷叙皇考、太妃、息子女、年事官階等，此版則無。"[3] 金石名家關百益撰跋認同牛

---

① 趙萬里：《漢魏南北朝墓誌集釋》第 1 册，第 48 頁。

② 宫大中：《洛陽美術文物的鑒賞與辨僞》，《美術觀察》1996 年第 10 期。

③ 牛克卿：《跋〈魏元顯魏鉛誌〉》，《河南博物館館刊》第 2 輯，1936 年 8 月，第 1、2 頁。

克卿的觀點，以爲鉛誌"獨出新例，足補自來金石家所未及"，[①]其撰跋的"乙亥夏五月"尚在河南博物館館長任上。河南金石修纂處主任兼纂修許平石也説："倘謂後世作僞，其何能哉……奇珍異品，不尤足貴乎。"[②]早於發現鉛誌之前的 1916 年，洛陽邙山出土了《魏故假節輔國將軍東豫州刺史元顯魏墓誌銘》，據《洛陽出土石刻時地記》云："民國五年，洛陽城北後海資村北出土，無塚。地在其父元鸞塚之北。誌載，葬於金陵。石藏開封博物館。"[③]金陵即孝文帝長陵。[④]

金石學家顧燮光云："書體至元魏，如河之星宿，山之崑崙，包羅萬有，無體不精。古碣豐碑，存於天壤者，風雨摧殘，半已殘蝕。惟銘幽之文新出土者，神采煥如發硎，無異置身正始、延昌之際。近年以來，洛下所出各魏誌約百餘種，而元顯魏，元詮尤爲傑出。元顯魏書體與李超極似而儁永過之。乙卯（1915 年）夏間，石出洛陽某區，常熟曾辛庵先生適宰是邑，輦至署中，珍如拱璧，拓本秘不示人。……嗣曾先生複刻一本，以應求者，幾可亂真。丁巳仲春，先生解組，洛紳争此石甚力。以原石庋存古閣，載複本以去。"[⑤]"丁巳仲春"即 1917 年陰曆二月，曾炳章（字辛庵）卸任候缺數月後，由洛陽越黄河出任淇縣令，未幾辭世。[⑥]淇縣之南經過汲縣即達新鄉，地理頗近。河南博物館學者孫文青以爲鉛誌可能爲曾氏所得，後來"鉛板之流傳新鄉，當亦自有可能"，[⑦]是臆測之詞。《元顯魏墓誌》58.5 厘米見方，《漢魏南北朝墓誌集釋》、[⑧]《北京圖書館藏中國歷代石刻拓本滙編》、[⑨]《洛陽出土北魏墓誌選編》、[⑩]《中國歷代墓誌全集·北魏卷》等書著録拓本。[⑪]書法清俊勁健，爲北魏皇家宗室墓誌銘文系列之精品。拓本雖流傳而不易得，而追捧書

---

① 關百益：《其二》，《河南博物館館刊》第 2 輯，第 3 頁。

② 許平石：《其三》，《河南博物館館刊》第 2 輯，第 4 頁。

③ 郭培育、郭培智：《洛陽出土石刻時地記》，第 28 頁。

④ 趙萬里跋《元顯魏墓誌》云："'孝昌元年十月廿六日葬於金陵'，而誌石則出邙洛。金陵者，長陵也。孝文遷洛，子孫不得歸葬恒代，自後長陵遂襲用雲中金陵舊名。元彦墓誌亦云'葬於金陵'，知熙平間已有此稱，不自孝昌始矣。"見趙萬里《漢魏南北朝墓誌集釋》第 1 冊，第 31 頁。

⑤ 顧燮光：《夢碧簃石言》卷二《魏元顯、魏元詮墓誌》，第 57~58 頁。

⑥ 天津《大公報》1917 年 11 月 15 日地方新聞，河南欄"曾知事因病出缺"條云："淇縣知事曾炳章赴臨境陽安縣（當是安陽縣——引者注）商辦冬防，忽得重病，未及醫治，即行捐館。當經安陽藏知事呈報省署，趕即派員代理，以重職守。"

⑦ 孫文青：《附記》，《河南博物館館刊》第 2 輯，第 4 頁。

⑧ 趙萬里：《漢魏南北朝墓誌集釋》第 5 冊，圖版 146。

⑨ 北京圖書館金石組：《北京圖書館藏中國歷代石刻拓本滙編》第 5 冊，第 6 頁。

⑩ 朱亮：《洛陽出土北魏墓誌選編》，録文第 87 頁，圖版第 319 頁。

⑪ 余扶危、郭茂育：《中國歷代墓誌全集·北魏卷》下冊，第 56 頁。

法字迹者衆，便有了複刻本廣播於世。更有好事者據以爲藍本，節録文辭刻鉛版居奇以欺售。其鐫刻的是現代楷書，生澀板滯，無北魏風尚之踪影。

鉛板質軟易於鐫刻，清末以來洛陽東漢墓出土的鉛質買地券，目前已知有 11 件，[1]文辭皆刻於長約 30~40 厘米、寬約 2~3 厘米、厚約 0.2 厘米的長條形薄鉛板上，或單面刻字，或雙面刻字，時代風格顯著，爲人關注，予以著録。於是，射利者以鉛板爲載體，模仿買地券的鐫刻方式製作《元顯魏鉛誌》以爲商機。鉛版埋藏古墓中千數百年，表面有氧化腐蝕的痕迹，很難像這件鉛誌保存得如此光潔完好。

五　北魏《王氏墓誌》和《韓氏墓誌》的真與僞

葬於永平二年（509）的《魏黄鉞大將軍太傅大司馬安定靖王第二子給事君夫人王氏墓誌》，《洛陽出土石刻時地記》説："民國十四年陰曆正月廿八日，洛陽城北徐家溝村東北嶺上出土。無塚。"[2]石藏西安碑林，[3]是一塊出土時地明確，流傳有緒的北魏墓誌。不久，社會上流傳《大魏揚列大將軍太傅大司馬安樂王第三子給事君夫人韓氏墓誌》拓本，此誌出土時地不見於《洛陽出土石刻時地記》，亦不見於各家的僞刻記録。目録最先著録於顧燮光編《古誌新目初編》和《北京大學圖書館藏歷代石刻拓本草目》，[4]以及《六朝墓誌檢要》，[5]拓本見於著録。[6]録文著者以此誌所記干支均不符，疑僞。[7]此將二誌原文照録如下：

> 魏黄鉞大將軍太傅大司馬安定靖王第二子給事君夫人王氏之墓誌
> 夫人王氏，樂浪遂城人也。燕儀同三司武邑公波之六世孫，聖朝幽營二州刺史廣陽靖侯道岷之第三女，冀齊二州刺史燕郡康公昌黎韓麒麟之外孫。
> 夫人貞順自性，聰令天骨，德容非學，言功獨曉。凝質淑麗，若緑葛之延谷；

① 具體情況請參看趙振華、王迪《東漢熹平二年三棱柱形買地券研究——兼談"中平元年孫伯買地券"辨僞》，《洛陽考古》2022 年第 2 期。

② 郭培育、郭培智：《洛陽出土石刻時地記》，第 15 頁。

③ 趙力光：《鴛鴦七誌齋藏石》，圖版 28。

④ 孫貫文：《北京大學圖書館藏歷代石刻拓本草目（二）》，《考古學輯刊》第 8 輯，科學出版社，1994 年，第 211 頁。

⑤ 王壯弘、馬成名：《六朝墓誌檢要》，上海書畫出版社，1985 年，第 82 頁。

⑥ 北京圖書館金石組：《北京圖書館藏中國歷代石刻拓本滙編》第 4 册，第 14 頁。

⑦ 趙超：《漢魏南北朝墓誌彙編》，第 71 頁。

徵音遠振，如黃鳥之集灌。是以羔雁貴禮，迭爛階庭，畢醮結離，作嬪蕃室。每期玄慶，福善長隆，内訓不悟，橫渗濫仁，促淪陰教。茂齡卅，永平二年歲次星紀五月丁丑朔廿三日己亥卒於京第。粵來仲冬乙亥朔廿三日丁酉遷窆於瀍水之東。痛收華於桂宇，悲湮芳於泉宮，憑彤管以彰烈，托玄石而圖風。其辭曰：樂浪名邦，王氏名宗，殖根萬丈，擢穎千重。誕生娳媛，實靈所鍾，慧嵓自幼，韶亮在蒙。六行獨悟，四德孤閒，尺步逶迤，寸心塞淵。微幾泉鏡，洞識星玄，望齊躡姬，瞻楚陵樊。福仁報善，通古有聞，如何妄言，落彩當春。掩埏明旦，鐫誌今晨，昭傳來昆，共味清塵。

大魏揚列大將軍太傅大司馬安樂王第三子給事君夫人韓氏之墓誌

夫人韓氏，遼城人也。燕儀同三司武邑公波之六世孫。聖朝幽營二州刺史廣陽靖侯道岷之第二女。冀齊二州刺史燕郡康公昌黎黃麒麟之外孫。夫人貞順自性，聰令天骨，德容非學，言功獨曉。凝質淑麗，若綠葛之延谷；徵音遠振，如黃鳥之集灌。是以羔雁貴禮，迭爛階庭，畢醮結離，作嬪蕃室。每期玄慶福善，長隆内訓。不悟橫渗濫仁，促淪陰教。茂齡卅有二，延昌二年歲次星紀五月丁丑朔廿三日己亥卒於京第。粵來仲冬乙亥朔廿三日丁酉遷窆於瀍水之東。憑彤管以彰烈，托玄石而圖風。其辭曰：樂浪名邦，韓氏名宗，殖根萬丈，擢穎千重。誕生淑媛，實靈所鍾，慧炳自幼，韶亮在蒙。掩埏明旦，鐫□□□，□傳□昆，共味清塵。

對照閱讀二誌，即可辨別出後誌以前誌爲藍本，改換人名、年號，略作删節，刻石偽造。其作假手段并不高明，簡單抄作即易爲人識破，干支不合於曆法，更是硬傷。學者辨僞之文刊於雜志。[1] "然而，趙文成、趙君平編《秦晉豫新出墓誌蒐佚續編》（國家圖書館出版社，2015 年）一書，竟又以‘新誌’身份刊布了該墓誌的圖版，簡介云 2004 年出土於河南省洛陽市，謬誤更甚"。[2] 諸家的辨析文章都不談《韓氏墓誌》的書法，略有缺憾。觀察《北京圖書館藏中國歷代石刻拓本滙編》的

---

[1] 羅新：《北大館藏拓本〈給事君夫人韓氏墓誌〉辨僞》，《文獻》1996 年第 1 期；馬立軍：《北魏〈給事君夫人韓氏墓誌〉與〈元理墓誌〉辨僞——兼談北朝墓誌著録中的僞刻問題》，《江漢考古》2010 年第 2 期；王培峰、李繼高：《北魏延昌二年〈韓氏墓誌〉僞作説補正》，《西北農林科技大學學報》2011 年第 2 期。

[2] 劉琴麗：《近年北魏墓誌整理中誤收的僞誌》，《中國社會科學報》2018 年 10 月 15 日，第 5 版。

《韓氏墓誌》拓本，^①四十九厘米見方，上邊有小殘缺而未傷字，左邊殘缺較大，文末傷五字，如上録文的五個"□"處。《中國歷代墓誌全集·北魏卷》所録拓本與之相同。^②而《秦晋豫新出墓誌蒐佚續編》的《韓氏墓誌》拓本，^③五十一厘米見方，十分完整，末三句文字爲："鎸勒玄石，芳傳來昆，共味清塵。"仔細比對單字，雖然拓本字體非常相似，甚至相同，但是二書著録的不是同一個版本。兩版《韓氏墓誌》書寫的字形是魏碑體，規矩而嚴謹，出自臨習魏碑具備良好基礎者的手筆，然而衹要和真的墓誌拓本比較，字形就露怯了，首先是不少字的結構別扭，其次是綫條把控不到位，導致結體欠美，神韻差失。

六 僞造《北魏瑶光寺尼慈雲墓誌》及其惡劣影響

二十世紀二十年代，洛陽出土了《北魏瑶光寺尼慈義墓誌》，可與《魏書》《洛陽伽藍記》等古籍相印證。於是有國民政府高官僞造墓誌，在金石界人爲製造混亂，影響惡劣。

（一）北魏瑶光寺與《瑶光寺尼慈義墓誌》

瑶光寺是北魏都城洛陽的著名皇家寺院，極土木之美，聚庭院之秀，古籍多有記載。《洛陽伽藍記》云："瑶光寺，世宗宣武皇帝所立。……椒房嬪御，學道之所，掖庭美人，并在其中。亦有名族處女，性愛道場，落髮辭親，來儀此寺。屏珍麗之飾，服修道之衣，投心八正，歸誠一乘。永安三年中，爾朱兆入洛陽，縱兵大掠，時有秀容胡騎數十入瑶光寺淫穢。自此後頗獲譏訕。京師語曰：'洛陽男兒急作髻，瑶光寺尼奪作婿。'"^④可見出家爲尼的女性，社會上層人士較多。據《魏書·皇后傳》，皇后出家爲尼居瑶光寺者有孝文魏廢皇后馮氏、宣武皇后高氏、孝明皇后胡氏，則其他妃嬪及貴族婦女在此寺出家者必不在少數。既有統治者崇信佛教的宣導和影響，也有政治環境的因素。

宋人趙明誠《金石録》、鄭樵《通志·金石略》等載永平三年之"《後魏瑶光

① 北京圖書館金石組：《北京圖書館藏中國歷代石刻拓本滙編》第4册，第14頁。
② 余扶危、郭茂育：《中國歷代墓誌全集·北魏卷》上册，第184頁。
③ 趙文成、趙君平：《秦晋豫新出墓誌蒐佚續編》第1册，國家圖書館出版社，2015年，第41頁。
④ 楊衒之著，范祥雍校注《洛陽伽藍記校注》卷一《瑶光寺》，上海古籍出版社，1978年，第46~47頁。

寺碑》，[1]永平三年，有目無文。

1929 年，洛陽邙山出土了《北魏瑤光寺尼慈義墓誌》，即宣武皇后高英："世宗景明四年納爲夫人，正始五年拜爲皇后。帝崩，志願道門，出俗爲尼。以神龜元年九月廿四日薨於寺，十月十五日遷葬於邙山"，與文獻相互發明，羅振玉有跋。[2]《漢魏南北朝墓誌集釋》《洛陽出土北魏墓誌選編》等著録拓本。洛陽古代藝術館有此誌的複刻本。

（二）僞造的墓誌及其惡劣影響

所謂北魏正光三年《瑤光寺尼慈雲墓誌銘》，是僞造墓誌的著名一例。青石誌高、寬各三十厘米，十五行，行十五字，粗看文采書體和刻工技藝，頗似真品，而不堪玩味。其撰作格式與北魏墓誌多不協，且文辭骯髒誌主、褻瀆宗教。郭玉堂《僞造金石録》（稿本）録其文：

> 尼俗姓元氏，洛陽人也。少處宮禁，長入寺宇，儀容婉姝，肌理瑩潔，自頂至踵，不有玷贅。房闈妙緒，千態百端，左張右搏，俯燮仰承，骨肉勻合，無少漏隙。床幃精麗，栴檀馥鬱，四方瞻禮，歡喜踴躍。尼猛勇精塼，廣救法侶，不意嬰疾，遽爾萎謝。正光三年八月一日卒於寺，越十日葬於邙山之原。法師慧密，痛芳容之遽遠，懼山谷之終遷，爲銘玄石，以期不朽。其辭曰：發大善願，成大善行；三界幻化，五欲紛乘。宿世有緣，智者始應；依此慧業，度盡眾生。元神既竭，遂以戕身；容顏已渺，涕泗空淪。伐石銘記，永慰幽冥！

郭氏於文後注曰："此誌宋香舟作文，周覺書。民國二十一年都會移洛，見洛陽出土及僞造墓誌者最多，因作此誌。"[3]宋香舟爲考試院銓叙部甄核司司長，戴季陶的外甥。周覺，浙江吳興人，原名延齡，字柏年，別署一覺百年，室名天覺廬，南社社友，國民政府監察委員。1932 年 1 月 1 日，國民政府臨時遷都洛陽，周覺即來，

① 趙明誠著，金文明校證《金石録》卷二，上海書畫出版社，1985 年，第 33 頁；鄭樵：《通志》卷七三《金石略》，《景印文淵閣四庫全書》第 374 册，臺灣商務印書館，1986 年，第 511 頁。
② 羅振玉：《雪堂類稿》丙《金石跋尾·瑤光寺尼慈義墓誌跋》，遼寧教育出版社，2003 年，第 180 頁。
③ 郭玉堂：《僞造金石録》下卷，洛陽市文物工作隊藏稿本。

於 1932 年 6 月 10 日 "由洛啓程返京工作",[①] 於 1933 年 12 月去世。[②] 這是當年南京政府遷洛後,于右任爲院長的監察院官員於無聊時之戲作,誌題略仿北魏瑤光寺尼慈義墓誌。河南大學校長王廣慶云:"民國二十一年,監察院移洛,同事吳興周覺,亦得唐誌十餘片,并戲爲《比丘尼某誌》,滑稽其詞,淺識人亦莫之辯也。"[③] 是當時知情者的記錄。所謂同事,乃同爲 "調查裁厘專員"。[④]

學者退翁(中國畫學研究會會長周肇祥)於 1933 年的《藝林月刊》上發表此誌拓本,并辨其偽:"慈雲俗姓元氏,少處宮禁,長入寺宇,所謂名族處女,落髮辭親,屏珍麗而衣道服者也。誌文於其剃度修持,曾未之及,惟刻畫體態,圖寫房幃,純是一篇香艷文字。玩其銘詞,直以色身布施,因而精銷殞謝,雖摩登伽河間婦,未若斯之甚,誌墓者亦太放厥詞矣。如其然也,瑤光醜行,不待胡騎始著,衙之世近,豈無見聞?況寺爲嬪御所居,皇綱未墜,縱有曖昧,孰敢播揚?法師領衆,何肯被諸貞石,自遺汙玷?揆諸事理,不能無疑。書法險側,而乏樸茂遒古之致,或出好事者所爲。而未嘗檢《魏書》及《伽藍記》而加以研討,故有是敗闕。天下惟偽難作,百密一疏,難逃精審,況不密耶?世人愛奇而好色,聞斯誌也,必有以爲珍秘,而重價以求者,則作偽之技售,將迭出而不窮。余故考訂而辨明之,庶欺無可售,則作偽誨淫之風,可少息矣。"[⑤]

二十世紀三十年代,"北大教授劉半農以洛陽邙山所出正光三年瑤光寺尼慈雲墓誌銘拓片二份" 贈予考古學者傅振倫,劉說一爲真迹,一爲南京人造的假,偽造品居然也有了複刻本。傅振倫云:"1934 年我在北大研究院文史部收到劉半農先生所贈經古舍偽造北魏《瑤光寺尼慈雲墓誌銘》,'尼元氏洛陽人,正光三年葬邙山'。《大唐故潘君墓誌并序》,'卿字伯玄,隴西廣宗人,永徽二年七十七卒於洛邑鄉臨湹里,葬邙山之陽'。《故桓君墓誌銘》,'産字仲光,河南洛陽人,永徽六年卒京兆,三十四歲葬於印(即邙字——引者)皀'。《大唐故臨淮郡録事參軍李君墓誌銘并序》,□□□撰,'天寶十三載葬北邙山鄉社之原'。細審職官、年世、地理,即可洞悉其奸偽。爲了牟利而作偽,混淆歷史,理應嚴懲,固不可姑息養奸!願國人

---

① 《申報》1932 年 6 月 11 日,南京專電。
② 《監察委員周覺逝世,定九日上午一時大殮》,《中央日報》1933 年 12 月 8 日,第 3 版。
③ 王廣慶:《洛陽訪古記》,《河南文史資料》第 23 輯,1987 年,第 134 頁。
④ 《調查裁厘專員周覺、王廣慶返京》,《中央日報》1931 年 5 月 12 日,第 3 版。
⑤ 《藝林月刊》第 44 期,1933 年 8 月,第 14 頁,插圖 1。

共注意之。"①

北大教授孫貫文在整理北魏墓誌拓本時，將僞誌另列："《瑶光寺尼慈雲墓誌》，正書。1948 年 10 月 13 日《新民報》，袁眉《瑶光寺尼墓碑辨僞》略稱一二。後周覺爲監察院委員，居洛陽西工街公館時戲作此石，當時最貴之值幾至百元。"②《洛陽出土北魏墓誌選編》著録僞誌拓本，③可以參閲。

可是這篇僞造的誌銘流傳出去後也迷惑了一些人。喻血輪在《綺情樓雜記·奇異墓誌銘》中説："民國三十一年，予客渝，有友歸洛陽，謂在豫東芒山見一廢寺，名瑶光寺，爲魏時所建，寺側有一比丘尼慈雲墓，墓誌字迹尚完好，確爲漢魏人所書，惟誌文香艷淫褻，妙絶千古，而以和尚銘女僧，尤爲奇特！"④他認爲的奇特，就是僞作的破綻。

今人或亦受其惑，雲南孫太初云："石出洛陽，今不知藏何處，墨本殊少見。據誌，慈雲俗姓元氏，蓋宗室女之削髮於瑶光寺者。誌於慈雲之修持戒律隻字不及，而於其姿容房闈之事則描繪淋漓盡致，儼然《飛燕外傳》《雜事秘辛》一類香艷文字，如云：'儀容婉姝，肌理瑩潔，自頂至踵，不有玷贅。房闈妙緒，千態百端。左張右搏，俯熨仰承，骨肉匀合，無少漏隙。床幃精麗，栴檀馥鬱。'誌墓之文如此，吁足異矣。又其銘辭有曰：'三界幻化，五欲紛乘。宿世有緣，智者始應。依此慧業，度盡衆生。元神既竭，遂以戕身。'直是以色身布施、縱淫過度而殞命者。似此穢行，誌墓者毫不爲之隱諱，亦可覘當時之道德風尚已。東魏時，京師諺云：'洛陽男兒急作髻，瑶光寺尼奪作壻。'瑶光寺尼之艷迹，當時固已遍播人口矣。"⑤和尚爲尼姑作誌宣淫，若言情小説之褻詞，粗通佛教常識者亦知其不可爲也。金石學者偶然不察，或以爲真，戲作者給學術界製造一個混亂因子。

洛陽龍門石窟造像題記中，唐代文人描述貴族婦人美貌妍態云："紀國太妃韋氏，京兆人也。苕姿含綺，霏華椒掞，蘭儀湛秀，緝美蘋限。"⑥唐代墓誌形容姑娘

---

① 傅振倫：《六十年所見所聞録》，《作僞的奸商》，《中國文物報》1995 年 6 月 18 日，第 4 版。

② 孫貫文：《北京大學圖書館藏歷代石刻拓本草目（二）》，《考古學輯刊》第 8 輯，第 235 頁。

③ 朱亮：《洛陽出土北魏墓誌選編》，圖版（僞）21，第 443 頁。

④ 喻血輪：《綺情樓雜記》第 1 輯，《奇異墓誌銘》。沈雲龍主編《近代中國史料叢刊》續編第 96 輯第 958 種，文海出版社，1974 年。

⑤ 孫太初：《夢雨樓金石文字跋·魏慈雲墓誌》，《雲南文物》1984 年第 15 期。

⑥ 龍門石窟研究所：《龍門石窟碑刻題記彙録》，第 0465 號題記，《敬善寺石像銘》，中國大百科書出版社，1998 年，第 101 頁。

出身容貌云："子生於珥貂之家，育在紈綺之室。笄年廿歲，灼如蕣英。"① 文辭清新幽嫻，於洛陽出土古代墓誌中時有所見，非當代摹仿者所能學。

七　日本書道博物館藏《北魏李延齡墓誌》辨僞

2011 年 1 月，我受東京大學邀請，赴日本參加幾個學術會議。22 日上午主人安排參觀書道博物館，崲添慶文教授站在館大門外和我打招呼，這位研究中國魏晉南北朝史的專家是在中國洛陽的一個學者聚會上認識的，再次見面高興地互道問候。他通過翻譯宇都宮美生對我說，館裏有一方北魏的《李延齡墓誌》，他寫了研究文章發表，② 可是日本有個搞書法的朋友告訴他那方墓誌有問題。聽說我來，於是特意過來，請我去鑒定。我說好的，等參觀完了去看吧。在安靜的館裏看到了心儀已久的洛陽出土的東漢《鐘仲游妻買地鉛券》《曹仲成買地鉛券》、東漢熹平石經碎塊、曹魏正始石經殘塊等珍貴文物。走進一間不大的展廳，中間一方方黑黢黢的方形青石墓誌左右對稱地斜躺在一排低矮的架子上，斷面呈 "A" 字形，十分牢靠。崲添慶文教授就在那兒等我，把李延齡墓誌指給我看。我蹲下讀了一遍，然後看了看字體書法和石頭外觀。我要求看墓誌的背面，徵得館裏同意，我們幾個人還把斜靠的墓誌扶起看了背面，倒沒有什麼可疑之處。墓誌放穩後告訴他這方墓誌不對，講了三條理由：第一，一般說來，北魏墓誌多用駢文，文辭優美，可是這方墓誌以散文敘事，文風不對；第二，墓誌上記誌主名諱所用 "君諱延齡" 一詞，那 "諱" 字明顯小於墓誌的通篇文字，這個寫法不對。我印象填寫長者名諱時將 "諱" 的字形寫小是唐代中晚期以後纔出現的表示尊敬的方式，北魏墓誌絕無此現象；第三，墓誌書法沒有北魏風格，不對。老教授的臉色一時不大好看，說墓誌敘事在《魏書》裏有印證啊。我說那是做僞者撰誌時參考了文獻。由於時間關係，主人安排離館，沒有深入討論。

下午我在立正大學做了題爲《近年來洛陽北魏墓誌的發現與研究概況》的專題報告。之後，崲添慶文教授在會上專門講了書道博物館藏《北魏李延齡墓誌》是一方僞造墓誌，并介紹了我的判斷。會議上老年聽衆多，很感興趣，提問不斷，我

---

① 陶宗儀：《古刻叢鈔》，《大唐扶風馬氏墓誌銘》，《叢書集成初編》本，中華書局，1985 年，第 33 頁。
② 崲添慶文「李延齡墓誌」『東亞細亞石刻研究』第 2 号、明治大學東亞細亞石刻文物研究所、2010 年 3 月、50-56 頁。

——解答。最後有人問，判斷墓誌真偽有什麼規律，講個一二三，便於大家掌握。我說規律我不大好總結，也没有什麼捷徑，要經常參與，見多識廣，具體問題具體分析，講出個一二三纔行，辨偽工作没有什麼訣竅，經驗很重要，大家聽了都笑了。會後我想，在偶然情況下短時間內去鑒別一方墓誌的真偽，也没有拓本參考，全靠平日積纍之些許功力，并不容易。德高望重的學者洼添慶文教授，在大庭廣衆之下主動坦承自己做研究時使用材料不慎，在學術圈內公開告知李延齡墓誌之偽，維護學術尊嚴以免他人上當的正義之舉，也不是一件容易的事情。

然而不懂得辨偽的人依然受騙。《東京書道博物館藏〈李延齡墓誌〉考釋》一文開頭寫道："《李延齡墓誌》鎸刻於北魏孝昌元年（525），現存日本東京都台東區書道博物館第三展示室。2017 年 9 月，筆者趁訪學之機親赴書道博物館考察，獲得該墓誌的相關資料信息。墓誌青石質，保存較爲完好，長 54 厘米、寬 35 厘米、厚 9 厘米，正書，22 行，滿行 22 字，共 449 字，字迹清晰可辨。墓誌出土於河南洛陽，出土時間不詳，後爲中村不折獲得而流於日本。墓誌主人李延齡，無論《魏書》還是《北史》，均未記載，亦未見他書記載，正可補史誌之闕。而李延齡的父親李彪，作爲北魏名臣，《魏書》與《北史》均有傳記，可與墓誌記載相互參照，以究清史事真相。"[①] 文中有墓誌録文，文尾附二幅墓誌原石的照片，感興趣者可以參看。偽刻北魏墓誌貽誤學人，擾亂正常的學術秩序，可見一斑。

《中華書學大辭典》收録有《李延齡墓誌》的詞條云："北魏·孝昌元年（525）刻。正書二十二行，行二十二字。北魏誌中，此書風格獨特，不見類例，其姿態大方，筆取圓勢，結體緊凑，脉絡明晰。已流入日本，藏於中村氏書道博物館。"附墓誌右上角五行的局部拓本圖片，十分清晰。[②] 雖然諛美墓誌書法，但是已然認識到北魏時期没有這樣寫法的東西。此誌的書法結構鬆散，筆道柔弱懈怠，毫無"點畫方峻，斜畫緊接"等魏碑體的獨特風神，而多現代楷書筆觸。

觀察上述墓誌的圖片和拓本，可以排列出更多的偽點，如碑别字稀少，文辭近代化等痼疾，不再細説。

---

① 孟凡港：《東京書道博物館藏〈李延齡墓誌〉考釋》，《域外漢籍研究集刊》2019 年第 1 期。
② 《李延齡墓誌》，李光德編譯《中華書學大辭典》，團結出版社，2000 年，第 281 頁。

八 諸家辨僞成果

北魏墓誌以極具史料、文學和書法藝術價值而僞作迭現，出自洛陽民間的僞誌甚夥。比較容易鑒別的是翻刻、僞造的墓誌書法，往往喪失了時代風格，或形貌相似而神骨不同，故鑒別時不可忽視。此將諸家辨僞成果纁述於後。

《北魏元伯陽墓誌》（孝昌二年，526）著録於趙超《漢魏南北朝墓誌彙編》第194頁，據"北京大學圖書館藏拓"録出，文末注"原誌紀年有誤"，也是作僞的證據。此墓誌題爲《魏故假節輔國車騎大將軍青州刺史元公墓誌銘》。經過分析論證，得出結論：《元伯陽墓誌》是一方以《元顯魏墓誌》爲底本經纂改而成的僞誌。其作僞的手法，一是改動底本的某些關鍵字眼，二是刪去底本的某些文句，其餘則全部照抄。從兩者異同的比較中發現矛盾，找出破綻，進行研究而判斷其僞。①

《北魏顯祖嬪侯骨氏墓誌》（景明四年，503），亦稱《侯夫人墓誌》，首題"獻文皇帝第一品嬪侯夫人墓誌銘"。誌主本姓侯骨，孝文皇帝賜爲侯氏。清宣統三年（1911），洛陽城北安駕溝出土。曾經陶蘭泉、羅振玉收藏，現藏遼寧省博物館。其書法筆致勁健，結字於謹嚴中又可見顧盼多姿的風貌，爲當時高手所書。翻刻出土書法佳麗的北魏墓誌是不法商販的慣用伎倆，當市面上出現了此誌的複刻品後，有人撰文指出其僞，可是居然指斥真品也是僞刻："清宣統三年面世的《顯祖嬪侯骨氏墓誌銘》已可證爲僞造，而近年又出土好事之人所造另一通《北魏侯夫人墓誌銘》，兩誌無論作僞程度如何，皆需公之於世，以正視聽。"② "2000年出土於河南省洛陽北郊邙山"的是一方僞刻，毫無疑義。可是將清末出土的也説成是僞刻，就值得理論了。於是學者書法家殷憲撰文，針鋒相對，據理反駁，③可謂中的。

洛陽理工學院圖書館何俊芳主要從誌文內容方面探討五方北魏墓誌文辭的僞作痕迹，并貼出了四誌的拓本圖片，以便於讀者通過書法書體來檢視其真僞。（1）《郭穎墓誌》（正光三年，522），拓本圖版載於《邙洛碑誌三百種》，首題"大代正光歷後故寧遠將軍虎賁中郎將清敵隊主郭公之墓誌銘"。首題有明顯錯誤，前五個字純屬無知編造。而且《郭穎墓誌》主要抄自千唐誌齋藏《魏故右中郎將城陽太

---

① 魯才全：《北魏〈元伯陽墓誌〉辨僞》，《魏晉南北朝隋唐史資料》第15輯，武漢大學出版社，1997年，第141頁。

② 蔡先金、趙海麗：《〈顯祖嬪侯骨氏墓誌銘〉辨僞》，《中國書法》2007年第4期。

③ 殷憲：《〈顯祖嬪侯骨氏墓誌銘〉非僞辨》，《中國書法》2008年第9期。

守郭翼墓誌》大部分誌文相同。特別是誌銘完全一致，其書法也是臨摹原誌而能力不逮，字形也僵化醜陋。（2）《元璨墓誌》（正光五年），拓本未見著錄，錄文載自《全唐文補遺·千唐誌齋新藏專輯》。該誌當是摘錄了陝西華陰出土的熙平三年《楊泰墓誌》部分內容而臆造的一方新誌。傳世有《元璨墓誌》，葬年日期相同，1926年洛陽出土，曾歸于右任。（3）《比丘尼統清蓮墓誌》（正光五年），該誌除首題外，與1923年洛陽出土的《魏故比丘尼統慈慶（王鍾兒）墓誌銘》（正光五年）誌文幾乎完全相同。所不同者是把後者首題中的"慈慶"換成了"清蓮"，誌銘"尼"改作"僧"，署名"常景""李寧民"，變成"陳景富""王守民"。書寫雖然規整，但是比較怯弱且沒有魏碑風韻。（4）《長孫澥墓誌》（正元廿年），該誌是用一方大唐開元年間葬於洛陽伊闕縣的墓誌改刻而成，偽誌將唐"開元廿年"妄改爲"正元廿年"。文字的書寫也近乎唐楷而拙劣。（5）《王節墓誌》（太和十五年，491），拓本有兩個版本，內容基本相同。A版字體大且擁擠怪異，首題"魏故齊梁州別駕王君墓誌銘"。B版正書，字體小而疏朗，首題"魏故梁州別駕王君墓誌銘"。兩版墓誌與近年洛陽邙山出土的隋《齊梁州別駕王節墓誌》（開皇十五年，595）內容雷同。尤其是A版首題"魏故齊"，顛倒朝代，授人笑柄。至於書法，一望可知是在畫字而不是寫字，不見北魏氣象。[1]《魏故比丘尼統清蓮墓誌》同時也被洛陽文物界人士揭穿。[2]

2016年，文物出版社出版了山西大同北朝藝術研究院編著的《北朝藝術研究院藏品圖錄·墓誌》一書，收錄該院所藏北朝墓誌55方，其中第四方爲《王飂墓誌》，說是延昌二年（513）卒於京師，葬於洛陽北邙山。然而此誌與《河洛墓刻拾零》中所收錄的《魏王晧墓誌》（第17號）無論首題、圖版行款，還是誌文內容幾乎相同。錄文不同之處祇有兩個細微地方：一是誌主的名、諱不同；二是卒年、卒月不同。如此高相似度的墓誌，一般都有造假的嫌疑。偽刻墓誌的書法"行運草草，弱筆時見，失勢頗多"，是晚出墓誌抄襲先刊發的墓誌。《魏故假黃鉞太傅大司馬晉陽文獻王妃（周利華）墓誌銘》，言其興和四年（542）葬於北邙。實則改刻北齊《廣陽文獻王妃王令媛墓誌》而來（1917年河南安陽出土），亦僅做了細微改動，然而改刻後的《周利華墓誌》漏洞百出。《隋趙韶墓誌》河南安陽出土，一說河北定縣趙村出土，天津姚貴昉舊藏，今存北京故宮博物院，真實性毋庸置疑。《洛陽出土石刻時地記》（第52~53頁）說："出土時地不明。"顯然誤記了外地墓誌。

---

① 何俊芳：《新見五方僞刻北魏墓誌辨釋》，《許昌學院學報》2016年第1期。
② 宮萬松：《北魏墓誌"變臉"案例——北魏比丘尼統清蓮墓誌識僞》，《中原文物》2016年第1期。

而民國時期偽造的《北齊□韶墓誌》是任意改刻《隋趙韶墓誌》而來，在内容上有驚人的相似。其改動之處使整篇墓誌出現了幾處硬傷，從而暴露了其爲偽誌：第一，年號和朝代搭配錯誤；第二，官職名稱錯誤；第三，地名錯誤；第四，銘文格式錯誤；第五，有的文字鑿改，不僅背離史實，還讓誌主"穿越"到了漢代。①

中國社會科學院歷史研究所副研究員劉琴麗還撰文説，《新中國出土墓誌·河南〔叁〕·千唐誌齋〔壹〕》（文物出版社，2008年，第1頁）著録的北魏正光五年（524）《譚菜墓誌》，介紹是二十世紀九十年代出土的。據方若《校碑隨筆》等書記載，此誌清末洛陽出土，民國時期判定爲偽誌，書法拙劣。將其以新誌收入，顯然有誤。《洛陽出土北魏墓誌選編》（第201、466頁）將其列入偽刻，并刊布圖版和録文。又《千唐誌齋〔壹〕》第2頁著録的《北魏故伏波將軍鄉郡上黨二郡丞元璨墓誌銘》（正光五年十一月三日），係二十世紀九十年代前期出土，1994年8月於孟津縣朝陽村徵集的。實際上民國時期顧燮光在《古誌新目初編》和《元氏誌録補遺》兩書中都有著録："魏元璨墓誌銘，正書，正光五年十一月三日，洛陽出土，于氏鴛鴦七誌齋藏石。"可見，這也是以舊誌誤作新誌。②揭示了問題而所述不够完整。檢《洛陽出土北魏墓誌選編》著録的《譚菜墓誌》拓本，楷書清晰，結構鬆散，字形軟弱，没有魏碑味道。而《千唐誌齋〔壹〕》著録的拓片，約四分之一的文字已被磨平不見。雖然兩拓的排列格式和文辭相同，但是仔細比對，字迹不盡一致，是兩方内容相同的偽誌，即千唐誌齋所藏的是又一個版本。檢《鴛鴦七誌齋藏石》，有《元璨墓誌》（正光五年十一月三日）藏西安碑林，高73、長72厘米，係于右任舊物。③據《廣碑別字》，元璨應當寫作元璨，④《北京圖書館藏中國歷代石刻拓本滙編》作元璨，⑤《漢魏南北朝墓誌彙編》的録文亦作元璨，⑥即顧燮光所著録目録者。《中國歷代墓誌全集·北魏卷》亦定名元璨。⑦而《千唐誌齋〔壹〕》第2頁著録的《元璨墓誌》（即《元璨墓誌》）長52、寬51厘米，和西安碑林所藏是同姓名、同葬期的兩塊誌石，其餘内容没有相同之處，尚未見其他圖書著録這件

---

① 劉琴麗：《三方北朝墓誌辨偽——再論北朝墓誌著録中的偽刻問題》，《文獻》2019年第2期。

② 劉琴麗：《近年出版〈新中國出土墓誌〉所收偽誌舉隅》，《隋唐遼宋金元史論叢》第8輯，上海古籍出版社，2018年，第246~249頁。

③ 趙力光：《鴛鴦七誌齋藏石》，圖版69。

④ 秦公、劉大新：《廣碑別字》，國際文化出版公司，1995年，第638頁。

⑤ 北京圖書館金石組：《北京圖書館藏中國歷代石刻拓本滙編》第4册，第172頁。

⑥ 趙超：《漢魏南北朝墓誌彙編》，第152頁。

⑦ 余扶危、郭茂育：《中國歷代墓誌全集·北魏卷》下册，第24頁。

拓本。那麼，"以舊誌誤作新誌"的説法便不確當了。至於其他方面的情況，需當別論。

　　劉琴麗在《近年北魏墓誌整理中誤收的僞誌》一文中指出："在當今整理出版的墓誌書籍中，清末、民國時期的墓誌尤其是僞誌偶有混雜其中。如果不及時對這些僞誌進行清理，可能對學術研究造成不良影響。"并檢出（1）民國僞誌《處士李端墓誌》（太和八年，484），是由"合葬於北邙平樂鄉"的唐代墓誌改刻而來。（2）民國杜撰的僞誌《陶浚墓誌》（太和十八年，494），文辭現代，所謂"葬於洛陽郡型仁里之原陵"等，純粹胡編。（3）民國僞誌《安樂王第三子給事君妻子韓氏墓誌》（延昌二年，513），前已述及。（4）民國僞誌《王仁墓誌》（孝昌三年，527），《洛陽出土北魏墓誌選編》編爲"僞刻三八"，刊布録文而未著拓本。之後，《邙洛碑誌三百種》刊布拓本圖版，因誌主姓王，名仁，字懷本，故題爲《王懷本墓誌》，簡介云"2000 年 8 月於河南洛陽出土"，[①]《洛陽新獲七朝墓誌》也刊布了《王仁墓誌》的圖版，[②]都誤爲真品。（5）民國僞誌《曹永墓誌》（景明元年，500），二十世紀九十年代以來，《洛陽出土歷代墓誌輯繩》《洛陽出土北魏墓誌選編》《漢魏六朝碑刻校注》《全北魏東魏西魏文補遺》都將其當作真品收入，不作任何備注説明。以上諸誌，被民國時期黄立猷《石刻名彙》、顧燮光《古誌新目初編》卷四"僞作各目"著録，并被判定爲僞刻。今人編輯墓誌圖録，往往不察而使謬種流傳，這一疏漏必將影響讀者對於墓誌新舊和真僞的判斷。[③]考察以上各方墓誌書法，僞造的痕迹就越發明顯了。《處士李端墓誌》楷書，《陶浚墓誌》楷書拙劣，都毫無北魏風格。《王仁墓誌》拓本形狀爲圭形，在北魏墓誌中甚爲罕見，顯然是模仿《北魏韓顯宗墓誌》的樣式。[④]觀其内容，似乎主要是從唐代墓誌來的，其書法是當代楷書。《曹永墓誌》文辭的製作水準甚差。其文曰："大魏洛州太守、定州刺史曹君墓誌。君諱永，字伯樂，東魯太縣人也。少喜武術，中習儒道，老收文玩字畫，是君之常意也。年七十三歲，病終洛州。景明元年二月安葬。"然而，東魯之域，何來太縣？ 叙曹永生平愛好的四句話，十分現代。古人説年齡，因年和歲是同義詞，僅用其一。書法現代，無絲毫北魏形貌，63 字中祇有幾個碑别字，也不

<hr>

① 趙君平：《邙洛碑誌三百種》，第 19 頁。

② 齊運通：《洛陽新獲七朝墓誌》，中華書局，2012 年，第 21 頁。

③ 劉琴麗：《近年北魏墓誌整理中誤收的僞誌》，《中國社會科學報》2018 年 10 月 15 日，第 5 版。

④ 北京圖書館金石組：《北京圖書館藏中國歷代石刻拓本滙編》第 3 册，第 44 頁。朱亮：《洛陽出土北魏墓誌選編》，圖版 6。

合常規，其中的"畫"字生造。觀察拓本，可見一些字劃上留下的衝刀痕迹，大概是刻在磚上的。

九　複刻《東漢〈黃君法行孝女晨并芍〉墓磚》

上述多是清末、民國時期偽刻、複刻的墓誌。而現代作偽者往往完全依照古代墓誌拓本原樣翻刻，以短平快方式牟利，故費時費工自行編撰墓誌鑴刻的情况幾乎絕迹。

1992 年，我在洛陽市三樂食品總廠的住宅樓工地發掘了一座磚砌漢墓（編號 C1M226)，由墓道、甬道、墓室、假耳室四部分組成，墓門朝北，墓深 6.2 米。墓室較大，長 7.2 米、寬 2.9 米、高 2.95 米，砌築堅固。墓早年被盗，清理出罐、倉、方盒、竈、猪圈、瓦當、刻銘磚等陶器和鐵鏡、"五銖"銅錢等遺物。[①] 後來將其中的二塊方形刻銘磚和一塊文字瓦當專門介紹於《書法叢刊》，公布了清晰的大型拓本。[②] 兩塊刻銘磚正方形，邊長都超過 40 厘米，面光平，上縱向自右至左陰刻隸書三行，每行三字："黃君法行孝女晨并芍"共九字。字迹粗大，内塗朱砂。字小的約 10 厘米見方，大的約 14 厘米見方，字體碩大寬厚，雄健挺拔，樸茂古拙，沉穩凝重，筆勢腕力，粲然可見。磚銘文意爲"黃君法葬孝女晨與芍"。以兩姊妹夭亡，故一座墓隨葬了兩塊内容相同，文辭簡略的刻銘磚。由於刊布的刻銘磚圖版十分清晰，且字少而大，易於摹刻。發表後即有翻刻本行於世。摹刻本文字筆劃較細，鑴刻刀法不流暢，被專門家慧眼識出，予以公布，定爲反面教材。[③]

十　複刻《漢宣曉刑徒石》

1909 年，《神州國光集》第 7 集上首先發表了一件《漢宣曉葬磚》的拓本，其跋文云："此葬誌近代洛中興治鐵路得之。"是清末大官僚端方收購於古董商之手的刑徒磚之一，收納拓本於《陶齋藏磚》（約 264 種），後來輾轉入藏於故宫博物院。

2004 年，山東大學學者盧芳玉刊文公布了一塊《漢宣曉刑徒石》拓本，她説：

① 洛陽市文物工作隊：《河南洛陽市東漢孝女黃晨、黃芍合葬墓》，《考古》1997 年第 7 期。
② 趙振華：《洛陽東漢孝女墓磚銘和津門瓦當》，《書法叢刊》2000 年第 3 期。
③ 劉大新、海國林：《碑帖拓本辨偽》，學苑出版社，2009 年，第 63、64 頁，《東漢孝女墓磚銘》。

"圖一中的誌銘，從書寫内容、刻鎸風格上都與東漢刑徒磚相近，但材料爲石質，中心鑿凹，用作門臼。"圖一下的説明云："東漢熹平元年墓石。近年發現於河南省鞏義市。高 47cm、寬 27cm。釋文：老無任汝南山桑髡 / 鉗宣曉熹平元 / 年十二月十九日物故。"① 後來畫家黄永玉巧遇此石，他以畫易之，并於 2006 年捐藏給吉首大學博物館。2011 年，吉首大學博物館張敏波撰文公布原石照片和拓本，認爲這是"失落百年之久的國寶得以重見天日"。他説："宣曉刑徒磚是花崗岩質地，灰青色，呈規整的長方體，高 47、寬 27.5、厚 10.5 厘米。磚正面平整光滑，側面平整，鑿刻精細，磚背面凹凸不平。"作者既肯定是刻石，又信口説它是磚，矛盾不堪。他説："筆者推測，宣曉刑徒磚流落民間，在相當長時間裏被用作墙柱的支撐底座。石匠在上面鑿洞，在洞口處竪立房子山墙的木柱，以增强墙柱的穩定性。洞口開鑿較淺，是爲了防止墙柱穿透并深陷泥土之中，引發檁梁斷裂。"既是無稽之談，又依舊以石爲磚。②

2011 年，《東漢刑徒磚捃存》出版，收入漢魏洛陽故城東漢刑徒磚墓地出土或其附近采集的東漢刑徒磚拓本共計 216 幅，每幅拓本均以文字著録，内容依次爲刑徒磚名、刊刻時間、形狀描述、出土或采集時地、存藏地和磚文釋録，不與《漢魏洛陽故城南郊東漢刑徒墓地》公布的發掘品重複。末附翻刻刑徒磚四種（王勤、周捐、叔孫閏、郭仲），仿東漢刑徒磚宣曉刻石一種，③ 可謂洞見。

2015 年，《東漢"宣曉"刑徒磚真僞考辨》一文，貼出端方藏磚拓本和黄永玉藏石拓本，兩相比較，辨析字形，指斥鑿洞，多角度考辨此石是僞刻："我們認爲該磚乃是以端方藏磚爲範本仿刻而成，文字錯訛，手段拙劣，實不可信。"④ 東漢刑徒磚發現越千塊，没有石質的，石刻的必然是贋品，是辨別其真僞的依據之一。一般刑徒磚的首字是"左"或"右"，是"左部"或"右部"的省寫，此石作"老"，是不通文意者妄改。

《清代光緒年間出土的東漢刑徒磚葬群出土地點再考辯》一文認爲，東漢刑徒磚有"靈寶出土説"與"洛陽出土説"，"兩種學説缺乏關鍵性的依據，光緒年間出土的刑徒磚葬群出土地點有待於進一步考證"的奇談怪論。立論建立在吉首大學

---

① 盧芳玉：《新見漢代誌墓刻銘研究札記》，《中國書法》2004 年第 11 期。
② 張敏波：《吉首大學博物館藏宣曉刑徒磚》，《文物》2011 年第 7 期。
③ 王木鐸、王沛：《東漢刑徒磚捃存》，國家圖書館出版社，2011 年。
④ 邱亮、毛遠明：《東漢"宣曉"刑徒磚真僞考辨》，《古籍整理研究學刊》2015 年第 6 期。

博物館藏的"宣曉刑徒石"上，作者説："光緒年間出土的東漢刑徒磚與 1964 年西大郊刑徒磚存在較大差異。首先，二者存在質地之差異。宣曉刑徒磚質地爲自然石料，西大郊刑徒磚質地爲粗糙的手工城磚。這個巨大差異不可忽視。"其結論："光緒年間出土刑徒磚葬群的洛陽出土説就難以成立。"[①] 1964 年考古工作者發掘了位於偃師佃莊鄉西大郊村的刑徒墓地，發現刑徒墓 522 座，出土刑徒磚 820 餘塊，其中有死亡日期的 229 塊。"經過這次初步的發掘，證明以前發現的刑徒磚有的就是這裏出土的"。并比較磚銘，依據老社員回憶，清光緒末年，這裏曾大量出土文字磚，皆被古董商收去。[②] 胡海帆教授在此基礎上，利用現有資料，條分縷析，證實端方舊藏和發掘出土的這兩批刑徒磚資料之間確有内在的聯繫，兩批磚刻内容格式不同的疑問也可以得到解答。第一，西大郊村附近發現與端方藏磚相同的磚文拓本。第二，兩批磚之間有時間繼承關係。第三，前期兩種内容格式在永元年間實現交替。有理由認爲，清末出土磚基本上都出自該墓地。[③]《再考辯》既以僞刻刑徒石爲據，無視發掘成果，衹能得到錯誤的認識。

2019 年仍有碩士研究生撰文介紹黄永玉藝術博物館藏《宣曉碑》爲真品（所談《張仲有修通水利大道石碑》《晉故中書侍郎潁川潁陰荀君之碑》亦複刻品），[④] 可謂不察。近年新出《東漢刑徒墓磚集釋與研究》，編號 837 號爲《宣曉碑》，第 1546 頁著其拓本，第 1547 頁示其著録情況，羅列《神州國光集》《陶齋藏磚》等五種圖書的釋文并拓本尺寸，并列作者考究之短文，[⑤] 是最新的著録。

十一 《唐康子相墓誌》的蛇足

墓誌盜掘出土於洛陽，坊間有拓本流傳。中國農業博物館於 2010 年前從洛陽徵集墓誌與伴出陶俑陶馬等文物，隨即撰文披露，公布拓本與録文，始爲學術界所知。據介紹，該墓未經盜擾。誌、蓋俱全，青石質，方形，邊長 59.6 厘米。蓋爲盝頂，陰刻"康君墓銘"四字。墓誌五百餘字，首題爲"唐故陪戎校尉康君墓誌"，

① 張敏波：《清代光緒年間出土的東漢刑徒磚葬群出土地點再考辯》，《大衆文藝》2009 年第 24 期。
② 中國科學院考古研究所洛陽工作隊：《東漢洛陽城南郊的刑徒墓地》，《考古》1972 年第 4 期。
③ 胡海帆：《中國古代刻字磚綜述》，見胡海帆、湯燕《中國古代磚刻銘文集》下册，文物出版社，2008 年，第 384~385 頁。
④ 石静咏詩：《黄永玉藝術博物館館藏碑刻考釋》，《長江叢刊》第 26 期，2019 年，第 58 頁。
⑤ 劉濤：《東漢刑徒墓磚集釋與研究》（全 4 卷），南京師範大學出版社，2020 年。

尾行署"金紫光禄大夫禮部尚書弘文館學士上柱國高陽男許敬宗制文"。① 問題就出在墓誌尾行的署名與結銜上。因爲高官撰文的墓誌很少刻在最後一行，而是刻在首題之後。關鍵是該行字形和正文不一樣，即非一人所書。

2015 年 1 月 24 日，《新中國出土墓誌》叢書主編王素研究員打電話給我，詢問康子相墓誌尾行許敬宗署官的真僞問題。我説：已知其他許敬宗撰文的墓誌，許敬宗的署官都比較簡單，譬如昭陵博物館藏《唐故開府儀同三司特進户部尚書上柱國莒國公唐君（儉）墓誌銘》在首題之後第一行僅署"禮部尚書高陽郡開國公許敬宗撰"。而康子相是低秩的軍官，退伍後成爲商人，社會地位很低，墓誌中許敬宗的署官過於繁複了。唐儉卒於顯慶元年（656）十月三日，葬於當年十一月廿四日。康子相卒於顯慶二年二月十八日，葬於三月十四日。許敬宗在短短的三四個月内撰作了兩方墓誌，其爵位却由"高陽郡開國公"倒退爲"高陽縣開國男"，也顯然不合情理。《舊唐書·許敬宗傳》説他"龍朔二年（662），從新令改爲右相，加光禄大夫"，時間比較康子相墓誌的階官"金紫光禄大夫"，晚了五年。利用文學家許敬宗的名氣造假墓誌由來已久，如《唐代墓誌彙編》武德 002《唐故卧龍寺黄葉和尚墓誌銘》爲"守黄門侍郎許敬宗制，弘文館學士歐陽詢書"，周紹良在書的《編輯説明》中説得很清楚。② 康子相墓誌尾行的許敬宗署官，是墓誌盗挖出來後，爲了提高墓誌的賣價，借用大名頭而加刻，因此不能因爲署名是僞造的而懷疑這方墓誌整個是贋品。

如同康子相墓誌的加刻文辭情況并非孤例。《唐河南縣丞陳希望墓誌》，民國初年出土於洛陽北邙，原石流存於民間而拓本飛散。羅振玉在《遼居稿》云："此誌太子司議郎徐浩撰，不著書人姓氏，而書體至工，蓋亦出季海（徐浩字季海）手也。史稱季海屬詞瞻給，又工楷、隸，當時詔令誥册，皆出其手，而文之傳世者至罕。……近三十年，宇内出碑版不少，而書迹出於大家手者，僅歐陽通書《泉男生墓誌》、魯公書《顔勤禮碑》及季海此誌而已。"評價頗高。《洛陽出土歷代墓誌輯繩》第 559 頁著録墓誌拓本，首題之後的第二行爲："太子司議郎徐浩撰。"這方名誌於 2003 年由洛陽師範學院圖書館收藏，第二行却是"太子司議郎徐浩撰書"，

---

① 曹建强、馬旭銘：《唐康子相墓出土的陶俑與墓誌》，《中原文物》2010 年第 6 期。
② 王素：《唐康子相和成公崇墓誌中有關高昌與西州的資料——近年新刊墓誌所見隋唐西域史事考釋之三》，《故宫博物院院刊》2016 年第 1 期。

多出了一個字。[1] 當時我和洛陽師範學院圖書館館長趙水森仔細察看原石而質疑。很明顯，那個 "書" 字的字口的顏色新淺，而其他字口的顏色深沉。墓誌所有者爲了提高其價值而僞刻了書丹名款，破壞了文物，比較舊拓，弄巧成拙。

在誌石空白處上加刻名人頭銜藉以抬高墓誌價格以射利，清朝末年就有了。[2]

十二　千唐誌齋藏《唐李文疑墓誌》是僞刻嗎?

2017 年，《洛陽師範學院學報》刊載了一篇題名《〈李文疑墓誌〉辨僞》的文章，其摘要如下："藏石於千唐誌齋的唐天授三年《李文疑墓誌》文字錯訛、衍脫極多，與墓誌嚴肅凝重的文體特徵不合；墓誌中郡縣關係混亂；誌主官階品級不明；誌主名諱、世系和子嗣等重要信息缺失。應爲一通僞誌石。"[3] 看似很有道理。作者利用了載於《唐代墓誌彙編》的錄文做分析，文尾雖然附了縮小的拓本，但未説來源也無討論。檢《新編唐代墓誌所在總合目錄》知，《李文疑墓誌》的拓本和錄文見於多種著錄。[4] 我們知道，墓誌辨僞既要考察其文辭，又得審視其書法，不可或缺。

文辭既已爲人剖析，那就觀覽其拓本。《千唐誌齋藏誌》的拓本圖版右下邊有殘缺，[5]《北京圖書館藏中國歷代石刻拓本滙編》的拓本完整而清晰度略差，圖版説明云："河南洛陽出土，張鈁舊藏。"[6]《隋唐五代墓誌滙編·洛陽卷》的拓本完整且清晰，效果甚好。[7] 也可以通過中國國家圖書館網站觀看《李文疑墓誌》的拓本電子圖像，可以自由縮放。[8] 放大後仔細觀察，可見是一種標準的唐前期洛陽出土墓誌常見的書法，其字結體方正，範圍於界格之内，筆法剛健，體勢遒勁。書丹者擅於方筆，有歐體餘韻。無論是楷體字還是武則天新字，字字書寫到位，無一懈筆，

① 牛紅廣：《隋唐墓誌僞刻辨析》，《文物鑒定與鑒賞》2014 年第 4 期，第 35 頁。

② 宣統年間影印的楊守敬《寰宇貞石圖》中有《蕭勝墓誌》："此誌出土於陝西西安，曾歸歸安吳雲平齋，後流入日本。陸增祥《金石袪僞》以爲僞作，殊無確據。惟誌無撰書者名，末行 '刺史褚遂良書'，乃後人仿誌字筆意妄增，細審之與誌字亦有區别。"見《楊守敬集》第 9 册，《寰宇貞石圖》，湖北人民出版社、湖北教育出版社，1997 年，第 404~405 頁。

③ 周北南：《〈李文疑墓誌〉辨僞》，《洛陽師範學院學報》2017 年第 7 期。

④ 氣賀澤保規『唐代墓誌所在總合目錄（新編）』『明治大學東洋史資料叢刊』13、2017 年、112 頁。

⑤ 武志遠、郭建邦：《千唐誌齋藏誌》，文物出版社，1984 年，第 396 頁。

⑥ 北京圖書館金石組：《北京圖書館藏中國歷代石刻拓本滙編》第 17 册，第 180 頁。

⑦ 洛陽古代藝術館：《隋唐五代墓誌滙編·洛陽卷》第 6 册，天津古籍出版社，1991 年，第 222 頁。

⑧ 中國國家圖書館·中國國家數字圖書館·碑帖菁華，http://read.nlc.cn/OutOpenBook/OpenObjectPic?aid=418&bid=45453.0&lid=muz01575&did=??1575#reloaded。

這種老道的唐人個性書法非今人能夠模仿。

一般説來，唐代墓誌如果誌主、撰文、書丹者不是名人，則翻刻的可能性小。這塊 35 厘米見方的《李文疑墓誌》没有什麽特别之處，也就没有僞造的必要。而且張鈁建設千唐誌齋之前廣收邙山一帶出土墓誌的二十世紀二十年代末三十年代初，一方唐代墓誌的價格在一塊至兩三塊現洋之間，和北魏墓誌的高價有天壤之别，① 即那時不會有人去僞造一塊不值幾個錢的唐代小型墓誌去牟利。

再來考察墓誌内容。關於“文字錯訛、衍脱極多”，可以説是同音詞多、筆誤多、有奪字。這個情況不少唐代墓誌都有，《李文疑墓誌》十分明顯，但這却是僞刻難以達到的境界。作者説：“但奇怪的是墓誌中的武周新字、紀年干支反而無誤，這是否反證了該墓誌高超的僞造特徵。”這是真品的證明。關於“郡縣關係混亂。墓誌首句‘君諱字文疑，陸渾縣隴西人也’，地名‘陸渾縣’和‘隴西’在唐代行政地圖上空間距離很遠，没有隸屬關係。”其實不是錯寫，我的理解是：“陸渾縣”是李文疑的籍貫，“隴西人”是李姓的郡望，二者没有矛盾，許有奪字。他大概病亡於洛陽城裏的私第，葬於城東北邙山平陰鄉三家店。

關於“誌主官階品級不明。誌主職官‘鎮將、上柱國’究竟是一職還是先後二職尚需考證。”作者遍查唐代所有墓誌，發現“鎮將上柱國”有好幾例。但這不是“特定時期的特設職官”，作者理解有誤。據《舊唐書·職官志》，官一般分爲職事官、散官、勳官、封爵等，一個人可以同時擁有這幾項官職。“鎮將”是武官，李文疑的實職。勳級分十二等，“上柱國”是最高等級。據《唐律疏議》卷二《名例二》，“官當”門，“其有二官”條注脚云：“謂職事官、散官、衛官同爲一官，勳官爲一官。”該條疏議曰：“謂職事、散官、衛官計階等者，既相因而得，故同爲一官。其勳官，從勳加授，故别爲一官。”② 表示他任職期間不斷纍積軍功，具有很高的勳勞。作者還提出“無誌主名諱、世系和子嗣等重要信息，與墓誌體例不符”的疑問。唐代墓誌的書寫形式風格多樣，可以用千姿百態來形容，國家也没有出臺士人必須遵循的墓誌書寫格式。衹是今人讀了這方墓誌，由於一時不理解而心生疑竇，甚至覺得是僞誌，也是誤解了古人。

不懂得辨識原石原拓真僞，便寫文章，容易出錯。原千唐誌齋博物館館長趙

---

① 趙振華：《于右任、張鈁收集保藏洛陽出土墓誌研究》，《河洛文化論叢》第 3 輯，中州古籍出版社，2006 年，第 372 頁。
② 長孫無忌：《唐律疏議》卷二，中華書局，1983 年，第 45 頁。

跟喜《洛陽澗尾居藏誌序》云："墓誌中文辭不通、脱字訛字、刻工手誤、誌蓋醜書等情況都有出現。不能想當然認爲古人循規蹈矩，不會出錯，據此妄下結論，更不能由此生發議論，大塊文章，誤導後人。"是多識原物、勤讀原文的真知和感言。

十三　使用墓誌材料須注意辨僞

最近看了一篇寫於 2013 年的文章，題目是《墓誌的起源與墓誌文體的成立》，[①] 作者提出，要確認墓誌的起源，首先要找到 "墓誌" 一詞最早的用例，并檢出三個前人不曾使用過的例子。對於此文使用早期墓誌材料的真僞，似乎尚無人提出異議。我認爲用來作爲立論依據的墓誌并不可靠，下面一一道來。

（1）《髡鉗朱敬墓誌》。作者説："實質上，'墓誌' 一詞最早的用例乃是刻於漢和帝永元四年（92）的刑徒磚誌。王佑曾捐獻其先人所藏的一批墓磚拓片中的一方云：'永元四年九月十四日無任陳留高安髡鉗朱敬墓誌。'從同時出土的其他誌銘以及埋葬地點來看，這個誌銘僅僅使用了 '墓誌' 這一稱謂，其實物形態則是刑徒瓦誌。可見即便使用了 '墓誌' 一詞，也不一定就是真正文體形態的墓誌。"并注釋材料來源。[②]《髡鉗朱敬墓誌》是刑徒磚拓本録文，不是瓦質。依據的拓本出自二十世紀五十年代考古調查時洛河北岸龍虎灘村民的捐贈。由於 "墓誌" 一詞出現的年代過早，又不得見其拓本，更無實物爲憑，諸家討論墓誌起源都避免使用。雖然目前拿不出作僞的證據，還是存疑爲宜。

（2）《陳藴山墓誌》。作者引用洛陽出土三國曹魏景元三年（262）入葬的《陳藴山墓誌》，[③] 誌題明確記作 "大魏故陳公墓誌"。他説："《陳藴山墓誌》既已經具備了最基本的誌墓功能，又符合墓誌在形式方面的要求。這是目前爲止所能見到的最早在標題中寫有 '墓誌' 的記載，説明真正意義上形名一致的墓誌在三國末年已經出現。"《漢魏六朝碑刻校注》亦收録拓本，在説明中云："河南洛陽出土，具體時間、地點不詳，今不知所在。拓片高三六厘米，寬三二厘米，是隸書向楷書過渡

---

①　孟國棟：《墓誌的起源與墓誌文體的成立》，《浙江大學學報》（社會科學版）2013 年第 5 期。

②　黃士斌：《漢魏洛陽城刑徒墳場調查記》，《考古通訊》1958 年第 6 期。

③　北京圖書館金石組：《北京圖書館藏中國歷代石刻拓本滙編》第 2 册，第 19 頁。

的實物。此石首題‘墓誌’，此前未見，此後百餘年間也未見，因疑此是僞刻。”① 既是僞刻，何來書法過渡特點呢？可惜文章作者多引用上書拓本立論，却又摒棄其 僞刻之研判，可謂不慎。作者在第 142 頁注①中説：“《漢魏南北朝墓誌彙編》和 《新出魏晋南北朝墓誌疏證》均未收録該墓誌。”我以爲這不是兩書的遺漏，而是不 采納僞刻。一般説來，僅從墓誌一詞的始見年代過早和拙劣的書法風格上看便知其 爲僞刻。

（3）《大儒管夫子碑》。作者説，刻於正始二年（241）的《大儒管夫子碑》， 雖題爲碑，但其行文格式與墓碑有所不同。特別是碑文的結尾寫道，“惟望門墻， 哭泣銘之”，此前墓碑無有如此行文者。原石拓本長 48、寬 49 厘米，這與碑迥然 不同而與墓誌頗爲接近，也應該是埋於墓中的，《北京圖書館藏中國歷代石刻拓本 滙編》徑直將其定名爲“管寧墓誌”。②

觀察上書的拓本圖版，感覺其文辭係利用《三國志·魏志·管寧傳》加以編 造而成。其書法爲結體扁平的隸書而無漢碑風韻，更非曹魏特有的書體。石四周 全是殘壞傷痕，表面石花普遍，文字筆書或粗或細違背常規，皆是人爲製造的滄桑 感。學者施蟄存説，《水經注·汶水》有《魏獨行君子管寧碑》立於管寧墓前。然 而北宋歐陽修、趙明誠二家均未著録，恐宋代已經亡佚。“余嘗見徐乃昌《積學齋 藏碑目》及雲間杜亞詒《甓廬碑目》均有《大儒管寧碑》，正始二年十月立。此拓 本余猶未得見，恐亦僞刻耳”。③ 所云不虛。《北京圖書館藏中國歷代石刻拓本滙編》 對《管寧墓誌》的説明云：“此拓本爲翻刻本。”肯定感覺到拓本没有往古的時代氣 息而定爲翻刻。《漢魏六朝碑刻校注》不録此碑入書是對的。故宫博物院碑帖鑒定 名家馬子雲説：“管夫子碑，以徐君夫人管洛小碑之形式與書法造之。”④《晋待詔中 郎將徐君夫人菅氏之墓碑》，1930 年河南洛陽城北門外後坑村出土，後歸于右任， 今藏西安碑林博物館。⑤

《墓誌文體起源研究綜述》再次宣彰“最能代表墓碑文與墓誌結合，成爲其文 體正式形成標志的墓誌……應屬刻於正始二年（241）的《大儒管夫子碑》”，而且

---

① 毛遠明：《漢魏六朝碑刻校注》第 2 册，綫裝書局，2008 年，第 214~215 頁。

② 北京圖書館金石組：《北京圖書館藏中國歷代石刻拓本滙編》第 2 册，第 10 頁。

③ 施蟄存：《水經注碑録》，天津古籍出版社，1987 年，第 286~287 頁。

④ 馬子雲、施安昌：《碑帖鑒定》，廣西師範大學出版社，1993 年，第 473 頁。

⑤ 趙力光：《鴛鴦七誌齋藏石》，圖版 7。

"體現了學界對於其性質的共識",^① 越發跑偏了。

（4）《衛和墓誌》。文章説："有的墓誌銘還在誌題後加'并序'二小字，如陳太建二年（570）的《衛和墓誌銘》誌題即署作'陳故衛將軍墓誌銘并序'。這種體式逐漸成爲後世墓誌銘的通用形式。"檢中國國家圖書館網站，在"碑帖菁華"欄目看此墓誌的基本介紹，有云："原石附注：僞刻"。看其清晰大圖，^② 書法現代不見古氣，散文叙事，編織誌主生擒聞人侯景而得大員王僧辯賞識的故事以博人眼球。墓誌有文曰："稱病歸里，耕鑿以終。"頗似史乘傳略之語，不是墓誌通常寫法。

（5）《張整墓誌》。作者云："如作於太和二十三年（499）的《元弼墓誌銘》，即按照誌題、諱、字、鄉邑、世系、行治、履歷、壽年、卒葬信息等次序進行叙述，作於景明四年（503）的《張整墓誌》、正始二年（505）的《崔隆墓誌銘》等也都遵循這樣的叙事順序，而這種順序恰恰逐漸成了後來墓誌創作的常態。"

《洛陽出土北魏墓誌選編》將其列爲僞誌。^③ 觀其内容："暨世祖太平真君中，君以鄉難入京，奉策宫掖。"太平真君是太武帝拓跋燾的年號，歷時11年（440年六月至451年六月）。張整卒於景明四年（503），春秋六十，則生於公元444年，即其在太武帝時期"奉策宫掖"的最大年齡是八歲的兒童，不合常理。亡故後"皇上悛悼"，拓本"皇"缺數筆，不敬之尤；"悛悼"不詞，生編之甚。"葬於洛陽之西北斗泉陵"，陵名也是自造之詞。其書法模仿魏碑體而不工，精神萎靡。

（6）《崔隆墓誌》。《洛陽出土北魏墓誌選編》列爲僞誌。^④ 在河北大學文學院教授梁春勝《魏晋南北朝石刻辨僞十例》一文中排爲例七。分析其文，從"其時誌主剛剛甚或尚未出生，又怎能隨軍征討，并立戰功？"和望風捕影生造出來多個不見於北朝其他石刻的碑別字等方面判定其必僞。^⑤

學術新鋭的撰作斯文條理，欲發先賢之所未示，則須謹慎對待前人不曾用的材料，以免爲僞刻所誤導。

① 牛超：《墓誌文體起源研究綜述》，《北方文學》2017年第15期。
② 中國國家圖書館·中國國家數字圖書館·碑帖菁華，http://read.nlc.cn/OutOpenBook/OpenObjectPic?aid=418&bid=48877.0&lid=muz05022&did=%E5%A2%93%E8%AA%8C5022。
③ 朱亮：《洛陽出土北魏墓誌選編》，第227頁。
④ 朱亮：《洛陽出土北魏墓誌選編》，第229頁。
⑤ 梁春勝：《魏晋南北朝石刻辨僞十例》，復旦大學出土文獻與古文字研究中心網站論文，http://www.fdgwz.org.cn/Web/Show/1964。

十四　結語

　　關於墓誌的辨僞，是一個難以結束的話題。當已知的僞刻、複刻墓誌尚在揭穿之時，新的贋品還在接踵而來。期刊網上有關墓誌辨僞的十多篇文章，條分縷析，談的都是些朝代和姓名齊全、内容詳贍的墓誌，時代主要集中在北魏和唐朝。如洛陽師範學院圖書館藏有洛陽及其周邊地區出土北魏、隋、唐、五代、明、清墓誌 346 方，其中翻刻墓誌有 40 餘方，僞刻則屈指可數。近年來從事館藏墓誌的整理與研究的牛紅廣副研究員發表《隋唐墓誌僞刻辨析》，將其中 5 方隋唐墓誌僞刻略加辨析説明，附以墓誌拓本圖版，以豐富對墓誌刻石作僞手段的感性認識。

　　墓誌辨僞，侈談容易實踐煩難，除了具備古代歷史文化知識和書法修養，還要熟悉各種作僞方法。已故老友裴建平在新浪網 "洛陽裴氏拓真堂的博客" 上寫過一篇九千字的長文《碑誌辨僞淺析》，介紹墓誌碑刻作僞的重刻、翻刻（即複刻）、翻模（矽膠版、樹脂版）和僞刻。翻刻成的石面字口如新，須做舊，其方法主要有造傷、噴刷、塗抹、浸沾、腐蝕等，一一簡述其技術，并介紹拓本的辨僞方法。尤其對碑誌實物的辨僞方法着墨較多，從辨石材、辨石色、辨字工（鐫刻工藝）、辨綫工（墓誌綫刻圖案的剔刻工藝）、辨傷（翻刻僞刻墓誌的 "傷痕"，如舊石改造傷、工具傷、作僞傷、磨損傷）等，以親身經歷，多方訪查，全面介紹實用的辨僞方法。[①] 至於拓本的辨僞，最難的是文物單位在翻模版（如《龍門二十品》《肥致碑》《郭虚己墓誌》等）上製作的拓本，其書法逼真形神俱在，石花惟妙惟肖。故單看翻模版拓本以爲真品，毫不奇怪。須與原物拓本仔細比較，纔能尋找出些微的異點，如拓本總體尺寸略短，個别石花綫條略細等，十分困難。

　　至於僞作、複刻墓誌的辨析實有規律可循。吉林大學考古學院特聘教授王連龍厘定辨僞之法，廣其通例，作《碑誌辨僞通例》，他認爲僞造之例有臆造、改造和翻造。辨僞之法：一曰核之目録，以觀其緒；二曰核之故學，以觀其述；三曰核之形制，以觀其稱；四曰核之文字，以觀其用；五曰核之事實，以觀其時。辨僞之理，須注意：其一，孤證不立，重證據；其二，獨立思考，不盲從；其三，勤於實踐，忌空談。[②] 以供學界參考。

---

　①　洛陽拓真堂裴建平《碑誌辨僞淺析》，http://blog.sina.com.cn/s/blog_4ff91c430102y101.html。

　②　王連龍：《碑誌辨僞通例》，《書法研究》2016 年第 3 期。又見《王若曰——出土文獻論集》，鳳凰出版社，2021 年，第 120~134 頁。

洛陽北魏墓誌的作僞、考辨與鑒別[*]

劉燦輝

一　北魏墓誌作僞之動因

（一）北碑興盛背景下的利益驅動

北魏墓誌作僞之風，清末民初最爲盛行。二十世紀初，在修建通過洛陽邙山的汴洛鐵路和洛潼鐵路時，出土了大量精美的北魏文物和墓誌，引起了有關人士及修建鐵路的外國工程師的注意，一時間來自全國各地的古董商雲集此地，歐美等國相關人士也聞風前來競相搜羅，由於當時政府監管不力，故盜掘成風。時任故宮博物院院長馬衡聞訊曾多次到洛陽，進行考古收集和保護研究，對此，著名學者施安昌記述道：

> 墓誌和造像碑拓片是前院長馬衡先生（一八八一———一九五五年）舊藏的。馬衡是著名的考古學家、金石學家。二十世紀三十年代曾幾次率團到洛陽漢魏太學遺址考古發掘，搜集熹平石經和正始石經的殘石。那個時期北邙山盜墓成風，無法禁止。馬院長祇好盡力搜尋出土墓誌拓片，在他收藏的拓片中，絕大部分都是墓誌、造像碑和石經。[①]

施安昌先生所説的上述拓片中，包括著名的馮邕妻元氏墓誌（現已流失海外，藏於

---

* 本文原刊於《中國書法》2017 年第 10 期，作者同意入編本書，并有所增補。
① 施安昌：《火壇與祭祀鳥神：中國古代祆教美術考古手記》，紫禁城出版社，2004 年，第 9 頁。

美國波士頓美術館）以及元謐墓誌和石棺、元昭墓誌、元乂墓誌、荀景墓誌、侯剛墓誌、爾朱襲墓誌等拓本。洛陽出土的北魏墓誌多爲皇族及達官顯貴之誌，大多製作精良，文質兼美。其書法上承秦漢之法度，下啓隋唐之先聲，且各具風格，和而不同，北魏墓誌與著名的洛陽龍門石窟石刻"龍門二十品"等，一并成爲"魏碑"書法體系的主要部分。著名金石學家康有爲贊嘆道："魏碑無不佳者，雖窮鄉兒女造像，而骨肉俊宕，拙厚中皆有異態，構字亦緊密非常。"[1]魏碑成爲其時學習書法的楷模與風尚，其學術價值日益受到關注和重視，因此北魏墓誌被古董商、學者等人士爭相購求，在此熱潮下，洛陽地區諸多翻刻、複刻、臆造之作紛紛出籠，作僞者或椎拓出售拓本碑帖，或售石獲利，一時間真僞相雜，雌雄難辨，如著名的北魏《元顯儁墓誌》（圖一），翻刻版本竟達十餘種之多。

圖一　北魏《元顯儁墓誌》拓本

----

① 康有爲著，崔爾平校注《廣藝舟雙楫注》，上海書畫出版社，2006 年，第 135 頁。

學者余嘉錫在一九三一年記述："自近歲士大夫喜藏石刻，東西各國人士亦懸重金購求，於是一碑出土，古董商輒居爲奇貨，黠者至作僞以售其欺，以故新出之碑刻，多不可保信。"① 因巨大的利益驅動，時任洛陽縣知事曾炳章亦不顧朝廷命官之身份，加入僞造北魏墓誌者的行列。原河南大學校長王廣慶在《洛陽訪古記》中寫道："魏誌出土者，自以洛陽居多，民國初年，一石恒值數百金，亦有至千餘金者，其始爲洛陽縣知事曾炳章所重，曾氏將《元顯魏誌》複刻一版，欲將原石携去，經地方人力爭而止。"② 曾炳章之子曾虞民亦出重金購得北魏《元詮墓誌》，秘不示人，未幾，市間即見複刻此誌之拓片出售，此類僞刻之事，不勝枚舉。故有僞造成風時的北魏墓誌"出土一石，即複刻一石"之説，墓誌碑帖獲"黑老虎"之稱不虛也！

（二）文人墨客"戲作"的作僞個案

除却以利益爲驅動產生的大量北魏墓誌贋品外，亦有個別非爲牟利而作，譬如由民國政府官員宋香舟撰文，周覺書丹的《瑤光寺尼慈雲墓誌》（圖二）即爲"戲作"。1932 年 1 月 28 日，日本製造"上海事變"進攻上海，國民黨政府由南京緊急遷入洛陽。宋香舟是民國高官戴季陶的外甥，時任考試院銓叙部甄核司司長；周覺爲浙江吳興人氏，工書法，時任國民政府監察委員，國民黨元老、著名書法家于右任時任監察院長，周覺正是于右任之下屬。宋香舟、周覺二人所"戲作"之《瑤光寺尼慈雲墓誌》，圖寫房幃，行文香艷，與色情文學無異，且因其所述部分内容尚可與《魏書》、③《洛陽伽藍記》④ 等史料印證，故有不少人信以爲真，紛紛高價購求拓片。當代金石學者宫大中先生得見此誌一舊拓本，背面邊緣處有以行書信手而作跋語云："一·二八之變，國府遷洛，見市上出土及僞造者甚多，因戲作此石。民國廿一年吳興周覺書丹，宋香舟撰文。"⑤ 此"戲作"之贋品雖爲目前僅見，但因其爲高手所爲，其文辭和書法均具有較高的水準，影響亦較大。

① 余嘉錫：《晋辟雍碑考證》，《余嘉錫論學雜著》，中華書局，1977 年，第 134 頁。
② 王廣慶：《洛陽訪古記》，《河南文史資料》第 23 輯，1987 年，第 247 頁。
③ 魏收：《魏書》，中華書局，1974 年。
④ 楊衒之撰，范祥雍校注《洛陽伽藍記校注》，上海古籍出版社，1978 年。
⑤ 宫大中：《中原貞石墨影》，河南美術出版社，2004 年，第 334 頁。

圖二　偽刻《北魏瑶光寺尼慈雲墓誌》拓本

二　偽刻北魏墓誌之危害與負面影響

偽造北魏墓誌主要危害體現在三個方面：其一，不少專家學者紛紛中招，引發學術混亂；其二，收藏家、古董商不斷上當，損失大量精力及錢財；其三，誌文編造之内容被引用轉述，扭曲歷史真相。

（一）偽刻贋品引發的學術混亂

偽刻北魏《叔孫協墓誌》（圖三）即令專家學者紛紛上當。此石曾爲于右任舊藏，現存西安碑林。趙萬里《漢魏南北朝墓誌集釋》、①北京圖書館金石組《北京圖書館藏中國歷代石刻拓本滙編》、②趙超《漢魏南北朝墓誌彙編》、③趙力光《鴛鴦七

---

① 趙萬里：《漢魏南北朝墓誌集釋》第 4 册，廣西師範大學出版社，2008 年，第 138 頁。
② 北京圖書館金石組：《北京圖書館藏中國歷代石刻拓本滙編》第 4 册，中州古籍出版社，1989 年，第 94 頁。
③ 趙超：《漢魏南北朝墓誌彙編》，天津古籍出版社，1992 年，第 117 頁。

誌齋藏石》、① 洛陽文物局編《洛陽出土北魏墓誌選編》② 均録入此誌，并將其歸入真品之列。《洛陽出土石刻時地記》的作者郭玉堂亦受作僞之人蒙騙并記述："民國十八年陰曆八月，洛陽城東北卅里，翟泉人劉士廉於鎮北邙山上玉仙廟西掘得之。"并附有時任河南大學校長王廣慶之説："廣慶按：光武陵在北邙之陰，孟津縣境黃河南岸，距叔孫協墓廿里，以漢魏葬制推之，今所謂光武陵即和帝陵。"③ 因此誌蒙蔽過郭玉堂、王廣慶等中原金石名家法眼，以致後來不少學者皆深信不疑，并有學者依據墓誌所載内容，提出了漢光武帝劉秀陵墓所在地的爭議與討論。金石學家宫大中對此進行了認真考證，并詢問其時尚健在當事人劉士廉，最終確認《叔孫協墓誌》爲民國時期臆造之贋品。因此，宫大中先生在著文中感嘆："有些僞誌造假頗有功夫，幾乎能達到亂真的地步，往往使人上當受騙，筆者就曾沿襲舊説，將叔孫協僞誌作爲研究東漢原陵方位、地望的依據之一。在此現身説法，旨在引起注意。"并指出從邙洛墓誌的作僞情況看，以北魏墓誌爲甚。上述僞刻《叔孫協墓誌》被金石名家于右任當作真品高價買去，可見作僞者水準之高。

圖三　僞刻《北魏孫叔協墓誌》拓本

---

① 趙力光：《鴛鴦七誌齋藏石》，三秦出版社，1995年，圖版52。
② 朱亮：《洛陽出土北魏墓誌選編》，科學出版社，2001年，第54頁，圖版第292頁。
③ 郭玉堂：《洛陽出土石刻時地記》，大象出版社，2005年，第22頁。

正是由於作偽者頗具水準，贗品難以鑒別，故有學者戒心十足，以至於出現矯枉過正，把墓誌真品當作贗品的事例。一九三二年，學者周肇祥在《藝林月刊》上發表《晉左棻墓誌偽刻》一文，[1] 并附以拓片刊出，以多條證據論證其爲偽刻。事實上《左棻墓誌》是一方出土記載詳細、流傳可考的真品。對此現象，著名金石學家馬衡在《中國金石學概要》中寫道："蓋洛陽之邙山，自古爲丘墓之墟，而北魏陵寢多在其間，王侯貴族胥葬於此。嗜利之徒，私自發掘，時有所獲，此事本無足奇，而求之過深者，往往疑爲出自偽造，是誠武斷之甚矣。"[2]

（二）收藏家精力和財力的損失

北魏正光五年（524）刻立的《魏故樂安王妃馮季華墓誌》於民國九年（1920）出土於洛陽城北徐家溝村，原石現藏於安陽古物保管所。洛陽古代藝術博物館另藏有《魏故樂安王妃馮季華墓誌》翻刻版，翻刻刻石空白處增刻民國寇萬青記述云："余於民八（民國八年）以五百餘元購得此石，後縣知事訛石去，乃在道、省、京各署呈控，謹蒙由道省大人公刊發還此石……曩者有慶倖等事，皆永存之，以誌不忘，吾今效之，希遵吾諭，寇萬青諭於民國十二年六月一日。"從上述銘記得知，寇氏難辨真偽，以五百餘元大洋的高價，購得了翻刻《魏故樂安王妃馮季華墓誌》，并被同樣不辨真偽的縣知事訛去，并爲此贗品引發官司，足見偽誌使收藏家、古董商乃至官員等相關人士，損失不少財物與精力。類似情況頗多，不再一一列舉。

（三）贗品記載扭曲歷史真相

偽刻北魏《瑤光寺尼慈雲墓誌》，乃是依托北魏《魏瑤光寺尼慈義墓誌》[3] 及《洛陽伽藍記》之相關記載內容，捏造而成。此偽誌行文香艷，類同色情文學。民國文學家喻血輪未辨真偽即加以引用，在著作《綺情樓雜記》第一輯《奇異墓誌銘》中云："民國三十一年，予客渝，有友歸洛陽，謂在豫東其山見一廢寺，名瑤光寺，爲魏時所建，寺側有一比丘尼慈雲墓，墓誌字迹尚完好，確爲漢魏人所書，惟誌文香艷淫褻，妙絕千古，而以和尚銘女僧，尤爲奇特。"[4] 將偽刻《慈雲墓誌》

① 周肇祥：《晉左棻墓誌偽刻》，民國《藝林月刊》第 25 期，1932 年，第 11 頁。
② 馬衡：《中國金石學概要》，中華書局，1977 年，第 90 頁。
③ 《魏瑤光寺尼慈義墓誌》1929 年出土於洛陽城東北三十里鋪村南。誌高八十三厘米，寬八十四點八厘米。十五行，行十五字，正書。見《洛陽出土石刻時地記》，第 20 頁。
④ 喻血輪：《綺情樓雜記》，沈雲龍主編《近代中國史料叢刊》續編第 96 輯，文海出版社，1974 年。

列爲奇異墓誌之"妙絶珍品"。

關於誌中所述瑶光寺，爲北魏世宗宣武皇帝所立之皇家寺院，《魏書》及《洛陽伽藍記》等古籍均有記載。《魏書·皇后傳》中記載皇后出家者計有孝文帝廢後馮氏、宣武皇后高氏、孝明皇后胡氏等，亦有不少妃嬪及貴族婦女在瑶光寺出家，《北魏瑶光寺尼慈義墓誌銘》內容可見相關記述。楊衒之《洛陽伽藍記》亦云："瑶光寺，世宗宣武皇帝所立。"又述："椒房嬪御，學道之所，掖庭美人，并在其中。亦有名族處女，性愛道場，落髮辭親，來儀此寺，屏珍麗之飾，服修道之衣，投心八正，歸誠一乘。永安三年中，爾朱兆入洛陽，縱兵大掠，時有秀容胡騎數十入寺淫穢。自此後頗獲譏訕。京師語曰：'洛陽男兒急作髻，瑶光寺尼奪作壻。'"①

僞刻北魏《瑶光寺尼慈雲墓誌》依據《瑶光寺尼慈義墓誌》及《洛陽伽藍記》之內容捏造而成，誌文如下：

> 尼俗姓元氏，洛陽人也，少處宮禁，長於寺宇，儀容婉妷，肌理瑩潔；自頂至踵，不有玷贅；房闈妙緒，千態百端；左張右搏，俯燮仰承；骨肉勻合，無少漏隙。床幃精麗，栴檀馥鬱，四方瞻禮，歡喜踴躍。尼猛勇精塼，廣救法侶，不意嬰疾，遽爾萎謝。……法師慧密，痛芳容之遽遠，懼山谷之終遷，爲銘玄石，以期不朽。（以下銘文略）

觀僞刻《慈雲墓誌》之文，雖淫穢香艷，然頗具文采。乃民國高官宋香舟撰文，周覺書丹。此二人皆非平庸之輩，故所僞作之《慈雲墓誌》使得不少人信以爲真，且因其內容奇特，引人關注，其拓片一時間竟有洛陽紙貴之勢。民國學者周肇祥記述此誌云："世人愛奇而好色，聞斯誌也，必有以爲珍秘，而重價以求者，則作僞之技售，將迭出而不窮。余故考訂而明辨之，庶欺無可售，則作僞誨淫之風，可少息矣。"②足見高價求購此僞誌之拓本者甚衆。之後，此僞誌亦出現翻刻版本，可謂假上作假。北大教授著名學者劉半農亦被蒙蔽，一九三四年劉半農將不同版本的《慈雲墓誌》拓片兩份贈與考古學者傅振倫，并說一爲真迹，一爲南京翻刻僞品，殊不知二者皆爲僞品也。③此僞誌流傳甚廣，誌文不僅扭曲歷史真相，且其內容亦有辱

---

① 楊衒之撰，范祥雍校注《洛陽伽藍記校注》卷一《瑶光寺》，第46~47頁。

② 原載《藝林月刊》第44期，1933年8月，第14頁。

③ 傅振倫：《六十年所見所聞録之作僞的奸商》，《中國文物報》1995年6月18日，第4版。

佛門清規，負面影響較大。其書丹者周覺，於作僞此誌後次年去世於南京。①

據上述可知，其時僞造北魏墓誌者不乏高人，譬如僞刻《北魏劉惠芳墓誌》②即是文辭優美之作。故可知其時之作僞已形成體系，作文、書丹、銘刻均有高手介入，以致部分僞作令人真假難辨。

三　北魏墓誌作僞的常用手法

北魏墓誌贗品甚衆，其常用作僞手法概爲五種。

其一：依出土墓誌之真品原石或拓本作爲範本翻刻，不做任何改動或稍加改動，典型的有翻刻《元顯儁墓誌》《元顯魏墓誌》等。

其二：依托史書典籍，捏造名人墓誌。如僞作《陶潛墓誌》《陶浚墓誌》。

其三：參照出土墓誌，改頭換面，張冠李戴，拼湊僞造而成。如《元偃墓誌》《元悦墓誌》本來有真品，但造假者爲避免被發現，使用其他墓誌内容拼湊出了新的僞刻版本。

其四：依據名碑名刻或造像題記，臆造出僞誌。如僞刻《張猛龍墓誌》《元暉墓誌》等。

其五：將隋唐墓誌或其他北朝墓誌真品敲鑿年號冒充北魏墓誌。

現分而概論之。

（一）依原石爲範本進行翻刻僞造

民國六年（1917），洛陽城北十三里的後海資村出土了一件北魏墓誌重器，即著名的北魏龜形墓誌《元顯儁墓誌》。據郭玉堂在《洛陽出土石刻時地記》中記述，此誌由洛陽蟠龍村村民張西成掘出，出土位置距元顯儁之兄元顯魏之墓僅數步之遥。誌與蓋二石合爲龜形，蓋上題“魏故處士元顯儁墓誌”，誌石上端雕有龜首，下端雕刻龜尾，蓋上雕有龜甲紋飾。誌載窆於瀍澗之濱。③原石幾經輾轉，現存於中國國家博物館，是非常珍貴和稀有的北魏墓誌精品。此誌出土後遂見多種僞刻版本：一爲原樣翻刻版本，即完全按照原石内容翻刻，因原石爲龜形難以整體翻刻，

---

① 民國《中央日報》1933 年 12 月 8 日第 3 版新聞《監察委員周覺逝世，定於九日上午一時大殮》。

② 朱亮：《洛陽出土北魏墓誌選編》，第 197 頁。

③ 郭玉堂：《洛陽出土石刻時地記》，第 16 頁。

故翻刻者多僅刻中間誌文部分，以出售拓片牟利爲主。此翻刻之原石流傳至今，筆者在洛陽民間曾見依原樣翻刻刻石兩種：一爲洛陽孟氏藏石，一爲洛陽楊氏所藏民國翻刻。另有略作改動之翻刻版本，千唐誌齋即收藏一方，此僞誌將《元顯儁墓誌》首句"維大魏延昌二年歲次癸巳五月丙辰朔廿九日甲申故處士元君墓誌銘"改爲"維大魏永平三年歲次癸巳五月丙辰朔廿九日甲申故處士元君墓誌銘"。① 其餘部分内容未做任何改動。洛陽博物館在二十世紀五六十年代亦收集到了一批仿製和僞造的北魏墓誌，其中便有僞造的《處士元顯儁誌》并蓋，可見翻刻版本之多。

《元顯魏墓誌》於一九一五年出土於洛陽城後海資村，元顯魏爲北魏景穆皇帝曾孫，元鸞之子，《元顯魏墓誌》高、寬均爲五十八點八厘米，書刻俱佳。《元顯魏墓誌》出土後，時任洛陽縣知事曾炳章便原樣翻刻一石，欲偷梁換柱擬將《元顯魏墓誌》原石私藏，洛陽地方有識之士據理相爭方得以保留。現原石藏於開封博物館，翻刻之石曾藏於在金石界有"洛陽雷氏"之稱的雷明德家。② 新中國成立後，雷氏後人將其捐贈於洛陽古代藝術博物館保存。③ 曾炳章之子曾虞民也效仿其父，在北魏《元詮墓誌》出土後以重金購得秘藏，不久後市場即見翻刻《元詮墓誌》拓片售賣獲利。

（二）依托史書典籍捏造之作

贋品北魏《陶潛墓誌》及《陶浚墓誌》（圖四）即是典型的依照古文典籍捏造之作，僞刻《陶潛墓誌》全稱"大魏故彭澤令陶公墓誌"，誌文爲陶淵明文章《五柳先生傳》之翻版，藏於洛陽孟津縣文化館，誌石高六十三厘米，寬六十三點五厘米，厚度十一厘米，誌文署"徐州刺史冠軍將軍都督中外諸軍事亦録尚書事劉敬宣撰文"，"晋護軍右將軍王羲之之孫登閣書丹"。若其所述爲真，則其誌當爲石刻至寶，因陶淵明大名婦孺皆知，加之書聖王羲之後人書丹，自然非同凡物。惜經多方考證均證其爲僞作，現已作爲贋品資料，録入《新中國出土墓誌·河南〔貳〕》附

---

① 陝西古籍整理辦公室：《全唐文遺補·千唐誌齋新藏專輯》，三秦出版社，2006年，第435頁。
② 雷明德（1877~1957），字靖臣，亦稱靖丞，俊臣，洛陽老城人，清末著名古董商及收藏家，當時和于右任、張坊等名家關係密切，《袁敞碑》《皇女殘碑》，即是雷明德在洛陽民間發現，曾作《金石記》，今佚。
③ 紫城：《洛陽這百年》，中國文史出版社，2012年，第143頁。

錄。[①]更有僞托陶淵明後人的《陶浚墓誌》，其手法與《陶潛墓誌》如出一轍，此誌全稱"大魏故銀青光祿大夫司徒并錄尚書事都督荆湘等州諸軍事陶公（浚）墓誌"，[②]現有拓本藏於洛陽市文物工作隊。誌文曰："公諱浚，字彩雲，潯陽柴桑人也……祖潛，字淵明，號五柳先生，晋臣。辭不就職，即日解去印綬，詠歸去來辭以自樂，天下安危，不聞耿介，自矢碌碌終身於山林。"此誌之文風及内容與僞刻《陶潛墓誌》基本相同，蓋托陶淵明之典籍而捏造之僞作。

圖四　僞刻《北魏陶浚墓誌》拓本

（三）依據出土墓誌改頭換面僞刻

此作僞之法以僞刻北魏《元悦墓誌》和《元偃墓誌》最爲代表性，即僞刻《元悦墓誌》（圖五–1）是以北魏《元固墓誌》（圖五–2）爲藍本改動翻刻而成，僞刻《元偃墓誌》是依照北魏《元楨墓誌》改動翻刻的。

① 中國文物研究所、河南文物考古所：《新中國出土墓誌·河南〔貳〕》上册，文物出版社，2002 年，第 359 頁。
② 此誌被誤當作真品錄入《洛陽出土北魏墓誌選編》，文錄第 3 頁；圖版一，第 215 頁。

圖五-1　偽刻《元悅墓誌》拓本

圖五-2　北魏《元固墓誌》拓本

真品北魏《元悦墓誌》（益州刺史元悦）高七十一厘米，寬七十六點二厘米，二十二行，行二十字，正書，一九二〇年出土於洛陽城北徐家溝東南方向。誌首行題："魏故益州刺史樂安哀王墓誌銘"，於北魏永平四年十一月葬於洛陽北邙。僞刻《元悦墓誌》高、寬均爲四十一厘米，十六行，行十八字，首行題："魏故開府儀同三司徐州刺史元公墓誌"，末行則刻有"葬於孝昌三年十一月朔四日乙酉□□□南東垣之長陵，刊玆泉石式照"。此僞刻墓誌正是典型的改頭換面、張冠李戴之作，其内容并没有依托真品《元悦墓誌》改制，而是以北魏《元固墓誌》爲依據，删減改動而成，這種作僞手法更加隱蔽。僞品内容及書法大部分爲集字翻刻，如無真品《元固墓誌》對照，僅從書法風格斷定，則極易誤認其是真品。真品《元固墓誌》一九一八年出土於洛陽城北陳莊村東寨壕。誌首題刻："魏故使持節車騎大將軍儀同三司雍州刺史元公墓誌銘"；僞刻《元悦墓誌》首句正是將真品中"使持節車騎大將軍"删去，并將"雍州刺史"改一字爲"徐州刺史"以掩人耳目，内文亦用此法删減拼湊而成。

僞刻《元偃墓誌》亦同此法，北魏《元偃墓誌》真品於一九二六年出土於洛陽城西北高溝村澗水西，贗品《元偃墓誌》則依照北魏《元楨墓誌》真品，僅將姓名年月做以改變，翻刻而成。另見僞刻《北魏大將軍周恒墓誌》，誌文出現了"父則，隋任徐州刺史""隋神龜二年從駕僚佐"等隋代年號，并將北魏孝明帝"神龜"之年號謬稱"隋神龜二年"，爲典型低劣拼湊之僞作。僞刻《王元容墓誌》依據北魏《王謫妻元貴妃墓誌》僞造，僅將"女儀"改爲"今儀"，"婦行"改爲"德行"等。此類改頭換面、張冠李戴拼湊之法亦較爲常見，不再一一贅述。

（四）依據名碑或造像僞刻北魏墓誌

《張猛龍碑》爲中國書法史上著名的北魏碑刻之一，刊刻於北魏正光三年，現藏於山東曲阜孔廟。此碑書法勁健奇逸，結構精能，誠爲魏碑書法之扛鼎力作。然而近年又出現了《張猛龍墓誌》拓本，拓本爲正書，高六十七厘米，寬六十八厘米，計二十一行，行二十二字，品相完好無損。誌云"君諱囧字猛龍"，其内容亦大部分引自《張猛龍碑》之内容。《張猛龍碑》刻立於山東，此墓誌則記述張猛龍葬於洛陽。經宮大中等學者考證，此誌是依托北魏《張猛龍碑》内容篡改而成的僞作。[①]

僞刻《元暉墓誌》，郭玉堂認定其爲依據龍門石窟題記集字成文作僞，并記述

---

① 宮大中：《中原貞石墨影》，第339頁。

於誌後。《元暉墓誌》真品全稱"魏故使持節侍中都督中外諸軍事司空公領雍州刺史文憲元公墓誌銘"，於一九二六年出土於洛陽陳凹村。郭玉堂在《洛陽出土石刻時地記》稿本中記述："民國十五年（1926），陰曆六月十九日，洛陽城北四十里陳凹村西出土，有塚，并出陶器十餘件，售價百元。誌載：'遷葬於洛陽西四十里，長陵西北一十里，西鄉滙源里滙澗之濱。'石存西安碑林。"[1] 真品《元暉墓誌》題署爲神龜三年刊石，偽品則題署爲正光五年所立。郭玉堂在未刊書稿中記述有此偽品，并云："係龍門石窟寺集字成文。"經考證，此偽品是依據北魏《元思墓誌》全文照録，唯改動名字和下葬日期而已。

（五）將隋唐墓誌或其他北朝墓誌敲鑿年號冒充北魏墓誌

另常見用隋、唐墓誌鑿改年號，或故意殘損碑首年號部分冒充北魏墓誌。因北魏墓誌價格昂貴，價格常數倍乃至數十倍於隋唐墓誌。故造假者往往將風格接近魏碑的隋唐墓誌年號鑿去，或將有年號的部分整體破壞，形成所謂的"北魏殘碑"，近年多見有造假者以此法造假并兜售原石及拓本。亦有將風格更爲接近的東魏、西魏、北齊、北周墓誌以此法冒充北魏墓誌的，以期獲得更大利益。所以，見到殘損年號的所謂"北魏殘碑"，一定要引起警惕，要從書寫内容和書法風格等方面認真鑒別。

除上述幾種作偽方法之外，亦有一石兩面均翻刻北魏墓誌，以專供售製拓片專用的，如洛陽古代石刻藝術博物館收藏一石，兩面分別偽刻北魏宣武嬪李氏和北海王元渾墓誌。洛陽華夏金石文化博物館藏有翻刻版《北魏元譿墓誌》，刻在真品唐《崔夫人墓誌》背面，是珍貴的辨偽考證實物。另有毫無依據憑空臆造并書刻作偽的，此類方法較易甄別，在此亦不再贅述。

四　北魏墓誌鑒定的幾種方法

前文所述北魏墓誌作偽之動因、慣用方法及危害，是我們去偽存真，證偽辨偽之入手方向。因爲原石多數不能見到，通常以依據拓片進行鑒定者居多。故考辨和鑒定也分爲依據拓本和依據原石兩種方式，若能兩種方法并用則效果最佳。依據拓片辨偽的方法，常用的有考據文風、書法風格鑒定法、比較鑒定法、石紋石花鑒

---

① 郭玉堂：《洛陽出土石刻時地記》，第21頁。

定法等；而鑒定原石，則依據原石之"皮殼"、①石質、刻工、刀法、腐蝕程度、肌理、殘痕等方面予以鑒別。現分而論之。

（一）書法風格考據法

考據墓誌書法風格是最常見的鑒定方法之一。趙萬里在《漢魏南北朝墓誌集釋》序言中云："近年洛陽北魏墓誌大出，嗜古者珍逾拱璧，碑賈趁機私造，以牟重利。或竊改唐誌年號以充隋誌，如《賈玄贊殯記》不一而是。然一驗文采書體，立竿見影，真贗品自明。"文中提出了以檢驗"文采書體"爲標準的方法，進而又闡述了書法風格的時代特徵，云："大抵晋誌承炎漢之餘，古風未泯，分書豐厚圓潤，上者可與正始石經、咸寧辟雍碑抗衡，下者亦與郭休、任城孫夫人碑相近。北魏則太和、景明，遷洛未久，書體厚重，氣象盛大。正光以降，漸趨秀整。漳濱所出東魏、北齊墓誌，體勢寬博，文字多存隸古，視高長恭、高盛、高翻諸碑及磁縣響堂山諸石刻，如出一轍。隋誌則俊爽遒麗，別具風格。"②指出了不同時代書法的風格差異。以書法風格判定墓誌及拓片真偽，要求對北魏及相近時期的書法特徵和書風嬗變有一定的瞭解和研究。

（二）文學内容及文風考據法

考據文字内容及文風，要依據北魏時期的行文風格及墓誌銘常用文體，并參照《魏書》《晋書》《北史》等史料，亦要熟悉漢魏南北朝時期的文學、詩歌等文學内容。如《陶潛墓誌》在内容上即抄襲陶淵明《五柳先生傳》而來，《晋書》《宋書》《南史》皆有陶潛傳記，内容大致相同，《南史》云："陶潛字淵明，或云深明，名元亮。尋陽紫桑人，晋大司馬侃之曾孫也。少有高趣，宅邊有五柳樹，故常著《五柳先生傳》云……"③史載陶淵明於東晋義熙二年（406）辭去縣令職務，辭官後一直隱居江南，卒於南朝宋元嘉四年（427）。僞刻《陶潛墓誌》出土於洛陽，與史料不符。且誌署"徐州刺史冠軍將軍都督中外諸軍事并録尚書事劉敬宣撰文"并署有"晋護軍右將軍王羲之之孫登閣書丹"。墓誌上署"撰文""書丹"的行文落款格式在北魏墓誌中没有發現過，故此處亦可旁證此誌之僞。僞刻《陶浚墓誌》

---

① "皮殼"原意是指包裹在外面堅硬的外皮或表面的東西。在文物鑒定行業成爲常用語，引申爲物品的外在文物特徵。

② 朱亮：《洛陽出土北魏墓誌選編》，文録第 3 頁；圖版一，第 215 頁。

③ 李延壽：《南史》，中華書局，1975 年，第 1856 頁。

亦是如此，《洛陽出土北魏墓誌選編》却誤將其列入真品。其内容與偽刻《陶潛墓誌》相近，并署“青州刺史持節軍車騎將軍杜坦敬撰書”。考據其内容，便可證偽，且其書法缺少北魏書法之高古奇逸之氣，類似民國時期魏碑書風。内容考據與書法風格考據二法偕證，更可證《陶潛墓誌》《陶浚墓誌》爲偽刻無疑。

（三）比較鑒定法

比較鑒定法主要用於對依原樣翻刻之贋品的鑒別，在拓本鑒定中較爲常用。一些名品墓誌翻刻版本較多，亦不乏翻刻較佳者，如不采取對比勘校，則難以鑒別，好在諸多名品北魏墓誌多已出版印刷品，專業出版社所選拓本，大都經過專家學者鑒定校對，出錯率極小，可作爲母本，依此認真校對，則真偽立辨。翻刻較多的有《元顯儁墓誌》《元珍墓誌》《元詮墓誌》等，如無真品對照，有些贋品翻刻精良，難以判斷真偽。

對於一些偽刻碑誌，亦有不少書籍記録可考，清方若《校碑隨筆》及當代學者王壯弘《增補校碑隨筆》附有南北朝偽刻墓誌六十二件，其中北魏墓誌二十餘件。《洛陽出土北魏墓誌選編》則專列“偽刻墓誌目録”，録入偽刻魏誌七十三件，其中三十四件偽誌附有圖版，此類書籍可作工具書參考。當然，參考時也需辯證地看待，因爲個別工具書也有將偽誌列入真品的失誤之處，亦有將真品列入偽作之可能。

（四）原石文物鑒定法

鑒定原石是鑒定北朝墓誌的直接辦法，這裏面包含更多的是文物鑒定的方法，即根據石刻皮殼特徵、吃土痕迹、腐蝕程度、石質變化等方面判定，需要有豐富的經驗，有時還需采用科學的實驗室檢測技術。

關於鑒定原石的石質和土質，金石學家馬子雲在《碑帖鑒定淺説》中以《熹平石經》爲例，略有論述，云：“《熹平石經》埋入土中千餘年，受土質侵蝕，黄土粘於石上特別牢固，不易脱落。且河南土色淺黄，與河北土色不同。如所見‘石經’殘石石面土色新而土銹不固者，即爲偽造。如石面雖舊，尚須看字内土銹如何？如不堅固，即是以舊平面石偽造。石面舊，新刻字口露出新石色，再加上土銹不堅，且往往非河南土色，此皆作假迹象。”[1]

另外，北魏墓誌多取洛陽周邊龍門山或萬安山之所出石灰岩，洛陽俗稱“青石”，石質堅硬細密，不易風化，著名的龍門石窟即是此種石灰岩。且北朝墓誌書

---

① 馬子雲：《碑帖鑒定淺説》，紫禁城出版社，1986年，第92頁。

刻完畢後即埋入土中，隔絕空氣，故大都保存完好，雖歷千餘年，字口仍清晰自然，氣息醇厚。僞刻多用無字之舊石，舊石多係野外風化之平面石，雖亦歷盡滄桑，但終與出土之北魏墓誌感覺不同，多有鬆弛之感，更無北朝墓誌出土時氣息逼人之勢。

（五）刻工及刀法鑒定

從銘刻刀法上亦可作爲鑒定北魏墓誌的一個重要依據，洛陽所出北魏墓誌大都刀法嫻熟，且雕刻工具與工匠技藝都與近現代翻刻不同。北魏孝文帝遷都洛陽後，全國能工巧匠雲集於此，展開了對龍門石窟的開鑿，更使得北魏石刻技藝日趨高超。最富代表性的是一九二六年出土於洛陽城西的北魏《輔國將軍長樂馮邕妻元氏墓誌》（圖六–1、圖六–2），紋飾瑰麗，精美絕倫。金石學家關百益一九三三年在《河南金石志圖正編》第一集精印此誌刊出，并評道：“馮氏聯婚帝室，富麗一時。此誌華美亦超越一切。”[1] 此説見證了北魏墓誌刻工水準之高超。北魏墓誌鐫刻多刀法精準，刀口爽勁，綫條流暢，無拖泥帶水之態。清末民國及當代之僞刻則多用刀粗拙，行刀有猶豫滯刀之感，所刻書法筆力靡弱，缺乏北魏之神韻，時代氣息不同。故需多見北朝墓誌原石，則自然易於分別。

圖六–1　北魏《輔國將軍長樂馮邕妻元氏墓誌》誌蓋原石照片

---

① 關百益：《河南金石志圖正編》，河南通志館印行，1933 年，第 1 集。

圖六-2　北魏《輔國將軍長樂馮邕妻元氏墓誌》誌蓋拓本

　　當代學者王壯弘《碑帖鑒別常識》云："光緒末年至民國初年，洛陽出土的大量南北朝墓誌，如《安樂王元詮》《元倪》《石夫人》《元顯儁》《元顯魏》等，更是真贗莫辨，即使精於此道者也難免上當。民國間洛陽有個碑商名叫郭玉堂，凡出土一石翻刻一石，時間長了，刀法也熟練了，如果不依原本細細校勘，確實難以辨認。"[①]雖難鑒別，但真、偽必定有別。祇要積纍經驗，依據方法，認真觀察研究，便可發現贗品之破綻。

結　語

　　洛陽北魏墓誌之美，世人共知；造假者衆，亦可側證其魅力。近現代偽刻北魏墓誌之多，品質之精，參與者水準之高，亦達到另一高峰。因贗品數量較多且偽造技藝高超，給我們對北魏墓誌及拓本的學習、研究、收藏等方面帶來了許多不便和影響，所以專門研究洛陽北魏墓誌作偽及鑒別考據就顯得十分必要。本文系統地從北魏墓誌作偽之動因、贗品帶來的危害和影響、作偽的主要手段和方法等方面進

---

①　王壯弘：《碑帖鑒別常識（修訂本）》，上海書店出版社，2008年，第160頁。

行分析論述，并從鑒定拓本和原石兩方面提出了考據文風、書風、版本比較，及對原石的文物鑒定、鐫刻刀法、詢證等鑒別方法。力求通過對北魏墓誌作僞、考辨、鑒別的系統梳理，去僞存真，使我們能更好地對北魏墓誌及拓本和魏碑書法進行考據、學習、收藏和研究。

碑誌辨僞通例[*]

王連龍　　叢思飛

　　碑誌之義也廣，種類繁多，僂指難數。泛言之，可爲碑碣、摩崖、題記、刻經諸碑刻，亦涵指壙記、磚誌、塔銘、地券、鎮墓文等幽誌。古之碑誌，頗有世所未恒見者，所叙古事，可補史闕，此爲碑誌學術價值之一。碑誌又可與傳世文獻相印證，爲釋讀、訂正載籍之絶佳佐證，此爲碑誌學術價值之二。再者，碑誌總不離文字書寫，碑誌文字遺迹可爲楷法，兼具文獻與文物之雙重屬性，此爲碑誌學術價值之三。最後，碑誌皆屬金石學範疇，係學術研究之重要領域，此爲碑誌學術價值之四。然古今商賈射利，碑誌舛訛橫生，僞造之風不絶，學者時有不審，好奇務博，至於輕信，以誤於學。前哲於此雖多有關注，憾未能詳解，時賢亦未易幾及者衆。筆者不揣譾陋，於古之碑誌，取可施於學術者，厘定辨僞之法，廣通其例，以期獻微益於學界。

一　碑誌僞造之例

　　碑誌僞造宋代已見，作僞手法間見層出，清人葉昌熾《語石》[①]曾歸爲"一刻再刻""摹本""贋本""補刻"若干，後張彦生、[②]王壯弘、[③]趙超、[④]馬子雲、施

---

　　*　　本文原刊於《書法研究》2016 年第 3 輯，入編本書有所增補。

　　①　　葉昌熾：《語石》，《石刻史料新編》第 2 輯，新文豐出版公司，1979 年。

　　②　　張彦生：《善本碑帖録》，中華書局，1984 年。

　　③　　王壯弘：《碑帖鑒別常識》，上海書畫出版社，1985 年；修訂本，上海書店出版社，2008 年。

　　④　　趙超：《漢魏南北朝墓誌彙編》，天津古籍出版社，1992 年。

安昌、^①陳根遠、^②江嵐^③等踵事增修，宗法其説。概觀諸家之言，雖關注碑帖誌拓真贋，於碑誌辨僞亦不無益處。今概括碑誌偽造之例曰"臆造""改造"及"翻造"。

（一）臆造

所謂臆造，顧名思義，即造偽者編撰事迹，偽造碑誌。臆造重臆，然絕非憑空架閣，其必有所憑藉，或割裂，或湊綴，多寡有異而已。采綴他刻少者，文辭簡略，言之不詳，人物事迹不可考，若李昭碑、中山王君碑、陳德碑、蔡君殘石等。采綴多者，抄襲節錄其他碑誌文辭内容或相關事迹，此即有所來由者。如《新中國出土墓誌·河南〔貳〕》"附一"收錄陶潛墓誌，即刺取陶淵明相關事迹臆造。^④相類者若張猛龍墓誌，臆造取材於張猛龍清頌碑。^⑤抄襲節錄文辭内容者如于謹墓誌，本出自元邵、元懌二誌。^⑥此類臆造碑誌特徵明顯，即篇章主體框架臆造，部分文辭抄襲節錄他文，與下文所講改造又有所區別。

（二）改造

改造碑誌，指造偽者保留碑誌原有篇章主體框架，衹於人物、紀年、撰者及書丹者等進行篡改之造偽行爲。以近年所見改造碑誌爲例：如延昌二年十一月十三日安樂王第三子給事君夫人韓氏墓誌篡改永平二年十一月十三日元願平妻王氏墓誌而成，衹是誌主變化而已。^⑦與之相類，北魏元伯陽墓誌、^⑧隋楊公夫人墓誌、^⑨唐故禪大德演公塔銘^⑩均由其他墓誌改造而成。其中，唐故禪大德演公塔銘造偽者增刻

---

① 馬子雲、施安昌：《碑帖鑒定》，廣西師範大學出版社，1993 年。

② 陳根遠：《中國碑帖真偽鑒別》，安徽科技大學出版社，2001 年。

③ 江嵐：《歷代碑刻辨偽研究綜述》，碩士學位論文，西南大學，2007 年。

④ 王昕：《河南新見陶潛墓誌辨偽》，《中國歷史文物》2003 年第 6 期。

⑤ 周錚：《張猛龍墓誌辨偽》，《收藏家》2002 年第 5 期。

⑥ 楊娟：《出自洛陽的一方北朝墓誌偽品的辨析》，《文博》2011 年第 6 期。

⑦ 羅新：《北大館藏拓本〈給事君夫人韓氏墓誌〉辨偽》，《文獻》1996 年第 1 期；馬立軍：《北魏〈給事君夫人韓氏墓誌〉與〈元理墓誌〉辨偽——兼談北朝墓誌著録中的偽刻問題》，《江漢考古》2010 年第 2 期；王培峰、李繼高：《北魏延昌二年〈韓氏墓誌〉偽作説補證》，《西北農林科技大學學報》2011 年第 2 期。

⑧ 魯才全：《北魏〈元伯陽墓誌〉辨偽》，《魏晉南北朝隋唐史資料》第 15 輯，武漢大學出版社，1997 年。

⑨ 王其禕、周曉薇：《隋代墓誌銘袪偽三例》，《唐史論叢》第 10 輯，三秦出版社，2008 年。

⑩ 姚美玲：《會昌三年〈唐故禪大德演公塔銘〉係偽作》，《甘肅高師學報》2005 年第 1 期。

裴休撰文、柳公權書丹，以重其名。改造碑誌，可改造於同時期之碑誌，亦可改造後世碑誌，抑或改造後再刻新石，追逐名利。

（三）翻造

翻造者，謂造僞者於原碑誌之外，摹造一石以冒充原刻。爲翻刻之便，造僞者通常於碑誌書法、文辭、内容等不作變動，修改者鮮見，若秦石鼓文、吳天發神讖碑、唐九成宮醴泉銘碑等，歷代均有翻造。今有公私藏家恐碑誌殘損，不經椎拓，別刻一石，以應供求，亦屬此列。筆者曾見魏故儒德李生墓誌翻造二石，一石字口淺析，文辭簡短，邊加唐代紋飾；另一石形制有變，書法惡俗，均屬低劣翻造。又見高歡之父高樹生墓誌，洛陽數家機構均有收藏，其中必有翻造者。與翻造相近者曰重刻，因椎拓不便、原石亡佚等原因，據原迹及拓本重新翻刻碑誌，如秦嶧山碑、唐夫子廟堂碑諸類重刻，以其爲世人熟知，不涉僞造牟利，故不在本文考辨之列。

二　碑誌辨僞之例

知碑誌贋造之法，即可有的放矢，逐類考辨真僞。今窺文獻辨僞之法，當以胡應麟“辨僞八法”、梁啓超“辨僞十二公例”最爲典範，要之此法一開，於今人有功不淺。碑誌雖載體有異，亦在文獻研究範疇之内，故關注其載體特殊性之外，常規文獻辨僞之法大致可用。筆者總結下列“五大法門”，於碑誌辨僞應有所助益。

一曰核之目録，以觀其緒。

古人著録碑誌，必剖析條流，各有其部，辨章學術，考鏡源流，欲人即類求石，因石究學，此即碑誌目録之學。碑誌目録以側重不同，又可細分爲題名目録、圖版目録、釋文目録及混合著録目録等形式。題名目録載碑誌名稱，并附題跋若干，簡述出土時地、形制、書體、容字、泐損、歸屬等信息。如方若、王壯弘《增補校碑隨筆》，[①] 楊殿珣《石刻題跋索引》，[②] 劉昭瑞《漢魏石刻文字繫年》，[③] 徐自强

---

① 方若著，王壯弘增補《增補校碑隨筆》，上海書店出版社，2008 年。
② 楊殿珣：《石刻題跋索引》，商務印書館，1957 年。
③ 劉昭瑞：《漢魏石刻文字繫年》，新文豐出版公司，2001 年。

《北京圖書館藏石刻叙録》，① 陳忠凱《西安碑林博物館藏碑刻總目提要》，② 氣賀澤保規《唐代墓誌所在總合目録》，③ 梶山智史《北朝隋代墓誌所在總合目録》④ 等。與題名目録不同，圖版目録重在輯録圖版，即碑誌原石拓本。此類目録中較爲重要者若北京圖書館金石組《北京圖書館藏中國歷代石刻拓本滙編》、⑤ 國家圖書館善本金石組《歷代石刻史料彙編》、⑥ 徐玉立《漢碑全集》、⑦ 洛陽市文物工作隊《洛陽出土歷代墓誌輯繩》、⑧ 洛陽市第二文物工作隊《洛陽新獲墓誌》、⑨《洛陽新獲墓誌續編》、⑩ 吳鋼等《隋唐五代墓誌滙編》、⑪《新中國出土墓誌》系列等。釋文目録集録釋文，多以年代及地區分類，著名者有陶宗儀《古刻叢鈔》、⑫ 羅振玉《冢墓遺文》⑬ 系列、趙超《漢魏南北朝墓誌彙編》⑭ 及周紹良等《唐代墓誌彙編》、⑮《續集》⑯ 等。最後一類爲圖版釋文混合目録，如洛陽文物局《洛陽出土北魏墓誌選編》、⑰ 遼寧博物館《遼寧博物館藏碑誌精粹》、⑱ 毛遠明《漢魏六朝碑刻校注》。⑲ 筆者近年編撰《南北朝墓誌集成》，收録學界公開發布的南北朝墓誌 1468 種，分釋文編、圖版編、索引編等，對南北朝墓誌進行系統著述。碑誌目録，圖文并茂，著録有緒，附記索引，易於考證。⑳ 上舉給事君夫人韓氏墓誌之僞，核之目録，可知其著録於顧燮光《古誌新目初編》㉑ 及孫貫文《北京大學圖書館藏歷代

---

① 徐自强：《北京圖書館藏石刻叙録》，書目文獻出版社，1988 年。

② 陳忠凱：《西安碑林博物館藏碑刻總目提要》，綫裝書局，2006 年。

③ 氣賀澤保規『唐代墓誌所在總合目録』明治大學東亞石刻文物研究所、2017 年。

④ 梶山智史『北朝隋代墓誌所在總合目録』汲古書院、2013 年。

⑤ 北京圖書館金石組：《北京圖書館藏中國歷代石刻拓本滙編》，中州古籍出版社，1989 年。

⑥ 國家圖書館善本金石組：《歷代石刻史料彙編》，北京圖書館出版社，2000 年。

⑦ 徐玉立：《漢碑全集》，河南美術出版社，2006 年。

⑧ 洛陽市文物工作隊：《洛陽出土歷代墓誌輯繩》，中國社會科學出版社，1991 年。

⑨ 洛陽市第二文物工作隊：《洛陽新獲墓誌》，文物出版社，1996 年。

⑩ 洛陽市第二文物工作隊：《洛陽新獲墓誌續編》，科學出版社，2008 年。

⑪ 吳鋼等：《隋唐五代墓誌滙編》，天津古籍出版社，2009 年。

⑫ 陶宗儀：《古刻叢鈔》，《石刻史料新編》第 1 輯。

⑬ 羅振玉：《冢墓遺文》，《石刻史料新編》第 1 輯。

⑭ 趙超：《漢魏南北朝墓誌彙編》，天津古籍出版社，2008 年。

⑮ 周紹良：《唐代墓誌彙編》，上海古籍出版社，1992 年。

⑯ 周紹良、趙超：《唐代墓誌彙編續集》上海古籍出版社，2001 年。

⑰ 洛陽文物局：《洛陽出土北魏墓誌選編》，科學出版社，2001 年。

⑱ 遼寧博物館：《遼寧博物館藏碑誌精粹》，文物出版社，2000 年。

⑲ 毛遠明：《漢魏六朝碑刻校注》，綫裝書局，2008 年。

⑳ 王連龍：《南北朝墓誌集成》，上海人民出版社，2021 年。

㉑ 顧燮光：《古誌新目初編》，《石刻史料新編》第 2 輯。

石刻拓本草目》，^① 其文載於趙超《漢魏南北朝墓誌彙編》，至於作僞所本之元願平妻王氏墓誌，圖文并見趙萬里《漢魏南北朝墓誌集釋》，及王壯弘、馬成名《六朝墓誌檢要》^② 又簡述其出土及歸屬情況。如此，按圖索驥，圖文對驗，真僞可辨。

二曰核之故學，以觀其述。

碑誌研究，出現也早，《金樓子·著書》即載梁元帝蕭繹撰《碑集》十袠百卷，隋唐後，碑誌漸內附於金石之學，日益爲學人所重，至今著述付梓傳播於世者廣矣。學術研究重傳承，碑誌之學有千年之積，後學既有志於斯，則須尊重前賢所論，此爲學術操守，亦可謂學術規矩。總結前人碑誌之學，可分爲三：即通論、集釋及專項研究。通論重在系統，於碑誌源流、形制、命名、種類、文例、文字、著錄等，無所不涉，乃培養碑誌研究者學術素養之基礎。通論類著述有潘昂霄《金石例》、^③ 王行《墓銘舉例》、^④ 黄宗羲《金石要例》、^⑤ 葉昌熾《語石》、陸和九《中國金石學講義》、^⑥ 馬衡《中國金石學概論》、^⑦ 趙超《中國古代石刻概論》、^⑧ 徐自强等《古代石刻通論》、^⑨ 毛遠明《碑刻文獻學通論》^⑩ 等。此類著述雖於碑誌辨僞論述有限，倘研之日久，終爲根基所在，有恒心者可爲之。碑誌個案考證自歐陽修《集古錄》、趙明誠《金石錄》以降，恒河沙數，可觀者衆，今集釋有王昶《金石萃編》、^⑪ 陸增祥《八瓊室金石補正》、^⑫ 趙萬里《漢魏南北朝墓誌集釋》、^⑬ 高文《漢碑集釋》^⑭ 等，王、陸之書係碑誌集大成之作，趙、高之作乃碑誌研究經典，皆有辨僞之論，尤以陸書《金石祛僞》最爲值得研讀。專項研究種類亦繁，若碑誌與文學、史學、藝術、宗教、地理、婚姻等，其中以辨僞研究與本文關係最爲密切。前

---

① 孫貫文：《北京大學圖書館藏歷代石刻拓本草目》，三晋出版社，2020 年。
② 王壯弘、馬成名：《六朝墓誌檢要》，上海書畫出版社，1985 年；修訂本，上海書店出版社，2008 年。
③ 潘昂霄：《金石例》，《石刻史料新編》第 3 輯，新文豐出版公司，1986 年。
④ 王行：《墓銘舉例》，《石刻史料新編》第 3 輯。
⑤ 黄宗羲：《金石要例》，《石刻史料新編》第 3 輯。
⑥ 陸和九：《中國金石學講義》，北京圖書館出版社，2003 年。
⑦ 馬衡：《中國金石學概論》，時代文藝出版社，2009 年。
⑧ 趙超：《中國古代石刻概論》，文物出版社，1997 年。
⑨ 徐自强等：《古代石刻通論》，紫禁城出版社，2003 年。
⑩ 毛遠明：《碑刻文獻學通論》，中華書局，2009 年。
⑪ 王昶：《金石萃編》，《石刻史料新編》第 1 輯。
⑫ 陸增祥：《八瓊室金石補正》，《石刻史料新編》第 1 輯。
⑬ 趙萬里：《漢魏南北朝墓誌集釋》，《石刻史料新編》第 3 輯。
⑭ 高文：《漢碑集釋》，河南大學出版社，1997 年。

文已言，葉昌熾《語石》曾言及碑誌辨偽，王、陸之書亦多見辨偽例證，後張彥生、王壯弘、馬子雲、施安昌、江嵐、仲威等漸有專著闡述。核之故學，以觀其述，此"述"可觀者有二：一爲辨偽方法，二是辨偽結果。關於研究方法，清人多爲例證，如陸增祥《金石祛偽》歷秦詔版，至唐葬馬銘，考辨碑誌三十五例，或據之著錄，或徵之史事，或立足書法，運用辨偽方法於個案考證。至近代，學者始總結辨偽方法，若趙萬里《漢魏南北朝墓誌集釋》、趙超《漢魏南北朝墓誌彙編》前言皆有論説，均可取法。今人辨偽著述，多爲碑帖誌拓辨偽，與碑誌真偽考辨有聯繫，亦有區別，尤以未見原石，徒據拓本推論者，須當謹慎。至於辨偽結果，諸家辨偽著述多附偽刻目錄，可爲必要參考。諸如陸增祥《金石祛偽》、方若《校碑隨筆》、王壯弘《增補校碑隨筆》、顧燮光《古誌新目初編》、馬子雲《碑帖鑒定淺説》、王壯弘《六朝墓誌檢要》、趙超《漢魏南北朝墓誌彙編》、《洛陽出土北魏墓誌選編》等，江嵐《歷代石刻辨偽研究綜述》羅列諸家辨偽條目，并做統計分析，查閱極爲便利。

三曰核之形制，以觀其稱。

物有常形，碑誌亦然。就辨偽角度言之，可關注形制者大體有石材、外形、尺寸、紋飾、殘損諸內容。先以石材爲例説。今人作假，石材來源有二：一是取明清碑誌原石，打磨重刻；二是就地取材，鑿刻新石，加以做舊手段。比較而言，古人造刻碑誌，必先精選石材，《孔宙碑》有謂"陟名山，采嘉石"。葉昌熾《語石》於此總結最爲宏觀，其云："唐初碑誌如《廟堂》《聖教》諸碑，皆黝然作淡碧色，光如點漆，可鑒毫髪，扣之清越作磬聲，真良材也。吴越間古碑絶少，唐以後雖有存者，亦多淺蝕。若無屋覆，露處田野，其久也，馴至漫漶無一字。燕趙間遼金幢多黄沙石，坳突不平。"葉氏所言，於碑誌石材之時代、地區差異均有論及，可謂精當，與出土碑誌所見大同多采砂岩、洛陽常用石灰岩、敦煌屢見黄砂岩等相印證，若輔之以精研碑誌原石，可得見偽造碑誌之端倪。再言碑誌之外形、尺寸、紋飾、殘損。按，碑誌等級，皆有常制，上自王公、下至庶人，無相差越，其事見載《隋書·禮儀志》《大唐六典》等。今以出土碑誌情況觀之，縱然禮崩樂壞之際，僭越禮制偶見，碑誌形制大體有所定制，趙超先生於此多有研究，其成果可供參考。[1] 基於碑誌紋飾、殘損之判斷，亦較爲可信。碑誌紋飾因時代不同，又與政

---

① 趙超：《古代墓誌通論》，紫禁城出版社，2003年。

治、經濟、文化、宗教、藝術等因素相涉，其刊刻技術、手法及内容具有不同特徵及變化規律，摹造其型易，仿佛其神難。陸增祥《金石祛僞》曾辨琴亭國李夫人墓門題字之僞："前畫一鹿蹲伏於地，花飾不甚古，可疑也。"筆者曾收藏劇市墓誌拓本，此誌石前銘後圖，觀之日久，其殯葬圖綫條羸弱，人物表情呆滯，不類原刻，及見原石，果爲翻刻。當下，不同時代之碑誌紋飾，皆有標準器出土，館藏及著録均可見，辨僞者當悉心掌握，以便查對。至於碑誌殘損，乃歷年稍久之自然風化，與人工做舊之效果絕異。山東濟南市博物館藏朱博殘碑，張彦生《善本碑帖録》、①羅振玉《石交録》②均據石花斷定爲僞刻。至若碑誌殘損情況，又可比對不同時期之拓本，瞭然於胸。王壯弘《碑帖鑒別常識》"注意石花石痕一則"曾謂晋王獻之小楷《洛神賦》十三行宋刻原石面有"鋒利之物擦痕數條，挺率爽利，擦痕穿過字畫之處一一吻合，絕非人工所能仿劃"，以此爲鑒別是十三行真僞簡便有效之法。筆者亦曾見何君閣道碑及青天河北魏摩崖碑誌拓本，石花僵硬，有明顯鑿痕，均爲翻刻。

四曰核之文字，以觀其用。

碑誌文字素爲辨僞大宗，可觀者有三：一曰字形，二曰文辭，三曰書刻。字形，文字形體，可從書法及別字層面言之，書法關乎文字書寫，別字注重字形選擇。衆所周知，不同時代之書體多有差異，即使同一時期，也因好尚不同，書風也有所區別。造僞者爲利益所誘，慣以名家書丹，此亦古制，然今人臨摹古人以求逼真，個人習氣及後世筆法流露即在所難免。相比書法之需專業技能審視，別字辨僞更適宜常人使用。別字，即碑別字，包括漢唐碑刻上一般的異體字和不規範的訛形、俗寫、改作等産生的異體字。③因碑別字時代性、地域性强，逐漸成爲碑刻辨僞方法之一。縱觀漢唐文字，變化雖大，總不若先秦鐘鼎古文之難以把握，且前賢於此多有總結，勤於查閱字書及相關研究即可解決問題。別字著述可推薦者有羅振鋆、羅振玉《增訂碑別字》，④羅福葆《碑別字續拾》，⑤秦公《碑別字新編》⑥及秦

---

① 張彦生：《善本碑帖録》，中華書局，1984 年。

② 羅振玉：《石交録》，《羅振玉學術論著集》，上海古籍出版社，2010 年。

③ 叢文俊：《陸明君〈魏晋南北朝碑別字研究〉序》，文化藝術出版社，2009 年。

④ 羅振鋆、羅振玉：《增訂碑別字》，《石刻史料新編》第 1 輯。

⑤ 羅繼祖：《羅振玉學術論著集》第 2 集，上海古籍出版社，2010 年。

⑥ 秦公：《碑別字新編》，文物出版社，1985 年；修訂本，2016 年。

公、劉大新《廣碑別字》，^①諸書皆有檢索，利於使用，其中又以秦書最爲通用。此外，碑別字研究著述有張涌泉《漢語俗字研究》、^②陸明君《魏晉南北朝碑別字研究》^③二書。張書將碑別字納入俗字體系，陸書爲近年來碑別字系統研究力作，皆可參讀。文字落實於文章之詞句形式，可曰文辭。與碑誌文辭使用有關之名詞、文體、文法、音韻等，時代特徵明顯，均可爲辨僞所用。兹舉一例，陳垣先生曾考證天寶元年《創建清真寺碑》爲僞碑："碑文語意，純是宋明以後語，與唐人語絶不類，其書法亦非宋明以前書法。且譯摩訶末爲謨罕默德，尤爲元末明初人譯音。"^④上舉文辭辨僞内容多有涉及，可謂經典。與文辭使用相關，還有避諱一法，亦爲辨僞常用。古人爲尊者諱、爲長者諱，不同時期之避諱内容亦不相同，故可適用於辨僞。若阮元校勘十三經，既見石經中凡偏旁涉"世"字者，多改從"云"，且以"棄"作"弃"，"勘"作"勊"等爲例。避諱之制以漢最寬，隋唐漸嚴，宋發展至極致。避諱方式以代字、省缺、缺筆等最爲常見。葉昌熾《語石》"避諱五則"曾例舉梁吴平忠侯蕭昺，唐人避高祖父元帝諱，改"昺"爲"景"，世見碑誌吴平忠侯闕，後人著録題爲蕭景，有造僞者不知著録之誤，僞造梁蕭景造像，殊爲可笑。避諱著述以清周廣業《經史避名彙考》^⑤爲始，該書廣收避諱之例，後世又有相類著述若干，若存疑碑誌中有不確定之避諱，查閱核對即可。最後言書刻。書刻，一謂書刻行爲，二指書刻之人。先書後刻，碑誌常規，然今人造僞，刊刻技藝多不若古人，又憑藉現代機械工具爲之，故字口與古刻有異，揣摩日久即可見其僞迹。前文所言魏故儒德李生墓誌之翻刻，可爲例證。碑刻之署書刻人，漢代始見，然其例甚少，六朝碑刻亦如是，尤以墓誌最明顯，署名撰文、書丹、刻工者不足十種，至唐代風氣方大盛。今人造僞爲逐名利，常僞造書丹名款，托名書法名家，上舉唐故禪大德演公塔銘僞刻裴休撰文、柳公權書丹，及陶潛墓誌標"徐州刺史冠軍將軍都督中外諸軍并録尚書事劉敬宣撰文"，"晋護軍右將軍王羲之之孫登閣書丹"，均是其例，此事不可不察。

五曰核之事實，以觀其時。

碑誌載人叙事必不離人名、地名、職官、紀年、譜系、宦績、婚姻、禮制、

① 秦公、劉大新：《廣碑別字》，國際文化出版公司，1995 年。
② 張涌泉：《漢語俗字研究》，岳麓書社，1995 年。
③ 陸明君：《魏晋南北朝碑別字研究》，文化藝術出版社，2009 年。
④ 陳垣：《回回教入中國史略》，《東方雜志》第 25 卷第 1 號，1928 年 1 月。
⑤ 周廣業：《經史避名彙考》，北京圖書館出版社影印抄本，1999 年。

葬俗，間涉歷史事件，此皆可謂事實。前文已言，碑誌造偽或割裂，或湊綴，或改造，偽述與事實多有抵牾，故審核碑誌内容，考訂事實，爲碑誌辨偽又一有效方法。近見魏故南頓太守恒農男王坤墓誌，觀其所載史實及文字書法，頗覺可疑。墓誌首云“公諱坤，字應天，恒農人也”。按，西漢置弘農郡，東漢、三國沿設，至北魏，爲避諱獻文帝拓跋弘諱，改爲恒農郡，後隋復稱弘農。就郡望而言，弘農華陰楊氏歷來爲望族，時有天下楊氏出弘農之語。相比之下，王氏多出太原，出於弘農者罕見。此誌既謂王坤爲恒農人，又爲恒農子，較爲特殊。墓誌又羅列王坤先祖若干，并附官職，惜俱不見載於史籍。值得注意的是，誌文載王坤父王悦官“鷹王將軍”、南鄉太守，爵封恒農男，後坤本人又加“鷹王將軍”。“鷹王將軍”，不見史誌所載，似當作“鷹揚將軍”。鷹揚將軍，三國魏始置，後成爲加官、散官性質將軍。北魏前期已設此官，《魏書》卷五二《宗欽傳》載：“世祖平涼州，入國，賜爵卧樹男，加鷹揚將軍，拜著作郎。”孝文帝太和十七年（493）《職員令》定秩正五品上。如此重要職官，墓誌訛寫爲“鷹王將軍”，殊不可解。墓誌末載王坤卒後，朝廷詔贈豫州南頓太守。按，《魏書》卷三七《司馬休之傳》載：“太宗末，山陽公奚斤略地河南。……奚斤既平河南，以楚之所率户民分置汝南、南陽、南頓、新蔡四郡，以益豫州。”此爲南頓屬豫州之始見，不過豫州地處南疆，地域轄屬、政區設置變化很大。天安元年（466）九月，劉宋司州刺史常珍奇以懸弧内屬，北魏因置南豫州。太和十九年（495）又改稱豫州。南豫州初領襄城、汝南、新蔡、陳郡、南頓、汝陽、汝陰、陳留諸郡。然稽之《魏書》卷一〇六中《地形志》，并有北楊州之南頓郡及合州所領南頓郡。墓誌所謂豫州南頓，不知所出。此外，本誌書法雖具魏碑之形，却失其精髓，文字結體羸弱，訛誤較多，刊刻亦不佳，字口拖拉，不甚清晰，個别筆法有後世意味，似仿刻之物。遍查已見出土北朝墓誌，有魏故清水太守恒農男楊乾墓誌，與本誌最爲接近。對比二誌，可以發現二者内容一致，唯名諱及贈官略異。以上舉諸異樣觀之，王坤墓誌乃近人偽刻，改造自楊乾墓誌。此外，又見陳故衛將軍石棺銘，著録於《河洛墓刻拾零》。按，衛和墓誌已見出土，舊爲江蘇常熟沈氏師米齋藏石，上博、北圖藏拓本。今核之墓誌文，衛和石棺銘文與之文辭内容相一致，祇是個别字詞有異。然通觀石棺銘文，有疑點數處。其一，《河洛墓刻拾零》謂石棺2005年夏出土於河南省洛陽孟州市，而墓誌却藏於江蘇常熟，即誌文所言之南沙。石棺、墓誌分見兩地，頗爲費解。其二，觀兩石銘文書法，雖風格相近，石棺銘文較爲羸弱，兩件碑誌書丹非出一人之手。墓誌、石棺同爲墓葬所需，内容相一致，書法不同，亦不可解。其三，石棺、墓誌之間，字詞有異。墓誌"其先僻儺來南沙"，石棺銘作"十八僻儺來南沙"。"十八"於銘文中文辭不通，明顯有誤。墓誌"其先"二字雖有殘泐，仍可見，殘留筆畫似"十八"，爲石棺銘所本。此外，墓誌"黄土毋情"，石棺銘不見"毋"字，當爲漏刻；其四，墓誌文刊刻不清者，石棺銘亦如是。墓誌"侯景竄穌□入海"句，入前字殘損不識，石棺此句留空白。墓誌"終焉食□"句末字不清，石棺銘此字亦不可辨認。綜而觀之，石棺銘乃仿佛墓誌所僞造。上舉二例，分別從人名、地名、職官、譜系、史實等角度，對存疑碑誌進行了考辨，可斷定俱係僞刻。

餘　論

偽造之例既清，辨僞之法亦明，貌似碑誌辨僞問題已解決，實則不然。碑誌偽造古已有之，其法日繁，其藝日精，不易掌握。加之，新技術、新手段使用，辨僞之事愈進愈阻，永無止息。故須對辨僞之規律、方法、態度進行必要反思及總結，纔能參與其事，做到事半功倍。

今以造僞實物觀之，碑誌造僞尚有規律可循。首先，碑誌僞造種類及數量有所區别。依目前碑誌造假市場所見，以造像、石碑、墓誌爲大宗。石碑中以漢碑最爲常見，墓誌以北朝墓誌最多，且集中於北魏遷都洛陽後之墓誌。偽托名家書丹之唐墓誌亦偶見，不可忽視。在數量對比上，墓誌造偽爲衆，遠過於石碑。此種現象出現與利益有關，造偽者關注利益最大化，石碑工程浩大，技術要求高，施工周期長，成本愈大。比較之，墓誌作僞相對簡單，特别是北魏遷都洛陽墓誌，"魏碑體"書法特徵明顯，刊刻手法較爲單一，易於偽造。葉昌熾《語石》所謂"大抵贋造者，墓誌、造像居多，不能爲豐碑"，可謂卓見。其次，碑誌"臆造"、"改造"及"翻造"，適用各有側重。"臆造"，常見早期墓誌，至北魏遷都前最多，文辭簡略，誌主不可詳考。相類，"臆造"又見用於漢碑殘石造僞，形制較小，多者十餘字，不涉人名、地名、年號，或云熹平殘碑等，多不可信。至於"改造"，造僞者往往直接刊改或增刻原石，抑或於明清舊碑石磨平重刻，故於人名、紀年、書丹、撰文等處多見紕漏。"翻造"，以未見著録及亡佚碑誌居多，以其不可常見，不易確定真僞，然其所據多爲拓本，亦有迹可循。

掌握碑誌造偽規律之外，於辨僞方法亦須反思，上舉五種辨僞之法，使用時有諸多注意事項。其一，孤證不立，重博據。上文五法，可爲概論，每種方法之下又有方法若干，及具體使用時，不可執着一法而始終，據一證而立論，此即孤證不立。孤證不立，因在孤證不可服衆，是語必博證，證必多例，每一碑誌必詳其始末，參以證佐，方可信據。例如核之目録，以觀其緒。此法於辨偽最爲通用，然并非唯一之法，須知目録之作，有所實録，有所因襲，關注亦不同，且歷代皆有不著録之碑誌，故不可徒據著録與否，及著録差異而貿然定其真偽。其二，獨立思考，不盲從。學術講積習，於前賢之論必須重視，如此可高瞻遠矚，避免重複無用功，亦可免受抄襲之嫌。然重視與盲從非爲一義，要善於獨立思考。聞道有先後，術業有專攻，先賢所論祇爲個人觀點，并非金科玉律之言，在有理有據之前提下，也可商榷懷疑。今見碑誌著録研究之作，有未見原石而徒據拓本立論者，不察真偽，觀點差強人意，若盲目信之，則以訛傳訛。孔子曾言："衆惡之，必察焉；衆好之，必察焉。"學者當如斯。其三，勤於實踐，忌空談。陸游《冬夜讀書示子聿》有名句："紙上得來終覺淺，絕知此事要躬行。"於碑誌辨偽研究最爲恰當。碑誌辨偽重經驗積纍，提倡勤於實踐，忌空談理論。戒空談，非是排斥理論，祇是忌諱紙上談兵。實際上，任何學術研究都需要理論的指導。有理論的宏觀調控，纔能更好地實踐。反之，通過實踐也可進一步完善理論。上舉碑誌辨偽方法之核之文字及事實，於理論聯繫實踐體現尤爲明顯。

上文二則乃是對碑誌偽造規律及辨偽方法的總結及反思，至於辨偽者，其自身素質也有着相應的要求，除需廣博知識之外，所持態度亦至關重要。

第一，辨偽者要以求真爲目的。此爲張心澂《偽書通考》首倡，碑誌辨偽研究之學亦然，務必求真，不可摻雜以其他目的。學術者，天下之公器。學術研究不爲私利，碑誌辨偽亦當如此。辨偽者首先不能以碑誌辨偽爲能事，以炫耀爲目的。炫耀則獵奇，獵奇則有成見在胸，必强爲之説，如此則辨偽之事不成。其次，辨偽者不能囿於師説，以衛道爲目的。學術講師承，存在門户之見，然吾愛吾師，更愛真理，不能爲維護故説，而曲爲彌縫。最後，辨偽者不能服務於造偽者，以營利爲目的。近有見所謂專家撰文爲偽刻辯護，與造偽者沆瀣一氣，殊爲可惡，此爲最要不得之目的和態度。

第二，辨偽者要正確對待偽刻。碑誌辨偽作爲系統研究過程，并非簡單判定具體碑誌真偽，而是要總結出若干辨偽規律來，有益於整體問題研究，并力圖去減少當下偽造碑誌的發生。這就涉及如何看待偽刻的問題，以過往際遇而言，一旦定爲僞刻，即如過街老鼠，必滅之而後快。實則不然，僞刻自有其價值所在，如改造自宋明碑誌之舊刻及時代較早之臆造、翻造，均具一定文物價值，即便是近代僞刻，也可爲辨僞研究提供範例及總結規律。倘若有心者，專項研究已見僞造碑誌，以僞刻爲綱，以諸家所議爲目，成碑誌辨僞之體例，必有相當高之學術價值。又公、私博物館若搜集僞刻，專爲一隅，意義亦不凡。

墓誌拓片著録初探[*]

郭茂育

　　墓誌作爲追悼先民的一種特殊的紀念物，它始於漢，盛於唐，衰於民國年間，沿襲下來已有近兩千多年的歷史，爲研究當時社會政治、經濟、文化、書法藝術、民風民俗等方面提供了極爲珍貴的歷史史料，歷來深受學者的重視。特別是新中國成立後，黨和政府十分重視這一文化遺産的開發和保護，隨着《文物保護法》的頒布和實施，新出土的和散落於民間的墓誌及墓誌拓片被徵集和保存到博物館、圖書館等文物收藏單位，從而興起了一股墓誌研究熱。但綜觀其研究方向，存在着一種偏差，即重視墓誌内容的學術研究，輕視有關墓誌拓片整理、開發的研究，致使這些珍貴的文獻或"束之高閣"，或"無序存放"，檢索起來十分不便，制約着該類文獻的開發和利用，導致這一領域的研究呈現"散兵游勇"式的分散研究，難以形成系統研究和群體優勢。筆者在整理館藏墓誌拓片的過程中，略有心得，現從目録學的角度，就墓誌拓片的著録談一些粗淺的看法，拋磚引玉，以饗讀者，冀對墓誌這一特殊載體文獻的開發和利用有些啓示作用。

　　爲了更好地保護和研究墓誌文獻，當墓誌出土之後，有識之士往往當即把墓誌文拓印下來，以保證原始文獻的完整性（墓誌在轉移運輸過程中，容易受到人爲的或自然的損壞）。這種用紙張把墓誌文拓印下來的載體，稱之爲墓誌拓片。

　　墓誌文獻的特殊性決定了它不同於一般圖書的著録，根據其特點，著録項目可歸納爲：典藏號項、名稱項、原題名項、責任者項、紀年項、出土與所有項、版

　　＊　本文原刊於《河南圖書館學刊》2003 年第 6 期，作者同意入編本書。

本項、拓影特徵項、拓本形態項、藏拓與跋印項、文獻記載項、價格項、附注項、原文項等。下面就各著録項目作簡要説明。

典藏號項：典藏號的主要功能是便於排架和檢索。根據墓誌拓片的特點，其典藏號不必像圖書的索書號設置的那麼複雜，一般設一排號即可。典藏號力求簡短、明瞭，有助記憶。典藏號一般以數字編碼或以字母、數字相結合混合編碼構成。可歸納爲以下幾種形式：（1）文獻類別代號＋順序號＋盒號；（2）文獻類別代號＋朝代號＋年代號＋盒號；（3）文獻類別代號＋盒號＋順序號；（4）朝代代號＋順序號＋盒號；（5）朝代代號＋盒號＋順序號；（6）分類號＋順序號＋盒號；（7）分類號＋盒號＋順序號。各收藏單位可根據實際情況選擇一種標識系統作爲典藏號。如"T0001：1"，"T"表示文獻類別（墓誌拓片），"0001"表示順序號，"：1"表示盒號。

名稱項：墓誌的原題名情況比較複雜，有的原題名含有朝代、歷任官職、任職地點、皇帝賜名等多達幾十字，如《孫漢筠墓誌》，原題名爲"宋故推忠翊戴功臣光禄大夫檢校太保使持節和州諸軍事行和州刺史充本州團練使兼御史大夫上柱國樂安郡開國侯食邑一千户孫公墓誌銘并序"，有六十多字，不能使讀者一目瞭然的瞭解墓主的姓名。還有的墓誌根本就沒有題名，有的題名意義不明確，如"亡宮九品墓誌"等；另一原因是通常情況下，題名中衹記述墓主的姓，而名字在誌文中纔出現。鑒於上述原因，在著録時要擬定一個簡單明瞭的名稱，説明某人之墓誌即可，例如《李收墓誌》。

擬定墓誌名稱，要詳加考證，使之準確無誤。其主要信息源是墓誌的原題名和誌文部分，必要時可參考有關文獻。擬定墓誌名稱，應從以下幾個方面入手。

（1）通常情況下，墓主的姓一般在原題名中可以找到。其表現形式是："某府君墓誌銘（并序）"、"某公（君）墓誌銘（并序）"、"某氏夫人墓誌銘（并序）"或"某府君夫人（妻）墓誌銘（并序）"等。其名字一般在誌文首行，名字前有"諱"字，有的名字在誌文中間，需詳細考證。

（2）有的墓誌在原題名中就記載了墓主姓氏和名字的，照録即可。如《謝觀墓誌》的原題名爲"唐故朝請大夫慈州刺史上柱國賜緋魚袋謝觀墓誌銘并序"，其中"謝觀"即墓主之姓名。

（3）有的墓誌中衹記載有墓主的"字"，而沒有記載諱"名"的或因墓誌殘缺，又無法考證出名字的，可著録其"字"。如《王游藝（字）墓誌》。

（4）婦女在古代按照"三綱五常"的倫理道德要求，處於從屬的地位，其墓誌題名往往把丈夫的姓名記述在前，夫人則衹述其姓。因此，在著録夫人墓誌時，應先著録其丈夫的姓名，再著録妻子的姓氏。如《張敬夫人（妻）王氏墓誌》。如果無法考證其丈夫名字的，則著録某夫人某氏墓誌，如《慕容夫人源氏墓誌》。

（5）凡夫妻墓誌，應著録"某某夫妻墓誌"。如原題名爲"大唐故處士尚君夫妻墓誌銘并序"，"尚君"姓尚名武，故著録爲《尚武夫妻墓誌》。

（6）有的墓誌的原題名表現的比較含蓄，需加以考證著録。如"衢州蕭使君男墓誌"，經考證，男者，子也，即兒子。說明該墓誌爲蕭君之子的墓誌。查考正文，獲悉蕭子名"言思"，故應著録爲《蕭言思墓誌》。

（7）僧、道人墓誌擬定名稱時，可在其姓名前冠以法號，如"大唐大弘道觀主三洞法師侯尊誌文"，著録爲《三洞法師侯敬忠墓誌》。

（8）在歷代墓誌中，唯隋誌比較特殊，墓主的姓一般出現在誌蓋上，誌文中衹記述其名字。因此，在擬定隋誌名稱時，要先考查誌蓋，確定其姓。沒有誌蓋的，可參考有關文獻確定。確因無法考證其姓，可衹著録名字，但要在附注項加以說明。

（9）無原題名的墓誌，可依據誌文内容而定。如《盧陟女樂娘墓誌》，誌文開頭即述"盧氏室女，小字樂娘，范陽人也。父陟前任秘書省著作郎賜緋魚袋。母隴西李氏"，其名稱即以此段文而定。

（10）確實無法考查出墓主姓名的，則著録"佚名墓誌"。如"大唐故八品亡宮誌文"曰："亡宮者，不知何許人也。蓋以良家丁選入後宮。闡以婉麗，備乎内職，存設如二，恪勤在心，秦何舜華，先秋處夭。以開元十四年十月三日葬於北邙山。"通考全文，無名無姓，故著録爲《佚名墓誌》。

原題名項：原題名是指墓誌本身原有的題名，是對自擬名稱的重要補充，著録時照文全録。原題名一般位於墓誌的首行，記述死者的朝代、官職、籍貫、姓氏等；有的原題名還冠以後人對死者評價或奉承的詞語。如"唐故高士哲人河東裴府君墓誌銘并序"，其中"高士哲人"即對死者學識的評價。也有少數墓誌的題名在誌文的末尾部分。如《曹夫人李氏墓誌》，其首行爲撰文者，末尾題"扶風曹氏夫人隴西李氏墓誌銘并序"，此種情況，仍視爲原題名著録。有的原題名儘管沒有實際意義，但仍以原題著録。如"唐故二品宮墓誌銘""大周故亡宮墓誌銘并序"等。沒有原題名的可省略不著。

責任者項：責任者包括撰文、書丹、篆額（蓋）、刻字等不同的責任方式。一篇好的墓誌文往往有多個責任者共同完成，對墓誌負有不同的職責。根據其所起作用的大小，依次著錄撰文者、書丹者、篆額（蓋）者、刻字者。不同責任方式之間用逗號或分號隔開。

撰文者在所有責任者中所起的作用最爲重要。沒有撰文，也就談不上其他的責任方式。一些身份高貴、權勢顯赫者的墓誌往往由相應地位或社會名流爲其撰寫誌文。一篇好的誌文就是一篇高水平的散文佳作。撰文包括“撰”“述”“詞”等，著錄時應規範爲“撰文”。撰文者一般出現在墓誌原題名之後，另起行，低若干字。但少數撰文者則署在誌文的末屬。撰文者前面一般都有表示身份或官職的文字。如“朝議郎前行河南府參軍上柱國徐備撰”“侄男卿鄉貢進士淇撰”等。凡撰文爲死者的族親，一般衹述其名不述姓，著錄時應在名字前加上姓。如《李耽墓誌》，述“親史天平軍節度使朝請大夫檢校兵部尚書兼御史大夫賜紫金魚袋業撰”，應著錄爲李業撰文。還應注意的是夫人墓誌，若撰文者爲族親，著錄時要辨別清楚，否則就會張冠李戴。如“唐故泗州司倉參軍彭城劉府君夫人吳郡張氏墓誌銘并序”，述“嗣子航撰”，嗣子，乃兒子也，故應著錄爲劉航撰文。又如《鄭君夫人崔氏墓誌》述“季弟鄉貢進士環撰”，季弟應爲夫人之弟，因此，應著錄爲“崔環撰文”，而不能著錄“鄭環撰文”。唐代有許多墓誌是不署撰文者的，這與宋誌有很大區別。若沒署撰文者的墓誌，著錄時可省略。

書丹對於墓誌的品相十分重要，一篇上乘的書法作品與誌文珠聯璧合，不僅有較高的學術研究價值，而且給人以美的享受。比如唐代著名宰相狄仁杰書《袁公瑜墓誌》，仿虞世南書體，筆致爽利、端秀，具有清新嫵媚的藝術特色；樂溫書丹的《夫人席氏墓誌》，長筆四展，灑脱奔逸，神采奕奕；民國十二年（1923）的《張子溫墓誌》，由章炳麟撰文，于右任書丹，吳昌碩篆蓋，曾被譽爲“近代三絶”。書丹者一般出現在撰文者之後，少數則出現在誌文的末屬。若撰文與書丹爲同一人者，則著錄某某撰文并書丹。

篆蓋、篆額、題蓋、篆等責任方式著錄時，規範爲“篆蓋”。若書丹和篆蓋者爲同一人，則著錄某某書丹并篆蓋。無篆蓋的，可省略。

刻字也屬責任方式之一。凡刻字、刊石、鐫等，著錄時規範爲“刻字”。刻字者一般出現在誌文的末屬。若書丹、篆蓋、刻字爲同一人者，則著錄某某書丹、篆蓋并刻字，若無，可省略。

　　價值頗高、品相俱佳的墓誌，往往由撰文、書丹、篆蓋、刻字等不同責任者共同完成，儘管他們的分工不同，但共同對作品負責。著録時要詳加考證，防止誤著、漏著等現象發生。

　　紀年項：紀年項著録死者的埋葬時間。古代墓葬一般有三種類型：葬、合葬（同葬）、遷葬（改葬、移葬）。特別是合葬、遷葬墓，每一次埋葬都可能立有墓誌，因此，著録葬期更能反映當時墓葬的真實情況。

　　紀年項的著録順序爲：朝代、帝王年號、（公元紀年）、月、日葬。如"北魏正光二年（521）三月十九日葬"。無法考證葬期的，按其卒期著録。如唐開元十一年（723）十月二十七日卒。凡合葬（同葬）、遷葬（改葬、移葬）墓在葬期後則分別著録"合葬"或"遷葬"。

　　墓誌中關於紀年的記載名目繁多，著録時要詳加甄別。凡記述"年、載、季、歲"的，規範著録爲"年"。如"天寶三載"，即"天寶三年"。"首歲"，即元年；"次歲、明年、來年"即"次年"，也就是二年。

　　我國古代關於年代的記載常見的有三種形式：即帝王年號加年數紀年；帝王年號加干支紀年；帝王年號加太歲紀年。如"天寶十二年""咸通辛卯年"等。墓誌中的紀年法以第一種居多。在著録時，清代以前（包括清朝）的用帝王年號加年數紀年，民國間的墓誌則以"民國加年數"紀年。對於按干支法或太歲法紀年的，要換算成帝王年號加年數紀年。如"咸通辛卯年"，查《歷代紀元表》知咸通元年爲"庚辰年"，經推算，"咸通辛卯年"應爲"咸通十二年"。又如"唐故江夏李氏室女墓誌銘并序"中記述"大中歲在乙亥五月戊申朔三十日疾夭"。"乙亥"爲何年，查《歷代紀元表》知"大中元年"爲"丁卯年"，再按"干支次序表"推算應爲"大中九年"。

　　值得注意的是，帝王年號必須與朝代聯在一起，纔能準確表示歷史上的年代，因爲歷史上的帝王年號往往有重襲現象，如"天祐"就有十個帝王用過，不能籠統地著録"天祐多少年"。

　　古代紀月一般不用干支，通常用數碼表示，如一月、二月、三月等。歲首的月份叫正月，歲末的月份叫臘月。此外，古代各季、各月還有各自的異稱。如正月，又稱孟春、寅月；二月又稱仲春、卯月；三月又稱季春、暮春等（詳見《中文工具書使用法》附表"月季異稱表"）。著録時應換算成數碼表示。如《宋元孫墓誌》中記述："大中祥符紀號之初蕤賓月下弦日葬"。"大中祥符"爲宋真宗年號；

"紀號之初"應爲元年；"蕤賓月"即五月；"下弦日"爲二十二日，因此，應著録爲"宋大中祥符元年五月二十二日葬"。我國還有一個月劃分爲三旬的習慣，十天爲一旬，分別以上旬、中旬、下旬表示。墓誌中凡有此記述的，要換算成具體日期著録。如《趙夫人李氏基誌》中記述："唐開成六年龍集辛酉首春中旬有九日葬"，應著録"唐開成六年一月十九日葬"。

若墓誌中的紀年有誤的，爲了保持與原始文獻的一致性，仍按原題著録，但需在附注項予以注明。

出土與所在項：該項目著録墓誌出土的地點和收藏單位。出土地點應儘量詳細、具體。否則，可以略著。如《權開善墓誌》，河南洛陽出土，現藏河南省新安縣"千唐誌齋"；《楊元卿墓誌》，河南省洛陽市伊川縣城關鎮涹澗村出土，誌石現藏洛陽師範學院圖書館。

版本項：該項目著録拓片的形式及時間。如朱拓、墨拓、初拓等。墓誌拓片一般有朱拓和墨拓兩種。初拓是指墓誌出土後的第一張拓片。由於墓誌在運輸和保存過程中，易造成人爲或自然的損壞，因此，初拓最能體現文獻的原始狀況，故此有較高的收藏價值。如《陸亘墓誌》，墨拓，初拓，1998 年 3 月 15 日拓。

拓影特徵項：依次著録書體、××行、滿行××字、拓片高××厘米、廣（寬）××厘米；蓋高××厘米、廣××厘米，××行、行××字。書法藝術是漢字獨有的特徵，書體是研究墓誌的重要内容之一。書體應著録正書（楷書）、隸書、篆書、行書、草書等。不同風格的書法不作爲書體著録（如顏體、柳體等），應歸入相應的書體。如果同一墓誌有多種書體的，則應分別著録。如貞觀五年（631）無名氏書丹的"□褘墓誌"，集楷、隸、篆書於一體，則著録爲"正、隸、篆三體"。

行數著録墓誌的總行數，包括原題名、撰文、書丹、誌文、銘文及末尾的落款等。不管每行字數多寡，均算一行；行字數，即每行的字數。墓誌的行文，有長行，也有短行，均以最長行計字數。不管行中或空格、或缺字，也均以滿行計字數。有個別墓誌的末尾有贈制文且字型小於正文，行字數多於正文的，仍按正文滿行字數著録。

拓片的高、廣指拓片墨迹的極限，不包括拓紙的空白部分。高、廣長度均以"厘米"表示。如果墓誌有蓋的，還應著録誌蓋的高度和廣度，行數、行字數，方法同墓誌文。

拓本形態項；著録拓片或拓軸、已拓、×紙（張）。在徵集收藏過程中，有的拓片已被裝裱成卷軸形態，這種情況，應著録"拓軸"。有的墓誌面積較大，需多紙拓紙，或正副誌分拓，或有誌蓋拓片，這種情況，著録"×紙"。如《張庭圭墓誌》，拓片，已拓，二紙。

藏拓與跋印項：徵集或贈與的墓誌拓片，在此之前，原收藏前往往在拓片上蓋有自己的印章或題簽。爲了説明拓片的來源和充分揭示拓片的原有狀況，在著録時應予以反映。如"羅振玉藏拓及題簽"。

文獻記載項：爲了更全面地研究墓誌的内容，在有條件的情況下，可以在該項著録關於該墓誌已有文獻的記載情況。文獻記載有兩種情況：一是其他文獻中收録該墓誌的情況記載；二是關於墓主的生平事迹、祖系親屬等以及撰文者、書丹者、篆蓋者等的史料記載。如《屈突通墓誌》，《千唐誌齋藏誌》上册第9頁有載；屈突通，兩《唐書》中均有傳。又如《楊元卿墓誌》，墓主楊元卿、撰文者裴度、書丹者權琚、篆額者舒元輿，兩《唐書》中均有記載。

文獻記載的考證是一項艱苦、複雜的過程，需要付出大量的精力。在著録的初始階段，可暫時不做，待條件成熟後加以補録。

價格項：著録誌石或墓誌拓片的原始收購價，以便建立財産登記帳。

附注項：以上著録項目中未盡内容或需要説明的其他問題都可以著録於該項。如收藏時間、墓誌殘缺情況的説明、"該誌無題名，該題名據誌文而定"、"誌中被鑿以凹圓，殘缺數字"、"夫妻合葬墓"、"蓋題某某字"、"年號紀年不詳"、"其妻（或夫、子）墓誌見典藏號某某款"等。

原文項：墓誌由於受材料和面積的局限，行文一般比較簡練，大多數的墓誌銘幾十字或幾百字，最長的不過數千字。爲了更好地研究墓誌，在有條件的情況下可著録其全文。但由於誌文無斷句，古文中生、冷僻字又較多，有些墓誌還殘缺字數，所以，要著録全文難度較大，用時過多。在初始著録階段可暫時不做，待條件成熟後可進行著録。

通過上述項目的著録，可以把墓誌拓片的主要特徵充分地揭示出來，反映給讀者。這些特徵共同組成一個整體，在目録中充分體現，其内容也是相互關聯的。在揭示這些項目時，要聯繫墓誌産生的背景、歷史條件、行文特點等，從内容到形式進行充分的考證，纔能準確無誤地揭示墓誌。

墓誌文獻數字化建設初探*

張居蘭

一 墓誌文獻數字化建設必要性

在華夏文化數千年的發展歷程中，我們的先人留下了浩如煙海般的各種文獻資料，這些古籍記載了中國歷史和文化的演進脉絡，是極爲珍貴的文化遺産。從文獻流傳、保存形式來看，中國古代文獻可分爲傳世古代文獻、出土文獻、民間古代文獻、域外古代漢籍四大類。墓誌指放在墓裏的刻有死者生平事迹的石刻，一般屬於出土文獻。它們是記載墓主人行迹的第一手資料。墓誌在漢代開始出現，到南北朝直至隋唐時期，其發展已經進入成熟階段。這一時期，墓誌數量衆多，内容豐富，是進行歷史文化研究必不可少的資料。宋代之後，在出土文獻中，墓誌仍然占有較大比重，具有重要的學術研究意義，也具有一定的文物價值。

可以説，墓誌文獻是歷史演進的直接見證，也是中華民族寶貴的文化遺産，具有極高的歷史價值。墓誌文獻屬於不可再生的文化資源，近年來，儘管國家加大了對墓誌文獻的保護力度，使其保存環境得到改善，但隨着歷史的推進，墓誌文獻還是會不可避免地出現損毀，乃至消亡。目前，墓誌文獻整體保存環境不盡人意，各藏館保存條件參差不齊，墓誌文獻保護、傳承、利用狀況令人擔憂。因此，如何在保護的基礎上更好地利用這些寶貴的墓誌文獻資源是歷史學和圖書館學共同面臨

---

* 本文原刊於《長春理工大學學報》(社會科學版) 2012 年第 7 期，作者同意入編本書。

的重要課題。

有鑒於此，采用數字化手段對墓誌文獻進行處理，既可以使墓誌文獻的原圖原貌得以永久保存，又可以通過數據庫和網絡手段對墓誌文獻進行發布，避免閱讀原文對墓誌造成的損傷，從而方便、快捷、無損地開發和利用這些寶貴資源。

目前，在學術界一些部門和個人對於包括墓誌文獻在内的漢文古籍的數字化建設也做出了一些嘗試。出版了數字化文獻的全文，還有相關索引、書目等工具書，爲墓誌文獻的數字化提供了良好的範例和有益的經驗。傳統古籍整理的方式一般都是人爲的手工方式，這是一項非常艱難、枯燥、複雜的工作，需要占用大量的時間和精力，對古代墓誌文獻的整理也不例外。長期以來，改善工作條件、提升工作效率一直都是古籍整理工作者的强烈期盼，而隨着現代科技的發展，電腦信息處理技術已經成爲實現這一願景的有效手段。

二　墓誌文獻數字化所面臨的主要問題與解決途徑

墓誌文獻數字化雖然是墓誌文獻保護、利用與開發的理想方式，但在具體實踐過程中，由於技術條件限制，仍然面臨不少問題。

（一）墓誌文獻數字化所面臨的主要問題

1.墓誌文獻中冷僻字的處理

在墓誌文獻中，異體字、通假字和不規範字的使用十分常見。因此，墓誌文獻數字化過程中不可避免地會遇到字體障礙，這突出地表現在兩個方面：一個是對字體的識別障礙，即準確録入冷僻漢字的人需要有較好的文字學基礎，而對於普通的電腦操作人員來説要做到這一點則有較大困難；另一個則是技術障礙，目前廣泛應用的 Unicode 字元集雖能較好地解決字形檔問題，但是與不少軟件難以相容，常用的輸入法和搜索引擎也不支持大字元集，導致衆多的冷僻字無法準確顯示和檢索。[①]因此，如何處理冷僻漢字仍是墓誌文獻數字化過程中必須要克服的一道難題。

2.缺乏統一的墓誌文獻數字化處理標準

目前，雖然不少部門和單位都在從事墓誌文獻數字化工作，但相互聯繫較少，

---

① 李兵、劉國政、符永馳、裴儉、張偉娜：《從中醫古籍數據庫建設看中醫古籍數字化》，《中國中醫藥信息雜志》2009 年第 3 期。

所采取的途徑也都有所差異。因此產生的墓誌文獻的數字化成果形式各異，不利於墓誌文獻數字化的可持續發展，也不利於墓誌文獻數字化資源分享。這其中的主要原因除了缺乏有效地協調規劃外，缺乏可以依據的統一標準也是其中重要的因素。此外，相關研究的支持功能也亟待完善。①

3. 墓誌文獻數字化軟件有待改進

對墓誌文獻數字化而言，處理軟件的功能是影響處理過程和成果的直接因素。目前，掃描與影像處理技術的發展已較爲成熟，可供選擇的數字化加工系統種類頗多，不過現在使用較多的 OCR 軟件對墓誌文獻中的部分繁體字和不規範用字的識別效果較差，必須用人工的方式加以校對，而這就需要耗費大量的時間和人力。可以說，如何克服資料加工軟件在處理文字方面的缺陷，提高檢索速度，有效提高 OCR 在古文獻識別上的準確度是墓誌文獻數字化所面臨的一個重大課題。

4. 文獻信息的準確檢索

墓誌文獻數字化的主要目的和基本功能之一就是迅捷、精確地檢索到所需要的内容，而在這方面的表現也是評判其優劣的重要標準。全文本的數字化墓誌文獻已經能夠做到實現所有字元的檢索，但是準確度較低的問題還須得到解決；圖像版可以確保信息的準確無誤，但難以進行全文檢索。采用對有效檢索點標引的方式，可以在一定程度上解決上述問題，但仍會不可避免地遺漏某些信息。由於墓誌文獻中普遍存在使用通假字、異體字的現象，就使得内容的精確檢索更加困難。因此，推進後控詞庫建設，實現關聯檢索也是墓誌文獻數字化必須要解決的問題。

（二）墓誌文獻數字化存在問題的解決途徑

1. 圖文互現是實現墓誌文獻數字化的必要方式

在實際研究過程中，研究者往往需要對墓誌文獻的原始圖版進行核對、勘驗。因此，圖文互現是實現墓誌文獻數字化不可缺少的一環。圖文互現就是將墓誌文獻分別以圖像、文本兩種形式存儲，并將文本置於與之相應的圖像之下，建立索引關係，實現圖文對照。圖文互現的方式能夠彌補圖像版文獻在内容檢索和文字編輯上的缺陷，同時還可以有效地驗證文本的準確性，使得使用者不僅能夠看到原始面貌的墓誌文獻，也可以迅捷精準地查詢到所需要的内容。特別是對於研究者而言，他

---

① 李國新：《中國古籍資源數字化的進展與任務》，《大學圖書館學報》2002 年第 1 期。

們對於墓誌文獻原始版本信息和文本的準確性有更高的要求，通過圖文對照則可以有效解決此類問題，爲研究者提供可以相互參照的圖文資源。

2. 文獻整理與電腦專業人員應當確保深入合作

墓誌文獻數字化是歷史文化與現代信息技術的結合，這就需要通曉墓誌文獻整理相關的歷史學、考古學和文字學知識的人才和掌握現代信息網絡知識和多媒體技術的專業人員深入協作。墓誌文獻數字化雖然是近年來纔出現的文獻整理樣式，但究其實質依舊屬於古籍整理的範疇，因此要順利完成墓誌文獻的數字化過程，就必須擁有一批具有扎實文獻學、歷史學基本功的人員。同時，在資料獲取與處理、數據庫設計、應用平臺建設等方面必須有電腦專業人員參與，以保障墓誌文獻數字化的技術可靠性。

3. 製定墓誌文獻數字化的統一標準

在我國，墓誌文獻分布相當廣泛，幾乎在各地都有發掘出土；其儲存也較爲分散，分布在各級各地的博物館、文化機構、考古部門，也包括爲數不少的個人收藏。所以，建立完整的墓誌文獻數據庫需要多地合作。因此，有必要建立統一的標準，包括墓誌文獻的分類標準、録入規則、軟件和數據庫的應用規範，數字化加工、利用的統一標準。顯然，標準的一致和規範既有利於夯實墓誌文獻數字化資源分享的基礎，也可以有效推動墓誌文獻數字化的深入發展。

4. 整體規劃，共建共用

墓誌文獻數字化對於傳統文化的保護、研究、利用具有重要的促進作用。同時，這一工程又具有鮮明的基礎性、學術性、公益性的色彩。爲使得墓誌文獻數字化工作能够持之以恒的開展下去，就有必要建立協調和指導機制，製定較爲完善的總體規劃并加以實施。規劃應包括數字化對象的內容、重點、分工狀況，以及相關準則、規範。[①] 應當説，這些問題的解決，可以有效避免重複建設和資源浪費，提高工作效率，并且實現墓誌文獻數字化工程的共建共用。

三　墓誌文獻數字化數據庫建設技術路綫

墓誌文獻數據庫是組織、存儲和管理相關資料的記憶體，也是墓誌文獻數字

---

① 　陳力:《中文古籍數字化方法之檢討》,《國家圖書館學刊》2005 年第 3 期。

化的主要載體，在墓誌文獻數字化建設過程中具有重要地位，而其技術流程可以從以下幾個方面着手實施。

1. 技術選擇

目前，墓誌文獻數據庫的系統建設多采用 Java 的 Web 信息技術，在進行資料搜索方面亦可采納 Oracle 9i 的 Oracle Text 技術。同時，可以配合使用 J2EE 的 Struts、Hibernate 框架的 MVC 技術框架，以保證處理數據的廣泛性和持久性。

2. 數據選擇與加工

墓誌文獻數字化數據庫建設要根據出土墓誌文獻的年代、文獻價值等確定收錄標準，對於磨損嚴重，或是有重大歷史文化價值的墓誌應當優先進行數字化處理。從對墓誌保護的角度出發，應以墓誌文獻的原始文本圖像作爲主要數據來源，盡力實現全文本化。考慮到圖像要占用較大的存儲空間，可以采用 Oracle 9i 數據庫系統用以支持多媒體資料，并采取技術措施對系統進行優化，以有效解決運行速度的瓶頸制約。根據墓誌文獻的特點，對有關內容進行合理分類編輯，努力建設內容全面的墓誌文獻數據庫。

3. 數字化處理

該項工作主要是對墓誌文獻進行掃描、檢測、影像處理、文本錄入等，在處理過程中，要儘量實施文本錄入，保證圖文能夠比照。爲確保文獻能夠有效地保護和使用，掃描時應當采取全彩模式，300dpi，JPEG 格式保存，并且應當按照頁碼順序重新命名，同時對掃描後圖像的順序、偏斜度、完整性、清晰度進行檢測，針對不同問題采取糾偏、去污、裁邊等方式進行校正。

4. 對墓誌原文圖像進行標注

對於開發或購置墓誌文獻編輯系統，應當對文中有效的檢索點進行抽取和標引，如墓誌的名稱、墓主人、時代等信息進行標注，力求做到圖文的全文檢索，應當注意防止標引過於瑣碎或過於簡括而影響檢索效果。

5. 數據資源發布

在完成數據庫的信息錄入、加工、檢測等程式後，下一步就應當將圖像數據、文本數據、標引數據進行合成，并整理入庫，編撰爲墓誌電子文獻。在正式開始發布前，應當再進行一次全面數據庫測試，確認條件成熟後，將數據庫資源正式發布，實現墓誌文獻的數字化應用。

　　總之，墓誌文獻數字化是一項既急迫又十分有價值的文化工程，它對於保護和傳承古代文化，開展科學研究都有着重要的促進意義。祇要選擇正確的技術路徑，持之以恒的進行努力，墓誌文獻數字化工程必定會取得突出的成效，成爲開展科研工作的有力工具。

石刻文獻類數據庫的簡析與展望

——以商業數據庫的知識化建設爲核心

穆荷怡

一 行業背景淺析

石刻文獻作爲中國古代文史研究的重要材料來源，業已受到廣大學界的一致重視。近二十年來，以石刻文獻爲核心的專題數據庫陸續問世，逐漸成爲日常學習研究中的不可或缺的資源工具，以及圖書館采購數字文獻資源的關注目標。

二十一世紀前十年，圖書館和學術科研機構還是石刻文獻數字化建設的主力軍，數字技術公司等企業僅僅是這一領域的新生力量。彼時，國内外的圖書館及學術科研機構基於自身豐富的石刻文獻資源存藏和專業的人才隊伍優勢，紛紛搭建各自的石刻文獻專題數據庫，主要類型有三：一是石刻目録數據庫，如中國臺灣圖書館的"金石拓片數據庫"、日本明治大學中國石刻文物研究會的"唐五代十國墓誌墓碑數據庫"、美國伯克利加州大學東亞圖書館"中國拓片數據庫"等；二是石刻拓片圖像數據庫，如中國國家圖書館的"碑帖菁華"、北京大學圖書館的"拓片目録及圖像庫"、首都圖書館的"北京記憶——燕都金石"等；三是石刻圖文數據庫，如臺北中研院歷史語言研究所傅斯年圖書館的"漢代石刻畫像拓本數據庫""佛教石刻造像拓本數據庫""遼金元拓片數據庫"、京都大學人文科學研究所"石刻拓本資料"、德國海德堡學術院"中國佛教石經數據庫"、徐州師範大學圖書館"漢代畫像石磚數據庫"等。①

---

① 參考牛紅廣《石刻文獻信息化建設現狀分析與思考》，《大學圖書館情報學刊》2014 年第 3 期；毛建軍《金石文獻信息化資源述論》，《山東圖書館學刊》2013 年第 3 期；俞長保《高校地域文化資源專題特色數據庫建設探討——以"中國漢代畫像石磚特色數據庫"爲例》，《圖書館學研究》2006 年第 12 期。

然而時至今日，伴隨着各行業數字化轉型的浪潮迭起，在圖書館和科研機構之外，越來越多國内的出版社和數字技術公司參與其中，打造了一系列石刻文獻類的商業數據庫產品。着眼於整體資源，不受存藏限制的商業型數據庫，逐漸成爲了服務更加全面，使用更爲頻繁，具有持續運營能力和優化機制的主流成果。

鑒於石刻文獻性質的特殊性，相關"一手資源"或散見於數以萬計的典籍之中，或出自各地考古挖掘研究成果，或藏於大中小型博物館，乃至於私人手中，整合難度較大，非常不便於研究者進行利用。隨着以地域、斷代、專業爲主題對於石刻文獻進行綜合性輯録的圖書越來越多，相較於以往，確實降低了石刻文獻的利用難度。但是，石刻文獻的整合總歸是難以一蹴而就的，新的圖書總在嘗試對於舊的圖書進行修正和補充，受制於圖書的物質形態，書與書之間天然存在"知識壁壘"，祇能逐本查閱，加之不同維度的石刻文獻整合或多或少存在重複等問題，這就增加了研究過程中的時間成本；同時，圖書出版相對傳統的生產、加工和傳播方式，導致石刻文獻的輯録成果從完稿到出版需要較長的周期，且一經出版，除非重印或再版，否則即便發現知識性錯誤也無從修訂，發現個別新增文獻也無從補充，亦不利於研究者的參考、借鑒。且考慮到圖書出版本質上也是一種商業行爲，專業領域市場的有限性，會導致印數少，單書成本高，從而定價也高，圖書價格居高不下，不僅降低了成果的傳播能力，也增加了研究者的經濟負擔。

對此，通過數據庫的載體形式對石刻文獻加以整合，可以爲解決上述問題提供新的思路。一方面，數據庫本身就具有更強的拓展性，可以隨着石刻文獻的發現，學界認知的更新，在原有基礎上不斷加以補充和修訂，而不必"另起爐竈"，純粹資料層面的"調整"祇需要較少的人力成本即可實現；另一方面，數據庫的加工過程中對於技術手段的應用是全流程的，能有效提高編輯加工的效率，且脱離了實體形式，整個製作周期也能相對縮短，用最短的時間將最新的文獻成果提供給學界共用。可以説，通過數據庫形式對石刻文獻進行出版、發布，能有效提高成果的時效性和實用性，也更加符合石刻文獻的動態發展特性。

目前，石刻文獻類數據庫的内容來源主要包括以下四類：其一是對傳世的石刻史料類典籍文獻進行全文數字化；其二是對已出版的現代石刻著録圖書進行全文數字化；其三是基於收藏的石刻原始拓片進行圖像數字化并著録文字；其四是由專業人士完成綜合性的考辨、輯録和整理，彙編各類石刻資源，通過數字化形式發布。

二　商業數據庫

基於上述行業基本情況，以下將詳細介紹中國本土四個具有代表性的商業型石刻文獻類數據庫，[①] 對其開發主體、文獻來源、資源體量等基礎問題加以説明，同時從知識化角度出發，着重測試、分析功能設計、編輯體例、資源安全等產品研發中的核心問題。

（一）中國歷代石刻史料彙編

"中國歷代石刻史料彙編數據庫"[②] 由北京書同文數字化技術公司（以下簡稱"書同文公司"）開發建設。[③] 數據庫以國家圖書館金石組編纂的《歷代石刻史料彙編》一書爲基礎，通過書同文公司技術性的數字化加工製作而成，於 2004 年前後開發完成，是最早的商業型數據庫產品。

1. 資源情況

《歷代石刻史料彙編》原書，由國家圖書館金石組專家編纂而成，是一部上起先秦、下迄清末的大型石刻史料彙編作品；該書共 16 册，彙集現存的千餘種的金石志書（例如《十二硯齋金石過眼録》《八瓊室金石補正》《金石萃編》《芒洛冢墓遺文》等，亦包括地方志中的金石志，如道光《河内縣志》、光緒《海陽縣志》、民國《定縣志》等），總計 1150 萬字；全書按照時代劃分，包括先秦秦漢魏晋南北朝、隋唐五代、兩宋、遼金元和明清五編，將原始典籍進行卷次拆分影印，分別納入各編之下；經過對比去重，優選出約 15000 篇石刻文獻，[④] 由於該書未重新排印，保留了原始典籍的樣式，因此根據原書情況，每篇文獻保留有石刻原文，以及歷代金石學家撰寫的詳略不等的考釋文字。

---

① 北京時代瀚堂科技有限公司建設的《瀚堂典藏》數據庫，下轄專題文獻，其中的"出土文獻"包括石刻文獻和歷代石刻，但因整體收録體量有限，且資源來源、結構不統一，未列入進行詳述。

② 數據庫地址詳見 https://guji.unihan.com.cn/。

③ 書同文公司另開發建設有《歷代金石文集》，共彙集從宋朝到清末有關金石類專著文集 36 部，包括《集古録》《金石録》《隸釋》《隸續》《金石經眼録》等重要金石類文獻的全部内容，與《中國歷代石刻史料彙編》資源上存在一定重合，但亦有補充。具體功能與文本質量當與此數據庫類似，不再贅述。

④ 原書前言稱録出"一萬四千餘篇石刻文字"，數據庫介紹稱"輯録出一萬五千餘篇石刻文獻"。

2. 功能設計

"中國歷代石刻史料彙編數據庫"在數字化加工過程中,完整保留并遵循了《歷代石刻史料彙編》一書的體例,按照圖書結構加以展示。首頁也是整個數據庫的主體頁面,頁面右側按朝代——收錄書名——書下篇章名三級分類導航,選擇後右側顯示對應章節的內容。數據庫對全書進行了圖像掃描,支持原書閱讀;同時完成了文本化加工,支持文本閱讀;文本閱讀頁面基本實現了原書版式還原,因此在圖像和文本頁面均能够獲取文字,提供複製(含帶有源信息)、標注、勘誤、搜索和小工具查詢等功能;支持全文檢索、目錄(即金石志書名、篇名)檢索和多維度高級檢索。配合閱讀,提供線上查詢的網頁小工具,包括歷史人物、歷史地名、歷代職官、關聯漢字、字頻統計、聯機字典、元數據、成語典故、中草藥詞典等查詢服務。支持頁面內文字檢索,即輸入檢索字對應文本自動高亮,圖文多種模式放大服務(例如祗放大單行文字、局部焦點放大等)。同時,還可以切換界面(不含文本內容)語言模式,包括中文簡體、繁體、英語和日語。

3. 文本服務

數據庫文本全部依據《歷代石刻史料彙編》進行錄文,未參照或提供對應石刻拓片的展示,主要通過 OCR 識別、錄入等方法實現文本的數字化,而文本全部未進行標點、注釋,不屬於嚴格意義上的整理成果。同時,文字錄入主要保留原始典籍的文字字形,針對異體字採取了相應的字體處理。例如《金石萃編》卷一四《李翕西狹頌》中的"不",即爲"不"字的異寫形式,數據庫中采用了原字形;然而這一標準未在全部文字中徹底執行,以同頁中的"幼"字爲例,原字形"幼"與之差異較大,但仍錄入爲"幼"字。同時,文字準確度上存在一定疏漏,同頁中的"抑",實際爲"抑"字的異寫,但是文本錄入分別爲"抑"和"那"字,均不正確,且同頁中多字以"◇"符號代替,恐與不易辨識的文本圖像通過 OCR 掃描識別更容易出現錯誤有關。[1]

同時,數據庫大量使用了 Unicode 基本平面以外的字形,除了以"◇"代替的無法識別的字形,其他文字在閱讀框及檢索框內均可顯示,當是配置了數據庫專用字體。但數據庫未見提供對應字體下載的服務(圖一、圖二)。

---

[1] 造成文本圖像不易識別的原因較多,包括原書圖像不够清晰,文字存在殘缺,文字書體非楷體等,此篇即可能由文字采用漢隸導致。

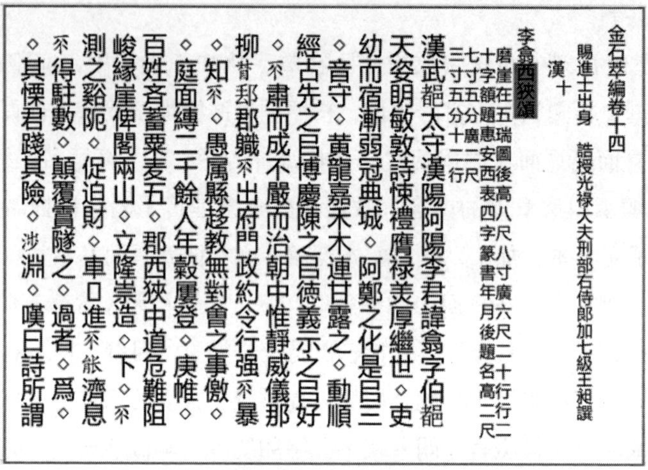

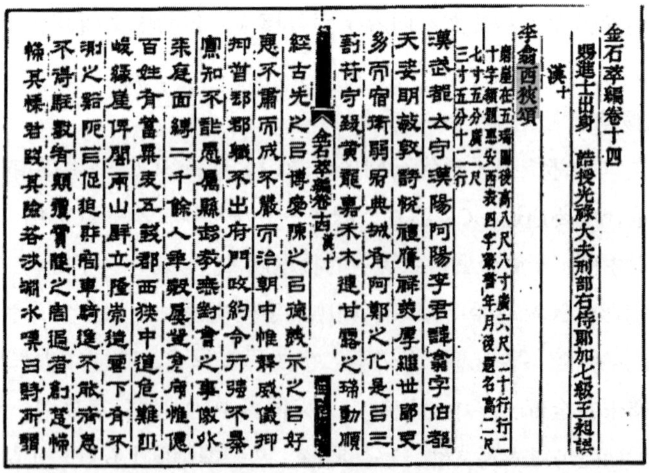

金石萃編卷十四

賜進士出身　誥授光祿大夫刑部右侍郎加七級王昶譔

漢　十

李翕西狹頌

漢武都太守漢陽阿陽李君諱翕字伯都
天姿明敏敦詩悅禮膺祿美厚繼世那吏
幼而宿漸弱冠典城　阿鄭之化是曰三
音守　黄龍嘉禾木連甘露之　動順
經古先之旨博愛陳之旨德義示之旨好
　肅而成不嚴而治朝中惟靜威儀那
抑背郡郡職　出府門政約令行強不暴
知　愚屬縣趙教無對會之事傲
百姓斉蓄粟麦五　郡西狹中道危難阻
峻緣崖俾閣兩山　立隆崇造　庚帷
測之谿阨　促迫財　車口進　帐濟息
　得駐數　顛覆賈隧之　過者　爲
　其懍君踐其險　涉淵　嘆曰詩所謂

圖一　中國歷代石刻史料彙編數據庫——文本

圖二　中國歷代石刻史料彙編數據庫——原書

　　文字的加工程度對檢索功能存在直接影響，除錄入的錯誤顯然會導致檢索結果的疏漏外，數據庫保留文字的異寫形式也會影響檢索。仍以《金石萃編》卷一四《李翕西狹頌》爲例，文中"帐"字被錄入爲"帐"，是"能"字的異寫形式，如檢索"能濟"可以直接檢索出本頁結果，即數據庫後臺建立了"能"與"帐"，"濟"與"済"字的關聯關係，用戶無需自行輸入少見的異寫字形，便可實現檢索；同樣輸入異寫字形"叺"字，是"以"字的異寫形式，檢索"叺皇"後可展示"以皇"的檢索結果，即建立了關聯關係。衹是針對異寫字形，尚無法支持檢索，例如檢索"脹"字即無結果，同時關聯關係尚不足完備，例如"目"字也是"以"字的常見異寫形式，檢索"目皇"則無結果。

文本安全方面，數據庫對於疑似機器爬蟲的高頻操作後臺可以有效監控，并根據操作頻率，限制用户使用或要求用户輸入驗證碼；同時在閱讀頁屏蔽瀏覽器右鍵複製操作，僅可通過系統自帶的彈窗功能表中的"複製"按鈕實現，并且僅支持原書圖像打印，進一步防範資源竊取行爲。

（二）中國金石庫

"中國金石庫"由北京愛如生數字化技術研究中心（以下簡稱"愛如生公司"）開發建設。[①] 數據庫是專門收録歷代金石文獻的全文檢索版大型古籍數據庫，所涉金石文獻包括金文與石刻的拓片，以及著録相關資源的志書。數據庫於 2013 年啓動，2015 年出版初集，後續規劃出版至五集（二至五集尚未見出版發布）。

1. 資源情況

整體産品計劃收録資源年限上至上古，下至民國初年，涵蓋金石拓片十萬件，金石志書 2000 種，每種志書各據善本，每件拓片各據照片或影印件掃描并加訂釋，全文超過五億字，影像超過 300 萬頁。就目前已經上綫的初集來看，主要收録歷代金石志書 1700 種，包括金石總志以及金志、石志、印志、泉志、陶志、玉志、甲骨志、竹木志和地方金石志等，後續規劃二至四集新增收録歷代金石拓片九萬件，五集補遺歷代金石志書 300 種，金石拓片一萬件。

2. 功能設計

《中國金石庫》由於目前衹收録了金石志書，所以整個數字化成果均按照圖書結構加以展示。首頁主體內容即對收録全部金石志書進行列表條目展示，展示信息包括書名、卷數、時代、作者和版本，左側提供條目檢索、全文檢索和高級檢索，檢索方式可在頁面上方進行切換；其中條目檢索即在書一級的維度進行檢索，檢索範圍包括列表展示的項目以及篇目名（目前篇目名僅限原書一級標題，無法支持具體石刻題名檢索）；全文檢索可與部分條目檢索項復合檢索；高級檢索則在前兩

---

① 　數據庫地址詳見 http://dh.ersjk.com/。

類檢索的基礎上，增加了復合條件；全部檢索均支持"關聯異體字"功能。通過列表條目可以直接進入原始典籍的閱讀頁面。數據庫對全書進行了圖像掃描，并完成了文本化加工，支持圖文對照和祇看影像兩種閱讀模式；圖文對照時，左圖右文可逐頁同步查看，針對文本頁面進行版式還原設計，并支持繁簡切換和全文下載打印（文本內容僅限瀏覽當頁），同時提供目錄調閱、頁碼跳轉、書簽、字典、糾錯等服務。如擁有愛如生公司多個數據庫産品，還支持額外的同屏閱讀功能，方便不同原始典籍的比對閱讀。

3. 文本服務

數據庫文本全部依據原始典籍進行錄文，未參照或提供對應石刻拓片的展示。主要通過 OCR 識別、錄入等方法實現文本的數字化，針對部分不易識別的文本圖像，則直接由圖像代替。仍以《金石萃編》卷一四《李翕西狹頌》爲例，整片碑刻內容均以圖像代替，也無法提供文本下載服務（圖三）。

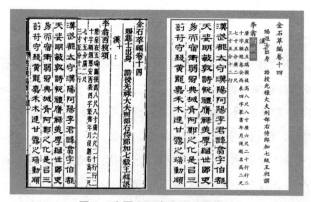

圖三　中國金石庫使用原圖情況

文本全部未進行標點、注釋，不屬於嚴格意義上的整理成果。同時，文字錄入主要保留原始典籍的文字字形，針對部分異體字采取了對應的字體處理。例如《隸釋》卷四《武都太守李翕西狹頌》中的"多""不""䛳""棧"等字，均按照原字形進行錄入；但同篇"䏻"字就未被錄入爲原字形，而是采用了"舷"字，屬於"能"字的另一異寫形式（圖四、圖五）；同時也存在同一文字，在不同情況提供的字形不一的情況，例如"刧"字同樣也是"幼"字的異寫形式，在《山左金石志》中采用了原字形，但是在《金石文鈔》中卻使用"幼"字本字（圖六、圖七）。

弟子楊子欽奉爲作闕宓遠字闕六造
右廣漢長王君治石路碑以一表字題其上溝洫
志武帝穿漕渠令齊人水工徐伯表注謂巡行而
表記之與此蓋同意王君攻治崖路危險去民隆
害標表其事文不滿百在今漢州威宗建和二年
楊子欽所作鑒即彌字
武都太守李翕西狹頌
漢武䣙太守漢陽阿陽李君諱翕字伯䣙天姿明敏
敦詩悅禮膺禄美厚繼世郎吏劮而宿衛弱冠典城

圖四　中國金石庫——幼

有阿鄭之化是吕三蓟符守殘黄龍嘉禾木連甘露
之瑞動順經古先之吕博愛陳之吕德義示之吕好
惡丕肅而成丕嚴而治朝中惟静威儀抑抑胥郡部
職丕出府門政約令行强丕暴宣知丕詐愚属縣趍
教無對會之事徼外來庭面縛二千餘人季穀屢登
倉庫惟億百姓有蓄粟麦五錢郡西狭中道危難阻
峻緣崖俾閣兩山壁立隆崇造雲下有丕測之谿阨
芒促迫䟫財字峇車驛進丕餂濟息丕得駐數有顛覆
賞隧之周過者創楚惴惴其㡍君踐其險若涉淵氷

圖五　中國金石庫——不能

之誅者尚時有之嗚呼何其習之難變也士幼而學壯而欲行
之僅勝衣時知誦書則聞聖賢之言曰不在其位不謀其政又
曰君子思不出其位及出而覩逢
聖神相繼以興堯舜三代之治是宜精白以承
休德而夸者喜權貪者務得更相促越鮮克靖共視古昔爲有
愧此
元豐
大觀之詔渾渾亹亹若合符節而不可以已也昔商制官刑儆
于有位召南之國化文王之政在位皆節儉正直說者謂政非
獨躬行之效也有慶賞刑威存焉化文王之政蓋有憚而從之
者
神考戒以將底厥罪

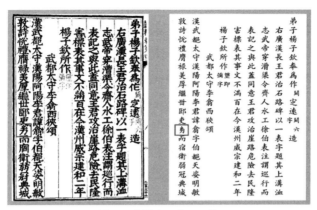

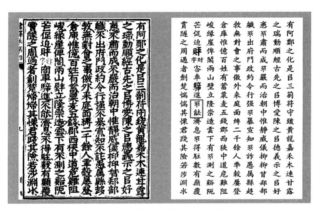

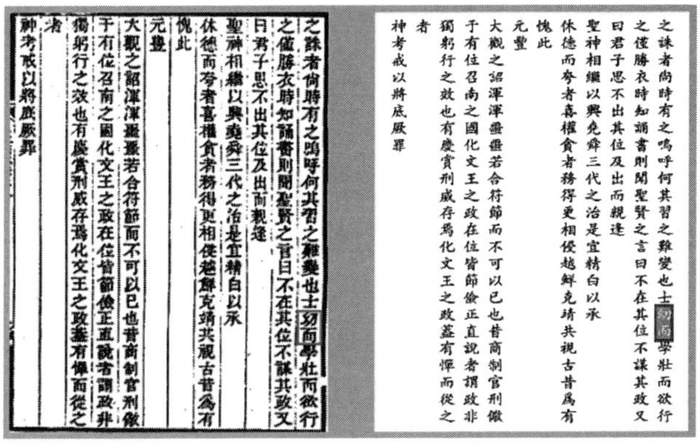

圖六　中國金石庫——幼而

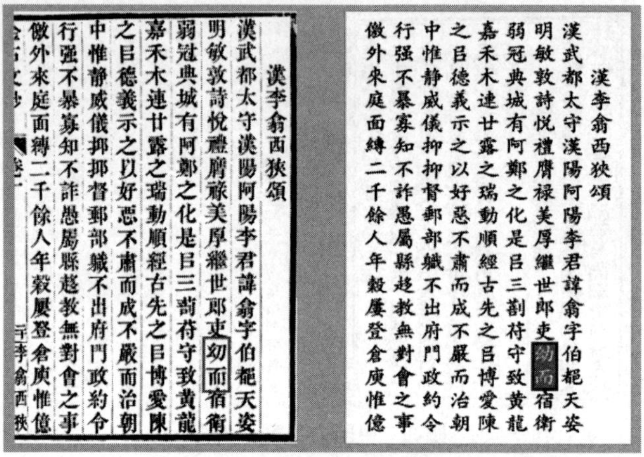

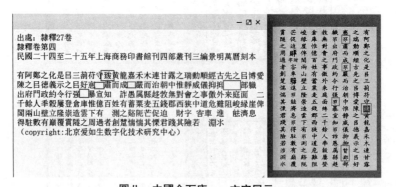

圖七　中國金石庫——幼而

同時，數據庫大量使用了 Unicode 基本平面以外的字形，這些異寫字形雖然均能在閱讀框内顯示，但其中有一部分字形在文本下載服務的文字窗口和檢索框内，無法正常顯示。這一點當與數據庫自行使用的字體有關，需系統配置對應的字體方可顯示，但未見提供字體下載的服務（圖八）。

圖八　中國金石庫——文字展示

針對異寫字形，無論是否顯示，均可通過複製操作在數據庫内進行檢索，① 且勾選“關聯異體字”支持漢字關聯檢索。仍以“幼”字爲例，在“㓜”字位置複製并檢索“㓜而”，不僅可以檢索出《隸釋》卷四《武都太守李翕西狹頌》的

① 無法顯示的字形在檢索框内依然無法呈現，但可以正常執行檢索操作。

結果，同時"幼而"和"𠛬而"的相關結果也可提供，檢索"幼而"和"𠛬而"也提供同樣的結果，可見後臺將"𠃌""幼""𠛬"均建立了關聯關係。同理，"以""㕥""𢎥"三字也可相互關聯檢索（圖九）。

圖九　中國金石庫——檢索

文本安全方面，後臺會對用户的使用行爲進行有效監控，對試用用户采取閱讀三分之一的限制；同時要求進入閱讀頁面前，需要用户使用手機號進行注册登録，用以確認身份。頁面屏蔽瀏覽器自帶的複製按鈕，避免文本被直接獲取。

（三）中國金石總録

"中國金石總録數據庫"[1] 由甘肅省古籍文獻整理編譯中心牽頭開展，甘肅五凉古籍數字技術有限公司建設開發。數據庫於 2011 年正式啓動，經過前三年的技術開發完善和資源調查儲備，2015 年出版第一期，後續逐年推出一期，目前已經出版至第七期。

1.資源情況

數據庫主編宿白先生，學術顧問八位，分别爲史金波、李學勤、陳育寧、傅璇琮、裘錫圭、蔡美彪、劉慶柱、饒宗頤，另三十四位專家委員，包括王素、王子今、沈衛榮、榮新江、趙超等，基礎工作人員近百人。數據庫全面收存歷代出土秦漢以前鐘鼎文獻和歷代出土與遺存清代以前石刻文獻，發掘文獻約占總量 60%，稀見文獻約占 40%。據前臺展示，平均每期 10000 篇（其中第一期 10800 篇，第二期 10500 篇，均全部爲石刻文獻；第三期 10500 篇，含石刻文獻 10300 篇；第四

---

① 數據庫地址詳見 http://www.ch5000.com.cn/。

期至第七期均 10000 篇，其中石刻文獻依次 3891、3967、3786、9994 篇），[①] 共計 71800 篇，[②] 含石刻文獻 53238 篇。

"中國金石總録數據庫"在數字化前，即對於金石文獻的整體編纂體例進行了科學合理的設計。分類和定名是按甘肅省古籍文獻整理編譯中心 2015 年研究成果《中國金石總録分類標準》與《中國金石總録定名標準》統一執行。分類根據金石文獻特點，按原屬材質、文種、形式、内容和出土地（或收藏保護地）等基礎信息分别將所録文獻相應歸屬，金文設置三級分類，石刻設置八級分類，類後統一按鎸鑄年代先後排序。定名分金文與石刻兩部分，其中石刻定名采取朝代、紀年、地名、人名、内容（含文種）和形式六項關鍵字定名原則，包括主稱、又稱和通用三種定名形式。例如儒家經典類定名爲"唐開成二年熹平石經《尚書》石刻"，神道碑類定名爲"唐顯慶五年太原乙速孤神慶碑（殘碑）"，墓誌類定名爲"北朝（北魏）孝昌元年洛陽元壽安墓誌銘并蓋"，造像石類定名爲"北朝（北魏）永平三年比丘尼惠智造像記"等。具體内容方面，每篇金石文獻均包括完整拓本、録文和著録三部分内容，根據遺存條件部分收存原文物影像資料。其中，拓本采用精選全拓，録文按原拓行文格式嚴格全文釋讀録入，著録内容十七項。

---

① 第一期，收録并整理石刻拓本文獻約 10000 種，其中秦漢 178 種、魏晉南北朝 1692 種、隋唐 3578 種、宋元 1188 種、明清 3364 種。拓本文獻釋讀整理字數約 828 萬字。圖版約 13528 幀。首次公布量大，其中發掘文獻約占總量 60%，稀見文獻約占 40%。第二期，繼續無重複性收録并整理石刻拓本文獻約 10000 種，其中秦漢 66 種、魏晉南北朝 1177 種、隋唐 5752 種、宋元 805 種、明清 2200 種。拓本文獻釋讀整理字數約 996 萬字。圖版約 15027 幀。首次公布發掘文獻占總量 66.3%，稀見文獻占 33.7%。其中西北民族大學藏于右任題跋拓本以及寧夏博物館一級文物多款藏石拓本尤爲珍貴。第三期，繼續無重複性收録并整理金文和石刻拓本文獻約 10000 種（金文拓本文獻約 200 餘種）。其中秦漢 138 種、魏晉南北朝 594 種、隋唐 2309 種、宋元 663 種、明清 6296 種。拓本文獻釋讀整理字數約 1020 萬字。圖版 17303 幀。首次公布發掘文獻占總量 65.2%，稀見文獻占 34.8%。其中河南大學、金陵圖書館、揚州圖書館等單位藏品以及部分罕見少數民族石刻拓本較爲珍貴。第四期，繼續無重複性收録并整理金文和石刻拓本文獻約 10000 種（金文拓本文獻 400 餘種）。其中先秦至秦漢時期約 500 種、魏晉南北朝至宋元時期約 4500 種、明清時期約 5000 種。拓本文獻釋讀整理字數約 1070 萬字。圖版約 15000 餘幀。首次公布發掘文獻占總量 66%，稀見文獻約占 34%。其中國家圖書館、陝西師範大學圖書館等單位藏品以及部分海外高校藏品較爲珍貴。第五期，繼續無重複性收録并整理金文和石刻拓本文獻約 10000 種（金文拓本文獻 6000 種）。其中先秦時期約 6000 餘種。秦漢、魏晉南北朝、唐宋至至明清時期約 4000 種。拓本文獻釋讀整理字數約 1280 萬字，圖版 11000 餘幀。其中金文部分爲本期重點，除拓本外，各器均附原器照片。同時石刻部分地域性特徵比較突出，如陝西、山西、山東、河北等地石刻拓本按地域集中收録。

② 據簡介稱總量約三十萬種（約四十萬件），録文、叙録約四億字，前臺未見，或尚未全部完成。

2. 功能設計

數據庫遵循上述編排原則和體例，通過功能設計加以有效體現，整體按照石刻篇目結構加以展示。數據庫首頁點擊"快速進入"即進入數據庫主操作頁面，頁首提供用戶登録、免費注册、編纂委員會、編輯説明、編輯標準、相關文獻、使用幫助、用戶回饋、收藏此頁和總録簡介等配套功能；點擊編纂委員會、編輯標準和使用幫助可迅速瞭解數據庫的編纂體例、資源範圍和使用方法，并支持 PDF 下載，目前編輯説明和相關文獻暫無内容可查閲，後續或將補充。頁中列表展示具體資源條目，展示項包括名稱、又稱、朝代和年號。左側提供根據分類標準形成的分類體表，可以通過展開和閉合操作實現逐級導航，即分類檢索；同時提供模糊檢索和精確檢索，可以在録文和全部著録内容中進行任意欄目位置的匹配檢索，支持繁簡字關聯。針對資源條目，提供著録、閲讀和收藏三種操作方式。點擊著録則可進入著録頁面，可以查看上述文種、朝代、紀年、名稱、又稱、額題、首題、材質、形制、行款、撰文、書丹、刊石、書體、出土地（或原址）及時間、收藏者或保護單位、叙録等全部著録信息。點擊閲讀可進入閲讀頁面，拓本圖像於頁面右側固定展示，支持圖像縮放和整頁展示，圖像清晰，放大亦佳；通過"録文"按鈕可調閲録文窗口（不可縮放），實現圖文對照，文本内容基本還原了原拓本的文字排布樣式，依原拓轉行，對題跋也予以保留，方便相互參閲，并用符號統一處理缺漏文字，□代表一個漫漶文字，…代表無數個漫漶文字，◇代表無法識别文字，保證了文本基本的體例統一；同時提供圖像和録文的下載、[①]打印功能。點擊收藏則加入到收藏夾，在用戶中心可集中管理和查看。

3. 文本服務

數據庫在數字化加工過程中，通過識别、録入等方法實現文本的數字化，在文字録入上，顯然進行了更爲專業的隸定，儘量采用更爲通行的繁體字形或直接根據上下文進行文字轉化，僅針對部分異體字采取了文字處理。例如《西狹頌》，前述"多""不"和"能"字，均録入成了通行的"幼""不"和"能"字。又如《東漢中平二年敦煌曹全墓碑》中的"既定"二字，隸定爲"既定"，"瘳悷"二字，隸定爲"瘳悷"，均未采用原字形，而是采用更爲通行的繁體字形；同篇"癃"字，爲"癃"字的異寫形式，數據庫則采用了與原字形一致的寫法，并進行

---

① 支持圖像 jpg 和文本 txt 格式下載。

了文字處理。儘管文字進行了專業隸定，但是文本目前尚未進行標點、注釋，嚴格意義上仍不屬於整理成果（圖十、圖十一、圖十二）。

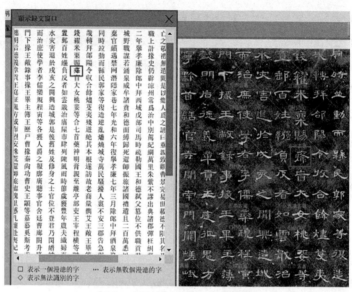

圖十　中國金石總録——生僻字

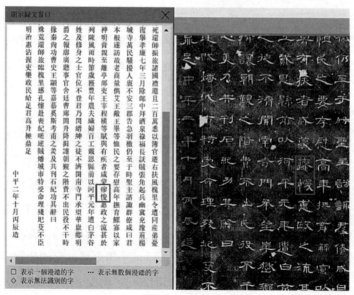

圖十一　中國金石總録——生僻字

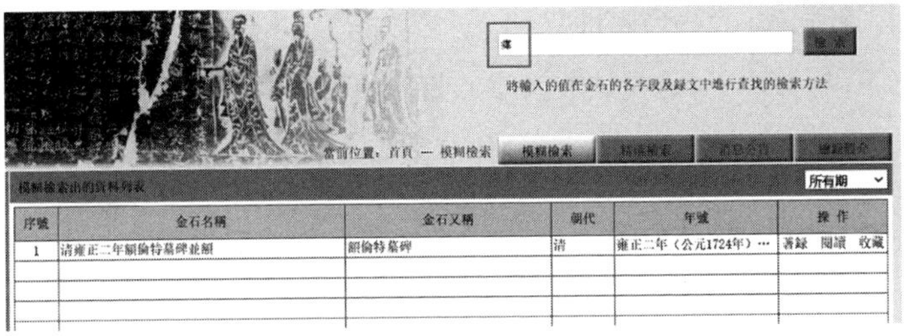

序號	金石名稱	金石又稱	朝代	年號	操作
1	清雍正二年額倫特墓碑並額	額倫特墓碑	清	雍正二年（公元1724年）…	著録　閱讀　收藏

圖十二　中國金石總録——檢索

此外，數據庫内相對體量較少的異寫字形，應屬於Unicode基本平面以外的字形，在閱讀框和檢索框内，均可正常展示，當是數據庫配置了相應的字體，但未見提供字體下載的服務。

數據庫儘管在檢索上實現了繁簡字關聯，但文字關聯的完備性上或可待調整。前述“䈵”字，基於下載的文本進行檢索後，無法展示曹全碑的相關結果，當是數據庫暫未支持處理後文字的檢索服務；同篇，“既定尔勛”可以檢索到《曹全碑》的相關結果；基於“尔”和“爾”字的繁簡關聯，輸入“既定爾勛”也可檢索出相同結果；檢索“旣定爾勛”則顯示無結果，其中“旣”字屬於Unicode基本平面，也是“既”字常見的異寫形式，即“旣”與“既”未建立關聯關係，無法實現相互的關聯檢索。同樣還有“㕥”字和“目”字，也是“以”字常見異寫形式，檢索“以皇”顯示結果，但檢索“㕥皇”和“目皇”則無（圖十三）。

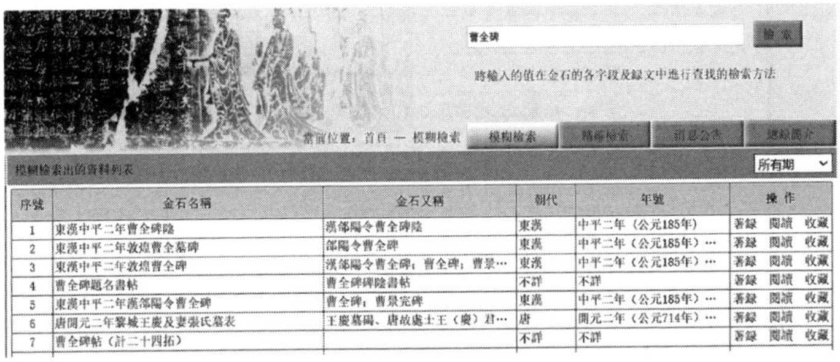

序號	金石名稱	金石又稱	朝代	年號	操作
1	東漢中平二年曹全碑陰	漢郃陽令曹全碑陰	東漢	中平二年（公元185年）	著録　閱讀　收藏
2	東漢中平二年敦煌曹全墓碑	郃陽令曹全碑	東漢	中平二年（公元185年）…	著録　閱讀　收藏
3	東漢中平二年敦煌曹全碑	漢郃陽令曹全碑；曹全碑；曹景…	東漢	中平二年（公元185年）…	著録　閱讀　收藏
4	曹全碑題名書帖	曹全碑碑陰書帖	不詳	不詳	著録　閱讀　收藏
5	東漢中平二年漢郃陽令曹全碑	曹全碑；曹景完碑	東漢	中平二年（公元185年）…	著録　閱讀　收藏
6	唐開元二年黎城王慶及妻張氏墓表	王慶墓碣、唐故處士王（慶）君…	唐	開元二年（公元714年）…	著録　閱讀　收藏
7	曹全碑帖（計二十四拓）		不詳	不詳	著録　閱讀　收藏

圖十三　中國金石總録——檢索

各期著録石刻文獻存在一定程度的重複性，例如檢索“盧蘭墓誌”，資源列表展示三條“北朝（北周）大象二年范陽盧蘭墓誌銘并蓋”的結果，其中二條名稱中分别標注有“于右任藏”和“洪金壽藏”，三條結果分别收録於一至三期；檢索“曹全碑”亦如此，針對碑陽部分共計四篇（含一篇爲碑帖），不同條目定名均略有出入，且著録信息不盡一致。當是在該數據庫的收録原則中，同一石刻文獻，如果來源不同，或因保留的題跋略有出入，則被視作非重複資源進行處理（圖十四、圖十五）。

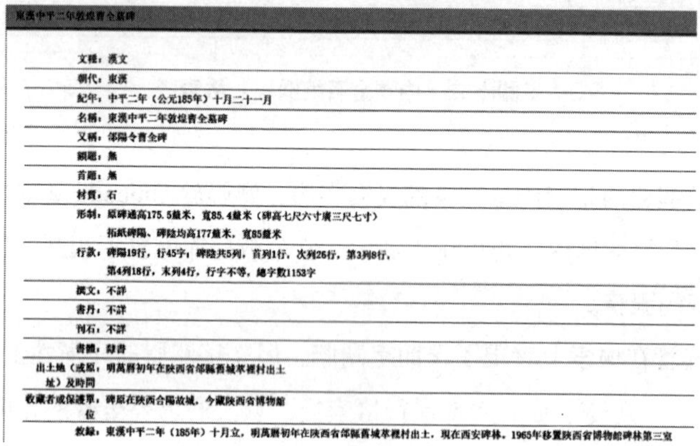

東漢中平二年敦煌曹全墓碑

文種：漢文
朝代：東漢
紀年：中平二年（公元185年）十月二十一月
名稱：東漢中平二年敦煌曹全墓碑
又稱：郃陽令曹全碑
額題：無
首題：無
材質：石
形制：原碑通高175.5釐米，寬85.4釐米（碑高七尺六寸廣三尺七寸）
拓紙碑陽、碑陰均高177釐米，寬85釐米
行款：碑陽19行，行45字；碑陰共5列，首列1行，次列26行，第3列8行，
第4列18行，末列4行，行字不等，總字數1153字
撰文：不詳
書丹：不詳
刊石：不詳
書體：隸書
出土地（或原址）及時間：明萬曆初年在陝西省郃縣舊城莘裡村出土
收藏者或保護單位：碑原在陝西合陽故城，今藏陝西省博物館
敘録：東漢中平二年（185年）十月立，明萬曆初年在陝西省郃縣舊城莘裡村出土，現在西安碑林，1965年移置陝西省博物館碑林第三室

圖十四　中國金石總録——元數據

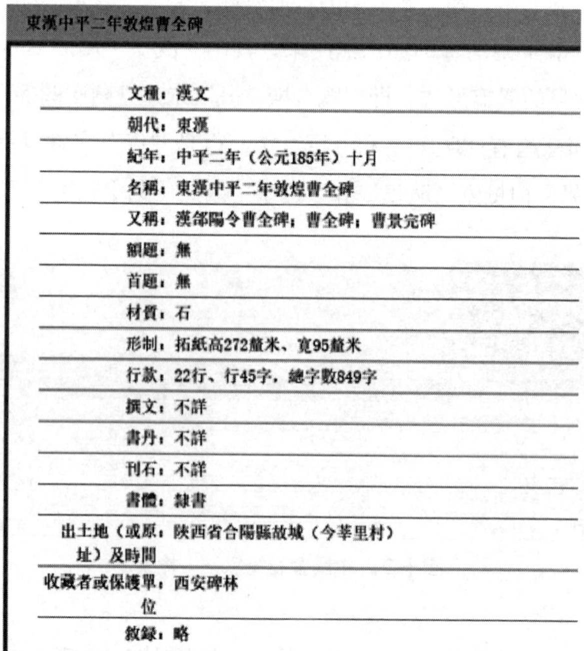

東漢中平二年敦煌曹全碑

文種：漢文
朝代：東漢
紀年：中平二年（公元185年）十月
名稱：東漢中平二年敦煌曹全碑
又稱：漢郃陽令曹全碑；曹全碑；曹景完碑
額題：無
首題：無
材質：石
形制：拓紙高272釐米、寬95釐米
行款：22行、行45字，總字數849字
撰文：不詳
書丹：不詳
刊石：不詳
書體：隸書
出土地（或原址）及時間：陝西省合陽縣故城（今莘里村）
收藏者或保護單位：西安碑林
敘録：略

圖十五　中國金石總録——元數據

文本安全方面，數據庫要求個人用戶在進入閱讀頁面前必須進行個人注冊登錄，機構用戶除非使用"收藏"等個性化功能，否則無需登錄即可查閱、下載、打印，針對圖像增加有數據庫專屬水印。但對用戶的使用行爲有效監控，暫未見明顯的保護機制。

（四）中華石刻數據庫

"中華石刻數據庫"[①]由古聯（北京）數字傳媒科技有限公司（中華書局子公司，以下簡稱"古聯公司"）建設開發。數據庫以時代、地域、類型爲綱，廣泛、全面地搜集出土或傳世的歷代石刻資源，於 2018 年率先發布《宋代墓誌銘數據庫》後，近年來陸續上綫了"漢魏六朝碑刻數據庫""三晋石刻大全數據庫""唐代墓誌銘數據庫""歷代石刻拓片彙編‧一編"和"宋代墓誌銘數據庫‧續編"。

1. 資源情況

不同於上述其他數據庫，該庫最大的特點是以專題庫的形式進行設計與組合，每個專題庫均是與專業作者合作（"三晋石刻大全數據庫"作者同《三晋石刻大全》原書），采用古籍整理標準對石刻資源的録文進行整理、加工，基於作者的專業能力，完成文字隸定、標點句讀和釋讀校勘，考辨疑難字詞（每個專題庫，體例略有出入）；并且在整理的基礎上，對於時間、作者、主題詞（一般墓誌爲誌主）等關鍵信息進行知識標引，解決研究者與愛好者的剛性需求。目前已收録石刻資源近 50000 餘篇。

2. 功能設計

"中華石刻數據庫"首頁上方提供檢索服務，包括快捷檢索和高級檢索，其中快捷檢索支持選擇全文、題名、主題詞、責任者、時間、ID 特定的檢索範圍，提高檢索效率；高級檢索除了配置多個檢索條件并設定檢索範圍的基礎功能外，增加有關聯字檢索、同義詞關聯和忽略標點，關聯字檢索待下文詳述，後兩者均是針對整理成果的特點加以設計，同義詞關聯是對部分人名、地名的異稱（例如同一人的名、字、號等）進行關聯，可實現一步檢索，忽略標點則是免除作者個人的整理結果對於查找資源的影響，有效提高檢索的包容性。上述檢索均可以實現跨子庫的查詢。頁面下方配置有各專題庫的入口，并展示資源體量，點擊即可進入任一專題庫，進入專題庫後則可以根據時代導航的形式，按照石刻篇目結構加以展示。

---

① 數據庫地址詳見 http://inscription.ancientbooks.cn/。

　　先以"漢魏六朝碑刻數據庫"爲例，該庫是以毛遠明教授的遺著《漢魏六朝碑刻集釋》爲基礎，率先進行數字化出版，是現今漢魏六朝碑刻語言文字研究方面材料最翔實、成就最高的代表性成果。專題庫首頁上方支持本庫內的快捷檢索（範圍同整庫）和高級檢索，接續展示該庫簡介以及相關凡例、作者簡介、引用書目簡稱全稱對照表等內容；中間按照石刻的時間提供"朝代（政權）"一級的分類導航和最新上綫資源，通過某一朝代或"更多"即可進入資源列表頁面。該庫收集碑碣 2466 篇，製作成拓片圖錄 3000 餘幅，通過列表即逐條展示（顯示題名、朝代、年號、年份），通過圖像標記顯示有無拓片圖像，左側時間導航提供朝代·政權—年號二級分類導航，上方保留快捷檢索和高級檢索，并支持對展示條目二次檢索（即檢索結果範圍內再次檢索）和篩選有無拓片圖像，該庫僅 18 篇未提供拓片圖像，整理相對齊備完整。針對有拓片圖像的石刻資源，通過左圖右文的形式加以展示。文本部分，功能上支持文字縮放、收藏及聯機詞典功能，選中某一文本後提供筆記、檢索、複製、引用操作，并對接"聯機詞典"服務，直接查詢現代工具書中的釋義。內容上主要分爲三個部分：（1）簡介提要，包括石刻庫的出土、收藏、形制、其他相關石刻等信息；（2）正文，提供準確釋文和標點，保留原石轉行標記"/"，文末提供該篇石刻的著錄信息；（3）注釋，作者對於文字的隸定進行了多版本的比對校勘，對於疑難詞語進行了簡要的考辨和釋義，相關成果作爲注釋保留在正文後，可通過注號進行相關前後跳轉。圖像部分，支持多圖查看，提供圖像縮放、旋轉和全屏展示功能，另外提供圖像基礎調色服務，包括反色和黑白，可針對不同石刻的具體拓片圖像情況，自行選擇處理。針對無拓片圖像的石刻資源，則僅顯示文本部分（圖十六、圖十七）。

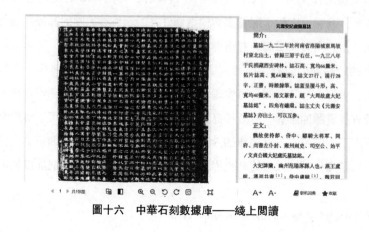

圖十六　中華石刻數據庫——綫上閱讀

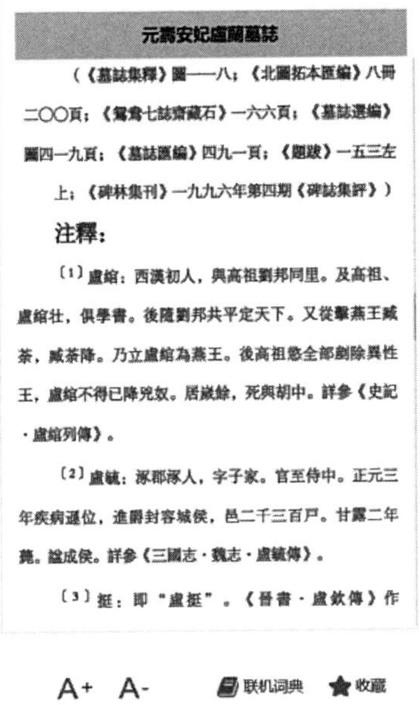

A+ A- 📖联机词典 ⭐收藏

圖十七　中華石刻數據庫——注釋

　　再以"宋代墓誌銘數據庫"爲例，該庫由知名宋史學者李偉國老師主編，數據庫主要收錄宋遼金元時期的墓誌類文獻，目前已經上綫初編、續編兩輯，也是先行通過數字化的形式出版。庫內收錄或搜集墓誌信息的來源包括見之於史書、別集、總集等傳世文獻者，金石圖書所錄出土墓誌、各藏家所藏舊拓本，新出土墓誌之見於各種書刊者，和作者自行購置搜集的拓本。該庫從產品頁面結構和功能層面（含文本和圖像部分）與"漢魏六朝碑刻數據庫"保持一致；僅文本內容整理體例方面略有出入。主要包括以下四方面：（1）每篇墓誌標注有主題詞，即誌主信息，部分墓誌標注有地點信息；（2）多數墓誌標注有責任者（一般爲作者）信息，針對較爲知名的人士，額外提供作者小傳；（3）作者也對文本進行整理加工，在提供釋文、標點和著錄信息的基礎上，未保留原石轉行標記，對於字詞的注解相對較少；（4）提供朝代（政權）—帝號—年號三級時間導航（圖十八）。

　　"唐代墓誌銘數據庫"整理體例大致與"宋代墓誌銘數據庫"相同，"三晉石刻大全數據庫"則遵照《三晉石刻大全》原書範式，功能與其他專題庫亦同，在此不再贅述。

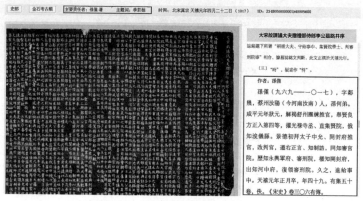

圖十八　中華石刻數據庫——作者

3. 文本服務

數據庫在數字化加工過程中，通過作者提交的成果稿件進行轉化的方法實現文本的數字化。文字錄入上，基於作者的學術能力對於文字加以隸定，原則上儘量錄成更爲通行的字形，但部分仍保留原字形。例如前述《西狹頌》中的"多""不"和"能"字，作者隸定成了通行的"幼""不"和"能"字；同篇"斩""錢"和"新"字，作者保留了原字形（圖十九）。

圖十九　中華石刻數據庫——生僻字

又如《曹全碑》中的"瘥""瘳悛""既定"等字作者隸定爲"瘥""瘳悛""既定"。再如《元壽安妃盧蘭墓誌》，該篇所含"歲"字爲"歲"字的異寫形式，則經作者隸定，數據庫內顯示爲"歲"字（圖二十）。

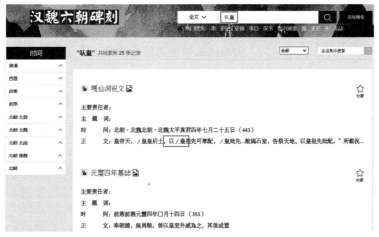

圖二十　中華石刻數據庫——生僻字

　　針對依照原字形録入的文字，作者多提供有對應的文字注釋或意同文字，數據庫根據實際情況對原字形進行文字處理（文字處理形式包括補字、造字、字圖等，視文字在數據庫中的整體使用頻率而定），數據庫針對補字、造字的文字，與其他常規編碼字一樣，可以實現展示和檢索功能，字圖尚不能支持檢索功能。同時，爲保證文字在綫下也可以正常顯示、輸入，數據庫通過所屬門户網站"籍合網"提供免費的字體和輸入法下載服務。同時配合文字的簡寫、異寫、通假形式與造字處理，將高頻使用的異寫字與通用繁體字關聯，在執行檢索操作時，一般默認進行漢字關聯，因此不僅能够實現繁簡檢索，也能對異寫、通假字形同步檢索，從而保證檢索結果的充分性。同樣以"以"字爲例，"以"字與"㠯"和"㕥"字建立了關聯關係，在《漢魏六朝碑刻數據庫》中搜索"㠯皇"和"㕥皇"均可檢索出相同的結果。如果需要進行字形精確檢索，在高級檢索去掉"關聯字檢索"的勾選即可（圖二十一）。如果想要查看文字的全部異寫形式，也可以通過"籍合網"下免費的"字符查詢"功能實現，并查看在歷代字書中的基本釋義。

圖二十一　中華石刻數據庫——檢索

資源收録的重複性方面，儘量對原始資源有所規避，但是鑒於不同專題庫存在專題性的彙編價值，且不同作者在整理過程中，針對同一石刻資源的具體釋文也可能存在一定差異，爲保留彙編作品的完整性和個人作者的學術性差異，亦同步保留。

文本安全方面，由於專題庫爲作者整理作品，因此對於文字内容的版權保護較爲重視，核心内容文字均進行轉碼加密處理，在閱讀頁面屏蔽瀏覽器右鍵複製操作，如果强行複製，則獲取的均是亂碼；文字拷貝行爲可通過系統自帶的彈窗功能表中的“複製”按鈕實現，并對用户單次複製字數、單日複製字數總數加以限制，避免人爲批量獲取。同時，要求用户進入閱讀頁面前必須進行“籍合網”用户注册登録，且數據庫對於疑似機器爬蟲的高頻操作後臺可以有效監控，并根據操作頻率，要求用户輸入驗證碼，嚴重者則系統自動進行封停處理。

三　公益數據庫

據前文所述，圖書館和學術科研機構自二十世紀末就已經開展石刻文獻類數據庫建設，成果多采用公益形式，不設使用門檻，用户無需購買即可查閱。但也是由於公益性質，成果基本以自身館藏爲限，且各行其“庫”無法打通，需要逐個查閱頗爲煩瑣，近年來方開始在資源收録上有所突破。以下僅從海内外各類機構的數據庫成果中，枚舉三例，作爲與商業數據庫的參照、比對對象，進行簡要介紹。

（一）中國歷代墓誌數據庫

“中國歷代墓誌數據庫”[1]由浙江大學圖書館古籍碑帖研究與保護中心開發建設，收録以墓誌爲主的歷代石刻資源。

截至 2022 年 1 月，數據庫已收録石刻資源 13385 篇，[2]其中墓誌 11901 篇，比例最高，另有買地券 829 篇，鎮墓文 135 篇，塔銘和經幢 223 篇，各類碑刻（含墓碑、功德碑、紀事碑、題名碑、宗教碑、畫像碑、書畫碑）240 篇，以及摩崖刻石、造像碑、畫像石、石經和其他雜刻若干。相關石刻資源突破了館藏限制，主要

---

[1]　數據庫地址詳見 http://csid.zju.edu.cn/tomb/stone。

[2]　經檢索操作，入庫實際爲 18130 篇，但存在較多重複篇目且種次號（編號）一致的情況，疑爲入庫更新導致的冗餘結果。

來自以下方向：一是浙江大學圖書館館藏拓片，即浙江大學圖書館原有館藏以及近年來陸續新購入的石刻拓片，[①]以上拓片已録入數據庫不少於 4200 篇，或尚有未完成數字化的拓片正在製作入庫中；二是公開發表的歷代墓誌資料，即已經出版的石刻彙編著録類圖書，通過 OCR 掃描識別等方法，將圖書中的拓片圖像、録文以及其他石刻相關的考證、著録信息進行數字化加工，製作成入庫資料。可見已録入數據庫的圖書中，基於原書的實際情況，部分圖文兼收，如《長安新出墓誌》《成都出土歷代墓銘券文圖録綜釋》《大唐西市博物館藏墓誌》《西安碑林博物館新藏墓誌彙編》《隋代墓誌銘彙考》；部分僅録文字，如《五代墓誌彙考》《遼代墓誌疏證》《漢魏南北朝墓誌彙編》《遼上京地區出土的遼代碑刻彙輯》《新出魏晉南北朝墓誌疏證》《唐代墓誌彙編》《唐代墓誌彙編續集》；部分僅録圖像，如《北京圖書館藏中國歷代石刻拓本滙編》《隋唐五代墓誌滙編》《隋唐五代墓誌滙編續編》《千唐誌齋藏誌》《洛陽出土北魏墓誌選編》以及哈佛大學哈佛燕京圖書館所藏拓片等。同時針對後兩者通過人工比對，將拓片圖像與文本資料進行對應，用以實現數據庫內的圖文參照閱讀，相關數量不少於 3000 篇，其中少部分館藏拓片和出版圖書著録的拓片如果圖像出現重複，則進行關聯後一并展示，可自行調閱圖像進行查看。另有私藏石刻拓片，僅留部分描述信息，無拓片圖像或録文，具體來源尚不明確，約200 篇。

　　“中國歷代墓誌數據庫”在進行數字化加工中，設計了完備的信息著録項，并作爲功能設計的數據來源和結構基礎，整體按照石刻篇目結構加以展示。數據庫包括主操作頁面和核心閱讀頁面兩類，首頁點擊“墓誌數據庫”即進入數據庫主操作頁面，頁中列表展示具體石刻資源條目，展示項包括自擬題名、朝代、中國紀年、金石類型和種次號，部分題名和中國紀年無法完全展示，也未提供浮窗提示。頁左提供朝代和金石類型兩個維度的分類導航服務；同時支持檢索功能，在篩選子庫範圍的基礎上，檢索範圍包括原石和拓片兩個維度上全部元數據，與閱讀頁的著録項目匹配（下文詳述），并另外配置録文、種次號和所有欄位；包括簡單檢索和高級檢索，也可選擇任意匹配和前方一致的匹配原則，但僅支持繁體字的檢索，即數據庫底層不提供文字關聯的功能。

　　在核心閱讀頁，主要從原石和拓片兩個維度上進行元數據等信息的著録，所

---

① 據浙江大學圖書館網站介紹，浙江大學圖書館現收藏有民國拓片 300 餘種 1500 張左右，近三年新購墓誌拓片 3800 餘種近 5000 張，實際數量當超過這一統計。

涉著錄項專業詳備。原石維度上，包括題名（含自擬題名、首題、額題、陰首題、陰額題、蓋題、中題、尾題、其他題名），責任者（含書碑、撰文、題額、刻碑、其他責任者），金石所在地（含刻立地點、出土地點、收藏地點），金石年代（含朝代、中國紀年、公元紀年），金石描述（含金石類型、金石形制、文種、書體、書寫特徵、銘文行款、字數），關鍵字（墓主姓名），金石附注（含金石附注、提要、著錄文獻、疏證來源、其他），著錄信息（子庫類型），項目名稱（含種次號、標識符）。拓片維度上，包括拓片展示，拓片歷史（含拓片來源、椎拓時間、獲得方式、收藏與跋印），拓片形態（含保存形式、托裱裝訂、數量、尺寸、附件），拓片附注（含注、錄文、錄文來源、叢編、子目）。數據庫所有著錄項爲標準表格樣式配置，針對每一篇具體石刻，基於資源來源的不同，著錄程度不一（未著錄則自然留空）；針對館藏拓片資源，著錄內容較爲基礎有限，一般僅提供拓片圖像查閱，支持多圖瀏覽和大圖查看，圖像放大後較爲清晰（但需要安裝 flash 方可查看，略爲不便）并標注圖像來源，但未提供錄文；針對公開發表的資源，可參考原出版圖書，著錄內容較爲詳細豐富，且多數篇目在 “拓片附注” 處提供錄文，實現圖像和文本的配套查閱，但受頁面固定布局限制，相互參閱存在一定不便。

數據庫中錄文也是著錄的信息之一，針對錄文內容，一方面非全部篇目提供錄文，完備性上有所欠缺，另一方面文本內容基本來自各石刻著錄的出版圖書，原書體例不盡一致，數據庫亦保留，部分保留標點，部分保留轉行符號，部分保留分段，部分保留注號，錄文質量及整理程度，視原書情況而定。文字處理方面，數據庫也是遵循原書文字隸定結果，但由於自身字體處理的能力有限，針對部分異寫字形，數據庫可能暫無配套的字體支持，祇能顯示爲 “＝” 或 “■”。例如北周盧蘭墓誌，數據庫內這篇錄文來自《漢魏南北朝墓誌彙編》一書，經查原書錄有 “歲” 字，爲 “歲” 字的異寫形式，但數據庫內多處 “歲” 字對應位置均以 “＝” 代替，應爲數據庫字體對此字形存在缺漏，同時也未將該字自主認同成更通行字形之故（圖二十二）。

根據現有檢索條件的設計，著錄程度和錄文質量會直接影響檢索的效果，且數據庫內缺少文字關聯，輸入的檢索文字必須與資料完全一致，方能實現有效檢索；加之數據庫在執行檢索時未默認對標點進行忽略，而文本基於原書差異，部分標注有標點、換行符等，也會一定程度上造成目標結果無法有效檢索。

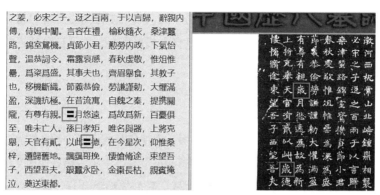

圖二十二　中國歷代墓誌數據庫——缺字

同時，由於資源來源維度較多，數據庫針對資源條目基本完成了去重處理，但也存在個別重複石刻的收錄，例如"大蜀前故武泰軍節度使贈太師弘農王賜諡獻武晉公墓誌銘"，分別收錄在《成都出土歷代墓銘券文圖錄綜釋》和《五代墓誌彙考》，數據庫作爲兩條內容分別著錄（圖二十三、圖二十四）。

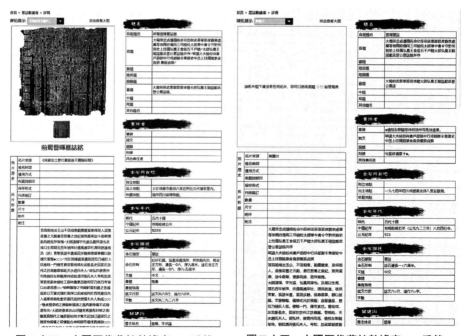

圖二十三　中國歷代墓誌數據庫——重篇　　　圖二十四　中國歷代墓誌數據庫——重篇

文本安全方面，數據庫整體是免費開放的，用户未注册登録也可檢索、閲讀和複製，未見設置有保護機制，用户可以自由獲取資料，涉及部分經過整理的録文，亦如此。

（二）碑帖菁華

"碑帖菁華"[①]是由國家圖書館建設開發。數據庫是國家圖書館（國家古籍保護中心）建設的綜合性古籍特藏數字資源發布共享平臺"中華古籍資源庫"的成果之一，以國家圖書館藏有的歷代甲骨、青銅器、石刻等類拓片爲綫索，對資源進行編録；數據庫目前收録資源 26000 餘條，影像 3000 萬餘幅，由於缺少拓片原物的類型導航，尚不知涵蓋石刻類資源的具體體量。整體信息著録維度，是從拓片原物出發。

"中華古籍資源庫"提供"碑帖菁華"的入口，首頁上方提供檢索服務，包括（普通）檢索、高級檢索和全文檢索，默認檢索時不支持録文内容檢索，需使用全文檢索方可實現；左側支持"朝代"一級的時代分類導航；中心位置展示資源，展示信息包括題名、責任者、年代和地點，可切換圖文、列表兩種展示模式。進入拓片展示頁，提供題名、其他題名、責任者、年代、地點、原石附注、拓片特徵、數目尺寸、題跋印記、文種、館藏信息等，其中責任者、年代、地點提供内部關聯跳轉（採用完全匹配形式，地點跳轉有誤），同時僅部分（前臺可見，基本爲明清時期）石刻資源提供有録文内容；支持查看大圖、收藏和分享操作，其中查看大圖時，針對有録文的石刻資源，提供圖文參照閲讀模式，針對無録文的石刻資源，僅提供圖像閲讀模式，圖像支持多圖切換和縮放功能。

數據庫的檢索功能預設提供簡單繁簡關聯，[②]但針對部分異寫形式，如"以"字與"目"和"㠯"字均無法實現有效關聯，雖然檢索"以"字有結果，但檢索後兩字均無結果。另外，由於數據庫在（普通）檢索功能上均採用了模糊檢索，系統自動按字切分功能，例如檢索"爾昌爾熾"，全文檢索僅顯示命中四字的結果，（普通）檢索則顯示任意單字或多字命中的檢索結果；又例如檢索"以上"時，如果輸入"目上"或"㠯上"，由於漢字關聯的問題，（普通）檢索和全文檢索均自動提供僅"上"字的結果。關於模糊檢索功能，由於傳統文獻，單字多具有單獨含義，

---

① 數據庫地址詳見 http://read.nlc.cn/thematDataSearch/toGujiIndex。
② 目前高級檢索實現關聯存在一定問題。

以字爲單位進行分詞在某種程度上符合邏輯，但也會導致出現過多冗餘結果，其價值是否在相關數據庫中存在意義，或有待商榷。

文本安全方面，數據庫整體是免費開放的，用户未注册登録也可檢索、閱讀；數據庫屏蔽了頁面的鼠標右鍵菜單按鈕，但用户仍然可以通過鍵盤操作拷貝文本，未見有其他保護機制。

（三）石刻拓本資料

"石刻拓本資料"[①] 是由日本京都大學人文科學研究所建設開發。數據庫主要收録該研究所所藏的石刻拓本資料，整體分爲"畫像石"及"文字拓本"兩部分。"畫像石"主要收録漢代畫像石資源，按照地域導航，共計457幅圖像；"文字拓本"主要收録以文字爲主的石刻資源，按照朝代導航，共計4931件。

"畫像石"部分，提供山東、江蘇、河南、陝西、山西、四川作爲一級分類，其中山東地區收録資源體量最豐，并細分曲阜畫像石、孝堂山畫像石、兩城鎮畫像石、滕縣畫像石、披縣牟平畫像石、朱鮪墓畫像石、嘉祥縣畫像石、武氏祠等。提供名録和畫像兩個維度展示，通過題名可分别瀏覽對應畫像石資源的標題列表和圖像列表。點擊編號或圖像即可查閱該畫像石的具體信息，每一畫像石單獨附有拓片圖像，并提供文件編號、標題、年代、大小、出土地、原石所在地、備考信息，拓片圖像提供下載。針對"畫像石"，不支持任何維度（含標題、年代、出土地等元數據信息）的檢索功能，祇能根據地域導航，逐級查找，較爲不便。

"文字拓本"部分，提供漢、魏晋、南北朝、隋、唐、五代、宋遼金、元、明、清作爲一級分類，其中漢又細分爲前漢、後漢（建武—漢安）、後漢（建和—延熹）、後漢（建寧）、後漢（熹平—建安），以及後漢年代不明。提供名録和畫像兩個維度展示，通過題名可分别瀏覽對應石刻資源的標題列表和圖像列表。點擊編號或圖像即可查閱該石刻的具體信息，每一石刻均附有拓片圖像，除提供與"畫像石"一致的文件編號、標題、年代、大小、出土地、原石所在地、備考信息外，另補充文字拓本專有的"字數行數"一項，但未展示録文的文本內容，拓片圖像提供下載。針對"文字拓本"，支持録文檢索，不支持標題檢索，且默認提供了漢字繁簡關聯。如檢索"富山負山"，結果展示檢索詞"富山負山"

---

① 數據庫地址詳見 http://kanji.zinbun.kyoto-u.ac.jp/db-machine/imgsrv/takuhon/。

和命中詞"富山負"和"曰富山負山"，對應拓片位置的區域截圖以及命中詞的上下文，點擊圖像可下載該拓片圖像；但檢索詞和命中詞的匹配方式，相較國内檢索方式存在一定差異，"富山負"和"曰富山負山"實際爲同一結果，但却分別列出（圖二十五）。

圖二十五　石刻拓本資料——檢索

文本安全方面，數據庫整體是免費開放的，用户未注册登録也可檢索、閲讀和複製，未見設置有保護機制，用户可以自由獲取資料。

四　分析與展望

關於石刻文獻類數據庫的現有問題與未來發展，由於來自不同的建設主體，各自存在結構性的制約因素，後續整體路徑規劃，已有學者從開發模式、標準制定、統籌引導等方面提供了可行的建議。[①]筆者看來，國家提供有利的政策導向以及財政扶持，固然對石刻文獻類數據庫的發展乃至於整個出土文獻領域研究有着非常積極的影響，但同時如果能通過更加"知識化"的建設方式，提升數據庫的資源質量以及服務方式，滿足相關學人實際的用户需求，實現市場化的應用與運作，也不失爲促進學界與産業共同發展的一種有效手段。立足於這一出發點，針對現有石刻文獻類數據庫，筆者試從以下五方面再做分析與展望。

（一）展示結構

關於石刻文獻類數據庫的資源展示結構，從整體形式上可以分爲兩大類，一

---

① 參考劉春雪《我國出土文獻數據庫出版述論》，《出版與印刷》2019 年第 1 期；李卓《中文石刻拓片數據庫比較研究》，《圖書館》2013 年第 5 期。

類是以"中國歷代石刻史料彙編數據庫"和"中國金石庫"爲代表，以"書"爲綱，資源主要來源於傳統金石志書，依原書的書名、章節名加以展示，提供書目或目錄導覽；一類是以"中國金石總錄數據庫""中華石刻數據庫"以及"中國歷代墓誌數據庫"爲代表，以"篇"爲綱，資源主要來源於拓片，將石刻文獻逐篇展示，配套編訂題名，并基於標注的時代、類型等元數據信息提供具體文獻分類導覽。前者的優點在於可以配合典籍額外提供歷代金石學家的題跋內容，輔助研究，但是考慮到研究過程中，使用石刻文獻需要儘可能地搜集、對勘原拓，這一方式仍有不盡之處，而後者顯然更符合石刻文獻自身的特點，可以在閱讀時直接對照原拓，其中"中國金石總錄數據庫"所收拓片豐富、高清，支持下載，同時依據單篇石刻文獻著錄的元數據信息，滿足了用戶的查閱需求。

筆者認爲，相較而言，在數據庫中以"篇"爲單位加以展示，是更值得推廣的，但是如果後續能夠實現歷代金石學家題跋與原始石刻文獻的加以對應，配套提供，或可成爲更具優勢的展示形式，衹是這一形式的實現，需要對金石志書進行更加細化地拆分與標注，屬於更進一步的知識化內容加工。

（二）內容文字

針對石刻文獻類數據庫，繁複多樣的異體字形依舊是開發者和用戶亟待解決的難題。文字加工上，在假定數據庫的內容均經過人工處理，非單純 OCR 掃描識別成果的前提下，存在着原字直錄和隸定錄入兩種形式。

"中國歷代石刻史料彙編數據庫"和"中國金石庫"采用的是參照原書或原拓的原始字形直錄的方式，這一文字處理方式存在明顯優勢：第一，能夠完整還原石刻（古籍）的原始面貌，保留相應時代獨有或通用的字形結構；第二，能夠保證文字的準確度，在一定程度上減少了文字隸定、辨析與考訂的成本。然而，優勢和劣勢往往是一體兩面的，因爲石刻中存在大量的異寫形式，在全部文字中將這一原則徹底執行的難度是很高的，字符的顯示需要配套的字體文件，考慮到 Unicode 基本平面乃至擴展平面的有限性，需要對照補充相當數量的新字形加入到字體文件中，方可以保證數據庫用字體例的一致性，但從實際成果反推，這一目標在資源體量動輒上萬篇的數據庫中幾乎是難以實現的，事實上此類數據庫往往是原始字形和類似字形混用的狀態，甚至存在同一字形在不同篇目下，展示爲不同編碼字的情況。同時這種文字體例，儘管提供了異體字形，但衹解決了可閱讀的問題，而無法幫助用戶，特別是初學者真正理解對應的文字，異體字形展示的不統一性，還容易給用戶製造困惑。

不同於前者，"中國金石總錄數據庫"和"中華石刻數據庫"采用了將文字隸定後錄入的方式，這一方式難度更大，整個加工過程學術性更強，相應的也需要耗費更多的專業人力，以及更長的加工周期方能實現。這樣的文字錄入方式，包含了大量的學術考辨的成分，實質上可以視作是帶有學術性的知識成果。而經過隸定後的文本基本上由 Unicode 基本平面和部分擴展平面即可支持，字形更加通行、易懂，大大降低了用戶的閱讀難度，也減少了造字的工作量。

筆者認爲，將文字隸定後錄入是對於學界更有助益的文字加工方式。但是，這一方式的成果水平，很大程度上有賴於作者（或加工者）的專業素養，以及建設方可以承擔的加工周期與版權（人力）成本，并非每一個石刻文獻類數據庫都願意采用該方式。同時，爲了保證字形在綫上和綫下顯示一致，需要在數據庫的所有位置對所應用的字體進行配置，并提供配套的字體下載安裝；但是由於字體版權一般歸屬於製作公司（委托加工的情況除外），如果不能形成有效的合作，則會限制服務形式，[①] 因此版權的解決也是一個重要的努力方向。

（三）學術整理

對於石刻文獻類數據庫而言，從學術整理的角度出發，前述的文字隸定可以視作專業整理工作的第一步，然而參照古籍的整理方式，還需要斷句標點、文字校勘、字詞釋義等，并針對資源特點，對於時間、誌主（主題詞）、作者等石刻相關元數據信息進行著錄，方可達到和石刻文獻整理出版圖書相近的水平，進一步提高數據庫的可閱讀性、可引用性。然而，就目前的數據庫的整理程度而言，"中國歷代墓誌數據庫"并非全部錄文，且錄文標點與否主要參考原有出版圖書，體例差異較大；僅"中華石刻數據庫"或可稱作是石刻文獻整理數據庫，但由於各專題子庫均有各自的作者，除標點、元數據信息著錄可以保證外，文字的校勘、釋義程度，視作者的整理體例而定，亦存在一定出入。除此之外，其他石刻文獻類數據庫均難以稱爲嚴格意義上的整理成果。

筆者認爲，石刻文獻類數據庫不應該滿足於簡單地將原始的石刻材料進行歸

---

① 服務形式的限制例如僅可在數據庫內應用，無權提供下載服務等。

聚，這其實衹是數據庫最爲原始、基礎的方式，在此基礎上，應該更加努力向知識化方向延伸，直接與學者的整理成果、研究成果對接，貼近學術的價值取向，從而更加便捷地爲各界學人所取用，提高用户的研究效率。

（四）功能設計

石刻文獻類數據庫功能設計的初衷，是在展示石刻文獻的基礎上，基於資源特點，幫助用户有效地進行查閲，最大程度地滿足用户需求。作爲石刻文獻另一發布形式，數據庫的建設在過往總是被理解成爲一種資源的"彙聚"，用户亦滿足於數據庫提供的基礎性服務，比如可以在一個使用場景下查看大量資源，解決采購、存藏多種圖書的問題；比如可以快速檢索，節省手動查找、翻閲的時間；比如可以即時圖文對照閲讀，根據需要對文本、圖像進行縮放，突破印刷品固定規格的限制等。這些功能都是相較於紙書，數據庫天然可以提供的服務，是較爲基礎且没有太高門檻的。然而在筆者看來，數據庫能够實現的遠非如此，更有價值的功能，往往是着眼於需求的，技術與知識成果交互的産物。

以"檢索"服務爲例，檢索本身是建立在文字加工的基礎之上，與前述"内容文字"的加工方式息息相關。除了文字的準確性會直接影響檢索結果的有效性外，數據庫即便經過文字隸定，但或多或少都保留了一定的異體字形，超過Unicode 基本平面範圍，而原則上配合字形的顯示，需要提供配套的輸入方法，這樣能保證檢索行爲的充分、完整；但即便提供了文字輸入的可能性，對於用户而言輸入、查找起來仍然是較爲費時費力的，尤其是在異體字形差異較小時或用户并不甚清楚原始字形的情況下，要求輸入的字形與數據庫使用的字形完全一致，也是過於苛刻的。針對這一問題，需要從功能着手提供更加專業化、精細化的解決方案。目前常用的做法，是建立漢字關聯關係，[①] 這種建立關聯的過程本身也是另一種形式的知識加工，而將關聯成果在數據庫底層加以應用，就可以在具體使用場景中提供有效服務。例如用户輸入常用字形後，可以基於關聯關係，提供相關的字形備選，或更進一步直接提供關聯字形的檢索結果。這一點上，前述列舉的四個商業數據庫均能够實現，但實現程度水平不一，相對而言像書同文、愛如生、古聯這類以古籍數據庫爲主營業務的公司，由於類似服務的應用場景更廣，纍積的資源和經驗

---

① 關聯方式有很多，包括繁簡、異寫、通假等，可以藉由人工智能的機器學習成果，再配合專業的屬性標引完成，在此不做詳述。

更多，功能的實現程度也更高。

這種漢字關聯關係，不僅可以應用於檢索環節，還可以延伸提供更多的服務形式。比如"中國歷代石刻史料彙編"中的網頁工具"漢字關聯"，"中華石刻數據庫"所屬"籍合網"提供的"字符查詢"工具，都是以解決漢字認知爲目的的服務形式，用户在閱讀過程中遇到疑難的異體字形，可以直接複製到工具中，查看相關的通用字形，并通過字書等資源，瞭解字詞的釋義；同樣，用户也可以輸入通用字形，瞭解該字的其他異體字形。

便捷的服務功能是數據庫的最大優勢，而相關建設不應着眼於與紙書相比較，而要在同一維度上進行產品之間的競爭。筆者看來，類似的"智能化"工具，應是石刻文獻類數據庫未來的主要研發方向，將功能設計建立在知識化的基礎上，利用技術手段解決長久以來石刻文獻釋讀的痛點問題，纔是數據庫實現功能優化升級的有效路徑。

（五）版權保護

由上所述，石刻文獻類數據庫中的文字録入、隸定，圖像搜集、排重，乃至於專業的學術整理，其本質都是知識加工，其成果毫無疑問應當視作是版權作品。數據庫將其進行公開發布的同時，也有義務對於相關權利人的合法權益予以保護。涉及的權利人不僅包括作者，還有相關的產品設計者、資料編輯者、字體製作者等。

需要説明的是，數據庫設置基本的保護機制，其目的并不是阻礙用户使用，而是保護知識成果的合法權益不受侵害。這一點在數據庫興起之初，由於普遍采用公版資源，不涉及支付版税，一直以來都被忽略，近年來伴隨着越來越多版權成果的進入，對於數據庫知識產權的保護意識也日益增強。

面對着當下層出不窮的數據扒竊方式，商業數據庫相對擁有更加成熟的應對機制。數據保護的維度是多層面的，包括從運營角度出發，進行個人身份的認證，對用户操作行爲實時監控，設置複製、下載的上限，以及從技術角度出發，在數據庫結構設計上對於文字加密轉碼，對於圖像水印切分等。

這些版權保護的手段，不僅維護了作者及相關權利人的經濟權益，保障了有效的商業運營；同時也促進了整個行業領域的轉型與優化，從而構建出良性的、可持續的產業運作模式。目前"中華石刻數據庫"已經通過專題子庫的形式，嘗試直接將作者的整理成果藉由數據庫的形式發布，而這一模式的創新也是建立在相對完善的版權保護機制之上的。

石刻文獻類數據庫自興起以來，在形式上不斷發展演進。一方面是趨向於符合石刻文獻自身的資源特點和研究要求，逐步擺脱了傳統古籍數據庫以"書"爲單位的展示維度，真正從每一方石刻出發，製定規範的元數據編寫標準和著録體例，配合相應的功能服務，力求圖文并茂地面向用户加以展示；另一方面是不斷賦予知識化的内涵，不僅在數據上努力産出更加專業，更加符合學術規範的内容成果，而且在功能上也嘗試提供更具"智能"色彩的知識性服務。

時至今日，在筆者看來，無論是開發者還是使用者，我們建立的共識是數據庫不計資源質量而以數量拓展爲目的的初級階段需要進入到尾聲，如同超市倉儲一般的基礎數據重複性建設，對於推動學術發展的價值已經微乎其微。未來的轉向，是要打破學界對於"數據庫"成果的固有認知，突破專業性、規範性不足的瓶頸，全方位地向知識服務轉化。然而需要説明的是，無論數據庫如何演進，技術工具如何智能，其終極目的始終不是完全代替用户進行思考，而是幫助學者從繁複的基礎工作中解放出來，將時間、精力着眼於更重要的問題，真正推進研究的深入與發展。

圖書在版編目(CIP)數據

中國古代墓誌研究：全二冊 / 王連龍主編. -- 北
京：社會科學文獻出版社, 2023.2（2023.7重印）
（中國古代石刻研究叢書）
ISBN 978-7-5228-1036-2

Ⅰ. ①中… Ⅱ. ①王… Ⅲ. ①墓誌－研究－中國－古
代 Ⅳ. ①K877.454

中國版本圖書館CIP數據核字（2022）第209999號

·中國古代石刻研究叢書·

中國古代墓誌研究（全二冊）

主　編：王連龍
副主編：叢思飛　胡宗華　黃志明

出 版 人 / 王利民
組稿編輯 / 鄭慶寰
責任編輯 / 趙　晨　宋　超
責任印製 / 王京美

出　　　版 / 社會科學文獻出版社·歷史學分社（010）59367256
　　　　　　地址：北京市北三環中路甲29號院華龍大廈　郵編：100029
　　　　　　網址：www.ssap.com.cn
發　　　行 / 社會科學文獻出版社（010）59367028
印　　　裝 / 三河市東方印刷有限公司

規　　　格 / 開　本：787mm×1092mm 1/16
　　　　　　印　張：69.5　字　數：1237千字
版　　　次 / 2023年2月第1版　2023年7月第2次印刷
書　　　號 / ISBN 978-7-5228-1036-2
定　　　價 / 398.00圓（全二冊）

讀者服務電話：4008918866